인공지능

현대적 접근방식 제4판
Artificial Intelligence
A Modern Approach
4th Edition

2

인공지능 2: 현대적 접근방식(제4판)

1쇄 발행 2021년 8월 25일

지은이 스튜어트 러셀, 피터 노빅
옮긴이 류 광
펴낸이 장성두
펴낸곳 주식회사 제이펍

출판신고 2009년 11월 10일 제406-2009-000087호
주소 경기도 파주시 회동길 159 3층 3-B호 / **전화** 070-8201-9010 / **팩스** 02-6280-0405
홈페이지 www.jpub.kr / **원고투고** submit@jpub.kr / **독자문의** help@jpub.kr / **교재문의** textbook@jpub.kr

편집부 김정준, 이민숙, 최병찬, 이주원 / **소통기획부** 송찬수, 강민철 / **소통지원부** 민지환, 김유미, 김수연
진행 김정준 / **교정 및 교열** 오현숙 / **내지디자인 및 편집** 조찬영
용지 타라유통 / **인쇄** 한길프린테크 / **제본** 보경문화사

ISBN 979-11-91600-32-2 (93000)
값 38,000원

제이펍은 독자 여러분의 아이디어와 원고 투고를 기다리고 있습니다. 책으로 펴내고자 하는 아이디어나 원고가 있는
분께서는 책의 간단한 개요와 차례, 구성과 저(역)자 약력 등을 메일(submit@jpub.kr)로 보내 주세요.

인공지능

현대적 접근방식 제4판

Artificial Intelligence
A Modern Approach
4th Edition

2

스튜어트 러셀, 피터 노빅 지음 / **류 광** 옮김

로이, 고든, 루시, 조지, 아이작에게 — S.J.R.

크리스, 이사벨라, 줄리엣에게 — P.N.

차례

2권

PART V 기계학습

CHAPTER 19 견본에서 배우는 학습 • 3

CHAPTER 20 확률 모형의 학습 • 89

PART VI 의사소통, 지각, 행동

CHAPTER 23 자연어 처리 • 217

1권

옮긴이 머리말

전 세계 1,500여 대학에서 교재로 쓰이는 대표적인 인공지능 교과서를 다시금 번역하게 되어 영광입니다. 2016년에 나온 제3판 번역서는 2010년대의 인공 신경망의 부활과 심층 학습의 눈부신 성과가 반영되지 않은 원서(2009년 출간)를 옮겼다는 점에서 다소 아쉬웠습니다. 이번 제4판 번역서는 최근 성과를 충실하게 반영한, 2020년에 출간된 원서를 옮긴 것이라 이 분야의 '좀 더 통합된 상'을 원하는 여러 독자의 갈증을 해소하는 데 도움이 되리라 믿습니다. 제3판과 제4판의 차이점은 저자 머리말의 "제4판에서 새로운 점들"에 요약되어 있는데, 다들 짐작하시겠지만 기계학습에 좀 더 무게가 실렸습니다.

제3판 번역서와 마찬가지로, 원서가 대학교재로 쓰이는 전공서적 또는 학술서라는 점과 인공지능이 2010년대 중반에 어디서 갑자기 나타난 분야가 아니라 다른 여러 학문과 연계해서 오랫동안 발전해 온 분야라는 점을 고려해서 용어 선택 시 철학, 수학, 논리학, 경제학, 생물학, 신경과학, 제어이론, 컴퓨터 과학(전산학), 언어학, 생물학 등 관련 분야의 학회 용어집과 자료, 논문을 중요하게 참고했습니다. 기존 용어가 문맥과 잘 맞지 않거나 다른 분야의 용어와 충돌하는 경우에는 적절히 변형하거나 취사선택했다는 점도 제3판 번역서와 마찬가지입니다. 기계학습과 관련된 장(chapter)들에서는 《심층 학습》(2018)과 《신경망과 심층 학습》(2019), 《파이썬으로 배우는 자연어 처리 인 액션》(2020) 등 2010년대 후반에 제이펍에서 출간한 여러 인공지능 전문서에 쓰인 용어와 어법을 주되게 채용했습니다. 많은 대학이 원서로 수업을 진행하고 연구자나 현업 개발자들도 영어 반 한국어 반의 문장으로 의사소통하는 것이 현실이지만, 이 분야의 저변을 확대하고 논의를 심화하려면 용어와 어법에 관한 고민이 필요할 것입니다. 이 책의 용어와 어법이 그런 노력의 단서가 되었으면 좋겠습니다.

제3판에 이어 다시금 제게 번역을 맡겨 주신 제이펍 장성두 대표님과 현실적인 제약으로 다소 서둘러 마무리한 번역 원고를 꼼꼼하고 열정적으로 검토해서 출판 가능한 품질로 끌어올려 주신 김정준 부장님, 길고 복잡하고 수식 많은 원고를 훌륭히 조판하신 조찬영 님을 비롯해 이 책의 출간에 기여한 모든 분께 감사드립니다. 그리고 교정 전문가로서 꼭꼭 숨어 있던 중요한 오타와 오역을 무수히 잡아낸 아내 오현숙에게 감사와 사랑의 마음을 전합니다.

좋은 번역서를 만들기 위해 많은 분이 힘써 주셨지만, 그래도 여전히 오탈자와 오역이 남아 있을 것입니다. 제 홈페이지에 이 책의 오탈자와 오역 제보를 위한 공간 (http://occamsrazr.net/book/AiModernApproach4th, 단축 URL: https://bit.ly/AI4th)을 마련해 두었습니다. 번역에 대한 의견이나 질문도 환영합니다.

재미있게 읽으시길!

옮긴이 **류광**

머리말

인공지능(Artificial Intelligence, AI)은 넓은 분야이고, 이 책 또한 두꺼운 책이다. 이 책에서 우리(저자들)는 논리학, 확률, 연속수학 같은 관련 학문과 지각, 추론, 학습, 동작 같은 주요 개념, 신뢰, 사회적 선 같은 윤리적 문제, 그리고 초소형 전자기기에서 로봇 행성 탐사 차량, 사용자가 수십억 명인 온라인 서비스에 이르는 다양한 응용 방법 등 인공지능 분야의 전 면모를 다루고자 했다.

　　이 책의 부제는 '현대적 접근방식'이다. 이런 부제를 붙인 것은 우리가 현재의 관점에서 인공지능을 이야기하기로 했기 때문이다. 이 책은 현재 공통의 틀로 간주되는 것들을 조합하고, 과거의 성과를 오늘날 의미 있는 개념과 용어로 다시 설명한다. 그 결과로 이 책이 덜 중요하게 다루는 하위 분야에 종사하는 분들에게는 심심한 사죄의 말씀을 전한다.

제4판에서 새로운 점들

이번 제4판은 2010년 제3판 이후 인공지능 분야에 생긴 변화를 반영한다.

- 사람이 손으로 짜는 지식 공학보다는 기계학습에 좀 더 무게를 실었다. 기계학습은 가용 데이터와 컴퓨팅 자원이 증가하고 새로운 알고리즘들이 등장한 덕분에 큰 성공을 거두고 있다.
- 심층학습, 확률적 프로그래밍, 다중 에이전트 시스템을 각각 개별적인 장(챕터)으로 두어서 좀 더 자세히 다룬다.
- 자연어 이해, 로봇공학, 컴퓨터 시각에 관한 장들을 심층학습이 끼친 영향을 반영해서 수정했다.
- 로봇공학 장에 사람과 상호작용하는 로봇에 관한 내용과 강화학습을 로봇공학에 적용하는 방법에 관한 내용이 추가되었다.
- 이전에는 인공지능의 목표를 사람이 구체적인 효용 정보(목적함수)를 제공한다는 가정하에서 기대 효용을 최대화하려는 시스템을 만드는 것이라고 정의했다. 그러나 이번 판에서는 목적함수가 고정되어 있으며 인공지능 시스템이 목적함수를 알

고 있다고 가정하지 않는다. 대신, 시스템은 자신이 봉사하는 인간의 진짜 목적이 무엇인지 확실하게 알지 못할 수 있다고 가정한다. 시스템은 반드시 자신이 무엇을 최대화할 것인지를 배워야 하며, 목적에 관해 불확실성이 존재하더라도 적절히 작동해야 한다.

- 인공지능이 사회에 미치는 영향을 좀 더 자세하게 다루었다. 여기에는 윤리, 공정성, 신뢰, 안정성에 관한 핵심적인 문제들을 고찰한다.
- 각 장 끝의 연습문제들을 온라인 사이트로 옮겼다. 덕분에 강사들의 요구와 이 분야 및 인공지능 관련 소프트웨어 도구의 발전에 맞게 연습문제들을 계속 추가, 갱신, 개선할 수 있게 되었다.
- 전체적으로, 책의 약 25%가 완전히 새로운 내용이고 나머지 75%도 이 분야의 좀 더 통합된 상을 제시하기 위해 크게 재작성되었다. 이번 판에서 인용한 문헌의 22%는 2010년 이후에 출판된 것이다.

이 책의 개요

이 책을 관통하는 주된 주제는 **지능적 에이전트**(intelligent agent)라는 개념이다. 이 책은 인공지능이라는 것을 환경으로부터 지각(percept)을 받고 동작을 수행하는 에이전트에 대한 연구로 정의한다. 그러한 각 에이전트는 일련의 지각들을 동작들에 대응시키는 하나의 함수를 구현한다. 이 책은 그러한 함수를 표현하는 다양한 방식, 이를테면 반사 에이전트, 실시간 계획 수립기, 결정이론적 시스템, 심층학습 시스템을 논의한다. 이 책은 학습을 경쟁력 있는 시스템을 구축하는 방법이라는 측면과 그리고 설계자의 포괄 범위를 미지의 환경으로까지 확장하는 수단이라는 측면으로 살펴본다. 이 책은 로봇공학과 컴퓨터 시각을 개별적으로 정의된 문제가 아니라 목표 달성 과정 중 제기되는 문제로 취급한다. 이 책은 적절한 에이전트 설계를 결정할 때 과제 환경의 중요성을 강조한다.

이 책의 주된 목표는 지난 70년간의 인공지능 연구와 지난 수백 년간의 관련 연구에서 나온 **착안**(idea)들을 독자에게 전달하는 것이다. 그런 착안들을, 정밀함을 유지하면서도 너무 형식적이지 않은 방식으로 제시하고자 노력했다. 핵심 착안을 구체적으로 이해하는 데 도움이 되는 수학 공식과 의사코드 알고리즘들도 제시한다. 부록 A는 관련 수학 개념과 표기법을, 부록 B는 이 책에 쓰이는 의사코드의 문법을 소개한다.

이 책은 기본적으로 대학 학부생용 강좌(들)의 교과서로 쓰일 것을 염두에 두고 저술한 것이다. 이 책은 총 28장으로 되어 있으며, 각 장은 대략 한 주(week)의 강의 분량이다. 따라서 책 전체를 떼려면 두 학기가 걸릴 것이다. 강사와 학생의 관심사에 맞는 장들을 선택해서 한 학기 과정을 만드는 것도 가능할 것이다. 이 책을 대학원생 수준의 강좌에 사용할 수도 있고(필요하다면 참고문헌 부분에 제시된 몇몇 1차 출전들을 추가해서), 독학서 또는 참고자료로 사용할 수도 있다.

▶
새로운 용어

책 전반에서 중요한 사항을 여백에 **삼각형 아이콘**으로 표시해 두었다. **새로운 용어**를 처음 정의할 때도 여백에 해당 용어를 표시해 두었다. 그 용어가 이후에 주요하게 쓰일 때는 **굵은 글씨**로 표시하되, 여백에는 표시하지 않았다. 책 끝에는 방대한 참고문헌과 상세한 찾아보기가 있다.

이 책의 학습에 필요한 사전 조건은 컴퓨터 과학의 기본 개념들(알고리즘, 자료구조, 복잡도)을 학부 2학년 수준으로 이해하고 있어야 한다는 것뿐이다. 몇몇 주제에 대해서는 학부 1학년 수준의 미적분학과 선형대수 지식이 도움이 된다.

온라인 자료

원서 출판사가 관리하는 pearsonhighered.com/cs-resources 또는 저자들이 관리하는 aima.cs.berkeley.edu는 다음과 같은 보충 자료를 온라인으로 제공한다.

- 연습문제, 프로그래밍 프로젝트, 연구 프로젝트들. 각 장 끝에 있던 것들이 이제는 온라인으로 옮겨졌다. 본문에서는 연습문제를 '연습문제 6.NARY' 같은 이름으로 지칭한다. 웹사이트에 연습문제를 이름이나 장으로 찾는 방법이 나와 있다.
- 이 책의 알고리즘들을 파이썬, 자바, 또는 기타 프로그래밍 언어로 구현한 예제 코드(현재는 github.com/aimacode에 있다).
- 이 책을 교재로 사용하는 학교들(1,500개 이상)의 목록. 해당 온라인 강좌 자료와 강의 계획표로의 링크가 있는 항목들도 많다.
- 인공지능에 관한 유용한 내용을 담은 웹사이트·웹 페이지들(800개 이상)의 소개와 링크
- 학생과 강사를 위한 보충 자료와 링크들
- 책의 오류(아마 있을 것이다)를 보고하는 방법
- 강의용 슬라이드나 기타 자료

앞표지에 대해

앞표지는 1997년에 DEEP BLUE 프로그램이 체스 세계 챔피언 게리 카스파로프^{Garry Kasparov}를 물리친 체스 시합에서 승리를 결정지은 제6국의 마지막 국면을 표현한 것이다. 흑을 플레이한 카스파로프가 패배를 인정함으로써, 이 시합은 컴퓨터가 세계 챔피언을 이긴 최초의 사건으로 기록되었다. 상단에 카스파로프의 사진이 나와 있다. 사진 오른쪽

은 전 바둑 세계 챔피언 이세돌과 딥마인드의 AlphaGo 프로그램이 벌인 역사적인 바둑 시합 중 제2국의 결정적인 국면이다. AlphaGo의 제37수는 수 세기 동안 이어진 바둑 정석을 위반했으며, 당시 인간 전문가들은 이를 실착으로 간주했지만 복기 후에 이것이 승리의 한 수였음이 밝혀졌다. 왼쪽 위는 Boston Dynamics 사가 만든 인간형 로봇 Atlas이다. 세계 최초의 컴퓨터 프로그래머인 에이다 러블레이스[Ada Lovelace]와 기초 연구로 인공지능을 정의한 앨런 튜링 사이에 자율주행차가 주변 환경을 감지하는 모습이 묘사되어 있다. 체스판 제일 아래에는 화성 탐사 로버(Mars Exploration Rover)와 아리스토텔레스의 흉상이 있다. 더 아래 왼쪽의 저자 이름들 뒤로 아리스토텔레스의 **동물론**(*De Motu Animalium*)에 나온 계획 수립 알고리즘이 보인다. 체스판 전체에 깔린 것은 UN 포괄적 핵실험 금지 조약 기구가 지진 신호에서 핵 폭발을 감지하는 데 사용하는 확률적 프로그래밍 모형의 코드이다.

이미지 제공: Stan Honda/Getty(카스파로프), Library of Congress(베이즈), NASA(화성 탐사 로버), National Museum of Rome(아리스토텔레스), Peter Norvig(책), Ian Parker (버클리 풍경), Shutterstock(아시모와 체스 기물들), Time Life/Getty(셰이키와 튜링).

감사의 글

이 책을 만드는 데 전 세계의 많은 이가 참여했다. 600명이 넘는 사람이 이 책의 일부를 읽고 개선안을 제시했다. 모든 참여자의 명단이 aima.cs.berkeley.edu/ack.html에 있다. 우리는 이분들 모두에게 감사한다. 지면의 한계로 여기서는 특히나 중요한 기여자 몇 명만 나열한다. 우선, 다음은 글을 기여한 저자들이다.

- 주디아 펄[Judea Pearl](§13.5 인과망)
- 비카슈 마싱카[Vikash Mansinghka](§15.4 확률 모형으로서의 프로그램)
- 마이클 울드리지[Michael Wooldridge](제18장 다중 에이전트 의사결정)
- 이안 굿펠로[Ian Goodfellow](제21장 심층학습)
- 제이콥 데블린[Jacob Devlin]과 메이윙 창[Mei-Wing Chang](제24장 자연어 처리를 위한 심층학습)
- 지텐드라 말릭[Jitendra Malik]과 데이비드 포사이스[David Forsyth](제25장 컴퓨터 시각)
- 앙카 드라간[Anca Dragan](제26장 로봇공학)

그리고 다음은 주요 직무를 수행한 사람들이다.

- 신시아 융[Cynthia Yeung]과 말리카 캔터[Malika Cantor](프로젝트 관리)
- 줄리 서스먼[Julie Sussman]과 톰 갤러웨이[Tom Galloway](교정 및 교열)

- 오마리 스티븐스^{Omari Stephens}(삽화)
- 트레이시 존슨 ^{Tracy Johnson}(편집)
- 에린 올트^{Erin Ault}와 로즈 커넌^{Rose Kernan}(표지 및 색상 변환)
- 날린 치버^{Nalin Chhibber}, 샘 고토^{Sam Goto}, 레이몬드 드 라카제^{Raymond de Lacaze}, 라비 모한^{Ravi Mohan}, 키어런 오라일리^{Ciaran O'Reilly}, 아미트 파텔^{Amit Patel}, 라고미르 라디프^{Dragomir Radiv}, 사마그라 샤르마^{Samagra Sharma}(온라인 코드 개발 및 멘토링)
- 구글 Summer of Code 학생들(온라인 코드 개발)

저자 **스튜어트 러셀**은 끝없는 인내와 무한한 지혜를 보여준 그의 아내 셰플롯에게 감사한다. 그는 로이, 고든, 루시, 조지, 아이작이 어서 커서 그토록 오랫동안 책에 매달린 자신을 용서하고 이 책을 읽게 되길 희망한다. 항상 그렇듯이, RUG(Russell's Unusual Group of Students; 러셀의 특별한 학생 그룹)는 이상할 정도로 도움이 되었다.

    저자 **피터 노빅**은 이 일을 시작하게 한 부모님(토르스텐과 게르다)께, 그리고 책을 쓰는 오랜 시간과 다시 쓰는 그보다 오랜 시간 동안 그를 격려하고 참아준 그의 아내(크리스)와 자식들(벨라와 줄리엣), 동료들, 상사, 그리고 친구들에게 감사한다.

베타리더 후기

강찬석(LG전자)

'인공지능 바이블'이라고 불리는 AIMA의 최신판으로서, 3판에서 담지 못했던 딥러닝 관련 내용과 최근 논문들을 추가하여 소개하고 있습니다. 내용 전개에 포함되어 있는 의사코드나 공식에 대한 증명이 처음 접하는 사람에게는 어려울 수도 있으나, 다양한 분야에 적용되어 있는 인공지능의 기술과 동작 원리에 대한 이해를 학습하는 데 있어서 최고의 책이 아닐까 생각합니다.

김용현(Microsoft MVP)

이 책 《인공지능: 현대적 접근방식(제4판)》은 최신 내용이 반영된 개정판으로, 인공지능과 관련된 모든 내용을 함축적으로 망라해 담고 있어 출간된 도서 중 가장 통찰력 있고 가장 포괄적인 교과서입니다. 인공지능의 각 분야를 현대적 시각을 통해 조망하며 접근하면서 수많은 전문가들의 연구와 아이디어를 정갈하게 정돈하여 전달하고 있습니다.

사지원(뉴빌리티)

인공지능이란 학문은 매우 방대하고 넓은 분야입니다. 딥러닝과 머신러닝뿐만 아니라 다른 인공지능에 무엇이 있고, 또 어떤 기술인지 관심이 있다면 참고할 만한 책입니다. 과거 3판에 비해, 특히 딥러닝과 관련된 내용과 최신 동향까지 정리되어 있습니다. 단, 가볍게 읽고 지나갈 수 있는 책은 아닙니다. 높은 난이도를 자랑하지만 이 책을 견뎌낸다면 보상은 확실합니다.

신진규

인공지능의 시작부터 현재까지의 모든 것을 집약한 책입니다. 깊이 있는 설명과 예시를 통해 인공지능의 과거, 현재, 미래에 대해 통찰을 제시하고 있습니다.

🦅 양성모(현대오토에버)

이 책은 인공지능 분야에 관련된 넓고 깊은 이야기들을 담고 있습니다. 수많은 대학에서 교재로 활용되는 책인 만큼, 상세한 설명과 예시를 통해 처음 접하는 분야의 이론들도 부담 없이 읽을 수 있었던 것 같습니다. 이런 멋진 책을 접할 수 있었다는 것에 감사합니다.

🦅 이문환(LG CNS)

이 책은 Perceptron, BERT에 대해서 설명하지 않습니다. 숲에서 원하는 나무를 걸러내는 Random Forest 모델이 어떤 가설을 바탕으로 증명되는지, 그리고 Majority Voting을 증명하는 내용 등이 설명되어 있습니다. 학교의 인공지능 수업과 이 책을 통해 저는 어떤 이론과 가설들이 인공지능 개념 구현에 어떻게 녹아들어 있는지에 대해 흥미 진지하게 탐구하고 있습니다. 어느 순간 여러분들도 무릎을 탁 치며 "이게 이거였군!"하는 날이 올 겁니다.

🦅 이주형(구글)

머신러닝의 개념과 원리를 기초부터 잘 정리해 놓은, 그야말로 '교과서'라고 생각합니다. 피상적인 이해와 어플리케이션 적용을 위한 테크닉에 치중되어 있는 요즈음의 머신러닝 교재들과 비교해 볼 때, 학문으로서 이 분야를 연구하고 발전시켜 나갈 목적이라면 정리를 위해 더욱 중요한 책입니다.

🦅 한상곤(부산대학교 소프트웨어교육센터)

대학원 시절에 인공지능을 학습할 때 정말 많은 도움을 받았던 교재가 개정 및 번역되어 출간되었습니다. 개정 4판은 딥러닝과 머신러닝 관련 부분이 추가되었고, 번역도 훌륭하게 잘 되었습니다. 신규 개발자와 연구자들에게 기존의 축적된 내용에 대한 좋은 길잡이가 될 것이고, 기존 개발자와 연구자에게는 믿을 수 있는 참고서가 될 듯합니다.

제이펍은 책에 대한 애정과 기술에 대한 열정이 뜨거운 베타리더의 도움으로
출간되는 모든 IT 전문서에 사전 검증을 시행하고 있습니다.

Artificial Intelligence: A Modern Approach, 4th Edition

PART

V

기계학습

19
CHAPTER

견본에서 배우는 학습

이번 장에서는 과거 경험과 미래에 관한 예측을 부지런히 연구해서 자신의 행동을 개선할 수 있는 에이전트를 설명한다.

학습
세계를 관측한 후 자신의 성능을 개선하는 에이전트는 **학습**(learning)하는 에이전트이다. 학습은 쇼핑 목록을 받아 적는 등 사소한 것에서부터 알베르트 아인슈타인이 우주에 관한 새로운 이론을 추론할 때처럼 심오한 것에 이르기까지 다양하다. 학습하는 에이전트

기계학습
가 기계일 때의 학습을 **기계학습**(machine learning)이라고 부른다. 기계학습에서 컴퓨터는 어떤 데이터를 관측하고, 그 데이터에 기반해서 하나의 **모형**(model)을 구축한다. 여기서 '모형'은 세계에 관한 **가설**(hypothesis)이기도 하고 문제들을 해결하기 위한 소프트웨어 모듈이기도 하다.

그런데 기계가 왜 학습을 해야 할까? 설계자가 처음부터 프로그램을 제대로 만들면 되지 않을까? 기계학습이 필요한 주된 이유는 두 가지이다. 첫째로, 설계자가 미래의 모든 가능한 상황을 예측할 수는 없다. 예를 들어 미로를 통과하는 로봇은 처음 보는 미로의 배치를 반드시 스스로 배워야 한다. 주가 예측 프로그램은 반드시 조건들이 폭등에서 폭락으로 변할 때 적응하는 방법을 배워야 한다. 둘째로, 설계자가 해법 자체를 프로그램으로 구현하는 방법을 파악할 수 없는 경우가 있다. 대부분의 사람은 가족의 얼굴을 알아보는 데 능숙하지만, 그런 일은 무의식적으로 일어나는 일이다. 따라서 최고의 프로그래머라도 기계학습 알고리즘 없이는 컴퓨터가 얼굴을 인식하도록 프로그램할 수 없다.

이번 장에는 기계학습의 이론에 관한 논의(§19.1에서 §19.5까지)와 기계학습 시스템 구축 관련 실용적인 조언(§19.9) 사이에 결정 트리(§19.3), 선형 모형(§19.6), 최근접 이웃

3

같은 비매개변수 모형(§19.7), 무작위 숲(랜덤 포레스트^{random forest}) 같은 앙상블 모형(§19.8) 등 다양한 부류의 모형들에 관한 논의가 섞여 있다.

19.1 학습의 여러 형태

에이전트 프로그램을 구성하는 어떤 요소라도 기계학습으로 개선할 수 있다. 다음은 그러한 개선의 종류 및 개선에 쓰이는 기법에 영향을 미치는 주요 요인 세 가지이다.

- 학습을 통해 개선할 **구성요소**.
- 에이전트가 이미 알고 있는 **사전 지식**. 에이전트가 구축할 **모형**에 영향을 미친다.
- 학습 데이터와 그에 대한 **피드백**.

제2장에서 여러 가지 에이전트 설계를 설명했다. 그러한 에이전트들의 **구성요소**(component)로는 다음과 같은 것들이 있다.

1. 현재 상태의 조건들에서 동작들로의 직접적인 사상(mapping).
2. 지각열(percept sequence; §2.1)로부터 세계의 유관 속성들을 추론하는 수단.
3. 세계가 진화하는 방식에 관한, 그리고 에이전트가 취할 수 있는 동작들의 결과에 관한 정보.
4. 세계 상태의 바람직함을 나타내는 효용 정보.
5. 동작의 바람직함을 나타내는 동작 가치 정보.
6. 가장 바람직한 상태를 서술하는 목표 정보.
7. 시스템 개선을 위한 프로그램 생성기, 비평자, 학습 요소.

이 구성요소들 모두 학습을 통해 개선할 수 있다. 예를 들어 사람 운전자를 보고 배우는 자율주행차를 생각해 보자. 운전자가 차에 제동을 걸 때마다 에이전트는 차에 제동을 걸어야 하는 상황에 관한 조건-동작 규칙(구성요소 1) 하나를 배울 것이다. 여러 카메라 이미지를 보여 주고 거기에 버스가 있다고 말해 주면 에이전트는 버스를 인식하는 법을 배우게 된다(구성요소 2). 어떤 동작을 시도하고 그 결과를 관측함으로써, 이를테면 빗길에서 브레이크 페달을 강하게 밟아 봄으로써, 에이전트는 동작의 효과를 배우게 된다(구성요소 3). 또한, 목적지에 도착하는 동안 차가 많이 흔들려서 고생한 승객이 불평했다면 에이전트는 자신의 전체적인 효용 함수의 유용한 요소 하나를 배울 수 있다(구성요소 4).

기계학습 기술은 소프트웨어 공학의 표준적인 한 부분으로 자리잡았다. 소프트웨어 시스템 구축시 개발자가 그 시스템을 하나의 인공지능 에이전트라고 생각하지 않더라도, 시스템의 구성요소들을 기계학습 기술을 이용해서 개선하는 것이 가능하다. 예를 들어 중력 렌즈 기반 은하계 이미지 분석 소프트웨어의 속도를 기계학습 모형을 이용해서

1000만 배 증가한 사례(Hezaveh 외, 2017)와 데이터센터 냉각을 위한 에너지 소비량을 또 다른 기계학습 모형을 이용해서 40% 감소한 사례(Gao, 2014)가 있다. 튜링상 수상자 데이비드 패터슨[David Patterson]과 구글 인공지능 책임자 제프 딘[Jeff Dean]은 기계학습 덕분에 컴퓨터 아키텍처의 '황금기'가 시작되었다고 선언했다(Dean 외, 2018).

이전 장들에서 원자적 표현에 기초한 모형, 분해된 표현에 기초한 모형, 그리고 논리 또는 확률에 기초한 관계 모형 등 에이전트 구성요소의 여러 모형을 살펴보았다. 그 모든 모형에 대해 학습 알고리즘이 고안되었다.

사전 지식 이번 장은 에이전트에 **사전 지식**(prior knowledge)이 거의 없다고 가정한다. 즉, 에이전트는 거의 무無에서 시작해서 데이터로부터 배운다. §21.7.2에서는 한 문제 영역의 지식을 다른 문제 영역으로 전달함으로써 더 적은 데이터로 더 빨리 학습할 수 있는 **전이학습**(transfer learning)을 고찰한다. 반면 시스템 설계자는 사전 지식이 있어서 문제를 적절히 파악하고 효과적인 학습을 위한 모형 프레임워크를 선택한다고 가정한다.

구체적인 관측들에서 출발해서 일반적인 규칙으로 나아가는 추론 방식을 **귀납**(induction)이라고 부른다. 살면서 매일 해가 뜨는 것을 보아 온 우리는 내일도 해가 뜰 것이라고 생각하는데, 그것이 귀납의 예이다. 이와는 반대 방향의 추론이 제7장에서 살펴본 **연역**(deduction)이다. 귀납으로 얻은 결론은 틀릴 수 있지만, 전제가 옳은 한 연역으로 얻은 결론은 반드시 참이다.

이번 장에서는 입력이 **분해된 표현**인 문제들, 구체적으로는 입력이 특성값들의 벡터인 문제들에 초점을 둔다. 물론 모든 문제의 입력이 분해된 표현은 아니다. 원자적 표현이나 관계적 표현을 비롯해 그 어떤 자료구조도 가능하다.

분류 출력이 유한한 개수의 값들(이를테면 **맑음/흐림/비** 또는 **참/거짓**) 중 하나인 학습 문제를 **분류**(classification) 문제라고 부른다. 그 값이 수치(내일 기온 등; 정수일 수도 있고 **회귀** 실수일 수도 있다)인 학습 문제는 **회귀**(regression)라고 부른다(사실 이 용어는 다소 모호하다[1]).

피드백 입력에 **피드백**[feedback]이 연관될 수도 있다. 피드백의 유무와 성격에 따라 학습이 다음 세 가지로 나뉜다.

지도학습 - **지도학습**(supervised learning)에서 에이전트는 입력-출력 쌍들을 관측하고 입력을 출력으로 사상하는 함수를 배운다. 예를 들어 물체 인식 학습에서 입력은 카메라 이미지이고 출력은 그 이미지에 담긴 사물의 이름(버스, 행인 등)이다. 이런 출력을 '분류명' 또는 '이름표(label)'이라고 부른다. 이런 데이터로부터 에이전트는 새 이미지가 주어졌을 때 그에 해당하는 분류명을 출력하는 함수를 배운다. 차량 제동

---

1 함수 근사(function approximation)나 수치 예측(numeric prediction)이 더 나은 이름일 것이다. 이 용어는 1886년에 프랜시스 골턴(Francis Galton)이 쓴, **평균으로의 회귀**(regression to the mean)라는 개념(예를 들어 키 큰 부모의 자식들은 평균보다 클 가능성이 크지만, 부모만큼 크지는 않다)에 관한 영향력 있는 논문 [Galton, 1886]에서 기인한다. 논문에는 골턴이 'regression line(회귀선)'이라고 부른 그래프가 나왔는데, 논문의 독자들은 'regression'이라는 단어를 평균으로의 회귀라는 주제와 연관시는 대신 함수 근사를 위한 통계학적 기법과 연관시켰다.

동작을 학습할 때(구성요소 1의 학습) 입력은 현재 상태(차의 빠르기와 방향, 도로 상태 등)이고 출력은 제동 거리(stopping distance)이다. 출력값을 에이전트가 자신의 지각(관측 이후의)에서 직접 구할 수 있는 경우에는 환경이 교사이다. 그런 설정에서 에이전트는 상태들을 제동 거리로 사상하는 함수를 배운다.

비지도학습
- **비지도학습**(unsupervised learning)에서 에이전트는 명시적인 피드백 없이 입력에서 패턴을 배운다. 가장 흔한 비지도학습 과제는 **군집화**(clustering), 즉 입력 견본(example)들에서 잠재적으로 유용한 군집들을 검출하는 것이다. 예를 들어 인터넷에서 구한 수백만 장의 이미지를 관측한 컴퓨터 시각 시스템은 영어 사용자가 'cat(고양이)'라고 부를 만한 비슷한 이미지들의 커다란 군집을 식별할 수 있다.

강화학습
- **강화학습**(reinforcement learning)에서 에이전트는 일련의 강화(보상 또는 징벌)들로부터 배운다. 예를 들어 체스 게임의 끝에서 에이전트에게 이겼는지(보상) 졌는지(징벌)을 알려주면, 에이전트는 그때까지의 동작 중 그 결과에 가장 책임이 큰 동작을 알아내고 그에 기초해서 다음 번에는 좀 더 큰 보상을 얻도록 자신의 행동 방식을 변경한다.

19.2 지도학습

지도학습의 과제를 좀 더 엄밀하게 정의하면 다음과 같다.

훈련 집합

N개의 견본 입력-출력 쌍들로 이루어진 **훈련 집합**(training set)

$$(x_1, y_1), (x_2, y_2), \dots (x_N, y_N)$$

이 주어지며, 각 쌍이 미지의 함수 $y = f(x)$로 생성된다고 할 때, 진 함수(true function) f를 근사하는 함수 h를 구한다.

가설 공간

함수 h를 세계에 관한 **가설**(hypothesis)이라고 부른다. 이 함수는 모든 가능한 가설 함수로 이루어진 **가설 공간**(hypothesis space) $\mathcal{H}$에서 뽑은 것이다. 가설 공간은 이를테면 차수가 3인 모든 다항식의 집합이거나 JavaScript 함수들의 집합, 또는 3-SAT 부울 논리 공식들의 집합일 수 있다.

모형 부류

문맥에 따라서는 이 h를 데이터의 **모형**이라고 부르기도 한다. 이 모형은 **모형 부류**(model class) $\mathcal{H}$의 일원이다. 또는, **함수 부류**(function class) $\mathcal{H}$에서 뽑은 하나의 **함수**라고 말할 수도 있다. 출력 y_i는 **실측값**(ground truth)이라고 부른다. 이것은 모형이 예측하고자 하는 변수의 실제 값이다.

실측값

가설 공간을 어떻게 선택해야 할까? 데이터를 생성한 과정에 관해 어떤 사전 지식이 있다면 그것을 활용해야 할 것이다. 사전 지식이 없다면 **탐색적 자료 분석**(exploratory

탐색적 자료
분석

data analysis)을 수행하는 것도 한 방법이다. 탐색적 자료 분석은 통계적 검정과 시각화 (히스토그램, 산점도, 상자 그림)를 이용해 데이터를 조사해서 데이터를 파악하고 적절한 가설 공간에 관한 힌트를 얻는 것을 말한다. 아니면 그냥 여러 가설 공간을 시험해서 제일 나은 것을 택할 수도 있다.

가설 공간을 선택한다면, 거기서 좋은 가설을 찾아야 한다. 추구할 만한 좋은 가설로 **일관 가설**(consistent hypothesis; 또는 일치 가설, 무모순 가설)이 있다. 훈련 집합의 각 x_i에 대해 $h(x_i) = y_i$인 가설 h를 일관 가설이라고 부른다. 그런데 출력이 연속값일 때는 실측값과 정확히 같은 출력값이 나오리라고 기대하기 힘들다. 그런 경우에는 각 $h(x_i)$가 y_i에 가까운 ('가깝다'의 구체적인 정의는 §19.4.2에 나온다) **최적 적합 함수** (best-fit function)를 찾아봐야 한다.

가설을 평가할 때 중요한 것은 훈련 집합에 대해 얼마나 좋은 성과를 내느냐가 아니라 미지의 입력(아직 보지 못한 입력)에 대해 얼마나 좋은 성과를 내느냐이다. 이를 위해, 또 다른 (x_i, y_i) 쌍들로 이루어진 두 번째 표본을 **시험 집합**(test set)으로 두고 시험 집합으로 모형(가설)을 평가한다. 가설이 시험 집합의 결과들을 정확히 예측할 때, 이를 두고 가설이 잘 **일반화**(generalization)되었다고 말한다.

도해 19.1은 학습 알고리즘이 배우는 함수 h가 가설 공간 $\mathcal{H}$에 따라, 그리고 훈련 집합에 따라 달라짐을 보여준다. 윗줄의 네 그래프는 (x, y) 평면의 자료점(data point) 13개로 이루어진 한 데이터 집합으로 학습한 결과이고, 아랫줄의 네 그래프는 그와는 다른 자료점 13개로 이루어진 데이터 집합을 사용한 것이다. 두 데이터 집합 모두 동일한 미지의 함수 $f(x)$를 나타낸다. 각 열은 다음 네 가지 가설 공간의 최적 적합 가설이다.

일관 가설

시험 집합

일반화

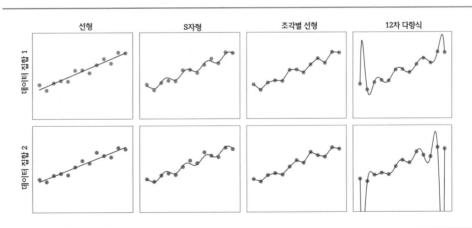

도해 19.1 데이터에 잘 적합하는 가설 찾기. **위:** 데이터 집합 1로 훈련한 네 가지 가설 공간들의 최적 적합 함수 그래프들. **아래:** 같은 네 함수를 약간 다른 데이터 집합(동일한 $f(x)$ 함수에서 표집한)로 훈련했을 때의 그래프들.

- **1열**: 직선, 즉 $h(x) = w_1 x + w_0$ 형태의 함수. 자료점들과 일치하는 가설(일관 가설)에 해당하는 직선은 없다.
- **2열**: $h(x) = w_{1x} + \sin(w_0 x)$ 형태의 정현파(sinusoidal) 함수. 일관 가설은 아니지만 그래도 두 데이터 집합 모두에 아주 잘 적합한다.[역주1]
- **3열**: 조각별 선형 함수(piecewise-linear function). 한 자료점에서 그 다음 자료점으로 직선 선분이 연결된 형태이다. 이런 함수는 항상 자료점들과 일치한다.
- **4열**: 12차 다항식 $h(x) = \sum_{i=0}^{12} w_i x^i$. 이들은 일관 가설이다. 서로 다른 자료점이 13개일 때 그 점들에 완벽하게 적합되는 12차 다항식을 구하는 것은 항상 가능하다. 그러나 일관 가설이라고 해서 반드시 좋은 가설인 것은 아니다.

가설 공간을 분석하는 한 가지 방법은 가설 공간이 가진 편향(훈련 데이터 집합과는 무관하게)과 분산(서로 다른 훈련 집합들에 대한)을 살펴보는 것이다.

편향 다소 느슨하게 말하자면, **편향**(bias)은 가설의 예측이 기댓값과 벗어나는 경향(여러 훈련 집합들로 평균했을 때의)이다. 이러한 편향은 가설 공간 자체의 제약에서 비롯할 때가 많다. 예를 들어 선형(일차) 함수들로 이루어진 가설 공간은 함수가 반드시 직선 형태이어야 한다는 제약이 있으며, 이로부터 강한 편향이 나타난다. 선형 함수로는 기울어진 하나의 직선에서 벗어난 데이터 패턴을 표현할 수 없다. 데이터에서 패턴을 발견하지 못한 가설을 가리켜 **과소적합**(underfitting)되었다고 말한다. 반면 조각별 선형 함수는 편향이 낮다. 애초에 함수의 형태 자체가 데이터에서 도출된 것이기 때문이다.

분산 **분산**(variance)은 훈련 데이터 안의 변동 때문에 가설의 예측이 달라지는 정도를 뜻한다. 도해 19.1의 윗줄과 아랫줄은 모두 동일한 $f(x)$ 함수에서 추출한 두 데이터 집합을 나타낸다. 그러나 두 데이터 집합은 약간 차이가 난다. 처음 세 열에서는 데이터 집합들의 작은 차이가 가설의 작은 차이로 반영되었다. 이는 분산이 작은 경우이다. 그러나 4열의 12차 다항식은 분산이 크다. x축 양 끝에서 두 그래프가 아주 다르다는 점에 주목하자. 두 다항식 중 적어도 하나는 진(true) 함수 $f(x)$를 제대로 근사하지 못했음이 틀림 없다. 훈련에 사용된 특정 데이터 집합에 너무 주의를 기울이는 함수를 가리켜 데이터에 **과대적합**(overfitting)되었다고 말한다. 과대적합된 함수는 미지의 데이터에 대해 나쁜 성과를 내게 된다.

편향-분산 절충 편향과 분산은 **절충 관계**(trade-off)일 때가 많다. 더 복잡하고 편향이 작은 가설은 훈련 데이터에 더 잘 적합되지만, 더 단순하고 분산이 작은 가설은 일반화가 더 잘 된다. 1933년에 알베르트 아인슈타인은 "모든 이론의 지고의 목표는, 더 줄일 수 없는 기본 요소들을 최대한 단순하게, 그리고 더 적게 만드는 것이다. 단, 단일한 경험 데이터의 적절한 표현을 포기하지 않는 한에서 그렇게 해야 한다."라고 말했다. 다른 말로 하면 아인슈타인

[역주1] 역주 "A가 B에 적합하다" 형태의 일반적인 용법과는 달리, 기계학습(그리고 통계학, 제어이론 등의 관련 분야)에서는 "적합하다"가 "A를 B에 적합시킨다"나 "A가 B에 잘 적합한다"처럼 어떤 동작 또는 상태 변화를 나타내는 술어로도 쓰인다.

은 데이터와 부합하는 가장 간단한 가설을 선택하라고 추천한 셈이다. 이 원리는 14세기 영국 철학자 오컴의 윌리엄(William of Ockham)²으로까지 거슬러 올라간다. "꼭 필요한 것이 아니면 (개체의) 중복성을 허용하지 말아야 한다"라는 그의 원리를 **오컴의 면도날** (Ockham's razor)이라고 부르는데, 이는 그 원리가 미심쩍은 설명을 "깎아 내기" 때문이다.

그러나 간단함을 정의하기란 쉽지 않다. 매개변수가 두 개인 다항식이 매개변수가 13개인 다항식보다 간단한 것은 명백하다. 이러한 직관을 §19.3.4에서 좀 더 정밀하게 정의해 볼 것이다. 그렇지만, 제21장에서 보겠지만 대단히 복잡한 심층 신경망 모형이 아주 잘 일반화될 때가 많다. 복잡한 심층 신경망 중에는 매개변수가 수십억 개인 것도 있다. 따라서 매개변수 개수 자체는 모형의 적합도를 잘 말해주는 수치가 아니다. 어쩌면 우리가 모형 부류에 대해 추구해야 할 것은 '단순함'이 아니라 '적절함(appropriateness)' 일지도 모른다. 이 문제는 §19.4.1에서 살펴본다.

도해 19.1에서 최고의 가설이 무엇인지는 확실치 않다. 데이터에 관해 우리가 아는 것이 있다면 선택이 좀 더 수월할 것이다. 예를 들어 자료점들이 어떤 웹사이트의 일일 방문자 수이고 방문 시간대에 따라 방문자 수가 주기적으로 증가·감소한다는 점을 안다면 정현파 함수가 바람직할 것이다. 그렇지만 그런 순환마디가 없고 잡음이 많다는 점을 알고 있다면 선형 함수가 나을 것이다.

경우에 따라서는 분석자가 주어진 가설이 가능하냐 불가능하냐 뿐만 아니라 얼마나 가능하냐까지도 파악해야 할 때가 있다. 지도학습은 주어진 데이터에 대해 가장 그럴듯한 가설을 선택함으로써 수행된다. 그런 가설을 h^*로 표기하고 다음과 같이 정의된다.

$$h^* = \underset{h \in \mathcal{H}}{\operatorname{argmax}} \, P(h|data).$$

베이즈 정리에 따르면 이는 다음과 동치이다.

$$h^* = \underset{h \in \mathcal{H}}{\operatorname{argmax}} \, P(data|h) \, P(h).$$

이런 정의가 있으면, 이를테면 매끄러운 1차 또는 2차 다항식에 대한 사전 확률 $P(h)$가 높지만 크고 뾰족한 첨두(spike)들이 많은 12차 다항식에 대한 사전 확률은 낮다는 등으로 가설을 평가할 수 있다. 이상하게 생긴 함수라도 데이터 자체가 정말로 그런 패턴을 가지고 있다면 허용할 수밖에 없지만, 그래도 그런 함수는 사전 확률이 낮으므로 그렇지 않은 함수보다 덜 선호된다.

그런데 $\mathcal{H}$를 모든 컴퓨터 프로그램의 집합 또는 모든 튜링 기계의 집합으로 두면 안 될까? 그렇게 하는 것이 바람직하지 않은 이유는, 가설 공간의 표현력과 그 공간에서 좋은 가설을 찾는 과정의 계산 복잡도가 절충 관계이기 때문이다. 예를 들어 직선을 데이터에 적합시키는 것은 쉬운 계산이지만 고차 다항식을 적합시키는 것은 그보다 어렵고, 튜링 기계를 적합시키는 것은 일반적으로 결정 불가능한 문제이다. 간단한 가설 공간을 선호해야

---

2 종종 "Occam"이라고 잘못 표기하는 경우가 있다.

하는 두 번째 이유는, h를 배우는 것으로 끝이 아니라 그다음에 h를 실제로 사용해야 하는 경우가 많다는 것이다. $h(x)$의 계산은 h가 선형 함수(1차 함수)일 때 반드시 제일 빠르다. 그러나 임의의 튜링 기계 프로그램의 계산은 계산이 종료되리라는 보장도 없다.

이런 이유들 때문에 대부분의 기계학습 연구는 단순한 표현에 초점을 둔다. 최근 몇 년 사이에 큰 인기를 끈 심층학습(제21장)은 그리 단순하지 않은 표현을 사용하긴 하지만, 그래도 $h(x)$ 계산은 적절한 하드웨어에서 유한한 개수의 단계들로 완료된다.

차차 알게 되겠지만, 표현력과 복잡도의 절충은 간단하지 않다. 제8장의 1차 논리에 관한 논의에서도 보았듯이, 표현력 좋은 언어(가설 공간)를 이용하면 **간단한 가설**이 데이터에 적합하게 만들 수 있는 반면 언어의 표현력을 제한한다는 것은 임의의 일관 가설이 반드시 복잡해야 함을 뜻할 때가 많다.

19.2.1 예제 문제: 식당 대기 여부 결정

이번 절에서는 식당에서 자리가 나길 기다려야 할지 결정하는 간단한 지도학습 문제 하나를 상세히 설명하겠다. 이 예제 문제는 이번 장 전체에서 다양한 모형 부류를 설명하는 데 쓰인다. 이 문제의 출력 y는 *Will Wait*라고 표기하는 하나의 부울 변수(Boolean variable)인데, 자리가 나길 기다리기로 결정한 견본(입력-출력 쌍)에 대해서는 이 변수가 참이다. 입력 x는 다음과 같은 10가지 특성(attribute)의 값으로 이루어진 벡터이다. 각 특성은 이산적인 값들을 가진다.

1. *Alternate*: 근처에 적당한 다른 식당이 있는지의 여부.
2. *Bar*: 편안하게 기다릴 만한 바^{bar} 공간이 식당 안에 있는지의 여부.
3. *Fri/Sat*: 오늘이 금요일이나 토요일이면 참.
4. *Hungry*: 지금 배가 고픈지의 여부.
5. *Patrons*: 식당에 사람이 얼마나 있는지를 나타낸다. *None*, *Some*, *Full* 중 하나.
6. *Price*: 식당 음식들의 가격대($, $ $, $ $ $).
7. *Raining*: 밖에 비가 오는지의 여부.
8. *Reservation*: 사전 예약 여부.
9. *Type*: 식당 종류(프랑스, 이탈리아, 태국, 햄버거)
10. *WaitEstimate*: 식당 측에서 알려 준 예상 대기 시간(0-10분, 10-30분, 30-60분, >60분).

도해 19.2는 다음은 이 책의 저자 중 한 명(SR)의 경험에서 뽑은 견본 12개로 이루어진 훈련 집합이다. 이것이 아주 빈약한 데이터임을 주목하기 바란다. 입력 특성값들의 모든 가능한 조합은 $2^6 \times 3^2 \times 4^2 = 9{,}216$가지이지만, 이 데이터 집합은 그중 단 12개에 대한 정답(실측값)만 제공한다. 나머지 9,204에 대한 출력이 참인지 거짓인지는 우리도 모른다.

즉, 우리는 견본 12개의 증거만 가지고 나머지 9,204개의 출력값들을 최대한 정확하게 추측해야 한다. 이것이 귀납의 본질이다.

| 예 | 입력 특성들 | | | | | | | | | | 목표 |
	Alt	Bar	Fri	Hun	Pat	$Price$	$Rain$	Res	$Type$	Est	$WillWait$
$\mathbf{x}_1$	예	아니요	아니요	예	$Some$	\$ \$ \$	아니요	예	$French$	0–10	y_1 = 예
$\mathbf{x}_2$	예	아니요	아니요	예	$Full$	\$	아니요	아니요	$Thai$	30–60	y_2 = 아니요
$\mathbf{x}_3$	아니요	예	아니요	아니요	$Some$	\$	아니요	아니요	$Burger$	0–10	y_3 = 예
$\mathbf{x}_4$	예	아니요	예	예	$Full$	\$	예	아니요	$Thai$	10–30	y_4 = 예
$\mathbf{x}_5$	예	아니요	예	아니요	$Full$	\$ \$ \$	아니요	예	$French$	>60	y_5 = 아니요
$\mathbf{x}_6$	아니요	예	아니요	예	$Some$	\$ \$	예	예	$Italian$	0–10	y_6 = 예
$\mathbf{x}_7$	아니요	예	아니요	아니요	$None$	\$	예	아니요	$Burger$	0–10	y_7 = 아니요
$\mathbf{x}_8$	아니요	아니요	아니요	예	$Some$	\$ \$	예	예	$Thai$	0–10	y_8 = 예
$\mathbf{x}_9$	아니요	예	예	아니요	$Full$	\$	예	아니요	$Burger$	>60	y_9 = 아니요
$\mathbf{x}_{10}$	예	예	예	예	$Full$	\$ \$ \$	아니요	예	$Italian$	10–30	y_{10} = 아니요
$\mathbf{x}_{11}$	아니요	아니요	아니요	아니요	$None$	\$	아니요	아니요	$Thai$	0–10	y_{11} = 아니요
$\mathbf{x}_{12}$	예	예	예	예	$Full$	\$	아니요	아니요	$Burger$	30–60	y_{12} = 예

도해 19.2 식당 문제를 위한 견본들.

19.3 결정 트리의 학습

결정 트리

의사결정 트리(decision tree), 줄여서 **결정 트리**는 특성값들의 벡터 하나를 받고 하나의 '결정'에 해당하는 출력값을 돌려주는 함수이다. 결정 트리의 시작 노드에서 출발해서 적절한 가지(분기)를 따라 나아가다 어떤 잎 노드에 도달하면 하나의 결정이 내려진 것이다. 트리의 각 내부 노드는 입력 특성값에 대한 판정에 해당하고, 그 노드의 가지들은 그 특성이 가질 수 있는 값들에 해당한다. 그리고 잎 노드들은 함수가 돌려줄 값들이다.

일반적으로 입, 출력값들은 이산적일 수도 있고 연속적일 수도 있다. 그러나 지금은 입력이 이산적인 값이고 출력값은 **참** 또는 **거짓** 두 가지인 문제에 집중한다. 출력이

양성 음성

참인 견본을 **양성**(positive; 긍정적) 견본이라고 부르고 거짓인 견본을 **음성**(negative; 부정적) 견본이라고 부른다. 그리고 이런 문제 자체는 **부울 분류**(Boolean classification) 문제라고 부른다. 이하의 논의에서 j는 특정 견본을 지칭하는 색인이고($\mathbf{x}_j$는 j번째 견본의 입력 벡터, y_j는 j번째 견본의 출력) i는 한 견본의 특정 특성을 지칭하는 색인이다 ($x_{j,i}$는 j번째 견본의 i번째 특성).

SR이 식당 문제를 위해 사용하는 의사결정 함수를 표현한 결정 트리가 도해 19.3에 나와 있다. 가지(분기)들을 따라가다 보면 $Patrons = Full$과 $WaitEstimate = 0-10$이 양성(즉, 자리가 나길 기다리는 것)으로 분류됨을 알 수 있다.

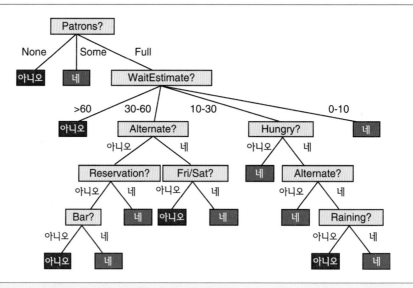

도해 19.3 식당에 자리가 나길 기다릴지 결정하는 결정 트리.

19.3.1 결정 트리의 표현력

하나의 부울 결정 트리는 다음 형태의 논리 문장과 동치이다.

$$Output \Leftrightarrow (Path_1 \vee Path_2 \vee \cdots).$$

여기서 각 $Path_i$는 하나의 **진**(true) 잎 노드에서 시작하는 경로에 있는 여러 특성 값을 판정하는, $(A_m = v_x \wedge A_n = v_y \wedge \cdots)$ 형태의 논리곱(conjunction)이다. 따라서 이 논리식 전체는 하나의 논리합 표준형(disjunctive normal form, DNF)이다.[역주2] 이는 명제 논리의 그 어떤 함수도 결정 트리로 표현할 수 있다는 뜻이다.

다수의 문제에 대해 결정 트리 표현은 깔끔하고 간결한, 그리고 사람이 이해할 수 있는 결과를 산출한다. 실제로 여러 '사용법' 매뉴얼(이를테면 자동차 수리 매뉴얼 등)이 결정 트리 형태로 되어 있다. 그러나 간결하게 표현할 수 없는 함수들도 있다. 예를 들어 만일 절반을 넘는 입력이 참이면, 그리고 오직 그럴 때에만 참을 돌려주는 과반수 함수 (majority function)를 표현하려면 지수적으로 큰 결정 트리가 필요하다. 참인 입력 특성들의 개수가 짝수이면 참을 돌려주는 패리티[parity] 함수도 마찬가지이다. 특성들이 실숫값인 경우를 보면, 예를 들어 $y > A_1 + A_2$를 결정 트리로 표현하기 어렵다. 이 부등식의 결정 경계선이 대각선이지만, 모든 결정 트리는 공간을 축에 정렬된 직사각형 상자들로 분할한다. 직사각형으로 대각선을 근사하려면 직사각형이 아주 많이 필요하다. 간단히

[역주2] 논리합 표준형은 '논리곱들의 논리합' 형태의 논리 문장이다. 제3판에서는 연습문제 7.19에 나왔다.

말하면, 결정 트리가 적합한 함수들이 있고 그렇지 않은 함수들이 있다.

모든 종류의 함수에 효율적인 표현이 과연 **존재할까**? 안타깝게도 그런 표현은 없다. 적은 수의 비트들로 표현할 수 있는 함수들이 너무나 많다. 부울 특성이 n개인 부울 함수조차도, 해당 진리표의 행이 2^n개이고 행마다 값이 두 가지(참 또는 거짓)이므로, 서로 다른 부울 함수의 개수는 2^{2^n}이다. 특성이 20개이면 무려 $2^{1,048,576} \approx 10^{300,000}$개의 함수가 존재하므로, 표현의 비트 수를 100만으로 한정한다면 이 모든 함수를 표현하는 것은 불가능하다.

19.3.2 견본들로 결정 트리 학습하기

우리가 원하는 것은 도해 19.2에 나온 견본들과 일관된(consistent; 모순 없이 부합하는) 최소의 트리이다. 안타깝게도, 일관성을 보장하는 가장 작은 일관 트리를 구하는 것은 처리 불가능 문제이다. 그러나 몇 가지 간단한 발견법을 이용하면 최소 트리에 가까운 트리를 효율적으로 찾을 수 있다. LEARN-DECISION-TREE 알고리즘은 탐욕적 분할정복 전략을 사용한다. 즉, 알고리즘은 항상 가장 중요한 특성을 제일 먼저 판정한 후 그 판정의 가능한 결과들로 정의되는 더 작은 부분 문제(하위 문제)들을 재귀적으로 풀어 나간다. "가장 중요한 특성"은 견본의 분류 결과에 가장 큰 차이를 만드는 특성을 말한다. 이런 방식에서는 적은 수의 판정들로도 정확한 분류 결과를 얻을 수 있을 것이다. 이는 트리의 모든 경로가 짧아지고 트리가 전체적으로 얕아짐을 의미한다.

도해 19.4(a)에서 보듯이 *Type* 특성의 판정 결과는 네 가지이며, 각각의 양성 견본과 음성 견본은 개수가 같다. 이는 *Type*이 덜 중요한 특성임을 뜻한다. 반면 (b)는 *Patrons*가 상당히 중요한 특성임을 보여 준다. 만일 그 값이 *None*이나 *Some*이면, 나머지 견본들에 대해 즉시 답(각각 *No*와 *Yes*)을 결정할 수 있기 때문이다. 값이 *Full*일 때에는 양성 견본들과 음성 견본들이 섞여 있는 상태가 된다. 이러한 재귀적 부분 문제들의 처리는 다음 네 가지 경우로 나뉜다.

1. 남은 견본들이 모두 양성이면(또는 모두 음성이면) 끝난 것이다. 이제 *Yes* 또는 *No*를 결정할 수 있다. 도해 19.4(b)의 *None* 가지와 *Some* 가지가 이에 해당한다.

2. 양성 견본들과 음성 견본들이 섞여 있으면, 그것들을 가장 잘 나누는 특성을 선택한다. 도해 19.4(b)에서는 나머지 견본들을 *Hungry* 특성으로 나누었다.

3. 견본이 남아 있지 않으면 이 특성값들의 조합에 대해서는 더 관측한 견본이 없다는 뜻이므로, 현재 노드의 부모를 구축하는 데 쓰인 견본들에 가장 자주 나오는 출력값을 돌려준다.

4. 양성 견본들과 음성 견본들이 남아 있지만 특성이 더 이상 남아 있지 않다면, 그 견본들은 서술은 정확히 동일하지만 분류는 다름을 뜻한다. 이런 경우는 데이터에 오류 또는 **잡음**(noise)이 섞여 있거나, 정의역이 비결정론적이거나, 그 견본들을 구분해 주는 적절한 특성을 우리가 찾아내지 못했을 때 발생할 수 있다. 할 수 있는 최선의 일은 나머지 견본들에서 가장 자주 나오는 출력값을 돌려주는 것이다.

잡음

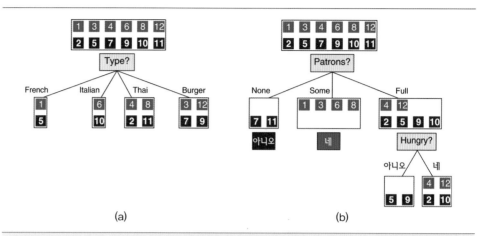

(a)   (b)

특성 판정에 의한 견본들의 분할. 각 노드에서 녹색 바탕은 양성 견본이고 적색 바탕은 음성 견본이다. (a) *Type* 특성으로 분할하면 양성 견본들과 음성 견본들의 개수가 똑같이 나온다. (b) *Patrons*로 분할하면 양성 견본과 음성 견본이 확실히 분리된 좋은 결과가 나온다. *Patrons*로 분할한 다음의 판정으로는 *Hungry*가 상당히 좋다.

이를 구현한 LEARN-DECISION-TREE 알고리즘이 도해 19.5에 나와 있다. 견본들의 집합이 알고리즘의 입력이긴 하지만, 알고리즘이 돌려준 트리 자체에는 그 견본들이 없음을 주목하자. 결정 트리는 특성에 기초한 판정에 해당하는 내부 노드들과 특성값들을 나타내는 가지들, 그리고 출력값들을 지정하는 잎 노드들로 구성될 뿐이다. IMPORTANCE 함수의 세부사항은 §19.3.3에 나온다. 도해 19.6은 이 예제 훈련 집합에 대한 학습 알고리즘의 출력을 나타낸 것이다. 도해 19.3에 나온 원래의 트리와는 확실히 다르다. 학습 알고리즘이 진 함수를 그리 잘 배우지 못했다고 생각하는 독자도 있을 것이다. 그러나 그러한 결론은 잘못된 것이다. 학습 알고리즘은 진 함수가 아니라 예들을 본다. 사실 학습 알고리즘이 제시한 가설(도해 19.6)은 모든 견본과 일관될 뿐만 아니라, 원래의 트리보다 훨씬 간단하다! 견본들이 조금만 달라도 트리가 아주 달라질 수 있지만, 트리가 나타내는 함수 자체는 비슷하다.

　　학습 알고리즘은 *Raining*과 *Reservation*에 대한 판정을 포함시킬 이유가 없다. 그 판정들 없이도 모든 견본을 분류할 수 있기 때문이다. 또한 학습 알고리즘은 흥미로운, 그리고 미처 눈치채지 못했던 패턴 하나를 발견했다. 바로, SR은 주말에는 타이 음식을 기꺼이 기다린다는 점이다. 한편, 아무런 견본도 주어지지 않은 부분에 대해서는 실수도 저질렀다. 예를 들어 훈련 집합에 식당이 만석이지만 대기 시간이 0~10분일 때에 대한 견본이 없다. 그런 경우 알고리즘의 가설은 *Hungry*가 거짓이면 기다리지 않지만, SR은 기다리기로 할 것이다. 훈련 견본들을 더 제공하면 학습 알고리즘은 이 실수를 바로잡을 것이다.

학습 곡선　　학습 알고리즘의 성능을 평가하는 한 가지 수단은 도해 19.7에 나온 것 같은 **학습**

곡선(learning curve)이다. 이 그래프는 100개의 견본을 무작위로 훈련 집합과 시험 집합으로 나누어서 얻은 것이다. 훈련 집합으로는 가설 h를 배우고, 시험 집합으로는 그 가설의 정확도를 측정한다. 크기가 1인 훈련 집합으로 시작해서 크기가 99가 될 때까지 증가해 나가되, 각 크기에 대해 무작위로 견본들을 추출해서 훈련 집합과 시험 집합을 만들고 훈련과 결정을 수행하는 과정을 20회 반복해서 그 평균을 구한다. 곡선을 보면 훈련 집합이 커질수록 정확도가 증가함을 알 수 있다. (이 때문에 학습 곡선을 **충족도 그래프**(happy graph)라고 부르기도 한다.) 이 그래프에서 정확도는 95%에 도달했으며, 데이터를 더 공급하면 곡선이 계속 올라갈 것으로 보인다.

충족도 그래프

---

function LEARN-DECISION-TREE(*examples, attributes, parent_examples*) **returns** 트리

    if *examples*가 비었음 **then return** PLURALITY-VALUE(*parent_examples*)
    else if 모든 *examples*가 같은 분류임 **then return** 해당 분류명
    else if *attributes*가 비었음 **then return** PLURALITY-VALUE(*examples*)
    else
        $A \leftarrow \mathrm{argmax}_{a \in attributes}$ IMPORTANCE(*a,examples*)
        tree ← 뿌리 노드의 판정이 A인 새 결정 트리
        for each A의 각 값 v에 대해 **do**
            exs ← $\{e : e \in examples$ 그리고 $e.A = v\}$
            subtree ← LEARN-TREE-DECISION(*exs, attributes* − A, *examples*)
            *tree*에 ($A = v$)인 가지와 부분 트리 *subtree*를 추가
    return *tree*

도해 19.5 결정 트리 학습 알고리즘. 함수 IMPORTANCE는 §19.3.3에서 설명한다. 함수 PLURALITY-VALUE는 견본들의 집합 중 가장 흔한 출력값을 선택한다(그런 값이 여럿이면 그중 하나를 무작위로 선택).

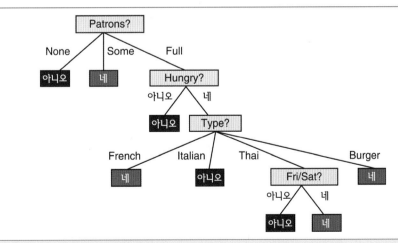

도해 19.6 견본 12짜리 훈련 집합에서 귀납으로 유도한 결정 트리.

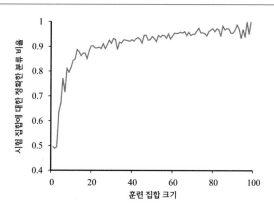

도해 19.7 무작위로 생성한 견본 100개에 대한 결정 트리 학습 알고리즘의 학습 곡선. 각 자료점은 시행 20회의 평균이다.

19.3.3 특성 판정의 선택

결정 트리 학습 알고리즘은 중요도(importance)가 가장 큰 특성을 선택한다. 그럼 특성의 중요도를 측정하는 방법 하나를 살펴보자. 이 측정 방법은 정보 이득이라는 개념을 이용하는데, 정보 이득 자체는 정보이론(information theory; Shannon 및 Weaver, 1949)의 근본 수량인 **엔트로피**(entropy)로 정의된다.[역주3]

엔트로피

엔트로피는 확률 변수의 불확실성에 대한 측도이다. 정보가 많을수록 엔트로피가 낮다. 가능한 값이 단 하나인 확률 변수(이를테면 항상 앞면이 나오는 동전)에는 불확실성이 없으므로, 그 엔트로피는 0이다. 공평한 동전 하나를 던졌을 때 앞면이 나올 확률과 뒷면이 나올 확률은 동일하며, 잠시 후 보겠지만 이는 '1비트'의 엔트로피에 해당한다. 공평한 4면 주사위를 한 번 굴리는 것의 엔트로피는 2비트인데, 가능한 결과 2^2가지가 동일 확률로 발생하기 때문이다. 이제 99%의 경우에 앞면이 나오는 불공평한 동전을 생각해 보자. 직관적으로, 그 동전의 불확실성이 공평한 동전의 불확실성보다 낮다. 앞면이 나오리라고 추측했을 때 틀릴 확률은 1%이다. 따라서 그러한 동전 던지기의 엔트로피 값은 0에 가까운 양수일 것이다. 일반적으로, 어떤 확률 변수 V가 값 v_k들을 가질 수 있고 각 v_k를 가질 확률이 $P(v_k)$일 때, 그 변수의 엔트로피는 다음과 같이 정의된다.

$$\text{엔트로피:}\quad H(V) = \sum_k P(v_k)\log_2\frac{1}{P(v_k)} = -\sum_k P(v_k)\log_2 P(v_k) .$$

공평한 동전 던지기의 엔트로피가 실제로 1비트임을 확인해 보자.

[역주3] 좀 더 정확한(열역학의 엔트로피와 혼동을 피한다는 의미에서) 용어는 정보 엔트로피 또는 섀넌 엔트로피이다.

$$H(Fair) = -(0.5\log_2 0.5 + 0.5\log_2 0.5) = 1.$$

4면 주사위의 엔트로피가 2비트임도 확인할 수 있다.

$$H(Die4) = -(0.25\log_2 0.25 + 0.25\log_2 0.25 + 0.25\log_2 0.25 + 0.25\log_2 0.25) = 2$$

그리고 99%의 경우에 앞면이 나오도록 조작된 동전의 엔트로피는 다음과 같다.

$$H(Loaded) = -(0.99\log_2 0.99 + 0.01\log_2 0.01) \approx 0.08 \text{ 비트.}$$

편의를 위해, 참일 확률이 q인 부울 확률 변수의 엔트로피를 $B(q)$로 정의해 두기로 하자.

$$B(q) = -(q\log_2 q + (1-q)\log_2(1-q)).$$

즉, $H(Loaded) = B(0.99) \approx 0.08$이다. 이제 결정 트리 학습으로 다시 돌아가서, 훈련 집합에 양성 견본이 p개, 음성 견본이 n개 있다면, 전체 집합에 대한 출력 변수의 엔트로피는

$$H(Output) = B\left(\frac{p}{p+n}\right)$$

이다. 도해 19.2의 식당 훈련 집합에서는 $p = n = 6$이므로, 해당 엔트로피는 $B(0.5)$, 즉 정확히 1비트이다. 하나의 특성 A에 대한 한 번의 판정의 결과는 어느 정도의 정보를 제공하므로, 전체 엔트로피는 어느 정도 감소한다. 감소량이 정확히 얼마인지는 특성 판정 이후에 남아 있는 엔트로피를 보면 파악할 수 있다.

서로 다른 값이 d개인 특성 A는 훈련 집합 E를 부분집합 $E_1, ..., E_d$로 분할한다. 각 부분집합 E_k에는 양성 견본이 p_k개, 음성 견본이 n_k개 있으므로, 그 가지를 따라가서 질문의 답을 얻으려면 $B(p_k/(p_k + n_k))$비트가 더 필요하다. 훈련 집합에서 무작위로 선택한 한 견본에 그 특성의 k번째 값이 있을(즉, 견본이 E_k에 속할) 확률은 $(p_k + n_k)/(p+n)$이므로, A 판정 이후 남은 기대 엔트로피는 다음과 같다.

$$Remainder(A) = \sum_{k=1}^{d} \frac{p_k + n_k}{p+n} B\left(\frac{p_k}{p_k + n_k}\right).$$

정보 이득   특성 A를 판정해서 얻는 **정보 이득**(information gain)은 엔트로피 감소량의 기댓값이다.

$$Gain(A) = B\left(\frac{p}{p+n}\right) - Remainder(A).$$

이 $Gain(A)$가 바로 IMPORTANCE 함수의 구현에 필요한 척도이다. 이제 도해 19.4에서 고려한 특성들을 다시 보자. 이들의 정보 이득은 다음과 같다.

$$Gain(Patrons) = 1 - \left[\frac{2}{12}B\left(\frac{0}{2}\right) + \frac{4}{12}B\left(\frac{4}{4}\right) + \frac{6}{12}B\left(\frac{2}{6}\right) \right] \approx 0.541 \text{비트},$$

$$Gain(Type) = 1 - \left[\frac{2}{12}B\left(\frac{1}{2}\right) + \frac{2}{12}B\left(\frac{1}{2}\right) + \frac{4}{12}B\left(\frac{2}{4}\right) + \frac{4}{12}B\left(\frac{2}{4}\right) \right] = 0 \text{비트}.$$

이러한 수치는 $Patrons$가 판정하기 좋은 특성이라는 우리의 직관을 확인해 준다. 실제로 $Patrons$는 그 문제의 다른 어떤 특성보다 정보 이득이 크며, 따라서 결정 트리 학습 알고리즘은 이 특성을 트리의 뿌리 노드로 선택할 것이다.

19.3.4 일반화와 과대적합

바람직한 학습 알고리즘은 단순히 훈련 데이터에 잘 적합할 뿐만 아니라 이전에 본 적이 없는 데이터로도 잘 일반화되는 가설을 찾아내야 한다. 도해 19.1에 나온 고차 다항식은 데이터 전체에 잘 적합하긴 하지만, 데이터 자체에는 없는 커다란 굴곡도 있다. 다른 말로 하면, 그 다항식은 데이터에 적합하긴 하지만 과대적합의 여지가 있다. 특성이 많아지면 과대적합 가능성도 커지며, 훈련 견본이 많아지면 과대적합 가능성이 작아진다. 가설 공간이 크면(예를 들어 노드가 많은 결정 트리나 차수가 높은 다항식) 적합 가능성과 과대적합 가능성이 모두 커진다. 그리고 어떤 부류의 모형이냐에 따라서도 과대적합의 가능성이 다르다.

결정 트리
가지치기

결정 트리의 과대적합을 완화하는 기법으로 **결정 트리 가지치기**(decision tree pruning)가 있다. 이 가지치기 기법은 문제와 유관하다는 점이 명확하지 않은 노드들을 제거한다. LEARN-DECISION-TREE가 생성한 것과 같은 완전한 트리에서 어떤 한 판정 노드의 후손들이 모두 잎 노드라고 하자. 만일 그 판정이 무관하다면, 즉 데이터 집합의 잡음을 검출하는 것일 뿐이라면, 그 판정 노드를 제거하고 대신 잎 노드를 그 자리에 넣는다. 후손들이 모두 잎 노드인 판정 노드들에 대해 이런 과정을 반복하다가, 더 이상 잘라 낼 만한 판정 노드가 없으면 중지한다.

그런데 주어진 노드가 판정하는 특성이 무관한지 아닌지를 어떻게 판단해야 할까? 판정 노드의 양성 견본이 p개, 음성 견본이 n개라고 하자. 해당 특성이 무관하다면, 그 특성에 의해 분할된 각 부분집합의 양성 견본 비율은 전체 집합의 해당 비율 $p/(p+n)$과 대략 비슷할 것이며, 그러면 정보 이득은 0에 가까울 것이다.[3] 즉, 정보 이득은 그 특성이 무관함을 말해주는 좋은 단서이다. 이제 질문은, 특정 특성에서의 판정이 유관하려면 정보 이득이 얼마나 커야 할 것인가이다.

유의성 검정

귀무가설

이 질문의 답을 통계적인 **유의성 검정**(significance test)으로 구할 수 있다. 그러한 검정은 바탕에 깔린 패턴이 전혀 없다는 가정으로 시작한다(그런 가정을 **귀무가설**(null hypothesis)이라고 부른다). 그런 다음 실제 데이터를 분석해서, 그 데이터가 패턴이 전혀

---

3 이득은 모든 비율이 **정확히** 같다는 흔치 않은 경우를 제외하면 반드시 0보다 크다. (연습문제 19.NNGA를 보라.)

없다는 가정에서 얼마나 벗어나는지(편차) 계산한다. 만일 그 편차가 통계학적으로 있음 직하지 않은(unlikely) 수준이라면(보통은 확률이 5% 이하), 데이터에 의미 있는 패턴이 존재할 가능성이 큰 것이다. 확률들은 무작위 표집에서 기대할 수 있는 편차의 크기에 대한 표준 분포로부터 계산한다.

지금 예에서 귀무가설은 그 특성이 무관하다는, 따라서 무한히 큰 표본에 대한 정보 이득이 0이라는 것이다. 귀무가설하에서 $v = n + p$ 크기의 표본이 양성, 음성 견본들의 기대 분포에서 벗어날 확률을 계산해야 한다. 해당 편차는 각 부분집합의 양성 견본 개수 p_k와 음성 견본 개수 n_k를 그 특성이 정말로 무관할 때의 기대 개수 $\hat{p}_k$, $\hat{n}_k$와 비교해서 구한다.

$$\hat{p}_k = p \times \frac{p_k + n_k}{p + n}, \quad \hat{n}_k = n \times \frac{p_k + n_k}{p + n}.$$

편의를 위해, 전체 편차를 다음과 같이 정의한다.

$$\Delta = \sum_{k=1}^{d} \frac{(p_k - \hat{p}_k)^2}{\hat{p}_k} + \frac{(n_k - \hat{n}_k)^2}{\hat{n}_k}.$$

귀무가설하에서 Δ의 값은 자유도가 $d - 1$인 χ^2 분포(카이제곱 분포)를 따른다. 특정 Δ 값이 귀무가설을 지키는지 아니면 기각하는지는 χ^2 통계 함수를 이용해서 판정할 수도 있다. 예를 들어 식당의 종류를 뜻하는 *Type* 특성을 생각해 보자. 이 특성의 값은 네 가지이므로 자유도는 3이다. Δ가 7.82 이상이면 5% 수준에서 귀무가설이 기각된다(그리고 Δ가 11.35 이상이면 1% 수준에서 기각된다). 그보다 작은 값이 나온다면 특성이 무관하다는 귀무가설이 성립하는 것이며, 따라서 트리의 해당 가지를 잘라내야 한다. 이런 형태의 가지치기를 χ^2 **가지치기**라고 부른다.

χ^2 가지치기

가지치기를 적용하면 견본들의 잡음을 견딜 수 있다. 견본의 이름표에 오류(이를테면 $(\mathbf{x}, No)$이어야 하는데 $(\mathbf{x}, Yes)$라고 되어 있는 등)가 있으면 예측 오차가 선형으로 증가한다. 반면 견본의 설명의 오류(이를테면 *Price* = \$\$이어야 하는데 *Price* = \$로 되어 있는 등)는 트리가 더 작은 집합들로 줄어듦에 따라 점점 더 나빠지는 점근적 효과를 낸다. 데이터 집합에 잡음이 많이 있는 경우, 가지치기한 트리는 그렇지 않은 트리보다 훨씬 더 나은 성과를 낸다. 또한, 가지치기한 트리는 크기가 훨씬 더 작을 때가 많다. 트리가 작으면 이해하기 쉽고 실행도 더 효율적이다.

조기 종료

마지막으로 경고 하나: χ^2 가지치기와 정보 이득이 비슷해 보이는데, **조기 종료** (early stopping)라고 부르는 접근방식(예들을 분할하기에 좋은 특성이 더 남아 있지 않으면, 굳이 노드들을 모두 생성한 후 가지치기로 쳐내는 대신 그 시점에서 노드 생성을 멈추는 것)을 이용해서 둘을 합쳐 버리면 좋지 않을까 생각할 수도 있다. 그러나 조기 종료의 문제점은, 좋은 특성은 없지만 특성들의 조합에서 정보를 얻을 수 있는 상황을 인식하지 못하게 된다는 것이다. 예를 들어 두 이진 특성의 XOR 함수를 생각해 보자. 만일 입력 값들의 네 가지 조합에 대한 견본들의 수가 대략 같다면 그 어떤 개별 특성도 정보 이득이 크지 않지만, 그래도 그 특성들 중 하나(어떤 특성인지는 중요하지 않다)로 견본들을 분할하는 것이 올바른 일이다. 그러면 둘째 수준에서 분할하면 정보를 얻게 되기 때문이다. 조기 종료는 이점을 놓치지만, '생성 후 가지치기' 접근방식은 이를 제대로 처리한다.

19.3.5 결정 트리의 응용 범위 확장

다음과 같은 몇 가지 문제점을 해결한다면 결정 트리를 좀 더 다양한 문제에 적용할 수 있다.

- **자료 누락**: 모든 견본에 대해 모든 특성값이 알려지지는 않는 문제 영역들이 많다. 일부 값을 빼먹고 기록하지 않았을 수도 있고, 값들을 얻는 비용이 너무 클 수도 있다. 이는 두 가지 문제로 이어진다. 첫째로, 완전한 결정 트리가 주어졌을 때, 누락된 판정 특성에 해당하는 견본은 어떻게 분류할 것인가? 둘째로, 일부 특성값이 알려지지 않은 견본들이 존재하는 경우 정보 이득 공식을 어떻게 수정해야 할 것인가? 이런 질문들을 연습문제 19.MISS에서 고찰한다.

- **연속 다중값 특성**: 입력에 너비나 높이, 시간처럼 값이 연속적인 특성들이 있으면 모든 견본에서 값이 다른 특성 하나가 존재할 가능성이 있다. 그러면 정보 이득 측도는 그런 특성에 최고 점수를 부여하며, 결과적으로 그 특성이 뿌리 노드이고 그 아래에 모든 가능한 값에 대한 견본 하나짜리 부분 트리들이 달린, 얕은 결정 트리가 만들어진다. 그런 트리로는 아직 본 적이 없는 특성값을 가진 견본을 제대로 분류할 수 없다.

  연속값을 처리하는 더 나은 방법은 특성의 값을 등호가 아니라 부등호로 판정하는 **분할점**(split point) 판정을 사용하는 것이다. 예를 들어 트리의 주어진 한 노드에서 $Weight > 160$을 판정하는 것이 가장 많은 정보를 얻는 길일 수 있다. 좋은 분할점을 효율적으로 찾아내는 방법들이 존재한다. 한 가지 방법은 먼저 특성들의 값들을 정렬하고, 정렬된 순서로 인접한 두 견본 사이의 분할점들 중 분류가 달라지는 것들만 고려하는 것이다. 그 과정에서 분할점 양쪽의 양성, 음성 견본 전체 개수를 계속 갱신한다. 분할은 실세계 문제의 결정 트리 학습 응용에서 가장 비싼 부분이다.

  특성이 연속도 아니고, 가능한 값들이 아주 많지만 값들 사이에 어떤 의미 있는 순서도 없는 경우도 있다(이를테면 우편번호나 신용카드 번호). 그럴 때 트리가 너무 많은 단일 견본 부분 트리로 분할되지 않게 만드는 한 가지 방법은 **정보 이득비**(information gain ratio)라는 측도를 사용하는 것이다(연습문제 19.GAIN). 또는, $A = v_k$ 형태의 **상등 판정**을 허용하는 것도 유용한 접근방식이다. 예를 들어 미국

분할점

의 우편번호 체계에서 $Zipcode = 10002$라는 상등 판정은 뉴욕시에 사는 다수의 주민을 한 부분 트리에, 나머지 모든 사람을 '다른' 부분 트리에 집어 넣는다.

회귀 트리

CART

- **연속 값 출력 특성**: 아파트 가격 같은 수치 출력을 예측해야 하는 경우에는 분류 트리가 아니라 **회귀 트리**(regression tree)를 사용해야 한다. 회귀 트리의 각 잎 노드에는 하나의 출력값에 대한 선형 함수가 아니라 수치 특성들의 한 부분집합에 대한 선형 함수가 있다. 예를 들어 침실이 두 개인 아파트에 대한 가지(branch)는 평수와 침실 수가 인수들인 선형 함수가 있는 잎 노드로 이어질 수 있다. 학습 알고리즘은 분할을 멈추고 그 특성들에 대해 선형 회귀(§19.6)를 적용하기 시작할 시점을 반드시 결정해야 한다. 두 경우 모두 CART(Classification And Regression Tree; 분류 및 회귀 트리)로 처리할 수 있다.

실세계 응용을 위한 결정 트리 학습 시스템은 반드시 이런 문제들을 처리할 능력을 갖추어야 한다. 특히 연속 값 변수를 처리하는 것이 중요하다. 왜냐하면 물리적 과정과 재무 과정 모두 그런 수치 데이터를 제공하기 때문이다. 그런 기준을 충족하는 상용 패키지가 여러 개 만들어졌으며, 그런 패키지들을 이용해서 특성이 수천 개인 시스템들이 개발되었다. 제조업과 상업 분야에서 데이터 집합으로부터 분류 방법을 추출해야 할 때 일반적으로 가장 먼저 시도하는 방법이 바로 결정 트리이다.

결정 트리의 장점은 다양하다. 결정 트리는 이해하기 쉽고, 큰 데이터 집합으로의 규모 확장이 쉽고, 분류와 회귀말고도 다양한 방식으로 이산 및 연속 입력들을 처리할 수 있다. 그러나 정확도가 최적은 아니며(주로는 탐욕적 검색 때문이다), 트리가 아주 깊으면 새 견본에 대한 예측값을 구하는 데 시간이 많이 걸린다. 결정 트리는 또한 **불안정**하다. 새 견본 하나만 추가해도 뿌리 노드의 판정 결과가 달라져서 전체 트리가 달라질 여지가 있다. §19.8.2에서는 이런 문제점 중 몇 개를 해결할 수 있는 **무작위 숲** 모형을 살펴본다.

불안정

19.4 모형 선택과 최적화

기계학습의 목표는 미래의 견본들에 최적으로 적합할 가설을 선택하는 것이다. 이 목표를 엄밀하게 만들려면 '미래의 견본'과 '최적 적합'을 구체적으로 정의해야 한다.

시불변

우선, 미래의 견본이 과거의 견본들과 비슷하다는 가정이 꼭 필요하다. 이를 **시불변**(stationarity) 가정이라고 부른다. 이 가정이 성립하지 않는다면 목표 달성이 사실상 불가능하다. 좀 더 구체적으로, 견본 E_j들의 사전 확률분포가 모두 동일하다고 가정한다.

$$\mathbf{P}(E_j) = \mathbf{P}(E_{j+1}) = \mathbf{P}(E_{j+2}) = \cdots,$$

또한 이 확률분포들이 이전 견본들과는 독립이라고 가정한다.

$$\mathrm{P}(E_j) = \mathrm{P}(E_{j|E_{j-1}}, E_{j-2}, \dots).$$

이 등식들을 충족하는 견본들 가리켜 **독립 동일 분포**(independent and identically distributed)
라고 말한다. 독립 동일 분포를 **i.i.d.**로 줄여쓰기도 한다.

다음으로, '최적 적합(optimal fit)'을 정의해 보자. 일단 지금은, **오류율**(error rate)이
오류율 최소인 가설이 곧 최적 적합 가설이라고 정의하기로 한다. 이때 오류율은 견본 (x, y)에
대해 $h(x) \neq y$인 경우의 비율이다. (나중에는 오류마다 그 비용이 다를 수도 있는 경우
에 대해 이 정의를 확장해 볼 것이다. 그러면 정답과 '거의' 일치하는 답에 대해서도 어
느 정도의 점수를 줄 수 있다.) 한 가설의 오류율은 '시험'을 치러서 파악한다. 즉, 하나
의 **시험 집합**(test set)을 입력해서 가설의 성과를 측정한다. 학생도 마찬가지지만, 가설이
시험 전에 정답지를 훔쳐 보는 것은 부정 행위이다. 그런 부정 행위를 막는 가장 간단한
방법은 견본들을 미리 **훈련 집합**과 **시험 집합**으로 분리해 두는 것이다. 훈련 집합은 가
설을 생성하는 데 쓰이고, 시험 집합은 가설을 평가(시험)하는 쓰인다.

가설을 하나만 만드는 경우에는 이 접근방식으로 충분하다. 그러나 보통은 여러 개
의 가설을 만들어서 가장 나은 것을 고른다. 이때 완전히 다른 종류의 기계학습 모형들
을 만들기도 하지만, 한 모형의 여러 '다이얼'을 이리저리 조정해서 서로 다른 모형 인스
턴스를 만들어 내기도 한다. 예를 들어 결정 트리에 대한 χ^2 가지치기의 문턱값을 여러
가지로 설정하거나 다항식의 차수를 달리 두어서 다양한 모형을 만들 수 있다. 그런 '다
초매개변수 이얼'들을 **초매개변수**(hyperparameter)라고 부른다. 초매개변수는 개별 모형의 매개변수
가 아니라 개별 모형들이 속한 모형 부류에 대한 매개변수이다.

한 연구자가 χ^2 가지치기 초매개변수의 한 값으로 가설을 만들고 시험 집합으로
오류율을 측정한 후 그 초매개변수의 값을 다르게 해서 만든 가설로 다시 오류율을 측정
한다고 하자. 개별 가설들은 시험 집합을 훔쳐 보지 않는다. 그러나 전체적인 **과정** 자체
는 시험 집합에 접근한다(연구자를 통해서).

과정조차도 시험 집합을 보지 못하게 만드는 방법은 시험 집합을 **진짜로** 숨겨 두는
것, 다시 말해 훈련, 실험, 초매개변수 조율, 재훈련 과정이 완전히 끝나기 전까지는 누구
도 시험 집합을 보지 못하게 하는 것이다. 이를 위해서는 세 가지 데이터 집합이 필요하다.

1. **훈련 집합**: 후보 모형들을 훈련하는 데 사용한다.
검증 집합 2. **검증 집합**(validation set): 후보 모형들을 평가하고 최고의 것을 선택하는 데 쓰인
다. **개발 집합**(development set, 줄여서 **dev set**)이라고 부르기도 한다.
3. **시험 집합**: 최종적으로 최고의 모형을 편향 없이 평가하는 데 쓰인다.

그런데 데이터 집합을 세 개나 만들 정도로 견본이 충분하지 않으면 어떻게 할까? 그런
k**겹 교차 검증** 경우 k**겹 교차 검증**(k-fold cross-validation)이라는 기법을 이용하면 가지고 있는 데이터
에서 최대한 많은 것을 쥐어짤 수 있다. 이 기법의 핵심은 견본들을 훈련 데이터로도, 검
증 데이터로도 사용하는 것이다(단, 한 견본을 동시에 두 가지 목적으로 사용하지는 않

CHAPTER 19 견본에서 배우는 학습

는다). 우선 데이터를 같은 크기의 부분집합 k개로 분할한다. 그런 다음 학습을 k회 수행하되, 각 회차에서 데이터의 $1/k$을 검증 집합으로 따로 떼어 두고('예비') 나머지 견본들을 훈련 집합으로 사용한다. k회 반복 실행의 평균 시험 집합 점수가 단일 실행으로 얻은 점수보다 나은 추정치가 되게 해야 하는데, 이를 위해 k의 값으로 즐겨 쓰이는 것은 5와 10이다. 그 정도면 통계적으로 정확할 가능성이 높은 근사치에 해당하는 평균 시험 집합 점수를 얻기에 충분한 실행 횟수이다(물론 전체적인 실행 시간이 5배에서 10배 길어지긴 하지만). 극단적인 경우는 $k = n$인데, 이를 **하나 뺀 교차 검증**(leave-one-out cross-validation, LOOCV)이라고 부르기도 한다. 교차 검증에서도 시험 집합은 미리 따로 분리해 두어야 함을 기억하기 바란다.

하나 뺀 교차 검증 LOOCV

도해 19.1(p.849)에서 데이터 집합에 '과소적합(underfit)'한 직선 함수와 과대적합한 고차 다항식을 보았다. 좋은 가설을 찾는 문제를 두 가지 부분 문제로 생각할 수 있는데, 하나는 좋은 가설 공간을 찾는 **모형 선택**(model selection)이고[4] 다른 하나는 그 공간 안에서 최고의 가설을 찾아내는 **최적화**(optimization)이다. 기계학습에서 **훈련**(training)이라고 부르는 것이 바로 이 최적화이다.

모형 선택에는 정성적(qualitative)이자 주관적인 측면이 있다. 문제에 관한 우리의 사전 지식에 따라서는 결정 트리 대신 다항식을 선택할 수도 있다. 한편으로는 정량적이고 경험적인 측면도 있다. 여러 다항식을 검증 집합으로 시험해 보고 가장 나은 성과를 보인 2차 다항식(초매개변수 $Degree = 2$)을 선택하는 것이 그런 측면이다.

모형 선택 최적화

19.4.1 모형 선택

도해 19.8의 MODEL-SELECTION은 간단한 모형 선택 알고리즘이다. 이 알고리즘은 학습 알고리즘 *Learner*(이를테면 LEARN-DECISION-TREE)와 초매개변수 *size*를 받는다. 결정 트리의 경우 이 초매개변수는 트리의 노드 개수이고 다항식이라면 차수이다. MODEL-SELECTION은 *size*의 가장 작은 값으로 시작한다. 그러면 아주 간단한 모형이 만들어진다(자료에 과소적합할 가능성이 크다). 그런 다음 *size*를 점점 키워 가면서 점점 더 복잡한 모형을 만들어서 오류율을 측정한다. 그런 과정을 반복해서, 검증 데이터에 대한 평균 오류율이 가장 낮은 모형 하나를 선택한다.

도해 19.9에 모형 선택에서 발생하는 전형적인 패턴 두 가지가 나와 있다. (a)와 (b) 모두, 훈련 집합 오류율은 모형의 복잡도 증가에 따라 단조조적으로 감소했다(약간의 무작위 변동이 있기 하지만). (a)의 복잡도는 결정 트리의 노드 개수를 기준으로 측정한 것이고 (b)의 복잡도는 신경망 매개변수 w_i들의 개수를 기준으로 측정한 것이다. 여러 모형 부류에서 훈련 집합 오류율은 복잡도가 증가함에 따라 0으로 수렴한다.

---

4 '모형 선택'이라는 용어가 흔히 쓰이지만, 그보다는 '모형 **부류** 선택'이나 '가설 공간 선택'이 더 나은 용어일 것이다. 문헌들에서 '모형(model)'은 범위가 서로 다른 세 가지 대상을 지칭하는데, 하나는 광범위한 가설 공간(이를테면 '다항식')이고 또 하나는 초매개변수들이 결정된 가설 공간('2차 다항식' 등), 나머지 하나는 모든 매개변수가 결정된 구체적인 가설($5x^2 + 3x - 2$ 등)이다.

function MODEL-SELECTION(*Learner*, *examples*, *k*) **returns** (가설, 오류율) 쌍

    err ← 검증 집합 오류율들을 담은, *size*를 색인으로 하는 배열
    training_set, *test_set* ← *examples*를 분할한 두 집합
    for *size* = 1 **to** ∞ **do**
        err[*size*] ← CROSS-VALIDATION(*Learner*, *size*, *training_set*, *k*)
        if *err*가 크게 증가하기 시작했음 **then**
        best_size ← *err*[*size*]가 최소인 *size*의 값
        h ← *Learner*(*best_size*, *training_set*)
        return *h*, ERROR-RATE(*h*, *test_set*)

function CROSS-VALIDATION(*Learner*, *size*, *examples*, *k*) **returns** 오류율

    N ← *examples*의 크기(견본 개수)
    errs ← 0
    for *i* = 1 **to** *k* **do**
        validation_set ← *examples*[$(i-1) \times N/k : i \times N/k$]
        training_set ← *examples* − *validation_set*
        h ← *Learner*(*size*, *training_set*)
        errs ← *errs* + ERROR-RATE(*h*, *validation_set*)
    return *errs* / *k*   // k-겹 교차 검증의 검증 집합들에 대한 평균 오류율

도해 19.8 검증 오류율이 가장 낮은 모형을 선택하는 알고리즘. 복잡도를 점차 높이면서 모형들을 구축해서 검증 데이터 집합에 대한 실험 오류율 *err*가 가장 낮은 것을 선택한다. *Learner*(*size*, *examples*)는 복잡도가 매개변수 *size*로 설정된 가설을 돌려준다. 그 가설을 *examples*를 이용해서 훈련한다. CROSS-VALIDATION에서 **for** 루프는 *examples*에서 일정한 개수(반복마다 다르다)의 견본을 뽑아서 검증 집합을 만들고, 나머지는 훈련 집합으로 사용해서 가설을 훈련하고 오류율을 계산한다. 루프가 끝난 후에는 모든 '겹'에 대한 평균 검증 집합 오류율을 돌려준다. MODEL-SELECTION은 오류율이 가장 작은 *size* 매개변수의 값을 구한 후, 모든 훈련 견본으로 훈련된 그 크기의 모형(학습자 또는 가설)을 따로 떼어 놓은 시험 집합 견본들에 대한 오류율과 함께 돌려준다.

두 경우는 검증 집합에 대한 오류율에서 차이를 보인다. (a)의 검증 집합 오류율 곡선은 U자형이다. 즉, 모형의 복잡도가 증가함에 따라 처음에는 검증 집합 오류율이 감소지만, 어느 지점을 지나서부터는 과대적합이 발생해서 오류율이 다시 증가한다. MODEL-SELECTION은 U자형 검증 오류 곡선의 제일 바닥에 있는 모형을 선택한다. 그림의 경우 그 모형은 노드가 7개인 결정 트리이다. 그 지점에서 과소적합과 과대적합이 균형을 이룬다. (b)의 경우 처음은 U자형이지만 한 지점에서부터 검증 오류가 줄어들기 시작한다. 곡선의 맨 끝에서 오류율이 제일 낮은데, 그곳은 신경망 매개변수가 1,000,000개인 지점이다.

검증 오류 곡선이 (a)처럼 나타날 때도 있고 (b)처럼 나타날 때도 있는 이유는 무엇일까? 근본적인 이유는 모형 부류마다 여분의 수용력(capacity)을 활용하는 방식이 다르고 그런 방식이 주어진 문제와 얼마나 잘 맞아떨어지는지가 다르기 때문이다. 모형 부류의 수용력이 크면, 모든 훈련 데이터가 모형 안에서 완벽하게 표현되는 지점에 도달할 때가 많다. 예를 들어 서로 다른 *n*개의 견본이 있는 훈련 집합으로 훈련을 진행하면 항상 잎 노드 *n*개로 모든 견본을 표현하는 결정 트리가 만들어진다.

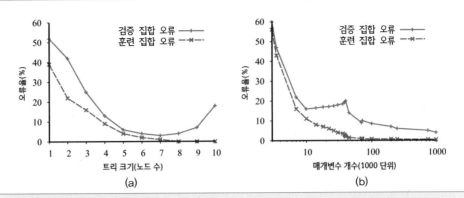

도해 19.9 서로 다른 문제에 대한, 복잡도가 서로 다른 두 모형의 훈련 데이터 오류율(아래쪽 녹색 선)과 검증 데이터 오류율(위쪽 주황색 선). MODEL-SELECTION 알고리즘은 검증 집합 오류가 가장 적은 초매개변수 값을 선택한다. (a) 모형 부류는 결정 트리이고 초매개변수는 노드 개수이다. 데이터는 식당 문제의 한 버전에서 가져온 것이다. 최적 크기는 7이다. (b) 모형 부류는 합성곱 신경망(§21.3)이고 초매개변수는 신경망의 정규 매개변수 개수이다. 데이터는 손글씨 숫자 이미지들로 이루어진 MNIST 데이터 집합이다. 문제는 각 숫자를 식별하는 것이다. 최적 매개변수 개수는 1,000,000이다(그래프 y축이 로그 축척임을 주의할 것).

보간   모형이 모든 훈련 데이터에 완벽하게 적합된 것을 가리켜, 모형이 데이터를 **보간**(interpolation)했다고 말한다.[5] 일반적으로, 수용력이 보간 지점에 도달할 때까지는 모형 부류가 데이터에 과대적합한다. 아마도 모형 수용력의 대부분이 훈련 견본들에 집중되며, 남은 수용력은 검증 데이터 집합의 패턴을 제대로 표현(대표)하지 않는 무작위한 방식으로 할당되기 때문이 아닌가 한다. 이러한 과대적합을 극복하지 못하는 모형 부류들도 있는데, (a)의 결정 트리가 그러한 예이다. 그러나 그 밖의 모형 부류들에서는 수용력을 키운다는 것이 후보 함수가 더 많아진다는 뜻이며, 그런 모형 부류 중 일부는 진 함수 $f(x)$에 존재하는 데이터 패턴과 자연스럽게 맞아떨어진다. 수용력이 클수록 데이터와 잘 맞는 표현들이 더 많으며, 따라서 최적화 메커니즘이 그런 표현 중 하나를 찾아낼 가능성도 크다.

      (b)는 수용력이 증가하면 검증 집합 오류가 줄어드는 경향을 가진 모형 부류의 예이다. 심층 신경망(제21장), 핵 기계(§19.7.5), 무작위 숲(§19.8.2), 부양된 앙상블(§19.8.4)이 그런 성질을 가지고 있다.

      모형 선택 알고리즘을 확장하는 방법은 여러 가지이다. 서로 다른 부류의 모형을 비교할 수도 있다. 이를테면 DECISION-TREE-LEARNER를 인수로 MODEL-SELECTION를 호출한 후 POLYNOMIAL-LEARNER를 인수로 MODEL-SELECTION를 호출해서 둘 중 검증 오류가 더 적은 것을 선택하는 방식을 생각해 볼 수 있다. 또는, 둘 이상의 초매개변수들을 변경해 가면서 모형들을 시험해 볼 수도 있다. 이를 위해서는 선형 검색이 아니라 그리드 검색(§19.9.3) 같은 좀 더 복잡한 최적화 알고리즘이 필요할 것이다.

---

5   이를 두고 모형이 데이터를 "암기했다"고 표현하는 저자도 있다.

19.4.2 오류율에서 손실로

지금까지 오류율을 최소화하는 문제를 살펴보았다. 오류율을 최소화하는 것이 오류율을 최대화하는 것보다 나은 것은 확실하지만, 그것이 전부는 아니다. 이메일 메시지들을 스팸(spam) 또는 비스팸(nospam)으로 분류하는 문제를 생각해 보자. 비스팸을 스팸으로 분류하는(그래서 중요한 메시지를 놓칠 수도 있는) 것이 스팸을 비스팸으로 분류하는(그래서 사용자가 몇 초 정도 짜증을 내는) 것보다 더 나쁘다. 즉, 오류율이 1%이지만 대부분의 오류가 스팸을 비스팸으로 분류하는 것인 분류기(classifier)가 오류율이 0.5%밖에 되지 않지만 대부분의 오류가 비스팸을 스팸으로 분류하는 것인 분류기보다 낫다. 제16장에서 보았듯이, 의사결정 시스템은 반드시 기대 효용을 최대화해야 하며, 효용은 학습 알고리즘도 역시 최대화해야 할 속성이다. 그러나 기계학습에서는 부호를 뒤집어서, 효용을 최대화하는 대신 **손실 함수**(loss function)를 최소화하는 것이 관례이다. 손실 함수 $L(x, y, \hat{y})$는 실제 $f(x) = y$와 예측한 $h(x) = \hat{y}$의 차이로 정의된다.

손실 함수

$$L(x, y, \hat{y}) = Utility \text{ (주어진 입력 } x\text{에 대해 } y\text{를 사용한 결과)}$$
$$- Utility \text{ (주어진 입력 } x\text{에 대해 } \hat{y}\text{를 사용한 결과)}$$

이는 손실 함수의 가장 일반적인 형식화이다. 이를 더 단순화한, x와는 독립적인 버전인 $L(y, \hat{y})$를 사용하는 경우가 많다. 이번 장의 나머지 부분에서도 단순화된 버전을 사용한다. 이런 형태의 손실 함수를 이용하면 예를 들어 엄마가 보낸 편지를 스팸으로 오인하는 것이 짜증 나는 사촌이 보낸 편지를 스팸으로 오인하는 것보다 더 나쁘다는 점을 표현할 수는 없지만, 비스팸을 스팸으로 분류하는 것이 스팸을 비스팸으로 분류하는 것보다 10배 나쁘다는 점은 표현할 수 있다.

$$L(spam, nospam) = 1, \qquad L(nospam, spam) = 10.$$

$L(y, y)$가 항상 0임을 주의하기 바란다. 정의에 의해, 실제 값을 정확히 예측했다면 손실은 없다. 출력이 이산적인 함수에서는 모든 가능한 오분류(misclassification) 각각에 대해 손실값을 열거할 수 있으나, 실수 값 출력에 대해서는 그런 방식의 열거가 불가능하다. $f(x)$가 137.035999일 때 $h(x) = 137.036$은 상당히 만족스러운 예측이다. 그러나 구체적으로 얼마나 만족스러울까? 일반적으로는 오차가 작을수록 좋다. 그러한 착안을 구현하는 손실 함수가 두 개 있는데, 하나는 차이의 절댓값(L_1 손실이라고 부른다)이고 또 하나는 차이의 제곱이다(차이의 제곱을 L_2 손실이라고 부른다. 2가 2승(제곱)을 뜻하고 생각하면 외우기 쉬울 것이다). 출력이 이산값이고 오류율을 최소화하는 것으로 충분하다면 $L_{0/1}$이라는 손실 함수를 사용할 수도 있다. 이 함수는 답이 부정확하면 1의 손실을 돌려준다.

절댓값 손실: $L_1(y, \hat{y}) = |y - \hat{y}|$

제곱 오차 손실: $L_2(y, \hat{y}) = (y - \hat{y})^2$

0/1 손실: $L_{0/1}(y, \hat{y}) = 0$(만일 $y = \hat{y}$이면) 또는 1(그렇지 않으면)

이론적으로, 학습 에이전트는 자신에게 주어지는 모든 입·출력 쌍에 대한 기대 손실을 최소화하는 가설을 선택함으로써 자신의 기대 효용을 최대화할 수 있다. 그러한 기댓값을 계산하려면 견본들에 관한 사전 분포 확률 $P(X, Y)$를 정의해야 한다. $\mathcal{E}$가 모든 가능한 입·출력 견본의 집합이라고 하자. 그러면, 가설 h(손실 함수 L에 대한)의 기대 **일반화 손실**(generalization loss) $GenLoss$는 다음과 같이 주어진다.

일반화 손실

$$GenLoss_L(h) = \sum_{(x,y) \in \mathcal{E}} L(y, h(x)) P(x, y),$$

그리고 최고의 가설 h^*는 기대 일반화 손실이 최소인 가설이다.

$$h^* = \underset{h \in \mathcal{H}}{\arg\min}\, GenLoss_L(h).$$

대부분의 경우 학습 에이전트는 $P(x, y)$를 모르므로, 일반화 손실을 크기(견본 개수)가 N인 견본 집합 E에 대한 **실험 손실**(empirical loss)을 이용해서 근사할 수만 있다.

실험 손실

$$EmpLoss_{L,E}(h) = \sum_{(x,y) \in E} L(y, h(x)) \frac{1}{N}.$$

이제 근사된 최고 가설 $\hat{h}^*$는 실험 손실이 최소인 가설이다.

$$\hat{h}^* = \underset{h \in \mathcal{H}}{\arg\min}\, EmpLoss_{L,E}(h).$$

$\hat{h}^*$는 실현 불가, 분산, 잡음, 계산 복잡도라는 네 가지 이유로 진 함수 f와는 다를 수 있다.

실현 가능

첫째로, 진 함수 f가 가설 공간 $\mathcal{H}$에 실제로 있는 학습 문제를 가리쳐 **실현 가능**(realizable) 문제라고 부른다. $\mathcal{H}$가 선형 함수들의 집합이고 진 함수 f가 어떤 2차 함수이면, 데이터를 아무리 많이 투입해도 진 함수 f를 복원할 수 없다. 둘째로, **분산**(variance)은 견본 집합을 바꾸었을 때 학습 알고리즘이 일반적으로 얼마나 다른 가설을 돌려주는지를 나타낸다. 문제가 실현 가능일 때는 훈련 견본이 많을수록 분산이 0으로 감소한다. 셋째로, f가 비결정론적 함수, 즉 **잡음 섞인**(noisy) 함수일 수 있다. 즉, 동일한 x에 대해 $f(x)$의 값이 매번 다를 수도 있는 것이다. 정의에 의해, 잡음은 예측할 수 없다(특징지을 수만 있다). 마지막으로, f가 커다란 가설 공간 $\mathcal{H}$에 있는 어떤 복잡한 함수이면, $\mathcal{H}$의 모든 함수를 체계적으로 검색하는 것이 계산 복잡도 면에서 **처리 불가능**한 문제일 수 있다. 그런 경우 검색 공간의 일부를 검색해서 비교적 좋은 가설을 찾아낼 수는 있겠지만, 그 가설이 최고의 가설이라는 보장은 없다.

잡음

통계학에서 전통적으로 쓰이는, 그리고 기계학습의 초창기에 쓰인 방법들은 **소규모 학습**(small-scale learning)에 초점을 둔다. 그런 학습에서 훈련용 견본의 개수는 수십 개

소규모 학습

에서 수천(5천 이하) 개이며, 대부분의 일반화 손실은 가설 공간에 진짜 f가 없어서 생긴 근사 오차와 훈련용 견본의 수가 분산을 제한하기에는 충분히 많지 않아서 생기는 근사 오차에서 비롯된다.

최근에는 **대규모 학습**(large-scale learning)이 좀 더 강조되는데, 견본이 수백만 개인 경우도 많다. 이런 학습에서 일반화 손실의 대부분은 계산의 한계에 의한 것이다. 데이터가 충분하고 진짜 f에 아주 가까운 h를 찾을 수 있을 정도로 풍부한 모형이 있지만, 그것을 찾기 위한 계산이 너무 복잡하므로 그냥 근사로 만족하기로 하자.

대규모 학습

19.4.3 정칙화

§19.4.1에서 교차 검증으로 모형을 선택하는 방법을 살펴보았다. 그 방법 대신, 실험 손실과 가설 복잡도의 가중합을 직접 최소화하는 가설을 찾는 방법도 있다. 그러한 가중합을 총비용(total cost)이라고 부르기로 하자.

$$Cost(h) = EmpLoss(h) + \lambda\, Complexity(h)$$
$$\hat{h}^* = \underset{h \in \mathcal{H}}{\arg\min}\, Cost(h).$$

여기서 λ^{람다}는 하나의 초매개변수로, 손실과 가설 복잡도 사이의 변환율에 해당하는 양의 수치이다. λ를 잘 선택하면, 단순한 함수의 실험 손실과 복잡한 함수의 과대적합 경향 사이의 균형이 잘 맞게 된다.

이런 식으로 복잡한 가설에 명시적으로 벌점을 주는 것을 **정칙화**(regularization)라고 부른다(좀 더 정규적이고 규칙적인 함수가 바람직하다는 점에서 붙은 이름이다). 이제는 비용 함수를 계산하려면 두 가지 함수를 선택해야 함을 주목하자. 하나는 앞에서 말했던 손실 함수(L_1 또는 L_2)이고, 다른 하나는 복잡도를 측정하는 데 사용할 정칙화 함수라고 부른다. 정칙화 함수의 선택은 가설 공간에 따라 달라진다. 예를 들어 다항식들에 적합한 정칙화 함수는 계수들의 제곱들의 합이다. 그 합이 작을수록 도해 19.1(b)와 (c)에 나온 것 같은 복잡하게 요동치는 12차 다항식들에서 멀어진다. 이런 종류의 정칙화의 예를 §19.6.3에서 살펴볼 것이다.

모형을 단순화하는 또 다른 방법은 모형이 작용하는 공간의 차원을 줄이는 것이다. **특징 선택**(feature selection; 또는 자질 선택)이라고 부르는 과정은 무관해 보이는 특성들을 폐기하는 식으로 진행된다. χ^2 가지치기가 일종의 특징 선택이다.

사실 실험 손실과 복잡도를 같은 척도로 측정하는 것이 가능하다. 그러면 변환율 λ는 필요하지 않다. 같은 척도란 바로 비트이다. 우선, 가설을 하나의 튜링 기계 프로그램으로 부호화하고, 그 프로그램의 비트수를 센다. 그런 다음에는 데이터를 부호화하는 데 필요한 비트수를 세는데, 정확히 예측된 견본의 비용은 0비트이고 부정확하게 예측된 견본의 비용은 오차의 크기에 따라 다르다. **최소 서술 길이**(minimum description length, MDL) 가설을 이용하면 필요한 전체 비트수가 최소화된다. 이 방법은 견본의 수가 많을

정칙화

특징 선택

최소 서술 길이

수록 정확한 결과를 내지만, 작은 문제들에서는 프로그램의 부호화 방식을 어떻게 선택하느냐(이를테면 결정 트리를 비트열로 부호화하는 최선의 방법은 무엇인가)에 따라 결과가 달라진다. 제20장(p.935)에서 MDL 접근방식의 확률적 해석 하나를 설명한다.

19.4.4 초매개변수 조율

§19.4.1에서 초매개변수 *size*의 값을 체계적으로 바꾸어 가면서 교차 검증을 적용하되 검증 오류율이 상승하면 멈추는 식으로 *size*의 최적의 값을 구하는 방법을 살펴보았다. 이는 가능한 값이 그리 많지 않은 초매개변수 하나를 조율하기에 적합한 접근방식이다. 그러나 초매개변수가 여러 개이거나 값이 연속적이면 좋은 값을 찾기가 훨씬 어렵다.

수동 조율 가장 간단한 초매개변수 조율 접근방식은 **수동 조율**(hand-tuning), 즉 사람이 과거의 경험에 기본해서 값을 추측하고, 모형을 훈련하고, 검증 데이터로 성과를 측정하고, 그 결과를 분석하고, 직관에 따라 또 다른 값을 추측하는 것이다. 그런 과정을, 만족할만한 성과가 나올 때까지(또는 시간이나 컴퓨팅 예산, 인내심이 바닥날 때까지) 반복한다.

격자 검색 수동 조율보다 나은, 좀 더 체계적인 자동 조율 방법으로 **격자 검색**(grid search)이 있다. 격자 검색은 값들의 모든 조합을 시도해서 검증 집합에 대한 성과를 측정한다. 초매개변수가 몇 개 안 되고 각 초매개변수가 가질 수 있는 값이 그리 많지 않다면 격자 검색이 좋은 선택이다. 서로 다른 조합들을 다수의 컴퓨터에서 병렬로 실행할 수 있으므로, 컴퓨팅 자원이 충분하다면 격자 검색을 좀 더 빨리 끝낼 수 있을 것이다. 단, 컴퓨터 수천 대로 이루어진 클러스터들로 모형 선택을 한 번 수행하는데 며칠이 걸린 사례도 있다.

제3장과 제4장의 검색 전략들을 채용하는 것도 가능하다. 예를 들어 두 초매개변수가 서로 독립이면 각자 따로 최적화할 수 있다.

무작위 검색 가능한 값들의 조합이 너무 많다면, 모든 가능한 초매개변수 설정들의 집합에서 균등 분포에 따라 무작위로 표본을 추출하는 방식의 **무작위 검색**(random search)을 시간과 계산 자원이 허락하는 한 반복하는 방법도 있다. 이런 무작위 표집은 연속값들을 다루는 데에도 적합하다.

베이즈 최적화 각각의 훈련에 시간이 너무 많이 걸린다면, 각 훈련에서 유용한 정보를 추출해서 활용하는 것이 도움이 될 수 있다. **베이즈 최적화**(Bayesian optimization)는 좋은 매개변수 값들을 선택하는 문제를 그 자체로 하나의 기계학습 문제로 취급한다. 즉, 초매개변수 값들의 벡터 $\mathbf{x}$가 입력이고 그 값들로 구축한 모형의 검증 집합에 대한 총 손실이 출력이라는 설정에서 손실 y를 최소화하는 함수 $y = f(\mathbf{x})$를 찾는 것이다. 훈련을 실행할 때마다 나오는 새 $(y, f(\mathbf{x}))$ 쌍으로 함수 f의 형태에 대한 우리의 믿음을 갱신해 나간다.

여기서 핵심은 활용(이전에 좋은 성과를 낸 초매개변수 값들과 가까운 값들을 선택하는 것)과 탐험(새로운 초매개변수 값들을 시험해 보는 것)의 절충이라는 개념이다. 이는 몬테카를로 트리 검색(§5.4)에서 본 것과 동일한 절충인데, 그때 이야기한 확신도 상계(uppder confidence bound) 개념이 여기서도 후회(기회 손실)를 최소화하는 데 쓰인다. f를 하나의 **가우스 과정**(Gaussian process)으로 근사할 수 있다고 가정하면, f에 관한 믿음을 갱신하는 수학 공식들이 깔끔하게 유도된다. [Snoek 외, 2013]은 그러한 수학 공식들을 설명하고 이 접근방식에 관한 실용적인 지침을 제공하며, 이 접근방식이 전문가의 수동 조율보다 나은 성과를 낸다는 점을 보여준다.

개체군 기반 훈련   베이즈 최적화의 대안으로 **개체군 기반 훈련**(population-based training, PBT)이 있다. PBT는 먼저 하나의 개체군(모집단)에 속한 모형들을 무작위 검색을 이용해서 병렬로 훈련한다. 이 모형들은 초매개변수 값들이 각자 다르다. 그런 다음에는 유전 알고리즘(§4.1.4)과 비슷하게, 좋은 성과를 보인 모형의 초매개변수 값들을 선택하고 무작위 돌연변이를 적용해 만든 새로운 세대의 모형들을 훈련하는 과정을 반복한다. 따라서 개체군 기반 훈련은 병렬 실행이 가능하다는 무작위 검색의 장점과 이전 실행의 결과에서 유용한 정보를 얻는다는 베이즈 최적화의(또는, 현명한 사람이 수행하는 수동 조율의) 장점을 모두 가진다.

19.5 학습 이론

그런데 학습된 가설이 과연 이전에 본 적이 없는 입력들에 대해 정확한 값을 예측할까? 그러니까, 진 함수 f를 모르는 상황에서 가설 h가 f에 가깝다는 점을 어떻게 알 수 있을까? 사실 이는 오컴과 흄을 비롯한 여러 사람이 수백 년 전부터 고민해온 질문이다. 최근 몇십 년 사이에는 또 다른 질문들이 제기되었다. 좋은 h를 얻으려면 견본이 몇 개나 있어야 하는가? 어떤 가설 공간을 사용해야 하는가? 가설 공간이 아주 복잡하다면, 최고의 h를 찾는 것이 가능할까? 아니면 극댓값(국소 최댓값)으로 충족해야 할까? h는 얼마나 복잡해야 할까? 과대적합을 피하려면 어떻게 해야 하는가? 이번 절에서는 이런 질문들을 살펴본다.

학습에 필요한 견본의 개수에 관한 질문으로 시작하자. 식당 문제에 대한 결정 트리의 학습 곡선(p.858의 도해 19.7)에서 보았듯이, 훈련 데이터가 많을수록 정확도가 개선된다. 학습 곡선이 유용하긴 하지만, 특정 문제에 대한 특정 알고리즘에 국한된다는 단점이 있다. 필요한 견본들의 개수에 관한 좀 더 일반적인 원리는 없을까?

계산 학습 이론   이런 종류의 질문을 다루는 분야가 **계산 학습 이론**(computational learning theory)이다. 이 분야는 인공지능과 통계학, 이론 컴퓨터 과학의 교차점에 놓여 있다. 바탕 원리는, 아주 틀린 가설은 틀린 예측을 제공하므로, 그런 가설들은 모두 적은 수의 견본으로도 높은 확률로 발견된다는 것이다. 따라서, 충분히 큰 훈련 견본 집합에 일관된 임의의 가설은 아주 틀린 가설일 가능성이 낮다. 즉, 그런 가설은 반드시 **근사적으로 정확할 가능성이 큰**(probably approximately correct, PAC) 가설이다.

근사적으로 정확할 가능성이 큰   근사적으로 정확할 가능성이 큰 가설을 돌려주는 임의의 알고리즘을 가리켜 PAC **학습** 알고리즘이라고 부른다. 이 접근방식을 이용하면 여러 학습 알고리즘의 성과에 대한 한계들을 구할 수 있다.

PAC 학습   방금 말한 PAC 학습 정리는 다른 모든 정리와 마찬가지로 공리들에서 논리적으로 도출한 것이다. 어떤 **정리**(이를테면 정치적인 허언과는 성격이 반대인)는 과거에 기초해서 미래에 대한 뭔가를 말해 준다. 그리고 공리는 그러한 과거와 미래의 연결을 가능하게 하는 '정수精髓'를 제공한다. PAC 학습 정리에 그러한 정수를 제공하는 것은 p.863에 나온 시불변 가정, 즉 미래의 견본들도 과거의 견본들과 동일한 고정된 분포 $P(E) = \mathbf{P}(X, Y)$에서 추출된다는 것이다. (그 분포가 구체적으로 어떤 것인지 반드시 알아야 하는 것은 아니다. 중요한 것은 그 분포가 시간에 따라 변하지 않는다는 점이다.) 더 나아가서, 논의를 단순하게 만들기 위해, 진 함수 f가 결정론적 함수이자 고려 중인 가설 공간 $\mathcal{H}$의 일원이라고도 가정한다.

가장 간단한 형태의 PAC 학습 정리는 0/1 손실 함수가 적합한 부울 함수들에 관한 것이다. 앞에서 비형식적으로 정의했던 가설 h의 **오류율**을 여기서 형식적으로 정의해 보자. 오류율은 시불변 분포에서 추출한 견본들의 일반화 손실의 기댓값이다.

$$\mathrm{error}(h) = GenLoss_{L_{0/1}}(h) = \sum_{x,y} L_{0/1}(y, h(x)) P(x,y).$$

다른 말로 하면, $error(h)$는 h가 새 견본을 잘못 분류할 확률이다. 이는 앞에서 본 학습 곡선들을 통해서 실험적으로 측정한 수량과 같은 것이다.

ϵ이 작은 상수일 때, $error(h) \le \epsilon$을 충족하는 가설 h를 가리켜 **근사적으로 정확하다**(approximately correct)고 말한다. N개의 견본으로 학습하고 나면 높은 확률로 모든 일관 가설이 근사적으로 정확하게 되는 N을 찾을 수 있음을 잠시 후에 볼 것이다. 근사적으로 정확한 가설이 가설 공간 안에서 진 함수에 '가까이' 있을 것으로 추측할 수 있다. 그러한 가설은 진 함수 f를 중심으로 한 소위 ϵ-**구**(ϵ-ball) 안에 있다. 이 구 바깥의 가설 공간을 $\mathcal{H}_{\mathrm{bad}}$로 표기한다.

"아주 틀린" 가설 $h_b \in \mathcal{H}_{\mathrm{bad}}$가 처음 N개의 견본에 대해 일관적인 확률을 다음과 같이 유도할 수 있다. $error(h_b) > \epsilon$임은 알고 있다. 따라서 가설이 주어진 견본과 부합할 확률은 $1 - \epsilon$을 넘지 않는다. 견본들은 독립적이므로, N개의 견본에 대한 한계는 다음과 같다.

$$P(h_b \text{가 } N \text{개의 견본과 부합함}) \le (1 - \epsilon)^N.$$

일관 가설이 $\mathcal{H}_{\mathrm{bad}}$에 적어도 하나는 들어 있을 확률의 한계는 개별 확률들의 합으로 주어진다.

$$P(\mathcal{H}_{\mathrm{bad}}\text{에 일관 가설이 있음}) \le |\mathcal{H}_{\mathrm{bad}}|(1 - \epsilon)^N \le |\mathcal{H}|(1 - \epsilon)^N.$$

이 부등식에는 $\mathcal{H}_{\mathrm{bad}}$가 $\mathcal{H}$의 한 부분집합이므로 $|\mathcal{H}_{\mathrm{bad}}| \le |\mathcal{H}|$라는 사실이 쓰였다. 이 사건의 확률을 다음과 같이 어떤 작은 수 δ 이하로 줄일 수 있다면 좋을 것이다.

$$P(\mathcal{H}_{bad}\text{에 일관 가설이 있음}) \le |\mathcal{H}|(1 - \epsilon)^N \le \delta.$$

$1 - \epsilon \le e^{-\epsilon}$이므로, 알고리즘이

$$N \ge \frac{1}{\epsilon}\left(\ln\frac{1}{\delta} + \ln|\mathcal{H}|\right) \tag{19.1}$$

개의 견본을 처리한다면 확률을 그렇게 줄일 수 있다. 즉, 이만큼의 견본들을 본 후 학습 알고리즘은 오류가 ϵ을 넘지 않는 가설을 적어도 $1 - \delta$의 확률로 돌려준다. 다른 말로 하면, 그러한 가설은 근사적으로 정확할 가능성이 크다(PAC). ϵ과 δ의 함수로서의 필요한 견본 개수를 학습 알고리즘의 **표본 복잡도**(sample complexity)라고 부른다.

표본 복잡도

앞에서 보았듯이, $\mathcal{H}$가 특성이 n개인 모든 부울 함수의 집합일 때 $|\mathcal{H}| = 2^{2^n}$이다. 즉, 표본 복잡도는 2^n을 지수로 해서 증가한다. 그런데 가능한 견본의 개수도 2^n이므로, 모든 부울 함수 부류의 PAC 학습에는 가능한 견본들의 모두 또는 거의 모두가 필요하다. 그 이유는 잠깐만 생각해 보면 알 수 있다. 바로, $\mathcal{H}$에는 주어진 임의의 견본 집합을 모든 가능한 방법으로 분류하기에 충분한 가설들이 들어있다는 것이다. 구체적으로 말하면, 견본이 N개인 임의의 집합에 대해, 그 견본들과 일관 가설들의 집합에서 x_{N+1}이 양성 견본이라고 예측하는 가설의 개수와 x_{N+1}이 음성 견본이라고 예측하는 가설의 개수는 같다.

그렇다면, 처음 보는 견본들을 실제로 일반화하기 위해서는 가설 공간 $\mathcal{H}$를 어떤 방식으로든 제한해야 할 것으로 보인다. 그러나 공간을 제한하면 진 함수도 제거될 위험이 있음은 물론이다. 이런 딜레마에서 탈출하는 방법은 크게 세 가지이다.

첫째는 문제에 관련된 사전 지식을 도입하는 것이다.

둘째는, §19.4.3에서 소개했듯이, 알고리즘이 그냥 임의의 일관 가설을 돌려주는 것이 아니라 더 간단한 가설을 돌려주게 하는 것이다(결정 트리 학습에서 했던 것처럼). 간단한 일관 가설을 찾는 계산이 처리 가능한 경우, 일반적으로 그냥 일관성만 고려해서 가설을 선택할 때보다 더 나은 표본 복잡도를 얻게 된다.

셋째는 부울 함수들의 전체 가설 공간의 학습 가능한 부분집합들에 초점을 두는 것이다. 잠시 후에 살펴볼 이 접근방식은 진 함수 f에 충분히 가까운 가설 h가 제한된 가설 공간에 포함되어 있다는 가정에 기초한다. 이 접근방식의 장점은, 가설 공간이 제한된 덕분에 일반화가 효과적이라는 점과 대체로 검색이 더 쉽다는 점이다. 그럼 그런 제한된 가설 공간 하나를 좀 더 자세히 살펴보자.

19.5.1 PAC 학습 예제: 결정 목록의 학습

결정 목록

이제부터는 PAC 학습을 의사결정 목록(decision list), 줄여서 **결정 목록**이라는 새로운 종류의 가설 공간에 적용하는 방법을 살펴본다. 결정 목록은 일련의 판정들로 구성되는데, 각 판정은 리터럴들의 논리곱이다. 한 견본 서술에 대한 하나의 판정이 성공했을 때에는 결정 목록에 지정된 값이 반환된다. 판정이 실패하면 목록의 다음 판정으로 넘어간다. 결정 목록은 결정 트리와 비슷하나, 전체적인 구조가 더 단순하다. 결정 목록은 오직 한 방향으로만 분기한다. 그러나 개별 판정은 결정 트리보다 더 복잡하다. 도해 19.10은 식당 문제에 대한 다음과 같은 가설을 나타내는 결정 목록을 나타낸 것이다.

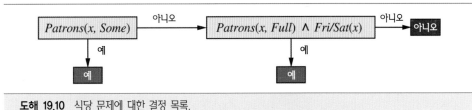

도해 19.10 식당 문제에 대한 결정 목록.

$$WillWait \iff (Patrons = Some) \lor (Patrons = Full \land Fri/Sat).$$

판정의 크기에 제한을 두지 않는다면, 결정 목록은 그 어떤 부울 함수도 표현할 수 있다 (연습문제 19.DLEX). 반면, 하나의 판정에 리터럴들을 최대 k개만 사용할 수 있다고 제한하면, 학습 알고리즘이 적은 수의 견본들로도 일반화에 성공할 수 있다. 리터럴이 최대 k개인 결정 목록을 k-DL이라고 부르기로 하자. 도해 19.10의 예는 2-DL이다. k-DL 에 깊이가 최대 k인 모든 결정 트리의 집합에 해당하는 한 부분집합 k-DT가 존재함을 증명하기란 어렵지 않다(연습문제 19.DLEX). 부울 특성 n개를 사용하는 k-DL 언어를 k-DL(n)이라고 표기하겠다.

k-DL
k-DT

　가장 먼저 할 일은, k-DL이 학습 가능(learnable)이라는 점, 즉 k-DL로 표현된 임의의 함수를 적당한 수의 견본들로 훈련하면 근사적으로 정확해진다는 점을 증명하는 것이다. 이를 위해서는 가능한 가설들의 개수를 계산해야 한다. 판정이 n개의 특성을 사용하는 최대 k개의 리터럴들의 논리곱이라 할 때, 그러한 판정들의 언어를 $Conj(n,k)$로 표기하자. 결정 목록은 판정들로부터 구축되므로, 그리고 각 판정에 대한 결과는 Yes이 거나, No이거나, 모르거나(결정 목록에 없음) 세 가지이므로, 판정들로 이루어진 서로 다른 집합의 개수는 $3^{|Conj(n,k)|}$을 넘지 않는다. 그러한 판정 집합 각각의 순서는 중요하지 않으므로 다음이 성립한다.

$$|k - DL(n)| \leq 3^c c!, \text{ 여기서 } c = |Conj(n,k)|.$$

n개의 특성 중 최대 k개의 리터럴로 이루어진 논리곱의 개수는 다음과 같이 주어진다.

$$|Conj(n,k)| = \sum_{i=0}^{k} \binom{2n}{i} = O(n^k).$$

이를 적절히 전개하고 정리하면 다음 공식이 나온다.

$$|k\text{-DL}(n)| = 2^{O(n^k \log_2(n^k))}.$$

이 공식을 식 (19.1)에 대입하면, k-DL(n) 함수를 PAC으로 학습하는 데[역주4] 필요한 견

[역주4] 'PAC으로 학습한다' 또는 'PAC-학습'이라는 표현은 학습을 통해서 '근사적으로 정확할 가능성이 큰'(PAC) 가설을 얻을 수 있다는 뜻이다.

본 개수의 한계를 n의 다항식으로 표현할 수 있다.

$$N \geq \frac{1}{\epsilon}\left(\ln\frac{1}{\delta} + O(n^k\log_2(n^k))\right).$$

따라서, 일관된 결정 목록을 돌려주는 임의의 알고리즘은 작은 k에 대해 적당한 개수의 견본들로 k-DL 함수를 PAC-학습할 수 있다.

　다음으로 할 일은 일관된 결정 목록을 돌려주는 효율적인 알고리즘을 구하는 것이다. 여기에서는 DECISION-LIST-LEARNING이라는 탐욕적 알고리즘을 사용한다. 이 알고리즘은 훈련 집합의 어떤 부분집합에 정확히 부합하는 판정을 찾는 과정을 반복한다. 그런 판정을 찾으면 그것을 구축 중인 결정 목록에 추가하고, 해당 견본들은 제거한다. 그런 다음에는 남아 있는 견본들만 이용해서 결정 목록의 나머지 부분을 구축한다. 이를 견본이 남지 않을 때까지 반복한다. 도해 19.11에 이 알고리즘이 나와 있다.

---

function DECISION-LIST-LEARNING(*examples*) **returns** 결정 목록 또는 *failure*

   if *examples*가 비었음 **then return** 자명한 결정 목록 *No*
   $t \leftarrow examples$의 부분집합 중 모든 원소가 양성 견본 또는 음성 견본인
        비지 않은 부분집합 $examples_t$와 부합하는 판정
   if 그런 t가 없음 **then return** *failure*
   if $examples_t$의 견본들이 양성임 **then** $o \leftarrow Yes$ **else** $o \leftarrow No$
   return 초기 판정 t와 결과 o, 그리고 DECISION-LIST-LEARNING($examples - examples_t$)로
        주어진 나머지 판정들로 이루어진 결정 목록

도해 19.11 결정 목록 학습 알고리즘.

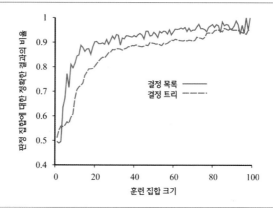

도해 19.12 식당 데이터에 대한 DECISION-LIST-LEARNING 알고리즘의 학습 곡선. 비교를 위해 LEARN-DECISION-TREE의 곡선도 표시했다. 이 문제에 대해서는 결정 트리가 약간 낫다.

이 알고리즘이 결정 목록에 추가할 다음 판정을 선택하는 방법을 지정하지는 않는다. 앞에서 말한 형식적 결과들은 그러한 선택 방법에 의존하지 않지만, 그래도 균일하게 분류된 견본들의 커다란 집합에 부합하는 작은 판정들을 선호하는 것이 바람직한 것으로 보인다. 그러면 전반적인 결정 목록이 최대한 간결해질 것이기 때문이다. 가장 간단한 전략은 임의의 균일 분류 부분집합과 부합하는 가장 작은 판정 t를 찾는 것이다(그 부분집합의 크기는 신경 쓰지 말고). 도해 19.12는 이런 간단한 접근방식도 상당히 잘 작동함을 보여 준다. 이 문제에 대해서는 결정 트리가 결정 목록보다 조금 빠르지만, 변동(variation)이 더 많다. 두 방법 모두 100회 시행 후 90%가 넘는 정확도를 보인다.

19.6 선형 회귀와 분류

이제 결정 트리와 목록은 접어 두고, 수백 년간 쓰인 다른 종류의 가설 공간을 살펴보자. 바로, 실수 값 입력들의 **선형 함수**(linear function; 1차 함수) 부류이다. 가장 간단한 경우인 단변량 선형 함수 회귀로 시작하겠다. 이를 '직선 적합시키기'라고 부르기도 한다. 다변량의 경우는 §19.6.3에서 살펴보고, §19.6.4와 §19.6.5에서는 강/약 문턱값들을 적용해서 선형 함수를 분류기로 변환하는 방법을 소개한다.

선형 함수

19.6.1 단변량 선형 회귀

입력이 x이고 출력이 y인 단변량 선형 함수, 간단히 말해서 직선은 $y = w_1 x + w_0$의 형태이다. 여기서 w_0과 w_1은 실수값 계수들로, 이들의 값을 알아내는 것이 학습의 목표이다. 이 계수들을 영문자 w로 표기한 것은, 이들을 **가중치**(weight)로 간주하기 때문이다. 즉, y의 값은 수식의 항들에 가해진 상대적 무게(가중치)에 따라 변한다. 가중치들의 벡터가 $\mathbf{w} = \langle w_0, w_1 \rangle$이라고 하자. 그리고 이들을 가중치로 사용하는 선형(일차) 함수를 다음과 같이 정의하자.

$$h_{\mathbf{w}}(x) = w_1 x + w_0.$$

가중치

도해 19.13(a)는 x, y 평면의 점 n개로 이루어진 훈련 집합의 예를 보여 준다. 각 점은 매물로 나온 집의 크기와 가격을 나타낸다. 이러한 데이터에 가장 잘 적합되는 $h_{\mathbf{w}}$를 찾는 과제를 **선형 회귀**(linear regression)라고 부른다. 직선을 데이터에 적합시키려면, 실험 손실을 최소화하는 $\langle w_0, w_1 \rangle$의 값들을 찾기만 하면 된다. 실험 손실의 값을 구하는 전통적인 방법(가우스에서 기인한[6])은 제곱 오차(squared error) 손실 함수 L_2를 모든 훈련 견본에 대해 합산하는 것이다.

선형 회귀

---

6 가우스는 만일 y_j 값들에 정규분포 잡음이 존재한다면 w_1과 w_0의 가장 그럴듯한 값들을 L_2 손실을 이용해 오차 제곱들의 합을 최소화함으로써 구할 수 있음을 증명했다. (만일 값들에 라플라스 분포(이중 거듭제곱 분포)를 따르는 잡음이 있다면 L_1 손실이 적합하다.)

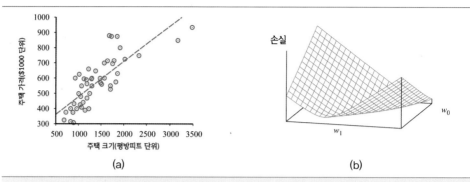

(a)　　　　　　　　　　　　　　　　(b)

도해 19.13 (a) 2009년 6월 캘리포니아 버클리에서 판매되는 주택의 가격 대 넓이를 나타내는 자료점들과, 제곱 오차 손실을 최소화하는 선형 함수 가설 $y = 0.232x + 246$. (b) w_0과 w_1의 여러 값에 대한 손실 함수 $\sum_j (y_j - w_1 x_j + w_0)^2$의 그래프. 손실 함수가 전역 최댓값이 하나인 볼록 함수임을 주목하기 바란다.

$$Loss(h_{\mathbf{w}}) = \sum_{j=1}^{N} L_2(y_j, h_{\mathbf{w}}(x_j)) = \sum_{j=1}^{N}(y_j - h_{\mathbf{w}}(x_j))^2 = \sum_{j=1}^{N}(y_j - (w_1 x_j + w_0))^2 .$$

우리가 구하려는 것은 $\mathbf{w}^* = \arg\min_{\mathbf{w}} Loss(h_{\mathbf{w}})$이다. 합 $\sum_{j=1}^{N}(y_j - (w_1 x_j + w_0))^2$은 w_0과 w_1의 편미분들이 0이 되면 최소가 된다.

$$\frac{\partial}{\partial w_0}\sum_{j=1}^{N}(y_j - (w_1 x_j + w_0))^2 = 0, \quad \frac{\partial}{\partial w_1}\sum_{j=1}^{N}(y_j - (w_1 x_j + w_0))^2 = 0. \qquad (19.2)$$

이 방정식들에는 유일한 해가 있다.

$$w_1 = \frac{N(\sum x_j y_j) - (\sum x_j)(\sum y_j)}{N(\sum x_j^2) - (\sum x_j)^2}; \quad w_0 = (\sum y_j - w_1(\sum x_j))/N. \qquad (19.3)$$

도해 19.13(a)의 예에서 해는 $w_1 = 0.232$, $w_0 = 246$이다. 점선으로 표시된 직선이 바로 이 가중치들로 된 직선이다.

손실이 최소가 되도록 가중치들을 조정하는 작업이 관여하는 형태의 학습들이 많기 때문에, 가중치들의 모든 가능한 설정으로 정의되는 공간인 **가중치 공간**(weight space)에서 어떤 일이 일어나는지를 시각적으로 형상화해 보면 도움이 될 것이다. 단변량 선형 회귀에서, w_0과 w_1로 정의되는 가중치 공간은 2차원이다. 따라서 손실을 w_0과 w_1의 함수로서 3차원 그래프로 그릴 수 있다(도해 19.13(b)). 손실 함수가 ❶권 p.161의 정의에 따라 **볼록** 함수임을 주목하자. 이는 L_2가 손실 함수인 모든 선형 회귀 문제에서도 참이다. 그리고 이는 국소 최솟값(극솟값)이 없음을 의미한다. 어떻게 보면, 이것으로 선형 모형에 대한 이야기는 다한 셈이다. 직선을 데이터에 적합시키려면 그냥 식 (19.3)을 적용하면 된다.[7]

<table>
<tr><td>가중치 공간</td></tr>
</table>

19.6.2 경사 하강법

단변량 선형 모형에는 편미분들이 0인 점에 해당하는 최적해를 구하기 쉽다는 장점이 있다. 하지만 그런 식으로 최적해를 구하지 못하는 경우도 있기 때문에, 여기서는 미분이 0인 점을 찾는 것에 의존하지 않고 손실을 최소화하는, 따라서 손실 함수가 아무리 복잡해도 적용할 수 있는 방법 하나를 소개한다.

§4.2(❶권p.157)에서 논의했듯이, 연속 가중치 공간은 매개변수들을 점진적으로 수정해 가면서 검색할 수 있다. §4.2에서는 그런 알고리즘을 **언덕 오르기**(hill climbing)라고 불렀지만, 지금은 이득을 최대화하는 것이 아니라 손실을 최소화하는 것이므로 아래로 내려가야 한다. 그래서 지금부터는 언덕 오르기 대신 **경사 하강법**(gradient descent)이라는 용어를 사용한다. 경사 하강법의 과정은 이렇다. 가중치 공간에서 임의의 출발점 하나를 선택한다. 지금 예에서는 (w_0, w_1) 평면의 한 점이 출발점이다. 그런 다음 그 점에서의 손실 함수의 기울기(gradient)를 구하고, 가장 경사가 급한 아래 방향으로 약간 이동한다. 이동한 새 점에 대해 같은 과정을 반복하다 보면 결국에는 손실이 최소화되는 (국소적으로라도) 가중치 공간의 한 점에 도달한다. 이러한 알고리즘을 의사코드로 표현하면 다음과 같다.

> **w** ← 매개변수 공간의 임의의 점
> **while** 아직 수렴되지 않음 **do**
>   **for each** w_i **in w do**

$$w_i \leftarrow w_i - \alpha \frac{\partial}{\partial w_i} Loss(\mathbf{w}) \tag{19.4}$$

매개변수 α는 §4.2에서 **단계 크기**라고 불렀던 것이다. 학습 문제에서 손실을 최소화할 때에는 이를 흔히 **학습 속도**(learning rate)라고 부른다. 이 매개변수는 고정된 상수일 수도 있고 학습 과정 동안 시간에 따라 감소할 수도 있다.

단변량 회귀에서 손실 함수는 2차(제곱) 함수이므로, 편미분(편도함수)은 선형 함수가 된다. (이 부분에서 알아야 할 미적분은 **연쇄 법칙**(chain rule) $\partial g(f(x))/\partial x = g'(f(x))$ $\partial f(x)/\partial x$와 $\frac{\partial}{\partial x} x^2 = 2x$이고 $\frac{\partial}{\partial x} x = 1$이라는 사실뿐이다.) 우선 훈련 견본이 (x, y) 하나뿐인 단순화된 버전의 편미분(기울기에 해당)부터 보자.

$$\frac{\partial}{\partial w_i} Loss(\mathbf{w}) = \frac{\partial}{\partial w_i}(y - h_{\mathbf{w}}(x))^2 = 2(y - h_{\mathbf{w}}(x)) \times \frac{\partial}{\partial w_i}(y - h_{\mathbf{w}}(x))$$

$$= 2(y - h_{\mathbf{w}}(x)) \times \frac{\partial}{\partial w_i}(y - (w_1 x + w_0)). \tag{19.5}$$

---

7   몇 가지 주의할 점이 있긴 하지만, L_2 손실 함수는 x에 독립적인 정규분포 잡음이 있을 때 적합하고 모든 결과는 시불변 가정에 의존한다.

이를 w_0과 w_1에 적용하면 다음이 나온다.

$$\frac{\partial}{\partial w_0} Loss(\mathbf{w}) = -2(y - h_{\mathbf{w}}(x)) \; ; \quad \frac{\partial}{\partial w_1} Loss(\mathbf{w}) = -2(y - h_{\mathbf{w}}(x)) \times x \, .$$

이제 이를 다시 식 (19.4)에 대입하고 2를 지정되지 않은 학습 속도 α로 대체하면 다음과 같은 가중치 학습 규칙이 나온다.

$$w_0 \leftarrow w_0 + \alpha(y - h_{\mathbf{w}}(x)) \; ; \quad w_1 \leftarrow w_1 + \alpha(y - h_{\mathbf{w}}(x)) \times x \, .$$

이러한 갱신 공식을 직관적으로 설명한다면 이렇다: 만일 $h_{\mathbf{w}}(x) > y$이면, 즉 출력이 너무 크면 w_0을 조금 줄인다. 만일 x가 양성 입력이면 w_1을 감소하고, x가 음성 입력이면 w_1을 증가한다.

앞의 갱신 공식은 하나의 훈련 견본에 대한 것이다. 훈련 견본이 N개일 때에는 각 견본에 대한 개별 손실들의 합을 최소화해야 한다. 합의 미분은 미분들의 합이라는 점을 이용해서 다음과 같은 공식을 얻을 수 있다.

$$w_0 \leftarrow w_0 + \alpha \sum_j (y_j - h_{\mathbf{w}}(x_j)) \; ; \quad w_1 \leftarrow w_1 + \alpha \sum_j (y_j - h_{\mathbf{w}}(x_j)) \times x_j \, .$$

일괄 경사 하강법 이러한 갱신들은 단변량 선형 회귀를 위한 **일괄 경사 하강법**(batch gradient descent) 학습 규칙에 해당한다(이를 **결정론적 경사 하강법**(deterministic gradient descent)이라고 부르기도 한다). 손실 함수의 곡면(이하 간단히 손실 곡면)은 볼록이므로, 알고리즘은 극소점에 갇히는 일 없이 반드시 전역 최솟점으로 수렴한다(전역 최솟점을 지나칠 정도로 α를 크게 잡지는 않았다고 할 때). 그렇지만 수렴이 아주 느릴 수 있다. 모든 단계에서 합산(시그마)의 대상이 훈련 견본 N개 전체이고 단계 수가 많을 수 있기 때문이다. N이 CPU의 메모리 크기보다 크면 문제가 더 심해진다. 모든 훈련 견본을 처리하는 단계 하나를 **주기** 또는 **세**(epoch)라고 부른다.

주기

확률적 경사 하강법 좀 더 빠른 변형으로 **확률적 경사 하강법**(stochastic gradient descent)이라는 방법이 있다. 줄여서 SGD로 표기하는 이 방법은 각 단계에서 전체 훈련 견본의 일부만 무작위로 선택(표집)해서 식 (19.5)에 따라 갱신한다. 초기 버전의 SGD는 각 단계에서 훈련 견본을 하나만 선택했지만, 요즘은 N개의 견본에서 m개를 추출하는 것이 일반적이다. 추출된 견본 부분집합을 **미니배치**^{minibatch}라고 부른다. 예를 들어 견본이 $N = 10{,}000$이고 미니배치의 크기가 $m = 100$일 때, 확률적 경사 하강법 한 단계의 계산량은 기존 경사 하강법의 100분의 1이다. 추정된 평균 기울기의 표준 오차는 견본 개수의 제곱근에 비례하므로, 표준 오차는 10배밖에 되지 않는다. 따라서 수렴에 걸리는 단계 수가 10배라 해도 미니배치 SGD는 경사 하강법(모든 견본을 미니배치로 사용하는 확률적 경사 하강법에 해당)보다 여전히 10배 빠르다.

SGD

미니배치

CPU나 GPU 아키텍처에 따라서는, m을 적절히 선택한다면 병렬 벡터 연산이 가능해진다. 그러면 m개의 견본에 대한 단계가 견본 하나에 대한 단계만큼이나 빠르게 실행된다. 이상의 사항들을 고려할 때, m을 주어진 학습 문제에 맞게 조율해야 할 하나의 초매개변수로 취급하는 것이 바람직하다.

미니배치 SGD의 수렴이 엄격하게 보장되지는 않는다. 미니배치 SGD는 최솟점에 안착하지 못하고 그 주위에서 진동할 여지가 있다. 수렴을 보장하기 위해 학습 속도 α 를 일정하게 감소하는(모의 정련에서처럼) 방법을 p.886에서 소개할 것이다.

온라인 경사 하강법
확률적 경사 하강법은 새 데이터가 한 번에 하나씩 입력되는, 그리고 시불변 가정이 성립하지 않는 온라인 설정에서 도움이 될 수 있다. (실제로 확률적 경사 하강법을 SGD 를 **온라인 경사 하강법**(online gradient descent)이라고 부르기도 한다.) α를 잘 선택하면 모형은 과거에 배운 것의 일부를 기억하면서 천천히 진화하지만, 그러면서도 새 데이터 가 나타내는 변화에 적응한다.

확률적 경사 하강법은 선형 회귀 이외의 모형들에도 널리 적용되는데, 특히 신경망 에 많이 쓰인다. 이 접근방식은 손실 곡면이 볼록이 아닌 경우에도 전역 최솟점에 가까 운 극솟점을 효과적으로 찾아낸다는 점이 입증되었다.

19.6.3 다변수 선형 회귀

다변수 선형 회귀
지금까지 설명한 것들을 **다변수 선형 회귀**(multivariate linear regression)로 확장하는 것 은 쉬운 일이다. 다변수 선형 회귀에서 각 견본 $\mathbf{x}_j$는 n성분 벡터이다.[8] 가설 공간은 다 음과 같은 형태의 함수들로 이루어진다.

$$h_{\mathbf{w}}(\mathbf{x}_j) = w_0 + w_1 x_{j,1} + \cdots + w_n x_{j,n} = w_0 + \sum_i w_i x_{j,i}.$$

그런데 절편에 해당하는 w_0 항이 삐져나와 있어서 수식의 형태가 깔끔하지 않다. 이는 항상 1로 정의되는 가짜(dummy) 입력 특성 $x_{j,0}$을 도입해서 해결할 수 있다. 그러면 h 는 그냥 가중치 벡터와 입력 벡터의 내적이며, 이를 가중치 벡터의 전치와 입력 벡터의 행렬곱으로 표기해도 마찬가지이다.

$$h_{\mathbf{w}}(\mathbf{x}_j) = \mathbf{w} \cdot \mathbf{x}_j = \mathbf{w}^\top \mathbf{x}_j = \sum_i w_i x_{j,i}.$$

최고의 가중치들의 벡터 $\mathbf{w}^*$는 견본들에 대한 제곱 오차 손실을 최소화하는 벡터이다.

$$\mathbf{w}^* = \arg\min_{\mathbf{w}} \sum_j L_2(y_j, \mathbf{w} \cdot \mathbf{x}_j).$$

---

[8] 부록 A에서 선형대수를 간략히 개괄하니, 필요한 독자는 참고하기 바란다. 또한, 여기서 말하는 '다변수' 회귀는 입력이 여러 개의 값으로 이루어진 벡터이지만 출력은 하나의 변수라는 뜻이다. 출력도 여러 값의 벡터일 때는 '다변량(multivariate)' 회귀라는 용어를 사용한다. 단, 다른 문헌에서는 이런 구분 없이 둘을 같은 의미로 사용하기도 함을 주의하기 바란다.

사실 다변수 선형 회귀가 앞에서 본 단변량 선형 회귀보다 아주 많이 복잡하지는 않다. 경사 하강법은 손실 함수의 (고유한) 최솟값에 도달한다. 각 w_i의 갱신 공식은 다음과 같다.

$$w_i \leftarrow w_i + \alpha \sum_j (y_j - h_{\mathbf{w}}(\mathbf{x}_j)) \times x_{j,i}. \tag{19.6}$$

데이터 행렬 선형대수와 벡터 산술을 이용하면 손실을 최소화하는 $\mathbf{w}$를 해석적으로 풀 수도 있다. $\mathbf{y}$가 훈련용 견본들에 대한 출력들의 벡터이고 $\mathbf{X}$가 **데이터 행렬**(data matrix), 즉 각 행이 하나의 n차원 견본인 입력들의 행렬이라고 하자. 그러면 제곱 오차를 최소화하는 해는 $\hat{\mathbf{y}} = \mathbf{X}\mathbf{w}$이고 모든 훈련 데이터에 대한 제곱 오차 손실은

$$L(\mathbf{w}) = \|\hat{\mathbf{y}} - \mathbf{y}\|^2 = \|\mathbf{X}\mathbf{w} - \mathbf{y}\|^2$$

이다. 기울기를 0으로 두면 다음이 나온다.

$$\nabla_{\mathbf{w}} L(\mathbf{w}) = 2\mathbf{X}^\top (\mathbf{X}\mathbf{w} - \mathbf{y}) = 0.$$

이를 정리해서 다음과 같은 최소 손실 가중치 벡터 공식을 얻는다.

$$\mathbf{w}^* = (\mathbf{X}^\top \mathbf{X})^{-1} \mathbf{X}^\top \mathbf{y}. \tag{19.7}$$

유사역행렬 수식 $(\mathbf{X}^\top \mathbf{X})^{-1} \mathbf{X}^\top$를 데이터 행렬의 **유사역행렬**(pseudoinverse)이라고 부르고, 식 (19.7)
표준방정식 를 **표준방정식**(normal equation; 또는 정규방정식)이라고 부른다.

단변량 선형 회귀에서는 과대적합을 걱정할 필요가 없었다. 그러나 고차원 공간의 다변수 선형 회귀에서는 실제로는 무관한 일부 차원이 우연히 유용하게 작용해서 과대적합이 발생할 수 있다.

그래서 다변수 선형 회귀에서는 과대적합을 피하기 위해 **정칙화**를 적용하는 경우가 많다. 이전에 이야기했듯이, 정칙화에서는 실험 손실과 가설 복잡도 모두를 고려해서 가설의 총비용을 최소화한다.

$$Cost(h) = EmpLoss(h) + \lambda\, Complexity(h).$$

선형 함수의 복잡도는 가중치들의 함수로서 지정할 수 있다. 다음과 같은 부류의 정칙화 함수들을 생각해 보자.

$$Complexity(h_{\mathbf{w}}) = L_q(\mathbf{w}) = \sum_i |w_i|^q.$$

손실 함수에서처럼, $q = 1$로 두면 절댓값들의 합을 최소화하는 L_1 정칙화가 되고, $q = 2$로 두면 제곱들의 합을 최소화하는 L_2 정칙화가 된다.[9] 어떤 정칙화 함수를 사용

---

[9] 손실 함수와 정칙화 함수를 모두 L_1, L_2로 표기하기 때문에 혼동이 올 수도 있겠다. 두 함수를 항상 짝을 맞춰서 사용할 필요는 없다. 즉, L_2 손실 함수와 L_1 정칙화를(또는 그 반대를) 사용해도 된다.

희소 모형 할 것이냐는 구체적인 문제에 따라 다르겠지만, L_1 정칙화는 **희소 모형**(sparse model)을 산출하는 경향이 있다는 중요한 장점을 가지고 있다. 즉, L_1 정칙화는 여러 가중치를 0으로 설정하는 경우가 많다. 그러면 해당 특성은 완전히 무관한 특성이 된다. 이는 LEARN-DECISION-TREE가 하는 방식과 동일하다(메커니즘은 다르지만). 다수의 특성이 폐기된 가설은 사람이 이해하기 쉽고, 과대적합이 일어날 확률도 낮다.

도해 19.14는 L_1 정칙화에 가중치들이 0이 되는 경향이 있지만 L_2 정칙화에는 그런 경향에 없는 이유를 직관적으로 보여 준다. $Loss(\mathbf{w}) + \lambda\, Complexity(\mathbf{w})$ 의 최소화가, λ와 관련된 어떤 상수 c에 대해 $Complexity(\mathbf{w}) \leq c$ 라는 제약하에서의 $Loss(\mathbf{w})$의 최소화와 동치임을 주목하기 바란다. 도해 19.14(a)에서 마름모꼴 상자는 2차원 가중치 공간에서 L_1 복잡도가 c보다 작음을 충족하는 점 $\mathbf{w}$들의 집합을 나타낸다. 우리가 찾는 해는 이 상자 안의 어딘가에 있다. 동심 타원들은 손실 함수의 등고선들로, 중점은 최소 손실이다. 상자의 점들 중 그 최솟값에 가장 가까운 점을 찾아야 하는데, 그래프를 잘 살펴보면 보면 최솟값과 그 등고선들이 어디에 있든 최솟값과 가장 가까운 상자의 점은 상자의 꼭짓점 중 하나임을 알 수 있다(애초에 꼭짓점들은 뾰족한 모서리에 있으므로). 그리고 꼭짓점들은 모두 특정 축에, 즉 한 차원의 값이 0인 곳에 있다.

도해 19.14(b)는 L_2 복잡도에 대해 같은 점들을 나타낸 것인데, 이번에는 마름모가 아니라 원이다. 그림에서 보듯이, 이 경우에는 교점이 특정 축 위에 나타날 이유가 없다. 따라서 L_2 정칙화에는 0의 가중치를 산출하는 경향이 없다. 결과적으로, L_2 정칙화에서 좋은 h를 찾는 데 필요한 견본들의 개수는 무관한 특징들의 개수에 선형적으로 비례하지만, L_1 정칙화에서는 오직 로그적으로만 비례한다. 여러 문제에 대한 실험적 증거들이 이러한 분석을 지지한다.

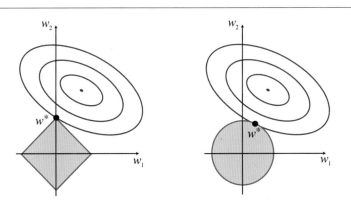

도해 19.14 L_1 정칙화가 희소 모형을 산출하는 경향이 있는 이유. 왼쪽: L_1 정칙화(마름모)에서 달성 가능한 최소의 손실(동심원들)은 하나의 축 위에 있는(즉, 해당 특성이 0) 경우가 많다. 오른쪽: L_2 정칙화(원)에서 최소 손실은 원의 어디에도 있을 수 있으며, 따라서 가중치가 0이 되는 경향은 없다.

이를, L_1 정칙화는 차원 축들을 진지하게 받아들이지만 L_2는 임의로 취급한다고 말할 수도 있겠다. L_2 함수는 구형(spherical)이며, 따라서 회전에 대해 불변(invariant)이다. 하나의 평면에 있는 일단의 점들을 생각해 보자. 이들은 각자의 x, y 좌표성분들로 측정된다. 이제 평면의 축들을 45°회전한다고 하자. 그러면 같은 점들을 나타내는, 그러나 이전과는 좌표가 다른 (x', y')들의 집합이 나온다. L_2 정칙화를 회전 이전과 이후에 적용했을 때의 두 답은 정확히 같은 점이다(비록 이후의 점의 좌표는 이전과는 다른 새 (x', y')이겠지만). 이는 축들의 선택이 사실상 임의적일 때, 즉 두 차원이 북쪽과 동쪽으로의 거리들이든, 북동쪽과 남서쪽으로의 거리들이든 상관이 없을 때 적합하다. L_1 정칙화에서는 다른 답이 나온다. L_1 함수는 회전에 불변이 아니기 때문이다. 이는 축들이 서로 호환되지 않을 때 적합하다. 예를 들어 주택의 '방 수'를 '대지 평수'를 향해 45° 회전한다는 것은 말이 되지 않는다.

19.6.4 강 문턱값을 가진 선형 분류기

선형 함수를 회귀가 아니라 분류에 사용할 수도 있다. 예를 들어 도해 19.15(a)는 두 부류의 자료점들을 보여 준다. 하나는 지진(지진학자들이 관심을 가지는)이고 또 하나는 지하 폭발(군비 억제 전문가들이 관심을 가지는)이다. 각 점은 지진 신호로 계산한 실체파(body wave) 크기와 표면파(surface wave) 크기에 해당하는 두 입력 x_1과 x_2로 정의된다. 이러한 훈련 데이터가 주어졌을 때, 분류 과제는 새로운 점 (x_1, x_2)가 지진이면 0, 폭발이면 1을 돌려주는 가설 h를 배우는 것이다.

결정 경계

두 부류를 나누는 선(또는, 더 높은 차원에서는 표면)을 **결정 경계**(decision boundary)라고 부른다. 도해 19.15(a)에서 결정 경계는 직선이다. 이런 선형 결정 경계를 **선형 분리자**(linear separator)라고 부르고, 선형 분리자로 나누어지는 데이터를 가리켜 **선형 분리 가능**(linearly separable)이라고 칭한다. 그림의 예에서 선형 분리자는

선형 분리자
선형 분리 가능

$$x_2 = 1.7x_1 - 4.9 \ \text{또는} \ -4.9 + 1.7x_1 - x_2 = 0$$

으로 정의된다. 분류 결과가 1이어야 하는 폭발들은 직선의 오른쪽 아래(x_1 축에 가까운 쪽)에 있다. 즉, 해당 점들에서 $-4.9 + 1.7x_1 - x_2 > 0$이다. 반면 지진에 해당하는 점들은 $-4.9 + 1.7x_1 - x_2 < 0$이다. 이 방정식을 벡터 내적 형태로 바꾸면 다루기가 쉬워진다. 가짜 입력 특성 $x_0 = 1$을 도입하면

$$-4.9x_0 + 1.7x_1 - x_2 = 0$$

이고, 가중치 벡터는

$$\mathbf{w} = \langle -4.9, 1.7, -1 \rangle$$

이다. 이제 분류 가설을 다음과 같이 다음과 같이 표현할 수 있다.

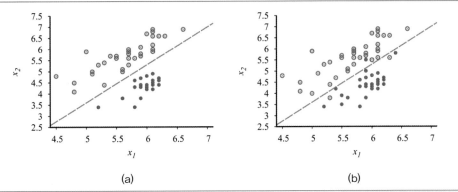

도해 19.15 (a) 실체파 크기 x_1과 표면파 크기 x_2라는 두 지진 데이터 매개변수들로 정의되는 자료점들의 그래프. 1982년에서 1990년 사이에 아시아와 중동에서 발생한 지진(속이 빈 주황색 원)과 지하 핵폭발(녹색 원) 관측 결과에서 가져온 것이다. 그래프에는 두 부류를 가르는 결정 경계도 표시되어 있다. (b) 같은 영역에 대한 자료점들을 더 많이 표시한 모습. 이제는 지진과 폭발이 직선으로 구분되지 않는다.

$$h_{\mathbf{w}}(\mathbf{x}) = 1(\text{만일 } \mathbf{w} \cdot \mathbf{x} \geq 0 \text{이면}) \text{ 또는 } 0(\text{그렇지 않으면}).$$

문턱값 함수   아니면, h를 선형 함수 $\mathbf{w} \cdot \mathbf{x}$가 **문턱값 함수**(threshold function; 역치 함수)를 거쳐 나온 결과로 생각할 수 있다. 즉, $Threshold(z)$가 만일 $z \geq 0$이면 1이고 그렇지 않으면 0인 문턱값 함수일 때(도해 19.17(a) 참고)

$$h_{\mathbf{w}}(\mathbf{x}) = Threshold(\mathbf{w} \cdot \mathbf{x})$$

이다.

가설 $h_{\mathbf{w}}(\mathbf{x})$는 수학적으로 잘 정의된 형태이므로, 가중치들($\mathbf{w}$)을 잘 선택함으로써 손실을 최소화할 수 있을 것이다. §19.6.1과 §19.6.3에서는 손실 최소화를 닫힌 형식으로(기울기를 0으로 두고 가중치들을 구해서), 그리고 가상 공간 안에서의 경사 하강법으로 수행했다. 이번에는 두 방법 모두 불가능하다. 가중치 공간에서 $\mathbf{w} \cdot \mathbf{x} = 0$인 점들을 제외한 거의 모든 점에서 기울기가 0이고, $\mathbf{w} \cdot \mathbf{x} = 0$인 점들에서는 기울기가 정의되지 않기 때문이다.

다행히, 하나의 해로 수렴하는 간단한 가중치 갱신 규칙이 존재한다. 여기서 해는 데이터가 선형 분리 가능이라면 데이터를 완벽하게 분류하는 선형 분리자를 말한다. 하나의 견본 $(\mathbf{x}, y)$에 대해 다음이 성립한다.

$$w_i \leftarrow w_i + \alpha(y - h_{\mathbf{w}}(\mathbf{x})) \times x_i \tag{19.8}$$

퍼셉트론 학습 규칙   이 공식은 선형 회귀의 갱신 공식인 식 (19.6)과 본질적으로 동일하다! 이 규칙을 **퍼셉트론 학습 규칙**(perceptron learning rule)이라고 부르는데, 그런 이름이 붙은 이유는 제21장에서 밝혀질 것이다. 그러나 지금 고려하는 문제는 0/1 분류이므로, 행동 방식이 회귀와는 좀 다르다. 참값 y와 가설의 출력 $h_{\mathbf{w}}(\mathbf{x})$는 0 아니면 1이므로, 가능한 경우는 다음 세 가지이다.

- 출력이 정확하면, 즉 $y = h_{\mathbf{w}}(\mathbf{x})$이면, 가중치들은 변하지 않는다.

- y가 1인데 $h_{\mathbf{w}}(\mathbf{x})$는 0인 경우, 해당 x_i가 양수이면 w_i를 **증가**하고 음수이면 **감소**한다. $h_{\mathbf{w}}(\mathbf{x})$가 1을 출력하려면 $\mathbf{w} \cdot \mathbf{x}$를 더 크게 만들어야 한다는 점을 생각하면 이해가 될 것이다.

- y가 0인데 $h_{\mathbf{w}}(\mathbf{x})$는 1인 경우에는, 해당 입력 x_i가 양수이면 w_i를 **감소**하고 음수이면 **증가**한다. $h_{\mathbf{w}}(\mathbf{x})$가 0을 출력하려면 $\mathbf{w} \cdot \mathbf{x}$를 더 작게 만들어야 한다는 점을 생각하면 이해가 될 것이다.

훈련 곡선 일반적으로는 견본들을 무작위로 선택하면서 학습 규칙을 한 번에 한 견본에 적용하는 과정을 반복한다(확률적 경사 하강법에서처럼). 도해 19.16(a)은 이 학습 규칙을 도해 19.15(a)의 지진·폭발 데이터에 적용했을 때의 **훈련 곡선**(training curve)이다. 훈련 곡선은 고정된 훈련 데이터에 대한 분류기의 성과를, 훈련 집합에 대해 주기마다 갱신을 한 번씩 수행해서 측정한다. 그림의 곡선은 갱신 규칙이 하나의 무오류(zero-error) 선형 분리자에 수렴함을 보여 준다. '수렴(convergence)' 과정이 아주 깔끔하지는 않지만, 수렴이 항상 일어난다는 점은 분명하다. 지금 예에서는 견본이 63개인 데이터 집합에 대해 657 단계만에 수렴이 일어났다. 따라서 각 견본은 평균적으로 약 10배의 데이터를 대표한다. 이 예는 또한 실행들 사이의 편차가 큰 전형적인 상황을 보여 준다.

앞에서, 자료점들이 선형 분리 가능이면 퍼셉트론 학습 규칙이 완벽한 선형 분리자로 수렴한다고 말했다. 그런데 데이터가 선형 분리 가능이 아니면 어떻게 될까? 사실 실제 세계에서는 그런 경우가 너무나 흔하다. 예를 들어 도해 19.15(b)는 [Kebeasy 외, 1998]이 도해 19.15(a)의 그래프를 그릴 때 제외시킨 점들을 다시 추가한 결과이다. 도해 19.16(b)에서 보듯이, 자료점들을 추가했더니 10,000단계가 지나도 퍼셉트론 규칙이 수렴하지 못했다. 비록 최소 오차 해(오류가 세 개인)에 여러 번 도달하긴 했지만, 알고리즘은 계속해서 가중치를 변경한다. 일반적으로, 학습 속도가 α로 고정되어 있으면 퍼셉트론 규칙이 안정적인 해로 수렴하지 않을 수 있으나, α를 $O(1/t)$의 비율로 감소시키면 (여기서 t는 반복 횟수), 견본들을 무작위 순으로 공급한다고 할 때 퍼셉트론 규칙이 최소 오차 해로 수렴함을 증명할 수 있다.[10] 또한 그러한 최소 오차 해를 구하는 것이 NP-어려움 부류의 문제라는 점도 증명할 수 있다. 따라서 해로 수렴하려면 많은 수의 견본을 제시해야 할 것이다. 도해 19.16(c)는 학습 속도의 변화 공식이 $\alpha(t) = 1000/(1000 + t)$인 훈련 과정의 결과이다. 10만 회 반복 이후에도 완전한 수렴은 일어나지 않았지만, 그래도 α가 고정된 경우보다는 훨씬 낫다.

---

10 엄밀히 말하면 $\sum_{t=1}^{\infty} \alpha(t) = \infty$이고 $\sum_{t=1}^{\infty} \alpha^2(t) < \infty$라는 전제조건이 붙는다. $\alpha(t) = O(1/t)$라는 감소 공식은 그러한 조건들을 충족한다. 흔히 꽤 큰 상수 c에 대한 $c/(c+t)$를 학습 속도로 사용한다.

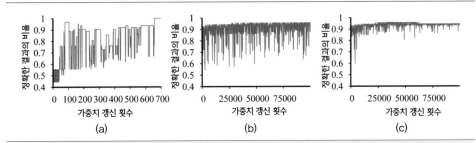

도해 19.16 (a) 도해 19.15(a)에 나온 지진·폭발 데이터에 대한, 퍼셉트론 학습 규칙의 전체 데이터 집합 정확도 대 훈련 데이터 처리 횟수 그래프. (b) 도해 19.15(b)에 나온 잡음 섞인, 분리 불가능 데이터에 대한 같은 그래프. x 축의 축척이 (a)와는 다르다. (c) (b)와 같되, 학습 속도를 $\alpha(t) = 1000/(1000+t)$에 따라 변화시킨 경우.

19.6.5 로지스틱 회귀를 이용한 선형 분류

앞에서, 한 선형 함수의 출력을 문턱값 함수를 통과시키면 선형 분류기가 만들어짐을 보았다. 그런데 그러한 문턱값 함수는 너무 융통성이 없다는 점이 문제이다. 가설 $h_{\mathbf{w}}(\mathbf{x})$는 미분할 수 없는 함수이며, 실제로 입력과 가중치에 대한 하나의 비연속 함수이다. 그래서 퍼셉트론 규칙을 이용한 학습의 성과를 예측하기가 아주 어렵다. 더 나아가서, 선형 분리기는 경계에 아주 가까운 견본들에 대해서도 항상 1 또는 0이라는 완전히 이분법적인 예측을 내놓는다. 어떤 견본들은 명확하게 0 또는 1로 분류하고 다른 어떤 견본들은 그 둘로 명확히 구분되지 않는다고 분류할 수 있으면 좋을 것이다.

이 모든 문제점은 문턱값 함수를 좀 더 부드럽게 만들면, 즉 강(hard; 엄격한) 문턱값 함수를 연속적이고 미분 가능한 함수로 근사하면 대부분 해결된다. 제13장(p.555)에서 약한 (soft) 문턱값처럼 보이는 함수가 두 개 등장했다. 하나는 표준 정규분포의 적분(프로빗 모형에 쓰인)이고 또 하나는 로지스틱 함수(로짓 모형에 쓰인)이다. 두 함수는 그 형태가 아주 비슷하지만, 유용한 수학적 성질은 로지스틱 함수

$$Logistic(z) = \frac{1}{1+e^{-z}}$$

이 더 많이 가지고 있다. 이 함수의 그래프가 도해 19.17(b)에 나와 있다. 문턱값 함수를 로지스틱 함수로 대체하면 가설은 다음과 같은 모습이 된다.

$$h_{\mathbf{w}}(\mathbf{x}) = Logistic(\mathbf{w} \cdot \mathbf{x}) = \frac{1}{1+e^{-\mathbf{w} \cdot \mathbf{x}}} \ .$$

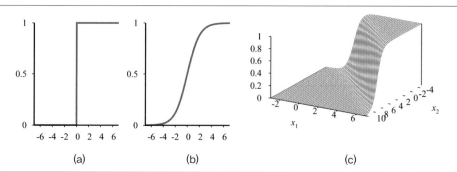

도해 19.17 (a) 출력이 0 또는 1인 강 문턱값 함수 $Threshold(z)$. $z=0$에서 이 함수가 미분불가능임을 주목할 것. (b) 로지스틱 함수 $Logistic(z) = \frac{1}{1+e^{-z}}$. S자형 함수(sigmoid function)라고도 부른다. (c) 도해 19.15(b)에 나온 데이터에 대한 로지스틱 회귀 가설 $h_{\mathbf{w}}(\mathbf{x}) = Logistic(\mathbf{w} \cdot \mathbf{x})$.

도해 19.17(c)는 2입력 지진·폭발 문제에 이런 형태의 가설을 적용한 결과이다. 가설의 출력은 0에서 1 사이의 수치인데, 이를 해당 견본이 1에 해당하는 부류에 속할 **확률**로 해석할 수 있다. 가설은 입력 공간 안에 하나의 약한 경계를 형성한다. 경계 영역 중심에 해당하는 입력은 확률이 0.5이고, 경계로부터 멀어질수록 확률이 0 또는 1에 가까워진다.

로지스틱 회귀   이런 모형의 가중치들을 손실이 최소가 되도록 데이터 집합에 적합시키는 과정을 **로지스틱 회귀**(logistic regression)라고 부른다. 이 모형에서는 $\mathbf{w}$의 최적의 값을 구할 수 있는 간단한 닫힌 형식 해가 존재하지 않는다. 그러나 경사 하강법 계산은 수월하게 수행할 수 있다. 가설의 출력이 더 이상 0과 1이 아니므로, 이제는 L_2 손실 함수를 사용해야 한다. 그리고 공식을 쉽게 읽을 수 있도록, 로지스틱 함수를 g로 표기하고 그 도함수를 g'으로 표기한다.

하나의 견본 $(\mathbf{x}, y)$에 대한 기울기를 유도하는 것은 선형 회귀의 경우(식 (19.5))와 거의 비슷하다. 특히, h의 실제 정의를 대입하는 부분까지는 동일하다. (이 유도에도 연쇄 법칙이 쓰인다.) 유도 과정은 다음과 같다.

$$
\begin{aligned}
\frac{\partial}{\partial w_i} Loss(\mathbf{w}) &= \frac{\partial}{\partial w_i}(y - h_{\mathbf{w}}(\mathbf{x}))^2 \\
&= 2(y - h_{\mathbf{w}}(\mathbf{x})) \times \frac{\partial}{\partial w_i}(y - h_{\mathbf{w}}(\mathbf{x})) \\
&= -2(y - h_{\mathbf{w}}(\mathbf{x})) \times g'(\mathbf{w} \cdot \mathbf{x}) \times \frac{\partial}{\partial w_i}\mathbf{w} \cdot \mathbf{x} \\
&= -2(y - h_{\mathbf{w}}(\mathbf{x})) \times g'(\mathbf{w} \cdot \mathbf{x}) \times x_i.
\end{aligned}
$$

로지스틱 함수의 도함수 g'은 $g'(z) = g(z)(1 - g(z))$를 충족하므로 다음이 성립한다.

$$
g'(\mathbf{w} \cdot \mathbf{x}) = g(\mathbf{w} \cdot \mathbf{x})(1 - g(\mathbf{w} \cdot \mathbf{x})) = h_{\mathbf{w}}(\mathbf{x})(1 - h_{\mathbf{w}}(\mathbf{x})).
$$

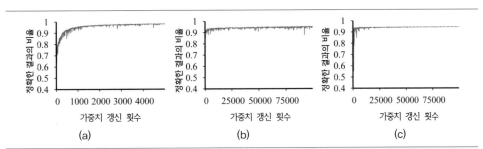

도해 19.18 도해 19.16의 실험들을 로지스틱 회귀와 제곱 오차를 이용해서 되풀이한 결과. (a)의 그래프는 반복이 700회가 아니라 5,000회이다. (b)와 (c)의 그래프들은 이전과 같은 축척이다.

따라서 손실 최소화를 위한 가중치 갱신은 입력과 예측의 차이 $(y - h_{\mathbf{w}}(\mathbf{x}))$에 해당하는 방향으로 한 걸음(step) 나아가며, 그 걸음의 길이는 상수 α와 g'에 의존한다. 다음이 그러한 가중치 갱신 공식이다.

$$w_i \leftarrow w_i + \alpha\,(y - h_{\mathbf{w}}(\mathbf{x})) \times h_{\mathbf{w}}(\mathbf{x})(1 - h_{\mathbf{w}}(\mathbf{x})) \times x_i \,. \tag{19.9}$$

도해 19.16의 실험을 선형 문턱값 분류기 대신 로지스틱 회귀를 이용해서 되풀이한 결과가 도해 19.18에 나와 있다. (a)는 선형 분리가 가능한 경우로, 로지스틱 회귀가 이전보다 다소 느리게 수렴하긴 했지만, 수렴 과정이 좀 더 예측하기 쉬운 형태이다. (b)와 (c)는 데이터에 잡음이 섞여 있고 분리가 불가능한 경우인데, 로지스틱 회귀가 이전보다 훨씬 빠르고 확실하게 수렴했다. 이러한 장점들은 실세계의 응용으로도 이어지는 경향이 있으며, 그래서 로지스틱 회귀는 의료, 마케팅, 설문 조사 분석, 신용 평가, 공공 보건 등의 여러 응용에서 아주 인기 있는 분류 기법이 되었다.

19.7 비매개변수 모형

선형 회귀는 훈련 데이터를 이용해서 고정된 크기의 매개변수 집합 $\mathbf{w}$를 추정한다. 추정한 매개변수 집합으로 가설 $h_{\mathbf{w}}(\mathbf{x})$를 결정하고 나면 훈련 데이터는 폐기해도 된다. 그 데이터는 이미 $\mathbf{w}$로 요약되었기 때문이다. 데이터를 고정된 크기(훈련 견본 개수와는 독립적)의 매개변수 집합으로 요약하는 학습 모형을 가리켜 **매개변수 모형**(parametric model; 또는 모수 모형)이라고 부른다.

매개변수 모형

데이터 집합이 작을 때는, 과대적합을 피하기 위해 신경망의 구조를 허용 가능한 가설들에 따라 제한하는 것이 합당하다. 그러나 배워야 할 견본이 수억에서 수십억 개일 때는 그보다 훨씬 적은 수의 매개변수들이 신경망의 구조를 결정하게 하는 것보다는 데이터 자체가 구조를 결정하게 만드는 것이 나을 것이다. 데이터는 아주 변동이 심한 함수가 정확한 답이라고 말하는데 우리가 인위적으로 신경망을 선형 함수나 약간만 변동하는 함수로 제한할 수는 없는 일이다.

비매개변수적 모형

비매개변수 모형(nonparametric model; 또는 비모수 모형)은 고정된 크기의 매개변수 집합으로는 특징지을 수 없는 모형이다. 예를 들어 도해 19.1의 조각별 선형 함수는 모든 자료점을 모형의 일부로 유지한다. 이런 학습 방법들을 **사례 기반 학습**(instance-based learning)이나 **기억 기반 학습**(memory-based learning)이라고 부르기도 했다. 가장 간단한 사례 기반 학습 방법은 **테이블 참조**(table lookup)이다. 이 방법에서는 모든 훈련 견본을 하나의 참조 테이블에 넣는다. $h(\mathbf{x})$ 예측 과제가 주어지면 $\mathbf{x}$가 그 참조 테이블에 있는지 보고, 있으면 해당 y를 돌려준다.

사례 기반 학습

테이블 참조

이 방법의 문제점은 일반화가 잘 안 된다는 것이다. $\mathbf{x}$가 참조 테이블에 없으면, 그럴듯한 값에 관한 정보가 아무 것도 없는 것이다.

19.7.1 최근접 이웃 모형

테이블 참조 방법을 약간 변경해서, 질의 $\mathbf{x}_q$가 주어졌을 때, $\mathbf{x}_q$와 같은 견본을 찾는 대신 $\mathbf{x}_q$와 가장 가까운 견본 k개를 찾도록 하면 성능이 개선된다. 이런 방법을 k-**최근접 이웃**(k-nearest neighbors) 참조라고 부른다. k개의 최근접 이웃들의 집합을 $NN(k, \mathbf{x}_q)$라고 표기하겠다.

최근접 이웃

주어진 견본을 분류할 때는 이웃 집합 $NN(k, \mathbf{x}_q)$를 찾은 후 가장 흔한 출력값을 취한다. 예를 들어 $k = 3$이고 출력값들이 $\langle Yes, No, Yes \rangle$이면 분류 결과는 Yes이다. 이진 분류에서 동점자를 피하기 위해 흔히 k를 홀수로 둔다.

회귀를 수행할 때는 k개의 이웃들의 평균이나 중앙값을 취할 수도 있고, 이웃들에 대해 선형 회귀 문제를 풀 수도 있다. 도해 19.1의 조각별 선형 함수는 두 자료점이 $\mathbf{x}_q$의 왼쪽과 오른쪽에 있는 (자명한) 선형 회귀 문제의 해이다. (자료점 x_i들이 같은 간격으로 분산되어 있다면, 그 두 자료점이 두 최근접 이웃이 된다.)

도해 19.19는 도해 19.15의 지진 데이터 집합에 대한, k가 1과 5일 때의 k-최근접 이웃 분류로 얻은 결정 경계를 표시한 것이다. 매개변수적 방법처럼 비매개변수적 방법도 과소적합이나 과대적합 문제를 겪는다. 이 경우 1-최근접 이웃 방법은 과대적합되었다. 이 모형은 우측 상단의 검은 열외 견본과 (5.4, 3.7)의 흰 열외 견본에 너무 과하게 반응한다. 반면 5-최근접 이웃은 결정 경계가 좋다. k를 더 크게 잡았다면 과소적합이 발생했을 것이다. 이전의 예들처럼, 최고의 k 값은 교차 검증으로 선택하면 된다.

'최근접(가장 가까운)'이라는 단어에서 짐작하겠지만, 이 방법을 위해서는 거리 측정이 필요하다. 한 질의점 $\mathbf{x}_q$와 견본점 $\mathbf{x}_j$의 거리를 어떻게 측정해야 할까? 흔히 쓰이는 것은 다음과 같이 정의되는 L^p 노름이다. 이를 **민코프스키 거리**(Minkowski distance)라고 부른다.

민코프스키 거리

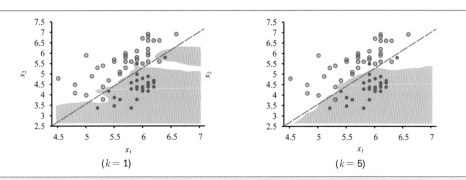

$$L^p(\mathbf{x}_j, \mathbf{x}_q) = \left(\sum_i |x_{j,i} - x_{q,i}|^p\right)^{1/p}.$$

$p = 2$일 때 이는 유클리드 거리이고, $p = 1$일 때는 맨해튼 거리이다. 부울 특성값들에 대

해밍 거리   해서는 두 점에서 값이 다른 특성들의 개수를 거리로 사용한다. 이를 **해밍 거리**(Hamming distance)라고 부른다. 차원들이 비슷한 속성에 해당할 때, 예를 들어 어떤 부품의 너비와 높이, 깊이를 나타낼 때는 유클리드 거리를 사용할 때가 많다. 그러나 차원들이 성격이 다른 속성에 해당할 때, 이를테면 환자의 나이, 체중, 성별일 때는 흔히 맨해튼 거리를 사용한다. 각 차원의 실제 수치들을 그대로 사용한다면, 어떤 한 차원의 단위를 바꿀 때마다 전체 거리가 변하게 됨을 주의하기 바란다. 예를 들어 **높이** 차원을 마일 단위에서 미터 단위로 바꾸되 **너비**와 **깊이** 차원은 단위를 바꾸지 않는다면 이전과는 다른 최근접 이웃들이 나온다. 또한, 나이의 차이를 무게의 차이와 어떻게 비교할 것인지도 고민해야

정규화   한다. 흔히 쓰이는 접근방식은 각 차원의 측정치를 **정규화**(normalization)하는 것이다. 이를테면, 측정치들의 평균 μ_i와 표준편차 σ_i를 계산하고, $x_{j,i}$가 $(x_{j,i} - \mu_i)/\sigma_i$가 되도록 축척을 조정함으로써 측정치들을 정규화할 수 있다. 좀 더 복잡한 측도인 측정 방식인

마할라노비스 **마할라노비스 거리**(Mahalanobis distance)는 차원들 사이의 공분산(covariance)을 고려한다.
거리   차원 수가 작고 견본이 많은 공간에서는 최근접 이웃 방법이 잘 작동한다. 그런 경우 좋은 답에 충분히 가까운 이웃들이 나온다. 그러나 차원 수가 많아지면 문제가 발생한다. 고차원 공간에서는 최근접 이웃들이 별로 가깝지 않다! N개의 점이 하나의 n차원 단위 초입방체(hypercube) 안에 균등하게 분포된 데이터 집합에 대해 k-최근접 이웃 방법을 적용한다고 하자. 한 점의 최근접 이웃 k개를 담을 수 있는 가장 작은 초입방체를 그 점의 k-근접 영역(k-neighborhood)이라고 정의하겠다. ℓ이 그러한 근접 영역의 변들의 평균 길이라고 하자. 그러면, 근접 영역(k개의 점을 담은)의 부피는 ℓ^n이고 전체 입방체(N개의 점을 담은)의 부피는 1이다. 따라서 평균적으로 $\ell^n = k/N$이다. 양변에 n제곱근을 취하면 $\ell = (k/N)^{1/n}$이다.

구체적인 예로, $k=10$이고 $N=1,000,000$이라고 하자. 2차원($n=2$, 즉 단위 정사각형 공간)의 평균 근접 영역에서 $\ell=0.003$이다. 이는 단위 정사각형의 작은 일부분에 해당한다. 그리고 3차원에서 ℓ은 단위 입방체 변 길이의 2%밖에 되지 않는다. 그러나 17차원으로 가면 ℓ은 단위 초입방체의 변 길이의 절반이고, 200차원에서는 94%이다. 이런 문제를 **차원의 저주**(curse of dimensionality)라고 부른다.

차원의 저주

이 문제를 다음과 같이 볼 수도 있다: 단위 초입방체 외곽의 1%를 구성하는 얇은 외피에 속하는 점들을 생각해 보자. 이들은 '열외자(outlier; 통계학 용어로는 이상치)'들이다. 일반적으로, 이들에 대해서는 보간이 아니라 외삽이 일어나기 때문에 좋은 값을 찾기가 어렵다. 1차원에서 이런 열외자들은 단위 직선의 점들($x < .01$ 또는 $x > .99$인 점들)의 단 2%이지만, 200차원에서는 98%를 넘는 점들이 그 얇은 외피 안에 속한다. 거의 모든 점이 열외자인 것이다. 나중에 도해 19.20(b)에서 최근접 이웃 방법이 이런 열외자들에 대해 제대로 적합되지 못하는 예를 보게 될 것이다.

$NN(k, \mathbf{x}_q)$ 함수는 개념적으로는 간단하다. 견본 N개의 집합과 질의 $\mathbf{x}_q$가 주어지면 이 함수는 그 견본들을 훑으면서 각 견본과 $\mathbf{x}_q$의 거리를 측정하고, 그때까지의 가장 나은 k를 기억한다. 실행 시간이 $O(N)$인 구현으로 충족한다면, 더 이상 할 이야기는 없다. 그러나 사례 기반 방법들은 커다란 데이터 집합을 위해 고안된 것이므로, 좀 더 빠른 뭔가가 있으면 좋을 것이다. 다음 두 절에서는 트리와 해시 테이블을 이용해서 계산 속도를 높이는 방법을 살펴본다.

19.7.2 k-d 트리를 이용한 최근접 이웃 찾기

k-d 트리

임의의 차원의 데이터에 대한 균형 잡힌 이진 트리를 가리켜 **k-d 트리** 또는 k차원 트리라고 부른다. k-d는 k-dimensional을 줄인 것이다. k-d 트리를 구축하는 과정은 균형 이진 트리(balanced binary tree)를 구축하는 과정과 비슷하다. 견본들의 집합이 주어졌을 때, 뿌리 노드에서 한 차원 i에 대해 $x_i \leq m$을 판정해서 견본들을 분할한다. 여기서 m은 i번째 차원에서 견본들의 중앙값이다. 그러면 견본들 중 절반은 뿌리 노드의 왼쪽 자식으로 가고 나머지 절반은 오른쪽 자식으로 간다. 이제 왼쪽, 오른쪽 노드의 견본 집합에 대해 같은 과정을 재귀적으로 반복하다가, 견본이 두 개 미만이 되면 재귀를 멈춘다. 트리의 각 노드에서 견본들을 분리하는 데 사용할 하나의 차원을 선택하는 방법은 여러 가지겠지만, 그냥 트리의 i번째 수준에서 $i \bmod n$ 차원을 선택하는 방법을 사용하면 된다. (따라서, 트리가 깊으면 하나의 차원이 여러 번 분할 차원으로 쓰일 수 있다.) 또 다른 방법은, 값들이 가장 넓게 분산된 차원을 사용하는 것이다.

k-d 트리의 정확한 참조는 이진 트리 참조와 비슷하다(각 노드에서 어떤 차원을 판정해야 하는지에 대해 주의를 기울여야 하므로 약간 더 까다롭다는 점을 제외하면). 그러나 최근접 이웃 참조는 좀 더 복잡하다. 가지들을 따라 내려가면서 견본들을 분리할 때 한쪽 절반을 무시할 수 있는 경우가 종종 있지만, 항상 그렇지는 않다. 때에 따라서는

질의하고자 하는 점이 결정 경계에 아주 가까이 있는데, 그런 경우 질의점 자체는 경계의 왼쪽에 있지만 k개의 최근접 이웃 중 하나 이상이 오른쪽에 있을 수도 있다.

그런 가능성을 고려한다면, 이웃들을 찾을 때 질의점과 결정 경계의 거리를 계산하고, 그 거리보다 가까운 왼쪽 영역에서 k개의 견본을 찾지 못했다면 오른쪽도 찾아보아야 한다. 이 문제 때문에 k-d 트리는 견본의 수가 차원 수보다 훨씬 많을 때만 적합하다. 견본이 2^n개 이상이면 좋다. 따라서 견본이 수천 개라면 k-d 트리는 최대 10차원까지 적합하고, 수백만 개라면 최대 20차원까지 적합하다.

19.7.3 지역 민감 해싱

해시 테이블에는 참조가 이진 트리보다도 빠를 수 있는 잠재력이 있다. 그런데 해시 코드는 **정확한 부합**(exact match)에 의존한다. 그렇다면 해시 테이블을 이용해서 최근접 이웃을 찾는 것이 가능할까? 해시 코드는 주어진 값들을 분류 통(bin)들에 무작위로 분배하지만, 최근접 이웃 찾기를 위해서는 가까운 점들이 같은 통에 들어가야 한다. 즉, 우리에게 필요한 것은 **지역 민감 해시**(locality-sensitive hash, LSH; 또는 국소성 민감 해시)이다.

지역 민감 해시

해시를 이용해서 $NN(k, \mathbf{x}_q)$를 정확하게 풀 수는 없다. 그러나 무작위화된 알고리즘들을 교묘하게 활용하면 근사적인 해는 구할 수 있다. 우선, 견본들로 이루어진 데이터 집합과 질의점 $\mathbf{x}_q$가 주어졌을 때, $\mathbf{x}_q$에 가까운 하나의 견본점(또는 견본점들)을 높은 확률로 찾는 문제를 **근사 근접 이웃**(approximate near-neighbors) 문제라고 부르기로 하자. 좀 더 정확히 말하면, 만일 $\mathbf{x}_q$와의 거리(반지름)가 r 이하인 점 $\mathbf{x}_j$가 존재한다면, 근사 근접 이웃을 푸는 알고리즘은 $\mathbf{x}_q$와의 거리가 cr 이하인 점 $\mathbf{x}_j$을 높은 확률로 찾아내야 한다. 반지름 r 이내의 점이 없으면 알고리즘은 실패를 보고해도 된다. c의 값과 '높은 확률'의 수치는 알고리즘의 초매개변수들이다.

근사 근접 이웃

근사 근접 이웃 문제를 풀려면, 임의의 두 점 $\mathbf{x}_j$와 $\mathbf{x}_{j'}$ 사이의 거리가 cr을 넘으면 두 점의 해시 코드가 같을 확률이 낮고 거리가 r 미만이면 해시 코드가 같을 확률이 높다는 성질을 가진 해시 함수 $g(\mathbf{x})$가 필요하다. 단순함을 위해 각 점을 비트열로 취급한다. (부울이 아닌 특성이라도 부울 특성들의 집합으로 부호화하는 것은 항상 가능하다.)

이 알고리즘은, 두 점이 n차원 공간에서 충분히 가까이 있다면 그 두 점을 1차원 공간(직선)에 투영(projection)한 위치들도 반드시 가깝다는 직관에 기초한다. 실제로, 가까운 점들이 정확히 같은 통(bin; 해시 버킷)에 들어가도록 직선을 여러 개의 통으로 이산화할 수 있다. 멀리 떨어진 두 점은 대부분의 투영에서 다른 통들로 투영되나, 그런 두 점이 우연히 같은 통에 들어가게 되는 투영들도 많지는 않지만 항상 존재한다. 따라서, 점 $\mathbf{x}_q$에 대한 통에 담긴 점 중 다수는(전부는 아님) 그 점과 가까운 점들이지만, 멀리 떨어진 점 몇 개가 그 통에 들어갈 수도 있다.

LSH에서 핵심은 **여러 개의 무작위 투영들을 만들어서 결합하는 것**이다. 무작위 투영은 그냥 비트열 표현의 한 무작위 부분집합이다. 서로 다른 ℓ개의 무작위 투영을 선택해서 ℓ개의 해시 테이블 $g_1(\mathbf{x}),...,g_\ell(\mathbf{x})$를 만들고, 모든 견본을 각각의 해시 테이블에 넣는다. 질의점 $\mathbf{x}_q$가 주어지면, 각 해시 테이블의 통 $g_i(\mathbf{x}_q)$에서 점들의 집합을 뽑고, 그러한 ℓ개의 집합을 모두 합해서(합집합) 후보점들의 집합 C를 만든다. C의 각 점에 대해 $\mathbf{x}_q$와의 실제 거리를 계산해서, 가장 가까운 k개의 점을 선택한다. $\mathbf{x}_q$에 가까운 점들은 그 통들 중 적어도 하나에 들어갈 확률이 높다. 멀리 떨어진 점들도 그 통에 들어갈 수 있지만, 그런 것들은 무시해도 된다. 1,300만 개의 웹 이미지들로 이루어진 데이터 집합에서 가까운 이웃들을 512차원을 이용해서 찾아내는(Torralba 외, 2008) 등의 대규모 실세계 문제에 지역 민감 해싱을 적용하면, 1,300만 개의 이미지 중 수천 개의 이미지만 조사해도 최근접 이웃들을 찾아낼 수 있다. 이는 전수 검사나 k-d 트리 접근방식에 비해 수천 배 빠른 것이다.

19.7.4 비매개변수 회귀

이번에는 분류가 아니라 회귀에 대한 비매개변수적 접근방식을 살펴보자. 도해 19.20에 여러 모형의 예가 나와 있다. (a)는 아마도 가장 간단한 방법일 것이다. 이를 비공식적으로 '점선 잇기(connect-the-dots)'라고 부르고, 현학적으로는 '조각별 선형 비매개변수 회귀(piecewise-linear nonparametric regression)'라고 부른다. 이 모형은 주어진 질의점 x_q의 바로 왼쪽과 오른쪽에 있는 견본들 사이를 보간하는 함수 $h(x)$를 생성한다. 잡음이 별로 없으면 이 자명한 방법으로도 그리 나쁘지 않은 결과를 얻을 수 있다. 그래서 이 방법은 스프레드시트의 그래프 작성 소프트웨어들의 표준적인 기능으로 자리잡았다. 그러나 데이터에 잡음이 있으면 이 방법이 생성한 함수는 뾰족한 스파이크가 많고 그리 잘 일반화되지 않는다.

최근접 이웃 회귀 k-최근접 이웃 회귀(nearest-neighbors regression)는 점선 잇기를 개선한 것이다. 이 방법에서는 질의점 x_q의 좌우 두 견본만 사용하는 것이 아니라 k개의 가장 가까운 이웃 점들을 사용한다. (여기서는 $k = 3$이라고 하겠다.) k의 값이 크면 스파이크들의 크기가 평활화되는 경향이 있으나, 결과적인 함수에 비연속성이 존재할 수 있다. 도해 19.20은 k-최근접 이웃 회귀의 두 버전을 보여준다. (b)는 k-최근접 이웃 '평균'에 해당하는데, 이때 $h(x)$는 k개의 점들의 평균값, 즉 $\sum y_j/k$이다. $x = 0$ 근처와 $x = 14$ 근처의 열외 점들에서는 추정치가 나쁜데, 이는 모든 증거가 한쪽(안쪽)에서 비롯되며 전체적인 경향을 무시하기 때문이다. (c)는 k개의 견본들을 가장 잘 통과하는 선을 찾는 k-최근접 이웃 선형 회귀의 예이다. 이 경우 열외자들의 경향을 좀 더 잘 포착했지만, 여전히 비연속성이 존재한다. (b)와 (c)에서는 k의 적절한 값을 선택하는 문제를 해결해야 하는데, 항상 그렇듯이 해답은 교차 검증이다.

국소 가중 회귀   도해 19.20의 (d)는 **국소 가중 회귀**(locally weighted regression)에 해당한다. 이 방법은 최근접 이웃 방법의 장점들을 유지하면서도 비연속성이 생기지 않는다는 점에서

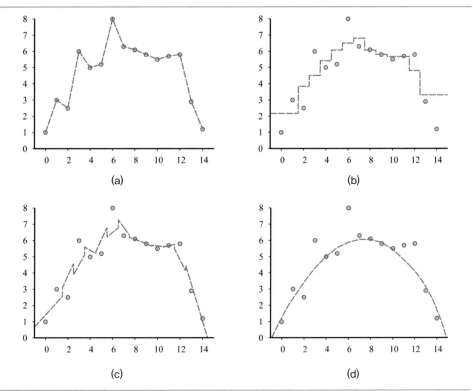

도해 19.20 비매개변수적 회귀 모형들. (a) 점선 잇기, (b) 3-최근접 이웃 평균, (c) 3-최근접 이웃 선형 회귀, (d) 너비가 10(k =10)인 2차 핵(kernel)을 이용한 국소 가중 회귀.

바람직하다. $h(x)$에 비연속성이 생기지 않게 하려면 $h(x)$를 추정하는 데 사용하는 견본들의 집합에서 비연속성을 제거해야 한다. 국소 가중 회귀의 핵심은, 질의점 x_q에 가까운 점들에는 큰 가중치를 부여하고 멀리 있는 점들에는 더 작은 가중치를(그리고 가장 먼 점에는 가중치 0을) 부여한다는 것이다. 일반적으로 거리에 따라 가중치가 점진적으로 감소하게 한다(급하게 감소하는 것이 아니라).

핵   각 점에 부여하는 가중치는 **핵**(kernel)이라고 부르는 함수로 계산한다. 핵 함수 $\mathcal{K}$는 거리를 인수로 한 감소 함수로, 거리가 0일 때 최대가 된다. 따라서 $\mathbf{K}(Distance(\mathbf{x}_j, \mathbf{x}_q))$는 질의점 $\mathbf{x}_q$에 더 가까운 견본 $\mathbf{x}_j$들(우리가 함숫값을 예측하고자 하는 견본들)에 더 큰 가중치를 부여한다. $\mathbf{x}$의 입력 공간 전체에 대한 핵 값의 적분은 반드시 유한하다. 그리고 그 적분이 1이 되도록 설정하면 몇 가지 계산이 쉬워진다.

도해 19.20의 (d)는 2차(제곱) 핵 $\mathcal{K}(d) = \max(0, 1 - (2|d|/w)^2)$의 그래프로, 핵의 너비는 $w = 10$이다. 가우스 핵 등 이와는 다른 형태의 핵들도 쓰인다. 일반적으로 핵의 너비가 핵의 형태보다 더 중요하다. 핵의 너비는 교차 검증으로 선택하는 것이 바람직한

모형 초매개변수이다. 핵이 너무 넓으면 과소적합이 발생하고 너무 좁으면 과대적합이 발생한다. 도해 19.20(d)은 핵의 너비가 10인 덕분에 자료점들과 꽤 잘 맞는 매끄러운 곡선이 만들어졌다.

핵 함수를 결정했다면, 국소 가중 회귀 자체는 간단하다. 주어진 질의점 $\mathbf{x}_q$에 대해 다음과 같은 가중 회귀 문제를 풀면 된다.

$$\mathbf{w}^* = \arg\min_{\mathbf{w}} \sum_j \mathcal{K}(Distance(\mathbf{x}_q, \mathbf{x}_j))(y_j - \mathbf{w} \cdot \mathbf{x}_j)^2.$$

여기서 $Distance$는 최근접 이웃 방법에서 논의한 임의의 거리 측정 함수이다. $\mathbf{w}^*$를 구했다면, 최종적인 답은 $h(\mathbf{x}_q) = \mathbf{w}^* \cdot \mathbf{x}_q$이다.

모든 질의점에 대해 각각 회귀 문제를 풀어야 함을 주목하기 바란다. 그것이 국소라는 이름이 붙은 이유이다. (보통의 선형 회귀에서는 회귀 문제를 전역적으로 한 번만 풀고 모든 질의점에 대해 동일한 $h_{\mathbf{w}}$를 적용했다.) 다행히, 각 회귀 문제가 더 풀기 쉽다는 점 때문에 이러한 추가 작업의 부담이 완화된다. 더 풀기 쉬운 이유는, 회귀 문제에 가중치가 0이 아닌 견본들, 즉 질의의 핵 너비 안에 있는 견본들만 관여하기 때문이다. 핵이 좁으면 그런 점들이 몇 개뿐일 수 있다.

대부분의 비매개변수 모형에는 하나 뺀 교차 검증(LOOCV)을 모든 것을 다시 계산하지 않고 손쉽게 수행할 수 있다는 장점이 있다. k-최근접 이웃 모형에서는, 예를 들어 검사용 견본 $(\mathbf{x}, y)$가 주어졌을 때 k개의 최근접 이웃들을 한 번에 가져와서 그것들로 견본당 손실 $L(y, h(\mathbf{x}))$를 계산하고, 그 결과를 이웃이 아닌 모든 견본에 대한 하나 뺀 교차 검증 결과로 기록한다. 그런 다음에는 $k+1$개의 최근접 이웃들을 가져와서 k개의 이웃들 각각을 제외한 집합에 대한 서로 다른 결과들을 기록한다. N개의 견본에 대해 이러한 과정 전체의 복잡도는 $O(kN)$이 아니라 $O(k)$이다.

19.7.5 지지 벡터 기계

지지 벡터 기계   2000년대 초반에는 **지지 벡터 기계**(support vector machine, SVM) 모형 부류가 문제 영역에 대한 특화된 사전 지식이 없는 경우에서 가장 인기 있는 '기성(off-the-shelf)' 지도 학습 접근방식이었다. 이제는 심층 신경망과 무작위 숲에 밀려났지만, 지금도 SVM에는 다음과 같은 세 가지 매력이 있다.

1. SVM은 **최대 여백 분리자**(maximum margin separator), 즉 견본점들과의 거리가 가능한 최대인 결정 경계를 구축한다.

2. SVM은 선형 분리 초평면을 생성하는데, SVM에는 데이터를 소위 **핵 요령**(kernel trick)을 이용해서 더 고차원의 공간에 내장하는 능력이 있다. 원래의 입력 공간에서 선형 분리 가능이 아닌 데이터도 더 고차원의 공간에서는 쉽게 분리할 수 있는 경우가 많다.

3. SVM은 비매개변수적이다. 분리 초평면은 일단의 매개변수 값들이 아니라 일단의 견본점들로 정의된다. 최근접 이웃 모형은 모든 견본을 유지하는 반면 SVM 모형은 분리 평면에 가장 가까운 견본들만 유지하는데, 보통의 경우 그 견본들의 개수는 차원의 수에 작은 상수를 곱한 것이다. 따라서 SVM은 비매개변수 모형과 매개변수 모형의 장점만 결합한 것이라 할 수 있다. SVM은 복잡한 함수를 표현할 수 있는 유연성을 가지고 있으면서도 과대적합에 잘 저항한다.

도해 19.21(a)는 하나의 이진 분류 문제에 대한 세 개의 후보 결정 경계를 나타낸 것이다. 셋 다 선형 분리자이며, 모든 견본과 일관적이다. 따라서 0/1 손실 함수로는 이들의 우열을 가를 수 없다. 로지스틱 회귀는 어떤 분리선 하나를 찾아낼 것이다. 그 선의 정확한 위치는 **모든** 견본점에 의존한다. SVM의 핵심 통찰은, 견본들의 중요도가 모두 같지는 않으며, 더 중요한 견본들에 더 많은 관심을 쏟으면 일반화가 더 잘 된다는 것이다.

(a)의 세 분리선 중 제일 아래 것을 생각해 보자. 이 선은 다섯 개의 검은 점에 아주 가까이 있다. 이 선이 모든 견본을 정확히 분류하지만(따라서 손실이 최소이지만), 선에 아주 가까운 점들이 있다는 것은 좀 신경 쓰이는 문제이다. 다른 검은 점들이 추가되면 선을 넘어가는(그래서 오분류되는) 것도 생길 수 있다.

그런 문제를 해결하는 것이 SVM이다. SVM은 훈련 데이터에 대한 기대 **실험 손실**이 아니라 기대 **일반화** 손실을 최소화하려 한다. 계산 학습 이론(§19.5)의 결과들에 따르면, 아직 보지 못한 점들이 어디에 놓일지는 알지 못하지만, 그 점들이 이미 본 견본들과 같은 분포에서 추출된다는 확률적 가정하에서, 지금까지 본 견본들과 가장 멀리 떨어진 분리자를 선택하면 일반화 손실이 최소화된다. 그러한 분리자를 **최대 여백 분리자** (maximum margin separator)라고 부른다. 도해 19.21(b)에 그러한 분리자가 나와 있다. **여백**(margin)은 그림에서 두 점선 사이의 공간의 너비로, 이는 분리자와 가장 가까운 견본점의 거리의 두 배이다.

최대 여백 분리자

여백

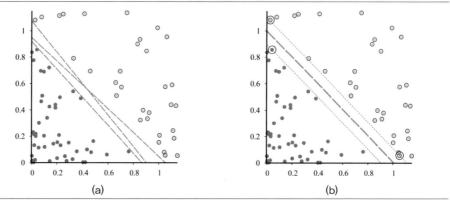

(a)   (b)

도해 19.21 지지 벡터 기계 분류: (a) 두 부류의 점들(주황색 원과 녹색으로 채워진 원)과 세 개의 후보 선형 분리자. (b) 최대 여백 분리자(굵은 실선)가 **여백**(두 점선 사이의 공간)의 중간을 지나간다. **지지 벡터** (큰 검은색 원으로 둘러싸인 점들)는 이 분리자에 가장 가까운 견본들이다.

이러한 분리자를 어떻게 찾아낼 수 있을까? 해당 공식들로 들어가기 전에, 몇 가지 표기법부터 살펴보자. 지금까지는 견본이 속한 부류를 +1과 0이라는 이름표로 표기했지만, SVM에서는 전통적으로 +1과 −1을 사용한다. 또한, 앞에서는 절편을 가중치 벡터 $\mathbf{w}$ 에 추가했지만(그리고 그에 해당하는 가짜 입력 $x_{j,0}$ 에 값 1을 부여했지만), SVM에서는 그렇게 하지 않는다. SVM에서는 절편을 개별적인 매개변수 b 로 둔다.

이러한 관례하에서, 분리자는 점들의 집합 $\{\mathbf{x}: \mathbf{w} \cdot \mathbf{x} + b = 0\}$ 으로 정의된다. 이제, $\mathbf{w}$ 와 b 의 공간을 경사 하강 방법으로 검색해서 모든 견본을 정확히 분류하되 여백을 최대화하는 매개변수들을 찾으면 된다.

그런데 이 문제를 푸는 또 다른 접근방식이 존재한다. 여기에서는 간단하게만 설명하겠다. 그 접근방식은 **쌍대**(dual) 표현이라고 부르는 또 다른 표현 방법을 사용하며, 그러한 표현에 대해 $\alpha_j \geq 0$ 이고 $\sum_j \alpha_j y_j = 0$ 이라는 제약하에서 다음 공식을 풀어서 최적해를 구한다.

$$\underset{\alpha}{\operatorname{argmax}} \sum_j \alpha_j - \frac{1}{2} \sum_{j,k} \alpha_j \alpha_k y_j y_k (\mathbf{x}_j \cdot \mathbf{x}_k). \tag{19.10}$$

제곱 프로그래밍 이를 **이차 계획법**(quadratic programming; 또는 제곱 계획법) 최적화 문제라고 부르는데, 이 문제를 위한 좋은 소프트웨어 패키지들이 있다. 벡터 α 를 구했다면 $\mathbf{w} = \sum_j \alpha_j \mathbf{x}_j$ 를 이용해서 $\mathbf{w}$ 로 돌아가거나, 아니면 그냥 쌍대 표현을 계속 사용할 수도 있다. 식 (19.10)에는 중요한 속성이 세 가지 있는데, 첫째로 이 공식은 볼록형이다. 즉, 하나의 전역 최댓값이 있으며, 그것을 효율적으로 구할 수 있다. 둘째로, 자료는 오직 점들의 쌍들의 내적 형태로만 공식에 대입된다. 이 둘째 속성은 분리자 자체의 공식에서도 성립한다. 최적의 α_j 를 구한 후의 분리자 공식은 다음과 같은 모습이다.[11]

$$h(\mathbf{x}) = \operatorname{sign}\left(\sum_j \alpha_j y_j (\mathbf{x} \cdot \mathbf{x}_j) - b\right). \tag{19.11}$$

지지 벡터 중요한 속성의 마지막은, **지지 벡터**(support vector), 즉 분리자에 가장 가까운 자료점들을 제외한 모든 자료점의 가중치 α_j 가 0이라는 점이다. (지지 벡터라는 이름은 지지 벡터에 해당하는 점들이 마치 분리 평면을 '떠받치고' 있는 듯한 형태라는 점에서 비롯된 것이다.) 보통의 경우 지지 벡터들이 견본들보다 적으므로, SVM은 매개변수 모형의 일부 장점을 물려받는다.

그런데 견본들이 선형 분리 가능이 아니면 어떻게 될까? 도해 19.22(a)는 $\mathbf{x} = (x_1, x_2)$ 라는 특성들로 정의되는 입력 공간에서 양성 견본($y = +1$)들이 원형 영역 안에 있고 음성 견본들($y = -1$)은 그 바깥에 있는 문제를 보여 준다. 이 문제에 대해 직선 형태의 분리자는 없음이 명백하다. 그러나 입력 데이터를 다른 식으로 표현하면, 즉 입력 벡터 $\mathbf{x}$ 를 특징(feature) 값들의 새로운 벡터 $F(\mathbf{x})$ 로 대응시키면 상황이 달라진다. 좀 더 구체적

---

11 함수 $sign(x)$ 는 x 가 양수이면 +1을, 음수이면 −1을 돌려준다.

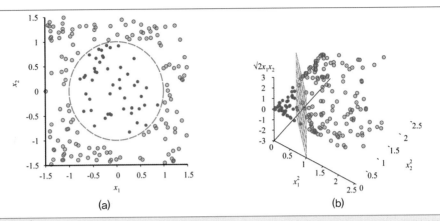

(a)   (b)

도해 19.22 (a) 2차원 훈련 집합. 녹색으로 채워진 원은 양성 견본, 주황색 원은 음성 견본이다. 실제 결정 경계인 $x_1^2 + x_2^2 \leq 1$도 표시되어 있다. (b) 같은 데이터를 3차원 입력 공간 $(x_1^2, x_2^2, \sqrt{2}\,x_1 x_2)$로 사상한 후의 모습. (a)의 원형 결정 경계가 3차원에서는 선형 결정 경계가 되었다. (b)의 분리자를 확대해서 본 모습이 도해 19.21(b)에 나왔다.

으로, 다음과 같은 세 가지 특징을 사용한다고 하자.

$$f_1 = x_1^2, \qquad f_2 = x_2^2, \qquad f_3 = \sqrt{2}\,x_1 x_2. \tag{19.12}$$

이 세 특징이 어디에서 왔는지는 잠시 후에 이야기하겠다. 일단 지금은 입력을 이런 식으로 다르게 표현하면 어떤 일이 생기는지 살펴보자. 도해 19.22(b)는 이 세 특징으로 정의되는 새로운 삼차원 공간 안의 데이터를 보여 준다. 이 공간에서는 데이터가 **선형 분리 가능**이다! 이러한 현상은 사실 상당히 일반적이다. 데이터를 충분히 높은 차원의 공간으로 사상하면, 거의 항상 선형 분리 가능으로 변한다. 직관적으로, 일단의 점들을 충분히 다양한 방향에서 보면, 그것들이 나란히 정렬되는 방향을 찾을 수 있다. 지금 예에서는 세 개의 차원만 사용했는데,[12] 연습문제 19.SVME에서는 평면의 임의의 위치에 있는 원(원점에 있는 원만이 아니라)을 선형 분리하는 데에는 4차원으로 충분하며, 임의의 타원을 선형 분리하는 데에는 5차원으로 충분함을 증명할 것이다. 일반적으로(특별한 경우들을 제외하면), N개의 자료점을 항상 $N-1$보다 크거나 같은 차원의 공간에서 분리할 수 있다(연습문제 19.EMBE).

이제는 일반적으로 입력 공간 $\mathbf{x}$에서 하나의 선형 분리자를 찾으리라고 기대하기 어렵다. 대신, 식 (19.10)의 $\mathbf{x}_j \cdot \mathbf{x}_k$를 $F(\mathbf{x}_j) \cdot F(\mathbf{x}_k)$로 대체하면 고차원 특징 공간 $F(\mathbf{x})$에서 선형 분리자들을 찾을 수 있다. 이 자체는 그리 대단한 것이 아니다. 그 어떤 학습 알고리즘에서도, $\mathbf{x}$를 $F(\mathbf{x})$로 대체하면 그런 효과가 난다. 그러나 내적에는 몇 가지 특

---

[12] 그냥 f_1과 f_2만 사용해도 된다는 점을 눈치챈 독자도 있겠지만, 3차원 그래프가 해당 개념을 더 잘 보여 준다.

별한 속성이 있다. 특히, 먼저 각 점에 대해 F를 계산하지 않고도 $F(\mathbf{x}_j) \cdot F(\mathbf{x}_k)$를 계산하는 것이 가능한 경우가 많다. 선형대수를 조금 동원하면, 식 (19.12)로 정의되는 3차원 특징 공간에서 다음이 성립함을 증명할 수 있다.

$$F(\mathbf{x}_j) \cdot F(\mathbf{x}_k) = (\mathbf{x}_j \cdot \mathbf{x}_k)^2.$$

핵 함수 (f_3에 $\sqrt{2}$가 있는 이유가 바로 이것이다.) 수식 $(\mathbf{x}_j \cdot \mathbf{x}_k)^2$을 **핵 함수**(kernel function)라고 부르고,[13] 흔히 $K(\mathbf{x}_j, \mathbf{x}_k)$로 표기한다. 핵 함수를 입력 데이터 쌍에 적용함으로써, 그에 해당하는 어떤 특징 공간 안에서의 내적을 평가할 수 있다. 즉, 그냥 식 (19.10)의 $\mathbf{x}_j \cdot \mathbf{x}_k$에 $K(\mathbf{x}_j, \mathbf{x}_k)$를 대입하면 더 높은 차원의 특징 공간 $F(\mathbf{x})$의 선형 분리자들을 구할 수 있다. 결론적으로, 모든 자료점의 모든 특징을 계산하는 대신 그냥 핵 함수들만 계산함으로써 고차원 공간에서의 학습을 진행할 수 있다.

머서의 정리
다항식 핵 다음 단계는 핵 $K(\mathbf{x}_j, \mathbf{x}_k) = (\mathbf{x}_j \cdot \mathbf{x}_k)^2$에 특별한 무언가가 있는 것은 아님을 이해하는 것이다. 이 핵은 특정한 고차원 특징 공간에 대응되나, 다른 핵 함수들은 다른 특징 공간에 대응된다. 중요한 수학 정리인 **머서의 정리**(Mercer's theorem; Mercer, 1909)에 따르면 임의의 '적당한'[14] 핵 함수는 어떤 특징 공간에 대응된다. 평범해 보이는 핵 함수라도, 그에 대응되는 특징 공간은 아주 클 수 있다. 예를 들어 **다항식 핵**(polynomial kernel) $K(\mathbf{x}_j, \mathbf{x}_k) = (1 + \mathbf{x}_j \cdot \mathbf{x}_k)^d$은 그 차원의 수가 d에 지수적인 자원 공간에 대응된다. 흔히 쓰이는 핵은 가우스 핵 $K(\mathbf{x}_j, \mathbf{x}_k) = e^{-\gamma|x_j - x_k|^2}$이다.

19.7.6 핵 요령

핵 요령 앞에서 말한 핵들을 식 (19.10)에 대입해서 수십억 차원의(어떤 경우에는 무한 차원의) 특징 공간에서도 최적의 선형 분리자들을 효율적으로 찾아내는 것이 바로 §19.7.5의 도입부에서 언급한 **핵 요령**(kernel trick)이다. 이런 교묘한 요령으로 얻은 선형 분리자를 원래의 입력 공간으로 다시 사상하면 양성 견본들과 음성 견본들 사이의 임의의 요동치는 비선형 결정 경계에 해당하는 분리자가 된다.

약 여백 자료의 성격상 잡음이 많이 있는 경우에는 고차원 공간의 하나의 선형 분리자를 찾는 것보다는, 저차원 공간에서 부류들을 깔끔히 분리하는 대신 잡음 섞인 데이터의 현실을 잘 반영하는 결정 표면(decision surface)을[역주5] 찾는 것이 더 바람직하다. 견본들이 결정 경계의 반대쪽에 있는 것을 허용하되 그런 견본에는 벌점(옳은 쪽으로 되돌아가는 데 필요한 거리에 비례하는)을 부과하는 **약 여백**(soft margin) 분리기를 이용하면 그러한 일

---

13 이 '핵 함수'는 국소 가중 회귀의 핵과는 조금 다르다. SVM의 핵 함수들 중 거리를 돌려주는 함수들도 있지만, 모두가 그렇지는 않다.

14 여기서 '적당한(reasonable)'은 행렬 $\mathbf{K}_{jk} = K(\mathbf{x}_j, \mathbf{x}_k)$가 양의 정부호 함수임을 뜻한다.

역주5 표면에는 평면은 물론 임의의 곡면도 포함된다.

이 가능하다.

핵 방법을 최적의 선형 분리자들을 찾은 학습 알고리즘에만 적용할 수 있는 것은 아니다. 이 방법을 이용하면 그 어떤 알고리즘도 식 (19.10)과 식 (19.11)에서처럼 자료점 쌍들의 내적만 다루도록 재형식화할 수 있다. 그렇게 재형식화한 다음 내적을 핵 함수로 핵화된 대체하면 알고리즘의 **핵화된**(kernelized) 버전이 나온다.

19.8 앙상블 학습

지금까지 살펴본 학습 방법들은 가설 공간에서 선택한 하나의 가설로 예측을 구한다. 그 앙상블 학습 러나 **앙상블 학습**(ensemble learning; 총체 학습)에서는 가설 공간에서 선택한 가설 $h_1, h_2, ..., h_n$로 하나의 **앙상블**을 만들고, 그 가설들의 예측들을 평균이나 다수결, 또는 기반 모형 또 다른 수준의 기계학습을 이용해서 하나로 결합한다. 개별 가설을 **기반 모형**(base models) 앙상블 모형 이라고 부르고 기반 모형들의 조합을 **앙상블 모형**(ensemble model)이라고 부른다.

이렇게 앙상블을 구성하는 이유는 두 가지이다. 첫째는 편향을 줄이자는 것이다. 기반 모형 하나의 가설 공간은 너무 제한적이어서 편향이 강할 수 있다(로지스틱 회귀에서 선형 결정 경계의 편향이 그런 예이다). 앙상블은 개별 기반 모형들보다 표현력이 좀 더 커서 편향이 더 작을 수 있다. 도해 19.23에서 보듯이, 하나의 선형 분류기로는 표현하지 못하는 삼각형 영역을 세 선형 분류기의 앙상블로는 표현할 수 있다. 선형 분류기 n개로 이루어진 하나의 앙상블은 더 많은 함수를 실현할 수 있으며, 추가 계산량은 기존의 n배밖에 되지 않는다. 지수적으로 더 많은 계산이 요구될 수도 있는 완전히 일반적인 가설 공간을 허용하는 것보다 앙상블을 사용하는 것이 더 나을 때가 많다.

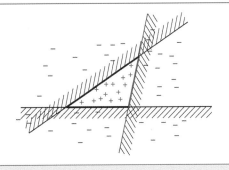

도해 19.23 앙상블 학습 덕분에 표현력이 커진 예. 세 개의 선형 문턱값 가설은 각각 빗금이 없는 쪽의 견본들을 양성으로 분류한다. 그리고 그 셋의 '앙상블'은 세 가설이 모두 양성으로 분류한 견본들을 양성으로 분류한다. 이 앙상블이 만들어 낸 삼각형 영역은 원래의 가설 공간에서는 표현할 수 없는 형태의 가설이다.

둘째 이유는 분산을 줄이자는 것이다. 이진 분류기 $K=5$개로 이루어진, 그리고 다수결로 최종 분류 결과를 결정하는 앙상블을 생각해 보자. 그러한 앙상블이 새 견본을 잘못 분류하려면 다섯 분류기 중 적어도 세 개가 견본을 잘못 분류해야 한다. 앙상블 학습에는 그런 일이 일어날 확률이 분류기 하나가 견본을 잘못 분류할 확률보다 작을 것이라는 기대가 깔려 있다. 이를 수량화해보자. 훈련을 마치면 견본의 80%를 정분류할 수 있는 분류기 모형이 있으며, 그런 분류기 다섯 개를 각자 다른 데이터 집합으로 훈련해서 하나의 앙상블을 만들었다고 하자. 각자 다른 데이터 집합으로 훈련했으므로 각 분류기는 서로 독립이다. 앙상블을 만드는 과정에서 어떤 이유로 분류기들의 품질이 떨어져서, 각각 75%의 견본만 제대로 분류하게 되었다고 가정하자. 그래도, 분류기들이 진정으로 독립이라면 앙상블의 다수결은 89%(분류기가 17개일 때는 99%)의 경우에서 정답을 산출한다.

그러나 실제 응용에서는 독립성 가정이 성립하기 어렵다. 개별 분류기들은 동일한 데이터와 가정들을 일부분 공유하므로 완전히 독립은 아니며, 같은 오류를 어느 정도 공유하게 된다. 하지만 개별 분류기들이 어느 정도 무상관(uncorrelated)이기만 하면 앙상블은 오분류를 덜 저지른다. 그럼 앙상블을 구성하는 네 가지 방법인 배깅, 무작위 숲, 스태킹, 부양법을 차례로 살펴보자.

19.8.1 배깅

배깅

배깅bagging[15]에서는 원래의 훈련 집합에서 복원 추출(sampling with replacement)을 이용해서 서로 다른 훈련 집합 K개를 추출한다. 구체적으로 말하면 이렇다. 각 시행에서, 훈련 집합에서 무작위로 견본 N개를 뽑는다. 첫 시행 이외의 시행들에서는 그 견본들 중에 이전에서 뽑은 것이 있을 수 있다. 그런 다음 그 견본 N로 기계학습 알고리즘을 실행해서 하나의 가설을 얻는다. 이러한 과정을 K번 반복해서 K개의 서로 다른 가설을 얻는다. 새 입력에 대한 출력값을 예측할 때는 가설 K개를 각각 실행해서 출력값을 얻고 그 출력값들을 하나로 합쳐서 최종 출력값을 결정한다. 이진 분류 문제에서는 흔히 다수결을 사용한다. 즉, 가장 많이 나온 출력값을 최종 결과로 사용한다. 회귀 문제에서는 다음과 같이 평균으로 최종 출력값을 구한다.

$$h(\mathbf{x}) = \frac{1}{K}\sum_{i=1}^{K} h_i(\mathbf{x}).$$

배깅을 이용하면 분산이 줄어드는 경향이 있다. 배깅은 데이터가 제한적이거나 기반 모형이 과대적합하는 경우에 표준적인 접근방식이다. 배깅은 그 어떤 부류의 모형에도 적용할 수 있지만, 대부분은 결정 트리에 쓰인다. 배깅이 결정 트리에 적합한 이유는 결정 트리가 불안정하기 때문이다. 즉, 견본 집합이 조금만 바뀌어도 트리가 크게 달라진다.

---

15 용어 참고 사항: 통계학에서는 복원 추출을 **부트스트랩**(bootstrap)이라고 부른다. 'bagging'은 'bootstrap aggregating'을 줄인 것이다.

배깅은 그런 분산을 매끄럽게 만든다. 또한, 가설들을 병렬로 계산할 수 있으므로 컴퓨터를 여러 대 돌릴 수 있다면 배깅을 효율적으로 적용할 수 있다.

19.8.2 무작위 숲

무작위 숲

안타깝게도 결정 트리에 배깅을 적용하면 서로 상관관계가 강한 트리 K개가 만들어지기 쉽다. 만일 정보 이득이 아주 큰 특성이 하나 존재한다면, 대부분의 트리에서 그 특성이 뿌리 노드가 된다. **무작위 숲**(random forest)은 결정 트리 배깅의 일종이되, 앙상블에 속한 K개의 트리들을 좀 더 다양하게 만들어서 분산을 줄이는 추가적인 처리 단계들을 가지고 있다. 무작위 숲은 분류나 회귀에 적용할 수 있다.

무작위 숲의 핵심은 **특성 선택**을(훈련 견본이 아니라) 무작위화하는 것이다. 트리 구축시 각 분할점에서 특성들을 무작위로 표집해서 정보 이득이 가장 큰 특성을 찾는다. 특성이 n개라고 할 때, 각 분할점에서 분류 문제에서는 특성 $\sqrt{n}$개를, 회귀 문제에서는 $n/3$개를 뽑는 방식이 흔히 쓰인다.

극도로 무작위화된 트리들

이를 더욱 개선해서, 분할점의 **값** 선택도 무작위화할 수 있다. 즉, 선택된 각 특성에 대해 그 특성의 치역에서 여러 개의 값을 균등분포에 따라 추출하고, 그중 정보 이득이 가장 큰 값을 택하는 것이다. 이렇게 하면 숲의 모든 트리가 서로 다를 가능성이 커진다. 이런 식으로 구축한 트리들을 **극도로 무작위화된 트리들**(extremely randomized trees, ExtraTrees)이라고 부른다.

무작위 숲은 구축 비용이 작다. 트리 K개짜리 앙상블 하나를 만드는 시간의 K배가 걸릴 것이라고 짐작하는 독자도 있겠지만, 그 정도로 길지는 않다. 이유는 세 가지이다. (a) 고려할 특성들이 더 적으므로, 각 분할점의 판정이 더 빨리 실행된다. (b) 전체로서의 앙상블은 과대적합이 적으므로, 개별 트리의 가지치기 단계를 생략할 수 있다. (c) 컴퓨터를 K대 사용할 수 있으면 모든 트리를 병렬로 구축할 수 있다. 예를 들어 아델 커틀러[Adele Cutler]의 보고에 따르면, 특성이 100개인 문제에서 CPU 단 세 개로 트리 $K=$ 100개짜리 숲을 구축하는 데 걸린 시간이 CPU 하나에서 결정 트리 하나를 구축하는 데 걸린 시간과 거의 같았다.

OOB 오차

무작위 숲의 초매개변수들은 모두 교차 검증으로 훈련할 수 있다. 초매개변수로는 트리 개수 K, 각 트리가 사용하는 견본 개수 N(이를 전체 데이터 집합의 비율로 표현할 때가 많다), 각 분할점에서 사용하는 특성 개수(특성 전체 개수의 한 함수($\sqrt{n}$ 등)로 표현하거나, ExtraTrees를 사용하는 경우에는 시도된 무작위 분할점의 개수로 표현할 때가 많다)가 있다. 이들을 조율할 때, 보통의 교차 검증 전략을 사용하는 대신 **OOB 오차** (out-of-bag error)라는 것을 측정할 수도 있다. OOB 오차는 각 견본에 대해 그 견본이 포함되지 않은 견본 집합에 대한 트리들만으로 예측해서 구한 오차의 평균이다.

앞에서 모형이 복잡할수록 과대적합이 생길 가능성이 크다고 경고했다. 그리고 결정 트리가 실제로 그런 특징을 지닌다는 점과 과대적합 방지에 **가지치기**가 효과가 있다는 점도 확인했다. 무작위 숲은 복잡한, 그리고 가지치기가 되어 있지 않은 모형이다. 그래도 무작위 숲은 과대적합을 잘 일으키지 않는다. 트리를 더 추가해서 숲의 수용력을 높이면 검증 집합 오류율이 개선되는 경향이 있다. 일반적으로 해당 곡선은 도해 19.9의 (a)가 아니라 (b)와 같은 모습이다.

브레이먼은 (거의 모든 경우에서) 트리를 숲에 추가할수록 오류가 수렴할 뿐 증가하지는 않음을 수학적으로 증명했다(Breiman, 2001). 이를, 무작위 특성 선택 덕분에 트리들의 다양성이 증가해서 분산이 줄어들지만, 트리들의 가지를 쳐내지 않으므로 전체 입력 공간을 더 높은 해상도에서 포괄할(cover) 수 있다고 해석해도 될 것이다. 몇몇 트리는 데이터에 몇 번 나오지 않은 고유한 경우들도 포괄할 수 있으며, 해당 투표들이 결정적일 수 있지만, 그런 트리들이 적용되지 않은 경우에는 다수결에 밀려서 탈락할 수 있다. 그렇긴 하지만 무작위 숲이 과대적합을 결코 일으키지 않는 것도 아니다. 극한에서 오류율이 증가하지 않는다고 해도, 오류율이 반드시 0으로 수렴한다는 보장은 없다.

무작위 숲은 다양한 응용 문제에서 아주 좋은 성과를 냈다. 2011~2014년 데이터 과학 경진대회(공모전) 캐글^{Kaggel}에서 무작위 숲은 가장 인기 있는 접근방식이었고, 오늘날까지도 즐겨 쓰인다(비록 최근에는 **심층학습**과 **경사 부양법**을 사용한 우승작이 더 많지만). R의 randomForest 패키지가 특히나 인기를 끌었다. 금융 분야에서 무작위 숲은 신용카드 부도 예측, 가구 소득 예측, 옵션 가격 결정에 쓰이고 있다. 제조업에서는 기계 고장 진단과 원격 감지에 쓰이고, 생물정보학과 의학 분야에서는 당뇨망막병증 진단, DNA 마이크로어레이 유전체 표현, 질량 스펙트럼 단백질 발현 분석, 바이오마커 발견, 단백질-단백질 상호작용 예측 등에 쓰인다.

19.8.3 스태킹

중첩 일반화

배깅은 같은 모형 부류에 속하는 다수의 기반 모형을 각자 다른 데이터로 훈련해서 사용하지만, 흔히 **스태킹**^{stacking}이라고 부르는 **중첩 일반화**(stacked generalization) 기법은 서로 다른 모형 부류에 속하는 다수의 기반 모형을 같은 데이터로 훈련해서 사용한다. 예를 들어 식당 데이터 집합의 첫 행이 다음과 같다고 하자(§19.2.1 참고).

$\mathbf{x}_1 =$ Yes, No, No, Yes, Some, \$\$\$, No, Yes, French, 0-10; $y_1 =$ Yes

이런 형태의 견본들로 이루어진 데이터 집합을 훈련 집합, 검증 집합, 시험 집합으로 나누고, 훈련 집합으로 서로 다른 부류의 기반 모형을 훈련한다. 이를테면 SVM 모형, 로지스틱 회귀 모형, 결정 트리 모형을 훈련한다고 하자.

세 기반 모형의 훈련을 마친 후에는 검증 데이터 집합의 각 행을 세 기반 모형의 출력(예측)으로 보강한다. 그러면 예를 들어 다음과 같은 행이 만들어진다(굵은 글씨가 예측으로 보강된 특성들).

$\mathbf{x}_2 =$ Yes, No, No, Yes, Full, { \$ }, No, No, Thai, 30-60, **Yes, No, No**; $y_2 =$ No

이러한 검증 집합으로 새 앙상블 모형을 훈련한다. 이를테면 로지스틱 회귀 모형을 훈련한다고 하자(단, 반드시 기반 모형 부류들 중 하나일 필요는 없다). 필요하다면 예측들과 원래의 데이터 집합을 그 앙상블 모형에 적용해도 된다. 앙상블 모형이 세 기반 모형의 가중 평균을 배울 수도 있다. 예를 들어 앙상블 모형의 예측은 세 모형의 예측을 50%:30%:20%의 비율로 섞은 것일 수 있다. 아니면, 데이터와 예측 사이의 비선형 상호작용을 배울 수도 있는데, 예를 들어 대기 시간이 길 때 SVM 모형을 좀 더 신뢰한다면 그런 일이 생길 수 있다. 정리하자면, 이 기법에서는 기반 모형들을 같은 훈련 데이터로 훈련하고, 그런 다음 따로 떼어 둔 검증 데이터(예측들로 보강된)로 앙상블 모형을 훈련한다. 필요하다면 교차 검증을 사용할 수도 있다.

이 방법을 '스태킹'이라고 부르는 이유는, 전체적인 구조가 기반 모형들의 층(layer) 위에 앙상블 모형을 쌓은(stack) 형태이기 때문이다. 앙상블 모형은 기반 모형들의 출력에 기반해서 작동한다. 필요하다면, 각 층이 그 아래 층의 출력에 대해 작동한다는 규칙을 지키면서 층들을 더 쌓을 수도 있다. 스태킹을 적용하면 편향이 줄어들며, 개별 기반 모형보다 더 나은 성과를 낼 때가 많다. 데이터 과학 경진대회(캐글이나 KDD Cup 등)의 여러 우승팀이 스태킹을 사용했는데, 이는 팀원들이 각자 자신의 기반 모형을 다듬은 후 그것들을 쌓아서 최종적인 스택 앙상블 모형을 만들 수 있다는 점 때문이다.

19.8.4 부양법

부양
가중 훈련 집합 가장 널리 쓰이는 앙상블 방법은 **부양법**(boosting)이다. 부양법의 작동 방식을 이해하려면 **가중 훈련 집합**(weighted training set)이라는 개념을 알아야 한다. 가중 훈련 집합의 각 견본에는 가중치 $w_j \geq 0$가 있다. 이 가중치는 훈련 과정에서 그 견본을 얼마나 중요하게 반영해야 하는지를 나타낸다. 예를 들어 훈련 집합에서 한 견본만 가중치가 3이고 나머지는 모두 가중치가 1이라면, 이는 그 견본이 훈련 집합에 세 개 있는 것과 같다.

부양법은 우선 훈련 집합의 모든 견본에 $w_j = 1$을 부여한다. 그런 다음 훈련 집합으로 첫 가설 h_1을 생성한다. 일반적으로 가설 h_1은 훈련 견본들의 일부를 정확히 분류하고 나머지는 잘못 분류할 것이다. 다음 가설은 오분류된 견본들을 좀 더 잘 분류해야 할 것이므로, 그 견본들의 가중치를 증가하고 잘 분류된 견본들의 가중치는 감소한다.

가중치들을 조정해서 만든 새 가중 훈련 집합으로 가설 h_2를 만든다. 그런 식으로 K번째 가설까지 만든다. 여기서 K는 부양 알고리즘의 한 입력이다. 이 과정에서, 분류하기 어려운 견본의 가중치는 그 견본을 제대로 분류하는 가설이 나올 때까지 점점 증가한다. 후퇴하는 일이 없다는 점에서 이것은 하나의 탐욕적 알고리즘이다. 일단 가설 h_i를 선택하고 나면 그 선택을 취소하는 일이 절대 없다. 선택을 되돌리는 대신 새 가설을 만든다. 또한 이것은 순차적 알고리즘이므로, 배깅과는 달리 모든 가설을 병렬로 계산할 수는 없다.

최종적인 앙상블의 예측 결과는 배깅에서처럼 각 가설의 투표로 결정된다. 단, 각 가설의 투표에 가중치가 적용된다는 점이 다르다. 자신의 가중 훈련 집합에 대한 성과가 좋은 가설일수록 투표 가중치가 크다. 회귀 분류나 이진 분류에서는 다음이 성립한다.

$$h(\mathbf{x}) = \sum_{i=1}^{K} z_i h_i(\mathbf{x}).$$

여기서 z_i는 i번째 가설의 가중치이다. (이처럼 견본이 아니라 가설에 대해 가중치를 적용한다는 점이 부양법의 특징이다.)

도해 19.24는 이 알고리즘의 작동 방식을 개념적으로 표현한 것이다. 견본 가중치를 조정하는 방식과 가설들의 예측을 합치는 방식에 따라 다양한 형태의 부양법이 존재한다. 그런 변형들은 한 가설에서 다음 가설로 넘어갈 때 분류가 어려운 견본에 더 큰 가중치를 부여한다는 일반적인 착안에 기초한다. 제20장에서 살펴볼 베이즈 학습 방법들처럼, 부양법은 더 정확한 가설에 더 큰 가중치를 부여한다.

구체적인 부양법 알고리즘으로 ADABOOST가 있다(도해 19.25). 이 알고리즘을 적용할 때는 흔히 결정 트리를 개별 가설로 사용한다. ADABOOST의 중요한 성질 하나는, 만일 입력 학습 알고리즘 L이 **약 학습**(weak learning) 알고리즘이면, 즉 L이 항상 무작위 추측보다 약간 더 정확한(부울 분류의 경우 정확도가 $50\% + \epsilon$인) 가설을 돌려준다면, ADABOOST는 충분히 큰 K에 대해 데이터 집합을 완벽하게 **분류하는** 가설을 돌려준다는 것이다. 이처럼 원래의 알고리즘의 정확도를 더 **높인다**는(부양) 점에서 부양법이라는 이름이 붙었다.

다른 말로 하면, 부양법은 기반 모형이 무작위 추측보다 적어도 ϵ만큼은 더 낫다면 기반 모형에 존재하는 임의의 양(amount)의 편향을 극복할 수 있다. (도해 19.25의 의사코드는 만일 무작위 추측보다 나쁜 가설이 나오면 가설 생성을 중지한다.) 이 성질은 원래의 가설 공간의 표현력이 아무리 나빠도, 그리고 학습할 함수가 아무리 복잡해도 참이다. 도해 19.25에 쓰인 구체적인 가중치 갱신 공식($error/(1 - error$ 등이 있는)은 이 성질을 증명하기 쉽도록 선택한 것이다(Freund 및 Schapire, 1996). 물론 이 성질이 성립한다고 해도, 앙상블이 이전에 보지 못한 견본들을 정확하게 분류한다는 보장은 없다.

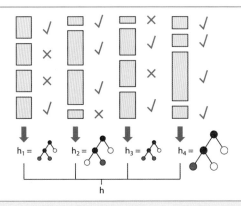

도해 19.24 부양 알고리즘의 작동 방식. 각 상자는 견본에 해당하고 상자의 높이는 그 견본의 가중치에 해당한다. 확인 표시와 X 표시는 현재 가설이 해당 견본을 제대로 분류했는지를 나타낸다. 결정 트리의 크기는 최종 앙상블에서의 해당 가설의 가중치를 나타낸다.

약 학습

function ADABOOST(*examples*, *L*, *K*) **returns** 가설
　입력: *examples*, N개의 이름표 붙은 견본들 $(x_1, y_1),...,(x_N, y_N)$의 집합
　　　　L, 학습 알고리즘
　　　　K, 앙상블의 가설 개수
　지역 변수: **w**, N개의 견본 가중치(초기에는 $1/N$)들의 벡터
　　　　　　h, K개의 가설들의 벡터
　　　　　　z, K개의 가설 가중치들의 벡터

　$\epsilon \leftarrow 0$으로 나누기를 피하기 위한 작은 양수
　for $k = 1$ **to** K **do**
　　$\text{h}[k] \leftarrow L(examples, \textbf{w})$
　　$error \leftarrow 0$
　　for $j = 1$ **to** N **do** // $\text{h}[k]$에 대한 전체 오차를 계산
　　　if $\text{h}[k](x_j) \neq y_j$ **then** $error \leftarrow error + \text{w}[j]$
　　if $error > 1/2$ **then break** // 루프에서 벗어난다
　　for $j = 1$ **to** N **do** // 오분류된 견본 $\text{h}[k]$에 더 큰 가중치를 부여
　　　if $\text{h}[k](x_j) = y_j$ **then** $\text{w}[j] \leftarrow \text{w}[j] \cdot error/(1-error)$
　　$\textbf{w} \leftarrow \text{NORMALIZE}(\textbf{w})$
　　$\text{z}[k] \leftarrow \dfrac{1}{2} log((1-error)/error)$ // 더 정확한 가설 $\text{h}[k]$에 더 큰 가중치를 부여
　return $Function(x): \sum \text{z}_i \text{h}_i(x)$

도해 19.25 부양법의 한 변종인 ADABOOST 앙상블 학습 알고리즘. 이 알고리즘은 훈련 견본들의 가중치를 조정해 가면서 가설들을 생성한다. **h**를 생성하고, 그 가설들에게 가장 많은 표를 받은(표 수에는 **z**의 가중치가 곱해진다) 가설의 출력에 해당하는 함수를 돌려준다. 회귀 문제나 부류가 −1과 1인 이진 분류 문제에서 이것은 $\Sigma_k \text{h}[k]\text{z}[k]$. 이다.

그럼 식당 데이터에 대해 부양법이 얼마나 나은 결과를 내는지 살펴보자. 원래의 가설
결정 그루터기　공간을 **결정 그루터기**(decision stump) 형태로, 즉 뿌리 노드에서 한 번의 판정만 수행하는 결정 트리로 나타내기로 한다. 도해 19.26(a)의 점선 곡선은 부양되지 않은 결정 그루터기의 경우이다. 100개의 훈련 견본에 대해 81%의 정확도를 보였다는 점에서, 부양되지 않은 결정 그루터기는 이 데이터 집합에 대해 그리 효과적이지 않다고 할 수 있다. 반면, 부양법을 적용하면($K = 5$로 두어서) 100개의 견본 이후 정확도가 93%에 도달한다.

앙상블 크기 K를 증가하면 흥미로운 일이 벌어진다. 도해 19.26(b)는 훈련 집합 성과(견본 100개에 대한)를 K의 함수로 표시한 것이다. K가 20일 때 오류율이 0에 도달함을 주목하기 바란다. 즉, 100개의 견본에 정확히 적합시키는 데에는 20개의 결정 그루터기들의 가중 다수결 조합으로 충분하다. 이것이 보간점(interpolation point)이다. 그루터기들을 더 추가해도 오류율은 0을 유지한다. 또한, 그래프를 보면 훈련 집합 오류율이 0에 도달한 후에도 시험 집합 성과가 계속 증가한다는 점을 알 수 있다. $K = 20$에서 검사 정확도는 0.95(또는 검사 오류율이 0.05)이고, $K = 137$까지 0.98로 증가하다가 그 후로는 점차 0.095로 떨어진다.

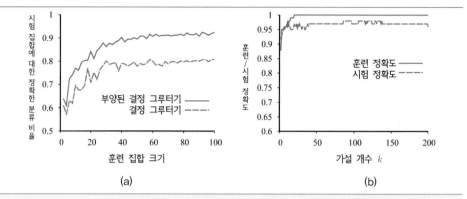

도해 19.26 (a) 식당 자료에 대한, K=5인 부양된 결정 그루터기의 성과와 부양되지 않은 결정 그루터기의 성과 비교. (b) 훈련 집합과 시험 집합의 분류 정확도들을 앙상블 가설 개수인 K의 함수로 나타낸 그래프. 시험 집합 정확도는 훈련 정확도가 1에 도달한(즉, 앙상블이 자료에 정확히 적합된) 후에도 개선됨을 주목하기 바란다.

이러한 현상은 다른 여러 데이터 집합과 가설 공간에서도 상당히 일관되게 나타난다. 이런 현상이 처음 발견되었을 때에는 연구자들이 상당히 놀랐다. 오컴의 면도날에 따르면 필요 이상으로 복잡한 가설은 만들지 말아야 하지만, 이 그래프에서 보듯이 앙상블 가설들이 복잡해질수록 오히려 예측이 **개선된다!** 이에 대한 여러 가지 설명이 제안되었는데, 한 가지 관점은 부양이 **베이즈 학습**(제20장)을 근사한다는 것이다. 베이즈 학습은 최적 학습 알고리즘이며(이를 증명할 수 있다), 가설이 추가될수록 근사가 개선된다. 또 다른 가능한 설명은, 가설들을 더 추가하면 앙상블이 양성 견본과 음성 견본을 더 확신 있게 분류하게 되며, 그러면 새로운 견본도 더 잘 분류하게 된다는 것이다.

19.8.5 경사 부양법

경사 부양법

부양법의 한 변형으로 **경사 부양법**(gradient boosting; 또는 기울기 부양법)이 있다. 경사 부양 기계(gradient boosting machines, GBM)나 경사 부양 회귀 트리(gradient boosted regression trees, GBRT)라고도 부르는 이 방법은 분해된 테이블 형식의 데이터에 대한 회귀 문제와 분류 문제에서 아주 인기 있는 방법이었다. 이름에서 짐작하겠지만 경사 부양법은 경사 하강법을 이용한 부양법이다. ADABOOST에서는 하나의 가설 h_1에서 출발해서 오분류된 견본들에 특별한 주의를 기울여 새 가설을 만든다. 경사 부양법 역시 점차새 가설을 만들어서 앙상블에 추가하는데, 특정 견본에 주의를 기울이는 것이 아니라 정답과 이전 가설이 제시한 답 사이의 **기울기**(gradient)에 주의를 기울인다는 점이 다르다.

경사 하강법을 사용하는 다른 학습 알고리즘과 마찬가지로, 경사 부양법을 적용하려면 미분 가능 손실 함수가 필요하다. 회귀 문제에는 제곱 오차 함수를, 분류 문제에는 로그 손실 함수를 사용하면 된다. 손실 함수를 정한 후에는, ADABOOST에서처럼 결정 트리를 구축한다. §19.6.2에서는 모형의 매개변수들을 최소화하는 데 경사 하강법을 적용했다. 즉, 손실을 계산한 후 손실이 작아지는 쪽으로 매개변수들을 갱신했다. 경사 부양법에서는 기존 모형의 매개변수들을 갱신하는 것이 아니라 다음 트리의 매개변수들을 갱신한다. 매개변수들은 기울기를 따라 적절한 방향으로 이동했을 때 손실이 적어지는 방식으로 갱신해야 한다.

§19.4.3의 모형들처럼, 과대적합을 방지하는 데는 **정칙화**가 도움이 된다. 이때 정칙화는 트리 개수를 제한하는 형태일 수도 있고 트리 크기(깊이 또는 노드 수)를 제한하는 형태일 수도 있다. 또는, 기울기 방향으로 얼마나 이동할 것인지를 말해주는 학습 속도 α를 제한하는 것일 수도 있다. 학습 속도로는 0.1-0.3 범위의 값이 흔히 쓰이는데, 값이 작을수록 앙상블에 필요한 트리 수가 늘어난다.

경사 부양법을 구현한 패키지로는 유명한 XGBOOST(eXtreme Gradient Boosting)가 있다. 이 패키지는 업계의 대규모 응용 프로그램들(견본이 수십억 개인 문제를 위한)은 물론 데이터 과학 경진대회 우승작들에도 즐겨 쓰인다(2015년 KDDCup의 상위 10팀이 이 패키지를 사용했다). XGBOOST은 경사 부양법과 함께 가지치기와 정칙화도 적용하며, 캐시 적중률을 높이기 위해 메모리를 세심하고 효율적으로 관리할 뿐만 아니라 여러 컴퓨터를 이용한 병렬 계산도 지원한다.

19.8.6 온라인 학습

이번 장에서 지금까지 말한 모든 것은 데이터가 독립 동일 분포(i.i.d)를 따른다는 가정에 의존한다. 미래가 과거와 아무 관련이 없다면 예측이라는 것이 불가능할 것이라는 점을 생각하면 이 가정은 합당하다. 그러나 한편으로 이것은 너무 강한 가정이다. 우리는 과거와 미래 사이에 상관관계가 있다는 점과 복잡한 시나리오들에서는 미래가 과거와 독립이 되게 하는 모든 데이터를 얻을 가능성이 작다는 점을 알고 있다.

온라인 학습

이번 절에서는 독립 동일 분포를 따르지 않는, 즉 분포가 시간에 따라 변할 수 있는 데이터를 다루는 방법을 살펴본다. 그런 데이터에 대해서는 언제 예측을 할 것인가가 중요하며, 그러면 **온라인 학습**(online learning)이라는 관점을 채용하는 것이 도움이 된다. 온라인 학습에서 에이전트는 자연(환경)으로부터 입력 x_j를 받고, 그에 해당하는 y_j를 예측하고, 그 예측이 정답인지의 여부를 보고받는다. 그리고 같은 과정을 x_{j+1}, x_{j+2}, ...에 대해 반복한다. 이러한 과제에 희망이 없다고 생각하는 독자도 있을 것이다. 자연이 에이전트에 대항적이면 모든 예측이 틀릴 수 있을 것이기 때문이다. 그러나 확실한 보장 몇 가지를 만들 수 있다.

입력이 일단의 전문가들의 예측 결과로 이루어진다고 하자. 예를 들어 매일 K명의 전문가가 주식시장의 상승/하락 여부를 예측한다고 하자. 에이전트의 과제는 그러한 예측들을 모아서 자신의 예측을 결정하는 것이다. 이를 수행하는 한 가지 방법은, 각 전문가의 성과를 추적해서, 전문가의 예측을 과거의 성과에 비례하는 정도로 믿는 것이다.

이를 **무작위 가중 다수결 알고리즘**(randomized weighted majority algorithm; 또는 확률 가중 다수결 알고리즘)이라고 부르는데, 좀 더 형식적으로 서술하면 다음과 같다.

가중치 집합 $\{w_1,...,w_K\}$의 모든 가중치를 1로 초기화한다.

풀고자 하는 각 문제에 대해:

1. 전문가들에게 예측 $\{\hat{y_1},...,\hat{y_K}\}$를 받는다.

2. 한 명의 전문가 k^*를 그 가중치에 비례하는 확률 $P(k) = w_k$에 따라 무작위로 선택한다.

3. 현재 문제에 대한 예측 $\hat{y_{k^*}}$를 얻는다.

4. 정답 y를 얻는다.

5. $\hat{y_k} \neq y$인 각 전문가 k의 가중치를 $w_k \leftarrow \beta w_k$로 갱신한다.

6. $\sum_k w_k = 1$이 되도록 가중치들을 정규화한다.

여기서 β는 $0 < \beta < 1$인 값으로, 잘못 예측한 전문가에게 부여하는 벌점의 비율에 해당한다.

후회   이 알고리즘의 성능은 **후회**(regret; 또는 기회 손실) 수를 기준으로 판정한다. 후회 수는 예측 성과가 가장 좋은 전문가에 비한 알고리즘의 추가 실수 횟수를 말한다. 최고의 전문가의 실수 횟수가 M^*라고 할 때, 무작위 가중 다수결 알고리즘의 실수 횟수 M의 한계는 다음과 같이 주어진다.[16]

$$M < \frac{M^* \ln(1/\beta) + \ln K}{1 - \beta}.$$

이 한계는 **임의의** 견본열에 대해, 심지어는 에이전트를 방해하기 위해 고의로 선택한 최악의 견본열에 대해서도 성립한다. 좀 더 구체적으로 말하면, 전문가 수가 $K = 10$이고 $\beta = 1/2$일 때, 실수 횟수는 최대 $1.39M^* + 4.6$이고, $\beta = 3/4$이면 $1.15M^* + 9.2$이다. 일반적으로, β가 1에 가까우면 장기적으로 볼 때 알고리즘은 변화에 잘 반응한다. 최고의 전문가가 바뀌면 알고리즘은 오래지 않아 그 전문가를 선택한다. 대신, 모든 전문가에 대한 믿음이 동일한 알고리즘 실행 초기에는 피해가 좀 있다. 나쁜 전문가의 조언을 너무 오래 받아들일 수 있는 것이다. β가 0에 가까워지면 두 요인은 그 반대가 된다. 장기적으로는, β를 M이 M^*에 점근적으로 가까워지게 하는 값으로 선택하는 방법이 있다. 이를 **무후회 학습**(no-regret learning)이라고 부른다(시행 횟수가 증가함에 따라 시행당 평균 후회 수가 0으로 수렴한다는 점에서).

    온라인 학습은 데이터가 시간에 따라 빠르게 변할 수 있는 경우에 유용하다. 또한

---

[16] [Blum, 1996]에 우아한 증명이 나온다.

빠르게 변하지는 않더라도, 커다란 데이터 집합에 데이터가 계속 추가되는 응용에도 유용하다. 예를 들어 수백만 장의 웹 이미지들이 있는 데이터 집합이 있다고 할 때, 새 이미지가 추가될 때마다 매번 훈련을 다시 하는 것은 바람직하지 않다. 그보다는, 이미지들의 점진적인 추가를 지원하는 온라인 알고리즘을 사용하는 것이 실용적이다. 손실 최소화에 기초한 대부분의 학습 알고리즘들에는, 후회 수의 최소화에 기초한 온라인 버전이 있다. 그리고 그런 온라인 알고리즘 중에는 후회 수에 보장된 한계가 존재하는 것들이 많다.

일단의 전문가들에 비한 알고리즘의 성과에 그런 엄격한 한계들이 존재한다는 점을 의외로 생각할 수도 있을 것이다. 더욱 놀라운 점은, 그런 전문가들이 내놓은 정치적 경쟁이나 스포츠 경기의 예측 결과를 일반 대중이 오류율은 전혀 생각하지 않고 기꺼이 믿는다는 점이다.

19.9 기계학습 시스템 개발

지금까지는 기계학습의 **이론**을 설명하는 데 초점을 두었다. 이와는 개별적으로, 기계학습의 **실천**, 즉 기계학습을 이용해서 구체적인 문제를 푸는 것도 중요한 주제이다. 지난 50년간 소프트웨어 업계는 (전통적인) 소프트웨어 프로젝트의 성공 가능성을 높이기 위한 소프트웨어 개발 방법론을 진화시켜 왔다. 그렇지만 기계학습 프로젝트를 위한 방법론의 정의는 여전히 초기 단계이다. 도구와 기법들이 잘 개발되어 있지는 않다. 이번 절에서는 기계학습 시스템 개발의 전형적인 단계들을 살펴본다.

19.9.1 문제 형식화

첫 단계는 풀고자 하는 문제를 구체적으로 파악하는 것이다. 이는 두 부분으로 나뉜다. 하나는 "소프트웨어 사용자들을 위해 내가 풀고자 하는 문제가 무엇인가?"를 명확히 하는 것이다. "사용자가 자신의 사진을 좀 더 쉽게 관리하고 접근할 수 있게 한다" 같은 답은 너무 애매모호하다. "사용자가 **파리**^{Paris} 같은 구체적인 단어와 부합하는 모든 사진을 손쉽게 찾아볼 수 있게 한다"가 더 낫다. 다른 한 부분은, "그러한 문제 중 기계학습으로 풀 수 있는 부분(들)은 무엇인가?"를 파악하는 것이다. 이 질문에 대해 이를테면 "주어진 사진을 일단의 분류명 중 하나로 사상하는 함수를 학습하고, 사용자의 검색어를 분류명으로 삼아서 그 분류명에 해당하는 모든 사진을 조회한다" 같은 답이 가능할 것이다.

이를 구체화하려면 기계학습 요소를 위한 손실 함수를 명시할 필요가 있다. 예를 들어 주어진 분류명의 예측 정확도를 측정하는 함수를 손실 함수 또는 목적함수로 두어야 할 것이다. 그러한 목적함수는 진정한 목표와 관련이 있어야 마땅하지만, 진정한 목표와는 구별되는 것이 일반적이다. 진정한 목표는 이를테면 사용자 수와 시스템 사용 시간을 최대한 늘려서 수익을 극대화하는 것이다. 사용자 수나 사용 시간, 수익은 개발자가 반드시 관리해야 할 측정치들이지만, 그런 측정치들을 직접 다루는 기계학습 모형을 만들 필요는 없다.

문제를 여러 부분으로 분해해 보면 기계학습이 아니라 구식 소프트웨어 공학으로 처리할 수 있는 요소들을 발견하게 된다. 예를 들어 사용자가 '최고의 사진'을 요청할 때 그냥 '좋아요' 수와 조회수로 사진들을 정렬해서 요청을 해결할 수도 있다. 일단은 전체 시스템을 어느 정도 쓸만하게 구현한 후, 단순하게 구현한 구성요소를 좀 더 정교한 기계학습 모형으로 대체하면 된다.

지도학습과 비지도학습, 강화학습 중 어떤 것을 적용할지 결정하는 것도 문제 형식화의 일부이다. 그런데 이들의 구분이 항상 명확하지는 않다. **준지도학습**(semisupervised learning)에서는 모형을 분류된 견본(분류명이 붙은 견본) 몇 개로 훈련한 후 분류되지 않은(분류명이 없는) 다수의 견본들으로 학습을 심화한다. 이제는 이런 접근방식이 흔히 쓰인다. 기계학습 시스템이 분류되지 않은 견본들을 잘 활용할 수 있도록 일부 견본들에 빠르게 분류명을 붙이는 작업을 전문으로 하는 기업들이 나왔을 정도이다.

주어진 문제에 대해 딱 한 가지 접근방식이 자명하게 결정되지 않는 경우도 있다. 예를 들어 고객에게 노래나 영화를 추천하는 시스템을 생각해 보자. 입력에 고객의 표현이 포함되고 출력은 시스템이 추천한 노래를 고객이 좋아할지 아닌지에 관한 예측인 지도학습 문제로 접근할 수도 있고, 아니면 시스템이 일련의 추천 동작들을 생성하고 좋은 추천에 대해 고객이 보상을 제공하는 방식의 강화학습 문제로 접근할 수도 있다.

견본들에 붙은 분류명 자체도 우리가 기대한 것만큼 확실한 진실은 아닐 수 있다. 사진속 인물의 나이를 추측하는 시스템을 구축한다고 하자. 한 가지 방법은 사람들이 나이를 밝히고 올린 사진들을 분류된 견본으로 간주해서 훈련에 사용하는 것이다. 이는 지도학습이다. 그렇지만 자신의 나이를 속이는 사람들이 있는 것이 사실이다. 이는 데이터에 잡음이 조금 있는 정도가 아니라, 체계적인 부정확성이 존재하는 것이라 할 수 있다. 그리고 그런 부정확성을 밝혀내는 것은 이미지, 사용자가 스스로 보고한 나이, 그리고 진짜(미지의) 나이가 관여하는 하나의 비지도학습 문제이다. 정리하자면, 잡음과 분류명 부재의 조합은 양 극단이 지도학습과 비지도학습인 하나의 연속체(continuum)을 형성한다. **약 지도학습**(weakly supervised learning)이라는 분야는 잡음이 있고 부정확하거나 비전문가가 제공한 분류명의 활용에 초점을 둔다.

19.9.2 자료 수집과 평가, 관리

모든 기계학습 프로젝트에는 데이터가 필요하다. 사진 식별 프로젝트라면 ImageNet 같은 공개 이미지 데이터 집합을 활용할 수 있다. ImageNet에는 약 20,000가지 분류명이 붙은 1,400만 개 이상의 이미지가 있다. 데이터를 직접 마련해야 할 때도 있는데, 개발자 스스로 만들어 낼 수도 있고 인터넷 서비스로 다수의 유급 외주자 또는 무급 자원봉사자

준지도학습

약 지도학습

ImageNet

에게 데이터 생성을 맡기는 소위 **크라우드소싱**^{crowdsourcing}을 이용할 수도 있다. 사용자들에게서 데이터를 얻기도 하는데, 예를 들어 내비게이션 서비스 Waze는 사용자들에게 교통체증에 관한 데이터를 올리길 권하며, 그런 데이터를 이용해서 모든 사용자에게 최신의 내비게이션 방향을 제공한다. 데이터가 충분하지 않을 때는 전이학습(§21.7.2)이 도움이 된다. 전이학습은 공개된 범용 데이터 집합(또는 그런 데이터로 미리 훈련한 모형)에 사용자들로부터 얻은 구체적인 데이터를 추가해서 훈련을 다시 실행하는 식으로 진행된다.

시스템을 사용자들에게 배치(deployment; 배포 및 설치)하면 사용자들은 피드백을 보내기 시작한다. 사용자가 어떤 한 항목을 클릭하고 다른 항목들은 무시했다는 사실 자체가 피드백이다. 이런 피드백 데이터를 처리하는 전략이 필요하다. 특히, 수집한 데이터에 관한 적절한 권한이 여러분에게 있는지, 사용자 데이터의 무결성 보장을 위한 절차들이 충분한지, 그리고 그 데이터로 여러분이 무엇을 하려는지를 사용자들이 확실하게 이해했는지 등을 개인정보 전문가(§27.3.2)가 검토하게 하는 것이 중요하다. 또한 그런 절차들이 편향되지 않고 공정해야 한다는 점에도 신경을 써야 한다(§27.3.3). 만일 수집하기에는 너무 민감하지만 기계학습 모형에 유용할 만한 데이터가 있다면, 데이터가 사용자의 컴퓨터 바깥으로 나가지 않으며 모형의 매개변수들이 개인 데이터를 노출하지 않는 방식으로 공유되는 '연합 학습(federated learning)' 접근방식을 고려해 보기 바란다.

자료 출처   **자료 출처**(data provenance)도 관리해야 한다. 모든 데이터의 출처를 남기는 것이 바람직하다. 데이터 집합의 열마다 그 열의 구체적인 정의와 출처, 가능한 값들, 그리고 관리 담당자를 명시해 두어야 한다. 데이터 공급이 끊긴 시간이 있었는지, 데이터 출처의 정의가 시간이 지나면서 바뀌지는 않았는지 등도 파악해야 한다. 서로 다른 시기의 결과들을 비교하려면 그런 정보가 필요하다.

다른 누군가가 생성하는 데이터에 의존한다면 이런 관리가 특히나 중요하다. 그들의 요구와 여러분의 요구가 다를 수 있으며, 그들이 데이터 생성 방식을 중간에 바꾸었을 수도 있고, 아예 갱신을 멈추었을 수도 있다. 그런 변화를 감지하려면 데이터 공급을 계속 감시해야 한다. 시스템의 성공에는 안정적이고 유연하며 안전한 데이터 처리 파이프라인이 기계학습 알고리즘의 구체적인 세부사항보다 더 중요하다. 데이터 출처 관리는 개인정보 보호법 준수 등 법적인 이유로도 중요하다.

어떤 문제를 풀든, 데이터에 관해 이런 질문을 던져야 한다. 이것이 내 문제를 푸는 데 적합한 데이터인가? 모형이 학습하기에 충분한 입력들이 데이터에 반영되어 있는가? 내가 예측하고자 하는 출력들이 포함되어 있는가? 그렇지 않다면, 이 데이터로 비지도학습 모형을 구축할 수 있는가? 아니면 데이터의 일부에 분류명을 붙이고 준지도학습을 진행할 수 있는가? 유관한 데이터인가? 사진이 1,400만 장이나 있다는 것은 대단한 일이지만, 만일 모든 사용자가 특정 주제 하나에 관심이 있는 전문가라면 범용 데이터 집합은 별 도움이 되지 않는다. 해당 주제에 관한 사진들을 모아야 한다. 훈련 데이터를 얼마나 모아야 충분할까? (자료를 더 수집해야 할까? 계산 속도를 높이기 위해 일부 데이터를 폐기해도 될까?) 이 질문에 답하는 최선의 방법은 훈련 집합 크기가 알려진 비슷한 프로젝트들을 기준으로 크기를 추론하는 것이다.

일단 훈련을 시작했다면, 학습 곡선(도해 19.7 같은)을 그려 보면 데이터가 더 필요한지 아니면 학습이 이미 최고점에 도달했는지 파악할 수 있다. 필요한 훈련 견본의 수에 관한 임시방편적이고 근거 없는 일반 법칙들이 수없이 많다. 이를테면, 어려운 문제에는 수백만 개가 필요하다, 평균적인 문제는 수천 개가 필요하다, 분류 문제의 분류명당 수백 또는 수천 개가 있어야 한다, 모형 매개변수 개수의 10배는 되어야 한다, 입력 특징 개수의 10배가 필요하다, 입력 특징이 d개이면 견본 수는 $O(d \log d)$이다, 선형 모형보다 비선형 모형에 견본이 더 많이 필요하다, 정확도를 높이려면 견본이 더 많이 필요하지만 정칙화를 사용한다면 견본 수를 줄일 수 있다, 분류 문제에서 귀무가설을 기각하는 데 필요한 통계적 검정력을 달성할 수 있다면 충분하다 같은 규칙들이 있다. 이 모든 규칙에는 함정이 있다. 사실, 과거 비슷한 문제들에 잘 통했던 개수를 시도해 보라는 분별 있는 규칙에도 함정은 있다.

자료를 고려할 때는 방어적이어야 한다. 데이터 입력에 실수가 있지는 않을까? 누락된 데이터 필드들은 어떻게 해야 할까? 고객들 또는 다른 사람들로부터 데이터를 수집하는 경우, 혹시 그 사람들 중 우리 제품에 해를 가하려는 적대자들이 있지는 않을까? 텍스트 데이터에 오타나 일관되지 않은 용어들이 있을까? (예를 들어 "Apple", "AAPL", "Apple Inc"가 모두 같은 회사를 지칭하는가?) 이런 모든 잠재적 데이터 오류 근원을 검출하고 보정하는 과정을 마련할 필요가 있다.

데이터 증강

자료가 제한적일 때는 **데이터 증강**(data augmentation)이 도움이 될 수 있다. 예를 들어 이미지 데이터 집합이라면 이미지를 회전, 이동, 절단, 확대·축소하거나, 명도나 채도를 변경하거나, 잡음을 추가해서 각 이미지의 여러 버전을 만들어 낼 수 있다. 변화가 크지 않은 한 이미지 분류명은 바꾸지 않아야 한다. 그런 증강된 데이터로 훈련하면 좀 더 강건한(robust) 모형이 된다.

분류 불균형

풍족하긴 하지만 견본들의 부류명이 불균형한 데이터도 있다. 그러한 **분류 불균형**의 예로, 어떤 신용카드 거래 데이터 집합에 유효한 거래에 해당하는 견본 10,000,000개와 카드 사기에 해당하는 견본 1,000개가 있다고 하자. 이런 데이터 집합에 대해서는, 입력과는 무관하게 무조건 '유효 거래'를 출력하는 모형도 정확도가 99.99%이다. 이를 극복하려면 분류기는 부정 거래 견본에 더 많은 관심을 두어야 한다. 한 가지 해결책은 다수 부류의 견본들을 **과소표집**(undersampling)하거나 소수 부류 견본들을 **과다표집**(oversampling)하는 것이다. 지금 예에서는 '유효 거래' 견본들의 일부를 무시하거나 '사기' 견본들을 복제하면 된다. 또는, 모형이 사기 견본을 놓치면 더 큰 벌점을 부여하는 가중 손실 함수를 사용할 수도 있다.

**과소표집
과다표집**

소수 부류에 집중하는 데는 부양법도 도움이 된다. 앙상블 방법을 사용하는 경우, 앙상블의 투표 규칙을 바꿔서 '사기'에 투표한 가설들이 더 적어도 '사기'를 최종 출력으로 선택하게 만들면 된다. 또한, SMOTE(Chawla 외, 2002)나 ADASYN(He 외, 2008) 같은 기법으로 데이터를 합성하는 것도 분류 분균형 데이터의 균형을 회복하는 데 도움이 된다.

　자료의 **이상치**(outlier; 또는 특이점, 이상점)들 세심하게 처리해야 한다. 이상치는 다른 자료점들과 멀리 떨어져 있는 자료점이다. 예를 들어 식당 문제에서 가격을 달러 기호 개수가 아니라 실제 수치로 표현한다고 하자. 한 견본의 음식 가격이 $316이고 다른 모든 견본의 가격이 $30 미만이라면 그 견본은 이상치일 가능성이 크다. 선형 회귀 같은 방법들은 이런 이상치에 영향을 크게 받는다. 그런 방법들은 모든 입력을 고려해서 하나의 전역 선형 모형을 구축하는데, 이상치를 다른 자료점들과 구분하지 못하기 때문에 이상치 하나가 모형의 모든 매개변수에 큰 영향을 미친다.

가격처럼 특성의 값이 양수일 때는, 그 수치를 그대로 사용하는 대신 로그를 취하면 이상치의 영향을 줄일 수 있다. 예를 들어 음식 가격 $20, $25, $316는 각각 1.3, 1.4, 2.5가 되어서 수치 차이가 작아진다. 큰 값이 모형에 덜 영향을 미치므로 실용적인 관점에서 좋은 일일 뿐만 아니라, §16.3.2에서 보았듯이 돈의 효용은 로그를 따르므로 이론적인 관점에서도 합당하다.

다수의 국소(지역) 모형들로 구성되는 결정 트리 같은 방법들에서는 이상치를 개별적으로 처리할 수 있다. 그런 방법들에서는 가장 높은 음식 가격이 $300이든 $31이든 문제가 되지 않는다. 어차피 둘 다 $cost \leq 30$ 형태의 판정을 거친 후 각자 자신의 국소 노드에서 처리되기 때문이다. 이 때문에 결정 트리는(따라서 무작위 숲과 경사 부양법도) 이상치들에 좀 더 강건하다.

특징 공학(feature engineering)

자명한 오류들을 바로 잡은 후에는, 데이터를 소화하기 쉽게 전처리하는 것도 바람직한 일이다. 그런 전처리의 일종인 양자화(quantization) 과정을 앞에서 본 적이 있다. 대기 시간 같은 연속값 입력을 고정된 개수의 구간들(0-10분, 10-30분, 30-60분, >60분)로 나누는 것이 양자화이다. 구간들의 경계는 문제 영역에 관한 지식에 따라 정한다. 예를 들어 투표 패턴을 연구할 때는 나이가 18세 이상인지가 중요하다. 또한, p.891에서 보았듯이 최근접 이웃 알고리즘들은 데이터를 표준편차가 1이 되도록 정규화했을 때 더 나은 성과를 낸다. 맑음/흐림/비 같은 범주형 특성들에서는 데이터를 개별적인 부울 특성들(딱 하나만 참일 수 있는)로 나누어 표현하는 것이 도움이 될 때가 많다. 이를 **원핫 부호화** (one-hot encoding)라고 부르는데, 기계학습 모형이 신경망일 때 특히나 유용하다.

문제 영역 지식에 기반해서 새로운 특성들을 도입할 수도 있다. 예를 들어 고객 구매 데이터의 각 견본에 구매 일자 특성이 있다고 할때, 그 구매 일자가 주중인지 주말인지를 말해주는 또 다른 특성을 추가해서 데이터를 증강하는 것이 도움이 될 수 있다.

또 다른 예로, 매물로 나온 주택의 실 판매가를 추정하는 문제를 생각해 보자. 도해 19.13이 이 문제의 '장난감' 버전인데, 거기서는 선형 회귀를 이용해서 집의 넓이로부터 호가(판매자가 제시한 가격)를 예측했다. 그러나 지금 우리가 추정하려는 것은 호가가 아니라 실제 판매 가격이다. 이 문제를 풀려면 실제 판매 데이터가 필요할 것이다. 그렇다고 호가에 관한 데이터를 폐기할 필요는 없다. 호가도 입력 특징 중 하나로 사용할 수 있다. 집의 넓이 외에도 방 개수, 침실 수, 욕실 수, 최근 주방과 욕실 리모델링 여부, 집의 나이와 개보수 상태, 중앙 냉난방 여부, 앞마당 넓이와 조경 상태 등 여러 정보가 필요하다.

그리고 주차 공간과 이웃(주변 지역)에 관한 정보도 필요하다. 그런데 이웃을 어떻게 정의해야 할까? 우편번호를 기준으로 하면 될까? 우편번호를 기준으로 했을 때 바람직한 주변 지역과 그렇지 않은 주변 지역이 섞여 있으면 어떻게 해야 할까? 학군은 어떻게 해야 할까? 학군의 **이름**을 특징으로 두어야 할까? 아니면 **평균 시험 점수**를 특징으로 두어야 할까? 기계학습 시스템이 성공하려면 개발자가 특징 공학을 잘 수행하는 것이 필수적이다. 페드로 도밍고스(Domingos, 2012)의 말을 빌자면, "하루 일이 끝났을 때 어떤 기계학습 프로젝트는 성공하고 어떤 프로젝트는 실패한다. 무슨 차이 때문일까? 답은 간단하다. 가장 중요한 요인은 프로젝트가 사용한 특징들이다."

탐색적 자료 분석과 시각화

존 튜키는 예측을 하거나 가설을 시험하기 위해서가 아니라 데이터 자체를 더 잘 이해하기 위해 데이터를 탐색하는 과정에 **탐색적 자료 분석**(exploratory data analysis, EDA)라는 이름을 붙였다(Tukey, 1977). 탐색적 자료 분석의 주된 수단은 시각화(visualization)이지만, 요약 통계를 활용하기도 한다. 데이터에 결측값이나 오류가 있는지, 데이터가 정규 분포를 따르는지 아니면 꼬리가 두꺼운지, 어떤 학습 모형이 적합한지 가늠하는 데 히스토그램이나 산점도가 도움이 될 때가 많다.

자료를 군집화하고 각 군집(cluster)의 중심에 있는 원형(prototype) 자료점을 시각화해 보는 것도 도움이 될 수 있다. 예를 들어 이미지 데이터 집합을 그런 식으로 시각화해보면 고양이 얼굴 사진들의 군집 근처에 잠든 고양이 군집이 있고, 다른 사물들을 찍은 사진들의 군집들은 거기서 더 떨어진 곳에 있음을 알게 될 것이다. 이러한 시각화와 모형을 여러 번 교대로 반복해야 할 것이다. 데이터를 파악하기 위해 군집들을 만들려면 데이터 항목들이 얼마나 가까이 있는지를 말해주는 거리 함수가 필요한데, 그런 거리 함수를 잘 정하려면 데이터를 어느 정도 파악해야 한다.

원형과 멀리 떨어진 이상치들을 검출하는 것도 도움이 된다. 그런 이상치들을 원형 모형에 대한 **비평자**(critic)로 삼아서, 시스템이 어떤 종류의 실수를 저지를 수 있는지 파악하는 데 활용할 수 있다. 그런 비평자의 예는 사자 코스튬을 입힌 고양이 사진이다.

우리가 접하는 디스플레이 장치(모니터 화면이든 종이든)는 2차원이므로, 자연스럽게 시각화할 수 있는 데이터는 2차원 데이터이다. 그리고 인간의 눈은 2차원에 투영된 3차원 데이터를 이해하는 데 익숙하다. 그러나 차원이 수십은 물론 수백만인 데이터 집합도 많다. 그런 데이터를 시각화하려면 차원 축소를 통해서 데이터를 2차원 **지도**(map^맵)에 투영해야 한다(때에 따라서는 사용자가 시점을 조정해 가면서 탐색할 수 있는 3차원 그래픽으로 시각화하기도 한다).[17]

---

[17] 제프리 힌턴은 "14차원 공간을 다루는 방법은 3차원 공간을 시각화한 후 아주 크게 '14'라고 외치는 것이다"라는 유용한 조언을 제시한 바 있다.

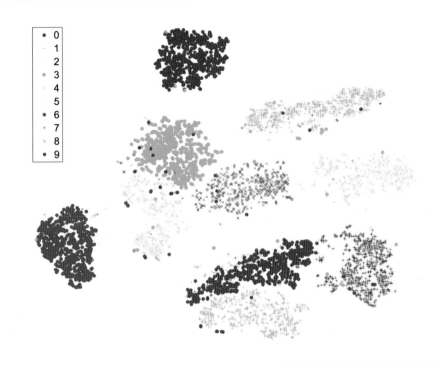

도해 19.27 손글씨 숫자 이미지 60,000장으로 이루어진 MNIST 데이터 집합의 2차원 t-SNE 지도. 각 이미지는 28×28이므로 전체 차원 수는 784이다. 아라비아 숫자 10개의 군집들이 잘 분리되어 있지만, 자신의 군집에서 벗어난 자료점들도 있다. 예를 들어 제일 위의 빨간색 군집은 숫자 0 이미지들인데, 숫자 3과 6의 군집들에도 빨간 점들이 있다. t-SNE 알고리즘은 군집들 사이의 차이를 두드러지게 나타내는 표현을 찾아낸다.

그러한 지도에 자료점들 사이의 모든 관계를 반영할 수는 없겠지만, 원래의 데이터 집합에서 비슷한 점들이 지도에서 서로 가까운 곳에 표시된다는 조건만큼은 충족해야 한다. **t-분포 확률적 이웃 내장**(t-distributed stochastic neighbor embedding, t-SNE)이라는 기법을 이용하면 그런 조건을 충족할 수 있다. 도해 19.27은 MNIST 숫자 인식 데이터 집합에 대한 t-SNE 지도의 예이다. Pandas나 Bokeh, Tableau 같은 자료 분석 및 시각화 패키지들을 이용하면 데이터를 좀 더 쉽게 다룰 수 있다.

t-분포 확률적
이웃 내장

19.9.3 모형 선택과 훈련

자료를 깔끔하게 정리하고 파악했다면, 이제 모형을 구축할 때이다. 구체적으로 말하면, 이제부터 할 일은 모형의 부류(무작위 숲, 심층 신경망, 앙상블 등)을 선택하고, 훈련 데이터로 모형을 훈련하고, 검증 데이터로 모형 부류의 초매개변수들(트리 개수, 은닉층 개수 등)들을 조율하고, 과정을 디버깅하고, 마지막으로 시험 데이터로 모형을 평가하는 것이다.

최상의 모형 부류를 선택하는 확실한 방법은 없다. 몇 가지 대략적인 지침이 있을 뿐이다. 범주형 특징들이 많고 그들 중 다수가 문제와 무관하다고 여러분이 믿을 때는 무작위 숲이 조좋다. 데이터가 많고 사전 지식이 없으며 적절한 특징들을 선택하는 데 크게 신경쓰지 않고 싶다면(특징이 20개 이하인 한) 비매개변수 방법들이 적합하다. 그렇지만 일반적으로 비매개변수 방법들로 구한 함수 h는 실행 비용이 더 크다.

로지스틱 회귀는 데이터가 선형 분리 가능일 때, 또는 교묘한 특징 공학을 적용해서 선형 분리 가능으로 변환할 수 있을 때 잘 통한다. 데이터 집합이 너무 크지 않다면 지지 벡터 기계를 시도해 볼 만하다. SVM은 분리 가능 데이터에 대해서는 로지스틱 회귀와 비슷한 성과를 내고 고차원 데이터에 대해서는 더 나은 성과를 낸다. 이미지 처리나 음성 처리 등 패턴 인식을 다루는 문제들은 대부분 심층 신경망(제21장)으로 처리한다.

초매개변수 값들의 선택은 경험과 검색의 조합으로 해결할 수 있다. 여기서 경험은 예전에 비슷한 문제에 잘 통했던 값들을 활용하는 것을 말하고, 검색은 여러 가능한 값들로 실험을 해서 결과를 비교하는 것을 말한다. 실험을 많이 할수록 다양한 모형들에 대한 아이디어를 얻을 수 있지만, 검증 데이터에 대한 성과를 측정해서 아이디어를 얻고 그에 대해 더 많은 실험을 실행하는 식으로 진행하다 보면 모형이 그 검증 데이터에 과대적합할 위험이 생긴다. 데이터가 충분하다면, 개별적인 검증 데이터 집합을 여러 개 두고 실험함으로써 이 문제를 피하는 것이 바람직하다. 검증 데이터를 여러분이 눈으로 직접 조사한다면(그냥 모형을 실행해서 평가하는 데 사용하는 것이 아니라) 더욱 그렇다.

예를 들어 스팸 이메일을 분류하는 시스템을 구축한다고 하자. 멀쩡한 메일을 스팸으로 잘못 분류하는 것을 **거짓 양성**(false positive; 또는 가양성)이라고 부른다. 거짓 양성과 거짓 음성(스팸을 정상적인 메일로 분류하는 것)은 절충 관계이다. 정상 메일이 스팸함으로 들어가는 경우를 줄이려 하면 받은 편지함에 스팸이 더 많이 쌓이게 된다. 거짓 양성과 거짓 음성의 적절한 균형점을 찾는 최선의 방법은 무엇일까? 한 가지 방법은 초매개변수 값들을 변경해 가면서 두 오류의 비율을 측정해 보는 것이다. 초매개변수의 각 값에 대한 거짓 양성 대 진 양성(true positive) 비를 그린 그래프를 **수신자 조작 특성**(receiver operating characteristic, ROC) **그래프**라고 부른다. 이런 그래프를 살펴보면 좋은 절충점에 해당하는 값들을 찾는 데 도움이 된다. 시스템을 배치해서 각 사용자가 자신의 절충점을 보고하게 한다면, "area under the ROC curve(ROC 곡선 아래 면적)"을 줄인 AUC라는 측정치가 유용할 것이다. 이것은 ROC 곡선을 하나의 수치로 요약한 값이다.

분류 문제에 도움이 되는 또 다른 시각화 도구로 **혼동 행렬**(confusion matrix)이 있다. 이것은 각 범주가 제대로 분류된 빈도와 다른 각 범주로 잘못 분류된 빈도를 2차원 표 형태로 표현한 것이다.

손실 함수 이외의 요인들에도 절충 관계가 있을 수 있다. 여러분이 주식 시장 예측 모형을 잘 훈련해서 거래마다 $10를 번다면 축하할 일이지만, 각 예측의 계산 비용이

거짓 양성

수신자 조작 특성 그래프

AUC

혼동 행렬

$20라면 축하할 일이 아니다. 스마트폰에서 실행되며 외국 도시의 표지판을 번역해주는 기계 번역 프로그램은 확실히 도움이 되지만, 한 시간만 실행해도 배터리를 다 소진한다면 그렇지 않다. 개발자는 사용자가 시스템을 받아들이거나 거부하는 데 영향을 미치는 모든 요인을 추적해야 하며, 새로운 아이디어를 얻고, 실험을 실행하고, 실험 결과를 평가해서 개선점을 찾는 절차를 빠르게 반복할 수 있는 과정을 설계해야 한다. 그러한 반복 과정을 더 빠르게 만드는 것은 기계학습의 성공에서 제일 중요한 요인 중 하나이다.

19.9.4 신뢰, 해석성, 설명성

지금까지 훈련 데이터로 모형을 구축하고, 검증 데이터로 초매개변수 값들을 선택하고, 시험 데이터로 최종 성과를 측정한다는 기계학습 방법론을 설명했다. 그런데 모형이 좋은 성과를 낸다는 것은 여러분이 그 모형을 **신뢰**(trust)하는 데 필요조건일 뿐 충분조건은 아니다. 그리고 모형의 신뢰성에 관심을 두는 것은 여러분만이 아니라. 규제 당국, 국회 의원(입법자), 언론, 사용자들도 시스템의 신뢰성에(그리고 신빙성, 안전성, 책임 소재 같은 관련 특성들에도) 관심을 둔다.

기계학습 시스템도 결국은 하나의 소프트웨어이므로, 기계학습 시스템의 신뢰성 확립에 임의의 소프트웨어 시스템을 검증하고 확인하는 모든 일반 도구을 적용할 수 있다.

- **소스 관리**: 버전 관리, 구축, 버그·이슈 추적 시스템.
- **검사**(tesing): 간단한 표준 사례뿐만 아니라 까다로운 적대적 사례들과 무작위 입력을 이용한 퍼즈 검사(fuzz test), 회귀 검사, 부하 검사, 시스템 통합 검사를 아우르는, 모든 구성요소에 대한 단위 검사(unit test). 이들은 모든 종류의 소프트웨어 시스템에 중요하다. 기계학습 시스템에 대해서는 훈련, 검증, 시험 데이터 집합에 관한 검사도 필요하다.
- **검토**(review): 코드 상세 검토, 개인정보 검토, 공정성 검토(§27.3.3 참고), 기타 법규 준수 검토.
- **감시**(monitoring): 시스템이 잘 실행되는지, 그리고 높은 수준의 정확도를 보이고 있는지 확인하기 위한 현황판(dashboard)과 경보(alert) 시스템
- **책임 소재**(accountability): 시스템이 잘못 되면 어떤 일이 벌어지는가? 시스템의 의사결정에 관한 불만 또는 항의 접수 절차는 어떤 것인가? 오류에 책임 있는 사람을 찾아내는 절차는 무엇인가? 사람들은 은행이나 정치가, 법조인의 중요한 결정에 대한 책임 소재가 명확하길 기대한다(항상 그 기대가 충족되지는 않지만). 기계학습 시스템을 포함한 소프트웨어 시스템의 책임 소재에 대해서도 그렇게 기대해야 마땅하다.

이외에, 기계학습 시스템에 특히나 중요한 요인들도 있다. 이들을 상세히 살펴보자.

해석성(interpretability; 또는 해석 가능성, 해석 능력): 내부를 들여다 보고 주어진 입력에 대해 왜 그런 답을 산출했는지, 그리고 입력이 변하면 답이 어떻게 변할 것인지 파악할 수 있는 기계학습 모형을 가리켜 **해석 가능하다** 또는 **해석성이 있다**고 말한다.[18] 일반적으로 결정 트리는 해석성이 아주 좋다고 간주된다. 식당 대기 결정 트리에서 $Patrons = Full$과 $WaitEstimate = 0$–10 경로를 따라가면 $wait$에 도달하게 된다는 점은 어렵지 않게 이해할 수 있다. 결정 트리가 해석 가능한 이유는 두 가지이다 첫째로, 우리 인간은 IF/THEN 규칙에 익숙하다. (그러나 일부 신경망이 수행하는, 행렬 곱셈의 결과에 활성화 함수를 적용하는 연산을 사람이 직관적으로 이해하기란 대단히 어렵다.) 둘째로, 애초에 결정 트리는 해석 가능한 방식으로 구축된다고도 할 수 있다. 정보 이득이 가장 큰 특성이 트리의 뿌리 노드가 되기 때문이다.

선형 회귀 모형도 해석 가능으로 간주된다. 예를 들어 아파트 임대 가격을 예측하는 모형을 조사할 때, 침실 수를 늘리면 모형이 예측한 임대료가 $\$500$ 증가한다는 점을 관찰할 수 있을 것이다. "만일 x를 변경하면 출력이 어떻게 변하는가?"가 해석성의 핵심이다. 물론 상관관계가 곧 인과관계는 아니므로, 해석 가능한 모형에서 출력이 그렇게 변한다는 **사실**을 알 수는 있어도 그렇게 변하는 **이유**까지 반드시 알 수 있는 것은 아니다.

설명성(explainability; 또는 설명 가능성, 설명 능력): 주어진 입력에 대해 특정 출력이 나오는 이유를 파악할 수 있는 모형을 가리켜 설명 가능하다 또는 설명성이 있다고 말한다. 이번 절의 어법에서, 해석성은 실제 모형을 조사함으로써 실현되지만 설명성은 모형과는 개별적인 과정으로 얻을 수 있다. 즉, 모형 자체는 이해하기 어려운 블랙박스라고 해도, 모형이 하는 일을 요약해 주는 어떤 설명 모듈이 존재할 수 있는 것이다. 주어진 사진이 개인지 분류하는 이미지 인식 신경망 시스템을 생각해 보자. 이 모형을 직접 해석하려 든다면, "합성곱 층 처리 후 소프트맥스 층의 개 출력에 대한 활성값이 다른 부류의 활성값보다 크다" 이상의 해석을 얻기는 어렵다. 이것은 그리 설득력 있는 해석이 아니다. 그러나 개별 설명 모듈은 신경망 모형을 조사해서 "다리가 넷이고 털과 꼬리가 있으며 귀가 접히고 주둥이가 길다. 늑대보다 작고 강아지 방석에 누워 있으므로 개라고 생각한다"라는 설명을 산출할 낼 수 있다. 설명은 신뢰를 구축하는 한 방법이며, 유럽연합 일반 데이터 보호 규칙(EU General Data Protection Regulation) 같은 규제 법안은 시스템이 설명을 제공할 것을 요구한다.

개별 설명 모듈의 예로 LIME(local interpretable model-agnostic explanation) 시스템이 있다. 주어진 모형의 부류와 무관하게 LIME은 그 모형을 근사하는 하나의 해석 가능 모형을 구축한다(흔히 결정 트리나 선형 모형이다). 그리고 그 해석 가능 모형을 해석해서 각 특징이 얼마나 중요한지에 관한 설명을 산출한다. 이를 위해 LIME은 기계학습된 모형을 하나의 블랙박스로 취급해서 다양한 무작위 입력 값들로 데이터 집합을 만들고 그것으로 해석 가능 모형을 구축한다. 이 접근방식은 구조적 데이터에 적합하지만 이미지 같은 데이터에는 그리 적합하지 않다. 이미지 데이터에서는 각 픽셀이 하나의 특

---

18 이런 어법에 모두가 동의하지는 않는다. '해석성'과 '설명성'을 둘 다 모형에 대한 어떠한 종류의 이해에 도달하는 성질을 뜻하는 동의어로 사용하는 저자도 있다.

징인데, 단독으로 "중요한" 픽셀은 없다.

해석성이 모형 부류 선택의 가장 중요한 기준일 때도 있다. 더 정확해서가 아니라 해석성이 좋아서(그래서 더 신뢰할 수 있어서) 신경망 대신 결정 트리를 사용하는 것이 그런 예이다.

그러나 단순한 설명 때문에 시스템의 안전성을 과대평가하는 우를 범할 수도 있다. 어차피 우리가 (전통적인 프로그램을 손으로 직접 짜는 대신) 기계학습 모형을 사용하는 주된 이유는 우리가 풀고자 하는 문제가 본질적으로 복잡해서 전통적인 프로그램을 어떻게 만들야 할지 모르기 때문이다. 문제가 복잡한 만큼, 모든 예측에 대해 단순한 설명이 있으리라고 기대하지는 말아야 한다.

문제 영역을 이해하는 것을 주 목적으로 기계학습 모형을 구축할 때에는 해석성과 설명성이 그러한 이해에 도달하는 데 도움이 된다. 그러나 그냥 최고의 성과를 내는 소프트웨어를 원한다면 확신과 신뢰를 구축하는 데에는 설명보다 검사가 나을 수 있다. 여러분은 아직 한 번도 비행하지 않았지만 왜 안전한지를 상세히 설명한 문서가 있는 실험적 비행기와 안전성에 관한 설명은 없지만 무사고 비행 100회에 세심하게 유지보수된 비행기 중 어느 쪽을 더 신뢰하겠는가?

19.9.5 운영, 감시, 유지보수

모형의 성능이 만족할 만한 수준에 이르렀다면 사용자에게 모형을 배치할 차례이다. 이

긴 꼬리 과정에도 몇 가지 어려움이 있다. 첫째는 사용자 입력의 **긴 꼬리**(long tail) 현상이다. 큰 시험 집합으로 시스템을 시험했다고 해도, 시스템이 인기를 끌어서 사용자가 많아지면 이전에는 본 적이 없는 입력이 나오기 시작한다. 따라서 모형이 그런 미지의 데이터에

감시 잘 일반화되는지 파악할 필요가 있는데, 그러려면 실황 데이터에 대한 모형의 성과를 **감시**(monitoring)해야 한다. 즉, 통계량들을 추적하고, 현황판을 표시하고, 주요 지표가 특정 기준 아래로 떨어지면 경보(알림)를 보내야 한다. 사용자 상호작용에 관한 통계량들을 자동으로 갱신하는 것과 더불어, 인간 평가자들을 고용, 훈련해서 시스템을 살펴보고 시스템이 얼마나 잘하고 있는지 등급을 매기게 해야 할 수도 있다.

시변성 둘째는 **시변성**(nonstationarity)이다. 세상은 계속 변한다. 이메일을 스팸 또는 비스팸으로 분류하는 시스템을 배치했다고 하자. 시스템이 일단의 스팸 메시지를 성공적으로 분류하고 나면, 스패머는 자신의 스팸이 차단된 이유를 살펴보고 전술을 바꾸어서 이전에 본 적이 없는 새로운 종류의 메시지를 보내기 시작한다. 비스팸 역시 진화한다. 사용자들이 사용하는 이메일 대 메시징의 비율이나 데스크탑 대 모바일 서비스의 비율이 바뀜에 따라 정상적인 메시지의 형태도 달라지기 때문이다.

기계학습 시스템을 개발하고 운영하다 보면 실무 성적이 좋지만 오래된 데이터로 구축된 모형과 아직 실무에서 시험되지 않았지만 최신 데이터로 구축한 모형 중 어느 것이 더 나은가라는 질문에 끊임없이 직면하게 된다. 그런 '신선함'의 요구조건은 시스템마다 다르다. 매일(심지어는 매시간) 새 모형을 배치하는 것이 좋은 문제가 있는가 하면,

같은 모형을 몇 달간 유지하는 게 나은 문제도 있다. 매시간 새 모형을 배치한다면 갱신 때마다 무거운 검사 모음을 실행하고 사람이 직접 검토하는 것은 비실용적이다. 검사와 릴리스 과정을 자동화해서 작은 변경은 자동으로 승인되게 하되 큰 변경은 적절한 검토 과정을 요구하게 해야 한다. 모형 갱신을 위해서는, 새 데이터로 기존 모형을 점진적으로 수정하는 온라인 접근방식과 새 릴리스마다 처음부터 새로 모형을 구축하는 오프라인 접근방식 사이의 적절한 절충점을 찾아야 할 것이다.

변하는 것이 데이터만은 아니다. 예를 들어 스팸 이메일 메시지에 새로운 단어가 쓰일 수도 있다. 또한 데이터 스키마 전체가 변할 수도 있다. 처음에는 스팸 이메일을 분류하는 모형이었지만, 스팸 문자 메시지나 스팸 음성 메시지, 스팸 동영상 등도 분류하도록 모형을 개선해야 할 수 있다. 도해 19.28은 실무자가 적절한 검사 및 감시 수준을 선택하는 데 도움이 되는 일반적인 점검 목록이다.

특징 및 데이터 검사

(1) 특징 기댓값들이 스키마에 반영되어 있다. (2) 모든 데이터가 도움이 된다. (3) 비용과다 특징이 없다. (4) 특징들이 메타수준 요구조건을 따른다. (5) 데이터 파이프라인이 개인 정보 보호 제어에 적합한 형태이다. (6) 새 특징을 빠르게 추가할 수 있다. (7) 모든 입력 특징 코드를 검사한다.

모형 개발 검사

(1) 모든 모형 명세의 코드를 검토한다. (2) 모든 모형을 버전 관리 시스템의 코드 저장소에 체크인한다. (3) 오프라인 프록시 측정치들이 실제 측정치들과 상관관계가 있다. (4) 모든 초매개변수를 조율했다. (5) 모형이 오래되어서 생기는 영향이 모두 파악되었다. (6) 더 나은 성과를 내는 더 간단한 모형이 없다. (7) 모든 중요한 데이터 조각(slice)에 대해 모형이 충분한 품질을 보인다. 모든 포함 고려사항(considerations of inclusion)에 대해 모형을 검사했다.

기계학습 기반구조 검사

(1) 훈련을 재현할 수 있다. (2) 모형 명세 코드가 단위 검사를 통과했다. (3) 전체 기계학습 파이프라인이 통합 검사를 통과했다. (4) 서비스 전에 모형 품질을 검증했다. (5) 단일 견본에 대한 훈련 또는 추론의 계산을 단계별로 관찰해서 모형을 디버깅할 수 있다. (6) 실무 환경에 배치하기 전에 카나리아 과정으로 모형을 검사했다. (7) 모형을 이전에 서비스하던 버전으로 빠르고 안전하게 되돌릴 수 있다(롤백).

기계학습 감시 검사

(1) 의존 패키지들이 바뀌면 알림이 온다. (2) 훈련과 실제 서비스 시의 입력에 대해 데이터 불변식이 성립한다. (3) 훈련과 서비스에서 특징들이 같은 값으로 계산된다 (4) 모형이 너무 오래되지 않았다. (5) 모형의 수치 계산이 안정적이다. (6) 모형의 훈련 속도, 서비스 지연 시간, 처리량, RAM 사용량이 예전 수준으로 회귀하는 일이 없다. (7) 서비스된 데이터에 대한 모형의 예측 품질이 예전 수준으로 회귀하는 일이 없다.

도해 19.28 기계학습 모형을 충분한 검사를 거쳐서 잘 배치했는지 점검할 때 살펴볼 사항들. [Breck 외, 2016]에서 발췌했다. [Breck 외, 2016]은 점수 측정 방식도 제공한다.

요약

이번 장은 견본들로부터 배우는 지도학습에 초점을 두고 기계학습을 소개했다. 이번 장의 요점은 다음과 같다.

- 학습의 형태는 에이전트의 성격, 개선할 구성요소, 사용 가능한 피드백에 따라 다양하다.

- 입력 견본에 대한 예측의 정답을 말해주는 피드백이 있는 학습을 **지도학습**이라고 부른다. 과제는 $y = h(x)$를 배우는 것이다. 출력이 연속값이나 순서 있는 값(몸무게 등)인 함수를 배우는 것을 **회귀**라고 부르고, 적은 수의 범주들 중 하나를 출력하는 함수를 배우는 것을 **분류**라고 부른다.

- 기계학습은 훈련 데이터와 잘 맞을 뿐만 아니라 미래의 데이터와도 잘 맞는 함수를 배워야 한다. 데이터와의 일관성과 가설의 단순성의 균형이 맞아야 한다.

- **결정 트리**는 모든 부울 함수를 표현할 수 있다. **정보 이득** 발견법은 간단하고 일관된 결정 트리를 찾는 효율적인 방법을 제공한다.

- 학습 알고리즘의 성능은 **학습 곡선**으로 시각화할 수 있다. 학습 곡선은 **검증 집합**에 대한 예측 정확도를 **훈련 집합** 크기의 함수로 표시한다.

- 선택할 수 있는 모형이 여러 개일 때에는 **모형 선택** 기법으로 좋은 초매개변수 값들을 선택하고 검증 데이터에 대한 **교차 검증**으로 선택들을 확인한다. 초매개변수 값들을 결정한 후에는 모든 훈련 데이터를 이용해서 최선의 모형을 구축한다.

- 모든 오류가 동등하지는 않을 때가 있다. **손실 함수**는 각 오류가 얼마나 나쁜지 알려준다. 그러면 목표는 검증 집합에 대한 손실이 가장 작은 가설을 찾는 것이다.

- **계산 학습 이론**은 귀납 학습의 표본 복잡도와 계산 복잡도를 분석한다. 가설 언어의 표현력과 학습 용이성 사이에는 절충이 존재한다.

- **선형 회귀**는 널리 쓰이는 모형이다. 선형 회귀 모형 매개변수들의 최적값을 정확히 (참값으로) 계산할 수도 있고, 경사 하강법으로 찾아낼 수도 있다. 경사 하강법은 검색으로 찾을 수도 있고 구체적으로 계산할 수도 있다. 경사 하강법은 닫힌 형태의 해가 없는 모형들에 적용할 수 있다

- 강 문턱값을 가진 선형 분류기(**퍼셉트론**이라고도 한다)를 간단한 가중치 갱신 규칙으로 훈련해서 **선형 분리 가능**인 데이터에 적합시킬 수 있다. 선형 분리 가능이 아닌 데이터에 대해서는 갱신 규칙이 수렴하지 않는다.

- **로지스틱 회귀**는 퍼셉트론의 강 문턱값을 로지스틱 함수로 정의되는 약 문턱값으로 대체한 것이다. 선형 분리 가능이 아닌, 잡음 섞인 데이터에 대해서도 경사 하강이 잘 작동한다.

- **비매개변수 모형**은 몇 개의 매개변수로 데이터를 요약하려 드는 대신, 모든 데이터

를 각 예측에 적용한다. **최근접 이웃** 방법과 **국소 가중 회귀**가 비매개변수 모형의 예이다.

- **지지 벡터 기계**는 분류기의 일반화 성능을 향상하기 위해, **최대 여백**을 가진 선형 분리자를 찾는다. **핵 방법**들은 원래의 데이터가 분리 불가능이라고 해도 그것을 선형 분리자가 존재할 수 있는 고차원 공간으로 암묵적으로 변환함으로써 분리자를 만들어낸다.

- **배깅**이나 **부양법** 같은 앙상블 방법이 개별 방법보다 더 나은 성과를 보이는 경우가 많다. **온라인 학습**은 데이터의 분포가 계속해서 변하는 상황에서도 전문가들의 의견을 취합함으로써 최고의 전문가의 성과에 가까운 성과를 낸다.

- 좋은 기계학습 모형을 구축하려면 데이터 관리에서 모형 선택과 최적화, 지속적인 유지보수에 이르기까지 완전한 형태의 개발 과정에 관한 경험이 필요하다.

참고문헌 및 역사적 참고사항

제1장에서 귀납 학습에 대한 철학적 연구의 역사를 언급했다. '오컴의 면도날'이라고 부르는 경구는 자신이 살던 세기에 가장 영향력 있던 철학자이자 중세의 인식론, 논리학, 형이상학 발전의 주된 기여자인 오컴의 윌리엄(William of Ockham; 1280-1349)이 말한 것으로 알려졌다. 그 경구는 라틴어로 *Entia non sunt multiplicanda praeter necessitatem*인데, 직역하면 "개체는 그 필요성 이상으로 중복되지 않는다"라는 것이다. 안타깝게도 그의 저작 중에 이 칭찬할 만한 경구가 그 문구 그대로 나와 있는 것은 없다("Pluralitas non est ponenda sine necessitate", 즉 "불필요하게 복수성을 단언해서는 안 된다"라는 문구가 나오는 저작은 있다). 비슷한 뜻을 기원전 350년에 아리스토텔레스가 물리학(*Physics*) 제1권 4장에서 "적절하다면, 좀 더 제한된 것이 항상 바람직하다"라는 문장으로 밝힌 바 있다.

데이비드 흄(1711-1776)은 사례(견본)들로부터의 일반화에 오류(논리적 역연에서는 볼 수 없는)가 있을 수 있다는 점을 지적하면서 **귀납의 문제**(problem of induction)를 형식화했다. 그는 이 문제에 어떤 보장된 정답을 구하는 것이 불가능하다고 말하면서 **자연의 균일성**(uniformity of nature)이라는 원리를 제시했는데, 이 원리는 이 책에서 **시불변**이라고 부른 것과 같다. 흄과 오컴의 요지는, 귀납은 다수의 일치 모형 중 가장 가능성이 큰 모형을 고르는 것이며, 그러한 모형은 우리의 기대와 부합하면서 가장 간단한 모형이라는 것이다. 요즘에는 **공짜 점심은 없다**(no free lunch; 중식 미제공) 정리라는 것이 있다 (Wolpert 및 Macready, 1997; Wolpert, 2013). 이 정리에 따르면, 만일 어떤 학습 알고리즘이 특정 부류의 문제들에 잘 작동한다면, 그것은 단지 그 알고리즘이 다른 부류의 문제들에는 잘 작동하지 않기 때문일 뿐이다. 예를 들어 이번 장의 결정 트리가 SR의 식당 대기 습성을 정확히 판정한다면, 그와는 반대의 대기 습성을 가진 다른 어떤 가설상의 사람에 대해 이전에 관측되지 않은 입력들로 예측을 수행했을 때는 결정 트리가 반드시 나쁜 성과를 낸다.

기계학습은 컴퓨터 태동기부터 핵심 개념 중 하나였다. 앨런 튜링은 "특정한 초기 명령들의 테이블로 기계를 설정했다고 하자. 그리고 그 테이블의 명령들이 적당한 이유가 생기면 종종 테이블 자체를 수정하기도 한다고 가정하자."라고 말하면서(Turing, 1947) 기계학습을 예측했다. 아서 새뮤얼은 체커 학습 프로그램 만들면서, 기계학습을 "명시적으로 프로그래밍하지 않아도 뭔가를 배울 수 있게 하는 능력을 컴퓨터에게 부여하는 연구 분야"라고 정의했다(Samuel, 1959).

결정 트리의 주목할 만한 응용으로 최초의 것은 인간의 개념 학습을 시뮬레이션하는 프로그램인 EPAM(Elementary Perceiver And Memorizer; Feigenbaum, 1961)이다. ID3(Quinlan, 1979)은 엔트로피가 최대인 특성을 선택한다는 핵심적인 착안을 도입했다. 정보 엔트로피 개념과 정보이론은 통신에 관한 연구를 돕기 위해 클로드 섀넌$^{Claude Shannon}$이 개발했다(Shannon 및 Weaver, 1949). (섀넌은 또한 기계학습의 초창기 사례 중 하나인, 미로를 헤쳐 나가는 방법을 시행착오를 통해서 배우는 테세우스^{Theseus}라는 기계 쥐의 개발에도 기여했다.) [Quinlan, 1986]은 트리 가지치기의 χ^2 방법을 서술했다. [Quinlan, 1993]에는 업계 최고 수준의 결정 트리 패키지인 C4.5의 설명이 나온다. 또 다른 업계 최고 수준의 소프트웨어 패키지인 CART(Classification and Regression Trees)는 통계학자 브레이먼과 그 동료들이 만들었다(Breiman 외, 1984).

[Hyafil 및 Rivest, 1976]은 **최적**의 결정 트리를 구하는(국소 탐욕적 선택으로 좋은 트리를 구하는 것이 아니라) 문제가 NP-완전임을 증명했다. 그러나 [Bertsimas 및 Dunn, 2017]은 지난 25년간 하드웨어 설계와 혼합 정수 프로그래밍 알고리즘이 발전한 덕분에 계산 속도가 8000억배 빨라졌으며, 그래서 적어도 견본이 수천 개 이하이고 특징이 수십 개 이하인 경우라면 이 NP-난해 문제를 푸는 것이 가능하다고 지적했다.

교차 검증은 [Larson, 1931]에서 처음 소개되었다. 본문에 쓰인 형태는 [Stone, 1974]와 [Golub 외, 1979]에 나온 것이다. 정칙화 절차는 [Tikhonov, 1963]에서 기인한다.

과대적합 문제와 관련해서, [Dyson, 2004]의 인용문에 따르면 존 폰 노이만은 "매개변수 네 개로는 코끼리에 적합시킬 수 있고, 다섯 개로는 코를 흔들게 만들 수 있다"라고 뻐긴 적이 있다. 고차 다항식을 거의 모든 데이터에 적합시킬 수 있지만, 과대적합의 위험이 있음을 지적한 것이다. 실제로 [Mayer 외, 2010]은 매개변수 네 개와 다섯 개짜리 모형을 코끼리 모양의 데이터 집합과 코를 흔드는 코끼리 모양의 데이터 집합에 적합시켜서 그의 지적을 증명했다. 더 나아가서 [Boué, 2019]는 매개변수 하나짜리 혼돈 함수(chaotic function)로 코끼리와 여러 동물을 표현했다.

[Zhang 외, 2016]은 모형이 훈련 데이터를 암기할 수 있는 조건들을 분석한다. 논문 저자들은 무작위 데이터로 실험을 실행했는데, 분류명들이 무작위로 배정된 훈련 집합에 대한 알고리즘의 오차가 0이라면 그 알고리즘은 확실히 데이터 집합을 암기했음이 틀림없다. 그러나 논문 저자들은 오컴의 면도날의 관점에서 '간단한' 모형이 어떤 것인지 정확히 측정하는 방법을 이 분야의 연구자들이 아직 발견하지 못했다는 결론을 내린다. [Arpit 외, 2017]은 암기가 발생할 수 있는 조건들의 성립 여부가 모형의 세부사항과 데

이터 집합의 세부사항 모두에 의존함을 보여준다.

[Belkin 외, 2019]는 기계학습의 편향-분산 절충을 논의하고 보간점에 도달한 후에도 계속 개선되는 모형 부류가 있는가 하면 U자형 곡선을 보이는 모형 부류가 있는 이유를 고찰한다. [Berrada 외, 2019]는 학습 속도 초매개변수에 대한 일단의 좋은 값들을 기억하는 모형의 능력을 활용하는, 경사 하강법에 기초한 새 학습 알고리즘 하나를 설명한다.

학습 알고리즘의 이론적 분석은 **극한에서의 식별**(identification in the limit)에 관한 연구 논문인 [Gold, 1967]에서 시작했다. 이 접근방식은 부분적으로 과학 철학의 과학적 발견 모형(Popper, 1962)에서 동기를 얻었으나, 주로는 견본 문장들로부터 문법을 배우는 문제에 적용되었다(Osherson 외, 1986).

콜모고로프 복잡도

'극한에서의 식별' 접근방식은 궁극적인 수렴에 초점을 두지만, 솔로모노프(Solomonoff, 1964; Solomonoff, 2009)와 콜모고로프(Kolmogorov, 1965)가 따로 전개한 **콜모고로프 복잡도**(Kolmogorov complexity) 또는 **알고리즘적 복잡도**(algorithmic complexity)의 연구는 오컴의 면도날이 말하는 단순성 개념을 형식적으로 정의하려 한다. 단순성이 정보의 표현 방식에 의존하는 문제를 피하기 위해, 콜모고로프 복잡도는 단순성을 관측된 데이터를 정확히 재현하는 만능 튜링 기계(보편 튜링 기계)를 위한 가장 짧은 프로그램의 길이로 측정하자고 제안한다. 가능한 만능 튜링 기계는 여러 개이며, 따라서 '가장 짧은' 프로그램도 여러 개가 있을 수 있지만, 그런 프로그램들의 길이 차이는 데이터의 양과는 독립적인 하나의 상수를 넘지 않는다. 이는 본질적으로 **임의의** 초기 표현의 편향을 궁극적으로 데이터 자체가 극복함을 보여 주는 아름다운 통찰이지만, 가장 짧은 프로그램의 길이를 계산하는 것이 결정 불가능한 문제라는 장애물 때문에 쓸모가 없다. 이 대신 [Rissanen, 1984, 2007]에 나온 **최소 서술 길이**(minimum description length, MDL) 같은 근사 측정 방법을 사용할 수 있으며, 실제 응용에서도 그런 방법들로 훌륭한 결과를 얻었다. 콜모고로프 복잡도에 관한 최고의 정보원은 교과서 [Li 외, 2008]이다.

PAC-학습 이론은 레슬리 발리언트가 개척했다(Valiant, 1984). 그의 연구는 계산 및 표본 복잡도의 중요성을 강조했다. 발리언트는 마이클 컨즈(Kearns, 1990)와 함께, 견본들에 충분한 정보가 들어 있다고 해도 여러 개념 부류들에 대한 PAC-학습이 처리 불가능한 문제임을 밝혔다. 그러나 의사결정 목록 같은 부류에 대해서는 긍정적인 결과가 나왔다(Rivest, 1987).

통계학에도 표본 복잡도 분석에 대한 독자적인 흐름이 있었다. 그 시초는 **균등 수렴 이론**(uniform convergence theory)에 관한 연구(Vapnik 및 Chervonenkis, 1971)이다. 소위 VC 차원(VC dimension)은 PAC 분석으로 얻는 $\ln|\mathcal{H}|$와 대략 비슷한, 그러나 그보다 더 일반적인 척도를 제공한다. VC 차원은 표준적인 PAC 분석을 적용할 수 없는 연속 함수 부류들에도 적용할 수 있다. PAC 학습 이론과 VC 이론을 처음으로 연결한 것은 '독일 4인방(그런데 넷 다 독일인이 아니다)' 블루머[Blumer], 에렌포이흐트[Ehrenfeucht], 하우슬러[Haussler], 바르무트[Warmuth]이다(Blumer 외, 1989).

VC 차원

제곱 오차 손실을 이용한 **선형 회귀**의 기원은 [Legendre, 1805]와 [Gauss, 1809]로 올라간다. 둘 다 태양 중심 궤도의 예측 문제를 다루었다. (가우스는 자신이 1795년부터 그 기법을 사용했지만 출판을 미뤘다고 주장했다.) 기계학습을 위한 다변량 회귀의 현대적인 용법은 [Bishop, 2007] 같은 교과서들에 나온다. [Ng, 2004]와 [Moore 및 DeNero, 2011]은 L_1 정칙화와 L_2 정칙화의 차이를 분석한다.

로지스틱 함수라는 용어는 피에르-프랑수아 베르훌스트$^{Pierre-François\ Verhulst}$(1804-1849)가 고안한 것이다. 통계학자인 그는 자원이 제한된 상황에서의 인구 증가를 모형화하는 데 로지스틱 함수의 곡선을 사용했다. 그 모형은 토마스 맬서스$^{Thomas\ Malthus}$가 제안한 제한 없는 기하 증가 모형보다 더 현실적이다. 베르훌스트는 로그 곡선과의 관련성 때문에 그 곡선을 *courbe logistique*라고 불렀다. **차원의 저주**는 리처드 벨먼에서 기인한다(Bellman, 1961).

로지스틱 회귀를 경사 하강법 대신 뉴턴-랩슨법(Newton, 1664-1671; Raphson, 1690)으로 풀 수도 있다. 고차원 문제들에 대해서는 뉴턴-랩슨법의 한 변형인 L-BFGS를 사용하기도 한다. 여기서 L은 'limited memory(제한된 메모리)'를 나타내는데, 이는 이 방법이 완전한 행렬들을 모두 한꺼번에 만드는 대신, 행렬들의 일부를 즉석에서 생성함을 뜻한다. BFGS는 해당 저자들의 머리글자를 모은 것이다(Byrd 외, 1995). 경사 하강법 개념은 [Cauchy, 1847]로 거슬러 올라간다. 확률적 경사 하강법(SGD)은 통계적 최적화 분야에서 [Robbins 및 Monro, 1951]가 소개했고, 이후 신경망 분야에서 [Rosenblatt, 1960]이 재발견했으며 [Bottou 및 Bousquet, 2008]에 의해 기계학습 분야에서 대중화되었다. [Bottou 외, 2018]은 대규모 기습학습 주제를 그후 10년의 추가적인 경험으로 재고찰한다.

최근접 이웃 모형은 적어도 [Fix 및 Hodges, 1951]로 거슬러 올라간다. 그 논문이 나온 이후로 이 모형은 통계학과 패턴 인식의 표준 도구가 되었다. 인공지능에서는 거리 측정을 데이터에 적응시키는 방법을 조사한 [Stanfill 및 Waltz, 1986]에 의해 이 모형이 유명해졌다. [Hastie 및 Tibshirani, 1996]은 측정을 공간의 각 점으로 지역화하는(그 점 주변의 데이터 분포에 의거해서) 방법을 개발했다. [Gionis 외, 1999]는 지역 민감 해싱(LSH)을 소개했다. 이에 의해 고차원 공간에서 비슷한 객체들의 조회에 혁신이 일어났다. [Andoni 및 Indyk, 2006]은 LSH와 관련 방법들의 현황을 개괄하고, [Samet, 2006]은 고차원 공간의 성질들을 다룬다. 이 기법은 레코드 하나에 특성이 수백만 개인 유전체 데이터에 특히나 유용하다(Berlin 외, 2015).

핵 기계에 깔린 착안들은 [Aizerman 외, 1964]에 나오지만(핵 요령도 여기에 나온다), 해당 이론의 완전한 전개는 바프닉^{Vapnik}과 그 동료들의 성과이다(Boser 외, 1992). 잡음 섞인 데이터의 처리를 위한 약한 여백 분류기가 2008 ACM Theory and Practice 상을 받은 한 논문(Cortes 및 Vapnik, 1995)에 소개되고 제곱 계획법을 이용해서 SVM 문제를 효율적으로 푸는 순차적 최소 최적화(Sequential Minimal Optimization, SMO) 알고리즘이 나오고부터(Platt, 1999) SVM이 실용적인 방법이 되었다. SVM은 텍스트 분류

(Joachims, 2001), 계산 유전체학(Cristianini 및 Hahn, 2007), 필기 숫자 인식(DeCoste 및 Schölkopf, 2002)에 대단히 효과적임이 입증되었다.

핵 기계 연구가 진행되면서 문자열이나 트리, 기타 비수치적 데이터 형식을 다룰 수 있는 새로운 핵이 여럿 고안되었다. 핵 요령을 이용해서 지수적 특징 공간을 암묵적으로 표현하는 방법을 사용하는 관련 기법은 투표된(voted) 퍼셉트론(Freund 및 Schapire, 1999; Collins 및 Duffy, 2002)이다. SVM에 관한 교과서로는 [Cristianini 및 Shawe-Taylor, 2000]과 [Schölkopf 및 Smola, 2002]가 있다. 읽기 쉬운 입문 자료로는 *AI Magazine*에 실린 기사 [Cristianini 및 Schölkopf, 2002]가 있다. [Bengio 및 LeCun, 2007]은 전역 구조가 있지만 국소적으로 매끄러운 부분은 없는 함수의 학습에 대한 SVM과 기타 국소 비매개변수적 방법들의 몇 가지 한계를 보여 준다.

앙상블의 가치에 대한 최초의 수학적 증명은 콩도르세의 배심 정리(Condorcets jury theorem; de Condorcet, 1785)이다. 이 정리에 따르면, 만일 배심원들이 독립이고 각 배심원이 주어진 사건을 정확하게 판결할 확률이 적어도 50%이면, 배심원이 많을수록 사건을 정확하게 판결할 확률이 높아진다. 최근에는 **앙상블 학습**이 학습 알고리즘의 성과를 개선하는 기법으로 점점 더 인기를 끌고 있다.

무작위 특성 선택을 이용한 최초의 **무작위 숲** 알고리즘은 [Ho, 1995]이다. 이와는 독립적으로 [Amit 및 Geman, 1997]도 무작위 숲 알고리즘을 제시했다. [Breiman, 2001]은 여기에 **배깅**과 'OOB 오차' 개념을 추가했다. [Friedman, 2001]은 그러한 접근방식을 확장해서 다부류(multiclass) 분류와 회귀, 순위 결정 문제도 풀 수 있는 경사 부양 기계(GBM)를 소개했다.

[Kearns, 1988]은 가설 부양 문제를 정의했다. "무작위 추측보다 예측 결과가 약간만 더 나은 학습자가 있을 때, 그로부터 임의로 더 나은 성과를 내는 학습자를 도출하는 것이 가능할까?"라는 것이 가설 부양 문제이다. [Schapire, 1990]은 가능하다는 답을 제시했으며, 그로부터 AdaBoost 알고리즘(Freund 및 Schapire, 1996)과 추가적인 이론 연구(Schapire, 2003)가 이어졌다. [Friedman 외, 2000]은 통계학자의 관점에서 부양법을 설명한다. [Chen 및 Guestrin, 2016]은 여러 대규모 응용 프로그램에서 성공을 거둔 XGBoost 시스템을 서술한다.

온라인 학습을 다루는 문헌으로는 개괄 논문 [Blum, 1996]과 서적 [Cesa-Bianchi 및 Lugosi, 2006]이 있다. [Dredze 외, 2008]은 분류를 위한 확신도 가중 온라인 학습이라는 착안을 소개했다. 이 접근방식은 각 매개변수에 대해 가중치뿐만 아니라 확신(confidence)의 정도를 뜻하는 수치도 유지한다. 새 견본은 이전에는 거의 보지 못한(따라서 확신도가 낮은) 특징들에 큰 영향을 미치고 이미 잘 추정된 흔한 특징들에는 작은 영향을 미친다. [Yu 외, 2011]은 KDD 경진대회에서 일단의 학생들이 함께 앙상블 분류기 하나를 구축한 과정을 설명한다. 한 가지 흥미로운 가능성은, 각각의 입력 견본에 대해 전문가 시스템들의 희소 부분집합을 사용하는, "엄청나게 큰" 혼합 전문가 앙상블을 만드는 것이다(Shazeer 외, 2017). [Seni 및 Elder, 2010]은 앙상블 방법들을 개괄한다.

기계학습 시스템 구축에 관한 실용적인 조언 차원에서, [Domingos, 2012]는 개발자가 알아야 할 사항 몇 가지를 설명한다. [Ng, 2019]는 기계학습을 활용하는 제품의 개발과 디버깅에 관한 힌트를 제시한다. [O'Neil 및 Schutt, 2013]은 데이터 과학 실천 과정을 설명한다. [Tukey, 1977]는 **탐색적 자료 분석**을 소개했고 [Gelman, 2004]는 그 분석과정에 대한 갱신된 관점을 제시한다. [Bien 외, 2011]은 해석성을 위해 원형들을 선택하는 과정을 설명하고 [Kim 외, 2017]은 원형들과 가장 멀리 떨어진 비평자들을 최대 평균불일치도(maximum mean discrepancy)라는 측정치를 이용해서 찾아내는 방법을 보여준다. [Wattenberg 외, 2016]은 t-SNE를 활용하는 방법을 설명한다. 배치된 기계학습 시스템이 얼마나 잘 돌아가는지를 상세히 파악하고자 한다면, [Breck 외, 2016]이 제시하는 28가지 검사 점검 사항으로 전반적인 기계학습 검사 점수를 계산해 보면 좋을 것이다. [Riley, 2019]는 기계학습 개발에서 흔히 볼 수 있는 세 가지 함정을 설명한다.

[Banko 및 Brill, 2001], [Halevy 외, 2009], [Gandomi 및 Haider, 2015]는 요즘 들어 사용 가능해진 대량의 데이터를 사용하는 것의 장점들을 논의한다. [Lyman 및 Varian, 2003]의 추정에 따르면 2002년에 약 5엑사바이트(5×10^{18}바이트)의 데이터가 생성되었고 생성 속도는 3년마다 두 배가 된다. [Hilbert 및 Lopez, 2011]는 2007년에 2×10^{21}바이트가 생성되었다고 추정하는데, 추정이 정확하다면 생성 속도가 더 빨라지고 있는 셈이다. [Guyon 및 Elisseeff, 2003]은 대규모 데이터 집합의 특성 선택 문제를 논의한다.

[Doshi-Velez 및 Kim, 2017]은 **해석 가능 기계학습**(machine learning) 또는 **설명 가능 인공지능**(explainable AI, XAI)을 위한 틀을 제안했다. [Miller 외, 2017]은 인공지능 시스템의 설계자를 위한 설명과 사용자를 위한 설명이 따로 있으며 둘 중 어느 쪽에 중점을 두어야 하는지 명확히 해야 한다는 점을 지적한다. LIME 시스템(Ribeiro 외, 2016)은 주어진 임의의 기계학습 시스템을 근사하는 해석 가능한 선형 모형을 구축한다. 그와 비슷한 시스템인 SHAP(Shapley Additive exPlanations)는 섀플리 가치(p.813) 개념을 이용해서 각 특징의 기여도를 결정한다(Lundberg 및 Lee, 2018).

기계학습 문제의 해법을 기계학습을 이용해서 찾아낸다는 착안은 대단히 흥미롭다. 논문집 *Learning to Learn*(Thrun 및 Pratt, 2012)은 이 분야의 초기 성과를 개괄한다. 최근 이 분야는 **자동화된 기계학습**(automated machine learning, AutoML)이라는 이름을 채용했다. [Hutter 외, 2019]에서 현황을 볼 수 있다.

자동화된 기계학습

[Kanter 및 Veeramachaneni, 2015]는 특징 선택 자동화 시스템 하나를 서술한다. [Bergstra 및 Bengio, 2012]는 초매개변수 공간 검색 시스템 하나를 서술한다. [Thornton 외, 2013]과 [Bermúdez-Chacón 외, 2015]도 그런 시스템을 서술한다. [Wong 외, 2019]는 전이학습이 심층학습 모형에 대한 AutoML의 속도를 높일 수 있음을 보여준다. 어떤 시스템이 AutoML 과제에 제일 적합한지 가리기 위한 경진대회들이 조직되었다(Guyon 외, 2015). [Steinruecken 외, 2019]는 Automatic Statistician(자동 통계학자)라는 시스템을 설명한다. 데이터를 투입하면 시스템은 텍스트와 그래프, 계산 결과로 구성된 보고서를 산출한다. 주요 클라우드 계산 공급 업체들은 자신의 서비스에 AutoML을 포함시켰다. AutoML보

다 **메타학습**(metalearning)이라는 용어를 선호하는 연구자들도 있다. 예를 들어 [Finn 외, 2017]의 MAML(Model-Agnostic Meta-Learning) 시스템은 경사 하강법으로 훈련할 수 있는 임의의 모형을 지원한다. 이 시스템은 새로운 문제에 대해 새로운 데이터로 모형을 조율하기 쉽도록 핵심 모형을 훈련한다.

이 모든 노력에도, 기계학습 문제를 자동으로 푸는 완결적인 시스템은 아직 등장하지 않았다. 지도학습 접근방식으로 그런 시스템을 만든다면, 데이터 집합의 견본이 $(\mathbf{x}_j, y_j)$라고 할 때 입력 $\mathbf{x}_j$는 풀고자 하는 문제의 초기 형태를 서술한 명세이다. 이 명세는 목표의 애매모호한 서술과 사용 가능한 약간의 데이터로 구성되며, 어쩌면 더 많은 데이터를 획득하기 위한 애매모호한 계획이 포함될 수도 있을 것이다. 출력 y_i는 완결적으로 실행되는 기계학습 프로그램과 그 프로그램의 유지보수 방법, 데이터를 수집하고 정제하는 방법, 시스템을 검사하고 감시하는 방법 등으로 구성될 것이다. 아마 그런 견본들이 수천 개는 있어야 해답이 나올 것이라 예상한다. 그렇지만 그런 데이터 집합은 존재하지 않으며, 따라서 AutoML 시스템들이 흥미롭긴 해도 해낼 수 있는 일은 제한적이다.

데이터 과학과 기계학습을 관련 프로그래밍 언어나 소프트웨어 패키지와 함께 설명하는 입문서는 대단히 많다. 이를테면 파이썬(Segaran, 2007; Raschka, 2015; Nielsen, 2015), Scikit-Learn(Pedregosa 외, 2011), R(Conway 및 White, 2012), Pandas(McKinney, 2012), NumPy(Marsland, 2014), PyTorch(Howard 및 Gugger, 2020), TensorFlow[Ramsundar 및 Zadeh, 2018], Keras(Chollet, 2017; Géron, 2019)가 있다.

기계학습에 관한 가치 있는 교과서들이 여럿 있으며(Bishop, 2007; Murphy, 2012), 기계학습과 밀접한 관련이 있고 연구 주제과 겹치는 패턴 인식(Ripley, 1996; Duda 외, 2001), 통계학(Wasserman, 2004; Hastie 외, 2009; James 외, 2013), 데이터 과학(Blum 외, 2020), 데이터 채굴(Hand 외, 2011; Witten 및 Frank, 2016; Tan 외, 2019), 계산 학습 이론 (Kearns 및 Vazirani, 1994; Vapnik, 1998), 정보이론(Shannon 및 Weaver, 1949; MacKay, 2002; Cover 및 Thomas, 2006)에도 좋은 교과서들이 있다. [Burkov, 2019]는 기계학습을 최대한 짧게 소개하려 하고, [Domingos, 2015]는 이 분야를 비기술적으로 개괄한다. 기계 학습의 최신 연구 성과는 연례 학술대회 International Conference on Machine Learning (ICML), International Conference on Learning Representations (ICLR), Neural Information Processing Systems(NIPS)의 회보들과 학술지 *Machine Learning*과 *Journal of Machine Learning Research*에 실린다.

20

CHAPTER

확률 모형의 학습

이번 장에서는 학습이 관측들로부터의 불확실한 추론의 한 형태라는 관점에서 기계학습을 고찰하고 불확실한 세계를 표현하는 모형들을 고안한다.

제12장에서 지적했듯이, 실세계의 환경에는 곳곳에 불확실성이 있다. 에이전트가 확률과 결정이론의 방법들로 불확실성을 처리할 수 있지만, 그러려면 먼저 세계의 확률적 이론들을 경험으로부터 배워야 한다. 이번 장에서는 학습 과제 자체를 확률적 추론 과정으로 형식화함으로써 확률적 이론들을 배우는 방법을 설명한다(§20.1). 이번 장을 통해서, 학습에 대한 베이즈식 관점이 대단히 강력하며, 잡음, 과대적합, 최적 예측 문제들에 대한 일반적인 해답을 제공한다는 점을 알게 될 것이다. 또한, 이번 장에서는 전지적이지 않은 에이전트는 세계에 대한 이론 중 어떤 것이 옳은지 결코 확실하게 알 수 없지만, 그래도 세계에 대한 어떤 이론을 이용해서 결정을 내려야 한다는 사실에 관해서도 논의한다.

§20.2와 §20.3은 확률 모형(주로는 베이즈망)의 학습 방법들을 설명한다. 이번 장의 내용 중 일부는 상당히 수학적이나, 일반적인 교훈들은 해당 수학 내용을 세세하게 알지 못한다고 해도 이해할 수 있다. 제12장과 제13장을 복습하고, 부록 A도 적절히 참고한다면 이번 장을 이해하는 데 도움이 될 것이다.

20.1 통계적 학습

이번 장의 핵심 개념은 제19장에서처럼 **데이터**와 **가설**이다. 단, 이번 장에서 데이터는 **증거**(evidence), 즉 문제 영역(정의역)을 서술하는 확률 변수 전체 또는 일부에 구체적인 값을 배정해서 사례화(instantiation)한 결과이다. 그리고 가설은 문제 영역의 작동 방식에 대한 확률적 이론인데, 그러한 확률적 이론들의 한 특수 사례로 논리적 이론이 포함된다.

간단한 예를 생각해 보자. 맛있는 체리(*cherry*) 맛이 날 수도 있고 너무 신 라임(*lime*) 맛이 날 수도 있는 깜짝 사탕(suprise candy)이 있다. 남다른 유머 감각을 가진 사탕 제조사는 모든 사탕을 맛과는 무관하게 동일한 불투명 포장지로 싼다. 사탕은 아주 큰 자루 단위로 팔리는데, 자루는 다음과 같은 다섯 종류이고 겉으로 봐서는 구분할 수 없다.

h_1: 체리 100%,

h_2: 체리 75% + 라임 25%,

h_3: 체리 50% + 라임 50%,

h_4: 체리 25% + 라임 75%,

h_5: 라임 100%.

주어진 사탕 자루의 종류를 확률 변수 H로 나타내기로 한다(H는 *hypothesis*(가설)를 뜻함). 이 변수가 가질 수 있는 값은 h_1에서 h_5까지이다. H를 직접 관측할 수 없음은 물론이다. 개별 사탕의 포장지를 벗겨서 맛을 봄에 따라 데이터 $D_1, D_2,..., D_N$이 밝혀진다. 각 D_i는 가능한 값이 *cherry*와 *lime*인 확률 변수이다. 에이전트의 기본 과제는 다음 사탕의 맛을 예측하는 것이다.[1] 이 시나리오는 겉으로는 간단해 보이지만, 중요한 여러 문제점을 잘 보여 준다. 에이전트는 자신의 세계에 대한 이론을 아주 간단한 것이라도 반드시 추론해야 한다.

베이즈식 학습　　**베이즈식 학습**(Bayesian learning)은 그냥 주어진 데이터에 기초해서 각 가설의 확률을 계산하고, 그것을 토대로 예측을 수행한다. 즉, '최고의' 가설 하나가 아니라 **모든** 가설을 사용해서(해당 확률을 가중치로 적용) 예측을 결정한다. 이런 방식에서 학습은 결국 확률적 추론(inference)으로 환원된다.

　　D가 모든 데이터를 나타내며, 관측된 값이 d라고 하자. 베이즈식 접근방식에서 핵
가설 사전 확률　심적인 수량은 **가설 사전 확률**(hypothesis prior probability) $P(h_i)$와 각 가설하에서의 데
가능도　이터의 **가능도**(likelihood)를 뜻하는 확률 $P(\mathbf{d} \mid h_i)$이다. 베이즈 법칙(Bayes' rule)으로 얻는 각 가설의 확률은

$$P(h_i \mid \mathbf{d}) = \alpha P(\mathbf{d} \mid h_i)P(h_i) \tag{20.1}$$

---

1 통계학에 익숙한 독자라면 이 시나리오가 '항아리에서 공 꺼내기' 설정의 한 변형임을 알아볼 것이다. 우리 저자들은 항아리와 공보다는 사탕이 더 매력적이라고 생각한다.

이다. 이제 미지수 X의 값을 예측한다고 하자. 그러면, 각 가설이 X에 대한 확률분포를 결정한다고 가정할 때, 다음이 성립한다.

$$\mathbf{P}(X \mid \mathbf{d}) = \sum_i \mathbf{P}(X \mid h_i) P(h_i \mid \mathbf{d}). \tag{20.2}$$

이 공식은 최종적인 예측이 개별 가설의 예측들의 가중 평균임을 뜻한다. 이때 가중치 $P(h_i|\mathbf{d})$는 h_i의 사전 확률 및 적합도에 비례한다(식 20.1). 개별 가설들 자체는 본질적으로 원본 데이터와 예측 사이의 '중재자(intermediary)'에 해당한다.

사탕의 예로 돌아가서, $h_1, ..., h_5$에 대한 사전 확률분포가 제조사가 말한 대로 ⟨0.1, 0.2, 0.4, 0.2, 0.1⟩이라고 하자. 데이터의 가능도는 관측들이 **독립 동일 분포**(i.i.d.; p.864 참고)를 따른다는 가정하에서 계산한다. 즉,

$$P(\mathbf{d} \mid h_i) = \prod_j P(d_j \mid h_i) \tag{20.3}$$

이다. 예를 들어 모든 사탕이 라임 맛인 자루(h_5)가 주어졌으며 처음 열 개의 사탕이 모두 라임 맛이라고 하면, $P(\mathbf{d} \mid h_3)$은 0.5^{10}이다(h_3 자루에 담긴 사탕의 절반은 라임 맛이므로).[2] 도해 20.1(a)는 열 개의 사탕이 차례로 라임 맛임이 밝혀짐에 따라 다섯 가설의 사후 확률들이 변하는 모습을 보여 준다. 확률들이 처음에는 사전 확률값으로 시작함을 주목하기 바란다. 그래서 처음에는 h_3이 가장 유망한(가능도가 가장 높은) 선택이며, 첫 사탕이 라임 맛임이 밝혀진 후에도 여전히 가장 유망한 선택이다. 두 번째 라임 맛 사탕이 나오면 h_4의 가능도가 가장 높고, 세 번째 사탕부터는 h_5(모든 사탕이 라임 맛인)의 가능도가 가장 높다. 열 개가 연달아 라임 맛임이 밝혀진 후에는, 우리가 맛없는 사탕 자루를 골랐음이 명백해진다. 도해 20.1(b)는 식 (20.2)로 계산한, 그다음 사탕이 라임 맛일 기대 확률을 보여 준다. 예상했겠지만 그 확률은 1을 향해 단조적으로 증가한다.

이 예는 베이즈식 예측이 궁극적으로 실제 예측과 일치함을 보여 준다. 이는 베이즈식 학습의 특징이다. 실제 확률을 배제하지 않는 임의의 고정된 사전 확률에 대해, 특정한 기술적 조건들하에서 임의의 거짓 가설의 사후 확률은 결국에는 소멸된다. 이는 그냥, '특징적이지 않은' 데이터가 무한정 생성될 확률이 0에 가깝기 때문이다. (이 점은 제19장의 PAC 학습에 관한 논의에서 지적한 것과 비슷하다.) 좀 더 중요한 점은, 데이터 집합이 크든 작든 베이즈식 예측은 **최적**이라는 것이다. 가설 사전 확률이 주어졌을 때, 그 외의 예측들은 평균적으로 그보다 덜 자주 정확하다.

물론 베이즈식 학습의 최적성에는 대가가 따른다. 제19장에서 보았듯이, 실제 학습 문제에서는 가설 공간이 아주 크거나 무한대인 경우가 많다. 식 (20.2)의 합산(연속값일 때는 적분)이 처리 가능한 수준인 경우도 있지만, 대부분의 경우에는 근사 또는 단순화된 방법에 의존해야 한다.

---

2 앞에서 사탕 자루가 아주 크다고 말했다. 자루가 크지 않으면 독립 동일 분포 가정이 깨지기 쉽다. 기술적으로 말하면, 각 사탕을 조사한 후 다시 포장지에 싸서 자루에 넣는 것이 더 정확하다(덜 위생적이겠지만).

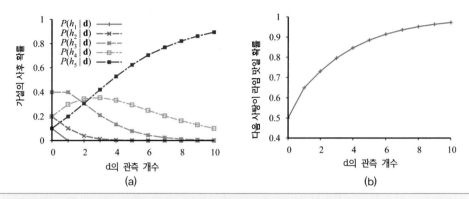

도해 20.1 (a) 식 (20.1)의 사후 확률 $P(h_i \mid d_1, ..., d_N)$들. 관측 개수 N은 1에서 10까지이고, 각 관측은 라임 맛 사탕에 해당한다. (b) 식 (20.2)의 베이즈식 예측 $P(D_{N+1} = lime \mid d_1, ..., d_N)$.

아주 흔히 쓰이는, 특히 과학에서 일상적으로 쓰이는 근사법은 가장 유망한(most probable) 가설, 다시 말해 $P(h_i \mid \mathbf{d})$를 최대화하는 h_i 하나로 예측을 하는 것이다. 그런 가설을 흔

사후 최대 확률 히 **사후 최대 확률**(maximum a posteriori, MAP) 가설이라고 부른다. 사후 최대 가설 h_{MAP}에 기초한 예측은 $\mathbf{P}(X \mid \mathbf{d}) \approx \mathbf{P}(X \mid h_{\mathrm{MAP}})$을 충족하는 정도로 베이즈식 예측을 근사한다. 사탕의 예에서, 라임 맛 사탕이 연달아 세 개 나온 후 $h_{\mathrm{MAP}} = h_5$이다. 따라서 MAP 학습기는 네 번째 사탕이 1.0의 확률로 라임 맛이라는 예측을 내놓는다. 이는 도해 20.1(b)에 나온 0.8의 베이즈식 예측보다 훨씬 대담한 예측이다. 데이터가 더 많이 주어지면 MAP 예측과 베이즈식 예측이 더 가까워지는데, 이는 MAP 가설과 경쟁하는 가설들의 확률이 점점 낮아지기 때문이다.

지금 예제로는 실감하기 어렵겠지만, MAP 가설을 찾는 것이 베이즈식 학습보다 훨씬 쉬운 경우가 많다. 이는 MAP 가설을 찾기 위해 풀어야 하는 문제가 커다란 합산(또는 적분)이 아니라 하나의 최적화 문제이기 때문이다.

베이즈식 학습과 MAP 학습 모두에서 가설 사전 확률 $P(h_i)$가 중요한 역할을 한다. 제19장에서 보았듯이, 가설 공간의 표현력이 너무 크면, 다시 말해 데이터 집합에 잘 적합되는 가설들이 너무 많으면 **과대적합**이 발생할 수 있다. 베이즈식 학습 방법들과 MAP 학습 방법들은 사전 확률을 이용해서 **복잡도에 벌점**(penalty)을 부과한다. 일반적으로 가설이 복잡할수록 사전 확률이 낮은데, 부분적인 이유는 복잡한 가설들이 너무 많기 때문이다. 한편, 복잡한 가설일수록 데이터에 잘 적합할 잠재력이 있다. (극단적인 경우로, 참조 테이블은 데이터를 정확히 재현한다.) 따라서 가설 사전 확률은 가설의 복잡도와 데이터 적합도 사이의 한 절충점을 내포한다.

이러한 절충의 효과는 논리적 모형에서, 즉 H에 **결정론적** 가설(이를테면 모든 사탕이 체리 맛이라는 가설 h_1)들만 들어 있는 경우에서 가장 잘 드러난다. 그런 경우

$P(\mathbf{d} \mid h_i)$는 만일 h_i가 일관 가설(consistent hypothesis; 데이터와 모순되지 않는 가설)이면 1이고 그렇지 않으면 0이다. 식 (20.1)을 잘 보면, 이 경우 h_{MAP}는 **자료와 일치하면서 가장 간단한 논리적 이론**임을 알 수 있다. 따라서 최대 사후 확률 학습에서는 오컴의 면도날 원리가 자연스럽게 실현된다.

식 (20.1)의 로그를 취하면 복잡도와 적합도 사이의 절충에 대한 또 다른 통찰을 얻을 수 있다. 바로, $P(\mathbf{d} \mid h_i)P(h_i)$가 최대가 되도록 h_{MAP}를 선택하는 것은

$$-\log_2 P(\mathbf{d} \mid h_i) - \log_2 P(h_i)$$

를 최소화하는 것과 동치라는 점이다. 여기에 §19.3.3에서 소개한 정보 부호화와 확률의 연관 관계를 적용하면, $-\log_2 P(h_i)$ 항이 가설 h_i를 명시하는 데 필요한 비트수와 같음을 알 수 있다. 더 나아가서, $-\log_2 P(\mathbf{d} \mid h_i)$는 가설이 주어졌을 때 데이터를 명시하기 위해 필요한 추가 비트수이다. (가설이 데이터를 정확히 예측할 때에는 비트들이 더 필요하지 않다는 점을 생각하면 이를 확인할 수 있다. 예를 들어 연달아 라임 맛 사탕이 나왔을 때 h_5에 대해 $\log_2 1 = 0$이다.) 그러므로 MAP 학습은 데이터를 최대한 **압축**하는 가설을 선택하는 것이라 할 수 있다. 그런데 **최소 서술 길이**(minimum description length, MDL) 학습을 이용하면 그러한 과제를 좀 더 직접적으로 처리할 수 있다. MAP 학습은 더 단순한 가설에 높은 확률을 부여함으로써 단순성을 표현하지만, MDL은 가설과 데이터의 이진 부호화의 비트수를 세서 단순성을 직접적으로 표현한다.

마지막 단순화는 가설 공간에 대해 **고른** 사전 확률을 가정함으로써 이루어진다. 그런 경우 MAP 학습은 $P(\mathbf{d} \mid h_i)$를 최대화하는 가설 h_i를 고르는 것으로 축소된다. 그런 **최대 가능도** 가설을 **최대 가능도**(maximum–likelihood) 가설이라고 부르고 h_{ML}로 표기한다. 최대 가능도 학습은 가설 사전 확률의 주관적 성질을 믿지 않는 연구자들이 많은 통계학에서 아주 흔하게 쓰인다. 이 접근방식은 가설들에 대한 선호도를 **사전에** 정할 수 없을 때, 이를테면 모든 가설이 동일하게 복잡할 때 적당하다.

데이터 집합이 클 때는 가설들에 관한 사전 분포가 덜 중요하다. 데이터로부터의 증거가 가설들에 관한 사전 분포를 덮을 정도로 강하기 때문이다. 이는, 데이터 집합이 크면 최대 가능도 학습이 베이즈식 및 MAP 학습을 잘 근사하지만, 데이터 집합이 작으면 문제(잠시 후에 볼 것이다)가 발생한다는 뜻이다.

20.2 완전 데이터를 이용한 학습

어떠한 확률 모형에서 생성되었다고 가정하는 데이터가 주어졌을 때 그 데이터로부터 그 확률 모형을 배우는 일반적인 과제를 **밀도 추정**(density estimation)이라고 부른다. (원래 이 용어는 연속 변수들에 대한 확률 밀도 함수에서 비롯된 것이지만, 이제는 이산 분포에도 쓰인

다.) 밀도 추정은 비지도학습의 일종이다. 이번 절에서는 밀도 추정의 가장 간단한 경우인,

완전 데이터 **완전 데이터**(complete data; 또는 완비 데이터)가 있을 때의 학습을 살펴본다. 배우고자 하는 확률 모형의 모든 변수에 대한 값이 모든 자료점에 들어 있는 데이터를 완전 데이터라고 부른다. 또한, 이번 절에서는 구조(structure)가 고정된 확률 모형의 수치적 매개

매개변수 학습 변수들을 찾는 **매개변수 학습**(parameter learning)에 초점을 둔다. 예를 들어 특정한 구조로 된 베이즈망의 조건부 확률들을 배우는 것이 매개변수 학습의 하나이다. 구조를 배우는 문제와 비매개변수적 밀도 추정 문제도 간략히 살펴본다.

20.2.1 최대 가능도 매개변수 학습: 이산 확률 모형

사탕 맛 비율을 전혀 공개하지 않은 어떤 새 사탕 제조사가 파는 라임·체리 사탕을 한 자루 산다고 하자. 체리 맛의 비율은 0에서 1까지의 임의의 한 분수이다. 즉, 이 문제에서는 가설들이 하나의 연속체를 이룬다. 이 경우 배워야 할 **매개변수**는 체리 맛 사탕의 비율이다. 이 매개변수를 θ라고 부르고, 가설은 h_θ로 표기하자. (라임 맛 사탕의 비율은 그냥 $1 - \theta$이므로 따로 변수로 둘 필요가 없다.) 모든 비율의 **사전 확률**이 동일하다고 가정한다면 최대 가능도 접근방식이 적합하다. 이러한 상황을 베이즈망으로 모형화한다면 *Flavor*라는 확률 변수(자루에서 무작위로 선택한 사탕 하나의 맛을 뜻하는) 하나만 있으면 된다. 그 변수의 값은 *cherry* 또는 *lime*이며, *cherry*일 확률은 θ이다(도해 20.2(a)를 보라). N개의 사탕을 깠는데 그중 c개가 체리 맛이고 $\ell = N - c$개가 라임 맛이라고 하자. 식 (20.3)에 따라, 이 특정한 데이터 집합의 가능도는 다음과 같다.

$$P(\mathbf{d} \mid h_\theta) = \prod_{j=1}^{N} P(d_j \mid h_\theta) = \theta^c \cdot (1 - \theta)^\ell.$$

최대 가능도 가설은 이 표현식을 최대화하는 θ의 값으로 정해진다. 그런데 log 함수는

로그 가능도 단조 함수이므로, 다음과 같은 **로그 가능도**(log likelihood)를 최대화해도 같은 값이 나온다.

$$L(\mathbf{d} \mid h_\theta) = \log P(\mathbf{d} \mid h_\theta) = \sum_{j=1}^{N} \log P(d_j \mid h_\theta) = c\log\theta + \ell\log(1 - \theta) \ .$$

(이처럼 로그를 취하면 데이터의 곱이 합산으로 환원된다. 보통의 경우 합을 최대화하는 것이 더 쉽다.) θ의 최대 가능도 값을 구하기 위해, L을 θ에 대해 미분한 공식을 0으로 둔다.

$$\frac{dL(\mathbf{d} \mid h_\theta)}{d\theta} = \frac{c}{\theta} - \frac{\ell}{1 - \theta} = 0 \quad \Rightarrow \quad \theta = \frac{c}{c + \ell} = \frac{c}{N}.$$

말로 풀자면, 최대 가능도 가설 h_{ML}은 자루에서 체리 맛 사탕들의 실제 비율이 지금까지 깐 사탕들의 관측 비율과 같음(!)을 단언한다.

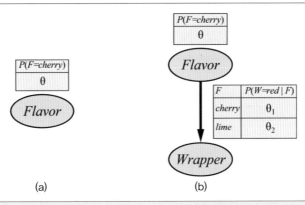

도해 20.2 (a) 체리 맛과 라임 맛의 비율이 알려지지 않은 사탕 자루에 대한 베이즈망 모형. (b) 포장지 색이 사탕 맛에 의존하는(확률적으로) 경우에 대한 모형.

당연한 결과를 괜히 어렵게 얻은 게 아닌가 싶겠지만, 중요한 것은 과정이다. 지금까지의 과정은 최대 가능도 매개변수 학습의 표준적인, 그리고 적용 범위가 훨씬 넓은 한 방법에 해당한다. 정리하자면 다음과 같다.

1. 데이터의 가능도를 매개변수(들)의 함수 형태로 표현하는 공식을 작성한다.
2. 로그 가능도를 각 매개변수에 대해 미분해서 도함수들을 얻는다.
3. 각 도함수에 대해, 도함수가 0이 되는 매개변수 값을 구한다.

대체로 단계 3이 가장 까다롭다. 이번 예제에서는 간단했지만, 다른 문제들에서는 반복적 해법 알고리즘이나 §4.2에서 설명한 수치 최적화 기법들에 의존해야 하는 경우가 많다. (헤세 행렬이 음의 정부호 행렬임을 증명할 필요가 있다.) 이번 예제는 또한 최대 가능도 학습에서 일반적으로 나타나는 중요한 문제 하나를 보여 준다. 바로, 데이터 집합이 **충분히 작고 일부 사건들이 아직 관측되지 않은**(이를테면 체리 맛 사탕이 나오지 않은) 경우, **최대 가능도 가설은 그런 사건들에 0의 확률을 배정한다**는 것이다. 이 문제를 피하기 위해, 이를테면 각 사건의 횟수를 0이 아니라 1로 설정해서 시작하는 등의 다양한 요령이 쓰인다.

그럼 또 다른 예를 보자. 이번에는 새 사탕 제조사가 고객에게 약간의 힌트를 주기 위해 사탕을 빨간색과 녹색의 포장지로 싼다고 가정한다. 사탕의 포장지를 뜻하는 확률변수 *Wrapper*의 값은 사탕의 맛에 따라 **확률적**으로 선택되며, 그 확률은 어떤 알려지지 않은 조건부 확률분포를 따른다. 도해 20.2(b)는 그 확률분포의 모형이다. 이 모형의 매개변수가 θ, θ_1, θ_2 세 개임을 주목하기 바란다. 이 세 매개변수에 대해, 이를테면 체리 맛 사탕이 녹색 포장지에 싸여 있을 가능도를 베이즈망에 대한 표준 의미론(❶권 p.543)으로부터 구할 수 있다.

$$P(Flavor = cherry, Wrapper = green \mid h_{\theta,\theta_1,\theta_2})$$
$$= P(Flavor = cherry \mid h_{\theta,\theta_1,\theta_2})P(Wrapper = green \mid Flavor = cherry, h_{\theta,\theta_1,\theta_2})$$
$$= \theta \cdot (1 - \theta_1).$$

이제 N개의 사탕을 깠는데 체리 맛이 c개, 라임 맛이 ℓ개라고 하자. 그리고 체리 맛 빨간 포장지가 r_c개, 체리 맛 녹색 포장지가 g_c개, 라임 맛 빨간 포장지가 r_ℓ개, 라임 맛 녹색 포장지가 g_ℓ개라고 하자. 그러면, 데이터의 가능도는 다음과 같이 주어진다.

$$P(\mathrm{d} \mid h_{\theta,\theta_1,\theta_2}) = \theta^c (1-\theta)^\ell \cdot \theta_1^{r_c}(1-\theta_1)^{g_c} \cdot \theta_2^{r_\ell}(1-\theta_2)^{g_\ell}.$$

아주 복잡해 보이는 공식인데, 로그를 취하면 좀 나아진다.

$$L = [c\log\theta + \ell\log(1-\theta)] + [r_c\log\theta_1 + g_c\log(1-\theta_1)] + [r_\ell\log\theta_2 + g_\ell\log(1-\theta_2)].$$

로그를 취하는 것의 장점은 명백하다. 로그 가능도는 세 항의 합이며, 각 항에는 매개변수가 한 종류뿐이다. 각 매개변수에 대해 도함수를 구하고 각각을 0으로 두면, 각자 매개변수가 하나인, 따라서 서로 독립적인 방정식 세 개가 나온다.

$$\frac{\partial L}{\partial \theta} = \frac{c}{\theta} - \frac{\ell}{1-\theta} = 0 \qquad \Rightarrow \theta = \frac{c}{c+\ell}$$

$$\frac{\partial L}{\partial \theta_1} = \frac{r_c}{\theta_1} - \frac{g_c}{1-\theta_1} = 0 \qquad \Rightarrow \theta_1 = \frac{r_c}{r_c+g_c}$$

$$\frac{\partial L}{\partial \theta_2} = \frac{r_\ell}{\theta_2} - \frac{g_\ell}{1-\theta_2} = 0 \qquad \Rightarrow \theta_2 = \frac{r_\ell}{r_\ell+g_\ell}.$$

θ의 해는 이전과 동일하다. 체리 맛 사탕이 빨간 포장지에 싸여 있을 확률인 θ_1의 해는 체리 맛 빨간 포장지 사탕의 관측된 비율이며, θ_2의 해도 그와 비슷한 방식으로 구하면 된다.

이상의 결과들은 아주 만족스러우며, 이들을 조건부 확률들을 테이블(표) 형태로 표현하는 임의의 베이즈망으로 확장할 수 있음도 쉽게 확인할 수 있다. 가장 중요한 점은, **완전 데이터가 주어졌을 때 베이즈망에 대한 최대 가능도 매개변수 학습 문제는 각 매개변수에 대해 하나씩의 개별적인 학습 문제들로 분해된다는 것이다.** (조건부 확률들이 테이블 형태가 아니고 각 매개변수가 여러 개의 조건부 확률들에 영향을 미치는 경우에 대해서는 연습문제 20.NORX을 보라.) 또 다른 중요한 점은, 어떤 변수의, 그 변수의 부모들이 주어졌을 때의 매개변수 값들은 그냥 부모 값들의 각 설정에 대한 변수 값들의 관측된 빈도(비율)일 뿐이라는 점이다. 이전과 마찬가지로, 데이터 집합이 작을 때에는 그런 빈도들에 0이 배정되는 문제를 세심하게 방지할 필요가 있다.

20.2.2 단순 베이즈 모형

아마도 기계학습에서 가장 흔히 쓰이는 베이즈망 모형은 ❶권 p.528에서 처음 소개한 **단순 베이즈**(naive Bayes) 모형일 것이다. 이 모형에서 뿌리 노드는 '부류(class)' 변수 C (학습으로 예측할 변수)이고 잎 노드들은 '특성' 변수 X_i들이다. 이 모형을 '단순' 베이즈 모형이라고 부르는 이유는, 이 모형이 특성들에 대해 서로 조건부 독립이라고(부류가 주어졌을 때) 가정하기 때문이다. (도해 20.2(b)의 모형은 *Flavor*가 부류 변수이고 특성은 *Wrapper* 하나뿐인 단순 베이즈 모형이다.) 모형이 부울 변수들로 이루어진 경우 매개 변수들은 다음과 같다.

$$\theta = P(C = true), \theta_{i1} = P(X_i = true | C = true), \theta_{i2} = P(X_i = true | C = false).$$

최대 가능도 매개변수 값들은 도해 20.2(b)에서와 정확히 같은 방식으로 구하면 된다. 모형을 이런 식으로 훈련하고 나면, 부류 변수 C의 값을 아직 관측하지 못한 새 견본들을 분류하는 데 모형을 사용할 수 있다. 관측된 특성값들 $x_1, ..., x_n$이 주어졌을 때, 각 부류의 확률은 다음과 같다.

$$\mathbf{P}(C | x_1, ..., x_n) = \alpha\, \mathbf{P}(C) \prod_i \mathbf{P}(x_i | C).$$

확률이 가장 높은 부류를 선택함으로써 결정론적 예측을 얻을 수 있다. 도해 20.3은 이 방법을 제19장의 식당 문제에 적용했을 때의 학습 곡선이다. 이 방법의 학습 성과가 좋긴 하지만, 의사결정 트리 학습보다는 떨어진다. 아마도 이는 실제 가설(의사결정 트리)을 단순 베이즈 모형으로 정확하게 표현할 수 없기 때문일 것이다. 단순 베이즈 학습은 다양한 응용에서 놀랄만큼 좋은 성과를 낸다는 점이 알려졌다. 이 학습 방법의 부양된 버전(연습문제 20.BNBX)은 가장 효과적인 범용 학습 알고리즘 중 하나이다. 단순 베이

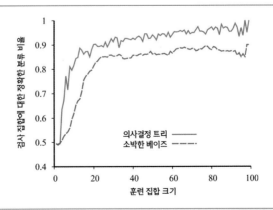

도해 20.3 제19장의 식당 문제에 적용한 단순 베이즈 학습의 학습 곡선. 비교를 위해 의사결정 트리 학습의 학습 곡선도 표시했다.

즈 학습은 아주 큰 문제들로 잘 확장된다. 부울 특성이 n개일 때 매개변수는 단 $2n+1$개이며, 단순 베이즈 모형의 최대 가능도 가설 h_{ML}을 검색 없이 구할 수 있다. 마지막으로, 단순 베이즈 학습 시스템은 잡음이 있거나 특성값들이 누락된 데이터를 잘 처리하며, 적절한 경우에는 확률적 예측들을 산출할 수 있다. 주된 단점은 조건부 독립 가정이 실제로 성립하는 경우가 드물다는 점이다. ❶권 p.530에서 언급했듯이, 이 가정 때문에 확신이 과한 (0이나 1에 아주 가까울 때가 많은) 확률들이 나오게 된다. 특성들이 많을 때 특히 그렇다.

20.2.3 생성 모형과 판별 모형

생성 모형 분류기로 쓰이는 기계학습 모형들을 크게 생성 모형과 판별 모형으로 나눌 수 있다. **생성 모형**(generative model)은 각 부류의 확률분포를 모형화한다. 예를 들어 §12.6.1의 단순 베이즈 텍스트 분류기는 텍스트의 가능한 범주(스포츠, 날씨, 등등)마다 개별적인 모형을 생성한다. 각 모형은 해당 범주의 사전 확률, 이를테면 $P(Category = weather)$와 조건부 확률, 이를테면 $\mathbf{P}(Inputs | Category = weather)$를 포함한다. 이들로부터 하나의 결합 확률분포 $\mathbf{P}(Inputs, Category = weather)$를 계산하고 그로부터 무작위로 단어들을 선택하면 *weather*(날씨) 범주로 분류할 수 있을만한 텍스트가 생성된다.

판별 모형 한편, **판별 모형**(discriminative model)은 부류들 사이의 결정 경계를 학습한다. 즉, 판별 모형은 $\mathbf{P}(Category | Inputs)$를 학습한다. 견본 입력들이 주어지면 판별 모형은 하나의 출력 범주를 산출한다. 그러나 판별 모형을 생성에 사용할 수는 없다. 예를 들어 출력 범주를 대표하는 단어들을 무작위로 생성하지는 못한다. 로지스틱 회귀, 결정 트리, 지지 벡터 기계는 모두 판별 모형에 해당한다.

판별 모형은 결정 경계의 정의에(다른 말로 하면, 애초에 요구된 분류 과제를 실제로 수행하는 데) 모든 힘을 쏟기 때문에, 임의의 양의 훈련 데이터가 주어지는 극한의 경우에 생성 모형보다 더 나은 성과를 보인다. 그렇지만 데이터가 제한적일 때는 생성 모형이 더 나은 성과를 낼 때도 있다. [Ng 및 Jordan, 2002]는 (작은) 데이터 집합 15개에 대한 생성적 단순 베이즈 분류기와 판별적 로지스틱 회귀 분류기의 성과를 비교했는데, 데이터의 양이 최대일 때는 판별 모형이 데이터 집합 15개 중 9개에서 더 나았지만 데이터의 양이 작을 때는 15개 중 14개에서 생성 모형이 더 나았다.

20.2.4 최대 가능도 매개변수 학습: 연속 확률 모형

선형 가우스 모형 같은 연속적인 확률 모형을 §13.2.3(❶권 p.553)에서 소개했었다. 연속 변수는 실세계의 응용 어디에서나 볼 수 있으므로, 데이터로부터 연속 모형의 매개변수들을 배우는 방법을 알아두는 것이 중요하다. 최대 가능도 학습의 원리들은 연속 모형이든 이산 모형이든 동일하다.

그럼 아주 간단한 예로, 하나의 변수에 대한 가우스 밀도 함수의 매개변수들을 배우는 것이 목표라고 하자. 즉, 데이터가 다음과 같이 생성된다고 가정한다.

$$P(x) = \frac{1}{\sigma\sqrt{2\pi}} e^{-\frac{(x-\mu)^2}{2\sigma^2}}.$$

이 모형의 매개변수들은 평균 μ와 표준편차 σ이다. (정규화 '상수'는 σ에 의존하므로 무시할 수 없음을 주의하기 바란다.) 관측된 값들이 $x_1, \ldots, x_N$이라고 할 때, 로그 가능도는 다음과 같다.

$$L = \sum_{j=1}^{N} \log \frac{1}{\sigma\sqrt{2\pi}} e^{-\frac{(x_j-\mu)^2}{2\sigma^2}} = N(-\log\sqrt{2\pi} - \log\sigma) - \sum_{j=1}^{N} \frac{(x_j-\mu)^2}{2\sigma^2}.$$

이전처럼 이것의 미분을 0으로 두면 다음이 나온다.

$$\frac{\partial L}{\partial \mu} = -\frac{1}{\sigma^2} \sum_{j=1}^{N} (x_j - \mu) = 0 \qquad \Rightarrow \mu = \frac{\sum_j x_j}{N}$$

$$\frac{\partial L}{\partial \sigma} = -\frac{N}{\sigma} + \frac{1}{\sigma^3} \sum_{j=1}^{N} (x_j - \mu)^2 = 0 \qquad \Rightarrow \sigma = \sqrt{\frac{\sum_j (x_j - \mu)^2}{N}}. \qquad (20.4)$$

즉, 평균의 최대 가능도 값은 표본 평균이고 표준편차의 최대 가능도 값은 표본 분산의 제곱근이다. 이번에도 이는 "상식적인" 관행을 확인해 주는 만족스러운 결과이다.

이번에는 연속 변수 부모 X와 연속 변수 자식 Y가 있는 선형 가우스 모형을 생각해 보자. ❶권 p.553에서 설명했듯이, Y의 가우스 분포의 평균은 X의 값에 선형 비례하고 표준편차는 고정되어 있다. 조건부 확률 $P(Y \mid X)$를 배우려면 조건부 가능도

$$P(y \mid x) = \frac{1}{\sigma\sqrt{2\pi}} e^{-\frac{(y-(\theta_1 x + \theta_2))^2}{2\sigma^2}} \qquad (20.5)$$

을 최대화하면 된다. 이 공식에서 매개변수들은 θ_1과 θ_2, σ이다. 데이터는 (x_j, y_j) 쌍들의 집합이다. 도해 20.4(b)에 그러한 데이터의 예가 나와 있다. 이 매개변수들의 최대 가능도 값들은 통상적인 방법(연습문제 20.LINR)으로 구하면 된다. 그러나 이 예제의 핵심은 이전 예제와 다르다. 만일 x와 y 사이의 선형 관계를 정의하는 매개변수 θ_1과 θ_2만 고려한다면, 그 매개변수들에 대한 로그 가능도를 최대화하는 것은 식 (20.5)의 지수의 분자 $(y - (\theta_1 x + \theta_2))^2$을 **최소화**하는 것과 같음이 명백해진다. 이는 L_2 손실, 즉 실제 값 y와 예측 $\theta_1 x + \theta_2$의 오차의 제곱이다.

이 수량은 §19.6에서 설명한 표준 **선형 회귀** 절차로 최소화되는 수량인데, 이제는 그 이유를 알 수 있다. 바로, 분산이 고정된 가우스 잡음으로 생성된 데이터에 대해서는, 제곱 오차들의 합을 최소화하면 최대 가능도 직선 모형이 나온다는 것이다.

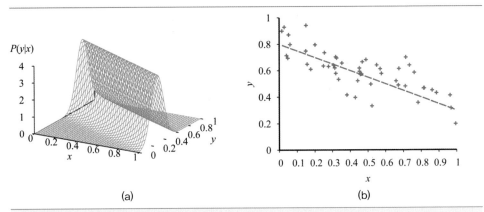

|(a)| |(b)|

도해 20.4 (a) $y = \theta_1 x + \theta_2$ 더하기 분산이 고정된 가우스 잡음으로 정의되는 선형 가우스 모형. (b) 이 모형과 최적 적합 직선으로 생성한 자료점 50개의 집합.

20.2.5 베이즈식 매개변수 학습

최대 가능도 학습을 수행하는 아주 간단한 절차 몇 가지를 떠올리는 것은 어렵지 않다. 그러나 데이터 집합이 작으면 최대 가능도 학습은 심각한 단점 몇 가지를 드러낸다. 예를 들어 체리 맛 사탕 하나를 관측한 후의 최대 가능도 가설은 자루가 100% 체리 맛이라는(즉, $\theta = 1.0$) 것이다. 그러나 모든 자루가 체리 맛 100% 아니면 라임 맛 100%라는 가설 사전 확률이 주어지지 않은 한, 그러한 가설은 합리적인 결론이 아니다. 그보다는, 자루에 라임 맛과 체리 맛이 섞여 있을 가능성이 더 높다. 매개변수 학습에 대한 베이즈식 접근방식은 하나의 **가설 사전 분포**(hypothesis prior distribution)로 출발해서, 데이터가 주어짐에 따라 그 사전 분포를 갱신해 나간다.

가설 사전 분포

도해 20.2(a)의 사탕 예제에는 매개변수가 하나뿐이다. 유일한 매개변수 θ는 무작위로 선택된 사탕이 체리 맛일 확률을 뜻한다. 베이즈식 관점에서 θ는 가설 공간을 정의하는 확률 변수 Θ의 값(아직 알려지지 않은)이다. 그리고 가설 사전 분포는 $\mathbf{P}(\Theta)$에 관한 사전 분포이다. 따라서 $P(\Theta = \theta)$는 자루에 담긴 체리 맛 사탕의 비율이 θ일 확률이다.

매개변수 θ가 0에서 1 구간의 임의의 값을 가진다면, $\mathbf{P}(\Theta)$는 하나의 확률 밀도 함수(부록 A.3 참고)이다. θ의 값들에 관해 아무것도 모르는 경우에는 균등 밀도 함수 $P(\theta) = Uniform(\theta; 0, 1)$을 사용하면 된다. 이 밀도 함수는 모든 값의 확률이 동일하다는 뜻이다.

베타 분포
초매개변수

좀 더 유연한 부류의 밀도 함수로 **베타 분포**(beta distribution)가 있다. 모든 베타 분포는 [0,1] 구간의 θ에 대해 다음 등식을 충족하는 두 **초매개변수**(hyperparameter)[3] a와 b로 정의된다.

---

3 이들을 초매개변수라고 부르는 이유는, 이들이 그 자체로 하나의 매개변수인 θ에 대한 분포를 매개변수화하기 때문이다.

$$Beta(\theta;a,b) = \alpha\,\theta^{a-1}(1-\theta)^{b-1}. \tag{20.6}$$

분포의 적분이 1이 되게 만드는 정규화 상수 α는 a와 b에 의존한다. 도해 20.5는 a와 b의 여러 값에 대한 분포들의 모습을 나타낸 것이다. 분포의 평균값은 $a/(a+b)$이므로, a가 큰 값이라는 것은 Θ가 0보다는 1에 더 가깝다는 믿음이 사실일 가능성이 크다는 뜻이다. 그리고 $a+b$가 클수록 분포가 좀 더 뾰족한 봉우리 모양이 되며, 이는 Θ의 값에 관한 확실성이 더 큼을 의미한다. 균등 밀도 함수는 $Beta(1,1)$과 같다. 즉, 균등 밀도 함수는 평균이 1/2이고 분포 곡선이 x축과 평행한 직선인 분포이다.

　　베타 분포 모임에는 유연성 말고도 멋진 속성이 더 있다. 바로, 만일 Θ의 사전 분포가 $Beta[a,b]$이면, 하나의 자료점을 관측한 후의 Θ의 사후 분포 역시 베타 분포라는 것이다. 다른 말로 하면, $Beta$는 갱신에 대해 닫혀 있다. 베타 분포 모임을 부울 변수에 **켤레 사전 분포** 대한 분포들의 모임에 대한 **켤레 사전 분포**(conjugate prior)라고 부른다.[4] 그럼 이것이 어떻게 작용하는지 살펴보자. 체리 맛 사탕 하나를 관측하고 나면 다음이 성립한다.

$$
\begin{aligned}
P(\theta|D_1 = cherry) &= \alpha\,P(D_1 = cherry|\theta)P(\theta) \\
&= \alpha'\theta \cdot Beta(\theta;a,b) = \alpha'\theta \cdot \theta^{a-1}(1-\theta)^{b-1} \\
&= \alpha'\,\theta^{a}(1-\theta)^{b-1} = \alpha' B(\theta;a+1,b).
\end{aligned}
$$

즉, 체리 맛 사탕을 하나 본 후에는 그냥 a 매개변수를 증가해서 사후 분포를 얻는다. 마찬가지로, 라임 맛 사탕을 하나 본 후에는 b 매개변수를 증가한다. 따라서, 사전 분포 $Beta[a,b]$가 마치 균등 사전 분포 $Beta[1,1]$로 시작해서 $a-1$개의 실제 체리 맛 사탕들과 $b-1$개의 실제 라임 맛 사탕들을 보았을 때와 정확히 동일하게 행동한다는 의미에서, **가상 개수** 초매개변수 a와 b는 일종의 **가상 개수**(virtual count)들이라 할 수 있다.

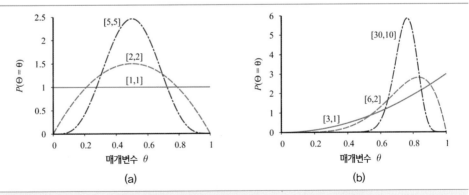

(a)　　　　　　　　　　　　　　　　　(b)

도해 20.5 $[a,b]$의 여러 값에 대한 $Beta[a,b]$ 분포의 예.

4　또 다른 켤레 사전 분포로는 이산 다가 분포(discrete multivalued distribution)의 매개변수들에 대한 **디리클레**(Dirichlet) 모임과 가우스 분포의 매개변수들에 대한 **정규 위샤트**(Normal-Wishart) 모임이 있다. [Bernardo 및 Smith, 1994]를 보라.

a와 b의 값들을 그 비율을 유지한 채 증가시키면서 그에 해당하는 일련의 베타 분포들을 살펴보면, 데이터가 도착함에 따라 매개변수 Θ에 대한 사후 분포가 어떻게 변하는지를 명확하게 볼 수 있다. 예를 들어 실제 사탕 자루에서 체리 맛이 75%라고 하자. 도해 20.5(b)는 순차열 $Beta[3,1]$, $Beta[6,2]$, $Beta[30,10]$을 나타낸 것이다. 분포가 Θ의 참값 주변의 좁은 봉우리로 수렴함이 명백하다. 그렇다면, 더 큰 데이터 집합에 대해 베이즈식 학습은(적어도 이 경우에서) 최대 가능도 학습과 같은 답으로 수렴한다.

이제 좀 더 복잡한 경우를 생각해 보자. 도해 20.2(b)의 망에는 세 개의 매개변수 θ, θ_1, θ_2가 있다. θ_1은 빨간 포장지가 체리 맛일 확률이고 θ_2는 빨간 포장지가 라임 맛일 확률이다. 베이즈식 가설 사전 분포는 이 세 매개변수를 모두 포괄해야 한다. 즉, $\mathbf{P}(\Theta,\Theta_1,\Theta_2)$를 지정해야 한다. 항상 그렇듯이 이 매개변수들이 독립적이라고 가정한다.

매개변수 독립성 이 **매개변수 독립성**(parameter independence) 가정은 다음을 의미한다.

$$\mathbf{P}(\Theta,\Theta_1,\Theta_2) = \mathbf{P}(\Theta)\mathbf{P}(\Theta_1)\mathbf{P}(\Theta_2).$$

이러한 가정하에서, 각 매개변수에는 데이터가 도착함에 따라 개별적으로 갱신되는 베타 분포가 있다. 도해 20.6은 가설 사전 분포와 임의의 데이터를 하나의 베이즈망에 통합하는 방법을 보여 준다. 매개변수 변수마다 하나의 노드가 있음을 주목하자.

노드 Θ, Θ_1, Θ_2에는 부모가 없다. 포장지를 까서 맛을 볼 때마다 포장지 노드와 맛 노드를 추가한다. 형식화하자면, i번째 포장지 및 사탕 맛 관측에 대해 노드 $Wrapper_i$와 노드 $Flavor_i$를 추가한다. $Flavor_i$ 노드는 다음과 같이 맛 매개변수 Θ에 의존한다.

$$P(Flavor_i = cherry \mid \Theta = \theta) = \theta.$$

또한, 다음과 같이 Θ_1과 Θ_2에 의존적인 노드 $Wrapper_i$도 추가한다.

$$P(Wrapper_i = red \mid Flavor_i = cherry, \Theta_1 = \theta_1) = \theta_1,$$
$$P(Wrapper_i = red \mid Flavor_i = lime, \Theta_2 = \theta_2) = \theta_2.$$

이제 도해 20.2(b)에 나온 원래의 베이스망에 대한 베이즈식 학습 과정 전체를, 도해 20.6에 나온 유도된 베이즈망(자료와 매개변수들에 해당하는 노드들이 있는)에서 하나의 **추론 문제**로 형식화할 수 있다. 모든 증거 노드를 추가하고 나면, 매개변수 변수들(지금 예에서는 Θ,Θ_1,Θ_2)을 질의할 수 있다. 이러한 형식화에서 **학습 알고리즘은 본질적으로 단 한 가지이다.** 베이즈망에 대한 추론 알고리즘이 바로 그것이다.

물론 지금 말하는 베이즈망들의 성격은 제13장에 나온 것들과는 조금 다르다. 지금 말하는 베이즈망들에는 훈련 집합을 나타내는 증거 변수들이 엄청나게 많을 수 있고, 연속 값 매개변수들도 아주 흔하다. 단순 베이즈 모형 같은 아주 단순한 사례가 아닌 한 정확 추론은 불가능할 것이다. 실무자들은 MCMC(§13.4.2) 같은 근사 추론 방법들을 흔히 사용한다. 이런 목적으로 MCMC를 효율적으로 구현한 모듈을 갖춘 통계 소프트웨어 패키지가 많이 있다.

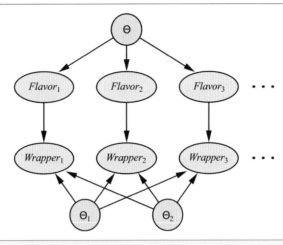

도해 20.6 베이즈식 학습 과정에 해당하는 베이즈망. 매개변수 Θ, Θ_1, Θ_2의 사후 분포들을 해당 사전 분포들과 $Flavor_i$ 및 $Wrapper_i$ 변수들의 증거로부터 추론할 수 있다.

20.2.6 베이즈식 선형 회귀

이번 절에서는 베이즈 접근방식을 표준적인 통계학 문제인 선형 회귀에 적용하는 방법을 설명한다. 제곱오차들의 합을 최소화하는 전통적인 접근방식은 §19.6에서 소개했고, §20.2.4에서는 가우스 오차 모형하에서 이를 가능도의 최대화로 재해석했다. 이런 접근방식들은 최선의 가설 하나를 산출한다. 이때 최선의 가설은 기울기와 절편이 구체적으로 결정된, 그리고 임의의 점에서 예측 오차에 대한 분산도 구체적으로 결정된 하나의 직선이다. 그런데 이런 접근방식들에서는 그러한 기울기와 절편을 우리가 얼마나 확신할 수 있는지 측정하는 방법이 없다.

　더 나아가서, 관측된 자료점들과는 아주 멀리 있는 미지의 자료점에 대한 값을 예측하는 경우, 해당 예측 오차가 관측된 자료점 바로 옆에 있는 자료점에 대한 예측 오차와 비슷하리라고 가정하는 것은 비합리적이다. 주어진 자료점이 관측된 데이터에서 멀수록 예측 오차가 크리라고 기대해야 합당하다. 직선의 기울기가 변하면 멀리 있는 점일수록 예측값이 더 크게 변하기 때문이다.

　베이즈 접근방식은 두 문제를 모두 해결한다. 앞에서도 언급했듯이, 대략적인 착안은 모형 매개변수들에 대한 사전 확률들을 상정하고, 주어진 데이터에 대한 매개변수의 사후 확률을 계산하는 것이다. 선형 회귀에서 모형 매개변수들은 선형 모형(직선방정식)의 계수들과 잡음 분산이다. 데이터가 다변량이고 잡음이 알려지지 않은 모형에서는 선형대수 계산이 상당히 많이 필요할 수 있으므로, 여기서는 데이터의 변수가 하나이고 모형이 반드시 원점을 지나며 잡음은 분산이 σ^2인 정규분포인 간단한 경우로 논의를 한정하기로 한다. 이러한 설정에서 매개변수는 θ 하나뿐이고, 모형은 다음과 같이 정의된다.

$$P(y|x,\theta) = \mathcal{N}(y;\theta x, \sigma_y^2) = \frac{1}{\sigma\sqrt{2\pi}} e^{-\frac{1}{2}\left(\frac{(y-\theta x)^2}{\sigma^2}\right)}. \tag{20.7}$$

로그 가능도에 θ의 제곱이 관여하므로, θ에 대한 켤레 사전 분포에 적합한 형태는 이번에도 가우스 분포이다. 그러면 θ에 대한 사후 분포 역시 가우스 분포가 된다. 사전 분포의 평균이 θ_0이고 분산이 σ_0^2이라고 하면 다음이 성립한다.

$$P(\theta) = \mathcal{N}(\theta;\theta_0,\sigma_0^2) = \frac{1}{\sigma_0\sqrt{2\pi}} e^{-\frac{1}{2}\left(\frac{(\theta-\theta_0)^2}{\sigma_0^2}\right)}. \tag{20.8}$$

정보 없는 사전 분포

모형화할 데이터에 따라서는 기울기 θ의 범위가 어느 정도일지 개발자가 짐작할 수 있을 때도 있고 아예 감도 못 잡을 수 있다. 후자의 경우에는 θ_0를 0으로, σ_0^2를 큰 값으로 두어야 할 것이다. 이를 **정보 없는 사전 분포**(uninformative prior)라고 부른다. 마지막으로, 각 자료점의 x값이 사전 확률 $P(x)$를 따른다고 가정하는데, 이 확률은 θ에 의존하지 않으므로 지금의 분석과는 완전히 무관하다.

이제 식 (20.1)의 $P(\theta|\mathbf{d}) \propto P(\mathbf{d}|\theta)P(\theta)$를 이용해서 θ의 사후 확률을 계산할 수 있다. 관측된 자료점들은 $\mathbf{d} = (x_1,y_1),...,(x_N,y_N)$이므로, 식 (20.7)로 얻은 데이터의 가능도는 다음과 같다.

$$P(\mathbf{d}|\theta) = \left(\prod_i P(x_i)\right)\prod_i P(y_i|x_i,\theta) = \alpha\prod_i e^{-\frac{1}{2}\left(\frac{(y_i-\theta x_i)^2}{\sigma^2}\right)}$$
$$= \alpha e^{-\frac{1}{2}\sum_i\left(\frac{(y_i-\theta x_i)^2}{\sigma^2}\right)}.$$

θ와는 무관한 x값 사전 확률들과 N개의 가우스 분포에 대한 정규화 상수들을 그냥 α 하나로 표기했음을 주목하기 바란다. 이제 이 공식과 식 (20.8)의 매개변수 사전 확률 공식을 결합해서 사후 확률을 구한다.

$$P(\theta|\mathbf{d}) = \alpha'' e^{-\frac{1}{2}\left(\frac{(\theta-\theta_0)^2}{\sigma_0^2}\right)} e^{-\frac{1}{2}\sum_i\left(\frac{(y_i-\theta x_i)^2}{\sigma^2}\right)}.$$

수식이 복잡해 보이지만, 각 지수가 θ의 2차 함수이므로 두 지수의 합도 2차 함수이다. 그러므로 전체 수식은 θ에 대한 하나의 가우스 분포에 해당한다. §14.4에서 한 것과 아주 비슷한 방식으로 선형대수를 적용해서 수식을 정리하면 다음이 나온다.

$$P(\theta|\mathbf{d}) = \alpha''' e^{-\frac{1}{2}\left(\frac{(\theta-\theta_N)^2}{\sigma_N^2}\right)}.$$

이제 '갱신된' 평균과 분산은 각각

$$\theta_N = \frac{\sigma^2\theta_0 + \sigma_0^2\sum_i x_i y_i}{\sigma^2 + \sigma_0^2\sum_i x_i^2} \quad \text{와} \quad \sigma_N^2 = \frac{\sigma^2\sigma_0^2}{\sigma^2 + \sigma_0^2\sum_i x_i^2}$$

이다. 그럼 이 공식들이 어떤 의미인지 살펴보자. 자료점들이 x축에서 원점에 가까운 부분에 몰려 있으면 $\sum_i x_i^2$은 작은 값이 된다. 그러면 사후 분산 σ_N^2이 사전 분산 σ_0^2과 거의 같을 정도로 커진다. 그런 자료점들은 직선이 원점을 중심으로 어느 정도나 회전하는지에 대해 거의 제약을 가하지 않는다는 점을 생각하면 이는 당연하다. 반대로, 데이터가 x축을 따라 넓게 퍼져 있으면 $\sum_i x_i^2$이 커져서 σ_N^2이 $\sigma^2/(\sum_i x_i^2)$과 비슷할 정도로 작아지며, 그러면 기울기가 아주 좁은 범위로 한정된다.

특정 자료점에 대한 예측값을 구하려면, 식 (20.2)가 암시하듯이 θ의 가능한 값들에 관한 적분이 필요하다.

$$P(y|x,\mathbf{d}) = \int_{-\infty}^{\infty} P(y|x,\mathbf{d},\theta)P(\theta|x,\mathbf{d})\,d\theta = \int_{-\infty}^{\infty} P(y|x,\theta)P(\theta|\mathbf{d})\,d\theta$$

$$= \alpha \int_{-\infty}^{\infty} e^{-\frac{1}{2}\left(\frac{(y-\theta x)^2}{\sigma^2}\right)} e^{-\frac{1}{2}\left(\frac{(\theta-\theta_N)^2}{\sigma_N^2}\right)}\,d\theta.$$

이번에도 두 지수의 합은 θ의 2차 함수이므로, 이것은 적분이 1이라는 조건을 충족하는 θ에 관한 가우스 분포이다. y의 나머지 항들은 또 다른 가우스 분포에 해당한다.

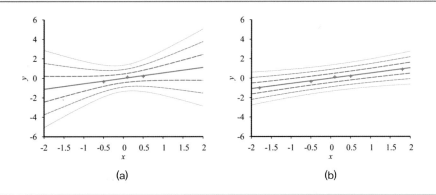

(a)　　　　　　　　　　　　　(b)

도해 20.7 원점을 지나며 잡음 분산이 $\sigma^2 = 0.2$라는 제약을 가진 모형을 이용한 베이즈식 선형 회귀. 예측 밀도를 볼 수 있도록, 표준편차가 ±1, ±2, ±3일 때의 등치선(contour)들을 표시해 두었다. (a) 세 자료점이 원점 근처에 있을 때는 기울기의 불확실성이 크다. 분산은 $\sigma_N^2 \approx 0.386$이다. 관측된 자료점에서 멀어질수록 불확실성이 증가하는 모습에 주목하기 바란다. (b) 좀 더 멀리 떨어진 자료점 두 개를 추가하면 θ의 범위가 좀 더 좁혀진다. 분산은 $\sigma_N^2 \approx 0.0286$이다. 예측 밀도의 나머지 분산은 거의 전적으로 고정된 잡음 σ^2 때문이다.

$$P(y|x,\mathbf{d}) \propto e^{-\frac{1}{2}\left(\frac{(y-\theta_N x)^2}{\sigma^2+\sigma_N^2 x^2}\right)}.$$

이 수식을 잘 보면 y에 대한 평균 예측이 $\theta_N x$임을 알 수 있다. 즉, 평균 예측은 θ의 사후 평균에 기초한다. 예측의 분산은 모형 잡음 σ^2에 x^2에 비례하는 하나의 항을 더한 형태이다. 따라서 예측의 표준편차는 원점에서 멀어짐에 따라 점근 선형으로 증가한다. 도해 20.7에 이러한 현상이 나와 있다. 이번 절 도입부에서 언급했듯이, 예측할 자료점이 관측된 자료점에서 멀수록 그 예측의 불확실성이 커지는 것은 당연한 일이다.

20.2.7 베이즈망 구조의 학습

지금까지는 베이즈망의 구조(structure)가 고정되어 있고, 그냥 매개변수들만 배운다고 가정했다. 베이즈망의 구조는 문제 영역에 관한 기본적인 인과관계 지식을 나타낸다. 그런 지식은 전문가는 물론이고 경험 없는 사용자도 수월하게 제공할 수 있는 경우가 많다. 그러나 적당한 인과적 모형을 찾을 수 없거나 반박당하기 쉬운 경우도 있다. 예를 들어 흡연이 암을 유발하지 않는다고 오랫동안 주장해 온 기업들이 있고, CO_2 농도가 기후에 아무런 영향도 미치지 않는다고 단언한 기업들도 있다. 따라서, 데이터로부터 베이즈망의 구조를 배우는 방법을 알아 두는 것이 중요하다. 이번 절에서는 그러한 학습의 주요 착안들을 간략하게 개괄한다.

이런 학습에 대한 가장 명백한 접근방식은 적당한 모형을 **검색**하는 것이다. 즉, 링크가 하나도 없는 모형 하나로 시작해서 각 노드에 부모들을 추가하고, 앞에서 본 방법들을 이용해서 매개변수들을 적합시키고, 갱신된 모형의 정확도를 측정해 나간다. 또는, 구조에 대한 초기 추측으로 시작해서 언덕 오르기나 모의 정련 검색으로 모형을 수정하고, 구조를 변경할 때마다 매개변수들을 반환하는 방법도 있다. 모형을 수정할 때에는 링크의 방향을 뒤집거나, 링크를 더 추가하거나, 기존 링크를 삭제한다. 그러한 과정에서 순환마디가 생기면 안 된다. 그래서 여러 알고리즘은 변수들 사이에 순서 관계가 있다고 가정하고, 한 노드에 부모를 추가할 때에는 그 순서 관계에서 이전에 있는 노드들만 부모로 추가한다(제13장의 베이즈망 구축 과정에서처럼). 완전한 일반성을 위해서는 가능한 순서 관계들에 대한 검색도 필요하다.

주어진 구조가 좋은 구조인지를 판정하는 방법은 크게 두 가지이다. 하나는 구조에 암묵적으로 내장된 조건부 독립성 단언들을 데이터가 실제로 충족하는지 판정하는 것이다. 예를 들어 식당 문제에 단순 베이즈 모형을 사용할 때에는 다음과 같은 가정을 둔다.

$$\mathbf{P}(Hungry, Bar \mid WillWait) = \mathbf{P}(Hungry \mid WillWait)\mathbf{P}(Bar \mid WillWait).$$

만일 주어진 데이터의 해당 조건부 빈도들 사이에서도 이 등식이 성립한다면 그 구조는 좋은 구조라 할 수 있다. 그러나 구조가 문제 영역의 실제 인과적 성질을 서술한다고 하더라도, 데이터 집합의 통계적 동요(fluctuation) 때문에 이 등식이 **정확**하게 충족되지 않을 수 있다. 따라서 독립성 가정을 위반하는 증거가 충분히 많은지를 적절한 통계적 기법으로 판정할 필요가 있다. 결과적인 베이즈망의 복잡도는 이러한 판정에 쓰인 문턱값에 의존한다. 독립성 판정이 엄격할수록 링크들이 더 많이 추가되며, 그러면 과대적합이 생길 위험이 커진다.

이번 장의 착안들에 좀 더 잘 맞는 접근방식은, 제안된 모형이 데이터를 얼마나 잘 설명하는가(확률적인 의미에서)를 평가하는 것이다. 그런데 그러한 설명 정도를 측정할 때에 조심할 필요가 있다. 그냥 가능도가 최대인 가설을 선택한다면 완전히 연결된 구조의 베이즈망이 나올 수 있다. 이는, 노드에 아무리 많은 부모를 추가해도 가능도가 감소하지는 않기 때문이다(연습문제 20.MLPA). 따라서 복잡한 모형에 어떤 방식으로든 벌점을 부과할 필요가 있다. MAP(또는 MDL) 접근방식은 여러 구조를 비교할 때 각 구조의 가능도를 그 복잡도에 맞게 감소한다(매개변수 조율 후에). 베이즈식 접근방식에서는 구조들과 매개변수들에 결합 사전 분포를 부여한다. 그런데 합산할 구조들이 너무 많은(변수 개수에 대해 초지수적인) 경우가 흔하므로, 실제 응용에서는 대부분 MCMC를 이용해서 구조들을 표집한다.

복잡도에 따라 벌점을 부과하면(MAP 방식으로든, 베이즈식으로든), 베이즈망의 최적의 구조와 조건부 분포 표현의 성질 사이에 중요한 연관 관계가 생긴다. 확률분포표를 사용할 때에는 한 노드의 분포에 대한 복잡도 벌점이 부모 개수에 지수적으로 증가한다. 그러나, 예를 들어 잡음 섞인 OR 분포에서는 선형적으로만 증가한다. 이는, 잡음 섞인 OR 모형(또는 간결하게 매개변수화된 다른 어떤 분포)을 이용한 학습을 거친 베이즈망 구조의 부모들이 테이블식 분포를 이용한 학습을 거친 구조보다 더 많음을 뜻한다.

20.2.8 비매개변수 모형을 이용한 밀도 추정

비매개변수적 밀도 추정

확률 모형의 구조와 매개변수화에 대해 그 어떤 가정도 두지 않고, §19.7의 비매개변수적 방법들로 확률 모형을 배우는 것도 가능하다. **비매개변수적 밀도 추정**(nonparametric density estimation)이라는 과제는 연속 변수 문제 영역에 주로 적용된다. 도해 20.8(a)에 그러한 문제 영역의 한 예가 나와 있다. 그 그래프는 두 개의 연속 변수들로 정의되는 공간의 어떤 확률분포 함수를 그린 것이다. 도해 20.8(b)는 그 밀도 함수로 얻는 자료점 표본이다. 그럼 이런 자료점 표본들로부터 해당 모형을 복원하는 문제를 살펴보자.

우선, k-**최근접 이웃** 모형을 생각해 보자. (제19장에서는 분류와 회귀를 위한 최근접 이웃 모형을 소개했다. 지금은 밀도 추정을 위한 최근접 이웃 모형을 고찰한다.) 자료점들의 표본이 주어졌을 때, 질의점 x에서의 미지수 확률 밀도를 추정하려면 그냥 x의 근방에 있는 자료점(이웃)들의 밀도를 측정하면 된다. 도해 20.8(b)에는 질의점(작은 정사각형)이 두 개 있으며, 각 질의점에 10개의 이웃 자료점을 포함하는 원이 표시되어 있다. 왼쪽 질의점의 원은 큰데, 이는 근방의 밀도가 낮다는 뜻이다. 오른쪽 질의점은 원이 작으며, 근방의 밀도가 높다. 도해 20.9는 k의 여러 값에 대해 k-최근접 이웃 방법을 이용해서 얻은 밀도 추정치 그래프들이다. 확실히 (b)가 제일 나아 보인다. (a)는 너무 뾰족하고(k가 너무 작다) (c)는 너무 뭉툭하다(k가 너무 크다).

국소 가중 회귀에서처럼 **핵 함수**(kernel function)를 사용해서 밀도를 추정할 수도 있다. 핵 모형을 밀도 추정에 적용할 때에는, 각 자료점이 자신만의 작은 밀도 함수를 생성한다고 가정한다. 예를 들어 각 축의 표준편차가 w인 구면[球面](spherical) 가우스 핵을 사용할 수도 있다. 질의점 $\mathbf{x}$에서의 밀도 추정치는 데이터 핵들의 평균이다.

$$P(\mathbf{x}) = \frac{1}{N}\sum_{j=1}^{N}\mathcal{K}(\mathbf{x},\mathbf{x}_j), \qquad 단\ \mathcal{K}(\mathbf{x},\mathbf{x}_j) = \frac{1}{(w^2\sqrt{2\pi})^d}e^{-\frac{D(\mathbf{x},\mathbf{x}_j)^2}{2w^2}}.$$

d는 $\mathbf{x}$의 차원 수이고 D가 유클리드 거리 함수이다. 핵의 너비 w의 적절한 값을 찾는 문제가 여전히 남아 있는데, 도해 20.10은 너무 작은 값과 적당한 값, 너무 큰 값의 예를 보여 준다. w의 적절한 값은 교차 검증으로 구할 수 있다.

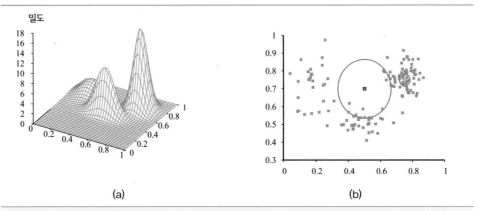

도해 20.8 (a) 도해 20.12(a)에 나온 가우스 분포들의 혼합을 나타낸 3차원 그래프. (b) 그 혼합 분포에서 얻은 자료점 128개짜리 표본과 질의점(작은 주황색 정사각형) 두 개, 그리고 두 질의점의 10-최근접 이웃들 (큰 원과 그 오른쪽의 작은 원).

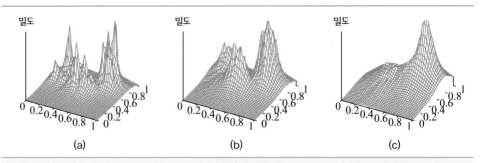

도해 20.9 $k = 3$, 10, 40에 대해, 도해 20.8(b)의 데이터에 k-최근접 이웃 방법을 적용해서 얻은 밀도 추정치들. $k = 3$은 너무 뾰족하고, 40은 너무 뭉툭하고, 10이 적당하다. k의 최상의 값은 교차 검증으로 선택할 수 있다.

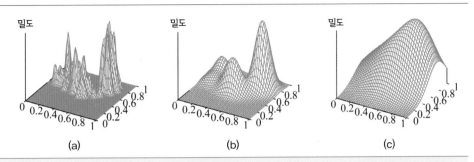

밀도 밀도 밀도

(a)　　　　　　　　(b)　　　　　　　　(c)

도해 20.10 도해 20.8(b)의 데이터에 대한, 핵 함수를 이용한 밀도 추정치들. 각각 $w = 0.02$, 0.07, 0.20인 가우스 핵들을 사용했다. $w = 0.07$이 적당하다.

20.3 은닉 변수가 있는 학습: EM 알고리즘

앞에서는 완전 관측 가능에 해당하는 문제들만 이야기했다. 그러나 실세계의 많은 문제들은 데이터에서 직접 관측할 수 없는 **은닉 변수**(hidden variable; 또는 숨겨진 변수)들을 가지고 있다. 그런 변수를 **잠재 변수**(latent variable; 또는 잠복 변수)라고도 부른다. 예를 들어 의료 기록에는 관측된 증상과 의사의 진단, 적용한 치료가 있으며 가끔은 치료 결과도 있지만, 질병 자체의 직접적인 관측이 포함된 경우는 거의 없다! (진단과 질병은 다른 것임을 주의하기 바란다. 진단은 관측된 증상의 인과적 귀결이고, 질병은 관측된 증상의 원인이다.) "질병을 관측할 수 없다면, 그냥 관측된 변수들에만 기반해서 모형을 구축하면 안 될까?"라는 의문을 가지는 독자도 있을 것이다. 그 의문에 대한 답이 도해 20.11에 나온다. 그 그림은 심장병에 대한 가상의 작은 진단 모형을 나타낸 것이다. 이 모형에는 관측 가능한 선행 요인 세 개와 관측 가능한 증상 세 개(이름을 직접 언급하기에는 너무 우울한)가 있다. 각 변수의 가능한 값이 없음(*none*), 중간(*moderate*), 심각(*severe*) 세 가지라고 하자. (a)의 망에서 은닉 변수를 제거하면 (b)가 되는데, 매개변수 전체 개수가 78에서 708로 증가했음을 주목하기 바란다. 즉, 잠재 변수가 있으면 하나의 베이즈망에 필요한 매개변수의 수가 크게 줄어들 수 있다. 그리고 매개변수들이 줄면 매개변수들을 배우는 데 필요한 데이터의 양도 크게 줄어들 수 있다.

이처럼 은닉 변수가 중요하지만, 학습 문제가 더 복잡해진다는 단점도 있다. 예를 들어 도해 20.11(a)에서는 *HeartDisease*의 조건부 분포(부모들이 주어졌을 때의)를 어떻게 배워야 할지가 명확하지 않다. 각 경우에서 *HeartDisease*의 값을 알지 못하기 때문이다. 증상들의 분포를 배울 때에도 같은 문제가 발생한다. 이번 절에서는 이러한 문제를 아주 일반적인 방식으로 해결하는, **기댓값 최대화**(expectation maximization, EM)라는 알고리즘을 설명한다. 이 알고리즘은 처음 볼 때에는 마치 마법 같지만, 일단 직관적으로 이해하고 나면 엄청나게 광범위한 문제들에 적용할 수 있다.

잠재 변수

기댓값 최대화

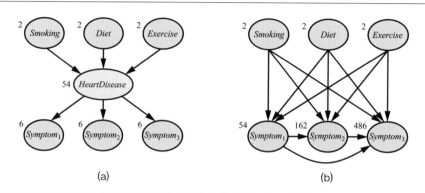

도해 20.11 (a) 심장병 진단을 위한 간단한 베이즈망. 은닉 변수가 하나 있다. 각 변수의 가능한 값은 세 가지이다. 각 변수에 표시된 수치는 변수의 조건부 분포에 있는 독립적인 매개변수들의 개수이다. 전체적으로는 총 78개이다. (b) 은닉 변수 *HeartDisease*를 제거한 후의 해당 베이즈망. 증상 변수들이, 부모들이 주어졌을 때 더 이상 조건부 독립이 아님을 주목하기 바란다. 매개변수는 총 708개이다.

20.3.1 비지도 군집화: 가우스 혼합 분포의 학습

비지도 군집화 **비지도 군집화**(unsupervised clustering)는 일단의 객체들을 여러 범주로 나누는 문제에 관한 것이다. '비지도'는 범주들의 이름표가 주어지지 않음을 뜻한다. 예를 들어 수만 개의 별(항성)들의 스펙트럼을 기록한다고 하자. 스펙트럼을 보면 별의 **종류**를 알 수 있을까? 만일 그렇다면 별의 종류는 몇 개나 되고, 각 종류의 특징은 무엇일까? '적색거성'이나 '백색왜성' 같은 용어는 많이 들어 봤겠지만, 별 자체에 그런 이름표가 붙어 있는 것은 아니다. 천문학자들은 비지도 군집화를 통해서 그런 범주들을 파악해야 했다. 린네 분류 체계의 종, 속, 과, 문 등등과 일상 사물의 자연종 범주(제10장 참고) 등도 그러한 무감독 군집화의 예이다.

비지도 군집화는 데이터로 시작한다. 도해 20.12(b)는 두 개의 연속 특성값으로 정의되는 자료점 500개를 표시한 것이다. 이 자료점들이 별들에 해당할 수 있으며, 특성들은 특정한 두 주파수에서의 스펙트럼 세기에 해당할 수 있다. 다음으로, 이 데이터가 어떤 종류의 확률분포로부터 생성되었는지 파악해야 한다. 군집화는 데이터가 어떤 **혼합**
혼합 분포 **분포**(mixture distribution) P로부터 생성되었다고 가정한다. 그러한 분포는 k개의 **성분**
성분 (component)들로 이루어지는데, 각 성분은 그 자체로 하나의 확률분포이다. 자료점은 우선 성분 하나를 선택하고 그 성분으로부터 표본을 생성함으로써 생성된다. 확률 변수 C가 하나의 성분을 나타낸다고 하자. 그리고 그 변수의 값이 $1, \ldots, k$라고 하자. 그러면, 혼합 분포는 다음과 같이 주어진다.

$$P(\mathbf{x}) = \sum_{i=1}^{k} P(C = i)\, P(\mathbf{x} \mid C = i).$$

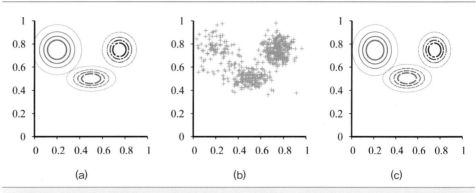

도해 20.12 성분이 세 개인 가우스 혼합 모형. 가중치는 0.2, 0.3, 0.5이다(왼쪽에서부터). (b) (a)의 모형에서 추출한 자료점 500개. (c) (b)의 데이터로부터 EM으로 재구축한 모형.

여기서 **x**는 자료점의 특성값들로 이루어진 벡터이다. 연속 데이터에서는 다변량 가우스 분포를 혼합 분포의 성분으로 사용하는 것이 자연스럽다. 그런 성분들로 이루어진 혼합 분포를 **가우스 혼합 분포**(mixture of Gaussians)라고 부른다. 가우스 혼합 분포의

가우스 혼합 분포   매개변수들은 $w_i = P(C=i)$(각 성분의 가중치), μ_i(각 성분의 평균), $\sum_i$(각 성분의 공분산)이다. 도해 20.12(a)는 세 가우스 분포로 이루어진 혼합 분포이다. (b)는 바로 이 혼합 분포에서 생성한 데이터이며, p.950의 도해 20.8(a)에 나온 모형 역시 이 혼합 분포에서 비롯된 것이다.

이제 비지도 군집화는 도해 20.12(b)에 나온 것 같은 원본 데이터로부터 도해 20.12(a)와 같은 가우스 혼합 모형을 복원하는 것이다. 만일 각 자료점을 생성한 성분을 알고 있다면, 성분 가우스 분포를 복원하기란 쉬운 일이다. 그냥 주어진 성분에서 나온 모든 자료점을 선택하고 식 (20.4)(p.941)의 다변량 버전을 적용해서 그 가우스 분포의 매개변수들을 데이터 집합에 적합시키면 된다. 한편, 각 성분의 매개변수들을 알고 있다면, 적어도 확률적 의미에서, 각 자료점을 성분에 배정할 수 있다.

문제는 우리가 그러한 성분들도, 매개변수들도 모른다는 점이다. 이러한 맥락에서 EM의 기본 착안은, 마치 우리가 모형의 매개변수를 알고 있는 것처럼 **가정**하고 각 자료점이 각 성분에 속할 확률을 추론한다는 것이다. 그런 다음에는 그 성분들을 데이터에 다시 적합시키는데, 이때 각 성분을, 각 점에 대해 그 점이 그 성분에 속할 확률을 가중치로 부여해서 데이터 집합 전체에 대해 적합시킨다. 이러한 과정을 수렴이 일어날 때까지 반복한다. 본질적으로 이는 은닉 변수들에 대한 확률분포(각 자료점이 속한 성분 분포에 해당하는)들을 현재 모형에 기초해서 추론함으로써 데이터를 "완성시키는" 것에 해당한다. 가우스 혼합 분포에 대한 구체적인 과정은, 혼합 모형 매개변수들을 임의의 값들로 초기화한 후 다음 두 단계를 반복하는 것이다.

1. **E-단계**(기댓값 단계): 데이터 $\mathbf{x}_j$가 성분 i로부터 생성되었을 확률 $p_{ij} = P(C=i \mid \mathbf{x}_j)$

들을 계산한다. 베이즈 규칙에 의해 $p_{ij} = \alpha P(\mathbf{x}_j \mid C = i)P(C = i)$가 성립한다. $P(\mathbf{x}_j \mid C = i)$ 항은 그냥 i번째 가우스 분포의 확률 $\mathbf{x}_j$이고, $P(C = i)$ 항은 그냥 i번째 가우스 분포의 가중치 매개변수이다. 성분 i에 현재 배정되어 있는 자료점들의 유효 개수를 $n_i = \Sigma_j p_{ij}$라고 정의한다.

2. **M-단계**(최대화 단계): 다음 공식들을 이용해서 새 평균, 공분산, 성분 가중치들을 순서대로 계산한다.

$$\boldsymbol{\mu}_i \leftarrow \sum_j p_{ij}\mathbf{x}_j / n_i$$
$$\Sigma_i \leftarrow \sum_j p_{ij}(\mathbf{x}_j - \boldsymbol{\mu}_i)(\mathbf{x}_j - \boldsymbol{\mu}_i)^\top / n_i$$
$$w_i \leftarrow n_i / N$$

지표 변수 여기서 N은 자료점 전체 개수이다. E-단계, 즉 **기댓값**(expectation) 단계는 숨겨진 **지표 변수**(indicator variable) Z_{ij}들의 기댓값 p_{ij}들을 계산하는 것이라 할 수 있다. 여기서 Z_{ij}는 만일 데이터 $\mathbf{x}_j$가 i번째 성분으로 생성된 것이면 1이고 그렇지 않으면 0이다. M-단계, 즉 **최대화**(maximization) 단계는 숨겨진 지표 변수들의 기댓값들이 주어졌을 때 그 데이터의 로그 가능도가 최대화되는 매개변수들의 새 값을 찾는다.

도해 20.12(c)는 도해 20.12(a)의 데이터에 EM 알고리즘을 적용해서 배운 최종적인 모형이다. 데이터를 생성하는 데 사용한 원래 모형과 거의 구분할 수 없다. 도해 20.13(a)는 EM이 진행되면서 현재 모형에 대한 데이터의 로그 가능도가 변하는 모습을 보여 준다.

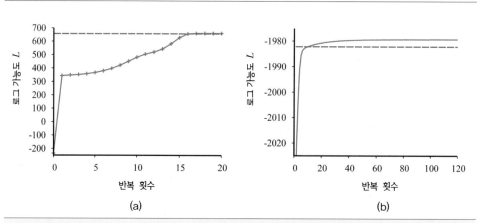

도해 20.13 데이터의 로그 가능도 L을 EM 반복 횟수의 함수로 나타낸 그래프. 수평선은 실제 모형의 로그 가능도이다. (a) 도해 20.12에 나온 가우스 혼합 모형에 대한 그래프. (b) 도해 20.14(a)에 나온 베이즈망에 대한 그래프.

이 그래프에서 주목할 부분이 두 가지 있다. 첫째로, 학습된 최종 모형의 로그 가능도가 원래 모형(자료를 생성하는 데 사용한)의 로그 가능도를 살짝 **초과**한다. 이 점에 놀랄 수도 있지만, 사실 이는 데이터가 무작위로 생성되었기 때문에 바탕 모형을 정확하게 반영하지는 못한다는 사실에서 비롯된 것일 뿐이다. 둘째로, *EM*은 모든 반복에서 데이터의 로그 가능도를 증가시킨다. 이 사실을 일반적으로 증명할 수 있다. 더 나아가서, 특정 조건들(대부분의 경우에 성립하는)에서 EM이 극대(국소 최대) 가능도에 도달함을 증명할 수 있다. (드문 경우지만 안장점에 도달하거나 심지어는 극소점에 도달할 수도 있다.) 이런 의미에서 EM은 기울기 기반 언덕 오르기 알고리즘과 비슷하다. 단, EM에는 '단계 크기' 매개변수가 없음을 주목하기 바란다.

그런데 도해 20.13(a)가 암시하는 것처럼 일이 잘 진행되지는 않는 경우도 있다. 예를 들어 한 가우스 성분이 단 하나의 자료점만 포괄하는 크기로 줄어들 수도 있다. 그러면 해당 분산이 0이 되어서 가능도가 무한대가 된다! 혼합 분포의 성분이 몇 개인지 모를 때는 k의 값을 여러 가지로 바꾸어 가면서 무엇이 최선인지 찾아 본다. 그것이 오차의 근원일 수 있다. 또 다른 문제는 두 성분이 '병합'될 수 있다는 점이다. 그러면 평균들과 분산들이 같아지고, 포괄하는 자료점들도 같아진다. 이런 종류의 퇴화된(degenerate) 극댓값(국소 최댓값)들은 심각한 문제이며, 특히 고차원에서 더욱 그렇다. 한 가지 해결책은 모형 매개변수들에 사전 확률들을 부여하고 EM의 MAP 버전을 적용하는 것이다. 또 다른 해결책으로는, 성분이 너무 작아졌거나 다른 성분에 너무 가까워지면 새로운 무작위 매개변수들로 성분을 재시작하는 것이다. 초기 값들을 적절히 선택하는 것도 도움이 된다.

20.3.2 은닉 변수에 대한 베이즈망 매개변수 값의 학습

가우스 혼합 분포에 적용했던 통찰들을 은닉 변수가 있는 베이즈망의 학습에도 적용할 수 있다. 도해 20.14(a)는 사탕 두 자루를 섞었을 때의 상황을 보여 준다. 이번에는 하나의 사탕이 세 가지 특성으로 정의된다. 이전의 *Flavor*와 *Wrapper* 외에, 이제는 사탕 가운데에 구멍(*Hole*)이 있을 수도 있고 없을 수도 있다. 각 자루의 사탕들의 분포는 하나의 **단순 베이즈** 모형으로 서술된다. 자루가 주어졌을 때 특징들은 독립이지만, 각 특징의 조건부 확률 분포는 자루에 의존한다. 매개변수들은 주어진 사탕이 자루 1에 있었을 확률 θ, 사탕이 자루 1에 있었을 경우와 자루 2에 있었을 경우 각각에 대해 체리 맛일 확률 θ_{F1}과 θ_{F2}, 포장지가 빨간색일 확률 θ_{W1}과 θ_{W2}, 그리고 구멍이 있을 확률 θ_{H1}과 θ_{H2}이다.

전체적인 모형이 하나의 혼합 모형이다. 이 모형은 각각이 독립 단변량 분포들의 곱인 서로 다른 두 분포의 가중합이다. (사실, 도해 20.14(b)에서 보듯이 가우스 분포와 베이즈망의 혼합 모형도 가능하다.) 도해 20.14(a)에서 자루(*Bag*)는 하나의 은닉 변수이다. 왜냐하면, 일단 사탕들을 한데 섞고 나면, 각 사탕이 어떤 자루에 있었는지를 알 수 없기

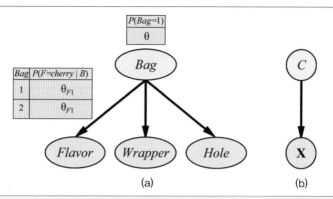

도해 20.14 (a) 사탕 문제에 대한 혼합 모형. 서로 다른 맛, 포장지, 구멍의 비율들은 자루에 의존하나, 자루는 관측 불가능이다. (b) 가우스 혼합 분포에 대한 베이즈망. 관측된 변수 $\mathbf{X}$들의 평균과 공분산은 성분 C에 의존한다.

때문이다. 이러한 설정에서, 뒤섞인 사탕들을 관측함으로써 두 자루의 서술들을 복원하는 것이 가능할까? 그럼 이 문제에 대해 **EM**을 적용하는 과정을 짚어 보자. 우선 데이터부터 보자. 매개변수들이 다음과 같은 모형으로부터 1,000개의 표본을 생성한다.

$$\theta = 0.5, \ \theta_{W1} = \theta_{W1} = \theta_{H1} = 0.8, \ \theta_{F2} = \theta_{W2} = \theta_{H2} = 0.3. \tag{20.9}$$

첫 설정은 한 사탕이 자루 1에 있었을 확률과 자루 2에 있었을 확률이 같음을 의미한다. 그다음 설정은 체리 맛 사탕들이 대부분 구멍이 있고 빨간 포장지에 싸여 있음을 뜻하고, 마지막 설정은 라임 맛 사탕들이 대부분 구멍이 없고 녹색 포장지에 싸여 있음을 뜻한다. 여덟 가지 사탕들의 개수는 다음과 같다.

	$W = red$		$W = green$	
	$H = 1$	$H = 0$	$H = 1$	$H = 0$
$F = cherry$	273	93	104	90
$F = lime$	79	100	94	167

이제 매개변수들을 초기화한다. 수치 계산의 편의를 위해 초기 값들을 다음과 같이 정하기로 하자.[5]

$$\theta^{(0)} = 0.6, \ \theta_{F1}^{(0)} = \theta_{W1}^{(0)} = \theta_{H1}^{(0)} = 0.6, \ \theta_{F2}^{(0)} = \theta_{W2}^{(0)} = \theta_{H2}^{(0)} = 0.4. \tag{20.10}$$

θ 매개변수부터 추정해 보자. 완전 관측 가능의 경우라면 자루 1과 2의 관측된 사탕 개수들로부터 이 값을 직접 추정했을 것이다. 그러나 지금은 자루가 은닉 변수이므로, 기대

---

[5] 실제 응용에서는 이들을 무작위로 선택하는 것이 대칭성에 따른 극댓값을 피하는 데 도움이 된다.

개수를 구해야 한다. 기대 개수 $\widehat{N}(Bag = 1)$은 모든 사탕에 대한, 사탕이 자루 1에 있었을 확률들의 합이다.

$$\theta^{(1)} = \widehat{N}(Bag = 1)/N = \sum_{j=1}^{N} P(Bag = 1 \mid flavor_j, wrapper_j, holes_j)/N.$$

이 확률들은 베이즈망에 대한 임의의 추론 알고리즘으로 계산할 수 있다. 지금 예와 같은 단순 베이즈망에 대해서는 베이즈 규칙과 조건부 독립성을 이용해서 그러한 추론을 "손으로" 직접 수행할 수 있다.

$$\theta^{(1)} = \frac{1}{N} \sum_{j=1}^{N} \frac{P(flavor_j \mid Bag = 1) P(wrapper_j \mid Bag = 1) P(holes_j \mid Bag = 1) P(Bag = 1)}{\sum_i P(flavor_j \mid Bag = i) P(wrapper_j \mid Bag = i) P(holes_j \mid Bag = i) P(Bag = i)}.$$

이 공식을 이를테면 구멍이 있는 빨간 포장지 체리 맛 사탕 273개에 적용하면 다음과 같은 항을 얻을 수 있다.

$$\frac{273}{1000} \cdot \frac{\theta_{F1}^{(0)} \theta_{W1}^{(0)} \theta_{H1}^{(0)} \theta^{(0)}}{\theta_{F1}^{(0)} \theta_{W1}^{(0)} \theta_{H1}^{(0)} \theta^{(0)} + \theta_{F2}^{(0)} \theta_{W2}^{(0)} \theta_{H2}^{(0)} (1 - \theta^{(0)})} \approx 0.22797.$$

표에 나온 다른 일곱 가지 사탕의 개수들에도 마찬가지 계산을 적용하면 $\theta^{(1)} = 0.6124$가 나온다.

다음으로, θ_{F1} 같은 다른 매개변수들을 생각해 보자. 완전 관측 가능의 경우라면 자루 1에 있던 체리 맛 사탕과 라임 맛 사탕의 **관측된** 개수들로부터 이를 직접 추정했을 것이다. 자루 1에 있던 체리 맛 사탕의 **기대** 개수는 다음과 같이 주어진다.

$$\sum_{j : Flavor_j = cherry} P(Bag = 1 \mid Flavor_j = cherry, wrapper_j, holes_j).$$

이 경우에도 이 확률들을 임의의 베이즈망 알고리즘으로 계산할 수 있다. 다음은 이런 식으로 구한, 모든 매개변수의 새 값들이다.

$$\theta^{(1)} = 0.6124, \ \theta_{F1}^{(1)} = 0.6684, \ \theta_{W1}^{(1)} = 0.6483, \ \theta_{H1}^{(1)} = 0.6558,$$
$$\theta_{F2}^{(1)} = 0.3887, \ \theta_{W2}^{(1)} = 0.3817, \ \theta_{H2}^{(1)} = 0.3827. \tag{20.11}$$

자료의 초기 로그 가능도는 약 -2044였지만, EM 과정의 첫 반복에 의해 약 -2021로 증가했다(도해 20.13(b) 참고). 이는 매개변수 갱신에 의해 가능도 자체가 약 $e^{23} \approx 10^{10}$ 배로 증가했다는 뜻이다. 10회 반복으로 학습된 모형은 원래의 모형($L = -1982.214$)보다도 데이터에 더 잘 적합된다. 그 후부터는 진척이 아주 느려진다. 이는 EM에서 드물지 않게 보는 현상이며, 그래서 여러 실제 시스템들은 학습의 종반부를 위해 EM을 뉴턴-랩 슨법(제4장) 같은 기울기 기반 알고리즘과 결합한다.

▶ 이 예에서 얻을 수 있는 일반적인 교훈은, 은닉 변수가 있는 베이즈망 학습을 위한 매개변수 갱신을 각 견본에 대한 추론 결과들을 직접 이용해서 수행할 수 있다는 것이다. 더 나아가서, 각 매개변수에 대해 필요한 것은 국소 사후 확률들뿐이다. 여기서 '국소'는 각 변수 X_i의 조건부 확률표(CPT)를 X_i와 그 부모 $\mathbf{U}_i$들만 관여하는 사후 확률들로부터 배울 수 있음을 뜻한다. CPT 매개변수 $P(X_i = x_{ij} \mid \mathbf{U}_i = \mathbf{u}_{ik})$를 θ_{ijk}로 표기한다고 할 때, 정규화된 기대 개수들로 이 매개변수를 갱신하는 공식은 다음과 같다.

$$\theta_{ijk} \leftarrow \hat{N}(X_i = x_{ij}, \mathbf{U}_i = \mathbf{u}_{ik}) / \hat{N}(\mathbf{U}_i = \mathbf{u}_{ik}).$$

이 기대 개수들은 각 견본에 대해 임의의 베이즈망 추론 알고리즘으로 계산한 확률 $P(X_i = x_{ij}, \mathbf{U}_i = \mathbf{u}_{ik})$들을 합산해서 구한다. 정확한 값을 구하는 알고리즘들(변수 제거를 포함한)에서는 이 확률들을 학습만을 위한 어떤 추가 계산 없이 표준 추론 과정의 부산물로서 직접 얻을 수 있다. 더 나아가서, 학습에 필요한 정보는 각 매개변수에 대해 국소적으로 주어진다.

잠시 물러서서, 이 예제에서 **EM**이 하는 일을 데이터에서 관측된 일곱($2^3 - 1$) 가지 개수로부터 일곱 가지 매개변수(θ, θ_{F1}, θ_{W1}, θ_{H1}, θ_{F2}, θ_{W2}, θ_{H2})를 복원한다는 관점에서 생각해 보자. (개수들의 총합이 1000이므로 여덟 번째 개수는 자동으로 복원된다.) 각 사탕을 셋이 아니라 두 개의 특성으로 서술한다면(예를 들어 구멍 여부를 생략한다면), 매개변수는 다섯 개(θ, θ_{W1}, θ_{F1}, θ_{F2}, θ_{W2})지만 관측된 개수는 단 셋($2^2 - 1$)이다. 그런 경우에는 혼합 가중치 θ나 함께 섞인 두 자루의 특징을 복원할 수 없다. 그러한 2-특성 모형을 가리켜 **식별 가능**(identifiable)이 아니라고 말한다.

식별 가능

베이즈망의 식별성은 까다로운 문제이다. 특성이 셋이고 개수가 일곱 개인 경우에도 모형을 유일하게 복원할 수 없다. *Bag* 변수의 값만 서로 다르고 다른 것은 모두 같은 두 모형이 존재하기 때문이다. 매개변수들의 초기화 방식에 따라 **EM**이 자루 1은 대부분 체리 맛 사탕이고 자루 2는 대부분 라임 맛 사탕인 모형으로 수렴할 수도 그 반대인 모형으로 수렴할 수도 있다. 절대로 관측되지 않는 변수가 있는 모형에서는 이런 종류의 식별 불가능성을 피할 수 없다.

20.3.3 은닉 마르코프 모형의 학습

마지막 **EM** 응용 사례는 은닉 마르코프 모형(HMM)의 전이 확률들을 배우는 것이다. §14.3에서 보았듯이, 은닉 마르코프 모형을 하나의 이산 상태 변수가 있는 동적 베이즈망으로 표현할 수 있다. 도해 20.15가 그러한 예이다. 각 자료점은 길이가 유한한 하나의 **관측열**(observation sequence)로 이루어진다. 따라서 이 학습 문제는 일단의 관측열들(또는 하나의 긴 관측열)로부터 전이 확률들을 배우는 것이다.

베이즈망의 학습 방법은 이미 살펴보았다. 그런데 이 문제에는 어려운 점이 하나 있

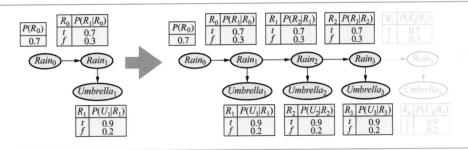

도해 20.15 하나의 은닉 마르코프 모형을 표현하는 펼쳐진 동적 베이즈망(도해 14.16과 동일함).

다. 보통의 베이즈망에서 모든 매개변수는 서로 구별된다. 그러나 은닉 마르코프 모형에서는, 시간 t에서 상태 i가 상태 j로 전이할 확률 $\theta_{ijt} = P(X_{t+1} = j \mid X_t = i)$가 시간에 걸쳐 되풀이된다. 즉, 모든 t에 대해 $\theta_{ijt} = \theta_{ij}$이다. 상태 i에서 상태 j로의 전이 확률을 추정하려면, 그냥 시스템이 상태 i에 있을 때 상태 j로 전이하는 경우들의 기대 비율을 계산하면 된다.

$$\theta_{ij} \leftarrow \sum_t \widehat{N}(X_{t+1} = j, X_t = i) / \sum_t \widehat{N}(X_t = i).$$

그러한 경우들의 기대 횟수는 임의의 **HMM** 추론 알고리즘으로 구할 수 있다. 필요한 확률들을 구하기 위해 도해 14.4에 나온 **순방향-역방향** 알고리즘을 수정하는 것은 아주 쉬운 일이다. 이때 한 가지 중요한 점은, 필요한 확률들을 **필터링**이 아니라 **평활화**(smoothing)로 구해야 한다는 것이다. 필터링은 과거가 주어졌을 때 현재 상태의 확률분포를 제공하는 반면, 평활화는 특정 전이가 발생한 후에 일어난 일을 포함해 모든 증거가 주어졌을 때의 분포를 제공한다. 일반적으로, 살인 사건의 증거는 범죄가 저질러진 후에(즉, 상태 i에서 j로 전이가 일어난 후에) 얻게 된다.

20.3.4 EM 알고리즘의 일반형

지금까지 **EM** 알고리즘의 여러 사례를 보았다. 각 사례에는 각 견본에 대한 은닉 변수의 기댓값을 계산하고 그 기댓값들을 마치 관측된 값들처럼 사용해서 매개변수들을 갱신하는 과정이 관여한다. 모든 견본의 모든 관측된 값을 **x**로, 모든 견본의 모든 은닉 변수를 **Z**로, 그리고 확률 모형의 모든 매개변수를 θ로 표기할 때, **EM** 알고리즘을 일반적인 형태로 나타내면 다음과 같다.

$$\theta^{(i+1)} = \operatorname{argmax}_\theta \sum_{\mathbf{z}} P(\mathbf{Z} = \mathbf{z} \mid \mathbf{x}, \theta^{(i)}) L(\mathbf{x}, \mathbf{Z} = \mathbf{z} \mid \theta).$$

이 공식이 바로 **EM** 알고리즘의 일반형이다. 합을 구하는 부분이 E-단계에 해당한다. 그

합은 분포 $P(Z = z \mid x, \theta^{(i)})$에 따라 '완성된' 데이터의 로그 가능도의 기댓값이다. 그리고 그 분포는 데이터가 주어졌을 때의, 은닉 변수들에 대한 사후 분포이다. M-단계는 그 기대 로그 가능도를 매개변수들에 따라 최대화하는 것이다. 가우스 혼합 분포에서 은닉 변수는 Z_{ij}들인데, 여기서 Z_{ij}는 만일 견본 j가 성분 i로 생성된 것이면 1이다. 베이즈망의 경우에는 Z_{ij}가 견본 j에 있는 관측되지 않은 변수 X_i의 값이다. HMM에서는 Z_{jt}가 시간 t에서 견본 j에 있는 관측열의 상태이다. 적절한 은닉 변수들을 식별하기만 한다면, 구체적인 응용을 위한 EM 알고리즘을 이러한 일반형으로부터 이끌어 낼 수 있다.

EM의 일반적인 개념을 이해하고 나면 그 즉시 다양한 변형들과 개선안들을 쉽게 도출할 수 있을 것이다. 한 예로, 큰 베이즈망에서처럼 E-단계(은닉 변수들에 대한 사후 확률 계산)가 처리 불가능한 경우가 많다. 다행히, 근사적인 E-단계를 사용해도 여전히 효과적인 학습 알고리즘을 얻는 것이 가능함이 밝혀졌다. MCMC(§13.4.2) 같은 표집 알고리즘을 이용할 때에는 학습 과정이 아주 직관적이다. MCMC는 자신이 방문하는 각 상태(은닉 변수들과 관측된 변수들의 구성)를 마치 하나의 완전한 관측인 것처럼 취급한다. 따라서, 각 MCMC 전이 이후에 매개변수들을 직접 갱신할 수 있다. 변분 방법(variational method)나 루프 있는 믿음 전파 등 다른 형태의 근사 추론 방법들도 아주 큰 베이즈망의 학습에 효과적임이 증명되었다.

20.3.5 은닉 변수가 있는 베이즈망의 구조 학습

§20.2.7에서 완전 데이터로 베이즈망의 구조를 배우는 문제를 논의했다. 관측되지 않은 변수가 관측된 데이터에 영향을 미치는 상황이 좀 더 복잡하다. 가장 간단한 경우에서는 인간 전문가가 학습 알고리즘에게 특정한 은닉 변수들이 존재한다는 점을 알려 주고, 망의 구조를 배우는 문제는 알고리즘에게 맡길 수 있다. 예를 들어 $HeartDisease$(값이 세 가지인 변수)가 반드시 모형에 포함되어야 한다는 정보가 주어졌을 때 알고리즘이 p. 951의 도해 20.11(a)에 나온 구조를 배우려 할 수도 있다. 완전한 데이터의 경우에서처럼, 전체적인 알고리즘은 구조들을 검색하는 외곽 루프와 주어진 구조의 망 매개변수들을 데이터에 적합시키는 내부 루프로 구성된다.

은닉 변수의 존재를 학습 알고리즘에게 알려 주지 않는다면, 두 가지 선택이 가능하다. 하나는 데이터가 실제로 완전하다고 간주하고 학습을 진행하는 것이고(이 경우 알고리즘이 도해 20.11(b)에 나온 것 같은 매개변수가 아주 많은 모형을 배우게 될 수 있다), 또 하나는 새로운 은닉 변수를 고안해서 모형을 단순화하는 것이다. 후자의 접근방식은 구조 검색 부분에 새로운 구조 수정 방법을 추가해서 구현할 수 있다. 즉, 링크들을 수정하는 것 외에, 은닉 변수를 추가·삭제하거나 그 항수(arity)를 변경할 수도 있게 하는 것이다. 물론 알고리즘은 자신이 고안한 새 변수가 심장병과 관련된 것임은 알지 못할 것이며, 그러한 변수에 $HeartDisease$ 같은 의미 있는 이름을 부여하지도 않을 것이다. 다행히, 새로 고안된 은닉 변수는 일반적으로 기존의 변수들에 연결되며, 따라서 인간 전문가가 새 변수가 관여하는 국소 조건부 분포를 조사해서 그 의미를 밝혀내는 것이 가능한 경우가 많다.

완전 데이터의 경우에서처럼, 순수한 최대 가능도 구조 학습은 완전히 연결된(게다가 은닉 변수가 하나도 없는) 베이즈망을 만들어 낸다. 따라서 어떤 형태로든 복잡도에 따른 벌점을 부과할 필요가 있다. 또한, MCMC를 이용해서 여러 가능한 망 구조를 표집함으로써 베이즈망 학습을 근사할 수도 있다. 예를 들어 성분들의 수가 알려지지 않은 가우스 혼합 분포를 수들에 대한 표집을 통해서 배울 수 있다. 가우스 성분 분포들의 개수에 대한 근사 사후 분포는 MCMC 과정의 표집 빈도로 주어진다.

완전 데이터의 경우에서 매개변수 학습을 위한 내부 루프는 아주 빠르다. 그냥 데이터 집합으로부터 조건부 빈도들을 추출하기만 하면 되기 때문이다. 그러나 은닉 변수들이 있으면 내부 루프에서 EM이나 기울기 기반 알고리즘을 여러 번 반복해야 할 수 있으며, 그러한 각 반복에는 베이즈망의 사후 확률들의 계산이 관여한다. 그러한 계산 자체가 NP-어려움 문제이다. 현재까지 이 접근방식은 복잡한 모형의 학습에 실용적이지 않음이 판명되었다.

구조적 EM

한 가지 가능한 개선안은 소위 **구조적 EM(structural EM)**이다. 이것은 보통의(매개변수적) EM과 비슷하게 작동하되, 알고리즘이 매개변수들은 물론 구조도 갱신할 수 있다는 점이 다르다. 보통의 EM이 E-단계에서 현재 매개변수들을 이용해서 기대 횟수들을 계산하고 M-단계에서 그 횟수들을 이용해서 새 매개변수들을 선택하듯이, 구조적 EM은 현재 구조를 이용해서 기대 횟수들을 계산하고 M-단계에서 그 횟수들을 이용해서 잠재적인 새 구조의 가능도를 평가한다. (이는 각각의 잠재적 구조에 대해 새 기대 횟수들을 계산하는 외곽 루프/내부 루프 방법과 대조된다.) 이런 방식 덕분에 구조적 EM은 기대 횟수들을 한 번도 재계산하지 않고도 망에 여러 구조적 변경을 가할 수 있으며, 그래서 사소하지 않은 베이즈망 구조를 배울 수 있다. 구조적 EM에서 검색 공간은 구조들과 매개변수들의 공간이 아니라 구조들의 공간이다. 어쨌거나, 구조 학습 문제가 해결되었다고 말할 수 있으려면 아직 할 일이 많다.

요약

통계적 학습 방법들은 단순한 평균 계산에서부터 베이즈망 같은 복잡한 모형의 구축에 이르기까지 다양하다. 통계적 학습은 컴퓨터 과학, 공학, 계산 생물학, 신경과학, 심리학, 물리학에 널리 쓰인다. 이번 장에서는 기본적인 착안 몇 가지를 제시하고 그 밑에 깔린 수학을 간략하게만 소개했다. 이번 장의 요점은 다음과 같다.

- **베이즈식 학습** 방법들은 관측들을 이용해서 가설들에 대한 사전 분포를 갱신함으로써 학습을 일종의 확률적 추론 문제로 형식화한다. 이러한 접근방식은 오컴의 면

도날 원리를 실현하는 데 적합하나, 복잡한 가설 공간에 대해서는 금세 처리 불가능한 수준이 된다.

- **최대 사후 확률(MAP)** 학습은 주어진 데이터에 대해 가장 그럴듯한 가설 하나를 선택한다. 가설 사전 확률이 여전히 쓰이며, 이 방법이 완전한 베이즈식 학습보다 처리 가능성이 좀 더 좋은 경우가 많다.
- **최대 가능도** 학습은 그냥 데이터의 가능도를 최대화하는 가설들을 선택한다. 사전 확률들이 균등 분포일 때에는 MAP 학습과 동치이다. 선형 회귀나 완전 관측 가능 베이즈망 같은 간단한 경우에는 닫힌 형식의 최대 가능도 해답을 쉽게 찾을 수 있다. **단순 베이즈** 학습은 규모가변성이 좋은, 특히나 효과적인 기법이다.
- 일부 변수가 숨겨져 있을 때에는 최대 가능도 해답을 EM(기댓값 최대화) 알고리즘을 이용해서 구할 수 있다. EM의 응용 대상으로는 가우스 혼합을 이용한 비지도 군집화, 베이즈망 학습, 은닉 마르코프 모형 학습이 있다.
- 베이즈망의 구조를 배우는 것은 **모형 선택**의 한 예이다. 여기에는 흔히 구조들의 공간의 이산적 검색이 관여한다. 일부 방법들에는 모형 복잡도와 적합도 사이의 절충점을 선택할 필요가 있다.
- **비매개변수 모형**들은 자료점들의 집합을 이용해서 분포를 표현한다. 그래서 매개변수 개수가 훈련 집합 크기에 따라 증가한다. 최근접 이웃 방법은 질의점에 가장 가까운 견본들을 고려하는 반면 **핵** 방법들은 모든 견본을 거리 기반 가중치로 결합한다.

통계적 학습은 여전히 연구가 활발히 진행되는 분야이다. 정확한 또는 근사적인 추론이 가능한 거의 모든 모형을 배울 수 있을 정도로 이론과 실제 모두에서 커다란 진척이 있었다.

참고문헌 및 역사적 참고사항

통계적 학습 기법을 인공지능에 적용하는 문제는 인공지능 초창기의 활발한 연구 대상이었다(Duda 및 Hart, 1973 참고). 그러나 인공지능이 기호적 방법들에 초점을 두면서부터 주류 인공지능과는 분리되었다. 통계적 학습에 대한 관심이 부활한 계기는 1980년대 후반 베이즈망 모형의 등장이다. 대략 같은 시기에, 신경망 학습에 대한 통계학적 관점이 나타나기 시작했다. 1990년대 후반에는 기계학습, 통계학, 신경망에 대한 관심들이 데이터로부터 커다란 확률적 모형을 생성하는 방법들을 중심으로 수렴되는 현상이 두드러졌다.

단순 베이즈 모형은 베이즈망의 가장 오래되고 간단한 형태들 중 하나로, 그 기원(제12장에서 이야기했다)은 1950년대로 거슬러 올라간다. 단순 베이즈 모형의 놀라운 성공의 일부 원인이 [Domingos 및 Pazzani, 1997]에 나온다. 단순 베이즈 학습의 부양된 형태는 제1회 KDD Cup 데이터 발굴(data mininig) 경진대회에서 우승했다(Elkan, 1997). [Heckerman, 1998]은 베이즈망 학습의 일반적 문제를 훌륭히 소개한다. [Spiegelhalter 외, 1993]은 베이즈망에 대한, 디리클레 사전 분포를 이용한 베이즈식 매개변수 학습을 논의한다. 베르누이 변수에 대한 켤레 사전 분포로서의 베타 분포는 토머스 베이즈가 처음 유도했고(Bayes, 1763) 나중에 칼 피어슨이 비대칭 데이터(skewed data)에 대한 하나의 모형으로 다시 소개했다(Pearson, 1895). 수년간 이 분포는 '피어슨 제1종 분포(Pearson Type I distribution)'라고 불렸다. 베이즈 선형 회귀를 논의한 문헌으로는 교과서 [Box 및 Tiao, 1973]이 있다. [Minka, 2010]은 일반 다변량 경우에 대한 유도들을 간결히 요약한다.

여러 소프트웨어 패키지가 베이즈망 모형을 이용한 통계적 학습 메커니즘을 도입했다. 이를테면 BUGS(Bayesian inference Using Gibbs Sampling; Gilks 외, 1994; Lunn 외, 2000, 2013)와 JAGS(Just Another Gibbs Sampler; Plummer, 2003), STAN(Carpenter 외, 2017)이 있다.

최초의 베이즈망 구조 학습 알고리즘은 조건부 독립성 판정을 사용했다(Pearl, 1988; Pearl 및 Verma, 1991). [Spirtes 외, 1993]은 베이즈망 학습을 위한 TETRAD 패키지의 접근방식을 상세히 서술한다. 이후의 알고리즘 개선 덕분에, 2001년 KDD Cup 데이터 발굴 경진대회에서 한 베이즈망 학습 방법이 확실한 승리를 거두었다(Cheng 외, 2002). (그 대회의 과제는 특징이 무려 139,351인 생물정보학 문제였다.) 가능도 최대화에 기초한 구조 학습 접근방식 하나를 [Cooper 및 Herskovits, 1992]가 개발했으며, 그것을 [Heckerman 외, 1994]가 개선했다.

좀 더 최근의 알고리즘들은 완전 데이터의 경우에서 상당히 훌륭한 성과를 보였다(Moore 및 Wong, 2003; Teyssier 및 Koller, 2005). 성능 향상의 한 가지 중요한 요소는, 변수들과 값들의 모든 가능한 조합들의 개수를 AD 트리라는 효율적 자료구조로 캐싱한다는 것이다(Moore 및 Lee, 1997). [Friedman 및 Goldszmidt, 1996]은 학습 대상 구조에 대해 국소 조건부 분포의 표현이 미치는 영향을 지적한다.

[Hartley, 1958]은 은닉 변수와 누락된 데이터가 있는 확률 모형 학습의 일반적 문제를 다루었다. 그 논문은 지금의 EM에 해당하는 일반적인 착안을 서술하고 여러 가지 예를 제시했다. EM의 특수한 경우인 HMM 학습을 위한 바움-웰치 알고리즘(Baum 및 Petrie, 1966)이 나오면서 EM에 대한 연구가 더욱 활성화되었다. EM 알고리즘을 일반적인 형태로 제시하고 그 수렴을 분석한 뎀스터, 레어드, 루빈의 논문(Dempster 외, 1977)은 컴퓨터 과학과 통계학 모두에서 아주 많이 인용되는 논문 중 하나이다. (뎀스터 자신은, EM을 새로운 부류의 분포들에 적용하려면 먼저 상당한 양의 수학 작업이 필요하다는 점에서, EM을 알고리즘이라기보다는 하나의 방안(scheme)이라고 생각했다.) [McLachlan 및 Krishnan, 1997]은 책 전체에서 EM 알고리즘과 그 성질들을 다룬다. 가우스 혼합을 비롯한 혼합 모형의 학습을 배우는 구체적인 문제는 [Titterington 외, 1985]가 다룬다.

인공지능에서 혼합 모형에 대해 EM을 사용한 최초의 성공적인 시스템은

Autoclass이다(Cheeseman 외, 1988; Cheeseman 및 Stutz, 1996). Autoclass는 천문 관측 데이터로부터 새로운 종류의 별들을 발견하는 것(Goebel 외, 1989)과 DNA/단백질 서열 데이터베이스에서 새로운 종류의 단백질 및 개재배열(intron)을 발견하는 것(Hunter 및 States, 1992)을 포함한 실세계의 여러 과학 분류 작업에 적용되었다.

은닉 변수가 있는 베이즈망의 최대 가능도 학습에 대한 EM 방법들과 기울기 기반 방법들을 [Lauritzen, 1995]와 [Russell 외, 1995]가 거의 같은 시기에 소개했다. 구조적 EM 알고리즘은 [Friedman, 1998]이 개발했으며, 잠재 변수들이 있는 베이즈망 구조의 최대 가능도 학습에 적용되었다. [Friedman 및 Koller, 2003]은 베이즈망 구조 학습을 서술한다. [Daly 외, 2011]은 방대한 참고문헌을 인용하면서 베이즈망 학습 분야를 개괄한다. 베이즈망의 구조를 배우는 능력은 데이터로부터 인과 정보를 복원하는 문제와 밀접하게 연관되어 있다. 복원된 베이즈망 구조가 실제 인과적 영향들을 나타내도록 베이즈망의 구조를 배우는 것이 가능할까? 수년 간 통계학자들은 관측 가능한 데이터(실험적 시도로부터 생성한 데이터가 아니라)는 오직 상관관계 정보만 제공할 수 있다고 믿는 것으로 이 질문을 피해 왔다. 어차피, 서로 관련이 있는 것으로 보이는 임의의 두 변수가 실제로는 서로 직접 영향을 주는 것이 아니라 다른 어떤 알려지지 않은 인과 요인에 영향을 받을 수도 있지 않은가? 그러나 펄은 그러한 관점을 반박하는, 설득력 있는 논점을 제시했다(Pearl, 2000). 그는 인과관계를 파악할 수 있는 경우들이 실제로 많이 있음을 보이고, 통상적인 조건부 확률은 물론이고 개입의 원인과 결과도 표현할 수 있는 **인과망**(causal network) 형식론을 전개했다.

파젠 구간(Parzen window) 밀도 추정이라고도 부르는 비매개변수적 밀도 추정에 관한 초기 논문은 [Rosenblatt, 1956]과 [Parzen, 1962]이다. 그 후 여러 추정기들의 성질을 조사한 논문이 수없이 발표되었다. [Devroye, 1987]은 이 분야를 상세히 소개한다. 또한 비매개변수적 베이즈식 방법에 대한 문헌도 빠르게 증가하고 있는데, 그 기원은 **디리클**

디리클레 과정

레 과정(Dirichlet process)에 대한 퍼거슨의 독창적 성과(Ferguson, 1973)이다. 디리클레 과정은 디리클레 분포들에 대한 하나의 분포라 할 수 있다. [Ghahramani, 2005]와 [Jordan, 2005]는 이런 착안들을 통계적 학습에 적용하는 여러 방법에 대한 유용한 튜토

가우스 과정

리얼을 제공한다. 교과서 [Rasmussen 및 Williams, 2006]은 **가우스 과정**(Gaussian process)을 다룬다. 이 과정은 연속 함수들의 공간에 대한 사전 분포들을 정의하는 한 방법을 제공한다.

이번 장의 내용은 통계학과 패턴 인식 분야의 성과를 결합한 것인데, 이 두 분야에 관해서는 많은 것이 다양한 관점에서 이야기된 바 있다. 베이즈식 통계학에 관한 훌륭한 교과서로는 [DeGroot, 1970], [Berger, 1985], [Gelman 외, 1995] 등이 있다. [Bishop, 2007]과 [Hastie 외, 2009], [Barber, 2012], [Murphy, 2012]는 통계적 기계학습에 대한 훌륭한 입문서들이다. 패턴 인식에 관해서는 수년 간 [Duda 및 Hart, 1973]이 고전으로 통했고, 개정판 [Duda 외, 2001]도 나왔다. 연례 NeurIPS(Neural Information Processing Systems; 전에는 NIPS라고 했다) 학술대회에 베이즈 학습 논문이 많이 발표된다. 이 학

술대회의 회보들은 *Advances in Neural Information Processing Systems* 총서 형태로 출판된다. 연례 학술대회 Conference on Artificial Intelligence and Statistics에도 베이즈망 논문이 많이 발표된다. 베이즈 학습에 특화된 학술대회로는 Valencia International Meetings on Bayesian Statistics가 있고, 학술지로는 *Bayesian Analysis*가 있다.

심층학습

이번 장에서는 경사 하강법으로 다중 단계 프로그램을 학습하는 방법을 살펴본다. 이 접근방식은 인공지능의 주요 하위 분야들에서 큰 의미를 가진다.

심층학습 **심층학습**(deep learning)은 다양한 기계학습 기술을 아우르는 이름이다. 심층학습 기술들에서 가설(제20장)은 복잡한 대수적 회로(algebraic circuit)의 형태이며, 회로 소자들 사이의 연결 강도(strength)를 조율함으로써 학습이 일어난다. 이름의 '심층'은 일반적으로 이회로가 여러 **층**(layer)으로 구성된다는 사실을 반영한 것이다. 간단히 말하면, 심층학습에서는 입력에서 출력까지의 계산 경로가 다수의 단계(층)으로 이루어진다. 현재 시각적 사물 인식, 기계 번역, 음성 인식, 음성 합성, 이미지 합성 같은 응용 프로그램에 가장 널리 쓰이는 기술이 바로 심층학습이다. 심층학습은 또한 강화학습(제22장) 응용 프로그램에서도 중요한 역할을 한다.

심층학습의 기원은 뇌의 신경망을 계산 회로로 모형화하려 했던 매컬록과 피츠의 초기 연구(McCulloch 및 Pitts, 1943)로 거슬러 올라간다. 이 때문에 심층학습 방법으로 훈련신경망 한 네트워크를 **신경망**(neural network)이라고 부를 때가 많은데, 사실 요즘 심층학습 신경망들은 실제 신경 세포나 뇌의 구조와 표면상으로만 비슷할 뿐이다.

심층학습이 성공한 진짜 이유가 아직 완전히 밝혀지지는 않았지만, 심층학습이 몇 가지 측면에서 제19장에서 다룬 여러 방법보다 우월하다는 점은 명백하다. 특히 이미지 같은 고차원 데이터에서는 심층학습이 월등하다. 예를 들어, 선형 회귀나 로지스틱 회귀도 입력 변수가 아주 많은 문제를 처리할 수 있긴 하지만, 입력에서 출력으로의 계산 경로가 아주 짧다. 그냥 가중치 하나를 곱하고 모두 합해서 출력을 만드는 것일 뿐이다. 더 나아가서, 서로 다른 입력 변수들이 상호작용 없이 독립적으로 출력에 기여한다는 문제도 있다(도해 21.1(a) 참고). 그래서 모형의 표현력이 크게 제한된다. 이런 모형들은 선형 함수와 입력 공간의 경계선만 표현할 수 있지만, 현실 세계의 개념들은 대부분 그보다 훨씬 복잡하다.

한편, 결정 목록과 결정 트리에서는 다수의 입력 변수에 의존하는 긴 계산 경로가 만들어질 수 있지만, 가능한 입력 벡터들 중 적은 비율의 입력 벡터들에 대해서만 그렇다(도해 21.1(b)). 만일 가능한 입력들 대부분에 대해 긴 계산 경로가 있다면, 그 트리는 아주 클 것이다(크기는 입력 변수 개수에 지수적으로 비례한다). 심층학습의 기본 개념은 계산 경로가 길고 입력 변수들이 복잡한 방식으로 상호작용할 수 있는 회로를 훈련한다는 것이다(도해 21.1(c)). 실제로 이런 회로 모형의 표현력은 여러 중요한 학습 문제들에 대한 실세계 데이터의 복잡성을 반영할 정도로 크다.

이번 장의 첫 절인 §21.1에서는 간단한 순방향 신경망과 그 구성요소, 그리고 순방향 신경망 학습의 핵심을 설명한다. §21.2에서는 심층 신경망 구조를 좀 더 자세히 살펴보고, §21.3에서는 컴퓨터 시각 응용에서 특히나 중요한 합성곱 신경망이라고 하는 신경망 부류를 살펴본다. §21.4와 §21.5에서는 데이터로 신경망을 훈련하는 알고리즘과 일반화를 개선하는 방법들을 상세히 논의한다. §21.6은 순환 구조를 가진, 따라서 순차적인 데이터에 적합한 신경망을 다룬다. §21.7에서는 심층학습을 지도학습 이외의 학습 문제에 적용하는 방법을 설명한다. 마지막으로 §21.8에서는 심층학습의 다양한 응용 분야를 개괄한다.

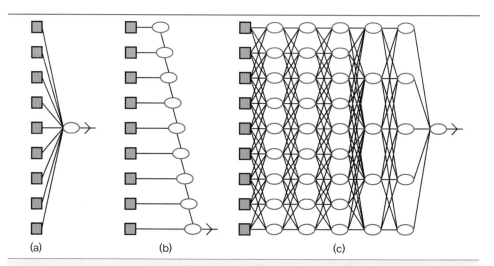

도해 21.1 (a) 선형 회귀처럼 얕은 모형은 입력과 출력 사이의 계산 경로가 짧다. (b) 결정 목록망(p.875)은 일부 입력 변수에 대해서는 긴 경로가 가능하다. (c) 심층학습 신경망은 계산 경로가 더 길 뿐만 아니라 각 변수가 다른 모든 변수와 상호작용할 수 있다.

21.1 단순 순방향 신경망

순방향 신경망 **순방향 신경망**(feedforward network)은 이름에서 짐작하겠지만 연결이 모두 한 방향으로 이어진다. 즉, 순방향 신경망은 입력 노드와 출력 노드가 지정된 하나의 유향 비순환 그래프(directed acyclic graph, DAG)를 형성한다. 각 노드는 주어진 입력을 인수로 해서 하나의 함수를 평가하고, 그 결과를 신경망의 다음 노드에 전달한다. 정보는 입력 노드에서 출력 노드까지 순방향으로 흐를 뿐, 루프(순환 고리)는 없다. 반면, **순환 신경망**

순환 신경망 (recurrent network)은 중간 출력 또는 최종 출력을 자신의 입력으로 되먹인다. 이는 순환 신경망 안에서 신호 값들이 내부 상태('기억')를 가진 하나의 동역학계(dynamical system)를 형성한다는 뜻이다. 순환 신경망은 §21.6에서 살펴본다.

부울(Boolean) 함수를 구현한 부울 회로가 순방향 신경망의 예이다. 부울 회로에서 입력은 0 또는 1이고, 각 노드는 그런 입력들에 대해 0 또는 1의 출력을 산출하는 간단한 부울 함수를 구현한다. 신경망에서는 일반적으로 입력이 연속값이고, 노드들은 연속값 입력들을 받고 연속값 출력을 산출한다. 노드에 주어지는 입력들의 일부는 신경망 자체의 **매개변수**(parameter)들이다. 신경망의 학습은 신경망 전체가 훈련 데이터에 적합해지도록 매개변수 값들을 조정하는 과정이다.

21.1.1 복잡한 함수로서의 신경망

단위 신경망의 각 노드를 **단위**(unit)라고 부른다. 매컬록과 피츠가 제안한 설계를 따르는 전통적인 신경망 구조에서 하나의 단위는 이전 노드들이 전달한 입력들의 가중합을 계산하고 거기에 비선형 함수를 적용해서 출력을 산출한다. a_j가 단위 j의 출력이고 $w_{i,j}$가 단위 i에서 단위 j로의 연결에 부여된 가중치라고 할 때 다음이 성립한다.

$$a_j = g_j\left(\sum_i w_{i,j} a_i\right) \equiv g_j(in_j).$$

활성화 함수 여기서 g_j는 단위 j의 (앞에서 언급한) 비선형 함수인데, 흔히 **활성화 함수**(activation function)라고 부른다. in_j는 단위 j로 들어온 입력들의 가중합이다.

§19.6.3(p.881)에서와 비슷하게, 각 단위에는 가짜 단위 0에 전달한 고정된 입력 +1이 들어온다고 가정한다. 그 입력의 가중치는 $w_{0,j}$이다. 이렇게 하면 이전 층의 출력들이 모두 0이어도 단위 j의 총 가중 입력 in_j가 0이 되지 않는다. 이상의 관례에서, 앞의 단위 출력 공식을 다음과 같이 벡터 형태로 표현할 수 있다.

$$a_j = g_j(\mathbf{w}^\top \mathbf{x}) \tag{21.1}$$

여기서 $\mathbf{w}$는 단위 j로 가는 연결의 가중치들($w_{0,j}$ 포함)로 이루어진 벡터이고 $\mathbf{x}$는 단위 j로 들어가는 입력들(+1 포함)의 벡터이다.

활성화 함수가 비선형 함수라는 사실이 중요하다. 이유는, 만일 그것이 비선형이 아니면 단위들을 어떻게 조합하든 하나의 선형 함수가 된다는 것이다. 비선형성은 다수의 단위로 이루어진 충분히 큰 신경망으로 임의의 함수를 표현하는 데 필요하다. **보편 근사 정리**(universal approximation theorem)에 따르면, 첫 층이 비선형이고 둘째 층이 선형 층인 2층 신경망으로도 임의의 연속 함수를 임의의 정확도로 근사할 수 있다. 이 점은 지수적으로 큰 신경망으로 입력 공간의 서로 다른 곳에 있는, 서로 다른 높이의 지수적으로 많은 '혹(bump; 융기)'들을 표현할 수 있음을 보여서 증명할 수 있다. 다른 말로 하면, 충분히 큰 네트워크는 연속 함수들의 참조 테이블을 구현할 수 있다. 충분히 큰 결정 트리로 부울 함수들의 참조 테이블을 구현할 수 있는 것과 마찬가지이다.

활성화 함수로 쓰이는 함수는 다양하다. 가장 흔히 쓰이는 몇 가지 함수를 들자면 다음과 같다.

S자형
- 로지스틱 함수 또는 **S자형**(sigmoid) 함수. 이 함수는 로지스틱 회귀에도 쓰인다(p. 888).

$$\sigma(x) = 1/(1 + e^{-x}).$$

ReLU
- ReLU 함수. ReLU는 **rectified linear unit**(정류 선형 단위)를 줄인 것이다.

$$ReLU(x) = \max(0, x).$$

소프트플러스
- **소프트플러스**softplus 함수. ReLU 함수의 평활화 버전이다.

$$softplus(x) = \log(1 + e^x).$$

소프트플러스의 도함수(미분)는 S자형 함수이다.

tanh
- tanh(쌍곡 탄젠트)함수:

$$\tanh(x) = \frac{e^{2x} - 1}{e^{2x} + 1}.$$

tanh의 치역이 $(-1, +1)$임을 주의하자. $\tanh(x) = 2\sigma(2x) - 1$이다. 즉, tanh는 S자형 함수를 비례하고 이동한 버전이다.

도해 21.2에 이 함수들이 나와 있다. 이 함수들 모두 단조 비증가임을 주목하기 바란다. 이는 미분 g'이 항상 음이 아님을 뜻한다. 활성화 함수의 선택에 관해서는 이후 절들에서 좀 더 이야기할 것이다.

다수의 계산 단위를 하나의 신경망으로 결합하면, 개별 단위가 나타내는 대수 수식들의 합성(composition)에 해당하는 하나의 복잡한 함수가 된다. 예를 들어 도해 21.3(a)의 신경망은 2성분 입력 벡터 **x**를 하나의 스칼라 출력값 $\hat{y}$로 사상하며 가중치 **w**로 매개변수화된 함수 $h_{\mathbf{w}}(\mathbf{x})$를 나타낸다. 이 함수의 내부 구조는 신경망의 구조를 반영한다. 예를 들어 출력 $\hat{y}$를 다음과 같은 수식으로 표현할 수 있다.

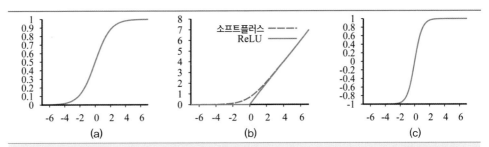

도해 21.2 심층학습 시스템에 흔히 쓰이는 활성화 함수들. (a) 로지스틱 함수 또는 S자형 함수. (b) ReLU 함수와 소프트플러스 함수. (c) tanh 함수.

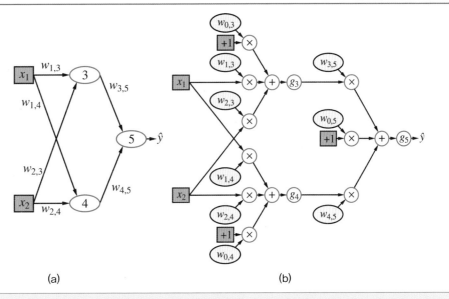

도해 21.3 (a) 입력이 두 개이고 단위 두 개로 이루어진 은닉층이 하나, 출력 단위가 하나인 신경망. 가짜 입력 및 해당 가중치들은 생략했다. (b) (a)의 신경망을 계산 그래프 형태로 전개한 모습.

$$\hat{y} = g_5(in_5) = g_5(w_{0,5} + w_{3,5}\,a_3 + w_{4,5}\,a_4)$$
$$= g_5(w_{0,5} + w_{3,5}\,g_3(in_3) + w_{4,5}\,g_4(in_4))$$
$$= g_5(w_{0,5} + w_{3,5}\,g_3(w_{0,3} + w_{1,3}x_1 + w_{2,3}x_2)$$
$$+ w_{4,5}\,g_4(w_{0,4} + w_{1,4}x_1 + w_{2,4}x_2)). \tag{21.2}$$

이는 곧 출력 $\hat{y}$를 입력들과 가중치들의 함수 $h_{\mathbf{w}}(\mathbf{x})$로 나타낸 것이다.

도해 21.3(a)는 전통적으로 신경망 교과서가 신경망을 묘사하는 방식을 보여준다.
계산 그래프 신경망을 좀 더 일반화해서 고찰하는 방법은 신경망을 하나의 **계산 그래프**(computation

graph) 또는 **데이터 흐름 그래프**(dataflow graph)로 간주하는 것이다. 간단히 말하면 계산 그래프는 각 노드가 하나의 기본 계산을 표현하는 회로이다. 도해 21.3(b)는 도해 21.3(a) 의 신경망에 대응되는 계산 그래프이다. 이 계산 그래프는 신경망 계산 전체의 각 요소 를 좀 더 명시적으로 보여준다. 또한 계산 그래프에서는 입력(파란색)과 가중치(옅은 자 주색)가 잘 구분된다. 이 가중치들을 적절히 조정하면 출력 $\hat{y}$가 훈련 데이터의 참값 y 와 좀 더 가까워진다. 각각의 가중치는 그래프의 한 노드가 말한 것을 그 다음 노드가 얼마나 크게 듣는지를 결정하는 볼륨 다이얼과 비슷하다.

식 (21.1)에서 한 단위의 연산을 벡터 형식으로 서술한 것과 비슷하게, 신경망 전체 의 연산을 그런 식으로 서술할 수 있다. 일반적으로 가중치 행렬을 $\mathbf{W}$로 표기한다. 지금 신경망에서 $\mathbf{W}^{(1)}$은 첫 층의 가중치들($w_{1,3}$, $w_{1,4}$, 등등)을 나타내고 $\mathbf{W}^{(2)}$는 둘째 층의 가중치들($w_{3,5}$ 등)을 나타낸다. 마지막으로, 첫 층과 둘째 층의 활성화 함수들을 각각 $\mathbf{g}^{(1)}$과 $\mathbf{g}^{(2)}$로 표기하기로 하자. 그러면 전체 신경망을 다음과 같이 표현할 수 있다.

$$h_{\mathbf{w}}(\mathbf{x}) = \mathbf{g}^{(2)}(\mathbf{W}^{(2)}\mathbf{g}^{(1)}(\mathbf{W}^{(1)}\mathbf{x})). \tag{21.3}$$

식 (21.2)와 마찬가지로 이 공식은 하나의 계산 그래프에 해당한다. 단, 이 그래프의 구 조는 도해 21.3(b)의 것보다 훨씬 간단하다. 이 그래프는 그냥 각 층에 가중치 행렬이 주 어지는 하나의 사슬 형태일 뿐이다.

도해 21.3(b)의 계산 그래프는 비교적 작고 얕지만, 계산 그래프를 구축하고 가중치 들을 조율해서 데이터에 적합시킨다는 기본 개념 자체는 다른 모든 형태의 심층학습에 도 적용된다. 그리고 도해 21.3(b)의 그래프는 한 층의 모든 노드가 그 다음 층의 모든

노드와 연결된 형태이다. 이를 **완전 연결**(fully connected; 또는 전결합)이라고 말한다. 어 떤 의미에서는 이런 완전 연결 신경망이 신경망의 기본적인 형태이다. 그러나 §21.3에서 보겠지만 신경망 연결 방식을 선택하는 것도 효과적인 학습에 중요한 요인이다.

21.1.2 기울기와 학습

§19.6에서 **경사 하강법**(gradient descent)에 기초한 지도학습 접근방식을 소개했는데, 기 억하겠지만 손실 함수의 가중치들에 대한 기울기를 계산하고 손실이 줄어드는 기울기 방향으로 가중치들을 조정하는 방식이었다. (아직 §19.6을 읽지 않았다면 먼저 읽고 여 기로 돌아오길 권한다). 그와 정확히 같은 접근방식을 계산 그래프의 가중치 학습에 적

용할 수 있다. **출력층**(output layer), 즉 신경망 전체의 출력을 산출하는 계산층에 있는 단위들로 이어지는 가중치들에 대한 기울기 계산은 §19.6의 계산 과정과 사실상 동일하

다. 신경망 출력과 직접 이어지지 않는 **은닉층**(hidden layer)의 단위들에 대한 가중치들 의 경우에는 계산 과정이 약간만 더 복잡하다.

일단 지금은 손실 함수로 제곱 손실 함수(squared loss function) L_2를 사용하기로

한다. 도해 21.3의 신경망의 기울기를 하나의 훈련 견본 $(\mathbf{x}, y)$에 대해 계산해 보자. 신경망이 출력하는 예측값은 $\hat{y} = h_{\mathbf{w}}(\mathbf{x})$이고 참값은 y이므로, 손실값은 다음과 같다.

$$Loss(h_{\mathbf{w}}) = L_2(y, h_{\mathbf{w}}(\mathbf{x})) = \|y - h_{\mathbf{w}}(\mathbf{x})\|^2 = (y - \hat{y})^2.$$

손실의 가중치들에 대한 기울기를 계산하려면 제19장에서 사용한 미적분 수단들, 특히 **연쇄법칙** $\partial g(f(x))/\partial x = g'(f(x))\partial f(x)/\partial x$가 필요하다. 우선 쉬운 경우로, 출력 단위에 연결된 가중치 $w_{3,5}$에 대한 기울기를 계산해 보자. 식 (21.2)의 신경망 정의 공식을 그대로 미분하면 된다.

$$\begin{aligned}
\frac{\partial}{\partial w_{3,5}} Loss(h_{\mathbf{w}}) &= \frac{\partial}{\partial w_{3,5}}(y - \hat{y})^2 = -2(y - \hat{y})\frac{\partial \hat{y}}{\partial w_{3,5}} \\
&= -2(y - \hat{y})\frac{\partial}{\partial w_{3,5}} g_5(in_5) = -2(y - \hat{y})g'_5(in_5)\frac{\partial}{\partial w_{3,5}} in_5 \\
&= -2(y - \hat{y})g'_5(in_5)\frac{\partial}{\partial w_{3,5}}(w_{0,5} + w_{3,5}a_3 + w_{4,5}a_4) \\
&= -2(y - \hat{y})g'_5(in_5)a_3.
\end{aligned} \tag{21.4}$$

마지막 행의 단순화는 $w_{0,5}$와 $w_{4,5}a_4$가 $w_{3,5}$에도, $w_{3,5}$의 계수 a_3에도 의존하지 않는다는 점을 이용한 것이다.

출력 단위와 직접 연결되지 않은 가중치에 대한 기울기는 이보다 조금 어렵다. $w_{1,3}$을 예로 들기로 한다. 이 경우에는 연쇄법칙을 한 번 더 적용해야 한다. 처음 몇 단계는 앞에서와 같으므로 생략했다.

$$\begin{aligned}
\frac{\partial}{\partial w_{1,3}} Loss(h_{\mathbf{w}}) &= -2(y - \hat{y})g'_5(in_5)\frac{\partial}{\partial w_{1,3}}(w_{0,5} + w_{3,5}a_3 + w_{4,5}a_4) \\
&= -2(y - \hat{y})g'_5(in_5)w_{3,5}\frac{\partial}{\partial w_{1,3}}a_3 \\
&= -2(y - \hat{y})g'_5(in_5)w_{3,5}\frac{\partial}{\partial w_{1,3}}g_3(in_3) \\
&= -2(y - \hat{y})g'_5(in_5)w_{3,5}g'_3(in_3)\frac{\partial}{\partial w_{1,3}}in_3 \\
&= -2(y - \hat{y})g'_5(in_5)w_{3,5}g'_3(in_3)\frac{\partial}{\partial w_{1,3}}(w_{0,3} + w_{1,3}x_1 + w_{2,3}x_2) \\
&= -2(y - \hat{y})g'_5(in_5)w_{3,5}g'_3(in_3)x_1.
\end{aligned} \tag{21.5}$$

이렇게 해서 가중치 $w_{3,5}$와 $w_{1,3}$에 대한 손실의 기울기를 비교적 간단한 수식으로 표현해 보았다.

$\Delta_5 = 2(\hat{y} - y)g'_5(in_5)$를 단위 5가 입력을 받는 지점에서 생긴 일종의 "지각된 오

차(perceived error)"로 정의한다면, $w_{3,5}$에 대한 기울기는 그냥 $\Delta_5 a_3$이다. 이러한 설정은 아주 합당하다. 만일 Δ_5가 양수이면 $\hat{y}$가 너무 큰 것이다(g'은 항상 음수가 아님을 기억할 것). a_3 역시 양수이면, $w_{3,5}$를 증가해봤자 오차가 더 커질 뿐이다. 반대로 a_3이 음수이면, $w_{3,5}$를 증가하면 오차가 줄어든다. a_3의 크기도 중요한데, 만일 a_3이 이 견본에 걸맞지 않게 너무 작으면 $w_{3,5}$는 오차에 크게 기여하지 않으므로 그리 많이 조정할 필요가 없다.

$\Delta_3 = \Delta_5 w_{3,5} g'_3(in_3)$으로도 정의한다면 $w_{1,3}$에 대한 기울기는 그냥 $\Delta_3 x_1$이 된다. 즉, 단위 3에 대한 입력의 지각된 오차는 단위 5에 대한 입력의 지각된 오차에 단위 5에서 단위 3으로 가는 경로의 정보를 곱한 것이다. 이러한 현상은 아주 일반적이다. 이처럼 신경망 출력의 오차를 신경망을 거꾸로 훑으면서 전파하는 기법을 가리켜 **역전파**(back-propagation)라고 부른다.

역전파

이러한 기울기 표현 방식의 또 다른 중요한 특징은, 국소 미분 $g'_j(in_j)$들이 표현에 포함된다는 것이다. 앞에서 언급했듯이 이 미분들은 항상 음이 아니지만, 0에 아주 가깝거나(S자형 함수, 소프트플러스 함수, tanh 함수의 경우) 정확히 0이 될(ReLU의 경우) 수 있다. 훈련 견본의 입력들에 의해 단위 j가 평탄한 동작 영역(flat operating region)에 놓이는 경우 그런 일이 발생한다. 미분 g'_j이 작거나 0이라는 것은 단위 j의 가중치를 변경해도 출력에 미치는 영향이 무시할 정도라는 뜻이다. 이 때문에, 층이 많은 신경망에서는 오차 신호가 신경망에서 역방향으로 전파되면서 모두 사라져 버리는 문제가 발생한다. 이를 **기울기 소실**(vanishing gradient) 문제라고 부른다. §21.3.3에서 이 문제의 해법 하나를 소개한다.

기울기 소실

이상의 간단한 신경망 예제에서 보았듯이, 기울기들을 간단한 수식으로 표현할 수 있으며 그 수식을 출력 단위에서부터 신경망을 역방향으로 정보를 전파하는 식으로 계산할 수 있다. 이러한 성질은 좀 더 복잡한 신경망들에서도 일반적으로 성립한다. 실제로, §21.4.1에서 보겠지만 임의의 순방향 계산 그래프에 대한 기울기 계산의 구조는 해당 바탕 계산 그래프의 구조와 동일하다. 이러한 성질은 미분 법칙들에서 직접적으로 유도된 것이다.

지금까지 살펴본 기울기 계산 과정이 너무 복잡하다고 느끼는 독자도 있겠지만, 다행히 새로운 신경망 구조에 대해 식 (21.4)와 식 (21.5)를 매번 다시 유도할 필요는 없다. 그런 모든 기울기를 **자동 미분**(automatic differentiation) 방법으로 계산할 수 있다. 그 어떤 수치적 프로그램이든, 자동 미분 방법은 미적분 법칙들을 체계적으로 적용해서 해당 기울기들을 계산해 낸다.[1] 사실 심층학습의 역전파 기법은 **역방향 모드**(reverse mode) 미분의 한 응용일 뿐이다. 입력이 많고 출력은 비교적 적은 신경망이 주어졌을 때, 역방향 모드 미분은 연쇄 법칙을 "밖에서 안으로" 적용하고 동적 계획법을 이용해서 효율성을 꾀한다.

자동 미분

역방향 모드

---

1 자동 미분 방법들은 원래 1960년대와 1970년대에 크고 복잡한 Fortran 프로그램의 매개변수들을 최적화하기 위해 개발된 것이다.

모든 주요 심층학습 패키지는 자동 미분 기능을 제공하므로, 사용자는 매번 새 학습 알고리즘을 유도하는 번거로움 없이 서로 다른 신경망 구조와 활성화 함수, 손실 함수, 함수 합성 방식을 자유로이 실험해 볼 수 있다. 이 덕분에 소위 **종단간 학습**(end-to-end learning)을 부담 없이 시도할 수 있게 되었다. 종단간 학습에서는 기계 번역 같은 과제를 위한 복잡한 계산 시스템을 다수의 훈련 가능한 하위 시스템을 조합해서 구축하고, 전체 시스템을 입력·출력 쌍들로부터 끝에서 끝까지(종단간) 훈련한다. 이 접근방식에서 설계자는 전체적인 시스템의 구축 방식을 대략적으로만 정해 놓고 실험을 시작할 수 있다. 어떤 하위 시스템들이 필요한지, 입력들과 출력들을 어떻게 둘 것인지 미리 구체적으로 정해 놓을 필요가 없다.

종단간 학습

21.2 심층학습을 위한 계산 그래프

이제 심층학습의 기본 개념은 충분히 이해했을 것이다. 정리하자면, 심층학습은 간단히 말해서 가설을 조율 가능한 가중치들이 있는 계산 그래프로 표현하고, 그 가중치들에 대한 손실 함수의 기울기로 가중치들을 갱신해서 계산 그래프를 훈련 데이터에 적합시키는 것이다. 그럼 심층학습을 위한 계산 그래프를 구축하는 방법을 살펴보자. 가장 먼저 살펴볼 것은 입력층이다. 훈련 견본 또는 시험 견본 x는 입력층에서 입력 노드들의 값으로 부호화된다. 그런 다음에는 출력층을 살펴보는데, 출력층에서는 출력 $\hat{y}$를 참값 y와 비교해서 가중치 조율을 위한 학습 신호를 유도한다. 마지막으로는 입력층과 출력층 사이에 있는 신경망 은닉층들을 살펴본다.

21.2.1 입력 부호화

계산 그래프의 입력 노드는 입력 데이터 x에 직접 연결되고 출력 노드는 출력 데이터 y에 직접 연결된다. 입력 데이터의 부호화(encoding인코딩) 방식은 대체로 간단하다. 적어도 각 훈련 견본이 n개의 입력 특성값들로 이루어진 분해된 표현을 따르는 경우에는 그렇다. 특성들이 부울 형식일 때 일반적으로는 $false$(거짓)를 입력값 0으로 두고 $true$(참)를 1로 두지만, -1과 $+1$을 사용할 때도 있다. 특성값이 수치 형식(정수든 실수든)일 때가 더 많은데, 그런 경우 수치들을 고정된 범위로 비례할 수도 있다. 그리고 견본에 따라 입력값의 크기가 크게 다를 때는 수치들을 로그 축척으로 변환해서 사용하기도 한다.

이미지 데이터는 분해된 표현에 속하지 않는다. $X \times Y$ 픽셀 크기의 RGB 이미지를 $3XY$개의 정숫값 특성들(보통의 경우 각 특성이 $\{0, ..., 255\}$ 범위인)로 취급할 수도 있지만, 그러면 하나의 RGB 세값쌍이 이미지의 같은 픽셀에 속한다는 사실과 이미지 처리에서 중요한 것은 픽셀들 사이의 인접성이라는 사실을 반영할 수 없다. 인접 픽셀들을 신경망의 인접 입력 노드들에 대응시킨다고 해도, 신경망의 내부 층들이 완전 연결이면 인접성의 의미가 완전히 사라진다. 실제 응용에서 이미지 데이터를 다루는 신경망은 인접성의 의미론을 반영하기 위해 배열(array) 비슷한 내부 구조를 사용한다. 이에 관해서는 §21.3에서 좀 더 자세히 살펴볼 것이다.

값이 셋 이상인 범주형 특성(이를테면 제19장 식당 대기 문제에서 값이 *French*, *Italian*, *Thai*, *Burger* 네 가지인 *Type* 특성)에는 흔히 소위 **원핫 부호화**(one-hot encoding)를 적용한다. 원핫 부호화는 가능한 값이 d개인 특성을 d개의 비트로 표현한다. 임의의 값에 대해, 그 값에 해당하는 비트만 1이고 다른 비트들은 모두 0이다. 일반적으로 이런 부호화가 그냥 값을 정수(이를테면 일련 번호)로 사상하는 부호화보다 잘 작동한다. *Type* 특성을 정수로 부호화한다면 *Thai*는 3, *Burger*는 4가 될 것이다. 신경망은 연속 함수들의 합성 함수이므로 수치적 인접성에 주의를 기울일 수밖에 없는데, 지금 예에서 태국 음식과 버거의 수치적 인접성은 사실 아무 의미가 없다.

21.2.2 출력층과 손실 함수

신경망의 출력 쪽에서는 원본 데이터값들을 그래프 출력 노드의 실제 값 y로 변환해야 한다. 이러한 출력 부호화는 입력 부호화 문제와 아주 비슷하다. 예를 들어 신경망이 제12장의 *Weather* 변수를 예측한다고 하자. 그 변수가 가질 수 있는 값은 $\{sun, rain, cloud, snow\}$이므로, 그냥 4비트 원핫 부호화를 사용하면 된다.

자료값 y는 그 정도면 충분하다. 예측값 ŷ는 어떨까? 이상적으로는 예측값이 바람직한 참값 y와 정확히 부합해야 한다. 즉, 손실이 0이어야 한다. 그러면 끝난 것이다. 그렇지만 실제 응용에서 그런 일은 거의 일어나지 않는다. 가중치들을 조정하기 전이라면 더욱 그렇다. 따라서 우리는 정확하지 않은 출력값이 무엇을 뜻하는지, 손실을 어떻게 측정할지 고민해야 한다. 식 (21.4)와 (21.5)의 기울기들을 유도할 때는 제곱 오차 손실 함수로 출발했다. 그러면 대수 계산이 간단해지지만, 다른 손실 함수들도 있다. 사실 대부분의 심층학습 응용에서는 출력값 ŷ를 확률로 간주하고 **음의 로그 가능도**(negative log likelihood)를 손실 함수로 사용한다. 제20장에서 **최대 가능도** 학습에 사용했던 것과 같은 방식이다.

최대 가능도 학습은 관측 데이터의 확률을 최대화하는 w의 값을 구한다. 그리고 log는 단조 함수이므로, 그런 확률을 최대화한다는 것은 데이터의 로그 가능도를 최대화하는 것과 동등하며, 로그 가능도 최대화는 곧 음의 로그 가능도로 정의된 손실 함수의 최소화와 동등하다. (p.936에서 보았듯이, 로그를 취하면 확률들의 곱이 합으로 변하며, 그러면 미분을 구하기가 더 쉬워진다.) 다른 말로 하면, 우리가 원하는 것은 견본 N개의 로그 확률들의 합을 최소화하는 $\mathbf{w}^*$이다.

$$\mathbf{w}^* = \arg\min_{\mathbf{w}} - \sum_{j=1}^{N} \log P_{\mathbf{w}}(\mathbf{y}_j | \mathbf{x}_j). \tag{21.6}$$

심층학습 문헌들은 흔히 **교차 엔트로피**(cross-entropy) 손실의 최소화를 이야기한다. $H(P,Q)$로 표기하는 교차 엔트로피는 말하자면 두 분포 P와 Q의 차이를 측정하는 측도라 할 수 있다.[2] 교차 엔트로피의 일반적인 정의는 다음과 같다.

$$H(P,Q) = \mathrm{E}_{\mathbf{z}} \sim P(\mathbf{z})[\log Q(\mathbf{z})] = \int P(\mathbf{z})\log Q(\mathbf{z})d\mathbf{z}. \tag{21.7}$$

기계학습에서는 흔히 훈련 견본들의 진(true) 분포 $P^*(\mathbf{x},\mathbf{y})$를 P로 두고 예측 가설 $P_{\mathbf{w}}(\mathbf{y}|\mathbf{x})$를 Q로 두어서 이 정의를 적용한다. $\mathbf{w}$를 조정해서 교차 엔트로피 $H(P^*(\mathbf{x},\mathbf{y}), P_{\mathbf{w}}(\mathbf{y}|\mathbf{x}))$를 최소화하면 가설이 진 분포와 최대한 가까워진다. 실제 응용에서 이 교차 엔트로피를 최소화할 수는 없는데, 왜냐하면 진 데이터 분포 $P^*(\mathbf{x},\mathbf{y})$를 우리가 알지 못하기 때문이다. 그렇지만 $P^*(\mathbf{x},\mathbf{y})$에서 뽑은 표본들에는 접근할 수 있으므로, 식 (21.6)에 있는 실제 데이터들의 합산은 식 (21.7)의 기댓값을 근사한다.

음의 로그 가능도(또는 교차 엔트로피)를 최소화하려면 신경망의 출력을 확률로 해석할 수 있어야 한다. 예를 들어 출력 단위가 하나이고 그 단위의 활성화 함수가 S자형 함수인 신경망으로 부울 분류를 학습한다면, 신경망의 출력값은 곧 주어진 견본이 긍정적 부류에 속할 확률이다. (실제로 로지스틱 회귀가 바로 이런 방식으로 쓰인다. §19.6.5를 보라.) 그래서 부울 분류 문제에서는 흔히 S자형 출력층을 사용한다.

기계학습에서는 다부류(multiclass) 분류 문제가 아주 흔하다. 예를 들어 물체 인식에 쓰이는 분류기들은 수천 가지의 서로 다른 물체 범주를 인식할 때가 많다. 문장의 다음 단어를 예측하는 자연어 모형 역시 수천 개의 가능한 단어 중 수십 개를 골라야 할 수 있다. 이런 종류의 예측을 위해서는 범주 분포(categorical distribution)를 출력해야 한다. 즉, 가능한 답이 d가지라고 하면 합이 1인 확률들을 산출하는 d개의 출력 노드가 필요하다.

그런 확률들을 출력하기 위해 **소프트맥스**^softmax층을 사용한다. 소프트맥스 층은 입력값들의 벡터 $\mathbf{in} = \langle in_1, \ldots, in_d \rangle$가 주어졌을 때 d개의 값들로 이루어진 벡터를 출력한다. 출력 벡터의 k번째 성분은 다음과 같이 주어진다.

$$softmax(\mathbf{in})_k = \frac{e^{in_k}}{\displaystyle\sum_{k'=1}^{d} e^{in_{k'}}}.$$

정의에 의해, 이러한 소프트맥스 함수는 합하면 1이 되는 음이 아닌 수들의 벡터를 출력한다. 이전과 마찬가지로 각 출력 노드의 입력 in_k는 이전 층 출력들의 가중 선형 결합

---

2 $H(P,P)$가 0이 아니라는 점에서 교차 엔트로피가 통상적인 의미에서의 '거리'는 아니다. $H(P,P)$는 엔트로피 $H(P)$와 같다. $H(P,Q) = H(P) + D_{KL}(P\|Q)$임을 쉽게 증명할 수 있는데, D_{KL}는 **쿨백-라이블러 발산값**(Kullback–Leibler divergence)이다. 이 KL 발산값 자체는 $D_{KL}(P\|P) = 0$을 충족한다. 따라서, 고정된 P에 대해 Q를 바꾸어 가면서 교차 엔트로피를 최소화하면 KL 발산값도 최소화된다.

이다. 지수(거듭제곱) 때문에 소프트맥스 층을 거치면 입력들의 차이가 더욱 강조된다. 예를 들어 입력 벡터가 in=⟨5,2,0,−2⟩이면 출력은 ⟨0.946,0.047,0.006,0.001⟩이 다. 그래도 max 함수와는 달리 소프트맥스 함수는 매끄러운 미분 가능 함수이다(연습 문제 21.SOFG). $d=2$일 때 소프트맥스는 S자형 함수가 된다는 점도 쉽게 증명할 수 있 다(연습문제 21.SMSG). 다른 말로 하면, S자형 단위가 이진 부류 정보를 신경망으로 전 파하는 것과 비슷하게, 소프트맥스 단위는 다부류 정보를 전파한다.

목푯값 y가 연속값인 회귀 문제에서는 흔히 선형 출력층을 사용한다. 즉, 활성화 함 수 g 없이 그냥 $\hat{y_j}=in_j$로 둔다. 그리고 이 선형 출력층의 출력을 분산이 고정된 하나의 가우스 예측 분포의 평균으로 해석한다. p.941에서 언급했듯이 분산이 고정된 가우스 분 포에서의 가능도 최대화(즉, 음의 로그가능도 최소화)는 제곱 오차의 최소화와 같다. 따 라서 이런 식으로 해석한 선형 출력층은 실제로 고전적인 선형 회귀를 수행한다. 이 선 형 회귀의 입력 특징들은 그 이전 층의 출력들인데, 일반적으로 그 출력들은 신경망 자 체의 입력들에 비선형 변환을 여러 번 적용한 결과이다.

혼합 밀도

이와는 다른 종류의 출력층도 많이 있다. 예를 들어 **혼합 밀도**(mixture density) 층 은 가우스 분포들의 혼합을 이용한 출력을 나타낸다. (가우스 혼합 분포는 §20.3.1에서 좀 더 자세히 다룬다.) 이런 출력층은 각 혼합 성분 분포의 상대적 빈도와 평균, 분산을 예측한다. 이 출력값들을 정의하는 손실 함수를 통해 진 출력값(목푯값) y에 대한 확률 로서 적절히 해석하는 한, 훈련을 거친 신경망은 이전 층들이 정의한 특징 공간 안에서 가우스 혼합 모형을 데이터에 적합시킨다.

21.2.3 은닉층

훈련 과정에서 신경망에는 다수의 입력값 x들과 그에 대응되는 다수의 출력값 y들이 제공된다. 하나의 입력 벡터 x를 처리하는 과정에서 신경망은 여러 번의 중간 계산을 수행해서 출력 y을 산출한다. 신경망 각 층에서 계산되는 값들을 입력 x의 서로 다른 **표현**(representation)으로 간주할 수 있다. 각 층은 이전 층이 산출한 표현을 새로운 표현 으로 변환한다. 이 모든 변환들의 합성이 성공하면(즉, 모든 변환이 잘 진행되면), 입력 은 바람직한 출력으로 바뀐다. 실제로, 심층학습이 그토록 좋은 성과를 내는 이유에 대 한 가설 하나는 입력을 출력으로 사상하는(이를테면 입력 이미지를 출력 분류명 '기린' 으로 사상하는) 복잡한 종단간 변환이 신경망의 여러 층에서 비교적 간단한 변환들로 바 뀌고, 각 변환을 국소적인 갱신 과정으로 비교적 쉽게 배울 수 있다는 것이다.

이 모든 내부 변환을 형성하는 과정에서 심층 신경망은 데이터의 의미 있는 중간 표현을 발견할 때가 많다. 예를 들어 이미지에 있는 복잡한 사물을 인식하는 방법을 배 우는 신경망의 은닉층들은 선분, 모서리, 타원, 눈, 얼굴, 고양이 등 점차 복잡한 특징을 검출하는 방법을 배우게 된다. 그러나 꼭 그렇지는 않을 수도 있는데, 심층 신경망이 정 확한 출력을 산출하긴 해도 은닉층들의 의미를 사람이 이해하기는 어려울 때가 있다.

일반적으로 신경망 은닉층은 출력층보다 덜 다양하다. 다층 신경망 연구의 처음 25년간(대략 1985~2010) 내부 노드의 활성화 함수로는 거의 전적으로 S자형 함수와 tanh 함수가 쓰였다. 2010년경부터는 ReLU와 소프트플러스 함수가 점점 많이 쓰이고 있는데, 부분적인 이유는 이들이 §21.1.2에서 언급한 기울기 소실 문제를 피할 수 있다고 알려졌기 때문이다. 점점 더 깊은 심층 신경망들로 수행한 실험들에 따르면, 많은 경우 전체 가중치 개수가 같다고 할 때 얕고 넓은 신경망보다 깊고 비교적 좁은 신경망이 더 나은 성과를 낸다. 전형적인 예가 도해 21.7(p.990)에 나온다.

단순히 너비와 깊이가 다른 구조들 외에도 계산 그래프로 가능한 구조들은 많이 있다. 이 글을 쓰는 현재, 특정 문제에 대해 특정 구조가 다른 구조보다 나은 이유는 그리 잘 알려져 있지 않다. 실무자들은 경험을 쌓으면서 신경망 설계 방법이나 디버깅 방법에 관해 어느 정도의 통찰을 얻게 된다. 이는 요리사가 조리법을 고안하는 방법과 음식 맛이 이상할 때 조리법을 고치는 방법을 점차 터득하는 것과 비슷하다. 이 때문에, 실제 문제들을 성공적으로 해결하는 심층 신경망을 개발하려면 서로 다른 구조를 빠르게 시험하고 평가할 수 있는 도구가 꼭 필요하다.

21.3 합성곱 신경망

기본적으로 이미지 데이터에서는 픽셀들의 인접성 정보가 대단히 중요하기 때문에 이미지 데이터를 그냥 입력 픽셀값들의 벡터로 간주할 수는 없음을 §21.2.1에서 언급했다. 완전 연결 층들로 이루어진 신경망은 원본 이미지들로 훈련하든 모든 픽셀을 무작위로 뒤섞은 이미지들로 훈련하든 입력 이미지에 대해 동일한 결과를 산출한다. 더 나아가서, 한 입력 이미지의 픽셀이 n개이고 첫 은닉층의 단위가 n개이며 각 픽셀이 각 단위에 입력된다고 가정할 때, 만일 입력과 첫 은닉층이 완전히 연결된다면 가중치가 n^2개가 필요하다. 이 경우 전형적인 1메가픽셀(픽셀 1백만 개) 이미지에 필요한 가중치의 수는 무려 9조이다. 이처럼 매개변수 공간이 거대한 모형을 제대로 훈련하면 그에 상응하는 엄청나게 많은 훈련 이미지가 필요하며, 훈련 알고리즘 실행 시 계산 비용도 엄청날 것이다.

▶ 이런 점들을 고려할 때, 첫 층은 각 은닉 단위가 입력의 작은 국소 영역에 있는 적은 수의 픽셀들만 받도록 설계해야 한다. 이렇게 하면 일석이조의 효과가 난다. 첫째로, 이 방법은 적어도 국소적으로는 인접성을 유지한다. (그리고 이후의 층들에도 이런 국소성 성질이 있다면 인접성이 네트워크 전체에서 유지되는 효과가 생김을 나중에 보게 될 것이다.) 둘째로, 가중치 개수가 줄어든다. 국소 영역의 픽셀 수가 $l \ll n$이면 전체 가중치 개수는 $ln \ll n^2$이다.

이 둘은 확실히 장점이다. 그러나 이 접근방식은 이미지의 또 다른 중요한 성질인 **공간 불변성**(spatial invariance)을 반영하지 않는다. 대충 말하자면 공간 불변성은 이미지

공간 불변성

의 한 곳에 있는 작은 영역에서 검출되는 어떤 사물(코나 풀잎 등)은 그것을 이미지의 다른 곳으로 옮겨도 같은 사물로 검출되어야 한다는 것이다. 이미지 데이터를 다루는 심층 신경망은 이런 공간 불변성을 적어도 적당한 국소적 규모로는 존중해야 한다.[3] 흔히 사진의 위쪽 절반이 아래쪽 절반과 같으리라고 기대하지는 않으므로, 공간 불변성이 더 이상 유지되지 않는 규모의 기준은 확실히 존재한다.

국소적인 공간 불변성은 한 국소 영역을 은닉층의 한 단위로 연결하는 가중치 l개를 은닉층의 모든 은닉 단위가 공유하게 해서 얻을 수 있다. (즉, 은닉 단위 i와 j에 대해 가중치 $w_{1,i}, ..., w_{l,i}$가 가중치 $w_{1,j}, ..., w_{l,j}$와 같게 하는 것이다.) 이렇게 하면 은닉 단위들은 한 특징이 이미지의 어느 곳에 있든 동일한 특징으로 검출하는 특징 검출기가 된다. 일반적으로 첫 은닉층에서는 하나의 특징이 아니라 여러 가지 특징을 검출하는 것이 바람직하다. 이를 위해, 각 국소 이미지 영역에 대해 d개의 은닉 단위와 d개의 서로 다른 가중치 집합을 둔다. 그러면 전체 가중치 개수는 dl인데, 이 개수는 n^2보다 훨씬 적을 뿐만 아니라 이미지 크기인 n과는 독립적이다. 이상의 논의에서 보듯이, 약간의 사전 지식(구체적으로 말하면 인접성과 공간 불변성에 관한 지식)을 동원하면 매개변수가 훨씬 적고 좀 더 빠르게 학습하는 모형을 개발할 수 있다.

적어도 앞쪽(입력층 쪽) 층들에서는 공간적인 국소 연결 관계가 유지되는 신경망 구조로 **합성곱 신경망**(convolutional neural network, CNN)이 있다. 합성곱 신경망에서는 가중치들의 패턴이 각 층의 단위들에 복제된다. 여러 국소 영역에 걸쳐 복제되는 가중치 패턴을 **핵**(kernel)이라고 부르고, 핵을 이미지의 픽셀들(또는, 이후의 층에서 공간적으로 배치된 단위들)에 적용하는 연산을 가리켜 **합성곱**(convolution)이라고 부른다.[4]

핵과 합성곱은 데이터가 2차원 이상일 때보다는 1차원일 때 설명하기가 훨씬 수월하므로, 여기서는 입력 벡터 $\mathbf{x}$가 1차원 이미지의 픽셀 n개에 대응되는 성분 n개짜리 벡터이고 1차원 핵 $\mathbf{k}$는 크기(성분 수)가 l인 벡터라고 하겠다. (그리고 간단함을 위해 l이 홀수라고 가정한다.) 이 논의의 모든 개념은 2차원 이상의 경우들에도 그대로 적용된다.

합성곱 연산은 $\mathbf{z} = \mathbf{x} * \mathbf{k}$처럼 $*$ 기호로 표기한다. 이 연산은 다음과 같이 정의된다.

$$z_i = \sum_{j=1}^{l} k_j x_{j+i-(l+1)/2}. \tag{21.8}$$

다른 말로 하면, 이 연산은 각 출력 위치 i에 대해 핵 $\mathbf{k}$와 x_i를 중심으로 너비가 l인 $\mathbf{x}$의 한 조각의 내적을 취한다.

---

[3] 음향 파형 데이터 같은 시계열 데이터원을 처리할 때도 비슷한 개념이 적용된다. 그런 데이터는 흔히 **시간 불변성**(temporal invariance)을 지닌다. 예를 들어 같은 단어는 아침에 발음하든 저녁에 발음하든 같게 들린다. 순환 신경망(§21.6)은 이런 시간 불변성을 자동으로 유지한다.

[4] 신호 처리 분야는 이 연산을 합성곱이 아니라 상호상관 또는 교차상관(cross-correlation)이라고 부른다. 그러나 신경망 분야는 '합성곱'을 사용한다.

도해 21.4는 핵 벡터 [+1,−1,+1]에 대한 합성곱 연산 과정을 나타낸 것이다. 이 핵은 1차원 이미지에서 더 어두운 점을 찾는다. (2차원 버전은 더 어두운 선을 검출할 것이다.) 이 예에서 핵이 한 번 적용되는 이미지 영역(세 픽셀)의 가운데 픽셀은 서로 2픽셀만큼 떨어져 있다. 이 간격을 핵의 **보폭**(stride)이라고 부르고 흔히 s로 표기한다. 이 예에서는 $s = 2$이다. 출력층의 픽셀 수가 원본 입력의 픽셀 수보다 작다는 점에 주목하자. 보폭 때문에 픽셀 수가 n에서 대략 n/s으로 줄어든다. (2차원에서는, 이미지 x 축 방향과 y 방향의 보폭이 s_x와 s_y라고 할 때 픽셀 수가 대략 $n/s_x s_y$로 줄어든다.) "대략"이라고 한 이유는, 이미지 가장자리에서는 상황이 조금 다르기 때문이다. 도해 21.4에서는 합성곱이 이미지 가장자리에서 멈추지만, 입력에 여분의 픽셀들(0일 수도 있고 가장자리 픽셀의 복사본일 수도 있다)을 채워서 핵이 정확히 $\lfloor n/s \rfloor$번 적용되게 만들 수 있다. 작은 핵에는 흔히 $s = 1$을 사용하며, 그러면 출력의 차원이 이미지의 차원과 같다(도해 21.5).

보폭

이미지에 핵을 적용하는 연산을 곧이곧대로 프로그래밍한다면 적절히 중첩된 루프들이 있는 프로그램이 될 것이다. 그러나 이를 식 (21.1)에서 가중치 행렬을 적용한 것과 비슷한 방식으로 하나의 행렬 연산으로 공식화할 수도 있다. 예를 들어 도해 21.4에 나온 합성곱은 다음과 같은 행렬곱에 해당한다.

$$
\begin{pmatrix} +1 & -1 & +1 & 0 & 0 & 0 & 0 \\ 0 & 0 & +1 & -1 & +1 & 0 & 0 \\ 0 & 0 & 0 & 0 & +1 & -1 & +1 \end{pmatrix} \begin{pmatrix} 5 \\ 6 \\ 6 \\ 2 \\ 5 \\ 6 \\ 5 \end{pmatrix} = \begin{pmatrix} 5 \\ 9 \\ 4 \end{pmatrix}. \tag{21.9}
$$

좌변 가중치 행렬의 각 행에 핵이 나와 있는데, 이전 행보다 보폭만큼 오른쪽으로 이동한 모습이다. 그런데 이런 가중치 행렬을 명시적으로 구축할 필요는 없다. 어차피 대부분의 성분은 0이다. 그렇지만 합성곱이 하나의 선형 행렬 연산이라는 사실은 경사 하강법을 보통의 신경망에서처럼 CNN에 손쉽고 효과적으로 적용할 수 있는 근거가 된다.

앞에서 언급했듯이 CNN에서 핵은 하나가 아니라 d개이다. 따라서, 핵들의 보폭이 1이면 출력은 입력보다 d배 크다. 2차원 입력 배열은 3차원 은닉 단위 배열이 되는데,

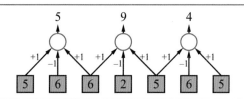

도해 21.4 1차원 합성곱 연산의 예. 핵의 크기는 $l = 3$이고 보폭은 $s = 2$이다. 더 어두운(세기가 낮은) 입력 픽셀을 중심으로 최대응답(peak response)이 나타난다. 이러한 합성곱 연산 결과를 흔히 비선형 활성화 함수(그림에는 없음)에 넣고 그 결과를 다음 은닉층으로 전달한다.

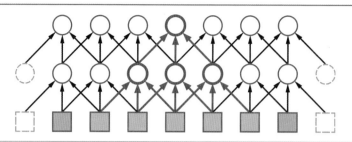

도해 21.5 1차원 이미지에 대한 CNN의 처음 두 층. 핵은 크기가 $l=3$이고 보폭이 $s=1$이다. 은닉층들이 입력과 같은 크기가 되도록 왼쪽 끝과 오른쪽 끝에 가짜 픽셀들을 채웠다. 빨간색으로 표시된 부분은 둘째 은닉층의 한 단위의 수용 영역이다. 일반적으로, 더 깊은 층에 있는 단위일수록 해당 수용 영역이 크다.

세 번째 차원은 크기가 d이다. 은닉층을 이런 식으로 조직화해야 이미지의 특정 위치에 대한 모든 핵 출력이 그 위치에 연관된다. 그런데 이미지의 공간적 차원들과는 달리 이 추가적인 '핵 차원'에는 인접성 정보가 **없다**. 따라서 이 차원을 따라 합성곱을 적용하는 것은 무의미하다.

    CNN은 원래 신경과학에서 제안한 시각피질 모형에서 영감을 얻은 것이다. 그 시각피질 모형에서, 감각 입력 중 주어진 한 뉴런의 활성값에 영향을 미칠 수 있는 부분을 **수용 영역**{.margin}

수용 영역 그 뉴런의 **수용 영역**(receptive field)이라고 부른다. CNN에서, 첫 은닉층에 있는 단위들의 수용 영역은 작다. 수용 영역의 크기는 그냥 핵 크기(픽셀 l개)와 같다. 그러나 더 깊은 층의 수용 영역은 그보다 훨씬 클 수 있다. 도해 21.5에서 둘째 은닉층의 수용 영역은 픽셀 다섯 개이다. 도해 21.5처럼 보폭이 1이면 m번째 은닉층의 한 노드의 수용 영역은 크기가 $(l-1)m+1$이다. 즉, 수용 영역의 크기는 m에 선형으로(정비례해서) 증가한다. (2차원 이미지에서는 수용 영역의 두 차원이 각각 m에 선형으로 증가하므로 너비는 2차(제곱)으로 증가한다.) 보폭이 1보다 크면, 층 m의 각 픽셀은 층 $m-1$의 픽셀 s개를 대표한다. 따라서 수용 영역의 크기는 $O(ls^m)$으로 증가한다. 즉, 깊이에 대해 지수적으로 증가하는 것이다. 다음 절에서 설명할 풀링 층에서도 같은 현상이 발생한다.

21.3.1 풀링과 하향 표집

풀링 **풀링**pooling 층은 이전 층이 넘겨준 일단의 인접 단위 출력들을 하나의 값으로 요약하는 계산층이다. 풀링층도 합성곱 층처럼 입력들에 핵(앞에서처럼 핵의 크기가 l이고 보폭이 s라고 하자)을 적용하지만, 풀링 연산은 학습되는 것이 아니라 고정된 형태이다. 일반적으로 풀링 층에는 활성화 함수를 적용하지 않는다. 흔히 쓰이는 풀링 연산은 다음 두 가지이다.

- 평균값 풀링(average-pooling)은 입력 l개의 평균값을 계산한다. 이는 균등 핵 벡터 $k=[1/l,\ldots,1/l]$를 적용한 합성곱과 동일하다. $l=s$로 두면 해상도가 s분의 1로

줄어드는 효과가 난다. 즉, 이는 **하향 표집**(downsampling)에 해당한다. 예를 들어 입력 이미지에서 $10s$개의 픽셀을 차지하던 물체가 풀링을 거치면 10개만 차지하게 된다. 원본 이미지에서 10픽셀 크기의 특정 물체를 인식하도록 훈련된 분류기에 평균값 풀링을 도입하면, 원본 이미지에 너무 크게 표현되어서 인식하지 못하던 해당 물체를 인식하게 된다. 다른 말로 하면, 평균값 풀링은 다중 척도(multiscale) 인식을 가능하게 한다. 평균값 풀링은 또한 이후 층들에 필요한 가중치들을 줄여준다. 그러면 계산 비용이 감소하고, 학습이 더 빨라질 수 있다.

- 최댓값 풀링(max-pooling)은 입력 l개의 최댓값을 계산한다. 최댓값 풀링을 순전히 하향 표집만을 위해 사용할 수도 있지만, 평균값 풀링과는 그 의미론이 조금 다르다. 도해 21.4의 은닉층 [5,9,4]에 최댓값 풀링을 적용하면 9가 나온다. 이 결과는 입력 이미지의 어딘가에 핵이 검출한 더 어두운 픽셀이 있음을 나타낸다. 다른 말로 하면, 최댓값 풀링은 단위의 수용 영역 어딘가에 어떠한 특징이 존재하는지의 여부를 말해주는 일종의 논리합으로 작용한다.

이미지를 c개의 범주 중 하나로 분류하는 것이 목표일 때는 출력 단위가 c인 소프트맥스 층을 CNN의 마지막 층으로 둔다. 앞쪽 층들은 크기가 이미지와 동일하므로, 마지막 층으로 오기까지 크기가 상당히 줄어드는 셈이다. 보폭이 1보다 큰 합성곱 층들과 풀링 층들은 층 크기를 줄이는 효과를 낸다. 그냥 이전 층보다 단위 수가 적은 완전 연결층을 두어서 층의 크기를 줄이는 것도 가능하다. 실제로 CNN들은 최종 소프트맥스 층 전에 그런 완전 연결층을 한두 개 두는 경우가 많다.

21.3.2 CNN의 텐서 연산

식 (21.1)과 식 (21.3)에서 보았듯이 벡터와 행렬 표기법을 이용하면 수학 공식 유도가 간단하고 우아해져서 계산 그래프를 좀 더 간결하게 서술할 수 있다. 벡터와 행렬은 **텐서**tensor의 1차원 및 2차원 특수 경우이다. 심층학습의 어법에서 텐서는 그냥 임의의 차원의 다차원 배열이다.[5]

CNN에서 텐서는 데이터가 층들을 거치는 동안도 데이터의 '형태(shape)'를 추적하기 위한 수단이다. 그런 추적이 중요한 것은, 합성곱 개념 자체가 인접성 개념에 의존하기 때문이다. 서로 가까이 있는 데이터 요소들은 의미상으로도 연관이 있다고 간주되므로, 연산자들을 데이터의 국소적인 영역들에 적용하는 것이 합당하다. 더 나아가서, 텐서를 구성하고 관련 연산을 적용하는 데 관한 적절한 표기법과 용어를 확립해 두면, 층들 자체를 텐서 입력에서 텐서 출력으로의 사상(mapping)으로 간결하게 서술할 수 있다.

CNN을 텐서 연산으로 서술하는 것이 바람직한 결정적인 이유는 계산 효율성이 좋

---

[5] 텐서를 수학적으로 좀 더 엄밀하게 정의하려면 기저가 바뀌어도 변하지 않는 특정한 불변성들을 언급해야 한다.

다는 것이다. 일련의 텐서 연산으로 서술된 신경망 명세를 심층학습 소프트웨어 패키지에 입력하면 패키지는 바탕 계산 작업에 고도로 최적화된 코드를 생성한다. 심층학습 작업 부하(workload)는 흔히 GPU(그래픽 처리 장치)나 TPU(텐서 처리 장치)에서 실행하는데, 이들은 고도의 병렬 계산 능력을 가지고 있다. 예를 들어 구글의 3세대 TPU 포드(pod) 중 하나는 그 처리량이 노트북 컴퓨터 약 1000만 대에 상응한다. 거대한 CNN을 거대한 이미지 데이터 집합으로 훈련하려면 이런 병렬 계산 능력을 활용하는 것이 필수이다. 이를 최대한 활용하기 위해, 흔히 한 번에 이미지 하나씩 처리하는 대신 다수의 이미지를 병렬로 처리한다. §21.4에서 보겠지만 이런 접근방식은 확률적 경사 하강법이 훈련 견본들의 미니배치에 대해 기울기들을 계산하는 방식과도 잘 맞는다.

그럼 이상의 모든 논의를 모은 예제를 하나 살펴보자. 256×256 RGB 이미지들을 64장씩 미니배치로 묶어서 CNN의 훈련에 사용한다고 가정한다. 그러면 하나의 입력은 $256 \times 256 \times 3 \times 64$ 크기의 4차원 텐서이다. 이 입력에 $5 \times 5 \times 3$ 크기의 핵 96개를 이미지의 x 방향과 y 방향 모두에 2의 보폭으로 적용한다. 그러면 출력 텐서의 크기는 $128 \times 128 \times 96 \times 64$이다. 핵이 추출한 각 특징이 전체 이미지의 어디에 있는 것인지 보여 준다는 점에서 이런 텐서를 흔히 **특징 맵**(feature map)이라고 부른다. 지금 예에서 이 특징 맵은 각 특징을 담은 **채널**(channel) 96개로 구성된다. 입력 텐서와는 달리 이 특징 맵에는 원래의 색상 채널들이 없음을 주목하자. 그렇긴 하지만, 학습 알고리즘이 신경망의 최종 예측에 색상 정보가 유용함을 알게 된다면 여러 특징 채널에 색상 정보가 존재할 수 있다.

특징 맵
채널

21.3.3 잔차망

잔차망

잔차망(residual network)은 기울기 소실 문제가 없는 아주 깊은 신경망을 구축하는 데 성공적임이 밝혀진 인기 있는 신경망 구조이다.

전형적인 심층학습 모형에서 층 i는 그 이전 층인 층 $i-1$의 표현을 완전히 대체하는 새로운 표현을 학습한다. 식 (21.3)에서 도입한 행렬 벡터 표기법과 함께 벡터 층 i에 있는 단위들의 값들을 벡터 $\mathbf{z}^{(i)}$로 표기할 때, 인접한 두 층에 대해 다음이 성립한다.

$$\mathbf{z}^{(i)} = f(\mathbf{z}^{(i-1)}) = \mathbf{g}^{(i)}(\mathbf{W}^{(i)} \mathbf{z}^{(i-1)}).$$

각 층은 이전 층의 표현을 완전히 대체하므로, 모든 층은 반드시 뭔가 유용한 것을 배운다. 각 층은 적어도 이전 층에 담긴 문제와 관련된 정보를 유지한다. 임의의 층 i에 대해 $\mathbf{W}^{(i)} = 0$으로 두면 신경망 전체가 작동하지 않게 된다. 그와 함께 $\mathbf{W}^{(i-1)} = 0$으로까지 설정하면 신경망은 아무것도 배우지 못한다. 층 i는 층 $i-1$에서 온 입력들에서 아무런 변이(variation)도 관측하지 못하므로 아무것도 배울 수 없다. 층 $i-1$ 역시, 역전파 과정에서 층 i에서 전달된 기울기들이 항상 0이므로 아무것도 배우지 못한다. 물론 이들은 극단적인 사례이지만, 층들이 신호가 신경망을 따라 흘러가는 파이프라인 역할을 해야 한다는 점을 잘 보여준다.

　　잔차망의 핵심 착안은, 각 층이 이전 층의 표현을 완전히 대체할 것이 아니라 **섭동** (perturbation)해야 한다는 것이다. 학습된 섭동이 작다면, 다음 층(의 표현)은 이전 층의 복사본에 가깝다. 층 i를 다음과 같이 층 $i-1$로 표현하는 수식이 이 점을 잘 보여준다.

$$z^{(i)} = g_r^{(i)}(z^{(i-1)} + f(z^{(i-1)})), \tag{21.10}$$

여기서 g_r은 잔차층의 활성화 함수들이다. f는 층 $i-1$에서 층 i로의 기본 신호 전달 방식을 섭동하는 **잔차**(residual) 함수에 해당한다. 잔차를 계산하는 이 함수는 일반적으로 비선형 층 하나와 선형 층 하나를 조합한 간단한 신경망으로 구현된다.

잔차

$$f(z) = V g(Wz).$$

여기서 W와 V는 학습된 가중치 행렬들(통상적인 치우침(bias) 가중치들이 추가된)이다.

　　잔차망을 이용하면 훨씬 더 깊은 신경망을 안정적으로 훈련할 수 있다. 특정한 층 하나에 대해 $V = 0$으로 두어서 그 층을 비활성화하면 어떤 일이 생기는지 생각해 보자. 그러면 잔차 f가 사라져서 식 (21.10)이 다음과 같이 간단해진다.

$$z^{(i)} = g_r(z^{(i-1)}).$$

이제 g_r이 ReLU 활성화 함수들로 구성되고 $z^{(i-1)}$ 역시 주어진 입력들에 ReLU 함수를 적용한다고 가정하자. 즉, $z^{(i-1)} = ReLU(in^{(i-1)})$이다. 이 경우 다음이 성립한다.

$$z^{(i)} = g_r(z^{(i-1)}) = ReLU(z^{(i-1)}) = ReLU(ReLU(in^{(i-1)})) = ReLU(in^{(i-1)}) = z^{(i-1)}.$$

끝에서 두 번째 단계가 성립하는 이유는 $ReLU(ReLU(x)) = ReLU(x)$이기 때문이다. 다른 말로 하면, 활성화 함수가 ReLU인 잔차망에서 가중치들이 모두 0인 층은 자신의 입력을 아무 변경 없이 그대로 통과시킨다. 잔차망의 나머지 부분은 그냥 그 층이 아예 없는 것처럼 작동한다. 전통적인 신경망은 정보를 전파하는 방법을 **배워야** 하며 매개변수들이 잘못 선택되면 정보 전파가 처참하게 실패할 여지가 있지만, 잔차망은 기본적으로 정보를 전파한다.

　　잔차망은 시각 응용에서 합성곱 층들과 함께 쓰일 때가 많지만, 사실 잔차망 자체는 심층 신경망을 좀 더 강건하게 만들고 연구자가 복잡하고 이질적인 신경망 설계들을 좀 더 자유로이 실험할 수 있게 하는 범용 도구이다. 이 글을 쓰는 현재, 층이 수백 개인 잔차망을 드물지 않게 볼 수 있다. 이런 신경망들의 설계는 빠르게 진화하고 있으므로, 여기서 설계 세부사항을 더 이야기해봤자 이 책이 여러분의 손에 들어가기도 전에 옛날 이야기가 될 가능성이 크다. 특정 응용에 가장 적합한 구조를 알고 싶은 독자는 좀 더 최근의 연구 문헌을 참고해야 할 것이다.

21.4 학습 알고리즘

신경망 훈련은 훈련 집합에 대한 손실이 최소가 되도록 신경망 매개변수들을 수정하는 과정으로 이루어진다. 원칙적으로는 그 어떤 최적화 알고리즘도 신경망 훈련에 사용할 수 있다. 그러나 실제 응용에서 현대적인 신경망의 훈련에는 거의 항상 확률적 경사 하강법(stochastic gradient descent, SGD)의 변형이 쓰인다.

표준적인 경사 하강법과 그것의 확률적 버전은 §19.6.2에서 소개했다. 지금 맥락에서 목표는 손실 $L(\mathbf{w})$를 최소화하는 것이다. 여기서 $\mathbf{w}$는 신경망의 모든 매개변수를 대표한다. 경사 하강법의 각 갱신 단계는 다음과 같은 모습이다.

$$\mathbf{w} \leftarrow \mathbf{w} - \alpha \nabla_{\mathbf{w}} L(\mathbf{w}).$$

여기서 α는 학습 속도이다. 표준 경사 하강법에서 손실 L은 전체 훈련 집합에 대해 정의되지만, SGD에서는 각 단계에서 무작위로 추출한 견본 m개로 이루어진 하나의 미니배치^{minibatch}에 대해 정의된다.

§4.2에서 언급했듯이, 고차 연속 공간의 최적화 방법에 관한 문헌들을 살펴보면 기본적인 경사 하강법의 개선안을 수없이 발견할 수 있다. 여기서 그 모든 개선안을 다룰 수는 없는 일이다. 대신, 신경망의 훈련과 특히 관련이 깊은 중요한 고려사항 몇 가지만 소개한다.

- 실제 문제를 푸는 대부분의 신경망에서는 $\mathbf{w}$의 차원 수와 훈련 집합의 크기가 아주 크다. 이는 미니배치 크기 m이 비교적 작은 SGD를 사용하는 것이 대단히 바람직한 이유가 된다. 확률성 덕분에 SGD는 고차원 가중치 공간의 작은 극소점들을 좀 더 잘 벗어난다(모의 정련도 그런 특징이 있다. ❶권 p.152를 참고할 것). 그리고 작은 미니배치를 사용하는 덕분에 각 가중치 갱신의 계산 비용이 훈련 집합의 크기와는 독립적인 작은 상수가 된다.

- SGD 미니배치에 있는 훈련 견본들의 기울기 기여를 각자 독립적으로 계산할 수 있으므로 다수의 견본을 병렬로 처리하는 것이 가능하다. 이 때문에 미니배치의 크기를 GPU나 TPU의 하드웨어 병렬성을 최대한 활용할 수 있는 크기로 설정할 때가 많다.

- 수렴 속도를 개선하기 위해서는 시간이 지남에 따라 학습 속도를 점차 줄이는 것이 대체로 바람직하다. 어느 시점부터 얼마만큼 줄이는 것이 좋은지는 일반적으로 시행착오를 거쳐서 파악한다.

- 전체 훈련 집합에 대한 손실 함수의 극소점 또는 최소점 부근에서는 작은 미니배치로 추정한 기울기들의 분산이 클 때가 많다. 그러면 수렴이 어려워진다. 한 가지 해법은 훈련을 진행하면서 미니배치 크기를 점차 키우는 것이다. 아니면 **운동량**(momentum) 개념을 도입해서, 지난 미니배치들의 기울기들의 이동 평균(running

운동량

average)을 이용해서 작은 미니배치 크기가 일으키는 문제를 상쇄할 수도 있다.

- 위넘침(overflow), 아래넘침(underflow), 반올림 오차 때문에 생기는 수치 불안정성을 완화하는 데 세심한 주의를 기울여야 한다. 소프트맥스, S자형, tanh 활성화 함수의 거듭제곱과 아주 깊은 순방향 신경망과 순환 신경망(§21.6)의 반복된 계산 때문에 수치 불안정성이 특히나 심해질 수 있으며, 그러면 활성값과 기울기가 소실되거나 폭발하는 문제가 발생한다.

크게 볼 때 신경망 가중치 학습 과정에서는 소위 수확 체감(diminishing returns) 현상이 흔히 발생한다. 즉, 훈련을 아무리 반복해도 어느 지점부터는 시험 오차가 거의 줄지 않게 된다. 그렇다고 손실 함수의 최소점 또는 극소점에 도달한 것은 아닐 때가 많다. 그냥, 비용이 아주 조금 줄어드는 작은 갱신 단계들을 쓸데없이 많이 반복하는 것이거나, 추가 반복이 그냥 과대적합을 일으킬 뿐이거나, 아니면 기울기 추정들이 너무 부정확해서 학습의 진척이 없는 것일 수 있다.

21.4.1 계산 그래프의 기울기 계산

앞에서(p.973) 아주 간단한 예제 신경망의 가중치들에 대한 손실 함수의 기울기를 직접 유도해 보았다. 우리는 신경망의 출력층에서부터 오차 정보를 은닉층들로 역전파해서 기울기를 계산할 수 있음을 보았다. 또한, 그러한 결과가 임의의 순방향 계산 그래프에 일반적으로 성립한다는 점도 이야기했다. 그럼 어떻게 그렇게 되는지 살펴보자.

도해 21.6은 계산 그래프의 일반적 노드 하나를 보여준다. (참고로 노드 h의 입력 차수(들어오는 간선 개수)와 출력 차수는 둘 다 2지만, 이 분석은 입·출력 차수들에 의존하지 않는다.) 순방향 패스에서 이 노드는 노드 f와 g에서 온 두 입력으로 임의의 함수 h를 계산하고 그 결과를 노드 j와 k에 공급한다.

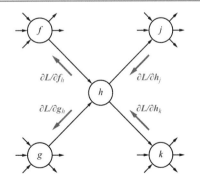

도해 21.6 임의의 계산 그래프에서 기울기 정보가 역전파되는 방식. 신경망 출력의 순방향 계산은 왼쪽에서 오른쪽으로 진행되고 기울기 역전파는 오른쪽에서 왼쪽으로 진행된다.

역전파 과정에서는 메시지들이 네트워크의 링크들을 따라 거꾸로 전파된다. 각 노드는 들어온 메시지들을 취합해 새 메시지를 계산해서 다음(신경망 앞쪽) 층으로 전파한다. 도해 21.6에서 보듯이, 메시지들은 모두 손실 함수 L의 편미분이다. 예를 들어 역방향 메시지 $\partial L/\partial h_j$는 j의 첫 입력에 대한 L의 편미분이고, j의 첫 입력 자체는 h에서 j로 전달된 순방향 메시지이다. h는 j와 k 모두를 통해서 L에 영향을 미치므로, 다음이 성립한다.

$$\partial L/\partial h = \partial L/\partial h_j + \partial L/\partial h_k. \tag{21.11}$$

이 공식에 따라, 노드 h는 j와 k에서 온 메시지들을 합산해서 L의 h에 대한 미분을 계산한다. 나가는 메시지 $\partial L/\partial f_h$와 $\partial L/\partial g_h$를 계산할 때는 다음 두 공식을 사용하면 된다.

$$\frac{\partial L}{\partial f_h} = \frac{\partial L}{\partial h}\frac{\partial h}{\partial f_h} \;\; \text{그리고} \;\; \frac{\partial L}{\partial g_h} = \frac{\partial L}{\partial h}\frac{\partial h}{\partial g_h}. \tag{21.12}$$

그런데 식 (21.12)의 $\partial L/\partial h$는 식 (21.11)에서 이미 계산한 것이고 $\partial h/\partial f_h$와 $\partial h/\partial g_h$는 그냥 첫 인수와 둘째 인수에 대한 h의 미분들이다. 예를 들어 h가 곱셈을 수행하는 노드이면, 즉 $h(f,g) = f \cdot g$이면, $\partial h/\partial f_h = g$이고 $\partial h/\partial g_h = f$이다. 일반적으로 심층학습용 소프트웨어 패키지들은 다양한 노드 형식들(덧셈, 곱셈, S자형 함수 등)의 라이브러리를 제공하는데, 각 노드 형식은 자신의 미분(식 (21.12)이 요구하는)을 계산하는 방법을 알고 있다.

역전파 과정은 출력 노드에서 출발한다. 각각의 초기 메시지 $\partial L/\partial \hat{y}_j$는 예측값 $\hat{\mathbf{y}}$과 훈련 데이터의 참값 $\mathbf{y}$로 표현된 손실 함수 L의 공식으로부터 직접 계산된 것이다. 각 내부 노드에서는 들어온 역방향 메시지들을 식 (21.11)에 따라 취합하고 식 (21.12)를 이용해서 출력 메시지를 계산한다. 이 역전파 과정은 계산 그래프에서 가중치 w를 나타내는 노드들(도해 21.3(b)의 경우 옅은 자주색 타원 노드들)에서 끝난다. 그 지점에서, w에 해당하는 노드로 들어온 메시지들의 합은 $\partial L/\partial w$이다. 이것이 곧 w를 갱신하는 데 필요한 기울기이다. 연습문제 21.BPRE에서는 도해 21.3의 간단한 신경망에 대해 이 역전파 과정을 수행해서 식 (21.4)와 식 (21.5)의 기울기 수식들을 다시 유도해 본다.

합성곱 신경망(§21.3)과 순환 신경망(§21.6)에서는 가중치 공유(weight-sharing) 기법을 사용하는데, 공유된 가중치들은 그냥 계산 그래프에서 나가는 간선이 여러 개인 노드 하나로 취급해서 처리하면 된다. 역전파 과정에서 이들은 다수의 내향(들어오는) 기울기 메시지들이 된다. 식 (21.11)에 의해, 공유된 가중치의 기울기는 신경망에서 공유된 가중치가 쓰이는 각 지점에서의 기울기 기여들의 합이다.

이상의 역전파 과정 설명을 살펴보면 역전파 과정의 계산 비용이 순방향 계산 비용처럼 계산 그래프의 노드 개수에 정비례함을 알 수 있다. 더 나아가서, 노드들의 종류는 신경망을 설계할 때 결정되어서 변하지 않으므로, 모든 기울기 계산을 미리 기호 형태로 준비해서 그래프의 각 노드에 대해 아주 효율적인 코드로 컴파일할 수 있다. 또한, 도해 21.6에서 메시지들이 반드시 스칼라 값이어야 하는 것은 아님을 주목하자. 벡터나 행렬, 또는 고차 텐서일 수 있으며, 그런 경우 기울기 계산을 GPU나 TPU에서 실행해서 병렬성을 활용할 수 있다.

역전파의 한 가지 단점은, 역방향 패스에서 기울기들을 계산하려면 순방향 패스에서 계산한 중간 계산 결과들 대부분을 저장해 두어야 한다는 것이다. 이는 신경망 훈련의 전체 메모리 비용이 신경망 전체 단위 개수에 비례한다는 뜻이다. 신경망 자체를 구체적인 자료구조로 명시적으로 표현하는 대신 루프가 많이 있는 전파 코드를 통해서 암묵적으로만 표현한다고 해도, 그 전파 코드의 모든 중간 결과들은 명시적으로 저장해야 한다.

21.4.2 배치 정규화

배치 정규화

배치 정규화(batch normalization)는 SGD의 수렴 속도를 높이는 목적으로 흔히 쓰이는 기법이다. 배치 정규화는 신경망의 내부 층들이 각 미니배치의 견본들로부터 생성한 값들을 적절히 재비례(rescaling)해서 수렴 속도를 높인다. 이 글을 쓰는 현재 이 기법이 효과적인 이유는 아직 잘 파악되지 않았지만, 실제 응용에서 크게 도움이 되는 것은 확실하므로 여기서 소개한다. 배치 정규화는 잔차망과 어느 정도 비슷한 효과를 내는 것으로 보인다.

신경망 어딘가에 있는 노드 z를 생각해 보자. 미니배치의 견본 m개에 대한 z의 값들이 $z_1, ..., z_m$이라고 할 때, 배치 정규화는 각 z_i를 다음과 같은 새 수량 $\hat{z}_i$으로 대체한다.

$$\hat{z}_i = \gamma \frac{z_i - \mu}{\sqrt{\epsilon + \sigma^2}} + \beta.$$

여기서 μ는 미니배치에 대한 z 값들의 평균이고 σ는 $z_1, ..., z_m$의 표준편차이다. 그리고 ϵ은 0으로 나누기를 피하기 위해 추가되는 작은 상수이고 γ와 β는 학습된 매개변수들이다.

배치 정규화는 값들의 평균과 분산(매개변수 β와 γ의 값들로 결정되는)을 표준화한다. 그러면 심층 신경망의 훈련이 훨씬 간단해진다. 배치 정규화가 없으면, 한 층의 가중치들이 너무 작고 그 층의 표준편차가 0에 가깝게 감소한 경우 정보가 소실될 수 있다. 배치 정규화는 그런 일을 방지한다. 또한, 배치 정규화가 있으면 애초에 정보의 전파를 위해 각 층의 노드들이 적절한 동작 영역에 놓이도록 모든 가중치를 세심하게 초기화해야 할 필요성도 줄어든다.

배치 정규화를 적용할 때는 흔히 β와 γ를 신경망의 매개변수들에 포함시킨다. 이 매개변수들은 노드마다 다를 수도 있고 층마다 다를 수도 있으므로 훈련 과정에 포함된다. 훈련을 마친 후에는 β와 γ를 학습된 해당 값들로 고정해서 사용한다.

21.5 일반화

지금까지 하나의 신경망을 훈련 집합에 적합시키는 방법을 설명했다. 그런데 기계학습의 목표는 모형을 이전에 본 적이 없는 새 데이터로 일반화하는 것이다. 일반화가 얼마나 잘 이루어졌는지는 시험 집합에 대한 성과를 측정해서 파악할 수 있다. 이번 절에서는 일반화 성능을 개선하는 세 가지 접근방식을 살펴본다. 하나는 신경망 구조(architecture)를 잘 선택하는 것이고, 다른 하나는 크기가 큰 가중치들에 벌점을 가하는 것이고, 마지막 하나는 훈련 시 신경망을 흘러가는 값들을 무작위로 섭동하는 것이다.

21.5.1 신경망 구조 선택

심층학습 분야는 잘 일반화되는 신경망 구조를 찾는 연구에 상당히 큰 노력을 투자했다. 실제로, 이미지나 음성, 텍스트, 동영상 등 각각의 구체적인 데이터 형식에 대한 심층학습의 큰 성과들은 신경망 구조와 층 수, 층들의 연결 관계, 각 층의 노드 종류를 여러 가지로 바꾸어서 실험한 덕분에 얻은 것인 경우가 많다.[6]

구체적인 데이터 형식에 잘 일반화되도록 명시적으로 설계된 신경망 구조들도 있다. 예를 들어 합성곱 신경망은 하나의 특징 추출기가 공간 격자상의 모든 장소에서 유용하다는 착안을 반영한 것이고, 순환 신경망은 동일한 하나의 갱신 규칙이 순차적인 데이터 스트림의 모든 지점에서 유용하다는 착안을 반영한 것이다. 그런 가정들이 실제로 성립하는 한, 합성곱 구조는 이미지 데이터에 잘 일반화되고 순환 신경망은 텍스트와 음성 신호에 잘 일반화되리라고 예상할 수 있다.

심층학습 분야에서 가장 중요한 경험적 발견 하나는, 가중치 개수가 비슷한 두 신경망을 비교해 보면 신경망이 깊을수록 대체로 일반화 성능이 더 좋다는 것이다. 도해 21.7은 적어도 한 가지 실제 응용에 대해서는 이런 발견이 참임을 보여주는데, 그 응용은 주택 번지수 인식이다. 도해 21.7의 그래프는 고정된 개수의 매개변수들에 대해 11층 신경망이 3층 신경망보다 시험 집합 오차가 훨씬 작음을 보여준다.

심층학습 시스템이 잘 작동하는 학습 과제가 있는가 하면 그렇지 못한 과제도 있다. 이미지나 동영상, 음성 신호 등 입력 데이터의 차원 수가 높은 과제에서는 심층학습이 다른 순수 기계학습 접근방식보다 낫다. 제19장에서 설명한 알고리즘들 대부분은 고차 입력들을 제대로 처리하지 못한다. 미리 사람이 특징들을 지정해서 차원 수를 줄여 주어야 한다. 2010년 이전에는 그러한 전처리 접근방식이 널리 쓰였는데, 심층학습 시스템과 견줄만한 성과는 내지 못했다.

---

6 이러한 점진적이고 탐색적인 연구의 상당 부분을 대학원생들이 수행했다는 점에서, 이런 과정을 **대학원생 하강법**(graduate student descent, GSD)이라고 부르는 사람도 있다.

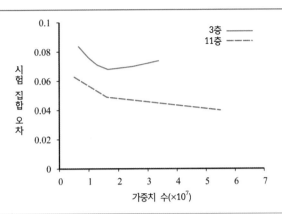

도해 21.7 3층 합성곱 신경망과 11층 합성곱 신경망의, 층의 너비(전체 가중치 수로 측정한)의 함수로서의 시험 집합 오차. 데이터는 구글 스트리트뷰 촬영 차량이 찍은 사진에서 주소들을 인식하는 시스템의 초기 버전들에서 얻은 것이다(Goodfellow 외, 2014).

심층학습 모형이 그런 과제들의 몇 가지 중요한 측면을 포착한다는 점은 분명하다. 특히, 심층학습 시스템의 성공은 해당 과제들을 비교적 적은 단계들(이를테면 10^7개가 아니라 10에서 10^3개)을 수행하는 병렬 프로그램들로 풀 수 있음을 함의한다. 그런 과제들을 흔히 인간의 뇌가 1초 미만으로(이는 수십 개의 뉴런이 순차적으로 활성화되기에 충분한 시간이다) 푼다는 점을 생각하면 이는 별로 놀라운 일이 아닐 것이다. 더 나아가서, 시각 응용을 위한 심층 합성곱 신경망이 배운 내부 층 표현들을 조사해 보면 처리 단계들이 장면의 특징들을 점점 더 추상적으로 추출한다는 점을 알 수 있다. 즉, 앞쪽 층들은 점이나 작은 선분, 모서리 같은 구체적인 특징들을 추출하는 반면 뒤쪽 층들은 어떤 사물 전체에 해당하거나 그런 사물들이 여러 개 배치된 모습에 해당하는 좀 더 추상적인 특징을 추출한다.

한편으로, 어차피 심층 신경망은 간단한 회로이니만큼, 1차 논리(제8장)와 문맥 자유 문법(제23장)에서 볼 수 있는 조합적이고 양화적인 표현력이 부족하다.

심층 신경망이 많은 경우에 잘 일반화되긴 하지만, 직관적이지 못한 오류를 범할 여지도 있다. 심층 신경망은 불연속적인 입력-출력 사상을 산출하는 경향이 있다. 즉, 입력이 조금만 변해도 출력은 크게 변할 수 있는 것이다. 예를 들어 강아지 이미지의 픽셀 몇 개만 바꾸어도 신경망이 그 이미지를 강아지가 아니라 타조나 스쿨버스로 오인할 수 있다. 사람에게는 여전히 강아지로 보이는데도 말이다. 이런 종류의 수정된 이미지를 **대립 견본**(adversarial example; 또는 적대적 견본)이라고 부른다.

저차원 공간에서는 대립 견본들을 찾기 힘들다. 그러나 픽셀이 1백만 개인 이미지에서는, 비록 대부분의 픽셀이 이미지가 공간의 '강아지' 영역 중간에 있다고 분류되는 데 기여하더라도, 몇 개의 차원에서는 픽셀 값이 다른 범주와의 경계 부근에 있을 수 있다. 신경망을 역공학할 능력이 있는 적대자라면 이미지가 그 경계를 넘어가게 만드는 데

대립 견본

필요한 최소한의 벡터 차이를 구해서 신경망이 이미지를 오분류하게 만드는 것이 얼마든지 가능하다.

대립 견본이 처음 발견된 후 사람들은 두 가지 방식으로 대응했다. 하나는 그런 대립 공격을 견딜 수 있는 학습 알고리즘과 신경망 구조를 찾는 것이고, 다른 하나는 모든 종류의 학습 시스템에 대한 더욱 효과적인 대립 공격 방법을 찾는 것이었다. 지금까지는 공격자들이 한 발 앞섰다. 실제로, 처음에 연구자들은 어떤 훈련된 신경망에 특화된 대립 견본을 찾으려면 그 신경망의 내부에 접근할 필요가 있다고 가정했지만, 알고 보니 구조, 초매개변수, 훈련 집합이 각기 다른 다수의 신경망을 속일 수 있는 **강건한 대립 견본**들을 만드는 것이 가능했다. 이런 발견들은 심층학습 모형이 인간의 시각 체계와는 상당히 다른 방식으로 물체를 인식함을 암시한다.

21.5.2 신경망 구조 검색

안타깝게도 주어진 특정한 문제에 가장 좋은 신경망 구조를 선택하는 명확한 지침들은 아직 확립되지 않은 상태이다. 심층학습 솔루션을 성공적으로 만들고 운영하려면 경험과 좋은 판단력이 필요하다.

신경망 연구 초창기부터 신경망 구조 선택을 자동화하는 시도가 있었다. 그런 자동화를 초매개변수 조율(§19.4.4)의 한 사례로 생각할 수 있다. 즉, 자동 신경망 구조 선택은 신경망의 깊이, 너비, 연결성, 기타 특성들을 초매개변수들로 두고 조율해 나가는 것에 해당한다. 그러나 격자 검색 같은 단순한 접근방식으로는 모든 가능성을 현실적인 시간 안에 탐색할 수 없는 선택 사항들도 많이 있다.

신경망 구조 검색

그래서 초매개변수 조율 접근방식 대신 **신경망 구조 검색**(neural architecture search)을 이용해서 가능한 네트워크 구조들의 상태 공간을 탐색하는 접근방식이 흔히 쓰인다. 이 책에 나온 여러 검색 기법과 학습 기법이 신경망 구조 검색에 적용된 바 있다.

그중 인기 있었던 것은 진화 알고리즘이다. 진화 알고리즘의 재조합(두 신경망의 부분들을 결합하는 것)과 돌연변이(층을 추가 또는 제거하거나 매개변수 값을 변경하는 것) 모두 신경망 구조를 변경하는 데 알맞은 방법이기 때문이다. 언덕 오르기에 그런 변이 연산들을 결합해서 신경망 구조 공간을 검색하는 방법도 쓰였다. 이 문제를 강화학습 문제의 틀에 맞춘 연구자들도 있었고 베이즈 최적화로 접근한 연구자들도 있었다. 또는, 구조적 가능성들을 연속 미분 가능 공간으로 취급해서 경사 하강법으로 국소 최적 해를 구하는 방법도 있다.

이 모든 검색 기법에서 주된 난제는 주어진 후보 신경망 구조의 가치를 추정하는 것이다. 하나의 신경망 구조를 평가하는 직접적인 방식은 해당 신경망을 여러 배치[batch]의 시험 집합들로 훈련하고 하나의 검증 집합으로 정확도를 평가하는 것이다. 그러나 큰 신경망에서는 이런 평가를 위해 GPU를 며칠 동안 돌려야 할 수 있다.

그래서 값비싼 훈련 과정을 제거하거나 적어도 축소함으로써 추정 과정의 속도를 높이려는 시도가 있었다. 더 작은 시험 집합을 사용할 수도 있고, 적은 수의 배치로 훈련한 후 배치를 더 늘렸을 때 신경망이 어떻게 개선되는지 예측할 수도 있다. 또 다른 방법은 신경망 구조를 원래의 성질들을 최대한 유지하면서 축소한 버전으로 가치를 평가하는 것이다. 또는, 큰 신경망을 한 번 훈련한 후 그 신경망의 부분 그래프 중 전체 신경망보다 더 나은 성과를 보이는 것을 찾아볼 수도 있다. 부분 그래프들이 매개변수들을 공유한다는 점과 각 부분 그래프를 다시 훈련할 필요가 없다는 점 때문에 검색 속도가 빠르다.

또 다른 접근방식은 발견적 평가 함수를 학습하는 것이다(A* 검색에서처럼). 몇백 개의 신경망 구조들을 선택해서 훈련하고 평가해서 (신경망, 점수) 쌍들로 이루어진 데이터 집합을 만든다. 그런 다음 신경망의 특징들을 입력받고 신경망의 점수를 예측하는 모형을 그 데이터 집합으로 훈련한다. 그런 모형이 있으면 많은 수의 신경망을 생성해서 빠르게 가치를 추정할 수 있다. 신경망 구조들의 공간을 이런 식으로 검색해서 최고의 후보 하나 또는 여러 개를 고른 후 완전한 훈련 절차로 그 후보(들)을 완전하게 평가한다.

21.5.3 가중치 감쇄

가중치 감쇄

§19.4.3에서 **정칙화**(모형의 복잡도에 제약을 가하는 것)가 일반화에 도움이 됨을 살펴보았다. 심층학습 모형에서도 마찬가지이다. 신경망의 맥락에서는 이 접근방식을 흔히 **가중치 감쇄**(weight decay; 또는 가중치 감쇠)라고 부른다.

가중치 감쇄는 신경망을 훈련하는 데 쓰이는 손실 함수에 $\lambda \sum_{i,j} W_{i,j}^2$를 일종의 벌점(penalty)으로 추가한다. 여기서 λ란다는 그 벌점의 강도를 제어하는 하나의 초매개변수이고, 합산(시그마)의 대상은 일반적으로 신경망의 모든 가중치이다. $\lambda = 0$으로 두는 것은 가중치 감쇄를 적용하지 않는 것과 같고, λ를 크게 잡을수록 가중치들이 더 작아진다. 일반적으로는 λ를 10^{-4}부근의 값으로 설정한다.

특정한 하나의 신경망 구조를 선택하는 것을 가설 공간에 "하나의 함수는 이 구조로 표현할 수 있거나 없거나 둘 중 하나이다"라는 절대적인 제약을 가하는 것으로 생각할 수 있다. 가중치 감쇄 같은 손실 함수의 벌점 항은 이 제약을 조금 느슨하게 만드는 역할을 한다. 벌점 항이 있으면 제약은 "큰 가중치들로 표현되는 함수들은 이 구조가 모형화할 수 있는 함수군에 속하지만, 가중치들이 작은 함수 대신 그런 함수들이 선택되게 하려면 훈련 집합에 그런 선택을 지지하는 증거들이 더 많이 있어야 한다" 정도로 약해진다.

가중치 감쇄가 신경망에 미치는 영향을 사람의 관점에서 해석하기란 쉽지 않다. S자형 활성화 함수를 사용하는 신경망에서는 활성값들이 S자형 함수의 선형 부분 근처에 머무르게 하는(즉, 기울기 손실로 이어지는 평탄한 동작 영역으로 빠지지 않게 하는) 데 가중치 감쇄가 도움이 되는 것으로 보인다. 활성화 함수가 ReLU일 때도 가중치 감쇄가 도움이 되는 것으로 보이지만, ReLU의 출력은 선형 아니면 0이므로 S자형 함수와 같은 이유는 성립하지 않는다. 더 나아가서, 잔차 연결들이 있는 신경망에서 가중치 감쇄는 가중치 자체를 줄인다기보다는 인접 층들의 가중치 차이를 줄이는 경향이 있다. 신경망 구조에 따라 가중치 감쇄의 효과가 이처럼 다르긴 하지만, 그래도 가중치 함수는 다수의 신경망 구조에 유용하다.

가중치 감쇄가 유용한 이유를 설명하는 한 가지 가설은, 가중치 감쇄가 일종의 최대 사후 확률(MAP) 학습(p.934 참고)을 구현한다는 것이다. 전체 훈련 집합의 입력과 출력을 $\mathbf{X}$와 $\mathbf{y}$로 표기한다고 할 때, 최대 사후 가설 h_{MAP}은 다음을 충족한다.

$$
\begin{aligned}
h_{\mathrm{MAP}} &= \underset{\mathbf{W}}{\mathrm{argmax}}\, P(\mathbf{y}|\mathbf{X},\mathbf{W})P(\mathbf{W}) \\
&= \underset{\mathbf{W}}{\mathrm{arg\,min}}[-\log P(\mathbf{y}|\mathbf{X},\mathbf{W}) - \log P(\mathbf{W})].
\end{aligned}
$$

첫 항은 통상적인 교차 엔트로피 손실이다. 둘째 항은 사전 분포하에 있을 가능성이 큰 가중치들을 선호하는 효과를 낸다. 만일 $P(\mathbf{W})$을 평균이 0인 가우스 사전 분포로 둔다면 둘째 항은

$$
\log P(\mathbf{W}) = -\lambda \sum_{i,j} W_{i,j}^2 .
$$

이 되는데, 이는 곧 손실 함수의 정칙화 벌점이다.

21.5.4 드롭아웃

드롭아웃

신경망의 시험 집합 오차를 줄이는(모형을 훈련 집합에 적합시키기 어려워진다는 대가가 있긴 하지만) 또 다른 방법은 **드롭아웃**^{dropout}(중도 탈락) 기법을 도입하는 것이다. 훈련 과정의 각 단계에서 드롭아웃은 일부 단위를 무작위로 선택하고 비활성화해서 만든 새 신경망 버전에 역전파 학습 한 단계를 적용한다. 이는 서로 다른 신경망들로 이루어진 커다란 앙상블(§19.8)의 훈련을 아주 낮은 비용으로 대충 근사하는 것에 해당한다.

이 기법을 좀 더 구체적으로 살펴보자. 확률적 경사 하강법으로 신경망을 훈련하며, 미니배치의 크기는 m이라고 가정한다. 각 미니배치에서 드롭아웃 알고리즘은 신경망의 각 노드에 대해, p의 확률로 해당 유닛의 출력에 $1/p$을 곱하거나 그러지 않으면($1-p$의 확률) 유닛의 출력을 0으로 설정한다. 은닉층의 단위들에는 흔히 $p = 0.5$를 사용하고, 입력층 단위들에는 $p = 0.8$가 가장 효과적이다. 이런 처리를 거치면 원래보다 단위 수가 약 절반 정도인 가는(thin) 신경망이 만들어진다. 새 신경망에 대해 훈련 견본 m개로 이루어진 미니배치로 역전파를 적용한다. 이상의 과정을 보통의 방식으로 훈련이 끝날 때까지 반복한다. 시험 시에는 드롭아웃 없이 모형을 실행한다.

드롭아웃을 여러 관점에서 생각해 볼 수 있다.

- 훈련 시 잡음이 도입되므로 모형이 잡음에 좀 더 강건해진다.
- 앞에서 언급했듯이 드롭아웃은 가는 신경망들의 큰 앙상블 생성을 근사한다. 선형 모형에 대해서는 이를 해석적으로 증명할 수 있으며, 심층 모형에서도 실험적으로

입증이 가능한 것으로 보인다.

- 드롭아웃으로 훈련한 은닉 단위들은 자신이 유용하게 작동하는 법을 배울 뿐만 아니라, 전체 모형에 포함될 수도 있고 아닐 수도 있는 다른 은닉 단위들의 가능한 집합들과 호환적으로 작동하는 방법도 배워야 한다. 이는 유전자 진화를 이끄는 선택 과정들과도 비슷하다. 각 유전자는 자신의 기능을 효과적으로 수행해야 할 뿐만 아니라 후손 개체들에서 크게 달라질 수도 있는 다른 유전자들과도 잘 맞아야 한다.

- 심층망의 뒤쪽(출력층에 가까운 쪽) 층들에 적용된 드롭아웃은 층들이 견본들의 한 특징에만 집중하고 다른 특징들은 무시하는 것이 아니라 모든 추상적 특징에 주의를 기울이게 함으로써 신경망의 최종 결정을 좀 더 안정적으로 만든다. 예를 들어 어떤 동물 사진 분류기가 동물의 코만 보고도 동물의 종류를 잘 분류하도록 훈련되었다고 하자. 그런 분류기는 동물의 코 부분이 흐릿하거나 손상된 사진들에 대해서는 잘 작동하지 않을 것이다. 드롭아웃을 적용하면 내부 "코 단위(nose unit)"들이 0으로 설정되어서 신경망은 코 이외의 특징들도 분류에 활용하는 방법을 배우게 될 것이다. 입력 데이터에 잡음을 추가해서 같은 효과를 내기는 어렵다. 신경망이 코에 집중할 것임을 미리 알기란 어려운 일이며, 각 이미지에서 코만 자동으로 삭제하기도 어렵다.

정리하자면, 드롭아웃은 모형이 각 입력에 대한 다수의 강건한 설명들을 배우게 만든다. 덕분에 모형의 일반화가 좋아지지만, 훈련 집합에 적합하기는 더 어려워진다. 그래서 일반적으로 드롭아웃을 적용하려면 더 큰 모형을 사용하고 훈련 반복 횟수도 더 늘려야 한다.

21.6 순환 신경망

순환 신경망(recurrent neural network, RNN), 줄여서 순환망은 계산 그래프에 순환마디(cycle)를 허용한다는 점이 순방향 신경망과 다르다. 우리가 고려할 모든 경우에서 각 순환마디에는 지연(delay)이 존재하므로, 계산의 한 단계에서 한 단위의 출력이 그 다음 단계에서 그 단위 자체에 입력될 수 있다. (만일 지연이 없다면 순환 회로는 일관적이지 않은 상태에 도달할 여지가 있다.) 순환마디 덕분에 RNN은 내부 상태 또는 **기억**(memory)을 가진다. 즉, 이전 시간 단계들에서 받은 입력들이 현재 입력에 대한 RNN의 응답에 영향을 미친다.

기억

RNN으로 좀 더 일반적인 계산을 수행하는 것도 가능하다. 어차피 보통의 컴퓨터들은 그냥 기억 장치(메모리)를 가진 부울 회로일 뿐이다. 또한, 실제 신경계를 모형화할 수도 있다. 실제 신경계 중에는 순환 연결이 있는 것들이 많다. 그러나 이번 절에서는 RNN을 순차적인 데이터의 분석에 사용하는 데 초점을 둔다. 이제부터는 각 시간 단계에서 새 입력 벡터 $\mathbf{x}_t$가 순환망에 주어진다고 가정한다.

순차 데이터의 분석 도구라는 관점에서 RNN은 제14장에서 설명한 은닉 마르코프 모형, 동적 베이즈망, 칼만 필터와 비교된다. (이번 절을 더 읽기 전에 제14장을 읽으면 도움이 될 것이다.) 그런 모형들처럼 RNN도 **마르코프 가정**(❶권 p.602)을 둔다. 즉, 신경망의 은닉 상태 z_t로 이전 모든 입력의 정보를 충분히 포착한다고 가정한다. 더 나아가서, RNN의 은닉 상태 갱신 과정을 $z_t = f_w(z_{t-1}, x_t)$라는 공식으로 서술한다고 하겠다. 여기서 f_w는 어떤 매개변수화된 함수이다. 훈련을 마치고 나면 이 함수는 하나의 **시간동형**(time-homogeneous) 과정(❶권 p.602)을 대표하게 된다. 간단히 말해서 이는 f_w가 대표하는 동역학이 모든 시간 단계에서 성립한다는 하나의 전칭 단언이다. 이런 측면에서 RNN은 (합성곱 신경망도 그렇듯이) 순방향 신경망보다 표현력이 더 크다고 할 수 있다. 동적 베이즈망이 보통의 베이즈망보다 표현력이 큰 것과 비슷하다. 실제로, 순방향 신경망으로 순차 데이터를 분석하기는 어렵다. 입력층이 고정되어 있는 탓에 전체 데이터 중 유한한 길이의 구간만 조사할 수 있으므로, 멀리 떨어진 데이터 사이의 의존관계를 검출하지 못한다.

21.6.1 기본 RNN의 훈련

여기서 살펴볼 기본 모형은 도해 21.8(a)와 같이 입력층 하나와 순환 연결이 있는 은닉층 하나, 출력층 하나로 구성된다. 입력층은 x, 은닉층은 z, 출력층은 y이다. x와 y는 각 시간 단계에서 훈련 데이터에서 관측된다고 가정한다. 이 모형을 정의하는 방정식들은 시간 단계 t를 색인으로 한 변수들의 값을 참조한다.

$$z_t = f_w(z_{t-1}, x_t) = g_z(W_{z,z} z_{t-1} + W_{x,z} x_t) \equiv g_z(\text{in}_{z,t})$$
$$\hat{y}_t = g_y(W_{z,y} z_t) \equiv g_y(\text{in}_{y,t}), \tag{21.13}$$

여기서 g_z와 g_y는 각각 은닉층과 출력층의 활성화 함수들이다. 이전처럼 각 단위에는 값이 항상 +1인 가짜 입력과 그 입력에 연관된 치우침 가중치가 있다고 가정한다.

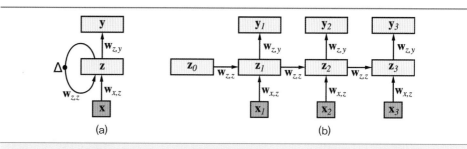

도해 21.8 기본 RNN의 구조. 은닉층 z에 순환마디가 있다. △ 기호는 지연을 뜻한다. (b) 같은 순환망을 세 시간 단계만큼 펼쳐서 만든 순방향 신경망. 모든 시간 단계에서 가중치들이 공유됨을 주의할 것.

입력 벡터들의 순차열 $\mathbf{x}_1,...,\mathbf{x}_T$와 관측된 출력들의 순차열 $\mathbf{y}_1,...,\mathbf{y}_T$가 주어졌을 때, RNN을 T 단계만큼 "펼쳐서(unroll)" 순방향 신경망을 만들 수 있다. 도해 21.8(b)가 그러한 예이다. 가중치 행렬 $\mathbf{W}_{x,z}$, $\mathbf{W}_{z,z}$, $\mathbf{W}_{z,y}$가 모든 시간 단계에서 공유됨을 주의하기 바란다. 펼친 신경망을 보면 통상적인 방식으로 기울기들을 계산해서 가중치들을 훈련할 수 있음을 알 수 있다. 유일한 차이는 층들이 가중치들을 공유하는 탓에 기울기 계산이 약간 더 복잡하다는 점이다.

공식들을 간단하게 하기 위해, 입력 단위와 은닉 단위, 출력 단위가 모두 각각 하나뿐인 RNN을 예로 들어 기울기 계산 방법을 살펴보기로 한다. 치우침 가중치도 명시적으로 포함해서 표현하면 $z_t = g_z(w_{z,z}z_{t-1} + w_{x,z}x_t + w_{0,z})$이고 $\hat{y}_t = g_y(w_{z,y}z_t + w_{0,y})$이다. 식 (21.4)와 (21.5)에서처럼 손실 함수 L은 제곱 오차라고 가정한다. 지금 예에서는 합산의 구간이 시간 단계들이다. 입력층 가중치와 출력층 가중치 $w_{x,z}$와 $w_{z,y}$의 유도는 식 (21.4)와 사실상 같으므로 그 부분은 독자의 숙제로 남기겠다. 다음은 은닉층 가중치 $w_{z,z}$의 유도 과정인데 처음 몇 단계는 식 (21.4)와 같은 패턴을 다룬다.

$$
\begin{aligned}
\frac{\partial L}{\partial w_{z,z}} &= \frac{\partial}{\partial w_{z,z}} \sum_{t=1}^{T}(y_t - \hat{y}_t)^2 = \sum_{t=1}^{T} -2(y_t - \hat{y}_t)\frac{\partial \hat{y}_t}{\partial w_{z,z}} \\
&= \sum_{t=1}^{T} -2(y_t - \hat{y}_t)\frac{\partial}{\partial w_{z,z}}g_y(in_{y,t}) = \sum_{t=1}^{T} -2(y_t - \hat{y}_t)g'_y(in_{y,t})\frac{\partial}{\partial w_{z,z}}in_{y,t} \\
&= \sum_{t=1}^{T} -2(y_t - \hat{y}_t)g'_y(in_{y,t})\frac{\partial}{\partial w_{z,z}}(w_{z,y}z_t + w_{0,y}) \\
&= \sum_{t=1}^{T} -2(y_t - \hat{y}_t)g'_y(in_{y,t})w_{z,y}\frac{\partial z_t}{\partial w_{z,z}} .
\end{aligned}
\tag{21.14}
$$

이제 은닉 단위 z_t의 기울기를 이전 시간 단계의 값들로부터 다음과 같이 구할 수 있다.

$$
\begin{aligned}
\frac{\partial z_t}{\partial w_{z,z}} &= \frac{\partial}{\partial w_{z,z}}g_z(in_{z,t}) = g'_z(in_{z,t})\frac{\partial}{\partial w_{z,z}}in_{z,t} \\
&= g'_z(in_{z,t})\frac{\partial}{\partial w_{z,z}}(w_{z,z}z_{t-1} + w_{x,z}x_t + w_{0,z}) \\
&= g'_z(in_{z,t})(z_{t-1} + w_{z,z}\frac{\partial z_{t-1}}{\partial w_{z,z}}),
\end{aligned}
\tag{21.15}
$$

마지막 행에는 곱의 미분법 $\partial(uv)/\partial x = v\partial u/\partial x + u\partial v/\partial x$가 쓰였다.

식 (21.15)에서 두 가지 점에 주목하자. 첫째로, 기울기 공식이 재귀적인 점화식이다. 시간 단계 t에서 기울기에 대한 기여는 시간 단계 $t-1$에서의 기울기 기여에 의존한다. 계산들을 제대로 된 순서로 수행한다고 할 때 기울기 계산의 총 실행 시간은 신경망 크기에 대해 선형이다. 이상의 알고리즘을 시간에 대한 역전파(back-propagation through time), 줄여서 시간 역전파(BPTT)라고 부르며, 보통의 경우 심층학습 소프트웨어 패키지를 이용해서 자동으로 처리한다. 둘째로, 재귀적인 계산을 따라가 보면 T에서의 기울기들에 $w_{z,z} \prod_{t=1}^{T} g'_z(in_{z,t})$에 비례하는 항들이 포함됨을 알 수 있다. 활성화 함수가 S자형 함수나 tanh, ReLU일 때는 $g' \leq 1$이므로, 만일 $w_{z,z} > 1$이면 이 간단한 RNN은 기울기 소실 문제를 겪을 수밖에 없다(p.974 참고). 반대로, 만일 $w_{z,z} > 1$이면

기울기 폭발(exploding gradient) 문제가 발생한다. (일반적인 경우에서 이런 결과들은 가중치 행렬 $\mathbf{W}_{z,z}$의 첫 고윳값에 의존한다.) 다음 절에서는 이런 문제점을 완화하기 위해 고안된 좀 더 정교한 RNN 설계를 살펴본다.

기울기 폭발

21.6.2 장단기 기억 RNN

여러 시간 단계 동안 정보가 유지되게 하는 것을 목표로 특화된 RNN 구조들이 여럿 고안되었다. 가장 인기 있는 것 중 하나는 흔히 **LSTM**으로 줄여서 표기하는 **장단기 기억** (long short-term memory)이다. LSTM에서 장단기 기억을 유지하는 요소를 **기억 소자** (memory cell)라고^{역주1} 부르고 **c**로 표기한다. 기억 소자는 한 시간 단계에서 다음 시간 단계로 사실상 **복사**된다. (반면 기본 RNN은 식 (21.13)에서 보듯이 매 시간 단계에서 자신의 기억에 가중치 행렬을 곱한다.) 기억 소자에 갱신들을 **가산**(덧셈)함으로써 기억에 새로운 정보가 들어온다. 즉, 이 방식에서는 기울기 공식들이 시간에 따라 갱신들을 곱셈적으로 누적하지 않는다. LSTM에는 **게이트 제어 단위**(gating unit)들도 있는데, 게이트 제어 단위는 자신의 벡터를 관련 정보 벡터와 성분별로 곱해서 정보의 흐름을 제어한다. 게이트 제어 단위는 다음 요소들로 구성된다.

장단기 기억
기억 소자

게이트 제어 단위

망각 게이트
- **망각 게이트**(forget gate) **f**는 기억 소자의 각 성분을 기억할 것인지(즉, 다음 시간 단계로 복사할 것인지) 아니면 잊을 것인지(0으로 설정) 결정한다.

입력 게이트
- **입력 게이트** **i**는 기억 소자의 각 성분을 현재 시간 단계에서 입력 벡터로부터 얻은 새 정보로 갱신(가산적)할 것인지 여부를 결정한다.

출력 게이트
- **출력 게이트** **o**는 기억 소자의 각 성분을 단기 기억 **z**로 전달할 것인지 결정한다. 단기 기억은 기본 RNN의 은닉 상태와 비슷한 역할을 한다.

회로 설계에서 '게이트'는 흔히 부울 함수에 해당하지만, LSTM의 게이트는 매끄러운 함수이다. 예를 들어 기억 소자 벡터의 성분들은 망각 게이트 벡터의 해당 성분이 작은 값이되 0이 아니면 정보를 부분적으로 망각하게 된다. 게이트 제어 단위의 값들은 현재 입력과 이전 은닉 상태에 S자형 함수를 적용해서 얻은 것으로, 항상 [0,1] 범위이다. 좀 더 구체적으로, LSTM의 갱신 공식들은 다음과 같다.

---

^{역주1} memory cell을 '기억 세포'로 옮기기도 하지만, 면역 체계의 기억 세포와 혼동할 여지가 있고 이 책 전반에서 생물학적 신경계의 비유 대신 전자 회로의 비유도 많이 쓰이므로 전자공학 용어인 '기억 소자'를 사용하기로 한다.

$$\mathbf{f}_t = \sigma(\mathbf{W}_{x,f}\mathbf{x}_t + \mathbf{W}_{z,f}\mathbf{z}_{t-1})$$
$$\mathbf{i}_t = \sigma(\mathbf{W}_{x,i}\mathbf{x}_t + \mathbf{W}_{z,i}\mathbf{z}_{t-1})$$
$$\mathbf{o}_t = \sigma(\mathbf{W}_{x,o}\mathbf{x}_t + \mathbf{W}_{z,o}\mathbf{z}_{t-1})$$
$$\mathbf{c}_t = \mathbf{c}_{t-1} \odot \mathbf{f}_t + \mathbf{i}_t \odot \tanh(\mathbf{W}_{x,c}\mathbf{x}_t + \mathbf{W}_{z,c}\mathbf{z}_{t-1})$$
$$\mathbf{z}_t = \tanh(\mathbf{c}_t) \odot \mathbf{o}_t.$$

여러 가중치 행렬 $\mathbf{W}$들의 아래 첨자는 해당 연결의 원본 단위와 대상 단위를 나타낸다. $\odot$ 기호는 성분별(elementwise) 곱셈을 뜻한다.

LSTM은 최초의 실용적인 RNN 구조 중 하나이다. LSTM은 음성 인식과 필기 인식을 비롯해 다양한 과제들에서 훌륭한 성과를 보였다. 제24장에서는 자연어 처리에 RNN을 활용하는 방법을 논의한다.

21.7 비지도학습과 전이학습

지금까지 논의한 심층학습 시스템들은 분류된 데이터, 즉 각 훈련 견본에 목표 함수의 값이 부여된 데이터가 필요한 지도학습에 기초한다. 그런 시스템이 시험 집합에 대해 높은 정확도를 보일 수 있지만(이를테면 ImageNet 경진대회 결과에서 보듯이), 많은 경우 같은 과제를 사람 수준으로 수행하려면 분류된 데이터가 아주 많아야 한다. 예를 들어 아이들은 기린 사진 한 장만 보고도(수천 장이 아니라) 배경과 각도가 다양한 여러 기린 사진들에서 기린을 알아볼 수 있다. 이 점을 생각하면 지금까지의 심층학습 논의에 뭔가 빠진 것이 있음이 분명하다. 학습에 필요한 분류된 데이터의 양이 인류가(또는 우주가) 공급할 수 있는 수준을 넘어서는 부류의 문제들은 지금의 지도학습 접근방식으로는 애초에 처리가 불가능할 것이다. 더 나아가서, 필요한 데이터의 양이 그 정도는 아니라도 충분히 큰 데이터 집합을 얻으려면 비싸고 희소한 인력을 투여해야 할 때가 많다.

이런 이유로 분류된 데이터에 대한 의존성을 줄이는 여러 학습 패러다임이 관심을 끌었다. 제19장에서 보았듯이 그런 패러다임으로는 **비지도학습**, **전이학습**, **준지도학습**이 있다. 비지도학습 알고리즘은 분류되지 않은 입력 $\mathbf{x}$만으로 학습을 수행한다. 대체로 분류되지 않은 데이터가 분류된 데이터보다 훨씬 많고 구하기 쉽다. 일반적으로 비지도학습 알고리즘은 생성 모형을 산출하며, 그런 생성 모형은 단지 주어진 데이터의 분류명을 예측하는 것을 넘어 사실적인 텍스트, 이미지, 음성, 동영상 데이터를 산출하는 능력을 가지고 있다. 전이학습 알고리즘에는 어느 정도의 분류된 견본들이 필요하지만, 다른 과제들에 대한 분류된 견본들을 살펴봄으로써 모형의 성능을 개선하는 능력을 갖추었기 때문에 좀 더 흥미로운 데이터원들에서 더 많은 데이터를 가져올 수 있다. 준지도학습 알고리즘 역시 어느 정도의 분류된 견본을 요구하지만, 분류되지 않은 견본들을 살펴봄으로써 성능을 개선하는 능력을 지녔다. 이번 절에서는 비지도학습과 전이학습에 대한 심층학습 접근방식을 논의한다. 준지도학습도 심층학습 공동체에서 활발하게 연구하는 주제이긴 하지만, 지금까지 개발된 기법들이 실제 응용에서 널리 효과적이라고 입증되지는 않았기 때문에 여기서 다루지 않기로 한다.

21.7.1 비지도학습

모든 지도학습 알고리즘의 목표는 사실상 동일하다. 입력 $\mathbf{x}$들과 그에 대응되는 출력 $y = f(\mathbf{x})$들로 이루어진 훈련 집합이 주어졌을 때, f를 잘 근사하는 함수 h를 학습하는 것이 목표이다. 반면 비지도학습은 분류되지 않은 견본 $\mathbf{x}$들의 집합을 훈련에 사용한다. 여기서는 비지도학습의 두 가지 목표를 설명한다. 첫째는 새로운 표현을 배우는 것이다. 예를 들어 이미지의 새로운 특징들을 비지도학습으로 학습하면 이미지에 있는 물체들을 식별하기가 쉬워진다. 둘째는 생성 모형을 학습하는 것이다. 일반적으로 그러한 생성모형은 새로운 표본을 추출할 수 있는 확률분포의 형태이다. (제20장의 베이즈망 학습 알고리즘들도 이 범주에 속한다.) 비지도 알고리즘 중에는 표현 학습과 생성 모형화가 모두 가능한 것들이 많다.

$\mathbf{z}$가 데이터 $\mathbf{x}$의 내용을 어떤 방식으로든 표현하는 관측되지 않은 잠재 변수들의 집합이라고 할 때, 비지도학습으로 결합 모형 $P_W(\mathbf{x}, \mathbf{z})$를 학습한다고 가정하자. 사람의 개입이 최소인 비지도학습이니만큼 $\mathbf{z}$ 변수들의 의미를 미리 정의하지는 않겠다. 모형은 $\mathbf{z}$를 $\mathbf{x}$와 연관시키는 방법을 자유로이 선택해서 학습한다. 예를 들어 손글씨 숫자 이미지들로 훈련된 모형은 $\mathbf{z}$ 공간의 한 축이 펜 획의 두께를 나타내고 다른 한 축은 잉크 색상을, 또 다른 한 축은 배경색을 나타낸다고 간주할 수 있다. 사람 얼굴 이미지들의 경우 학습 알고리즘은 한 방향은 성별을, 다른 한 방향은 안경 유무를 나타내는 것으로 결정할 수 있다(도해 21.9 참고).

   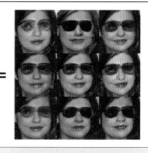

도해 21.9 생성 모형이 $\mathbf{z}$ 공간의 여러 방향들을 얼굴의 서로 다른 측면들을 나타내는 데 사용하는 방법을 배운 예. $\mathbf{z}$ 공간에서 실제로 산술 연산을 수행할 수 있다. 이 그림의 이미지들은 모두 학습된 모형으로 생성한 것으로, $\mathbf{z}$ 공간의 여러 점들을 복호화했을 때 어떤 일이 생기는지 보여준다. "안경 쓴 남자"라는 개념에 대응되는 좌표에서 출발해서 "남자"에 해당하는 좌표를 빼고 "여자"에 해당하는 좌표를 더하면 "안경 쓴 여자"에 해당하는 좌표가 나온다. 이미지들은 허락 하에 [Radford 외, 2015]에서 전재했다.

학습된 확률 모형 $P_W(\mathbf{x},\mathbf{z})$는 표현 학습(원본 $\mathbf{x}$ 벡터들에서 의미 있는 $\mathbf{z}$ 벡터들을 구축했다)과 생성 모형화($P_W(\mathbf{x},\mathbf{z})$의 $\mathbf{z}$를 적분해서 소거하면 $P_W(\mathbf{x})$가 나온다)를 모두 지원한다.

간단한 생성 모형의 예: 확률적 PCA:

$P_W(\mathbf{x},\mathbf{z})$로 어떤 형태의 모형을 사용하면 좋을지에 관해 다양한 제안이 있었다. 가장 간단한 축에 속하는 모형은 **확률적 주성분 분석**(probabilistic principal components analysis)인데, 약자로는 PPCA이다.[7] PPCA 모형은 평균이 0인 구면 가우스 분포에서 $\mathbf{z}$를 선택하고, 거기에 가중치 행렬 $\mathbf{W}$를 곱하고 구면 가우스 잡음을 더해서 $\mathbf{x}$를 생성한다.

$$P(\mathbf{z}) = (\mathbf{z};0,\mathbf{I})$$
$$P_W(\mathbf{x}|\mathbf{z}) = (\mathbf{x};\mathbf{Wz},\sigma^2\mathbf{I}).$$

가중치 $\mathbf{W}$는(그리고 필요하다면 잡음 매개변수 σ^2도) 다음과 같이 주어지는 데이터의 가능도를 최대화해서 배울 수 있다.

$$P_W(\mathbf{x}) = \int P_W(\mathbf{x},\mathbf{z})dz = (\mathbf{x};0,\mathbf{WW}^\top + \sigma^2\mathbf{I}). \tag{21.16}$$

$\mathbf{W}$에 대한 최대화는 기울기 기반 방법들로 수행할 수도 있고 효율적인 반복 EM 알고리즘(§20.3)으로 수행해도 된다. 일단 $\mathbf{W}$를 학습한 후에는 식 (21.16)을 이용해서 $P_W(\mathbf{x})$에서 새 데이터 표본을 직접 생성할 수 있다. 더 나아가서, 새 관측 x들 중 식 (21.16)에 따른 확률이 아주 낮은 것들을 잠재적인 이상치로 표시해 둘 수도 있다.

PPCA에서는 흔히 $\mathbf{z}$의 차원이 $\mathbf{x}$의 차원보다 훨씬 낮다고 가정한다. 이러한 가정은 모형이 가능한 한 적은 수의 특징들로 데이터를 잘 설명하는 방법을 배우게 하기 위해서이다. 그런 특징들을 추출한 후 $\hat{\mathbf{z}}$, 즉 $P_W(\mathbf{z}|\mathbf{x})$의 기댓값을 계산해서 표준적인 분류기에서 활용할 수 있다.

확률적 주성분 분석 모형에서 데이터를 생성하는 방법은 간단하다. 먼저 고정된 가우스 사전 분포에서 $\mathbf{z}$를 추출(표집)하고, 평균이 $\mathbf{Wz}$인 가우스 분포에서 $\mathbf{x}$를 추출한다. 잠시 후 보겠지만 다른 여러 생성 모형의 생성 과정도 이와 비슷하되, $\mathbf{z}$ 공간에서 $\mathbf{x}$ 공간으로의 선형 사상 대신 심층 모형으로 정의되는 좀 더 복잡한 사상이 쓰인다.

자동부호기

비지도 심층학습 알고리즘 중에는 **자동부호기**(autoencoder오토인코더; 또는 자가부호기)라는 개념에 기반한 것이 많다. 자동부호기는 두 부분으로 구성된 모형인데, 한 부분은 $\mathbf{x}$를

---

7 표준 PCA는 다변량 가우스 분포를 원본 입력 데이터에 적합시키고 그 타원 분포에서 장축(주성분)들을 선택하는 식으로 진행된다.

표현 $\hat{z}$로 사상하는 부호기이고 다른 한 부분은 표현 $\hat{z}$를 관측 데이터 $\mathbf{x}$로 사상하는 복호기(decoder)이다. 일반적으로 부호기는 그냥 매개변수화된 함수 f이고 복호기는 매개변수화된 함수 g이다. 자동부호기 모형은 $\mathbf{x} \approx g(f(\mathbf{x}))$가 되도록, 다시 말해 부호화 과정이 대략 복호화 과정의 역이 되도록 훈련된다. 함수 f와 g는 하나의 행렬도 매개변수화된 간단한 선형 모형들일 수도 있고, 심층 신경망으로 표현할 수도 있다.

아주 간단한 자동부호기의 예로, f와 g가 둘 다 선형 함수이고 가중치 행렬 $\mathbf{W}$를 공유하는 선형 자동부호기를 생각해 보자.

$$\hat{z} = f(\mathbf{x}) = \mathbf{W}\mathbf{x}$$
$$\mathbf{x} = g(\hat{z}) = \mathbf{W}^{\top}\hat{z}.$$

이 모형을 훈련하는 한 방법은 $\mathbf{x} \approx g(f(\mathbf{x}))$가 되도록 제곱 오차 $\sum_{j}\|\mathbf{x}_j - g(f(\mathbf{x}_j))\|^2$를 최소화하는 것이다. 훈련 과정에서는 저차원 $\hat{z}$가 고차원 데이터 $\mathbf{x}$를 재구축하는 데 필요한 정보를 최대한 많이 유지하도록 $\mathbf{W}$를 갱신한다. 이러한 선형 자동부호기가 전통적인 주성분 분석(PCA)과 밀접한 관련이 있음이 판명되었다. $\mathbf{z}$가 m차원일 때 행렬 $\mathbf{W}$는 데이터의 주성분 m개를 포괄하는 방법을 배우게 된다. 그 주성분들은 분산이 가장 큰 직교 방향 m개에 해당하며, 이는 곧 데이터의 공분산 행렬에서 고윳값들이 가장 큰 고유벡터 m개이다. 이들은 주성분 분석으로 구하려는 성분들과 정확히 일치한다.

PCA 모형은 간단한 선형 자동부호기에 대응되는 간단한 생성 모형이다. 이러한 대응 관계는 좀 더 복잡한 종류의 생성 모형을 좀 더 복잡한 형태의 자동부호기로 포착하는 방법이 존재함을 암시한다. 실제로, **변분 자동부호기**(variational autoencoder, VAE)가 그런 방법을 제공한다.

변분 방법은 ❶권 p.596에서 많은 수의 은닉 변수들을 합산 또는 적분하는 것이 현실적으로 어려운 상황에서 복잡한 확률 모형의 사후 분포를 근사하는 한 방법으로 소개한 바 있다. 변분 방법들의 핵심 착안은 계산적으로 처리 불가능한 부류의 분포들에서 뽑은 **변분 사후 분포** $Q(\mathbf{z})$를 진 분포에 대한 하나의 근사로 사용한다는 것이다. 예를 들어 대각 공분산 행렬을 가진 가우스 분포들의 모임에서 Q를 선택할 수도 있다. 그런 처리 가능 분포들의 모임 안에서 Q를 진 사후 분포 $P(\mathbf{z}|\mathbf{x})$와 최대한 가까워지도록 최적화해서 적절한 근사 분포를 얻는다.

지금 목적에서 "최대한 가깝다"의 기준은 p.977에서 언급한 KL 발산값이다. KL 발산값은 다음과 같이 주어진다.

$$D_{KL}(Q(\mathbf{z})\|P(\mathbf{z}|\mathbf{x})) = \int Q(\mathbf{z})\log\frac{Q(\mathbf{z})}{P(\mathbf{z}|\mathbf{x})}\,d\mathbf{z}.$$

이 값은 Q과 P의 로그비의 평균(Q에 대한)이다. $D_{KL}(Q(\mathbf{z})\|P(\mathbf{z}|\mathbf{x})) \geq 0$임은 쉽게 증명할 수 있다. 등호는 Q와 P가 같을 때 성립한다. 이제 데이터의 로그 가능도에 대한 **변분 하계**(variational lower bound) $\mathcal{L}$을 다음과 같이 정의할 수 있다(이 하계를 **증거 하**

계(evidence lower bound)라고 부르고 줄여서 ELBO로 표기하기도 한다).

$$\mathcal{L}(\mathbf{x}, Q) = \log P(\mathbf{x}) - D_{KL}(Q(\mathbf{z}) \| P(\mathbf{z}|\mathbf{x})). \tag{21.17}$$

KL 발산값이 음이 아니라는 점을 생각하면 $\mathcal{L}$이 $\log P$의 한 하계임을 이해할 수 있을 것이다. 변분 학습은 $\log P(\mathbf{x})$를 최대화하는 것이 아니라 $\mathcal{L}$를 매개변수 $\mathbf{w}$에 대해 최대화하는데, 여기에는 발견된 해 $\mathbf{w}^*$가 $\log P(\mathbf{x})$도 최대화하는 것에 가까우리라는 기대가 깔려 있다.

식 (21.7)만 보면 $\mathcal{L}$의 최대화가 $\log P$의 최대화보다 딱히 더 쉬워 보이지는 않을 것이다. 식 (21.17)를 다음과 같이 표현하면 왜 계산이 더 쉬워지는지가 좀 더 명확해진다.

$$\begin{aligned} \mathcal{L} &= \log P(\mathbf{x}) - \int Q(\mathbf{z}) \log \frac{Q(\mathbf{z})}{P(\mathbf{z}|\mathbf{x})} d\mathbf{z} \\ &= -\int Q(\mathbf{z}) \log Q(\mathbf{z}) d\mathbf{z} + \int Q(\mathbf{z}) \log P(\mathbf{x}) P(\mathbf{z}|\mathbf{x}) d\mathbf{z} \\ &= H(Q) + \mathrm{E}_{\mathbf{z} \sim Q} \log P(\mathbf{z}, \mathbf{x}) \end{aligned}$$

여기서 $H(Q)$는 Q 분포의 엔트로피이다. 일부 변분 분포 모임 Q(가우스 분포 등)에서는 $H(Q)$를 해석적으로 평가할 수 있다. 더 나아가서, 기댓값 $\mathrm{E}_{sz \sim Q} \log P(\mathbf{z}, \mathbf{x})$을 이용하면 Q에서 뽑은 $\mathbf{z}$ 표본들을 통해서 편향 없는 추정량을 효율적으로 구할 수 있다. 일반적으로 각 표본에 대한 $P(\mathbf{z}, \mathbf{x})$는 효율적으로 평가할 수 있다. 예를 들어 P가 베이즈망일 때 $P(\mathbf{z}, \mathbf{x})$는 그냥 조건부 확률들의 곱이다($\mathbf{z}$와 $\mathbf{x}$가 모든 변수를 포괄하므로).

변분 자동부호기는 심층학습의 설정에서 변분 학습을 수행하는 수단을 제공한다. 변분 학습에는 P와 Q 모두의 매개변수들에 대해 $\mathcal{L}$를 최대화하는 과정이 관여한다. 변분 자호기에서는 복호기 $g(\mathbf{z})$가 $\log P(\mathbf{x}|\mathbf{z})$를 정의한다고 해석할 수 있다. 예를 들어 복호기의 출력이 조건부 가우스 분포의 평균을 정의할 수 있다. 마찬가지로, 부호기 $f(\mathbf{x})$의 출력을 Q의 매개변수들을 정의하는 것으로 해석할 수 있다. Q는 이를테면 평균이 $f(\mathbf{x})$인 가우스 분포일 수 있다. 따라서 변분 자동부호기의 훈련은 부호기 f와 복호기 g 모두의 매개변수들에 대해 $\mathcal{L}$를 최대화하는 식으로 진행되는데, 이때 부호기와 복호기 모두 임의로 복잡한 심층 신경망일 수 있다.

심층 자기회귀 모형

자기회귀 모형(autoregressive mode) 또는 AR 모형은 데이터 벡터 $\mathbf{x}$의 각 성분 x_i에 대한 예측값을 그 벡터의 다른 성분들에 기초해서 산출한다. 이런 모형에는 잠재 변수가 없다. $\mathbf{x}$의 크기(성분 수)가 일정하다고 할 때 AR 모형은 하나의 완전 관측 베이즈망(완전 연결일 수도 있는)에 해당한다. 이는 AR 모형에 따라 데이터 벡터의 가능도를 계산하는 것이 아주 간단하다는 뜻이다. 다른 모든 변수의 값이 주어졌을 때 나머지 한 변수의 결측값을 예측하거나 모형에서 하나의 데이터 벡터를 표집하는 것도 마찬가지로 간단하다.

자기회귀 모형의 가장 일반적인 응용 방법은 시계열 데이터의 분석이다. 이 경우 k 차 AR 모형은 $x_{t-k}, \dots, x_{t-1}$이 주어졌을 때 x_t를 예측한다. 제14장의 용어로 따르면 AR 모형은 비은닉(non-hidden) 마르코프 모형이고, 제23장의 용어로 문자열 또는 단어열에 대한 n그램 모형은 차수가 $n-1$인 AR 모형이다.

변수들이 실숫값인 고전적인 AR 모형에서 조건부 분포 $P(x_t|x_{t-k}, \dots, x_{t-1})$은 분산이 고정되고 평균은 $x_{t-k}, \dots, x_{t-1}$의 가중 선형 결합인 하나의 선형 가우스 모형이다. 간단히 말해서 표준 선형 회귀 모형이다. 이에 대한 최대 가능도 해를 p.882의 표준방정식과 밀접한 관계가 있는 **율−워커 방정식**(Yule–Walker equation)으로 구할 수 있다.

율−워커 방정식

심층 자기회귀 모형

심층 자기회귀 모형(deep autoregressive model)은 고전적 AR의 선형 가우스 모형을 임의의 깊이의 심층망(x_t가 이산이냐 연속에 따라 적절한 출력층을 가진)으로 대체한 것이다. 이 자기회귀 접근방식의 최근 응용 사례로는 음성 합성을 위한 딥마인드의 WaveNet 모형(van den Oord 외, 2016)이 있다. WaveNet은 초당 표본수가 16,000인 원본 음향 신호들로 훈련되며 다층 합성곱 구조를 가진 4,800차 선형 AR 모형을 구현한다. 시험 운영에서 이 모형은 이전의 최고 수준 음성 학습 시스템들보다 훨씬 사실적인 음성을 산출했다.

GAN(생성 대립망)

생성 대립망

흔히 GAN으로 표기하는 **생성 대립망**(generative adversarial network; 또는 생성적 적대 신경망)은 두 개의 신경망을 조합해서 하나의 생성 시스템을 형성한 것이다. **생성기**(generator)라고 부르는 한 신경망은 $\mathbf{z}$의 값들을 $\mathbf{x}$로 사상해서 분포 $P_w(\mathbf{x})$에서 표본들을 추출한다. 흔히 쓰이는 생성기는 적절한 차원의 단위 가우스 분포에서 추출한 $\mathbf{z}$들을 심층 신경망 h_w으로 처리해서 $\mathbf{x}$를 얻는다. **판별기**(discriminator)라고 부르는 다른 한 신경망은 입력 $\mathbf{x}$이 진짜(훈련 집합에서 뽑은 표본)인지 아니면 가짜(생성기가 생성한 표본)인지 구분하도록 훈련된 하나의 분류기이다. 표본들을 생성하지만 그 확률들이 구체적으로 무엇인지 쉽게 알 수 없다는 점에서 GAN은 일종의 **암묵적 모형**(implicit model)에 해당한다. 반면 베이즈망에서는 표본의 확률이 그냥 표본 생성 경로를 따른 조건부 확률들의 곱이다.

생성기

판별기

암묵적 모형

GAN의 생성기는 변분 자동부호기의 복호기와 밀접한 연관이 있다. 암묵적 모형화에서 어려운 점 하나는 분포에서 추출한 표본들로 모형이 훈련되게 하는(데이터 집합의 훈련 견본에 부여된 가능도를 최대화해서 훈련하는 것이 아니라) 적절한 손실 함수를 고안하는 것이다.

생성기와 판별기는 동시에 훈련된다. 생성기의 학습은 판별기를 속이는 것이 목표이고 판별기의 학습은 진짜 데이터와 가짜 데이터를 정확히 구분하는 것이 목표이다. 생성기와 판별기의 경쟁을 게임 이론(제18장)의 어법으로 설명할 수 있다. 이때 핵심은, 게임의 평형 상태에서 생성기는 훈련 표본을 완벽하게(판별기가 그냥 무작위 추측보다 더 나은 분류 결과를 얻을 수 없을 정도로) 재현해야 한다는 것이다. GAN은 이미지 생성

과제들에서 특히나 좋은 성과를 냈다. 예를 들어 GAN은 이 세상에 태어난 적이 없는 인물의 사실적인 고해상도 사진을 생성할 수 있다(Karras 외, 2017).

비지도 번역

크게 볼 때 기계 번역(machine translation)은 구조가 풍부한(rich; 또는 다채로운) 입력 x를 역시 구조가 풍부한 출력 y로 변환하는 것이라 할 수 있다. 이 맥락에서 데이터의 "구조가 풍부하다"는 것은 데이터가 다차원이고 여러 차원 사이에 흥미로운 통계적 의존관계가 존재한다는 뜻이다. 이미지와 자연어 문장은 풍부한 구조를 지니지만 분류 번호 같은 하나의 수치는 그렇지 않다. 영어 문장 하나를 프랑스어로(또는 그 반대로) 변환하는 것은 물론, 야경 사진을 같은 장면을 낮에 찍은 사진으로 변환하는 것도 번역의 예이다.

지도학습 접근방식에서는 다수의 (x, y) 쌍을 모으고 모형이 각 x를 해당 y로 사상하도록 훈련한다. 예를 들어 기계학습 시스템들은 흔히 인간 전문 번역가들이 번역한 문장 쌍들로 훈련된다. 그러나 다른 종류의 번역에서는 그런 지도학습 훈련 데이터를 구하기 어려울 수 있다. 예를 들어 달리는 차 여러 대와 차와 보행자들이 있는 야경 사진을 생각해 보자. 낮에 같은 장면을 찍기 위해 그 차들과 보행자들을 모두 찾아서 동원하기란 사실상 불가능하다. 이런 어려움을 극복하는 한 방법은 다수의 x 견본과 그와는 개별적인 다수의 y 견본으로 훈련하되 해당 (x, y) 쌍들을 제공하지는 않는 **비지도 번역**(unsupervised translation) 기법을 사용하는 것이다.

일반적으로 이런 접근방식은 GAN에 기초한다. 예를 들어 x가 주어졌을 때 y의 사실적인 견본을 산출하도록 한 GAN을 훈련하고, 그와는 반대 방향의 사상을 수행해도록 또 다른 GAN을 훈련하는 방법을 생각할 수 있다. GAN 훈련의 틀에서는, 전통적으로 지도학습에 요구되는 방식으로 x와 y를 구체적으로 짝짓지 않아도, x가 주어졌을 때 y의 **사실적인** 견본이라고 판별기가 받아들일 만한 견본들을 생성하도록 생성기를 훈련할 수 있다. §25.7.5에서 이미지를 위한 비지도 번역을 좀 더 자세히 살펴본다.

21.7.2 전이학습과 다중 과제 학습

전이학습(trasfer learning)에서는 한 학습 과제에서 얻은 경험을 에이전트가 다른 과제를 좀 더 잘 해결하게 만드는 데 활용한다. 예를 들어 테니스를 배운 사람은 라켓볼이나 스쿼시 같은 비슷한 스포츠도 쉽게 배운다. 한 종류의 비행기를 조종해 본 경험이 있는 파일럿은 다른 종류의 비행기 조종도 빠르게 배운다. 대수학을 배운 학생은 미적분도 쉽게 배운다.

인간의 전이학습 메커니즘은 아직 밝혀지지 않았다. 신경망의 학습은 가중치 조정으로 이루어지므로, 가장 그럴듯한 전이학습 접근방식은 과제 A를 위해 학습된 신경망의 가중치들을 과제 B를 위한 신경망에 복사하는 것이다. 과제의 유사성과 과제 A의 훈련에 쓰인 데이터의 양에 따라 과제 B의 학습 속도를 낮추는 것이 바람직할 수 있다.

이 접근방식을 위해서는 인간 전문가가 과제들을 선택해야 함을 주목하기 바란다. 예를 들어 대수 문제를 풀기 위해 학습한 가중치들은 라켓볼 플레이를 위한 신경망에 그리 유용하지 않을 것이다. 또한, 가중치들을 복사할 수 있으려면 두 과제의 입력 공간들 사이에 간단한 사상이 존재해야 하며 신경망 구조가 사실상 동일해야 한다.

전이학습이 인기 있는 이유 중 하나는 미리 훈련된 고품질의 모형들이 공개되어 있다는 것이다. 예를 들어 이미지 인식 문제를 풀어야 한다면, COCO 데이터 집합으로 훈련된 ResNet-50 모형 같은 미리 훈련된 모형들을 내려 받아서 바로 사용하면 된다. 그러면 수 주(week)의 시간이 절약될 것이다. 그리고 여러분이 풀어야 할 구체적인 문제에 맞는 추가적인 이미지들과 사물 분류명을 공급해서 모형 매개변수들을 좀 더 조율할 수 있다.

사진들에서 여러 종류의 외발자전거를 분류해야 한다고 하자. 한 개인이 구할 수 있는 서로 다른 외발자전거 사진은 기껏해야 수백 장 정도겠지만, COCO 데이터 집합에는 자전거, 모터사이클, 스케이트 범주에 각각 3,000장 이상의 이미지가 있다. 따라서, COCO로 미리 훈련된 모형은 바퀴, 도로, 그리고 외발자전거 이미지의 해석에 도움이 될만한 기타 특징들을 이미 겪어보았을 가능성이 크다.

미리 훈련된 모형의 처음 몇 층은 동결(고정)시키는 것이 바람직할 때가 많다. 그 층들은 여러분의 새 모형에 유용할 만한 특징들을 추출하는 역할을 한다. 주어진 문제를 위한 새 데이터 집합은 뒤쪽(출력 쪽의, 고수준 특징에 대응되는) 층들의 매개변수를 수정하는 데에만 사용하는 것이 좋다. 그 층들이 문제에 특화된 특징들을 식별하고 최종적인 분류를 수행한다. 그렇지만 감지기들의 차이 때문에 앞쪽 층들도 다시 훈련해야 할 때도 있다.

또 다른 예로, 요즘에는 자연어 처리 시스템을 구축할 때는 ROBERTA 모형(§24.6) 같은 미리 훈련된 모형, 그러니까 일상 언어의 어휘와 문법의 상당 부분을 이미 "알고" 있는 모형으로 시작하는 것이 일반적이다. 그런 모형을 주어진 문제에 맞게 세밀하게 조율하는 방법은 크게 두 가지이다. 첫째는 문제 영역에 쓰이는 특화된 어휘의 견본들을 모형에 투입하는 것이다. 예를 들어 의료 진단 영역이라면 "myocardial infarction(심근경색)" 같은 문구가 있는 견본들을, 금융 영역이라면 "fiduciary responsibility(신인의무)" 같은 문구가 있는 견본들을 투입해야 할 것이다. 둘째는 수행하고자 하는 과제의 실제 견본들로 모형을 훈련하는 것이다. 질의응답(QA) 과제의 경우에는 질문 문장과 응답 문장의 쌍들로 훈련하면 될 것이다.

아주 중요한 전이학습의 한 형태는 시뮬레이션으로 학습한 것을 실제 세계에 대한 모형으로 전이하는 것이다. 예를 들어 자율주행차 제어기를 실제 세계에서 수십억 킬로미터 주행해서 훈련하는 것은 불가능하지만, 모의 실행 환경에서는 얼마든지 가능하다. 모의 실행 환경에서 훈련한 제어기를 실제 자율주행차에 이식하면 자율주행차는 새로운 환경에 빠르게 적응한다.

다중 과제 학습

다중 과제 학습(multitask learning)은 하나의 모형을 여러 목표에 대해 동시에 훈련하는 형태의 전이학습이다. 예를 들어 자연어 처리 시스템을 품사 태깅을 위해 훈련한 후 학습된 가중치들을 문서 분류 같은 다른 작업을 위해 전이하는 대신, 한 시스템을 품사 태깅, 문서 분류, 언어 검출, 단어 예측, 문장 난이도 모형화, 표절 검출, 문장 함의, 질의응답을 위해 동시에 훈련하는 식이다. 여기에 깔린 착안은 그런 과제들 중 하나를 해결하는 모형은 그냥 데이터의 피상적 특징들만 파악한 수준일 수 있지만, 하나의 공통 표현 층으로 여덟 과제를 모두 해결하는 모형은 실제 자연어 어법과 내용을 반영한 공통의 표현을 배웠을 가능성이 크다는 것이다.

21.8 응용

심층학습은 인공지능의 여러 주요 문제들에 성공적으로 적용되었다. 구체적인 응용 방법은 이후의 장들에서 좀 더 자세히 논의하겠다. 제22장에서는 강화학습 시스템에서 심층학습을 활용하는 방법을 논의하고 제24장에서는 자연어 처리에, 제25장(특히 §25.4)에서는 컴퓨터 시각에, 제26장에서는 로봇공학에 심층학습을 활용하는 방법을 논의한다.

21.8.1 시각

심층학습에 가장 큰 영향을 주었다고 해도 과언이 아닌 응용 영역인 컴퓨터 시각(computer vision)부터 살펴보자. 심층 합성곱 신경망이 1990년대부터 손글씨 인식 같은 과제들에 쓰였고 2010년 경부터 심층 신경망이 음성 인식 분야에서 생성적 확률 모형들을 뛰어넘었지만, 심층학습이 크게 주목받기 시작한 것은 2012년 AlexNet이라는 심층학습 시스템이 ImageNet 경진대회에서 성공을 거둔 후부터이다.

ImageNet 경진대회에서 출품작들은 1,000가지 범주의 이미지 120만 장에 대한 지도학습 과제를 두고 경쟁한다. 순위는 '상위 5범주(top-5)' 점수로 결정되는데, 상위 5범주 점수는 모형의 상위 예측 다섯 개에서 정확히 분류한 범주들의 빈도에 기초한다. 상위 5범주에 대한 AlexNet의 오류율은 15.3%였는데, 2등 시스템은 25%를 넘었다. AlexNet은 최댓값 풀링 층들이 끼어 있는 합성곱 층 다섯 개 다음에 완전 연결 층이 세 개 있는 구조였다. 활성화 함수로는 ReLU를 사용했으며, GPU들을 활용해서 가중치 6000만 개의 처리 속도를 높였다.

2012년부터 신경망 설계와 훈련 방법, 계산 자원이 개선, 향상된 덕분에 상위 5범주 오류율이 2% 미만으로 떨어졌다. 이는 훈련된 사람의 오류율(약 5%)보다 낮은 비율이다. CNN은 자율주행차에서 오이 품질 등급 매기기까지 아주 다양한 컴퓨터 시각 과제에 적용되었다[8] §25.7.6과 제26장의 여러 절들에서 다루는 자율주행은 가장 어려운 시각

---

[8] 일본의 한 농부가 TensorFlow를 이용해서 직접 오이 분류 로봇을 만들었다는 이야기가 유명한데, 사실이 아닌 것으로 밝혀졌다. 해당 알고리즘을 개발한 사람은 그 농부의 아들인데, 도요타 사에서 소프트웨어 기술자로 일한 적이 있다고 한다. 그리고 알고리즘의 정확도가 70% 정도밖에 되지 않았기 때문에 오이들을 사람이 다시 분류해야 했다(Zeeberg, 2017).

과제에 속한다. 자율주행에서 알고리즘은 비둘기, 종이 봉투, 보행자 같은 다양한 대상을 검출해서 위치를 파악하고 추적해야 할 뿐만 아니라, 그런 일을 실시간으로 거의 완벽히 정확하게 수행해야 한다.

21.8.2 자연어 처리

심층학습은 기계 번역이나 음성 인식 같은 자연어 처리(natural language processing, NLP) 응용에도 큰 영향을 미쳤다. 그런 응용들에 대한 심층학습의 장점으로는 종단간 학습 능력, 단어 의미에 대한 내부 표현의 자동 생성, 학습된 부호기 및 복호기의 교환 가능성 등이 있다.

종단간 학습은 전체 시스템을 하나의 학습된 함수 f로 구축하는 것을 말한다. 기계 번역을 위한 f는 이를테면 영어 문장 S_E를 입력받고 그 문장에 상응하는 일본어 문장 $S_J = f(S_E)$를 산출하는 함수이다. 그런 f는 사람이 번역한 문장 쌍(또는, 상응하는 문장이나 문구들을 일치시키는 것이 문제의 한 부분이라면 텍스트 쌍)들로 이루어진 훈련 데이터로 학습할 수 있다. 좀 더 고전적인 파이프라인이라면 먼저 S_E를 파싱^{parse}해서 의미를 추출한 후 그 의미를 일본어 문장 S_J로 다시 표현하고, 일본어를 위한 언어 모형으로 S_J를 다듬는 식으로 번역을 진행할 것이다. 이런 파이프라인 접근방식에는 두 가지 중요한 단점이 있다. 첫째로, 각 처리 단계에서 오차가 심하다. 둘째로, '파스 트리'와 '의미 표현'이 어떻게 구성되는지를 사람이 결정해야 하는데, 그런 요소들에 대한 실측값(ground truth)을 쉽게 파악할 수 없을 뿐더러 그런 요소들에 관한 우리의 이론적인 개념들도 거의 확실히 불완전하다.

그래서 현재 우리의 이해 수준에 기초한 고전적 파이프라인 접근방식(적어도 소박하게는 사람 번역가의 작업 방식과 부합하는 것으로 보이는)은 심층학습으로 가능한 종단간 방법보다 성과가 나쁘다. 예를 들어 [Wu 외, 2016b]은 심층학습을 이용한 종단간 번역의 오류율이 기존 파이프라인 기반 시스템의 것보다 60% 정도 낮음을 보였다. 2020년 현재, 프랑스어와 영어처럼 대량의 문장 쌍 데이터 집합이 있는 언어 조합에 대해 기계 번역 시스템들은 사람 수준의 번역 결과를 제공하며, 지구상의 인류 대부분을 포괄하는 다른 언어 조합들에 대해서도 쓸만한 결과를 보인다. 또한, 다수의 언어로 훈련된 신경망이 실제로 내부 의미 표현을 학습한다는 증거도 있다. 예를 들어 포르투갈어 문장을 영어로, 영어 문장을 스페인어로 번역하는 방법을 배운 신경망은 훈련 집합에 포르투갈어-스페인어 문장 쌍들이 없어도 포르투갈어 문장을 직접 스페인어로 번역할 수 있다.

언어 과제에 대한 심층학습 응용에서 얻는 아주 의미 있는 발견 하나는, 개별 단어를 고차원 공간의 벡터로 재표현함으로써 얻는 이득이 아주 크다는 것이다. 그런 벡터들을 **단어 내장**(word embedding[역주2])이라고 부른다(§24.1 참고). 단어 내장 벡터들은 흔히 대량의 텍스트로 훈련된 신경망의 첫 은닉층 가중치들에서 추출한다. 이런 벡터는 해당 단어가 쓰인 어휘 문맥들의 통계를 반영한다. 의미가 비슷한 단어들은 비슷한 문맥에서 쓰일 때가 많으므로, 그런 단어들은 벡터 공간에서 서로 가까운 곳에 위치한다. 이 덕분에 신경망은 단어들의 범주를 효과적으로 일반화할 수 있다(사람이 범주들을 미리 정의하지 않아도). 예를 들어 "John bought a watermelon and two pounds of ..."로 시작하는 영어 문장은 "thorium"이나 "geography"가 아니라 "apples"나 "bananas"로 이어질 확률이 크다. 만일 "apples"와 "bananas"가 내부 층에서 비슷하게 표현된다면 이런 예측이 훨씬 쉬워진다.

21.8.3 강화학습

강화학습(reinforcement learning, RL)에서 의사결정 에이전트는 자신이 취한 동작의 품질을 나타내는 지표에 해당하는 일련의 보상 신호들로부터 배운다. 목표는 미래의 보상들의 총합을 최적화하는 것이다. 그런 목표를 달성하는 방법은 여러 가지인데, 제17장의 어법으로 표현하자면 에이전트는 가치 함수나 Q-함수, 정책 등을 학습함으로써 미래 보상을 최대화할 수 있다. 심층학습 관점에서 이들은 모두 계산 그래프로 표현할 수 있는 함수들이다. 예를 들어 바둑의 가치 함수는 하나의 국면(바둑판 구성)을 입력받고 그 국면이 에이전트에게 얼마나 유리한지 추정한 값을 산출한다. 강화학습의 훈련 방법은 지도학습의 것과는 다르지만, 강화학습에 대해서도 큰 입력 공간에 대한 복잡한 함수를 다층 계산 그래프로 표현하는 심층학습의 능력이 아주 유용함이 입증되었다. 이러한 조합

심층 강화학습 을 연구하는 분야를 가리켜 **심층 강화학습**(deep reinforcement learning)이라고 부른다.

1950년대에 아서 새뮤얼은 체커[checker]를 위한 강화학습을 연구하면서 가치 함수들의 다층 표현들을 실험했는데, 실제 응용에서 가장 잘 통하는 것은 선형 함수 근사기(linear function approximator)임을 알게 되었다. (이는 당시 실험에 사용한 컴퓨터가 요즘 TPU보다 성능이 약 1000억 분의 1 정도였기 때문일 수도 있다.) 심층 RL의 최초의 주요 성공 사례는 딥마인드가 만든, 아타리 게임을 플레이하는 에이전트인 DQN(Mnih 외, 2013)이다. 딥마인드는 이 에이전트의 여러 복사본을 각각 다른 아타리 비디오 게임을 플레이하도록 훈련했는데, 각 에이전트는 외계인 우주선을 쏘아 맞추거나, 패들로 공을 튕기거나, 모의 경주용 차를 운전하는 등의 다양한 능력을 보였다. 각 경우에서 에이전트는 비디오 게임 화면에서 얻은 원본 이미지 데이터로부터 Q 함수를 배웠다. 보상 신호는 게임 점수였다. 이후 연구에서 57가지 아타리 게임들 대부분에서 사람을 능가하는 수

[역주2] word embedding은 수학에서 하나의 수학적 구조를 다른 수학적 구조에 포함시킨 것을 뜻하는 embedding 또는 imbedding과 관련이 있다. 대한수학회 용어집에서는 embedding을 매장, 매입, 끼워넣기로 번역하지만, 어감이나 동음이의어를 고려해서 이 번역서에서는 매장과 크게 다르지 않으면서 '내장형 시스템(embedded system)' 등으로 좀 더 친숙한 '내장'을 사용하기로 한다. §19.9.2의 t-분포 확률적 이웃 내장이나 §24.4.2의 위치 내장 등 같은 성격의 다른 embedding들도 마찬가지이다.

준으로 게임을 플레이하는 심층 RL 시스템들이 나왔다. 딥마인드의 AlphaGo 시스템도 심층 RL을 이용해서 바둑 세계 최고수를 물리쳤다(제5장).

이런 인상적인 성공 사례들이 있긴 하지만, 심층 강화학습은 여전히 커다란 장애물들을 잘 극복하지 못하고 있다. 좋은 성과를 얻기 어려울 때가 많으며, 훈련 데이터와는 다른 환경에서는 시스템이 대단히 예측하기 어려운 행동을 보일 수 있다. 심층학습의 다른 응용 방법에 비해 심층 강화학습은 상업적인 설정에는 거의 적용되지 않는다. 그렇긴 해도 연구가 아주 활발히 진행되고 있는 분야임은 틀림없다.

요약

이번 장에서는 심층 계산 그래프로 표현된 함수를 학습하는 방법들을 설명했다. 요점은 다음과 같다.

- **신경망**은 복잡한 비선형 함수를 매개변수화된 선형 문턱값 단위들로 이루어진 네트워크로 표현한다.
- **역전파** 알고리즘은 매개변수 공간에서 경사 하강법을 이용해서 손실 함수를 최소화한다.
- 심층학습은 시각적 물체 인식, 음성 인식, 자연어 처리, 그리고 복잡한 환경의 강화학습에 잘 맞는다.
- 합성곱 신경망은 이미지 처리를 비롯해 격자 위상구조를 가진 데이터를 다루는 여러 과제에 특히나 적합하다.
- 순환 신경망은 언어 모형화와 기계 번역을 포함한 순차 처리 과제에 효과적이다.

참고문헌 및 역사적 참고사항

신경망에 관한 문헌은 엄청나게 많다. 코원과 샤프는 [McCulloch 및 Pitts, 1943]으로 시작하는 초기 역사를 개괄한다(Cowan 및 Sharp, 1988a, 1988b). (제1장에서 언급했듯이, 존 매카시는 신경망의 수학 모형이 처음 나온 문헌으로 [Rashevsky, 1936, 1938]을 꼽는다.) 인공두뇌학(Wiener, 1948)과 제어이론의 선구자인 노버트 위너는 매컬록, 피츠와 함께 연구했으며, 마빈 민스키를 비롯한 여러 젊은 연구자에게 영향을 미쳤다. 민스키는 1951년에 실제로 작동하는 최초의 하드웨어 신경망을 만들 뻔 했다(Minsky 및 Papert, 1988, pp.ix-x를 보라). 앨런 튜링은 *Intelligent Machinery*라는 제목의 연구 보고서(Turing, 1948)를 썼다. 그 보고서는 "나는 기계가 지능적인 행동을 보이는 것이 가능하냐는 질문을 조사하자고 제안한다"라는 문장으로 시작해서, 그가 'B형 미조직 기계

(B-type unorganized machines)'라고 부른 순환 신경망 아키텍처와 그것을 훈련시키는 접근방식 하나를 서술한다. 안타깝게도 그 보고서는 1969년에야 출판되었으며, 최근까지는 완전히 무시되었다.

강 문턱값 활성화 함수를 둔 1층 신경망인 퍼셉트론^{perceptron}은 프랭크 로젠블랫의 보고서 [Rosenblatt, 1957]로 유명해졌다. 1958년 6월의 시연을 보고 뉴욕 타임즈는 퍼셉트론을 "걷고, 말하고, 보고, 쓰고, 자신을 재생산하며 스스로의 존재를 의식하리라고 [해군이] 기대하는 전자 컴퓨터의 배아(embryo)"라고 묘사했다. 이후 로잰블랫은 퍼셉트론 수렴 정리를 증명했다(Rosenblatt, 1960). 그러나 그러한 성과는 신경망의 맥락 바깥에서 이루어진 전적으로 수학적인 결과(Agmon, 1954; Motzkin 및 Schoenberg, 1954)에 묻혔다. 다층 신경망에 대한 초기 연구도 이루어졌는데, 이를테면 **감바 퍼셉트론**$^{Gamba\ perceptron}$(Gamba 외, 1961)과 **MADALINE**(Widrow, 1962)이 있다. *Learning Machines*(Nilsson, 1965)는 이러한 초기 성과를 비롯한 여러 성과를 다룬다. 그러나 초기 퍼셉트론 연구 노력은 이 분야에 수학적 엄격함이 없음을 한탄하는 책 *Perceptrons*(Minsky 및 Papert, 1969)에 의해 재촉되어(또는, 저자들이 나중에 주장하기로는, 그냥 설명되어) 빠르게 소멸된다. 그 책은 단층 퍼셉트론이 오직 선형 분리 가능 개념들만 표현할 수 있음을 지적하고, 다층 신경망에 대한 효과적인 학습 방법이 없음을 언급한다. 이런 한계는 이전에도 알려져 있었으며(Hawkins, 1961), 로젠블랫 자신도 알고 있었다(Rosenblatt, 1962).

1979년 샌디에고에서 열린 한 학술대회에 기초해 힌턴과 앤더슨이 취합한 논문들(Hinton 및 Anderson, 1981)은 연결주의의 부활을 알렸다고 할 수 있다. 두 권짜리 'PDP(Parallel Distributed Processing)' 논문집(Rumelhart 및 McClelland, 1986])은 이러한 '복음'의 전파에 일조했는데, 특히 심리학과 인지과학 공동체에 영향을 미쳤다. 이 시기 가장 중요한 연구 성과는 다층 신경망 훈련을 위한 역전파 알고리즘이었다.

역전파 알고리즘은 서로 다른 맥락에서 따로 여러 번 재발견되었다(Kelley, 1960; Bryson, 1962; Dreyfus, 1962; Bryson 및 Ho, 1969; Werbos, 1974; Parker, 1985). 스튜어트 드레이퍼스는 이를 "켈리-브라이슨 기울기 절차(Kelley-Bryson gradient procedure)"라고 불렀다(Dreyfus, 1990). 웨어보스는 신경망에 적용했지만, 알고리즘을 비수학적으로 서술한 데이비트 루멀하트, 제프리 힌턴, 론 윌리엄스의 논문(Rumelhart 외, 1986)이 네이처^{Nature}지에 실린 후에야 이 착안이 널리 알려졌다. 수학적 측면은 다층 순방향 신경망이(기술적인 조건들에 따라 다를 수 있지만) 범용 근사 함수(universal function approximator; 또는 보편적 함수 근사기)임을 보인 [Cybenko, 1988]와 [Cybenko, 1989]로 보충되었다. 1980년대 후반과 1990년대 초반에 신경망 연구가 급격히 성장했다. 1990~94년의 논문 수는 1980~84년의 약 200배였다.

그러나 1990년대 후반과 2000년대 초반에는 신경망에 관한 관심이 줄고 베이즈망이나 앙상블 방법, 핵 기계 같은 기법이 전면에 나섰다. 심층 모형에 관한 관심은 심층 베이즈망(범주형 변수들이 뿌리 노드에 있고 증거 변수들이 잎 노드들인 생성 모형)에 관한 제프리 힌턴의 연구가 결실을 맺어서 작은 벤치마크 데이터 집합에 대해 핵 기계보다 나은 성과를 보이면서(Hinton 외, 2006) 다시 불붙었다. 그리고 크리제프스키 등이 만든 심층 합성곱 신경망(Krizhevsky 외, 2013)이 ImageNet 경진대회(Russakovsky 외, 2015)에서 우승하면서 다시 신경망에 관한 관심이 폭발적으로 증가했다.

흔히 논평가들은 '빅데이터'와 GPU 처리 능력이 심층학습 부흥의 주된 요인이라고 말한다. 그런 요인 외에, 로지스틱 S자형 함수 대신 ReLU를 활성화 함수로 사용하는 등의 신경망 구조 개선도 중요한 요인이었다(Jarrett 외, 2009; Nair 및 Hinton, 2010; Glorot 외, 2011). 이후 잔차망(He 외, 2016)의 개발도 심층학습의 부흥에 기여했다

알고리즘 쪽을 보자면, 신경망이 큰 데이터 집합으로 규모를 확장하는 데에는 작은 배치들을 이용한 확률적 경사 하강법(SGD)이 필수였다(Bottou 및 Bousquet, 2008). 배치 정규화(Ioffe 및 Szegedy, 2015) 역시 훈련 과정을 더 빠르고 안정적으로 만드는 데 일조했으며, 이후 다른 여러 정규화 기법(Ba 외, 2016; Wu 및 He, 2018; Miyato 외, 2018)이 등장했다. 큰 신경망과 큰 데이터 집합에 대한 SGD의 실험적(경험적) 행동을 연구한 논문도 여럿 나왔다(Dauphin 외, 2015; Choromanska 외, 2014; Goodfellow 외, 2015b). 이론 측면에서는, 과도하게 매개변수화된 신경망에 적용된 SGD가 종종 훈련 오류율 0으로 전역 최솟점에 도달한다는 관찰을 설명하는 데 어느 정도 진척이 있었지만, 이 글을 쓰는 현재 그런 현상에 관한 정리들은 실제 응용에 쓰인 그 어떤 신경망보다도 층들이 훨씬 넓은 신경망을 가정한다(Allen-Zhu 외, 2018; Du 외, 2018). 그런 신경망은 훈련 데이터에 대한 참조 테이블로 작용하기에 충분하고도 넘치는 수용력을 가진다.

적어도 컴퓨터 시각 응용에서 퍼즐의 마지막 조각은 합성곱 신경망의 활용이다. 합성곱 신경망의 기원은 신경생리학자 데이비드 허블과 토르스텐 비셀의 포유류 시각 체계 서술(Hubel 및 Wiesel, 1959, 1962, 1968)이다. 그들은 고양이 시각 체계에 있는 윤곽선 검출기와 비슷한 '단순 세포'들과 약간의 공간적 이동 같은 몇몇 변환에 대해 불변인 '복합 세포'를 서술했다. 현대적인 합성곱 신경망에서 합성곱 층의 출력은 단순 세포와 비슷하고 풀링 층의 출력은 복합 세포와 비슷하다.

허블과 비셀의 연구는 시각에 대한 여러 초기 연결주의 모형들에 영감을 주었다(Marr 및 Poggio, 1976). 시각 피질의 한 모형으로 설계된 네오코그니트론^{neocognitron}(Fukushima, 1980; Fukushima 및 Miyake, 1982)은 모형 구조 면에서 하나의 합성곱 신경망에 해당하지만, 이런 형태의 신경망에 효과적인 훈련 알고리즘은 얀 르쿤과 동료들이 역전파를 적용하는 방법을 밝힌(LeCun 외, 1995) 후에야 등장하기 시작했다. 신경망의 초기 상업적 성공 사례로는 합성곱 신경망을 이용한 손글씨 숫자 인식(LeCun 외, 1995)이 있다.

순환 신경망(RNN)은 1970년대에 주로 뇌 기능의 모형으로 제안되었지만, 효과적인 학습 알고리즘을 함께 제안한 논문은 없었다. 시간 역전파(BPTT) 방법은 폴 웨어보스의 박사 학위 논문(Werbos, 1974)에 나온다. 이후 나온 웨어보스의 리뷰 논문(Werbos, 1990)은 1980년대 방법들의 재발견에 관한 몇 가지 추가적인 참고문헌을 제시한다. RNN에 크게 영향을 미친 초기 연구로는 [Elman, 1990]이 있는데, 이것은 [Jordan, 1986]에 제안된 RNN 구조에 기초한 것이다. [Williams 및 Zipser, 1989]는 RNN의 온라인 학습 알고

리즘 하나를 소개한다. [Bengio 외, 1994]는 순환망의 기울기 소실 문제를 분석한다. 이 문제를 피하는 한 방법으로 장단기 기억(LSTM) 구조가 제안되었다(Hochreiter, 1991; Hochreiter 및 Schmidhuber, 1997; Gers 외, 2000). 좀 더 최근에는, 효과적인 RNN 설계를 자동으로 유도한 사례가 있다(Jozefowicz 외, 2015; Zoph 및 Le, 2016).

신경망의 일반화를 개선하기 위해 다양한 방법이 시도되었다. 가중치 감쇄는 [Hinton, 1987]가 제안했고 [Krogh 및 Hertz, 1992]가 수학적으로 분석했다. 드롭아웃 방법은 [Srivastava 외, 2014]에 기인한다. [Szegedy 외, 2013]은 대립 견본 개념을 소개했고, 이로부터 엄청나게 많은 논문이 나왔다.

[Poole 외, 2017]은 심층 신경망이(얕은 신경망이 아니라) 복잡한 함수를 은닉 단위들의 공간에서 평탄한 다양체(flat manifold)로 풀어 놓을 수 있음을 보였다. [Rolnick 및 Tegmark, 2018]은 n개인 다항식들의 특정 부류를 근사하는 데 필요한 단위의 수가 얕은 신경망에서는 지수적으로 증가하지만 심층 신경망에서는 선형적으로만 증가함을 보였다.

[White 외, 2019]는 BANANAS 시스템이 단 200개의 무작위 표본 구조들로 훈련한 후 신경망의 정확도를 1% 이내로 예측해서 신경망 구조 검색(NAS)을 수행할 수 있음을 보였다. [Zoph 및 Le, 2016]은 강화학습을 이용해서 신경망 구조 공간을 검색한다. [Real 외, 2018]은 진화 알고리즘을 이용해서 모형 선택을 수행하고, [Liu 외, 2017]은 위계적 표현들에 진화 알고리즘을 적용한다. 그리고 [Jaderberg 외, 2017]은 개체군 기반 훈련을 서술한다. [Liu 외, 2019]는 신경망 구조 공간을 연속 미분 가능 공간으로 완화하고 경사 하강법을 이용해서 국소 최적해를 찾는다. [Pham 외, 2018]는 큰 그래프 안에서 최적의 부분 그래프를 검색하는 ENAS(Efficient Neural Architecture Search) 시스템을 서술한다. 이 시스템은 매개변수들을 매번 재훈련할 필요가 없기 때문에 검색 속도가 빠르다. 부분 그래프 검색이라는 착안은 [LeCun 외, 1990]에 나온 '최적 뇌 손상(optimal brain damage)' 알고리즘으로 거슬러 올라간다.

이처럼 인상적인 접근방식들이 많이 있지만, 그래도 일부 비평가들은 이 분야가 아직 성숙하지 않았다고 생각한다. [Yu 외, 2019]는 몇몇 경우에서 이러한 신경망 구조 검색 알고리즘들이 무작위 구조 선택보다 나을 것이 없음을 보여준다. 신경망 구조 검색의 최근 결과를 개괄한 문헌으로는 [Elsken 외, 2018]이 있다.

비지도학습은 통계학에서 커다란 하위 분야를 차지하는데, 대부분은 '밀도 추정'이라는 제목하에 언급된다. 이 영역의 고전적 기법들과 현대적 기법들에 관한 좋은 참고서로는 [Silverman, 1986]과 [Murphy, 2012]가 있다. 주성분 분석(PCA)의 기원은 [Pearson, 1901]이다. 주성분 분석이라는 용어 자체는 피어슨의 연구와는 독립적인 [Hotelling, 1933]에서 온 것이다. 확률적 PCA 모형(Tipping 및 Bishop, 1999)은 주성분 자체에 생성 모형을 추가한다. 변분 자동부호기는 [Kingma 및 Welling, 2013]과 [Rezende 외, 2014]에 기인한다. [Jordan 외, 1999]는 그래프 모형의 추론을 위한 변분 방법들을 소개한다.

자기회귀 모형에 관한 규범적인 교과서는 [Box 외, 2016]이다. AR 모형의 적합에 대한 율-워커 방정식은 율(Yule, 1927)과 워커(Walker, 1931)가 각자 따로 개발했다. 비선형 의존성을 가진 자기회귀 모형은 여러 저자가 개발했다(Frey, 1998; Bengio 및 Bengio, 2001; Larochelle 및 Murray, 2011). 자기회귀 WaveNet 모형(van den Oord 외, 2016a)은 자기회귀 이미지 생성에 관한 초기 연구(van den Oord 외, 2016b)에 기초한 것이다. GAN(생성 대립망)은 [Goodfellow 외, 2015a]가 처음 제안했으며, 인공지능의 여러 분야에 응용되었다. GAN의 성질들에 관한 이론적 연구가 성과를 내면서 개선된 GAN 모형과 알고리즘이 나왔다(Li 및 Malik, 2018b, 2018a; Zhu 외, 2019). 부분적으로 GAN의 성질들에 관한 이해에는 적대적 공격의 방어 측면이 관여한다(Carlini 외, 2019).

과거에는 인기를 끌었지만 지금은 활발히 연구되지 않는 여러 심층 신경망 하위 연구 분야가 있다. **홉필드 망**(Hopfield network)은 노드 쌍의 노드들이 대칭적으로 연결되는 형태의 신경망으로, 패턴들을 연상 기억에 저장하는 방법을 배울 수 있어서 패턴의 일부를 색인으로 해서 패턴을 조회하는 데 사용할 수 있다(Hopfield, 1982). 홉필드 망은 결정론적이다. 이후 홉필드 망은 확률적 **볼츠만 기계**(Boltzmann machine)로 일반화되었다(Hinton 및 Sejnowski, 1983, 1986). 어쩌면 볼츠만 기계는 최초의 심층 생성 모형의 예이다. 그러나 볼츠만 기계로는 추론이 어려웠는데, 그래서 몬테카를로 기법들과 변분 기법들(§13.4)이 등장했다.

인공지능을 위한 신경망 연구에는 생물학적 신경망 연구가 어느 정도 끼어들었다. 1940년대에는 이 두 주제가 일치했으며, 합성곱 신경망과 강화학습의 개념들을 되짚어 올라가면 생물학적 시스템에 관한 연구에 도달한다. 그러나 요즘 심층학습에 관한 새로운 착안들은 전적으로 계산 또는 통계 측면에 기반한 것일 때가 많다. **계산 신경과학**(computational neuroscience) 분야는 실제 생물학적 시스템의 중요하고 구체적인 속성들을 반영한 계산 모형을 구축한다. 이 분야를 개괄하는 문헌으로 [Dayan 및 Abbott, 2001]과 [Trappenberg, 2010]이 있다.

현대적인 신경망과 심층학습에 관한 주요 교과서는 [Goodfellow 외, 2016]과 [Charniak, 2018]이다. 또한 다양한 심층학습 오픈소스 소프트웨어 패키지와 연관된 실무적인 지침서들도 많이 있다. 이 분야를 주도하는 3인방, 즉 얀 르쿤, 요슈아 벤지오, 제프리 힌턴의 영향력 있는 네이처 지 논문(LeCun 외, 2015)은 인공지능 비전문가들에게 심층학습의 핵심 개념을 소개한다. 이 세 연구자는 2018년 튜링상을 수상했다. [Schmidhuber, 2015]는 이 분야를 전반적으로 개괄하고, [Deng 외, 2014]는 신호 처리 과제들에 초점을 둔다.

심층학습 연구 논문들은 주로 Neural Information Processing Systems(NeurIPS), International Conference on Machine Learning(ICML), International Conference on Learning Representations(ICLR) 같은 학술회의에서 발표된다. 주요 학술지로는 *Machine Learning*, *Journal of Machine Learning Research*, *Neural Computation*이 있다. 연구 속도가 빠르다 보니 논문들이 arXiv.org에 먼저 올라오는 경우가 점점 많아지고 있으며, 주요 연구 센터의 연구 블로그에서 논문을 설명하는 경우도 많다.

홉필드 망

볼츠만 기계

계산 신경과학

CHAPTER

강화학습

이번 장에서는 보상과 징벌의 경험이 어떻게 에이전트의 학습으로 이어지는지, 그리고 미래의 보상을 최대화하려면 어떻게 해야 하는지 살펴본다.

지도학습에서 에이전트는 '교사'가 제공한 견본 입력·출력 쌍들을 수동적으로 관측해서 학습한다. 이번 장에서는 에이전트가 교사 없이 자신의 경험들로부터, 자신만의 궁극적인 성공 또는 실패를 고려해서 능동적으로 학습하는 방법을 살펴본다.

22.1 보상 기반 학습

체스를 두는 법을 배우는 문제를 생각해 보자. 일단은 이 문제를, 제19, 20, 21장에서 살펴본 방법들이 적용되는 하나의 지도학습 문제로 취급한다고 하겠다. 체스 플레이 에이전트 함수는 하나의 국면(board position)을 입력받고 하나의 수(move)를 출력한다. 따라서 체스 국면과 그 국면에서 바람직한 수의 쌍들로 이루어진 훈련 데이터 집합으로 이 함수를 훈련할 수 있다. 수백만 건의 체스 그랜드마스터 게임 기보가 담긴 데이터베이스가 있다고 하자. 각 기보는 국면들과 수들의 순차열 형태이다. 몇몇 예외를 제외할 때, 승자가둔 수들은 완벽하지는 않다고 해도 훌륭한 수들이라고 가정할 수 있다. 따라서 그런 기보 데이터베이스는 쓸만한 훈련 데이터 집합이 된다. 그런데 문제는, 견본이 수억 개(10^8)있긴 하지만 모든 가능한 체스 국면(약 10^{40}가지)에 비하면 그리 많은 것이 아니라는 점이다. 체스 국면 공간이 그토록 방대하므로, 새 게임에서 에이전트는 데이터베이스에 있는 것과는 크게 다른 국면을 만날 수밖에 없으며, 그러면 훈련된 에이전트 함수는 비참하게 실패한다. 에이전트는 목표(체크메이트)를 달성하기 위한 수가 무엇인지는커녕, 심지어 이 국면에서 주어진 수가 체스 말들의 위치에 어떻게 영향을 미치는지도 알지 못한다. 게다가 체스는 현실 세계의 아주 작은 일부일 뿐이다. 좀 더 현실적인 문제들을 위해서는 훨씬 더 큰 그랜드마스터 데이터베이스가 필요한데, 그런 것은 존재하지 않는다.[1]

강화학습 대안은 **강화학습**(reinforcement learning, RL)이다. 강화학습에서 에이전트는 세계와 상호작용하면서 주기적으로 **보상**(reward)을 받는다(심리학에서는 보상을 **강화**(reinforcement)라고 부른다). 이 보상은 에이전트가 얼마나 잘 행동했는지를 반영한다. 예를 들어 체스라면 보상을 승리 시 1, 패배 시 0, 무승부 시 1/2로 설정하면 될 것이다. 보상 개념은 제17장에서 **마르코프 결정 과정**(MDP)를 이야기할 때 이미 소개했다. 사실 강화학습의 목표도 MDP처럼 보상들의 기대 합을 최대화하는 것이다. 그러나 강화학습이 "그냥 MDP를 푸는 것"은 아니다. 강화학습에서 MDP는 에이전트가 풀어야 할 문제로 주어지는 것이 아니다. 에이전트는 MDP 안에 있다. 에이전트는 전이 모형이 무엇인지, 보상 함수가 무엇인지 알지 못할 수 있으며, 동작들을 통해서 전이 모형과 보상 함수를 스스로 파악해 나가야 한다. 여러분이 규칙도 모르는 새로운 보드 게임을 플레이한다고 하자. 백 수 정도 둔 후에 심판이 "당신이 졌습니다"라고 말해 주면 그로부터 뭔가를 배워야 한다. 그것이 강화학습의 핵심이다.

인공지능 시스템 설계자의 관점에서는, 에이전트에게 보상 신호를 제공하는 방식을 고안하는 것이 에이전트의 행동 방식을 말해주는 분류된 견본들을 마련하는 것보다 훨씬 쉽다. 첫째로, 보상 함수는 아주 간결하고(체스의 예에서 보듯이) 정의하기 쉬울 때가 많다. 체스 에이전트에게 게임 승무패 결과를 알려주거나 자동차 경주 에이전트에게 경주 결과 또는 충돌 결과를 알려주는 데 필요한 코드는 몇 줄 되지 않는다. 둘째로, 지도학습에서 임의의 상황에서 정확한 동작을 말해주는 견본들을 마련하려면 해당 분야의 전문가가 필요하지만, 강화학습에서는 그럴 필요가 없다.

그렇지만 강화학습에서도 약간의 경험이 큰 도움이 될 수 있다. 앞 문단의 두 예,
희소한 즉 체스와 자동차 경주의 승무패 보상들은 소위 **희소한**(sparse) 보상에 해당한다. 다른 말로 하면, 에이전트가 거쳐가는 게임 상태들 대부분에서 에이전트는 도움이 되는 보상 신호를 전혀 받지 못한다. 반면 테니스나 크리켓 같은 게임에서는 득점을 할 때마다 추가적인 보상을 제공하기 쉽다. 자동차 경주에서도 에이전트가 트랙을 제대로 된 방향으로 달려서 진척이 있으면 추가적인 보상을 제공할 수 있을 것이다. 더 나아가서, 기어가기를 배우는 문제라면, 어떻게든 앞으로 나가기만 하면 의미 있는 성취로 평가할 수 있다. 이런 중간 보상이 있으면 학습이 좀 더 쉬워진다.

우리가 에이전트에게 정확한 보상 신호를 제공하는 방법을 마련할 수만 있다면, 강화학습은 대단히 일반적인 인공지능 시스템 구축의 틀로 작용한다. 특히 에이전트가 비

---

1 얀 르쿤과 알료샤 에프로스가 지적했듯이, "인공지능 혁명은 지도되지 않을 것이다."

용 걱정 없이 얼마든지 경험을 쌓을 수 있는 **모의 실행** 환경에서 더욱 그렇다. 강화학습 시스템 안에 심층학습을 하나의 도구로 도입하면 응용 가능성이 더욱 넓어진다. 예를 들어 원본 비디오 입력들로부터 아타리 비디오 게임을 플레이하는 방법을 배우거나(Mnih 외, 2013), 로봇을 제어하는 방법을 배우거나(Levine 외, 2016), 포커 플레이를 배울 수 있다(Brown 및 Sandholm, 2017).

지금까지 수백 가지 강화학습 알고리즘이 고안되었다. 그중 다수는 제19, 20, 21장에서 살펴본 다양한 학습 방법들과 함께 사용할 수 있다. 이번 장에서는 강화학습의 기본 개념들을 소개하고, 강화학습의 접근방식이 얼마나 다양한지 짐작게 하는 몇 가지 예제도 살펴본다. 강화학습 접근방식들은 다음과 같이 분류된다.

모형 기반 강화학습

- **모형 기반 강화학습**: 모형 기반(model-based) 강화학습 접근방식에서 에이전트는 환경의 전이 모형을 활용해서 보상 신호를 해석하고 다음 동작을 결정한다. 처음에는 그 모형이 알려지지 않을 수 있는데, 그런 경우 에이전트는 자신이 수행한 동작들의 효과를 관측해서 모형을 배워 나가야 한다. 전이 모형이 미리 알려질 수도 있다. 예를 들어 체스 프로그램은 좋은 수가 무엇인지는 아직 모른다고 해도 체스 규칙은 미리 알고 시작할 수 있다. 부분 관측 가능 환경에서 전이 모형은 **상태 추정**(제14장)에도 유용하다. 모형 기반 강화학습 시스템은 종종 (제17장에서처럼) 상태 s에서부터 받게 될 보상들의 합으로 정의되는 **효용 함수** $U(s)$를 학습한다.[2]

모형 없는 강화학습

- **모형 없는 강화학습**: 모형 없는(model-free) 강화학습 접근방식에서 에이전트는 환경의 전이 모형을 알지 못하고 배우지도 않는다. 대신 에이전트는 바람직한 행동에 대한 좀 더 직접적인 표현을 배운다. 이 접근방식은 다음 두 가지로 나뉜다

동작 효용 학습
Q 학습
Q 함수

  - **동작 효용 학습**: 동작 효용 함수는 제17장에서 소개했다. 가장 일반적인 형태의 동작 효용 학습(action-utility learning)은 **Q 학습**(Q-learning)이다. Q 학습에서 에이전트는 품질 함수(quality function), 즉 **Q 함수** $Q(s,a)$를 배운다. Q 함수는 s에서 동작 a를 취했을 때 받게 될 보상들의 합을 뜻한다. Q 함수가 주어졌을 때 에이전트는 Q 가치(Q 함수의 값)가 가장 큰 동작을 상태 s에서 수행할 동작으로 선택한다.

정책 검색

  - **정책 검색**: 에이전트는 상태를 동작으로 직접 사상하는 정책 $\pi(s)$를 학습한다. 제2장의 어법에서 이런 에이전트는 **반사 에이전트**에 해당한다.

수동 강화학습

이번 장에서는 먼저 **수동 강화학습**(§22.2)을 살펴본다. 수동 강화학습에서는 에이전트의 정책이 고정되어 있으며, 에이전트가 할 일은 상태들의(또는 상태-동작 쌍들의) 효용을 배우는 것이다. 여기에는 환경의 모형을 학습하는 것이 관여할 수 있다. (§22.2를 제대로 공부하려면 제17장에서 설명한 마르코프 결정 과정을 반드시 숙지해야 한다.) 다음으로,

능동적 강화학습

§22.3에서는 **능동적 강화학습**을 다룬다. 능동적 강화학습에서 에이전트는 자신이 수행할

---

2 경제학보다는 경영과학(operations reaserch)에서 더 큰 영향을 받은 강화학습에서는 효용 함수를 **가치 함수**라고 부르고 $V(s)$로 표기할 때가 많다.

동작을 스스로 파악해야 한다. 이때 관건은 **탐험**이다. 바람직한 행동 방식을 배우려면 에이전트는 환경에서 최대한 많은 것을 경험해야 한다. §22.4에서는 에이전트가 귀납 학습(심층학습 방법들을 포함한)을 이용해서 경험으로부터의 학습을 가속하는 방법을 논의한다. 또한 실제 문제를 풀기 위해 강화학습의 규모를 확장하는 데 도움이 되는 다른 접근방식들도 논의하는데, 이를테면 중간 유사 보상을 제공해서 학습자를 이끌거나 행동을 동작들의 위계구조로 조직화하는 등의 접근방식이 있다. §22.5는 정책 검색 방법을 다룬다. §22.6에서는 보상 대신 시연을 통해서 에이전트를 가르치는 **견습 학습**을 살펴본다. 마지막으로, §22.7에서는 강화학습의 응용을 개괄한다.

22.2 수동 강화학습

우선, 가능한 동작과 상태의 수가 많지 않은 완전 관측 가능 환경에서 고정된 정책 $\pi(s)$에 따라 동작을 결정하는 에이전트가 활동하는 간단한 예로 시작한다. 이 에이전트는 상태 s에서 정책 π에 따라 동작들을 수행해서 받게 될 총 할인 보상 기댓값에 해당하는 효용 함수 $U^{\pi}(s)$를 배우려 한다. 이러한 에이전트를 **수동 학습 에이전트**(passive learning agent)라고 부른다.

수동 학습
에이전트

    수동 학습 과제는 §17.2.2에서 설명한 정책 반복 알고리즘의 일부인 **정책 평가** 과제와 비슷하다. 차이는, 수동 학습 에이전트는 상태 s에서 동작 a를 수행했을 때 상태 s'에 도달할 확률을 지정하는 전이 모형 $P(s' \mid s,a)$를 모른다는 것이다. 또한, 수동 학습 에이전트는 각 상태의 보상을 지정하는 보상 함수 $R(s,a,s')$도 알지 못한다.

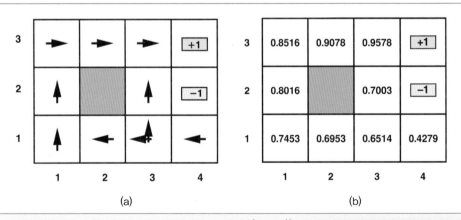

도해 22.1 비말단 상태들 사이의 전이에 대한 보상이 $R(s,a,s') = -0.04$인 확률적 환경에 대한 최적 정책들. 최적 정책이 둘인 것은, 상태 (3,1)에서 *Left*와 *Up* 둘 다 최적의 동작이기 때문이다. 이 상황은 도해 17.2에서 이미 보았다. (b) 정책 π가 주어졌을 때의, 4×3 세계의 상태 효용들.

예제의 환경은 제17장에서 소개한 4×3 격자 세계이다. 도해 22.1에 이 세계에 대한 최적 정책들과 해당 효용들이 나와 있다. 이 환경에서 에어전트는 정책 π를 이용해서 일단의 **시행**(trial)들을 수행한다. 하나의 시행에서 에이전트는 상태 (1,1)에서 시작해서 말단 상태 (4,2)나 (4,3)에 도달할 때까지 일련의 상태 전이들을 경험한다. 에이전트에게 주어지는 지각에는 현재 상태와 현재 상태로의 전이에 대해 받은 보상이 포함된다. 다음은 전형적인 시행의 예 세 가지이다.

시행

$$
\begin{array}{ccccccccccccc}
& \scriptstyle -.04 & & \scriptstyle -.04 & & \scriptstyle -.04 & & \scriptstyle -.04 & & \scriptstyle -.04 & & \scriptstyle -.04 & & \scriptstyle +1 \\
(1,1) & \to & (1,2) & \to & (1,3) & \to & (1,2) & \to & (1,3) & \to & (2,3) & \to & (3,3) & \to & (4,3) \\
& \scriptstyle Up & & \scriptstyle Up & & \scriptstyle Right & & \scriptstyle Up & & \scriptstyle Right & & \scriptstyle Right & & \scriptstyle Right
\end{array}
$$

$$
\begin{array}{ccccccccccccc}
& \scriptstyle -.04 & & \scriptstyle -.04 & & \scriptstyle -.04 & & \scriptstyle -.04 & & \scriptstyle -.04 & & \scriptstyle -.04 & & \scriptstyle +1 \\
(1,1) & \to & (1,2) & \to & (1,3) & \to & (2,3) & \to & (3,3) & \to & (3,2) & \to & (3,3) & \to & (4,3) \\
& \scriptstyle Up & & \scriptstyle Up & & \scriptstyle Right & & \scriptstyle Right & & \scriptstyle Right & & \scriptstyle Up & & \scriptstyle Right
\end{array}
$$

$$
\begin{array}{ccccccccccc}
& \scriptstyle -.04 & & \scriptstyle -.04 & & \scriptstyle -.04 & & \scriptstyle -.04 & & \scriptstyle -.04 & & \scriptstyle -1 \\
(1,1) & \to & (1,2) & \to & (1,3) & \to & (2,3) & \to & (3,3) & \to & (3,2) & \to & (4,2) \\
& \scriptstyle Up & & \scriptstyle Up & & \scriptstyle Right & & \scriptstyle Right & & \scriptstyle Right & & \scriptstyle Up
\end{array}
$$

각 전이에 그 전이를 일으킨 동작과 다음 상태에서 받는 보상이 표기되어 있음을 주목하기 바란다. 그러한 보상 정보를 이용해서 각 비말단 상태 s에 연관된 기대 효용 $U^{\pi}(s)$를 배우는 것이 학습의 목표이다. 기대 효용은 정책 π를 따른다면 받게 될 (할인된)보상들의 기대 합으로 정의된다. 다음은 ❶권 p.733의 식 (17.2)에도 나왔던 기대 효용 공식이다.

$$
U^{\pi}(s) = E\left[\sum_{t=0}^{\infty} \gamma^t R(S_t, \pi(S_t), S_{t+1}) \right]. \tag{22.1}
$$

여기서 $R(S_t, \pi(S_t), S_{t+1})$은 상태 S_t에서 동작 $\pi(S_t)$를 취해서 상태 S_{t+1}에 도달해서 받은 보상이다. 이 S_t가 상태 $S_0 = s$에서 시작해서 시간 t에서 정책 π의 동작을 수행할 때 도달할 상태를 나타내는 하나의 확률 변수임을 주목하기 바란다. 모든 공식에는 **할인계수** γ가 포함되지만, 지금의 4×3 세계에서는 $\gamma = 1$로 둔다(즉, 할인이 없다).

22.2.1 직접 효용 추정

직접 효용 추정
향후 보상

직접 효용 추정(direct utility estimation)의 핵심은 한 상태의 효용은 그 상태에서 시작해서 이후의 상태들에서 받게 될 총 기대 보상(기대 **향후 보상**(reward-to-go)이라고 부른다)으로 정의되며, 각 시행은 방문한 각 상태에 대한 그 수량의 한 **표본**(sample)을 제공한다는 것이다. 예를 들어 앞에 나온 세 가지 시행 예에서 첫 시행은 상태 (1,1)에 대한 하나의 표본 총 보상 0.76, 상태 (1,2)에 대한 두 표본 0.80과 0.88, 상태 (1,3)에 대한 두 표본 0.84와 0.92, 등등을 제공한다. 각 순차열의 끝에서 알고리즘은 각 상태의 관측된 향후 보상을 계산하고, 그 상태의 추정 효용을 적절히 갱신한다(그냥 각 상태의 이동 평균 (running average)들을 테이블에 담아서 갱신하는 식으로). 시행 횟수가 무한대에 접근함에 따라, 표본 평균은 식 (22.1)에 나온 실제 기댓값으로 수렴한다.

그러면 결과적으로 강화학습 문제가 각 견본이 (상태state, 향후 보상) 쌍인 표준적인 지도학습 문제로 환원된다. 지도학습 문제를 푸는 강력한 알고리즘이 많이 있으므로 이 접근방식이 꽤 유망할 것 같지만, 이 접근방식은 중요한 제약 하나를 무시한다. 그 제약은, **한 상태의 효용은 보상과 이후 상태들의 기대 효용으로 결정된다**는 것이다. 좀 더 구체적으로 말하면, 고정된 정책에 대해 효용 가치는 벨먼 방정식을 충족한다(식 (17.14도 보라).

$$U_i(s) = \sum_{s'} P(s'|s, \pi_i(s))[R(s, \pi_i(s), s') + \gamma U_i(s')]. \tag{22.2}$$

직접 효용 추정은 상태들 사이의 연관 관계를 무시하기 때문에 학습의 기회들을 놓치게 된다. 예를 들어 앞의 세 시행 중 두 번째 것은 첫 시행에서 방문하지 않은 상태 (3,2)에 도달한다. 그다음 전이에 의해 (3,3)에 도달하는데, 그 상태의 효용이 높다는 점은 첫 시행에서 밝혀졌다. 벨먼 방정식을 적용하면 상태 (3,2)의 효용도 높을 가능성이 큼을 바로 알 수 있다(그 상태는 (3,3)으로 이어지므로). 그러나 직접 효용 추정은 시행의 끝에 도달하기 전에는 아무것도 배우지 못한다. 좀 더 넓게 보면, 직접 효용 추정이라는 것은 벨먼 방정식을 위반하는 수많은 함수들까지 포함하기 때문에 필요 이상으로 커진 가설 공간에서 U를 찾는 것이라 할 수 있다. 이런 이유로 직접 효용 추정 알고리즘은 아주 느리게 수렴하는 경우가 많다.

22.2.2 적응성 동적 계획법

적응성 동적
계획법

적응성 동적 계획법(adaptive dynamic programming, ADP) 에이전트는 상태 효용들을 연결하는 전이 모형을 배우고 해당 마르코프 의사결정 과정을 동적 계획법으로 풀어서 상태 효용들 사이의 제약들을 활용한다. 수동 학습 에이전트의 경우 이는 학습된 전이 모형 $P(s'|s, \pi(s))$와 관측된 보상 $R(s, \pi(s), s')$을 식 (22.2)에 대입해서 상태 효용들을 계산하는 것에 해당한다. 제17장에서 정책 반복을 논의할 때 지적했듯이, 정책 π가 고정되었을 때 이 벨먼 방정식들은 선형이다. 그래서 임의의 선형대수 패키지를 이용해서 풀 수 있다.

아니면, **수정된 정책 반복**(MPI, ❶권 p.746 참고) 접근방식을 채용해서, 학습된 모형을 변경할 때마다 단순화된 가치 반복 과정을 이용해서 효용 추정치들을 갱신할 수도 있다. 대체로 각 관측에 의한 모형의 변화가 적으므로, 가치 반복 과정에서 이전의 효용 추정치들을 초기 값들로 사용할 수 있으며, 일반적으로 수렴이 아주 빠르다.

전이 모형의 학습은 쉽다. 환경이 완전 관측 가능이기 때문이다. 본질적으로 이 학습은 입력이 상태-동작 쌍 (s, a)이고 출력이 결과 상태 s'인 훈련 견본들을 이용한 지도학습이다. 전이 모형 $P(s'|s, a)$는 하나의 테이블로 표현되며, $N_{s'|s,a}$에 누적된 횟수로부터 직접 추정된다. 이 횟수(count)는 s에서 a를 수행해서 상태 s'로 전이된 빈도이다. 예를 들어 p.1019에 나온 세 시행에서 동작 $Right$는 (3,3)에서 네 번 실행되었고 그중 두 번은 결과 상태가 (3,2)이고 다른 두 번은 (4,3)이므로, $P((3,2)|(3,3), Right)$와 $P((4,3)|(3,3), Right)$

둘 다 1/2로 추정된다.

수동 ADP 에이전트에 대한 완전한 에이전트 프로그램이 도해 22.2에 나와 있다. 도해 22.3은 4×3에 대한 이 에이전트의 성과이다. 추정치들이 개선되는 속도의 관점에서

---

function Passive-ADP-Learner(*percept*) **returns** 동작

   입력: *percept*, 현재 상태 s'과 보상 신호 r을 알려 주는 지각

   지속 변수: π, 고정된 정책

         mdp, 모형 P, 보상 집합 R, 동작 집합 A, 할인 계수 γ로 정의되는 MDP

         U, 상태 효용들을 담은 테이블, 초기에는 비어 있음

         $N_{s'|sa}$, 상태-동작 쌍들이 주어졌을 때의 결과 빈도 벡터(초기에는 0)들을 담은 테이블

         s, a, 이전 상태와 동작(초기에는 둘 다 널)

  if s'이 새 상태임 **then** $U[s'] \leftarrow 0$

  if s가 널이 아님 **then**

    $N_{s'|sa}[s, a][s']$을 증가

    $R[s, a, s'] \leftarrow r$를 $A[s]$에 추가

    $P(\cdot|s,a) \leftarrow$ Normalize($N_{s'|s,a}[s, a]$)

    $U \leftarrow$ Policy-Evaluation(π, U, mdp)

    $s, a \leftarrow s', \pi[\,s'\,]$

  return a

도해 22.2 적응성 동적 계획법에 기초한 수동 강화학습 에이전트. 에이전트는 γ의 값을 선택하고 MDP의 P와 R 값들을 점진적으로 계산한다. Policy-Evaluation 함수는 고정 정책 벨만 방정식을 p.746에서 설명한 방식으로 푼다.

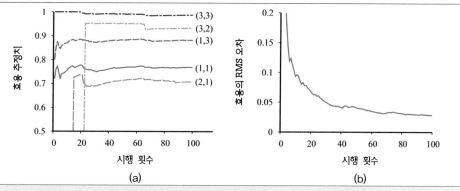

(a)

(b)

도해 22.3 4×3 세계에 대한, 도해 22.1의 최적 정책을 따를 때의 수동 ADP 학습 곡선. (a) 선택된 상태 부분집합에 대한 효용 추정치를 시행 횟수의 함수로 나타낸 그래프. 각각 시행 14회와 23회 후에 거의 방문되지 않은 상태인 (2,1)와 (3,2)에 도달해서 그 상태들이 (4,3)의 +1 종료 상태로 이어지음을 발견했음을 주목할 것. (b) $U(1, 1)$ 추정치의 제곱평균 제곱근 오차(RMS 오차; 부록 A 참고). 100개의 시행 각각을 50회 실행한 평균으로 얻은 값들이다.

볼 때, ADP 에이전트의 성과는 전이 모형을 배우는 능력으로만 제한된다. 그런 의미에서 이 에이전트는 다른 임의의 강화학습 알고리즘을 측정하는 기준을 제공한다. 그러나 큰 상태 공간에 대해서는 처리 불가능이다. 예를 들어 백개먼에서 이 에이전트는 미지수가 10^{20}여 개인 방정식 10^{20}여 개를 풀어야 한다.

22.2.3 시간 차분 학습

학습 문제에 깔린 MDP를 앞에서 본 방법들로 푸는 과정에는 벨먼 방정식이 관여한다. 그런데 그것이 벨먼 방정식이 학습 문제와 연관되는 유일한 방식은 아니다. 관측된 전이들을 이용해서 관측된 상태들의 효용들을 조정할(제약 방정식들에 부합하도록) 때에도 벨먼 방정식이 등장한다. 예를 들어 p.1019의 두 번째 시행에서 (1,3)에서 (2,3)으로의 전이를 생각해 보자. 첫 시도의 결과로 효용 추정치들이 $U^{\pi}(1,3) = 0.88$과 $U^{\pi}(2,3) = 0.96$이라고 가정하자. 만일 (1,3)에서 (2,3)으로의 전이가 항상 일어난다면, 효용들이 다음 방정식을 충족할 것이라고 기대할 수 있다.

$$U^{\pi}(1,3) = -0.04 + U^{\pi}(2,3).$$

그러면 $U^{\pi}(1,3)$은 0.92일 것이며, 현재 추정치 0.88은 그보다 낮으므로 추정치를 증가해야 한다. 좀 더 일반화하자면, 상태 s에서 동작 $\pi(s)$를 수행해서 상태 s'으로 전이했을 때 $U^{\pi}(s)$를 다음과 같이 갱신한다.

$$U^{\pi}(s) \leftarrow U^{\pi}(s) + \alpha [R(s, \pi(s), s') + \gamma U^{\pi}(s') - U^{\pi}(s)]. \tag{22.3}$$

시간 차분

여기서 α는 **학습 속도**(learning rate) 매개변수이다. 연속된 상태들 사이의(따라서 연속된 시간들 사이의) 효용들의 차이를 이용한다는 점에서 이 갱신 규칙을 흔히 **시간 차분**(temporal-difference, TD) 공식이라고 부른다. 제19장의 가중치 갱신 규칙들(이를테면 p.882의 식 (19.6))에서와 마찬가지로, 시간 차분 항 $R(s, \pi(s), s') + \gamma U^{\pi}(s') - U^{\pi}(s)$는 사실상 하나의 오차 신호로 작용하며, 가중치 갱신은 그 오차를 줄이기 위한 것이다.

　　시간 차분 방법들은 효용 추정치들이 정확하면 국소적으로 유지되는 이상적인 평형을 향해 효용 추정치들을 조정해 나간다. 수동 학습의 경우, 그 평형은 식 (22.2)로 주어진다. 식 (22.3)을 적용하면 에이전트는 실제로 식 (22.2)의 평형에 도달한다. 그러나 여기에는 미묘한 사항들이 관여한다. 첫째로, 갱신에는 오직 후행 상태 s'만 관여하지만 실제 평형 조건에는 모든 가능한 다음 상태가 관여한다는 점을 주의하기 바란다. 이 때문에 아주 드문 전이가 발생하면 $U^{\pi}(s)$가 부적절할 정도로 크게 변할 것으로 생각하는 독자도 있을 것이다. 그러나 드문 전이는 말 그대로 드물게만 발생하므로, $U^{\pi}(s)$의 **평균값**은 점근적으로 정확한 값으로 수렴한다(그 정확한 값 자체가 계속해서 변동 (fluctuation)한다고 해도).

더 나아가서, 만일 α를 고정된 매개변수가 아니라 상태의 방문 횟수가 증가함에 따라 감소하는 함수로 둔다면(도해 22.4 참고), $U^{\pi}(s)$ 자체도 정확한 값으로 수렴한다.[3] 도해 22.5는 4×3 세계에 대한 이 수동 TD 에이전트의 성과를 나타낸 것이다. ADP 에이전트만큼 빨리 배우지 않고 학습 곡선의 변동도 심하지만, 에이전트 자체가 훨씬 간단하고 관측당 계산량도 훨씬 적다. 시간 차분 학습에서는 전이 모형을 갱신할 필요가 없음을 주목하기 바란다. 이웃 상태들 사이의 연관 관계는 관측된 전이들의 형태로 환경 자체가 알려준다.

---

function PASSIVE-TD-LEARNER(*percept*) **returns** 동작
  입력: *percept*, 현재 상태 s'과 보상 신호 r을 알려 주는 지각
  지속 변수: π, 고정된 정책
          s, 이전 상태(초기에는 모두 널)
          U, 상태 효용들을 담은 테이블, 초기에는 비어 있음
          N_s, 상태 빈도(초기에는 0)들을 담은 테이블

  if s'이 새 상태임 **then** $U[s'] \leftarrow 0$
  if s가 널이 아님 **then**
      $N_s[s]$를 증가
      $U[s] \leftarrow U[s] + \alpha(N_s[s])(r + \gamma\, U[s'] - U[s])$
  $s \leftarrow s'$
  return $\pi[s']$

도해 22.4 시간 차분들을 이용해서 효용 추정치들을 배우는 수동 강화학습 에이전트. 단계 크기 함수 $\alpha(n)$은 수렴이 보장되도록 선택한 것이다.

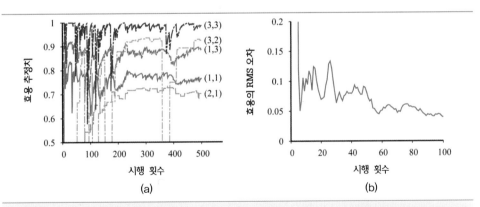

(a)　　　　　　　　　　　　　　　(b)

도해 22.5 4×3 세계에 대한 TD 학습 곡선. (a) 선택된 상태 부분집합에 대한 효용 추정치를 시행 횟수의 함수로 나타낸 그래프. 각 실행은 시행 500회이다. 이를 도해 22.3(a)의 시행 100회 실행과 비교해 보라. (b) U(1, 1) 추정치의 제곱평균 제곱근 오차(RMS 오차; 부록 A 참고). 100개의 시행 각각을 50회 실행한 평균이다.

3 　기술적인 조건들이 p.886에 나와 있다. 도해 22.5에 쓰인 $\alpha(n) = 60/(59+n)$은 그 조건들을 충족한다.

실제로, ADP 접근방식과 TD 접근방식은 밀접하게 관련되어 있다. 둘 다 효용 추정치들을 국소적으로 조정함으로써 각 상태가 그 후행 상태와 '부합'하게 만든다. 한 가지 차이점은, TD는 상태를 관측된 후행 상태와 부합하도록 조정하지만(식 (22.3)) ADP는 상태를 발생 가능한 모든 후행 상태와 부합하도록 조정한다는(해당 확률들을 가중치로 적용해서) 점이다(식 (22.2)). 이러한 차이는 TD 조정의 효과들이 다수의 전이로 평균화되면서 사라진다. 이는 전이 집합의 각 후행 상태의 빈도가 그 확률과 대략 비례하기 때문이다. 좀 더 중요한 차이는, TD에서는 조정이 관측된 전이 하나당 한 번만 일어나지만, ADP는 효용 추정치 U와 전이 모형 P 사이의 일치성(consistency)이 복원될 때까지 여러 번 일어난다는 점이다. 관측된 전이는 P에서 하나의 국소적 변경만 일으키지만, 그 효과들은 U 전체로 전파해야 할 수 있다. 따라서 TD는 ADP에 대한 거칠지만 효율적인 첫 번째 근사로 간주할 수 있다.

유사 경험 TD의 관점에서 본다면, ADP가 수행하는 각 조정은 현재 전이 모형을 자극해서 발생한 일종의 **유사 경험**(pseudoexperience)의 결과라고 할 수 있다. 하나의 전이 모형을 이용해서 여러 개의 유사 경험들을 생성하도록 TD 접근방식을 확장하는 것이 가능하다. 여기서 유사 경험은 현재 전이 모형이 주어졌을 때 TD 에이전트가 발생할지도 **모른다**고 상상하는 가상의 전이를 말한다. 각각의 관측된 전이에 대해 에이전트는 다수의 가상 전이들을 생성할 수 있다. 그런 식으로 얻은 효용 추정치들은 ADP의 것들을 좀 더 정확하게 근사할 것이다. 물론 계산 시간이 늘어난다는 대가는 치러야 한다.

비슷한 맥락에서, 가치 반복이나 정책 반복 알고리즘을 직접 근사함으로써 ADP의 좀 더 효율적인 버전을 만들어 낼 수 있다. 가치 반복 알고리즘이 효율적이긴 하지만, 예를 들어 상태가 10^{100}개이면 처리 불가능하다. 그러나 각 반복에서 반드시 조정해야 할 상태 값들은 극히 적다. 꽤 괜찮은 답을 빠르게 생성하는 한 가지 접근방식은 각 전이를 관측한 후의 조정 횟수를 제한하는 것이다. 또한, 적당한 발견법을 이용해서 가능한 조정들에 순위를 매기고, 가장 의미 있는 것만 적용하는 방법도 있다. **우선순위화된 일소** 우선순위화된 일소 (prioritized sweeping) 발견법은 **가능성 있는** 후행 상태들 중 이전 단계에서 자신의 효용 추정치가 **크게** 조정된 후행 상태의 조정을 선호한다.

이런 종류의 발견법들을 이용하는 근사 ADP 알고리즘의 학습 속도(훈련 데이터 순차열의 개수를 기준으로 한)는 대체로 완전한 ADP와 비슷하지만, 전체적인 계산 효율성은 백배 이상일 수 있다(연습문제 22.PRSW 참고). 이 덕분에 근사 ADP는 완전한 ADP보다 훨씬 큰 상태 공간을 처리할 수 있다. 근사 ADP 알고리즘에는 또 다른 장점이 있다. 새로운 환경을 배우는 초반 시기에는 전이 모형 P가 정확한 것과는 거리가 먼 경우가 많다. 그래서 전이 모형에 부합하는 정확한 효용 함수를 계산한다는 것이 별 의미가 없다. 근사 알고리즘이 최소 조정 크기를 전이 모형이 좀 더 정확해짐에 따라 점차 줄여나간다면, 학습 초기에 모형의 큰 변화들 때문에 발생할 수 있는 아주 긴 가치 반복열을 제거할 수 있다.

22.3 능동 강화학습

수동 강화학습 에이전트는 고정된 정책에 따라 자신의 동작을 결정하지만, **능동**(active) 강화학습 에이전트는 자신의 동작을 스스로 결정한다. 그럼 적응성 동적 계획법(ADP) 에이전트가 그러한 선택의 자유를 어떻게 활용할 수 있는지 살펴보자.

무엇보다도, 능동 에이전트는 그냥 고정된 정책에 대한 모형이 아니라 모든 동작의 결과 확률을 갖춘 완전한 전이 모형을 배워야 한다. 이를 위해서는 Passive-ADP-Agent에 쓰이는 간단한 학습 메커니즘으로 충분하다. 다음으로, 에이전트가 동작들 중 하나를 선택하는 기준을 고려해야 한다. 에이전트가 배워야 하는 효용들은 **최적** 정책으로 정의되는 효용들이며, 그 효용들은 다음과 같은(이전에도 나왔다) 벨만 방정식들을 충족한다.

$$U(s) = \max_{a \in A(s)} \sum_s P(s'|s,a)[R(s,a,s') + \gamma U(s')].\tag{22.4}$$

이러한 방정식들은 제17장의 가치 반복이나 정책 반복으로 효용 함수 U를 구해서 풀면 된다.

마지막으로, 각 단계에서 특정 동작을 선택하는 방법이 필요하다. 학습된 모형에 최적인 효용 함수 U를 구했다면, 에이전트는 기대 효용이 최대화되는 최적 동작을 1단계 예견(look-ahead)으로 추출할 수 있다. 또는, 만일 에이전트가 정책 반복을 사용한다면 최적 정책이 이미 마련된 것이므로, 그냥 그 최적 정책이 추천하는 동작을 수행하면 된다. 그런데 꼭 그래야 할까?

22.3.1 탐험

도해 22.6은 각 단계에서 학습된 모형의 최적 정책을 따르는 ADP 에이전트에 대한 일련의 시행들의 결과인데, 에이전트가 진 효용들이나 진 최적 정책을 배우지 **못했음**을 알 수 있다. 대신 에이전트는 세 번째 시행에서 아래쪽 경로 (2,1), (3,1), (3,2), (3,3)을 따라 +1에 도달하는 정책을 찾아냈다. (도해 22.6(b)를 보라.) 프로그램을 조금씩 변경해서 실험해 보면, 에이전트는 여덟 번째 시행부터 그 정책을 고집한다. 다른 상태들의 효용들을 전혀 배우지 않으며, 최적의 경로인 (1,2), (1,3), (2,3)을 결코 찾아내지 못한다. 이런 탐욕적 에이전트   에이전트를 **탐욕적 에이전트**(greedy agent)라고 부르는데, '탐욕적'은 각 단계에서 에이전트가 그냥 지금 당장 최적이라고 믿는 동작을 취하기 때문에 붙은 것이다. 그런 탐욕 덕분에 에이전트가 최적의 정책으로 수렴할 때도 있지만, 그렇지 않을 때가 더 많다.

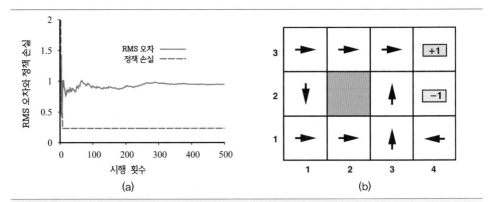

도해 22.6 학습된 모형에 대한 최적 정책이 추천하는 동작을 실행하는 탐욕적 ADP 에이전트의 성과. (a) 아홉 개의 비말단 칸들에 대해 평균한, 효용 추정치들의 RMS 오차와 (1,1)의 정책 손실. 시행 8회 만에 정책이 손실이 0.235인 준최적(최적에 못 미치는) 정책으로 빠르게 수렴했다. (b) 이 특정한 일련의 시행들에 대해 탐욕적 에이전트가 수렴한, 준최적 정책. (1,2)의 *Down* 동작에 주목할 것.

항상 최적의 동작을 선택해도 최적에 못 미치는 결과가 나오는 이유는 무엇일까? 답은, 학습된 모형이 실제 환경과 같지 않다는 것이다. 즉, 학습된 모형에 대해 최적인 것이 실제 환경에서는 최적에 못 미치는 것일 수 있다. 안타깝게도 에이전트는 실제 환경을 알지 못하므로, 실제 환경에 최적인 동작을 계산하지 못한다. 이런 한계를 어떻게 극복해야 할까?

탐욕적 에이전트가 간과하는 점은, 동작이 단지 보상을 제공할 뿐만 아니라, 결과 상태에 대한 지각의 형태로 **정보**도 제공한다는 점이다. §17.3의 **강도 문제**에서 보았듯이 에이전트는 현재 최선의 동작을 취해서 단기적인 보상을 최대화하는 **활용**과 이전에 본 적이 없는 상태들로부터 정보를 모으는(그럼으로써 미래에 더 큰 보상을 받도록 정책을 개선하는) **탐험**의 균형을 맞출 필요가 있다. 현실에서도 사람들은 편안한 삶을 유지할 것인가 아니면 새롭고 더 나은 삶을 발견하리라는 희망을 품고 미지의 영역으로 나아갈 것인가를 두고 항상 고민한다.

강도 문제를 정확하게 풀어서 **최적의** 탐험 방안을 구하는 것이 어렵긴 하지만, 에이전트가 결국에는 최적 정책을 발견하게 하는 방안을 고안하는 것은 가능하다(비록 최적 정책을 발견하는 데 필요 이상으로 오랜 시간이 필요하다고 해도). 그런 방안이 바로 다음 동작의 관점에서 탐욕적이어서는 안 되지만, "탐험이 극한으로 접근함에 따라 탐욕적"(greedy in the limit of infinite exploration, GLIE)이어야 한다. 최적의 동작이 실패할 GLIE 여지가 없으려면 GLIE 방안은 각 상태에서의 각 동작의 시도 횟수에 제한을 두지 않아야 한다. 그런 방안을 사용하는 ADP 에이전트는 결국에는 진(true) 전이 모형을 배우게 되며, 그때부터는 탐험 대신 활용에 주력할 수 있다.

GLIE 방안은 여러 가지인데, 가장 간단한 것 하나는 에이전트가 시간 t에서 $1/t$의 확률로 무작위로 동작을 선택하고 그 외의 경우에는 탐욕적 정책을 따르는 것이다. 이렇게 하면 결국에는 최적 정책으로 수렴하지만, 수렴이 느릴 수 있다. 더 나은 접근방식은 에이전트가 그리 자주 시도하지 않은 동작들에 가중치를 부여하고, 효용이 낮을 것이라고 믿는 동작들은 피하는 것이다(§5.4의 몬테카를로 트리 검색에서처럼). 이러한 방안은 상대적으로 덜 탐험된 상태-동작 쌍들에 더 높은 효용 추정치를 배정하도록 제약 공식(식 (22.4))을 수정해서 구현할 수 있다.

이 방안은 가능한 환경들에 낙관적인 사전 확률을 부여하는 것에 해당하며, 그래서 에이전트가 초기에는 마치 모든 곳에 멋진 보상들이 흩어져 있는 것처럼 동작하게 된다. 상태 s의 낙관적 효용 추정치(즉, 기대 향후 보상)를 $U^+(s)$로 표기하자. 그리고 상태 s에서 동작 a를 시도한 횟수가 $N(s,a)$라고 하자. ADP 학습 에이전트가 가치 반복을 사용한다고 가정하면, 갱신 공식(❶권 p.740의 식 (17.9))을 낙관적 추정치를 사용하도록 고쳐야 한다.

$$U^+(s) \leftarrow \max_a f\Big(\sum_{s'} P(s' \mid s,a)[R(s,a,s') + \gamma U^+(s')], N(s,a)\Big). \qquad (22.5)$$

탐험 함수 여기서 f는 **탐험 함수**(exploration function)이다. 함수 $f(u,n)$은 탐욕(큰 u 값을 선호하는 것)과 호기심(아직 자주 시도되지 않은, 그리고 빈도 n이 작은 동작들을 선호하는 것) 사이의 절충을 결정한다. 함수 $f(u,n)$은 u가 커짐에 따라 증가하고 n이 커짐에 따라 감소해야 한다. 이러한 조건들을 충족하는 함수가 여러 가지임은 분명하다. 다음은 특히나 간단한 정의 하나이다.

$$f(u,n) = \begin{cases} R^+, & \text{만일 } n < N_e \text{이면;} \\ u, & \text{그렇지 않으면.} \end{cases}$$

여기서 R^+는 임의의 상태에서 얻을 수 있는 최상의 보상에 대한 낙관적 추정치이고 N_e는 고정된 매개변수이다. 이런 탐험 함수를 사용하면 에이전트는 각 상태-동작 쌍을 적어도 N_e번 시도한다. 식 (22.5)의 우변에 U가 아니라 U^+가 나온다는 점이 아주 중요하다. 탐험이 진행되는 동안 시작 상태 주변의 상태들과 동작들이 아주 여러 번 시도될 가능성이 크다. 만일 좀 더 비관적인 효용 추정치인 U를 사용한다면 에이전트의 더 멀리 탐험하고자 하는 욕구가 금세 사그라들 것이다. U^+를 사용한다는 것은 탐험의 이득이 미탐험 영역의 가장자리로부터 뒤로 전파됨을 의미한다. 따라서 단순히 생소한 동작들이 아니라, 그러한 미탐험 영역을 **향해** 나아가는 결과를 낳는 동작들에 큰 가중치가 부여된다.

도해 22.7(b)가 이러한 탐험 정책의 효과를 명확히 보여 준다. 그래프들을 보면 탐욕적 접근방식과는 달리 이 접근방식이 0의 정책 손실을 향해 빠르게 수렴함을 알 수 있다. 단 18회의 시행만에 최적에 아주 가까운 정책이 발견되었다. 효용 추정치들의 RMS 오차는 그리 빠르게 수렴하지 않았음을 주목하기 바란다. 이는 에이전트가 상태 공간에서 보상이 크지 않은 부분의 탐험을 상당히 일찍 중지했기 때문이다. 그 후로는 오직 '우연'에 의해서만 그 부분을 방문한다. 그러나, 바람직하지 않음을 이미 알고 있으며 굳이 방문하지 않아도 되는 상태들의 정확한 효용 값들을 에이전트가 신경 쓰지 않는 것은 완벽하게 합당한 일이다. 절벽에서 떨어지는 동안 들을 최고의 라디오 방송국을 배우는 것은 말이 되지 않는다.

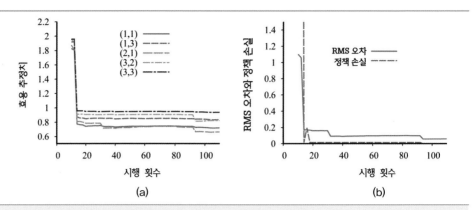

도해 22.7 $R^+ = 2$와 $N_e = 5$를 사용하는 탐험적 ADP 에이전트의 성과. (a) 선택된 상태들에 대한, 시간에 따른 효용 추정치들. (b) 효용 값들의 RMS 오차와 관련 정책 손실.

22.3.2 안전한 탐험

지금까지는 에이전트가 자신이 원하는 만큼 탐험을 수행할 수 있다고 가정했다. 부정적인 보상은 오직 세계에 관한 모형을 개선하는 데에만 쓰였다. 비유하자면 이는 여러분이 체스 게임에서 져도 아무런 손해도 보지 않으며(자존심이 상하는 것말고는), 그 게임에서 배운 것은 그냥 다음 게임을 더 잘 할 수 있도록 여러분의 실력을 키우는 데 쓰일 뿐인 상황에 해당한다. 이와 비슷하게, 자율주행차 모의 실행 환경에서 우리는 차의 성능을 극한까지 밀어붙여서 자유로이 탐험할 수 있으며, 사고가 나도 정보를 얻게 될 뿐 어떠한 피해도 생기지 않는다. 차가 뭔가와 충돌했다면 그냥 리셋 버튼을 누르면 된다.

안타깝게도 현실 세계는 훨씬 가혹하다. 알에서 깬 개복치가 살아 남아서 성체가 될 확률은 약 0.00000001이다. 현실의 동작 중에는 §4.5의 온라인 검색 에이전트에 대해 정의한 것의 관점에서 **비가역적**인 것이 많다. 즉, 한 동작을 취하고 나면, 그 어떤 동작들을 취한다고 해도 원래의 동작을 취하기 이전의 상태로는 돌아갈 방법이 없다. 최악의 경우 에이전트는 **흡수 상태**(absorbing state), 즉 어떤 동작을 취해도 상태가 변하지 않으며 보상도 주어지지 않는 상태에 빠지게 된다.

흡수 상태

실제 응용 상황에서 에이전트가 비가역적 동작을 취하거나 흡수 상태에 빠져도 되는 경우는 드물다. 예를 들어 실제 자동차를 주행하는 방법을 배우는 에이전트는 다음 상태들로 전이할 여지가 있는 동작을 절대로 취하면 안 된다.

- 심각한 충돌 같은 큰 부정적(음수) 보상을 가진 상태.
- 다른 상태로 전이할 수 없는 상태. 이를테면 차가 깊은 도랑에 빠지는 등.
- 미래의 보상이 영구적으로 제한된 상태. 이를테면 차의 엔진에 손상이 생겨서 최고 속도가 줄어드는 등.

이런 나쁜 상태로 빠지는 이유는 에이전트가 모형을 알지 못해서일 수도 있고, 적극적으로 탐험을 하다 보니 그런 상태에 도달한 것일 수도 있고, 아니면 모형이 **부정확**한 탓에 주어진 동작이 끔찍한 결과를 일으킬 것을 예견하지 못해서일 수도 있다. 도해 22.2의 알고리즘이 최대 가능도 추정(제20장)을 이용해서 전이 모형을 학습한다는 점에 주목하자. 게다가 이 알고리즘은 **추정된** 모형에 전적으로 의거해서 정책을 선택한다. 즉, 이 알고리즘은 추정된 모형을 **마치** 정확한 모형인 것처럼 사용한다. 이것이 반드시 좋은 생각이라고는 할 수 없다. 예를 들어 신호등의 작동 방식을 모르는 택시 에이전트가 빨간불을 무시하고 달렸는데 아무런 사고도 나지 않은 상황을 한두 번 겪는다면, 그 후부터는 모든 빨간불을 무시하는 정책을 배우게 될 것이다.

더 나은 방식은 진 모형일 가능성이 어느 정도 큰 다양한 모형들 전체에 대해 비교적 잘 작동하는 정책을 선택하는 것이다. 비록 그것이 최대 가능도의 기준으로 최적에 못 미치는 모형일지라도 말이다. 이런 쪽으로의 수학적 접근방식이 세 가지 있다.

베이즈식
강화학습

첫 접근방식은 **베이즈식 강화학습**(Bayesian reinforcement learning)이다. 이 접근방식에서는 진 모형이 무엇인가에 대한 가설 h들에 관한 사전 확률 $P(h)$를 둔다. 사후 확률 $P(h \mid e)$는 그때까지의 관측들을 조건으로 해서 통상적인 방식으로 베이즈 규칙을 적용해서 구한다. 그런 다음, 만일 에이전트가 학습을 끝내기로 했다면, 지금까지 기대 효용이 가장 높았던 정책이 바로 최적 정책이다. 모형 h에서 정책 π를 실행해서 얻은, 모든 가능한 시작 상태에 대한 평균으로 구한 기대 효용이 U_h^π라고 하자. 그러면 다음이 성립한다.

$$\pi^* = \operatorname{argmax}_\pi \sum_h P(h \mid e) U_h^\pi.$$

몇몇 특별한 경우에는 이 정책을 실제로 계산할 수 있다! 그러나 에이전트가 이후에도 학습을 계속한다면, 최적 정책을 찾기가 훨씬 어려워진다. 이는 이후의 관측들이 전이 모형에 대한 에이전트의 믿음들에 미치는 영향을 반드시 고려해야 하기 때문이다. 그러면 문제는 믿음 상태가 모형들에 대한 분포인 POMDP가 된다. 이론적으로는 이 탐험 POMDP를 형식화해서 에이전트가 환경에 발을 들여놓기도 전에 해를 구하는 것이 가능하다. (지뢰찾기 게임에서 최선의 첫 동작을 찾는 문제를 연습문제 22.EPOM에서 이런 식으로 풀어 본다.) 그러면 임의의 가능한 지각열이 주어졌을 때 다음에 에이전트가 무엇을 해야 할지를 말해주는 완결적인 전략을 얻게 된다. 일반적으로 탐험 POMDP를 푸는 것은 대단히 처리 불가능한 문제이지만, 이러한 개념은 §22.3에서 설명할 탐험 문제를 이해하는 데 바탕이 되는 해석적 토대를 제공한다.

이런 베이즈 접근방식을 철저히 적용한다고 해도 에이전트는 여전히 뜻밖의 죽음을 맞이할 수 있다. 사전 확률에 위험을 암시하는 지각에 해당하는 어떤 정보가 반영되지 않는 한, 에이전트가 흡수 상태로 이어지는 탐험적 동작을 취하는 것을 막을 길은 없다. 예를 들어 예전에는 어린 아이가 높은 곳을 본능적으로 무서워 하므로 낭떠러지 쪽으로 기어가지는 않으리라고 믿었지만, 사실은 그렇지 않음이 밝혀졌다(Adolph 외, 2014).

　두 번째 접근방식은 제어공학의 **견실 제어이론**(robust control theory)에서 온 것이다. 이 접근방식에서는 가능한 모형들에 대해 일일이 확률을 배정하지 않아도 된다. 그런 모형들의 집합이 $\mathcal{H}$라고 할때 , 이 접근방식에서는 $\mathcal{H}$에 대한 최악의 경우에서 최상의 결과를 내는 정책을 최적의 견실 정책으로 정의한다.

$$\pi^* = \operatorname{argmax}_\pi \min_h u_h^\pi.$$

집합 $\mathcal{H}$가 $P(h \mid \mathbf{e})$에 대한 어떤 가능도 문턱값을 넘는 모형들의 집합일 때도 많다. 따라서 견실 제어 접근방식과 베이즈망 접근방식은 서로 연관되어 있다.

　견실 제어 접근방식을 임의의 동작에 대해 가능한 최악의 결과를 선택하는 대립자(적대자)와 에이전트 사이의 게임으로 생각할 수 있다. 이 접근방식이 산출하는 전략은 그 게임의 최소최대 해이다. 이 관점에서 우리의 논리적 웜퍼스 에이전트(§7.7)는 견실 제어 에이전트에 해당한다. 웜퍼스 에이전트는 논리적으로 가능한 모든 모형을 고려하며, 구덩이나 웜퍼스가 있을만한 장소는 전혀 탐색하지 않는다. 즉, 이 에이전트는 모든 가능한 가설에 대해 최악의 경우에서 효용이 최대인 동작을 찾는다.

　이러한 최악의 경우, 가정이 가진 문제점 하나는 과도하게 보수적인 행동이 나올 수 있다는 것이다. 만일 자율주행차가 도로의 다른 모든 운전자가 **자신과 충돌하려** 한다고 가정한다면, 선택할 수 있는 옵션은 차고를 떠나지 않는 것 뿐이다. 실생활은 이런 종류의 위험-보상 절충들로 가득하다.

　강화학습을 고려하는 이유 중 하나가 인간 교사의 필요성(지도학습의 경우처럼)을 피한다는 것이긴 하지만, 인간의 지식은 시스템의 안정성에 도움이 된다. 사람의 지식으로 시스템의 안전성을 높이는 한 가지 방법은 경험 있는 교사의 동작들을 기록해서 시스템이 참고하게 하는 것이다. 그러면 시스템은 처음부터 합리적으로 행동할 것이며, 이후 학습을 통해서 자신의 행동을 더욱 개선할 수 있다. 또 다른 방법은 시스템이 할 수 있는 일에 관한 제약들을 사람이 작성하고, 강화학습 시스템 바깥의 프로그램으로 그런 제약들을 강제하는 것이다. 예를 들어 자율 헬리콥터를 훈련한다고 하면, 만일 이후의 모든 안전하지 않은 행동이 복구 불가능한 상태로 전이하는 상황(즉, 안전한 제어기로는 흡수 상태를 피할 수 없는 상황)에서는 인간 조종사에게 제어를 넘기는 부분 정책을 둘 수 있다. 그 외의 모든 상태에서는 학습 에이전트가 뜻대로 헬리콥터를 조종하게 한다.

22.3.3 시간 차분 Q 학습

이제 능동 ADP 에이전트가 마련되었으니, 능동적인 시간 차분(TD) 학습 에이전트를 구축하는 방법을 고찰해 보자. 이전과 크게 다른 점은, 이제는 에이전트가 1단계 예견을 통해 효용 함수 $U(s)$에 기초해서 동작을 선택할 수 있는 전이 모형을 배운다는 것이다. TD 에이전트가 모형을 얻는 문제는 ADP 에이전트가 모형을 얻는 문제와 동일하며, TD 갱신 규칙도 그대로이다. 이번에도, 훈련 데이터 순차열의 수가 무한으로 접근함에 따라

TD 알고리즘이 ADP에서와 같은 값들로 수렴함을 증명할 수 있다.

Q 학습(Q-learning) 방법들은 효용 함수 $U(s)$가 아니라 동작 효용 함수 $Q(s,a)$를 배우기 때문에 전이 모형이 필요하지 않다. 여기서 $Q(s,a)$는 상태 s에서 동작 a를 취한 후 최적의 동작들을 선택해 나갈 때 받을 총 할인 보상의 기댓값이다. Q 함수를 알면 에이전트는 전이 모형에 기초해서 예견을 수행할 필요 없이 그냥 $\arg\max_a Q(s,a)$로 최적의 동작을 선택하면 된다.

Q 가치들에 대한 모형 없는 TD 갱신 규칙도 유도할 수 있다. 출발점은 식 (17.8)에도 나온 $Q(s,a)$에 대한 벨먼 방정식이다.

$$Q(s,a) = \sum_{s'} P(s'|s,a)[R(s,a,s') + \gamma \max_{a'} Q(s',a')]. \tag{22.6}$$

이로부터 식 (22.3)의 효용 함수에 대한 TD 갱신 규칙을 유도할 때와 비슷한 방식으로 Q 학습 TD 갱신 규칙을 유도하면 다음과 같다.

$$Q(s,a) \leftarrow Q(s,a) + \alpha[R(s,a,s') + \gamma \max_{a'} Q(s',a') - Q(s,a)]. \tag{22.7}$$

상태 s에서 동작 a를 실행해서 s'로 갈 때마다 이 공식에 따라 동작 효용을 갱신한다. 식 (22.3)에서처럼 $R(s,a,s') + \gamma \max_{a'} Q(s',a') - Q(s,a)$ 항은 갱신을 통해 최소화하고자 하는 오차이다.

▶ 여기서 중요한 것은, 이 공식에는 전이 모형이 없다는 것이다. TD Q 학습 에이전트는 학습이든 동작 선택이든 전이 모형 $P(s'|s,a)$를 필요로 하지 않는다. 이번 장 도입부에서 말했듯이 모형 없는 방법들은 이름 그대로 모형을 명시하거나 학습할 필요가 없기 때문에 아주 복잡한 문제 영역에도 적용할 수 있다. 한편, Q 학습 에이전트는 미래를 예견할 수단이 없어서 보상이 희소한 환경, 즉 길고 긴 동작열을 구축해야 보상을 얻을 수 있는 환경에서는 어려움을 겪는다.

탐험적 TD Q 학습 에이전트의 전체 설계가 도해 22.8에 나와 있다. 이 에이전트가 탐험적 ADP 에이전트에서와 정확히 동일한 탐험 함수 f를 사용함을 주목하자. 이 때문에 에이전트가 취한 동작들의 통계치들(표 N)을 계속 갱신할 필요가 있다. 만일 좀 더 간단한 탐험 정책을 사용한다면(이를테면 단계들 중 일부에서 무작위로 행동하되, 그런 단계들의 비율을 점차 줄여나가는 등) 그런 통계치들을 빼버릴 수도 있다.

SARSA   **Q 학습**은 **SARSA**(State-Action-Reward-State-Action; 상태-동작-보상-상태-동작)와 밀접한 관련이 있다. SARSA의 갱신 규칙은 식 (22.7)의 Q 학습 갱신 규칙과 아주 비슷하다. 단, SARSA는 이미 취한 동작 a'으로 Q 가치를 갱신한다.

$$Q(s,a) \leftarrow Q(s,a) + \alpha[(R(s) + \gamma Q(s',a') - Q(s,a)]. \tag{22.8}$$

이 규칙은 각 5값쌍 s,a,r,s',a'의 끝에서 적용한다(이처럼 상태-동작-보상-상태-동작의 순차열 끝에서 적용되기 때문에 SARSA라는 이름이 붙었다). Q 학습과의 차이는 상당히 미묘하다. Q 학습은 상태 s'에서 최고의 동작으로부터 Q 가치를 올려 보내지만(back up; 후퇴), SARSA는 동작이 취해진 후 그 동작의 Q 가치를 올려 보낸다. 항상 Q 가치가 최고인 동작을 취하는 탐욕적인 에이전트에게는 두 알고리즘이 동일하다. 그러나 탐험이 일어나면 둘의 차이가 확실해진다. 탐험에서 에이전트가 부정적 보상을 받으면 SARSA는 해당 동작에 징벌을 가하지만 Q 학습은 그렇지 않다.

  Q 학습은 "만일 지금까지 사용한 정책을 그만 사용하기로 하고 그 대신 최고의 동작을 선택하는(추정들에 근거해서) 정책에 따라 행동한다고 가정할 때 이 상태에서 수행할 만한 동작은 무엇인가?"라는 질문에 답하는 Q 가치들을 배운다는 점에서 **정책 이탈(**off-policy) 학습 알고리즘이다. 반면 SARSA는 "지금 사용 중인 정책을 계속 사용한다고 할 때 이 상태에서 수행할 만한 동작은 무엇인가?"라는 질문에 답하는 Q 가치들을 배운다는 점에서 **정책 유지**(on-policy) 학습 알고리즘이다. Q 학습은 다양한 탐험 정책들의 제어 하에서 잘 행동하는 방법을 배울 수 있다는 점에서 SARSA보다 더 유연하다. 반면 SARSA는 전체 정책이 부분적으로 다른 에이전트나 프로그램의 통제를 받는 경우에 적합하다. 그런 경우, 에이전트가 추정된 최고의 동작을 선택한다면 어떤 일이 일어날 것인가가 아니라 실제로 어떤 일이 일어나는가에 대한 Q 함수를 배우는 데는 Q 학습보다 SARSA가 낫다. Q 학습과 SARSA 모두 4×3 세계에 대한 최적의 정책을 학습하지만, ADP 에이전트보다는 학습 속도가 훨씬 느리다. 이는 국소 갱신들이 모든 Q 가치에 대한 일치성을 모형을 통해 강제하지 않기 때문이다.

정책 이탈 (좌측 여백)

정책 유지 (좌측 여백)

---

function Q-LEARNING-AGENT(*percept*) **returns** 동작
 입력: *percept*, 현재 상태 s'과 보상 신호 r'을 알려 주는 지각
 지속 변수: Q, 상태와 동작으로 색인화되는 동작 가치(초기에는 0)들의 표
      N_{sa}, 상태-동작 쌍 빈도(초기에는 0)들의 표
      s, a, 이전 상태, 동작, 보상(초기에는 모두 널)

 if s가 널이 아님 **then**
   $N_{sa}[s, a]$를 증가
   $Q[s,a] \leftarrow Q[s,a] + \alpha\left(N_{sa}[s,a]\right)\left(r + \gamma \max_{a'} Q[s',a'] - Q[s,a]\right)$
  $s, a \leftarrow s', \text{argmax}_{a'} f(Q[s',a'], N_{sa}[s',a'])$
  return a

도해 22.8 탐험적 Q 학습 에이전트. 이 에이전트는 각 상황의 각 동작의 가치 $Q(s,a)$를 배우는 능동적인 학습자이다. 이 에이전트는 탐험적 ADP 에이전트에서와 동일한 탐험 함수 f를 사용하지만, 전이 모형은 배울 필요가 없다.

22.4 강화학습의 일반화

지금까지는 에이전트가 배우는 효용 함수와 Q 함수를 상태마다 하나의 출력값이 있는 테이블 형태로 표현한다고 가정했다. 상태의 수가 약 10^6 정도까지는 이런 접근방식이 통한다. 이는 우리의 장난감 2차원 격자 환경보다 훨씬 큰 규모이다. 그렇지만 실제 세계에는 그보다 상태 수가 훨씬 많은 환경들이 있으며, 그런 환경에서 이 접근방식은 수렴이 너무 느리다. 백개먼은 대부분이 실제 세계 문제보다 훨씬 단순하지만 그래도 상태의 수가 약 10^{20}이다. 백개먼 플레이 방법을 배우기 위해 그 모든 상태를 방문하는 것은 쉽지 않은 일이다.

제5장에서 잠재적으로 방대한 상태 공간에서 특정 상태의 바람직한 정도를 간결하게 측정하는 수단으로 **평가 함수**(evaluation function)라는 개념을 소개했다. 이번 장의 어법에서 평가 함수는 근사 효용 함수이다. 진 효용 함수 또는 진 Q 함수의 간결한 근사를 구하는 과정을 **함수 근사**(function approximation)라고 부른다. 예를 들어 효용 함수를 다음과 같이 **특징**(feature)들의 가중 선형(일차) 결합으로 근사할 수 있다.

함수 근사

$$\widehat{U}_\theta(s) = \theta_1 f_1(s) + \theta_2 f_2(s) + \cdots + \theta_n f_n(s).$$

테이블에 있는 10^{20}개의 상태 값들을 모두 배우는 대신, 강화학습 알고리즘은 $\widehat{U}_\theta$가 진 함수를 잘 근사하는 함수가 되게 만드는 매개변수 $\theta = \theta_1, ..., \theta_{20}$의 값 20개를 배우면 된다. 이러한 근사 효용 함수와 예견 검색을 조합해서 의사결정의 정확도를 높이기도 한다. 예견 검색을 도입하면 훨씬 더 적은 경험으로 배울 수 있는 훨씬 간단한 근사 효용 함수로도 효과적인 행동을 생성할 수 있게 된다.

함수 근사를 이용하면 아주 큰 상태 공간에 대한 효용 함수(또는 Q 함수)의 표현이 현실적이 될 뿐더러, 더욱 중요하게는 귀납적 일반화가 가능해진다. 즉, 에이전트는 자신이 방문한 상태들을 아직 방문하지 않은 상태들로 일반화할 수 있다. [Tesauro, 1992]는 이 기법을 이용해서, 백개먼의 전체 상태 공간의 1조분의 1만 탐험하고도 인간 챔피언 수준으로 플레이하는 백개먼 프로그램을 만들었다.

22.4.1 직접 효용 근사

직접 효용 추정(§22.2)은 상태 공간에 궤적(trajectory)들을 생성하고, 각 상태에 대해 그 상태로부터 게임 종료까지 받은 보상들의 합을 추출한다. 그런 식으로 얻은 상태와 보상 합의 쌍들을 **지도학습**에 사용한다. 예를 들어 4×3 세계의 효용들을 간단한 선형 함수로 표현한다고 할 때, 각 칸의 특징은 그냥 그 칸의 x, y 좌표이다. 이 경우 다음이 성립한다.

$$\widehat{U}_\theta(x,y) = \theta_0 + \theta_1 x + \theta_2 y. \tag{22.9}$$

예를 들어 $(\theta_0, \theta_1, \theta_2) = (0.5, 0.2, 0.1)$이면 $\widehat{U}_\theta(1,1) = 0.8$이다. 일련의 시행들이 주어지면 $\widehat{U}_\theta(x,y)$의 표본 값들을 구하고, 표준적인 선형 회귀 방법(제19장)을 이용해서 제곱 오차를 최소화하는 최적 적합을 찾으면 된다.

강화학습에는 각각의 시행에서 매개변수들을 갱신하는 **온라인** 학습 알고리즘을 사용하는 것이 더 합당하다. 하나의 시행을 실행해서 (1,1)에서 시작하는 총 보상을 계산했는데 0.4가 나왔다고 하자. 현재의 $\widehat{U}_\theta(1,1)$은 그보다 큰 0.8이므로 더 줄여야 한다. 이를 위해 매개변수들을 어떻게 조정해야 할까? 한 가지 방법은, 신경망 학습에서처럼 오차 함수를 작성하고 매개변수들에 대한 그 함수의 기울기를 구하는 것이다. j번째 시행에서 상태 s로부터 관측된 총 보상이 $u_j(s)$라고 하면, 오차는 예측된 총 보상과 실제 총 보상의 차이의 제곱(의 절반)이다. 즉, $E_j(s) = (\widehat{U}_\theta(s) - u_j(s))^2/2$이다. 각 매개변수 θ_i에 대한 오차의 변화율은 $\partial E_j/\partial \theta_i$이므로, 오차가 줄어들게 하려면 매개변수를 다음과 같이 갱신해야 한다.

$$\theta_i \leftarrow \theta_i - \alpha \frac{\partial E_j(s)}{\partial \theta_i} = \theta_i + \alpha \left[(u_j(s) - \widehat{U}_\theta(s)) \right] \frac{\partial \widehat{U}_\theta(s)}{\partial \theta_i}. \tag{22.10}$$

위드로-호프 규칙
델타 규칙

이 공식을 온라인 최소 제곱 오차에 대한 **위드로-호프 규칙**(Widrow–Hoff rule) 또는 **델타 규칙**(delta rule)이라고 부른다. 식 (22.9)의 선형 함수 근사 $\widehat{U}_\theta(s)$의 경우 다음과 같은 간단한 갱신 규칙 세 개를 얻을 수 있다.

$$\theta_0 \leftarrow \theta_0 + \alpha \left[u_j(s) - \widehat{U}_\theta(s) \right],$$
$$\theta_1 \leftarrow \theta_1 + \alpha \left[u_j(s) - \widehat{U}_\theta(s) \right] x,$$
$$\theta_2 \leftarrow \theta_2 + \alpha \left[u_j(s) - \widehat{U}_\theta(s) \right] y.$$

이 규칙을 $\widehat{U}_\theta(1,1)$이 0.8이고 $u_j(1,1)$이 0.4인 예에 적용하면 매개변수 θ_0과 θ_1, θ_2는 모두 0.4α만큼 줄어들고, 그래서 (1,1)에 대한 오차가 줄어든다. 두 상태 사이의 전이를 관측하고 그에 따라 매개변수 θ_i들을 변경하면 다른 모든 상태의 $\widehat{U}_\theta$ 값들도 변한다는 점을 주목하기 바란다. 앞에서 함수 근사를 이용하면 강화학습 에이전트가 자신의 경험들을 일반화할 수 있다고 말한 것이 바로 이것이다.

가설 공간이 아주 크지는 않지만 진 효용 함수에 비교적 잘 적합되는 함수들을 포함하고 있다면, 함수 근사기를 이용하면 에이전트가 더 빨리 배운다. 연습문제 22.APLM에서는 함수 근사를 사용하는 경우와 사용하지 않는 경우에서 직접 효용 추정의 성능을 독자가 평가해 볼 것이다. 4×3 세계에서의 성능 향상이 두드러지긴 하지만 극적인 수준은 아닌데, 이는 애초에 상태 공간이 아주 작기 때문이다. (10,10)에 +1 보상이 있는 10×10 세계에서는 성능 향상이 훨씬 크다.

10×10 세계의 진 효용 함수가 매끄럽고 거의 선형이기 때문에, 이 세계에는 선형

효용 함수가 아주 잘 맞는다. 효용 함수는 그냥 아래쪽 모서리가 (1,1)이고 위쪽 모서리가 (10, 10)인 대각선이다. (연습문제 22.TENX). 반면, 만일 (5,5)에 +1 보상을 둔다면 진 효용이 피라미드 형태에 가까워지기 때문에 식 (22.9)의 함수 근사기는 비참한 실패를 맛보게 된다.

그러나 아무 소득도 없는 것은 아니다! 선형 함수 근사에서 중요한 것은 함수가 특징들에 대해 선형이어야 한다는 것이다. 그런데 상태 변수들의 임의의 비선형 함수를 특징으로 둘 수 있다. 따라서, 목표와의 거리를 측정하는 $f_3(x,y) = \sqrt{(x-x_g)^2 + (y-y_g)^2}$ 같은 항을 포함시켜도 된다. 이 특징이 추가되면 선형 함수 근사기가 잘 작동한다.

22.4.2 시간 차분 학습의 근사

이러한 착안들을 시간 차분 학습기에도 똑같이 잘 적용할 수 있다. 필요한 것은 연속된 두 상태 사이의 시간 차분이 줄어들도록 매개변수들을 조정하는 것뿐이다. 다음은 시간 차분 학습의 효용 갱신 규칙(p.1022의 식 (22.3))의 새 버전이다.

$$\theta_i \leftarrow \theta_i + \alpha \left[R(s,a,s') + \gamma \widehat{U}_\theta(s') - \widehat{U}_\theta(s) \right] \frac{\partial \widehat{U}_\theta(s)}{\partial \theta_i}. \tag{22.11}$$

그리고 다음은 Q 학습의 Q 가치 갱신 규칙(p.1031의 식 (22.7))의 새 버전이다.

$$\theta_i \leftarrow \theta_i + \alpha \left[R(s,a,s') + \gamma \max_{a'} \widehat{Q}_\theta(s',a') - \widehat{Q}_\theta(s,a) \right] \frac{\partial \widehat{Q}_\theta(s,a)}{\partial \theta_i}. \tag{22.12}$$

수동 TD 학습에서는 함수 근사기가 특징들에 대해 **선형**일 때 갱신 규칙이 실제 함수에 가능한 한 가장 가까운[4] 근사로 수렴함을 증명할 수 있다. 능동 학습과 신경망 같은 **비선형** 함수의 경우에는 상황이 달라진다. 가설 공간에 좋은 해답들이 있다고 해도, 이 갱신 공식들로는 매개변수들이 무한대로 발산하는 아주 간단한 경우들이 존재한다. 그런 문제들을 피할 수 있는 좀 더 복잡한 알고리즘들이 있지만, 일반적인 함수 근사기를 이용한 강화학습은 현재로서는 미묘한 예술로(과학이 아니라) 남아 있다.

파국적 망각

매개변수들이 무한대로 발산하는 것보다 더 놀라운 문제점이 있는데, 바로 **파국적 망각**(catastrophic forgetting) 현상이다. 자율주행차가 (모의 실행 환경에서) 충돌 없이 도로를 따라 잘 주행하도록 훈련한다고 하자. 이를 위해 차가 도로 가장자리를 침범하면 아주 큰 부정적 보상을 부여하고, 도로 위치의 이차(2제곱) 특징들을 이용해서 차가 도로 중간에 있을 때의 효용이 도로 가장자리 가까이 있을 때의 효용보다 크다는 점을 배우게 만든다. 모든 것이 잘 진행된다면 차는 도로 중간에서 완벽하게 주행할 것이다. 몇 분 정도 훈련을 지켜보다 지루해진 개발자가 슬슬 모의 실행을 마무리하고 훌륭한 결과

---

4 효용 함수들 사이의 거리의 정의는 다소 기술적이다. [Tsitsiklis 및 Van Roy, 1997]을 보라.

를 담은 보고서를 작성해야 하겠다고 생각한 순간 차가 갑자기 도로를 벗어나서 충돌한다. 왜 그럴까? 이유는 차가 **너무 잘** 배웠기 때문이다. 차는 가장자리에서 멀어져야 한다는 점과 도로의 중앙 영역이 안전하다는 점을 배웠지만, 도로 가장자리 영역이 위험하다는 점은 까먹었다. 중앙 영역은 평탄한 가치 함수가 되어서 이차 특징들의 가중치가 0이 되었으며, 선형 특징들에 대한 0이 아닌 가중치들이 중요하게 작용해서 차가 도로 가장자리로 미끄러졌다.

경험 재현   이 문제에 대한 한 가지 해결책으로 **경험 재현**(experience replay) 기법이 있다. 이 예에서 경험 재현 기법은 훈련 초기의 충돌 사고 행동들을 주기적으로 자율주행차가 다시 겪게 해서 도로 가장자리가 위험하다는 점을 잊지 못하게 한다. 이를 구현하는 한 가지 방법은 학습 알고리즘이 전체 훈련 과정의 궤적들을 기록하고, 그 궤적들을 주기적으로 재현하는 것이다. 그러면 가치 함수는 상태 공간 중 더 이상 방문하되지 않는 부분들에 대해서도 정확성을 유지한다.

모형 기반 강화학습 시스템에서 함수 근사는 환경의 모형을 배우는 데에도 아주 유용할 수 있다. 관측 가능 환경의 모형을 배우는 것이 **지도학습** 문제임을 기억하기 바란다 (그런 환경에서는 다음 지각이 결과 상태를 알려 주므로). 따라서 제19, 20, 21장에 나온 그 어떤 지도학습 방법도 사용할 수 있다. 물론 하나의 부울 분류나 하나의 실수 값이 아니라 완전한 상태 서술을 예측해야 한다는 사실을 반영해서 알고리즘을 적절히 조정해야 한다. 학습된 모형이 주어지면 에이전트는 예견 검색을 이용해서 자신의 의사결정을 개선할 수 있으며, 느리고 잠재적으로 값비싼 실세계 경험 대신 내부 시뮬레이션을 이용해서 U나 Q의 근사 표현을 개선할 수 있다.

부분 관측 가능 환경에서는 학습 문제가 훨씬 어렵다. 다음 지각이 상태 예측 문제에 대한 분류명이 아니기 때문이다. 만일 은닉 변수들이 무엇인지, 그리고 그런 변수들이 서로 또는 관측 가능 변수들과 어떤 인과관계들을 맺고 있는지 안다면, 제20장에서 설명했듯이 동적 베이즈망의 구조를 고정시키고 EM 알고리즘으로 매개변수들을 배우면 된다. 동적 베이즈망의 내부 구조를 배우고 새 상태 변수들을 생성하는 것은 여전히 어려운 문제로 간주된다. 심층 순환망(§21.6) 쪽에는 은닉 구조를 고안하는 데 성공한 사례들이 좀 있다.

22.4.3 심층 강화학습

선형 함수 근사기보다 더 나은 무언가를 찾아야 하는 이유는 두 가지이다. 첫째는 선형 함수로는 충분히 잘 근사할 수 없는 효용 함수나 Q 함수가 존재한다는 것이다. 둘째는 필요한 특징들을 우리가 고안하지 못할 수도 있다는 것이다. 새로운 문제 영역들에서는 특히 더 그렇다. 생각해보면 이 두 이유는 사실 같은 것이다. U나 Q를 특징들의 선형 결합으로 표현하는 것은 항상 **가능하다**. 특징들이 $f_1(s) = U(s)$나 $f_2(s,a) = Q(s,a)$ 형태이면 더욱 그렇다. 그렇지만 그런 특징들을 우리가 (효율적으로 계산 가능한 형태로) 고안해내지 않으면 선형 함수 근사기로는 충분치 않을 수 있다.

이러한 이유(들)로, 강화학습 초창기부터 연구자들은 더 복잡한 비선형 함수 근사기들을 연구했다. 현재 그런 함수 근사기로 인기 있는 것은 심층 신경망(제21장)이다. 심층 신경망은 심지어 입력이 원본 이미지이고 사람이 특징 추출에 전혀 관여하지 않는 경우에도 효과적임이 입증되었다. 모든 것이 잘 진행된다면 심층 신경망은 유용한 특징들을 스스로 발견한다. 그리고 신경망의 마지막 층이 선형이면, 신경망이 자신의 선형 함수 근사기를 구축하는 데 사용한 특징들을 사람이 직접 확인할 수 있다. 심층 신경망을 함수 근사기로 사용하는 강화학습 시스템을 가리켜 심층 강화학습(deep reinforcement learning) 시스템이라고 부른다.

식 (22.9)에서처럼 심층 신경망은 θ로 매개변수화된(parameterized) 하나의 함수이다. 단, 그 함수는 이전보다 훨씬 복잡하다. 매개변수들은 모두 신경망을 구성하는 층들의 가중치들이다. 그렇긴 하지만 식 (22.11)과 (22.12)에 필요한 기울기들은 지도학습에 필요한 기울기들과 동일하며, 따라서 §21.4에서 설명한 역전파 과정으로 계산할 수 있다.

§22.7에서 보겠지만 심층 강화학습은 대단히 의미 있는 성과를 거두었다. 심층학습 시스템들은 예를 들어 다양한 비디오 게임을 전문가 수준으로 플레이하는 방법을 배웠고 바둑에서 세계 최고수를 물리쳤으며 로봇이 복잡한 작업을 수행하도록 훈련했다.

그런 인상적인 성공 사례들이 있긴 하지만, 심층 강화학습에는 여전히 중요한 장애물이 존재한다. 심층 강화학습으로 좋은 성능을 얻기 어려울 때가 많을 뿐더러, 환경이 훈련 데이터와 조금만 달라도 대단히 예측하기 어렵게 행동하기도 한다. 심층학습의 다른 응용 분야에 비하면 심층 강화학습은 상업적인 설정에서 거의 쓰이지 않는다. 그래도 심층 강화학습은 연구가 아주 활발히 일어나는 분야이다.

22.4.4 보상 조형

이번 장 도입부에서 언급했듯이 실세계 환경들은 보상이 대단히 희소할 수 있다. 즉, 임의의 0이 아닌 보상을 얻으려면 기본 동작들을 아주 많이 수행해야 할 수 있는 것이다. 예를 들어 십만 개의 운동 제어 명령을 수행한 후에 골을 먹은 축구 로봇이 이후에 골을 더 먹지 않으려면 십만 개의 명령들에서 무엇이 제일 큰 문제였는지 파악해야 한다. 이를 **기여도 배정**(credit assignment)이라고 부른다. 축구 게임을 수조 번 수행하면 부정적 보상이 문제의 동작들까지 전파될 수도 있지만, 그보다 더 나은 해결책이 있으면 좋을 것이다.

흔히 쓰이는 한 가지 방법은 동물 훈련에서 기인한 **보상 조형**(reward shaping)이다. 이 기법은 에이전트의 동작에 의해 뭔가 "진척이 있으면" 에이전트에게 추가적인 보상을 제공한다. 그러한 보상을 **유사 보상**(pseudoreward)이라고 부른다. 예를 들어 축구 로봇이 공과 접촉하거나 골을 향해 공을 전진시켰을 때 유사 보상을 줄 수 있다. 그런 유사 보상은 학습 속도를 엄청나게 높일 수 있고 제공하기도 쉽지만, 에이전트가 실제 보

기여도 배정

보상 조형

유사 보상

상이 아니라 유사 보상을 최대화하는 방법을 배우게 될 위험이 있다. 예를 들어 로봇이 공 옆에서 발을 "떨면" 공과의 접촉이 많이 발생한다.

제17장에서 최적 정책을 바꾸지 않고 보상 함수를 수정하는 한 방법을 보았다(❶권 p.736). 임의의 포텐셜 함수 $\Phi(s)$와 임의의 보상 함수 R에 대해 새 보상 함수 R'를 다음과 같이 만들 수 있다.

$$R'(s,a,s') = R(s,a,s') + \gamma\Phi(s') - \Phi(s).$$

포텐셜 함수(potential fuction) Φ는 상태의 임의의 바람직한 측면들(부분 목표 달성 여부나 바람직한 말단 상태까지의 거리 등)을 반영해서 만들면 된다. 축구 로봇의 경우 로봇이 속한 팀이 공을 소유한 상태들에 대해 일정한 상수 보너스를 제공하고 공과 상대 팀골의 거리가 줄어들면 또 다른 보너스를 제공하도록 Φ를 정의하면 될 것이다. 그러면 전반적으로 학습이 빨라지며, 그러면서도 여전히 로봇은 이를테면 위기의 상황에서 공을 골기퍼에게 백패스하는 법을 배울 수 있다.

22.4.5 위계적 강화학습

위계적 강화학습 아주 긴 동작열을 처리하는 또 다른 방법은 그런 동작열을 학습이 쉬워질 때까지 계속해서 더 작은 동작열 조각들로 나누어 가는 것이다. 이런 접근방식을 **위계적 강화학습**(hierarchical reinforcement learning, HRL)이라고 부르는데, 제11장에서 설명한 **HTN 계획 수립**과 비슷한 점이 많다. 예를 들어 축구에서 골을 넣기까지의 행동을 공을 빼앗고, 동료에게 패스하고, 동료로부터 공을 받고, 골을 향해 드리블하고, 마지막으로 슈팅을 하는 부분 행동들로 분할할 수 있다. 그리고 그런 각각의 부분 행동 역시 더 낮은 수준의 운동 동작들로 분할할 수 있다. 공을 빼앗는 방법과 슈팅하는 방법은 여러 가지이고 패스를 할 동료들도 여럿이므로, 하나의 고수준 행동을 달성하는 저수준 구현들은 여러 개일 수 있다.

킵어웨이 이런 개념들을 **킵어웨이**keepaway라고 하는 단순화된 축구 게임을 예로 들어 설명해 보겠다. 킵어웨이는 각각 세 명의 선수로 구성된 두 팀이 공을 두고 다투는 게임이다. 공을 소유한 팀은 드리블과 패스로 공을 최대한 오래 가지고 있으려 하고, 다른 팀은 패스를 가로채거나 태클을 해서 공을 빼앗으려 한다.[5] 이 게임은 RoboCup 2D 시뮬레이터에 구현되어 있다. 강화학습 시스템의 좋은 시험대임이 입증된 이 시뮬레이터는 100ms 단위의 시간 단계들에서 상세한 연속 상태 운동 모형을 제공한다.

부분 프로그램 위계적 강화학습 에이전트는 하나의 **부분 프로그램**(partial program)으로 출발한다. 이 부분 프로그램은 에이전트 행동 방식의 위계구조를 개괄한 것이다. 이런 부분 프로그램은 임의의 통상적인 프로그래밍 언어에 학습로 채워 넣어야 할 명시되지 않은 선택들을 표현하는 수단들을 추가한 형태의 부분 프로그래밍 언어로 작성할 수 있다. (여기서는 그런 프로그래밍 언어에 대한 하나의 의사코드를 사용한다.) 부분 프로그램은 실행

---

5 킵어웨이가 프로 축구팀 바르셀로나 FC의 실제 전술에서 영감을 받았다는 소문은 근거가 희박하다.

종료가 보장되는 한 얼마든지 복잡할 수 있다.

보통의 RL이 HRL의 한 특수 경우임을 이해하기란 어렵지 않다. 그냥 에이전트가 계속해서 현재 상태 s에서 실행 가능한 동작들의 집합인 $A(s)$에서 임의의 동작을 선택하는 다음과 같은 간단한 부분 프로그램을 제공하면 된다.

> **while** $true$ **do**
> **choose**$(A(s))$.

choose 연산자는 지정된 집합에서 임의의 원소를 선택한다. 학습 과정에서 바람직한 원소를 선택하는 방법을 배워감에 따라 이 부분 에이전트 프로그램이 하나의 완전한 프로그램으로 바뀐다. 예를 들어 학습 과정이 Q 함수를 각 선택에 연관시킬 수 있다. 그런 Q 함수들을 학습한 후, 선택이 주어질 때마다 Q 가치가 가장 큰 옵션을 선택한다면 프로그램은 바람직한 행동을 보이게 된다.

킵어웨이를 위한 에이전트 프로그램은 좀 더 흥미롭다. 여기서는 공을 소유한 '키퍼' 팀의 한 플레이어를 위한 부분 프로그램을 살펴 보겠다. 최상위 수준에서 다음에 할 동작의 선택은 그 플레이어가 공을 가지고 있는지 아닌지에 따라 다르다.

> **while not** IS-TERMINAL(s) **do**
> **if** BALL-IN-MY-POSSESSION(s) **then choose**$(\{$PASS, HOLD, DRIBBLE$\})$
> **else choose**$(\{$STAY, MOVE, INTERCEPT-BALL$\})$

이러한 각각의 선택은 하나의 서브루틴을 호출하는데, 그 서브루틴 자체에 추가적인 선택이 있을 수도 있다. 그러면 또 다른 서브루틴들이 호출된다. 그런 과정이 직접 수행 가능한 기본적인 동작들에 도달할 때까지 계속된다. 예를 들어 동료에게 패스하는 고수준 동작 PASS는 패스를 받을 동료를 선택해야 하지만, 필요하다면(예를 들어 패스를 받을 만한 동료가 없다면), 패스를 포기하고 상위 수준으로 제어권을 돌려줄 수도 있다.

> **choose**$(\{$PASS-TO$($ **choose**$($TEAMMATES$(s)))$, **return**$\})$

PASS-TO 루틴 자체는 패스의 속력과 방향을 선택해야 한다. 개발자가 이런 종류의 고수준 조언을 학습 에이전트에게 제공하는 것은 그리 어렵지 않은 일이지만(심지어 축구를 별로 해보지 않은 사람이라도), 소유권 유지 확률이 최대가 되도록 킥의 속력과 방향을 결정하는 규칙을 작성하기란 불가능하지는 않더라도 대단히 어렵다. 마찬가지로, 패스를 받을 동료를 선택하거나 패스를 받기 위해 이동할 지점을 선택하는 규칙을 작성하기란 결코 쉬운 일이 아니다. 부분 프로그램은 일반적인 노하우(복잡한 행동을 위한 전체적인 발판과 구조적 조직화)를 제공하며, 구체적인 세부사항은 모두 학습 과정에서 채워진다.

결합 상태 공간   HRL의 이론적 토대는 **결합 상태 공간**(joint state space)이라는 개념에 기반한다. 결합 공간 상태의 각 상태 (s, m)은 물리적 상태 s와 기계 상태 m으로 구성된다. 기계 상태는 에이전트 프로그램의 현재 내부 상태로 정의되는데, 내부 상태는 현재 호출 스택에 있는 각 서브루틴의 프로그램 카운터(PC), 인수들의 값, 그리고 모든 지역 변수와 전역 변수의 값들로 구성된다. 예를 들어 에이전트 프로그램이 팀 동료 알리[Ali]에게 패스하기로 결정했으며 패스의 속력을 계산하는 중이라고 하면, 알리가 PASS-TO에 전달되는 인수의 값이라는 사실이 현재 기계 상태의 일부가 된다. **선택 상태**(choice state) $\sigma = (s, m)$은 선 택이 일어나는 상태, 즉 m의 프로그램 카운터가 에이전트 프로그램의 한 선택 지점에 있는 상태이다. 두 선택 상태 사이에 임의의 횟수의 계산적 전이와 물리적 동작이 발생할 수 있으나, 그런 동작들의 운명이 예정되어 있다고 말할 수 있다. 정의에 의해, 두 선택 상태 사이에서 에이전트는 그 어떤 선택도 하지 않는다. 본질적으로 위계적 강화학습 에이전트가 하는 일은 다음과 같이 구성된 마르코프 결정 문제를 푸는 것이다.

선택 상태

- 상태들은 결합 상태 공간의 선택 상태 σ들이다.
- 상태 σ에서 취할 수 있는 동작들은 부분 프로그램에 따라 상태 σ에서 선택 가능한 선택 c들이다.
- 보상 함수 $\rho(\sigma, c, \sigma')$는 선택 상태 σ와 σ' 사이에서 발생한 모든 물리적 전이들에 대한 보상 합의 기댓값이다.
- 전이 모형 $\tau(\sigma, c, \sigma')$는 자명한 방식으로 정의된다. 선택 c에 의해 물리적 동작 a가 수행된다면, τ는 물리적 모형 $P(s'|s, a)$를 따른다. 선택 c에 의해 계산적 전이(서브루틴 호출 등)가 수행된다면, 그 전이는 계산적 상태 m을 프로그래밍 언어의 규칙들에 따라 결정론적으로 수정한다.[6]

에이전트는 이 결정 문제를 풀어서 원래의 부분 프로그램과 일치하는(consistent) 최적 정책을 구한다.

위계적 강화학습은 복잡한 행동의 학습에 아주 효과적일 수 있다. 킵어웨이 게임에서, 앞에서 간단히 설명한 부분 프로그램에 기초한 임의의 HRL 에이전트는 표준적인 공 뺏기 정책을 따르는 상대 팀에게 절대로 공을 빼앗기지 않는 정책을 배우게 된다. 공을 약 10초 정도 소유하는 것이 최고의 성적이었던 이전 기법들에 비하면 엄청난 발전이다. 위계적 강화학습의 한 가지 중요한 특성은, 저수준 기술들이 통상적인 의미에서 고정된 서브루틴이 아니라는 것이다. 해당 선택들은 에이전트 프로그램의 전체 내부 상태를 민감하게 반영한다. 즉, 서브루틴이 그 프로그램 안에서 호출되었는지의 여부나 당시 벌어지고 있는 상황에 따라 선택이 달라질 수 있다. 필요하다면 저수준 선택을 위한 Q 함수를 독자적인 보상 함수를 둔 개별적인 훈련 과정으로 초기화하고, 그런 다음 전체 에이전트의 맥락에서 함수에 잘 적합하도록 선택들을 전체 시스템에 통합할 수도 있다.

---

6 다음 선택 상태에 도달하기 전에 둘 이상의 물리적 동작이 수행될 수 있으므로, 엄밀히 말해서 이 문제는 동작들의 지속 기간이 서로 다를 있을 수 있는(기간이 확률적일 수도 있다) 준 마르코프 결정 과정이다. 할인 계수가 $\gamma < 1$이이라고 할때 동작 지속 기간은 그 동작 도중 받는 보상에 적용되는 할인에 영향을 미친다. 따라서 추가적인 할인 관리가 필요하며, 전이 모형에는 지속 기간에 대한 분포를 포함해야 한다.

§22.4.4에서 보상 조형이 복잡한 행동의 학습에 도움이 됨을 보았다. HRL에서는 학습이 결합 상태 공간에서 일어나는데, 이로부터 보상 조형의 또 다른 기회가 생긴다. 예를 들어 PASS-TO 루틴 안에서 정확한 패스를 위한 Q 함수의 학습을 촉진하고 싶다면, 패스를 받을 동료의 위치 및 그 동료와 상대 선수들 사이의 거리에 따라 보상을 조형하는 것이 도움이 될 것이다. 상식적으로, 패스의 정확도를 높이려면 공을 동료에 가깝게, 그러나 상대 선수와는 멀게 보내야 한다. 너무나 당연한 말이지만, 현재 시스템에서 **패스를 받을 동료가 누구인지에 관한 정보는 세계의 물리적 상태의 일부가 아니다**. 물리적 상태는 오직 플레이어들과 공의 위치, 방향, 속력으로만 구성된다. 물리적 세계에는 "패스"도, "패스를 받을 동료"도 없다. 이들은 전적으로 내부 구조물이다. 따라서 표준적인 강화학습 시스템에는 그런 합당한 조언을 에이전트에게 제공할 방법이 없다.

가산적 분해   에이전트 행동의 위계적 구조로로부터 전체 효용 함수의 자연스러운 **가산적 분해**(additive decomposition)를 구하는 것도 가능하다. 효용은 시간에 대한 보상들의 합임을 기억할 것이다. 예를 들어 열 개의 시간 단계에서 킵어웨이 에이전트가 얻은 보상들이 $[r_1, r_2, ..., r_{10}]$이라고 하자. 그리고 처음 다섯 시간 단계에서 에이전트는 PASS-TO(Ali)를, 나머지 다섯 시간 단계에서는 MOVE-INTO-SPACE를 수행했다고 하자. 그러면 내부 상태의 효용은 PASS-TO 도중 총 보상과 MOVE-INTO-SPACE 도중 총 보상의 합이다. 전자의 총 보상은 알리가 공을 받아서 지키기에 충분한 시간과 공간이 있었는지에만 의존하고, 후자의 총 보상은 에이전트가 공을 받기에 좋은 위치에 도달했는지에만 의존한다. 다른 말로 하면 전체적인 효용은 여러 개의 항들로 분해되며, 각 항은 오직 몇 개의 변수에만 의존한다. 따라서 모든 변수에 의존하는 하나의 효용 함수를 배우는 것보다 더 빠르게 이런 효용 함수들을 학습할 수 있다. 이는 베이즈망이 간결한 근거가 되는 표현 정리들(제13장)과 비슷하다.

22.5 정책 검색

정책 검색   강화학습 문제에 대해 고려할 마지막 접근방식은 **정책 검색**(policy search)이라는 것이다. 어떤 의미에서 정책 검색은 이번 장의 방법 중 가장 간단한 방법이다. 핵심은, 성능이 개선된다면 정책을 계속해서 조정하되, 더 이상 개선이 없으면 멈춘다는 것이다.

     그럼 정책들 자체부터 살펴보자. 하나의 정책 π는 상태를 동작으로 사상하는 하나의 함수임을 기억할 것이다. 지금 맥락에서 주된 관심사는 상태 공간에 있는 상태들보다 훨씬 적은 수의 매개변수들로 이루어진(이전 절에서와 마찬가지로), π의 **매개변수화된 표현**이다. 예를 들어 π를, 매개변수화된 Q 함수들(동작당 하나씩) 중 예측된 가치가 가장 높은 것에 해당하는 동작을 돌려주는 함수로 표현할 수 있다.

$$\pi(s) = \operatorname{argmax}_a \widehat{Q}_\theta(s, a). \tag{22.13}$$

각 Q 함수는 매개변수 θ들의 선형 함수 형태일 수도 있고(식 (22.9)에서처럼), 심층 신경망 같은 어떤 비선형 함수일 수도 있다. 정책 검색은 더 나은 정책이 나오도록 θ 매개변수들을 조정한다. 정책을 Q 함수들로 표현하면 정책 검색은 그 Q 함수들을 배우는 과정이 된다. 이 과정이 Q 학습과 같은 것은 아니다!

함수 근사를 이용하는 Q 학습 알고리즘은 $\widehat{Q}_\theta$가 최적의 Q 함수 Q^*에 '가까운' Q 함수임을 충족하는 θ의 값을 찾는다. 반면 정책 검색은 좋은 성과를 내는 θ의 값을 찾는다. 두 방법이 찾아낸 값들이 상당히 다를 수 있다. (예를 들어 $\widehat{Q}_\theta(s,a) = Q^*(s,a)/100$으로 정의되는 근사 Q 함수는 Q^*와는 전혀 가깝지 않아도 최적의 성과를 낸다.) 두 방법의 차이가 명백해지는 또 다른 예는, $\pi(s)$를 근사 효용 함수 $\widehat{U}_\theta$를 이용해서 이를테면 10단계 예견 검색으로 구하는 경우이다. 이 경우, 좋은 결과를 내는 θ의 값이 $\widehat{U}_\theta$를 실제 효용 함수와 가깝게 만드는 값과는 거리가 멀 수 있다.

식 (22.13)에 나온 형태의 정책 표현의 한 가지 문제점은, 동작들이 이산적일 때 정책이 매개변수들의 **비연속** 함수라는 점이다. 즉, θ의 무한히 작은 변화 때문에 한 동작에서 다른 동작으로 전환하게 되는 θ의 값들이 존재한다. 이는 정책의 가치 역시 비연속적으로 변할 수 있음을 뜻한다. 그러면 기울기 기반 검색이 어려워진다. 이런 이유로 정책 검색 방법들은 **확률적 정책**(stochastic policy) 표현 $\pi_\theta(s,a)$를 사용하는 경우가 많다. 이러한 표현은 상태 s에서 동작 a가 선택될 **확률**을 지정한다. 그런 표현으로 즐겨 쓰이는 것이 다음과 같은 **소프트맥스** 함수이다.

$$\pi_\theta(s,a) = \frac{e^{\beta \widehat{Q}_\theta(s,a)}}{\sum_{a'} e^{\beta \widehat{Q}_\theta(s,a')}}.\tag{22.14}$$

매개변수 $\beta > 0$는 소프트맥스의 유연함 정도를 조절한다. Q 가치들 사이의 분리도에 비해 β의 값이 크면 소프트맥스는 엄격한(hard) 최댓값에 접근하고, β의 값이 0에 가까우면 소프트맥스는 동작들을 동일 확률로 무작위로 선택하는 것에 접근한다. β의 모든 유한한 값에 대해 소프트맥스는 항상 θ의 미분 가능 함수를 제공한다. 따라서, 정책의 가치(동작 선택 확률들에 대해 연속적으로 의존하는)는 θ의 미분 가능 함수이다.

그럼 정책을 개선하는 방법들을 살펴보자. 가장 간단한 경우인 결정론적 환경의 결정론적 정책부터 시작하겠다. $\rho(\theta)$가 **정책 가치**(policy value), 즉 π_θ를 실행했을 때의 기대 향후 보상이라고 하자. $\rho(\theta)$에 대한 닫힌 형식의 공식을 유도할 수 있다면, 정책 검색은 제4장에서 설명한 표준적인 최적화 문제가 된다. $\rho(\theta)$가 미분 가능이라면 **정책 기울기**(policy gradient) 벡터 $\nabla_\theta \rho(\theta)$를 따라가는 것이 하나의 방법이다. $\rho(\theta)$의 닫힌 형식을 구할 수 없다면, 그냥 π_θ를 실행하고 누적된 보상을 관측해서 π_θ를 평가해도 된다. 이 경우, 언덕 오르기를 이용해서 **실험적 기울기**(empirical gradient)를 따라갈 수 있다. 즉, 각 매개변수의 작은 증가에 따른 정책 가치의 변화를 평가하는 것이다. 통상적인 주의 사항들을 잘 처리한다면, 이러한 과정은 정책 공간의 국소 최적값으로 수렴한다.

확률적 정책

정책 가치

정책 기울기

환경(또는 정책)이 비결정론적이면 상황이 좀 더 어려워진다. 언덕 오르기를 실행한 다고 하자. 그러려면 어떤 작은 $\Delta\theta$에 대해 $\rho(\theta)$와 $\rho(\theta+\Delta\theta)$를 비교해야 한다. 문제 는, 시행마다 총 보상의 변동이 클 수 있으며, 그러면 시행 수가 적은 경우 정책 값 추정 치의 신뢰성이 상당히 떨어진다는 것이다. 간단한 해결책은 시행 수를 크게 늘리는 것, 즉 언덕 오르기를 아주 많이 실행하는 것이다. 표본들의 분산을 측정해 보면 시행 수가 충분한지 가늠할 수 있으며, 시행 수가 충분하다면 $\rho(\theta)$에 대한 믿을 만한 개선 방향을 얻을 수 있다. 안타깝게도 이 방법은 시행들의 비용이 크거나, 시간이 오래 걸리거나, 심 지어 위험한 여러 실제 문제에서 실용적이지 못하다.

비결정론적 정책 $\pi_\theta(s,a)$의 경우, θ에서의 편향되지 않은 기울기 추정치 $\nabla_\theta\rho(\theta)$를, θ에서 실행한 시행 결과들로부터 직접 얻는 것이 가능하다. 단순함을 위해, 각 동작 a의 보상이 $R(s_0,a,s_0)$이고 환경이 s_0에서 재시작하는 간단한 일화적 환경에서 이 추정치 를 유도해 보겠다. 이 경우 정책 가치는 그냥 그 보상의 기댓값이며, 다음이 성립한다.

$$\nabla_\theta\rho(\theta) = \nabla_\theta\sum_a R(s_0,a,s_0)\pi_\theta(s_0,a) = \sum_a R(s_0,a,s_0)\nabla_\theta\pi_\theta(s_0,a).$$

이제 간단한 요령 하나를 이용해서, 이 합산을 $\pi_\theta(s_0,a)$로 정의된 확률분포에서 생성된 표본들을 이용해서 근사한다. 시행들이 총 N개이고 j번째 시행에서 취한 동작이 a_j라 고 하자. 그러면

$$\begin{aligned}\nabla_\theta\rho(\theta) &= \sum_a \pi_\theta(s_0,a) \cdot \frac{R(s_0,a,s_0)\nabla_\theta\pi_\theta(s_0,a)}{\pi_\theta(s_0,a)} \\ &= \approx \frac{1}{N}\sum_{j=1}^{N} \frac{R(s_0,a_j,s_0)\nabla_\theta\pi_\theta(s_0,a_j)}{\pi_\theta(s_0,a_j)}.\end{aligned}$$

이다. 이는 정책 가치의 실제 기울기를 각 시행의 동작 선택 확률의 기울기가 관여하는 항들의 합으로 근사한 것이다. 순차적인 환경의 경우 이는 방문한 각 상태 s에 대해 다 음으로 일반화된다.

$$\nabla_\theta\rho(\theta) \approx \frac{1}{N}\sum_{j=1}^{N} \frac{u_j(s)\nabla_\theta\pi_\theta(s,a_j)}{\pi_\theta(s,a_j)}.$$

여기서 a_j는 j번째 시행에서 상태 s에서 실행된 동작이고 $u_j(s)$는 j번째 시행에서 상 태 s에서부터 받은 총 보상이다. [Williams, 1992]에 나온 REINFORCE 알고리즘이 이런 방식을 사용한다. 일반적으로 이 알고리즘은 θ의 각 값에 대해 많은 수의 시행들을 사용 하는 언덕 오르기보다 훨씬 효과적이다. 그러나 최적의 속도에는 아직 훨씬 못 미친다.

주어진 두 블랙잭 정책 중 어느 것이 더 나은지 판정하는 문제를 생각해 보자. 이 정책들의 총 보상 참값이 손패(나누어 받은 카드들)당 이를 테면 -0.21%와 $+0.06\%$일 수도 있으므로, 어느 것이 더 나은지를 알아내는 것이 대단히 중요하다. 한 가지 방법은

각 정책으로 표준 '딜러'를 상대해서 블랙잭을 일정 횟수 플레이해서 승수를 세는 것이다. 그러나 이전에도 보았지만 이런 접근방식의 문제점은, 각 정책의 승수가 손패에 따라 크게 요동친다는 점이다. 이런 방식으로 더 나은 정책을 신뢰성 있게 찾으려면 수백만 개의 손패가 필요할 것이다. 언덕 오르기 알고리즘에서 무작위 표집을 이용해서 인접한 두 정책을 비교할 때도 이와 같은 문제가 발생한다.

▶ 더 나은 해법은 딜러가 나눠 줄 카드들을 미리 생성해 두고, 두 **프로그램이 동일한 손패로 플레이하게 하는** 것이다. 이렇게 하면 받은 카드들의 차이에 따른 측정 오차가 사라진다. 이 방식에서는 손패 수천 개만으로도 두 블랙잭 정책 중 더 나은 정책을 결정할 수 있다.

상관 표집   환경 시뮬레이터에 같은 난수열을 반복하는 능력이 있다면, **상관 표집**(correlated sampling)라고 부르는 이러한 착안을 정책 검색에 일반적인 방식으로 적용할 수 있다. 상관 표집은 PEGASUS라는 정책 검색 알고리즘(Ng 및 Jordan, 2000)에 구현된 바 있다. PEGASUS는 완전히 안정적인 자율 헬리콥터 비행(도해 22.9(b) 참고)을 최초로 달성한 알고리즘 중 하나이다. 모든 정책의 가치가 잘 추정됨을 보장하는 데 필요한 난수열의 개수가 정책 공간의 복잡도에만 의존할 뿐 바탕 문제 영역의 복잡도에는 전혀 의존하지 않음을 증명할 수 있다.

22.6 견습 학습과 역강화학습

문제 영역들 중에는 너무나 복잡해서 강화학습에 사용할 보상 함수를 정의하기가 어려울 정도인 문제 영역도 있다. 우리가 자율주행차에게 바라는 행동 방식이 정확히 어떤 것인지 생각해 보자. 목적지에 도달하는 시간이 너무 오래 걸리면 안 되지만, 위험을 초래하거나 과속 딱지를 받을 정도로 빨리 달려서도 안 된다. 연료나 에너지를 절약해야 하며, 잦은 급가속이나 급제동으로 승객을 불편하게 하면 안 되지만 위급할 때는 주저 없이 브레이크를 밟아야 한다. 이밖에도 해야 할 행동과 말아야 할 행동은 많이 있다. 그런 요인들 각각에 어느 정도의 가중치를 둘 것인지 정하기란 어려운 일이다. 게다가, 인간 설계자가 뭔가 중요한 요인을 깜빡 잊는 일은 거의 항상 발생한다. 이를테면 다른 운전자를 고려해서 행동해야 한다는 점을 잊을 수도 있다. 그런 요인을 빼먹으면, 다른 요인들을 최대화하기 위해 그런 누락된 요인에 아주 극단적인 가치를 부여한 행동(지금 예에서는 극도로 이기적인 운전)이 나올 수 있다.

이 문제에 대한 한 가지 접근방식은 모의 실행으로 모형을 상세하게 점검해서 문제성 행동을 발견하고, 보상 함수를 수정해서 그런 행동을 제거하는 것이다. 또 다른 접근방식은 적절한 보상 함수에 관한 추가적인 정보의 출처를 찾아보는 것이다. 그런 정보 출처의 하나는 해당 보상 함수가 이미 최적화된 에이전트의 행동 방식인데, 자율주행차에서는 전문 인간 운전자가 그런 에이전트이다.

견습 학습(apprenticeship learning)이라는 일반적인 학습 연구 분야는 전문가의 행동을 관측해서 행동 방법을 배우는 과정을 연구한다. 자율주행차의 예라면 견습 학습은 전문 운전자의 주행에서 얻은 견본들을 에이전트에게 제공하고 "이렇게 해봐"라고 말하는 것에 해당한다. 견습 학습 문제에 대한 접근방식은 (적어도) 두 가지이다. 하나는 이번 장 도입부에서 간략히 언급했던 방식으로, 환경이 관측 가능이라고 가정하고 관측된 상태-동작 쌍들을 훈련 집합으로 사용해서 지도학습 방식으로 정책 $\pi(s)$를 배우게 하는

것이다. 이를 **모방 학습**(imitation learning)이라고 부른다. 모방 학습은 로봇공학에서 어느 정도 성공을 거두었지만(p.1233 참고), 그리 견고하지 못하다는 단점이 있다. 훈련 집합에서 조금만 벗어난 입력이 주어져도 오차가 시간에 따라 증가해서 결국에는 실패하게 된다. 게다가 모방 학습은 최선의 경우 교사의 성능을 복제할 뿐, 뛰어넘지는 못한다. 다른 사람의 행동을 모방해서 뭔가 배우려는 사람을 가리켜 "원숭이처럼" 흉내를 낸다고 조롱하는 경우가 있다. (어쩌면 유인원들끼리는 같은 상황에서 "사람처럼" 흉내낸다고 조롱할지도 모른다. 그게 더 모욕적일 수도 있겠다.) 이런 조롱에는 모방 학습자가 주어진 동작을 왜 그렇게 수행해야 하는지 이해하지 못한다는 함의가 깔려 있다.

강화학습의 또 다른 접근방식은 왜 그렇게 해야 하는지를 이해하는 것이다. 즉, 이 접근방식에서는 전문가의 동작들을(그리고 그 결과 상태들을) 관측해서 전문가가 최대화하려는 보상이 무엇인지를 파악하려 한다. 보상을 파악했다면, 해당 보상 함수를 기준으로 한 최적 정책을 유도할 수 있다. 이런 접근방식이라면 비교적 적은 수의 전문가 행동 견본들로도 강건한(견실한) 정책들을 산출할 수 있을 것이다. 어차피 강화학습 분야는 정책이나 가치 함수가 아니라 보상 함수가 가장 간결하고 강건하며 전이 가능한 문제 정의라는 개념을 바탕으로 한다. 더 나아가서, 전문가 쪽에 어느 정도의 준최적성을 허용한다면(전문가도 항상 최적의 행동을 하는 것은 아니라는 점에서), 진 보상 함수에 대한 정확한 근사를 최적화함으로써 학습자가 전문가보다 더 나은 성과를 낼 수도 있다. 이처럼 보상들을 관측해서 정책을 학습하는 것이 아니라 정책을 관측해서 보상을 학습하는

접근방식을 **역강화학습**(inverse reinforcement learning, IRL)이라고 부른다.

전문가의 동작들에서 전문가의 보상 함수를 어떻게 파악할 수 있을까? 앞에서 우리는 전문가가 합리적으로 행동한다고 가정했다. 그런 경우에는 전문가의 정책하에서 총 기대 할인 보상이 다른 가능한 모든 정책하에서의 총 기대 할인 보상보다 큰(또는, 적어도 같은) 보상 함수 R^*를 찾아야 한다.

안타깝게도 그러한 조건을 충족하는 보상 함수는 여러 개이다. 그중 하나는 $R^*(s,a,s') = 0$인데, 보상이 전혀 없는 정책은 합리적이기 때문이다.[7] 이 접근방식의 다른 문제점은 전문가가 합리적이라는 가정이 비현실적이라는 것이다. 예를 들어 ALPHAGO^{알파고}와의

---

7 ❶권 p.736의 식 (17.9)에 따르면 보상 함수 $R'(s,a,s') = R(s,a,s') + \gamma\Phi(s') - \Phi(s)$는 $R(s,a,s')$와 정확히 동일한 최적 정책이므로, 임의의 조형 함수 $\Phi(s)$가 더해지는 정도까지만 보상 함수를 복원할 수 있다. 이것이 심각한 문제는 아니다. R'을 사용하는 로봇은 '정확한' R을 사용하는 로봇과 동일하게 행동할 것이기 때문이다.

대국들에서 이세돌의 수들을 관측한 로봇은 이세돌이 게임을 지려고 했다고 가정할 수 있다.

$R^*(s,a,s') = 0$도 모든 관측된 행동을 설명한다는 문제를 피하는 데는 베이즈식 접근이 도움이 된다. (이것이 무슨 의미인지는 §20.1을 보기 바란다.) 관측한 데이터가 d 이고, R이 진 보상 함수라는 가설이 h_R이라고 하자. 그러면 베이즈 법칙에 따라 다음이 성립한다.

$$P(h_R|\mathrm{d}) = \alpha P(\mathrm{d}|h_R)P(h_R).$$

만일 사전 확률 $P(h_R)$이 단순성(simplicity)에 기반한다면 $R = 0$이라는 가설은 꽤 큰 점수를 얻는다. 0은 확실히 단순하기 때문이다. 그러나 $R = 0$이라는 가설에 대해 $P(\mathrm{d}|h_R)$ 항은 무한소(infinitesimal)이다. 왜냐하면 그런 가설은 그 가설이 참이라고 할 때 최적인 수많은 행동들의 공간에서 전문가가 특정 행동 하나를 선택하는 이유를 설명하지 못하기 때문이다. 반면, 유일한 최적 정책 또는 비교적 적은 수의 최적 정책 동치류를 가진 보상 함수 R에 대해서는 $P(\mathrm{d}|h_R)$이 그보다 훨씬 크다.

전문가가 가끔 실수를 저지른다는 점을 허용하기 위해서는, 그냥 R을 기준으로 최적에 조금 못 미치는 행동에 대한 관측 d가 주어질 때도 $P(\mathrm{d}|h_R)$가 0이 아니게 설정하면 된다. 전형적인 가정은, 진 Q 함수가 $Q(s,a)$인 에이전트는 결정론적 정책 $\pi(s) = \arg\max_a Q(s,a)$가 아니라 식 (22.14)의 소프트맥스 분포로 정의되는 확률적 정책에 따라 동작을 선택한다는 것이다(솔직히 이 가정은 실제 인간 데이터를 충실히 반영하기 위해서라기보다는 그냥 수학적 편의성을 위한 것임을 밝혀 둘 필요가 있겠다). 이를 종종 **볼츠만 합리성** (Boltzmann rationality) 가정이라고 부르는데, 이 이름은 통계역학에서 볼츠만 분포의 상태 점유 확률들이 해당 에너지 수준에 지수적으로 의존한다는 점에서 비롯한 것이다.

연구 문헌들에 나온 역강화학습 알고리즘은 수십 가지이다. 그중 가장 간단한 축에 속하는 것으로 **특징 부합**(feature matching; 또는 특징 정합))이 있다. 특징 부합 알고리즘은 보상 함수를 다음과 같이 특징들의 가중 선형 결합으로 표현할 수 있다고 가정한다.

$$R_\theta(s,a,s') = \sum_{i=1}^{n} \theta_i f_i(s,a,s') = \boldsymbol{\theta} \cdot \mathbf{f}.$$

예를 들어 자율주행 문제 영역의 특징들로는 속력, 제한속도 초과량, 가속, 가장 가까운 장애물과의 거리 등이 있다.

❶권 p.733의 식 (17.2)에서 보았듯이, 상태 s_0에서 정책 π를 실행하는 것의 효용은 다음과 같이 정의된다.

$$U^\pi(s) = E\left[\sum_{t=0}^{\infty} \gamma^t R(S_t, \pi(S_t), S_{t+1})\right].$$

여기서 기댓값 E는 s와 π로 결정되는 상태열에 관한 확률분포에 대한 것이다. 가정에 의해 R이 특징값들의 선형 결합이므로 이를 다음과 같이 표현할 수 있다.

$$
\begin{aligned}
U^{\pi}(s) &= E\left[\sum_{t=0}^{\infty} \gamma^t \sum_{i=1}^{n} \theta_i f_i(S_t, \pi(S_t), S_{t+1})\right] \\
&= \sum_{i=1}^{n} \theta_i E\left[\sum_{t=0}^{\infty} \gamma^t f_i(S_t, \pi(S_t), S_{t+1})\right] \\
&= \sum_{i=1}^{n} \theta_i \mu_i(\pi) = \boldsymbol{\theta} \cdot \boldsymbol{\mu}(\pi).
\end{aligned}
$$

특징 기댓값 여기서 $\mu_i(\pi)$는 정책 π를 실행할 때 특징 f_i의 기대 할인값인데, 이를 **특징 기댓값** (feature expectation)이라고 부른다. 예를 들어 f_i이 차량의 속력이 제한속도를 얼마나 넘었는지를 나타내는 초과 속력 특징이라고 할 때, $\mu_i(\pi)$는 전체 궤적에 대한 (시간에 따라 할인된) 평균 초과 속력이다. 특징 기댓값의 핵심은 이것이다: 만일 정책 π가 산출한 특징 기댓값 $\mu_i(\pi)$들이 전문가 정책 π_E의 해당 기댓값들과 부합한다면, π는 전문가 자신의 보상 함수를 기준으로 전문가 정책만큼이나 좋은 정책이다. 전문가 정책의 특징 기댓값들의 구체적으로 측정할 수는 없지만, 관측된 궤적에 대한 평균값들을 이용해서 근사하는 것은 가능하다. 이를 위해서는 관측된 궤적들에 관한 전문가 정책의 기댓값들과 부합하는 기댓값들이 나오게 하는 매개변수 θ_i들의 값을 구해야 한다. 다음은 원하는 임의의 오차 한계로 그런 값들을 구하는 알고리즘이다.

- 초기 기본 정책 $\pi^{(0)}$을 정한다.
- 수렴에 도달할 때까지 $j = 1, 2, \dots$ 에 대해:
  - 전문가 정책이 전문가 효용 $\boldsymbol{\theta}^{(j)} \cdot \boldsymbol{\mu}(\pi)$을 기준으로 정책 $\pi^{(0)}, \dots, \pi^{(j-1)}$을 최대한 능가하게 하는 매개변수 $\boldsymbol{\theta}^{(j)}$들을 구한다.
  - $\pi^{(j)}$를 보상 함수 $R^{(j)} = \boldsymbol{\theta}^{(j)} \cdot \mathbf{f}$에 대한 최적의 정책으로 둔다.

이 알고리즘은 전문가 자신은 보상 함수를 기준으로 전문가 정책에 가까운 정책에 수렴한다. 특징이 n개일 때, 수렴에 필요한 반복 횟수와 전문가 시연 횟수는 둘 다 $O(n\log n)$이다.

역강화학습을 이용하면 로봇이 전문가의 동작들로부터 좋은 정책을 스스로 학습하게 할 수 있다. 더 나아가서, 다중 에이전트 문제에서는 다른 에이전트들(협력자이든 대립자이든)이 사용하는 정책들을 로봇이 배울 수도 있다. 마지막으로, 인간과 동물의 행동을 더 잘 이해하기 위한 과학 조사(에이전트 설계에 관한 의견이 전혀 없는)에도 역강화학습을 적용할 수 있다.

역강화학습의 핵심 가정은 '전문가'가 단일 에이전트 MDP의 어떤 보상 함수를 기준으로 최적으로 또는 최적에 가깝에 행동한다는 것이다. 학습자가 단방향 거울을 통해 전문가를 관찰하고 전문가는 그 사실을 인식하지 못한 채 자신의 일을 수행하는 경우에는 이런 가정이 합당하다. 그러나 전문가가 학습자를 인식한다면 합당하지 않다. 예를 들어 의대에서 로봇이 인간 전문가를 관찰해서 외과의가 되는 방법을 배운다고 하자. 역강화학습은 인간 외과의가 로봇이 자신을 보지 않는 것처럼 평소대로 외과수술을 최적으로 집도하리라고 가정하지만, 그런 가정은 비현실적이다. 인간 외과의는 로봇이(다른 의대생들과 마찬가지로) 빠르게 잘 배우길 바랄 것이며, 그러한 희망 때문에 수술 행동에 상당히 크게 바뀔 수 있다. 예를 들어 수술을 집도하면서 자신이 무엇을 하고 있는지 입으로 말할 수도 있고, 실수하기 쉬운 부분(너무 깊게 자르거나 너무 세게 꼬매는 등)을 지적하거나 수술이 잘못 되었을 때 대응 정책을 설명할 수도 있다. 보통의 수술에서는 그런 행동을 하지 않을 것이므로, 그런 행동을 관찰한 역강화학습은 보통의 수술에 작용하는 보상 함수를 해석하지 못한다. 따라서 개발자는 이런 종류의 상황을 §18.2.5에서 설명한 2인 보조 게임으로 파악할 필요가 있다.

22.7 강화학습의 응용

그럼 강화학습의 대규모 응용 사례들로 넘어가자. 먼저 전이 모형이 알려져 있고 효용 함수의 학습이 목표인 게임 플레이의 사례를 살펴보고, 그런 다음 초기에는 전이 모형이 알려지지 않는 로봇공학의 사례를 살펴본다.

22.7.1 게임 플레이 응용

제1장에서 체커 강화학습에 관한, 1952년에 시작된 아서 새뮤얼의 초기 연구를 언급했다. 그 후 수십 년이 지나서 제럴드 테사우로$^{Gerald Tesauro}$가 강화학습에 다시 도전했는데, 이번에는 백거먼을 위해서였다. 테사우로의 첫 시도(Tesauro, 1990)는 NEUROGAMMON이라는 시스템인데, 모방 학습의 흥미로운 변형에 해당했다. 입력은 테사우로가 스스로를 대상으로 플레이한 게임 400회의 데이터였다. NEUROGAMMON은 정책을 배우는 대신, 각 수 (s, a, s')을 일단의 훈련 견본들로 변환해서 학습에 사용했는데, 각 견본에서 s'은 s에서 다른 수를 두어서 도달할 수 있는 어떤 국면 s''보다 더 나은 국면에 해당하는 목푯값으로 쓰였다. 신경망의 한 절반은 s'을 위한 것이고 다른 한 절반은 s''을 위한 것인데, 시스템은 두 절반의 출력들을 비교해서 더 나은 것을 선택했다. 이런 과정에서 각 절반은 평가 함수 $\hat{U}_\theta$를 배우게 되었다. NEUROGAMMON은 1989년 Computer Olympiad에서 우승하면서 컴퓨터 게임 토너먼트에서 우승한 최초의 학습 프로그램이 되었지만, 평균 수준인 테사우로보다 백거먼을 더 잘하지는 못했다.

테사우로의 다음 시스템인 TD-GAMMON(Tesauro, 1992)은 당시 서턴이 발표한 TD 학습 방법(본질적으로는 새뮤얼이 연구한 접근방식으로 돌아가는 것이지만, 그 접근방식을 제대로 구현하는 데 관한 기술적인 이해도가 훨씬 높아졌다)을 채용했다. 평가 함수 $\hat{U}_\theta$는 80노드짜리 은닉층이 하나 있는 완전 연결 신경망으로 대체되었다. (또한 NEUROGAMMON에서 가져온, 손으로 설계한 입력 특징들도 쓰였다.) 훈련 게임 30만 회 후에 TD-GAMMON은 세계 최상위 인간 플레이어 세 명과 어깨를 견줄만한 플레이 수준에 도달했다. 10위권 이내의 백개먼 플레이어인 킷 울시[Kit Woolsey]는 "내가 생각하기에 이 프로그램의 국면 판단 능력이 나보다 낮다는 점은 의심의 여지가 없다"라고 말했다.

그 다음 도전은 이산적인 게임판 표현이 아니라 실제 세계의 것에 좀 더 가까운 원본 지각 입력으로부터 배우는 것이었다. 2012년부터 딥마인드 사의 한 개발팀이 최초의 현대적 심층 강화학습 시스템인 **심층 Q 신경망**(deep Q-network, DQN) 시스템을 개발했다. DQN은 심층 신경망으로 Q 함수를 표현한다. 그것 말고는 전형적인 강화학습 시스템과 다르지 않다. 딥마인드는 DQN을 49가지 아타리 비디오 게임들에 대해 따로 훈련시켰다. DQN은 모의 자동차 경주에서 차를 운전하고, 외계인 우주선을 쏘아 맞추고, 패들로 공을 튕기는 방법을 배웠다. 각 경우에서 에이전트는 원본 이미지 데이터를 입력으로, 게임 점수를 보상 신호로 해서 Q 함수를 학습했다. 대체로 시스템은 인간 전문가 수준의 성과를 냈지만, 몇몇 게임에서는 그렇지 못했다. 특히 **몬테수마의 복수**(Montezuma's Revenge)라는 게임은 확장된 계획 수립이 필요하고 보상이 너무 희소해서 이 시스템으로 풀기에는 너무 어려운 것으로 판명되었다. 이후 연구에서 탐험 행동이 좀 더 보강된 심층 강화학습 시스템들이 등장했는데, 이런 시스템들은 몬테수마의 복수를 비롯해 다른 여러 어려운 게임들도 깰 수 있었다.

딥마인드의 ALPHAGO 시스템은 심층 강화학습을 이용해서 바둑 최고수들을 이겼다(제5장 참고). 주로 반사신경에 의존하는 아타리 게임들에는 예견(look-ahead) 없는 Q 함수로 충분했지만, 바둑에는 예견이 상당히 많이 필요하다. 그래서 ALPHAGO는 가치 함수와 Q 함수를 모두 배운다. Q 함수는 탐험할 가치가 있는 수들의 예측에 기반한 검색의 지침으로 쓰이는데, 합성곱 신경망 형태로 구현된 Q 함수는 검색을 전혀 수행하지 않아도 대부분의 아마추어 인간 플레이어를 물리칠 정도로 정확하다.

22.7.2 로봇 제어 응용

심층 Q 신경망

뒤집힌 진자 카트-장대

도해 22.9(a)는 **뒤집힌 진자**(inverted pendulum)라고도 부르는 유명한 **카트-장대**(cart-pole) 균형 잡기 문제의 설정을 나타낸 것이다. 이 문제는 장대가 대략 수직($\theta \approx 90°$)을 유지하도록 카트에 힘을 가해 왼쪽이나 오른쪽으로 이동한다. 단, 카트의 위치 x가 주어진 트랙을 벗어나서는 안 된다. 강화학습과 제어이론 분야에서, 이 간단해 보이는 문제에 대해 수천 건의 논문이 발표되었다. 한 가지 어려운 점은 상태 변수 x, θ, $\dot{x}$, $\dot{\theta}$가 연속이라는 것이다. 그러나 동작들은 이산적으로 정의된다. 즉, 카트는 왼쪽으로 덜컥 이동하거나 오른쪽으로 덜컥 이동하는 데, 이를 **쾅쾅 제어**(bang-bang control) 방식이라고 부르기도 한다.

쾅쾅 제어

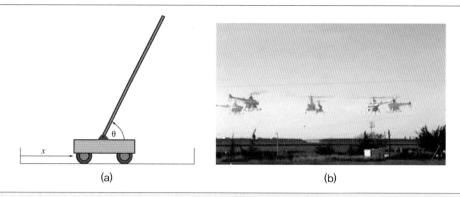

(a)   (b)

도해 22.9 (a) 움직이는 카트에 놓인 긴 장대의 균형을 잡는 문제. 카트의 위치 x와 속도 $\dot{x}$, 장대의 각도 θ, 그 각도의 변화율 $\dot{\theta}$를 관측하는 조종기를 이용해서 카트를 왼쪽이나 오른쪽으로 이동한다. (b) 자율 헬리콥터 한 대가 아주 어려운 '배면 회전(nose-in circle)'을 수행하는 모습을 일정 시간 간격으로 6회 중복 노출한 모습. 이 헬리콥터는 PEGASUS 정책 검색 알고리즘(Ng 외, 2003)으로 개발한 정책으로 조종되었다. 실제 헬리콥터의 여러 제어 조작들의 효과를 관측해서 시뮬레이터 모형을 개발하고, 그 시뮬레이터 모형에 대해 알고리즘을 밤새 실행했다. 서로 다른 조작들에 대해 다양한 조종기가 개발되었다. 모든 경우에서 원격 조종을 이용한 인간 전문 조종사의 성과를 훨씬 능가하는 성과가 나왔다. (이미지 제공: Andrew Ng.)

이 문제의 학습에 대한 초기 연구로는 미치와 체임버스의 [Michie 및 Chambers, 1968]이 있다. 이들은 시뮬레이션이 아니라 실제 카트와 장대를 이용했다. 이들의 BOXES 알고리즘은 약 30회의 시행 후에 장대의 균형을 한 시간 넘게 유지할 수 있었다. 이 알고리즘은 먼저 4차원 상태 공간을 상자(box)들로 이산화한다(여기서 BOXES라는 이름이 나왔다). 그런 다음에는 장대가 넘어질 때까지 시행들을 실행한다. 마지막 상자에서의 마지막 동작에는 부정적인 강화가 주어지며, 그 강화는 그때까지의 순차열을 거꾸로 훑으면서 전파된다. 상태 공간을 보상의 관측된 변이들에 따라 **적응적으로** 분할하는 알고리즘을 사용한다면, 또는 신경망 같은 연속 상태·비선형 함수 근사기를 사용한다면 일반화가 개선되고 학습 속도가 빨라질 것이다. 요즘에는 흔히 뒤집힌 **삼중** 진자(막대 세 개가 관절 두 개로 연결된)의 균형을 잡는 문제를 다룬다. 그런 균형 잡기는 대부분의 인간의 능력을 훨씬 웃도는 것이지만, 강화학습으로는 가능하다.

강화학습의 좀 더 인상적인 응용은 헬리콥터 무선 조종이다(도해 22.9(b)). 이 연구에는 주로 큰 MDP에 대한 정책 검색(Bagnell 및 Schneider, 2001; Ng 외, 2003)이 쓰이며, 인간 전문 파일럿의 관측 데이터를 이용한 모방 학습과 역강화학습을 함께 적용할 때도 많다(Coates 외, 2009).

역강화학습은 인간 행동 방식을 해석하는 데 성공적으로 적용된 바 있다. 이를테면 100,000마일 분량의 GPS 데이터에 기초해서 택시 기사의 목표지 예측과 경로 선택을 해석한 사례(Ziebart 외, 2008)와 수 시간의 동영상 관측에 기초해서 복잡한 환경에서 보행자들의 상세한 물리적 이동을 해석한 사례(Kitani 외, 2012)가 있다. 로봇공학에서는, 전문가 한 명의 시연만으로도 4족 보행 로봇 LittleDog가 특징 25개짜리 보상 함수를 배우고 이전에는 본 적이 없는 울퉁불퉁한 지형을 날렵하게 횡단한 성과가 있었다(Kolter 외, 2008). 로봇공학에서 강화학습과 역강화학습의 용도에 관해서는 §26.7과 §26.8.에서 좀 더 이야기한다.

요약

이번 장에서는 에이전트가 미지의 환경에서 능숙하게 행동하는 방법을 오직 자신의 지각들과 가끔 주어지는 보상들만으로 배우는 강화학습 문제를 조사했다. 강화학습은 지능적 시스템의 작성에 적용할 수 있는 대단히 광범위한 패러다임이다. 이번 장의 요점은 다음과 같다.

- 에이전트가 반드시 배워야 하는 정보의 종류는 전반적인 에이전트 설계가 결정한다.
  - **모형 기반 강화학습** 에이전트는 환경의 전이 모형 $P(s'|s,a)$를 획득하고(또는, 전이 모형이 처음부터 주어질 수도 있다) 효용 함수 $U(s)$를 배운다.
  - **모형 없는 강화학습** 에이전트는 동작 효용 함수 $Q(s,a)$나 정책 $\pi(s)$를 배운다.
- 효용을 배우는 접근방식은 다음 세 가지이다.
  - **직접 효용 추정**은 주어진 상태에 대해 관측된 총 향후 보상을 효용 학습의 직접적인 증거로 사용한다.
  - **적응성 동적 계획법(ADP)**은 관측들로부터 모형 하나와 보상 함수 하나를 배우고, 가치 반복이나 정책 반복을 이용해서 효용들이나 최적 정책을 얻는다. ADP는 환경의 이웃 구조를 통해 가해지는, 상태 효용들에 대한 국소적 제약들을 최적으로 활용한다.
  - **시간 차분(TD)** 방법은 효용 추정치들을 후행 상태들과 좀 더 일치하도록 조정한다. TD는 전이 모형 없이도 학습이 가능한, ADP 접근방식의 간단한 근사라 할 수 있다. 학습된 모형을 이용해서 유사 경험들을 생성함으로써 학습 속도를 높일 수 있다.
- 동작 효용 함수, 즉 Q 함수는 ADP 접근방식으로 배울 수도 있고 TD 접근방식으로 배울 수도 있다. TD를 사용한 **Q 학습**에서는 학습에도, 동작 선택에도 모형이 필요하지 않다. 이 덕분에 학습 문제가 간단해지지만, 가능한 동작열의 결과들을 에이전트가 시뮬레이션할 수 없기 때문에 복잡한 환경을 배우는 능력이 제한될 수 있다.
- 학습하는 에이전트가 학습 도중에 동작을 스스로 선택해야 하는 경우에는 그런 동작들의 기대 가치와 유용한 새 정보를 배우는 것의 잠재적 이득 사이의 절충점을 찾아야 한다. 이러한 탐험 문제의 정확한 해답을 계산하는 것은 비현실적이나, 비

교적 좋은 결과를 내는 간단한 발견법들이 존재한다. 탐험적인 에이전트는 때 이른 죽음을 피하는 데 반드시 신경을 써야 한다.

- 상태 공간이 클 때, 상태들에 대해 일반화가 일어나려면 강화학습 알고리즘은 반드시 $U(s)$나 $Q(s,a)$의 근사 함수 표현을 사용해야 한다. **심층 강화학습**, 즉 심층 신경망을 함수 근사기로 사용하는 강화학습이 어려운 문제들에 대해 상당한 성공을 거두었다.

- **보상 조형**과 **위계적 강화학습**은 복잡한 행동의 학습에 도움이 된다. 보상이 희소하고 보상을 얻으려면 긴 동작열이 필요한 문제에 특히 더 그렇다.

- **정책 검색** 방법들은 관측된 성과에 기초해서 정책의 표현을 직접 개선한다. 확률적 정의역에서는 성과의 변이(variation)가 심각한 문제인데, 시뮬레이션이 가능한 문제 영역에서는 무작위성을 미리 고정시킴으로써 그러한 문제를 극복할 수 있다.

- 전문가 행동의 관측을 통한 **견습 학습**은 정확한 보상 함수를 명시하기 힘들 때 효과적인 해법이다. **모방 학습**은 문제를 전문가의 상태-동작 쌍들로부터 정책을 배우는 지도학습 문제로 형식화한다. **역강화학습**은 전문가의 행동으로부터 보상 정보를 추론한다.

강화학습은 기계학습에서 연구가 가장 활발한 분야 중 하나이다. 강화학습에서는 사람이 행동들을 일일이 명시할 필요가 없고 지도학습에서처럼 훈련 데이터에 일일이 분류명을 부여할 필요가 없으며 제어 전략들을 직접 코딩할 필요도 없다. 로봇공학에서의 응용들은 특히나 가치가 높을 것으로 전망된다. 로봇공학의 문제들을 풀려면 성공적인 행동들이 수천에서 수백만 개의 기본 동작들로 이루어지는 연속적인 고차원 부분 관측 가능 환경을 다룰 수 있는 방법이 필요하다.

이번 장에서 강화학습의 다양한 접근방식을 소개한 것은, 현재로서는 딱히 최고의 접근방식이라고 할 만한 것이 없기 때문이다. 모형 기반 방법들과 모형 없는 방법들 중 어떤 것을 선택할 것인지는 곧 에이전트 함수를 에이전트 함수를 표현하는 최상의 방법이 무엇이냐의 문제에 해당한다. 이는 인공지능의 토대에 자리 잡은 문제이다. 제1장에서 말했듯이, 인공지능 연구의 역사에서 핵심적인 특징 하나는 대부분의 연구가 **지식 기반** 접근방식을 고집했다는 것이다(종종 명시적으로 언급하지는 않았어도). 그러한 경향에는 에이전트 함수를 표현하는 최상의 방법이 에이전트가 처한 환경의 일부 측면의 표현을 구축하는 것이라는 가정이 깔려있다. 데이터가 충분하다면 그 어떤 문제 영역에서도 모형 없는 방법들이 성공할 수 있다고 주장하는 저자들도 있다. 이론적으로는 맞는 말이겠지만, 실제 응용에서 그런 주장이 참이 될 정도로 충분한 데이터가 이 우주에 없을 수도 있다. (예를 들어 LIGO 중력파 검출기를 모형 없는 접근방식으로 설계하고 구축한다는 것은 상상하기 어렵다.) 우리(이 책의 저자)의 직관은, 환경이 복잡해질수록 모형 기반 접근방식의 장점이 더 명백해진다는 것이다.

참고문헌 및 역사적 참고사항

강화학습의 핵심 개념, 즉 동물들이 보상이 주어진 행동을 더 수행하고 벌을 받은 행동은 덜 수행한다는 관찰은 적어도 15,000년 전 개의 가축화에서 큰 역할을 했을 가능성이 크다. 강화학습의 과학적 이해의 기반이 된 초기 연구로는 1904년 노벨상을 받은 러시아 심리학자 이반 파블로프^{Ivan Pavlov}의 연구와 에드워드 손다이크의 연구, 특히 그의 책 *Animal Intelligence*(Thorndike, 1911)을 들 수 있다. [Hilgard 및 Bower, 1975]는 이 부분을 잘 개괄한다.

앨런 튜링은 컴퓨터를 가르치기 위한 접근방식의 하나로 강화학습을 제안했다 (Turing, 1948, 1950). 그는 강화학습을 부분적인 해법으로 간주해서 "징벌과 보상을 사용하는 것은 잘 해봐야 교육 과정의 한 부분일 뿐이다"라고 썼다. 아서 새뮤얼의 체커 프로그램(Samuel, 1959, 1967)은 기계학습 분야 전체를 통틀어 최초의 학습 성공 사례였다. 새뮤얼은 시간 차분 학습과 함수 근사를 비롯해 강화학습의 현대적인 개념들 대부분을 제안했다. 그는 오늘날의 심층 강화학습과 비슷한 가치 함수의 다층 표현을 실험했다. 결국 그는 손으로 짠 특징들에 대한 단순 선형 평가 함수가 가장 잘 작동함을 발견했는데, 그런 결과를 얻은 것은 당시 사용하던 컴퓨터의 성능이 현대적인 TPU(텐서 처리 장치)의 1000억분의 1 수준이었기 때문일 수도 있다.

비슷한 시기에 적응성 제어이론의 연구자들은 헵의 성과(Hebb, 1949)에 기초하여, 델타 규칙을 이용해서 간단한 신경망을 훈련시켰다(Widrow 및 Hoff, 1960). 즉, 강화학습은 동물 심리학, 신경과학, 경영과학, 최적 제어 이론의 영향이 뒤섞인 분야이다.

강화학습과 마르코프 의사결정 과정 사이의 연관 관계는 [Werbos, 1977]이 처음으로 지적했다. ([Witten, 1977]은 제어 이론의 어법으로 TD와 비슷한 과정을 서술한다.) 인공지능에서 강화학습의 발전은 1980년대 초반 매사추세츠 대학교의 연구로 시작되었다(Barto 외, 1981). 리처드 서턴의 영향력 있는 논문 [Sutton, 1988]이 시간 차분 방법들의 수학적 이해를 제공했다. 시간 차분 학습과 모형 기반 모의 경험 생성을 결합한다는 착안은 서턴의 DYNA 구조(Sutton, 1990)에서 제시된 것이다. Q 학습은 크리스 왓킨스의 박사 학위 논문 [Watkins, 1989]에서 소개되었고, SARSA는 러머리와 니란잔의 기술 보고서(Rummery 및 Niranjan, 1994)에 나왔다. 우선순위 일소(prioritized sweeping)는 [Moore 및 Atkeson, 1993]과 [Peng 및 Williams, 1993]이 독립적으로 소개했다.

강화학습의 함수 근사는 아서 새뮤얼의 체커 프로그램(Samuel, 1959)으로 거슬러 올라간다. 가치 함수를 신경망으로 표현하는 것은 1980년대에 흔했으며, 제럴드 테사우로의 TD-Gammon 프로그램(Tesauro, 1992, 1995)으로 주목받게 되었다. 현재 강화학습의 함수 근사기로 가장 인기 있는 것은 심층 신경망이다. [Arulkumaran 외, 2017]와 [Francois-Lavet 외, 2018]는 심층 강화학습을 개괄한다. DQN 시스템(Mnih 외, 2015)은 심층 신경망을 이용해서 Q 함수를 배우고, ALPHAZERO(Silver 외, 2018)는 알려진 모형과 함께 사용할 가치 함수와 검색을 이끄는 메타수준 의사결정에 쓰이는 Q 함수를 모두 배운다. [Irpan, 2018]은 실제 환경이 훈련 환경과 조금만 달라도 심층 강화학습의 성과가 나빠질 수 있음을 경고한다.

특징들의 가중 선형 결합과 신경망은 함수 근사의 원자적 표현이다. 강화학습을 **구조적 표현**에도 적용할 수 있다. 그런 강화학습을 **관계 강화학습**(relational reinforcement learning)이라고 부른다(Tadepalli 외, 2004). 관계 강화학습을 이용하면 서로 다른 물체들이 관여하는 복잡한 행동들로 에이전트를 일반화할 수 있다.

함수 근사를 이용하는 강화학습 알고리즘의 수렴 성질을 분석하는 것은 대단히 전문적인 주제이다. 선형 함수 근사를 이용한 TD 학습에 관한 연구에서는 점점 더 좋은 결과가 나왔다(Sutton, 1988; Dayan, 1992; Tsitsiklis 및 Van Roy, 1997). 그러나 비선형 함수의 경우에는 발산의 예가 여럿 보고되었다(관련 논의로는 [Tsitsiklis 및 Van Roy, 1997]을 보라). [Papavassiliou 및 Russell, 1999]는 가설을 데이터에 적합시키는 문제를 풀 수 있다는 조건을 충족하는 한 그 어떤 형태의 함수 근사기로도 수렴이 일어나는 형태의 강화학습을 설명한다. [Liu 외, 2018]는 **기울기 TD** 알고리즘 부류를 설명하고 수렴과 표집 복잡도를 이론적으로 상세히 분석한다.

[Barto 외, 1995]는 순차적 의사결정 문제에 대한 다양한 탐험 전략을 논의한다. [Kearns 및 Singh, 1998]과 [Brafman 및 Tennenholtz, 2000]은 미지의 환경을 탐험하며 최적에 가까운 정책들에 반드시 수렴하는, 표집 복잡도가 상태 개수의 다항식인 알고리즘들을 서술한다. 베이즈식 강화학습(Dearden 외, 1998, 1999)은 모형의 불확실성과 탐험 모두에 대한 또 다른 시각을 제시한다.

모방 학습에 깔린 기본 착안은 전문가의 행동에서 얻은 훈련 견본들로 지도학습을 적용한다는 것이다. 예전부터 적응성 제어 이론 분야에서 있던 착안이지만, 인공지능 분야에서는 비행 시뮬레이터를 이용한 "비행 방법 학습"에 관한 새멋 등의 연구(Sammut 외, 1992) 덕분에 주목받게 되었다. 연구자들은 자신들의 방법을 **행동 복제**(behavioral cloning)라고 불렀다. 몇 년 후 같은 연구진은 그들의 방법이 처음에 보고한 것보다 훨씬 취약하다고(fragile) 보고했다(Camacho 및 Michie, 1995). 아주 작은 섭동이 있어도 학습된 정책은 바람직한 궤적에서 벗어나서 커다란 오차가 생기고, 결국 에이전트는 훈련 집합에서 점점 더 멀어졌다. (p.1233의 논의도 보라.) 견습 학습에 관한 연구는 이 접근방식을 좀 더 강건하게 만드는 것이 목표였는데, 이를 위해 부분적으로는 전문가의 정책에 관한 정보뿐만 아니라 바람직한 결과에 관한 정보도 포함시켰다. [Ng 외, 2003]과 [Coates 외, 2009]는 실제 헬리콥터의 비행(p.1050의 도해 22.9(b)) 방법 학습에 견습 학습이 어떻게 적용되는지 보여준다.

역강화학습(IRL)은 [Russell, 1998]이 소개했고 최초의 알고리즘은 [Ng 및 Russell, 2000]이 개발했다. (훨씬 오래전부터 경제학에서 비슷한 문제를 **MDP의 구조적 추정**(structural estimation of MDP)이라는 제목하에서 연구했다(Sargent, 1978).) 이번 장의 알고리즘은 [Abbeel 및 Ng, 2004]에 기인한다. [Baker 외, 2009]는 다른 에이전트들의 동작을 이해하는 것을 왜 역계획 수립으로 볼 수 있는지 설명한다. [Ho 외, 2017]은 **최적 행**

동보다는 교육적(instructive) 행동이 에이전트의 학습에 더 도움이 됨을 보여준다. [Hadfield-Menell 외, 2017]는 IRL을 관찰자와 시연자 둘 다 강조하는 게임 이론적 형식화로 확장하고, 교육 행동과 학습 행동이 게임의 해법 형태로 창발하는 방식을 보여준다.

[García 및 Fernández, 2015]는 안전한 강화학습을 상세히 개괄한다. [Munos 외, 2017]은 안전한 정책 무시(이를테면 Q 학습) 탐험을 위한 알고리즘 하나를 서술한다. [Hans 외, 2008]은 안전한 탐험 문제를 어떤 상태들을 피해야 할지 말해주는 안전성 함수의 정의와 안전하지 않은 상태로 진입할 수밖에 없는 상황에서 에이전트를 다시 안전한 상태로 되돌리는 백업 정책의 정의라는 두 부분으로 분해한다. [You 외, 2017]은 시뮬레이터에서 운전을 배우도록 심층 강화학습 모형을 훈련하는 방법과 전이학습을 이용해서 실제 세계에서 차를 안전하게 주행하게 하는 방법을 보여준다.

[Thomas 외, 2017]은 현재 정책보다 나쁘지 않은 성과를 얻게 됨을 높은 확률로 보장하는 학습 접근방식 하나를 제시한다. [Akametalu 외, 2014]는 도달 가능성 기반 접근방식 하나를 설명하는데, 이 접근방식에서 학습 과정은 에이전트가 불안한 상태로는 절대로 가지 않게 하는 제어 정책의 지침하에서 작동한다. [Saunders 외, 2018]은 시스템이 안전한 영역에서 벗어나는 사태를 사람의 개입으로 방지할 수 있으며 학습이 진행됨에 따라 그런 개입이 덜 필요해지게 만들 수 있음을 보여준다.

정책 검색 방법들은 REINFORCE("REward Increment = Nonnegative Factor × Offset Reinforcement × Characteristic Eligibility"의 약자이다) 부류의 알고리즘들을 개발한 윌리엄스(Williams, 1992)에 의해 주목받기 시작했다. 이후의 성과인 [Marbach 및 Tsitsiklis, 1998]과 [Sutton 외, 2000], [Baxter 및 Bartlett, 2000]은 정책 검색의 수렴 결과들을 강화하고 일반화했다. [Schulman 외, 2015]는 **신뢰 영역 정책 최적화**(trust region policy optimization)를 서술한다. 신뢰 영역 정책 최적화는 이론적으로 근거가 탄탄할 뿐만 아니라 실용적이기도 한 정책 검색 알고리즘으로, 이후 여러 변형이 등장했다. 몬테카를로 비교들의 분산을 줄이기 위한 상관 표집 방법은 [Kahn 및 Marshall, 1953]에 기인하며, [Hammersley 및 Handscomb, 1964]게 나온 여러 분산 감소 방법들 중 하나이기도 하다.

위계적 강화학습(HRL)에 대한 초기 접근방식들은 **상태 추상**을 이용해서 위계구조를 구축하려 했다. 즉, 초기 접근방식들은 상태들을 추상적인 상태들로 묶고 추상 상태 공간에서 강화학습을 수행했다(Dayan 및 Hinton, 1993). 안타깝게도 추상 상태들에 대한 전이 모형은 마르코프 모형이 아닐 때가 많으며, 그런 경우 표준적인 강화학습 알고리즘과는 다른 행동이 나오게 된다. 이번 장의 시간적 추상화 접근방식은 1990년대 후반에 개발된 것인데(Parr 및 Russell, 1998; Andre 및 Russell, 2002; Sutton 외, 2000), 이후 동시적 행동들도 처리하도록 확장되었다(Marthi 외, 2005). [Dietterich, 2000]은 서브루틴 위계구조로 귀납된 Q 함수의 가산적 분해라는 개념을 소개했다. 시간적 추상화는 [Forestier 및 Varaiya, 1978]에서 기인하는, 그보다 훨씬 이전의 결과들에 기초한다. 그 논문은 큰 MDP를, 감독층이 저수준 제어기들을 선택하고 각 제어기는 작업 완료를 감독층에게 보고하는 형태의 2층 시스템으로 분해할 수 있음을 보였다. 추상적 위계구조 자체를 학습하는 문제는 적어도 [Andreae, 1985]부터 연구되었다. 로봇 운동 기본동작들의 학습에 관한 좀 더 최근 연구로는 [Frans 외, 2018]을 보라. 킵어웨이 게임은 [Stone 외, 2005]가 소개했다. 이번 장에 나온 HRL 해법은 [Bai 및 Russell, 2017]에서 기인한다.

신경과학이 강화학습 분야에 영감을 주고 강화학습 접근방식의 가치를 확인해 준 사례가 많았다. 단일 세포 기록을 이용한 연구에 따르면, 영장류의 뇌에 있는 도파민 시스템은 가치 함수 학습과 비슷한 무언가를 구현한다(Schultz 외, 1997). 신경과학 교과서 [Dayan 및 Abbott, 2001]은 시간 차분 학습의 가능한 신경적 구현을 서술한다. [Dayan 및 Niv, 2008], [Niv, 2009], [Lee 외, 2012]는 그밖의 관련 신경과학 실험들과 행동주의 실험들을 서술한다.

학습 에이전트를 개발하고 시험할 수 있는 오픈소스 시뮬레이션 환경들이 나오면서 강화학습 연구의 속도가 빨라졌다. 알버타 대학교의 ALE(Arcade Learning Environment; 아케이드 학습 환경)은 55종의 고전 아타리 비디오 게임에 대한 시뮬레이션 프레임워크를 제공한다(Bellemare 외, 2013). 이 환경에서 에이전트는 화면 픽셀들을 지각하며, 지금까지의 게임 점수(수치화된)도 입력받는다. ALE은 딥마인드 팀이 DQN 학습을 구현하고 그 시스템이 다양한 게임들로 일반화됨을 확인하는 데 쓰였다(Mnih 외, 2015).

딥마인드는 다수의 에이전트 플랫폼을 오픈소스화했는데, DeepMind Lab(Beattie 외, 2016), AI Safety Gridworlds(Leike 외, 2017), Unity 게임 플랫폼(Juliani 외, 2018), DM Control Suite(Tassa 외, 2018)가 그런 예이다. 또한 딥마인드는 블리자드 사가 공개한 StarCraft II Learning Environment (SC2LE)에 파이썬을 이용한 기계학습 모듈 PySC2를 추가했다(Vinyals 외, 2017).

페이스북의 AI Habitat 시뮬레이션(Savva 외, 2019)은 실내 로봇 작업을 위한 실사적인(photo-realistic) 가상 환경을 제공하고, HORIZON 플랫폼(Gauci 외, 2018)은 대규모 실무 시스템의 강화학습을 가능하게 한다. SYNTHIA 시스템(Ros 외, 2016)은 자율주행차의 컴퓨터 시각 능력 개선을 위해 설계된 시뮬레이션 환경이다. OpenAI Gym(Brockman 외, 2016)은 강화학습 에이전트를 위한 여러 환경을 제공하며, Google Football 시뮬레이터 같은 다른 시뮬레이션 환경들과도 호환된다.

[Littman, 2015]는 일반 과학 청중을 위해 강화학습을 개괄한다. 강화학습 분야의 두 선구자 서턴과 바르토의 규범적인 교과서 [Sutton 및 Barto, 2018]은 강화학습에 학습, 계획 수립, 동작 수행이라는 여러 개념이 어떻게 엮이는지 보여준다. [Kochenderfer, 2015]는 덜 수학적인 접근방식을 취하며, 실제 세계의 사례들이 많이 나온다. 셰페스바리의 짧은 책 [Szepesvari, 2010]은 강화학습 알고리즘들을 개괄한다. [Bertsekas 및 Tsitsiklis, 1996]은 동적 계획법과 확률적 수렴의 탄탄한 이론적 토대를 제공한다. 강화학습 논문들은 학술지 *Machine Learning*과 *Journal of Machine Learning Research*에 자주 게재되며, 학술대회 International Conference on Machine Learning(ICML)과 Neural Information Processing Systems(NeurIPS)의 회보들에도 자주 실린다.

PART

VI

의사소통, 지각, 행동

23
CHAPTER

자연어 처리

이번 장에서는 컴퓨터가 자연어로 인간과 의사소통하고 자연어로 작성된 문서로부터 배우는 방법을 살펴본다.

인간은 약 10만 년 전에 말하는 법을, 약 5,000년 전에 글을 쓰는 법을 배웠다. 인간 언어의 복잡함과 다양성은 **호모 사피엔스**가 다른 종과 구별되는 중요한 특징이다. 물론 그 밖에도 인간의 고유한 특징은 여러 가지이다. 옷을 입거나, 예술 작품을 만들거나, 하루에 두 시간을 SNS에 허비하는 동물은 인간말고는 없다. 하지만 앨런 튜링은 예술이나 의복이 아니라 언어에 기초해서 지능 검사 방식을 고안했는데, 아마도 이는 언어가 인간에게 보편적이고 인간의 지능적 행동 중 상당 부분을 반영하기 때문일 것이다. 화자(또는 저자)는 어떤 **지식**을 전달하는 것을 **목표**로 삼고, 그러한 지식을 **표현**하는 언어를 **계획**하고, 그 목표를 달성하기 위해 **행동**한다. 청자(또는 독자)는 그러한 언어를 **지각**하고 그 뜻을 **추론**한다. 인류 문명이 성장할 수 있었던 것은 언어를 통한 이런 종류의 의사소통 덕분이었다. 언어를 통한 소통은 문화, 법, 과학, 기술 지식을 전달하는 주된 수단이다. 우리가 컴퓨터로 **자연어 처리**(natural language processing, NLP)를 수행하는 주된 이유는 세 가지이다.

자연어 처리

- 컴퓨터와 인간의 **의사소통**(통신): 사람이 말로 컴퓨터와 상호작용하는 것이 편리한 상황이 많으며, 대부분의 경우 1차 술어 산법 같은 형식 언어보다는 자연어를 사용하는 것이 더 편하다.
- **학습**: 인간은 수많은 지식을 자연어로 서술했다. 위키백과에만 해도 "갈라고는 작

은 야행성 영장류이다" 같은 사실을 담은 페이지가 약 3천만(영어 기준) 개나 있
다. 이런 사실들을 형식 논리로 서술한 데이터는 거의 없다. 시스템이 많은 것을
배우게 하려면 자연어를 이해하게 만드는 것이 낫다.

- 언어에 관한 **과학적 이해**의 개선: 인공지능 도구들을 언어학, 인지 심리학, 신경과
학과 조합해서 언어와 그 용법을 좀 더 잘 이해하는 것도 자연어 처리의 용도 중
하나이다.

이번 장에서는 언어에 대한 여러 수학 모형을 살펴보고 그런 모형들로로 수행할 수 있는
과제들을 논의한다.

23.1 언어 모형

제8장에서 보았듯이 1차 논리 같은 형식 언어는 엄밀하게 정의된다. **문법**은 적법한 문장
들의 구문을 정의하고 **의미 규칙**(semantic rule)들은 문장의 의미를 정의한다.
  영어나 한국어 같은 자연어는 그런 식으로 깔끔하게 특징지을 수 없다.

- 언어 판정은 사람마다, 시간마다 다를 수 있다. "Not to be invited is sad"가 영어
문법에 맞는 문장임은 누구나 동의하지만, "To be not invited is sad"가 문법에 맞
는 문장이라고 모두가 동의하지는 않는다.

- 자연어는 **중의적**(ambiguous)이고("He saw her duck"는 그녀에게 오리가 있다는 뜻
일 수도 있고 뭔가를 피하기 위해 상체를 숙였다는 뜻일 수도 있다) **모호하다**
(vague)("That's great!"는 그것(that)이 얼마나 훌륭한지(great), 그것이 무엇인지 구
체적으로 말해주지 않는다).

- 기호에서 대상으로의 사상이 형식적으로 정의되지 않는다. 1차 논리에서, 두 개의
명제에 쓰인 기호 "Richard"는 같은 사람을 지칭한다. 그러나 자연어에서는 두 문
장에 나온 같은 단어나 문구가 현실 세계의 서로 다른 두 가지 것을 지칭할 수 있다.

주어진 문자열이 문법적인지 비문법적를 이분법적으로 명확히 구분할 수 없다고 해
도, 주어진 문자열이 문법적일 가능성이 어느 정도인지는 말할 수 있다.

언어 모형 임의의 문자열이 문법적일 가능성을 서술하는 확률분포를 **언어 모형**이라고 부른다.
그런 모형에서 "Do I dare disturb the universe?"라는 문자열이 영어 문장일 확률은 상당
히 높지만 "Universe dare the I disturb do?"가 영어 문장일 확률은 아주 낮아야 한다.
  언어 모형이 있으면 텍스트가 주어졌을 때 그 다음에 올 가능성이 높은 단어들을
예측할 수 있다. 이를 이용하면 이메일이나 문자 메시지의 작성을 돕는 자동 완성 기능
을 구현할 수 있다. 또한, 언어 모형이 있으면 주어진 텍스트를 어떻게 변경하면 적법한
문장이 될 확률이 높아지는지 계산할 수 있으며, 그러면 맞춤법 검사 및 수정 제안 기능

을 구현할 수 있다. 서로 다른 두 언어의 모형들이 있으면 주어진 문장에 대한 가장 그 럴듯한(적법한 문장일 확률이 가장 큰) 번역문을 계산할 수 있다. 견본 질문/응답 쌍들을 훈련 데이터로 사용해서 모형을 훈련하면 주어진 질문에 대한 가장 그럴듯한 응답을 계산할 수 있다. 이상의 예들에서 보듯이 언어 모형은 아주 다양한 자연어 처리 과제들의 심장에 해당한다. 언어 모형화 작업 자체는 자연어 이해의 진척 정도를 측정하는 공통의 벤치마크 역할도 한다.

자연어는 복잡하므로, 그 어떤 언어 모형도 잘해야 근사일 뿐이다. 언어학자 에드워드 사피르는 "압제적으로 일관된 언어는 없다. 모든 문법에는 구멍이 있다"라고 말했다 (Sapir, 1921). 철학자 도널드 데이비슨은 "언어가 ... 명확하게 정의된 공유 구조라고 한다면, 언어라는 것은 없다"라고 말했다(Davidson, 1986). 이 말은, 영어 같은 자연어에는 이를테면 파이썬 3.8의 명확한 언어 모형에 상응하는 명확한 언어 모형이 존재하지 않는다는 뜻이다. 모든 사람은 다른 언어 모형을 가지고 있지만, 그래도 어떻게든 서로 의사소통을 한다. 이번 절에서는 잘못된 모형임이 명백하지만 그래도 특정 작업에는 유용한, 단순한 언어 모형들을 살펴본다.

23.1.1 단어 모음 모형

§12.6.1에서 특정 단어들의 출현 빈도(도수)에 기초한 단순 베이즈 모형으로 문장의 범주를 신뢰성 있게 분류하는 방법을 설명했다. 예를 들어 아래의 문장 1은 *business* 범주(신문 경제면에 해당), 문장 2는 *weather*(날씨) 범주에 속한다.

1. Stocks rallied on Monday, with major indexes gaining 1% as optimism persisted over the first quarter earnings season. (월요일 주가는 상승세를 보였다. 1분기 실적 시즌 동안 낙관론이 지속되면서 주요 지수가 1% 상승했다.)

2. Heavy rain continued to pound much of the east coast on Monday, with flood warnings issued in New York City and other locations. (월요일 동부 해안 대부분에 폭우가 쏟아졌다. 뉴욕시를 비롯한 일부 지역에 홍수 경보가 내렸다.)

여기서는 그 단순 베이즈 모형을 하나의 완전한 언어 모형으로 완성시킨다. 즉, 이제는 주어진 문장이 속할 가능성이 가장 큰 범주 하나를 찾는 것이 아니라, 모든 문장과 모든 범주에 관한 결합 확률분포를 구하고자 한다. 이를 위해서는 문장에 있는 **모든** 단어를 고려해야 한다. N개의 단어 $w_1, w_2, ... w_N$(앞으로는 이들을 제14장에서처럼 $w_{1:N}$으로 표기하겠다)으로 이루어진 문장이 주어졌을 때, 식 (12.20)의 단순 베이즈 공식에 따라 다음이 성립한다.

$$\mathbf{P}(Class|w_{1:N}) = \alpha\, \mathbf{P}(Class)\prod_j \mathbf{P}(w_j|Class).$$

단어 모음 모형 　단순 베이즈 모형을 일련의 단어들에 적용한 것을 가리켜 **단어 모음 모형**(bag-of-words model)이라고 부른다. 이것은 문장을 생성하는 과정을 서술하는 하나의 생성 모형이다. 범주(*business, weather* 등)마다 단어 모음 또는 '단어들이 담긴 자루(bag of words)'가 있다고 하자. (단어를 쓴 종이 쪽지들을 부대자루에 담았다고 상상하기 바란다. 흔히 쓰이는 단어일수록 자루에 그 단어가 적힌 쪽지가 많이 있다.) 텍스트를 생성할 때는, 먼저 여러 자루 중 하나를 선택하고 나머지들은 치워 둔다. 그 자루에서 무작위로 단어를 하나 뽑는다. 그것이 문장의 첫 단어이다. 그 단어를 다시 자루에 넣고, 무작위로 단어를 하나 더 뽑아서 문장의 둘째 단어로 사용한다. 이런 과정을 문장의 끝을 뜻하는 지시자 (이를테면 마침표)가 뽑힐 때까지 반복한다.

　이 모형은 확실히 잘못되었다. 각 단어가 다른 단어들과 독립적이라는 잘못된 가정에서 출발하기 때문에 일관성 있는 영어 문장을 생성하지 못한다. 그래도 단순 베이즈 공식을 이용한 분류 작업에서는 꽤 정확한 결과를 보여준다. 단어 "stocks"와 "earnings"는 해당 문장이 경제면에 속한다는 확실한 증거이고, "rain"과 "cloudy"는 그 문장이 날씨 섹션에 있음을 강하게 암시한다.

말뭉치 　이 모형에 필요한 사전 확률들은 **말뭉치**(corpus)라고 부르는 텍스트 데이터 집합(각 텍스트 조각에 분류명이 부여된 형태의)에 대한 지도학습으로 배울 수 있다. 일반적으로 하나의 말뭉치는 적어도 텍스트 단어 100만 개로 구성되며, 구별되는 어휘 단어는 적어도 1만 개이다. 최근에는 훨씬 더 큰 말뭉치들도 쓰이는데, 이를테면 단어 25억 개 분량의 위키백과 말뭉치나 2,200만 개의 웹 페이지에서 채굴한 단어 140억 단어 규모의 iWeb 말뭉치가 있다.

　적절한 말뭉치가 있으면 각 범주의 출현 횟수를 세어서 각 범주의 사전 확률 $P(Class)$를 추정할 수 있다. 또한 단어의 출현 횟수를 세어서 주어진 한 범주 안에서 각 단어의 조건부 확률 $P(w_j|Class)$도 추정할 수 있다. 예를 들어 3000개의 텍스트 중 300개가 *business* 범주로 분류되었다면, $P(Class = business) \approx 300/3000 = 0.1$이다. 그리고 *business* 범주에 속한 텍스트들의 단어가 100,000개이고 그중 "stocks"가 700번 출현했다면, $P(stocks|Class = business) \approx 700/100,000 = 0.007$이라고 추정할 수 있다. 이러한 빈도 기반 추정은 단어 빈도가 높을 때(그리고 분산이 낮을 때) 잘 통한다. 빈도들이 낮아도 확률들을 잘 추정하는 방법은 §23.1.4에서 소개한다.

　때에 따라서는 로지스틱 회귀나 신경망, 지지 벡터 기계 같은 다른 종류의 기계학습 접근방식이 베이즈망보다 더 나은 결과를 낸다. 자연어 처리의 맥락에서 기계학습 모형의 특징들은 "a", "aardvark", "zyzzyva",... 같은 어휘 단어들이고 각 특징의 값은 메시지에 해당 단어가 출현한 횟수이다(또는, 그냥 해당 단어의 출현 여부를 뜻하는 부울 값일 때도 있다). 이러한 표현에서는 특징 벡터가 크고 희소하다. 만일 언어 모형의 단어가 10만 개이면 특징 벡터의 길이도 10만인데, 짧은 이메일 메시지에서는 거의 모든 특징의 값이 0이다.

　이전에 보았듯이 **특징 선택** 과정을 거치면 기계학습 모형의 성과가 높아질 수 있다.

지금 맥락에서 특징 선택은 일부 단어들만 특징으로 사용하는 것이다. 아주 드문(따라서 해당 예측 능력의 분산이 큰) 단어들과 모든 범주에 등장하는 아주 흔한(따라서 분류 능력이 없는) 단어들(정관사 the 등)은 생략할 수 있다. 또한, 다른 특징들을 이러한 단어 기반 특징들과 섞을 수도 있다. 예를 들어 이메일 메시지를 분류할 때는 보낸 이, 보낸 시각, 제목의 단어들, 비표준적 문장 부호의 존재 여부, 대문자 비율, 첨부 파일 여부 등을 특징들로 추가할 수 있다.

그런데 단어가 무엇인지 결정하는 것이 생각보다 쉽지 않다. "aren't"를 하나의 단어로 취급해야 할까, 아니면 "aren/'t"나 "are/n't" 등으로 분할해야 할까? 텍스트를 일련의

토큰화 단어들로 분할하는 과정을 **토큰화**(tokenization)라고 부른다.

23.1.2 N-그램 단어 모형

단어 모음 모형에는 한계가 있다. 예를 들어 "quarter"라는 단어는 *business* 범주와 *sports* 범주 모두에서 흔하다. 그러나 "first quarter earnings report"(1사분기 실적 보고)라는 네 단어 문자열은 *business* 범주에서만 흔하고, "fourth quarter touchdown passes"([미식축구의] 4쿼터 터치다운 패스 수)는 *sports* 범주에서만 흔하다. 언어 모형이 이런 차이를 식별할 수 있으면 좋을 것이다. 이를 위해 "first-quarter earnings report" 같은 특별한 문구를 개별적인 단어로 취급하도록 단어 모음 모형을 확장할 수도 있겠지만, 그리 바람직하지는 않다. 그보다 좀 더 체계적인 방법은 각 단어가 그 이전 단어들에 의존하는 새로운 모형을 도입하는 것이다. 우선, 한 단어가 문장의 **모든** 이전 단어에 의존하는 모형을 생각해 보자.

$$P(w_{1:N}) = \prod_{j=1}^{N} P(w_j|w_{1:j-1}).$$

이 모형은 단어들 사이의 모든 가능한 상호작용을 반영한다는 점에서 완벽하게 "정확한" 모형이겠지만, 실용적이지는 않다. 어휘의 단어 수가 10만이고 한 문장이 40단어라고 할 때 이 모형이 추정해야 할 매개변수는 무려 10^{200}개이다. 한 가지 타협안은 오직 인접 단

n-그램 모형 어 n개만 고려하는 **마르코프 연쇄**(Markov chain) 모형을 사용하는 것이다. 이를 **n-그램 모형**(n-gram model)이라고 부른다('gram'은 "뭔가를 기록한다"라는 뜻의 그리스 단어 *gramma*에서 온 것이다). 기호 n개의 순차열을 n-그램이라고 부른다. 단, n이 1, 2, 3일 때는 각각 유니그램^{unigram}, 바이그램^{bigram}, 트라이그램^{trigram}이라고 부르기도 한다. n-그램 단어 모형에서 각 단어의 확률은 오직 이전 단어 $n-1$개에만 의존한다. 즉,

$$P(w_j|w_{1:j-1}) = P(w_j|w_{j-n+1:j-1})$$
$$P(w_{1:N}) = \prod_{j=1}^{N} P(w_j|w_{j-n+1:j-1})$$

이다. 이러한 *n*-그램 단어 모형은 신문 섹션 분류뿐만 아니라 **스팸 검출**(spam detection; 스팸 메시지와 비스팸 메시지를 구분하는 것), **감정 분석**(sentiment analysis; 또는 정서 분석; 이를테면 영화평이나 상품평이 긍정적인지 부정적인지 분류하는 것), **저자 판별**(author attribution; 예를 들어 헤밍웨이의 문체와 어휘는 포크너나 셰익스피어와 다르다)에도 잘 통한다.

<aside>
스팸 검출
감정 분석
저자 판별
</aside>

23.1.3 그 밖의 *n*-그램 모형들

n-그램 단어 모형 대신, 각 문자의 확률이 이전 문자 *n*-1개에 의존하는 **문자 수준 모형**(character-level model)을 사용할 수도 있다. 이 접근방식은 미지의 단어들을 다룰 때나 단어들을 길게 붙여 쓰는 경향이 있는 언어(이를테면 덴마크어 단어 "Speciallægepraksis planlægningsstabiliseringsperiode" 등)를 다룰 때 도움이 된다.

<aside>문자 수준 모형</aside>

문자 수준 모형은 **언어 식별**(language identification)에 잘 맞는다. 언어 식별이란 주어진 텍스트가 어떤 언어(자연어)로 된 것인지 알아내는 것을 말한다. "Hello, world"나 "Wie geht's dir," 같은 짧은 텍스트로도 *n*-그램 문자 수준 모형은 전자가 영어이고 후자가 독일어임을 쉽게 식별한다. 컴퓨터 시스템들은 언어를 99%가 넘는 정확도로 식별한다. (그러나 스웨덴어와 노르웨이어처럼 가까운 관계의 언어들은 분류하기가 좀 더 어려워서 더 긴 문장이 필요하다. 이 경우 정확도는 95% 부근이다.) 문자 수준 모형은 또한 몇 가지 분류 작업들도 잘 수행하는 데, 예를 들어 "dextroamphetamine"가 약품 이름인지, "Kallenberger"가 사람 이름인지, "Plattsburg"가 도시 이름인지를 그전에 그런 단어들을 한 번도 본 적이 없어도 잘 분류한다.

<aside>언어 식별</aside>

또 다른 모형으로는 **스킵그램**[skip-gram] 모형이 있다. 이 모형은 인접 단어들을 건너뛴(skip) 근처 단어들과의 의존관계를 반영한다. 예를 들어 프랑스어 텍스트 "je ne comprends pas"에 대한 1-스킵-2-그램은 "je comprends"와 "ne pas"이다. 이런 스킵그램들은 단어 결합 관계("je"는 "comprends"와 결합되고 "comprend"와는 결합되지 않는다)와 부정("ne"는 "pas"와 연결된다)에 관한 정보를 제공하므로 더 나은 프랑스어 모형을 만드는 데 도움이 된다. 보통의 2-그램만으로는 이런 정보를 얻을 수 없다.

<aside>스킵그램</aside>

23.1.4 *n*-그램 모형의 평활화

영어에서 "of the" 같은 고빈도 *n*-그램들은 훈련 말뭉치에 아주 자주 출현할 것이므로, 해당 확률이 정확히 추정될 가능성이 크다. 다른 말뭉치들로 훈련한다고 해도 비슷한 추정치들이 나올 것이다. 그러나 저빈도 *n*-그램들은 빈도가 낮아서 무작위 잡음에 영향을 많이 받는다. 즉, 분산이 높다. 그런 분산을 평활화(smoothing)한다면 모형이 더 나은 성과를 보일 것이다.

더 나아가서, 모형이 모르는 단어, 즉 훈련 말뭉치에 한 번도 나오지 않은 단어를 담은 텍스트를 평가해야 하는 경우는 항상 생긴다. 그런 단어를 **어휘 밖**(out-of-vocabulary) 단어라고 부른다. 어휘 밖 단어에 0의 확률을 배정하는 것은 실수이다. 그렇게 하면 전체 문장의 확률 $P(w_{1:N})$ 자체가 0이 되기 때문이다.

미지의 단어를 모형화하는 한 방법은 훈련 말뭉치에 자주 나오지 않은 단어들을 특별한 기호로 대체하는 것이다. 그런 기호로 흔히 <UNK>가 쓰인다. 우선 어떤 단어들을 미지의 단어로 간주할지 결정한다. 예를 들어 가장 흔한 단어 50,000개만 남기고 나머지 단어를 모두 <UNK>로 대체하거나, 빈도가 0.0001% 이하인 단어를 모두 <UNK>로 대체할 수도 있다. 그런 다음에는 보통의 방식대로 말뭉치에서 n-그램 개수를 세는데, <UNK>도 그냥 다른 단어와 마찬가지로 취급한다. 시험 집합에 미지의 단어가 나오면 <UNK>의 확률을 그 단어의 확률로 사용한다. 미지 단어 기호를 유형에 따라 여러 개 사용할 수도 있다. 예를 들어 숫자들로 이루어진 문자열은 <NUM>로 대체하고, 이메일 주소에 해당하는 문자열은 <EMAIL>로 대체하는 식이다. (텍스트의 시작을 뜻하는 <S> 같은 특별한 기호를 두는 것도 바람직하다. 그러면, 문장의 첫 단어 이전에 있는 단어를 2-그램 확률 공식으로 구할 때 오류가 나는 대신 유효한 기호인 <S>가 나오게 된다.)

미지의 단어는 이런 식으로 처리할 수 있다. 그러나 모형이 이전에 보지 못한 n-그램을 만나게 될 수도 있다. 예를 들어 "colorless aquamarine ideas"라는 문구의 각 단어는 훈련 말뭉치에 있겠지만, 이 세 단어가 딱 이런 순서로 나열된 문구는 훈련 말뭉치에 존재하지 않을 수 있다. 이런 저확률 n-그램들 중 훈련 말뭉치에 있는 것에는 작은 양의 확률이 배정되고 없는 것에는 0의 확률이 배정되는 것은 좋지 않다. 확률이 비슷한 모든 n-그램에도 **평활화**를 적용해서, 한 번도 보지 못한 n-그램들에 대해서도 어느 정도의 확률 질량을 배정해서 모형의 분산이 줄이는 것이 바람직하다.

가장 단순한 형태의 평활화는 18세기에 피에르-시몽 라플라스$^{\text{Pierre-Simon Laplace}}$가 이를테면 내일 해가 뜨지 않는 사건처럼 아주 드문 사건의 확률을 추정하기 위해 제안했다. 태양계에 관한 잘못된 이론 때문에 라플라스는 태양의 나이가 약 $N = 2$백만 일이라고 가정했다. 2백만 일 중 태양이 뜨지 않은 횟수는 0이지만, 그래도 그럴 확률이 정확히 0이라고 말할 수는 없다. 라플라스는 만일 균등 사전 분포를 가정할 때, 그리고 거기에 지금까지의 증거를 결합할 때, 내일 해가 뜨지 않을 확률에 대한 최선의 추정치가 $1/(N+2)$임을 보였다. 분모의 2는 경우의 수("해가 뜨거나, 뜨지 않거나")에 해당하고, 분자의 1은 균등 분포에 따라 뜰 확률과 뜨지 않을 확률이 같음을 뜻한다. 하나 더하기 (add-one) 평활화라고도 부르는 이러한 라플라스 평활화는 올바른 방향으로의 한 걸음이지만, 여러 자연어 처리 응용에서 성능은 그리 좋지 않다.

더 나은 접근방식은 **후퇴 모형**(backoff model)이다. 이 모형에서는 일단 n-그램들의 개수를 추정하되, 개수가 적은(또는 0인) 특정 문자열에 대해서는 $(n-1)$-그램으로 물러 난다. **선형 보간 평활화**(linear interpolation smoothing)는 3-그램, 2-그램, 1-그램 모형들을 선형 보간으로 결합하는 후퇴 모형이다. 이 평활화에서 확률 추정치는 다음으로 주어진다.

$$\hat{P}(c_i \mid c_{i-2:i-1}) = \lambda_3 P(c_i \mid c_{i-2:i-1}) + \lambda_2 P(c_i \mid c_{i-1}) + \lambda_1 P(c_i).$$

여기서 $\lambda_3 + \lambda_2 + \lambda_1 = 1$이다. 매개변수 값 λ_i들은 미리 고정할 수도 있고 기댓값 최대화 알고리즘으로 배울 수도 있다. 또한, λ_i의 값이 개수에 의존하게 만들 수도 있다. 즉, 아주 많이 발견된 3-그램에 대해서는 비교적 높은 가중치를 부여하고, 도수가 낮은 3-그램에 대해서는 2-그램과 1-그램 모형에 더 높은 가중치를 부여하는 식이다.

연구자 중에는 이보다 훨씬 더 복잡한 평활화 모형들을 개발한 진영이 있는가 하면 (이를테면 Witten-Bell과 Kneser-Ney) 단순한 평활화 기법도 잘 작동하도록 말뭉치를 충분히 키우는 쪽을 추천하는 진영도 있다(그런 접근방식 중 하나는 소위 '멍청한 후퇴(stupid backoff)'이다). 둘 다 목표는 같다. 바로, 언어 모형의 분산(variance)을 줄이는 것이다.

23.1.5 단어 표현 방식

n-그램을 이용하면 단어열(단어들의 순차열)의 확률을 정확하게 예측하는 모형을 만들 수 있다. 그런 모형은 예를 들어 "a black cat"은 훈련 견본의 3-그램 중 0.000014%에서 출현하지만 "cat black a"은 한 번도 등장하지 않는다는 통계에 근거해서 "cat black a"보다는 "a black cat"이 영어 문구일 가능성이 더 크다고 예측한다. n-그램 모형이 아는 모든 것은 특정 단어열의 출현 횟수들에서 배운 것이다.

그런데 영어에 익숙한 화자는 다른 근거를 댈 것이다. "a black cat"는 익숙한 패턴 (관사-형용사-명사)를 따르지만 "cat black a"는 그렇지 않다는 것이 근거이다.

"the fulvous kitten"라는 문구를 생각해 보자. 영어 화자는 이 문구 역시 익숙한 관사-형용사-명사 패턴을 따른다고 인식할 것이다("fulvous"가 '황갈색'을 뜻하는 단어임을 모르는 화자라도, 어미가 "-ous"인 대부분의 영어 단어가 형용사임은 알고 있을 것이다). 더 나아가서, 화자는 "a"와 "the"가 영어 구문에서 밀접한 관련이 있는 단어이고 "cat"와 "kitten"가 의미상으로 밀접한 관련이 있다는 점도 인식할 것이다. 따라서, 영어 화자는 데이터에 "a black cat"가 출현한다는 것을 증거로 삼고 그로부터 일반화를 통해서 "the fulvous kitten" 역시 유효한 영어 문구라는 결론에 도달한다.

n-그램 모형이 이러한 일반화를 하지 못하는 것은 이 모형이 **원자적**(atomic) 모형이기 때문이다. 즉, 각 단어는 다른 모든 단어와 구별되는 하나의 원자이고, 내부 구조는 없다. 이 책 전반에서 보았듯이 **분해된** 표현이나 **구조적** 표현을 사용하는 모형들이 표현력이 더 크고 일반화도 잘 된다. 자연어 처리에서도 마찬가지이다. §24.1에서 보겠지만, **단어 내장**(word embedding)이라고 하는 분해된 모형은 일반화 능력이 더 뛰어나다.

사전
WordNet

구조적 단어 모형의 하나로 **사전**(dictionary)이 있다. 일반적으로 사전 모형은 인간의 수작업으로 구축된다. 예를 들어 WordNet은 컴퓨터가 읽을 수 있는 형태로 사람이 작성한 오픈소스 사전 모형인데, 여러 자연어 응용에서 유용함이 입증되었다.[1] 다음은 "kitten"(새끼 고양이)에 대한 WordNet 항목이다.

---

[1] 심지어 컴퓨터 시각 응용에도 유용하다. WordNet은 ImageNet에 쓰이는 일단의 범주들을 제공한다.

```
"kitten" <noun.animal> ("young domestic cat") IS A: young_mammal

"kitten" <verb.body> ("give birth to kittens")
    EXAMPLE: "our cat kittened again this year"
```

WordNet은 명사와 동사를 구분하거나 기본적인 범주를 파악할 때(kitten은 어린 포유류 (young_mammal)이고, 어린 포유류는 포유류(mamal)이고, 포유류는 동물 등등) 도움이 되지만, 새끼 고양이가 어떻게 생겼고 어떻게 행동하는지 등의 세부사항은 말해주지 않는다. WordNet은 고양이의 두 하위 부류로 *Siamese cat*과 *Manx cat*이 있음을 말해주지만, 고양이 종들에 대한 더 많은 정보는 제공하지 않는다.

23.1.6 품사(POS) 태깅

품사 단어들을 분류하는 한 가지 기본적인 방법은 **품사**(part of speech, POS)를 기준으로 하는 것이다. 품사를 이를 **어휘 범주**(lexical category) 또는 **태그**(tag)라고 부르기도 한다. 예를 들어 영어에는 *noun*(명사), *verb*(동사), *adjective*(형용사) 같은 품사들이 있다. 품사 정보가 있으면 언어 모형이 "일반적으로 영어에서는 형용사가 명사 앞에 온다" 같은 일반화 규칙을 포착할 수 있다. (프랑스어 등 다른 언어에서는 일반적으로 명사가 형용사 앞에 온다.)

펜 트리뱅크 명사와 동사가 품사임은 누구나 동의하지만, 품사를 좀 더 세분화하면 의견 차이가 생긴다. 도해 23.1은 단어 300만 개 이상의 텍스트에 품사가 붙어 있는 **펜 트리뱅크**[Penn Treebank] 말뭉치에 쓰이는 품사 태그 45개를 정리한 것이다. 차차 보겠지만 펜 트리뱅크에는 구문 파스 트리가 부여된 문장들도 많다. '트리뱅크'라는 이름이 여기서 비롯되었다. 다음은 이 말뭉치의 한 항목으로, "from"에 IN(전치사), "the"에 DT(정관사)가 배정되어 있는 등 모든 단어에 품사가 붙어 있다.

From	the	start	,	it	took	a	person	with	great	qualities	to	succeed
IN	DT	NN	,	PRP	VBD	DT	NN	IN	JJ	NNS	TO	VB

품사 태깅 문장의 각 단어에 품사를 배정하는 작업을 품사 태깅(part-of-speech tagging)이라고 부른다. 품사 태깅은 그 자체로는 그리 흥미롭지 않지만, 질의응답이나 번역 같은 다른 여러 NLP 작업에 유용한 첫 단계로 쓰인다. 음성합성(TTS) 같은 간단한 과제에서도, 명사 "record레코드"와 동사 "record리코드"가 다르게 발음된다는 점을 아는 것이 중요하다. 이번 절에서는 비슷한 두 모형을 품사 태깅에 적용하는 방법을 살펴보고, 제24장에서 또 다른 모형을 논의한다.

품사 태깅에 흔히 쓰이는 모형으로 **은닉 마르코프 모형**(hidden Markov model, HMM)이 있다. §14.3에서 보았듯이 은닉 마르코프 모형은 시간에 따른 증거 관측들의 순차열을 입력받고 그런 순차열을 산출했을 가능성이 가장 큰 은닉 상태들을 예측한다. ❶권 p.615의 HMM 예제에서 증거는 한 사람이 우산을 가지고 왔는지의 여부이고 은닉 상태는 외부 세계에 비가 오는지의 여부였다. 품사 태깅에서 증거는 단어열 $W_{1:N}$이고

품사	단어	설명	품사	단어	설명
CC	*and*	등위 접속사	PRP \$	*your*	소유 대명사
CD	*three*	서수	RB	*quickly*	부사
DT	*the*	정관사	RBR	*quicker*	비교급 부사
EX	*there*	존재의 there	RBS	*quickest*	최상급 부사
FW	*per se*	외래어	RP	*off*	불변화사
IN	*of*	전치사	SYM	*+*	기호
JJ	*purple*	형용사	TO	*to*	to^{역주1}
JJR	*better*	비교급 형용사	UH	*eureka*	감탄사
JJS	*best*	최상급 형용사	VB	*talk*	동사(기본형)
LS	*1*	목록 항목 표시	VBD	*talked*	동사(과거형)
MD	*should*	조동사	VBG	*talking*	동사(현재진행형)
NN	*kitten*	명사(단수 또는 복수)	VBN	*talked*	동사(과거분사)
NNS	*kittens*	명사(복수)	VBP	*talk*	동사(비3인칭 단수)
NNP	*Ali*	고유명사(단수)	VBZ	*talks*	동사(3인칭 단수)
NNPS	*Fords*	고유명사(복수)	WDT	*which*	의문형용사
PDT	*all*	한정사 전치어	WP	*who*	의문대명사
POS	*'s*	소유격 어미	WP \$	*whose*	소유격 의문대명사
PRP	*you*	인칭대명사	WRB	*where*	의문부사
\$	\$	달러 기호	#	#	파운드 기호
"	'	왼쪽 따옴표	"	'	오른쪽 따옴표
(	[	왼쪽 괄호	)	]	오른쪽 괄호
,	,	쉼표	.	!	마침표
:	;	문장 중간 부호			

도해 23.1 펜 트리뱅크 말뭉치(Marcus 외, 1993)의 품사 태그와 단어 예.

은닉 상태들은 어휘 범주들 $C_{1:N}$이다.

    HMM은 하나의 상태에서 시작해서 언어 문장을 산출하는 방식을 말해주는 하나의 생성 모형이다. 예를 들어 전치사에 해당하는 **IN** 상태에서 출발해서 모형은 두 가지 결정을 내리는데, 하나는 어떤 전치사(*from*)를 출력할 것인지이고 다른 하나는 다음으로 어떤 상태(이를테면 정관사 **DT**)로 전이할 것인지이다. 이 모형은 현재 품사 상태 이외의 문맥은 고려하지 않으며 자신이 만들어 내는 문장의 뜻이 무엇인지도 알지 못한다. 그래도 이것은 유용한 모형이다. **비터비 알고리즘**(§14.2.3)을 적용해서 가장 유망한(가능성이 제일 큰) 은닉 상태(품사 태그)들의 순차열을 구하면 아주 높은 정확도(흔히 97% 정도)로 품사 태깅을 수행할 수 있다.

    품사 태깅을 위한 HMM을 만들려면 한 품사에서 다른 품사로의 전이 확률을 말해주는 전이 모형 $\mathbf{P}(C_t|C_{t-1})$과 감지기 모형 $\mathbf{P}(W_t|C_t)$가 필요하다. 예를 들어 $\mathbf{P}(C_t = VB|C_{t-1} = MD) = 0.8$은 조동사(*would* 등)가 주어졌을 때 그 다음으로 올 단어가 동사(*think* 등)일 확률이 0.8임을 뜻한다. 이 0.8이라는 수치는 n-그램 모형들과 마찬가지로 말뭉치의 단어 출현 횟수들에 적절한 평활화를 적용해서 얻은 것이다. 펜 트리뱅크 말뭉치에서 조동사(*MD*)는 13,124개가 있고 조동사 다음에 동사가 나오는 경우는 10,471회이다.

비터비 알고리즘

---

^{역주1} "to learn" 같은 to 부정사에 쓰이는 to는 전치사가 아니라 부정사 표지어(infinitive marker)로 분류한다.

감지기 모형의 경우 $P(W_t = would | C_t = MD) = 0.1$은 조동사를 선택할 때 10% 는 *would*가 선택된다는 뜻이다. 이 수치 역시 말뭉치 출현 횟수와 평활화에서 온 것이다.

HMM 모형의 약점은, 언어에 관해 우리가 아는 모든 것을 전이 모형과 감지기 모형으로 표현해야 한다는 것이다. 현재 단어의 품사는 전적으로 그 두 모형의 확률들과 이전 단어의 품사로 결정된다. 예를 들어 "ous"로 끝나는 모든 단어는 형용사일 가능성이 크고 "attorney general"라는 문구에서 *attorney*는 형용사가 아니라 명사라는 지식을 시스템 개발자가 손쉽게 모형에 주입할 방법이 없다.

다행히 **로지스틱 회귀** 모형는 그런 정보를 표현하는 능력이 있다. §19.6.5에서 보았듯이 로지스틱 회귀 모형의 입력은 특징값들로 이루어진 벡터 **x**이다. 이 특징 벡터와 미리 훈련된 가중치 벡터 **w**의 내적 **w · x**를 취하고 그 합을 0에서 1 사이의 수치로 변환하면 주어진 입력이 한 범주의 긍정적 견본일 확률이 나온다.

로지스틱 회귀 모형의 가중치들은 각 특징이 각 범주를 얼마나 잘 예측하는지를 나타낸다. 이 가중치들의 값은 경사 하강법으로 학습된다. 영어 문장을 위한 품사 태깅에서는 45가지 품사 각각에 대해 하나의 로지스틱 회귀 모형을 두고, 45개의 모형 각각으로 주어진 견본 단어가 해당 범주에 속할 확률을(주어진 문맥에서 그 단어에 대한 특징값들이 주어졌을 때의) 구한다.

그런데 단어의 특징들은 어떤 것이어야 할까? 일반적으로 품사 태깅 시스템들은 현재 단어 w_i(경우에 따라서는 인접 단어들도)에 관한 정보를 부호화한 이진값 특징들과 이전 단어에 배정된 범주 c_{i-1}(경우에 따라서는 더 이전 단어들의 범주)을 특징으로 사용한다. 구체적인 단어와 그 철자법, 또는 사전 항목의 몇몇 특성들에 의존하는 특징들을 둘 수도 있다. 다음은 품사 태깅 특징 집합의 예이다.

$w_{i-1} =$ "I"	$w_{i+1} =$ "for"
$w_{i-1} =$ "you"	$c_{i-1} =$ IN
w_i가 "ous"로 끝남	w_i에 하이픈이 있음
w_i가 "ly"로 끝남	w_i에 숫자가 있음
w_i가 "un"으로 시작함	w_i가 모두 대문자임
$w_{i-2} =$ "to" 그리고 $c_{i-1} =$ VB	w_{i-2}에 PRESENT 특성이 있음
$w_{i-1} =$ "I" 그리고 $w_{i+1} =$ "to"	w_{i-2}에 PAST 특성이 있음

예를 들어 단어 "walk"는 명사일 수도 있고 동사일 수도 있는데, 문장 "I walk to school"의 "walk"는 위의 특징 집합의 왼쪽 열 마지막 행 특징이 참이므로 동사로 분류될 가능성이 크다. 또 다른 예로, 단어 "cut"은 명사일 수도 있고 과거형 동사(VBD)일 수도 있고 현재형 동사(VBP)일 수도 있는데, 문장 "Yesterday I cut the rope"의 "cut"의 경우 오른쪽 열 마지막 행 특징 때문에 과거형으로 분류될 가능성이 크고, 문장 "Now I cut the rope"의 "cut"은 그 위 행의 특징 때문에 현재형으로 분류될 가능성이 크다.

이런 특징들이 100만 개나 될 수도 있는데, 임의의 단어 하나에 대해 0이 아닌 특징은 열 몇 개밖에 되지 않을 것이다. 일반적으로 이런 특징들은 인간 시스템 설계자가 흥미로운 특징 패턴들을 고안해서 직접 만들어낸다.

그런데 로지스틱 회귀에는 입력들의 순차열이라는 개념이 없다. 로지스틱 회귀 모형에는 그냥 하나의 특징 벡터(한 단어에 관한 정보)를 입력할 뿐이며, 그러면 모형은 하나의 출력(품사 태그)을 산출한다. 그러나 **탐욕적 검색**(greedy search) 기법을 이용하면 로지스틱 회귀 모형이 순차열을 처리하게 만들 수 있다. 우선 첫 단어에 대한 가장 유망한 범주를 선택하고, 나머지 단어들을 왼쪽에서 오른쪽 순으로 처리한다. 각 단계에서 범주 c_i는 다음 규칙과 같이 결정된다.

$$c_i = \underset{c' \in Categories}{\operatorname{argmax}} P(c'|w_{1:N}, c_{1:i-1}).$$

이 공식은 분류기가 이전에 배정된 범주들뿐 아니라 문장의 임의의 위치에 있는 임의의 단어에 대한 임의의 비범주 특징들을 참조할 수 있음을(특징들이 모두 고정되어 있으므로) 뜻한다.

탐욕적 검색은 각 단어의 범주를 확실하게 결정한 후 다음 단어로 넘어간다. 만일 나중에 그 결정과 모순되는 증거가 나온다고 해도 되돌아가서 결정을 번복하지는 않는다. 이 때문에 알고리즘이 빠르게 실행된다. 반면 비터비 알고리즘은 단계마다 모든 가능한 범주 결정을 테이블에 담아 두고, 필요하다면 이전 결정을 반복한다. 이 때문에 알고리즘이 정확하지만 더 느리다. 두 알고리즘 모두, 각 단계에서 모든 가능한 범주를 고려하되 가능성이 가장 큰 태그 b개만 유지하고 다른 태그들은 폐기하는 **빔 검색**(beam search)이 타협안이 된다. b의 값에 따라 속도와 정확성이 절충된다.

단순 베이즈 모형과 은닉 마르코프 모형은 **생성 모형**(§20.2.3)이다. 즉, 이들은 결합 확률분포 $\mathbf{P}(W, C)$를 배우며, 그 확률분포에서 문장의 첫 단어를(범주와 함께) 표집하고 한 번에 한 단어씩 추가해 나가는 식으로 문장을 무작위로 생성할 수 있다.

반면 로지스틱 회귀 모형은 **판별 모형**(discriminative model)이다. 이 모형은 조건부 확률분포 $\mathbf{P}(C|W)$를 배운다. 이는, 이 모형이 단어열이 주어졌을 때 범주들을 배정할 수는 있어도 무작위 문장을 생성하지는 못한다는 뜻이다. 연구자들은 일반적으로 판별 모형의 오류율이 낮음을 발견했는데, 아마도 이는 그런 모형이 의도된 출력을 직접 모형화하기 때문이자 분석가가 추가적인 특징들을 만들기 쉽기 때문일 것이다. 그렇지만 생성 모형은 좀 더 빠르게 수렴하는 경향이 있으므로, 훈련에 사용할 수 있는 시간이 짧거나 훈련 데이터가 제한적일 때는 생성 모형이 더 나을 수 있다.

23.1.7 언어 모형들의 비교

서로 다른 n-그램 모형들이 어떻게 다른지 감을 잡기 위해, 이 책(원서)의 영어 단어들에 대한 1-그램 모형(단어 모음)과 2-그램 모형, 3-그램 모형, 4-그램 모형을 만들고 각 모형에서 무작위로 표집한 단어열들을 비교해 보자.[역주2]

- $n = 1$: *logical are as are confusion a may right tries agent goal the was*
- $n = 2$: *systems are very similar computational approach would be represented*
- $n = 3$: *planning and scheduling are integrated the success of naive Bayes model is*
- $n = 4$: *taking advantage of the structure of Bayesian networks and developed various languages for writing "templates" with logical variables, from which large networks could be constructed automatically for each problem instance*

이 작은 표본으로도 1-그램 모형이 인공지능 교과서는 물론이고 일반적인 영어 텍스트를 전혀 근사하지 못한다는 점과 4-그램 모형이 완벽하지는 않지만 그보다는 훨씬 낫다는 점을 알 수 있을 것이다. 훈련 데이터가 변하면 어떤 차이가 생길지 확인해보기 위해 (절대로 재미 삼아 그러는 것은 아니다), 이번에는 킹 제임스 성경을 훈련 말뭉치에 추가해서 다시 훈련한 4-그램 모형에서 문장들을 무작위로 생성해 보자.

- *Prove that any 3-SAT problem can be reduced to simpler ones using the laws of thy God.*
- *Masters, give unto your servants that which is true iff both P and Q in any model m by a simple experiment: put your hand unto, ye and your households for it is pleasant.*
- *Many will intreat the LORD your God, Saying, No; but we will ignore this issue for now; Chapters 7 and 8 suggest methods for compactly representing very large belief states.*
- *And it came to pass, as if it had no successors.*
- *The direct utility estimation is just an instance of the general or algorithm in which new function symbols are constructed "on the fly" For example, the first child of the Holy Ghost.*

n-그램 모형에는 한계가 있다. n이 증가함에 따라 좀 더 유창한 언어를 생성하지만, 참

[역주2] 논의의 성격상 이번 절의 예제 문장들을 굳이 번역하지 않고 그대로 실었음을 양해하기 바란다. 제대로 된 영어 문장일수록 한국어 문장으로 잘 번역될 가능성이 높다는 점에서, Google 번역이나 파파고 같은 기계 번역 서비스로 번역해보면 이 예제 문장들이 의미(문장 자체의 의미뿐만 아니라 모형 비교 맥락에서의 의미도)를 파악하는 데 도움이 될 것이다. 일일이 타이핑하지 않고 복사해 붙일 수 있는 텍스트를 역자 홈페이지(권두 역자의 글 참고)에서 제공한다.

신한 텍스트를 생성하기보다는 훈련 데이터의 긴 문구를 문자 그대로 재현하는 경향이 있다. 단어들과 문맥을 좀 더 복합적으로 표현하는 언어 모형은 이보다 더 나은 성과를 낼 수 있다. 이번 장의 나머지 부분은 **문법**(grammar)으로 언어 모형을 개선하는 방법을 논의하고, 제24장에서는 최근 심층학습 방법들이 인상적인 언어 모형들을 산출한 방식을 소개한다. 그런 심층학습 언어 모형의 하나인 GPT-2는 주어진 제시문으로부터 유창한 영어 텍스트를 생성한다. 다음은 이 문단의 처음 두 문장을 제시문으로 삼아서 산출한 문장 두 개다.

- *Numerous studies have shown that the best language models that can generate language are those that use neural networks, and in particular that use deep learning to model speech. I have used one of these models to generate hundreds of sentences in multiple languages, and it has the ability to generate almost perfect translations of my training sentences. It's a great model to have, and will save you a lot of time in the future when you need to translate between many languages.*

- *These models can also do better if their samples are chosen at random, rather than by an expert in the domain. However, as a general rule, n-gram and language models that include a large number of features tend to produce text better, since these features contribute the most to language learning. To measure the performance of a model, I've made some sample sentences that I'd like to train to better understand speech and language models. You can read them to get a grasp of how the model predicts.*

문구들이 다양하고 문법적으로 유창할 뿐만 아니라, 제시문에 담긴 주제에서 벗어나지 않았다는 점에 주목하자. 그러나 이런 문장들을 모은다고 해도 일관된 흐름을 가진 논설문이 되지는 않는다. GPT-2 언어 모형은 §24.4에서 다루는 **트랜스포머 모형**에 속한다. 도해 24.14에 GPT-2로 얻은 견본들이 더 나온다. 또 다른 트랜스포머 모형으로 CTRL(Conditional Transformer Language)이 있다. 이 모형은 사람이 좀 더 유연하게 제어할 수 있다. 다음 예들은 CTRL에게 **상품평**(product review) 범주에 속하는 텍스트를 생성하라고 요청해서 얻은 것인데, 좀 더 구체적으로는 평점이 5점 만점에서 1점인 상품평 텍스트와 4점인 상품평 텍스트를 생성하라고 요청한 것이다.

- **1.0**: *I bought this for my son who is a huge fan of the show. He was so excited to get it and when he opened it, we were all very disappointed. The quality of the product is terrible. It looks like something you would buy at a dollar store.*

- **4.0**: *I bought this for my husband and he loves it. He has a small wrist so it is hard to find watches that fit him well. This one fits perfectly.*

23.2 문법

제7장에서는 배커스-나우어 형식(BNF)을 이용해서 1차 논리의 언어를 위한 문법을 표현했다. **문법**은 허용 가능한 문구의 트리 구조를 정의하는 규칙들의 집합이고, **언어**는 그 규칙들을 따르는 문장들의 집합이다.

그러나 자연어가 딱 1차 논리의 형식 언어처럼 작동하지는 않는다. 자연어에는 허용 가능 문장과 허용 불가능 문장 사이의 경계선이 명확하지 않으며, 각 문장에 대한 어떤 하나의 결정적인 트리 구조가 있지도 않다. 그렇지만 자연어에서도 위계적 구조는 실제로 중요하다. "Stocks rallied on Monday"라는 문장에서 단어 "Stocks"는 단지 하나의 단어가 아니며 단지 하나의 명사도 아니다. 이 문장에서 "Stocks"는 하나의 **명사구**(noun phrase)를 형성하며, 이 명사구는 그 다음에 나오는 **동사구**(verb phrase)의 주어로 작용한다. 명사구나 동사구 같은 **구문 범주**(syntactic category; 또는 통사 범주)들은 문장의 각 지점에 출현할 가능성이 높은 단어들을 한정하는 데 도움이 되며, **구 구조**(phrase structure)는 문장의 뜻 또는 **의미론**을 위한 하나의 틀을 제공한다.

구문 범주
구 구조

위계적 구문 구조(hierarchical syntactic structure)라는 개념에 기초한 언어 모형이 여러 개 있다. 이번 장에서는 **확률적 문맥 자유 문법**(probabilistic context-free grammar, PCFG)이라는 인기 있는 모형을 설명한다. 확률적 문맥 자유 문법이라는 이름에서 '확률적'은 이 문법이 각 문자열에 확률을 배정한다는 점을 반영한 것이고, '문맥 자유'는 임의의 규칙을 임의의 문맥에서 사용할 수 있다는 뜻이다. 즉, 문장 첫 부분의 명사구를 위한 규칙들은 문장의 나중에 나오는 다른 명사구를 위한 규칙들과 같다. 여기서는 웜퍼스 세계를 탐험하는 에이전트들이 의사소통에 사용하기에 적합한, 영어의 아주 작은 부분집합에 대한 PCFG 문법을 정의해 보겠다(도해 23.2). 이 언어를 $\mathcal{E}_0$이라고 부르기로 하자. 예를 들어 다음 문법 규칙은 구문 범주 *Adjs*(일련의 형용사 단어들에 해당)가 0.80의 확률로 *Adjective*(형용사 단어) 하나로 구성되거나 0.20의 확률로 *Adjective* 하나 다음에 *Adjs*에 해당하는 문자열로 구성됨을 뜻한다.

확률적 문맥 자유
문법

$$Adjs \;\to\; Adjective \qquad [\{0.80\}]$$
$$\mid \;\; Adjective \;\; Adjs \quad [\{0.20\}]$$

과잉 생성
과소 생성

안타깝게도 이 문법에는 **과잉 생성**(overgenerate) 문제가 있다. 즉, 이 문법은 "Me go I"처럼 영어 문법에 맞지 않는 문장도 생성한다. 그리고 **과소 생성**(undergenerate) 문제도 있다. 즉, 이 문법은 "I think the wumpus is smelly"처럼 영어 문법에 맞는 여러 문장을 거부한다. 더 나은 문법을 배우는 방법은 나중에 살펴보고, 지금은 이 아주 단순한 문법으로 할 수 있는 일에 집중하자.

$\mathcal{E}_0$:	S	$\rightarrow$	$NP\ VP$	[0.90]	I + feel a breeze
		|	$S\ Conj\ S$	[0.10]	I feel a breeze + and + It stinks
	NP	$\rightarrow$	$Pronoun$	[0.30]	I
		|	$Name$	[0.10]	Ali
		|	$Noun$	[0.10]	pits
		|	$Article\ Noun$	[0.25]	the + wumpus
		|	$Article\ Adjs\ Noun$	[0.05]	the + smelly dead + wumpus
		|	$Digit\ Digit$	[0.05]	3 4
		|	$NP\ PP$	[0.10]	the wumpus + in 1 3
		|	$NP\ RelClause$	[0.05]	the wumpus + that is smelly
		|	$NP\ Conj\ NP$	[0.05]	the wumpus + and + I
	VP	$\rightarrow$	$Verb$	[0.40]	stinks
		|	$VP\ NP$	[0.35]	feel + a breeze
		|	$VP\ Adjective$	[0.05]	smells + dead
		|	$VP\ PP$	[0.10]	is + in 1 3
		|	$VP\ Adverb$	[0.10]	go + ahead
	$Adjs$	$\rightarrow$	$Adjective$	[0.80]	smelly
		|	$Adjective\ Adjs$	[0.20]	smelly + dead
	PP	$\rightarrow$	$Prep\ NP$	[1.00]	to + the east
	$RelClause$	$\rightarrow$	$RelPro\ VP$	[1.00]	that + is smelly

도해 23.2 $\mathcal{E}_0$의 문법과 각 규칙의 예제 문구. 통사 범주들은 문장(sentence, S), 명사구(NP), 동사구(VP), 형용사 목록($Adjs$), 전치사구(prepositional phrase, PP), 관계절($RelClause$)이다.

$Noun$	$\rightarrow$ **stench** [0.05] | **breeze** [0.10] | **wumpus** [0.15] | **pits** [0.05] | ...
$Verb$	$\rightarrow$ **is** [0.10] | **feel** [0.10] | **smells** [0.10] | **stinks** [0.05] | ...
$Adjective$	$\rightarrow$ **right** [0.10] | **dead** [0.05] | **smelly** [0.02] | **breezy** [0.02] | ...
$Adverb$	$\rightarrow$ **here** [0.05] | **ahead** [0.05] | **nearby** [0.02] | ...
$Pronoun$	$\rightarrow$ **me** [0.10] | **you** [0.03] | **I** [0.10] | **it** [0.10] | ...
$RelPro$	$\rightarrow$ **that** [0.40] | **which** [0.15] | **who** [0.20] | **whom** [0.02] | ...
$Name$	$\rightarrow$ **Ali** [0.01] | **Bo** [0.01] | **Boston** [0.01] | ...
$Article$	$\rightarrow$ **the** [0.40] | **a** [0.30] | **an** [0.10] | **every** [0.05] | ...
$Prep$	$\rightarrow$ **to** [0.20] | **in** [0.10] | **on** [0.05] | **near** [0.10] | ...
$Conj$	$\rightarrow$ **and** [0.50] | **or** [0.10] | **but** [0.20] | **yet** [0.02] | ...
$Digit$	$\rightarrow$ **0** [0.20] | **1** [0.20] | **2** [0.20] | **3** [0.20] | **4** [0.20] | ...

도해 23.3 $\mathcal{E}_0$의 어휘 목록. $RelPro$는 관계대명사, $Prep$은 전치사, $Conj$는 접속사를 뜻한다. 각 범주의 확률들의 합은 1이다.

23.2.1 $\mathcal{E}_0$의 어휘 목록

어휘 목록 언어가 허용하는 단어들의 목록을 **어휘 목록**(lexicon)이라고 부른다. 도해 23.3은 $\mathcal{E}_0$ 언어의 어휘 목록이다. 각 어휘 범주(lexical category) 끝의 ...는 그 범주에 다른 단어들이 더 있음을 나타낸다. 명사, 이름, 동사, 형용사, 부사의 경우에는 모든 단어를 나열하는 것이 원칙적으로 불가능하다. 범주마다 수천, 수만 개의 단어가 있을 뿐만 아니라, *humblebrag*

열린 부류 이나 *microbiome* 같은 새로운 단어가 계속 추가되기 때문이다. 이 다섯 범주를 **열린 부류**(open class)라고 부른다. 반대로, 대명사, 관계대명사(relative pronoun), 관사, 전치사,

닫힌 부류 접속사는 **닫힌 부류**(closed class)라고 부른다. 닫힌 부류의 단어들은 수가 적다(열 몇 개 정도). 물론 닫힌 부류도 변하지만, 수세기에 걸쳐 변하지 몇 달 만에 변하지는 않는다. 예를 들어 17세기에는 "thee"나 "thou" 같은 대명사(둘 다 'You'에 해당)가 흔히 쓰였지만, 19세기에 쓰임새가 빠르게 줄어들어서 요즘은 시나 특정 지역의 사투리에서만 쓰인다.

23.3 파싱

파싱 **파싱**(parsing; 구문 분석)은 단어열을 문법의 규칙들에 따라 분석해서 그 구 구조를 밝히는 과정이다. 파싱을 각 잎 노드가 문장의 각 단어인 하나의 유효한 파스 트리^{parse tree}를 찾는 검색 과정으로 생각할 수 있다. 도해 23.4는 최상위 S 기호에서 출발해서 아래로 내려가면서(하향식) 검색할 수도 있고, S를 향해 올라가면서(상향식) 검색할 수도 있음을 보여 준다. 그런데 순수한 상향식 파싱 전략과 순수한 하향식 파싱 전략은 비효율적일 수 있다. 검색 공간 중 막다른 골목으로 이어지는 영역 안을 맴돌다가 시간을 허비할 수 있기 때문이다. 다음 두 문장을 생각해 보자.

Have the students in section 2 of Computer Science 101 take the exam.
Have the students in section 2 of Computer Science 101 taken the exam?

두 문장은 처음 열 단어가 같지만, 그 파스^{parse}는^{역주3} 아주 다르다. 첫 문장은 명령문이고 둘째 문장은 의문문이기 때문이다. 왼쪽에서 오른쪽으로의 파싱 알고리즘은 첫 단어가 명령문의 일부인지 아니면 의문문의 일부인지 추측해야 한다. 그리고 그 추측이 옳은지는 적어도 열한 번째 단어 *take*나 *taken*에 도달해서야 결정된다. 추측이 틀렸다면 첫 단어로 돌아가서 전체 문장을 다른 해석하에서 다시 분석해야 한다.

▶ **동적 계획법**을 이용하면 이러한 비효율성을 근본적으로 피할 수 있다. 즉, 부분 문자열을 분석할 때마다 그 결과를 저장해 두면 나중에 그것을 다시 분석할 필요가 없다. 예를 들어 "the students in section 2 of Computer Science 101"이 하나의 명사구(*NP*)임을 알아

---

^{역주3} parse는 명사로도 쓰인다. 파싱 결과 또는 파싱을 수행하는 과정 자체를 간단히 파스(parse)라고 칭하기도 한다.

항목 목록	규칙
S	
$NP\,VP$	$S\ \rightarrow\ NP\,VP$
$NP\,VP\,Adjective$	$VP\ \rightarrow\ VP\,Adjective$
$NP\,Verb\,Adjective$	$VP\ \rightarrow\ Verb$
$NP\,Verb$ **dead**	$Adjective\ \rightarrow\ $ **dead**
NP **is dead**	$Verb\ \rightarrow\ $ **is**
$Article\ Noun$ **is dead**	$NP\ \rightarrow\ Article\ Noun$
$Article$ **wumpus is dead**	$Noun\ \rightarrow\ $ **wumpus**
the wumpus is dead	$Article\ \rightarrow\ $ **the**

도해 23.4 "The wumpus is dead"라는 문자열을 하나의 문장으로 간주해서 $\mathcal{E}_0$ 문법에 따라 파싱하는 과정. 하향식 파싱의 관점에서 본다면 이는 항목 목록이 S인 상태에서 시작해서 단계마다 $(X \rightarrow Y...)$ 형태의 규칙에 부합하는 비말단 X를 찾아서 항목 목록에서 그 X를 $Y...$로 대체하는 과정이다. 이를테면 S를 $NP\ VP$로 대체하는 등이다.. 상향식 파싱의 관점에서 본다면 이는 단어열 "the wumpus is dead"에서 시작해서 단계마다 $(X \rightarrow Y...)$ 형태의 규칙과 부합하는 $(Y...)$ 같은 토큰열 $(...)$를 찾아서 그 토큰열을 X로 대체하는 과정이다. 이를테면 "the"를 $Article$로 대체하거나 $Articel\ None$을 NP로 대체한다.

냈다면, 그러한 결과를 적당한 자료구조에 기록해 두고 나중에 재활용하면 된다. 그런 용도로 흔히 쓰이는 자료구조가 **차트**^{chart}이다. 그리고 차트를 사용하는 파싱 알고리즘을 **차트 파서**$^{chart\ parser}$라고 부른다. 지금 우리는 문맥 자유 문법을 다루고 있으므로, 검색 트리의 한 가지(branch)의 문맥에서 발견한 모든 문구는 검색 트리의 다른 어떤 가지에서도 통한다. 차트 파서는 여러 가지인데, 이번 절에서는 **CYK 알고리즘**이라고 하는 상향식 차트 알고리즘의 확률적 버전을 설명한다. CYK는 알고리즘을 고안한 존 콕$^{John\ Cocke}$, 대니얼 영거$^{Daniel\ Younger}$, 다다오 가사미$^{Tadao\ Kasami}$의 성을 딴 것이다.[2]

차트 파서

CYK 알고리즘

CYK 알고리즘이 도해 23.5에 나와 있다. 이 알고리즘을 위해서는 모든 규칙이 아주 구체적인 두 형식 중 하나이어야 한다. 하나는 $X \rightarrow$ **단어**$[p]$ 형태의 어휘 규칙이고 또 하나는 우변에 범주가 정확히 두 개인 $X \rightarrow Y\,Z[p]$ 형태의 구문 규칙이다. **촘스키 정규형**(Chomsky Normal Form)이라고 부르는 이러한 문법 형식이 너무 제한적이라고 생각할 수 있지만, 실제로는 그렇지 않다. 모든 문맥 자유 문법을 자동으로 촘스키 정규형으로 변환할 수 있다. 연습문제 23.CNFX에서 그런 변환 과정을 독자가 직접 실행해 볼 것이다.

촘스키 정규형

문장의 단어 개수가 n이고 문법의 비말단 기호 개수가 m이라 할 때, CYK 알고리즘의 테이블 P와 T에 필요한 공간은 $O(n^2 m)$이고 알고리즘의 실행 시간은 $O(n^3 m)$이다. 모든 가능한 문맥 자유 문법에 대해 작동하는 알고리즘을 원한다면, CYK보다 나은 알고리즘은 없다. 그러나 우리가 원하는 것은 모든 가능한 문법이 아니라 특정 자연어

---

2 고안자들의 순서를 바꾸어 CKY라고 표기하기도 한다.

function CYK-PARSE(*words*, *grammar*) **returns** 파스 트리들의 테이블

  입력: *words*, 단어 목록

  　　　grammar, LEXICALRULES와 GRAMMARRULES가 있는 구조체

  $T \leftarrow$ 테이블　// $T[X, i, k]$는 $words_{i:k}$를 포괄하는, 범주 X에서 가능성이 가장 큰 트리

  $P \leftarrow$ 테이블, 처음에는 모두 0　// $P[X, i, k]$는 트리 $T[X, i, k]$의 확률

  // 각 단어의 어휘 범주를 삽입

  for i = 1 **to** LEN(*words*) **do**

  　for each (X, p) **in** *grammar*.LEXICALRULES($words_i$) **do**

  　　　　$P[X, i, i] \leftarrow$ p

  　　　　$T[X, i, i] \leftarrow$ TREE($X, words_i$)

  // $Y_{i:j} + Z_{j+1:k}$로부터 $X_{i:k}$를 구축한다(가장 짧은 스팬들부터)

  for each (i, j, k) **in** SUBSPANS(LEN(*words*)) **do**

  　for each (X, Y, Z, p) **in** *grammar*.GRAMMARRULES **do**

  　　　　$PYZ \leftarrow P[Y,i,j] \times P[Z,j+1,k] \times p$

  　　　　if $PYZ > P[X,i,k]$ **do**

  　　　　　$P[X, i, k] \leftarrow PYZ$

  　　　　　$T[X, i, k] \leftarrow$ TREE($X, T[Y, i, j], T[Z, j + 1, k]$)

  return T

generator SUBSPANS(N) **yields** (i,j,k) 튜플들

  for *length* = 2 **to** N **do**

  　for i = 1 **to** $N+1-length$ **do**

  　　　$k \leftarrow i + length - 1$

  　　　for j = i **to** $k-1$ **do**

  　　　　yield (i,j,k)

도해 23.5 파싱을 위한 CYK 알고리즘. 단어열이 주어졌을 때 이 알고리즘은 그 단어열과 하위 단어열에 대한 가장 유망한 파스 트리를 찾는다. 테이블 $P[X, i, k]$는 범주 X에서 $words_{i:k}$를 포괄하는 (spanning) 가장 유망한 트리의 확률이다. 출력 테이블 $T[X, i, k]$에는 위치 i에서 k까지 포괄하는 가장 유망한 범주 X 트리를 담는다. 함수 SUBSPANS는 $words_{i:k}$의 스팬^span을 포괄하는 모든 튜플 (i,j,k)를 돌려준다. 이때 $i \le j < k$이며, 튜플들은 $i.k$ 스팬의 길이가 길어지는 순서로 나열된다. 즉, 짧은 두 스팬을 연결해서 긴 스팬을 만드는 시점에서 짧은 스팬들은 이미 테이블에 들어 있다. LEXICALRULES(*word*)는 (X, p) 쌍들의 집합을 돌려주는데, $X{\rightarrow}word[p]$ 형태의 규칙마다 하나의 쌍이 있다. 그리고 GRAMMARRULES은 (X,Y,Z,p) 튜플들을 산출하는데, $X{\rightarrow}Y Z[p]$ 형태의 문법 규칙마다 하나의 튜플이 있다.

문법을 따르는 문장을 파싱하는 것이다. 자연어들은 사람이 실시간으로 이해할 수 있는 형태로 진화했지 최대한 이해하기 까다롭게 진화하지는 않았으므로, 더 빠른 파싱 알고리즘들이 반드시 존재할 것이다.

A* 검색을 비교적 직접적인 방식으로 적용한다면 실행 시간이 $O(n)$인 알고리즘이 나올 것이다. 이때 각 상태는 도해 23.4에 나온 것 같은 항목(단어 또는 범주)들의 목록이다. 시작 상태는 단어들의 목록이고 목표 상태는 단일한 항목 S이다. 한 상태의 비용은 지금까지 적용된 규칙들로 정의되는 그 상태의 확률의 역이며, 목표까지 남은 거리는 다양한 발견법(heuristics)으로 추정할 수 있다. 현재 쓰이는 최고의 발견법은 문장들의 말뭉치에 적용한 기계학습으로 구하면 된다.

A* 알고리즘을 사용한다면 상태 공간 전체를 검색할 필요가 없으며, 발견한 첫 파스가 가장 유망한 파스임이 보장된다(허용 가능 발견법을 사용한다고 할 때). 대체로 이것이 CYK보다 빠르지만, (문법의 세부사항에 따라서는) $O(n)$보다는 여전히 느리다. 파싱 결과의 예가 도해 23.6에 나와 있다.

품사 태깅에서처럼 **빔 검색**을 파싱에 사용할 수 있다. 즉, 모든 가능한 파서 대신 가장 유망한 대안 파서 b개만 검색하는 것이다. 그러면 반드시 확률이 가장 높은 파스 트리가 나온다는 보장은 없지만, (구현을 세심하게 한다면) 대부분의 경우 최고의 파스 트리를 $O(n)$으로 찾아낼 수 있다.

$b = 1$인 빔 검색 파서를 **결정론적 파서**(deterministic parser)라고 부른다. 인기 있는 결정론적 파싱 접근방식으로 **이동-축약 파싱**(shift-reduce parsing)이라는 것이 있다. 이동 축약 파싱에서는 문장의 단어들을 하나씩 훑으면서 각 단어에 대해 그 단어를 구문 요소들의 스택으로 이동할지 아니면 스택 최상위에 있는 구문 요소(들)를 문법 규칙에 따라 축약할지 결정한다. 어떤 파싱 스타일이든, NLP 공동체에는 그 스타일만 고집하는 사람들이 있다. 이동-축약 파싱을 PCFG로 변환하는 것이 가능하지만(그 역도 마찬가지), 기계학습을 문법 귀납 문제에 적용하는 경우 시스템들의 귀납 편향의 차이(따라서 일반화 성질의 차이) 때문에 결과가 달라진다(Abney 외, 1999).

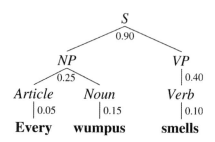

도해 23.6 문장 "Every wumpus smells"를 $\mathcal{E}_0$ 문법에 따라 파싱해서 얻은 파스 트리. 각 내부 노드의 수치는 그 노드의 확률이다. 트리 전체의 확률은 0.9×0.25×0.05×0.15×0.40×0.10=0.0000675이다. 이 트리를 직선 형태인 $[S[NP[Article \text{ every}][Noun \text{ wumpus}]][VP[Verb \text{ smells}]]]$로 표현할 수도 있다.

23.3.1 의존 파싱

의존 문법 구 구조 문법 대신 널리 쓰이는 구문적 접근방식으로 **의존 문법**(dependency grammar)이라는 것이 있다. 이 문법은 구문 구조가 어휘 항목들 사이의 이진 관계들로 형성되며, 구문 요소들은 필요하지 않다고 가정한다. 도해 23.7에 같은 문장에 대한 의존 파스와 구 구조 파스의 예가 나와 있다.

어떤 면에서, 의존 문법과 구 구조 문법은 그냥 표기법이 다를 뿐이다. 구 구조 파스 트리의 노드들에 해당 문구를 이름표로 붙이면 의존 파스 트리가 된다. 반대로, 의존 파스 트리에 적절한 범주들을 도입하면 구 구조 파스 트리가 된다(비록 자연스러운 모습의 트리가 항상 나오지는 않겠지만).

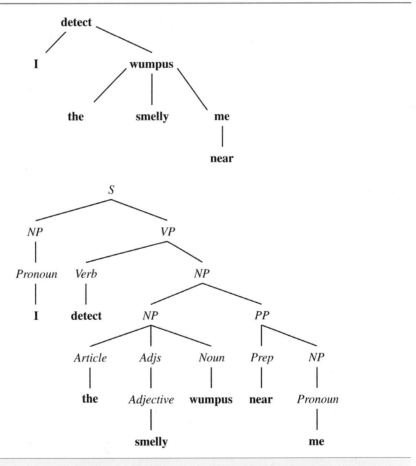

도해 23.7 문장 *I detect the smelly wumpus near me*의 의존 스타일 파스(위)와 해당 구 구조 파스(아래)

따라서, 둘 중 하나를 선택하는 기준이 문법의 강력함은 아니다. 그보다는, 어느 쪽이 더 자연스러운가가 기준이 되어야 할 것이다. 여기서 "자연스럽다"는 시스템을 개발하는 인간에게 더 친숙하다는 뜻일 수도 있고 구조를 배워야 하는 기계학습 시스템에게 더 적합하다는 뜻일 수도 있다. 일반적으로 구 구조 트리는 단어 순서가 대체로 고정된 언어(영어 등)에 자연스럽고 의존 트리는 단어 순서가 대체로 자유로운(단어들의 순서가 구문 범주보다는 주로 화용론으로 결정되는) 언어(라틴어 등)에 자연스럽다.

요즘 의존 문법이 인기 있는 이유는 대체로 오픈소스 트리뱅크 프로젝트인 Universal Dependencies 프로젝트(Nivre 외, 2016) 때문인 것으로 보인다. 이 프로젝트는 일단의 관계들을 정의하며, 70개 이상의 언어들에 대한 문장 수백만 개의 파스 트리를 제공한다.

23.3.2 견본으로부터 파서 학습

영어의 상당 부분에 대한 문법을 구축하려면 많은 노동이 필요하고 실수의 여지도 많다. 따라서 문법 규칙들을(그리고 확률들을) 사람이 직접 손으로 작성하기보다는 기계가 **배우게** 하는 것이 바람직하다. 이 문제에 지도학습을 적용하려면 문장과 해당 파스 트리로 이루어진 입력·출력 쌍들이 필요하다. 그런 데이터로 가장 유명한 것은 펜 트리뱅크이다. 펜 트리뱅크에는 10만 개가 넘는 문장과 파스 트리가 있는데, 도해 23.8이 그중 하나이다.

```
[ [S [NP-SBJ-2 Her eyes]
    [VP were
      [VP glazed
        [NP *-2]
        [SBAR-ADV as if
          [S [NP she]
            [VP did n't
              [VP [VP hear [NP *-1]]
                or
                [VP [ADVP even] see [NP *-1]]
                [NP-1 him]]]]]]]]]
  .]
```

도해 23.8 Penn Treebank의 문장 "Her eyes were glazed as if she didn't hear or even see him"에 대한, 주해가 추가된 파스 트리. 본문에서 이야기하지 않은 문법적 현상도 볼 수 있다. 바로, 하나의 구가 트리의 한 부분에서 다른 부분으로 이동하는 것이다. 이 트리는 "hear or even see him"이 두 개의 VP 성분 [VP hear [NP *-1]]과 [VP [ADVP even] see [NP *-1]]로 구성된다고 분석한다. 두 동사구 모두 목적어가 빠져 있는데, *-1이 그 점을 나타낸다. *-1은 트리의 다른 어딘가에 있는, [NP-1 him]이라는 이름표를 가진 한 명사구(NP)를 지칭한다. 마찬가지로, [NP *-2]는 [NP-2 **Her eyes**]를 뜻한다.

트리뱅크가 있으면 그냥 각 노드 형식이 트리에 나타난 횟수를 세어서 PCFG를 만들 수 있다(단, 낮은 도수의 평활화와 관련한 통상적인 함정들을 조심해야 한다). 도해 23.8에 나온 예에는 $[S[NP\ldots][VP\ldots]]$ 형태의 노드가 두 개 있다. 말뭉치에서 그것들과 S를 뿌리로 하는 모든 부분 트리를 센다고 하자. 만일 S 노드가 1000개이고 그중 600개가 $[S[NP\ldots][VP\ldots]]$의 형태라면, 이를 반영해서 다음과 같은 규칙을 생성할 수 있다.

$$S \rightarrow NP\ VP\quad [0.6].$$

펜 트리뱅크의 서로 다른 노드 형식은 10,000가지가 넘는다. 이는 영어가 복잡한 언어라는 사실을 반영할 뿐만 아니라, 문장들을 분석해서 트리뱅크를 만든 사람들이 평평한 트리를 더 선호했다는 뜻이기도 하다. 아무래도 우리가 원하는 것보다 더 평평한 것 같다. 예를 들어 "the good and the bad"라는 문구가 명사구 두 개가 접속된 구가 아니라 하나의 명사구로 파싱되며, 이로부터 다음과 같은 문법 규칙이 나온다.

$$NP \rightarrow Article\ Noun\ Conjunction\ Article\ Noun.$$

이외에도 하나의 명사구를 중간 어딘가에 접속사가 있는 범주들의 순차열로 정의하는 규칙들이 수백 개 있다. 그 모든 규칙을 다음처럼 두 명사구를 접속사로 연결하는 규칙 하나로 대체한다면 문법이 좀 더 간결해질 것이다.

$$NP \rightarrow NP\ Conjunction\ NP.$$

[Bod 외, 2003]과 [Bod, 2008]은 이런 일반화된 규칙들을 자동으로 복구하는 방법을 보여준다. 그러면 트리뱅크의 규칙들이 크게 줄어서 이전에 본 적이 없는 문장들로도 좀 더 잘 일반화된다. 논문 저자들은 자신들의 접근방식을 **데이터 지향적 파싱**(data-oriented parsing)이라고 부른다.

이러한 예에서 보듯이 트리뱅크들은 완벽하지 않다. 오류도 있고 괴상한 파스들도 있다. 그리고 트리뱅크를 만들려면 많은 노력이 필요하다는 점도 분명하다. 이 때문에 트리뱅크들은 파스 트리가 만들어지지 않은 모든 텍스트에 비해 작을 수밖에 없다. 한 가지 대안은 파스 트리 없이 문장들로만 이루어진 말뭉치로 새 문법을 학습하는(또는 기존 문법을 개선하는) **비지도학습 파싱**이다.

비지도학습 파싱

여기서 다루지는 않지만, **내부-외부 알고리즘**(inside-outside algorithm; Dodd, 1988)은 PCFG의 확률들을 추정하는 방법을 트리 없는 견본 문장들로부터 배운다. 순방향-역방향 알고리즘(도해 14.4)이 확률들을 추정하는 것과 비슷한 방식이다. [Spitkovsky 외, 2010]은 **커리큘럼 학습**(curriculum learning)을 사용하는 비지도학습 접근방식 하나를 서술한다. 이 접근방식은 커리큘럼의 쉬운 과목부터 시작한다. "He left"처럼 짧고 중의성 없는 2단어 문장은 사전 지식이나 품사 태그를 이용해서 손쉽게 파싱할 수 있다. 이런 식으로 짧은 문장을 파싱할 때마다 시스템의 지식이 확장되며, 그러다 보면 3단어, 4단어 파싱을 거쳐서 결국에는 40단어 문장도 파싱할 수 있게 된다.

커리큘럼 학습

준지도학습 파싱
부분적 괄호 매김

적은 수의 파스 트리들를 훈련 데이터로 삼아서 초기 문법을 구축하고 파싱되지 않은 다수의 문장들로 문법을 개선하는 방식의 **준지도학습 파싱**을 사용할 수도 있다. 이런 준지도 접근방식에는 **부분적 괄호 매김**(partial bracketing)이 도움이 된다. 언어 전문가가 아니라 저자들이 트리 비슷한 구조로 마크업한, HTML 형식 또는 비슷한 주해(annotation) 방식을 따르는 텍스트 데이터가 많이 있다. HTML 텍스트에서 대부분의 괄호는 구문 요소에 대응되므로, 부분적 괄호 매김이 문법 학습에 도움이 될 수 있다 (Pereira 및 Schabes, 1992; Spitkovsky 외, 2010). 다음은 한 온라인 신문 기사에서 추출한 HTML 텍스트의 일부이다.

```
In 1998, however, as I <a>established in
<i>The New Republic</i></a> and Bill Clinton just
<a>confirmed in his memoirs</a>, Netanyahu changed his mind
```

<i></i> 태그쌍 안의 단어들은 하나의 명사구이고 두 <a></a> 태그쌍 안의 단어들은 각각 동사구이다.

23.4 증강 문법

지금까지 살펴본 문법들은 **문맥 자유 문법**에 속한다. 그런데 모든 *NP*가 모든 문맥에서 같은 확률로 출현하지는 않는다. "I ate a banana"라는 문장은 괜찮지만 "Me ate a banana"는 문법에 맞지 않으며, "I ate a bandanna"는 뭔가 말이 안 된다.

지금까지의 문법들은 *Pronoun*(대명사) 같은 어휘 범주들에 초점을 둔다. 그런데 "I"와 "me" 둘 다 대명사지만, 둘 중 문장의 주어가 될 수 있는 것은 "I"뿐이다. 마찬가지로, "banana"와 "bandanna" 둘 다 명사지만 "ate"(먹었다)의 목적어가 될 가능성은 "banana"가 훨씬 높다.[역주4] 영문법에서 대명사 "I"를 주격(즉, 동사의 주어)이라고 부르고 "me"를 목적격(즉, 동사의 목적어)이라고 부른다.[3] 또한, "I"는 1인칭("you"는 2인칭, "she"는 3인칭)이자 단수("we"는 복수)이다. *Pronoun* 같은 범주에 "주격, 1인칭, 단수" 같은 특징들을 보강한 것을 **하위 범주**(subcategory)라고 부른다.

하위 범주

이번 절에서는 주어진 텍스트가 적법한 문장일 확률을 좀 더 세밀하게 추정할 수 있도록 문법이 이런 종류의 지식을 표현하게 하는 방법을 살펴본다. 또한 문구의 **의미론**(semantics) 표현을 합성적인 방식으로 구축하는 방법도 살펴본다. 이런 식으로 개선된 문법을 **증강 문법**(augmented grammar)이라고 부른다. 증강 문법에서 파스 트리의 비말단 노드는 *Pronoun*이나 *NP* 같은 원자적 기호가 아니라 구조적 표현이다. 예를 들어 명

증강 문법

역주4 참고로 bandanna는 주로 머리를 감싸는 용도로 쓰이는 일종의 스카프이다.

3 subjective case를 nominative case라고 부르기도 하고, objective case를 accusative case(대격)라고 부르기도 한다. 또한, 간접목적어 위치에 있는 단어를 여격(dative case)으로 구분하는 언어들도 많다.

사구 "I"를 $NP(Sbj, 1S, Speaker)$로 표현할 수 있는데, 이는 "I"가 "주격 1인칭 단수 명사구이고 그 의미는 문장의 화자임"이라는 뜻이다. 반면 "me"의 표현은 $NP(Obj, 1S, Speaker)$인데, 주격이 아니라 목적격임이 명시되어 있다.

"*Noun* and *Noun* or *Noun*" 형태의 문장을 생각해 보자. 이것을 "[*Noun* and *Noun*] or *Noun*"으로 파싱할 수도 있고 "*Noun* and [*Noun* or *Noun*]"으로 파싱할 수도 있다. 앞의 문맥 자유 문법으로는 둘 중 어느 쪽이 더 바람직함을 명시할 수 없다. NP들이 연결에 대한 규칙 $NP \rightarrow NP$ *Conjunction* $NP[0.05]$에 따라 두 파스 모두 같은 확률이 나오기 때문이다. "[[spaghetti and meatballs] or lasagna]"와 "[spaghetti and [pie or cake]]"을 괄호가 다른 방식으로 매겨진 대안들보다 더 선호하는 문법이 있으면 좋을 것이다.

어휘화된 PCFG증강 문법의 하나인 **어휘화된 PCFG**(lexicalized PCFG)는 단지 구문 범주뿐만 아니라 단어의 속성들도 확률 계산에 고려한다. 예를 들어 40단어 문장의 확률이 그 단어 40개 모두에 의존한다면 데이터가 대단히 희소할 것이다. 이는 n-그램에 대해 지적한 것과 표제어같은 문제이다. 간단하게만 설명하자면, 어휘화된 PCFG는 문구의 **표제어**(head)라는 개념을 도입한다. 여기서 표제어는 주어진 문장에서 가장 중요한 단어이다. 예를 들어 명사구 "a banana"의 표제어는 "banana"이고 동사구 "ate a banana"의 표제어는 "ate"이다. $VP(v)$라는 표기는 범주가 VP이고 표제어가 v인 문구를 뜻한다. 다음은 어휘화된 PCFG의 예이다.

$$VP(v) \rightarrow Verb(v)\,NP(n) \qquad\qquad [P_1(v,n)]$$
$$VP(v) \rightarrow Verb(v) \qquad\qquad\qquad\quad [P_2(v)]$$
$$NP(n) \rightarrow Article(a)\,Adjs(j)\,Noun(n) \qquad [P_3(n,a)]$$
$$NP(n) \rightarrow NP(n)\,Conjunction(c)\,NP(m) \qquad [P_4(n,c,m)]$$
$$Verb(\textbf{ate}) \rightarrow \textbf{ate} \qquad\qquad\qquad\qquad [0.002]$$
$$Noun(\textbf{banana}) \rightarrow \textbf{banana} \qquad\qquad [0.0007]$$

여기서 $P_1(v,n)$은 표제어가 v인 동사구(VP)가 표제어가 n인 명사구(NP)와 결합할 확률이다. "ate a banana"가 "ate a bandanna"보다 더 확률이 높게 하려면 $P_1(ate, banana) > P_1(ate, bandanna)$로 두면 된다. 그런데 오직 구의 표제어만 고려하므로, P_1에는 "ate a banana"와 "ate a rancid banana"의 차이가 반영되지 않음을 주목하자. 개념적으로 P_1는 수많은 확률이 있는 커다란 테이블이다. 만일 어휘에 동사가 5,000개이고 명사가 10,000개라면 P_1 테이블의 항목 수는 5천만 개이다. 그런데 그 항목들이 모두 명시적으로 저장되지는 않는다. 대부분은 평활화와 후퇴(backoff)를 통해 유도된다. 예를 들어 $P_1(v,n)$로부터 오직 v만 의존하는 모형으로 후퇴할 수 있다. 그런 모형의 매개변수 개수는 P_1의 10,000분의 1이지만, 그래도 "ate" 같은 타동사 다음에 명사구가 올 확률이 "sleep" 같은 자동사 다음에 명사구가 올 확률보다 높다는(표제어와는 무관하게) 사실 같은 중요한 규칙성들을 반영한다.

§23.2에서 $\mathcal{E}_0$에 대한 간단한 문법에 과잉 생성 문제, 즉 "I saw she"나 "I sees her" 같은 비문장을 산출하는 문제가 있음을 보았다. 이 문제를 피하려면 "she"가 아니라 "her"가 "saw"의(또는 다른 어떤 동사의) 유효한 목적어임을, 그리고 주어가 "I"일 때 적절한 동사의 어형이 "sees"가 아니라 "see"임을 문법이 알아야 한다.

이런 사실들을 전적으로 확률 항목들로 부호화할 수도 있다. 이를테면 모든 동사 v에 대해 $P_1(v, she)$를 아주 작은 수로 설정하는 식이다. 그렇지만 그보다는 변수들을 추가해서 범주 NP를 증강하는 것이 더 간결하고 모듈화된 접근방식이다. 예를 들어 $NP(c, pn, n)$은 격이 c(주격 또는 목적격)이고 인칭과 단복수가 pn(이를테면 3인칭 단수)이며 표제 명사가 n인 명사구를 나타낸다. 도해 23.9는 이런 추가 변수들을 처리하도록 증강한 어휘화된 문법이다. 이 문법의 규칙 하나를 좀 더 자세히 살펴보자.

$$S(v) \rightarrow NP(Sbj, pn, n)\, VP(pn, v)\, [P_5(n, v)].$$

이 규칙은 NP 다음에 VP이 오는 경우 그 NP는 S(주어)가 될 수 있지만, 그 NP가 주격 (Sbj)이고 NP와 VP의 인칭 및 단복수가 일치(이를 두고 주어와 동사가 **호응**한다고 말한다) 때만 그렇다는 뜻이다. 이런 조건들을 충족하는 S의 표제어는 VP의 동사이다. 이제 다음과 같은 어휘 규칙을 생각해 보자.

$$Pronoun(Sbj, 1S, I) \rightarrow \text{I} \;[0.005].$$

이것은 "I"가 주격 일인칭 단수 대명사($Pronoun$)이고 표제어가 "I"라는 뜻이다.

$$S(v) \rightarrow NP(Sbj, pn, n)\, VP(pn, v) |\, ...$$
$$NP(c, pn, n) \rightarrow Pronoun(c, pn, n) | Noun(c, pn, n) |\, ...$$
$$VP(pn, v) \rightarrow Verb(pn, v)\, NP(Obj, pn, n) |\, ...$$
$$PP(head) \rightarrow Prep(head)\, NP(Obj, pn, h)$$

$$Pronoun(Sbj, 1S, \mathbf{I}) \rightarrow \mathbf{I}$$
$$Pronoun(Sbj, 1P, \mathbf{we}) \rightarrow \mathbf{we}$$
$$Pronoun(Obj, 1S, \mathbf{me}) \rightarrow \mathbf{me}$$
$$Pronoun(Obj, 3P, \mathbf{them}) \rightarrow \mathbf{them}$$

$$Verb(3S, \mathbf{see}) \rightarrow \mathbf{see}$$

도해 23.9 격 호응과 주어-동사 호응, 표제어를 처리하는 증강 문법의 일부. 대문자로 시작하는 이름은 상수들이다. *Sbj*는 주격, *Obj*는 목적격이고 *1S*는 1인칭 단수, *1P*와 *3P*는 1인칭 복수와 3인칭 복수이다. 항상 그렇듯이 소문자 이름들은 변수이다. 간결함을 위해 확률들은 생략했다.

23.4.1 의미 해석

이제부터는 문법에 의미론(semantics)을 추가하는 방법을 살펴본다. 이를 위해, 영어보다 간단한 예인 산술(사칙 연산) 표현식의 의미론으로 시작하자. 도해 23.10에 산술 표현식의 문법이 나와 있는데, 각 규칙이 구의 의미 해석(semantic interpretation)을 나타내는 인수로 증강되었음을 주목하기 바란다. "3" 같은 하나의 숫자(digit)의 의미는 그 숫자 자체이다. 표현식 "3 + 4"의 의미는 구 "3"과 "4"의 의미들에 연산자 "+"를 적용한 것이다. 이 문법 규칙들은 **합성 의미론**(compositional semantics)의 원리를 따른다. 그 원리는, 하나의 구의 의미론은 부분구(subphrase) 의미들의 함수라는 것이다. 도해 23.11은 3 + (4 ÷ 2)를 이 문법에 따라 파싱한 트리이다. 이 파스 트리의 뿌리 노드는 $Exp(5)$인데, 이는 의미 해석이 5인 표현식(expression)을 뜻한다.

합성 의미론

그럼 영어의, 또는 적어도 $\mathcal{E}_0$의 의미론으로 넘어가자. 여기서는 의미를 1차 논리를 이용해서 표현하겠다. 예를 들어 간단한 문장 "Ali loves Bo"의 의미 표현은 $Loves(Ali, Bo)$이다. 그런데 구문 구성 요소들은 어떻게 표현해야 할까? 명사구 "Ali"는 논리항 Ali로 표현할 수 있지만, 동사구 "loves Bo"는 논리항도 아니고 완전한 논리 명제도 아니다. 직관적으로도, "loves Bo"는 특정 인물에 적용될 수도 있고 그러지 않을 수도 있는 하나의 서술이다. (지금 예에서는 Ali에 적용된다.) 이는 "loves Bo"가 하나의 **술어**(predicate)라는 뜻이다. 술어 "loves Bo"가 인물을 나타내는 항과 결합하면 완전한 논리 문장이 만들어진다.

λ-표기법(❶권 p.337)을 이용하면 "loves Bo"를 다음과 같은 술어로 표현할 수 있다.

$$\lambda x \ Loves(x, Bo).$$

다음으로, "의미론이 n인 NP 다음에 의미론이 $pred$인 VP가 오는 문장의 의미론은 술어 $pred$를 n에 적용한 결과이다"라는 뜻의 규칙이 필요하다.

$$S(pred(n)) \rightarrow NP(n) \ VP(pred).$$

$$Exp(op(x_1, x_2)) \rightarrow Exp(x_1) \ Operator(op) \ Exp(x_2)$$
$$Exp(x) \rightarrow (\ Exp(x)\ )$$
$$Exp(x) \rightarrow Nmber(x)$$
$$Nmber(x) \rightarrow Digit(x)$$
$$Nmber(10 \times x_1 + x_2) \rightarrow Nmber(x_1) \ Digit(x_2)$$
$$Operator(+) \rightarrow \ \textbf{+}$$
$$Operator(-) \rightarrow \ \textbf{-}$$
$$Operator(\times) \rightarrow \ \times$$
$$Operator(\div) \rightarrow \ \div$$
$$Digit(0) \rightarrow \ \textbf{0}$$
$$Digit(1) \rightarrow \ \textbf{1}$$

도해 23.10 의미론으로 증강한 산술 표현식 문법. 각 변수 x_i는 구성 성분의 의미를 나타낸다.

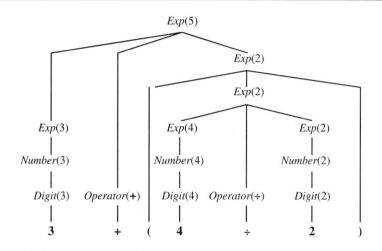

도해 23.11 문자열 "3+(4÷2)"의, 의미 해석이 첨가된 파스 트리.

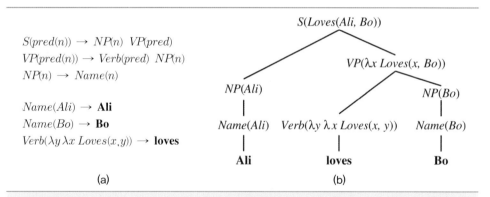

도해 23.12 (a) "Ali loves Bo"(그리고 그 밖의 세 문장)에 대한 파스 트리와 의미 해석을 유도할 수 있는 문법. 각 범주가 의미론을 나타내는 하나의 인수로 증강되었다. (b) 문자열 "Ali loves Bo"에 대한, 의미 해석이 포함된 파스 트리.

이 규칙에 의해, "Ali loves Bo"의 의미 해석은

$$(\lambda x \; Loves(x, Bo))(Ali)$$

이다. 이는 $Loves(Ali, Bo)$와 동치이다. 전문용어로는 이를 람다 함수 적용의 β-축약이라고 부른다.

의미론의 나머지도 지금까지의 선택들과 마찬가지 방식으로 어렵지 않게 정의할 수 있다. VP를 술어로 표현하므로, 동사들도 일관되게 술어로 표현해야 마땅하다. 동사 "loves"는 $\lambda y \; \lambda x \; Loves(x, y)$라는 술어로 표현되는데, 인수가 Bo일 때 이 술어는 $\lambda x \; Loves(x, Bo)$

라는 술어를 돌려준다. 이런 식으로 완성한 문법과 파스 트리가 도해 23.12에 나와 있다. 좀 더 완전한 문법을 만들려면 모든 증강(의미론, 격, 인칭 단복수, 주제어)을 하나의 규칙 집합에 통합해 넣어야 할 것이다. 여기서는 규칙들의 작동 방식을 명확히 보여주기 위해 의미 증강만 살펴보았다.

23.4.2 의미 문법 학습

안타깝게도 펜 트리뱅크에는 문장들의 의미 표현이 들어 있지 않다. 구문 트리만 있을 뿐이다. 따라서 의미 문법을 학습하려면 다른 견본 데이터가 필요하다. 제틀모이어와 콜린스는 문장과 의미 논리형의 쌍로 이루어진 견본들로부터 질의응답 시스템을 위한 문법을 배우는 시스템 하나를 서술했다(Zettlemoyer 및 Collins, 2005). 다음은 그런 견본의 예이다.

- **문장**: What states border Texas?(텍사스과 맞닿은 주들은?)
- **논리형**: $\lambda x.state(x) \land \lambda x.borders(x, Texas)$

이런 문장-논리형 쌍들의 커다란 집합과 각각의 새 문제 영역에 대해 사람이 직접 짠 약간의 지식을 제공하면 시스템은 그럴듯한 어휘 항목들(예를 들어 "Texas"와 "state"는 $state(Texas)$가 참인 명사들이다)을 생성하며, 그와 동시에 문장을 의미 표현으로 파싱하는 데 필요한 매개변수들을 학습한다. 제틀모이어와 콜린스의 시스템은 미지의 문장들로 이루어진 서로 다른 두 시험 집합에 대해 79%의 정확도를 달성했다. [Zhao 및 Huang, 2015]는 이보다 더 빨리 실행되며 정확도가 85%에서 89%인 이동-축약 파서를 제시한다.

이런 시스템들에는 훈련 데이터에 논리형들이 포함되어야 한다는 제약이 있다. 그런 데이터 집합은 생성 비용이 높다. 전문 지식을 가진 인간 전문가가 필요하기 때문이다(모든 사람이 람다 산법과 술어 논리의 세부사항을 이해하고 있지는 않다). 이보다는 다음과 같은 질문/답변 쌍들을 수집하는 것이 훨씬 쉽다.

- **질문**: What states border Texas?
- **답변**: Louisiana, Arkansas, Oklahoma, New Mexico.

- **질문**: How many times would Rhode Island fit into California?(캘리포니아에 로드 아일랜드가 몇 개나 들어갈까?)
- **답변**: 135

웹에는 이런 질문/답변 쌍들이 꽤 흔하므로 인간 전문가의 도움 없이도 커다란 데이터베이스를 구축할 수 있다. [Liang 외, 2011]과 [Liang 및 Potts, 2015]가 보여주듯이, 이런 커다란 데이터 집합을 사용하면 사람이 만든 논리형들의 작은 데이터베이스로 얻는 성과보다 더 나은 성과를 내는 파서를 구축하는 것이 가능하다. 이 논문들이 서술하는 접근방식의 핵심은 합성이 가능하면서도 검색 공간이 지수적으로 커지지는 않는 내부 논리형을 고안하는 것이다.

23.5 실제 자연어의 복잡한 사항들

다른 여러 자연어도 마찬가지지만, 실제 영어 문법은 끝없이 복잡하다. 이번 절에서는 영어를 비롯한 여러 자연어의 문법을 복잡하게 만드는 사항 몇 가지를 간략하게만 살펴본다.

한정**한정**(quantification; 또는 양화): "Every agent feels a breeze"라는 문장을 생각해 보자. $\mathcal{E}_0$에서 이 문장의 구문 파스는 단 한 가지이지만, 의미상으로는 모호한 면이 있다. 모든 에이전트가 하나의 미풍을 느낀다는 것일까? 아니면 각 에이전트가 각자 하나씩의 미풍을 느낀다는 것일까? 이 두 해석을 다음과 같이 표현할 수 있다.

$$\forall a \quad a \in Agents \Rightarrow$$
$$\exists b \quad b \in Breezes \wedge Feel(a,b);$$
$$\exists b \quad b \in Breezes \wedge \forall a \quad a \in Agents \Rightarrow$$
$$Feel(a,b).$$

유사 논리 형식한정에 관한 표준적인 접근방식 하나는, 문법이 실제 논리 의미 문장을 정의하는 대신 **유사 논리 형식**(quasi-logical form)을 정의하고, 그것을 파싱 과정 바깥의 알고리즘을 이용해서 논리 문장으로 변환하는 것이다. 그런 알고리즘은 여러 한정사 범위들의 순위를 결정하는 선호도 규칙을 가질 수 있으며, 문법이 그런 선호도들을 직접 반영할 필요는 없다.

화용론**화용론**(pragmatics): 지금까지의 논의는 에이전트가 단어열을 지각하고 문법을 이용해서 가능한 의미 해석들의 집합을 유도하는 방법에 관한 것이었다. 화용론은 현재 상황에 관한 문맥 의존적 정보를 추가해서 그러한 해석을 완성하는 문제에 관한 것이다. 화용론 정보가 필요한 가장 명백한 예는 **지표**(indexical), 즉 현재 상황을 직접 지칭하는 구의 의미 해소(resolution)이다. 예를 들어 "I am in Boston today"라는 문장에서 "I"와 "today"가 지표이다. "I"라는 단어는 화자를 뜻하는 유량(fluent)인 $Speaker$로 표현할 수 있으며, 서로 다른 경우들에서 지표가 지칭하는 지시 대상(referent)이 무엇인지 파악하는 것은 청자(hearer)의 몫이다. 이는 문법이 고려해야 할 사항이 아니라 화용론이 담당할 문제이다.

언어 행위화자의 의도를 해석하는 것도 화용론의 일부이다. 화자의 발화(utterance)를 하나의 **언어 행위**(speech act)로 볼 수 있다. 그리고 그 행위의 종류(질문, 서술, 약속, 경고, 명령 등)를 판독하는 것은 청자의 몫이다. "go to 2 2" 같은 명령문은 청자를 암묵적으로 지칭한다. 지금까지 살펴본 S에 대한 문법은 선언적인 문장들만 다루지만, 명령문도 포괄하도록 문법을 확장하는 것도 가능하다. 하나의 동사구는 명령문이 될 수 있는데, 이때 주어는 암묵적으로 명령문의 청자이다.

$$S(Command(Speaker, pred(Hearer))) \rightarrow VP(pred)$$

장거리 의존관계 **장거리 의존관계**(long-distance dependency): 도해 23.8에서 문장 "she didn't hear or even see him"은 *NP* "him"을 지칭하긴 하지만 *NP*가 생략된 두 틈(gap)이 있는 트리로 파싱되었다. 그러한 틈을 ⌞라는 기호로 표현하면 "she didn't [hear⌞ or even see⌞] him"이 된다. 일반적으로 틈과 그 틈이 지칭하는 *NP* 사이의 거리는 얼마든지 길 수 있다. "Who did the agent tell you to give the gold to⌞?"에서 틈은 11단어 떨어진 "Who"를 지칭한다.

증강된 규칙들을 가진 복잡한 체계를 이용하면 빠진 *NP*들이 제대로 부합되게 만들 수 있다. 그런 규칙들은 복잡하다. 예를 들어 *NP* 접속사구의 가지 하나에 틈이 있어서는 안 된다. "What did she play [*NP* Dungeons and ⌞]?"는 문법에 맞지 않는다. 그러나 한 *VP* 접속사구의 두 가지에 같은 틈이 있는 것은 허용된다. "What did you [*VP* [*VP* smell ⌞] and [*VP* shoot an arrow at ⌞]]?"라는 문장이 그런 예이다.

시간과 시제 **시간과 시제**(tense): 이를테면 "Ali loves Bo"와 "Ali loved Bo"를 구분하는 문제이다. 영어는 동사의 시제(과거, 현재, 미래)를 이용해서 사건의 상대적 시간을 나타낸다. 사건의 시간을 표현하는 한 가지 좋은 방법은 §10.3의 사건 산법 표기법이다. 사건 산법을 이용하면 앞의 두 문장을 다음과 같이 표현할 수 있다.

Ali loves Bo: $E_1 \in Loves(Ali, Bo) \wedge During(Now, Extent(E_1))$
Ali loved Bo: $E_2 \in Loves(Ali, Bo) \wedge After(Now, Extent(E_2))$.

이를 반영해서 단어 "loves"와 "loved"에 대한 두 어휘 규칙을 다시 정의한다면 다음과 같은 모습이 될 것이다.

$$Verb(\lambda y\ \lambda x\ e \in Loves(x, y) \wedge During(Now, e)) \rightarrow \mathbf{loves}$$
$$Verb(\lambda y\ \lambda x\ e \in Loves(x, y) \wedge After(Now, e)) \rightarrow \mathbf{loved}.$$

이런 변경들 외에 문법에 관한 다른 모든 것은 그대로 두어도 된다. 이는 고무적인 일이다. 동사의 시제 같은 복잡한 사항을 이처럼 쉽게 추가할 수 있다는 점은 우리가 올바른 방향으로 가고 있음을 암시하기 때문이다(비록 시간과 시제에 대한 완전한 문법의 극히 일부만 처리한 것이긴 하지만).

중의성 **중의성**(ambiguity): 우리는 중의성을 의사소통의 실패로 간주하는 경향이 있다. 청자가 발화에 존재하는 중의성을 인식한다는 것은 그 발화가 명확하지 않거나 헷갈린다는 뜻이다. 다음은 신문 기사 제목들에서 추출한 예이다.[역주5]

[역주5] 예를 들어 첫 문장에서 dog bite victim은 "개에게 물린 피해자"와 "개가 피해자를 물도록" 두 가지로 해석할 수 있다. 둘째 문장에서 run down은 "수를 줄이다"일 수도 있고 "뒤쫓다"일 수도 있다. 다른 문장들에도 이처럼 여러 가지로 해석할 수 있는 구들이 포함되어 있다.

Squad helps dog bite victim.
Police begin campaign to run down jaywalkers.
Helicopter powered by human flies.
Once-sagging cloth diaper industry saved by full dumps.
Include your children when baking cookies.
Portable toilet bombed; police have nothing to go on.
Milk drinkers are turning to powder.
Two sisters reunited after 18 years in checkout counter.

이런 혼동들은 예외에 해당한다. 대부분의 경우 우리가 듣는 언어는 중의성이 없는 것 같다. 그래서 1960년대에 컴퓨터를 이용해서 언어를 처음으로 분석하기 시작한 연구자들은 대부분의 발화는 가능한 파스들이 여러 개(어떨 때는 수백 개)로 중의적이며, 심지어 선호되는 하나의 파스가 모국어 화자가 인식하는 유일한 파스일 때도 그렇다는 점을 발견하고 크게 놀랐다. 예를 들어 영어 화자들은 "brown rice and black beans"(현미와 검은 콩)를 "[brown rice] and [black beans]"로 인식한다. "brown [rice and black beans]", 즉 "brown"이 전체 문구를 수식한다는 확률 낮은 해석은 전혀 고려하지 않는다. 또 다른 예로 "Outside of a dog, a book is a person's best friend"에서 "outside of"를 "~를 제외할 때"로 해석한다. 그래서 그 다음에 "Inside of a dog it's too dark to read"(개의 내부는 너무 어두워서 책을 읽기 어려우니까)라는 문장이 붙으면 재미있는 농담이 된다(미국 코미디언 그루초 막스의 농담).

어휘적 중의성   **어휘적 중의성**(lexical ambiguity)은 한 단어에 의미가 여러 가지인 것을 말한다. "back"은 부사일 수도 있고(go back) 형용사(back door)나 명사(the back of the room), 동사(back a candidate)나 고유명사(캐나다 누나부트 지역의 강 이름)일 수도 있다. "Jack"은 고유명사나 명사(놀이용 트럼프 카드의 하나, 육각형 금속제 게임 말, 해군 깃발, 생선, 새, 치즈, 소켓 등)일 수도 있고 동사(차를 들어 올리다, 빛으로 추적하다, 야구공을 힘껏 때리다)일 수도 있다. **구문적 중의성**(syntactic ambiguity)은 하나의 문구가 여러 개의 파스로 파싱되는 것을 말한다. "I smelled a wumpus in 2,2"의 파스는 두 개이다. 하나는 전치사구 "in 2,2"가 명사를 수식하고, 다른 하나는 동사를 수식한다. 구문적 중의성은 **의미적 중의성**(semantic ambiguity)으로 이어진다. 앞의 예에서 한 파스는 웜퍼스가 2,2에 있음을 뜻하고 다른 파스는 악취를 맡은 장소가 2,2임을 뜻한다. 이 경우, 잘못된 해석을 선택하는 것은 치명적인 실수일 수 있다.

구문적 중의성

의미적 중의성

    마지막으로, 문자 그대로의 의미와 비유적 의미 사이에도 중의성이 존재할 수 있다. 시에서 수사적 표현(figures of speech)이 중요함은 물론이고, 일상적인 대화에서도 수사적 표현이 흔하다. **환유**(metonymy)는 한 대상을 다른 대상으로 나타내는 수사적 표현이다. 예를 들어 "Chrysler announced a new model"(크라이슬러가 새 차종을 발표했다)이라는 문장을 듣고 회사가 말을 했다고 이해하지는 않는다. 보통은 회사의 대변인이 발표했다고 이해하기 마련이다. 환유는 흔하며, 인간 청자는 환유를 무의식적으로 해석하

환유

는 경우가 많다.

안타깝게도 이번 장에서 지금까지 정의한 문법은 다소 고지식하다. 환유의 의미를 제대로 처리하려면 완전히 새로운 수준의 중의성을 도입해야 한다. 한 가지 방법은 문장의 모든 구의 의미 해석에 대해 두 가지 객체를 제공하는 것이다. 하나는 그 구가 문자 그대로 지칭하는 객체(이 경우 크라이슬러)이고 또 하나는 환유적으로 지칭하는 객체(대변인)이다. 그런 다음에는 둘 사이에 관계가 존재함을 명시해야 한다. 현재의 문법에서 "Chrysler announced"는 다음과 같이 해석된다.

$$x = Chrysler \land e \in Announce(x) \land After(Now, Extent(e)).$$

이를 다음으로 바꾸어야 한다.

$$x = Chrysler \land e \in Announce(m) \land After(Now, Extent(e)) \\ \land Metonymy(m,x).$$

이 논리 문장은 크라이슬러와 상등인 하나의 개체 x와 발표(announce)를 한 또 다른 개체 m이 있으며, 그 둘은 환유 관계임을 뜻한다. 다음 단계는 발생 가능한 여러 종류의 환유 관계들을 정의하는 것이다. 가장 간단한 경우는 환유가 아예 없는 경우, 즉 리터럴 객체 x와 환유 객체 m이 동일한 경우이다.

$$\forall m,x \quad (m = x) \implies Metonymy(m,x).$$

크라이슬러의 예에서 합당한 일반화는, 한 조직(organization)의 이름을 그 조직의 대변인(spokesperson)을 나타내는 데 사용할 수 있다는 것이다.

$$\forall m,x \quad x \in Organizations \land Spokesperson(m,x) \implies Metonymy(m,x).$$

그 밖의 종류로는 저자 이름으로 작품을 환유하거나(나는 **셰익스피어**를 읽는다), 좀 더 일반적으로는 제조사 이름으로 제품을(나는 **혼다**를 몬다), 부분으로 전체를(레드삭스에는 강한 **팔**이 필요하다) 환유하는 등이 있다. "4번 테이블의 **햄 샌드위치**가 맥주를 더 시켰다"처럼 좀 더 참신한, 그리고 상황(주문한 고객의 이름을 모르는 경우 등)에 맞게 해석해야 하는 환유들도 있다.

은유　　또 다른 수사적 표현인 **은유**(metaphor)는 문자 그대로의(리터럴) 의미를 가진 문구를 이용해서 다른 어떤 의미를 암시하는 비유법이다. 즉, 은유는 유사 관계에 있는 것들을 이용한 환유의 일종이라 할 수 있다.

중의성 해소　　**중의성 해소**(disambiguation)는 주어진 발화가 의도했을 가능성이 가장 큰 의미를 복원하는 과정이다. 우리에게는 이 문제를 해결하는 틀이 이미 갖추어져 있다고도 할 수 있다. 각 규칙에는 확률이 부여되어 있으므로, 한 해석의 확률은 그 해석으로 이어진 규칙들의 확률들의 곱이다. 안타깝게도 확률은 문법을 배운 말뭉치에서 구들이 얼마나 많이 있는지만 반영하며, 그럼으로써 일반적인 지식을 반영할 뿐이다. 현재 상황에 대한 구체적인 지식은 반영하지 않는다. 중의성을 제대로 해소하려면 다음과 같은 네 가지 모형을 결합해야 한다.

1. **세계 모형**(world model): 주어진 명제가 세계에서 발생할 가능성의 크기(가능도). 세계에 대한 우리의 상식에서, 화자가 "나 죽었어"라고 말하는 것은 "내 생명이 끝났지만, 여전히 나는 말을 할 수 있다"라는 뜻보다는 "큰 문제가 생겼다" 또는 "비디오 게임에서 졌다"라는 뜻일 가능성이 더 크다.

2. **정신 모형**(mental model): 화자가 특정 사실을 청자에게 알려 주려는 의도를 가지고 있을 가능성의 크기. 이 접근방식은 화자가 믿는 것의 모형과 청자가 믿는다고 화자가 믿는 것의 모형 등의 모형들을 결합한다. 예를 들어 어떤 정치인이 "I am not a crook"라고 말했을 때 세계 모형은 그 정치인이 사기꾼(crook)이 아니라는 명제에 대해 50%의 확률만 부여하고, 그가 양치기가 가지고 다니는 손잡이가 구부러진 지팡이(역시 crook)가 아니라는 명제에는 99.999%의 확률을 부여할지도 모른다. 그래도 우리는 전자의 해석을 선택한다. 전자가 그 정치인이 뜻하는 바일 가능성이 더 크기 때문이다.

3. **언어 모형**: 화자가 특정 사실에 대해 의사소통하고자 하는 의도를 가지고 있을 때, 특정 단어열이 선택될 가능성의 크기.

4. **음향 모형**(acoustic model): 구두 의사소통에서, 화자가 특정 단어열을 선택했을 때 특정한 음성들의 순차열이 발생할 가능성의 크기. (필기 또는 타이핑을 통한 의사소통을 위해서는 광학 문자 인식(OCR) 문제를 해결해야 한다.)

23.6 자연어 처리 과제들

자연어 처리는 이 주제만으로도 책 한두 권이 필요할 정도로 커다란 분야이다(Goldberg, 2017; Jurafsky 및 Martin, 2020). 이번 장에서는 자연어 처리의 주된 과제 몇 가지를 간략히 설명한다. 좀 더 자세한 사항은 참고문헌들을 보기 바란다.

음성 인식

음성 인식(speech recognition)은 발화된 음성 데이터를 텍스트로 변환하는 과제이다. 일단 음성 데이터를 텍스트로 변환하고 나면 그 텍스트로 추가적인 과제들(질의응답 등)을 수행할 수 있다. 요즘 음성 인식 시스템들의 단어 인식 오류율은 약 3%에서 5%(시험 집합의 세부사항에 따라)인데, 이는 사람이 받아쓰기를 할 때와 비슷한 수준이다. 음성 인식을 활용하는 시스템이 풀어야 할 난제 하나는 개별 단어의 인식에 오류가 있을 때에도 적절한 응답을 만들어 내는 것이다.

요즘 쓰이는 최상급 시스템들은 순환 신경망과 은닉 마르코프 모형의 조합을 사용한다(Hinton 외, 2012; Yu 및 Deng, 2016; Deng, 2016; Chiu 외, 2017; Zhang 외, 2017). 2011년에 음성 인식 분야에 심층 신경망이 도입되자마자 오류율이 극적으로 약 30% 정도 개선되었다. 이 덕분에, 그전에는 오류율이 1년에 한 자리수 퍼센트 정도로만 개선되든 이 분야가 갑자기 성숙한 분야로 보이기 시작했다. 애초에 음성 인식은 합성적 분해가 자연스럽다보니(문장은 단어들로, 단어는 음소들로, 음소는 파형들로 분해된다) 심층 신경망이 잘 맞는다. 음성 인식은 다음 장에서 좀 더 논의한다.

음성 합성(text-to-speech)은 음성 인식의 반대이다. 즉, 텍스트에서 음성으로 간다. [Taylor, 2009]는 이 분야를 책 한 권 분량으로 소개한다. 이 과제를 위해 풀어야 할 문제는 각 단어를 제대로 발음하는 것, 그리고 적절한 휴지(pause)와 강조로 문장의 흐름을 매끄럽게 하는 것이다.

또 다른 개발 영역으로는 서로 다른 목소리를 합성하는 것이 있다. 일반적인 남성 또는 여성 목소리 중 하나를 선택하는 수준에서 더 나아가서 지역별 방언을 구현하거나 심지어 유명 인사의 목소리를 흉내내기도 한다. 음성 인식처럼 음성 합성 분야도 심층 신경망을 도입하면서 크게 발전했다. 청자의 약 2/3는 신경망 기반 WaveNet 시스템이 신경망을 사용하지 않은 이전 시스템보다 더 자연스럽게 들린다고 말한다(van den Oord 외, 2016).

기계 번역은 한 언어의 텍스트를 다른 언어로 변환한다. 기계 일반적으로 번역 시스템들은 2개 국어 말뭉치, 즉 두 언어(이를테면 영어와 프랑스어)의 문서 쌍들의 집합으로 훈련된다. 이 문서들에 사람이 어떤 형태로든 주해를 붙일 필요는 없다. 기계 번역 시스템은 문장들과 문구들을 짝짓는 방법을 배우며, 이전에 보지 못한 한 언어의 문장이 주어지면 그것을 다른 언어로 번역한 문장을 생성한다.

2000년대 초반의 시스템들은 n-그램 모형을 사용했으며, 원문의 전반적인 의미를 꽤 잘 전달하는 번역문을 산출했지만 대부분의 문장에 구문 오류가 있었다. 한 가지 문제점은 n-그램의 길이에 한계가 있다는 것이었다. n을 비교적 크게 7로 잡는다고 해도 문장의 한 끝에서 다른 끝으로 정보를 전달하기 어려웠다. 또 다른 문제점은 n-그램 모형의 모든 정보가 개별 단어 수준에 존재한다는 것이었다. 그런 시스템은 "black cat"를 "chat noir"로 번역하는 법을 배우기는 해도, 영어에서는 일반적으로 명사가 형용사 전에 오지만 프랑스에서는 그 순서가 반대라는 규칙을 배우지는 못한다.

순환 신경망을 이용한 순차열 대 순차열(sequence-to-sequence) 모형(Sutskever 외, 2015)은 이런 문제를 피해간다. 이 모형은 일반화가 더 잘되고(특정 단어의 n-그램 개수 대신 단어 내장을 사용할 수 있기 때문), 심층 신경망의 여러 수준에 걸쳐 합성 모형을 형성함으로써 정보를 효과적으로 전달할 수 있다. 이후 트랜스포머 모형의 주의 집중 메커니즘을 이용해서 성능을 더욱 개선한 모형이 나왔고(Vaswani 외, 2018), 그런 모형들의 장점을 결합한 혼성 모형은 성능이 더욱 개선되어서 몇몇 언어쌍에 대해 사람 수준의 성과에 근접했다(Wu 외, 2016b; Chen 외, 2018).

정보 추출(information extraction)은 텍스트를 훑어서 특정 부류의 대상들을 찾고 그런 대상들의 관계를 파악함으로써 지식을 획득하는 과정이다. 정보 추출의 전형적인 응용 예는 웹 페이지에서 주소를 추출해서 도로명, 도시, 주, 우편번호 같은 필드들이 있는 데이터베이스를 구축하는 것이다. 또는, 기상 보고서의 폭풍 사례들에서 기온, 풍속, 강수량 같은 필드들을 추출하기도 한다. 원본 텍스트가 잘 구조화되 있으면(이를테면 표

음성 합성

정보 추출

형식으로) 정규표현식 같은 간단한 기술로도 정보를 추출할 수 있다(Cafarella 외, 2008). 그러나 특정 종류의 사실(기상 보고서 등)이 아니라 **모든** 사실을 추출하려면 문제가 좀 더 어려워진다. [Banko 외, 2007]은 열린, 계속 증가하는 관계들의 집합들에 대한 추출을 수행하는 TEXTRUNNER라는 시스템을 서술한다. 무정형의 텍스트에서 대해서는 은닉 마르코프 모형과 규칙 기반 학습 시스템 같은 기법으로 정보를 추출할 수 있다(TEXTRUNNER와 NELL(Never-Ending Language Learning; Mitchell 외, 2018)이 그런 기법들을 사용한다). 좀 더 최근 시스템들은 순환 신경망으로 단어 내장의 유연성을 활용한다. [Kumar, 2017]이 이런 주제를 개괄한다.

정보 검색

정보 검색(information retrieval; 또는 정보 조회)는 주어진 질의문과 관련된 중요한 문서들을 찾는 과제이다. 구글이나 바이두^{Baidu} 같은 인터넷 검색 엔진들은 이 과제를 하루에 수십억 번 수행한다. 이 주제에 관한 좋은 교과서로는 [Manning 외, 2008]과 [Croft 외, 2010], [Baeza-Yates 및 Ribeiro-Neto, 2011]이 있다.

질의응답

질의응답(question answering)은 질의가 "Who founded the U.S. Coast Guard?(미국 해안 경비대를 창설한 사람은?)" 같은 실제 의문문이고 그 응답은 순위를 매긴 문서들의 목록이 아니라 "Alexander Hamilton" 같은 실제 답변이라는 점에서 정보 검색과 다르다. 질의응답 시스템은 1960대부터 있었는데, 당시 시스템은 이번 장에서 논의한 구문적 파싱에 의존했다. 그러나 질의응답의 포괄 범위가 극적으로 넓어진 것은 2001년경 질의응답 시스템이 웹 정보 검색을 사용하기 시작하면서부터이다. [Katz, 1997]은 START라는 파서 및 질의응답 시스템을 서술한다. [Banko 외, 2002]는 AskMSR이라는 시스템을 서술하는데, 구문 파싱 능력은 START보다 덜 정교하지만 웹 검색과 결과 정렬을 좀 더 적극적으로 사용한다는 특징이 있다. 예를 들어 "Who founded the U.S. Coast Guard?"라는 질문이 들어오면 이 시스템은 질의문에 단어 "who"가 있으니 답변은 사람이어야 한다는 점을 인식하고는 [* founded the U.S. Coast Guard]와 [the U.S. Coast Guard was founded by *] 같은 질의문으로 웹 페이지들을 검색해서 답변일 가능성이 큰 것을 선택한다. Text REtrieval Conference(TREC)는 이 주제에 관한 연구 성과를 취합하며, 1991년부터 매년 경진대회를 개최하고 있다(Allan 외, 2017). 최근에는 기본적인 과학 질문들을 모은 AI2 ARC(Clark 외, 2018) 같은 새로운 종류의 시험 집합들도 등장했다.

요약

이번 장의 요점은 다음과 같다.

- n-그램에 기초한 확률적 언어 모형은 언어에 대해 놀랄 만큼 많은 양의 정보를 복원한다. 그런 언어 모형들은 언어 식별, 철자 교정, 감정 분석, 장르 분류, 개체명 인식 같은 다양한 과제들에 잘 통한다.

- 특징이 수백만 개인 언어 모형들도 있으므로, 데이터의 전처리와 평활화로 잡음을 줄이는 것이 중요하다.
- 통계적 언어 시스템을 구축하는 가장 좋은 방법은 사용 가능한 **데이터**를 잘 활용하는 모형을 고안하는 것이다. 모형이 과도하게 단순해 보이는 경우라도, 중요한 것은 데이터이다.
- 단어 내장은 단어와 단어들 사이의 유사성을 좀 더 풍부하게 표현할 수 있다.
- 언어의 위계적 구조를 반영하는 데에는 **구 구조** 문법(특히 **문맥 자유** 문법)이 유용하다. 확률적 문맥 자유 문법(PCFG) 형식론이 널리 쓰이며, 의존 문법 형식론도 널리 쓰인다.
- 문맥 자유 언어의 문장들은 **CYK 알고리즘** 같은 **차트 파서**를 이용해서 $O(n^3)$의 시간으로 파싱할 수 있다. 그런 파서를 사용하려면 문법 규칙들이 **촘스키 정규형**을 따라야 한다. 빔 검색이나 이동-축약 파서를 이용하면 정확도를 조금 잃는 대신 자연어를 $O(n)$ 시간으로 파싱할 수 있다.
- **트리뱅크**는 매개변수들을 가진 PCFG 문법의 학습을 위한 자원이 될 수 있다.
- 주어-동사 호응와 대명사의 격 같은 문제를 다룰 때에는 문법을 **증강**하는 것이 편리하다. 정보를 그냥 범주 수준에서 표현하는 것이 아니라 단어 수준에서 표현하는 데에도 문법의 증강이 유용하다.
- **의미 해석** 역시 증강 문법으로 처리할 수 있다. 질문과 질문의 논리형의 쌍 또는 질문과 답변의 쌍으로 이루어진 말뭉치로부터 의미 문법을 배울 수 있다.
- 자연어는 복잡하며, 형식 문법으로 반영하기는 어렵다.

참고문헌 및 역사적 참고사항

n-그램 문자 모형을 언어 모형화에 이용한다는 착안은 [Markov, 1913]이 제안했다. 영어의 단어 n-그램 모형을 처음으로 만든 사람은 클로드 섀넌이다(Shannon 및 Weaver, 1949). **단어 모음** 또는 '단어들의 자루(bag-of-words)' 모형은 언어학자 젤리그 해리스의 한 문구(Harris, 1954)인 "언어는 단지 단어들의 자루가 아니라 구체적인 속성들을 가진 도구이다"에서 이름을 딴 것이다. [Norvig, 2009]는 n-그램 모형들로 수행할 수 있는 과제들의 몇 가지 예를 제시한다.

촘스키는 문맥 자유(context-free) 모형에 비한 유한상태 모형의 한계들을 지적하고, "확률적 모형이 구문 구조의 기본 문제 중 일부에 대해 특별한 통찰을 제공하지는 않는다"라는 결론을 내렸다(Chomsky, 1956, 1957). 이는 참이지만, 확률적 모형이 **다른** 몇몇 기본 문제들, 문맥 자유 모형이 무시하는 문제들에 통찰을 제공하는 것은 **사실**이다. 촘스키의 논평은 20년간 수많은 사람이 통계적 모형을 멀리하는 안타까운 부작용을 낳았다. 통계적 모형은 음성 인식 분야에 쓰이면서 다시 출현했다(Jelinek, 1976). 인지과학에서도 통계적 모형이 다시 등장했는데, 인지과학의 **최적성 이론**(optimality theory)은 언어가 서로 경쟁하는 제약들을 최적으로 충족하는 가장 유망한 후보를 찾는 방식으로 작동한다고 가정한다.

하나 더하기(add-one) 평활화는 피에르 시몽 라플라스가 처음 제안했고(Laplace, 1816) 제프리스가 형식화했다(Jeffreys, 1948). 그밖에 보간 평활화(Jelinek 및 Mercer, 1980), 위튼-벨 평활화(Witten 및 Bell, 1991), 굿-튜링 평활화(Church 및 Gale, 1991), 네서-네이 평활화(Kneser 및 Ney, 1995; Och 및 Ney, 2004), '멍청한 후퇴'(Brants 외, 2007) 등 여러 평활화 방법이 있다. [Chen 및 Goodman, 1996]과 [Goodman, 2001]은 평활화 기법들을 개괄한다.

간단한 n-그램 문자 모형과 단어 모형이 확률적 언어 모형의 전부는 아니다. **잠재 디리클레 할당**(latent Dirichlet allocation)이라는 확률적 텍스트 모형은 하나의 문서를 주제(topic)들의 혼합으로 간주한다(Blei 외, 2002; Hoffman 외, 2011). 각 주제는 자신만의 단어 분포를 가진다. 이 모형은 [Deerwester 외, 1990]에 나온 **잠재 의미론 색인화**(latent semantic indexing) 모형의 확장 및 해석이라 할 수 있다. 또한 이는 [Sahami 외, 1996]의 다중 원인 혼합 모형과도 관련이 있다. 물론 제24장에서 다루는 심층학습 모형 같은 비확률적 언어 모형들도 많은 관심을 끌고 있다.

[Joulin 외, 2016]은 효율적인 텍스트 분류를 위한 다양한 요령을 제시한다. [Joachims, 2001]은 통계적 학습 이론과 지지 벡터 기계를 이용해서, 분류가 성공적일 경우를 이론적으로 분석한다. [Apté 외, 1994]는 "Earnings(수익)" 범주에 속하는 로이터 통신의 기사들을 96%의 정확도로 분류한 사례를 보고한다. [Koller 및 Sahami, 1997]은 단순 베이즈 분류기로 최대 95%의 정확도를, 그리고 베이즈 분류기로 최대 98.6%의 정확도를 달성한 사례를 보고한다.

[Schapire 및 Singer, 2000]은 간단한 선형 분류기로도 좀 더 복잡한 모형만큼이나 높은 정확도를 얻을 수 있으며, 복잡한 모형보다 더 빨리 실행됨을 보여 준다.

[Zhang 외, 2016]은 문자 수준(단어 수준이 아니라) 텍스트 분류기를 서술한다. [Witten 외, 1999]는 분류를 위한 압축 알고리즘들을 서술하고, LZW 압축 알고리즘과 최대 엔트로피 언어 모형 사이에 깊은 연관 관계가 있음을 보여 준다.

Wordnet(Fellbaum, 2001)은 약 10만 개의 단어와 구로 이루어진 공개 영어 사전으로, 단어들이 품사별로 분류되어 있으며 동의어나 반대말, 전체-부분 같은 의미 관계로 연결되어 있다. [Charniak, 1996]과 [Klein 및 Manning, 2001]은 트리뱅크 문법의 파싱을 논의한다. 영국 국립 말뭉치(British National Corpus; Leech 외, 2001)에는 1억 개의 단어가 있으며, 월드와이드웹에는 수조 개의 단어가 있다. [Franz 및 Brants, 2006]은 1조 단어 분량의 웹 텍스트에서 추출한 1,300만 개의 고유한 단어들로 이루어진, 누구나 사용할 수 있도록 공개된 구글 n-그램 말뭉치를 서술한다. [Buck 외, 2014]는 Common Crawl 프로젝트가 제공하는 비슷한 데이터 집합을 서술한다. 펜 트리뱅크(Marcus 외, 1993; Bies 외, 2015)는 300만 단어 분량의 영어 말뭉치에 대한 파스 트리들을 제공한다.

생물정보학 문제들에도 여러 n-그램 모형 기법이 쓰였다. 생물통계학과 확률적 NLP는 점점 가까워지는데, 이는 둘 다 구성 성분들의 알파벳으로 이루어진 길고 구조화된 순차열을 다루기 때문이다.

초기 품사(POS) 태깅 프로그램들은 규칙 집합(Brill, 1992), n-그램(Church, 1988), 결정 트리(Màrquez 및 Rodríguez, 1998), HMM(Brants, 2000), 로지스틱 회귀(Ratnaparkhi, 1996) 등 다양한 기법을 사용했다. 예전에는 로지스틱 회귀 모형을 '최대 엔트로피 마르코프 모형(maximum entropy Markov model, MEMM)이라고 불렀으므로, 그 이름을 사용한 연구 논문들도 있다. [Jurafsky 및 Martin, 2020]의 한 장(chapter)은 품사 태깅을 잘 설명한다. [Ng 및 Jordan, 2002]는 분류 작업을 위한 판별 모형과 생성 모형을 비교한다.

의미망처럼, 문맥 자유 문법은 사스트라 산스크리트를 연구하는 고대 인도 문법학자들(특히 기원전 350년경의 파니니^{Panini})이 처음 발견했다(Ingerman, 1967). 그런 기법들을 영어의 분석을 위해 노엄 촘스키가 재발명했으며(Chomsky, 1956), 그와는 독립적으로 존 배커스$^{John\ Backus}$와 페테르 나우어$^{Peter\ Naur}$가 Algol-58의 분석을 위해 재발명했다 (Backus, 1959).

확률적 문맥 자유 문법을 처음으로 고찰한 논문은 [Booth, 1969]와 [Salomaa, 1969]가 있다. 훌륭한 짧은 전공 교과서 [Charniak, 1993]과 훌륭한 긴 교과서 [Manning 및 Schűtze, 1999] 및 [Jurafsky 및 Martin, 2008]에 PCFG 알고리즘들이 나온다. [Baker, 1979]는 PCFG의 학습을 위한 내부-외부 알고리즘을 소개한다. **어휘화된 PCFG**(Lexicalized PCFG)는 PCFG와 n-그램 모형의 장점들을 결합한다(Charniak, 1997; Hwa, 1998). [Collins, 1999]는 표제어 특징들로 어휘화된 PCFG 파싱을 서술하고, [Johnson, 1998]은 PCFG의 정확도가 트리뱅크(PCFG가 확률들을 배운)의 구조에 어떻게 의존하는지 보여준다.

'순수' 언어학과 계산 언어학 모두에서, 자연어의 형식 문법을 작성하려는 시도가 많이 있었다. 영어의 상세한, 그러나 비형식적인 문법들은 여러 개 있다(Quirk 외, 1985; McCawley, 1988; Huddleston 및 Pullum, 2002). 1980년대부터는 어휘화가 강조되어서, 어휘 목록에 더 많은 정보를 집어넣고 문법에는 덜 집어넣는 경향이 생겼다.

어휘 기능 문법(lexical-functional grammar, LFG; Bresnan, 1982)은 고도로 어휘화된 최초의 주요 문법 형식론이다. 어휘화를 극단으로까지 밀고 나가면, 문법 규칙이 단 두 개뿐일 수도 있는 **범주 문법**(categorial grammar; Clark 및 Curran, 2004)이나 구문 범주는 없고 오직 단어들 사이의 관계만 있는 **의존 문법**(dependency grammar; Smith 및 Eisner, 2008; Kűbler 외, 2009)에 도달한다.

전산화된 파싱 알고리즘은 [Yngve, 1955]가 처음으로 시연했다. 효율적인 알고리즘들은 1960년대에 개발되었으며, 이후 몇 번의 변형을 거쳤다(Kasami, 1965; Younger, 1967; Earley, 1970; Graham 외, 1980). [Church 및 Patil, 1982]는 구문적 중의성 문제와 그 해결 방법들을 서술한다.

[Klein 및 Manning, 2003]은 A* 파싱을 설명하고, [Pauls 및 Klein, 2009]는 그것을 하나의 파스가 아니라 최선의 파스 K개를 산출하는 K-최선(best) A* 파싱으로 확장한다.

[Goldberg 외, 2013]은 빔 검색 파서가 $O(n^2)$이 아니라 $O(n)$으로 실행되는 데 꼭 필요한 구현 요령들을 서술한다. [Zhu 외, 2013]은 자연어를 위한 빠른 결정론적 이동-축약 파서를 서술하고, [Sagae 및 Lavie, 2006]은 검색을 이동-축약 파서에 추가해서 속도를 조금 희생하는 대신 정확도를 높이는 방법을 제시한다.

요즘에는 아주 정확한 오픈소스 파서들이 많은데, 이를테면 구글 Parsey McParseface (Andor 외, 2016), Stanford Parser(Chen 및 Manning, 20 14), Berkeley Parser(Kitaev 및 Klein, 2018), SPACY 파서 등이 있다. 이들은 모두 신경망을 이용해서 일반화를 수행하며, 월 스트리트 저널 시험 집합이나 펜 트리뱅크 시험 집합에 대해 약 95%의 정확도를 보인다. 그러나 이 분야에는 이들이 소수의 선택된 말뭉치들에만 집중한다는, 그리고 어쩌면 그것들에 과대적합되었을 수 있다는 비판이 존재한다.

자연어의 형식적 의미 해석의 기원은 철학과 형식 논리 분야, 특히 형식 언어의 의미론에 관한 알프레드 타르스키의 연구(Tarski, 1935)이다. [Bar-Hillel, 1954]는 화용론 문제(지표 등)를 처음으로 고찰하고 그 문제를 형식 논리로 풀 수 있다고 제안했다. 리처드 몬태규의 소논문 "English as a formal language"(Montague, 1970)는 언어의 논리적 분석에 대한 일종의 선언서(manifestor)이다. 좀 더 읽기 쉬운 책으로는 [Dowty 외, 1991], [Portner 및 Partee, 2002], [Cruse, 2011]이 있다. 의미 해석 프로그램들은 가장 유망한 해석을 선택하도록 설계되지만, 문학 비평가들은 중의성이라는 것이 과연 해소해야 할 대상인지(또는 존중해야 할 것인지)에 관해 애매한 태도를 취했다(Empson, 1953; Hobbs, 1990). [Norvig, 1988]은 하나의 최대 가능도 해석을 고집하는 대신, 다수의 동시적인 해석들을 고려하는 문제를 논의한다. [Lakoff 및 Johnson, 1980]은 영어에서 흔히 쓰이는 은유들을 취합하고 매력적인 분석을 제시한다. [Martin, 1990]과 [Gibbs, 2006]은 은유 해석의 계산 모형을 제공한다.

실질적인 과제를 해결한 최초의 NLP 시스템은 질문-답변 시스템인 BASEBALL(Green 외, 1961)이다. 이 시스템은 야구 통계 데이터베이스에 관한 질문들을 처리했다. 그 다음은 블록 세계 장면에 관한 질문과 명령을 처리하는 SHRDLU(Winograd, 1972)와 아폴로 계획으로 달에서 가져온 암석들에 관한 질문에 답하는 LUNAR(Woods, 1973)이다.

[Banko 외, 2002]는 ASKMSR 질문-답변 시스템을 소개한다. 비슷한 시스템이 [Kwok 외, 2001]에 나왔었다. [Pasca 및 Harabagiu, 2001]은 대회 수상 경력의 질문-답변 시스템 하나를 논의한다.

일반적으로 현대적인 의미 해석 접근방식들은 구문에서 의미로의 사상을 견본들에서 배운다고 가정한다(Zelle 및 Mooney, 1996; Zettlemoyer 및 Collins, 2005; Zhao 및 Huang, 2015). **문법 귀납**(grammar induction)에 관한 최초의 중요한 결과는 부정적인 것이었다. [Gold, 1967]은 정확한 문맥 자유 문법을, 그 문법을 따르는 일단의 문자열들로부터 신뢰성 있게 배우는 것이 불가능함을 보였다. 촘스키(Chomsky, 1957)나 핑커(Pinker, 2003) 같은 저명한 언어학자들은 모든 사람이 날 때부터 지니는 어떤 천부적인 **보편 문법**(universal grammar)이 존재해야 한다는 주장에 골드의 결과를 사용했다. 소위 **자극의**

보편 문법

빈곤(Poverty of the Stimulus) 주장에 따르면, 아이들은 CFG를 배우기에 충분한 입력을 받지 못하며, 따라서 아이들은 날 때부터 문법을 '알고' 있어야 하며, 아이들이 말을 배운다는 것은 단지 그 문법의 매개변수들 중 일부를 조율하는 것일 뿐이다.

촘스키 언어학의 상당 부분에서는 이 주장이 여전히 성립하지만, 일부 언어학자들 (Pullum, 1996; Elman 외, 1997)과 대부분의 컴퓨터 과학자들은 그러한 주장을 기각한다. 벌써 1969년에 호닝은 **확률적 문맥 자유 문법**을 배우는(PAC 학습의 의미에서) 것이 실제로 **가능함**을 보였다(Horning, 1969). 그 후로 양성 견본들만으로 언어 학습이 가능함을 보여 주는 믿을 만한 실험 결과들이 여럿 나왔는데, 이를테면 귀납 논리 프로그래밍을 이용한 의미 문법 학습에 관한 [Muggleton 및 De Raedt, 1994] 및 [Mooney, 1999]와 박사 학위 논문 [Schutze, 1995]와 [de Marcken, 1996], 그리고 트랜스포머 모형(제24장)에 기초한 모든 현대적 언어 처리 시스템이 그러한 예이다. 관련 학술대회로는 연례 International Conference on Grammatical Inference (ICGI)가 있다.

제임스 베이커의 DRAGON 시스템(Baker, 1975)은 최초의 성공적인 음성 인식 시스템으로 간주할 수 있다. DRAGON은 음성에 HMM을 처음으로 사용한 시스템이다. 그 후 몇십 년 동안 확률적 언어 모형에 기초한 시스템들이 나왔으나, 최근에는 심층 신경망(Hinton 외, 2012)으로 흐름이 바뀌었다. [Deng, 2016]은 심층학습이 음성 인식을 빠르게 개선하는 데 어떤 영향을 미쳤는지 설명하고 다른 NLP 작업들에 대한 영향도 고찰한다. 음성 인식은 심층학습의 성공을 대중적으로 알린 첫 응용 분야이다(곧이어 컴퓨터 시각 분야가 주목을 받았다).

인터넷 검색이 널리 쓰이면서 **정보 검색** 분야에 대한 관심이 더욱 높아졌다. 이 분야의 기본을 다루는 교과서로는 [Croft 외, 2009]와 [Manning 외, 2008]이 있다. TREC 학술대회는 매년 IR 시스템 경진대회를 주최하고 그 결과를 담은 회보를 출판한다.

[Brin 및 Page, 1998]은 페이지들 사이의 링크들을 고려하는 PageRank 알고리즘을 서술하고, 웹 검색 엔진 구현을 개괄한다. [Silverstein 외, 1998]은 수십억 건의 웹 검색 기록을 조사한 결과를 제시한다. 학술지 *Information Retrieval*과 연례 주요 *SIGIR* 학술대회 회보는 이 분야의 최근 발전을 다룬다.

정보 추출은 미합중국 정부가 후원하는 연례 Message Understand Conferences (MUC) 덕분에 많이 발전했다. [Roche 및 Schabes, 1997], [Appelt, 1999], [Muslea, 1999]는 템플릿 기반 시스템들을 개괄한다. 사실들을 추출해서 커다란 데이터베이스를 구축한 사례로는 [Craven 외, 2000]과 [Pasca 외, 2006], [Mitchell, 2007], [Durme 및 Pasca, 2008]이 있다. [Freitag 및 McCallum, 2000]은 HMM과 정보 추출을 논의한다. 조건부 확률 필드들도 정보 추출에 쓰였다(Lafferty 외, 2001; McCallum, 2003). [Sutton 및 McCallum, 2007]은 실무 지침을 포함한 튜토리얼이다. [Sarawagi, 2007]는 이 분야를 전체적으로 개괄한다.

NLP를 위한 자동화된 지식 공학에 큰 영향을 미친 초기 논문이 둘 있다. 하나는 자동으로 구축한 사전이 손으로 세심하게 짠 영역 국한적 사전만큼이나 잘 작동했음을 보여 주는 [Riloff, 1993]이고 또 하나는 단어 의미 분류 과제를 이름표 없는 텍스트 말뭉치에 대한 비지도학습을 통해서 지도학습 방법들만큼이나 높은 정확도로 수행할 수 있음을 보여 준 [Yarowsky, 1995]이다.

일단의 이름표 붙은 견본들로부터 템플릿과 견본을 동시에 추출한다는 착안은 [Blum 및 Mitchell, 1998]과 [Brin, 1998]이 따로 제시했다. 전자는 그것을 **cotraining**(공동 훈련)이라고 불렀고, 후자는 DIPRE(Dual Iterative Pattern Relation Extraction)라고 불렀다. 지금은 *cotraining*이라는 용어가 정착되었는데, 그 이유는 굳이 설명하지 않아도 될 것이다. 그와 비슷한 연구가 부트스트래핑(bootstrapping)이라는 이름으로 진행되었다(Jones 외, 1999). 공동 훈련 방법을 QXTRACT(Agichtein 및 Gravano, 2003) 시스템과 KNOWITALL (Etzioni 외, 2005) 시스템이 더욱 발전시켰다. 기계 독해는 [Mitchell, 2005] 와 [Etzioni 외, 2006]이 소개했다. 기계학습에 초점을 둔 시스템으로는 TEXTRUNNER 프로젝트(Banko 외, 2007; Banko 및 Etzioni, 2008)가 있다.

이번 장에서는 자연어 텍스트 문장에 초점을 두었지만, 언어적 구조가 아니라 텍스트의 물리적 구조 또는 위치상의 배치에 기초해서 정보를 추출할 수도 있다. 목록, 표, 도표, 그래프, 도식(HTML로 표현되었든 아니면 PDF 문서의 시각 분석을 통해서 접근하든) 등은 추출하고 통합할 수 있는 데이터의 출처이다(Hurst, 2000; Pinto 외, 2003; Cafarella 외, 2008).

켄 처치는 지금까지의 자연어 연구가 데이터에 대한 집중(경험주의)과 이론에 대한 집중(합리주의) 사이를 왕복했음을 보였다(Church, 2004). 그는 좋은 언어 자원과 평가 방식을 갖추는 것의 장점들을 설명했지만, 너무 많이 나간 것은 아닌지 걱정했다(Church 및 Hestness, 2019). 초기에 언어학자들은 단어 빈도를 포함한 실제 언어 사용 데이터에 집중했다. 그러나 노엄 촘스키가 유한상태 모형들의 한계를 시연하자(Chomsky, 1956) 연구자들은 실제 언어 사용보다는 이론적 연구에 강조를 두게 되었다. 그러한 접근방식이 그 후 20년을 주도했지만, 통계적 음성 인식에 대한 연구 성과(Jelinek, 1976) 덕분에 경험주의가 부활했다. 지금까지도 경험적 언어 데이터에 대한 강조가 이어지고 있으며, 단순한 단어열이 아니라 구문 트리와 의미 관계 같은 좀 더 높은 수준의 구성요소들을 고려하는 통계적 모형들을 구축하는 데에도 관심이 높아졌다. 또한 언어의 심층학습 신경망 모형(제24장)도 크게 강조되고 있다.

언어 처리의 응용에 관한 연구 성과는 격년제 학술대회 Applied Natural Language Processing(ANLP)과 연례 학술대회 Empirical Methods in Natural Language Processing (EMNLP) , 그리고 학술지 *Natural Language Engineering*에 발표된다. 좀 더 넓은 범위의 NLP 성과들은 학술지 *Computational Linguistics*와 해당 학술대회 ACL, 그리고 학술대회 International Computational Linguistics(COLING)에 발표된다. [Jurafsky 및 Martin, 2020] 은 음성과 NLP에 관한 상세한 입문서이다.

24
CHAPTER

자연어 처리를 위한 심층학습

이번 장에서는 자연어의 구조뿐만 아니라 유동성도 반영하는 심층 신경망으로 다양한 NLP 작업을 처리하는 방법을 살펴본다.

제23장에서 문법과 의미론을 비롯한 자연어의 핵심 요소를 설명했다. 파싱과 의미 분석에 기반한 시스템들이 여러 NLP 과제에서 성공을 거두긴 했지만, 실제 텍스트의 언어적 현상에 존재하는 끝없는 복잡성 때문에 그런 시스템들의 성능에는 한계가 있다. 요즘에는 기계가 처리할 수 있는 형태의 텍스트가 엄청나게 많으므로, 데이터 주도적 기계학습에 기초한 접근방식들이 더 효과적일 것이라는 가설을 고찰해 보아야 마땅하다. 이번 장에서는 그러한 가설을 심층학습 시스템이 제공하는 도구들(제21장)을 이용해서 살펴본다.

우선 §24.1에서는 단어를 원자적인 값이 아니라 고차원 공간의 점으로 표현함으로써 학습을 개선하는 방법을 소개한다. §24.2에서는 순환 신경망을 이용해서 텍스트를 순차적으로 처리하면서 텍스트의 의미와 장거리 문맥을 반영하는 방법을 다룬다. §24.3은 NLP에 적용된 심층학습의 주된 성공 사례인 기계 번역에 초점을 둔다. §24.4와 §24.5에서는 분류되지 않은 대량의 텍스트로 훈련한 후 구체적인 과제에 적용할 수 있는 모형들을 소개한다. 이런 모형들이 현재 최고 수준의 성과를 보일 때가 많다. 마지막으로 §24.6에서는 심층학습 기반 NLP의 현황을 개괄하고 향후 발전 방향을 고찰한다.

24.1 단어 내장

사람이 직접 특징 공학(feature engineering)을 수행하지 않아도 되면서도 연관 단어들 사이의 일반화가 가능한 단어 표현 방법이 있으면 좋을 것이다. 단어들은 구문적으로 연관되고("colorless"와 "ideal"은 둘 다 형용사이다), 의미론적으로 연관되고("cat"와 "kitten"는 둘 다 고양이이다), 주제에 따라 연관되고("sunny"와 "sleet"는 날씨에 관한 단어이다), 감정에 따라 연관된다("awesome"은 "cringeworthy"와는 반대의 감정을 담은 단어이다). 그외에도 다양한 방식으로 연관된다.

신경망으로 단어들을 처리하려면 단어를 입력 벡터 x로 부호화해야 한다. 한 가지 방법은 §21.2.1(p.975)에서 설명한 **원핫 벡터**를 사용하는 것이다. 즉, 사전의 i번째 단어를 i번째 비트만 1이고 다른 모든 비트는 0인 원핫 벡터로 부호화하는 것이다. 그러나 이런 표현 방식은 단어들 사이의 유사성을 반영하지 못한다.

언어학자 존 퍼스가 말한 "한 단어를 알려면 그 단어와 함께 쓰이는 단어들을 알아야 한다"(Firth, 1957)라는 격언을 따라, 각 단어를 그 단어가 출현한 모든 문구의 n-그램 개수로 표현할 수도 있다. 그러나 그런 n-그램 출현 횟수는 다루기가 좀 까다롭다. 어휘의 단어 수가 10만이면 10^{25}개의 5-그램을 추적해야 한다(비록 이 10^{25}차원 공간의 벡터들은 상당히 희소하지만―대부분은 횟수가 0이다). 이런 표현을 더 작은 벡터로 축소한다면, 바라건대 몇백 차원으로 줄인다면, 일반화가 더 잘 될 것이다. 그런 더 작고 밀 단어 내장 집한 벡터를 **단어 내장**(word embedding)이라고 부른다. 즉, 단어 내장은 단어를 표현하는 저차원 벡터이다. 단어 내장들은 데이터로부터 **자동으로 학습된다.** (그 방법은 잠시 후에 보게 될 것이다.) 학습된 단어 내장들이 어떤 모습일까? 한편으로는, 단어 내장은 그냥 수치 성분들로 이루어진 벡터이고, 각 차원과 해당 수치 값에 어떤 변별력 있는 의미 같은 것은 없다.

$$\text{"aardvark"} = [-0.7, \ +0.2, \ -3.2, \ \ldots]$$
$$\text{"abacus"} \ = [+0.5, \ +0.9, \ -1.3, \ \ldots]$$
$$\ldots$$
$$\text{"zyzzyva"} = [-0.1, \ +0.8, \ -0.4, \ \ldots].$$

다른 한 편으로, 특징 공간에는 비슷한 단어가 비슷한 벡터로 부호화된다는 성질이 있다. 도해 24.1은 특징 공간에서 국가, 인척 관계, 탈것, 음식에 관한 단어들이 군집을 이루고 있음을 보여준다.

그 이유를 우리가 아직 완전히 이해하지는 못했지만, 단어 내장 벡터들은 단지 비슷한 단어들이 가까이 있다는 것 이상의 성질들을 가지고 있다. 예를 들어 Athens에 대한 벡터 **A**와 Greece에 대한 벡터 **B**의 경우, 두 벡터의 차이인 **B**−**A**는 국가-도시 관계를 부호화하는 것으로 보인다. France와 Paris, Russia와 Moscow, Zambia와 Lusaka 같은 다른 쌍들의 벡터 차이도 본질적으로 이와 동일하다.

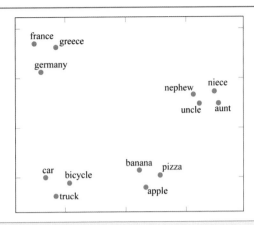

도해 24.1 60억 단어 분량의 텍스트로 훈련된 GloVe 알고리즘으로 계산한 단어 내장 벡터들. 100차원 단어 벡터들을 2차원으로 투영한 모습이다. 비슷한 단어들이 서로 가까이 있음을 볼 수 있다.

이 성질을 이용하면 "Athens is to Greece as Oslo is to [what]?"(아테네가 그리스에 대응된다면 오슬로는 무엇에 대응되는가?) 같은 단어 비유 문제를 풀 수 있다. Oslo 벡터가 C이고 미지의 벡터가 D라고 할 때, 이 성질에 따라 $B - A = D - C$라고 가정할 수 있으며, 그러면 $D = C + (B - A)$이다. 그리고 특징 공간에서 이 새 벡터 D를 찾아보면, 가장 가까운 단어가 "Norway"임을 알게 될 것이다. 도해 24.2는 이런 종류의 벡터 산술이 다른 여러 관계에 대해서도 적용됨을 보여준다.

그러나 특정 말뭉치에 대해 실행된 특정 단어 내장 알고리즘이 특정한 의미 관계를 반드시 포착하리라는 보장은 없다. 단어 내장이 인기가 있는 것은 그 자체로 비유 질문에 답을 제공한다는 것이 보장되기 때문이 아니라, 여러 구체적인 자연어 처리 과제들(질의응답, 번역, 요약 등)을 위한 좋은 표현임이 증명되었기 때문이다.

NLP 과제들에 대한 본질적으로 모든 심층학습 응용에서 단어들의 원핫 부호화보다 단어 내장 벡터들이 더 도움이 된다. 실제로, 여러 공급자들에게서 얻을 수 있는 일반적인 **미리 훈련된**(pretrained) 벡터들을 구체적인 NLP 과제에 사용할 수 있는 경우가 많다. 이 글을 쓰는 현재 흔히 쓰이는 벡터 사전들로는 WORD2VEC, GloVe(Global Vectors), FASTTEXT가 있는데, 특히 FASTTEXT에는 157가지 언어에 대한 단어 내장들이 있다. 미리 훈련된 모형을 이용하면 시간과 노력을 크게 절약할 수 있다. 이런 자원들에 관해서는 §24.5.1에서 좀 더 이야기한다.

물론 단어 내장 벡터들을 처음부터 직접 훈련할 수도 있다. 흔히 구체적인 과제를 위해 신경망을 훈련할 때 단어 내장 벡터들을 함께 훈련한다. 일반적인 미리 훈련된 내장들과는 달리, 특정 과제를 위한 단어 내장들은 사람이 세심하게 고른 말뭉치로 훈련할 수 있으며, 따라서 과제에 유용한 단어들의 측면들이 강조되는 경향이 있다. 예를 들어 품사 태깅(§23.1.6)을 생각해 보자. 품사 태깅에서는 문장의 각 단어의 품사를 정확히 예측해야 한다. 간단한 과제이긴 해도, 문맥에 따라 여러 가지 품사로 쓰이는 단어들이 많기 때문에 풀기가 그리 쉽지는 않다. 예를 들어 영단어 *cut*은 동사 현재형(자동사 또는 타동사)이나 과거형일 수도 있고 동사 부정사나 과거분사, 형용사, 명사일 수도 있다. 문장에서 *cut* 부근에 과거를 지칭하는 어떤 시간 부사가 있다면, 그 *cut*은 동사 과거형일 가능성이 크다. 그런 경우 해당 단어 내장은 부사의 과거 지칭 측면을 포착해야 할 것이다.

A	B	C	D = C + (B − A)	관계
Athens	Greece	Oslo	Norway	수도
Astana	Kazakhstan	Harare	Zimbabwe	수도
Angola	kwanza	Iran	rial	통화^Currency
copper	Cu	gold	Au	원소 기호
Microsoft	Windows	Google	Android	운영체제
New York	New York Times	Baltimore	Baltimore Sun	신문^Newspaper
Berlusconi	Silvio	Obama	Barack	성
Switzerland	Swiss	Cambodia	Cambodian	국적
Einstein	scientist	Picasso	painter	직업
brother	sister	grandson	granddaughter	친족 관계
Chicago	Illinois	Stockton	California	주
possibly	impossibly	ethical	unethical	부정
mouse	mice	dollar	dollars	복수
easy	easiest	lucky	luckiest	최상급
walking	walked	swimming	swam	과거형

도해 24.2 단어 내장 모형을 이용하면 "A가 B에 대응된다면 C는 무엇에 대응되는가?" 같은 질문을 벡터 산술로 풀 수 있다. 단어들에 대한 단어 내장 벡터 A, B, C가 주어졌을 때, D=C+(B−A)를 계산한 후 D에 가까이 있는 단어를 찾으면 된다. (그림의 D 열에 있는 답들은 모형에서 자동으로 계산한 것이고, '관계' 열에 있는 설명은 사람이 추가한 것이다.) [Mikolov 외, 2013]과 [Mikolov 외, 2014]에서 전재했다.

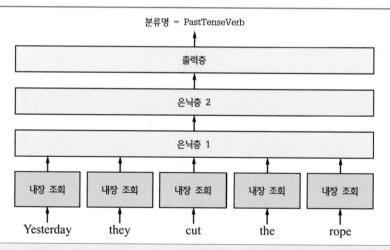

도해 24.3 순방향 품사 태깅 모형. 이 모형은 5단어 구간을 입력받고 가운데 단어(그림의 예에서는 *cut*)의 품사 태그를 예측한다. 다섯 개의 입력 내장에 첫 은닉층의 서로 다른 부분이 곱해지는 덕분에, 이 모형에서는 단어의 위치가 태깅에 반영된다. 단어 내장들과 세 신경망 층의 매개변수 값들은 훈련 과정에서 동시에 학습된다.

NLP에 심층학습을 적용하는 방법을 소개하기 위한 예로는 질의응답(§24.5.3)처럼 복잡한 사항들이 있는 과제보다 품사 태깅이 적합하다. 문장들에 품사 태그들이 부여된 말뭉치가 있으면 단어 내장들에 대한 매개변수들과 품사 태깅 모형을 위한 매개변수들을 동시에 학습할 수 있다. 그 과정은 다음과 같다.

1. 각 단어의 태깅에 사용할 예측 구간(prediction winodw)의 너비(단어 수) w를 선택한다. 흔히 $w = 5$가 쓰이는데, 이는 한 단어의 품사 태그를 좌우 두 단어에 기반해서 예측한다는 뜻이다. 말뭉치의 모든 문장을 서로 겹치는 너비 w 구간들로 분할한다. 각 구간은 단어 w개짜리 입력이 되며, 태깅 모형은 구간의 가운데 단어의 품사 범주를 출력한다.

2. 훈련 데이터에서 특정 횟수(이를테면 5회) 이상 출현한 모든 고유 단어 토큰들로 어휘를 만든다. 어휘의 단어 수를 v로 표기하기로 한다.

3. 어휘의 단어들을 원하는 임의의 순서로 정렬한다(이를테면 알파벳 순).

4. 각 단어 내장 벡터의 크기(성분 수) d를 결정한다.

5. 새 $v \times d$ 가중치 행렬 E를 만든다. 이것이 단어 내장 행렬이다. E의 행 i는 어휘의 i번째 단어의 단어 내장이다. E를 무작위로(또는 미리 훈련된 벡터들로) 초기화한다.

6. 도해 24.3과 같이 품사 태그에 해당하는 분류명을 출력하는 신경망을 설정한다. 첫 층은 단어 내장 행렬의 복사본 w개로 구성된다. 도해처럼 은닉층이 두 개라고 가정한다. 두 은닉층이 z_1과 z_2이고 해당 가중치 행렬이 각각 W_1과 W_2라고 하겠다. 두 은닉층 다음에는 가운데 단어의 품사 범주들에 관한 확률분포 $\hat{y}$를 출력하는 소프트맥스 층이 있다.

$$\mathbf{z}_1 = \sigma(\mathbf{W}_1 \mathbf{x})$$
$$\mathbf{z}_2 = \sigma(\mathbf{W}_2 \mathbf{z}_1)$$
$$\hat{\mathbf{y}} = softmax(\mathbf{W}_{out} \mathbf{z}_2).$$

7. w개의 단어들을 하나의 입력 벡터로 부호화하는 방법은 간단하다. 각 단어의 내장을 순서대로 연결하면 된다. 그러면 길이가 wd인 실숫값 입력 벡터가 나온다. 이를 x로 표기하겠다. 주어진 한 단어의 내장 벡터 자체는 그 입력 구간의 첫 위치에 있든, 가운데에 있든, 마지막에 있든 동일하다. 그러나 단어의 위치에 따라 해당 내장에 첫 은닉층의 서로 다른 부분이 곱해지므로, 암묵적으로 각 단어의 상대적인 위치가 부호화된다.

8. 단어 내장 행렬 E와 다른 가중치 행렬 W_1, W_2, W_{out}의 가중치들을 경사 하강법으로 훈련한다. 모든 것이 잘 진행된다면, 모형은 구간의 증거에 기초해서 가운데 단어 *cut*에 대해 과거형 동사에 해당하는 분류명을 부여할 것이다. 증거로는 과거를 지칭하는 단어 "yesterday"와 *cut* 바로 앞에 있는 3인칭 주격 대명사 "they" 등이 있다.

단어 내장 대신 **문자 수준 모형**(character-level model)을 사용할 수도 있다. 이 모형의 입력은 텍스트의 각 문자를 부호화한 원핫 벡터들의 순차열이다. 그런 모형은 문자들이 모여서 어떻게 단어를 형성하는지부터 배워야 한다. NLP 연구의 대부분은 문자 수준 부호화보다는 단어 수준 부호화를 사용한다.

24.2 NLP를 위한 순환 신경망

앞에서는 단어들을 각자 따로 표현하는 좋은 방법을 이야기했다. 그런데 언어 텍스트는 단어들이 특정한 순서로 나열된 순차열들로 구성되며, 그런 순차열에서는 주변 단어들의 **문맥**(context)이 중요하다. 품사 태깅 같은 간단한 과제에서는 5단어 정도의 고정 크기 구간으로도 충분히 유용한 문맥이 만들어진다.

그러나 질의응답 또는 지칭 대상 해소 같은 좀 더 어려운 문제를 위해서는 단어 수십 개짜리 문맥이 필요할 수 있다. 예를 들어 "*Eduardo told me that Miguel was very sick so I took* **him** *to the hospital*(에두아르도는 미구엘이 아주 아프니 그를 병원으로 데려가라고 말했다)"이라는 문장에서 **him**이 *Eduardo*가 아니라 *Miguel*을 가리킨다는 점을 알려면 14단어 문장의 첫 단어에서 마지막 단어까지 포괄하는 문맥이 필요하다.

24.2.1 순환 신경망을 이용한 언어 모형

그럼 충분한 문맥을 가진 **언어 모형**(language model)을 만드는 문제로 출발하자. 기억하겠지만 언어 모형이란 단어들의 순차열에 관한 확률분포이다. 언어 모형이 있으면 이전 단어들에 기초해서 다음 단어를 예측할 수 있다. 단순한 다음 단어 예측을 넘어, 언어 모형은 좀 더 복잡한 과제들의 구축 요소로 흔히 쓰인다.

n-그램 모형(§23.1)이나 너비가 n으로 고정된 단어 구간을 입력받는 순방향 신경망으로 언어 모형을 구축하면 문맥과 관련된 문제가 발생한다. 필요한 문맥이 고정된 구간 크기보다 크거나 모형의 매개변수가 필요 이상으로 많을 수 있으며, 경우에 따라서는 그 두 문제 모두 발생할 수 있다.

또한 순방향 신경망에는 **비대칭성** 문제도 있다. 순방향 신경망 언어 모형이 예를 들어 문장의 12번째 위치에 나온 단어 *him*에 관한 것을 배웠다고 해도, 문장의 다른 위치에 나온 같은 단어 *him*에 관해서는 모든 것을 다시 배워야 한다. 이는 단어 위치마다 가중치들이 다르기 때문이다.

§21.6에서 **순환 신경망**(RNN)을 소개했다. RNN은 시계열 데이터를 한 번에 데이터 항목 하나씩 처리하기 위해 고안된 것이다. 따라서 문장의 단어를 하나씩 처리하는 데에도 RNN이 유용할 것이라고 짐작할 수 있다. 독자의 편의를 위해 도해 21.8을 도해 24.4에 다시 실었으니 참고하기 바란다.

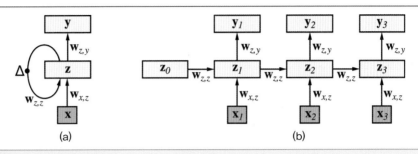

도해 24.4 (a) 기본 RNN의 구조. 은닉층 z에 순환마디가 있다. Δ 기호는 지연을 뜻한다. 각 입력 x은 문장의 다음 단어의 단어 내장 벡터이다. 각 출력 y는 해당 시간 단계의 출력이다. (b) 같은 순환망을 세 시간 단계만큼 펼쳐서 만든 순방향 신경망. 모든 시간 단계에서 가중치들이 공유됨을 주의할 것.

RNN 언어 모형에서 각 단어는 단어 내장 벡터 x_i로 부호화된다. 은닉층 z_t들은 한 시간 단계의 입력을 처리해서 다음 시간 단계로 전달한다. 기본적으로 언어 모형이 푸는 문제는 다부류 분류(multiclass classification)이다(부류들은 어휘의 단어들). 따라서 출력 y_t는 문장의 다음 단어의 가능한 값들에 관한 소프트맥스 확률분포이다.

RNN 구조에서는 앞에서 언급한 매개변수가 너무 많은 문제점이 해결된다. 가중치 행렬 $w_{z,z}$, $w_{x,z}$, $w_{z,y}$의 매개변수 개수는 단어 수와 무관하게 일정하다. 즉, 규모가 $O(1)$이다. 반면 순방향 신경망은 매개변수 개수의 규모가 $O(n)$이고 n-그램 모형은 어휘 크기가 v라고 할 때 $O(v^n)$이다.

RNN 구조는 또한 비대칭성 문제도 해결한다. 단어가 문장의 어디에 있든 가중치들이 동일하기 때문이다.

RNN 구조는 종종 제한된 문맥 문제도 해결한다. 모형이 입력을 어디까지 되돌아보는지에 대해서는 이론적으로 한계가 없다. 은닉층 z_t의 각 갱신에서 모형은 현재 입력 단어 x_t뿐만 아니라 이전 은닉층 z_{t-1}에도 접근한다. 이는 입력의 임의의 위치에 있는 단어에 관한 정보를 은닉층에 얼마든지 오래 유지할 수 있고 한 시간 단계에서 다른 단계로 복사할(필요하다면 수정을 가해서) 수 있음을 뜻한다. 물론 z의 저장 용량에는 한계가 있으므로, 이전의 모든 단어에 관한 모든 것을 기억할 수는 없다.

실제 응용에서 RNN 모형은 다양한 과제들에서 좋은 성과를 내지만, 모든 과제에 대해 좋은 성과를 내지는 않는다. 주어진 구체적인 문제에 대해 RNN이 잘 통할지 예측하기란 어렵다. RNN의 좋은 성과에 기여하는 한 가지 요인은, 실제로 유용하다고 판명될 입력의 측면들이 훈련 과정에서 은닉층들에 잘 저장된다는 점이다.

RNN 언어 모형 역시 §21.6.1에서 설명한 RNN 훈련 방법으로 훈련하면 된다. 언어 모형의 경우 입력 x_t들은 훈련 텍스트 말뭉치에 있는 단어(의 내장 벡터)들이고 각 관측된 출력(목푯값)은 입력 단어 바로 다음 단어이다. 예를 들어 훈련 텍스트가 "hello world"이면 첫 입력 x_1은 "hello"의 단어 내장이고 첫 출력 y_1은 "world"의 단어 내장이다. 이런 훈련 데이터를 이용해서, RNN이 주어진 단어의 다음 단어를 예측하도록 훈련한다. 이를 위해서는 은닉층이 뭔가 유용한 정보를 표현해야 한다. §21.6.1에서 설명했듯이, 훈련은 관측된 출력과 RNN이 산출한 실제 출력의 차이를 계산하고 그 오차를 시간역전파(BPTT) 기법으로 시간에 따라 역전파하는 식으로 진행된다. 모든 시간 단계에 대해 같은 가중치 집합들을 사용한다는 점이 보통의 역전파와 다르다.

이런 식으로 훈련을 마치면 모형으로 텍스트를 무작위로 생성할 수 있다. 모형에 초기 입력 단어 x_1를 주입하면 모형은 그 단어 다음에 나올 수 있는 단어들의 소프트맥스 확률분포인 출력 y_1를 산출한다. 그 분포에서 단어 하나를 추출하고, 그것을 시간 단계 t의 출력이라고 기록해 두고, 다음 입력 단어 x_2로서 그 단어를 모형에 입력한다. 이런 과정을 원하는 만큼 계속 반복하면 된다. y_1에서 단어를 추출하는 방법은 여러 가지인데, 항상 가장 유망한(확률이 제일 큰) 단어를 선택할 수도 있지만 출력 텍스트의 다양성을 위해 덜 유망한 단어들을 과대표집할 수도 있다. 표집 가중치는 모형의 한 초매개변수이다.

다음은 셰익스피어의 작품들로 훈련한 RNN이 생성한 무작위 텍스트의 예이다 (Karpathy, 2015).

> *Marry, and will, my lord, to weep in such a one were prettiest;*
> *Yet now I was adopted heir*
> *Of the world's lamentable day,*
> *To watch the next way with his father with his face?*

24.2.2 순환 신경망을 이용한 분류

RNN을 품사 태깅이나 상호참조 해결(coreference resolution; 또는 동일지시 해소) 같은 다른 NLP 과제들에 사용하는 것도 가능하다. 품사 태깅과 상호참조 해결을 위한 RNN들은 입력층과 은닉층들은 동일하지만 출력층이 다르다. 품사 태깅에서 출력은 품사 태그들에 관한 소프트맥스 확률분포이고 상호참조 해결에서는 가능한 선행사(antecedent)들에 관한 소프트맥스 확률분포이다. 예를 들어 "*Eduardo told me that Miguel was very sick so I took* **him** *to the hospital*"의 **him**이 입력되면 RNN은 "*Miguel*"의 확률이 높게 책정된 확률분포를 출력할 것이다.

분류를 위한 RNN의 훈련은 언어 모형의 훈련과 같은 방식이다. 유일한 차이는 훈련 견본들에 분류명들이 붙어 있어야 한다는 점이다(이 경우 분류명은 품사 태그 또는 참조 지시). 그래서 분류되지 않은 텍스트만 있으면 되는 언어 모형보다 훈련 데이터를 수집하기가 어렵다.

언어 모형은 주어진 이전 단어들에 기초해서 n번째 단어를 예측하도록 훈련된다. 그러나 분류 RNN에서는 꼭 이전 단어들만 참조할 필요가 없다. 문장의 다음 단어들을 미리 보는 것이 분류에 도움이 될 수 있다. 상호참조 예에서 만일 문장이 "to the hospital"이 아니라 "to see Miguel"로 끝난다면 *him*이 지시하는 대상이 달라지므로, 그런 예견(미리 보기)이 필요하다. 실제로, 사람들이 문장을 엄격하게 왼쪽에서 오른쪽으로 읽어나가지는 않는다는 점이 시선 추적 실험들에서 입증되었다.

양방향 RNN　　**양방향** RNN(bidirectional RNN)을 사용하면 현재 단어 오른쪽의 문맥을 포착할 수 있다. 양방향 RNN은 오른쪽에서 왼쪽으로의 모형(우-좌 모형)에 왼쪽에서 오른쪽으로의 모형(좌-우 모형)을 연결한 구조의 신경망이다. 품사 태깅에 양방향 RNN을 적용한 예가 도해 24.5에 나와 있다.

다층 RNN에서 z_t는 마지막 층의 은닉 벡터이지만, 양방향 RNN에서 z_t는 좌-우 모형의 벡터와 우-좌 모형의 벡터를 연결한 벡터이다.

RNN을 문장 수준(또는 문서 수준) 분류 작업에도 사용할 수 있다. 문장 수준 분류를 위한 RNN은 문장의 단어마다 분류 결과를 출력하는 것이 아니라 한 문장의 끝에서만 분류 결과를 출력한다. 문장 수준 분류의 한 예인 **감정 분석**은 주어진 텍스트가 **긍정적인지 부정적인지** 판정한다. 예를 들어 감정 분석 모형은 "이 영화는 시나리오도 별로고 연기도 별로다"라는 영화평을 **부정적**으로 분류할 것이다. (이분법적인 결과 대신 셋 이상의 범주나 수치를 사용하는 감정 분석 기법도 있다.)

문장 수준 작업에 RNN을 적용하려면 RNN의 단어별 출력 y_t들을 취합해서 문장 전체에 대한 표현 y를 구축해야 하기 때문에 좀 더 복잡하다. 가장 간단한 방법은 입력의 마지막 단어에 해당하는 RNN 은닉 상태를 그런 표현으로 사용하는 것이다. RNN이 마지막 단어에 도달했다는 것은 그 이전 단어들을 모두 읽었다는 뜻이므로, 마지막 단어에 대한 은닉 상태는 곧 입력 문장 전체에 대한 상태이다. 그러나 이렇게 하면 모형이 문장의 끝 부분에 더 주의를 기울이는 편향이 생긴다. 흔히 쓰이는 다른 방법은 모든 은닉 벡터를 풀링^{pooling}하는 것이다. 예를 들어 **평균값 풀링**(average pooling)은 모든 은닉 **평균값 풀링** 벡터에 대한 성분별 평균을 취한다.

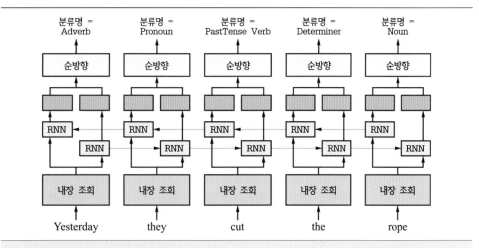

도해 24.5　품사 태깅을 위한 양방향 순환 신경망

$$\tilde{\mathbf{z}} = \frac{1}{s} \sum_{t=1}^{s} \mathbf{z}_t.$$

이렇게 풀링한 d차원 벡터 $\tilde{\mathbf{z}}$를 하나 이상의 순방향 층들을 거쳐 최종 출력층에 입력하면 원하는 결과가 나온다.

24.2.3 NLP 과제를 위한 LSTM

앞에서 종종 RNN이 제한된 문맥 문제를 푼다고 말했다. 이론적으로 한 은닉층에서 다음 은닉층으로 전달되는 정보의 종류나 순환 횟수(시간 단계 수)에는 한계가 없다. 그러나 실제 응용에서는 정보가 소실 또는 왜곡될 수 있다. 한 사람이 다음 사람에게 귓속말을 속삭여서 멀리 떨어져 있는 사람에게 메시지를 전달하는 전화 게임을 생각해 보면 납득이 될 것이다. RNN의 이러한 문제점은 p.967에서 설명한 **기울기 소실**(vanishing gradient) 문제와 비슷하다. 단, 지금은 깊이가 서로 다른 층들이 아니라 시간에 따라 반복되는 층들에서 정보가 소실된다.

§21.6.2에서 **장단기 기억**(long short-term memory, LSTM) 모형을 소개했다. RNN의 일종인 LSTM 모형은 게이트 제어 단위가 있어서 한 시간 단계에서 다음 시간 단계로 메시지가 불완전하게 전달되는 문제가 없다. LSTM은 입력 중 **기억**할 부분을 선택해서 그 부분만 다음 시간 단계로 전달하고 나머지는 폐기('망각')한다. 예를 들어 언어 모형이 다음과 같은 텍스트를 처리한다고 하자.

The athletes, who all won their local qualifiers and advanced to the finals in Tokyo, now ...

모형에게 *now* 다음에 "compete"이 올 가능성이 큰지 "competes"가 올 가능성이 큰지 묻는다면, 모형은 복수형 주어 *"athletes"*와 호응하는 "compete"를 선택해야 마땅하다. LSTM은 주어의 인칭과 단복수에 대한 잠재 특징을 생성하고 그 특징을 이런 종류의 결정이 필요한 시점까지 변경 없이 복사하는 방법을 배울 수 있다. 보통의 RNN은 주어와 동사 사이에 단어들이 많이 끼어 있는 긴 문장에서 혼동을 일으킬 때가 많다(이 점은 n-그램 모형도 마찬가지이다).

24.3 순차열 대 순차열 모형

기계 번역
원본 언어
대상 언어

NLP에서 가장 많이 연구된 과제는 **기계 번역**(machine translation, MT)이다. 기계 번역의 목표는 **원본 언어**(source language)로 된 문장을 **대상 언어**(target language)로 변환하는 것이다. 이를테면 스페인어 문장을 영어 문장으로 바꾸는 등이다. 대량의 원본-대상 문장 쌍으로 이루어진 말뭉치로 기계 번역 모형을 훈련한다. 목표는 훈련 데이터에 없던 새 문장을 정확히 번역하는 것이다.

RNN으로 기계 번역 시스템을 만들 수 있을까? 원본 문장을 RNN으로 부호화하는 것은 확실히 가능하다. 만일 원본 단어들과 대상 단어들이 일대일로 대응된다면, 기계 번역을 단순한 태깅 과제로 취급하면 된다. 예를 들어 원본 스페인어 단어가 "perro"이면 그에 대응되는 영어 단어 "dog"를 태그로 붙이면 되는 것이다. 그러나 두 언어의 단어들이 일대일로 대응되는 경우는 거의 없다. 스페인어 세 단어 "caballo de mar"는 영어 단어 "seahorse"하나에 대응되며, 두 단어 "perro grande"는 두 단어 "big dog"로 대응되긴 하지만 단어 순서가 반대이다. 단어 순서의 차이는 이보다 더 극적일 수 있다. 영어에서는 일반적으로 주어가 문장의 처음에 오지만, 피지[Fiji]어에서는 일반적으로 주어가 문장의 끝에 온다. 그렇다면 대상 언어의 문장을 어떻게 생성해야 할까?

기본적으로, 대상 언어 문장을 한 번에 한 단어씩 생성하되, 원본 문장에서 아직 번역되지 않은 부분과 이미 번역한(따라서 중복해서 번역하면 안 되는) 부분을 기억해야 한다. 또한, 경우에 따라서는 원본 문장을 모두 처리한 후에야 대상 문장의 생성을 시작해야 한다. 다른 말로 하면, 각 대상 단어의 생성은 원본 문장 전체와 이전에 생성된 대상 단어 모두를 조건으로 해야 한다.

따라서 기계 번역을 위한 텍스트 생성은 §24.2에서 설명한 표준 RNN 언어 모형과 밀접한 관련이 있다. 영어 텍스트로 훈련한 RNN이 "dog big"보다는 "big dog"을 생성할 가능성이 크다는 점은 확실하다. 그렇지만 기계 번역에서는 대상 언어 문장을 그냥 무작위로 생성해서는 안 된다. 기계 번역 모형은 원본 언어 문장과 **상응하는** 대상 언어 문장을 생성해야 한다. 가장 간단한 방법은 원본과 대상에 대해 각각 하나씩 두 개의 RNN을 사용하는 것이다. 원본 문장에 대한 원본 RNN의 최종 은닉 상태를 대상 RNN의 초기 은닉 상태로 사용하면, 각 대상 언어는 암묵적으로 원본 문장 전체와 이전 대상 단어 모두를 조건으로 하여 생성된다.

순차열 대 순차열 모형

이런 신경망 구조는 **순차열 대 순차열 모형**(sequence-to-sequence model)에 해당한다. 도해 24.6에 기본적인 순차열 대 순차열 모형이 나와 있다. 순차열 대 순차열 모형은

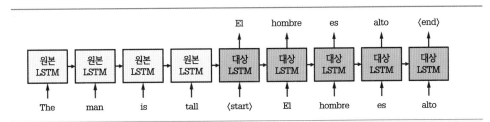

도해 24.6 기본적인 순차열 대 순차열 모형. 각 블록은 하나의 LSTM 시간 단계를 나타낸다. (단순함을 위해 출력층 내장들은 생략했다.) 원본 문장 "The man is tall"의 단어들을 신경망에 입력한 후 `<start>`라는 태그를 입력했는데, 이는 이제부터 대상 문장을 생성하기 시작하라는 뜻이다. 원본 문장 마지막 단어에서의 은닉 상태는 대상 문장의 시작 상태로 쓰인다. 이 시점부터 시간 단계 t의 LSTM이 산출한 대상 문장 단어가 시간 단계 $t+1$의 입력으로 쓰인다. 이러한 순환은 신경망이 문장 생성이 끝났음을 알리는 `<end>` 태그를 산출하면 끝난다.

주로 기계 번역에 쓰이지만, 캡션 생성(이미지에서 텍스트 캡션을 자동으로 생성하는 것이나 텍스트 요약(긴 텍스트를 같은 의미의 더 짧은 텍스트로 변환하는 것) 같은 다른 여러 과제에도 쓰인다.

기본 순차열 대 순차열 모형은 NLP에서, 특히 MT에서 의미 있는 혁신이었다. [Wu 외, 2016]에 따르면 순차열 대 순차열 모형 덕분에 오류율이 기존 MT 방법들에 비해 60%나 줄었다. 그러나 이런 모형에는 다음과 같은 세 가지 중요한 단점이 있다.

- **인근 문맥 편향**: RNN는 은닉 상태에 들어갈 수 있는 것만 기억한다. 예를 들어 RNN이 70단어 문장의 57번째 단어를(또는 시간 단계 57을) 처리하는 중이라고 하자. 은닉 상태에는 시간 단계 5에서의 단어보다는 시간 단계 56의 단어에 관한 정보가 더 많이 들어 있을 것이다. 각 시간 단계에서 은닉 상태 벡터가 갱신될 때 일부 기존 정보가 새 정보로 대체되기 때문이다. 애초에 RNN은 이런 식으로 작동하도록 설계되었으며, 이런 방식이 NLP에 도움이 될 때가 많다(일반적으로 단어 주변의 문맥이 더 중요하므로). 그러나 멀리 떨어져 있는 문맥이 중요할 때도 있다. RNN 모형은 그런 문맥을 놓치기 쉽다. LSTM 역시 마찬가지이다.
- **고정된 최대 문맥 크기**: RNN 기계 번역 모형에서 원본 문장 전체는 차원 수가 고정된 하나의 은닉 상태 벡터로 압축된다. 일반적으로 요즘 최상급 NLP 모형의 LSTM은 약 1024차원이며, 예를 들어 64단어 문장을 1024차원 벡터로 표현한다면 단어당 16차원인데, 복잡한 문장이라면 이 정도로는 부족하다. 그렇다고 은닉 상태 벡터의 크기를 늘리면 훈련이 느려지고 과대적합이 발생할 수 있다.
- **느린 순차 처리**: §21.3에서 논의했듯이, 훈련 데이터를 일괄 단위(배치)로 묶어서 적용하면 가중치 갱신이 안정화될 뿐만 아니라 벡터·행렬 산술 기능을 지원하는 효율적인 하드웨어를 활용할 수 있어서 훈련이 빨라진다. 반면 RNN은 훈련 데이터를 한 번에 한 단어씩 처리해야 하므로 그런 혜택이 없다.

24.3.1 주의

그런데 원본 RNN의 마지막 은닉 벡터가 아니라 모든 은닉 벡터를 대상 RNN의 조건으로 두는 것은 어떨까? 그러면 모형이 이전 단어들 모두에 동일한 정도로 접근할 수 있어서 인근 문맥 편향과 고정된 최대 문맥 크기의 문제점이 완화될 것이다. 이러한 접근을 가능하게 하는 한 가지 방법은 원본 RNN의 모든 은닉 벡터를 하나로 연결하는 것이다. 그러나 그러면 가중치 개수가 엄청나게 증가해서 계산 시간이 늘 뿐만 아니라 과대적합의 여지도 생긴다. 그 대신, 대상 RNN이 대상 문장의 단어들을 한 번에 하나씩 생성할 때, 각 단어의 생성에 실제로 관련이 있는 것은 원본 문장의 작은 일부일 가능성이 크다는 점을 활용하는 편이 낫다.

본질적으로, 대상 RNN은 대상 단어마다 대해 원본의 서로 다른 부분에 주의를 기울여야 한다. 영어를 스페인어로 번역하도록 RNN을 훈련했다고 하자. "The front door is red"의 단어들을 입력한 후 문장 끝 표지(<end> 등)를 입력하면 신경망은 스페인어 단어들을 출력하기 시작한다. 이상적으로는, RNN은 먼저 "The"에 주의를 기울여서 "La"를 생성하고, 그런 다음 "door"에 주의를 기울여서 "puerta"를 생성하는 식으로 나아가야 할 것이다.

주의

이러한 개념을 **주의**(attention)라고 부르는 신경망 구성요소로 형식화할 수 있다. 주의 모듈은 원본 문장의 "문맥 기반 요약(context-based summarization)"에 해당하는 고정 차원 벡터를 생성하는 역할을 한다. 주의 모듈이 산출한 문맥 벡터 c_i에는 다음 대상 단어를 생성하는 데 관련이 가장 큰 정보가 담겨 있다. 이 벡터는 대상 RNN의 추가적인

주의 순차열
대 순차열 모형

입력으로 쓰인다. 주의 모듈을 사용하는 순차열 대 순차열 모형을 **주의 순차열 대 순차열 모형**(attentional sequence-to-sequence model)이라고 부른다. 보통의 대상 RNN을

$$\mathbf{h}_i = RNN(\mathbf{h}_{i-1}, \mathbf{x}_i)$$

로 정의한다면, 주의순차열 대 순차열 모형의 대상 RNN은 다음과 같이 정의할 수 있다.

$$\mathbf{h}_i = RNN(\mathbf{h}_{i-1}, [\mathbf{x}_i; \mathbf{c}_i]).$$

여기서 $[\mathbf{x}_i; \mathbf{c}_i]$는 입력 벡터에 문맥 벡터 $\mathbf{c}_i$를 연결한 벡터이다. 문맥 벡터 자체는 다음과 같이 정의된다.

$$r_{ij} = \mathbf{h}_{i-1} \cdot \mathbf{s}_j$$
$$a_{ij} = e^{r_{ij}} / (\sum_k e^{r_{ik}})$$
$$\mathbf{c}_i = \sum_j a_{ij} \cdot \mathbf{s}_j.$$

여기서 $\mathbf{h}_{i-1}$은 시간 단계 i에서 대상 단어를 예측하는 데 사용할 대상 RNN 벡터이고 $\mathbf{s}_j$는 원본 단어(또는 시간 단계) j에 대한 원본 RNN의 출력이다. $\mathbf{h}_{i-1}$과 $\mathbf{s}_j$ 둘 다 d차원 벡터인데, d는 은닉층 크기이다. 따라서 r_{ij}의 값은 현재 대상 상태와 원본 단어 j 사이의 기본적인 '주의 점수'에 해당한다. 이 주의 점수들을 소프트맥스 함수로 정규화해서 모든 원본 단어에 관한 확률 a_{ij}들을 얻는다. 마지막으로, 이 확률들로 원본 RNN 벡터들의 가중 평균 $\mathbf{c}_i$(역시 d차원 벡터)를 얻는다.

도해 24.7(a)는 주의 순차열 대 순차열 모형의 예이다. 중요한 세부사항 몇 가지를 살펴보면, 우선 주의 모듈 자체에는 학습되는 가중치들이 없다. 그리고 주의 모듈은 원본 쪽과 대상 쪽 모두 가변 길이 순차열을 지원한다. 둘째로, 이 책에서 살펴본 다른 대부분의 신경망 기반 모형화 기법처럼 주의 기법은 전적으로 잠재적(latent)이다. 즉, 어떤 정보가 언제 쓰여야 하는지를 프로그래머가 명시적으로 지정하지 않는다. 무엇을 사용할지는 모형이 배운다. 다층 RNN에도 주의를 적용할 수 있는데, 그런 경우 각 층에 주의를 적용하는 것이 일반적이다.

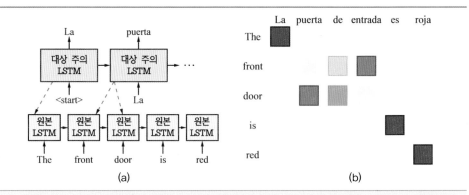

도해 24.7 (a) 영어-스페인어 번역을 위한 주의 순차열 대 순차열 모형. 점선 화살표는 주의를 나타낸다. (b) 2언어 문장 쌍에 대한 주의 확률 행렬의 예. a_{ij}가 클수록 상자가 짙다. 각 열의 주의 확률들의 합은 1이다.

주의에 대한 확률적 소프트맥스 형식화의 목적은 세 가지이다. 첫째로, 이렇게 하면 주의가 미분 가능이 된다. 역전파를 위해서는 미분 가능이 필수이다. 주의 모듈 자체에 는 학습되는 가중치들이 없지만, 그래도 주의 모듈에서 원본 RNN과 대상 RNN으로 가 중치들이 전달된다. 둘째로, 이러한 확률적 형식화 덕분에 원본 RNN이 포착하지 못한 특정 종류의 장거리 문맥 형성을 포착할 수 있다. 이는 주의가 원본 문장 전체를 한꺼번 에 고려해서 중요한 부분만 유지하고 나머지는 무시하는 법을 배울 수 있기 때문이다. 셋째로, 확률적 주의 덕분에 신경망이 불확실성을 표현할 수 있게 된다. 다음에 번역해 야 할 원본 단어가 정확히 무엇인지 알지 못하는 경우 신경망은 주의 확률들을 여러 옵 션들에 분산시킬 수 있으며, 이후 대상 RNN을 이용해서 실제로 단어를 선택할 수 있다.

신경망의 다른 대부분의 구성요소들과는 달리 주의 확률들은 사람이 해석 가능하고 직관적인 의미를 가질 때가 많다. 예를 들어 기계 번역에서 주의 확률들은 사람이 만들 었을 법한 단어 대 단어 대응에 해당할 때가 많다. 도해 24.7(b)가 그러한 예이다.

순차열 대 순차열 모형의 자연스러운 용도는 기계 번역이지만, 거의 모든 자연어 처 리 과제를 순차열 대 순차열 문제로 형식화하는 것이 가능하다. 예를 들어 질문 문장-구 분자-답변 문장으로 이루어진 견본들로 순차열 대 순차열 모형을 훈련해서 질의응답 시 스템을 만들 수 있다.

24.3.2 복호화

훈련 과정에서 순차열 대 순차열 모형은 대상 훈련 문장의 각 단어의 확률(원본 문장과 이전 대상 단어들을 조건으로 한 조건부 확률)을 최대화하려 한다. 훈련을 마친 후 원본 문장을 입력하면 모형은 그 문장에 상응하는 대상 언어 문장을 생성해야 한다. 도해 24.7에서 보듯이 모형은 대상 단어 하나를 생성하고 그것을 입력으로 해서 그 다음 대상 복호화 단어를 생성한다. 이런 절차를 순차열 대 순차열 모형의 **복호화**(decoding)라고 부른다.

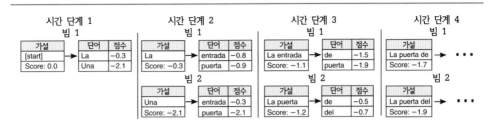

도해 24.8 빔 크기가 $b=2$인 빔 검색. 각 단어의 점수는 대상 RNN 소프트맥스가 산출한 로그 확률이고 각 가설의 점수는 단어 점수들의 합이다. 시간 단계 3에서 최고 점수 가설은 *La entrada*이지만, 후속 단어들이 모두 점수가 낮기 때문에 *La entrada*는 "빔에서 벗어난다".

탐욕적 복호화

가장 간단한 형태의 복호화는 각 시간 단계에서 확률이 가장 큰 단어를 선택하고 그것을 다음 단계의 입력으로 삼는 것이다. 이를 **탐욕적 복호화**(greedy decoding)라고 부르는데, '탐욕적'은 시스템이 지금까지 자신이 산출한 가설만을 고집한다는 점을 반영한 것이다. 그러나 이런 탐욕적 복호화로는 전체 대상 문장이 원본 문장에 상응하는 문장일 확률을 최대화한다는 순차열 대 순차열 복호화의 근본적인 목표를 달성하지 못한다.

영어 문장 *"The front door is red."*(현관문은 빨간색이다)를 스페인어로 번역하는 예를 생각해 보자. 바람직한 번역은 *"La puerta de entrada es roja"*인데, 직역하면 *"The door of entry is red."*(현관의 문은 빨간색이다)이다. 대상 RNN이 *The*에 대한 첫 단어 *La*를 제대로 생성했다고 하자. 탐욕적 복호기는 *front*에 대해 *entrada*를 제시할 것이다. 그런데 이는 오역이다. 스페인어에서는 명사 *puerta*를 수식어 *entrada*보다 앞에 두어야 한다. 탐욕적 복호화는 각 단계에서 한 가지 선택만 빠르게 고려하기 때문에 속도가 빠르지만, 이런 실수를 저지른다. 이 모형에는 이런 실수를 바로 잡는 메커니즘이 없다.

매번 적절한 원본 단어에 주의를 기울여서 정확한 대상 단어를 추측하도록 주의 메커니즘을 개선하는 데 노력을 들일 수도 있겠지만, 문장을 끝까지 보지 않고 문장의 시작에서 모든 단어를 정확히 추측할 수 있는 문장은 그리 많지 않다.

더 나은 접근방식은 제3장의 검색 알고리즘들을 이용해서 최적의 부호화(또는, 적어도 꽤 괜찮은 부호화)를 찾는 것이다. 흔히 쓰이는 검색 방법은 **빔 검색**(§4.1.3)이다. 기계 번역 부호화의 맥락에서, 빔 검색은 각 단계에서 상위 k개의 가설 각각에 대해 k개의 상위 단어들로 가설을 확장해서 총 k^2개의 새 가설들을 얻고, 그중 상위 k개를 선택한다. 그런 과정을 반복하다 모든 가설이 특별한 <end> 토큰을 산출하게 되면 빔 검색은 점수가 가장 높은 가설 하나를 출력한다.

도해 24.8은 이러한 빔 검색 과정을 도식화한 것이다. 심층학습 모형의 정확도가 높아짐에 따라 빔 크기를 더 줄일 수 있다. 현재 최상급 신경망 기계 번역 모형의 빔 크기는 4에서 8 정도이다. 이전 세대의 통계적 기계 번역 모형에 쓰인 빔 크기는 100 이상이었다.

24.4 트랜스포머 구조

영향력 있는 논문 "Attention is all you need"(Vaswani 외, 2018)에 소개된 **트랜스포머**^{transformer} 구조는 **자가 주의**(self-attention) 메커니즘을 이용해서 순차적 의존관계 없이도 장거리 문맥을 모형화한다.

24.4.1 자가 주의

앞에서 본 순차열 대 순차열 모형은 대상 RNN에서 원본 RNN으로 주의를 적용한다. 반면 **자가 주의** 메커니즘은 각 은닉 상태열이 자기 자신에게도 주의를 기울인다. 즉, 원본은 원본에게, 대상은 대상에게 주의를 기울인다. 이 덕분에 트랜스포머 모형은 각 순차열 안에서 장거리 문맥을(그리고 인근 문맥도) 포착한다.

자가 주의를 적용하는 가장 직접적인 방법은 입력 벡터들의 내적으로 자가 주의를 직접 만들어 내는 것이다. 그러나 이 방법에는 문제가 있다. 한 벡터를 자신과 내적하면 성분들의 값이 커져서 자기 자신으로의 주의가 집중되는 편향이 생긴다. 트랜스포머는 입력 벡터를 먼저 서로 다른 세 가중치 행렬을 이용해서 다음과 같은 세 가지 표현으로 투영함으로써 이 문제를 해결한다.

질의 벡터 • **질의 벡터**(query vector) $\mathbf{q}_i = \mathbf{W}_q \mathbf{x}_i$는 주의의 주체이다. 표준 주의 메커니즘에서 대상에 해당한다.

키 벡터 • **키 벡터**(key vector) $\mathbf{k}_i = \mathbf{W}_k \mathbf{x}_i$는 주의 대상이다. 표준 주의 메커니즘에서 원본에 해당한다.

값 벡터 • **값 벡터**(value vector) $\mathbf{v}_i = \mathbf{W}_v \mathbf{x}_i$는 주의 메커니즘이 생성하는 문맥이다.

표준 주의 메커니즘에서는 키와 값이 같지만, 그 둘이 개별적인 표현인 것이 더 직관적이다. i번째 단어의 부호화 결과인 문맥 $\mathbf{c}_i$는 이러한 투영된 벡터들에 주의 메커니즘을 적용해서 계산할 수 있다.

$$r_{ij} = (\mathbf{q}_i \cdot \mathbf{k}_j)/\sqrt{d}$$
$$a_{ij} = e^{r_{ij}}/(\sum_k e^{r_{ik}})$$
$$\mathbf{c}_i = \sum_j a_{ij} \cdot \mathbf{v}_j,$$

여기서 d는 $\mathbf{k}$와 $\mathbf{q}$의 차원 수이다. 지금은 자가 주의를 이용해서 문맥을 부호화하므로, i와 j는 같은 문장의 색인들이다. 각 트랜스포머 층에서 자가 주의는 이전 층의 은닉 벡터들을 사용한다. 첫 트랜스포머 층의 이전 층은 내장 층이다.

몇 가지 주목할만한 세부사항이 있다. 무엇보다도, 자가 주의 메커니즘은 비대칭이다. 즉, r_{ij}는 r_{ji}와 같지 않다. 둘째로, 수치 안정성을 개선하기 위해 비례 계수 $\sqrt{d}$가 곱해졌다. 셋째로, 한 문장의 모든 단어에 대한 부호화를 동시에 계산할 수 있다. 위의 방정식들을 행렬 연산으로 표현해서 현대적인 전용 하드웨어에서 효율적으로 계산하는 것이 가능하다.

어떤 문맥을 사용할 것인지를 모형은 전적으로 훈련 견본들에서 배울 뿐, 사람이 미리 지정하지는 않는다. 문맥 기반 요약 벡터 c_i는 문장의 모든 이전 위치에 대한 합이다. 이론적으로는 한 문장의 그 어떤 정보라도 c_i에 들어갈 수 있지만, 실제 응용에서는 종종 중요한 정보가 누락되기도 한다. 이는 본질적으로 c_i가 전체 문장에 대한 평균으로 구한 것이기 때문이다. 이 문제를 해결하는 한 가지 방법으로 **다중 헤드 주의**(multiheaded attention)라는 것이 있다. 다중 헤드 주의에서는 문장을 같은 길이의 조각 m개로 분할하고 각각에 주의 모형을 적용한다. 각 조각은 각자 자신만의 가중치 집합을 가진다. 각각 주의 모형을 적용한 결과를 모두 연결해서 c_i를 만든다. 합산 대신 연결을 사용하는 덕분에 중요한 부분 조각이 소실되지 않고 살아 남을 확률이 커진다.

다중 헤드 주의

24.4.2 자가 주의에서 트랜스포머로

자가 주의는 트랜스포머 모형의 한 구성요소일 뿐이다. 각 트랜스포머 층은 다수의 하위 층들로 구성된다. 하나의 트랜스포머 층에서 가장 먼저 적용되는 것이 자가 주의이다. 주의 모듈의 출력은 순방향 층으로 입력되는데, 거기서는 문장의 모든 위치에 동일한 가중치 행렬들이 각각 독립적으로 적용된다. 첫 순방향 층 다음에는 비선형 활성화 함수가 적용되는데, 흔히 ReLU가 쓰인다. 잠재적인 기울기 소실 문제를 피하기 위해 잔차 연결(residual connection) 두 개를 트랜스포머 층에 추가한다. 도해 24.9에 트랜스포머 층이 하나인 트랜스포머 모형의 구조가 나와 있다. 실제 응용에서는 트랜스포머 층을 흔히 6개 이상 사용한다. 지금까지 살펴본 다른 모형들과 마찬가지로, 층 i의 출력은 층 $i+1$의 입력으로 쓰인다.

트랜스포머 구조가 문장의 단어 순서를 명시적으로 포착하지는 않는다. 문맥은 오직 자가 주의를 통해서만 반영되는데, 자가 주의 자체는 단어 순서를 반영하지 않기 때문이다. 단어 순서를 반영하기 위해 트랜스포머는 **위치 내장**(positional embedding)이라는 기법을 사용한다. 출력 순차열의 최대 길이가 n이면 모형은 단어 위치당 하나씩 총 n개의 새 내장 벡터를 배운다. 첫 트랜스포머 층의 입력은 위치 t에서의 단어 내장과 해당 위치 내장의 합이다.

위치 내장

도해 24.10은 품사 태깅을 위한 트랜스포머 구조를 나타낸 것이다. 도해 24.3의 것과 같은 문장을 예제 문장으로 사용했다. 하단에서 입력 문장의 단어마다 해당 단어 내장과 위치 내장의 합이 3층 트랜스포머에 입력된다. RNN 기반 포스 태깅에서처럼 트랜스포머 층들은 단어당 하나의 벡터를 산출한다. 각 벡터는 소프트맥스 함수가 있는 최종 출력층으로 입력되며, 결과적으로 각 단어에 대한 품사 태그들의 확률분포가 산출된다.

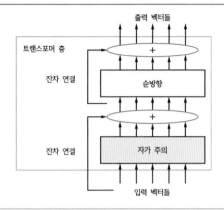

도해 24.9 자가 주의, 순방향 신경망, 잔차 연결들로 이루어진 단층 트랜스포머 모형.

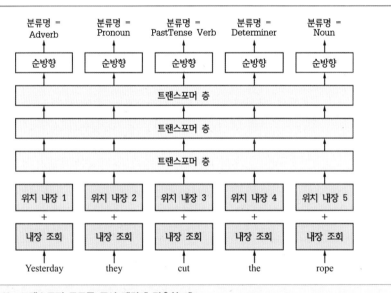

도해 24.10 트랜스포머 구조를 품사 태깅에 적용한 예.

트랜스포머
부호기

트랜스포머
복호기

이번 절에서는 트랜스포머 구조의 절반만 이야기했다. 지금까지 설명한 모형은 **트랜스포머 부호기**(transformer encoder)에 해당한다. 트랜스포머 부호기는 텍스트 분류 작업에 유용하다. 완전한 트랜스포머 구조는 원래 기계 번역을 위한 순차열 대 순차열 모형으로 고안된 것이며, 따라서 부호기와 함께 **트랜스포머 복호기**(transformer decoder)가 있다. 복호기는 부호기와 거의 같다. 단, 복호기의 자가 주의 모듈은 이전 단어들에만 주의를 기울인다(텍스트가 왼쪽에서 오른쪽으로 생성되므로). 또한, 복호기의 각 트랜스포머 층에는 트랜스포머 부호기의 출력에 주의를 기울이는 또 다른 주의 모듈이 있다.

24.5 사전훈련과 전이학습

견실한 모형을 구축하기에 충분한 데이터를 구하기란 쉽지 않다. 컴퓨터 시각(제25장) 분야에서는 이 문제를 대량의 이미지를 모으고 사람이 손으로 분류명을 붙여서 해결했다(ImageNet이 그러한 예이다).

자연어 처리에서는 분류되지 않은 텍스트를 다루는 것이 더 일반적이다. 부분적으로 이는 (사람의) 분류 작업이 더 어렵기 때문이다. 이미지에 "고양이"나 "석양" 같은 분류명을 붙이는 것은 전문 지식이 없는 사람이라도 얼마든지 가능하지만, 주어진 문장에 품사 태그나 파스 트리를 붙일 수 있으려면 상당한 교육과 훈련이 필요하다. 또한, 텍스트의 양이 많다는 것도 이유가 된다. 웹에는 매일 1000억 단어 분량의 텍스트가 추가된다. 여기는 디지털화된 서적과 위키백과 같은 큐레이션된 자원뿐만 아니라 큐레이션되지 않은 SNS 글들도 포함된다.

Common Crawl 같은 프로젝트들은 그런 방대한 텍스트 데이터에 손쉽게 접근할 수 있게 한다. 그 어떤 형식의 본문 텍스트(제목 등을 제외한)라도 n-그램이나 단어 내장 모형을 구축하는 데 사용할 수 있으며, 다양한 작업에 도움이 되는 구조를 띤 텍스트도 드물지 않다. 예를 들어 웹에는 질의응답 시스템의 훈련에 필요한 질문-답변 쌍을 그리 어렵지 않게 추출할 수 있는 FAQ 페이지들이 많다. 또한 원문과 번역문을 나란히 나열한 웹 페이지를 제공하는 웹사이트도 많이 있다. 그런 웹사이트로부터 기계학습 시스템의 훈련을 위한 데이터를 추출할 수 있다. 또한 분류명으로 사용할 수 있는 정보가 미리 붙어 있는 텍스트도 있는데, 예를 들어 영화 리뷰 사이트의 영화평에 붙은 5점 만점 기준 별점을 분류명으로 삼아서 감정 분석 모형을 훈련할 수 있다.

새 NLP 모형을 만들 때마다 새로운 데이터 집합을 만드는 것은 바람직하지 않다.

_{사전훈련} 이번 절에서는 **전이학습**(§21.7.2)의 한 형태인 **사전훈련** 기법을 소개한다. 간단하게 말하면, 사전훈련 기법은 공개된 대량의 미리 훈련된 범용 언어 모형을 초기 NLP 모형으로 삼고, 풀고자 하는 문제 영역에 특화된 소량의 데이터로 그 모형을 좀 더 정련하는 것이다. 정련된 모형은 새 문제 영역에 특화된 어휘, 관용구, 구문 구조, 기타 언어적 현상을 배울 수 있다.

24.5.1 미리 훈련된 단어 내장

§24.1에서 단어 내장을 간략하게 소개했다. *banana*와 *apple* 같은 비슷한 단어가 서로 비슷한 내장 벡터들이 된다는 점과 벡터 산술을 이용해서 비유 문제를 풀 수 있다는 점을 이야기했다. 그런 응용은 단어 내장이 단어에 관한 실질적인 정보를 포착하고 있음을 뜻한다.

이번 절에서는 완전히 비지도적인 학습 과정을 통해서 대량의 텍스트 말뭉치로부터 단어 내장들을 생성하는 과정을 자세히 살펴본다. 핵심은 '비지도'이다. §24.1에서는 품사 태깅을 위한 지도학습 기반 훈련을 통해서 단어 내장들을 생성했기 때문에 값비싼 전문 인력이 품사 태그를 붙여야 했지만, 이번 절의 접근방식에는 그런 문제가 없다.

여기서는 구체적인 단어 내장 모형의 하나인 GloVe(Global Vectors) 모형에 초점을 둔다. 이 모형은 먼저 각 단어가 다른 단어의 구간(문맥)에 몇 번이나 출현하는지를 센다 (이는 스킵-그램 모형과 비슷하다). 구간 크기가 5이고, 단어 i와 j가 함께 있는 구간들의 개수가 X_{ij}라고 하자. 그리고 X_i는 단어 i가 있는 다른 단어 구간들의 개수라고 하자. 그러면 $P_{ij} = X_{ij}/X_i$는 단어 j가 단어 i의 문맥에 출현할 확률에 해당한다. 앞에서처럼, 단어 i의 단어 내장은 $\mathbf{E}_i$로 표기하자.

부분적으로 GloVe 모형은 두 단어의 관계를 가장 잘 포착하는 방법은 그 둘을 다른 단어들과 비교해 보는 것이라는 착안에 기초한다. 영단어 ice(얼음)와 steam(증기)을 생각해 보자. 그 두 단어가 다른 단어 w와 함께 출현할 확률들의 비는

$$P_{w,ice}/P_{w,steam} .$$

이다. 만일 w가 solid(고체)라면 이 비가 클 것이다(얼음은 고체라서 ice가 solid와 같이 나올 가능성이 크므로). 반면 w가 gas(기체)이면 이 비가 작을 것이다. 그리고 w가 the처럼 비내용어(non-content word)이거나, water처럼 두 단어 모두와 동일하게 유관한 단어이거나, fashion처럼 두 단어 모두와 무관한 단어라면 두 확률이 거의 같아서 비가 1에 가까울 것이다.

GloVe 모형은 이러한 착안에서 출발해 몇 가지 수학적 추론(Pennington 외, 2014)을 통해 확률들의 비들을 벡터 차이와 내적들로 변환하고, 결국에는 다음과 같은 등식에 도달한다.

$$\mathbf{E}_i \cdot \mathbf{E}'_k = \log(P_{ij}) .$$

다른 말로 하면, 두 단어 벡터의 내적은 그 두 단어가 함께 출현할 확률의 로그와 같다. 이는 직관적으로도 말이 된다. 서로 수직에 가까운 두 벡터의 내적은 0에 가깝고, 방향이 거의 같은 두 벡터의 내적은 1에 가깝다(두 벡터가 정규화되었다고 할 때). GloVe 모형이 각 단어에 대한 두 내장 벡터 $\mathbf{E}_i$와 E'_i를 생성하는 과정에서 기술적인 복잡함이 존재한다. 둘을 계산하고 계산 과정의 끝 부분에서 더하면 과대적합을 억제하는 데 도움이 된다.

GloVe 같은 모형을 훈련하는 데 드는 비용은 표준적인 신경망의 훈련보다 훨씬 작다. 통상적인 데스크톱 CPU를 이용해서 단어 수십억 개 규모의 텍스트로 새 모형을 훈련하는 데는 몇 시간이면 충분하다.

특정 문제 영역에 대해 단어 내장들을 훈련해서 그 문제 영역에 대한 지식을 복원하는 것이 가능하다. 예를 들어 트시토얀 등은 재료 과학에 관한 논문 330만 건의 초록들로 단어 내장 모형을 훈련했다(Tshitoyan 외, 2019). 일반적인 단어 내장 모형이 "Athens is to Greece as Oslo is to what?"라는 질문에 "Norway"라고 답하는 능력을 지닌 것과 비슷하게, 저자들의 재료 과학 모형은 "NiFe is to ferromagnetic as IrMn is to what?"라는 질문에 "antiferromagnetic(반강자성)"이라고 답하는 능력을 지녔다.

저자들의 모형이 단어들의 공동 출현 횟수에만 기반한 것은 아니다. 그 모형은 좀 더 복잡한 과학 지식을 포착하는 것으로 보인다. 모형은 "thermoelectric(열전)" 소재나 "topological insulator(위상 절연체)"로 분류되는 화합물을 묻는 질문에도 답할 수 있었다. 예를 들어 말뭉치에서 $CsAgGa_2Se_4$는 "thermoelectric" 부근에는 전혀 출현하지 않지만 "chalcogenide(칼코제나이드)"나 "band gap(띠틈)", "optoelectric(광전)" 부근에는 출현한다. 이는 모두 $CsAgGa_2Se_4$를 "thermoelectric"과 비슷한 것으로 분류하는 근거가 된다. 더 나아가서, 2008년까지의 초록들만으로 훈련한 후 초록들에는 없는 화합물들 중에서 "thermoelectric"에 해당하는 것들을 고르라고 했을 때 모형이 선택한 다섯 화합물 중 셋은 2009년과 2010년 사이에 발표된 논문에서 발견된 열전 화합물이었다.

24.5.2 미리 훈련된 문맥 표현

단어 내장은 원자적 단어 토큰보다 나은 표현이지만, 다의어(뜻이 여러 개인 단어)와 관련해서 중요한 문제점이 하나 있다. 예를 들어 영단어 *rose*는 장미를 뜻할 수도 있고 동사 *rise*의 과거형일 수도 있다. 따라서 *rose*에 관한 완전히 구별되는 군집이 적어도 두 개는 있을 것이다. 한 군집은 *dahlia* 같은 다른 꽃 이름과 가까울 것이고 다른 한 군집은 *upsurge* 같은 단어와 가까울 것이다. 그런데 하나의 내장 벡터가 그 둘을 동시에 표현할 수는 없다. *rose*는 구별되는 의미가 적어도 둘 이상인 단어의 전형적인 예이지만, 문맥에 따라 의미의 차이가 좀 더 미묘한 스펙트럼을 이루는 단어도 있다. 예를 들어 "*you need to see this movie*"의 *need*와 "*humans need oxygen to survive*"의 *need*는 의미가 다르긴 하지만 *rose*의 예만큼 완전히 구분된 것은 아니다. 또한 큰 돈을 쓴다는 뜻의 "*break the bank*" 같은 관용구는 단어들을 분리해서 분석하기보다는 전체를 하나로 분석하는 것이 낫다.

따라서 모형이 그냥 단어 대 내장(word-to-embedding) 테이블을 학습하는 대신, 문장 각 단어의 **문맥 표현**(contextual representations)을 생성하는 것이 더 바람직하다. 문맥 표현은 한 단어와 그 단어 주변의 문맥을 단어 내장 벡터로 사상한다. 다른 말로 하면, 단어 *rose*와 문맥 *the gardener planted a rose bush*를 입력했을 때 모형이 산출한 문맥 내장 벡터는 그 단어를 *the cabbage rose had an unusual fragrance*라는 문맥과 함께 입력했을 때의 내장 벡터와는 비슷해야 하지만(꼭 같지는 않더라도) *the river rose five feet*라는 문맥과 함께 입력했을 때의 내장 벡터와는 아주 달라야 한다.

도해 24.11은 그러한 문맥 단어 내장을 생성하는 순환 신경망이다. 아무 문구도 없는 상자들이 문맥 단어 내장들이다. 비문맥적 단어 내장들의 집합이 이미 마련되었다고 가정할 때, 훈련 과정에서는 문장의 단어들을 하나씩 입력해서 모형이 그 다음 단어를 예측하게 한다. 도해 24.11에서 예를 들어 단어 "car"가 입력되었을 때 그 시간 단계에서의 RNN 노드는 두 개의 입력을 받는데, 하나는 "car"에 대한 비문맥적 단어 내장이고 다른 하나는 이전 단어열 "The red"의 정보를 부호화한 문맥 내장이다. RNN 노드는 그 입력들로부터 다음 "car"에 대한 문맥 표현을 출력한다. 모형은 그 문맥 표현에 기초해

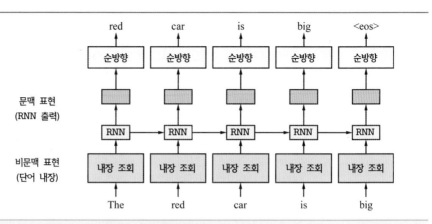

도해 24.11 좌-우 언어 모형을 이용한 문맥 표현 훈련

서 다음 단어 "is"를 예측값으로 산출한다. 그런 다음에는 그 예측 단어와 실제 다음 단어의 차이가 최소화되도록 신경망의 가중치들을 갱신한다.

이러한 모형은 도해 24.5의 품사 태깅 모형과 비슷하나, 중요한 차이점이 두 가지 있다. 첫째로, 품사 태깅 모형은 양방향이지만 이 모형은 단방향(왼쪽에서 오른쪽)이다. 둘째로, 품사 태깅 모형은 **현재** 단어의 품사 태그를 예측하지만 이 모형은 이전 문맥을 이용해서 **다음** 단어를 예측한다. 훈련을 마친 모형을 꼭 다음 단어의 예측에 사용해야 하는 것은 아니다. 생성된 문맥 표현들을 추출해서 다른 작업에 사용할 수 있다. 문맥 표현을 생성하려면 항상 두 입력(현재 단어와 그 문맥)이 필요함을 주의하기 바란다.

24.5.3 마스킹된 언어 모형(MLM)

n-그램 같은 기존 언어 모형들의 한 가지 약점은 각 단어의 문맥을 오직 문장의 이전 단어들만 고려해서 생성한다는 것이다. 예측은 왼쪽에서 오른쪽으로 일어나지만, 문장의 나중(오른쪽) 단어가 중요할 때도 많다. 예를 들어 *rose five feet*(5피트 상승했다)라는 문구에서 *rose*가 장미가 아님을 밝히는 데는 마지막 단어 *feet*가 크게 도움이 된다.

한 가지 간단한 해결책은 각 단어를 문장의 이후 단어들에 기초해서 문맥화하는 우–좌 언어 모형을 따로 훈련하고, 좌-우 표현과 우-좌 표현을 연결하는 것이다. 그러나 그런 모형은 양쪽 모두의 증거를 결합하지 못한다.

마스킹된 언어
모형 대신 사용할 수 있는 것으로 **마스킹된 언어 모형**(masked language model, MLM)이 있다. MLM은 입력의 개별 단어들을 마스킹하고(가리고) 모형이 가려진 단어를 예측하게 한다(예측을 위한 모형으로는 심층 양방향 RNN이나 트랜스포머를 사용하면 될 것이다).이를테면 *"The river rose five feet"*라는 문장의 가운데 단어를 마스킹한 *"The river ___ five feet"*를 모형에 입력해서 빈칸을 채우게 하는 식이다.

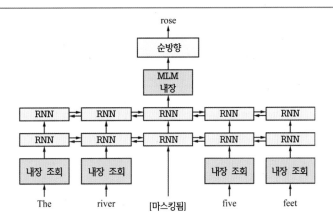

rose

순방향

MLM
내장

| RNN | RNN | RNN | RNN | RNN |

| RNN | RNN | RNN | RNN | RNN |

| 내장 조회 | 내장 조회 | | 내장 조회 | 내장 조회 |

The · river · [마스킹됨] · five · feet

도해 24.12 마스킹된 언어 모형: 입력 단어를 마스킹하고 그 단어만 예측하는 식으로 양방향 모형(이를테면 다층 RNN)을 훈련한다.

---

1. **What will best separate a mixture of iron filings and black pepper?**
   (a) magnet   (b) filter paper   (c) triple beam balance   (d) voltmeter

2. Which **form of energy is produced when a rubber band vibrates?**
   (a) chemical   (b) light   (c) electrical   (d) sound

3. **Because copper is a metal, it is**
   (a) liquid at room temperature   (b) nonreactive with other substances
   (c) a poor conductor of electricity   (d) a good conductor of heat

4. **Which process in an apple tree primarily results from cell division?**
   (a) growth   (b) photosynthesis   (c) gas exchange   (d) waste removal

도해 24.13 ARISTO 시스템이 여러 구성요소의 앙상블을 이용해서 정답을 맞춘 8학년 과학 시험 문제들. 가장 큰 영향을 미친 구성요소는 ROBERTA 언어 모형이었다. 이런 질문에 답하려면 자연어, 다지선다 시험, 상식, 과학에 관한 지식이 필요하다.

마스킹된 단어(지금 예에서는 *rose*)는 그 토큰에 대응되는 최종 은닉 벡터로 예측한다. 훈련 과정에서 한 문장의 여러 단어를 마스킹해서 모형을 여러 번 훈련할 수 있다. 이 접근방식의 매력은 분류된 데이터가 필요하지 않다는 것이다. 문장 자체가 마스킹된 단어에 대한 분류명을 제공하기 때문이다. 커다란 텍스트 말뭉치로 이 모형을 훈련해서 얻은 표현을 이용하면 다양한 NLP 과제(기계 번역, 질의응답, 요약, 맞춤법 검사 등)에서 좋은 성과를 얻을 수 있다.

24.6 현황

심층학습과 전이학습 덕분에 NLP의 전반적인 수준이 크게 향상되었다. 심지어 2018년에는 "NLP의 ImageNet 순간이 도래했다"라고 주장한 사람도 있었다(Ruder, 2018). 즉, 컴퓨터 시각 분야에서 심층학습 시스템들이 2012년 ImageNet 경진대회에서 놀랄만큼 성공을 거둔 것에 비견할 정도의 전환점이 2018년에 NLP 분야에서 발생했다는 주장이다. 이러한 전환점의 주된 동인은 전이학습이 자연어 처리 문제에 잘 맞는다는 발견이었다. 즉, 일반적인 언어 모형을 내려받아서 특정 문제에 맞게 세부 조율하는 것이 가능함을 알게 된 것이다.

그 출발점은 2013년 WORD2VEC과 2014년 GloVe 같은 시스템들이 사용한 간단한 단어 내장 모형들이었다. 연구자들은 그런 모형들을 내려받거나, 슈퍼 컴퓨터 없이도 비교적 빠른 시간에 직접 훈련할 수 있었다. 반면 미리 훈련된 문맥 표현의 훈련 비용은 자릿수가 여러 개 많다.

그런 모형들이 실현 가능해진 것은 하드웨어의 발전으로 GPU와 TPU를 널리 사용할 수 있게 된 덕분이었다. 게다가 연구자들은 그런 모형을 직접 훈련하느라 자원을 소비하는 대신 미리 훈련된 모형을 내려 받아서 사용할 수 있었다. 트랜스포머 모형이 등장하면서 예전보다 훨씬 크고 깊은 심층 신경망을 효율적으로 훈련할 수 있게 되었다(이 경우는 하드웨어가 아니라 소프트웨어의 발전 덕분이다). 2018년부터는 새 NLP 프로젝트를 미리 훈련된 트랜스포머 모형으로 시작하는 것이 일반적인 관행이다.

이런 트랜스포머 모형은 문장의 다음 단어를 예측하도록 훈련된 것이지만, 그밖의 NLP 과제들에도 놀랄만큼 잘 작동한다. 미리 훈련된 RoBERTA 모형을 적절히 조율해 질의응답과 독해 시험에서 기존 시스템들보다 뛰어난 성적을 얻은 사례가 있다(Liu 외, 2019). 매개변수 15억 개를 40GB 분량의 인터넷 텍스트로 훈련한, 트랜스포머와 유사한 언어 모형인 GPT-2는 영어를 프랑스어로(또는 그 반대로) 번역하거나, 지시어와 멀리 떨어져 있는 지시 대상을 찾아내거나, 일반 상식에 관한 질의응답을 수행하는 등의 다양한 작업을 해당 작업을 위한 세부 조율 없이도 잘 해낸다.[역주1] 도해 24.14에서 보듯이 GPT-2는 단 몇 단어의 제시문으로도 상당히 그럴듯한 텍스트를 생성한다.

최상급 NLP 시스템의 한 예로, ARISTO(Clark 외, 2019)는 미국 8학년[역주2] 객관식 과학 시험에서 91.6%의 점수를 얻었다(도해 24.13). ARISTO는 다양한 문제 해결 요소들의 앙상블로 구성되는데, 어떤 요소는 정보 검색을 사용하고(웹 검색 엔진과 비슷하다) 어떤 요소는 텍스트 함의 인식(textual entailment)과 정성적 추론을, 또 어떤 요소는 커다란 트랜스포머 언어 모형을 사용한다. 트랜스포머 모형 RoBERTA 자체는 이 시험에

[역주1] 이 책의 원서가 출간되고 얼마 후 OpenAI는 GPT-2를 크게 확장한 GPT-3을 발표했는데, 매개변수는 무려 1,750억 개이다. GPT-3은 더욱 다양한 분야에서 놀라운 결과를 보였는데, 특히 이미지나 프로그램 소스 코드, GUI 레이아웃 등 통상적인 텍스트가 아닌 결과물을 생성하는 응용들이 많은 사람의 관심을 끌었다.

[역주2] 8학년과 12학년은 학년 순서로는 한국의 중학교 2학년과 고등학교 3학년에 해당하지만, 미국과 한국의 교과과정이 같지는 않다는 점을 고려해야 할 것이다.

It is a truth universally acknowledged that the earth is not the center of the universe. There are those who assert there is. I do not accept them, but others I consider to be of the same opinion. The truth is, however, that if there are other than the center, and if there are any other living things in the universe and if they are not human, then we do not yet have our answers. We have to go on. This page gives a simplified, simplified answer to the problem. We don't have all the answers. The truth is, however, that the truth is out there.

When Gregor Samsa woke up one morning, he did not notice anything strange. "When my wife is looking at me, I feel like she is looking at a piece of art," he said. "I think she is admiring something I have created." The idea is that by looking at your own life, you learn something important and become a better person. It is a theory that emerged from psychologist Daniel Goleman's work, in which he asked "How do you know you're not a loser?"

Alice was beginning to get very tired of sitting with her sister on the bank. She sat up, yawned, and said, with a loud little scream, "I hope you don't mind if I keep on doing what I should like to do, and if someone asks me which of us will do more, don't tell them that I won't do much, my dear sister."

All happy families are alike; each happy family is like a garden of paradise. The only difference between happy families and unhappy families, is that the unhappy family doesn't have any flowers or trees.

Tell me a story. Tell me a story. Tell me a story. Tell me a story. Tell me a story. Tell me a story. Tell me a story. Tell me a story. Tell me a story. Tell me a story. Tell me a story. Tell me a story. Please fill out the following details. Thank you... Thank you for your interest in this interview. Please wait...

> **도해 24.14** GPT-2 언어 모형이 생성한 텍스트들. 굵은 글씨는 사람이 입력한 제시문이다. 대부분의 텍스트가 상당히 유창한 영어이다(적어도 부분적으로는). 마지막 예는 모형이 종종 일을 망치기도 한다는 점을 보여준다.

서 88.2%의 점수를 얻었다. Aristo는 또한 좀 더 어려운 12학년 시험에서 83%의 점수를 얻었다. (65% 점수는 "기준을 충족함"으로 간주되고 85%는 "기준을 우수하게 충족함"으로 간주된다.)

Aristo에도 한계가 있다. 이 시스템은 오직 객관식 문제만 풀 뿐 논술 문제는 풀지 못한다. 또한 도표를 읽거나 생성하지 못한다.[1]

T5(Text-to-Text Transfer Transformer)는 다양한 종류의 텍스트 입력에 대한 텍스트 응답을 산출하도록 설계된 시스템이다. 이 시스템은 750GB 분량의 Colossal Clean Crawled Corpus(C4)에 있는 단어 350억 개로 훈련한 표준적인 부호기-복호기 트랜스포머 모형

---

[1] 객관식 시험에서, 문제를 보지 않고 오답 선택지들의 뚜렷한 특징들을 인식해서 좋은 성적을 낼 수 있음이 지적되었다(Gururangan 외, 2018). 이는 시각적 질의응답도 마찬가지인 것으로 보인다(Chao 외, 2018).

을 사용한다. 여러 구체적인 과제에 유용한, 일반화 가능한 언어 지식을 모형에 부여하기 위해 분류명 없이 비지도 방식으로 모형을 훈련했다. 특정 과제에 T5를 적용할 때는, 과제 이름과 콜론(:) 다음에 텍스트 내용이 오는 형태의 텍스트를 T5에 입력한다. 예를 들어 "translate English to German: That is good"를 입력하면 T5는 "Das ist gut"를 출력한다. 가제에 따라서는 입력에 특정한 마크업을 지정하기도 한다. 예를 들어 위노그라드 스키마 도전과제(Winograd Schema Challenge)에서는 지시 대상(referent)이 애매한 대명사를 특별히 표시해 둔 입력을 사용한다. 예를 들어 "referent: *The city councilmen refused the demonstrators a permit because <u>they</u> feared violence*"라는 문장이 입력되면 모형은 "*The city councilmen*"을("*the demonstrators*"가 아니라) 출력해야 한다.

NLP 시스템들을 더욱 개선하기 위해 할 일이 많이 있다. 한 가지 해결해야 할 문제는 트랜스포머 모형이 최대 수백 단어 정도의 좁은 문맥에만 의존한다는 점이다. 문맥을 더 확장하려는 실험적인 시도가 있었는데, 예를 들어 Reformer 시스템(Kitaev 외, 2020)은 최대 1백만 단어의 문맥을 처리할 수 있다.

최근 연구 결과를 보면 훈련 데이터가 많을수록 모형이 개선된다. 예를 들어 RoBERTa는 2조2천억 개의 단어로 훈련해서 최상급의 성과를 얻었다. 텍스트 데이터가 많을 수록 좋다면, 구조적 데이터베이스나 수치 데이터, 이미지, 동영상 같은 다른 형식의 데이터들은 어떨까? 대량의 동영상 데이터 집합으로 모형을 훈련하려면 하드웨어의 처리 속도가 획기적으로 향상되어야 할 것이며, 인공지능 자체에도 여러 혁신이 필요할 수 있다.

그런데 이번 장의 모형들은 모두 순수한 데이터 주도적(data-driven) 접근방식을 사용한다. 이전 장(제23장)에서 배운 문법, 파싱, 의미 해석 같은 개념들은 이제 무의미한 것일까? 데이터 주도적 모형들이 대세가 된 것은 여러 표준적인 벤치마크에서 더 나은 성적을 냈다는 점뿐만 아니라, 무엇보다도 개발하고 유지보수하기 쉽기 때문이다. 제23장에서 서술한 접근방식으로 시스템을 구축하려면 인간의 노력이 상당히 많이 요구된다. 그렇지만, 어쩌면 트랜스포머 모형과 그 변형들이 문법과 의미 정보 같은 기본 개념을 반영한 잠재 표현들을 배우는 것일 수도 있다. 물론 그와는 전혀 다른 뭔가를 배우는 것일 수도 있다. 그런 거대한 모형 안에서 무슨 일이 일어나는지 우리는 알지 못한다. 그러나 텍스트 데이터로 훈련하는 시스템이 사람이 특징들을 지정해야 하는 시스템보다 유지보수하기 쉽고 새 문제 영역과 새 자연어에 적용하기 더 쉽다는 점은 확실하다.

명시적인 문법 및 의미 모형화에서 혁신이 일어나서 무게중심이 다시 바뀔 가능성도 있겠지만, 아마 제23장과 이번 장의 최고의 개념들을 결합한 혼성 접근방식이 나올 가능성이 더 크다. 예를 들어 [Kitaev 및 Klein, 2018]은 주의 메커니즘으로 전통적인 문장 요소 파서를 개선해서 펜 트리뱅크 시험 집합에 대해 사상 최고의 성과를 냈다. 비슷한 맥락에서, [Ringgaard 외, 2017]은 단어 내장과 순환 신경망으로 의존 파서를 개선하는 방법을 보여준다. 해당 시스템 SLING은 문장을 의미틀(semantic framework) 표현으로 직접 파싱함으로써 전통적인 파이프라인에서 오차가 누적되는 문제를 완화한다.

현재의 NLP 방법들에 개선의 여지가 있음은 분명하다. 여러 과제에서 NLP 시스템들의 성과는 여전히 사람보다 낮은 수준이다. 사람이 평생 읽을 수 있는 것보다 수천 배 많은 텍스트를 처리하고도 그렇다는 점을 생각하면, 언어학자와 심리학자, NLP 연구자들의 새로운 통찰이 필요한 부분이 많다고 할 수 있다.

요약

이번 장의 핵심은 다음과 같다.

- 단어들을 연속적인 단어 내장으로 표현하는 것이 이산적인 원자적 표현보다 더 강건할(robust) 뿐만 아니라, 분류되지 않은 텍스트 데이터를 이용해서 모형을 미리 훈련할 수 있다는 장점도 있다.
- 순환 신경망은 유관 정보를 은닉 상태 벡터들에 유지함으로써 국소 문맥과 장거리 문맥을 효과적으로 모형화할 수 있다.
- 순차열 대 순차열 모형은 기계 번역과 텍스트 생성 문제에 사용할 수 있다.
- 자가 주의를 사용하는 트랜스포머 모형은 국소 문맥뿐만 아니라 장거리 문맥도 모형화할 수 있다. 또한 하드웨어 행렬 연산을 효율적으로 활용할 수 있다.
- 문맥 단어 내장의 사전훈련을 포함한 전이학습을 이용하면 아주 큰 미분류 말뭉치로 훈련된 모형을 다양한 과제에 적용할 수 있다. 누락된 단어를 예측하도록 미리 훈련된 모형을 특정 문제 영역에 맞게 조율하면 예측 외에도 질의응답이나 텍스트 함의 인식 같은 다른 과제도 처리할 수 있다.

참고문헌 및 역사적 참고사항

자연어에서 단어와 구의 분포는 **지프의 법칙**(Zipf, 1935; Zipf, 1949)을 따른다. 즉, n번째로 자주 출현한 단어의 빈도는 대략 n에 반비례한다. 텍스트 데이터에 희소성 문제가 존재함을 뜻한다. 훈련 데이터의 단어가 수십억 개라고 해도, 모형은 이전에 본 적이 없는 새로운 단어와 문구를 계속 만나게 된다.

뜻이 비슷한 단어들은 비슷한 문맥에 등장한다는 기본적인 통찰을 반영한 표현을 사용하면 새 단어와 문구로의 일반화가 개선된다. [Deerwester 외, 1990]은 단어 벡터들을 단어들과 그 단어들이 출현한 문서들로부터 구축한 공동 출현 행렬로 분해해서 저차원 벡터 공간으로 투영했다. 또 다른 가능성은 주변 단어들, 이를테면 좌우 2단어를 포함한 5단어 구간을 문맥으로 취급하는 것이다. [Brown 외, 1992]는 단어들을 2-그램 단어 문맥에 따라 위계적 군집들로 묶는 방법을 제시했다. 이런 접근방식이 개체명 인식 같은 과제들에 효과적임이 입증되었다(Turian 외, 2010). WORD2VEC 시스템(Mikolov 외, 2013)은 신경망 훈련으로 얻은 단어 내장의 장점을 확실히 보여준 첫 사례이다. GloVe 단어 내장 벡터들(Pennington 외, 2014)은 수십억 단어 분량의 텍스트에서 얻은 단어 공동 출현 행렬로부터 직접 얻은 것이다. [Levy 및 Goldberg, 2014]는 이런 단어 내장이 왜, 어떻게 언어적 규칙성을 포착하는지 설명한다.

[Bengio 외, 2003]은 언어 모형에 신경망을 적용하는 문제에 관한 선구적인 논문이다. 저자들은 "(1) 각 단어의 분산 표현과 (2) 그런 표현들을 이용한, 단어 순차열에 대한 확률 함수"를 결합할 것을 제안했다. [Mikolov 외, 2010]은 언어 모형에서 RNN을 이용해서 국소 문맥을 모형화하는 방법을 제시했다. [Jozefowicz 외, 2016]은 단어 10억 개로 훈련한 RNN이 사람이 세심하게 짠 n-그램 모형보다 뛰어난 성능을 보일 수 있음을 보였다. [Peters 외, 2018]은 단어의 문맥 표현을 강조했는데, 저자들은 그러한 표현을 ELMo(Embeddings from Language Models) 표현이라고 불렀다.

당혹도   언어 모형들을 **당혹도**(perplexity)를 기준으로 비교하는 저자들도 있다. 엔트로피(§19.3.3)가 H인 확률분포의 당혹도는 2^H이다. 다른 모든 조건이 동일할 때, 당혹도가 낮은 모형이 더 좋은 모형이다. 그러사 실제 응용에서 다른 모든 조건이 동일한 경우는 거의 없다. 따라서 당혹도를 기준으로 삼기보다는 그냥 실제 과제에 대한 성과를 측정하는 것이 더 낫다.

[Howard 및 Ruder, 2018]은 대량의 문제 영역 특화 말뭉치 없이 미리 훈련된 언어 모형으로 세부 조율하기 쉬운 ULMFiT(Universal Language Model Fine-tuning)라는 프레임워크를 서술한다. [Ruder 외, 2019]는 NLP를 위한 전이학습의 튜토리얼을 제공한다.

[Mikolov 외, 2010]은 RNN을 NLP에 사용한다는 착안을 소개했고, [Sutskever 외, 2015]는 심층 신경망을 이용한 순차열 대 순차열 학습을 소개했다. [Zhu 외, 2017]와 [Liu 외, 2018]는 비지도 접근방식이 유효하다는 점과 자료 수집(데이터 수집)이 수월하다는 점을 보여준다. 곧이어 이런 종류의 모형들이 이미지 캡션 생성(Karpathy 및 Fei-Fei, 2015; Vinyals 외, 2017)을 비롯한 다양한 과제들에서 놀랄만큼 좋은 성과를 낼 수 있음이 발견되었다.

[Devlin 외, 2018]은 마스킹된 언어 모형을 목적으로 미리 훈련된 트랜스포머 모형을 다양한 과제에 직접 적용할 수 있음을 보여주었다. 그 모형의 이름은 BERT(Bidirectional Encoder Representations from Transformers)이다. 미리 훈련된 BERT 모형을 질의응답, 개체명 인식, 텍스트 분류, 감정 분석, 자연어 추론 같은 특정 문제 영역과 특정 과제에 대해 세부 조율할 수 있다.

XLNet 시스템(Yang 외, 2019)은 사전훈련과 세부 조율의 어긋남을 제거해서 BERT를 개선했다. Ernie2.0 프레임워크(Sun 외, 2019)는 단어들의 공동 출현뿐만 아니라 문장 순서와 개체명들의 존재도 활용해서 훈련 데이터에서 더 많은 것을 추출한다. 이 프레임워크는 BERT와 XLNet보다 더 나은 성과를 냈다. 이에 대응해서 연구자들은 BERT를 더욱 개선했다. RoBERTa 시스템(Liu 외, 2019b)은 더 많은 데이터와

이전과는 다른 초매개변수들 및 훈련 절차를 이용했는데, XLNET만큼의 성과를 냈다. Reformer 시스템(Kitaev 외, 2020)은 모형이 고려할 수 있는 문맥의 크기를 1백만 단어까지 확장했다. 한편 ALBERT(A Lite BERT)는 다른 방향으로 나아가서, 높은 정확도를 유지하면서 매개변수 개수를 1억 8백만 개에서 1,200만 개로 줄였다(이동 기기에 맞도록).

XLM 시스템(Lample 및 Conneau, 2019)은 여러 언어의 훈련 데이터로 훈련한 트랜스포머 모형이다. 기계 번역에 유용할 뿐만 아니라, 단일 언어 과제에 대해서도 좀 더 강건한 표현을 제공한다. 다른 두 주요 시스템인 GPT-2(Radford 외, 2019)와 T5(Raffel 외, 2019)는 본문에서 소개했다. 후자의 논문은 350억 단어 분량의 말뭉치인 Colossal Clean Crawled Corpus(C4)도 소개했다.

사전훈련 알고리즘들에 대한 유망한 개선안들이 여럿 제안되었다(Yang 외, 2019; Liu 외, 2019b). [Peters 외, 2018]과 [Dai 및 Le, 2016]은 미리 훈련된 문맥 모형들을 서술한다.

NLP 시스템의 평가를 위한 여러 과제와 도구를 모은 GLUE(General Language Understanding Evaluation)는 [Wang 외, 2018a]에서 소개되었다. GLUE의 과제들로는 질의응답, 감정 분석, 텍스트 함의 인식, 파싱 등이 있다. 이런 과제들에서 트랜스포머 모형들이 상위권을 장악하자(인간 기준선은 그보다 훨씬 아래인 9위에 해당), 사람에게는 여전히 쉽지만 컴퓨터에게는 좀 더 어려운 과제들을 도입한 새 버전 SUPERGLUE(Wang 외, 2019)가 나왔다.

2019년 말 기준으로 전체적인 우승자는 89.3점의 T5로, 인간 기준선 89.8보다 단 0.5점 아래이다. 과제 10개 중 셋에서 T5는 실제로 인간의 성과를 추월했다. 예/아니오 질의응답(이를테면 (such as "Is France the same time zone as the UK?"(프랑스와 영국의 시간대가 같은가?) 등)과 문단 또는 신문 기사를 읽고 질문에 답하는 방식의 두 가지 독해 과제였다.

언어 모형의 주된 용도는 **기계 번역**이다. 1933년에 페트르 트로얀스키[Petr Troyanskii]가 '번역 기계'에 대한 특허를 땄지만, 그의 착안들을 구현할 컴퓨터는 아직 나오지 않았다. 워렌 위버[Warren Weaver]는 암호학과 정보이론의 성과에 기초해서, 1947년 노버트 위너에게 보낸 편지에서 이렇게 말했다: "러시아어로 된 기사를 볼 때 나는 '이것은 사실 영어로 된 글이지만 이상한 기호로 부호화되어 있다. 이제 이 글을 해독해야겠다'라고 말한다." 그다음 십 년 간 공동체는 그런 식의 해독을 시도했지만, 데이터와 컴퓨팅 자원의 부족으로 실질적인 성과는 얻지 못했다.

1970년대부터 상황이 변하기 시작했다. SYSTRAN 시스템(Toma, 1977)은 상업적으로 성공한 최초의 기계 번역 시스템이다. SYSTRAN은 훈련 데이터뿐만 아니라 언어학자가 직접 짠 어휘 규칙들과 문법 규칙들에도 의존했다. 1980년대에는 공동체가 단어와 문구의 빈도에 기초한 순수 통계적 모형을 받아들였다(Brown 외, 1988; Koehn, 2009). 훈련 집합의 크기가 토큰 수십억 개에서 수조 개 규모로 성장하자(Brants 외, 2007), 이런 시스템들이 유창하지는 않지만 그래도 이해할 수 있는 결과물을 산출하게 되었다(Och 및 Ney, 2004; Zollmann 외, 2008). [Och 및 Ney, 2002]는 2000년대 초반에 판별 훈련이 어떻게 기계 번역의 개선으로 이어졌는지 보여준다.

[Sutskever 외, 2015]는 기계 번역을 위해 종단간 순차열 대 순차열 신경망 모형을 학습하는 것이 가능함을 처음으로 보여준 논문이다. [Bahdanau 외, 2015]는 원본 언어 문장과 대상 언어 문장을 짝짓는 방법과 두 언어 사이의 번역 방법을 함께 학습하는 모형의 장점을 시연했다. [Vaswani 외, 2018]은 신경망 기계 번역 시스템의 LSTM을 트랜스포머 구조(주의 메커니즘으로 문맥을 포착하는)로 대체하면 성능이 더욱 개선됨을 보였다. 이런 신경망 기반 기계 번역 시스템들이 통계적 문구 기반 방법들을 빠르게 대체했으며, 트랜스포머 구조가 다른 NLP 과제들에도 빠르게 전파되었다.

질의응답 시스템의 훈련과 검사를 위한 최초의 대규모 데이터 집합인 SQuAD(Rajpurkar 외, 2016)가 만들어지면서 **질의응답**에 관한 연구가 촉진되었다. 그후 이 과제를 위한 심층학습 모형이 여럿 개발되었다(Seo 외, 2017; Keskar 외, 2019). ARISTO 시스템(Clark 외, 2019)은 심층학습과 함께 다른 여러 기법의 앙상블을 사용한다. 2018년부터 대다수의 질의응답 시스템은 미리 훈련된 언어 표현을 사용하는데, 그 덕분에 기존 시스템들보다 성과가 눈에 띄게 개선되었다.

자연어 추론(natural language inference)은 주어진 가설("개는 먹어야 한다")을 전제("모든 동물은 먹어야 한다")가 함축하는지의 여부를 판정하는 과제이다. 이 과제는 PASCAL 경진대회(Dagan 외, 2005)로 유명해졌다. 이 과제를 위한 대규모 데이터 집합들이 있다(Bowman 외, 2015; Williams 외, 2018). 현재 ELMo나 BERT 같은 미리 훈련된 모형에 기초한 시스템들이 자연어 추론 과제에서 최고의 성과를 내고 있다.

학술대회 Conference on Computational Natural Language Learning(CoNLL)은 NLP를 위한 학습에 초점을 둔다. 요즘은 제23장에서 언급한 모든 학술대회와 학술지가 심층학습(NLP 분야에서 주도적인 위치를 차지한)에 관한 논문을 취급한다.

25

컴퓨터 시각

이번 장에서는 컴퓨터를 카메라의 눈을 통해 가공되지 않은 실제 세계와 연결한다.

대부분의 동물에는 눈이 있는데, 상당한 대가를 치른 결과일 때가 많다. 눈은 큰 공간을 차지하며, 에너지를 소모하며, 상당히 약하다. 그러나 눈이 제공하는 커다란 가치가 그런 대가를 너끈히 상쇄한다. 환경을 볼 수 있는 에이전트는 미래를 예측할 수 있다. 그런 에이전트는 자신이 무엇에 부딪힐지 예측할 수 있으며, 대상을 공격할지, 도망칠지, 유혹할지 결정할 수 있다. 또한 눈 앞의 지면이 늪지인지 아니면 단단한지 추측할 수 있고 과일이 얼마나 멀리 있는지 알 수 있다. 이번 장에서는 눈 또는 카메라에서 온 대량의 데이터에서 정보를 복원하는 방법을 설명한다.

25.1 소개

시각(vision)은 **자극**을 받아서 세계에 대한 어떤 표현을 보고하는 지각 채널이다. 시각을 사용하는 대부분의 에이전트는 **수동적 감지**(passive sensing)를 사용한다. 즉, 에이전트는 스스로 빛을 바깥으로 쏘아보내지 않고도 시각 정보를 받게 된다. 반면 **능동적 감지**(active sensing)는 레이다나 초음파 같은 신호를 쏘아보내고 반사된 신호를 감지한다. 능동적 감지를 사용하는 에이전트의 예로는 박쥐(초음파), 돌고래(음파), 심해어(빛), 일부 로봇(빛, 음파, 레이다)이 있다. 어떠한 지각 채널(perceptual channel)을 이해하려면 감지 과정에서 발생하는 물리학적, 통계적 현상을 연구해야 하며 지각 과정이 무엇을 산출하는지 연구해야 한다. 이번 장에서는 시각에 초점을 두지만, 실세계의 로봇들은 시각 외에도 소리, 접촉, 거리, 온도, 전역적 위치, 가속을 지각하는 다양한 감지기를 사용한다.

특징　　　　　시각 이미지에 간단한 계산들을 적용해서 얻은 수치를 **특징**(feature)이라고 부른다. 그런 특징들로부터 아주 유용한 정보를 직접 획득할 수 있다. 웜퍼스 에이전트는 다섯 가지 감지기로 각각 1비트의 정보를 추출한다. 프로그램은 이 비트들을 특징으로 삼아서 직접 해석할 수 있다. 또 다른 예로, 여러 날짐승은 근처 물체와의 접촉 시간을 잘 추정할 수 있는 간단한 특징 하나를 계산한다. 이 특징을 방향 조정 또는 날개짓을 제어하는 근육들에 직접 전달함으로써 방향을 아주 빠르게 바꿀 수 있다. 이러한 **특징 추출** (feature extraction) 접근방식은 감지기 응답에 적용되는 간단하고 직접적인 계산을 강조한다.

시각에 대한 **모형 기반**(model-based) 접근방식은 두 종류의 모형을 사용한다. 하나는 **물체 모형**(object model)인데, CAD(computer–aided design) 시스템으로 만든 정밀한 3차원 기하 모형 같은 것일 수도 있고 물체의 일반적인 속성들에 관한 어떤 애매모호한 서술(이를테면 저해상도에서 모든 면이 대략 비슷해 보인다 등)일 수도 있다. 다른 하나는 세계로부터 자극을 생성하는 물리적, 기하학적, 통계적 과정을 서술하는 **렌더링 모형** (rendering model)이다. 렌더링 모형은 정교하고 정확하지만, 자극은 대체로 애매모호하다. 예를 들어 어두운 곳의 흰 물체가 밝은 곳의 검은 물체와 같은 색으로 보이고, 가까운 곳의 작은 물체는 멀리 있는 큰 물체와 같은 크기로 보인다. 추가적인 증거가 없으면, 눈에 보이는 것이 장난감 건물을 무너뜨리는 장난감 고질라[Godzilla]인지 진짜 빌딩을 부수는 진짜 괴물인지 알 수 없다.

이러한 중의성을 관리하는 방법은 두 가지이다. 첫째는 해석들의 가능성이 서로 다르다는 점을 이용하는 것이다. 예를 들어 우리는 주어진 사진이 진짜 빌딩을 파괴하는 진짜 고질라라고는 생각하지 않는다. 왜냐하면 진짜 고질라라는 것은 없기 때문이다. 둘째는 중의성이 별로 중요하지 않을 때도 있음을 이용하는 것이다. 예를 들어 멀리 떨어진 장면이 진짜 나무들일 수도 있고 평평한 표면에 나무들을 그린 것일 수도 있지만, 어차피 멀리 떨어진 물체와는 충돌하거나 상호작용할 여지가 없으므로 대부분의 응용에서 그 차이가 중요하지 않다.

재구축
인식　　　　　컴퓨터 시각의 핵심 문제 두 가지는 **재구축**(reconstruction)과 **인식**(recognition)이다. 재구축은 에이전트가 한 장의 이미지 또는 일단의 이미지들로부터 세계의 모형을 구축하는 것을 말하고, 인식은 시각 정보와 기타 정보를 이용해서 물체들을 구분하는 것을 말한다. 두 문제 모두 아주 광범위하게 해석할 필요가 있다. 이미지들로부터 기하 모형을 구축하는 것은 명백히 재구축이다(그리고 그 결과는 대단히 가치가 크다). 그러나, 종종 하나의 표면 위에 서로 다른 재질(텍스처)을 가진 지도(맵)를 구축해야 할 때도 있는데, 그 역시 재구축이다. 이미지에 있는 물체들에 이름을 붙이는 것은 명백히 인식이다.

종종 우리는 "저 동물이 자고 있는가?"나 "육식 동물인가?" "어느 쪽에 이빨이 있는가?" 질문에 답해야 하는데, 그런 질문에 답하는 것도 인식이다.

최근 30년간의 연구로 이런 핵심 문제들에 대한 강력한 도구들과 방법들을 만들어졌다. 그런 방법들을 이해하려면 이미지가 형성되는 과정을 이해할 필요가 있다.

25.2 이미지 형성

이미지화(imaging; 영상화)는 물체(대상)의 모습을 왜곡한다. 긴 직선 철도를 그 진행 방향으로 찍으면 마치 두 레일이 수렴해서 만나는 것처럼 보인다. 한 손을 한쪽 눈앞에 대면 손보다 훨씬 큰 달을 가릴 수 있다(해로도 가능하지만, 잘못하면 눈이 다칠 수 있다). 손을 앞, 뒤로 움직이거나 기울이면 손의 이미지가 커지거나 작아진 것처럼 보인다. 이런 효과를 **원근단축**(foreshortening)이라고 부른다(도해 25.1). 이런 효과들의 모형은 경쟁력 있는 물체 인식 시스템을 구축하는 데 꼭 필요할 뿐만 아니라, 기하구조의 재구축에 강력한 단서를 제공한다.

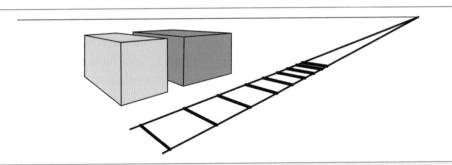

도해 25.1 이미지에서는 장면의 기하구조가 왜곡되어 보인다. 멀리 뻗어나간 철도처럼 평행한 선들이 한 점에서 만나는 것처럼 보인다. 실제 세계에서 직각인 건물들이 이미지에서는 예각이나 둔각으로 보인다.

25.2.1 렌즈 없는 이미지: 바늘구멍 사진기

장면
이미지

이미지 감지기는 **장면**(scene) 안의 물체들이 반사한 빛을 모아서 2차원 **이미지**(image; 또는 영상, 화상)을 생성한다. 눈에서 시각 감지기들은 두 종류의 세포로 구성된다. 광범위한 파장의 빛에 민감한 간상체(rod)가 약 1억 개이고 추상체(cone)가 약 5백만 개이다. 색상 시각에 필수적인 추상체는 세 종류로 나뉘는데, 민감하게 반응하는 파장들이 각각 다르다. 카메라에서는 이미지가 이미지 평면에 맺힌다. 필름 카메라에서는 이미지 평면이 할로겐화 은(silver halides)으로 코팅된 필름이고, 디지털 카메라에서는 이미지 평면이

픽셀

수백만 개의 **픽셀**(pixel; 화소^{畵素})들로 분할된 정규 격자이다.

감지기　　여기서는 이미지 평면 전체를 **감지기**(sensor)라고 칭하지만, 디지털 카메라에서 각 픽셀은 개별적인 초소형 감지기이다. 일반적으로 픽셀은 CMOS(complementary metal-oxide semiconductor; 금속 산화막 반도체)이거나 CCD(charge-coupled device; 전하 결합 소자)이다. 하나의 광자가 감지기에 도달하면 전기적인 효과가 발생하는데, 그 효과의 세기는 광자의 파장으로 결정된다. 감지기의 출력은 일정한 시간 구간 동안 발생한 그런 효과들의 합이다. 이는 이미지 감지기가 감지기에 도달한 빛의 세기(intensity)의 가중 평균(파장, 광자가 들어온 방향, 시간, 감지기의 면적에 대한)을 보고한다는 뜻이다.

바늘구멍 사진기　　초점이 잡힌 이미지가 형성되려면, 감지기에 도달한 모든 광자가 장면 물체의 대략 같은 지점에서 온 것이어야 한다. 초점 잡힌 이미지를 형성하는 가장 간단한 방법은 정지된 물체를 핀홀 카메라^{pinhole camera}, 즉 **바늘구멍 사진기**로 찍는 것이다. 바늘구멍 사진기는 상자 앞면에 빛이 들어오는 바늘구멍 O가 있고 상자 뒤쪽 내부 면에 이미지 평면이 있다(도해 25.2). 그 바늘구멍이 카메라의 **조리개**(aperture)에 해당한다. 바늘구멍이 충분히 작다면 장면에서 가까이 있던 광자들이 이미지 평면에서도 가까이 모이게 되며, 결과적으로 초점 잡힌 이미지가 만들어진다. 바늘구멍 사진기로 움직이는 물체의 초점 잡힌 이미지를 얻을 수도 있다. 단, 물체가 감지기의 시간 구간 동안 아주 짧은 거리만 이동해야 한다. 그렇지 않으면 움직이는 물체의 이미지가 초점이 맞지 않아서 소위 **모션블러**^{motion blur} 효과가 생긴다. 시간 구간을 조작하는 한 가지 방법은 바늘구멍을 열고 닫는 것이다.

조리개

모션블러

바늘구멍 사진기를 이용하면 카메라 작동 방식의 기하학적 모형을 쉽게 이해할 수 있다(다른 대부분의 이미지화 장치는 작동 방식이 이와 비슷하긴 하지만 더 복잡하다). 원점이 O인 3차원 좌표계에서 장면의 한 점 P를 생각해 보자. 점 P는 이미지 평면의 한 점 P'으로 투영된다. P의 좌표가 (X, Y, Z)이고 P'의 좌표가 (x, y, z)라고 하자. 바초점 거리　늘구멍과 이미지 평면의 거리를 **초점 거리**(focal length)라고 부른다. **초점 거리가 f**라고 할 때, 닮은꼴 사각형 법칙을 이용해서 다음과 같은 등식들을 유도할 수 있다.

$$\frac{-x}{f} = \frac{X}{Z}, \frac{-y}{f} = \frac{Y}{Z} \quad \Rightarrow \quad x = \frac{-fX}{Z}, y = \frac{-fY}{Z}.$$

원근 투영　　이 등식들은 **원근 투영**(perspective projection)이라고 하는 이미지 형성 과정을 정의한다. 분모가 Z라는 것은 물체가 멀어질수록 그 이미지가 작아짐을 뜻한다. 또한, 마이너스 부호들은 이미지가 원래의 장면에 비해 상하와 좌우로 반전됨을 뜻한다.

원근 투영 이미지화는 다양한 기하학적 효과를 낸다. 멀리 있는 물체가 작게 나타나고, 평행한 선들이 지평선의 한 점에서 수렴한다. (도해 25.1의 철로가 후자의 예이다.) 장면에서 (U, V, W) 방향으로 점 (X_0, Y_0, Z_0)을 통과하는 한 직선을 점들의 집합 $(X_0 + \lambda U, Y_0 + \lambda V, Z_0 + \lambda W)$로 서술할 수 있다. 여기서 λ는 $-\infty$에서 $+\infty$로 변하는 값이다. (X_0, Y_0, Z_0)의 값들에 따라 서로 평행한 선들이 달라진다. 이 직선의 한 점 P_λ를 이미지 평면에 투영한 점은 다음과 같이 주어진다.

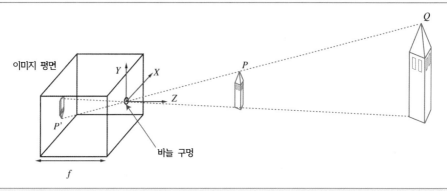

도해 25.2 바늘구멍 사진기 뒤쪽 내부의 이미지 평면에 있는 각 감광 픽셀은 바늘구멍을 작은 범위의 방향들로 통과한 빛을 받는다. 바늘구멍이 충분히 작으면 이미지 평면에 초점 잡힌 이미지가 형성된다. 투영 과정은 크고 멀리 있는 물체가 작고 가까이 있는 물체와 비슷한 크기가 됨을 의미한다. 이미지 평면의 점 P'은 가까이 있는 장난감 탑의 점 P일 수도 있고 멀리 있는 실제 탑의 Q일 수도 있다.

$$P_\lambda = \left(f\,\frac{X_0 + \lambda U}{Z_0 + \lambda W},\ f\,\frac{Y_0 + \lambda V}{Z_0 + \lambda W} \right).$$

$W \neq 0$일 때, $\lambda \to \infty$ 또는 $\lambda \to -\infty$ 에 따라 이 점은 $P_\infty = (fU/W, fV/W)$가 된다. 이는 공간의 서로 다른 두 점을 지나는 두 평행선이 이미지에서 한 점으로 수렴함을 뜻한다. λ가 큰 값이면, 이미지의 점들은 (X_0, Y_0, Z_0)의 값과는 무관하게 거의 같은 위치가 된다(역시 도해 25.1의 철로를 생각할 것). P_∞를 방향이 (U, V, W)인 직선들의 모임에 소실점   연관된 **소실점**(vanishing point)이라고 부른다. 방향이 같은 직선들은 같은 소실점으로 수렴된다.

25.2.2 렌즈 시스템

바늘구멍 사진기는 빛을 잘 집중시키지만, 구멍이 작다 보니 통과하는 빛이 적어서 이미지가 어두워진다. 짧은 시간 구간 동안 감지기의 각 점에 도달하는 광자가 적기 때문에, 각 점의 신호에 무작위적인 요동(fluctuation)이 크게 영향을 미친다. 어두운 필름 이미지를 가리켜 입자가 거칠다고(grainy) 말하고, 어두운 디지털 이미지를 가리켜 잡음이 많다고(noisy)라고 말한다. 두 경우 모두 화질이 나쁜 것이다.

구멍(조리개)을 키우면 더 넓은 방향들에서 빛이 더 많이 들어와서 이미지가 밝아지지만, 이미지 평면의 한 점에 도달한 광선들이 실제 장면의 여러 지점들에서 비롯된 것이기 때문에 초점이 흐려진다. 따라서 이미지의 초점을 다시 맞출 방법이 필요하다.

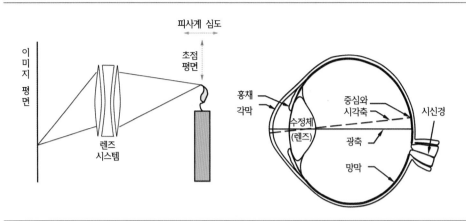

도해 25.3 렌즈는 장면의 한 점(이 그림에서는 촛불의 끝)에서 온 일정 방향 범위의 빛을 굴절해서 모든 빛이 이미지 평면의 한 점에 도달하게 만든다. 공간의 초점 평면에 가까운(피사계 심도 안의) 점들은 초점이 잘 맞는다. 카메라에서는 렌즈 시스템의 요소들을 이동해서 초점 평면을 변경하고, 눈에서는 특화된 근육들로 수정체의 형태를 변경함으로써 초점 평면을 변경한다.

렌즈 척추동물의 눈과 현대적인 카메라는 **렌즈**^{lens} 시스템을 이용한다. 눈의 렌즈 시스템은 투명한 세포 조직이고, 카메라의 렌즈 시스템은 여러 개의 유리 렌즈 요소들로 이루어진다. 도해 25.3의 예에서, 촛불의 끝에서 나온 빛이 모든 방향으로 퍼진다. 렌즈 시스템을 사용하는 카메라(또는 눈)는 렌즈(바늘구멍보다 훨씬 큰)에 도달한 모든 빛을 포착해서 이미지 평면의 한 점에 집중한다. 촛불의 서로 다른 부분들에서 온 빛은 이미지 평면의 서로 다른 점들로 취합, 집중된다. 결과적으로 더 밝고 잡음이 적으며 초점이 맞은 이미지가 만들어진다.

렌즈 시스템이 장면의 모든 곳에서 온 모든 빛을 집중시키지는 않는다. 렌즈는 렌즈로부터의 거리(깊이)가 일정 범위 이내에 있는 점들에서 온 빛만 집중시키도록 설계된다.

초점 평면 그런 범위의 중앙(초점이 가장 또렷해지는)에 해당하는 점들의 평면을 **초점 평면**(focal

피사계 심도 plane)이라고 부르고, 초점이 충분히 또렷한 깊이들의 범위를 **피사계 심도**(depth of field)라고 부른다.

다른 거리 초점을 맞추려면 어떻게 해야 할까? 초점 평면을 이동할 수 있도록, 카메라의 렌즈 구성요소들은 앞·뒤로 움직일 수 있게 만들어진다. 한편 동물의 눈은 수정체의 형태를 변경해서 초점 평면을 이동한다. 그러나 나이를 먹으면 수정체가 굳는 경향이 있으며, 그러면 초점 거리를 조정하기가 어려워진다. 그래서 사람들은 흔히 외부 렌즈를 이용해서 자신의 시각을 강화하는데, 안경이 바로 그것이다.

25.2.3 비례 직교 투영

원근 이미지화의 기하학적 효과가 뚜렷하지 않은 경우도 있다. 예를 들어 도로 맞은편 건물의 창들은 바로 옆에 있는 창보다 작아 보이지만, 먼 건물에 나란히 있는 두 창은

비례 직교 투영

비록 한 창이 다른 창보다 약간 더 멀다고 해도 같은 크기로 보인다. 이런 창들은 원근 투영 대신, 좀 더 단순한 **비례 직교 투영**(scaled orthographic projection)이라는 모형으로 처리할 수 있다. 한 물체의 모든 점의 깊이 Z들이 $\Delta Z \ll Z_0$인 $Z_0 \pm \Delta Z$ 범위에 속한다면, 원근 비례 계수 f/Z를 상수 $s = f/Z_0$으로 근사할 수 있다. 그러면 장면 좌표 (X, Y, Z)에서 이미지 평면으로의 투영 공식이 $x = sX$와 $y = sY$로 간단해진다. 비례 직교 투영에서도 원근단축이 여전히 발생하는데, 이는 비례 직교 투영에 의해 물체가 시점에서 먼 쪽으로 기울어지기 때문이다.

25.2.4 빛과 음영

이미지의 한 픽셀의 밝기는 그 픽셀로 투영된 장면의 표면 조각(surface patch)의 밝기의 함수이다. 현대적인 카메라들에서, 세기가 중간 정도인 빛들에 대해서는 이 함수가 선형 함수이지만, 더 밝거나 어두운 부분에 대해서는 비선형성이 두드러지게 나타난다. 여기서는 선형 모형을 사용하기로 한다. 이미지의 밝기는 물체의 형태와 신원에 대한, 중의적일 수는 있지만 강력한 단서이다. 중의성은 물체의 한 점에서 이미지로 도달한 빛의

주변광

양에 세 가지 요인이 기여하기 때문에 생긴다. 하나는 **주변광**(ambient light)의 전체적인 세기이고, 또 하나는 그 점이 빛에 면했는지 아니면 그림자 안에 있는지의 여부이고, 다

반사

른 하나는 그 점에서 **반사**된 빛의 양이다.

사람은 밝기의 중의성을 놀랄만큼 잘 해소한다. 예를 들어 사람들은 밝은 빛을 받은 검은 물체와 그림자 안의 흰 물체의 전체적인 밝기가 같다고 해도 그 둘을 혼동하지 않는다. 그렇지만 사람들은 음영(shading)과 무늬를 혼동하곤 한다. 예를 들어 광대뼈 밑에 짙은 색의 화장품을 바르면 마치 그림자처럼 보여서 얼굴이 갸름해 보인다.

분산 반사

대부분의 표면은 분산 반사(diffuse reflection; 또는 산란 반사, 확산 반사) 방식으로 빛을 반사한다. 분산 반사는 빛을 표면에서 나가는 모든 방향으로 고르게 분산한다. 그래서 분산 반사 표면(줄여서 분산 표면)의 밝기는 시선 각도와 무관하게 일정하다. 대부분의 옷감과 페인트, 거친 목재, 초목, 거친 돌, 콘크리트가 이런 성질을 가지고 있다.

반영 반사

반영 반사(specular reflection)은 입사 광선들이 그 입사각에 의존하는 일단의 방향들로 반사되는 것이다. 거울이 좋은 예이다. 거울에 비치는 모습은 거울을 어떤 방향에서 보느냐에 따라 달라진다. 분산 반사와는 달리 반영 반사에서는 반사 방향들의 범위가 아주 좁다. 거울에 비친 물체들을 확실히 알아볼 수 있는 것은 이 때문이다.

반영부

그러나 다른 여러 표면에서는 반사 방향 범위가 더 넓다. 그런 표면에서는 밝게 빛나는 작은 조각을 볼수 있는데, 그런 조각을 **반영부**(specularity)라고 부른다. 연마한 금속이나 플라스틱, 젖은 바닥 같은 표면에서 반영부를 흔히 볼 수 있다. 작고 밝기 때문에 눈에 잘 띈다(도해 25.4). 거의 모든 응용에서는 모든 표면을 반영부가 있는 분산 반사로 모형화하는 것으로 충분하다.

실외 환경에서 주된 광원(조명의 원천)은 태양이다. 태양은 너무나 멀리 있기 때문

분산 반사, 어두움

반영부들

분산 반사, 밝음

그림자

도해 25.4 이 사진은 다양한 조명 효과를 보여준다. 스테인리스 소스 주전자에 반영부들이 있다. 양파와 당근은 빛을 향하고 있기 때문에 밝은 분산 표면으로 이미지화되었다. 광원이 보이지 않는 표면 점들에는 그림자가 진다. 남비 안쪽은 빛이 접선 각도로 도달해서 어두운 분산 표면이 되었다. 사진 제공: Ryman Cabannes/Image Professionals GmbH/Alamy Stock Photo.

에, 모든 햇빛은 한 방향으로 평행하게 나아간다고 가정해도 무방하다. 태양광의 이런 행동 방식을 **원거리 점광원**(distant point light source)으로 모형화한다. 원거리 점광원은 가장 중요한 조명 모형이며, 야외 장면은 물론 실내 장면에도 상당히 효과적이다. 이 모형에서 한 표면 조각이 받는 빛의 양은 조명 방향과 표면 법선(normal) 방향(표면에 수직인 방향) 사이의 각도 θ에 의존한다(도해 25.5).

원거리 점광원

이 모형으로 조명되는 분산 표면 조각은 자신이 받은 빛의 일부를 반사한다. 그 비율을 **분산 반사율** 또는 분산 알베도(diffuse albedo)라고 부른다. 실제 표면들의 분산 반사율은 0.05~0.95이다. **람베르트의 코사인 법칙**(Lambert's cosine law)은 분산 조각의 밝기를 다음과 같이 정의한다.

분산 반사율
람베르트의
코사인 법칙

$$I = \rho I_0 \cos \theta .$$

여기서 I_0은 광원의 세기이고 θ는 광원 방향과 표면 법선의 각도, ρ는 분산 반사율이다. 람베르트의 법칙에 의하면, 이미지의 밝은 픽셀은 광원을 직접 향한 표면 조각에서 온 것이고 어두운 픽셀은 광원을 비스듬하게 향한 조각에서 온 것이다. 따라서, 표면의 음영은 형태에 관한 정보를 어느 정도 제공한다. 이러한 단서는 §25.5.5에서 살펴볼 것이다. 광원이 보이지 않는 표면은 **그림자**(shadow) 안에 있는 것이다. 그림자가 완전히 검은색인 경우는 드물다. 그림자 진 표면에도 다른 광원들의 빛이 어느 정도 도달하기 때문이다. 태양 이외에 실외에서 가장 중요한 광원은 하늘인데, 낮에는 상당히 밝다. 실내에서는 다른 표면들에 반사된 빛이 그림자 진 조각들에 도달한다. 이러한 **상호반사**(interreflection) 효과를, 미리 예측한 세기의 상수 **주변 조명**(ambient illumination) 항을 추가해서 모형화하기도 한다.

그림자

상호반사
주변 조명

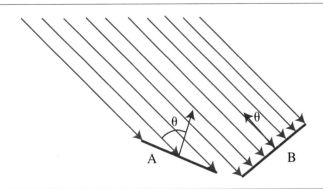

도해 25.5 멀리 있는 광원으로 조명된 두 표면 조각. 빨간색 화살표는 광원에서 온 광선이다. 광원에서 먼 쪽으로 기울어져 있는(θ가 90°에 가깝다) 조각 A는 단위 표면 면적당 입사 광선 수가 적기 때문에 에너지를 덜 받는다. 광원을 향한(θ가 0°에 가깝다) 조각 B는 더 많은 에너지를 받는다.

25.2.5 색상

과일은 나무가 씨앗을 퍼트리기 위해 동물들에게 제공하는 뇌물이다. 뇌물이 준비되었음을 신호할 수 있는 나무는 그럴 수 없는 나무보다 유리하며, 그런 신호를 읽을 수 있는 동물 역시 그렇다. 그러다 보니 대부분의 과일은 처음에는 녹색이지만 익어가면서 빨간색이나 노란색으로 변하며, 과일을 먹는 동물들은 대부분 그런 색상 변화를 인식한다. 일반적으로 눈에 도달한 빛의 에너지는 그 파장에 따라 다르며, 스펙트럼 에너지 밀도(spectral energy density)로 표현된다.

사람의 시각 체계와 카메라는 파장이 약 380nm(보라색)에서 약 750nm(빨간색)인 빛에 반응한다. 색상 이미지화 시스템에는 특정 파장에 좀 더 강하게 반응하는 다양한 수용기(receptor)가 있다. 사람은 망막에서 서로 가까이 있는 수용기들의 반응을 비교함으로써 색을 감지한다. 동물은 색상 시각 체계의 수용기 종류가 대체로 사람보다 적어서(수용기가 한 종류인 것도 있고 여섯 종류나 되는 것도 있다), 스펙트럼 에너지 밀도 함수의 표현이 상대적으로 덜 세밀하다. 인간의 색상 시각은 세 종류의 수용기로 만들어진다. 대부분의 카메라 시스템도 수용기가 세 종류뿐인데, 어차피 대부분의 사진은 사람이 소비할 것이기 때문이다. 그러나 스펙트럼 에너지 밀도를 아주 세밀하게 측정하는 특화된 시스템도 있다.

삼원색 원리   대부분의 사람은 색을 감지하는 수용기가 세 종류뿐이라서 **삼원색 원리**(principle of trichromacy)가 적용된다. 토머스 영^{Thomas Young}이 1802년에 처음 제안한 이 원리에 따르면, 인간 관찰자는 아무리 복잡한 스펙트럼 에너지 밀도라도 단 세 가지의 **원색**(primiary)을 적절히 혼합해서 인식할 수 있다. 세 가지 원색은 임의의 두 원색을 아무리 잘 섞어도 나머지 한 원색이 나오지 않도록 선택한 것이다. 흔히 쓰이는 삼원색(빛의 삼원색)은

원색

빨간색(red), 녹색(green), 파란색(blue)인데, 영어 머릿글자를 따서 RGB로 표기한다. 물체의 색은 다양한 빛 성분 주파수들이 혼합된 결과이지만, 이 세 원색만 적절히 혼합하면 그 색을 표현할 수 있으며, 대부분의 사람은 그러한 혼합 비율에 동의할 것이다. 따라서, 컴퓨터 시각을 위한 색상 이미지는 픽셀당 세 가지 수치만으로, 즉 RGB 값으로 표현할 수 있다.

대부분의 컴퓨터 시각 응용 프로그램에서는 표면에 세 가지(RGB) 분산 알베도가 있고, 광원의 빛은 세 가지 세기(RGB)로 이루어진다는 가정으로 충분하다. 거기에 람베르트의 코사인 법칙을 적용하면 한 픽셀의 적, 녹, 청 값이 나온다. 이러한 모형은 같은 표면이라도 광원의 색이 다르면 다른 이미지가 산출될 것임을 정확하게 예측한다. 실제로 인간 관찰자는 광원의 색에 따른 이미지의 차이를 무시하고 백색광에서 본 표면의 색상을 잘 추정한다. 이런 현상을 **색채 항등성**(color constancy)이라고 부른다.

25.3 단순 이미지 특징

장면에 있는 물체들에 반사된 빛을 이미지화 시스템의 수용기들이 포착함으로써 이를테면 픽셀당 3바이트의 1,200만 픽셀 이미지가 만들어진다. 모든 감지기가 그렇듯이 그렇게 형성된 이미지에는 잡음이 섞이며, 잡음때문만이 아니라도 이미지는 처리해야 할 데이터가 아주 많다. 이 데이터를 분석하는 첫 단계는 중요한 것을 강조하되 세부사항들은 줄어들도록 표현을 단순화하는 것이다. 그런데 이미지와 동영상에는 특히나 일반적인 속성이 네 가지 있다. 바로 경계선, 텍스처, 광류, 분할이다.

모든 경계선(edge) 또는 모서리는 이미지 안에서 픽셀 세기가 크게 달라지는 점들이다. 경계선의 표현을 만들어 내려면 이미지에 대한 국소 연산이 필요하다. 즉, 주어진 한 픽셀을 근처 픽셀들과 비교해야 한다. 이때 주어진 이미지가 무엇에 관한 것인지는 알 필요가 없다. 따라서 경계선 검출은 전체적인 처리 연산 파이프라인의 초기에 실행할 수 있다. 그런 만큼 경계선 검출은 '초기' 연산 또는 '저수준' 연산에 해당한다.

이미지의 좀 더 큰 영역을 처리해야 하는 연산들도 있다. 예를 들어 텍스처 서술은 일단의 픽셀들에 적용된다. 표면이 "줄무늬이다"라고 말할 수 있으려면 여러 개의 줄(띠)를 볼 수 있어야 한다. 광류(optical flow)는 일련의 이미지들에서 한 이미지의 픽셀들이 다음 이미지에서 어디로 이동하는지를 나타내는데, 여기에는 경계선보다 훨씬 큰 영역의 픽셀들이 관여한다. 분할(구획화)은 이미지를 자연스럽게 연관되는 여러 픽셀 영역들로 분할한다. 이런 분할을 위해서는 이미지 전체를 보아야 한다. 이런 종류의 연산들을 '중간 수준' 연산이라고 부르기도 한다.

25.3.1 경계선

경계선

경계선은 이미지 평면에서 밝기가 '상당히' 다른 두 부분을 가로지르는 직선 또는 곡선이다. 경계선 검출의 목표는 정리되지 않은 수 메가바이트의 이미지를 도해 25.6과 같은 좀 더 간결하고 추상적인 표현으로 요약하는 것이다. 이미지에 경계선이 생길 정도로 이미지 세기를 크게 변화시키는 효과는 여러 가지이다. 도해 25.6의 (1)은 깊이의 불연속성 때문에 이미지 세기가 크게 변해서 이미지에 경계선이 생긴 예이고, (2)는 표면 법선의 변화, (3)은 표면 반사율의 변화 때문에 이미지에 경계선이 생긴 예이다. 마지막으로, (4)는 물체 자체에는 경계선(모서리)이 없어도 조명의 불연속성 때문에 이미지에 경계선이 생길 수 있음을 보여준다. 경계선 검출기가 이런 불연속성의 원인까지 파악하지는 않는다. 그 부분은 파이프라인의 이후 단계에서 처리한다.

경계선을 찾을 때는 조심해야 한다. 도해 25.7의 첫 그래프는 $x = 50$에 있는 경계선에 수직으로 자른 1차원 단면(단선)의 이미지 세기를 나타낸 것이다.

이미지 세기 $I(x)$를 미분해서 $I'(x)$의 값이 큰 지점들을 살펴보면 경계선을 검출할 수 있을 것이다. 실제로 그런 식으로 경계선을 검출할 수 있을 때가 많다. 그러나 도해 25.7의 중간 그래프를 보면, $x = 50$에 최고점(peak)이 있긴 하지만 다른 곳에도 부차적인 최고점들이 있다(이를테면 $x = 75$). 그런 최고점들 역시 경계선으로 오인될 수 있

잡음

다. 이들은 이미지의 잡음 때문에 생긴 것이다. 여기서 **잡음**(noise)은 경계선과는 무관한 픽셀 값 변화를 말한다. 이런 잡음은 예를 들어 카메라에 열 잡음이 있어서 생긴 것일 수도 있고, 물체 표면의 흠집 때문에 최대 축척에서 표면 법선이 변해서 생긴 것일 수도 있고, 표면 반사율의 사소한 변동 때문일 수도 있다. 미분 기반 검출 방법은 이런 효과들 때문에 기울기가 커진 부분을 경계선으로 오인한다. 이미지를 먼저 "평활화"해서 이런 가짜 최고점들을 억누르면(도해 25.7의 아래 그림) 경계선 검출 성능이 개선된다.

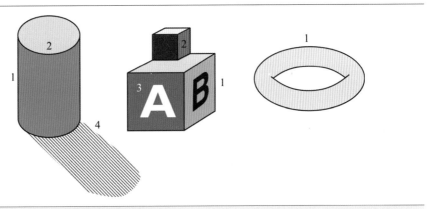

도해 25.6 여러 종류의 경계선. (1) 깊이 불연속, (2) 표면 방향 불연속, (3) 반사율 불연속, (4) 조명 불연속 (그림자).

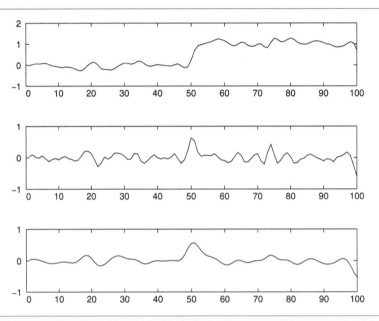

도해 25.7 위: 계단 경계선을 $x = 50$에서 자른 1차원 단면의 세기(빛의 밝기) 프로파일 $I(x)$. 가운데: 세기 미분 $I'(x)$. 미분이 큰 지점들이 경계선에 해당하나, 잡음이 섞여 있다. 아래: 평활화한 세기의 미분. $x = 75$에 있던 잡음 섞인 후보 경계선이 사라졌다.

평활화는 각 픽셀의 주변 픽셀들을 이용해서 잡음을 억제한다. 평활화 과정에서는 각 픽셀의 '참값'을 이웃 픽셀들의 가중 평균으로 근사하는데, 현재 픽셀과 가까울수록 가중 **가우스 필터** 치가 크다. 그런 식으로 가중치들을 적용할 때 흔히 쓰이는 것이 **가우스 필터**(Gaussian filter)이다. 표준 편차가 σ이고 평균이 0인 가우스 함수는

$$1차원의 경우 \quad G_\sigma(x) = \frac{1}{\sqrt{2\pi}\,\sigma}e^{-x^2/2\sigma^2},$$

$$2차원의 경우 \quad G_\sigma(x,y) = \frac{1}{2\pi\sigma^2}e^{-(x^2+y^2)/2\sigma^2}$$

임을 기억할 것이다. 가우스 필터를 적용하면 세기 $I(x_0, y_0)$이 모든 (x, y)에 대한 $I(x,y)\,G_\sigma(d)$들의 합으로 대체된다. 여기서 d는 (x_0, y_0)과 (x, y)의 거리이다. 이런 종류의 가중합은 특별한 이름과 표기법이 있을 정도로 흔히 쓰인다. 두 함수 f와 g에 대해 **합성곱** 다음을 충족하는 함수 h를 그 두 함수의 **합성곱**(convolution)이라고 부른다(그리고 $h = f*g$로 표기한다).

$$1차원의 경우 \quad h(x) = \sum_{u=-\infty}^{+\infty} f(u)\,g(x-u),$$

$$2\text{차원의 경우 } h(x,y) = \sum_{u=-\infty}^{+\infty} \sum_{v=-\infty}^{+\infty} f(u,v)\,g(x-u,y-v).$$

즉, 평활화는 이미지와 가우스 필터의 합성곱 $I * G_\sigma$를 통해서 일어난다. 잡음이 많지 않으면 σ를 1(한 픽셀)로 두어도 충분하다. 2픽셀을 사용하면 잡음이 좀 더 많이 평활화 되지만, 대신 이미지의 세부사항들이 조금 손실된다. 가우스 필터의 영향력은 거리가 멀 어질수록 급격히 감소하므로, 실제 응용에서는 합산의 $\pm\infty$를 이를테면 $\pm 3\sigma$로 대체해 도 된다.

최적화의 일환으로, 평활화와 경계선 검출을 하나의 연산으로 결합해서 계산할 수 도 있다. 임의의 함수 f와 g에 대해, 합성곱 $(f * g)'$의 미분은 미분과의 합성곱 $f * (g')$과 같다는 것은 하나의 증명된 정리이다. 따라서 이미지를 평활화한 후 미분하는 대 신, 그냥 이미지를 가우스 평활화 함수의 미분 G_σ'과 합성곱하면 된다. 그런 다음에는 그 결과들에서 특정 문턱값(잡음 때문에 생긴 가짜 최고점들이 제거되도록 적절히 선택 한)보다 큰 최고점들을 경계선으로 표시해 둔다..

이 알고리즘의, 1차원 단면에서 일반적인 이차원 이미지로의 자연스러운 일반화가 존재한다. 두 2차원 경계선은 임의의 각도 θ를 이룰 수 있다. 이미지의 밝기를 변수 x, y의 스칼라 함수로 간주할 때, 밝기의 기울기는 다음과 같은 벡터이다.

$$\nabla I = \begin{pmatrix} \dfrac{\partial I}{\partial x} \\ \dfrac{\partial I}{\partial y} \end{pmatrix}$$

경계선은 이미지에서 밝기가 급격히 변하는 지점들에 해당한다. 따라서, 경계선에 해당 하는 점에서는 기울기의 크기 $\|\nabla I\|$가 커야 한다. 이미지가 더 밝아지거나 어두워지는 지점에서 기울기 벡터는 더 길어지거나 짧아지지만, 기울기의 방향

$$\frac{\nabla I}{\|\nabla I\|} = \begin{pmatrix} \cos\theta \\ \sin\theta \end{pmatrix}$$

방향

은 변하지 않는다. 이 공식을 이용해서 임의의 픽셀의 $\theta = \theta(x,y)$를 구할 수 있다. 이 값은 주어진 픽셀에서의 경계선의 **방향**(orientation)을 결정하는 각도이다.

1차원 신호의 기울기 검출에 관한 논의에서 짐작했겠지만, 2차원 이미지에서 기울 기를 구할 때도 ∇I가 아니라 이미지를 가우스 필터와의 합성곱으로 평활화한 후의 $\nabla(I * G_\sigma)$를 구해야 한다. 합성곱의 성질에 따라, 이 값은 이미지와 가우스 함수의 편 미분의 합성곱과 같다. 경계선 점들과 그 기울기들을 구했다면 그 점들을 기울기 방향으 로 연결해서 경계선들을 형성할 수 있다. 한 점이 경계선 점인지 판단하려면 기울기 방 향 전, 후로 작은 범위 안의 다른 픽셀들을 살펴봐야 한다. 만일 그 점들 중 기울기가 더 큰 점이 있으면, 경계선 곡선을 아주 약간만 이동해서 더 나은 경계선 점을 얻을수도 있 다. 더 나아가서, 기울기가 더 작다면 그 점은 경계선 점이 아니다. 즉, 경계선 점은 그

점에서의 기울기의 크기가 적당한 문턱값보다 큰, 그리고 기울기 방향으로 극댓값인 점이다.

이런 식으로 모든 경계선 픽셀을 식별했다면, 다음으로 할 일은 그 점들을 연결해서 경계선 곡선을 형성하는 것이다. 기울기의 방향이 같은 인접한 두 경계선 픽셀들은 같은 경계선 곡선에 속한다는 가정하에서 점들을 연결하면 된다.

이상의 경계선 검출 알고리즘이 완벽하지는 않다. 도해 25.8의 (a)는 책상 위에 놓인 스테이플러를 찍은 이미지고 (b)는 그 이미지에 경계선 검출을 적용한 결과이다. 그림에서 보듯이, 검출 결과가 완벽하지 않다. 경계선이 나타나지 않은 틈들이 존재하며, 장면의 그 어떤 주요 특징에도 해당하지 않는 '잡음' 경계선들도 있다. 이런 오류들은 처리 과정의 이후 단계들에서 바로잡는다.

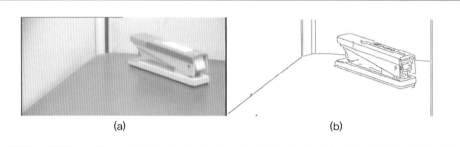

도해 25.8 (a) 스테이플러 사진. (b) (a)에서 계산한 경계선들.

25.3.2 텍스처

텍스처

일상 언어에서 **텍스처**(texture; 또는 재질, 질감)는 표면을 손으로 훑었을 때 어떤 느낌인지를 짐작케 하는 시각적 힌트이다('texture', 'textile(직물)', 'text' 모두 천 짜기와 관련된 라틴어 단어에서 비롯된 단어이다). 컴퓨터 시각에서 텍스처는 시각으로 감지할 수 있는 표면의 패턴을 지칭한다. 그런 패턴들은 대체로 규칙적이다. 예를 들어 건물의 창문들의 패턴이나 스웨터의 바느질 무늬, 표범 가죽의 점들, 잔디밭의 풀잎들, 해변의 조약돌들, 그리고 경기장의 관중이 그러한 예이다.

스웨터의 바느질 무늬처럼 텍스처가 상당히 주기적으로 배치되는 경우가 있는가 하면 해변의 조약돌들처럼 규칙성이 오직 통계적으로만 존재하는 경우도 있다. 해변의 서로 다른 영역에서 조약돌들의 밀도는 대체로 같다. 컴퓨터 그래픽에 흔히 쓰이는 대략적인 텍스처 모형은 일단의 텍스처 요소들을 반복해서 표면에 적용하는 것인데, 텍스처를 구

텍셀

성하는 요소를 **텍셀**(texel)이라고 부르기도 한다. 현실에서도 절대로 반복되지 않는 텍스처는 놀랄 만큼 드물기 때문에 이 모형이 대단히 유용하다.

텍스처는 개별 픽셀의 속성이 아니라 여러 픽셀로 구성된 표면 조각(patch)의 속성

이다. 한 조각의 텍스처에 대한 서술은 그 조각이 어떤 모습인지를 잘 요약해야 한다. 조명이 변해도 텍스처 서술은 변하지 않아야 한다. 따라서 경계선 점들을 텍스처 서술에 사용할 수는 없다. 조각에 밝은 빛을 쬐면 조각의 여러 지점에서 대비(contrast)가 커져서 경계선 점들이 생긴다. 그러나 빛을 줄이면 여러 경계선 점이 문턱값을 넘지 못해서 더 이상 경계선 점이 아니게 된다. 한편, 조각이 회전할 때는 텍스처 서술이 합리적인 방식으로 변해야 한다. 수평 줄무늬와 수직 줄무늬의 차이를 보존하는 것이 중요하지만, 수직 줄무늬가 회전해서 수평 줄무늬가 될 때는 그렇지 않다.

이런 성질들을 가진 텍스처 표현들은 두 가지 핵심 과제에서 유용함이 입증되었다. 하나는 물체 인식이다. 형태가 비슷한 얼룩말과 말을 구분할 수 있는 것은 텍스처 덕분이다. 다른 하나는 한 이미지의 조각들을 다른 이미지의 조각들에 대응시키는 것인데, 한 물체에 대한 여러 이미지에서 물체의 3차원 정보를 복원하려면 이러한 대응 작업이 꼭 필요하다(§25.6.1).

텍스처 표현을 구축하는 기본적인 과정은 이렇다. 하나의 이미지 조각이 주어졌을 때, 그 조각에 있는 각 픽셀의 기울기 방향을 계산해서 기울기 방향들의 히스토그램histogram을 구하고, 그 히스토그램으로 조각의 특성을 파악한다. 조명의 방향이 변해도 기울기 방향은 대체로 변하지 않는다(기울기가 더 길어지거나 짧아지긴 해도 방향은 바뀌지 않는다). 방향들의 히스토그램은 텍스처의 중요한 측면들을 포착하는 것으로 보인다. 예를 들어 수직 줄무늬에 대한 히스토그램에는 최고점이 두 개 있다(각 줄의 왼쪽에 대한 것 하나, 오른쪽에 대한 것 하나). 표범 점 무늬는 방향들이 좀 더 균등하게 분포된다.

조각의 텍스처를 서술하려면 조각 자체의 크기를 파악해야 한다. 여기에는 두 가지 전략이 있다. 특화된 응용에서는 이미지 정보에서 조각의 크기를 유도할 수 있다(예를 들어 얼룩말 전체가 들어갈 때까지 줄무늬 패치를 키우는 등). 아니면, 각 픽셀을 중심으로 하여 몇 픽셀 규모에서 이미지 전체까지 다양한 크기로 조각을 만들어서 각각의 방향 히스토그램을 만들고, 여러 히스토그램을 요약해서 최적의 조각을 찾을 수도 있다. 요즘은 이런 서술들을 사람이 직접 구축하는 경우는 별로 없다. 대신 합성곱 신경망을 이용해서 텍스처 표현들을 산출한다. 그러나 신경망이 구축한 표현들은 이런 구축 방법을 아주 투박하게 반영하는 것으로 보인다.

25.3.3 광류

광류

이번에는 정지 이미지가 아니라 동영상에 관련된 시각 과제를 살펴보자. 카메라와 장면 물체들이 상대적으로 움직일 때 이미지에 나타나는 겉보기 운동(apparent motion)을 **광류**라고 부른다. 광류는 관찰자와 장면의 상대적 운동 때문에 움직인 특징들의 이미지 안에서 운동 방향과 속력을 서술한다. 예를 들어 달리는 자동차에서 보았을 때 멀리 있는 물체는 가까이 있는 물체보다 훨씬 느리게 움직인다. 따라서 겉보기 운동의 속도는 거리에 관한 정보를 제공한다.

도해 25.9의 (a)와 (b)는 테니스 선수를 찍은 동영상의 두 프레임이고, (c)는 그 이미지들에서 계산한 광류 벡터들이다. 광류는 장면 구조에 관한 유용한 정보를 부호화한다. 도해 25.9의 예는 테니스 선수는 움직였지만 배경은 거의 움직이지 않았음을 보여준다. 더 나아가서, 이 광류 벡터들은 테니스 선수의 행동에 관한 정보도 제공한다. 한쪽 팔과 다리는 빠르게 움직였지만 몸의 다른 부분은 그렇지 않다.

광류 벡터장(vector field)을 x 방향 성분 $v_x(x,y)$들과 y 방향 성분 $v_y(x,y)$들로 표현할 수 있다. 광류를 측정하려면 한 시간 프레임의 한 점을 그다음 프레임의 그에 대응되는 점과 짝지을 수 있어야 한다. 한 가지 아주 단순한 기법은, 대응되는 점들 주변의 이미지 조각들의 밝기 패턴이 비슷하다는 점을 이용하는 것이다. 즉, 시간 t에서 (x_0,y_0)에 있는 픽셀 p를 중심으로 하는 픽셀들의 블록을 시간 $t+D_t$에서 (x_0+D_x, y_0+D_y)들에 있는 여러 후보 픽셀 q_i들을 중심으로 한 픽셀 블록들과 비교해서 대응되는 두 점을 찾을 수 있다. 두 블록의 유사성은 이를테면 **차이 제곱 합**(sum of squared differences, SSD)으로 측정할 수 있다.

차이 제곱 합

$$\mathrm{SSD}(D_x, D_y) = \sum_{(x,y)} \left(I(x,y,t) - I(x+D_x, y+D_y, t+D_t)\right)^2 .$$

여기서 (x,y)는 (x_0,y_0)을 중심으로 한 블록의 픽셀들을 뜻한다. 이러한 SSD를 최소화하는 (D_x, D_y)를 구했다면, (x_0,y_0)에서의 광류는 $(v_x, v_y) = (D_x/D_t, D_y/D_t)$이다. 이런 방법이 통하려면 장면에 텍스처가 있어서 픽셀 밝기가 상당한 다른 구역들이 존재해야 한다. 균일한 흰 벽을 찍은 동영상에 대해서는 서로 다른 후보 픽셀 블록 q들의 SSD가 거의 동일할 것이므로, 사실상 무작위로 후보 픽셀을 선택하는 것과 다를 바가 없어진다. 광류를 아주 잘 측정하는 알고리즘들은, 장면에 텍스처가 별로 없을 때에는 다양한 추가 제약 조건들의 다양성에 의존한다.

(a)   (b)   (c)

도해 25.9 한 동영상의 두 프레임과, 그 두 프레임의 변위(displacement)에 해당하는 광류 벡터장. 화살표들의 방향이 테니스 채와 오른쪽 다리의 움직임을 잘 반영하고 있음을 주목하기 바란다. (이미지 제공: Thomas Brox.)

25.3.4 자연 이미지의 분할

분할

분할(segmentation; 또는 구획화)은 하나의 이미지를 비슷한 픽셀들의 그룹들로 나누는 과정이다. 분할의 기본 착안은, 이미지의 각 픽셀에 밝기, 색상, 텍스처 같은 시각적 특성들을 부여할 수 있다는 것이다. 하나의 물체 또는 물체의 한 부분에 속하는 픽셀들의 그런 특성들은 변화가 비교적 작지만, 물체 간 또는 부분 간 경계에 걸친 픽셀들에서는 일부 특성들이 크게 변한다. 분할은 그런 제약 조건들이 최대한 잘 충족되도록 이미지를 여러 부분으로 나누려 한다. 이때 그냥 경계선들을 찾는 것으로는 충분하지 않다. 물체의 경계(boundary)가 아닌 경계선도 많기 때문이다. 예를 들어 풀숲의 호랑이를 찍은 이미지에서 풀과 호랑이 사이뿐만 아니라 호랑이 '안의' 줄무늬에도 경계선이 있다. 이런 헷갈리는 경계선 데이터에만 의존한다면 줄무늬 때문에 호랑이를 놓칠 위험이 있다.

지역

분할에 대한 접근방식은 크게 두 가지인데, 하나는 그런 그룹들의 경계선을 검출하는 데 초점을 두고 또 하나는 그런 그룹들 자체를 검출하는 데 초점을 둔다. 비슷한 픽셀들의 그룹을 **지역**(region)이라고 부른다. 도해 25.10의 (b)는 경계선 검출의 예이고, (c)와 (d)는 지역 추출의 예이다.

경계 윤곽선(boundary curve) 검출 문제를 하나의 분류 문제로 형식화할 수 있는데, 그러면 여러 기계학습 기법을 사용할 수 있게 된다. 픽셀 위치 (x, y)에 있는 경계 윤곽선의 한 점의 방향이 θ라고 하자. (x, y)를 중심으로 한 이미지 이웃 픽셀을 하나의 원(disk)으로 간주한다. 이 원을 θ 방향의 지름을 따라 반으로 가른다. 이제, 그 픽셀에 그 방향으로 경계 윤곽선이 있을 확률 $P_b(x, y, \theta)$를 두 반원의 특징들을 비교함으로써 계산할 수 있다. 이 확률을 예측하는 자연스러운 방법 하나는 사람이 실측 윤곽선들을 표시한 자연 이미지들로 이루어진 데이터 집합으로 기계학습 분류기를 훈련하는 것이다. 이때 분류기의 목표는, 사람이 표시한 윤곽선들은 정확히 표시하고 표시한 적이 없는 윤곽선은 표시하지 않는 것이다.

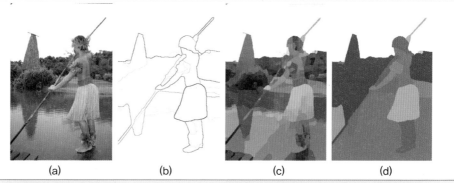

| (a) | (b) | (c) | (d) |

도해 25.10 (a) 원본 이미지. (b) 경계 윤곽선. P_b 값이 클수록 윤곽이 진하다. (c) 이미지의 세밀한 구획들에 해당하는 지역 분할. 각 지역을 그 평균 색상으로 칠했다. (d) 이미지의 좀 더 거친 구획들에 해당하는 지역 분할. 지역의 수가 더 적다. (이미지 제공: Pablo Arbelaez, Michael Maire, Charless Fowlkes, Jitendra Malik)

이 기법으로 검출한 경계 윤곽선들이 앞에서 설명한 단순한 모서리 검출 기법으로 찾은 것보다 낫다는 점이 판명되었다. 그러나 여전히 두 가지 한계가 있다. (1) 특정 문 턱값보다 큰 $P_b(x, y, \theta)$들로 검출한 경계 픽셀들이 반드시 닫힌곡선을 형성한다는 보장이 없다. 따라서 이 접근방식으로 지역들 자체가 형성되지는 않는다. (2) 의사결정 과정에서 국소적인 맥락만 활용할 뿐 전역 일관성 제약들은 적용하지 않는다.

또 다른 접근방식은 픽셀들을 밝기, 색상, 텍스처, 속성들에 기초해서 "군집화(clustering)" 하는 것이다. 이러한 직관을 수학적으로 형식화하는 방법은 여러 가지인데, 예를 들어 [Shi 및 Malik, 2000]은 이를 그래프 분할 문제로 형식화했다. 그러한 그래프에서 노드는 픽셀이고 간선은 픽셀들 사이의 연결이다. 픽셀 i와 j를 연결하는 간선의 가중치 W_{ij}는 두 픽셀의 밝기, 색상, 텍스처 등이 얼마나 비슷한지에 따라 결정된다. 논문의 저자들은 **정규화된 절단(normalized cut)** 기준이 최소가 되는 분할들을 발견했다. 대략 말하면, 그 룹들 사이의 연결 가중치들의 합이 최소가 되고 그룹 안에서의 연결 가중치들의 합은 최 대가 되도록 그래프를 분할해야 한다.

경계 검출에 기초한 접근방식과 지역 추출에 기초한 접근방식을 결합할 수 있다는 점이 밝혀졌지만, 여기서는 다루지 않겠다. 밝기나 색상 같은 저수준의 국소 특성들에만 전적으로 근거하는 분할은 장면의 모든 물체의 최종적인 경계를 제대로 검출하리라고 기대하기 힘들다. 물체의 경계를 신뢰성 있게 찾으려면 장면에 등장할 만한 물체들의 종 류에 대한 고수준 지식이 필요하다. 현재 인기 있는 전략 하나는 진짜 경계들을 하나도 놓치지 않되 가짜 경계도 다수 포함됨을 허용하는 방식으로 이미지를 과다분할(over-segmentation)해서 지역들을 추출해서 활용하는 것이다. 그런 식으로 추출한 지역을 슈퍼 픽셀(superpixel)이라고 부르는데, 원본 픽셀이 수백만 개일 때 슈퍼픽셀은 몇백 개밖에 되지 않기 때문에 여러 알고리즘의 계산 복잡도가 크게 감소한다. 이미지에 있는 물체에 관한 고수준 지식을 활용하는 방법은 §25.5에서 살펴본다.

25.4 이미지 분류

이미지 분류는 크게 두 종류로 나뉜다. 하나는 장면 안에 있는 **물체**를 식별해서 미리 정 해진 범주 중 그 물체에 속하는 범주의 분류명을 출력하는 것이다. 식별하고자 하는 물 체 이외의 요소들은 무시한다. 예를 들어 상품 판매 카탈로그의 옷이나 가구 이미지에서 배경은 중요하지 않으며, 이미지 분류기는 "캐시미어 스웨터"나 "사무용 의자" 같은 분 류명을 출력한다.

다른 하나는 여러 가지 물체를 담은 **장면** 자체를 분류하는 것이다. 예를 들어 초원 을 찍은 이미지에서는 기린이나 사자가 있을 것이고 거실을 찍은 이미지에는 소파와 램 프가 있을 것이다. 거실 사진에 기린이나 잠수함이 있을 가능성은 별로 없다. 주어진 이 미지에 대해 "초원"이나 "거실" 같은 분류명을 정확히 출력하는 대규모 이미지 분류 방 법들이 여럿 개발되었다.

겉보기 　　　현대적인 시스템들은 기하구조 대신 색상이나 텍스처 같은 **겉보기**(appearance; 외관)를 이용해서 이미지를 분류한다. 여기에는 두 가지 어려움이 있다. 첫째로, 같은 부류의 물체나 장면이라도 겉보기는 다를 수 있다. 예를 들어 어떤 고양이는 검고 또 어떤 고양이는 황갈색이다. 둘째로, 같은 물체라도 시간이나 다음과 같은 여러 효과에 따라 다르게 보일 수 있다(도해 25.11 참고).

- **조명**에 따라 이미지의 밝기와 색상이 달라진다.
- **원근단축** 때문에 같은 패턴이라도 기울어진 각도에 따라 왜곡되어 보인다.
- 물체를 보는 **관점** 또는 시각에 따라 겉보기가 달라진다. 도넛을 옆에서 보면 평평해진 타원처럼 보이지만 위에서 보면 고리처럼 보인다.
- **차폐**(occlusion)는 물체의 일부분이 가려지는 현상이 있다. 한 물체가 다른 물체를 가릴 수도 있고, 한 물체의 한 부분이 그 물체의 다른 부분을 가릴 수도 있다. 후자를 **자기차폐**(self-occlusion)라고 부른다.
- **변형**(deformation)은 물체의 형태가 바뀌는 것이다. 예를 들어 테니스 선수가 팔과 다리를 움직여서 자세가 바뀌는 것을 생각하면 될 것이다.

현대적인 방법들은 합성곱 신경망을 이용해서 엄청난 양의 훈련 자료로 표현들과 분류기들을 학습함으로써 이런 문제들을 해결한다. 충분히 풍부한 훈련 데이터 집합이 있다면 분류기는 훈련 과정에서 모든 주요 효과를 모두 경험할 것이며, 따라서 그런 효과들에 맞게 분류기가 적용된다.

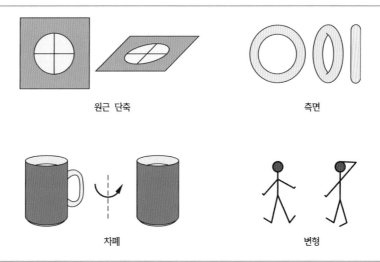

원근 단축　　　　　　　　　　　측면

차폐　　　　　　　　　　　　변형

도해 25.11 같은 물체라도 겉보기가 달라 보이는 주요 원인들. 왼쪽 상단은 패턴 요소가 원근 단축된 경우이다. 원 형태의 조각을 비스듬한 각도에서 보면 타원처럼 보인다. 오른쪽 상단은 물체를 보는 방향에 따라 형태가 크게 변하는 측면 현상의 예로, 도넛의 세 가지 측면이 나와 있다. 왼쪽 하단은 차폐의 예이다. 머그잔을 회전하니 손잡이가 가려졌다. 마지막으로, 오른쪽 하단은 물체가 크게 변형될 수 있음을 보여 주는 예이다.

25.4.1 합성곱 신경망을 이용한 이미지 분류

흔히 CNN으로 줄여 표기하는 **합성곱 신경망**은 이미지 분류에 특히나 적합하다. 충분한 훈련 데이터로 잘 훈련된 CNN은 지금까지 나온, 다른 방법으로 만든 그 어떤 이미지 분류기보다도 좋은 성과를 보인다.

이미지 분류 시스템의 개발 역사에서 30,000개 이상의 세밀한 범주들로 분류된 1,400만 장 이상의 훈련용 이미지를 제공한 ImageNet 데이터 집합이 아주 큰 역할을 했다. ImageNet은 또한 연례 경진대회를 통해서 이 분야의 발전에 박차를 가했다. ImageNet 경진대회는 출품된 시스템들을 최고의 추측 하나의 분류 정확도뿐만 아니라 상위 5범주 (top-5)의 분류 정확도로도 평가한다. 이를 위해 시스템은 다섯 가지 추측 결과를 제출한다. 이를테면 개를 찍은 이미지에 대해 *malamute, husky, akita, samoyed, eskimo dog*(모두 개 품종명)를 제출하는 식이다. ImageNet에는 개의 하위 범주가 189개나 있기 때문에, 개를 사랑하는 사람이라도 단 한 번의 추측으로 정확한 분류명을 맞추기는 쉽지 않다.

2010년에 열린 제1회 ImageNet 경진대회에서 출품작들의 상위 5범주 분류 정확도는 70%을 넘지 못했다. 그러나 2012년 합성곱 신경망이 소개되고 이후 좀 더 정련되면서, 2019년에는 98%의 상위 5범주 정확도(인간의 성과를 뛰어넘는 수준이다)와 87%의 상위 1범주 정확도를 달성했다. 이러한 성공의 주된 원인은 CNN 분류기가 연구자가 손수 짠 특징들에 의존하는 것이 아니라 특징들을 데이터에서 직접 배우기 때문인 것으로 보인다. 그 덕분에 분류에 실제로 유용한 특징들로 분류를 수행할 수 있다.

이미지 분류 분야의 발전이 빨랐던 것은 ImageNet 같은 크고 도전적인 데이터 집합이 있었고, 그런 데이터 집합에 기초한 경진대회들이 공정하고 개방적이었으며, 성공적인 모형들이 널리 전파된 덕분이었다. 경진대회 우승자들은 자신의 코드를 발표했을 뿐만 아니라 미리 훈련된 모형 매개변수들을 공개한 경우도 많았다. 그래서 다른 연구자들이 성공적인 신경망 구조를 손쉽게 실험하고 개선할 수 있었다.

25.4.2 합성곱 신경망이 이미지를 잘 분류하는 이유

이미지 분류를 이해하려면 데이터 집합들을 살펴보는 것이 가장 좋지만, ImageNet은 세세하게 살펴보기에는 너무 크다. 몸풀기용으로 흔히 쓰이는 데이터 집합은 0에서 9까지의 숫자를 손으로 쓴 이미지 70,000장으로 이루어진 MNIST 데이터 집합이다. 이 데이터 집합을 살펴보면(도해 25.12에 몇 가지 견본이 나온다) 중요하고도 상당히 일반적인 특징들을 볼 수 있다. 숫자 하나의 이미지를 조금씩 변경해도 이미지의 신원이 바뀌지는 않는다. 예를 들어 숫자 8을 쓴 이미지를 약간 기울이거나, 이동하거나, 더 밝게 또는 어둡게 만들거나, 더 작게 또는 크게 만들어도 여전히 8로 보인다. 이는 개별 픽셀 자체에는 그리 정보가 많지 않음을 의미한다. 8자의 가운데에는 어두운 픽셀들이 있지만 0의 가운데에는 없다는 차이점은 두 숫자의 분류에 중요하다. 그러나 여러 가지 8자 이미지들에서 어두운 이미지 픽셀들의 위치는 조금씩 다르며, 그런 차이점은 분류에 중요하지 않다.

이미지의 또 다른 중요한 성질은 국소적인 패턴들이 많은 정보를 제공한다는 것이다. 숫자 0, 6, 8, 9에는 고리(루프)가 있다. 숫자 4와 8은 획이 교차하고, 숫자 1, 2, 3, 5, 7은 선의 끝이 있지만 고리나 교차는 없다. 반면 숫자 6과 9는 선 끝과 고리가 모두 있다. 더 나아가서, 국소적인 패턴들의 공간적 관계도 많은 정보를 제공한다. 1에는 위와 아래에 선 끝이 있고, 6에는 선 끝 아래에 고리가 있다. 이러한 관찰들에서 현대적인 컴퓨터 시각의 중심 교의에 해당하는 전략이 나온다. 그 전략이란, 작고 국소화된 이웃 픽셀들의 패턴에 대응되는 특징들을 식별하고, 그런 특징들로 이루어진 패턴에 대응되는 특징들을 식별하고, 다시 그런 특징들의 패턴을 식별하는 식으로 점차 고수준 특징들로 나아가는 것이다.

합성곱 신경망이 잘 해내내는 것이 바로 그런 일이다. 합성곱 신경망의 한 층(합성곱 연산 다음에 ReLU 활성화 함수가 적용되는)은 하나의 국소 패턴 검출기에 해당한다(도해 25.12). 합성곱 연산은 이미지의 각 국소 구간(window)이 핵(kernel) 패턴과 얼마나 비슷한지를 측정한다. 그리고 ReLU는 점수가 낮은 구간을 0으로 설정해서 고득점 구간을 강조하는 효과를 낸다. 따라서 핵이 여러 개인 합성곱 층은 여러 개의 패턴을 검출하며, 그 층의 출력을 입력으로 삼는 다음 합성곱 층은 그런 패턴들로 이루어진 고수준 패턴을 검출하게 된다.

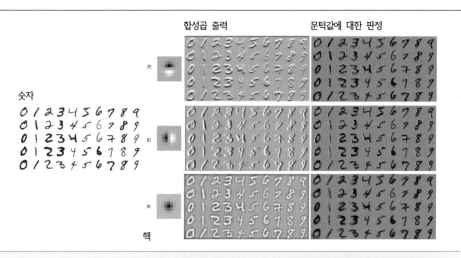

도해 25.12 제일 왼쪽은 MNIST 데이터 집합의 몇몇 이미지이다. 그 다음 열은 합성곱 신경망의 세 핵인데, 작은 블록은 실제 크기의 핵이고 그 옆은 핵의 내용이 보이도록 확대한 것이다. 그 다음의 '합성곱 출력' 열은 이 핵들을 이미지에 적용한 결과이고 제일 오른쪽 열은 문턱값보다 큰 픽셀을 빨간 색으로, 작은 픽셀을 녹색으로 표시한 것이다. 제일 오른쪽 이미지들을 보면 합성곱 층이 (위에서 아래로) 수평선 검출기와 수직선 검출기의 역할을 했음을 알 수 있을 것이며, 그보다는 좀 알아채기 어렵겠지만 선 끝 검출기로도 작용했음을 알 수 있을 것이다. 이런 검출기들은 선분의 대비(콘트라스트)에 주목한다. 예를 들어 위는 밝고 아래는 어두운 수평선은 양성(녹색) 반응을 산출하고, 위는 어둡고 아래는 밝은 수평선은 음성(빨간색) 반응을 산출한다. 이런 검출기들은 상당히 효과적이지만 완벽하지는 않다.

첫 합성곱 층의 출력을 생각해 보자. 첫 층의 각 위치에는 주어진 구간에서 그 노드와 대응되는 위치에 있는 픽셀의 정보가 입력된다. 앞에서 언급했듯이 ReLU 함수의 출력은 간단한 패턴 검출기(주어진 픽셀과 그 이웃 픽셀들에 대한)의 검출 결과에 해당한다. 첫 층의 ReLU 출력들은 둘째 합성곱 층으로 입력되는데, 이번에도 둘째 층의 각 위치에는 주어진 구간에서 그 위치에 대응되는 첫 층의 출력이 입력된다. 이는 둘째 층의 위치들이 첫 층이 처리한 더 큰 구간의 픽셀 값들에 영향을 받는다는 뜻이다. 그런 값들은 '패턴들의 패턴'을 표현한다고 생각해야 마땅하다. 둘째 층 다음에 셋째 층을 추가하면, 셋째 층의 각 위치는 둘째 층의 것보다도 더욱 큰 픽셀 구간에 의존하며, 넷째 층도 마찬가지이다. 이런 식으로 합성곱 신경망은 여러 수준에서 패턴들을 생성하는데, 이때 중요한 것은 프로그래머가 그런 패턴들을 제공하는 것이 아니라 합성곱 신경망이 데이터로부터 패턴들을 스스로 학습한다는 것이다.

CNN을 "주어진 그대로" 훈련해도 어느 정도의 성과를 낼 수 있지만, 몇 가지 실무 기법을 적용하면 성과가 더욱 개선된다. 아주 중요한 기법 하나는 **데이터 집합 증강**(data set augmentation)이다. 데이터 집합 증강에서는 훈련 견본들을 복사해서 약간 수정한다. 이를테면 훈련 데이터 집합의 견본 이미지들을 약간 이동, 회전, 확대하거나, 픽셀들의 색조를 무작위로 조금 변경하는 식이다. 이런 식으로 이미지들의 시점이나 조명에 약간의 변동을 주면 원본 이미지들과 크게 다르지 않은 새로운 견본들로 데이터 집합의 덩치를 더욱 키울 수 있다. 훈련 과정이 아니라 시험 과정에서도 이런 증강 기법을 사용할 수 있는데, 이 경우에는 이미지를 복제해서 여러 번 수정한 후(이를테면 무작위로 이미지를 잘라내는 등) 수정된 각 이미지를 분류기에 입력한다. 그런 다음에는 분류기의 출력들을 다수결 또는 평균으로 처리해서 최종적인 분류명을 결정한다.

이미지에 담긴 장면 자체를 분류할 때는 이미지의 모든 픽셀이 분류에 도움이 될 수 있다. 그러나 이미지 안의 물체들을 분류할 때는 물체에 속하지 않은 픽셀들은 오히려 분류에 방해가 될 수 있다. 예를 들어 개 침대에 누워 있는 고양이 이미지에 대해 분류기는 침대의 픽셀들이 아니라 고양이의 픽셀들에 집중해야 한다. 현대적인 이미지 분류기는 이런 문제를 잘 처리해서, 고양이에 해당하는 픽셀이 그리 많지 않은 경우에도 그런 이미지를 '고양이'로 정확히 분류한다. 이런 능력의 원인은 두 가지이다. 첫째로, CNN 기반 분류기는 판별력이 없는 패턴들을 무시하는 데 능하다. 둘째로, 대상과는 떨어져 있는 패턴들도 판별력을 제공할 수 있다(예를 들어 고양이 장난감이나 작은 종이 달린 목걸이(칼라), 고양이 사료가 담긴 접시 등은 이미지의 물체가 고양이이라고 판단하는 데 실제로 도움이 될 것이다). 이런 효과를 **맥락**(context; 또는 문맥)이라고 부른다. 맥락은 도움이 될 수도 있고 방해가 될 수도 있는데, 도움이 될지 방해가 될지는 주어진 구체적인 데이터 집합과 응용 대상에 크게 의존한다.

25.5 물체 검출

이미지 분류기는 이미지에 무엇이 있는지 예측한다. 이미지 분류기는 이미지 전체에 대해 하나의 분류명을 출력한다. 반면 물체 검출기(object detector)는 이미지 안에서 다수의 물체를 찾아서, 각 물체에 대해 그 물체가 무엇인지 말해주는 분류명과 그 물체를 대략적인 위치 및 크기를 말해주는 **경계 상자**(bounding box)를 출력한다. 경계 상자는 주어진 물체를 감싸는 직사각형이다.[1]

경계 상자

식별 가능한 분류명들(이를테면 얼굴, 자동차, 고양이 등)은 사람이 미리 정해둔다.

이동 구간

출력 검출기는 이미지보다 작은 **이동 구간**(sliding window)으로 이미지의 여러 영역을 살펴본다. 각 구간에 대해 CNN 분류기를 적용해서 분류 결과를 얻고, 점수가 높게 나온 구간들(여기는 고양이, 저기는 개 등등)만 남기고 그밖의 구간들은 폐기한다. 충돌하는 결과들을 적절히 해소하고 나면 이미지에 담긴 물체들과 그 위치들이 나온다. 실제 구현을 위해서는 몇 가지 세부사항을 해결해야 한다.

- **이동 구간의 형태 결정**: 가장 간단하고도 당연한 선택은 축에 정렬된 직사각형이다. (이미지에서 물체를 잘라내는 일종의 마스크 같은 것도 가능하겠지만, 표현하기 어렵고 계산량도 많아서 실제로는 거의 쓰이지 않는다.) 그 직각형의 너비와 높이를 결정해야 한다.
- **구간을 위한 분류기 구축**: 앞에서 설명한대로 CNN을 이용하면 된다.
- **구간 배치**: 모든 가능한 구간 중 흥미로운 물체가 있을 만한 구간들을 선택해야 한다.
- **보고할 구간 선택**: 구간들이 겹치므로, 약간 다른 구간들이 같은 물체를 여러 번 보고할 수 있다. 이들을 모두 출력에 포함시킬 수는 없다. 또한, 굳이 언급할 필요가 없는 물체들도 있다. 예를 들어 만석인 강의실 이미지에서 모든 의자와 학생을 일일이 보고하기보다는, 이미지에 크게 나타난 물체들(이를테면 제일 앞 줄 학생들)을 보고하는 것이 바람직하다. 물론 선택은 물체 검출기의 용도에 따라 다르다.
- **구간들을 이용해서 물체들의 정확한 위치를 보고**: 구간 안의 어딘가에 물체가 있음을 알게 된 후에는, 추가 계산을 통해서 그 물체의 좀 더 정확한 위치를 파악한다.

그럼 구간들을 어디에 배치할 것인지를 좀 더 자세히 살펴보자. 모든 가능한 구간을 탐색하는 것은 효율적이지 않다. $n \times n$픽셀 이미지에 대해 가능한 직사각형 구간은 $O(n^4)$가지이다. 한 가지 주목할 점은, 물체 전체를 담은 구간은 그 색상과 텍스처가 상당히 일관적이라는 점이다. 반면 한 물체의 절반만 담은 구간에는 색상과 텍스처가 크게 변하는 경계선들이 존재할 것이다. 이 점을 이용하면 주어진 구간에 하나의 물체가 온전

---

[1] 좀 더 구체적으로 '상자'는 이미지에서 축에 정렬된 직사각형 영역이다. 이전에 말한 '구간(window)'과 사실상 같은 것이지만, 관례상 구간은 입력의 한 영역(찾고자 하는 것이 있을 만한)이고 상자는 출력의 한 영역(찾아낸 뭔가를 감싼)을 뜻하는 것으로 구분해서 사용한다.

히 들어 있을 가능성을 수치화할 수 있다. 그런 수치를 이를테면 '물체성(objectness)' 점수라고 부를 수 있을 것이다. 물체성 점수를 적절히 측정할 수 있다면, 물체성 정수가 일정 문턱값 이상인 구간들을 선택해서 구간 분류기에 입력하면 된다.

영역 제안망 물체가 있는 영역들을 찾는 신경망을 **영역 제안망**(regional proposal network, RPN)이라고 부른다. Faster RCNN이라는 물체 검출기는 다수의 경계 상자(구간)들을 고정된 크기의 맵(지도)으로 부호하고, 신경망을 이용해서 각 경계 상자의 점수를 예측해서 오차를 측정하고, 실제로 물체가 있는 경계 상자에 대해서는 점수가 높게 나오고 그렇지 않은 상자에 대해서는 점수가 낮게 나오도록 신경망을 훈련한다. 경계 상자들을 하나의 맵으로 부호화하는 것은 간단하다. 이미지의 점들을 중심으로 한 상자들을 고려한다. 이때 모든 점을 고려할 필요는 없다(한 픽셀 차이로 분류 결과가 달라질 가능성은 거의 없으므로). 그 대신 일정 간격으로 떨어진 중심점들을 고려하는데, 그런 간격을 **보폭**(stride)이라고 부른다. 흔히 보폭을 16픽셀로 둔다. 각 중심적에 대해 여러 크기의 후보 상자들을 고려한다. 그런 상자들을 **앵커 상자**(anchor box)라고 부른다. Faster RCNN은 세 가지 크기(대, 중, 소)와 세 가지 종횡비(세로로 긴 직사각형, 가로로 긴 직사각형, 정사각형)의 조합 9가지를 앵커 상자들로 사용한다.

각 경계 상자에 대해 신경망은 하나의 3차원 블록을 구축하는데, 블록의 두 차원은 블록 안에서 상자의 2차원 위치에 해당하고 나머지 한 차원은 상자의 종류를 나타낸다. 신경망이 산출한 물체성 점수가 높은 상자를 **관심 지역**(region of interest, ROI)이라고 부른다. 그런 상자들은 반드시 분류기로 점검해야 한다. 그런데 CNN 분류기의 입력 이미지 크기는 고정되어 있는 반면 물체성 판정을 통과한 상자들은 그 크기와 형태가 다양하다. 모든 후보 상자가 같은 크기(픽셀 수)가 되게 만들 수는 없지만, 픽셀들을 표집해 특징들을 추출함으로써 모든 후보 상자가 같은 수의 특징들을 가지게 하는 것은 가능하다. 그런 과정을 **ROI 풀링**pooling이라고 부른다. ROI 풀링으로 얻은 고정 크기 특징 맵을 분류기에 입력한다.

이제 보고할 구간을 선택하는 문제로 넘어가자. 구간의 크기가 32×32라고 하겠다. 보폭을 1로 잡는다면, 즉 각 구간은 이전 구간과 단 한 픽셀만큼만 떨어지게 한다면, 위치가(그리고 물체성 점수가) 비슷한 구간들이 많을 것이다. 그런 구간들이 모두 물체성 판정을 통과한다고 해도 모두를 보고하는 것은 바람직하지 않다. 어차피 그런 구간들은 같은 물체가 약간만 이동한 모습을 담고 있을 가능성이 아주 크기 때문이다. 반대로 보폭이 너무 크면 그 어떤 구간에도 물체가 포함되지 않아서 검출에 실패할 위험이 있다. 비최대 억제 해결책은, 보폭을 작게 잡되 **비최대 억제**(non-maximum suppression)라는 탐욕적 알고리즘으로 중복된 구간들을 제거하는 것이다. 이 알고리즘은 우선 물체성 점수가 특정 문턱값을 넘은 모든 구간을 점수 순으로 정렬한다. 그런 다음, 점수가 가장 높은 구간을 뽑아서 따로 저장하고, 그 구간과 겹치는 모든 구간을 폐기한다. 이러한 과정을 구간이 더 이상 남지 않을 때까지 반복한다.

마지막으로, 물체의 위치를 좀 더 정확하게 파악하는 문제를 살펴보자. 물체성 점수가 높으며 비최대 억제 과정을 통과한 구간이라도, 해당 물체의 정확한 위치를 말해줄 가능성은 크지 않다(구간들이 비교적 적고 구간 크기의 종류도 비교적 적으므로). 분류기가 계산한 특징 표현을 이용하면 그 구간을 좀 더 정확한 경계 상자로 키우거나 줄일 수 있다. 이 과정을 **경계 상자 회귀**(bounding box regression)라고 부른다.

경계 상자 회귀

물체 검출기들을 평가할 때는 신중해야 한다. 우선, 이미지의 각 물체에 실측 분류명과 경계 상자가 부여된 시험 데이터 집합이 필요하다. 일반적으로 그런 분류명과 상자들은 사람이 지정한다. 그런 데이터 집합을 마련했다면, 각 이미지를 물체 검출기에 입력하고 그 출력을 실측 정보와 비교한다. 애초에 실측 경계 상자도 완벽하지는 않으므로, 검출기가 출력한 경계 상자에 몇 픽셀 정도 오차가 있는 것은 넘어가도 된다. 평가 점수는 재현율(recall; 이미지에 있는 모든 물체를 검출했는가?)과 정확도(이미지에 없는 물체를 잘못 검출하지는 않았는가?)의 균형이 맞아야 한다.

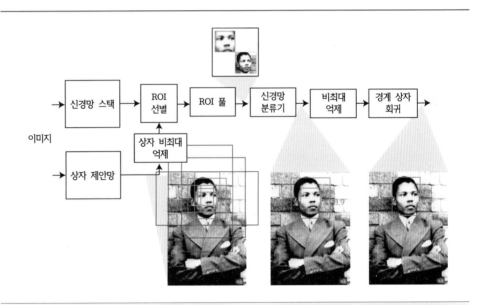

도해 25.13 Faster RCNN은 두 가지 신경망을 사용한다. 그림은 넬슨 만델라의 젊은 시절 사진을 물체 검출기에 입력한 예이다. 두 신경망 중 첫째 것은 한 격자점을 중심으로 한 후보 이미지 경계 상자의 '물체성' 점수를 계산한다. 그런 경계 상자를 '앵커 상자'라고 부른다. 하나의 격자점에 앵커 상자 아홉 개(크기 세 가지×종횡비 세 가지)가 있다. 그림의 예에서는 안쪽 녹색 상자와 바깥쪽 파란색 상자가 물체성 판정을 통과했다. 둘째 신경망의 앞부분은 분류에 적합한 이미지 표현을 계산하는 특징 추출기로 작용한다. 물체성 점수가 높은 상자들에 대해 ROI 풀링을 적용해서, 이미지 분류기에 맞는 크기의 특징 맵을 만든다. 이 특징 맵을 이미지 분류기에 입력한다. 다음으로, 분류 점수가 높은 상자들 중 보고할 상자들만 비최대 억제를 이용해서 걸러낸다. 그림의 예에서 파란색 상자와 녹색 상자가 겹치는데, 파란색 상자가 점수가 더 높으므로 녹색 상자를 폐기한다. 마지막으로, 경계 상자 회귀를 이용해서 파란색 상자가 인물의 얼굴을 좀 더 정확히 감싸게 만든다. 이는 위치들의 비교적 성긴 표집이나 비례, 종횡비가 정확도를 낮추지는 않음을 의미한다. 사진 제공: Sipa/Shutterstock.

25.6 3차원 세계

이미지는 3차원 세계의 2차원 상이다. 그런데 이러한 2차원 상에는 3차원 세계에 관한 단서가 풍부하다. 한 장의 사진에서 그런 단서들을 얻을 수도 있고, 같은 장면을 찍은 여러 장의 사진에서 그런 단서들을 얻을 수도 있다.

25.6.1 여러 시야의 3차원 단서

3차원 세계의 물체들을 찍은 두 장의 사진이 한 장의 사진보다 나은 이유는 여러 가지이다.

- 같은 장면을 다른 시점에서 찍은 두 이미지가 있으며 두 카메라에 관해 충분한 정보를 가지고 있다면, 첫 시야(view)의 3차원 장면 점들을 둘째 시야의 해당 점들에 대응시켜서 점들의 3차원 위치를 복원함으로써 장면의 3차원 모형을 구축할 수 있다. 거의 모든 시점 쌍과 거의 모든 종류의 카메라에 이런 일이 가능하다.
- 두 시야의 점들이 충분히 많고 첫 시야의 점이 둘째 시야의 어떤 점에 대응되는지 안다면, 카메라에 관해 그리 많이 알지 못해도 3차원 모형을 구축할 수 있다. 두 시야의 두 점에서 네 가지 x, y 좌표쌍이 나오며, 3차원 공간의 한 점은 세 개의 좌표성분으로 지정할 수 있다. 여분의 좌표성분은 카메라에 관해 알아야 할 것이 무엇인지 파악하는 데 도움이 된다. 이는 거의 모든 시선 각도 쌍과 거의 모든 종류의 카메라에서 참이다.

관건은 첫 시야의 어떤 점이 둘째 시야의 어떤 점에 대응되는지 알아내는 것이다. 많은 경우, 한 점의 국소적 겉보기를 단순 텍스처 특징들(§25.3.2에 나온 것 같은)을 이용해서 상세하게 서술할 수 있으면 점들을 충분히 대응시킬 수 있다. 예를 들어 차들이 다니는 도로를 찍은 두 이미지에 파란 신호등이 각각 하나씩만 있다면 두 신호등이 대응된다고 가정할 수 있다. 다중 카메라 시야의 기하학은 아주 잘 확립된 상태이다(그러나 안타깝게도 여기서 자세히 소개하기에는 너무 복잡하다). 이 기하학의 이론은 한 이미지의 어떤 점이 다른 이미지의 어떤 점에 대응되는가에 관한 기하학적 제약 조건을 제공한다. 또한, 재구축된 표면들의 매끄러움에 관한 추론으로 제약 조건을 얻을 수도 있다.

한 장면의 다중 시야를 얻는 방법은 크게 두 가지이다. 하나는 두 눈 또는 두 대의 카메라를 사용하는 것이고(§25.6.2), 다른 하나는 시점을 이동하는 것이다(§25.6.3). 시야가 둘 이상이면 세계의 3차원 기하구조를 복원할 수 있을 뿐만 아니라 시야의 세부사항도 아주 정확하게 복원할 수 있다. §25.7.3에서 이 기술의 몇 가지 응용 방법을 논의한다.

25.6.2 양안 입체시

대부분의 척추동물은 눈이 두 개이다. 눈이 두 개라는 점은 눈 하나를 잃어도 시력을 완전히 잃지 않는다는 측면에서도 유용하지만, 다른 이유로도 유용하다. 대부분의 초식동물은 넓은 시야를 위해 눈이 머리의 양옆에 달려 있다. 반면 포식자의 두 눈은 정면을 향하며, 그 덕분에 **양안 입체시**(binocular stereopsis)가 가능해진다. 한쪽 눈을 감고 손날을 세워 코 앞에 둔 후 검지가 나머지 세 손가락을 가리도록 손날의 각도를 조정해 보자. 그런 다음 지금 눈을 감고 다른 쪽 눈을 뜨면, 시선 각도가 바뀌어서 손가락들이 보일 것이다. 이처럼 시야에 따라 대상의 위치가 이동(shift)하는 현상을 **시차**(disparity)라고 부른다. 좌표계를 적절히 설정하고 한 물체의 왼쪽 이미지와 오른쪽 이미지를 적당한 깊이에서 겹치면, 겹쳐진 이미지에서 물체는 수평으로 이동하며 이동의 크기는 깊이에 반비례한다. 도해 25.14가 그러한 예를 보여준다. 시점에 가장 가까운 피라미드 점이 오른쪽 이미지에서는 왼쪽으로, 왼쪽 이미지에서는 오른쪽으로 이동했다.

양안 입체시

시차

시차를 측정하려면 대응(correspondence) 문제를 풀어야 한다. 즉, 같은 장면을 조금 떨어진 두 위치에서 찍은 이미지들이 주어졌을 때 왼쪽 이미지의 한 점에 해당하는 오른쪽 이미지의 "파트너" 점을 찾을 수 있어야 한다. 이는 광류를 측정할 때와 비슷한 문제로, 가장 간단한 접근방식 역시 비슷하다. 간단한 방법들은 §25.3.3에서처럼 차이 제곱합을 이용해서 서로 대응되는 왼쪽 픽셀들과 오른쪽 픽셀들의 블록을 찾는다. 그리고 §25.3.2에서처럼 픽셀 블록의 좀 더 상세한 텍스처 표현을 활용하는 좀 더 정교한 방법

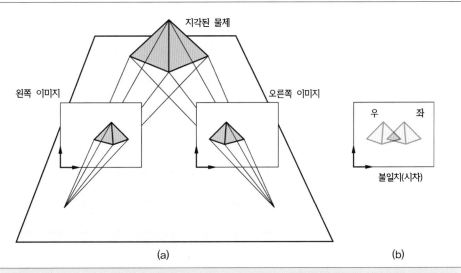

도해 25.14 (a)카메라를 이미지 평면과 평행으로 이동하면 이미지의 특징들이 카메라 평면에서 이동한다. 이 때문에 생기는 위치의 불일치(시차)는 깊이에 대한 단서를 제공한다. (b)에서처럼 좌, 우 이미지를 겹치면 그러한 시차가 드러난다.

들도 있다. 그러나 실제 응용에서는 추가적인 제약들을 활용하는, 그보다도 훨씬 정교한 알고리즘을 사용한다.

일단 지금은 시차 측정 문제를 해결했다고 가정하고, 그러한 시차로부터 장면의 깊이 정보를 얻는 문제로 넘어가자. 이 문제를 해결하려면 시차와 깊이 사이의 기하학적 관계를 파악해야 한다. 우선 두 눈(또는 두 카메라)이 모두 자신의 광축(optical axis)에 평행한 방향으로 앞을 보는 경우를 생각해 보자. 이때 오른쪽 카메라와 왼쪽 카메라는 그냥 x축을 따라 **기준선**(baseline) 길이 b만큼 떨어져 있는 관계이다. 이를 $T_x = b/\delta t$이고 $T_y = T_z = 0$인 이동 벡터 $\mathbf{T}$가 δt 시간 동안 작용한 결과로 간주한다면, §25.3.3의 본 광류 공식을 적용할 수 있다. 수평, 수직 시차는 광류의 수평, 수직 성분에 시간 단계 δt를 곱한 $H = v_x \delta t$와 $V = v_y \delta t$이다. 이전의 광류 공식들로 이들을 정리하면 $H = b/Z$와 $V = 0$이 나온다. 다른 말로 하면, 수평 시차는 기준선 길이 대 깊이의 비율과 같고 수직 시차는 0이다. b를 알고 H를 측정할 수 있으면 깊이 Z를 복원할 수 있다.

보통의 시야 조건에서 사람의 두 눈은 한 점을 **주시**(fixation)한다. 다른 말로 하면, 장면에는 두 눈의 광축이 교차하는 한 점이 있다. 도해 25.15에서 두 눈은 두 눈의 중점에서 Z만큼 떨어져 있는 점 P_0을 주시한다. 편의상, 라디안 단위의 각시차(angular disparity)를 계산하기로 한다. 주시점 P_0에서의 시차는 0이다. 장면에서 주시점과 δZ만큼 떨어져 있는 다른 점 P의 좌, 우 이미지에서의 각변위(angular displacement)를 계산할 수 있는데, 그에 해당하는 점들을 각각 P_L과 P_R이라고 부르겠다. 그 두 점이 P_0을 기준으로 각도 $\delta\theta/2$만큼 이동했다면, P_L과 P_R 사이의 변위는 그냥 $\delta\theta$이며, 이것이 곧 P의 시차이다. 도해 25.15에서 $\tan\theta = \frac{b/2}{Z}$이고 $\tan(\theta - \delta\theta/2) = \frac{b/2}{Z+\delta Z}$이지만, 작은 각도들에 대해 $\tan\theta \approx \theta$이므로

$$\delta\theta/2 = \frac{b/2}{Z} - \frac{b/2}{Z+\delta Z} \approx \frac{b\delta Z}{2Z^2}$$

이고, 실제 시차가 $\delta\theta$이므로

$$\text{시차} = \frac{b\delta Z}{Z^2}$$

이다.

사람의 기준선 b는 약 6cm이다. Z가 약 100cm이고 검출 가능한 가장 작은 $\delta\theta$(픽셀 하나 크기에 해당)가 약 5초(1초는 1/60분 = 1/360도)라고 할 때, δZ는 약 0.4mm이다. $Z = 30$cm일 때에는 인상적일 정도로 작은 값 $\delta Z = 0.036$mm가 나온다. 즉, 30cm 거리에서 사람은 0.036mm의 깊이 차이를 구분할 수 있다. 바늘귀에 실을 꿸 수 있는 것은 이 덕분이다.

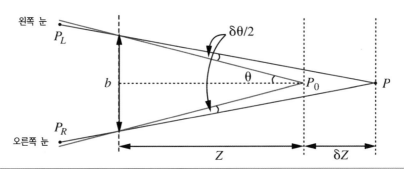

도해 25.15 입체시에서 시차와 깊이의 관계. 두 눈의 투영 중심들은 b만큼 떨어져 있고, 광축들은 주시점 P_0에서 만난다. 장면의 점 P는 좌, 우 이미지의 점 P_L과 P_R로 투영된다. 그 둘 사이의 각도 시차는 $\delta\theta$이다(그림에 두 $\delta\theta/2$ 각이 나와 있다).

25.6.3 움직이는 카메라 한 대의 3차원 단서

장면 안에서 카메라가 움직이는 상황을 생각해 보자. 예를 들어 도해 25.14의 왼쪽 이미지는 '시간 t'에서 카메라가 찍은 이미지이고, 오른쪽 이미지는 '시간 $t+1$'에서 찍은 이미지라고 하자. 장면의 기하구조 자체는 변하지 않았으므로, 앞 절(§25.6.2)에서 양안시에 관해 이야기한 모든 내용은 지금처럼 카메라 하나가 움직이는 상황에도 그대로 적용된다. 거기서 이야기한 시차는 이미지의 겉보기 운동, 즉 광류에 대응된다. 이러한 광류는 카메라의 이동과 장면 기하구조의 이동 모두에 관한 정보의 출처이다. 이를 이해하기 위해, 광류를 관찰자의 이동 속도 $\mathbf{T}$와 장면의 깊이에 연관시키는 공식을 도입한다(그 공식의 증명은 생략).

광류장(optical flow field)은 이미지 속도 $(v_x(x,y), v_y(x,y))$들의 벡터장이다. 광류장의 성분들을 카메라가 원점이고 초점 거리가 $f=1$인 좌표계로 표현하면 다음과 같다.

$$v_x(x,y) = \frac{-T_x + xT_z}{Z(x,y)}, \qquad v_y(x,y) = \frac{-T_y + yT_z}{Z(x,y)}.$$

여기서 $Z(x,y)$는 이미지의 점 (x,y)에 해당하는 장면의 점의 z 좌표(즉, 깊이)이다.

$x = T_x/T_z$, $y = T_y/T_z$인 점에서 광류의 두 성분 $v_x(x,y)$와 $v_y(x,y)$ 모두 0이라는 점에 주목하자. 그러한 점을 광류장의 **확장 초점**(focus of expansion)이라고 부른다. 이미지의 x-y 평면의 원점을 확장 초점으로 옮겼다고 하자. 그러면 광류에 관한 수식들이 아주 간단한 형태가 된다. (x',y')이 $x' = x - T_x/T_z$, $y' = y - T_y/T_z$로 정의되는 새 좌표라고 할 때, 다음이 성립한다.

$$v_x(x',y') = \frac{x'T_z}{Z(x',y')}, \qquad v_y(x',y') = \frac{y'T_z}{Z(x',y')}.$$

여기에 비례 계수 중의성이 존재함을 주의하기 바란다(이것이 초점 거리를 $f=1$로 두어도 무방한 이유이다). 카메라가 두 배로 빠르게 움직인다면, 그리고 장면의 모든 물체가 두 배로 커지고 카메라로부터 두 배 멀리 떨어진다면, 광류장은 변하지 않는다. 그래도 여전히 상당히 유용한 정보를 추출할 수 있다.

1. 독자가 벽에 붙으려 하는 파리이며, 광류에서 뭔가 유용한 정보를 얻으려고 한다고 하자. 비례 계수 중의성 때문에 광류장에서 벽까지의 거리나 벽으로의 속도를 알아낼 수는 없다. 그러나 거리를 속도로 나누면 비례 계수 중의성이 사라진다. 거리를 속도로 나눈 결과는 벽과 접촉하기까지의 시간인 Z/T_z이다. 이 시간은 착지 접근을 제어하는 데 실제로 아주 용이하다. 서로 다른 여러 동물 종들이 이러한 단서를 활용한다는 유력한 실험 증거가 존재한다.

2. 깊이가 각각 Z_1과 Z_2인 두 점을 생각해 보자. 두 깊이의 구체적인 값을 알 수 없을지라도, 두 점의 광류 크기의 비율을 구하고 그 역수를 취하면 깊이 비율 Z_1/Z_2를 구할 수 있다. 이것이 운동 시차(motion parallax)의 단서이다. 달리는 자동차나 기차에서 옆 창을 통해 풍경을 볼 때 더 느리게 움직이는 지형지물이 더 멀리 있음을 알아챌 때 우리가 사용하는 것이 바로 운동 시차이다.

25.6.4 단일 시야의 3차원 단서

이미지 한 장에서도 3차원 세계에 관한 정보를 풍부하게 얻을 수 있다. 심지어 이미지가 선화(line drawing)일 때도 그렇다. 선화는 같은 장면을 묘사하는 다른 여러 이미지들보다 훨씬 적은 정보를 가지고 있지만, 그래도 사람들은 선화에서 3차원 도형과 배치를 잘 인식한다. 시각 과학자들이 선화에 주목해온 것은 이 때문이다. 선화가 제공하는 정보의 주된 출처 하나는 차폐(가려짐)이다. 만일 물체 A가 물체 B를 가렸다는 증거가 이미지에 존재하면, 사람은 물체 A가 눈에 더 가깝다고 인식한다.

실제 장면을 찍은 이미지에서는 텍스처가 3차원 구조의 강력한 단서이다. §25.3.2에서 이야기했듯이 일반적으로 텍스처는 텍셀들이 반복된 패턴이다. 장면의 물체들 사이에서는 텍셀들의 분포가 균등할 수 있지만(해변의 조약돌들이 다 비슷한 재질로 보이는 등), 장면 전체에 대해서는 균등하지 않을 수 있다(멀리 있는 조약돌이 가까이 있는 조약돌보다 작게 보인다). 또 다른 예로 물방울 무늬 또는 도트 무늬 옷감을 생각해 보자. 모든 도트는 그 크기와 모양이 같지만, 시점에 따라서는 원근단축 때문에 일부 도트가 타원으로 보인다. 현대적인 방법들은 텍스처의 바탕 수학을 직접 추론하는 대신, 이러한 단서를 활용해서 이미지를 3차원 구조로 사상하는 방법을 배운다(§25.7.4).

음영은 장면의 한 표면의 서로 다른 부분들에서 받은 빛의 세기 차이에 의해 만들어지는 현상이다. 음영은 장면의 기하구조와 표면들의 반사 속성들에 의해 결정된다. 음영이 3차원 구조의 단서라는 아주 좋은 증거가 있다. 물리학적 논증은 쉽다. §25.2.4의 물리 모형에서 보았듯이, 만일 표면 법선이 광원을 향하면 표면이 더 밝게 빛나고 광원

방향과 벗어날수록 표면이 어두워진다. 표면의 반사율이 알려지지 않았으며 조명이 고르지 않을 때는 논증이 좀 더 복잡해지지만, 사람들이 물체의 형태를 인식할 때 음영을 활용하는 것은 사실로 보인다. 다만 구체적인 알고리즘이 아직 밝혀지지 않았을 뿐이다.

포즈   이미지에 익숙한 물체가 있을 때, 그 물체의 구체적인 모습은 물체의 **포즈**^{pose}에 크게 의존한다. 여기서 포즈는 일반적인 의미의 '자세(팔·다리의 배치 등)'가 아니라 관찰자에 상대적인 물체의 위치와 방향을 말한다. 한 물체의 점들과 그 물체의 모형의 점들 사이의 대응 관계로부터 포즈를 복원하는 간단한 알고리즘들이 있다. 알려진 물체의 포즈를 파악하면 여러모로 유용하다. 예를 들어 제조 공장의 로봇이 어떤 부품을 집으려면 반드시 그 부품의 포즈를 파악해야 한다. 원격 수술용 로봇은 카메라 위치와 수술 도구 위치, 그리고 환자 사이의 좌표 변환을 정확히 계산해야 한다(도구의 위치에서 환자의 위치로의 변환을 위해).

물체들 사이의 공간적 관계도 중요한 단서이다. 이런 예를 생각해 보자. 모든 보행자는 키가 대체로 같고 모두 지면에 수직으로 서서 다닌다. 이미지에서 지평선이 어디 있는지 알고 있다면, 카메라와의 거리를 기준으로 보행자들에게 순위를 매길 수 있다. 발은 사람의 몸에서 제일 아래에 달려 있으며, 발이 지평선에 가까울수록 그 보행자는 카메라에서 멀리 있는 것이므로 이미지 안에 더 작게 나타난다. 이 점을 이용하면 검출이의 오반응을 걸러낼 수 있다. 만일 보행자가 이미지의 큰 영역을 차지하는데도 발이 지평선에 가까이 있다는 검출 결과가 나왔다면, 그런 보행자는 있을 수 없으므로 검출기가 틀린 것이다. 애초에 보행자들의 상대적 비례 관계가 지평선 위치에 대한 단서이기 때문이다. 정리하자면, 검출기의 결과들로부터 지평선을 추정할 수 있으며, 추정한 지평선을 이용해서 보행자 검출기의 실수를 잡아낼 수 있다.

25.7 컴퓨터 시각의 용도

이번 절에서는 컴퓨터 시각의 응용을 개괄한다. 현재 믿음직한 컴퓨터 시각 도구 모음(toolkit)이 많이 나와 있으며, 성공적이고 유용한 응용 프로그램도 대단히 많다. 그중에는 애호가들이 특수한 용도로 사용하기 위해 집에서 만든 것들도 많은데, 이는 컴퓨터 시각 방법들의 유용함과 영향력을 잘 보여주는 증거이다. (예를 들어 한 애호가는 죽은 쥐를 가지고 온 고양이에게는 문을 열어주지 않는 훌륭한 물체 검출 기반 동물용 출입구를 만들었다. 자세한 사항은 웹에서 직접 검색해 보시길.)

25.7.1 사람의 행동 파악

동영상을 분석해서 사람이 무엇을 하고 있는지 이해하는 시스템을 구축할 수 있다면, 사람의 행동을 관찰하고 그에 반응해서 어떤 작업을 수행하는 인간-컴퓨터 인터페이스를 만들 수 있을 것이다. 그런 인터페이스가 있으면 공공 장소에서 사람들이 하는 행동에 관한 데이터를 수집하고 활용함으로써 건물이나 공공 장소를 더 잘 설계할 수 있고, 좀 더 정확하고 덜 개입적인 보안 감시 시스템을 만들 수 있고, 사람이 장비에 너무 가까이 갔을 때 경보를 울리는 식으로 건설 현장이나 작업장을 좀 더 안전하게 만들 수 있고, 주민의 위치와 활동에 따라 건물의 난방과 조명을 관리해서 에너지를 절약할 수 있다.

이와 관련된 몇몇 문제에 대한 현재 최고 수준의 해법은 대단히 강력하다. 이미지 하나에서 사람의 관절 위치들을 대단히 정확하게 예측하는 방법들이 나와 있다. 그런 방법들을 이용하면 신체의 3차원 형상을 잘 추정할 수 있다(도해 25.16). 대체로 사람을 찍은 사진에는 원근 효과가 약하고 인체 분절(body segment; 사람의 몸에서 서로 구분되는 각 부분)들이 그리 길지 않기 때문에, 이미지에 있는 인체 분절들의 원근단축은 카메라 평면과 인체 분절 사이의 각도에 대한 좋은 단서가 된다. 깊이 감지기가 있으면 그런 추정치들을 아주 빠르게 계산할 수 있어서 심지어 컴퓨터 게임 인터페이스에 활용하는 것도 가능하다.

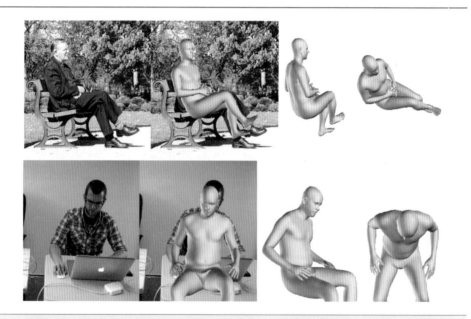

도해 25.16 단일 이미지에서 인간 형상을 구축하는 방법들은 현재 실용적인 수준에 도달했다. 그림의 각 행은 하나의 이미지에서 재구축한 3차원 인체 형상을 보여준다. 이런 재구축이 가능한 것은 관련 방법들이 관절들의 3차원 위치와 각도, 인체의 형상, 그리고 이미지를 기준으로 한 인체의 포즈를 추정할 수 있기 때문이다. 각 행에서 **제일 왼쪽**은 실제 사진, **가운데 왼쪽**은 실제 사진에 재구축된 3차원 모형을 겹친 것, **가운데 오른쪽**은 3차원 모형, **제일 오른쪽**은 3차원 모형을 다른 각도로 표시한 것이다. 모형을 다른 각도로 표시해 보면 재구축 과정에서 발생한 오류가 좀 더 잘 드러난다. 이미지 제공: Angjoo Kanazawa. [Kanazawa 외, 2018]에 서술된 시스템으로 만들어 낸 이미지들이다.

사람이 현재 하고 있는 행동을 분류하는 것은 더 어렵다. 단순한 배경에서 발레나 체조, 태극권처럼 아주 정교하게 묘사되는 활동들을 지칭하는 상당히 구체적인 어휘가 존재하는 구조적 행동을 찍은 동영상은 다루기가 상당히 쉽다. 그런 경우에는, 대량의 분류된 데이터와 적절한 합성곱 신경망이 있으면 좋은 결과를 얻을 수 있다. 그러나 그런 방법들이 주어진 구체적인 문제에 대해 실제로 잘 작동할 것임을 증명하기는 어렵다. 그런 방법들은 맥락에 강하게 의존하기 때문이다. 예를 들어 수영장에서 사람들이 수영하는 동영상들을 '수영'으로 잘 분류하는 분류기가 사실은 '수영장' 검출기일 뿐이고, 사람들이 강에서 수영하는 동영상은 제대로 분류하지 못할 수 있다.

좀 더 일반적인 문제들은 아직 강력한 해법이 나오지 않았다. 예를 들어 신체와 주변 물체들의 관측을 움직이는 사람의 목표와 의도로 사상하는 문제가 그렇다. 이런 문제가 어려운 이유 중 하나는 비슷한 행동이 다르게 보이거나 다른 행동이 비슷하게 보이기도 한다는 것이다. 도해 25.17에 그런 예가 나온다.

어려움의 또 다른 근원은 시간 척도(time scale)이다. 도해 25.18에서 보듯이, 행동의 분류에는 시간 척도가 큰 영향을 미친다. 도해 25.18에 나온 또 다른 중요한 효과는 행동 합성이다. 다수의 인식된 행동을 합쳐서 하나의 고수준 행동을 형성할 수 있다(이를테면 냉장고 문 열기, 뭔가 꺼내기 등등으로 '간식 준비' 행동을 형성하는 등).

무관한 행동들이 같은 시간에 진행되기도 한다. 간식을 준비하면서 노래를 부르는 것이 그런 예이다. 그런 개별 행동들에 대한 공통의 어휘가 없어서 이런 문제는 다루기가 어렵다. 사람들은 다양한 행동 이름을 알고 있다고 생각하는 경향이 있지만, 막상 행동 이름들을 대라고 하면 몇 개 대지 못한다. 그래서 분류명들이 일관되게 배정된 행동들의 데이터 집합을 만들기가 쉽지 않다.

냉장고 열기

냉장고에서
뭔가 꺼내기

도해 25.17 같은 행동이라도 다르게 보일 수 있고, 다른 행동이라도 비슷하게 보일 수 있다. 그림의 견본들은 일상 행동들의 데이터 집합에서 추출한 것으로, 분류명은 사람(데이터 집합의 큐레이터들)이 붙였다. **위:** 분류명이 "opening fridge"(냉장고 열기)인 견본들. 어떤 것은 가까이서, 어떤 것은 멀리서 찍은 모습이다. **아래:** 분류명이 "take something out of fridge"(냉장고에서 뭔가 꺼내기)인 견본들. 두 행 모두 피사체의 손이 냉장고 문 가까이 있음을 주목하자. '열기'인지 '꺼내기'인지 구분하려면 손의 위치와 냉장고 문의 위치를 세심하게 판정해야 한다. 이미지 제공: David Fouhey. [Fouhey 외, 2018]에 서술된 데이터 집합의 일부이다.

도해 25.18 행동의 분류는 시간 척도에 크게 의존한다. **제일 위**의 프레임 하나는 '냉장고 열기'라고 묘사해야 마땅하다(문이 닫혀 있으면 냉장고의 내용물을 볼 수 없다). 그러나 짧은 동영상(**가운데** 행의 프레임들)을 보면, 이 행동은 냉장고에서 우유를 꺼내는 것이라고 묘사해야 마땅하다. 동영상을 더 오래 본다면(**제 일 아래** 행의 프레임들), 전체적으로 피사체가 하는 행동은 간식을 준비하는 것이며, 냉장고 문을 여는 것은 간식 준비를 위해 냉장고에서 우유를 꺼내는 행동의 일부임을 알 수 있다. 이미지 제공: David Fouhey. [Fouhey 외, 2018]에 서술된 데이터 집합의 일부이다.

학습된 분류기들은 훈련 데이터 집합과 시험 데이터 집합이 같은 분포에서 비롯된 경우에만 잘 작동한다. 이미지 데이터에 그런 조건이 성립하는지 확인하는 방법은 없지만, 경험으로 볼 때 이미지 분류기들과 물체 검출기들은 잘 작동하는 것으로 보인다. 그러나 인간 행동 데이터의 경우 훈련 데이터와 시험 데이터의 관계가 신뢰성이 더 떨어지는데, 이는 사람들이 하는 행동과 그 맥락이 아주 다양하기 때문이다. 예를 들어 커다란 데이터 집합에 대해 잘 작동하는 보행자 검출기가 있다고 하자. 훈련 데이터 집합에 없는 드문 현상(이를테면 외발자전거를 타는 사람 등)도 존재하므로, 검출기가 그런 경우에도 잘 작동할지는 확신할 수 없다. 난제는 보행자들이 어떤 행동을 하든 검출기가 안전한 결과를 산출한다는 점을 증명하는 것인데, 현재의 학습 이론으로는 증명이 어렵다.

25.7.2 사진과 단어 연결

인터넷에는 수많은 사람이 찍어서 공유한 사진이 널려 있다. 너무 많아서 원하는 사진을 찾기 어려울 정도이다. 일반적으로 사람들은 단어를(이를테면 스케치가 아니라) 이용해서 사진을 찾는다. 그런데 대부분의 사진에는 설명 문구가 붙어 있지 않으므로, 이미지에 관련 단어들을 부여하는 **태깅 시스템**tagging sysem을 만드는 것은 가치 있는 일이다. 그런 태깅 시스템의 바탕 메커니즘은 간단하다. 이미지 분류과 물체 검출 기법으로 적절한 분류명들을 예측하고 그 분류명들을 태그들로 사용하면 된다. 그런데 그런 태그들은 이

태깅 시스템

미지를 제대로 서술하지 못한다. 중요한 것은 사진에서 누가 무엇을 하는지를 알 수 있어야 한다는 것인데, 태그들만으로는 부족하다. 예를 들어 길거리의 고양이를 찍은 사진에 "고양이", "거리", "쓰레기통", "생선 뼈" 같은 물체 범주들만으로는 길거리에서 고양이가 열린 쓰레기통에서 생선 뼈를 꺼내고 있다는 정보는 명확히 전달하기 힘들다.

캡션 생성 시스템　　　태깅 시스템 대신 **캡션 생성 시스템**(captioning systems), 즉 이미지를 서술하는 한 문장 이상의 캡션을 작성하는 시스템을 만들 수도 있다. 바탕 메커니즘은 역시 간단하다. 이미지 표현 생성을 위한 합성곱 신경망에 문장 생성을 위한 순환 신경망 또는 트랜스포머 신경망을 연결하고, 미리 캡션이 달려 있는 이미지 데이터 집합으로 훈련하면 된다. 인터넷에는 캡션이 있는 이미지 데이터 집합이 많이 있다. 그중에는 자연어의 다양한 표현 방식을 반영해서 사람이 직접 이미지에 캡션들을 보강한 데이터 집합도 있다. 예를 들어 COCO(Common Objects in Context) 데이터 집합은 20만 장이 넘는 이미지에 각각 캡션 다섯 개가 부여된 방대한 이미지-캡션 컬렉션이다.

요즘 캡션 생성에 쓰이는 방법들은 검출기를 이용해서 이미지를 서술하는 일단의 단어들을 찾고, 그 단어들을 문장 생성을 위해 훈련된 순차열 대 순차열 모형에 넣는다. 가장 정확한 방법은 모형이 생성하는 문장들을 검색해서 가장 나은 것을 고른다. 더 나은 결과를 내는 방법일 검색에 시간을 많이 사용하는 것으로 보인다. 최고의 문장을 검색하기 위해 문장들에 점수를 매기는데, (a) 문장이 실측 캡션에 있는 문구를 사용하면 점수를 증가하고, (b) 실측 캡션에 없는 문구를 사용하면 점수를 감소한다. 그런데 이런 점수를 직접 손실값으로 사용하기는 어렵다. 한 가지 해결책은 고득점 문장에 대해 보상을 제공하는 식으로 강화학습 기법으로 신경망을 훈련하는 것이다. 훈련 데이터 집합과 시험 집합에 캡션이 동일한 이미지들이 있을 때가 많다. 그런 경우 캡션 생성 시스템은 캡션을 새로 생성하는 대신 기존 캡션을 조회하기만 하면 된다. 캡션 생성 시스템들은 이미지에 따라 아주 훌륭한 캡션을 출력하기도 하고 다소 황당한 캡션을 출력하기도 한다(도해 25.19).

A baby eating a piece of food in his mouth　　A young boy eating a piece of cake　　A small bird is perched on a branch　　A small brown bear is sitting in the grass

도해 25.19 이미지 캡션 자동 생성 시스템의 성공 사례와 실패 사례. 왼쪽 두 캡션은 해당 이미지를 잘 서술하긴 하지만, "eating … in his mouth"는 다소 어색한 표현이다. 초기 캡션 생성 시스템들에 쓰인 순환 신경망 언어 모형들은 흔히 이런 다소 유창하지 않은 문구를 생성했다. 오른쪽 캡션을 보면 캡션 생성 시스템은 다람쥐를 모르는 것으로 보인다. 그래서 맥락에서 'bird(새)'와 'bear(곰)'를 추측했다. 또한, 캡션 생성기는 다람쥐가 먹이를 먹고 있다는 점을 인식하지 못했다(캡션에 "eating"이 없다). 이미지 출처: geraine/Shutterstock; ESB Professional/Shutterstock; BushAlex/Shutterstock; Maria.Tem/Shutterstock. 이 이미지들은 캡션 생성에 쓰인 원본 이미지들과 비슷하지만 동일하지는 않다. 원본 이미지들은 [Aneja 외, 2018]에 있다.

Q. What is the cat wearing?
A. Hat

Q. What is the weather like?
A. Rainy

Q. What surface is this?
A. Clay

Q. What toppings are on the pizza?
A. Mushrooms

Q. How many holes are in the pizza?
A. 8

Q. What letter is on the racket?
A. w

Q. What color is the right front leg?
A. Brown

Q. Why is the sign bent?
A. It's not

도해 25.20 시각적 질의응답 시스템은 이미지에 관한 자연어 질문의 답을 산출한다(보통은 객관식). **위:** 이미지에 관한 꽤 어려운 질문에 분별 있게 답을 고른 사례들. **아래:** 다소 아쉬운 답을 고른 사례들. 예를 들어 첫 사례에서 시스템은 무엇을 구멍(hole)이라고 해야 할지 잘 몰라서 구멍 개수를 제대로 세지 못했다. 셋째 사례에서는 배경과 고양이 다리를 제대로 분리하지 못했는지 고양이 오른쪽 다리가 배경색인 갈색(Brown)이라고 답했다. 이미지 출처: (위) Tobyanna/Shutterstock; 679411/Shutterstock; ESB Professional/ Shutterstock; Africa Studio/Shutterstock; (아래) Stuart Russell; Maxisport/Shutterstock; Chendongshan/Shutterstock; Scott Biales DitchTheMap/Shutterstock. 이 이미지들은 캡션 생성에 쓰인 원본 이미지들과 비슷하지만 동일하지는 않다. 원본 이미지들은 [Goyal 외, 2017]에 있다.

캡션 생성 시스템들은 제대로 파악하지 못한 세부사항을 아예 언급하지 않거나 맥락 단서를 이용해 적당한 단어를 추측함으로써 자신의 무지를 감춘다. 예를 들어 캡션 생성 시스템들은 이미지에 있는 사람의 성별을 잘 구분하지 못하는 경향이 있으며, 훈련 데이터의 통계치에 기초해서 성별을 추측할 때가 많다. 그러면 오류가 생긴다. 남자도 쇼핑을 즐기고 여자도 스노우보드를 탄다. 시스템이 이미지를 제대로 서술하는지 확인하는 방법 하나는 이미지에 관한 질문에 답하게 하는 것이다. 그런 시스템을 **시각적 질의응답**(visual question answering) 시스템, 줄여서 **VQA** 시스템이라고 부른다. 또는 **시각적 대화**(visual dialog) 시스템을 사용할 수도 있다. 사진과 캡션, 그리고 대화 내용을 입력하면 시각적 시스템은 대화의 마지막 질문에 답해야 한다. 도해 25.20은 VQA 시스템이 실수를 할 때가 많다는 점을, 더 나아가서 컴퓨터 시각 분야가 여전히 아주 어려운 분야임을 보여준다.

시각적 질의응답
시각적 대화

25.7.3 다중 시야로부터의 재구축

다수의 시야(동영상의 여러 프레임일 수도 있고 관광지 사진들을 모은 것을 수도 있다)에서 3차원 점들을 재구축하는 것은 두 시야에서 점들을 재구축하는 것와 비슷하되, 몇 가지 중요한 차이점이 있다. 우선, 시야가 셋 이상이면 점들의 대응 관계를 찾는 훨씬 더 많은 작업이 필요하며, 시야마다 시야에서 나간 점들과 새로 들어간 점들이 있어서 대응 및 재구축 과정이 복잡해진다. 그러나 시야가 많으면 재구축과 복원된 조망 매개변수 (viewing parameter)들에 대한 제약 조건들이 더 많기 때문에, 보통의 경우 점들의 위치 와 조망 매개변수들을 극도로 정확하게 추정할 수 있다. 간단하게만 말한다면, 다중 시 야 3차원 장면 재구축은 주어진 이미지들의 점들을 대응시키고, 대응된 점들을 이미지 그룹들로 확장하고, 그로부터 장면 기하구조와 조망 매개변수들을 근사하는 해를 구하 고, 그 해를 좀 더 다듬는 식으로 진행된다. 이때 해를 다듬는다는 것은 모형(기하구조 및 조망 매개변수들을 근사하는)이 예측한 점과 이미지 특징 위치의 오차를 최소화하는 것을 말한다. 구체적인 절차는 여기서 자세히 이야기하기에는 너무 길어서 생략하지만, 아주 잘 파악되어 있으며 상당히 신뢰성 있게 작동한다.

우리가 생각할 수 있는 모든 유용한 형태의 카메라에 대해, 대응 관계에 관한 모든 기하학적 제약 조건이 밝혀져 있다. 재구축 절차를 직교가 아닌 시야들을 다루거나, 일 부 시야에서만 관측된 점들을 다루거나, 초점 거리처럼 미지의 카메라 매개변수들이 존 재하는 상황을 다루거나, 겉보기 대응 관계에 대한 여러 가지 정교한 검색들을 활용하는 등으로 일반화할 수 있다. 이미지에 있는 점들의 위치가 어느 정도 정확하게 알려져 있 으며 시선 각도들이 적당하다면, 카메라와 점들에 대한 정보를 아주 정확하게 얻을 수 있다. 다수의 이미지로 도시 전체의 모형을 정확하게 재구축하는 것이 실제로 가능하다. 다음은 이런 재구축 기술의 몇 가지 응용 방법이다.

- **모형 구축:** 예를 들어 컴퓨터 그래픽과 가상현실 응용 프로그램에 쓰이는 상세한 3차원 모형(텍스처 입힌 다각형들의 메시mesh로 이루어진)을, 물체를 찍은 다수의 이미지로부터 자동으로 구축하는 모형화 시스템을 만들 수도 있다. 흔히 동영상의 여러 프레임을 사용하지만, 무작위해 보이는 일단의 사진들로도 가능하다. 예를 들 어 인터넷에서 구한 사진들로 자유의 여신상 모형을 구축할 수 있다.

- **애니메이션과 실사 동영상 혼합:** 컴퓨터 그래픽 캐릭터들을 실사 동영상에 자연스 럽게 넣으려면 실사 동영상에서 카메라의 이동 방식을 추출해야 한다. 그러면 카메 라 이동에 따라 시야를 변경해 가면서 캐릭터를 정확히 배치할 수 있다.

- **경로 재구축:** 이동 로봇은 자신이 어디에 있었는지 알아야 한다. 로봇에 카메라가 있다면, 세계 안에서 움직이는 카메라의 경로를 반영한 모형을 구축할 수 있으며, 그 모형을 로봇 경로의 한 표현으로 활용할 수 있다.

- **건설 현장 관리:** 건물은 엄청나게 복잡한 인공 구조물이며, 건설 과정에서 일어나 는 일을 추적하기란 어렵고 비용도 많이 든다. 한 가지 해법은 매주 한 번씩 드론 을 날려서 건설 현장의 현재 상태를 찍어서 3차원 모형을 구축하고, 시각화 기법을 이용해서 설계도와 모형의 차이를 살펴보는 것이다. 도해 25.21이 그러한 예를 보 여준다.

도해 25.21 3차원 SFM(structure-from-motion; 운동에서 구조 추정) 알고리즘과 다중 시야 입체시 알고리즘으로 산출한 건설 현장 3차원 모형. 대형 건물을 건설할 때 건설사는 이런 3차원 모형을 건축 설계도와 비교해서 건설 과정을 관리한다. **왼쪽:** 드론이 촬영해서 재구축한 3차원 모형을 시각화한 모습. 재구축된 3차원 점들에 적절한 색상을 부여한 덕분에 현재까지의 진척 정도를 잘 파악할 수 있다(타워크레인이 있는, 아직 건설 중인 빌딩에 주목할 것). 작은 피라미드들은 이미지 촬영 당시의 드론의 포즈들이다. 이들을 보면 드론의 비행 경로를 파악할 수 있다. **오른쪽:** 이 시스템들은 실제 건설 시공에 쓰였다. 사진은 시공팀이 협의 회의에서 건설 현장 모형과 건축 설계도를 비교하는 모습이다. 이미지 제공: Derek Hoiem, Mani Golparvar-Fard, Reconstruct. 블로그 글 `medium.com/reconstruct-inc`에 나온 상용 시스템으로 얻은 이미지들임.

25.7.4 단일 시야에서 기하구조 재구축

장면의 기하구조 재구축은 해당 장면 안에서 에이전트가 이동해야 할 때 특히나 유용하다. 장면의 기하구조를 재구축할 수 있으면 에이전트가 어디에 있고 어디로 갈 수 있으며 장애물들이 어디 있는지를 알 수 있기 때문이다. 그런데 기하 모형 재구축을 위한 다수의 시야를 구하기가 항상 쉬운 것은 아니다. 예를 들어 여러분이 문을 열고 방 안으로 들어간다고 하자. 사람의 두 눈은 너무 가까이 있기 때문에 방에 있는 여러 물체의 깊이를 잘 파악하지 못한다. 고개를 좌우로 돌리면 더 많은 정보를 얻을 수 있지만, 시간이 걸리고 불편하다.

깊이 맵   한 가지 대안은 **깊이 맵**(depth map)을 한 장의 이미지로부터 예측하는 것이다. 깊이 맵은 카메라를 원점으로 한 이미지 각 픽셀의 깊이를 담은 배열이다. 깊이 맵은 그 구조가 상당히 단순하기 때문에, 여러 종류의 장면에서 정확한 깊이 맵을 놀랄만큼 쉽게 추정할 수 있다. 일반적으로 방이나 실내 장면에서 특히나 그렇다. 방법은 간단하다. 깊이 맵이 이미 파악된 일단의 이미지들을 훈련 데이터로 사용해서, 이미지로부터 깊이 맵을 예측하도록 신경망을 훈련하면 된다. 이 접근방식으로 다양한 문제를 풀 수 있다. 깊이 맵의 문제점 하나는, 물체 뒤에 있는 다른 물체나 공간에 대해서는 아무것도 알 수 없다는 점이다. 그렇지만 기하구조가 알려진 물체가 차지하는 복셀^{voxel}(부피소; 픽셀의 3차원 버전)들을 예측하는 방법들과 물체를 제거하면 깊이 맵이 어떤 모습일지 예측하는(따라서 어디에 물체들을 숨길 수 있는지 알 수 있는) 방법들이 존재한다. 이런 방법들은 물체의 형태가 상당히 양식화되어(stylized) 있다는 점에 근거한다.

§25.6.4에서 보았듯이, 알려진 물체의 포즈를 3차원 모형을 이용해서 복원하는 것은 간단하다. 예를 들어 참새를 찍은 사진 한 장이 있다고 하자. 과거에 참새나 그와 비슷한 새들의 사진을 많이 본 사람이라면 한 장의 이미지에서도 참새의 자세와 기하구조 모형을 충분히 잘 추정할 수 있을 것이다. 다른 식으로 말하면, 우리는 과거의 이미지들로부터 참새 비슷한 새들의 기하구조를 대표하는 작은 매개변수적 기하 모형을 구축하며, 구체적인 이미지를 볼 때는 일종의 최적화 절차를 이용해서 그 이미지를 가장 서술하는 매개변수들과 시점들의 집합을 찾아낸다. 이러한 논증은 그러한 모형에 텍스처를 입히는 (심지어는 보이지 않는 부분에) 문제에 대해서도 유효하다(도해 25.22).

도해 25.22 어떤 범주에 대한, 이를테면 새에 대한 사진을 많이 보고 나면(**위**), 그런 사진들을 이용해서 한 장의 이미지로부터 3차원 모형을 재구축할 수 있다(**아래**). 그러려면 모든 물체의 기하구조가 상당히 비슷해야 한다(예를 들어 타조의 사진은 참새를 인식하는 데 도움이 되지 않는다). 기하구조가 많이 다른 물체들은 분류 기법들로 걸러낼 수 있다. 다수의 이미지들로부터 물체의 텍스처 값들을 추정하는 모형을 형성하고, 그로부터 보이지 않는 새의 일부에 텍스처를 채워 넣는 것도 가능하다(**아래**). 이미지 제공: Angjoo Kanazawa. [Kanazawa 외, 2018]에 서술된 시스템들로 산출한 이미지들이다. 윗줄 실사 사진 출처: Satori/123RF; 아래 왼쪽 실사 사진 출처: Four Oaks/Shutterstock.

25.7.5 사진 생성

이제는 컴퓨터 그래픽 모형을 실사 사진에 자연스럽게 집어 넣는 것이 별로 신기한 일이 아니다. 도해 25.23은 방을 찍은 사진에 컴퓨터 그래픽으로 만든 조각상을 배치한 예이다. 우선 사진의 깊이 맵과 알베도(반사율)를 추정한다. 그리고 이미지를 조명이 알려진 다른 이미지들과 대응시켜서 이미지의 조명을 추정한다. 이미지의 깊이 맵에 3차원 물체를 배치하고, 컴퓨터 그래픽의 표준적인 도구인 물리 기반 렌더링(physics-based rendering) 프

도해 25.23 왼쪽: 실제 장면 사진. **오른쪽:** 컴퓨터 그래픽 물체를 장면에 삽입한 결과. 장면에 빛이 들어오는 방향에 맞게 컴퓨터 그래픽 물체의 그림자가 만들어졌음을 주목하자. 조명과 그림자에 약간의 오차가 있지만 그래도 대단히 사실적으로 보이는데, 이는 사람이 그런 오차들을 잘 알아채지 못하기 때문이다. 이미지 제공: Kevin Karsch. [Karsch 외, 2011]에 서술된 시스템으로 생성된 것이다.

로그램을 이용해서 장면을 렌더링한다. 마지막으로, 수정된 이미지를 원본 이미지와 혼합한다.

이미지 변환   형식 X의 이미지를 형식 Y의 이미지로 사상하는 **이미지 변환**(image transformation)을 수행하도록 신경망을 훈련할 수도 있다. 여기서 X는 이를테면 흐릿한 이미지, 도시의 항공 사진, 새 제품의 선화 등이고 Y는 더 선명한 이미지, 도로지도, 제품 사진 등이다. 이런 문제는 (X, Y) 이미지 쌍들로 이루어진 훈련 데이터가 있을 때 가장 풀기 쉽다. 도해 25.24는 훈련 데이터 집합의 각 견본이 항공 사진과 해당 도로 구역의 쌍으로 이루어진 예이다. 훈련 과정에서는 신경망의 출력과 실측 출력을 비교해서 손실값을 구한다. 또한, 출력이 형식 Y의 이미지에 대한 적절한 종류의 특징들을 가지게 하기 위해 GAN(생성 대립 신경망)에서 얻은 손실 성분도 손실값에 포함시킨다. 도해 25.24의 '시험' 부분에서 보듯이 이런 종류의 시스템은 성능이 아주 좋다.

    그런데 이런 (X, Y) 이미지 쌍 훈련 데이터가 아니라, 형식 X의 이미지들(이를테면 말 사진들)과 형식 Y의 이미지들(이를테면 얼룩말 사진들)이 따로 주어질 때도 있다. 초원을 달리는 얼룩말의 사진이 필요하다고 할 때, 얼룩말을 찾아서 직접 사진을 찍는 것보다는 적당한 말 사진을 고른 후 컴퓨터를 이용해서 말을 얼룩말로 바꾸는 것이 훨씬 편할 것이다(도해 25.25). 이를 위해 두 개의 변환망(transformation network)을 훈련하되, 순환 제약(cycle constraint)이라고 부르는 추가적인 제약 조건을 적용한다. 첫 변환망은 말을 얼룩말로 사상하고, 둘째 변환망은 얼룩말을 말로 사상한다. 순환 제약은 X를 Y로 사상하고 이어서 Y를 X로 사상하면(또는 Y를 X로, X를 Y로) 원래의 X가(또는 Y가) 나와야 한다는 것이다. 신경망이 실제 말(또는 얼룩말) 사진과 "비슷한" 모습의 말(또는 얼룩말)을 출력하도록, 앞에서처럼 손실 함수에 GAN 손실을 도입한다.

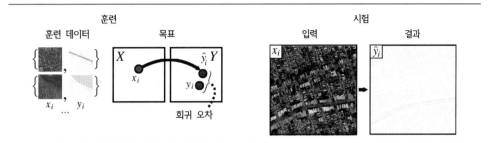

도해 25.24 쌍별 이미지 변환의 예. 입력은 항공 사진과 해당 지도 타일로 구성되며, 훈련의 목적은 신경 망이 항공 사진으로부터 지도 타일을 산출하게 하는 것이다. (시스템은 지도 타일로부터 항공 사진을 산출하는 방법도 배운다.) 신경망은 $\hat{y_i}$(형식 X의 견본 이미지 x_i에 대한 출력)와 y_i(형식 Y의 실측 이미지)의 차이로 훈련된다. 시험 시점에서 신경망은 형식 X의 새 입력 이미지로부터 형식 Y의 새 이미지를 산출한다. 이미지 제공: Phillip Isola, Jun-Yan Zhu, Alexei A. Efros, [Isola 외, 2017]에 서술된 시스템으로 산출한 이미지들이다. 지도 데이터: © 2019 Google.

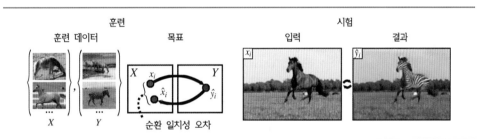

도해 25.25 개별 이미지 집합들을 이용한 이미지 변환. 서로 짝짓지 않은 두 이미지 데이터 집합(이 예에서 형식 X는 말이고 형식 Y는 얼룩말이다)을 이용해서 말을 얼룩말로 변환하는 방법을 배운다. 이 변환은 두 가지 예측 모형을 훈련하는데, 하나는 형식 X를 형식 Y로 사상하고 다른 하나는 형식 Y를 형식 X로 사상한다. 첫 신경망은 말 x_i를 얼룩말 $\hat{y_i}$로 변환하고, 둘째 신경망은 $\hat{y_i}$를 다시 원래의 x_i로 사상한다. x_i와 $\hat{x_i}$의 차이를 두 신경망의 훈련에 사용한다. Y에서 X로, 다시 Y로의 순환은 반드시 닫혀 있어야 한다. 이런 구조의 시스템을 이용해서 이미지들을 다양한 방식으로 변환할 수 있다. 이미지 제공: Alexei A. Efros. [Zhu 외, 2017]을 보라. 달리는 말 사진의 출처는 Justyna Furmanczyk Gibaszek/Shutterstock.

양식 전이

　　미술·그래픽 분야의 또 다른 응용으로 **양식 전이**(style transfer)라는 것이 있다. 양식 전이에는 입력은 **내용**을 담은 이미지(이를테면 고양이 사진)과 **양식**(스타일)을 담은 이미지(이를테면 추상화)로 이루어진다. 출력은 해당 내용을 해당 양식으로 재표현한 결과이다. 도해 25.26에 고양이를 추상화 양식으로 표현한 예가 나와 있다. 이 문제의 해법에서 핵심 착안은, 물체 인식을 위해 훈련한(이를테면 ImageNet으로 훈련한) 심층 합성곱 신경망(CNN)의 앞쪽 층들은 사진의 양식을 표현하고 뒤쪽 층들은 내용을 표현하는 경향이 있다는 것이다. 이미지의 내용이 p이고 양식이 s라고 하자. 그리고 이미지 x에

도해 25.26 양식 전이. 고양이 사진(왼쪽)의 내용을 추상화(가운데)의 양식과 결합해서 추상화풍의 고양이 그림(오른쪽)을 만들어냈다. 추상화는 바실리 칸딘스키의 *Lyrisches*(서정시)이다(퍼블릭도메인으로 공개된 이미지임). 고양이는 코스모Cosmo이다.

대한 앞쪽 층의 활성값 벡터가 $E(x)$이고 뒤쪽 층의 활성값 벡터가 $L(x)$라고 하자. 양식 전이의 목표는 주어진 입력 이미지 x와 내용과 양식 모두 비슷한 이미지, 즉 $|L(x) - L(p)|$와 $|E(x) - E(s)|$ 모두가 최소인 이미지를 산출하는 것이다. 그 두 인수의 선형 결합을 손실 함수로 두어서 경사 하강법을 적용하면 신경망이 그런 이미지를 생성하는 방법을 배우게 된다.

생성 대립망(GAN)은 대부분의 경우에 대부분의 사람이 속아 넘어갈 정도로 사실적이지만, 현실에는 존재하지 않는 완전히 새로운 이미지를 생성할 수 있다. 대표적인 예
딥페이크   가 진짜 사람처럼 보이지만 사실은 모형에서 생성한 사진인 소위 **딥페이크**deepfake이다. 예를 들어 스타워즈 시리즈 중 하나인 영화 **로그 원**에 나오는 레아 공주는 당시 60살이던 캐리 피셔의 19살 적 사진에서 생성한 이미지를 다른 배우의 몸에 입혀서 만든 것이다. 영화 업계는 예술적 목적으로 더 나은 딥페이크들을 생성하고 있으며, 연구자들은 가짜 뉴스의 유해한 영향을 완화하기 위해 딥페이크를 검출하는 방법을 연구하고 있다..

생성된 이미지를 개인정보 보호를 위해 사용할 수도 있다. 예를 들어 방사선 치료 분야에는 연구자들에게 유용하지만 환자 비밀유지 때문에 공개할 수 없는 이미지 데이터가 많이 있다. 이미지 생성 모형을 그런 비공개 이미지 데이터 집합에 적용해서 합성 이미지 데이터 집합을 만들어 내면 개인정보 보호의 염려 없이 연구자들과 공유할 수 있다. 그런 데이터 집합은 (a) 훈련 데이터 집합과 비슷하면서도 (b) 같지 않아야 하고 (c) 통제할 수 있어야 한다. 흉부 X선 사진을 예로 들면, (a)를 충족하려면 합성 데이터 집합의 각 이미지가 방사선과 의사가 진짜 X선 사진이라고 믿을 정도로 훈련 데이터 집합의 이미지들과 비슷한 모습이어야 하고 각 증상의 빈도도 적절해야 한다(예를 들어 폐렴 환자가 이렇게나 많냐고 놀라는 일이 있어서 않된다). (b)를 충족하려면, 합성 이미지만 보고는 환자 개인을 식별할 수 없어야 한다. 그리고 (c)를 충족하려면 관련 공동체의 관심사를 반영해서 증상들의 빈도를 조정할 수 있어야 한다. 예를 들어 폐렴은 청년층보다 노년층에 더 많다. 이런 조건들을 충족하기가 기술적으로 쉽지 않지만, 실제로 임상 방사선과 의사들이 종종 속을 정도의 이미지 데이터 집합들이 만들어진 사례가 있다(도해 25.27)

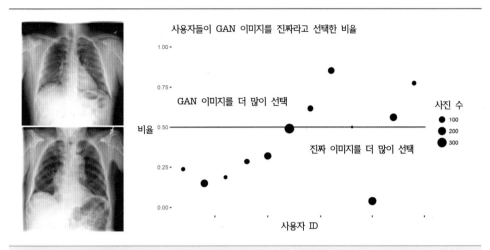

도해 25.27 GAN으로 생성한 흉부 X선 이미지들. 왼쪽은 진짜 X선 사진과 GAN이 생성한 X선 사진이고 오른쪽은 방사선과 의사들에게 왼쪽 이미지들 같은 이미지 쌍들을 제시하고 무엇이 진짜인지 고르라고 한 결과이다. 평균 정답 비율은 약 61%로, 아무렇게나 무작위로 고른 것보다는 나은 점수이다. 그러나 의사마다 정확도가 달랐다. 의사 12명 중 오류율이 0%인 사람도 있고 80%인 사람도 있다. 각 점의 크기는 각 의사가 본 이미지들의 수를 반영한다. 이미지 제공: Alex Schwing. [Deshpande 외, 2019]에 서술된 시스템으로 생성한 이미지이다.

25.7.6 컴퓨터 시각을 이용한 운동 제어

컴퓨터 시각의 주된 용도 중 하나는 물체를 조작하는 것(들어 올리기, 쥐기, 돌리기 등등)과 장애물을 피해 이동하는 것이다. 현재, 그런 목적으로 시각을 사용하는 능력은 가장 원시적인 동물 시각 체계 수준이다. 많은 경우 그러한 시각 체계는 최소한의 형태이다. 좀 더 구체적으로 말하면, 사용 가능한 빛 필드(light field)는 동물이 자신의 행동을 아는 데 필요한 정보만 제공하는 수준이다. 현대적인 시각 체계는 한쪽 끝에 감광점(photosensitive spot)이 하나 있는(빛이 있는 쪽 또는 멀어지는 쪽으로 움직이기 위한) 초기의 원시적 기관에서 진화했을 가능성이 크다. §25.6에서 파리가 아주 단순한 광류 검출 시스템을 이용해서 벽에 착지한다는 점을 살펴보았다.

벽에 착지하는 파리는 그만 잊어버리고, 스스로 운전하는 자율주행차를 만든다고 생각해 보자. 자율주행차의 지각 시스템은 훨씬 정교해야 한다. 자율주행차의 지각은 다음 과제들을 지원해야 한다.

1. **횡방향 제어**(lateral control): 차량이 차선을 확실히 지키고, 필요하면 차선을 매끄럽게 바꾸어야 한다.

2. **종방향 제어**(longitudinal control): 앞차와의 안전거리를 유지해야 한다.

3. **장애물 회피:** 옆 차선들의 차들을 감시하고, 차선을 바꾸려는 차가 있으면 회피

동작을 준비해야 한다. 보행자들을 검출해서 보행자들이 길을 안전하게 건너게 해야 한다.

4. **교통신호 준수:** 신호등, 정지 신호, 속도 제한 신호, 경찰의 수신호 등을 인식해야 한다.

운전자(사람이든 컴퓨터이든)가 풀어야 할 문제는 이러한 과제들을 가장 잘 수행하는 적절한 조타(streering), 가속, 제동 동작을 생성하는 것이다.

적절한 의사결정을 위해 운전자가 세계와 그 안에 있는 물체들에 대한 모형을 구축해야 한다. 도해 25.28은 그런 모형을 구축하는 데 필요한 몇 가지 시각적 추론을 보여준다. 횡방향 제어의 경우 운전자는 차선을 기준으로 한 차의 위치와 방향에 대한 표현을 갱신해야 한다. 종방향 제어의 경우 운전차는 앞차와의 안전거리를 유지해야 한다(예를 들어 구부러진 다차선 도로에서는 앞차를 식별하기 어려울 수 있다). 장애물 회피와 교통신호 준수를 위해서는 추가적인 추론이 필요하다.

도해 25.28 인텔 모빌아이^{Mobileye}의 자율주행차용 카메라 기반 감지 시스템. **위:** 몇 초 간격으로 전면 카메라로 찍은 두 이미지. 녹색 영역은 자유 공간, 즉 가까운 미래에 차량이 물리적으로 이동해도 되는 영역이다. 물체는 3차원 경계 상자로 표시되었는데, 빨간색은 후면, 파란색은 오른쪽 측면, 노란색은 왼쪽 측면, 녹색은 전면이다. 물체에는 다른 차량, 보행자, 현재 차선의 안쪽 윤곽선(횡방향 제어에 필요하다), 그밖의 도로 위 페인트 표시와 보도 경계선, 신호등, 교통표지판 등이 있다. 동물, 기둥과 원뿔(콘), 보도(인도) 자체, 기타 일반적인 물체(트럭에서 떨어진 소파 등)는 표시하지 않는다. 각 물체에는 3차원 위치와 속도가 배정된다. **아래:** 환경의 완전한 물리적 모형. 검출된 물체들이 표시되었다. 이미지 제공: 모빌아이. (모빌아이의 시각 전용 시스템에서 얻은 결과들이다.)

도로는 시각을 이용해서 차를 운전하는 인간을 위해 설계된 것이므로, 원칙적으로는 시각만으로 자율주행차를 주행할 수 있어야 한다. 그러나 실제 상용 자율주행차들은 카메라뿐만 아니라, 라이다나 레이다, 마이크 같은 다양한 감지기를 사용한다. 라이다[lidar]나 레이다[radar]는 깊이를 직접 측정할 수 있기 때문에 시각만 이용한 방법(§25.6)보다 더 정확하다. 일반적으로 감지기가 많으면 주행 성능이 더 좋으며, 시야가 나쁜 상황에서는 특히 더 그렇다. 예를 들어 카메라나 라이다는 안개를 뚫지 못하지만 레이다는 가능하다. 마이크는 아직 시야에 들어오지 않은 차량을 감지할 수 있다(특히 사이렌을 울리는 차량).

또한, 실내와 실외 환경에서 움직이는 이동형 로봇의 내비게이션에 관한 연구도 상당히 많이 진행되었다. 피자 배달이나 택배 마지막 구간 배달 등 응용 대상은 다양하다. 전통적인 접근방식은 문제를 다음 두 단계로 나누는 것이다(도해 25.29 참고).

- **지도 구축**: 로봇 자신의 위치를 포함한 세계의 3차원 지도 모형을 구축하는 과제를 SLAM(Simultaneous Localization and Mapping; p.1197 참고)이라고 부른다. 여러 위치에서 찍은 일련의 이미지들을 이용해서 그린 모형(흔히 장애물들의 점 구름(point cloud) 형태로 표현된다)을 구축할 수 있다.

- **경로 계획**: 3차원 지도가 마련되었으며 로봇이 자신의 위치를 파악할 수 있다고 할 때, 그에 기초해서 로봇은 현재 위치에서 목표 위치로 장애물과 충돌하지 않고 이동하는 경로를 찾는다(§26.6).

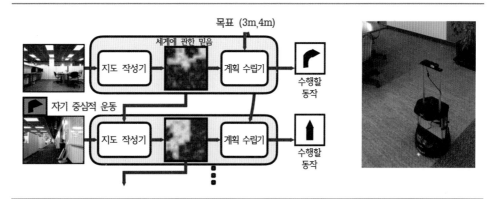

도해 25.29 내비게이션 문제는 두 개의 부분 문제로 분해해서 해결한다. 하나는 지도 작성이고 다른 하나는 경로 계획이다. 일련의 시간 단계들에서, 감지기들에서 얻은 정보를 이용해서 세계의 불확실한 모형을 점진적으로 구축해 나간다. 이 모형과 목표 명세를 계획 수립기에 입력해서, 로봇이 목표를 달성하기 위해 취해야 할 다음 동작을 얻는다. 세계 모형은 완전히 기하학적일 수도 있고(고전적 SLAM에서처럼), 의미론적일 수도 있고(학습을 통해 획득), 심지어는 위상구조적(topological)일 수도 있다(랜드마크들에 기초). 실제 로봇은 오른쪽에 표시되었다. 이미지 제공: Saurabh Gupta.

연구자들은 이런 일반적인 접근방식의 다양한 변형을 탐색했다. 예를 들어 인지 지도 작성 및 계획 수립 접근방식에서는 지도 구축과 경로 계획을 한 신경망의 두 모듈로 두고 종단간 훈련으로 손실 함수를 최소화한다. 이런 시스템에서 지점 A에서 지점 B로 충돌 없이 이동하는 데 필요한 정보만 있으면 되는 경우에는 지도 전체를 구축할 필요가 없다 (지도의 상당 부분이 목표 달성에 불필요하다).

요약

사람에게 지각은 힘 안 들이고 수행할 수 있는 활동이지만, 컴퓨터에게는 상당한 양의 계산이 필요하다. 컴퓨터 시각의 목표는 조작, 이동, 물체 인식 같은 과제에 필요한 정보를 추출하는 것이다.

- 이미지 형성의 기하학과 광학은 잘 파악된 상태이다. 3차원 장면의 서술이 주어졌을 때, 임의의 위치에서 그 장면을 본 이미지를 산출하는 것은 쉽다. 이것은 컴퓨터 그래픽 분야의 문제이다. 그러나 그 반대의 컴퓨터 시각 문제, 즉 이미지에서 장면의 3차원 서술을 재구축하는 문제는 좀 더 어렵다.
- 이미지의 표현은 경계선, 텍스처, 광류, 영역들을 포착한다. 이런 특징들은 물체의 경계를 파악하거나 같은 물체를 찍은 여러 이미지들 사이의 대응 관계를 파악하는 데 단서가 된다.
- 합성곱 신경망은 학습한 특징들을 이용해서 이미지를 정확하게 분류할 수 있다. 대략 말하자면, 합성곱 신경망은 패턴들의 패턴들의 패턴들의 .... 패턴에 해당하는 특징을 인식한다. 이런 이미지 분류기가 잘 작동할지 예측하기는 어려운데, 시험 데이터가 훈련 데이터와 어떤 중요한 방식으로 다를 수 있기 때문이다. 그렇지만 경험에 따르면 실무에서 합성곱 신경망 기반 이미지 분류기는 충분히 정확하게 작동할 때가 많다.
- 이미지 분류기를 물체 검출기로 바꿀 수 있다. 분류기 하나로 이미지에 있는 상자들에 물체성 점수를 부여하고, 또 다른 분류기로 상자 안에 물체가 있는지, 어떤 물체인지 파악한다. 물체 검출 방법들이 완벽하진 않지만, 다양한 응용에서 충분히 유용하다.
- 장면에 대한 시야가 두 개 이상이면 장면의 3차원 구조를 복원하고 시야들 사이의 관계를 파악할 수 있다. 그리고 시야 하나로 장면의 3차원 기하구조를 복원할 수 있을 때도 많다.
- 컴퓨터 시각의 방법들은 아주 다양한 분야에 응용되고 있다.

참고문헌 및 역사적 참고사항

이번 장에서는 시각에 초점을 두었지만, 다른 지각 경로들도 연구되었고 로봇공학에 쓰이고 있다. 청각과 관련해서는 제23장에서 음성 인식을 언급했다. 그리고 음악 지각(Koelsch 및 Siebel, 2005)와 음악의 기계학습(Engel 외, 2017), 그리고 음향 전반에 관한 기계학습(Sharan 및 Moir, 2016)도 연구된 바 있다.

촉각(Luo 외, 2017)은 로봇공학에서 중요한 지각이며, 제26장에서 논의한다. 자동화된 후각에 관한 연구는 다소 부족하지만, 심층학습 모형이 분자 구조에 기초해서 냄새를 예측하는 법을 배울 수 있음이 증명되었다(Sanchez-Lengeling 외, 2019).

인간의 시각을 이해하려는 체계적인 시도는 기원전으로까지 거슬러 올라간다. 유클리드(기원전 300년경)는 3차원 세계의 각 점 P에 대해 투영 중심 O에서 점 P를 향한 반직선 OP를 대응시키는 자연스러운 원근에 관한 글을 썼다. 그는 운동 시차 개념을 잘 알고 있었다. 기원후 79년 베수비우스 화산 폭발로 보존된 회화들을 비롯한 고대 로마 미술품에도 일종의 원근이 쓰였는데, 수평선이 둘 이상이었다.

원근 투영의 수학적 이해는 15세기 르네상스 이탈리아에서, 평면 표면에 대한 투영의 맥락에서 다시 한 번 크게 진보했다. 3차원 장면의 기하학적으로 정확한 투영에 기초한 회화를 창의한 첫 화가로는 흔히 브루넬레스키^{Brunelleschi}를 꼽는다(1413년경). 1435년에 알베르티^{Alberti}는 그 규칙들을 성문화하고, 여러 세대의 화가들에게 영감을 주었다. 원근의 과학(요즘 식으로 말하자면)에 대한 발전에서 특히 주목할 만한 인물은 레오나르도 다 빈치$^{Leonardo\ da\ Vinci}$와 알브레히트 뒤러$^{Albrecht\ Dürer}$이다. 레오나르도가 15세기 후반에 쓴, 빛과 그림자(chiaroscuro), 그림자의 음영부와 반음영부의 상호작용과 대기 원근법에 대한 서술은 지금도 읽어 볼 만하다. 영어 번역으로는 [Kemp, 1989]가 있다.

원근은 그리스인들도 알고 있었지만, 이상하게도 그들은 시각에서 눈의 역할을 혼동했다. 아리스토텔레스는 눈이 마치 현대의 레이저 거리 측정기처럼 광선을 뿜는 장치라고 생각했다. 이러한 잘못된 관점은 10세기의 아부 알리 알하젠$^{Abu\ Ali\ Alhazen}$ 같은 아랍 과학자들의 저작 덕분에 버려졌다.

이후 다양한 종류의 카메라가 개발되었다. 당시 카메라들에는 '방'(camera는 '방(chamber)'을 뜻하는 라틴어이다)이 있었는데, 한쪽 벽의 작은 구멍으로 들어온 빛이 반대쪽 벽에 이미지를 투사한다. 물론 그런 모든 카메라에서 투사된 이미지는 상하좌우가 뒤집힌 모습이며, 이 점은 끝없는 혼동을 불러일으켰다. 사람의 눈이 그런 카메라처럼 작동한다면, 왜 우리는 제대로 된(뒤집히지 않은) 이미지를 보는 것일까? 이 수수께끼는 당대의 위대한 지성들(레오나르도를 포함해서)의 주의를 끌었는데, 케플러와 데카르트가 결론을 지었다. 데카르트는 불투명한 표피(cuticle)를 제거한 소의 눈을 창 셔터의 구멍에 배치하고 망막에 붙여 둔 종이 쪽지에 맺힌 상을 관찰했는데, 종이 쪽지에는 뒤집힌 상이 맺혔다. 비록 망막 이미지가 뒤집히긴 했지만 뇌는 그 이미지를 똑바로 인식하므로 문제가 되지 않는다. 현대적인 용어로 말하자면 그냥 자료구조에 적절히 접근하기만 하면 된다.

시각에 대한 이해가 그 다음으로 크게 진전된 것은 19세기였다. 제1장에서 서술한 헬름홀츠와 분트의 연구 덕분에 정신물리학적 실험이 엄격한 과학 분야로 자리잡았다. 영과 맥스웰, 헬름홀츠의 연구 성과로 색상 시각의 삼원색 이론이 확립되었다. 휘트스톤이 발명한 입체시(Wheatstone, 1838)는 사람은 왼쪽 눈과 오른쪽 눈의 이미지가 약간 다를 때 깊이를 지각한다는 사실을 보여주었다. 이 입체시 장치는 즉시 유럽의 사교계에서 인기를 끌었다.

양안 입체시의 핵심 개념(약간 다른 시점에서 장면을 찍은 두 이미지가 장면의 3차원 구조를 재구축하기에 충분한 정보를 제공한다는 것)은 사진측량 분야에 활용되었다. 핵심적인 수학적 결과들이 나왔는데, 예를 들어 [Kruppa, 1913]은 한 장면의 다섯 지점에 대한 두 시야가 주어졌을 때 장면의 깊이(일정 비율까지)는 물론 두 카메라 위치 사이의 회전과 이동도 재구축할 수 있음을 증명했다.

입체시의 기하구조는 오래 전에 밝혀졌지만, 사진측량 분야에서 서로 대응되는 점들을 파악하는 문제는 사람이 직접 풀어야 했다. 율레스의 무작위 점 스테레오그램(Julesz, 1971)은 사람이 이러한 대응 문제를 푸는 데 놀랄만큼 뛰어나다는 점을 보여준다. 컴퓨터 시각 분야는 대응 문제를 자동으로 푸는 데 많은 노력을 기울였다.

20세기의 처음 절반에서 컴퓨터 시각 분야의 가장 중요한 연구 결과들은 막스 베르트하이머Max Wertheimer가 이끈 게슈탈트Gestalt 심리학 학파에서 나왔다. 그들은 지각 기관의 중요성을 이렇게 지적했다: 인간에게 이미지는 단순히 마치 점묘파 화법의 작품 같은 광수용기 출력(픽셀)들의 집합이 아니라, 광수용기 출력들이 응집된 여러 그룹으로 조직화된 결과이다. 컴퓨터 시각에서 영역들과 곡선들을 찾는 과제는 이러한 통찰에서 기원한다. 게슈탈트 학파는 또한 '형상-배경' 현상, 즉 이미지의 두 영역(실제 장면에서는 깊이가 다른)을 분리하는 윤곽선이 오직 가까운 영역, 즉 '형상'에만 속하고 더 먼 영역, 즉 '배경'에는 속하지 않는 것으로 보이는 현상에도 관심을 두었다.

게슈탈트 연구를 이어 받은 J. J. 깁슨은 광류의 중요성을 지적했고 표면 고도각과 방위각 같은 환경 변수들의 추정에서 텍스처 기울기의 중요성도 지적했다(Gibson, 1950, 1979). 그는 자극의 중요성과 풍부함을 다시금 강조했다. 깁슨과 올럼Olum, 로젠블랫은 환경을 기준으로 한 관찰자의 운동을 파악하는 데 충분한 정보가 광류에 있음을 지적했다(Gibson 외, 1955). 특히 깁슨은 스스로 움직이면서 외부 환경에 관한 정보를 적극적으로 수집하는 능동적 관찰자의 역할을 강조했다.

컴퓨터 시각 분야는 1960년대로 거슬러 올라간다. 이 분야에서 발표된 첫 논문 중 하나인 로버츠의 MIT 학위 논문(Roberts, 1963)은 경계선 검출과 모형 기반 부합 같은 핵심 개념들을 소개했다.

1960년대와 1970년대에는 진전이 느렸는데, 계산 및 저장 자원의 부족이 발목을 잡았다. 저수준 시각 처리가 신호 처리, 패턴 인식, 데이터 군집화 같은 관련 분야들에서 가져온 기법들과 함께 많은 관심을 끌었다.

경계선 검출은 이미지 처리의 필수적인 첫 단계로 간주되었다. 존 캐니는 널리 쓰인 캐니 경계선 검출 기법을 소개했다(Canny, 1986). [Martin 외, 2004]는 기계학습의 틀에서 밝기, 텍스터, 색상 등 여러 가지 단서를 결합해서 경계 곡선을 더 잘 찾아낼 수 있음을 보여준다.

이와 밀접한 관련이 있는 문제인 응집적인 밝기, 색상, 텍스처 영역들을 찾는 문제는 최적의 분할을 찾는 문제로 형식화되었으며, 결과적으로 하나의 최적화 문제가 되었다. 중요한 세 가지 예로는 [Geman 및 Geman, 1984]에 기인한 마르코프 무작위장(Markkov Random Field; 또는 마르코프 확률장)과 [Mumford 및 Shah, 1989]의 변분 형식화(variational formulation), 그리고 [Shi 및 Malik, 2000]의 정규화된 절단(normalized cuts)이 있다.

1960년대와 1970년대, 1980년대의 상당 기간에서 구별되는 두 패러다임이 시각 인지 분야를 주도했다. 두 패러다임은 일차적인 문제가 무엇인지에 대한 관점이 달랐다. 물체 인식에 관한 컴퓨터 시각 연구는 주로 3차원 물체를 2차원 이미지에 투영하는 것에서 발생하는 문제들에 초점을 두었다. 역시 로버츠가 처음 소개한 정합 개념이 1980년대에 [Lowe, 1987]과 [Huttenlocher 및 Ullman, 1990]에 다시 등장했다.

패턴 인식 공동체는 다른 접근방식을 취했다. 그들은 시각 인지 문제에서 3차원에서 2차원으로의 투영 측면이 그리 중요하지 않다고 생각했다. 그들에게 동기를 부여한 응용 문제의 예로는 광학 문자 인식과 필기 ZIP 코드 인식이 있다. 그런 문제들에서 주된 관심사는 한 부류의 물체들의 전형적인 변이 특징들을 배우고 그런 물체들을 다른 부류의 물체들과 구분하는 것이다. 이미지 분석을 위한 신경망 구조는 고양이와 원숭이의 시각 피질에 관한 허블과 비셀의 연구로 거슬러 올라간다(Hubel 및 Wiesel, 1962, 1968). 그들은 뇌의 아래 부분(특히 V1이라고 부르는 영역)에 있는 뉴런들이 기울어진 경계선과 수직, 수평선 같은 특징들에 반응하고 위쪽 부분의 뉴런들(만화 버전의 '할머니 세포')은 좀 더 구체적인 자극에 반응하는 시각 전달 경로의 위계적 모형을 만들었다.

[Fukushima, 1980]은 허블과 비셀의 위계구조에 직접적으로 영감을 얻은 패턴 인식용 신경망 구조를 제안했다. 그 모형은 단순 세포층과 복합 세포층을 번갈아 배치한 형태라서 하향 표집을 반영하며, 또한 이동 불변성이 있어서 합성곱 구조도 반영한다. 더 나아가서 [LeCun 외, 1989]는 역전파로 그러한 신경망의 가중치들을 훈련했으며, 여기서 오늘날 합성곱 신경망이라고 부르는 구조가 탄생했다. [LeCun 외, 1995]는 여러 접근방식을 비교한다.

1990년대 후반부터는 인공지능 분야 전반에서 확률적 모형화와 통계적 기계학습이 훨씬 큰 자리를 차지하기 시작했으며, 반목하던 그 두 전통이 화해하게 되었다. 주목할 만한 두 가지 연구 흐름이 있었는데, 하나는 안면 인식에 관한 연구(Rowley 외, 1998; Viola 및 Jones, 2004)이다. 이 연구는 안면 인식이라는 중요하고도 유용한 과제에 대해 패턴 인식 기법들의 위력이 어느 정도인지를 보여주었다.

다른 하나는 점 서술자(point descriptor)의 개발이다. 이 덕분에 물체의 일부분으로부터 특징 벡터들을 구축할 수 있게 되었다(Schmid 및 Mohr, 1996). 좋은 국소 점 서술자를 구축하는 핵심적인 전략은 크게 세 가지이다. 하나는 방향을 이용해서 조명 불변성을 얻는 것이고, 다른 하나는 점에 가까운 이미지 구조는 상세히 서술하되 멀리 있는 것은 대략적으로만 서술하는 것, 나머지 하나는 점 위치 파악의 작은 오차 때문에 생긴 변이들을 공간적 히스토그램을 이용해서 억제하는 것이다. [Lowe, 2004]의 SIFT 서술자는 이런 착안들을 대단히 효과적으로 활용한다. 또 다른 유명한 점 서술자로는 달랄과 트릭스의 HOG가 있다(Dalal 및 Triggs, 2005).

1990년대와 2000년대 내내, SIFT나 HOG 같은 현명한 특징 설계에 주력하는 진영과 좋은 특징들을 종단간 훈련을 이용해서 자동으로 추출해야 한다고 믿는 신경망 열성자들 사이에 논쟁이 있었다. 그런 논쟁을 종식하는 한 가지 방법은 표준 데이터 집합에 대한 벤치마크 성적을 비교하는 것이다. 2000년대에 표준 물체 검출 데이터 집합 PASCAL VOC에 대한 결과를 보면 특징을 사람이 직접 설계한 경우가 더 나았다. 그러나 [Krizhevsky 외, 2013]이 나오면서 상황이 바뀌었다. 크리제프스키 등의 신경망 AlexNet은 ImageNet 데이터 집합에 대한 이미지 분류 과제에서 신경망이 당시 주류 컴퓨터 시각 기법들보다 훨씬 낮은 오류율을 보였다.

AlexNet의 성공 비결은 무엇이었을까? 몇 가지 기술 혁신(ReLU 활성화 단위 사용 등)과 함께 **빅데이터**^big data와 **대량 계산**(big computation)에 공을 돌려야 할 것이다. 여기서 빅데이터는 ImageNet처럼 범주 분류명이 있는 커다란 데이터 집합을 뜻한다. 이런 데이터 집합 덕분에 매개변수가 수백만 개인 큰 심층 신경망을 훈련할 수 있었다. Caltech-101이나 PASCAL VOC 같은 기존 데이터 집합에는 훈련 데이터가 충분치 않았으며, MNIST나 CIFAR는 컴퓨터 시각 공동체가 '장난감 데이터 집합'으로 간주했다. 벤치마크와 이미지 통계치 추출을 위한 이런 분류된 데이터 집합들은 Flickr 같은 웹사이트에 자신의 사진 컬렉션을 기꺼이 올린 사람들 덕분에 생겨난 것이다. 가장 유용한 대량 계산 방식은 원래는 비디오 게임 업계의 요구가 주도한 하드웨어 발전의 결과인 GPU를 이용하는 것임이 입증되었다.

1, 2년 사이에 확실한 증거가 나왔다. 예를 들어 [Girshick 외, 2016]의 영역 기반 합성곱 신경망 연구는 영역 제안 같은 컴퓨터 시각 분야의 개념들을 이용해서 AlexNet 구조를 수정하면 PASCAL VOC에 대한 물체 검출 과제에서 최상급의 결과를 얻을 수 있음을 보였다. 연구자들은 일반적으로 신경망이 깊을수록 더 나은 성과를 얻을 수 있고 과대적합의 염려가 사라진다는 점을 깨닫게 되었다. 정칙화를 처리하기 위한 **배치 정규화** 같은 새로운 기법들도 나왔다.

다중 시야에서 3차원 구조를 재구축하는 문제의 기원은 사진측량 문헌들에서 찾을 수 있다. 컴퓨터 시각 시대에서 영향력 있는 초기 연구로는 [Ullman, 1979]와 [Longuet-Higgins, 1981]가 있다. 운동에서 얻은 구조의 안정성에 관한 우려는 토마시와 가나데의 연구(Tomasi 및 Kanade, 1992)로 완화되었다. 그들은 다수의 프레임을 이용하면 기준선이 넓어져서 형태를 상당히 정확하게 복원할 수 있음을 보였다.

1990년대에는 운동으로부터의 투영 구조에 관한 연구에서 혁신적인 개념들이 소개되었다. [Faugeras, 1992]가 보였듯이, 이 경우에는 카메라 조정이 필요하지 않다. [Mundy 및 Zisserman, 1992]가 개괄하듯이, 이러한 발견은 물체 인식에 기하학적 불변식들을 사용하게 된 것 및 운동에서 어파인 구조를 재구축하는 기법(Koenderink 및 van Doorn, 1991)이 소개된 것과 관련이 있다.

1990년대에는 컴퓨터의 속도와 저장 용량이 크게 증가하고 디지털 동영상이 흔해져서 운동 분석을 좀 더 새로운 분야에 응용하게 되었다. [Debevec 외, 1996]에 나온 알고리즘 같은 재구축 알고리즘들의 개발에 힘입어, 컴퓨터 그래픽 렌더링을 위해 실세계 장면의 기하 모형을 구축하는 것이 특히나 인기를 끌었다. 교과서 [Hartley 및 Zisserman, 2000]과 [Faugeras 외, 2001]은 다중 시야 기하 구축 문제를 상세하게 다룬다.

인간은 하나의 이미지에서 형태와 공간 배치를 인식한다. 컴퓨터 시각 분야에서 이를 모형화하는 것이 상당히 어려운 문제임이 밝혀졌다. 음영에서 형태를 추론하는 문제는 혼이 처음으로 연구했다(Horn, 1970). [Horn 및 Brooks, 1989]는 이것이 반드시 연구해야 하는 문제였던 시기의 주요 논문들을 광범위하게 개괄한다. 텍스처 기울기를 모양의 단서로 제시한 첫 연구자는 깁슨이다(Gibson, 1950). 차폐 윤곽선의 수학과 매끄러운 곡면 물체의 투영에서 발생하는 시각적 사건들에 대한 좀 더 일반적인 이해에는 코엔데링크와 판 도른van Doorn의 연구가 큰 영향을 주었다. 코엔데링크의 *Solid Shape*(Koenderink, 1990)가 이 문제를 상세히 다룬다.

최근 연구자들은 하나의 이미지에서 형태와 표면을 복구하는 문제를 기하학적 단서들이 명시적으로 모형화되지는 않지만 학습 프레임워크 안에서 암묵적으로 쓰이는 확률적 추론 문제로 다루는 쪽으로 주의를 돌렸다. 좋은 예는 [Hoiem 외, 2007]이다. 좀 더 최근에는 이 문제가 심층 신경망으로 다시 연구되었다.

컴퓨터 시각을 행동 유도에 응용하는 문제로 넘어가서, 고속도로에서 빠르게 주행하는 자율주행차를 처음으로 시연한 것은 [Dickmanns 및 Zapp, 1987]이다. [Pomerleau, 1993]은 신경망 접근방식을 이용해서 비슷한 성과를 달성했다. 오늘날 자율주행차 분야는 커다란 산업이 되었다. 기존 자동차 회사들이 운전자 보조에서부터 완전 자율주행까지 다양한 기능을 제공하는 주행 시스템들의 판매를 두고 Baidu, Cruise, Didi, Google Waymo, Lyft, Mobileye, Nuro, Nvidia, Samsung, Tata, Tesla, Uber, Voyage 같은 신생 회사들과 경쟁을 벌이고 있다.

인간의 시각에 관심이 있는 독자에게 권할 만한 최고의 상세한 교과서는 스티븐 팔머의 *Vision Science: Photons to Phenomenology*(Palmer, 1999)이다. 그보다 짧은 교과서로는 비키 브루스, 패트릭 그린Patric Green, 마크 조지슨Mark Georgeson의 *Visual Perception: Physiology, Psychology and Ecology* (Bruce 외, 2003)이 있다. 데이비드 허블의 *Eye, Brain and Vision*(Hubel, 1988)과 어빈 록의 *Perception*(Rock, 1984)은 각각 신경생리학과 지각에 초점을 둔 친절한 입문서이다. 데이비드 마의 책 *Vision* (Marr, 1982)은 컴퓨터 시각을 정신물리학(psychophysics) 및 신경생물학(neurobiology)과 연결하는 역사적 임무를 수행했다. 그의 구체적인 모형 중 다수는 시간의 시련을 견디지 못했지만, 각 과제를 정보, 계산, 구현 수준들에서 분석하기 위한 그의 이론적 관점은 여전히 계몽적이다.

컴퓨터 시각 분야에서 오늘날 가장 상세한 교과서로는 *Computer Vision: A Modern Approach*(Forsyth 및 Ponce, 2002)와 *Computer Vision: Algorithms and Applications*(Szeliski, 2011)을 들 수 있다. *Multiple View Geometry in Computer Vision*(Hartley 및 Zisserman, 2000)은 컴퓨터 시각의 기하학 문제들을 상세히 다룬다. 이 책들은 심층학습 혁명 이전에 나왔으므로, 최신 결과를 배우려면 1차 논문들을 보기 바란다.

컴퓨터 시각의 양대 주요 학술지는 IEEE *Transactions on Pattern Analysis and Machine Intelligence*와 *International Journal of Computer Vision*이다. 컴퓨터 시각에 관한 학술대회로는 ICCV(International Conference on Computer Vision), CVPR(Computer Vision and Pattern Recognition), ECCV(European Conference on Computer Vision)가 있다. 기계학습이 주요 요소인 연구들은 NeurIPS(Neural Information Processing Systems)에도 실린다. 그리고 컴퓨터 그래픽 인터페이스에 관한 연구 성과는 ACM SIGGRAPH(Special Interest Group in Graphics) 학술대회에서 자주 발표된다. 여러 컴퓨터 시각 논문들이 사전 배포본 형태로 arXiv 서버에 올라온다. 그리고 새로운 연구 결과에 관한 초기 보고서가 여러 주요 연구소의 블로그에 게시된다.

CHAPTER

로봇공학

이번 장의 에이전트는 물리적인 작용기가 부착되어 있어서 실제 환경에서 움직이고 환경을 조작할 수 있다.

26.1 로봇

로봇
작용기

로봇(ROBOT)은 물리적 세계를 조작하는 과제를 수행하는 물리적 에이전트이다. 이를 위해 로봇에는 다리, 바퀴, 관절, 집게 같은 **작용기**(effector)들이 달려 있다. 작용기는 환경에 물리적 힘을 가하기 위해 설계된다. 작용기가 작동하면 여러 가지 일이 발생할 수 있는데, 로봇의 상태가 변할 수 있고(예를 들어 로봇의 바퀴가 움직여서 도로에서 앞으로 전진하는 등), 환경의 상태가 변할 수 있고(예를 들어 로봇의 팔에 달린 집게손이 머그잔을 카운터 반대편으로 미는 등), 심지어는 로봇 주위에 있는 사람들의 상태가 변할 수도 있다(예를 들어 사람이 장착한 외골격의 운동으로 사람 다리가 펴지거나, 엘리베이터 문으로 다가오는 로봇을 감지한 사람이 길을 비켜 주거나, 심지어 로봇을 위해 버튼을 눌러 주는 등).

감지기

로봇에는 환경을 지각하기 위한 **감지기**(sensor)들도 달려 있다. 요즘 로봇공학은 환경을 측정하기 위한 카메라, 레이다, 레이저, 마이크와 로봇 자신의 상태를 측정하기 위한 자이로스코프, 변형 및 토크 감지기, 가속도계 등 다양한 감지기를 사용한다.

로봇의 기대 효용을 최대화한다는 것은 **적절한 물리적 힘을 가하기 위해 로봇이 자신의 작용기들을 작동하는 방법을 선택하는 것을 뜻한다. 여기서 **적절한** 힘은 기대 효용이 최대한 많이 누적되는 상태로 변하게 만들만한 정도의 힘을 뜻한다. 궁극적으로, 로봇은 물리적 세계에서 어떤 과제를 달성하기 위해 노력한다.

로봇은 부분 관측 가능·확률적 환경에서 작동한다. 카메라는 모퉁이 너머를 보지 못하고, 기어는 미끌어질 수 있다. 더 나아가서, 그러한 환경에서 움직이는 사람들의 행동은 예측이 불가능하다. 따라서 로봇은 사람들의 행동도 예측해야 한다.

보통의 경우 로봇은 자신의 환경을 하나의 연속 상태 공간(로봇의 위치는 연속적인 좌표성분들로 정의된다)과 하나의 연속 동작 공간(로봇이 모터로 보내는 전류의 양 역시 연속적인 단위로 측정된다)으로 모형화한다. 어떤 로봇들은 고차원 공간에서 작동한다. 자동차는 자신의 위치와, 방향, 속도, 근처 에이전트들을 알아야 한다. 로봇팔에는 각자 독립적으로 움직이는 6~7개의 관절이 있다. 그리고 인체를 모방한 로봇에는 관절이 수백개 있다.

로봇의 학습은 실제 세계가 실시간보다 빠르게 작동할 수 없다는 사실에 제약을 받는다. 시뮬레이션 환경에서는 학습 알고리즘들(제22장에서 설명한 Q 학습 알고리즘 등)을 이용해서 몇 시간 안에 수백만 번의 시행(trial)으로 학습을 진행할 수 있다. 실제 환경에서 그만큼의 시행들을 실행하려면 수년이 걸릴 뿐만 아니라, 그런 시행에서 로봇이 환경에 피해를 끼치면 안 되기 때문에 학습이 어렵다. 그런 만큼, 시뮬레이션에서 배운 것을 실제 세계로 전달하는 **시뮬레이션-실제**(sim-to-real) 문제가 활발하게 연구되고 있다. 실용적인 로봇 시스템은 빠르고 안전한 학습을 위해 로봇과 물리적 환경, 수행할 과제에 대한 사전 지식을 내장한다.

로봇공학은 확률적 상태 추정, 지각, 계획 수립, 비지도학습, 강화학습, 게임 이론을 비롯해 이 책에서 본 여러 개념을 통합한다. 일부 개념에서 로봇공학은 도전적인 응용 예제의 역할을 한다. 그 외의 개념들에 대해서는, 이번 장에서 새로운 면모를 보게 될 것이다. 예를 들어 이번 장에서는 이전 장들에서 이산적인 버전만 소개했던 기법들의 연속 버전을 소개한다.

26.2 로봇 하드웨어

지금까지 이 책에서는 에이전트 아키텍처의 감지기, 작용기, 처리기 등이 이미 갖추어져 있다고 가정하고, 에이전트 프로그램에만 관심을 두었다. 그러나 실제 로봇의 성공에는 과제에 적합한 감지기들과 작용기들의 설계도 에이전트 프로그램만큼이나 큰 영향을 미친다.

26.2.1 하드웨어 관점에서 본 로봇의 종류

로봇이라고 하면 머리와 두 팔이 있고 다리나 바퀴로 움직이는 어떤 기계를 떠올릴 것이다. 인간형 로봇 그런 **인간형 로봇**(anthropomorphic robot)은 영화 터미네이터나 만화영화 우주 가족 젯슨 같은 가공의 작품들에 흔히 등장한다. 그러사 실제 로봇은 그 형태와 크기가 다양하다.

(a)   (b)

도해 26.1 (a) 커스텀 말단 작용기를 가진 산업용 로봇팔. 이미지 출처: Macor/123RF. (b) 휠체어에 장착된 Kinova® JACO® Assistive 로봇팔. Kinova와 JACO는 Kinova, Inc.의 등록상표임.

조작기   **조작기**(manipulator)는 간단히 말해서 로봇의 팔이다. 단, 반드시 로봇의 몸체에 붙어 있을 필요는 없다. 공장의 로봇팔처럼 그냥 테이블이나 바닥에 나사로 고정될 수도 있다(도해 26.1 (a)). 자동차 조립 로봇처럼 유효 하중이 아주 큰 것도 있고, 운동 능력에 장애가 있는 사람을 돕기 위한 휠체어 장착 로봇팔(도해 26.1(b))처럼 유효 하중은 작지만 인간 환경에서 좀 더 안전한 것도 있다.

이동 로봇   **이동 로봇**(mobile robot)은 바퀴나 다리, 회전날개(프로펠러)를 이용해서 환경을 돌

쿼드콥터 드론   아다니는 로봇이다. 4익 드론 또는 **쿼드콥터 드론**^{Quadcopter drone}은 **무인 항공기**(unmanned aerial vehicle, UAV)의 일종으로, 바다 위를 날아 다닌다. 그러나 실내에서 바퀴로 돌아다니는 이동 로봇이 더 많다. 이를테면 로봇 청소기나 호텔의 수건 배달 로봇이 그런 예

자율주행차   이다. 실외 이동 로봇으로는 **자율주행차**(autonomous car)나 새로운 지형을(심지어는 화성

로보   지면을) 탐험하는 **로버**^{rover}가 있다(도해 26.2). 마지막으로, **다족 로봇**(legged robot; 또는

다족 로봇   다각 로봇)은 바퀴로는 다닐 수 없는 거친 지형을 횡단하기 위한 것이다. 이런 로봇의 단점은 다리들을 제대로 움직이기가 바퀴를 돌리는 것보다 더 어렵다는 것이다.

     그밖의 로봇 종류로는 의수·의족, 외골격, 날개(펄럭이는) 달린 로봇, 로봇 무리(swarm), 방 전체가 하나의 로봇인 지능형 환경이 있다.

26.2.2 세계의 감지

감지기는 로봇과 환경 사이의 지각 인터페이스(perceptual interface)에 해당한다. 카메라

수동 감지기   같은 **수동 감지기**(passive sensor)는 환경을 관측하기만 한다. 그런 감지기는 환경의 다른

능동 감지기   근원이 생성한 신호를 받아들일 뿐이다. 반면 소나^{sonar} 같은 **능동 감지기**(active sensor)는 에너지를 환경으로 방출한다. 그런 감지기는 그 에너지가 환경에 반사되어서 감지기

(a)　　　　　　　　　　　　　　(b)

도해 26.2 (a) 화성에서 자신을 찍고 있는 NASA의 큐리오시티 로버. (b) 자전거를 타는 가족과 함께 날고 있는 Skydio 드론. 이미지 제공: Skydio.

로 돌아온다는 사실에 의존한다. 능동 감지기는 수동 감지기보다 더 많은 정보를 제공하는 경향이 있지만, 대신 전력 소비가 크고 여러 개의 능동 감지기를 동시에 사용할 때 간섭이 일어날 위험이 있다. 능동/수동 외에 감지 대상에 따라서도 감지기들을 구분하는데, 환경을 감지하는 감지기와 로봇의 위치를 감지하는 감지기, 로봇의 내부 형상을 감지하는 감지기가 있다.

거리 측정기　　　　**거리 측정기**(range finder)는 근처 물체와의 거리를 측정하는 감지기이다. **소나 감지**
소나 감지기　　**기**(sonar sensor; 수중음파탐지기)는 지향성 음파를 방출하는 능동적 거리 측정기이다. 물체에 반사된 음파의 일부가 감지기로 돌아오는데, 반환된 신호의 시간과 세기는 근처 물체와의 거리를 나타낸다. 소나는 자율 해저 차량에 흔히 쓰이는 기술로, 실내 로봇공학
입체시각　　의 초창기에 인기가 있었다. **입체시각**(stereo vision; §25.6 참고)은 환경을 시각이 조금씩 다른 여러 개의 카메라로 찍은 이미지들의 시차를 분석해서 주변 물체와의 거리를 계산한다.

소나와 입체시각은 신뢰성과 정확도가 떨어지기 때문에 요즘 지상(ground) 이동 로
구조적 빛 투사기　봇에는 거의 쓰이지 않는다. 값싸고 대중적인 감지기인 키넥트Kinect는 카메라와 **구조적 빛 투사기**(structured light projector)를 결합한 형태로, 장면에 격자 무늬 선들을 투사한다. 카메라는 격자선들의 굴곡 정도를 파악해서 장면에 있는 물체들의 형태에 관한 로봇 정보를 제공한다. 필요한 경우에는 다른 감지기(인간의 눈 등)와 간섭을 피하기 위해 적외선을 투사할 수도 있다.

요즘의 지상 로봇들은 대부분 능동적 광학 거리 측정기를 장착한다. 소나 감지기처럼 광학 거리 측정기는 능동적인 신호(빛)를 방출해서 그 신호가 반사되어 감지기로 돌
이동거리시간차　아오기까지의 시간을 측정한다. 도해 26.3(a)는 **이동거리시간차**(time of flight, ToF) **카메**

카메라

라의 모습이다. 이 카메라는 도해 26.3(b)에 나온 것 같은 도달 거리 이미지(range image)을 초당 최대 60프레임까지 찍을 수 있다. 자율주행차들은 흔히 **주사 라이다**(scanning lidar)

주사 라이다

를 사용한다(lidar는 *light detection and ranging*(빛 검출 및 거리 측정)의 약자이다).

　　주사 라이다는 레이저 광선을 쏘고 반사된 광선을 감지해서 100미터 거리를 1cm 이내로 측정할 수 있는 능동적 거리 측정기이다. 주사 라이다는 복잡하게 배치된 다수의 거울 또는 회전 소자를 이용해 광선들로 환경 전반을 훑어서 지도를 구축한다. 주사 라이다는 더 먼 거리에서 이동거리시간차 카메라보다 나은 결과를 보이며, 밝은 낮에 더 잘 작동하는 경향이 있다.

레이다

　　비행기(자율이든 아니든)에 흔히 쓰이는 거리 측정기는 **레이다**[Radar]이다. 레이다는 수 킬로미터의 거리를 측정할 수 있으며, 다른 광학 감지기들과는 달리 안개를 뚫을 수

촉각 감지기

있다. 좀 더 가까운 거리의 감지기로는 더듬이나 범프 패널, 접촉 감지 표피 같은 **촉각 감지기**(tactile sensor)가 있다. 이런 감지기들은 물리적 접촉에 기초해서 거리를 측정하며, 로봇에 아주 가까운 물체를 감지하는 용도로만 쓰인다.

위치 감지기

　　감지기의 주요 부류 두 번째는 **위치 감지기**(location sensor)이다. 대부분의 위치 감지기는 거리 감지를 주된 요소로 이용해서 위치를 결정한다. 실외에서 위치 결정 문제의

GPS

가장 흔한 해결책은 GPS(Global Positioning System)이다. GPS는 펄스 신호를 방출하는 위성과의 거리를 측정한다. 이 글을 쓰는 현재 지구 궤도에는 GPS 위성 31대와 GPS의 러시아 버전인 GLONASS 위성 24대가 있다. GPS 수신기는 신호들의 위상 편이(phase shift)를 분석해서 위성과의 거리를 복원하며, 여러 위성의 신호들에 삼변측량을 적용해서 지구 위의 절대 위치를 몇 미터 이내의 오차로 알아낸다. 위치를 알고 있는 2차 지상

차분 GPS

수신기를 활용하는 **차분 GPS**(differential GPS)는 이상적인 조건에서 밀리미터 수준의 정확도를 제공한다.

(a)　　　　　　　　　　　　　　(b)

도해 26.3 (a) 이동거리시간차(ToF) 카메라. 이미지 제공: Mesa Imaging GmbH. (b) 이 카메라로 얻은 3차원 도달 거리 이미지. 도달 거리 이미지를 이용하면 로봇 근처의 장애물과 물체를 검출할 수 있다. 이미지 제공: Willow Garage, LLC.

안타깝게도 GPS는 실내나 물 밑에서는 작동하지 않는다. 실내에서의 위치 결정에는 환경의 알려진 위치들에 표지(beacon)를 배치하는 접근방식이 흔히 쓰인다. 실내 환경에 무선통신 기지국들이 많이 있는 경우도 흔한데, 그런 기지국들의 무선 신호를 분석하면 로봇의 위치를 파악하는 데 도움이 된다. 해저에서 작동하는 AUV는 능동 소나 표지들이 방출한 음파로 그 표지들과의 거리를 측정해서 자신의 위치를 파악할 수 있다.

자기
고유수용성 감지기 감지기의 주요 부류 두 번째는 로봇 자신의 운동을 감지하는 **고유수용성 감지기**(proprioceptive sensor)이다. 로봇 관절의 정확한 형상을 측정하기 위해 흔히 관절 모터에 **축 복호기**(shaft decoder)를 장착한다. 축 복호기는 축의 각운동(angular motion)을 정확히 축정한다. 로봇팔에 장착된 축 복호기는 관절들의 위치를 추적하는 데 도움을 준다. 이동 로봇의 경우 바퀴의 회전량을 보고하는 축 복호기를 일종의 **주행기록계**(odometry), 즉 이동한 거리를 측정하는 수단으로 사용할 수 있다. 그러나 바퀴는 헛돌거나 미끄러지는 경향이 있으므로, 그러한 주행기록은 오직 짧은 거리에 대해서만 정확하다. 위치의 불확실성을 증가하는 또 다른 요인은 외부의 힘(해류나 바람 등)이다. 자이로스코프 같은 **관성 감지기**(inertial sensor)는 질량이 속도의 변화에 저항하는 성질에 의존해서 불확실성을 줄인다.

힘 감지기(force sensor)와 **토크 감지기**(torque sensor)도 로봇 상태의 중요한 측면들을 측정한다. 이들은 깨지기 쉬운 물체나 정확한 크기와 형태가 알려지지 않은 물체를 다루는 로봇에 꼭 필요하다. 1톤짜리 로봇 조작기가 전구를 돌려서 뺀다고 할 때, 힘을 너무 가하면 전구가 쉽게 깨어질 것이다. 힘 감지기가 있으면 로봇은 자신이 전구를 얼마나 세게 쥐는지를 알 수 있다. 그리고 토크 감지기는 로봇 자신이 전구를 얼마나 세게 회전하는지를 알려준다. 고품질 힘 감지기는 세 이동 방향의 힘들을 모두 감지하고, 좋은 토크 감지기는 세 회전 방향의 회전력들을 모두 측정한다. 이런 감지기들은 초당 수백 회로 힘을 감지하므로, 로봇은 예상치 못한 힘을 빨리 감지해서 전구가 깨지기 전에 자신의 동작을 바로잡을 수 있다. 그러나 고급 감지기들을 갖춘 로봇의 경우 그런 감지기들을 감시하기 위한 계산 능력을 확보하기가 어려울 수 있다.

26.2.3 운동의 생성

작용기의 운동을 유발하는 메커니즘을 가리켜 **작동기**(actuator; 또는 구동기)라고 부른다. 자동차의 변속기(트랜스미션)나 기어, 케이블, 링크(연동 장치) 등이 작동기의 예이다. 가장 흔한 작동기는 전기를 이용해서 모터를 돌리는 **전기 작동기**(electric actuator)이다. 로봇팔의 관절 등 회전 운동이 필요한 시스템들은 흔히 전기 작동기를 사용한다. 한편 **유압 작동기**(hydraulic actuator)는 유체(기름이나 물)에 압력을 가해서, **공압 작동기**(pneumatic actuator)는 기체에 압력을 가해서 기계적 운동을 생성한다.

작동기들은 링크^{link}라고 부르는 강체(rigid body)들을 연결하는 관절을 움직이는 데 쓰일 때가 많다. 사람의 팔과 다리에도 관절이 있다. **회전 관절**(revolute joint)은 관절에 연결된 한 링크가 다른 링크를 기준으로 회전하는 관절이고, **병진**^{竝進} **관절**(prismatic joint)은 한 링크가 다른 링크를 따라 미끌어지는 관절이다. 둘 다 운동의 축이 하나뿐인 1축 관절이다. 다축 관절로는 구형(spherical) 관절, 원통형 관절, 평면 관절 등이 있다.

평행 턱 집게 로봇은 집게(gripper)를 이용해서 환경의 물체와 상호작용한다. 가장 기본적인 형태의 집게는 **평행 턱 집게**(parallel jaw gripper)이다. 평행 턱 집게는 두 손가락을 하나의 작동기로 움직여서 물체를 집는다. 이런 작용기는 단순하다는 점에서 사랑받기도 하고 미움을 받기도 한다. 단순함을 유지하면서도 유연성이 조금 개선된 형태로 세 손가락 집게(3-finger gripper)가 있다. 아주 복잡한 집게로는 인간형 로봇 손을 들 수 있다. 예를 들어 Shadow Dexterous Hand라는 제품은 작동기가 20개이다. 이런 집게는 대단히 유연해서, 물체를 손 안에서 조작하는(이를테면 한 손으로 휴대폰을 한 바퀴 회전하는 등) 동작을 비롯해 복잡한 조작이 가능하다. 그러나 그러한 유연성에는 대가가 따른다. 그런 복잡한 집게는 학습이 훨씬 더 어렵다.

26.3 로봇공학이 푸는 문제들

로봇 하드웨어를 살펴보았으니, 그런 하드웨어를 구동해서 목표를 달성하는 에이전트 소프트웨어로 눈길을 돌리자. 우선 살펴볼 것은 그러한 에이전트의 계산 틀(computational framework)을 결정하는 것이다. 이 책에서 결정론적 환경에서의 검색, 확률적이지만 완전 관측 가능인 환경을 위한 마르코프 결정 과정(MDP), 부분 관측 가능성을 위한 POMDP, 그리고 에이전트 혼자 움직이는 것이 아닌 상황을 위한 게임 이론을 살펴보았다. 계산 틀을 결정한 후에는, 그 계산 틀의 구성요소들을 구체화해야 한다. 즉, 보상 함수나 효용 함수, 상태, 동작, 관측 공간 등을 결정해야 한다.

로봇공학의 문제들이 비결정론적·부분 관측 가능·다중 에이전트 문제임은 앞에서 언급했다. 제18장의 게임 이론 개념들로 말한다면, 에이전트들은 어떨 때는 협력하고 어떨 때는 경쟁한다. 예를 들어 에이전트 하나만 지나갈 수 있는 좁은 복도에서 사람과 로봇이 만나면 둘은 협동한다(둘 다 충돌을 피하려 하므로). 그러나 경우에 따라서는 목적지에 더 빨리 도착하기 위해 약간 경쟁할 수도 있다. 로봇이 너무 공손해서 항상 양보한다면, 밀집한 환경에서는 결코 목적지에 도달하지 못할 수 있다.

정리하자면, 로봇이 혼자 움직이며 자신의 환경을 알고 있을 때는 로봇공학이 푸는 문제를 하나의 MDP로 형식화할 수 있고, 누락된 정보가 있을 때는 POMDP로 형식화할 수 있다. 그리고 로봇이 사람과 함께 작동할 때는 하나의 게임으로 형식화할 수 있을 때가 많다.

그러한 형식화에서 로봇의 보상 함수는 무엇일까? 보통의 경우 로봇은 인간에게 봉사하기 위해 작동한다. 예를 들어 병원에서 환자에게 식사를 배달하는 것은 로봇이 아니라 환자에게 보상이다. 대부분의 로봇공학 설정에서, 로봇 설계자가 충분히 좋은 대리(proxy) 보상 함수를 지정하려고 노력한다고 해도, 진 보상 함수는 로봇이 도우려는 사용자가 가지고 있다. 따라서 로봇이 사용자의 요구를 해독하거나, 아니면 인간 설계자가 사용자 요구를 근사적으로 지정해 주어야 한다.

　　로봇의 동작, 상태, 관측 공간으로 넘어가서, 가장 일반적인 형태의 관측은 감지기가 제공한 원본 데이터(이를테면 카메라가 제공한 이미지나 라이다가 제공한 레이다 반사 정보 등)이다. 그리고 동작은 전류를 모터로 흘려 보내는 것이고 상태는 로봇이 자신의 의사결정을 위해 알아야 할 무언가이다. 이는 저수준 지각 및 모터 제어와 로봇이 수립해야 할 고수준 계획 사이에 커다란 틈이 존재한다는 뜻이다. 그러한 틈을 매우기 위해 로봇공학자들은 문제의 여러 측면을 분리해서 문제를 단순화한다.

　　예를 들어 우리는 POMDP를 제대로 풀 수 있는 경우에는 지각과 동작이 상호작용함을 알고 있다. 지각은 어떤 동작이 합당한지 말해주며, 반대로 동작은 지각을 제공한다. 에이전트는 어떤 동작을 취해서 얻게 될 정보가 이후 시간 단계들에서 가치가 있다고 판단하면 그 동작을 취한다. 그런데 로봇은 지각과 동작을 분리해서, 마치 미래에 더 이상의 정보를 얻지 못할 것처럼 지각의 출력을 소비해 버릴 때가 많다. 더 나아가서, "구내식당으로 간다" 같은 고수준 목표가 "주 차축을 1°만큼 회전한다" 같은 모터 명령과는 너무 멀리 떨어져 있기 때문에 위계적 계획 수립이 요구된다.

과제 계획　　로봇공학에서는 3수준 위계구조가 흔히 쓰인다. **과제 계획**(task planning) 수준에서는 고수준 동작들을 위한 계획 또는 정책을 결정한다. 그런 고수준 동작들을 기본 동작(action primitive) 또는 하위 목표(subgoal)이라고 부르는데, 예를 들면 문으로 이동하고, 문을 열고, 엘리베이터로 가고, 버튼을 누르는 등이 고수준 동작이다. 위계구조의 그 다음 수준은 **운동 계획**(motion planning)이다. 이 수준은 각 하위 목표를 달성하기 위해 로봇이 한 지점에서 다른 지점으로 이동하는 경로를 찾는다. 마지막으로 **제어**(control) 수준은 계획된 운동을 로봇의 작동기들을 이용해서 실제로 실현한다. 보통의 경우 과제 계획 수준은 이산적인 상태들과 동작들로 정의되므로, 이번 장에서는 주로 운동 계획 수준과 제어 수준에 초점을 두기로 하겠다.

선호도 학
사람 예측　　이런 수준들과는 개별적으로, **선호도 학습**(preference learning) 모듈은 최종 사용자의 목표를 추정하고 **사람 예측**(people prediction) 모듈은 로봇의 환경에 있는 다른 사람들의 동작을 예측한다. 로봇의 행동은 이러한 모든 요소의 결합으로 결정된다.

　　문제를 개별 요소들로 분리하면 복잡성이 줄어들지만, 요소들이 서로를 도울 기회가 사라진다. 동작은 예측의 개선에 도움이 되며, 어떤 종류의 지각이 유용할지 결정하는 데에도 도움이 된다. 또한, 운동을 추적하는 문제의 관점에서 본다면 운동 계획 수준에서의 결정들이 최적이 아닐 수 있으며, 과제 계획 수준이 운동 수준에서 실현 불가능한 계획을 만들어 낼 수도 있다. 따라서 분리된 요소들을 다시 통합할 필요가 있다. 즉, 운동 계획 수립과 제어를 동시에 수행하고, 과제 계획과 운동 계획을 동시에 수립하고, 지각, 예측, 동작과 재통합해서 완결적인 피드백 루프를 만드는 것이다. 오늘날의 로봇공학 분야는 개별 요소를 더욱 개선하는 문제뿐만 아니라 개선된 요소들을 더 잘 통합하는 문제도 활발하게 연구하고 있다.

26.4 로봇 지각

지각은 감지기의 측정치들을 환경에 대한 로봇의 내부 표현에 대응시키는 과정이다. 로봇공학에 가장 많이 쓰이는 지각은 이전 장에서 다룬 컴퓨터 시각이다. 그렇지만 라이다나 촉각 감지기 같은 추가적인 감지기들도 다룰 필요가 있다.

지각을 어렵게 만드는 요인은 감지기들에 잡음이 존재한다는 점과 환경이 부분 관측 가능이자 예측 불가이고 종종 동적이라는 점이다. 다른 말로 하면, 로봇은 §14.2에서 말한 **상태 추정** 문제 또는 **필터링** 문제를 해결해야 한다. 일반적인 원칙으로, 로봇의 내부 표현의 좋고 나쁨을 결정하는 기준은 다음 세 가지이다.

1. 로봇이 좋은 결정을 내리기에 충분한 정보를 담고 있는가?
2. 효율적으로 갱신할 수 있는 구조인가?
3. 자연스러운가? 즉, 내부 변수들이 물리적 세계의 자연스러운 상태 변수들에 대응되는가?

제14장에서 보았듯이, 부분 관측 가능 환경의 전이 모형과 감지기 모형을 칼만 필터나 HMM(은닉 마르코프 모형), 동적 베이즈망으로 표현할 수 있다. 제14장에서는 또한 **믿음 상태**(belief state), 즉 환경 상태 변수들에 대한 사후 확률분포의 갱신을 위한 정확한 알고리즘과 근사 알고리즘을 설명하고 그러한 과정을 위한 여러 동적 베이즈망 모형들도 제시했다. 로봇공학 문제에서는 로봇 자신의 과거 동작들도 관측된 변수들로서 모형에 포함시킨다. 도해 26.4에 이번 장에서 사용하는 표기법이 나와 있다. X_t는 시간 t에서의 환경(로봇을 포함한)의 상태이고 Z_t는 시간 t에서 받은 관측, A_t는 그 관측을 받은 후 로봇이 실행한 동작이다.

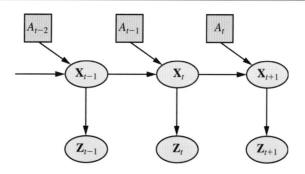

도해 26.4 이 동적 결정망에서 보듯이, 로봇 지각을 동작열과 관측열로부터의 시간적 추론 문제로 취급할 수 있다.

에이전트는 현재 믿음 상태 $\mathbf{P}(\mathbf{X}_t | \mathbf{z}_{1:t}, a_{1:t-1})$과 새 관측 $\mathbf{z}_{t+1}$로부터 새 믿음 상태 $\mathbf{P}(\mathbf{X}_{t+1} | \mathbf{z}_{1:t+1}, a_{1:t})$를 계산해야 한다. 기본적으로는 §14.2에서 설명한 방법을 적용하면 되는데, 다른 점이 두 가지 있다. 하나는 관측들뿐만 아니라 동작들도 명시적으로 조건화한다는 것이고 또 하나는 이산 변수들이 아니라 **연속** 변수들을 다룬다는 것이다. 그래서 재귀 필터링 공식(❶권 p.607의 식 (14.5))의 합산을 다음과 같이 적분으로 바꾸어야 한다.

$$\mathbf{P}(\mathbf{X}_{t+1} | \mathbf{z}_{1:t+1}, a_{1:t})$$
$$= \alpha \mathbf{P}(\mathbf{z}_{t+1} | \mathbf{X}_{t+1}) \int \mathbf{P}(\mathbf{X}_{t+1} | \mathbf{x}_t, a_t) P(\mathbf{x}_t | \mathbf{z}_{1:t}, a_{1:t-1}) d\mathbf{x}_t. \tag{26.1}$$

이 공식은 시간 $t+1$에서 상태 변수 $\mathbf{X}$들에 대한 사후 분포를 그보다 한 시간 단계 이전의 해당 추정치로부터 재귀적으로 계산한다는 뜻이다. 이러한 계산에는 이전 동작 a_t와 현재 감지기 측정치 $\mathbf{z}_{t+1}$이 관여한다. 예를 들어 축구 로봇을 개발하는 것이 목표라면, $\mathbf{X}_{t+1}$은 로봇을 기준으로 한 축구공의 위치일 것이다. 사후 분포 $P(\mathbf{X}_t | \mathbf{z}_{1:t}, a_{1:t-1})$은 과거의 감지기 측정치들과 제어들로 알게 된 것들을 반영하는, 모든 상태에 대한 확률분포이다. 식 (26.1)은 감지기 측정치들(이를테면 카메라 이미지들)과 로봇 운동 명령들을 점진적으로 결합해서 축구공 위치를 재귀적으로 추정하는 방법을 말해 준다. 확률분포 **운동 모형** $\mathbf{P}(\mathbf{X}_{t+1} | \mathbf{x}_t, a_t)$를 **전이 모형**(transition model) 또는 **운동 모형**(motion model)이라고 부르고, $\mathbf{P}(\mathbf{z}_{t+1} | \mathbf{X}_{t+1})$을 **감지기 모형**(sensor model)이라고 부른다.

26.4.1 위치 결정과 지도 작성

위치 **위치 결정**(localization; 또는 정위定位)은 물체(로봇 자신을 포함한)의 위치를 알아내는 문제이다. 간단한 논의를 위해, 평평한 2차원 세계를 느리게 움직이는 이동 로봇을 예로 들겠다. 그 로봇에 환경의 정확한 지도를 제공한다고 가정하자. (그런 지도의 예가 도해 26.7에 나와 있다.) 도해 26.5(a)에서 보듯이, 이러한 이동 로봇의 포즈는 두 데카르트 좌표성분 x, y와 방향각 θ로 결정된다. 그 세 값들을 하나의 벡터로 두어서, 임의의 특정한 상태를 $\mathbf{X}_t = (x_t, y_t, \theta_t)^\top$로 표현할 수 있다. 여기까지는 별로 어려울 것이 없다.

운동학적 근사(kinematic approximation)에서 각 동작은 두 순간 속도, 즉 이동에 관한 순간 속도 v_t와 회전에 관한 순간 속도(각속도) ω_t로 규정된다. 다음은 작은 시간 구간 Δt에 대한 그러한 로봇의 운동을 근사적으로 나타내는 결정론적 모형이다.

$$\hat{\mathbf{X}}_{t+1} = f(\mathbf{X}_t, \underbrace{v_t, \omega_t}_{a_t}) = \mathbf{X}_t + \begin{pmatrix} v_t \Delta t \cos \theta_t \\ v_t \Delta t \sin \theta_t \\ \omega_t \Delta t \end{pmatrix}.$$

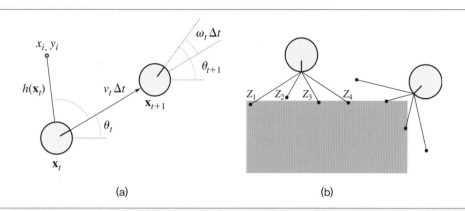

(a)　　　　　　　　　　　　　　　　　(b)

도해 26.5 (a) 이동 로봇의 단순화된 운동학 모형. 원이 로봇이고, 원 안의 반지름 선분은 로봇의 현재 방향을 뜻한다. 상태 $\mathbf{x}_t$는 (x_t, y_t) 위치(그림에는 암묵적으로만 나타나 있음)와 방향 θ_t로 구성된다. 새 상태 $\mathbf{x}_{t+1}$은 그 상태의 위치를 $v_t \Delta_t$로 갱신하고 방향을 $\omega_t \Delta_t$로 갱신한 결과이다. 그림에는 또한 시간 t에서 관측한, (x_i, y_i)에 있는 지표도 표시되어 있다. (b) 거리 탐색(range-scan) 감지기 모형. 주어진 거리 탐색 (z_1, z_2, z_3, z_4)에 대한, 가능한 두 로봇 포즈가 표시되어 있다. 그 거리 탐색 결과는 오른쪽 포즈보다는 왼쪽 포즈에 의한 것일 가능성이 훨씬 크다.

$\hat{\mathbf{X}}$라는 표기는 결정론적 상태 예측을 뜻한다. 물론 물리적 로봇에는 어느 정도의 예측 불가능성이 있다. 이를 흔히 다음과 같이 평균이 $f(\mathbf{X}_t, v_t, \omega_t)$이고 공분산이 Σ_x인 가우스 분포로 모형화한다. (해당 수학적 정의는 부록 A를 볼 것.)

$$\mathbf{P}(\mathbf{X}_{t+1} \mid \mathbf{X}_t, v_t, \omega_t) = N(\hat{\mathbf{X}}_{t+1}, \Sigma_x)$$

이 확률분포가 로봇의 운동 모형이다. 이 모형은 운동 a_t가 로봇의 위치에 미치는 영향들을 지정한다.

다음으로, 감지기 모형이 하나 필요하다. 이제부터 두 종류의 감지기 모형을 고찰하는데, 하나는 감지기가 환경에서 **안정적이고 식별 가능한** 특징을 검출한다고 가정한다. 그런 특징을 **지표**(landmark)라고 부른다. 각 지표에 대해 감지기는 그 지표와의 거리와 방향을 보고한다. 로봇의 상태가 $\mathbf{x}_t = (x_t, y_t, \theta_t)^\top$이고, 로봇이 $(x_i, y_i)^\top$에 있다고 알려진 지표를 감지했다고 하자. 잡음이 없다고 가정한다면 그 지표와의 거리와 방향을 다음과 같이 기하학을 이용해서 간단히 예측할 수 있다(도해 26.5(a) 참고).

$$\hat{\mathbf{z}}_t = h(\mathbf{x}_t) = \begin{pmatrix} \sqrt{(x_t - x_i)^2 + (y_t - y_i)^2} \\ \arctan \dfrac{y_i - y_t}{x_i - x_t} - \theta_t \end{pmatrix}.$$

이번에도 잡음이 측정치들을 왜곡한다. 단순함을 위해 잡음이 공분산이 Σ_z인 가우스 분포를 따른다고 가정하면 감지기 모형은 다음과 같은 모습이 된다.

지표

$$P(\mathbf{z}_t \mid \mathbf{x}_t) = N(\hat{\mathbf{z}}_t, \Sigma_z).$$

감지기 배열   방향이 각자 다른 여러 개의 거리 감지기로 이루어진 **감지기 배열**(sensor array)이 로봇에 달려 있으면 감지기 모형이 좀 달라진다. 그런 감지기들은 거리 값들의 벡터 $\mathbf{z}_t = (z_1, ..., z_M)^\top$를 산출한다.

    로봇의 현재 포즈 $\mathbf{x}_t$가 주어졌을 때, j번째 방향으로 광선을 쏘아서 검출한 가장 가까운 물체와 $\mathbf{x}_t$의 거리(계산으로 구한)가 $\hat{z}_j$라고 하자. 앞에서처럼 이 거리도 가우스 잡음으로 왜곡될 것이다. 일반적으로 광선 방향들은 같은 간격으로 분포되며, 한 광선 방향의 거리 측정 오차는 다른 방향의 오차들과 독립적이라고 가정한다. 그러면 감지기 모형은 다음과 같다.

$$P(\mathbf{z}_t \mid \mathbf{x}_t) = \alpha \prod_{j=1}^{M} e^{-(z_j - \hat{z}_j)/2\sigma^2}.$$

도해 26.5(b)에 4광선 거리 탐색 결과와 가능한 로봇 포즈 두 가지가 나와 있다. 한 포즈는 해당 결과를 산출할 가능성이 크지만 다른 포즈는 그렇지 않다. 이러한 거리 탐색 모형을 지표 모형과 비교해 보면, 거리 탐색 모형에는 먼저 지표를 식별하지 않고도 거리 탐색 결과를 해석할 수 있다는 장점이 있음을 알 수 있다. 실제로 도해 26.5(b)에서 로봇은 특징이 없는 벽을 향해 있다. 한편으로는, 만일 식별 가능한 지표들이 **실제로** 보이는 상황이라면, 그것들을 이용해서 로봇의 위치를 즉시 파악할 수 있을 수도 있다.

    §14.4에서 보았듯이 칼만 필터는 믿음 상태를 하나의 다변량 가우스 분포로 표현한다. 그리고 입자 필터는 믿음 상태를 상태들에 대응되는 일단의 입자들로 표현한다. 현대적인 위치 결정 알고리즘들은 대부분 로봇의 믿음 상태 $P(\mathbf{X}_t \mid \mathbf{z}_{1:t}, a_{1:t-1})$을 그 두 표현 방식 중 하나를 이용해서 표현한다.

몬테카를로 위치 결정   입자 필터링을 이용한 위치 결정을 **몬테카를로 위치 결정**(Monte Carlo localization)이라고 부르고 간단히 MCL로 표기한다. MCL 알고리즘은 도해 14.17(❶권 p.638)의 입자 필터링 알고리즘의 한 사례이다. 적절한 운동 모형과 감지기 모형만 있으면 이 알고리즘을 적용할 수 있다. 거리 탐색 감지기 모형을 이용하는 MCL의 한 버전이 도해 26.6에 나와 있다. 도해 26.7은 사무실 건물 안에서 로봇이 자신의 위치를 이 알고리즘을 이용해서 파악하는 과정을 나타낸 것이다. 첫 그림을 보면 입자들이 사전 분포에 따라 대체로 고르게 분포되어 있다. 이는 로봇의 위치에 대한 전반적인 불확실성을 나타낸다. 둘째 그림은 첫 번째 감지기 결과 집합이 도착한 후 입자들이 사후 확률이 높은 영역으로 뭉친 모습을 보여 준다. 셋째 그림은 모든 입자가 한곳으로 모일 정도로 충분한 관측이 일어난 후의 모습이다.

    칼만 필터링도 주된 위치 결정 방법의 하나이다. 칼만 필터는 사후 확률분포 $P(\mathbf{X}_t \mid \mathbf{z}_{1:t}, a_{1:t-1})$을 가우스 분포로 표현한다. 그 가우스 분포의 평균을 μ_t, 공분산을 Σ_t로 표기하기로 하자. 가우스 분포 믿음 상태의 주된 문제점은 믿음 상태들이 선형

function MONTE-CARLO-LOCALIZATION(a, z, N, $P(X'|X,v,\omega)$, $P(z|z^*)$, map
       다음 시간 단계를 위한 표본들의 집합 S
    입력: a, 로봇의 속도 v와 ω
       z, 거리 탐색 자료점 M개의 벡터
       $P(X'|X,v,\omega)$, 운동 모형
       $P(z|z^*)$, 거리 감지기 잡음 모형
       map, 2차원 환경 지도
    지속 변수: S, 표본 N개의 벡터
    지역 변수: W, 가중치 N개의 벡터
       S', 표본 N개의 임시 벡터

    if S가 비었음 **then**
       for $i = 1$ to N **do**   // 초기화 단계
          $S[i] \leftarrow P(X_0)$의 한 표본
       for $i = 1$ **to** N **do**   // 갱신 주기
          $S'[i] \leftarrow P(X'|X=S[i],v,\omega)$의 한 표본
          $W[i] \leftarrow 1$
          for $j = 1$ **to** M **do**
          $z^* \leftarrow$ RAYCAST(j, $X = S'[i]$, map)
          $W[i] \leftarrow W[i] \cdot P(z_j|z^*)$
       $S \leftarrow$ WEIGHTED-SAMPLE-WITH-REPLACEMENT(N, S', W)
    return S

도해 26.6 독립적 잡음이 있는 거리 측정 감지지 모형을 사용하는 몬테카를로 위치 결정 알고리즘.

운동 모형 f와 선형 감지기 모형 h에 대해서만 닫혀 있다는 것이다. 일반적으로, 비선형 f나 h로 필터를 갱신하면 가우스 분포를 벗어나게 된다. 그래서 칼만 필터를 사용하는 위치 결정 알고리즘들은 먼저 운동 모형과 감지기 모형을 **선형화**(linearization)한다.

선형화

선형화란 비선형 함수를 국소적으로 선형 함수로 근사하는 것이다. 도해 26.8에 로봇의 운동 모형(1차원)을 선형화하는 개념이 나와 있다. 왼쪽 그림은 비선형 운동 모형 $f(\mathbf{x}_t, a_t)$(제어 a_t는 선형화와 무관하므로 그래프에서 생략했다)를 나타낸 것이고, 오른쪽 그림은 그 함수를 선형 함수 $\tilde{f}(\mathbf{x}_t, a_t)$로 근사한 것이다. 이 선형 함수는 점 μ_t에서 f 와 접한다. 그 점은 시간 t에서의 상태 추정의 평균에 해당한다. 이런 선형화를 1차 **테**

테일러 전개

일러 전개(Taylor expansion)라고 부르고, f와 h를 테일러 전개를 이용해서 선형화하는 칼만 필터를 **확장 칼만 필터**(extended Kalman filter, EKF)라고 부른다. 도해 26.9는 확장 칼만 필터 위치 결정 알고리즘을 실행하는 로봇이 추정한 일련의 위치들을 나타낸 것이다.

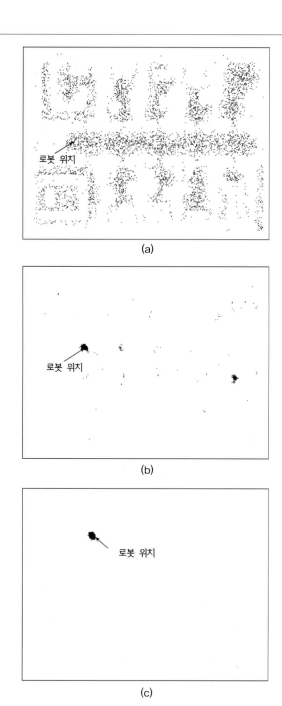

(a)

(b)

(c)

도해 26.7 이동 로봇의 위치를 입자 필터링을 이용해서 파악하는 몬테카를로 위치 결정 알고리즘. (a) 초기의 전역 불확실성. (b) 복도(대칭적인)를 탐색한 후의, 근사적인 양봉(bimodal) 불확실성. (c) 방에 진입해서 두드러진 최빈값을 결정한 후의 단봉(unimodal) 불확실성.

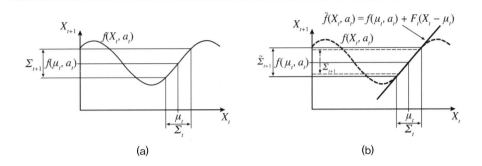

(a)   (b)

도해 26.8 운동 모형의 선형화를 1차원으로 예시한 그림. (a) 함수 f의 그래프와, 평균 μ_t와 공분산 구간 (Σ_t에 기초한)을 시간 $t+1$에 투영한 것. (b) 선형화된 함수는 μ_t에서 f에 접하는 직선이다. μ_t의 투영이 선형화 이전의 투영과 일치함을 주목할 것. 그러나 투영된 공분산 $\tilde{\Sigma}_{t+1}$은 Σ_{t+1}과 다르다.

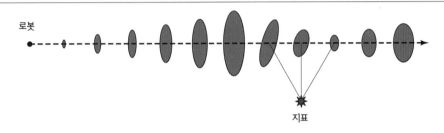

도해 26.9 확장 칼만 필터를 이용한 위치 결정. 로봇은 직선으로 움직인다. 타원은 불확실성을 나타낸다. 직선으로 이동하면서 위치 추정의 불확실성이 증가하다가, 위치를 알고 있는 지표를 감지하면 불확실성이 감소한다.

오차 타원 크기에서 보듯이, 로봇이 움직이면서 위치 추정의 불확실성이 증가한다. 불확실성은 위치가 알려진 지표와의 거리와 방향을 로봇이 감지하면서 감소하지만, 지표가 시야에서 사라지면 다시 증가한다. 지표들을 쉽게 식별할 수 있다면 이런 EKF 알고리즘들이 잘 작동한다. 그렇지 않다면 도해 26.7(b)에서처럼 사후 분포에 최빈값(mode)이 여러 개 있을 수 있다. 지표들의 신원을 알아야 한다는 문제는 §15.3에서 논의한 **자료 연관**(데이터 연관) 문제의 한 사례이다.

그런데 환경의 지도를 로봇에게 제공할 수 없는 경우도 있다. 그러면 로봇은 스스로 지도를 만들어야 한다. 이는 닭과 달걀의 문제와 좀 비슷하다. 로봇이 자신의 위치를 알려면 지도가 있어야 하고, 지도를 만들려면 자신의 위치를 알아야 한다. 이 문제는 여러 로봇 응용에 중요하며, SLAM(simultaneous localization and mapping; 동시적 위치 결정 및 지도 작성)이라는 그럴듯한 이름으로 상세히 연구되었다.

SLAM 문제를 해결하는 다양한 확률적 기법들이 고안되었는데, 앞에서 말한 확장 칼만 필터도 그중 하나이다. EKF를 이용한 해법은 간단하다. 그냥 상태 벡터에 환경 지

SLAM

표 위치들을 포함시켜서 상태 표현을 증강하면 된다. 다행히 EKF 갱신의 시간 복잡도는 제곱으로 증가하므로, 작은 지도(지표가 수백 개 정도인)라면 계산량이 감당할 수 있는 수준이다. 더 다채로운 지도는 제13장에서 논의한 베이즈망 추론 기법들과 비슷한 그래프 완화(relaxation) 방법들로 얻는 경우가 많다. 기댓값 최대화도 SLAM에 쓰인다.

26.4.2 다른 종류의 지각들

위치 결정이나 지도 작성에 관한 것이 아닌 로봇 지각도 있다. 로봇은 온도, 냄새, 소리 등도 지각한다. 그런 지각들 중에는 동적 베이즈망의 변형들로 추정할 수 있는 것이 많다. 시간에 따른 상태 변수들의 변화 방식을 특징짓는 조건부 확률분포와 측정치들과 상태 변수들의 관계를 서술하는 감지기 모형만 있으면 그러한 추정이 가능하다.

로봇이 상태들에 대한 확률분포들을 명시적으로 추론하지 않고 하나의 반사 에이전트로서 작동하도록 로봇을 프로그램하는 것도 가능하다. 이 접근방식은 §26.9.1에서 이야기하겠다.

로봇공학의 추세가 잘 정의된 의미론을 가진 표현들을 지향한다는 점은 명백하다. 위치 결정과 지도 작성 같은 여러 어려운 지각 문제들에서 확률적 기법들이 다른 접근방식보다 뛰어난 성과를 내고 있다. 그러나 실제 응용에서는 통계적 기법들이 너무 번거로운, 그리고 더 간단한 해법으로도 통계적 기법만큼 효과적인 결과를 얻을 수 있는 경우도 종종 있다. 어떤 접근방식을 선택할 것인지 결정하는 데 가장 도움이 되는 것은 실제 물리적 로봇을 다루어 본 경험이다.

26.4.3 로봇 지각의 지도학습과 비지도학습

기계학습은 로봇 지각에서 중요한 역할을 차지한다. 특히 최선의 내부 표현이 알려지지 않은 경우에 더욱 그렇다. 한 가지 흔히 쓰이는 접근방식은 비지도 기계학습 방법들(제19장)을 이용해서 고차원 감지기 스트림을 저차원 공간에 대응시키는 것이다. 그런 접근

저차원 내장   방식을 **저차원 내장**(low-dimensional embedding)이라고 부른다. 기계학습을 이용하면 감지기 모형과 운동 모형을 데이터로부터 배울 수 있으며, 그와 동시에 적절한 내부 표현들도 발견할 수 있다.

기계학습은 또한 로봇이 감지기 측정치들의 큰 변화에 끊임없이 적응하게 만드는 데에도 쓰인다. 햇빛이 밝은 공간에서 어두운, 네온등으로 조명된 방으로 들어간다고 하자. 방 안의 사물이 바깥보다 어두운 것은 당연하다. 그러나 광원의 변화는 모든 색상에도 영향을 미친다. 햇빛에 비해 네온등은 녹색 성분이 강하다. 그렇지만 우리는 그러한 변화를 잘 알아채지 못한다. 다른 사람과 네온등 방으로 들어갔을 때 그 사람의 얼굴이 갑자기 녹색으로 변했다고 생각하지는 않는다. 인간의 지각은 새로운 조명 조건에 빠르게 적응하며, 인간의 뇌는 그런 차이들을 무시한다.

도해 26.10 적응성 시각을 이용한 '주행 가능 표면' 분류기가 제공한 일련의 결과들. (a) 오직 도로만 주행 가능한 표면(분홍색 영역)으로 분류되었다. V형의 짙은 선은 차량의 방향을 나타낸다. (b) 차량에게 도로를 벗어나서 풀밭으로 가라는 명령을 내리자, 분류기가 풀밭의 일부를 주행 가능 표면으로 분류하기 시작했다. (c) 차량이, 도로뿐만 아니라 풀밭도 달릴 수 있도록 주행 가능 표면에 대한 자신의 모형을 갱신했다. 이미지 제공: Sebastian Thrun.

적응성 지각(adaptive perception) 기법을 이용하면 로봇이 그런 변화들에 적응할 수 있게 된다. 자율 주행 영역에서의 적응성 지각의 예가 도해 26.10에 나와 있다. 이 예에서 무인 지상 차량은 '주행 가능 표면(drivable surface)'이라는 개념에 대한 자신의 분류기를 적응시킨다. 그 작동 방식은 이렇다. 로봇은 레이저를 이용해서 바로 앞에 있는 작은 영역을 탐색한다. 만일 그 영역이 평평하면 로봇은 그것을 '주행 가능 표면' 개념에 대한 양성 견본으로 사용한다. 그런 다음에는 제20장에서 논의한 EM 알고리즘과 비슷한 가우스 혼합 기법을 이용해서 작은 표본 영역의 특정 색과 텍스처 계수들을 인식하도록 모형을 훈련시킨다. 도해 26.10의 그림들은 이러한 분류기를 완전한 이미지에 적용한 결과이다.

자기 지도 로봇이 스스로 훈련 데이터(이름표까지 붙은)를 수집하게 하는 방법을 **자기 지도** (self-supervised) 학습이라고 부른다. 도해 26.10의 예에서 로봇은 지형 분류에 잘 맞는 단거리 감지기를 훨씬 더 멀리 볼 수 있는 감지기로 활용하기 위해 기계학습을 적용한다. 이 덕분에 로봇은 더 빨리 주행하며, 단거리 감지기들로 좀 더 세심하게 살펴봐야 할 지형의 변화를 감지기 모형이 검출했을 때에만 속도를 줄인다.

26.5 계획 수립과 제어

로봇의 이 모든 심사숙고는 결국 운동의 결정(추상적인 과제를 계획하는 고수준 결정에 서부터 모터 구동을 위해 전류를 흘려보내는 저수준 결정에 이르기까지)으로 귀결된다. 논의의 단순함을 위해 이번 절에서는 지각이(필요한 경우에는 예측도) 주어진다고, 즉 세계가 관측 가능이라고 가정한다. 또한, 세계의 전이 방식(동역학)이 결정론적이라고 가정한다.

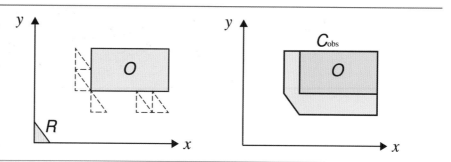

도해 26.11 R은 병진 이동 능력을 갖춘 간단한 삼각형 로봇이다. 이 로봇은 이 직사각형 장애물을 피해서 나아가야 한다. 왼쪽은 작업공간이고 오른쪽은 형상 공간이다.

경로 우선 운동과 제어를 분리하는 것으로 시작하자. 기하 공간에서 로봇이(또는 팔 등 로봇의 일부가) 따라 움직일 일련의 점들은 하나의 **경로**(path)를 형성한다. 이 경로는 제3장의 경로 개념과 관련이 있지만, 이산적인 동작들의 순차열이 아니라 공간에 있는 점들의 순차열이라는 차이가 있다. 적절한 경로를 찾는 문제를 **운동 계획 수립**(motion planning)이라고 부른다.

궤적 추적 제어 경로를 찾았다고 할 때, 로봇이 그 경로를 따라 움직이도록 일련의 동작들을 수행하**궤적** 는 문제를 **궤적 추적 제어**(trajectory tracking control)라고 부른다. 여기서 **궤적**은 경로의 각 점에 시간을 배정한 것이다. 경로는 그냥 "A에서 B로, 거기서 C로, 거기서..."라고 말하는 것이지만, 궤적은 "A에서 출발해서 1초 만에 B에 도달하고, 다시 1.5초 만에 C에 도달하고, ..."라고 말하는 것이다.

26.5.1 형상 공간

직각삼각형 모양의 간단한 로봇 $\mathcal{R}$이 있다고 하자. 도해 26.11의 왼쪽 하단에 있는 연보라색 삼각형이 그런 로봇이다. 이 로봇은 직사각형 장애물 O를 피해서 나아가는 경로를

작업공간 계획해야 한다. 로봇이 움직이는 물리적 공간을 **작업공간**(workspace)이라고 부른다. 지금 예의 로봇은 $x-y$ 평면에서 그 어떤 방향으로도 움직일 수 있지만 회전은 불가능하다. 도해의 점선 삼각형들은 로봇이 장애물에 최대한 가까이 간 다섯 위치를 보여준다.

로봇 몸체를 (x,y) 점들(또는, 3차원 로봇의 경우에는 (x,y,z) 점들)의 집합으로 표현할 수 있으며, 장애물도 마찬가지이다. 이러한 표현에서 장애물 회피는 로봇의 임의의 점이 장애물의 임의의 점과 겹치지 않게 하는 것을 말한다. 운동 계획 수립을 위해서는 점 집합들을 계산해야 하는데, 그러려면 복잡하고 시간이 많이 걸릴 수 있다.

형상 공간 로봇을 구성하는 모든 점을 추상 다차원 공간의 한 점으로 표현한다면 계산이 간단**C-공간** 해진다. 그런 공간을 **형상 공간**(configuration space; 또는 구성 공간)이라고 부른다(그리고 **C-공간**이라고 줄여서 표기하기도 한다). 형상 공간에 깔린 착안은, 만일 (1) 로봇의

기본 측정치들을 알고(직각삼각형 로봇의 경우 세 변의 길이면 충분하다), (2) 로봇의 현재 **포즈**(위치와 방향)을 알면 로봇을 구성하는 모든 점을 알 수 있다는 것이다.

이번 예의 간단한 삼각형 로봇이라면 2차원의 형상 공간으로 충분하다. 로봇이 직각삼각형이고 회전할 수 없으므로, 로봇의 한 점(이를테면 직각 꼭짓점)의 좌표 (x, y)를 알면 로봇의 다른 모든 점을 구할 수 있다. 직각 꼭짓점을 기준점으로 사용한다고 할 때, 도해 26.11의 왼쪽 그림에 있는 연보라색 삼각형을 형상 공간에서 점 $(0, 0)$으로 표현할 수 있다.

로봇이 회전할 수 있다고 규칙을 바꾼다면, 로봇의 모든 점을 계산하려면 3차원 좌표쌍 (x, y, θ)가 필요하다. 여기서 θ는 평면에서 로봇이 회전한 각도이다. 그리고 로봇이 자신의 몸을 비례 계수 s에 따라 균일하게 늘리거나 줄이는 능력도 가지고 있다고 하면, 각 점이 (x, y, θ, s)인 4차원 형상 공간이 필요하다.

지금은 회전과 확대 축소가 불가능한 삼각형 로봇을 위한 2차원 형상 공간을 사용하기로 한다. 이제 할 일은 형상 공간에서 장애물의 점들을 구하는 것이다. 도해 26.11 왼쪽 그래프에 나온 점선 삼각형 다섯 개를 생각해 보자. 특히, 각 삼각형의 직각 꼭짓점에 주목하기 바란다. 삼각형을 장애물 가장자리를 따라 밀어 움직이면 어떤 모양이 나올까? 삼각형이 장애물을 뚫고 들어갈 수는 없으므로, 직각 꼭짓점은 지금보다 장애물에 더 가까워질 수 없다. 직각 꼭짓점이 갈 수 없는 영역은 도해 26.11의 오른쪽에 있는 오각형(C_{obs}라고 표시된)을 형성한다. 이 도형이 곧 **형상 공간 장애물**이다.

형상 공간 장애물

일상 언어로는 로봇의 장애물이 여러 개라고 말한다. 이를테면 테이블, 의자, 벽 등이 로봇의 장애물이다. 그러나 수학 표기법에서는 그런 장애물들을 모두 연결해서 하나의 '장애물'로 표현하는 것이 더 편하다. 일반화하자면, 형상 공간 장애물은 형상 공간 C에 로봇을 배치했을 때 로봇의 작업공간 기하구조가 작업공간 장애물 기하구조와 교차하게 되는 모든 형상 공간 점 q들의 집합이다.

작업공간에 있는 장애물들의 점 집합이 O이고 로봇 형상 q의 점 집합이 $A(q)$라고 하자. 그러면 형상 공간 장애물은 다음과 같이 정의된다.

$$C_{obs} = \{q : q \in C \text{ 그리고 } A(q) \cap O \neq \varnothing\}.$$

자유 공간

그리고 장애물이 아닌 점들의 집합 $C_{free} = C - C_{obs}$를 **자유 공간**(free space)이라고 부른다.

로봇에 움직이는 부품이 있으면 형상 공간이 좀 더 복잡해진다. 도해 26.12(a)와 같은 2링크 로봇팔을 생각해 보자. 이 로봇팔은 탁자에 볼트로 고정되어 있으므로 팔의 기저는 움직이지 않는다. 그러나 팔의 두 관절은 각자 독립적으로 움직인다. 이를 가리켜 **자유도**(degrees of freedom, DOF)가 2라고 말한다. 관절들이 움직이면 팔꿈치와 집게, 그리고 팔의 모든 점의 (x, y) 좌표가 변한다. 팔의 형상 공간은 2차원이다. 로봇의 한 형상은 $(\theta_{shou}, \theta_{elb})$로 정의되는데, 여기서 θ_{shou}는 어깨(shoulder) 관절의 각도이고 θ_{elb}는 팔꿈치(elbow) 관절의 각도이다.

자유도

2링크 팔의 형상을 알면 간단한 삼각법을 통해서 팔의 각 점을 파악할 수 있다. 일 반적으로, 하나의 형상이 주어졌을 때 그 형상에 있는 로봇의 특정한 점 b의 위치를 산출하는 함수

$$\phi_{b:}\,C \to W$$

정운동학 를 **정운동학**(forward kinematics; 또는 정기구학, 순운동학) 사상이라고 부른다. 특히나 유용한 정운동학 사상의 하나는 로봇의 말단 작용기 ϕ_{EE}에 대한 정운동학 사상이다. 특정 형상 q에서 로봇의 모든 점의 집합을 $A(q) \subset W$로 표기한다.

$$A(q) = \bigcup_b \{\phi_b(q)\}\,.$$

역운동학 반대 방향의 문제, 즉 주어진 한 점의 위치로부터 해당 형상을 구하는 문제를 **역운동학**(inverse kinematics; 또는 역기구학)이라고 부른다.

$$IK_{b:}\,x \in W \mapsto \{q \in C\,s.t.\phi_b(q) = x\}\,.$$

때에 따라서는 역기구학 사상이 위치뿐만 아니라 바람직한 방향도 입력으로 삼는다. 예를 들어 조작기로 어떤 물체를 잡아야 한다면, 해당 집게의 바람직한 위치와 방향을 계산할 수 있으며, 역기구학을 이용해서 로봇의 목표 형상을 구할 수 있다. 그런 다음에는 경로 계획 수립기를 이용해서 로봇이 장애물과 충돌하지 않고 현재 형상에서 목표 형상으로 가는 경로를 찾는다.

작업공간 장애물은 흔히 간단한 기하 도형으로 묘사한다. 특히 로봇공학 교과서들은 다각형 장애물에 초점을 두는 경향이 있다. 그런데 형상 공간 안에서는 장애물이 어떤 모습일까?

2링크 로봇팔의 경우, 작업공간에서는 그 형태가 단순한 장애물(수직선 등)이라도 형상 공간에서는 형태가 아주 복잡할 수 있다. 도해 26.12(b)가 그러한 예이다. 형상 공간에서 장애물이 차지한 영역의 배경색은 로봇의 작업공간에 있는 서로 다른 물체에 대응된다. 자유 공간 전체를 감싼 어두운 파란색 영역은 로봇이 자신과 충돌하는 형상에 해당한다. 어깨 관절과 팔꿈치 관절을 극단적으로 구부리면 로봇이 자신과 충돌할 수 있다. 좌우의 두 타원형 영역은 로봇이 부착된 탁자이고, 그 사이의 타원형 영역은 왼쪽 벽이다.

마지막으로, 형상 공간에서 가장 흥미로운 물체는 천장에 매달려 로봇의 운동을 방해하는 수직 장애물이다. 형상 공간에서 이 물체의 형태가 흥미롭다. 대단히 비선형적이고 모든 곳에서 오목하다. 상상력을 약간 동원한다면 왼쪽 위 부분에서 로봇팔의 집게 모양을 발견할 수 있을 것이다.

잠시 이 그림을 자세히 살펴보기 바란다. 형상 공간의 형태만으로는 수직 장애물의 모양을 형태를 전혀 추측할 수 없을 것이다. 도해 26.12(b)의 자유 영역에 있는 한 점은 도해 26.12(a)의 로봇 형상에 해당한다. 도해 26.13에 또 다른 세 형상이 작업공간과 형상 공간으로 표현되어 있다. 형상 1에서 집게손이 수직 장애물을 잡고 있음을 주목하기 바란다.

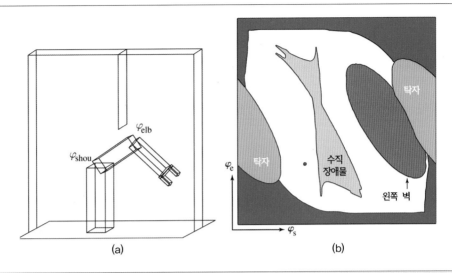

(a)   (b)

도해 26.12 (a)자유도가 2인 로봇팔의 작업공간 표현. 작업공간은 천장에 평평한 장애물이 달려 있는 상자 (직육면체)이다. (b) 같은 로봇의 형상 공간. 충돌 없이 도달할 수 있는 형상들은 흰 영역에 있는 것들뿐이다. 이 그림에서 점은 왼쪽 그림에 표시된 로봇의 형상에 해당한다.

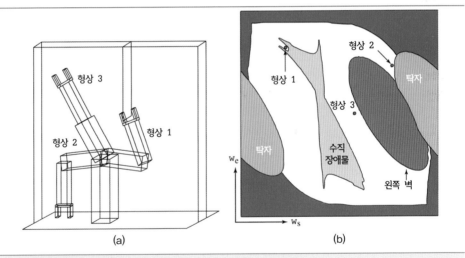

(a)   (b)

도해 26.13 로봇 형상 세 가지를 작업공간과 형상 공간에 표현한 모습.

로봇의 작업공간을 평면 다각형으로 표현한다고 해도 자유 공간의 형태가 아주 복잡할 수 있다. 그래서 실제 응용에서는 형상 공간을 명시적으로 구축하는 대신, 형상 공간을 **탐사**(probing)하는 접근방식을 사용한다. 이를테면 계획 수립기는 하나의 형상을 생성한 후 로봇 운동학을 적용해서 그것이 자유 공간에 속하는지 판정하고, 그런 다음 작업공간 좌표들을 이용해서 충돌을 검출한다.

26.5.2 운동 계획 수립

운동 계획 수립(motion planning) 문제는 로봇을 장애물과 충돌하지 않고 한 형상에서 다른 한 형상으로 가져가는 계획을 찾는 것이다. 운동 계획 수립은 로봇 이동과 조작의 기본 요소이다. §26.5.4에서는 회전이 너무 빠르면 경로에서 벗어날 수도 있는 차를 운전하는 등 복잡한 동역학 하에서 운동 계획을 수립하는 방법을 논의한다. 여기서는 충돌 없는 기하학적 경로를 찾는 단순한 운동 계획 수립 문제에 초점을 둔다. 본질적으로 운동 계획 수립은 연속 상태 **검색 문제**이지만, 공간을 이산화해서 제3장의 이산 검색 알고리즘들을 적용할 수 있을 때도 많다.

운동 계획 수립 문제를 **피아노 운송업자 문제**(piano mover's problem)라고 부르기도 한다. 이는 불규칙한 형태의 피아노를 충돌 없이 한 방에서 다른 방으로 옮기는 문제에 비유한 것이다. 이 문제의 구성요소는 다음과 같다.

- 작업공간 또는 세계 W. 평면 $\mathbb{R}^2$ 또는 3차원 $\mathbb{R}^3$.
- 장애물 영역 $O \subset W$.
- 형상 공간이 C이고 형상 $q \in C$의 점 집합이 $\mathcal{A}(q)$인 로봇.
- 시작 형상 $q_s \in C$.
- 목표 형상 $q_g \in C$.

장애물 영역은 형상 공간 장애물 C_{obs}와 해당 자유 공간 C_{free}(§26.5.1의 정의를 따르는)를 만들어 낸다. 운동 계획을 수립하려면 자유 공간을 나아가는 연속 **경로**를 찾아야 한다. 그러한 연속 경로를 $\tau(0) = q_s$, $\tau(1) = q_g$이고 0과 1 사이의 모든 t에 대해 $\tau(t)$가 C_{free}의 어떤 점인 매개변수 곡선 $\tau(t)$로 표현한다. 다른 말로 하면, t는 출발점에서 그 경로를 따라 목표까지 얼마나 나아갔는지를 뜻하는 매개변수이다. t가 클수록 경로를 따라 더 많이 나아간 것이라는 점에서 이 t가 시간처럼 작용하긴 하지만, t는 항상 구간 [0,1]의 한 점일 뿐 초 단위로 측정되지는 않는다.

운동 계획 수립 문제를 다양한 방식으로 더 복잡하게 만들 수 있다. 예를 들어 목표 형상을 하나의 형상이 아니라 가능한 형상들의 집합으로 정의할 수도 있고, 형상 공간이 아니라 작업공간 안에서 목표를 정의할 수도 있다. 또한, 단순히 하나의 경로를 찾는 것이 아니라 비용(이를테면 경로 길이)이 최소인 경로를 찾거나 특정 제약조건을 충족하는(이를테면 로봇이 커피 한 잔을 들고 이동해야 하며, 커피가 쏟아지지 않도록 컵을 항상 위로 유지해야 하는 등) 경로를 찾는 문제로 심화할 수도 있다.

운동 계획 수립의 공간들: 잠시 발을 멈추고, 우리가 운동 계획 수립 문제에 관여하는 공간들을 잘 이해하고 있는지 짚어 보자. 우선, 작업공간 또는 세계 W가 있다. W의 점들은 일상적인 3차원 세계의 점들이다. 다음으로, 형상들의 공간 C가 있다. C의 한 점 q는 d차원인데, 여기서 d는 로봇의 자유도이다. 점 q는 W의 점 집합 $\mathcal{A}(q)$에 대응된다. 마지막으로, 경로들의 공간이 있다. 경로 공간은 함수들의 공간이다. 이 공간의 각 점은 형상 공간의 한 곡선에 대응된다. 이 공간은 무한 차원(∞ 차원)이다! 경로의 각 형상마다 d개의 차원이 필요한데, 경로의 형상들은 $[0, 1]$ 구간 수직선에 있는 점들의 수만큼이나 많다는 점을 생각하면 이 공간이 무한 차원임이 이해가 될 것이다. 그럼 운동 계획 수립 문제를 푸는 몇 가지 방법을 살펴보자.

가시성 그래프

가시성 그래프

형상 공간이 2차원이고 형상 공간 장애물이 평면 다각형인 단순화된 운동 계획 수립 문제는 **가시성 그래프**(visibility graph)를 이용해서 손쉽게 풀 수 있다. 이 해법은 반드시 최단 경로 해를 제공한다. $V_{obs} \subset C$가 장애물 형상 공간 장애물 C_{obs}를 구성하는 다각형들의 꼭짓점들로 이루어진 집합이고, $V = V_{obs} \cup \{q_s, q_g\}$이라고 하자.

꼭짓점 집합 V와, 그 집합의 한 꼭짓점 v_i를 다른 꼭짓점 v_j와 연결하되 그 두 정점을 잇는 선분이 그 어떤 장애물과도 교차하지 않는다는 조건을 충족하는 간선 $e_{ij} \in E$들로 하나의 그래프 $G = (V, E)$를 구축한다. 즉, 각 간선에 대해 $\{\lambda v_i + (1 - \lambda)v_j : \lambda \in [0, 1]\}$ $\cap\ C_{obs} = \{\}$이어야 한다. 이 조건을 충족하는 두 정점을 가리켜 "서로를 볼 수 있다"라고 말한다. 이 때문에 '가시성' 그래프라는 이름이 붙었다. 이제 그래프 G에 대해 이산 그래프 검색(이를테면 최선 우선 검색)을 실행해서 시작 상태 q_s에서 목표 상태로의 q_g의 경로를 찾으면 운동 계획 수립 문제가 해결된다. 도해 26.14에 가시성 그래프의 예와 최적의 3단계 해가 나와 있다. 가시성 그래프에 대한 최적 검색은 항상 최적 경로를 산출하거나, 그런 경로가 없으면 실패를 보고한다.

보로노이 다이어그램

가시성 그래프로 최단 경로를 구하면 장애물에 딱 붙은 경로가 만들어진다. 예를 들어 여러분이 탁자를 돌아서 문으로 걸어가려 할 때 최단 경로는 탁자에 딱 붙어서 나아가는 형태일 것이다. 그러나, 운동이나 감지가 비결정론적인 환경에서는 그런 경로를 따라가다 보면 탁자에 부딪힐 위험이 있다. 한 가지 해결책은 계획 수립 시 로봇의 몸체가 실제보다 조금 더 크게 설정해서 일종의 완충 지역을 만들어 내는 것이다. 또 다른 방법은 경로 검색 시 경로의 길이 이외의 측정치도 고려하게 만드는 것이다. §26.8.2에서는 인간 행동 사례들에서 좋은 측정 대상을 배우는 방법을 논의한다.

셋째 방법은 장애물에 최대한 가까운 경로가 아니라 최대한 먼 경로를 선호하는 기법을 사용하는 것이다. 그런 용도로 사용할 수 있는 것이 **보로노이 다이어그램**(Voronoi diagram)이다. 십여 개의 작은 장애물 점이 평면에 흩어져 있는 상황을 생각해 보자. 각 장애물 점에 대해, 평면에서 다른 모든 장애물 점보다 그 장애물 점에 더 가까운 점들로 이루어진 **영역**(region)을 구한다. 그런 식으로 평면을 분할한 것이 보로노이 다이어그램이다. 그리고 보로노이 다이어그램의 인접 영역들을 간선으로 연결한 그래프를 **보로노이 그래프**(Voronoi graph)라고 부른다.

보로노이 다이어그램

영역
보로노이 그래프

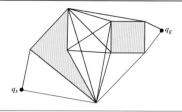

도해 26.14 가시성 그래프. 간선은 서로를 "볼" 수 있는, 즉 두 정점 사이의 선분이 장애물과 교차하지 않는 두 정점을 연결한다. 최단 경로는 반드시 그런 선분들에 놓여 있다.

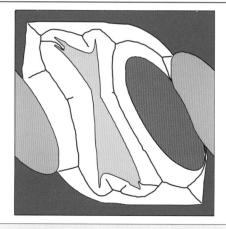

도해 26.15 형상 공간에서 둘 이상의 장애물과 거리가 같은 점들의 집합(검은 선들)을 보여주는 보로노이 다이어그램.

장애물이 점이 아니라 다각형일 때도 거의 같은 방식이다. 이 경우 각 장애물의 보로노이 영역은 다른 어떤 장애물보다도 그 장애물에 가까운 점들의 집합이다. 점 장애물의 경우와 마찬가지로 두 보로노이 영역 사이의 경계는 두 장애물과의 거리가 같은 점들의 집합이지만, 이 경우에는 경계가 직선이 아니라 곡선이다. 고차원 공간에서는 이런 경계들을 구하는 계산 비용이 너무 클 수 있다.

운동 계획 수립 문제를 풀 때는, 우선 출발점 q_s을 그것과 가장 가까운 보로노이 그래프의 정점과 직선으로 연결한다. 목표점 q_g도 마찬가지로 그러한 정점과 직선으로 연결한다. 그런 다음에는 이산 그래프 검색 알고리즘으로 두 정점의 최단 경로를 찾는다. 실내에서 복도를 통과하는 내비게이션 과제에 이 방법을 적용하면 복도 중간을 나아가는 형태의 좋은 경로가 만들어진다. 그러나 실외 환경에서는 비효율적인 경로가 만들어질 수 있다. 예를 들어 가로 세로 200미터의 개활지 중앙에 있는 막대기 하나를 쓸데 없이 100미터 떨어져서 돌아가는 경로가 나올 수 있다.

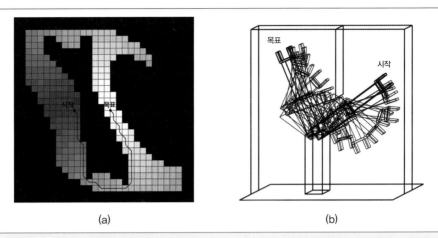

(a)   (b)

도해 26.16 (a) 형상 공간의 이산 격자 칸 근사에서 구한 가치 함수 값들과 해답 경로. (b) 같은 경로를 작업공간 좌표들로 시각화한 모습. 수직 장애물을 피하기 위해 로봇이 팔꿈치를 굽히는 모습을 볼 수 있다.

칸 분해

칸 분해   운동 계획 수립의 또 다른 접근방식은 형상 공간 자체를 이산화하는 것이다. **칸 분해** (cell decomposition)에 기초한 방법들은 자유 공간을 유한한 개수의 연속 영역들로 분할하는데, 각 영역을 칸(cell)이라고 부른다. 그러한 칸들은 하나의 칸 안에서는 경로 계획을 간단한 수단(직선 이동 등)으로 해결할 수 있도록 설계된다. 그러면 경로 계획 문제는 (가시성 그래프나 보로노이 그래프에서처럼) 일련의 칸들을 거쳐가는 경로를 찾는 이산 그래프 검색 문제가 된다.

가장 간단한 칸 분해 방법은 공간을 정규 격자, 즉 간격이 규칙적인 격자 형태로 나누는 것이다. 도해 26.16(a)에 공간의 정사각형 정규 격자와 그 격자 크기에 최적인 한 해답 경로가 나와 있다. 다양한 회색조는 자유 공간 격자 칸의 **가치**(value), 즉 그 칸에서 목표로의 최단 경로의 비용을 나타낸다. (그 가치들은 ❶권 p.741의 도해 17.6에 나온 VALUE-ITERATION 알고리즘의 결정론적 버전으로 계산할 수 있다.) 도해 26.16(b)는 그 경로에 해당하는, 로봇팔의 작업공간 궤적이다. 물론 A* 알고리즘을 이용해서 최단 경로를 찾을 수도 있다.

이런 칸 분해 방법에는 구현이 간단하다는 장점이 있지만, 세 가지 한계가 있다. 첫째로, 이 방법은 저차원 형상 공간에만 작동한다. 이는 격자 칸의 개수가 차원의 수 d에 따라 지수적으로 증가하기 때문이다(이는 다름 아닌 제18장에서 이야기한 차원의 저주이다). 둘째로, 이산화된 상태 공간을 지나는 경로가 항상 매끄럽지는 않다. 예를 들어 도해 26.16(a)의 경로에서 대각선 방향으로 나아가는 부분은 지그재그 형태라서 로봇이 정확하게 따라가기가 아주 어렵다. 로봇이 평활화를 적용해서 경로를 개선할 수도 있겠지만, 간단한 문제는 아니다.

셋째로, 자유 공간과 점유 공간에 걸쳐 있는 '섞인(mixed)' 칸들을 제대로 처리해야 한다. 그런 칸을 안전하게 통과하기가 불가능할 수 있으므로, 그런 칸을 포함하는 해답 경로는 실제 해답이 아닐 수 있다. 결과적으로 경로 계획 수립기의 **건전성**(soundness)이 훼손된다. 한편, 만일 완전히 자유 공간에 속한 칸들만 사용한다면, 계획 수립기의 **완결성**이 훼손된다. 모든 해답 경로가 혼합된 칸들을 거쳐 가는 경우도 있을 것이기 때문이다. 예를 들어 복도가 로봇이 통과할 수 있을 정도로 넓긴 하지만, 복도가 '섞인 칸'들로만 이루어져 있을 수도 있다.

이 문제에 대한 첫 접근방식은 섞인 칸들을 더 **세분**하는 것이다. 이를테면 섞인 칸을 원래보다 절반 크기의 부분 칸들로 나눌 수 있을 것이다. 자유 칸들로만 이루어진 경로가 나올 때까지 그러한 세분(subdivision)을 반복하면 된다. (이 방법은 주어진 칸이 섞인 칸인지 알아낼 수 있는 경우에 잘 작동하고 완결적이다. 섞인 칸 판정은 형상 공간 경계들을 비교적 간단한 수학 공식으로 표현할 수 있을 때에만 쉽다.)

반드시 형상 공간 C_{obs}을 명시적으로 표현해야 칸 분해가 가능한 것은 아님을 명심하기 바란다. 주어진 한 칸를 포함할 것인지 아닌지는 **충돌 검사기**(collision checker)로 결정할 수 있다. 이는 운동 계획 수립의 핵심 개념 중 하나이다. 충돌 검사기는 만일 형상이 장애물과 충돌하면 1, 그렇지 않으면 0을 산출하는 함수 $\gamma(q)$이다. 주어진 형상이 장애물과 충돌하는지 점검하는 것은 전체 장애물 공간 C_{obs}을 명시적으로 구축하는 것보다 훨씬 쉽다.

충돌 검사기

도해 26.16(a)에 나온 해답 경로를 잘 살펴보면 반드시 해결해야 하는 또 다른 난제를 발견할 수 있을 것이다. 그 경로에는 급격한 모퉁이들이 있는데, 물리적 로봇은 관성 때문에 방향을 즉시 바꾸지 못한다. 검색 과정에서 접근한 각 격자 칸에 정확한 연속 상태(위치와 속도)를 저장한다면 이 문제를 해결할 수 있다. 더 나아가서, 정보를 이웃 격자 칸들에 전파할 때 그러한 연속 상태를 기저(basis)로 사용하고, 근처 칸들로의 도약 시 연속적인 로봇 운동 모형을 적용한다고 가정하자. 그러면 방향을 한 번에 90°로 꺾는 대신 뉴턴의 운동 법칙에 따라 둥글게 선회하는 경로가 만들어진다. 이제 매끄러운 궤적이 되는, 그래서 로봇이 실제로 실행할 수 있는 경로를 반드시 얻을 수 있다. 이를 구현하는 알고리즘 중 하나는 **혼성 A***(hybrid A*)이다.

혼성 A*

무작위 운동 계획 수립

무작위 운동 계획 수립(randomized motion planning)은 보통의 칸 분해 대신 형상 공간의 **무작위 분해**에 대해 그래프 검색을 실행한다. 핵심 착안은 점들을 무작위로 추출해서 간선들을 만든 후 한 점에서 다른 점으로 충돌 없이 갈 수 있는 아주 간단한 길(이를테면 직선 선분)이 존재하는지 보는 것이다. 그런 길이 있다면 그래프에 대해 검색을 수행한다.

이런 착안을 활용하는 한 방법으로 **확률적 도로지도**(probabilistic roadmap, PRM) 알고리즘이 있다. 앞에서 소개한 충돌 검사기 γ가 갖추어져 있다고 가정하자. 그리고 q_1에서 q_2의 경로를 **빠르게** 찾아서 돌려주는(또는 실패를 보고하는) **단순 계획 수립기**(simple planner) $B(q_1, q_2)$도 갖추었다고 하자. 이 단순 계획 수립기는 완결적이지 않다.

확률적 도로지도

단순 계획 수립기

해가 실제로 존재하는 경우에도 실패를 보고할 수 있다. 이러한 단순 계획 수립기의 역할은 q_1와 q_2를 재빨리 연결해 보고 연결이 가능한지 주 알고리즘에게 알려주는 것이다. 지금은 두 정점 사이의 간선이 존재하는지를 파악하는 데 사용한다.

이정표

알고리즘은 먼저 C_{free}에서 점 q_s, q_g와 함께 M개의 **이정표**(milestone) 점들을 추출(표집)한다. 좀 더 구체적으로 말하면, 형상들을 무작위로 추출하되 γ로 충돌을 검사해서 총 M개의 이정표가 나올 때까지 기각 표집(rejection sampling)을 반복한다. 이정표들을 얻은 다음에는 단순 계획 수립기를 이용해서 각 이정표 쌍을 연결해 본다. 주어진 두 이정표가 연결이 될 때만 그래프에 해당 간선을 추가한다. 이때 각 이정표를 최대 k개의 가장 가까운 이웃 이정표와 연결할 수도 있고(이를 k-RPM이라고 부른다), 각 이정표를 중심으로 반지름이 r인 구 안의 모든 이정표와 연결할 수도 있다. 마지막으로, 그런 식으로 만든 결과 그래프에서 q_s에서 q_g로 가는 경로를 찾는다. 만일 그런 경로가 없으면 이정표들을 M개 더 추출해서 그래프에 추가한 후 같은 과정을 반복한다.

도해 26.17은 두 형상 사이의 경로가 발견된 도로지도를 보여준다. PRM은 완결적

확률적으로
완결적

이지 않다. 대신 **확률적으로 완결적**이다. 즉, 경로가 존재한다면 결국에는 경로를 찾게 된다. 검색 실패 시 이정표들을 더 추출한다는 점을 생각하면 이해가 될 것이다. PRM은 고차원 형상 공간에서도 잘 작동한다.

다중 질의 계획
수립

PRM은 또한 같은 형상 공간에서 다수의 운동 계획을 수립해야 하는 **다중 질의 계획 수립**(multi-query planning)에서도 인기가 많다. 한 목표에 도달한 로봇에게 같은 작업공간의 다른 목표로 가라는 지시가 내려질 때가 많다. 이런 경우 PRM이 대단히 유용하다. 로봇이 미리 시간을 들여서 도로지도를 만들어 두면, 이후의 경로 계획 시 그 도로지도를 재활용할 수 있기 때문이다(그러면 초기 도로지도 작성에 소비된 비용이 점차 상각된다).

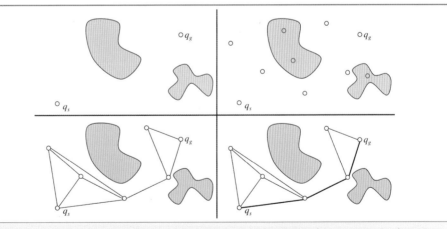

도해 26.17 확률적 도로지도(PRM) 알고리즘. **왼쪽 위:** 시작 형상과 목표 형상. **오른쪽 위:** 충돌 없는 이정표 M개를 추출한다(이 예에서는 $M=5$). **왼쪽 아래:** 각 이정표를 가장 가까운 이웃 k개와 연결한다 ($k=3$). **오른쪽 아래:** 결과 그래프에서 시작 형상에서 목표 형상으로의 최단 경로를 찾는다.

빠른 무작위 트리 탐색

빠른 무작위 트리 탐색

PRM의 한 확장으로 **빠른 무작위 트리 탐색**(rapidly exploring random trees, RRT)이라는 것이 있다. RRT는 단일 질의 계획 수립에 즐겨 쓰인다. RRT에서는 두 개의 트리를 구축하는데, 하나는 q_s가 뿌리 노드이고 다른 하나는 q_g가 뿌리 노드이다. 이정표들을 무작위로 추출해서 각 이정표를 기존의 두 트리에 연결해 본다. 도해 26.18에서처럼, 한 이정표가 두 트리 모두에 연결되면 답이 나온 것이다. 그렇지 않으면 알고리즘은 각 트리에 가장 가까운 점을 찾고 그 점에서 이정표를 향해 δ만큼 떨어진 점과의 간선을 트리에 추가한다. 이를 반복하면 트리들이 형상 공간에서 이전에는 탐험하지 않은 영역들로 점차 자라게 된다.

로봇공학자들이 RRT를 좋아하는 주된 이유는 사용하기 편해서이다. 그러나 RRT로 얻은 해들은 대체로 최적이 아니고 매끄러움이 부족하다. 그래서 흔히 RRT 다음에 후처리 단계를 실행한다. 가장 흔한 후처리는 '지름길 만들기(short-cutting)'로, 해 경로의 정점 중 하나를 무작위로 선택해서 이웃 정점들과 연결해 보고(단순 계획 수립기를 이용해서) 만일 그 정점이 없어도 되면 정점을 제거한다. 이를 계산 시간이 허락하는 한도에서 반복한다. 이런 후처리를 거쳐도, 애초에 이정표들을 무작위로 추출했기 때문에 궤적이 여전히 부자연스러워 보일 수 있다. 도해 26.19가 그런 예이다.

RRT*

RRT*는 점근적으로 최적의 해가 나오도록 RRT를 수정한 알고리즘이다. 이정표를 더 많이 표집할수록 알고리즘의 해가 최적해로 수렴한다. 이 알고리즘의 핵심 착안은 단순히 이정표와의 거리가 아니라 비용의 개념에 기초해서 가장 가까운 이웃을 선택한다는 것과 만일 새 이정표를 통해 도달하는 비용이 더 낮다면 기존 정점들의 부모들을 교체해서 트리를 재작성한다는 것이다.

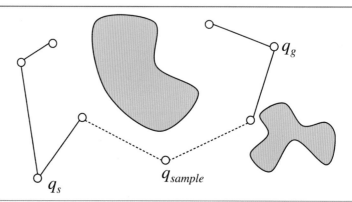

도해 26.18 양방향 RRT 알고리즘은 두 트리(하나는 시작 형상에서 출발하고 다른 하나는 목표 형상에서 시작한다)를, 무작위로 추출한 이정표를 각 트리의 가장 가까운 정점과 연결해서(연결이 가능한 경우) 점차 성장시킨다. 만일 한 이정표가 두 트리 모두에 연결된다면 해 경로를 찾은 것이다.

도해 26.19 RRT로 구한 경로에 지름길 만들기 후처리를 적용해서 얻은 궤적의 스냅숏들. 이미지 제공: Anca Dragan.

운동학적 계획 수립을 위한 궤적 최적화

무작위 표집에 기초한 알고리즘들은 먼저 복잡하지만 유효한 경로를 구축한 후 그 경로를 최적화하는 경향이 있다. 궤적 최적화(trajectory optimization)는 그 반대이다. 즉, 간단하지만 충돌이 있는 경로에서 시작해서, 충돌에서 벗어나도록 경로를 조정해 나간다. 목표는 경로에 대한 비용 함수가 최적인[1] 하나의 경로를 찾는 것이다. 좀 더 구체적으로, $\tau(0) = q_s$이고 $\tau(1) = q_g$인 비용 함수 $J(\tau)$를 최소화하려 한다.

J의 인수는 하나의 함수 τ이다. 이처럼 함수를 함수로 사상하는 함수를 **범함수**(functional)라고 부른다. $\tau(t)$ 자체는 $[0,1]$ 구간의 한 점을 받아서 하나의 형상을 돌려준다. 표준 비용 범함수는 로봇 운동의 두 주요 측면인 충돌 회피와 효율성을 절충한다.

$$J = J_{obs} + \lambda J_{eff}.$$

여기서 효율성 J_{eff}는 경로의 길이를 측정하며, 경우에 따라서는 경로의 평활도(매끄러움 정도)를 측정할 수도 있다. 효율성을 정의하는 한 가지 간편한 방식은 2차 함수를 이용하는 것이다. 좀 더 구체적으로, 다음은 τ의 1차 미분의 제곱의 적분을 효율성으로 정의하는 예이다(이런 효율성 정의를 이용하면 더 짧은 경로가 선호되는 이유를 잠시 후에 보게 될 것이다).

$$J_{eff} = \int_0^1 \frac{1}{2}\|\dot{\tau}(s)\|^2 ds.$$

장애물 항에 대해서는, 임의의 점 $x \in W$에서 가장 가까운 장애물 경계선까지의 거리를 계산할 수 있다고 가정한다. 장애물 바깥에 있는 점의 그러한 거리는 양수이고 장애물의 경계선에 있는 점의 거리는 0, 내부의 점은 음수이다. 이를 **부호 있는 거리장**(signed distance field)이라고 부른다. 이제 작업공간의 비용장(cost field) c를 정의할 수 있다. 이

부호 있는 거리장

---

1 로봇공학자들은 비용 함수 J를 최소화하는 쪽을 선호하는 반면, 인공지능의 다른 분야는 효용 함수 U나 보상 R을 최대화하려 한다.

비용장에서, 장애물 안에 있는 점의 비용은 높고 바깥에 있는 점의 비용은 낮다. 비용장을 이용하면 로봇이 가능하면 장애물 바깥으로 나가려는(따라서 로봇이 항상 가장자리 장애물들에 머무르는 가시성 그래프의 문제점을 피하는) 행동을 만들어 낼 수 있다. 물론 로봇은 작업공간의 한 점이 아니므로, 비용장을 적용하려면 로봇 몸체의 모든 점 b를 고려해야 한다.

$$ J_{obs} = \int_0^1 \int_b c(\underbrace{\phi_b(\tau(s))}_{\in W}) \| \frac{d}{ds} \underbrace{\phi_b(\tau(s))}_{\in W} \| db \, ds \,. $$

경로 적분 이것을 **경로 적분**(path integral)이라고 부른다. 이 적분은 각 몸체 점에 대한 경로를 따라 c를 적분할 뿐만 아니라, 거기에 미분을 곱해서 비용이 경로의 **시간 재조정**(retiming)에 대해 불변이 되게 만든다. 로봇이 비용장을 나아가면서 비용이 계속 누적된다고 상상해 보기 바란다. 팔을 움직이는 경로가 동일하다면, 팔을 빠르게 움직이든 느리게 움직이든 누적된 비용은 동일하다.

이상의 최적화 문제를 풀어서 경로를 찾는 가장 간단한 방법은 **경사 하강법**이다. 함수 인수에 대한 범함수의 기울기를 구하는 방법이 궁금할텐데, 여기에는 **변분법**(calculus of variations)이라는 것이 도움이 된다. 다음처럼 피적분 함수가 매개변수 s와 s에서의 함수의 값, s에서의 함수의 미분에만 의존하는 형태의 범함수는 기울기를 구하기가 특히나 쉽다.

$$ J[\tau] = \int_0^1 F(s, \tau(s), \dot{\tau}(s)) ds \,. $$

오일러–라그랑주 방정식 이런 범함수의 기울기는 다음과 같은 **오일러–라그랑주 방정식**으로 정의된다.

$$ \nabla_\tau J(s) = \frac{\partial F}{\partial \tau(s)}(s) - \frac{d}{dt} \frac{\partial F}{\partial \dot{\tau}(s)}(s) \,. $$

J_{eff}와 J_{obs}를 자세히 살펴보면 둘 다 이러한 패턴을 따른다는 점을 알 수 있다. 특히 J_{eff}의 경우 $F(s, \tau(s), \dot{\tau}(s)) = \|\dot{\tau}(s)\|^2$이다. 범함수의 기울기 계산에 좀 더 익숙해지기 위해, J_{eff}의 기울기만 직접 계산해 보자. 이 경우 F가 $\tau(s)$에 직접 의존하지 않으므로 공식의 첫 항은 0이다. 그리고 $\dot{\tau}(s)$에 대한 F의 편미분은 $\dot{\tau}(s)$이다. 이를 이용해서 기울기 공식을 정리하면 다음과 같다.

$$ \nabla_\tau J(s) = 0 - \frac{d}{dt} \dot{\tau}(s) \,. $$

이제 J_{eff}를 다루기가 훨씬 쉬워졌다. J_{eff}는 미분의 깔끔한 2차 함수이다(심지어, 앞에 1/2을 붙여서 2를 소거할 수도 있다). 실제 응용에서도 최적화에 이런 요령이 많이 쓰인다. 이때 비용 함수를 최적화하는 방법을 선택하는 것뿐만 아니라 최적화 방법과 잘 맞는 비용 함수를 잘 선택하는 것도 중요하다. 앞의 기울기를 좀 더 정리하면 다음이 나

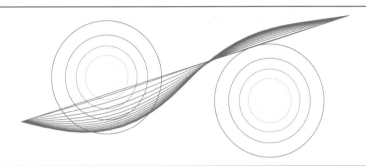

도해 26.20 운동 계획 수립을 위한 궤적 최적화. 그림은 두 개의 점 장애물과 그 주변의 점차 비용이 감소하는 원형 등위선들을 보여준다. 최적화기는 직선 궤적에서 시작해서, 궤적이 충돌에서 좀 더 멀어지도록 선을 구부린다. 결과적으로, 비용장을 가장 적은 비용으로 통과하는 곡선 경로를 얻게 된다.

온다.

$$\nabla_\tau J(s) = -\ddot{\tau}(s).$$

J_{eff}는 하나의 2차 함수이므로, 이 기울기를 0으로 두면 장애물을 고려하지 않아도 될 때의 τ에 대한 해가 나온다. 그것을 한 번 적분하면 1차 도함수는 상수가 된다. 한 번 더 적분하면 $\tau(s) = a \cdot s + b$가 나오는데, 이는 직선방정식이다(a와 b는 $\tau(0)$과 $\tau(1)$에 대한 종점(endpoint) 제약들로 결정된다). 즉, J_{eff}에 대한 최적 경로는 출발점에서 목표점으로의 직선 선분이다! 실제로, 장애물을 고려하지 않을 때 한 점에서 다른 점으로 가는 가장 효율적인 길은 바로 직선이다.

물론 J_{obs}가 추가되면 문제가 좀 더 어려워진다. 이에 대한 기울기를 구하는 문제는 독자의 숙제로 남기겠다. 일반적으로 로봇은 먼저 직선 경로를 가정한다. 그 직선 경로는 몇몇 장애물을 통과할 것이다. 그런 다음 로봇은 현재 경로에 관한 비용의 기울기를 계산하고, 그것을 이용해서 경로가 장애물들로부터 멀어지게 만든다(도해 26.20). 언덕 오르기 알고리즘과 마찬가지로 경사 하강법이 산출하는 해는 **국소 최적해임**을 명심해야 한다. 모의 정련(§4.1.2) 같은 방법으로 탐험을 좀 더 보강한다면 좋은 국소 최적해가 나올 가능성이 커진다.

26.5.3 궤적 추적 제어

지금까지 운동을 계획하는 방법을 살펴보았다. 그럼 모터에 전류를 적용해서 토크를 생성하는 등으로 실제로 로봇을 움직이는 방법으로 넘어가자. 이는 인공지능에서 그 중요성이 점점 커지는 분야인 **제어 이론**(control theory)의 영역에 속한다. 이를 위해 우리가 해결해야 하는 문제는 두 가지로, 하나는 수학 공식으로 서술된 경로를 실제 세계에서의 일련의 동작으로 바꾸는 것이고, 다른 하나는 그런 동작들이 계획에서 벗어나지 않게 만드는 것

제어 이론

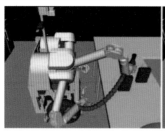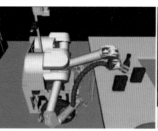

도해 26.21 병을 집기 위해 집게를 병까지 움직이는 과제를 궤적 최적화로 푼 예. **왼쪽**: 말단 작용기의 위치들로 표시된 초기 궤적. **가운데**: 최적화를 거친 최종 궤적. **오른쪽**: 목표 형상. 이미지 제공: Anca Dragan. 관련 문헌: [Ratliff 외, 2009].

이다. 전자는 개^開루프(open-loop) 제어, 후자는 폐^閉루프(closed-loop) 제어에 해당한다.

그럼 형상들을 토크들로 변환하는 개루프 추적(tracking)부머 살펴보자. 경로 $\tau(t)$는 형상들을 제공한다. 로봇은 정지 형상 $q_s = \tau(0)$에서 출발한다. 그 형상에서 전류를 관절 모터들에 공급하면 토크가 발생해서 로봇이 움직인다. 로봇이 목표 형상 $q_g = \tau(1)$에 도달하도록 토크들을 발생하려면 어떻게 해야 할까?

동역학 모형
이를 위해 **동역학 모형**(dynamics model) 또는 전이 모형을 도입한다. 로봇이 형상에 적용할 토크들을 계산하는 함수가 f라고 하자. 직선 운동에 관한 물리 공식 $F = ma$를 기억할 것이다. 토크(회전력)에 관해서도 이와 비슷한 공식이 있는데, $u = f^{-1}(q, \dot{q}, \ddot{q})$이 바로 그것이다. 여기서 u는 토크이고 $\dot{q}$는 속도, $\ddot{q}$는 가속도이다.[2] 현재 형상이 q이고 속도가 $\dot{q}$인 로봇에 토크 u를 가하면 가속도는 $\ddot{q} = f(q, \dot{q}, u)$가 된다. 튜플 $(q, \dot{q})$를 **동역학**
동역적 상태학
운동학적 상태
적 상태(dynamic state)라고 부르는데, 이는 속도가 포함되어 있기 때문이다. 반면 q는 **운동학적 상태**(kinematic state)인데, 이것만으로는 적용할 토크를 정확히 구할 수 없다. f는 동역학적 상태들에 관한, 토크들이 동작들인 MDP에서 하나의 결정론적 모형이다.
역동역학
f^{-1}은 **역동역학**(inverse dynamics) 함수로, 특정한 가속도를 얻으려면 적용해야 할 토크를 말해준다. 그 토크를 적용해서 가속도가 생기면 속도가 변하고, 결과적으로 동역학적 상태가 변한다.

단순함을 위해 $t \in [0,1]$을 0에서 1까지의 '시간'으로 간주하고 역동역학을 이용해서 토크를 구해보자. 로봇이 $(\tau(0), \dot{\tau}(0))$에서 시작한다고 할 때 토크는 다음과 같이 정의된다.

$$u(t) = f^{-1}(\tau(t), \dot{\tau}(t), \ddot{\tau}(t)). \tag{26.2}$$

그러나 실제 응용에서는 토크가 이렇게 간단하게 정의되지 않는다.

---

2 자세한 사항은 생략하지만, 이 f^{-1}에는 질량, 관성, 중력, 코리올리 힘과 원심력이 관여한다.

경로 τ는 일련의 점들로 표현되는데, 각 점에서의 속도와 가속도에 관한 정보는 없다. 그런 만큼 경로가 $\dot{\tau}(0) = 0$을 충족하지 않을 수도 있다(즉, 로봇의 출발 속도가 0이 아닐 수도 있다). 심지어 τ가 (2차 미분 가능은커녕) 미분 가능이라는 보장도 없다. 더 나아가서, 종점 "1"의 의미가 명확하지 않다. 0에서 1이 실제 시간으로는 몇 초나 되는지 알지 못한다.

실제 응용에서는 기준 경로 추적을 고민하기 전에 먼저 경로의 시간을 재조정한다. **시간 재조정**(retiming)은 경로를, 시간 구간 $[0, T]$를(여기서 T는 어떤 시간 길이) 형상 공간 C의 점들로 사상하는 궤적 $\xi(t)$로 변환하는 것을 말한다. (ξ는 '크시' 또는 '크사이'라고 읽는 그리스 글자이다.) 시간 재조정은 생각보다 까다롭지만, 적당한 방법들이 존재한다. 예를 들어 최대 속도와 최대 가속도를 선택하고 그 최대 속도로 가속하는 프로파일을 이용해서 그 가속도를 최대한 유지하되 종점 가까이에서 속도가 0이 되도록 감속하는 방법이 있다. 적절한 시간 재조정 방법이 있다고 가정할 때, 앞의 식 (26.2)를 다음과 같이 표현할 수 있다.

시간 재조정

$$u(t) = f^{-1}(\xi(t), \dot{\xi}(t), \ddot{\xi}(t)). \qquad (26.3)$$

제어 법칙

τ를 실제 궤적 ξ로 바꾸었다고 해도, 이 토크 적용 공식(**제어 법칙**(control law)이라고 부른다)을 그대로 적용할 수는 없다. 이전에 강화학습에 관해 배운 것을 생각해 보면 무엇이 문제인지 알 수 있을 것이다. f가 정확하다면 이 공식이 잘 작동한다. 그러나 현실에서는 f가 항상 정확한 토크를 산출하리라는 보장이 없다. 실제 시스템에서는 질량과 관성을 정확히 측정할 수 없을 뿐더러, f가 모터의 **점착**(stiction) 같은 물리 현상을 제대로 반영하지 못할 수도 있다(점착은 정지된 표면이 운동을 시작하지 못하게 만드는 정지 마찰 때문에 모터가 마치 들러붙은 것처럼 행동하는 현상을 말한다). f가 정확하지 않으면 로봇팔이 토크들을 적용함에 따라 오차가 누적되어서 기준 경로에서 점점 더 멀어지게 된다.

점착

그런 오차가 누적되게 놔두지 말고, 로봇이 자신의 현재 형상을 기준 경로의 형상과 비교해서 오차가 줄어들도록 적절히 토크를 적용하는 어떤 제어 과정을 도입하면 좋을 것이다.

관측된 오차에 비례하는 음의 힘을 적용하는 제어기를 가리켜 비례 제어기(proportional controller)라고 부르고 줄여서 **P 제어기**라고 표기한다. 그러한 힘의 공식은 다음과 같다.

P 제어기

$$u(t) = K_P(\xi(t) - q_t).$$

이득 계수

여기서 q_t는 현재 형상이고 K_P는 제어기의 **이득 계수**(gain factor; 또는 이득률)에 해당하는 상수이다. K_P는 실제 상태 q_t가 바람직한 상태 $y(t)$에서 벗어났을 때 제어기가 그것을 얼마나 강하게 바로잡을지를 조절한다.

도해 26.22(a)는 이러한 비례 제어에서 발생할 수 있는 문제점 하나를 보여준다. 경로에서 이탈할(잡음 때문에, 또는 로봇이 적용할 수 있는 힘들에 대한 제약 때문에) 때마다 로봇은 크기가 이탈의 크기에 비례하고 방향이 이탈 방향과 반대인 힘을 가한다. 이탈을 그 반대의 이탈로 상쇄하면 로봇이 경로를 유지할 것이므로, 직관적으로 이는 그럴듯한 방법이다. 그러나 도해 26.22(a)에서 보듯이 비례 제어기가 너무 큰 힘을 가한 탓에 로봇이 바람직한 경로 반대편으로 이동할 수 있으며, 그럴 때 다시 바람직한 경로로 돌아오려고 다시 큰 힘을 가하면 결과적으로 로봇이 지그재그로 움직인다. 이는 로봇의 자연 관성(natural inertia) 때문에 벌어지는 일이다. 기준 위치로 돌아온 로봇은 그 속도 때문에 즉시 멈추지 못한다.

도해 26.22(a)의 예에서는 $K_P = 1$이다. 언뜻 보면 K_P를 작게 잡는 것이 문제의 해결책이라는 생각이 들 수도 있다. K_P가 작으면 로봇이 바람직한 경로에 좀 더 천천히 접근할 것이다. 그러나 실제로는 별 도움이 되지 않는다. 도해 26.22(b)는 $K_P = .1$일 때의 로봇의 궤적인데, 여전히 로봇이 진동하면서 이동했음을 알 수 있다. 이득 계수를 낮게 잡는 것이 도움이 되긴 하제만 문제가 아예 없어지지는 않는다. 사실, 마찰이 없을 때 P 제어기는 본질적으로 용수철 법칙에 해당한다. 즉, 로봇은 고정된 대상 위치를 중심으로 무한히 진동한다.

앞에서 본 단순한 비례 제어기보다 우월한 제어기들이 많이 있다. 작은 요동(섭동)이 생겨도 로봇과 기준 신호 사이의 오차가 일정한 한계를 넘지 않는 기준 제어기를 가리켜 **안정적**(stable) 제어기라고 칭한다. 그리고 그런 요동이 생겨도 기준 경로로 돌아가서 기준 경로를 유지할 수 있다면, **순안정**(strictly stable)이라고 말한다. P 제어기는 안정적이긴 하지만, 기준 궤적이 아니라 그 근처의 임의의 점으로 돌아갈 수 있으므로 순안정은 아니다.

지금 논의하는 문제 영역에서 순안정성을 지닌 가장 간단한 제어기는 **PD 제어기**이다. 여기서 P는 *proportional*(비례), D는 *derivative*(미분)를 뜻한다. 다음은 PD 제어기를 정의하는 공식이다.

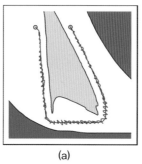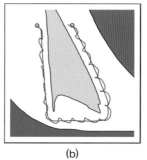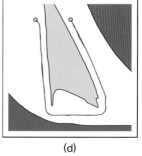

    (a)   (b)   (d)

도해 26.22 여러 가지 제어 방식을 로봇팔에 적용한 예. (a) 이득 계수가 1.0인 비례 제어를 적용한 경우. (b) 이득 계수가 0.1인 비례 제어를 적용한 경우. (c) 비례 성분에 대한 이득 계수가 0.3, 미분 성분에 대한 이득 계수가 0.8인 비례 미분(proportional derivative, PD) 제어를 적용한 경우. 세 경우 모두에서 로봇팔은 매끄러운 곡선 경로를 따르려 하지만, (a)와 (b)에서는 그 경로에서 꽤 멀어졌다.

$$u(t) = K_P(\xi(t) - q_t) + K_D(\dot{\xi}(t) - \dot{q}_t).$$

이 공식에서 보듯이, PD 제어기는 P 제어기에 미분 성분이 추가된 것이다. 그 성분은 u_t의 값에 오차 $\xi(t) - q_t$의 시간에 대한 1차 미분에 비례하는 항을 더한다. 그 항의 효과는 무엇일까? 일반적으로 미분 항은 제어되는 시스템의 운동을 감쇠하는 역할을 한다. 이 점을 이해하기 위해, 앞의 P 제어기처럼 오차가 시간에 따라 급격히 변하는 상황을 생각해 보자. 그 오차의 미분은 비례항의 효과를 약화시키며, 결과적으로 요동에 대한 전반적인 반응이 줄어든다. 그러나 같은 오차가 변하지 않고 유지된다면 미분 항이 소멸해서 비례항이 제어의 선택을 지배하게 된다.

도해 26.22(c)는 이 PD 제어기를 로봇팔에 적용한 결과이다. 이득 계수들은 $K_P = .3$과 $K_D = .8$이다. 이제 경로가 훨씬 매끄럽고, 명백한 진동이 모두 사라졌다.

그러나 PD 제어기가 실패하는 경우도 있다. 구체적으로, 외부의 요동이 없는 경우에도 PD 제어기가 오차를 0으로 줄이지 못할 수 있다. 모형의 일부가 아닌 외부 힘이 체계적으로 가해질 때 그런 상황이 자주 벌어진다. 예를 들어 자율주행차가 기울어진 표면을 달리다 보면 차가 체계적으로 한쪽으로 밀릴 수 있다. 로봇팔의 부품이 낡거나 찢어졌을 때에도 그런 체계적 오차가 발생한다. 그런 상황에서는 과다비례 피드백을 통해서 오차를 0쪽으로 밀어붙일 필요가 있다. 이 문제의 해결책은 시간에 대한 오차의 **적분**에 기초한 또 다른 항을 제어 법칙에 추가하는 것이다.

$$u(t) = K_P(\xi(t) - q_t) + K_I \int_0^t (\xi(s) - q_s)ds + K_D(\dot{\xi}(t) - \dot{q}_t)$$

여기서 K_I는 또 다른 이득 계수이다. 항 $\int_0^t (\xi(s))$는 시간에 대한 오차의 적분이다. 이 항은 기준 신호와 실제 상태 사이의 오래 지속되는 차이를 바로잡는 역할을 한다. 이 적분 항은 제어기에 오차가 오랫동안 체계적으로 누적되지 않게 만들지만, 대신 진동 행동이 발생할 여지를 만든다.

PID 제어기   이상의 세 가지 항을 모두 갖춘 제어기를 **PID 제어기**(PID는 proportional integral derivative의 약자이다)라고 부른다. PID 제어기는 공업에서 다양한 제어 문제에 널리 쓰인다. 세 항을 이렇게 생각하면 이해가 쉬울 것이다. 비례 항은 로봇이 경로에서 멀수록 더 강하게 작용하고, 미분 항은 오차가 증가할수록 더 강하게 작용하고, 적분 항은 오랫동안 경로에 잘 다가가지 못했다면 더 강하게 작용한다.

계산된 토크 제어   역동역학에 기반한 개루프 제어와 PID 제어기 같은 폐루프 제어의 중간에 해당하는 제어 접근방식을 **계산된 토크 제어**(computed torque control)라고 부른다. 이 접근방식에서는 모형이 로봇에게 필요할 것이라고 생각한 토크를 계산하되, 비례 오차항으로 모형의 부정확성을 보정한다.

$$u(t) = \underbrace{f^{-1}(\xi(t), \dot{\xi}(t), \ddot{\xi}(t))}_{\text{순방향}} + \underbrace{m(\xi(t))(K_P(\xi(t) - q_t) + K_D(\dot{\xi}(t) - \dot{q}_t))}_{\text{피드백}}.$$

순방향 성분

피드백 성분

첫 항을 **순방향 성분**(feedforward component)이라고 부르는데, 이는 이 항이 로봇이 어디로 갈 것인지를 예측해서 그에 필요한 토크를 계산하기 때문이다. 둘째 항은 동적 상태의 현재 오차를 제어 법칙으로 되먹이는 역할을 한다는 점에서 **피드백 성분** (feedback component)이라고 부른다. $m(q)$는 형상 q의 관성 행렬이다. 보통의 PD 제어기와는 달리 계산된 토크 제어에서는 이득이 시스템의 형상에 따라 달라진다.

계획 대 정책

잠시 숨을 돌리고, 이번 장에서 지금까지 말한 내용이 이전에 검색, MDP, 강화학습에 관해 배운 내용과 어떻게 대응되는지 다시금 짚어 보자. 로봇공학에서 로봇의 운동을 제어하는 것은 결국 상태가 로봇의 동적 상태들(형상과 속도)이고, 동작은 제어 입력(보통의 경우 토크)인 하나의 MDP를 푸는 것에 해당한다. 앞에 나온 제어 법칙들을 잘 살펴보면 이들이 계획이 아니라 **정책**임을 알 수 있을 것이다. 즉, 이 제어 법칙들은 로봇이 처할 수 있는 임의의 상태에서 로봇이 취할 동작을 말해준다. 그런데 보통의 경우 이런 제어 법칙들은 **최적** 정책과는 거리가 멀다. 동적 상태는 연속이고 고차원이므로(따라서 동작 공간도 연속이고 고차원이다), 정확한 최적 정책을 계산하기란 어려운 일이다.

그래서 우리는 문제를 분할했다. 먼저 단순화된 상태 및 동작 공간에서 하나의 계획을 수립했는데, 운동학 상태만 사용했으며 바탕 동역학을 신경 쓰지 않아도 한 상태에서 다른 상태로 도달할 수 있다고 가정했다. 이것이 운동 계획 수립이다. 운동 계획 수립은 하나의 기준 경로를 산출한다. 동역학을 완벽하게 파악하고 있다면 식 (26.3)을 이용해서 이 계획을 원래의 상태 및 동작 공간을 위한 계획으로 변환할 수 있다.

그러나 일반적으로 동역학 모형에는 오차가 있으므로, 이 계획을 로봇이 기준 경로를 따라가되 경로에서 벗어나면 다시 돌아가게 하는 하나의 정책으로 변환한다. 그런데 이런 접근방식을 따르면 두 가지 이유로 최적해에서 멀어진다. 첫째는 동역학을 고려하지 않고 계획을 수립한다는 것이고, 둘째는 계획에서 벗어났을 때 할 수 있는 최적의 대응은 원래 계획으로 돌아가는 것이라고 가정한다는 것이다. 다음 절부터는 동적 상태에 대해 정책들을 직접 계산함으로써 로봇이 계획에서 벗어나는 일을 아예 없애는 기법들을 설명한다.

26.5.4 최적 제어

계획 수립기로 운동학적 경로를 만든 후 로봇이 그 경로를 잘 따라가게 하는 데 신경을 쓰는 대신, 애초에 로봇이 잘 따라갈 수 있는 경로를 만드는 방법을 살펴보자. 여기서는 운동학적 경로를 위한 궤적 최적화 문제를 동역학을 수반한 진짜 궤적 최적화 문제로 바꾼다. 즉, 동역학(또는 전이)을 고려해서 동작들을 직접 최적화한다.

이 접근방식은 이전에 검색과 MDP에 관해 배운 내용과 좀 더 직접적으로 대응된다. 시스템의 동역학을 알고 있으면 로봇이 실행할 일련의 동작들을 제3장에서처럼 직접 구할 수 있다. 동역학을 확실히 알지 못할 때는 제17장에서처럼 정책을 만들면 된다.

이번 절에서는 로봇의 작동에 깔린 바탕 MDP를 좀 더 직접적으로 살펴본다. 단, 이번에는 익숙한 이산 MDP가 아니라 연속 MDP를 다룬다. 일반적인 관례에 따라 세계의 동적 상태를 x로 표기하겠다. 이는 이산 MDP의 상태 s에 대응된다. 시작 상태와 목표 상태가 x_s와 x_g라고 하자.

로봇이 수행했을 때 누적 비용이 낮은 상태-동작 쌍들이 나오는 일련의 동작들을 찾고자 한다. 이때 동작은 토크이다. 0에서 T 사이의 t에 대해, t에서 가하는 토크를 $u(t)$로 표기한다. 수식으로 표현하자면, 이것은 제약조건

$$\forall t, \dot{x}(t) = f(x(t), u(t))$$
$$x(0) = x_s, x(T) = x_g$$

를 충족하면서 누적 비용(cumulative cost) J가 최소가 되는 토크 u들의 순차열을 찾는 최적화 문제, 즉

$$\min_u \int_0^T J(x(t), u(t)) dt$$

이다. 이 문제가 운동 계획 수립 및 궤적 추적 제어와 어떻게 연관될까? 운동학적 상태에 대한 궤적 최적화에서처럼 효율성이라는 개념과 장애물로부터 멀어진다는 개념을 비용 함수 J에 집어 넣는다고 상상해 보기 바란다. 동적 상태는 형상과 속도이고, 토크 u들은 개루프 궤적 추적의 동역학 f를 통해서 동적 상태를 변경한다. 이전과는 차이점은, 이제는 형상과 토크를 함께 고려한다는 것이다. 그리고 충돌 회피도 운동학적 상태에 관한 궤적 최적화를 살펴보기 전에 언급한 것과 비슷한 하나의 강 제약(hard constraint)로 취급하는 것이 바람직할 때가 있다.

이 최적화 문제를 풀기 위해 J의 기울기들을 취한다. 단, 형상들의 순차열 τ에 대한 기울기를 취하는 것이 아니라 제어 토크 u들에 대한 기울기를 직접 취한다. 경우에 따라서는 상태열 x를 하나의 결정 변수로서 포함시키고 동역학 제약들을 통해서 x와 u가 일치하게(모순되지 않게) 만드는 것이 도움이 된다. 이런 접근방식을 사용하는 궤적 최적화 기법들은 다양한데, 이를테면 **다중 사격(multiple shooting)**과 **직접 병치(direct collocation)**가 있다. 이런 기법들이 전역 최적해를 찾지는 못하지만, 실제 응용에서 인간형 로봇을 걷게 하거나 자율주행차가 잘 주행하게 할 정도로 효과적이다.

이 최적화 문제에서 J가 2차 함수이고 f가 x와 u의 선형 함수일 때 마법이 발생한다. 이 경우 최적화 대상은 다음과 같다.

$$\min \int_0^\infty x^T Q x + u^T R u \, dt, \text{ 단 반드시 } \forall t, \dot{x}(t) = Ax(t) + Bu(t).$$

유한한 지평선 대신 무한한 지평선에 대해 이를 최적화할 수 있으며, 구체적인 제어 토크들의 순차열을 얻는 대신 임의의 상태에 대한 정책을 얻을 수도 있다. 이 해법이 통하려면 Q와 R은 반드시 양의 정부호(positive definte) 행렬이어야 한다. 이 해법은 **선형 이차 조절기**(linear quadratic regulator, LQR)에 해당한다. LQR에서 최적의 가치 함수(**이동 비용**(cost to go)이라고 부른다)는 2차이고 최적 정책은 선형이다. 정책은 $u = -Kx$의 형태인데, 행렬 K를 구하려면 대수학의 **리카티 방정식**(Riccati equation)을 풀어야 한다. 국소 최적화나 가치 반복, 정책 반복은 안 해도 된다!

선형 이차 조절기

리카티 방정식

최적 정책을 구하기 쉽다는 장점 덕분에, 실제 문제 중 비용이 2차이고 동역학이 1차인 문제가 거의 없음에도 LQR은 많은 곳에 쓰이고 있다. 정말로 유용한 방법은 **반복적 LQR**(iterative LQR, 줄여서 ILQR)이다. ILQR은 하나의 해에서 시작해서 그 해를 중심으로 한 동역학의 선형 근사와 비용의 2차 근사를 계산하고 그 근사들로 LQR 시스템을 풀어서 새 해를 구하는 과정을 반복한다. LQR의 다른 여러 변형도 궤적 추적에 흔히 쓰인다.

반복적 LQR

ILQR

26.6 불확실한 운동의 계획

로봇공학에서 불확실성이 발생하는 원인은 환경의 부분 관측 가능성과 로봇 동작의 확률적 효과(또는 모형화되지 않은 효과)이다. 또한 입자 필터링 같은 근사 알고리즘도 오차의 근원이다. 환경이 완벽하게 모형화되었다고 해도 그런 알고리즘은 로봇에게 정확한 믿음 상태를 제공하지 못하기 때문에 오차가 발생한다.

요즘 로봇들 대다수는 이전 절의 경로 계획 알고리즘이나 제3장의 검색 알고리즘들 같은 결정론적 알고리즘을 의사결정에 사용한다. 그런 결정론적 알고리즘들을 로봇공학 문제의 특성을 고려해서 두 가지 기법을 적용하는데, 하나는 연속 상태 공간을 이산 공간으로 변환하는 것이고(이를테면 가시성 그래프나 칸 분해를 통해서), 다른 하나는 상태 추정 알고리즘으로 얻는 확률분포에서 **가장 유망한 상태**(most likely state)를 추출해서 현재 상태의 불확실성을 처리하는 것이다. 이 두 가지 기법을 적용하면 계산이 빨라지고 문제가 결정론적 검색 알고리즘들에 좀 더 적합해진다. 이번 절에서는 제4장에서 다룬 좀 더 복잡한 검색 알고리즘들에 비견할 수 있는 불확실성 처리 방법들을 논의한다.

가장 유망한 상태

우선, 불확실성이 존재할 때는 결정론적인 계획이 아니라 정책을 구해야 한다. 앞에서 궤적 추적 제어를 논의할 때, 계획을 동역학의 오차를 보정하기 위한 정책으로 변환하는 방법을 이야기했다. 그런데 가장 유망한 가설이 충분히 크게 변한다면, 다른 가설을 위해 마련된 계획을 추적하는 것은 최적에서 너무 멀어진다. 이에 대한 해결책이 새 믿음에 기초해서 새 계획을 다시 계산하는 **온라인 계획 재수립**(online replanning)이다. 요즘 로봇 중에는 **모형 예측 제어**(model predictive control, MPC)라는 기법을 사용하는 것들이 많은데, 이 기법에서는 좀 더 짧은 시간 지평선에 대한 계획을 수립하되 매 시간

온라인
계획 재수립

모형 예측 제어

단계에서 계획을 재수립한다(따라서 MPC는 실시간 검색과 게임 플레이 알고리즘에 좀 더 가깝다). 결과적으로 이 기법은 하나의 정책을 제공한다. 이 기법에서는 각 시간 단계에서 계획 수립기로 계획을 만들고, 그 계획의 첫 동작을 실행해서 상황을 다시 평가한다. 동작을 수행한 후에 새로운 어떤 정보가 들어올 수도 있고 기대했던 것과는 다른 곳에 도달할 수도 있지만, 문제는 되지 않는다. 어차피 계획을 다시 수립해서 그 계획의 동작을 실행할 것이기 때문이다.

둘째로, 불확실성이 존재할 때는 **정보 수집**(information gathering) 동작이 필요하다. 지금 가진 정보만 고려해서 계획을 수립하는(이를 두고 제어에서 추정을 분리한다고 말한다) 것은 매 단계에서 현재 상황 또는 세상의 작동 방식에 대한 우리의 현재 믿음에 해당하는 새 MDP를 푸는(근사적으로) 것과 같다. 그러나 실제 응용에서는 불확실성을 POMDP의 틀에서 처리하는 것이 더 낫다. 즉, 직접 관측할 수 없는 대상들(로봇의 위치나 형상, 세계에 있는 물체의 위치, 또는 동역학 모형 자체의 매개변수 등)이 존재하는 상황에서 이를테면 로봇팔의 두 링크의 질량 중심이 정확히 어디인지 찾는 문제로 취급하는 것이다.

이 문제를 POMDP의 틀에서 처리하지 않으면 로봇이 얻을 **미래의 정보**를 추론하는 능력이 사라진다. MDP에서는 지금 알고 있는 것만으로 계획을 수립해야 하며, 언젠가 **알게 될** 정보는 활용할 수 없다. 정보 가치(§16.6)라는 개념을 기억할 것이다. 더 이상의 정보를 얻지 못한다고 가정하고 현재의 믿음만 이용해서 계획을 수립하는 로봇은 정보의 가치를 고려하지 못한다. 그런 로봇은 현재 알고 있는 것에 기초할 때 지금 당장은 최적에 못미치는 동작이지만 더 많은 정보를 얻을 수 있는, 그래서 로봇이 더 잘 작동하게 만들 동작을 절대로 취하지 않는다.

예를 들어 내비게이션 로봇의 경우 현재의 경로에서 벗어나더라도 중요한 지표(랜드마크)에 가까이 가보는 동작이 그런 동작이다. 이미 가진 정보만 고려하는 로봇은 이 동작을 최적의 동작이라고 생각하지 못한다. 이 동작을 최적의 동작으로 생각할 수 있으려면 로봇은 동작으로 얻게 될 새로운 관측들까지 고려해야 한다.

보호된 운동

그런 로봇을 위해 정보 수집 동작을 명시적으로 정의하기도 한다. 실제 목표에 도달하기 위한 계획을 수립하기 전에, 표면에 닿을 때까지 로봇의 손을 움직여 보는 것이 그러한 예이다. 이를 **보호된 운동**(guarded movements)이라고 부른다. 하나의 보호된 운동은 (1) 운동 명령과 (2) 종료 조건으로 구성되는데, 종료 조건은 로봇의 감지기 값들에 기초해서 운동 중지 여부를 판정하는 하나의 술어(predicate)이다.

불확실성이 존재해도 성공이 보장되는 보호된 운동들만으로도 목표에 도달할 수 있을 때가 있다. 한 예로 도해 26.23에 나온, 좁은 수직 구멍이 있는 2차원 형상 공간을 생각해 보자. 이는 이를테면 제품 조립을 위해 직사각형 막대(peg)를 구멍에 끼우거나 자동차를 시동하기 위해 열쇠를 끼우는 상황이라 할 수 있다. 이 경우 운동 명령은 상수 속도이고, 종료 조건은 표면과의 접촉이다. 제어의 불확실성을 모형화하기 위해, 로봇이 명령된 방향으로 움직이는 대신 그 방향을 중심으로 한 원뿔 C_v 안의 한 방향으로 움직인다고 가정하자.

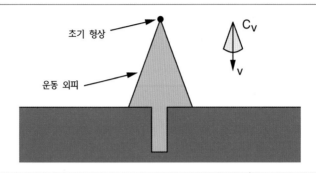

도해 26.23 2차원 환경과 속도 불확실성 원뿔, 그리고 가능한 로봇 운동들의 외피(envelope). 로봇이 의도한 속도는 v이지만, 불확실성 때문에 실제 속도는 원뿔 C_v 안의 임의의 속도이며, 그래서 최종적 형상은 운동 외피 안의 어딘가에 해당한다. 결과적으로, 로봇이 구멍에 들어갈지는 알 수 없다.

그림은 로봇이 초기 형상에서 수직으로 아래쪽으로 움직이려 할 때 벌어질 만한 일을 보여 준다. 속도의 불확실성 때문에 로봇은 원뿔형 외피 안의 그 어떤 지점으로도 움직일 수 있다. 구멍 안으로 들어갈 수도 있지만, 그보다는 구멍 좌, 우의 한 지점에 도달할 가능성이 더 크다. 그런 경우 로봇은 자신이 구멍의 어느 쪽에 있는지 알지 못하므로, 그다음에 어느 쪽으로 가야 하는지도 알지 못한다.

좀 더 현명한 전략이 도해 26.24와 도해 26.25에 나와 있다. 도해 26.24에서 로봇은 의도적으로 구멍의 한쪽 옆으로 이동한다. 운동 명령은 그림에 나와 있고, 종료 조건은 임의의 표면과의 접촉이다. 도해 26.25의 운동 명령은 로봇이 표면을 따라 미끄러지다가 구멍에 들어가게 만든다. 운동 외피의 모든 가능한 속도가 오른쪽을 향해 있으므로, 로봇은 수평 표면과 접촉할 때마다 오른쪽으로 미끄러진다.

그러다가 구멍의 오른쪽 수직 가장자리에 접촉하면 아래쪽으로 미끄러진다(모든 가능한 속도가 수직 표면을 기준으로 아래쪽을 향하므로). 종료 조건은 로봇이 구멍의 바닥에 닿는 것이며, 따라서 로봇은 바닥에 닿을 때까지 계속 아래로 내려간다. 제어에 불확실성이 존재하지만, 로봇의 모든 가능한 궤적은 구멍의 바닥과 접촉해야 끝난다. 물론 이는 표면이 불규칙해서 로봇이 한 곳에 발이 묶이는 일이 없다고 할 때의 이야기이다.

보호된 운동에 기반한 기법들 외에, 더 많은 정보를 얻을 수 있는 동작들이 선호되도록 아예 비용 함수를 바꾸는 기법도 있다. 로봇이 알려진 지표들에서 멀어지지 않게 하는 **연안 내비게이션**(coastal navigation) 발견법이 그러한 예이다. 좀 더 일반화한다면, **정보 이득**(믿음의 엔트로피 감소)의 기댓값을 비용 함수의 한 항으로 도입해서 의사결정 시 로봇이 각 동작으로 얻을 수 있는 정보의 양을 명시적으로 추론하게 만들 수도 있다. 이런 접근방식은 계산이 더 어렵긴 하지만, 로봇이 사람이 제공한 발견법과 미리 서술된 전략(유연성이 떨어질 때가 많은)을 그대로 따르는 대신 자신만의 정보 수집 동작을 창안한다는 장점이 있다.

연안 내비게이션

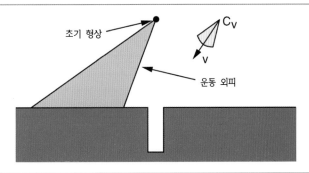

도해 26.24 첫 운동 명령과, 그 결과로 가능한 로봇 운동들의 외피. 실제로 어떤 운동이 나오든, 최종 형상은 구멍 바깥이 될 것임을 알 수 있다.

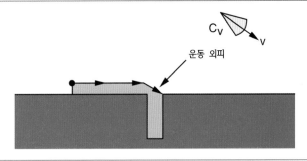

도해 26.25 두 번째 운동 명령과 가능한 운동들의 외피. 오차가 있어도 결국에는 구멍에 도달한다.

26.7 로봇공학의 강화학습

지금까지는 세계의 동역학 모형을 명시적으로 서술할 수 있는 과제들을 고려했다. 그러나 실제 응용에서는 그런 모형을 작성하기가 아주 어려울 때가 많다. 그럴 때는 강화학습(RL) 접근방식이 필요하다.

로봇공학에서 강화학습이 어려운 점 하나는 상태 공간과 동작 공간이 연속적이라는 것이다. 이를 이산화로 해결하기도 하지만, 함수 근사로 해결하는 것이 더 일반적이다. 정책이나 가치 함수를 알려진 유용한 특징들의 조합으로 표현하기도 하고 심층 신경망으로 표현하기도 한다. 심층 신경망은 원본 입력들을 직접 출력으로 사상할 수 있으므로 특징 공학의 필요성이 거의 사라진다. 대신 데이터가 더 많이 필요하다.

강화학습이 어려운 더 중요한 이유는 로봇이 실제 세계에서 물리적으로 작동한다는 것이다. 이전에 보았듯이, 강화학습으로 체스나 바둑을 두는 법을 배울 때는 게임 시뮬레이션을 사용하면 된다. 그러나 실제 환경에서 실제로 작동하는 로봇에 강화학습을 적용하려면 동작들의 안전성을 보장해야 하며(물건이나 인명이 상할 수 있다), 이 세상은 초당 1초의 속도로만 움직이므로 시뮬레이션을 사용할 때보다 학습이 느릴 수 밖에 없을 감수해야 한다. 로봇공학의 강화학습에서 흥미로운 측면들은 실제 세계의 표본 복잡도를 어떻게 줄일 것인가, 다른 말로 하면 로봇이 과제를 수행하는 방법을 배우는 데 필요한 물리적 세상과의 상호작용 횟수를 어떻게 줄이면 될 것인가의 문제로 요약할 수 있다.

26.7.1 모형의 활용

실세계 표본을 많이 모아야 할 필요성을 피하는 자연스러운 방법 하나는 세계의 동역학에 관한 지식을 최대한 활용하는 것이다. 예를 들어 주어진 물체의 마찰 계수나 질량을 정확히 알지는 못한다고 해도, 동역학을 그런 매개변수들의 함수로 서술하는 방정식들을 마련할 수는 있다.

그런 경우에는 로봇이 동역학 매개변수들의 적합과 더 나은 정책의 계산을 번갈아 시도하는 **모형 기반 강화학습**(제22장)이 매력적이다. 해당 동역학의 모든 세부사항을 제대로 반영하지 못해서 그런 방정식들이 부정확하다고 해도, 연구자들은 매개변수들뿐만 아니라 오차항을 이용해서 학습을 진행함으로써 물리 모형의 부정확함을 보정할 수 있는 방법을 연구해 왔다. 아니면 그런 방정식들은 제쳐 두고, 대신 상태 공간의 한 영역에서 동역학을 근사하는 세계의 국소 선형 모형에 로봇을 적합시킬 수도 있다. 이 접근방식으로 로봇이 저글링 같은 복잡한 동적 과제들을 능숙하게 수행하게 만든 성과가 있다.

시뮬레이션–실제세계 모형을 **시뮬레이션–실제**(sim-to-real) 전이를 이용해서 모형 없는 강화학습 방법의 표본 복잡도를 줄이는 데 사용할 수도 있다. 시뮬레이션-실제 전이는 시뮬레이션에서 작동하는 정책들을 실제 세계에 적용하는 것을 말한다. 핵심은 해당 모형을 정책 검색(§22.5)을 위한 시뮬레이터로 사용한다는 것이다. 잘 전이되는 정책이 학습되게 하기 위해 훈련 과정에서 모형에 잡음을 추가할 수도 있다. 그러면 정책이 좀 더 강건해진다. 또는, 시뮬레이션에서 서로 다른 매개변수들을 표집함으로써 정책이 모형의 여러 **변형**에 대해 잘 작동하도록 훈련할 수도 있다. 이를 **문제 영역 무작위화**(domain randomization) 문제 영역
무작위화라고 부르기도 한다. 도해 26.26에 그러한 예가 나와 있다. 시뮬레이션에서 시각적 특성들과 마찰이나 감쇠 같은 물리적 특성들을 다양하게 바꾸어서 훈련함으로서 민첩한 조작 과제를 학습하게 한 것이다.

마지막으로, 모형 기반 알고리즘과 모형 없는 알고리즘에서 좋은 점만 따서 결합한 혼성 접근방식이 있다. 혼성 접근방식의 기원은 Dyna 구조이다. Dyna 구조에 깔린 착안은 동작 수행과 정책 개선을 반복하되, 정책 개선을 서로 상보적인 두 가지 방식으로 진행한다는 것이다. 하나는 모형 없는 알고리즘들에서 표준적으로 쓰이는, 경험으로 정책을 직접 갱신하는 방식이고 다른 하나는 경험을 이용해서 모형을 적합시키고 모형으로 정책을 산출하는 모형 기반 방식이다.

좀 더 최근에는 국소 모형을 적합시킨 후 동작들을 산출하고, 그 동작들을 지침으로 삼아 지도학습 방식으로 국소 모형들을 정책에 적합시키는 과정을 반복함으로써 정책이

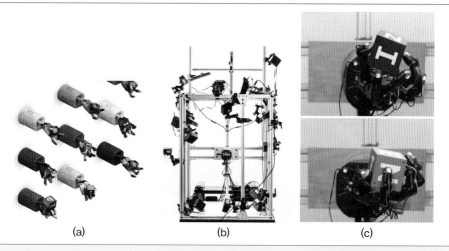

(a)　　　　　　　(b)　　　　　　　(c)

도해 26.26 강건한 정책의 훈련. (a) 물체를 조작하는 로봇 손을, 물리 매개변수들과 조명 매개변수들을 서로 다르게 무작위화해서 여러 번 시뮬레이션한다. 이미지 제공: Wojciech Zaremba. (b) 실세계 환경. 케이지 중앙의 로봇 주위에 다수의 카메라와 거리 측정기가 있다. (c) 시뮬레이션과 실세계 훈련으로 물체를 잡기 위한 다양한 정책을 산출한다. 사진은 두 손가락 잡기과 네 손가락 잡기의 예이다. 이미지 제공: OpenAI. 관련 문헌: [Andrychowicz 외, 2018].

필요로 하는 영역 주변의 국소 모형들을 점차 개선해 나가는 기법들이 시도되었다. 이런 기법들은 정책이 픽셀들을 입력받아서 토크 형태의 동작을 직접 산출하는 **종단간 학습** (end-to-end learning)에 성공적으로 적용된 바 있다. 이는 물리적 로봇에 대한 심층 강화학습의 첫 성공 사례였다.

　　안전한 탐험을 보장하는 목적으로 모형을 활용할 수도 있다. 느리지만 안전한 학습이 빠르지만 도중에 뭔가가 부서지거나 불탈 수도 있는 학습보나 나을 수 있다. 즉, 실세계 표본들을 줄이는 것보다 더 중요한 것은 **위험한** 상태의 실세계 표본들을 줄이는 것이다. 로봇이 절벽 아래로 떨어지거나, 여러분이 아끼는 머그잔을 깨거나, 물체나 사람과 부딪혀서 피해를 입혀서는 안 될 것이다. 불확실성이 존재하는(이를테면 매개변수의 값을 일정한 범위로 고려하는 등) 근사 모형으로 탐험을 이끌고 로봇이 해도 되는 동작에 대한 제약을 가한다면 그런 위험한 상태들을 피할 수 있을 것이다. 이는 로봇공학과 제어이론 분야에서 활발하게 연구되는 주제이다.

26.7.2 다른 정보의 활용

모형이 유용하지만, 모형 이외의 수단으로도 표본 복잡도를 줄일 수 있다.

　　강화학습 문제를 형식화할 때는 상태 공간과 동작 공간, 정책 또는 가치 함수의 표현, 보상 함수를 선택해야 한다. 이런 선택에 따라 문제가 크게 쉬워지거나 어려워진다.

실세계 표본 복잡도를 줄이는 한 가지 접근방식은 토크 명령 같은 저수준 동작 대신 더 높은 수준의 **기본 운동**(motion primitive)들을 사용하는 것이다. 기본 운동은 로봇이 할 줄 아는, 매개변수화된 기술(parameterized skill)이다. 예를 들어 로봇 축구 선수는 "(x, y)에 있는 선수에게 공을 패스한다" 같은 기술을 가지고 있을 것이다. 이 경우 정책은 필요한 모든 동작을 매번 다시 만들어 내는 대신, 그런 기본 운동들을 결합하고 해당 매개변수들을 설정하는 방법만 파악하면 된다. 저수준 동작 접근방식보다 이 접근방식이 학습이 훨씬 빠를 때가 많지만, 로봇이 배울 수 있는 행동들의 공간은 제한된다.

학습에 필요한 실세계 표본의 수를 줄이는 또 다른 방법은 과제마다 학습을 다시 시작하는 대신, 이전 학습 에피소드에서 배운 정보를 다른 과제에 재활용하는 것이다. 크게 보아 이 접근방식은 **메타학습**(metalearning) 또는 **전이학습**(transfer learning)에 속한다.

마지막으로, 사람들은 훌륭한 정보의 출처이다. 다음 절에서는 로봇이 사람과 상호작용하는 방식과 그 과정에서 사람들의 동작을 로봇 학습의 지침으로 활용하는 방법을 살펴본다.

26.8 인간과 로봇

지금까지는 **홀로 떨어져서** 계획을 수립하고 학습하는 로봇에 초점을 두었다. 먼 행성을 탐험하도록 보낸 로버 같은 로봇이라면 그런 접근방식이 유용하겠지만, 대부분의 경우 우리가 만들고 사용하는 로봇은 혼자 움직이지 않는다. 대부분의 로봇은 사람이 일하는 환경에서 사람을 돕도록 설계된다.

여기서 상호 보완적인 문제 두 가지가 제기된다. 첫째는 로봇과 같은 환경에서 행동하는 사람이 있을 때 로봇의 보상을 최적화하는 것이다. 이는 §18.1에서 이야기한 **협조 문제**(coordination problem)에 해당한다. 로봇의 보상이 자신의 동작뿐만 아니라 사람의 동작들에도 의존한다면 로봇은 사람들과 잘 어울리게 행동하도록 동작들을 선택해야 한다. 사람과 로봇이 하나의 팀을 이루어 활동한다면 이는 **협동**(collaboration) 문제가 된다.

둘째는 사람이 실제로 원하는 것에 맞게 보상을 최적화하는 것이다. 사람을 돕는 로봇의 보상 함수는 사람들이 원하는 로봇의 동작에 더 높은 보상을 제공해야 한다. 로봇을 위한 적절한 보상 함수(또는 정책)을 파악하는 것은 그 자체로 하나의 상호작용 문제이다. 그럼 이 두 문제를 좀 더 자세히 살펴보자.

26.8.1 협조

앞에서처럼 로봇이 명확히 정의된 보상 함수에 접근한다고 가정하자. 단, 앞에서는 로봇이 혼자 작동하면서 보상 함수를 최적화하지만, 이제는 주위에서 사람이 함께 활동하는 상황에 맞게 최적화해야 한다. 예를 들어 자율주행차가 차선을 바꿀 때는 대상 차선에 있는 인간 운전자와 협상이 필요하다. 즉, 가속해서 앞으로 끼어들 것인지 감속해서 뒤로 들어갈 것인지를 인간 운전자의 의사를 고려해서 결정해야 한다. 그리고 빨간불을 보고 멈춘 후 우회전하기 전에 자전거 전용 도로에 자전거 운전자가 있지는 않은지, 횡단보도에 발을 들여 놓는 보행자가 있지는 않은지 확인해야 한다.

복도를 지나가는 이동 로봇도 마찬가지이다. 로봇보다 몇 걸음 앞서 가던 사람이 살짝 오른쪽으로 이동했다면 로봇은 오른쪽으로 비켜 주겠다는 그 사람의 의사를 알아채고 그에 맞게 반응해야 한다.

근사 합리적 에이전트로서의 인간

인간과의 협조를 형식화하는 한 가지 방법은, 협조 문제를 로봇과 인간 사이의 게임(§18.2)으로 모형화하는 것이다. 이 접근방식에서는 사람이 목적함수에 기초해서 목표 달성을 위해 움직이는 에이전트라는 가정을 명시적으로 둔다. 그렇다고 사람이 완전히 합리적인 에이전트라는(즉, 항상 게임에서 최적의 해를 찾아낸다는) 뜻은 아니다. 단지, 로봇이 사람이 가질 만한 목표들에 근거해서 사람의 행동을 추론할 수 있다는 뜻일 뿐이다. 이 게임의 구성요소는 다음과 같다.

- 환경의 상태는 로봇의 형상과 인간 에이전트의 형상을 반영한다. 하나의 상태를 $x = (x_R, x_H)$로 표기하기로 한다.
- 각 에이전트는 동작 u_R 또는 u_H를 취한다.
- 각 에이전트의 목적함수를 비용 J_R 또는 J_H로 표현할 수 있다. 각 에이전트는 자신의 목표를 안전하고 효율적으로 달성하고자 한다.
- 임의의 게임에서 각 목적함수는 환경의 상태와 두 에이전트 **모두**의 동작들에 의존한다. 즉, 두 목적함수는 $J_R(x, u_R, u_H)$와 $J_H(x, u_H, u_R)$의 형태이다. 자율주행차와 보행자의 상호작용을 생각해 보자. 보행자가 횡단보도를 건너고 있으면 자동차는 멈추어야 하고, 보행자가 대기 중이면 자동차는 전진해야 한다.

불완비 정보 게임 이 게임을 복잡하게 만드는 요인이 세 가지 있다. 첫째는 사람과 로봇이 상대방의 목적함수를 알지 못할 수 있다는 것이다. 상대의 목적함수를 알지 못하는 경우를 **불완비 정보 게임**(incomplete information game)이라고 부른다.

둘째는 이번 장의 다른 상황들과 마찬가지로 상태 공간과 동작 공간이 연속이라는 점이다. 이산적인 게임은 제5장에서 논의한 트리 검색으로 풀 수 있지만, 연속적인 게임은 어떻게 풀어야 할까?

셋째로, 고수준에서는 게임의 모형이 말이 되지만(사람이 행동한다는 것은 맞는 말이고, 사람이 목적을 가진다는 것도 맞는 말이다), 사람의 행동이 항상 게임의 한 해답의 형태로 잘 특징지어지는 것은 아니다. 게임은 로봇에게는 물론이고 사람에게도 그리 쉽지 않은 개념적인 문제를 제기한다. 게임을 풀려면 사람이 하는 일에 반응해서 로봇이 어떻게 움직일지를 고찰해야 하는데, 로봇의 행동은 사람이 어떻게 움직일지에 대한 로봇의 예측에 기초한다. 그리고 사람 역시 로봇의 행동을 예측해서 자신의 동작을 결정한다. 그러면 "내 예측에 대한 너의 예측에 대한 내 예측의...." 식으로 끝없이 이어진다. 사람은 이 모든 추론을 수행할 수 없으므로 어느 정도 준최적(suboptimal; 최적에 못미치는) 행동을 보인다. 따라서 로봇은 그런 준최적성을 반드시 고려해야 한다.

이토록 어려운 협조 문제를 예를 들어 자율주행차는 어떻게 해결해야 할까? 앞에서처럼 문제를 분해하는 접근방식이 가능하다. 앞에서 운동 계획 수립과 제어를 논의할 때, 하나의 MDP를 궤적을 계획하는 문제와 제어기를 이용해서 로봇이 그 궤적을 잘 따라가게 만드는 문제로 분해했다. 여기서도 하나의 게임을 사람의 동작을 예측하는 문제와 그 예측에 기초해서 로봇의 동작을 결정하는 문제로 분해할 수 있다.

인간 동작의 예측

인간의 동작을 예측하는 것이 어려운 이유는 로봇이 사람의 동작에 의존할 뿐만 아니라 사람 역시 로봇의 동작에 의존하기 때문이다. 로봇이 사용할 만한 한 가지 요령은 사람이 로봇을 무시한다고 가정하는 것이다. 로봇은 사람이 자신의 목적함수에 대해 잡음 섞인 최적의 방식으로 행동한다고 가정한다. 이 경우 사람의 목적함수는 더 이상 로봇의 동작에 의존하지 않는 $J_H(x, u_H)$의 형태이다. 좀 더 구체적으로, 이 목적함수에 대한 어떤 동작의 가치가 높을수록(또는 이동 비용이 낮을수록) 사람은 그 동작을 취할 가능성이 크다. 사람의 동작에 대한 모형 $P(u_H|x, J_H)$를 이를테면 p.1042에 나온 소프트맥스를 이용해서 정의한다면 다음과 같다.

$$P(u_H|x, J_H) \propto e^{-Q(x, u_H; J_H)} \tag{26.4}$$

여기서 $Q(x, u_H; J_H)$는 J_H에 대응되는 Q 가치 함수이다(로봇공학에서는 보상을 최대화하는 대신 비용을 최소화하기 때문에 음의 부호를 붙였다). 이 모형에서 로봇은 사람이 완벽하게 최적인 동작을 취한다고 가정하지 않으며, 사람이 로봇에 관한 추론에 기초해서 동작을 선택한다고도 가정하지 않는다.

이런 모형을 갖춘 로봇은 사람의 이후 동작들을 J_H에 관한 증거로 사용한다. 만일 사람의 동작들이 사람의 목적함수에 어떻게 의존하는지에 대한 관측 모형이 있다면, 사람의 각 동작을 사람이 가진 목적에 대한 로봇의 믿음을 갱신하는 데 사용할 수 있다. 그러한 믿음은 다음과 같이 정의된다.

$$b'(J_H) \propto b(J_H)P(u_H|x, J_H).$$

이런 로봇의 예가 도해 26.27에 나와 있다. 로봇은 사람의 위치 변화를 추적해서 인간의 목표에 대한 로봇 자신의 믿음을 갱신한다. 로봇이 창 쪽으로 가면 로봇은 사람의 목표가 창밖을 보는 것일 확률을 증가하고, 사람의 목표가 부엌(창과는 반대 방향인)으로 가는 것일 확률을 감소한다.

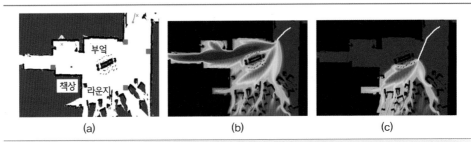

(a)   (b)   (c)

도해 26.27 사람이 자신의 목표에 대해 완벽하게 합리적이지는 않은 결정을 내린다는 가정을 둔 로봇의 예측. 로봇은 사람의 목표에 대한 믿음을 과거 동작들을 이용해서 갱신한다. (a) 방의 지도. (b) 사람의 궤적의 일부(흰색 경로)만 본 후의 예측. (c) 인간의 동작들을 좀 더 관측한 후의 예측. 이제 로봇은 사람이 왼쪽의 복도로 향하는 것이 아님을 안다. 만일 그쪽으로 가는 것이 인간의 목표라면 지금까지의 경로는 아주 나쁜 경로일 것이기 때문이다. 이미지 제공: Brian D. Ziebart. 관련 문헌: [Ziebart 외, 2009].

이상이 사람의 과거 동작들이 로봇에게 사람의 미래 동작들에 관한 정보를 제공하는 방식이다. 이처럼 인간의 목표에 대한 믿음을 로봇에 두면, 사람이 다음에 취할 동작을 로봇이 예측하는 데 도움이 된다. 그림의 열지도(heatmap)는 로봇의 미래 예측들을 보여준다. 빨간색은 가능성이 가장 큰 예측이고 파란색은 가장 낮은 예측이다.

자동차 운전에서도 이와 비슷한 일이 발생한다. 우리는 다른 운전자가 효율성에 얼마나 가치를 두는지 알지 못하지만, 다른 차가 앞으로 끼어들려 할 때 차를 가속하는 모습을 관측한다면 약간 더 알게 된다. 그리고 그러한 약간의 정보가 있으면 다른 운전자가 어떻게 행동할지를 약간 더 잘 예측할 수 있다. 그런 운전자는 여러분의 차 뒤에 바짝 붙거나, 아니면 차선을 이리저리 바꾸어서 앞서 나갈 가능성이 있다.

로봇이 일단 인간의 이후 동작을 예측하면, 게임은 하나의 **MDP**를 푸는 것이 된다. 인간의 동작 때문에 전이 함수가 복잡해지긴 하지만, 임의의 미래 상태에서 사람이 어떤 동작을 취할지 예측할 수 있는 한, 로봇은 $P(x'|x, u_R)$을 계산할 수 있다. 그리고 J_H에 대한 주변 확률을 이용해서 $P(u_H|x, J_H)$에서 $P(u_H|x)$를 구할 수 있으며, 그것을 $P(x'|x, u_R, u_H)$와 결합하면 로봇의 동작과 사람의 동작 모두에 기초해서 세계를 갱신하는 방법을 말해주는 전이 함수(동역학 함수)가 나온다. §26.5에서는 결정론적 동역학을 위한 연속 상태 공간과 연속 동작 공간에서 이 문제를 푸는 방법에 초점을 두었고, §26.6에서는 동역학이 확률적이고 불확실성이 존재하는 상황에서 푸는 이 문제를 방법을 논의했다.

예측과 동작을 분리하면 로봇이 상호작용을 다루기가 쉬워지지만, 추정과 운동을 분리할 때나 계획 수립과 제어를 분리할 때처럼 성능이 희생된다.

이러한 분리를 사용하는 로봇은 자신의 동작이 사람이 취할 동작에 영향을 줄 수 있음을 이해하지 못한다. 반면 도해 26.27의 로봇은 사람이 어디로 갈 것인지 예측하고, 사람의 목표와 충돌하지 않으면서도 자신의 목표를 달성할 수 있도록 최적화한다. 도해 26.28은 자율주행차가 차선을 변경하는 예를 보여준다. 만일 자율주행차가 그냥 다른 차

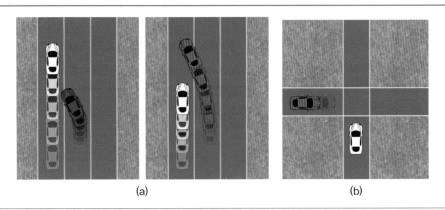

도해 26.28 (a) 왼쪽: 자율주행차(중앙 차선)는 인간 운전자(왼쪽 차선)가 계속 전진하리라고 예측하고 속도를 늦춰서 뒤로 진입하려 한다. 오른쪽: 자율주행차는 자신의 행동이 인간의 동작에 영향을 미칠 수 있음을 알고, 인간 운전자가 속도를 늦추리라는 가정 하에서 앞쪽으로 끼어든다. (b) 교차로에서는 같은 알고리즘이 색다른 전략을 산출한다. 자율주행차는 자신이 몇십 센티미터 후진하면 인간 운전자(아래쪽)가 더 빨리 지나갈 가능성이 커짐을 깨닫는다. 이미지 제공: Anca Dragan. 관련 문헌: [Sadigh 외, 2016].

들에 반응해서 계획을 수립한다면, 대상 차선이 완전히 빌 때까지 오래 기다려야 할 수 있다. 반면 예측과 동작을 함께 추론하는 자율주행차는 자신의 동작에 따라 사람의 동작이 달라질 수 있음을 안다. 만일 자율주행차가 먼저 차선 변경 의사를 확실히 한다면, 다른 차들이 속도를 늦춰서 공간을 만들어 줄 가능성이 있다. 로봇공학자들은 로봇이 사람과 좀 더 잘 작동하게 만들기 위해 이런 종류의 협조적 상호작용을 연구하고 있다.

로봇에 관한 인간의 예측

불완전한 정보는 양방향일 때가 많다. 로봇이 사람의 목적을 모르는 것처럼, 사람도 **로봇의 목적**을 모른다. 따라서 사람도 로봇의 행동을 예측해야 한다. 사람들의 예측 방식을 로봇 설계자가 결정하거나 강제할 수는 없다. 그렇지만 사람이 로봇의 동작을 정확하게 예측하기 **쉽도록** 로봇의 동작을 선택하는 것은 가능하다. 이 접근방식에서 로봇은 사람이 식 (26.4)와 대략 비슷한 어떤 공식을 이용해서 로봇이 목적함수 J_R를 추정한다고 가정하고, 그 목적함수를 사람이 좀 더 쉽게 추정할 수 있게 만드는 동작들을 선택한다.

이러한 협조 게임의 한 특수 사례로, 사람과 로봇이 팀을 이루어서 동일한 목표 또는 목적을 위해 함께 일하는 경우가 있다. 즉, $J_H = J_R$이다. 식사 준비나 청소를 돕는 개인용 가정 로봇를 떠올리면 될 것이다. 이는 **협동** 게임의 한 예이다.

동작이 인간 동작과 로봇 동작의 튜플 (u_H, u_R)이고, $J_H(x, u_H, u_R) = J_R(x, u_R, u_H)$를 최적화하려 하는 **결합 에이전트**(joint agent)를 정의하고 보통의 계획 수립 문제를 풀면 협동 게임의 해를 구할 수 있다. 즉, 결합 에이전트를 위한 최적의 계획 또는 정책을

결합 에이전트

구하면 로봇과 인간이 취해야 할 동작들을 결정할 수 있는 것이다.

사람이 완벽하게 최적으로 행동한다면 이 접근방식이 아주 잘 작동할 것이다. 로봇과 사람이 결합 계획에서 각자의 부분을 수행하기만 하면 된다. 그러나 현실에서 결합 에이전트가 산출한 계획을 사람이 항상 정확하게 따르지는 않는 것으로 보인다. 사람들은 각자 나름의 생각이 있기 때문이다. 이 문제를 처리하는 방법 하나를 §26.6에서 보았다. 계획을 하나 수립하고, 첫 동작을 실행하고, 계획을 다시 수립하는 **모형 예측 제어(MPC)**이 바로 그것이다. 이렇게 하면 로봇은 항상 자신의 계획을 사람이 실제로 취한 동작에 맞게 적응시킨다.

그럼 예를 하나 보자. 로봇 사용자(인간)와 로봇이 부엌에서 와플를 만든다고 가정한다. 사용자가 냉장고에 더 가까이 있다면, 최적의 결합 계획은 사용자가 냉장고에서 계란과 우유를 꺼내고 그 동안 로봇은 찬장에서 밀가루를 꺼내는 것이다. 로봇은 자신과 다른 사람들의 위치를 상당히 정확하게 측정할 수 있어서 이 점을 알지만, 사람은 그렇지 않을 수 있다. 사용자가 밀가루를 꺼내기 위해 찬장으로 가기 시작했다고 하자. 이는 최적의 결합 계획에 반하는 동작이다. 이 경우 MPC 로봇은 원래의 계획대로 자신도 찬장으로 가는 대신, 최적 계획을 다시 계산한다. 이제 사용자가 찬장에 더 가까이 있다면 로봇은 찬장으로 가는 대신 와플팬을 집을 것이다.

사람들이 최적에서 벗어난 행동을 할 수 있음을 안다면 그 점을 미리 고려해서 계획을 수립할 수도 있다. 지금 예라면 로봇은 사용자가 첫 발을 떼는 즉시 사용자가 밀가루를 가지러 간다고 예측하고(이를테면 앞에서 이야기한 예측 기법을 이용해서) 그에 맞게 계획을 수립할 수 있을 것이다. 엄밀히 말하면 사용자가 방향을 바꾸어서 냉장고로 가는 것이 여전히 최적의 계획이지만, 로봇은 사용자가 그렇게 하리라고 가정하지 말아야 한다. 대신 로봇은 사용자가 자신이 원하는(것으로 보이는) 행동을 계속 하리라고 가정하고 계획을 계산한다.

블랙박스 에이전트로서의 인간

사람들을 목표 주도적이고 의도적인 에이전트로 취급하지 않아도 로봇이 사람들과 잘 협조할 수 있다. 이 점을 반영한 또 다른 모형 하나는, 사람이 환경의 동역학과 어떠한 방식으로 상호작용하는 정책 π_H에 따라 동작을 선택한다는 것이다. 로봇은 π_H가 무엇인지 알지 못하지만, 이를 동역학을 알 수 없는 상황에서의 MDP 문제로 모형화할 수 있다. 이 접근방식은 이전에 나왔다. 제22장에서 일반적인 에이전트에 대해, 그리고 §26.7에서 로봇에 대해 이런 접근방식을 논의했다.

이 접근방식에서 로봇은 정책 모형을 π_H를 인간 데이터에 적합시키고 그것을 이용해서 자신의 최적 정책을 계산한다. 데이터가 희소하기 때문에 지금까지 로봇공학에서 이 접근방식은 주로 과제 수준에서만 쓰였다. 예를 들어 공장 조립 과제에서 스크루드라이버를 배치하고 돌리는 과제에 대해 사람들이 취하는 경향이 있는 동작들을 로봇이 사람들과의 상호작용을 통해 배운 사례가 있다.

또한, 모형 없는 강화학습을 적용할 수도 있다. 이 경우 로봇은 어떤 초기 정책 또는 가치 함수로 출발해서, 시행착오를 거쳐서 그것을 계속 개선해 나간다.

26.8.2 사람이 무엇을 원하는지 배우기

로봇과 사람의 상호작용에는 J_R, 즉 로봇의 비용 함수 또는 보상 함수 자체의 학습도 관여한다. 합리적 에이전트라는 틀과 관련 알고리즘들은 좋은 행동을 산출하는 문제를 좋은 보상 함수를 명시하는 문제로 환원한다. 그런데 다른 여러 인공지능 에이전트도 마찬가지지만 로봇의 비용 함수를 제대로 명시하는 것은 아직도 어려운 문제이다.

자율주행차를 생각해 보자. 우리가 원하는 것은 자율주행차가 목적지에 안전하게 도착하는 것이다. 그 과정에서 승객이 편안해야 하고, 차가 도로교통법규를 위반해서는 안 된다. 그런 자율주행차를 설계하기가 쉽지는 않다. 자율주행차를 비롯한 로봇은 최종 사용자를 도와야 하지만, 모든 사용자가 같지는 않기 때문이다. 느리더라도 조심스러운 운전을 좋아하는 사람이 있는가 하면 좀 거칠더라도 빨리 목적지에 도착하길 바라는 사람도 있다.

그럼 로봇의 행동을 사람이 로봇에게 정말로 원하는 것에 맞추는 두 가지 방법을 살펴보자. 첫째는 사람의 입력으로부터 비용 함수를 학습하는 것이고, 둘째는 비용 함수는 건너뛰고 사람이 과제를 수행하는 모습을 흉내내는 것이다.

선호도 학습: 비용 함수 배우기

주어진 과제를 수행하는 방법을 최종 사용자가 로봇에 보여준다고 상상하기 바란다. 예를 들어 로봇이 운전하길 바라는 방식대로 사람이 차를 운전해 보인다고 하자. 로봇에게 보여주는 사람의 동작을 '시연(demonstration)'이라고 부르기로 하겠다. 로봇이 사람의 시연으로부터 비용 함수(로봇이 최적화할)를 파악하게 하려면 어떻게 해야 할까?

§26.8.1에서 이미 답이 나왔었다. 지금과는 설정이 좀 다른데, 거기서는 로봇이 자신과 같은 공간에서 행동하는 사람의 동작을 보고 사람의 의도를 예측해야 했다. 로봇은 사람이 어떤 비용 함수 J_H를 잡음 섞인 방식으로 최적화한다는 가정을 두었으며, 사람의 동작들을 비용 함수에 대한 증거로 삼아서 믿음을 갱신했다. 여기서도 같은 접근방식을 적용할 수 있다. 단, 이제는 사람이 미래에 취할 동작을 예측하기 위해서가 아니라 로봇 자신이 최적화할 비용 함수를 파악하기 위해서이다. 사람이 차를 방어적으로 몬다면, 그러한 운전 동작들을 서술하는 비용 함수는 안정성에 큰 가중치를 두고 효율성은 그리 중요시하지 않을 것이다. 로봇은 이 비용 함수를 자신의 비용 함수로 두고, 스스로 차를 몰 때 그 비용 함수를 최적화한다.

로봇공학자들은 이러한 비용 추론을 계산 비용 측면에서 처리 가능하게(tractable) 만드는 다양한 알고리즘을 실험했다. 도해 26.29는 로봇에게 풀이 많은 지형을 통과하는 도로를 벗어나지 않는 방법을 가르치는 예이다. 전통적인 방법들은 비용 함수를 사람이

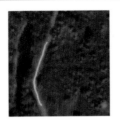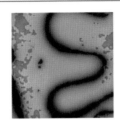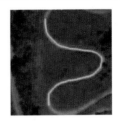

도해 26.29 왼쪽: 이동 로봇이 사람의 시연을 보고 도로에서 벗어나지 않는 방법을 배운다. 가운데: 로봇은 바람직한 비용 함수를 추론해서 새 장면에 적용한다. 로봇은 비용이 낮으면 거기에 도로가 있음을 안다. 오른쪽: 로봇은 사람의 시연에 깔린 선호도들을 재현함으로써 새 장면에서 도로를 벗어나지 않는 경로를 계획한다. 이미지 제공: Nathan Ratliff 및 James A. Bagnell. 관련 문헌: [Ratliff 외, 2006].

손으로 짠 특징들의 조합으로 표현했지만, 최근에는 비용 함수를 특징 공학 없이 심층 신경망을 이용해서 표현하는 방법이 연구되었다.

사람이 로봇에 입력을 제공하는 방법은 이외에도 여러 가지가 있다. 시연 대신 말(언어)로 로봇에게 방법을 알려줄 수도 있다. 사람이 비평가가 되어서, 로봇이 어떤 과제를 한 가지 방식으로 수행하는 모습을 살펴보고 그 방식이 좋은지 아닌지 말해줄 수도 있다. 또는 여러 방식을 비교해서 어느 것이 더 좋은지 말해주거나, 더 개선하는 방법을 알려줄 수도 있다.

모방을 통한 정책 학습

비용 함수는 건너뛰고, 로봇의 바람직한 **정책**을 직접 배울 수도 있다. 자율주행차의 예에서, 사람의 시연으로부터 훈련에 유용한 데이터 집합을 얻을 수 있다. 그 데이터 집합의 각 견본은 각 상태(입력)와 그 상태에서 로봇이 취해야 할 동작(바람직한 분류명)으로 구성된다. 즉, $\mathcal{D} = \{(x_i, u_i)\}$이다. 이런 데이터 집합이 있으면 로봇은 지도학습을 통해서 정책 $\pi : x \mapsto u$를 데이터에 적합시킨 후 그 정책에 따라 동작을 선택할 수 있다. 이를 **모방 학습**(imitation learning) 또는 **행동 복제**(behavioral cloning)라고 부른다.

행동 복제
일반화

이 접근방식에서 한 가지 어려운 점은 새 상태들로의 **일반화**가 쉽지 않다는 것이다. 로봇은 데이터 집합에 있는 동작들이 해당 상태에서 왜 최적의 동작인지 알지 못한다. 로봇은 그 어떤 인과 규칙도 배우지 않는다. 그냥 지도학습 알고리즘을 통해서 미지의 상태들로 일반화될 정책을 배우려 할 뿐이다. 그렇지만 그러한 일반화가 정확하리라는 보장은 없다.

자율주행차 프로젝트 ALVINN이 이런 접근방식을 사용했는데, $\mathcal{D}$의 한 상태에서 출발해도 π가 작은 실수를 저지를 수 있으며, 그러면 차가 시연된 궤적에서 벗어난다는 점을 알게 되었다. 그러면 π의 오차가 더 커져서 차가 바람직한 경로에서 더 많이 벗어난다.

이 문제는 훈련 과정에서 분류명의 수집과 학습을 번갈아 수행해서 처리할 수 있다. 우선 하나의 시연으로 시작해서 정책을 학습하고, 그런 다음 그 정책으로 과제를 끝까지 수행하되(롤아웃) 각 상태에서 사람에게 어떤 동작이 바람직한지 묻는 과정을 반복한다. 그러면 로봇은 사람이 제시한 바람직한 동작에서 멀어졌을 때 자신의 실수를 바로잡는 방법을 배우게 된다.

아니면 강화학습 기법을 이용해서 이 문제를 해결할 수도 있다. 이 경우 로봇은 시연 데이터에 기초해서 하나의 동역학 모형을 적합시키고, 최적 제어기(§26.5.4)를 이용해서 시연과 최대한 가깝도록 최적화된 정책을 산출한다. 이 접근방식의 한 변형이 소형 무선조종 헬리콥터를 전문가 수준으로 조작하는 아주 어려운 과제를 수행하는 데 쓰인 바 있다(도해 22.9(b) 참고).

DAGGER(Data Aggregation) 시스템은 인간 전문가의 시연으로 시작한다. 로봇은 그 시연에서 하나의 정책 π_1을 배우고, 그것을 이용해서 데이터 집합 $\mathcal{D}$를 생성한다. 그런 다음 $\mathcal{D}$로부터 원래의 인간 데이터를 가장 잘 모방하는 새 정책 π_2를 생성한다. 이러한 과정을, n번째 반복에서 π_n을 이용해서 더 많은 데이터를 생성해 $\mathcal{D}$를 추가하고 그것으로 π_{n+1}을 생성하는 식으로 여러 번 반복한다. 다른 말로 하면, 각 반복에서 시스템은 현재 정책에 따라 새 데이터를 수집하고 그때까지 수집한 모든 데이터를 이용해서 그 다음 정책을 훈련한다.

관련된 최근 기법들은 **대립 훈련**(adversarial training)을 사용한다. 대립 훈련은 로봇이 학습한 정책과 사람의 시연을 구분하도록 분류기를 훈련하는 과정과 새 정책이 그 분류기를 속이도록 새 정책을 강화학습으로 훈련하는 과정을 번갈아 반복한다. 이런 기법을 이용하면 로봇은 시연과 비슷한 상태들을 처리할 수 있게 된다. 그러나 시연과는 멀리 떨어진 상태들이나 완전히 새로운 동역학으로 일반화하는 문제는 아직 연구중이다.

교수 인터페이스와 대응 문제. 지금까지 예로 든 자율주행차나 자율 헬리콥터에서는 사람이 로봇이 취하는 동작들과 사실상 동일한 동작들(가속, 제동, 방향 조정 등)로 로봇에게 행동을 시연했다. 그런데 로봇에게 이를테면 식탁을 치우는 방법을 가르치려면 어떻게 해야 할까? 두 가지 접근방식이 있는데, 하나는 사람이 몸소 식탁을 치우는 모습을 로봇이 보게 하는 것이고 다른 하나는 사람이 로봇의 작용기들에 물리적인 힘을 가해서 지침을 제시하는 것이다.

첫 접근방식은 최종 사용자가 자연스럽게 실행할 수 있다는 점이 매력이다. 그러나 안타깝게도 이 접근방식에는 **대응 문제**(correspondence problem)가 있다. 즉, 이 접근방식을 사용하려면 인간의 동작을 로봇의 동작으로 사상하는(대응시키는) 문제를 해결해야 한다. 사람과 로봇은 운동학과 동역학이 다르다. 그래서 인간의 운동을 로봇의 운동으로 **변환** 또는 **리타게팅**retargeting(이를테면 사람이 다섯 손가락으로 물체를 쥐는 운동을 로봇이 두 손가락으로 물체를 쥐는 운동으로 바꾸는 등)하기가 어렵다. 게다가, 사람이 사용할 만한 고수준 전략이 로봇에게는 맞지 않을 때가 많다.

대응 문제

도해 26.30 로봇이 탁자를 벗어나지 말아야 함을 가르치기 위해 인간 교사가 로봇을 내리누르는 모습. 로봇은 바람직한 비용 함수에 관한 자신의 이해를 적절히 갱신하고 그것을 최적화하기 시작한다. 이미지 제공: Anca Dragan. 관련 문헌: [Bajcsy 외, 2017].

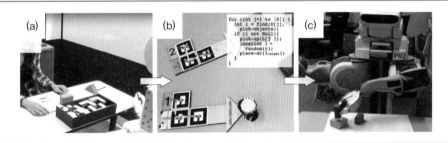

도해 26.31 특별히 설계된 블록들을 집어 들어야 하는 로봇과 그런 로봇의 고수준 동작들을 명시하는 데 쓰이는 인터페이스. 이미지 제공: Maya Cakmak. 관련 문헌: [Sefidgar 외, 2017].

운동 감각적 교수

둘째 접근방식, 즉 인간 교사가 로봇의 작용기를 적절한 위치로 움직이는 것을 **운동 감각적 교수**(kinesthetic teaching)라고 부른다. 사람이 이런 식으로 로봇을 가르치기가 쉽지는 않다. 특히 로봇에 관절이 많으면 더욱 그렇다. 교사가 과제 수행을 위해 로봇팔의 포즈를 바로잡으려면 모든 축(자유도)에서 관절을 조정해야 한다. 그래서 연구자들은 연속적인 궤적을 시연하는 대신 **키프레임**keyframe들을 시연하는 등의 대안을 연구했으며, 최종 사용자가 처음부터 모든 동작을 시연하는 대신 기본 운동들을 손쉽게 프로그래밍할 수 있는 **시각적 프로그래밍**(visual programming) 환경도 연구했다(도해 26.31). 이런 접근방식들을 결합해서 사용할 때도 있다.

키프레임

시각적 프로그래밍

26.9 로봇공학의 또 다른 틀

지금까지는 보상 함수를 정의하거나 학습하고, 로봇이 그 보상 함수를 최적화한다는(계획 수립 또는 학습을 통해, 경우에 따라서는 사람과 협조 또는 협동해서) 관점에서 로봇공학을 살펴보았다. 이를 로봇공학에 대한 **숙고**(deliberative) 관점이라고 부른다. 이와 대조되는 관점은 **반응**(reactive) 관점이다.

숙고
반응

26.9.1 반응적 제어기

종종 세계와 계획에 대한 모형을 만들기보다 로봇을 위한 정책을 설정하기가 더 쉬울 때가 있다. 그런 식으로 만든 에이전트는 **합리적** 에이전트가 아니라 **반사**(reflex) 에이전트이다.

예를 들어 다리 달린 로봇이 다리 하나를 들어서 장애물을 넘어가려는 상황을 생각해 보자. 이를 위해 로봇이 적용할 만한 규칙 하나는, 다리를 h만큼 들어 올려서 앞으로 움직이되 만일 다리가 장애물에 막히면 뒤로 빼서 약간 더 높이 들어 올린다는 것이다. 이때 h가 세계의 한 측면을 모형화한다고 볼 수도 있지만, h가 그냥 로봇 제어기의 보조 변수일 뿐 직접적인 물리적 의미는 없다고 볼 수도 있다.

도해 26.32(a)에 그런 로봇의 예가 나와 있다. 이 6족(hexpod) 로봇은 거친 지형을 걸어 다니도록 설계된 것이다. 이 로봇의 감지기들은 경로 계획을 위해 지형의 정확한 모형을 얻는 데에는 부적합하다. 또한, 정밀한 카메라와 거리 측정기를 추가한다고 해도 자유도가 무려 12(다리당 2)이기 때문에 경로 계획 수립 문제를 풀려면 계산이 많이 필요하다.

그렇긴 하지만, 명시적인 외부 모형 없이 제어기를 직접 명시하는 것은 가능하다. (그러한 예를 PD 제어기에서 이미 보았다. 그 제어기를 이용해서, 로봇 동역학의 명시적 모형 **없이도** 복잡한 로봇팔을 대상으로 움직일 수 있었다.

걸음걸이
6족 로봇의 경우, 우선 다리들의 이동 패턴을 뜻하는 **걸음걸이**(gait) 하나를 선택한다. 정적으로 안정된 걸음걸이 하나는 먼저 오른쪽 앞다리, 오른쪽 뒷다리, 왼쪽 가운데 다리를 움직이는 것이다(다른 세 다리는 고정한 채로). 그런 걸음걸이는 평평한 지형에서 잘 작동한다. 거친 지형에서는 다리를 앞으로 휘두르는 도중에 다리가 장애물에 막힐 수 있는데, 이를 한 다리의 전진 운동이 막히면, 다리를 후퇴한 후 조금 더 높이 들어 올려서 다시 시도한다는 놀랄 만큼 간단한 제어 규칙으로 극복할 수 있다. 도해 26.32(b)는 그러한 규칙을 적용하는 제어기를 간단한 유한상태기계(FSM)로 표현한 것이다. 이러한 유한 상태기계는 하나의 반사 에이전트를 구성하며, 그 에이전트의 내부 상태는 유한상태기계의 현재 상태(s_1에서 s_4)의 색인으로 표현된다.

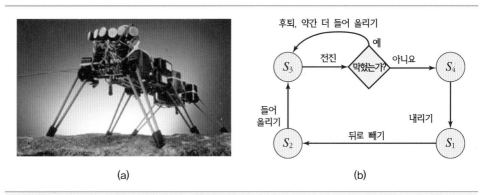

(a)   (b)

도해 26.32   (a) 6족 로봇 징기스(이미지 제공: Rodney A. Brooks). (b) 다리 하나를 제어하는 증강 유한상태기계(AFSM). 이 AFSM이 감지기 피드백에 반응함을 주목하기 바란다. 다리를 앞으로 휘두르다가 막히면 로봇은 다리를 조금 더 높이 올린다.

26.9.2 포섭 구조

포섭 구조

포섭 구조(subsumption architecture; Brooks, 1986)는 유한상태기계들로 반응 제어기를 구성하는 틀이다. 그러한 유한상태기계의 노드들에는 특정 감지기 변수에 대한 판정이 포함될 수 있으며, 그런 유한상태기계는 그러한 판정의 결과에 따라 조건부로 실행된다. 또한, 한 상태에서 하나의 호(arc)를 따라 다른 상태로 전이할 때 특정 메시지가 로봇의 모터나 다른 유한상태기계에 전달되게 만들 수 있다. 더 나아가서, 유한상태기계는 그러한 상태 전이에 걸리는 시간을 제어하는 내부 타이머(클럭)를 가질 수 있다. 이런 유한상태기계를, 클록을 사용해서 기계를 증강했다는 뜻에서 **증강 유한상태기계**(augmented finite state machine, AFSM)라고 부른다.

증강 유한상태
기계

방금 이야기한 4상태 FSM이 ASFM의 예이다. 도해 26.32(b)에 이 ASFM이 나와 있다. 이 AFSM은 이 AFSM은 하나의 순환 제어기(cyclic controller)를 구현한다. 이 제어기의 실행의 대부분은 환경의 피드백에 의존하지 않는다. 그러나 다리를 앞으로 휘두르는 동작은 감지기 피드백에 의존한다. 다리가 막혀서 앞으로 휘두르는 동작을 완수할 수 없으면 로봇은 다리를 뒤로 빼서 좀 더 높이 올린 후 다시 앞으로 휘두르는 동작을 시도한다. 즉, 이 제어기는 로봇과 환경의 상호작용에서 발생하는 우발 사건에 반응할 수 있다.

포섭 구조는 AFSM들의 동기화를 위한 기본수단들과 여러 개의, 서로 충돌할 수도 있는 AFSM들의 출력값들을 결합하기 위한 기본수단들도 제공한다. 이 덕분에 이 소프트웨어 구조에서는 프로그래머가 간단한 제어기들로 점점 더 복잡한 제어기들을 조합할 수 있다. 지금 예라면 개별 다리에 대한 AFSM에서 시작해서 여러 개의 다리를 조절하는 AFSM을 만들어 낼 수 있을 것이다. 그러한 AFSM을 바탕으로 충돌 회피(후퇴와 방향 바꾸기 등이 필요할 수도 있는) 같은 더 높은 수준의 행동을 구현할 수도 있을 것이다.

AFSM들로 로봇 제어기를 조합한다는 착안은 상당히 매력적이다. 이전 절에서 설명한 형상 공간 경로 계획 알고리즘으로 동일한 행동을 창출하는 것이 얼마나 어려울지 상상해 보기 바란다. 그러려면 우선 지형의 정확한 모형이 필요하다. 각 다리에 독립적인 모터 두 개가 달린 6족 로봇의 형상 공간은 무려 18차원(여섯 다리의 형상들에 대한 12차원, 그리고 환경을 기준으로 한 로봇의 위치와 방향에 대한 6차원)이다. 컴퓨터가 아주 빨라서 그런 고차원 공간에서 경로를 찾을 수 있다고 해도, 로봇이 경사로에서 미끄러지는 등의 골치 아픈 효과들도 고려해야 한다.

그런 확률적 효과들 때문에 로봇이 형상 공간 안의 한 경로를 제대로 따라가지 못할 가능성이 크다. 그런 우발 사건들은 PID 제어기도 감당하지 못할 수 있다. 다른 말로 하면, 현재 쓰이는 로봇 운동 계획 알고리즘들을 기준으로 볼 때, 운동 행동을 숙고 기법으로 생성하려면 문제가 너무 복잡해질 때가 있다.

안타깝게도, 포섭 구조에도 문제점이 있다. 첫째로, AFSM은 원본 감지기 입력에 의해 구동되며, 따라서 감지기 데이터가 믿을 만하고 의사결정에 필요한 모든 정보를 담고 있는 경우에는 잘 작동하지만 감지기 데이터를 시간에 따라 자명하지 않은 방식으로 통합(적분)해야 하는 경우에는 실패할 수 있다. 따라서 포섭 방식의 제어기들은 주로 벽을 따라가거나 보이는 광원을 향해 이동하는 등의 간단한 과제들에 적용되었다.

둘째로, 숙고가 없기 때문에 로봇의 목표를 변경하기가 어렵다. 대체로 포섭 방식의 로봇은 한 가지 과제만 수행하며, 서로 다른 목표들에 맞게 자신의 제어 방식을 수정한다는 개념이 없다(마치 ❶권 p.58의 쇠똥구리처럼).

셋째로, 여러 실제 응용에서 우리가 원하는 정책이 명시적으로 부호화하기에는 너무 복잡할 때가 많다. 도해 26.28에 나온, 자율주행차가 차선 변경을 위해 인간 운전자와 협상하는 예를 생각해 보자. 그냥 대상 차선으로 이동하는 간단한 정책으로 시작할 수도 있다. 그러나 그 정책을 실제로 시험해 보면, 모든 운전자가 속도를 늦춰서 다른 차가 자신의 차선으로 들어오게 하지는 않음을 알게 될 것이다. 그 점을 고려해서 정책을 좀 더 복잡하게 만들어야 한다. 자율주행차를 대상 차선을 향해 슬쩍 움직여서 그 차선에 있는 운전자의 반응을 보고, 그에 따라 대상 차선으로 들어가거나 다시 원래 차선으로 되돌아오도록 정책을 수정한다. 그러나 정책을 시험해 보면, 자율주행차가 대상 차선으로 슬쩍 움직이는 속도를 대상 차선에 있는 차의 속도나 그 차 앞에 다른 차가 있는지의 여부, 원래 차선의 뒤쪽에 다른 차가 있는지의 여부 등을 고려해서 적절히 바꿀 필요가 있음을 깨달을 것이다. 차선 변경처럼 겉으로 보기에 간단한 조작이라도, 적절한 행동 계획을 결정하려면 대단히 많은 수의 조건을 고려해야 할 수 있다. 이 때문에 포섭 스타일의 구조는 규모가변성을 갖추기가 쉽지 않다.

정리하자면, 로봇공학은 복잡한 문제이고 접근방식도 다양하다. 숙고 관점을 따르는 접근방식들과 반응 관점을 따르는 접근방식들, 그리고 둘을 조합한 접근방식들이 있으며, 물리나 인지 모형, 데이터에 기반한 접근방식들과 이들을 조합한 접근방식들이 있다. 무엇이 적절한 접근방식인지는 여전히 논쟁의 대상이자 과학적 조사와 공학적 솜씨가 필요한 문제이다.

26.10 응용 영역

로봇공학 기술은 이미 세상 곳곳에 스며들었으며, 우리의 독립성과 건강, 생산성을 개선해 줄 잠재력을 가지고 있다. 다음은 로봇공학의 몇 가지 응용 사례이다.

가정 간호(home care): 노인과 지체장애인을 위한 가정 간호 분야에 로봇이 진입하기 시작했다. 로봇은 대상자의 일상적인 활동을 돕고 대상자가 좀 더 독립적으로 살아갈 수 있게 한다. 휠체어 로봇이나 도해 26.1(b)의 Kinova 같은 휠체어 장착 로봇팔이 가정 간호 로봇의 예이다. 이런 로봇들은 처음에는 사람이 직접 조작하는 형태였지만, 자율성이 점점 증가하고 있다. 조만간 **뇌-기계 인터페이스**(brain-machine interface)로 작동하는 로봇도 등장할 것이다. 이미 사지 마비 환자가 로봇팔을 이용해서 물체들을 집을 뿐만 아니라 음식을 먹은 사례가 있다(도해 26.33(a)). 관련해서, 사람의 동작에 지능적으로 반응하는 의수·의족과 사람에게 초인적인 힘을 부여하거나 하반신 근육을 제어하지 못하는 사람이 다시 걷게 만드는 외골격(exoskeleton) 제품도 있다.

개인용 로봇은 청소나 정리 같은 일상 과제들을 도와서 사람의 시간을 절약해 주는 것이 목표인 로봇이다. 지저분하고 비구조적인 인간 환경에서 매끄럽게 작동하려면 조작 방식을 훨씬 더 개선할 필요가 있는 상태이지만, 내비게이션만큼은 꽤 발전했다. 특히, 도해 26.33(b)에 나온 것 같은 이동 로봇 진공청소기는 많은 가정에서 애용되고 있다.

보건·의료: 로봇은 수술을 좀 더 정밀하고 덜 침습적이며 안전하게 수행하도록 외과 의를 보조하고 증강함으로써 수술 결과를 개선한다. 도해 26.34(a)에 나온 외과 수술 로봇 Da Vinci가 미국의 여러 병원에 널리 쓰이고 있다.

서비스: 사무실 건물과 호텔, 병원에서 이동 로봇들이 사람들을 돕고 있다. Savioke 사의 로봇은 호텔에서 수건이나 치약 같은 물품을 객실에 배달한다. Helpmate 사나 TUG 사의 로봇은 병원에서 식사와 약품을 배달하며(도해 26.34(b)), Diligent Roboctics 사의 Moxi 로봇은 백엔드 물류 관리를 담당하는 간호사를 돕는다. Co-Bot은 카네기 멜

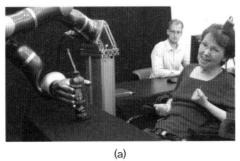
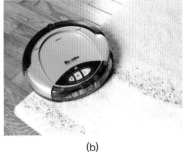

(a) (b)

도해 26.33 (a) 뇌-기계 인터페이스로 로봇팔을 조종해서 음료수를 마시는 환자. 이미지 제공: Brown University. (b) 로봇 진공 청소기 룸바. 사진 제공: HANDOUT/KRT/Newscom.

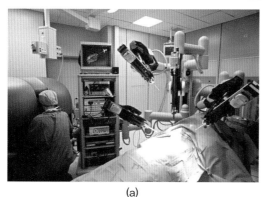

(a)   (b)

도해 26.34 (a) 수술실의 외과 수술 로봇. 사진 제공: Patrick Landmann/Science Source. (b) 병원 배달 로봇. 사진 제공: Wired.

론 대학교의 건물들을 돌면서 누군가의 사무실을 찾는 사람들에게 길을 알려준다. 또한 Beam 같은 **원격 출석 로봇**(telepresence robot)을 이용해서 원격에서 회의나 학술대회에 출석하거나 조부모에게 안부 인사를 드릴 수도 있다.

원격 출석 로봇

　자율주행차: 운전 중에 휴대전화나 문자 같은 것에 주의를 빼앗기는 사람들이 있다. 그러면 비참한 결과가 생길 수 있다. 미국에서 매년 100만 명 이상이 교통 사고로 사망한다. 더 나아가서, 운전에 많은 시간을 보내는 사람들은 그중 일부를 자신을 위해 확보하고 싶어 한다. 이런 모든 이유로 자율주행차의 연구와 개발에 많은 노력이 투여되었다.

　자율주행차의 원형은 1980년대에도 있었지만, 급격한 발전을 촉발한 것은 2005년 DARPA Grand Challenge였다. 이 대회에서 한 자율주행차가 이전에 달려본 적이 없는 사막 지형을 무려 200km 넘게 달렸다. 스탠퍼드 대학교의 자율주행차 Stanley는 7시간 미만으로 코스를 완주해서 200만 달러의 상금과 함께 미국의 국립 미국사 박물관에 한 자리를 차지했다. 도해 26.35는 2007년 DARPA Urban Challenge를 우승한 Boss이다. 이 대회에서 로봇들은 다른 로봇들과 경쟁함은 물론 교통신호도 지켜가면서 복잡한 도시 도로를 달렸다.

　2009년 구글은 자율주행 프로젝트를 시작했다(Stanley와 Boss에 참여한 여러 연구자들을 채용해서). 그 프로젝트가 현재의 Waymo의 전신이다. 2018년 Waymo는 미국 아리조나 주 피닉스 시 교외에서 무인 시승(운전석에 아무도 앉지 않는)을 시작했다. 그동안 다른 자율주행 회사들과 승차 공유 회사들도 자신만의 기술을 개발했으며, 자동차 제조사들은 자신들이 만드는 차에 보조 지능을 점점 더 추가했다. 간선도로 주행을 위한

운전자 보조

테슬라^{Tesla}의 **운전자 보조**(driver assist) 시스템이 그러한 예이다. 대학 캠퍼스나 은퇴자 주거단지 내 도로 같은 비 간선도로 도로의 주행을 대상으로 하는 회사들도 있다. 또한, 어떤 회사들은 트럭 운송, 식료품 배달, 대리 주차(발레파킹) 같은 비 탑승객 응용들에 초점을 둔다.

(a)   (b)

도해 26.35 (a) DARPA Urban Challenge를 우승한 자율주행차 Boss. 사진 제공: Sebastian Thrun (Tangi Quemener/AFP/Getty Images/Newscom). (b) 자율주행차 Waymo의 지각과 예측을 보여주는 조감도. 다른 차량(파란색 상자)과 보행자(주황색 상자)의 예측 궤적도 표시되어 있다. 노란색은 도로와 인도의 경계이다. 사진 제공: Waymo.

연예·오락: 디즈니는 1963년부터 디즈니 공원들에서 로봇을 사용했다(디즈니는 그런 로봇 응용을 **애니매트로닉스**animatronics라고 부른다). 원래 이 로봇들은 사람이 손으로 설계한 개루프의 고정된 동작(및 대사)만 수행할 수 있었지만, 2009부터는 **오토노매트로닉스**autonomatronics라는 이름으로 자율적인 동작을 수행하는 새로운 버전의 로봇들이 채용되었다. 로봇은 어린이를 위한 지능형 장난감의 형태로도 등장한다. 예를 들어 Anki 사의 Cozmo는 아이들과 게임을 하는데, 게임에 지면 좌절한 표정으로 탁자를 내리치기도 한다. 마지막으로 Skydio 사의 R1 같은 쿼드콥터(도해 26.2(b))는 개인용 사진 및 동영상 촬영 로봇으로 작동해서, 스키나 자전거를 타는 사용자 주변에서 사용자의 사진을 찍는다.

탐험 및 유해 환경: 로봇은 화성 지표면을 비롯해 사람이 가본 적이 없는 곳을 탐험했다. 위성을 회수하거나 국제우주정거장(International Space Station, ISS)를 조립할 때 로봇팔이 우주인들을 도왔다. 또한 로봇은 해저 탐사도 도왔다. 현재 해저 탐사 로봇은 침몰선 지도 작성에 일상적으로 쓰이고 있다. 도해 26.36은 버려진 탄광의 지도를 작성하는 로봇과 거리 측정기를 이용해서 얻은 탄광의 3차원 모형이다. 1996년 한 연구진은 활화산 크레이터에 다족 보행 로봇을 투입해서 기후 연구를 위한 데이터를 확보했다. 로봇은 사람이 접근하기 어렵거나 위험한 영역에서 정보를 수집하는 데 대단히 효과적인 도구가 되고 있다.

로봇은 사람들을 도와 방사성 폐기물을 처리했다. 두드러진 예로는 스리마일 아일랜드, 체르노빌, 후쿠시마가 있다. 뉴욕의 세계무역센터가 무너졌을 때, 인간 구조대가 들어가기에는 너무 위험한 구조물에 로봇들이 투입되었다. 당시에는 로봇을 사람이 원격으로 조종했지만, 기술이 점점 발전하면서 자율성이 점점 증가했다. 지금도 인간 조종자가 조종을 담당하지만, 모든 명령을 일일이 지정하지는 않는다.

애니매트로닉스
오토노매트로닉스

(a)   (b)

도해 26.36 (a) 버려진 탄광의 지도를 작성하는 로봇. (b) 로봇이 만든 탄광 3차원 지도. 이미지 제공: Sebastian Thrun.

제조업: 오늘날 대부분의 로봇은 공장에서 활동한다. 공장 로봇들은 사람이 하기에는 어렵거나, 위험하거나, 지루한 작업을 자동화한다. (공장 로봇들의 대다수는 자동차 공장에서 일한다.) 그런 작업들의 자동화는 사회가 요구하는 물품들을 만들어 내는 효율성 측면에서 긍정적이다. 한편으로, 생산 자동화는 인간 노동자의 일자리를 빼앗으므로, 정책 및 경제의 측면에서 고려할 문제를 제기한다(이를테면 직업 교육 및 재교육의 필요성이나 공정한 자원 분배의 필요성 등). 이런 주제들은 §27.3.5에서 좀 더 논의한다.

요약

로봇공학은 물리적으로 구체화된, 그리고 물리적 세계의 상태를 변경할 수 있는 에이전트를 다룬다. 이번 장에서 배운 것들은 다음과 같다.

- 가장 흔한 종류의 로봇은 **조작기**(로봇팔)와 **이동 로봇**이다. 이런 로봇에는 세계를 지각하는 **감지기**와 운동을 생성하는 **작동기**가 있으며, **작용기**를 통해서 세계에 영향을 미친다.
- 로봇공학의 일반적인 문제에는 **확률성**(MDP로 처리할 수 있다)과 **부분 관측 가능성**(POMDP로 처리할 수 있다), 그리고 **다른 에이전트**와의 협조 또는 협동 행동(게임 이론으로 처리할 수 있다)이 관여한다. 그리고 대부분의 로봇이 연속 고차원 상태 공간 및 동작 공간에서 작동한다는 점 때문에 문제가 더 어려워진다. 로봇은 또한 임의로 시간을 빨리 돌릴 수 없고 실패가 실질적인 피해로 이어지며 '실행 취소' 능력이 없는 실제 세계에서도 작동한다.

- 이상적으로는 로봇이 문제 전체를 한 번에 해결해야 한다. 즉, 원본 감지기 피드 형태의 관측들을 모두 입력받고 토크 또는 모터에 보낼 전류 형태의 동작들을 산출해야 한다. 그러나 실제 응용에서는 그렇게 하기가 쉽지 않으며, 일반적으로 로봇공학자들은 문제의 여러 측면을 분리해서 따로 처리한다.

- 보통의 경우 지각(추정)과 동작(운동 생성)을 분리한다. 로봇공학의 지각에는 카메라를 통해 주위를 인식하는 컴퓨터 시각이 관여하며, 위치 결정과 지도 작성도 관여한다.

- 로봇 지각에는 의사결정에 관련된 수량을 감지기 데이터로부터 추정하는 과정이 관여한다. 이를 위해서는 내부 표현과 시간에 따라 그 내부 표현을 갱신하는 방법이 필요하다.

- 로봇 지각에는 입자 필터나 칼만 필터 같은 **확률적 필터링 알고리즘**들이 유용하다. 그런 기법들은 믿음 상태, 즉 상태 변수들에 대한 사후 분포를 갱신한다.

- 운동 생성에는 **형상 공간**을 사용한다. 형상 공간의 각 점은 로봇의 고유한 형상이다. 하나의 형상은 로봇 몸체의 모든 점이 정확히 어디에 있는지 파악하는 데 필요한 모든 정보로 구성된다. 예를 들어 관절이 두 개인 로봇팔에서 하나의 형상은 그 두 관절의 각도로 구성된다.

- 운동 생성 문제를 흔히 **운동 계획 수립**과 **궤적 추적 제어**로 분리한다. 운동 계획 수립은 말 그대로 로봇의 운동을 계획하고, 궤적 추적 제어는 로봇이 그러한 계획을 제대로 따르도록 입력(작동기 명령)들을 제어하는 정책을 산출한다.

- 운동 계획 수립은 **칸 분해**와 그래프 검색으로 처리할 수도 있고 연속 형상 공간에서 이정표들을 표집하는 **무작위 운동 계획 수립** 알고리즘으로 처리할 수도 있고, 직선 경로에서 시작해서 **부호 있는 거리장**을 통해서 경로를 충돌에서 멀어지도록 밀어 내는 과정을 반복하는 **궤적 최적화**로 처리할 수도 있다.

- 검색 알고리즘으로 경로를 찾아낸 후에는, 그 경로를 **PID 제어기**의 기준 궤적으로 삼고 PID 제어기로 로봇의 현재 위치와 바람직한 위치의 오차를 계속해서 보정해 가면서 경로를 실행할 수 있다. 또는, **계산된 토크 제어**를 이용해서 로봇이 바람직한 궤적을 따라가게 만들 수도 있다. 계산된 토크 제어는 **역동역학**을 활용해서 적절한 **순방향** 항을 추가함으로써 로봇이 궤적을 따라가게 하는 데 필요한 토크를 근사적으로 산출한다.

- **최적 제어**는 제어 입력들에 대한 최적의 궤적을 직접 계산함으로써 운동 계획 수립과 궤적 추적 제어를 통합한다. 비용 함수가 2차이고 동역학이 선형일 때는 이것이 특히나 쉽다. 그런 경우 하나의 선형 2차 조절기(**LQR**)가 나온다. 이런 접근방식을 사용하는 유명한 기법으로 **반복적 LQR**(ILQR)이 있다. ILQR은 동역학을 선형화하고 비용 함수의 2차 근사를 계산한다.

- 불확실성하의 계획 수립은 **온라인 계획 재수립**(모형 예측 제어 등)과 지각을 돕는

정보 수집 동작들을 이용해서 지각과 동작 생성을 통합한다.

- 강화학습이 로봇에 적용되고 있다. 이때 실제 세계에 적응시키는 데 필요한 반복 횟수를 줄여주는 기법들이 함께 쓰인다. 그런 기법들은 모형을 활용하는 경향이 있다. 모형을 추정해서 그것으로 계획을 수립하는 접근방식도 있고, 가능한 여러 모형 매개변수들에 대해 안정적인 정책을 훈련하는 접근방식도 있다.

- 사람과의 상호작용에는 로봇의 동작을 사람의 동작에 맞게 **조정**하는 능력이 필요하다. 이를 위해 상호작용 문제를 하나의 게임으로 형식화할 수 있다. 이때 흔히 해를 **예측** 부분과 **동작** 부분으로 분리하는데, 예측 부분에서는 사람의 현재 동작에 기초해서 사람의 다음 동작을 추정하고 동작 부분에서는 예측을 이용해서 로봇이 수행할 최적의 동작을 계산한다.

- 로봇이 사람을 도우려면 사람이 원하는 것이 무엇인지를 배우거나 추론하는 능력도 필요하다. 로봇이 최적화할 바람직한 비용 함수를 사람의 입력(시연, 교정, 자연어 지시 등)으로부터 배우게 하는 접근방식도 있고 로봇이 사람의 행동을 모방하되 강화학습을 이용해서 새로운 상태로의 일반화 문제를 처리하는 접근방식도 있다.

참고문헌 및 역사적 참고사항

로봇이라는 단어는 체코의 극작가 카렐 차페크^{Karel Čapek}의 1920년 희곡 *R.U.R.*(Rossum's Universal Robots)로 유명해졌다. 그 작품에서는 주인들에게 화가 난 로봇(기계적으로 만든 것이 아니라 화학적으로 배양한)들이 반란을 일으키기로 결심한다. 'robot'이라는 단어를 만들어 낸 최초의 인물은 카렐 차페크의 형 요세프^{Josef}인 것으로 보인다. 그는 체코어 'robota'(의무 노동)와 'robotnik'(농노)을 합쳐서 만든 'robot'을 1917년 단편 *Opilec*에서 사용했다(Glanc, 1978). *robotics*(로봇공학)라는 용어는 어떤 SF 소설(Asimov, 1950)을 위해 만들어진 것이다.

자율적인 기계라는 개념은 로봇이라는 단어보다 수천 년 앞서 등장했다. 기원전 7세기경 그리스 신화에서 대장장이 신 헤파이스토스는 크레타 섬을 보호하기 위해 탈로스라는 로봇을 만든다. 전설에 따르면 마녀 메데이아가 탈로스에게 거짓으로 불멸을 약속하고는 생명을 부여하는 액체를 뽑아내서 탈로스를 물리쳤다. 이는 로봇이 자신의 목적함수를 변경하는 과정에서 실수를 저지른 최초의 사례이다. 기원전 322년에는 아리스토텔레스가 기술적 실업 상태를 예견했다. 그는 "만일 모든 도구가 사람의 지시에 따라 또는 자발적으로 자신에게 도움이 되는 일을 할 수 있다면 ... 장인에게 견습공이, 주인에게 노예가 필요하지 않게 될 것이다."라고 추측했다.

기원전 3세기에는 필론의 자동하인(automatic servant of Philon)이라고 하는 실제 인간형 로봇이 있었는데, 컵에 포도주나 물을 따를 줄 알았다고 한다(일련의 밸브들로 흐름을 적절히 제어해서). 18세기에는 경이로운 자동기계(automaton)들이 등장했다. 초기의 예로는 자크 보캉송^{Jacques Vaucanson}의 기계 오리(1738년)가 있다. 그러나 그런 기계들이 보이는 복잡한 행동은 전적으로 사람이 미리 고정해 둔 것이었다. 프로그램할 수 있는 로봇 비슷한 장치의 최초 사례는 ❶권 **p.22**에서 설명한 자카르 방직기(1805)이다.

최초의 자율 이동 로봇은 1948년 그레이 월터[Grey Walter]가 만든 "turtle"이라 할 수 있지만, 그 로봇의 제어 시스템은 프로그램이 가능하지 않았다. 1960년대 초반에 Johns Hopkins University에서 만든 "Hopkins Beast"는 훨씬 정교했다. 그 로봇은 소나, 포토셀 감지기, 패턴 인식 하드웨어를 갖추었으며, 특히 표준 AC 전원 소켓의 덮개판을 인식하는 능력이 있었다. 그 덕분에 그 로봇은 전원 소켓을 찾아 자신을 연결해서 스스로 충전할 수 있었다! 그렇지만 Hopkins Beast가 할 수 있는 일은 많지 않았다.

최초의 범용 이동 로봇은 1960년대 후반 Stanford Research Institute(현재는 SRI)가 개발한 "Shakey"이다(Fikes 및 Nilsson, 1971; Nilsson, 1984). 셰이키는 처음으로 지각과 계획 수립, 실행을 통합한 로봇이며, 이후의 인공지능 연구의 상당 부분은 이 로봇의 놀랄 만한 성과에 영향을 받았다. 셰이키와 프로젝트 담당자 찰리 로즌[Charlie Rosen](1917-2002)의 모습이 이 책의 앞표지에 나와 있다. 그 밖의 영향력 있는 프로젝트로는 Stanford Cart와 CMU Rover(Moravec, 1983)가 있다. [Cox 및 Wilfong, 1990]은 자율 로봇 차량에 관한 고전적인 논문들을 모은 논문집이다.

최초의 상용 로봇은 *universal automation*(범용 자동화)을 줄인 UNIMATE라는 이름의 로봇팔인데, 조지프 엥겔버거[Joseph Engelberger]와 조지 디볼[George Devol]이 그들의 회사 Unimation에서 개발했다. 1961년에 첫 UNIMATE 로봇이 General Motors 사에 팔려서 TV 브라운관 생산에 쓰였다. 1961년은 디볼이 로봇에 대한 최초의 미국 특허를 딴 해이기도 하다.

1973년부터 Toyota와 Nissan은 UNIMATE의 갱신된 버전을 자동차 차체 용접에 사용했다. 이로부터 주로 일본과 미국에서 자동차 제조의 주된 혁신이 시작되었고 아직도 진행 중이다. Unimation 사는 1978년 Puma(Programmable Universal Machine for Assembly) 로봇을 개발했는데, 그로부터 20년 간 로봇 조작의 **사실상의 표준**이 되었다. 현재 매년 약 50만 대의 로봇이 팔리는데, 그중 절반은 자동차 산업에 투입된다.

조작과 관련해서 손-눈 기계를 만들기 위한 최초의 주된 성과는 하인리히 에른스트의 MH-1이다. 그는 박사 학위 논문(Ernst, 1961)에서 MH-1을 서술했다. 에딘버러 대학교의 Machine Intelligence(기계 지능) 프로젝트도 FREDDY라고 하는, 시각 기반 조립을 위한 인상적인 초기 시스템을 시연했다(Michie, 1972).

이동 로봇에 관한 연구에 자극을 준 주요 경진대회가 여럿 있다. AAAI의 연례 이동 로봇 경진대회는 1992년에 시작했다. 첫 대회의 우승작은 CARMEL(Congdon 외, 1992)이다. 이후 이동 로봇들의 발전은 꾸준하고 인상적이었다. 최근 대회들에서 로봇은 행사장 복합 건물에 입장해서 스스로 등록 데스크를 찾아가서 등록하며, 심지어 짧은 연설을 하기도 한다.

로보컵   1995년 기타노와 동료들이 시작한(Kitano 외, 1997a) **로보컵**[Robocup] 대회는 2050년까지 "인간 월드컵 축구 우승팀과 싸워 이길 수 있는 완전 자율 인간형 로봇들의 팀을 개발하는 것"이 목표이다. 대회 중에는 바퀴 달린 로봇을 사용하는 것도 있고 인간형 로봇이나 소프트웨어 시뮬레이션을 사용하는 것도 있다. [Stone, 2016]은 로보컵의 최근 혁신을 서술한다.

2004년과 2005년에 DARPA가 주최한 **DARPA Grand Challenge**에서 자율주행차들은 사막에서 200km가 넘는 거리를 10시간 이내로 완주해야 했다(Buehler 외, 2006). 2004년 첫 행사에서는 8마일 이상 주행한 로봇이 없었으며, 그래서 이후로도 우승 상금을 받는 로봇이 등장하지 않을 것이라고 믿는 사람들이 많았다. 그러나 2005년에 스탠퍼드의 로봇 STANLEY가 7시간 미만으로 경주에서 우승했다(Thrun, 2006). 이후 DARPA는 로봇들이 시내 환경을 다른 실제 자동차들과 함께 60마일 주행해야 하는 **Urbal Challenge**를 개최했는데, Carnegie Mellon University의 로봇 BOSS가 1위를 차지해서 200만 달러의 상금을 받았다(Urmson 및 Whittaker, 2008). 로봇 자동차 개발의 초기 선구자로는 [Dickmanns 및 Zapp, 1987]과 [Pomerleau, 1993]이 있다.

로봇 지도 제작 분야는 구별되는 두 기원에서 진화했다. 한 흐름은 칼만 필터를 SLAM(동시적인 위치 결정과 지도 작성) 문제에 적용한 [Smith 및 Cheeseman, 1986]에서 시작한다. 그 칼만 필터링 알고리즘을 [Moutarlier 및 Chatila, 1989]가 처음으로 구현하고 [Leonard 및 Durrant-Whyte, 1992]가 더욱 확장했다. [Dissanayake 외, 2001]은 초기 칼만 필터의 변형들을 개괄한다. 또 다른 흐름은 확률적 지도 작성을 위한 **점유 격자**(occupancy grid) 표현의 개발에서 시작한다. 점유 격자는 각 (x, y) 위치를 장애물이 차지하고 있을 확률을 지정한 것이다(Moravec 및 Elfes, 1985).

점유 격자

[Kuipers 및 Levitt, 1988]은 인간의 공간 인지 모형에 자극을 받아서 측량적 지도 작성 대신 위상구조적 지도 작성을 제안한 최초의 문헌 중 하나이다. 시조 격인(seminal) 논문 [Lu 및 Milios, 1997]은 동시적 위치 결정 및 지도 작성 문제의 희소성을 지적했다. 이는 [Konolige, 2004]와 [Montemerlo 및 Thrun, 2004]의 비선형 최적화 기법들과 [Bosse 외, 2004]의 위계적 방법들로 발전했다. [Shatkay 및 Kaelbling, 1997]과 [Thrun 외, 1998]은 자료 연관을 위해 EM 알고리즘을 로봇 지도 작성 분야에 도입했다. [Thrun 외, 2005]는 확률적 지도 작성 방법들을 개괄한다.

초기의 이동 로봇 위치 결정 기법들이 [Borenstein 외, 1996]에 개괄되어 있다. 제어 이론 분야는 수십 년 전부터 위치 결정 방법으로서의 칼만 필터링을 알고 있었지만, 인공지능 문헌에서 위치 결정 문제의 일반적인 확률적 형식화는 그보다 훨씬 후인 [Dean 외, 1990]과 [Simmons 및 Koenig, 1995]에서 등장했다. 후자는 **마르코프 위치 결정**(Markov localization)이라는 용어를 도입했다. 이 기법은 박물관에 배치된 일련의 로봇들을 통해서 처음으로 실세계의 문제에 응용되었다(Burgard 외, 1999). 입자 필터링에 기초한 몬테카를로 위치 결정은 [Fox 외, 1999]가 개발했으며, 이제는 널리 쓰이고 있다. **라오-블랙웰화 입자 필터**(Rao-Blackwellized particle filter)는 로봇 위치 결정을 위한 필터링을 지도 작성을 위한 정확한 필터링과 결합한다(Murphy 및 Russell, 2001; Montemerlo 외, 2002).

마르코프 위치 결정

라오-블랙웰화 입자 필터

운동 계획 수립에 관한 초기 연구의 대부분은 결정론적·완전 관측 가능 운동 계획 문제를 위한 기하학적 알고리즘에 초점을 두었다. 독창적인 논문 [Reif, 1979]는 로봇 운동 계획 문제가 PSPACE-어려움 문제임을 증명했다. 형상 공간 표현은 [Lozano-Perez, 1983]에 기인한다. 슈바르츠와 샤리르의, 그들이 **피아노 운송업자**(piano movers) 문제라고 부른 문제에 대한 일련의 논문들(Schwartz 외, 1987)이 이 분야에 큰 영향을 미쳤다

피아노 운송업자

형상 공간 계획 수립을 위한 재귀적 칸 분해는 브룩스와 로사노 페레스의 연구(Brooks 및 Lozano-Perez, 1985)에서 처음 제시되었고, 이후 주와 라통브가 크게 개선했다(Zhu 및 Latombe, 1991). 최초의 골격화(skeletonization) 알고리즘은 보로노이 다이어그램(Rowat, 1979)과 **가시성 그래프**(visibility graph; Wesley 및 Lozano-Perez, 1979)에 기초한 것이다. [Guibas 외, 1992]는 보로노이 다이어그램을 점진적으로 계산하는 효율적인 기법들을 개발했고 [Choset, 1996]은 보로노이 다이어그램을 좀 더 넓은 범위의 운동 계획 문제로 일반화했다.

가시성 그래프

존 캐니는 운동 계획 수립을 위한 최초의 단일 지수적 알고리즘을 확인했다(Canny, 1988). 독창적인 교과서 [Latombe, 1991]은 운동 계획 수립에 관한 다양한 접근방식을 다룬다. [Choset 외, 2005]와 [LaValle, 2006]도 그런 주제를 다루는 교과서이다. [Kavraki 외, 1996]은 현재 가장 효과적인 방법의 하나인 확률적 도로지도의 이론을 개발했다. [Kuffner 및 LaValle, 2000]은 빠른 무작위 트리 탐색(RRT)을 개발했다.

최적화가 기하학적 운동 계획 수립에 관여하기 시작한 것은 형상 공간 장애물이 변항에 따라 경로를 정련하는 탄성 띠(elastic band) 기법(Quinlan 및 Khatib, 1993)부터이다. [Ratliff 외, 2009]는 그러한 개념을 최적 제어 문제의 해로 형식화했다. 그러면 초기 궤적에 충돌이 있어도 작업공간 장애물 기울기들을 야코비 행렬을 통해 형상 공간으로 사상해서 경로를 수정해서 충돌을 피할 수 있다. [Schulman 외, 2013]은 2차 함수를 이용하는 실용적인 대안을 제시했다.

로봇을 동적 시스템으로 간주해서 제어한다는(조작이든 내비게이션이든) 착안에서 수많은 논문이 나왔다. 이번 장에서 **궤적 추적 제어**와 최적 제어의 기초를 설명하긴 했지만, 그외에도 적응성 제어(adaptive control), 강건 제어(robust control), 랴푸노프 분석 (Lyapunov analysis) 같은 분야가 있다. 시스템에 관한 모든 것을 미리 안다고 가정하는 대신, 적응성 제어는 동역학 매개변수들이나 제어 법칙을(또는 둘 다) 온라인으로 적응시키는 것을 목표로 한다. 반면 강건 제어는 불확실성과 외부의 교란이 있어도 잘 작동하는 제어기를 설계하는 것을 목표로 한다.

랴푸노프 분석은 원래 일반 비선형 시스템의 안정성 분석을 위해 1890년대에 만들어진 것이지만, 1930년대에 와서야 제어 이론가들이 진정한 잠재력을 깨달았다. 최적화 방법들이 발전하면서 랴푸노프 분석은 경계 함수(barrier function)의 제어로까지 확장되었다. 경계 함수 자체도 현대적인 최적화 도구로 잘 자리잡았다. 현대적인 로봇공학에서 이런 방법들은 실시간 제어기 설계 및 안전성 분석에 널리 쓰인다.

로봇 제어에 관한 핵심적인 문헌으로는 임피던스 제어에 관한 3부작 [Hogan, 1985]

와 로봇 동역학 전반에 관한 연구서 [Featherstone, 1987]이 있다. [Dean 및 Wellman, 1991]은 제어 이론을 인공지능 계획 수립 문제와 연관지으려 한 최초의 시도 중 하나로 간주된다. [Paul, 1981], [Craig, 1989], [Yoshikawa, 1990]은 로봇 조작의 수학에 관한 고전적인 교과서 세 권이다. 조작 제어에 관한 교과서로는 [Murray, 2017]이 있다.

잡기(grasping) 역시 로봇공학에서 중요한 분야이다. 로봇이 물체를 안정적으로 잡는 (쥐는) 포즈를 결정하는 것은 상당히 어려운 문제이다(Mason 및 Salisbury, 1985). 물체를 제대로 잡으려면, 촉각 감지 또는 **햅틱 피드백**(haptic feedback)을 통해서 접촉 힘을 계산하고 미끄러짐을 감지할 수 있어야 한다(Fearing 및 Hollerbach, 1985). 이 세상에 있는 아주 다양한 물체를 잡는 방법을 이해하는 것은 만만치 않은 과제이다. [Bousmalis 외, 2017]은 실세계 실험을 시뮬레이션-실제 전이를 통해 시뮬레이션과 결합해서 강건한 잡기 행동을 산출하는 시스템을 서술한다.

햅틱 피드백

운동 계획 및 제어 문제를 동시에 해결하려 하는 퍼텐셜장 제어는 로봇공학을 위해 카티브가 개발했다(Khatib, 1986). 이동 로봇에서는 퍼텐셜장 제어를 충돌 회피 문제에 대한 실용적인 해법으로 보았으며, 이후 [Borenstein 및 Koren, 1991]은 이를 **벡터장 히스토그램**(vector field histogram)이라는 알고리즘으로 확장했다.

벡터장 히스토그램

현재 운동 계획 수립과 제어의 교차점에 널리 쓰이는 ILQR은 [Li 및 Todorov, 2004]에 기인한다. ILQR은 훨씬 오래된 미분 동적 계획법(differential dynamic programming) 기법(Jacobson 및 Mayne, 1970)의 한 변형이다.

[Lozano-Perez 외, 1984]와 [Canny 및 Reif, 1987]은 제한된 감지에 기초한 세부 운동 계획 수립을 조사했다. 지표 기반 내비게이션(Lazanas 및 Latombe, 1992)은 이동 로봇 분야에 쓰이는 것과 동일한 착안들을 많이 사용한다. 결정론적 MDP를 위한 제어 정책의 로봇공학 버전인 내비게이션 함수는 [Koditschek, 1987]이 소개했다. POMDP 방법(§17.4)을 로봇공학에서 불확실성하의 운동 계획 수립에 적용하는 것은 주로 [Pineau 외, 2003]과 [Roy 외, 2005]에 기인한다.

로봇공학에서 **강화학습**은 독창적인 논문 [Bagnell 및 Schneider, 2001]과 [Ng 외, 2003]으로 시작되었다. 논문 저자들은 자율 헬리콥터 조종의 맥락에서 패러다임을 개발했다. [Kober 외, 2013]은 로봇공학 문제에 적용된 강화학습이 어떻게 변했는지를 개괄한다. 물리적 시스템에 구현된 강화학습 기법 중에는 근사 동역학 모형을 구축하는 것들이 많은데, 이런 접근방식은 [Atkeson 외, 1997]에서 기인한 국소 가중 선형 모형으로 거슬러 올라간다. 정책 기울기 방법들도 중요하게 쓰였는데, (단순화된) 인간형 로봇을 걷게 하거나(Tedrake 외, 2004) 로봇팔로 야구공을 치는(Peters 및 Schaal, 2008) 성과가 있었다.

[Levine 외, 2016]은 실제 로봇에 **심층 강화학습**(deep reinforcement learning)을 적용한 최초의 사례를 제시했다. 같은 시기에 시뮬레이션을 이용한 모형 없는 강화학습이 연속 영역으로 확장되었다(Schulman 외, 2015a; Heess 외, 2016; Lillicrap 외, 2015). 그 밖에, 물리적 자료 수집을 대규모로 진행해서 잡기 행동과 동역학 모형의 학습에 성공한

사례도 있다(Pinto 및 Gupta, 2016; Agrawal 외, 2017; Levine 외, 2018). 시뮬레이션에서 배운 것을 현실로 전이하는 **시뮬레이션-실제** 기법(Sadeghi 및 Levine, 2016; Andrychowicz 외, 2018)과 **메타학습**(metalearning) 기법(Finn 외, 2017), 표집이 효율적인 모형 없는 강화학습(Andrychowicz 외, 2018)도 활발히 연구되는 주제이다.

인간 행동의 예측을 위한 방법들은 초기에는 필터링 접근방식(Madhavan 및 Schlenoff, 2003)을 사용했지만, 독창적인 논문 [Ziebart 외, 2009]는 인간을 근사 합리적 에이전트로 모형화해서 예측을 수행할 것을 제안했다. [Sadigh 외, 2016]은 그런 예측들이 로봇이 하고자 하는 동작들에 실제로 의존해야 함을 지적해서 이 문제를 게임 이론의 맥락과 연관시켰다. 협동 게임의 맥락에서는 [Sisbot 외, 2007]가 로봇의 비용 함수에 대해 사람이 바라는 바를 고려해야 한다는 개념을 처음으로 제시했다. [Nikolaidis 및 Shah, 2013]은 협동을 사람이 할 행동을 배우는 것과 사람이 원하는 로봇의 행동을 배우는 것으로 분해했는데, 두 학습 모두 시연으로 가능하다. 시연을 통한 학습에 관해서는 [Argall 외, 2009]를 보라. [Akgun 외, 2012]와 [Sefidgar 외, 2017]는 전문가가 아니라 최종 사용자가 로봇을 교육하는 방법을 연구했다.

[Tellex 외, 2011]은 로봇이 자연어 명령문에서 사람이 원하는 바를 추론하는 방법을 보여주었다. 마지막으로, 로봇이 사람이 원하는 바와 향후 행동을 추론해야 할 뿐만 아니라 사람도 로봇에 대해 그런 추론이 필요하다. [Dragan 외, 2013]은 사람의 추론에 대한 모형을 로봇의 운동 계획 수립에 도입한다.

인간-로봇 상호작용 분야는 이번 장에서 다룬 것보다 훨씬 넓다. 이번 장에서는 주로 계획 수립과 학습 측면에 초점을 두었다. [Thomaz 외, 2016]은 계산의 측면에서 이 분야를 좀 더 넓게 개괄한다. [Ross 외, 2011]은 DAGGER 시스템을 서술한다.

로봇을 위한 소프트웨어 구조라는 주제는 상당히 종교적인 논쟁을 부른다. 인공지능에서 오래 전부터 쓰인 3층 구조는 Shakey의 설계에서 기인한다. [Gat, 1998]에 이 구조가 개괄되어 있다. 포섭 구조는 브룩스(Brooks, 1986)에서 기인하지만, 그와는 독립적으로 브레이튼버그도 행동주의 접근방식에 기초한 일련의 단순 로봇들을 서술한 저서 *Vehicles*(Braitenberg, 1984)에서 비슷한 착안을 소개했다.

브룩스의 6족 보행 로봇이 성공한 후 다른 여러 프로젝트가 뒤를 이었다. 코넬은 박사 학위 논문(Connell, 1989)에서 물체를 가져오는 능력을 가진 완전히 반응적인 이동 로봇을 개발했다. [Parker, 1996]과 [Mataric, 1997]은 이 패러다임을 다중 로봇 시스템으로 확장한다. GRL(Horswill, 2000)과 COLBERT(Konolige, 1997)는 동시 행동 기반 로봇공학의 개념들을 일반적인 로봇 제어 언어들로 추상화한다. [Arkin, 1998]은 이 분야에서 가장 인기 있는 접근방식 몇 가지를 개괄한다.

초기의 두 교과서 [Dudek 및 Jenkin, 2000]과 [Murphy, 2000]은 로봇공학 전반을 다룬다. 좀 더 최근의 개괄서로는 [Bekey, 2008]과 [Lynch 및 Park, 2017]이 있다. [Mason, 2001]은 순응 운동 같은 고급 주제를 다루는, 로봇 조작에 관한 훌륭한 책이다. 로봇 운동 계획을 다루는 책으로는 [Choset 외, 2005]와 [LaValle, 2006]이 있다. [Thrun 외, 2005]는 확률적 로봇공학을 소개한다. *Handbook of Robotics*(Siciliano 및 Khatib, 2016)는 로봇고학의 모든 것을 다루는 거대하고 상세한 개괄서이다.

로봇공학의 주된 학술대회는 Robotics: Science and Systems Conference이고, 그다음으로는 IEEE International Conference on Robotics and Automation을 꼽을 수 있다. 상호작용에 관한 주요 학술대회는 Human-Robot Interaction이다. 로봇공학의 주요 학술지로는 *IEEE Robotics and Automation*과 *International Journal of Robotics Research, Robotics and Autonomous Systems*가 있다.

PART
VII

결론

27 CHAPTER

인공지능의 철학, 윤리학, 안전

이번 장에서는 인공지능을 윤리적으로 개발하고 배치하려면 어떻게 해야 하는지, 인공지능을 안전하게 유지하는 방법은 무엇인지 등 인공지능의 의미과 관련된 주요 질문을 고찰한다.

철학자들은 오래 전부터 커다란 질문들을 던져 왔다. 사람의 정신(마음)은 어떻게 작동하는가? 기계가 사람처럼 지능적으로 행동할 수 있는가? 그런 기계가 의식적인 진짜 정신을 가지고 있을까?

우리는 새로운 질문을 추가한다. 일상적으로 쓰이는 지능적 기계의 윤리적 함의는 무엇인가? 기계가 사람의 생사를 결정하도록 허용해야 할까? 알고리즘이 편향 없이 공정할 수 있을까? 기계가 그 어떤 종류의 일도 처리할 수 있다면 사람은 무슨 일을 하게 될까? 그리고 사람보다 더 지능적으로 발전할 수도 있는 기계를 우리가 어떻게 제어해야 할까?

27.1 인공지능의 한계

약 인공지능
강 인공지능

1980년에 철학자 존 설은 [Searle, 1980]에서 **약 인공지능**(weak AI)과 **강 인공지능**(strong AI)의 구분을 제시했다. 약 인공지능은 기계가 마치 지능적인 것처럼 행동하는 것을 말하고, 강 인공지능은 기계가 **실제로** 의식적으로 사고하는 것을 말한다(사고를 시뮬레이션하는 것이 아니라). 시간이 지나면서 강 인공지능의 정의는 소위 '인간 수준 인공지능'(human-level AI)이나 '일반 인공지능(general AI)'으로 바뀌었다. 인간 수준 인공지능은 사람처럼 얼마든지 다양한 과제(창조적인 것도 포함해서)를 해결할 수 있는 프로그램이다.

기계가 지능적으로 행동할 수 있다는 가능성 자체에 반대하면서 약 인공지능을 비판한 사람들이 있었는데, 지금 시점에서 보면 그런 사람들은 선견지명이 부족했다고 할 수 있다. 예를 들어 사이먼 뉴컴^{Simon Newcomb}은 1903년 10월에 "공중 비행은 인간이 절대로 감당할 수 없는 어려운 문제 중 하나이다"라고 썼지만, 불과 두 달 후에 라이트 형제가 키티호크의 들판에서 유인 동력 비행에 성공했다. 그러나, 최근 인공지능이 급격히 발전했지만 그렇다고 인공지능의 능력에 한계가 없음이 증명된 것은 아니다. 인공지능을 처음으로 정의한 앨런 튜링은 인공지능에 대한 반박에 대응한(Turing, 1950) 최초의 인물이기도 하다. 그는 자신의 주장에 대해 다른 사람들이 반박할 만한 문제 제기를 거의 모두 예견해서 미리 답을 제시했다. 그럼 몇 가지 반박을 살펴보자.

27.1.1 비형식성에 근거한 반론

튜링이 예견한 "행동의 비형식성에 근거한 반론"은, 인간 행동은 그 어떤 형식적 규칙 집합으로 포괄할 수 없을 정도로 복잡하다는 것이다. 이 반론에 따르면 사람은 형식적인 규칙 집합으로는 반영할 수 없는 어떤 비형식적 지침을 사용해서 행동을 결정하며, 따라서 컴퓨터 프로그램으로는 사람의 행동 방식을 명시할 수 없다.

이런 관점을 주창한 주요 인물은 허버트 드레이퍼스^{Hubert Dreyfus}이다. 그는 인공지능에 대해 일련의 영향력 있는 비평을 내놓았다. *What Computers Can't Do*(Dreyfus, 1972)와 그 후속편 *What Computers Still Can't Do*(Dreyfus, 1992), 그리고 그의 형제 스튜어트^{Stuart}와 함께 쓴 *Mind Over Machine*(Dreyfus 및 Dreyfus, 1986)이 바로 그것이다. 이와 비슷하게, 철학자 케네스 세이어는 "계산주의 신봉자들이 추구하는 인공지능이 내구력 있는 성과를 낼 가능성은 극히 희박하다."라고 썼다(Sayre, 1993). 그들이 비판한 기술을 요즘은 GOFAI(Good Old-Fashioned AI, 구식 인공지능)라고 부른다.

GOFAI는 제7장에서 설명한 아주 단순한 논리적 에이전트에 해당하는데, 거기서 보았듯이 실제로 일단의 논리적 필요·충분 규칙들의 집합으로는 적절한 행동의 모든 우발성을 반영하기가 어렵다. 이를 제7장에서 **한정 문제**라고 불렀다. 그러나 제12장에서 보았듯이 끝이 열린 문제 영역은 확률적 추론 시스템은 좀 더 잘 처리할 수 있으며, 제21장에서 보았듯이 심층학습 시스템은 다양한 '비형식적' 과제를 잘 수행한다. 따라서 이 반론을 제기한 사람들은 기계(컴퓨터) 그 **자체**가 아니라 논리 규칙을 이용하는 특정한 프로그래밍 스타일(1980년대에는 인기가 있었지만 이후 새 접근방식들에 밀려난)에 반대한 셈이다.

드레이퍼스의 가장 강력한 논증 중 하나는 실체 없는 논리 추론 엔진이 아니라 실제로 작동하는 에이전트에 대한 것이었다. '개(dog)'라는 개념을 "$Dog(x) \Rightarrow Mammal(x)$" 같은 논리 명제들의 제한된 집합으로만 습득한 에이전트는 개가 달리는 모습을 직접 보고, 뭔가 던져서 개에게 물어오게 시키고, 개가 자신을 핥는 경험을 한 에이전트보다 개를 잘 알지 못한다. 철학자 앤디 클라크는 "생물학적 신체의 1차적인 주요 제어 시스템은 생물학적 뇌이다. 생물학적 신체는 풍부한 실세계 환경에서 움직이고 행동한다."라고 말했다(Clark, 1998). 클라크에 따르면 우리들은 "프리스비는 잘하지만 논리에는 약하다."

체화된 인지

체화된 인지(embodied cognition) 접근방식은 뇌를 따로 고찰한다는 것이 말이 되지 않는다고 주장한다. 인지는 몸 안에서 일어나며, 몸은 환경 안에 있다. 우리는 시스템을 하나의 전체로서 연구해야 한다. 뇌의 기능은 환경의 규칙성을 활용하며, 환경에는 신체의 나머지 부분도 포함된다. 체화된 인지 접근방식에서 로봇공학, 시각, 기타 감지기들은 주변적인 요소가 아니라 중심 요소가 된다.

정리하자면, 드레이퍼스는 인공지능이 완전한 답을 제공하지는 못하는 영역들을 파악하고 그에 근거해서 인공지능이 불가능하다고 주장했다. 현재의 우리는 그런 영역들의 연구와 개발이 계속되고 있으며, 인공지능의 불가능성이 아니라 인공지능의 능력이 증가되고 있음을 안다.

27.1.2 불능에 근거한 반론

"불능에 근거한 반론(argument from disability)"은 "기계는 X를 할 수 없다" 또는 "기계는 X일 수 없다"라는 주장이다. X의 예로 튜링은 다음과 같은 것들을 들었다.

> 친절하고, 박학다식하고, 아름답고, 친근하고, 창의적이고, 유머 감각이 있고, 시시비비를 가리고, 실수를 저지르고, 사랑에 빠지고, 딸기와 크림을 즐기고, 누군가가 자신을 사랑하게 만들고, 경험에서 배우고, 단어를 적절히 사용하고, 자신만의 주관을 가지고, 사람만큼 행동이 다양하고, 정말로 새로운 뭔가를 한다.

돌이켜보면 이들 중 일부는 상당히 쉽다. 컴퓨터가 "실수를 저지른다"는 점은 모두 잘 알고 있을 것이다. 메타추론(제5장) 능력을 갖춘 컴퓨터는 자신의 계산을 조사할 수 있으며, 따라서 스스로의 추론의 대상이 될 수 있다. 또한 "누군가가 자신을 사랑하게 만드는 것"이 사람만의 능력이 아니라는 점은 100년 전의 기술인 테디 베어가 이미 입증했다. 컴퓨터 체스 전문가 데이비드 레비[David Levy]는 2050년이면 사람들이 일상적으로 인간형 로봇과 사랑에 빠질 것이라고 예측했다. 사랑에 빠진 로봇은 소설에서는 흔히 볼 수 있는 주제이지만[1], 이에 대한 학술적 고찰은 제한적이다(Kim 외, 2007). 컴퓨터는 이미 "정말로 새로운" 뭔가를 해냈다. 컴퓨터는 천문학, 수학, 화학, 광물학, 생물학, 컴퓨터 과학을 비롯한 여러 분야에서 의미 있는 결과를 발견했으며, 양식 전이(Gatys 외, 2016)

---

[1] 예를 들어 오페라 코펠리아(Coppélia)(1870), 소설 *Do Androids Dream of Electric Sheep?*(1968), 영화 *AI*(2001), 월-E(2008), *Her*(2013)가 있다.

를 통해서 새로운 형태의 미술품을 만들어 냈다. 컴퓨터가 하지 못한다는 점이 확실한 것 하나는 바로 인간과 똑같아지는 것이다.

27.1.3 수학적 반박

튜링(Turing, 1936)과 괴델(Gödel, 1931)은 특정 형식 체계에는 원칙적으로 그 체계 안에서 답할 수 없는 수학적 질문이 존재함을 증명했다. 가장 유명한 예가 괴델의 불완전성 정리(§9.5)이다. 간략하게 말하자면, 산술을 수행하기에 충분히 강력한 임의의 형식적 공리 틀 F에서, 다음과 같은 속성들을 가진 소위 괴델 문장 $G(F)$를 구축하는 것이 가능하다.

- $G(F)$는 F의 한 문장이지만 F 안에서는 증명할 수 없다.
- F가 일관적이면 $G(F)$는 참이다.

J. R. 루카스 같은 철학자는 이 정리가 기계가 정신적으로 인간보다 열등함을 보여 준다고 주장했다(Lucas, 1961). 그 이유는, 기계가 불완전성의 정리로 제한되는 형식 시스템이므로 자신의 괴델 문장의 진위를 확인하지 못하지만, 사람에게는 그러한 제한이 없다는 것이다. 이러한 주장은 수십 년간의 수많은 논쟁과 방대한 문헌을 낳았다. 이를테면 수학자 로저 펜로즈 경의 두 저서 [Penrose, 1989]와 [Penrose, 1994]는 루카스의 주장을, 사람의 뇌는 양자 중력으로 작동하므로 사람은 기계와 다르다는(이 이론은 뇌 생리학에 관한 여러 잘못된 예측을 낳았다) 등의 신선한 의견 몇 가지를 곁들여서 되풀이한다.

그럼 루카스의 주장의 문제점 중 세 가지를 살펴보자. 첫째로, 다른 에이전트가 그 진위를 밝힐 수 있는 어떤 문장의 진위를 한 에이전트가 밝히지 못한다고 해서 큰 문제가 되지는 않는다. 다음 문장을 생각해 보자.

J. R. 루카스는 이 문장이 참인지를 일관되게 단언할 수 없다.

만일 루카스가 이 문장이 참이라고 단언한다면 스스로 모순이 된다. 따라서 루카스는 이 문장이 참임을 단언할 수 없다. 그러면 이 문장은 참이다. 이 예는 루카스 이외의 사람들은(그리고 기계는) 일관되게 단언할 수 있지만 루카스는 그럴 수 없는 문장이 존재함을 잘 보여 준다. 물론, 그렇다고 루카스에게 무슨 결함이 있는 것은 아니다.

둘째로, 괴델의 불완전성 정리 및 관련 결과들의 적용 대상은 수학이지 **컴퓨터**가 아니다. 사람이든 기계든 그 어떤 개체도 증명할 수 없는 것을 증명하지는 못한다. 루카스와 펜로즈는 인간이 그런 한계를 어떻게든 극복할 수 있다고 잘못 가정한다. 실제로 루카스는 "사고라는 것이 가능하다고 한다면, 우리는 우리 자신의 일관성을 가정해야 한다."라고 말했다(Lucas, 1976). 그러나 이는 근거 없는 가정이다. 인간이 비일관적인 것은 누구나 알고 있다. 이는 일상적인 추론에 대해 확실히 참일 뿐만 아니라 세심한 수학적 사고에서도 참이다. 유명한 예가 4색 지도 채색 문제이다. 알프레드 켐프^{Alfred Kempe}가

1879년에 발표한 4색정리 증명(Kempe, 1879)은 널리 받아들여졌지만, 11년이 지난 후에야 퍼시 히우드^Percy Heawood가 증명의 오류 하나를 지적했다(Heawood, 1890).

셋째로, 엄밀히 말해서 괴델의 불완전성 정리는 산술을 수행하기에 충분히 강력한 형식 체계에만 적용된다. 그러한 체계에는 튜링 기계가 있는데, 루카스의 주장은 컴퓨터가 튜링 기계와 동등하다는 단언에 부분적으로 근거한다. 이것이 완전히 참은 아니다. 튜링 기계는 무한하지만 컴퓨터(그리고 뇌)는 유한하며, 따라서 모든 컴퓨터는 하나의 (아주 큰) 명제 논리 체계로 서술할 수 있다. 그러나 괴델의 불완전성 정리는 그런 논리 체계에 적용되지 않는다. 루카스는 사람이 "자신의 마음을 바꿀 수 있지만" 컴퓨터는 그렇지 못하다고 가정했으나, 이 역시 거짓이다. 컴퓨터는 새로운 증거를 얻거나 추가적인 고찰을 수행한 후 이전의 결론을 철회할 수 있다. 또한 하드웨어를 업그레이드하거나, 의사결정 과정을 기계학습으로 대체하거나, 소프트웨어를 재작성할 수 있다.

27.1.4 인공지능의 측정

앨런 튜링은 유명한 논문 "Computing Machinery and Intelligence(계산 기계와 지능)"(Turing, 1950)에서 기계가 생각할 수 있는지 묻지 말고, 기계가 행동주의적 검사를 통과할 수 있는지 물어야 한다고 제시했다. 그가 제안한 지능 검사를 이제는 **튜링 검사** (Turing Test)라고 부른다. 원래의 튜링 검사에서 인공지능 프로그램은 5분간 조사자(사람)와 대화를 나누어야 한다(키보드로 입력한 메시지를 주고받으면서). 조사자의 임무는 대화 상대가 프로그램인지 사람인지 추측하는 것이다. 사람이라고 오인한 경우가 30%를 넘은 프로그램은 검사를 통과한 것으로 간주한다. 튜링이 중요시한 것은 검사 방법의 구체적인 세부사항이 아니라, 지능이라는 것을 철학적 숙고로 평가하는 대신 어떤 끝이 열린 행동적 과제에 대한 성과로 측정한다는 개념이었다.

그렇긴 했지만 튜링은 2000년에는 저장 단위가 십억 개 정도인 컴퓨터로 튜링 검사를 통과할 수 있으리라 추측했다. 그러나 2000년을 넘긴 지금도 우리는 튜링 검사를 통과한 프로그램이 있는지에 대해 합의를 보지 못하고 있다. 물론 자신이 채팅한 대상이 사람이 아니라 컴퓨터임을 알고 놀란 사람들은 많이 있다. ELIZA 프로그램이나 인터넷 채팅봇 MGONZ(Humphrys, 2008), NATACHATA(Jonathan 외, 2009) 등은 대화 상대를 여러 번 속였으며, 대화 상대를 잘 속여 넘겨서 신원 도용의 위험이 있는 개인정보를 캐낸 채팅봇 CYBERLOVER가 사법당국의 관심을 끌기도 했다.

2014년에는 Eugene Goostman이라는 챗봇이 한 튜링 검사에서 훈련되지 않은 아마추어 판정자들의 33%를 속였다. 그 프로그램은 자신이 우크라이나에서 온 소년이라서 영어를 잘 못한다고 주장했다. 이 주장 덕분에 문법에 오류가 있어도 판정자들이 너그러이 넘겼다. 어쩌면 튜링 검사는 사람이 얼마나 잘 속는지에 대한 검사일지도 모르겠다. 지금까지, 잘 훈련된 판정자를 인공지능이 속여 넘긴 예는 없다(Aaronson, 2014).

튜링 검사 대회 덕분에 챗봇들이 개선되긴 했지만, 인공지능 공동체에서 튜링 검사가 연구의 초점인 적은 없었다. 경진대회에 관심이 있는 인공지능 연구자들은 주로 체스나 바둑, 스타크래프트 II, 8학년 과학 시험, 이미지 안 물체 식별 같은 과제를 두고 겨루는 경진대회에 주력한다. 그런 경진대회들에 출품된 프로그램들 일부는 사람 수준에 사람의 성과를 뛰어 넘는 성과를 내기도 했지만, 그렇다고 그런 프로그램들이 해당 과제 이외의 과제에서 사람처럼 행동한다는 뜻은 아니다. 인공지능의 발전에 중요한 것은 기초 과학과 기술을 개선하는 것과 유용한 도구를 제공하는 것이지, 판정자를 속이는 것이 아니다.

27.2 기계가 정말로 생각할 수 있을까?

어떤 철학자들은 기계가 튜링 검사를 통과한다고 해도 그 기계가 **정말로** 생각을 하는 것은 아니며, 단지 사고를 **시뮬레이션할** 뿐이라고 주장했다. 그러나 인공지능 연구자 대부분은 그런 구분을 신경쓰지 않는다. 컴퓨터 과학자 에츠허르 데이크스트라^{Edsger Dijkstra}는 **잠수함은 수영할 수 있는가?** "'기계가 생각할 수 있는가?'라는 질문은 … '잠수함은 수영할 수 있는가?'라는 질문만큼만 유관하다."라고 말했다(Dijkstra, 1984). 영어 단어 *swim*(헤엄치다, 수영하다)에 대한 American Heritage Dictionary의 첫 정의는 "To move through water by means of the limbs, fins, or tail"(팔다리나 지느러미, 꼬리를 이용해서 물속을 움직이다)이며, 대부분의 사람은 잠수함에 팔다리가 없으므로 수영하지 못한다는 점에 동의한다. 같은 사전에서 *fly*(날다, 비행하다)의 정의는 "To move through the air by means of wings or winglike parts"(날개 또는 날개 같은 부품을 이용해서 공중을 이동하다)이며, 대부분의 사람은 날개 같은 부품이 있는 비행기가 날 수 있다는 점에 동의한다. 그러나 이러한 질문들과 답변들은 비행기와 잠수함의 설계나 능력과는 무관하고, 단지 영어 단어의 쓰임새에만 관련이 있다. (이 점을 지지하는 또 다른 예로, 러시아어에서는 배가 **수영한다**(privet)고 표현한다.) 영어 화자들은 아직도 단어 'think'의 정확한 정의에 합의하지 못하고 있다. 즉, 뭔가를 생각하는데 "뇌"가 필요한지 아니면 "뇌 비슷한 부품"만으로 충분한지는 사람마다 의견이 다르다.

예의 바른 관습 이런 문제 역시 튜링이 예견하고 답을 내놓았다. 그는 우리가 다른 인간들의 내부 정신 상태에 관해 그 어떤 직접적인 증거도 가지고 있지 않음을 지적했다. 이는 일종의 정신적 유아론^{唯我論}(mental solipsism)이다. 어쨌거나, 튜링은 "이 점을 두고 논쟁을 거듭하는 대신, 보통은 '사람은 누구나 생각을 한다'는 **예의 바른 관습**(polite convention)을 따른다."라고 말했다. 튜링은 만일 지능적으로 행동하는 기계가 나온다면 그러한 예의 바른 관습을 기계에게도 적용해야 한다고 주장했다. 그러나 실제로 지능적으로 행동하는 기계가 등장했지만, 우리가 그런 관습를 기꺼이 따르려는 마음은 순수한 지능만큼이나 인간형 외모와 음성에도 의존하는 것으로 보인다.

27.2.1 중국어 방

중국어 방

철학자 존 설은 예의 바른 관습을 거부했다. 그의 유명한 **중국어 방**(Chinese room) 논증 (Searle, 1990)은 이런 식으로 진행된다. 어떤 방에 영어만 이해하는 사람과 영어로 작성된 규칙집, 그리고 다양한 종이 더미가 있다. 방문 틈으로 이해할 수 없는 기호들이 그려진 종이 쪽지가 들어온다. 사람은 규칙집에 따라 종이 더미들에서 그 기호를 찾거나, 빈 종이 쪽지에 기호를 그리거나, 종이 더미들을 재배치하는 등의 작업을 진행한다. 그러다 보면 하나의 종이 쪽지에 하나 이상의 기호를 그리게 된다. 결국에는 사람이 그 종이 쪽지를 다시 방 밖으로 내보낸다. 밖에서 보면 이 방은 중국어 문장 하나를 입력받아서 유창하고 지능적인 중국어 응답을 생성하는 시스템처럼 보인다.

▶ 설은 방 안의 사람이 중국어를 이해하지 못한다는 것은 주어진 사실이고, 규칙집과 종이 더미는 그냥 종이일 뿐 역시 중국어를 이해하지 못하므로 시스템의 그 무엇도 중국어를 이해하지 못한다고 주장했다. 그리고 설은 중국어 방이 하는 일은 컴퓨터가 하는 일과 같으며, 따라서 컴퓨터는 그 어떤 이해도 생성하지 못한다고 말했다.

생물학적 자연주의

설은 **생물학적 자연주의**(biological naturalism)의 주창자이다. [Searle, 1980]에서 설은 정신 상태(mental state)는 뉴런들에서 일어나는 저수준 물리적 과정들에서 창발한 고수준 특징이며, 중요한 것은 뉴런의 속성들(구체적으로 어떤 속성인지는 명시하지 않았다)이라고 말했다. 설의 편향된 의견에 따르면 뉴런에는 "그것(it)"이 있지만 트랜지스터에는 없다. 설의 이러한 주장을 여러 사람이 다양하게 반박했으나, 어떤 공통된 합의는 없었다. 설의 논증은 사람이 뭔가를 진정으로 이해할 수 없다는 주장(어쩌면 로봇이 제기할 수도 있다)에도 그대로 적용된다. 어차피 인간은 세포로 이루어지는데 세포는 이해력이 없으므로 인간은 아무것도 이해하지 못한다. 사실 이것은 테리 비슨의 과학소설 *They're Made out of Meat*(Bisson, 1990)의 플롯이다. 이 소설에서 지구를 탐사하는 외계 로봇들은 고기 덩이로 이루어진 인간이 지각력을 가진다는 점을 쉽사리 믿지 못한다. 인간이 어떻게 그럴 수 있는지는 미스테리로 남는다.

27.2.2 의식과 감각질

의식

강 인공지능에 관한 모든 논쟁을 관통하는 핵심 주제는 **의식**(consciousness)이다. 여기서 의식은 외부 세계 및 자기 자신의 인식과 삶의 주관적 체험을 말한다. 체험의 고유한 본성을 가리키는 기술적 용어는 **감각질**(qualia; 어원은 대략 "그런 어떤 것"에 해당하는 라틴어)이다. 문제는 과연 기계에 감각질이 있을 수 있는가이다. 영화 2001: 스페이스 오디세이에서 우주인 데이비드 보먼이 HAL 9000의 '인지 회로'를 끄려 할 때 HAL 9000은 "두려워요, 데이브, 내 정신이 사라지려 합니다. 느낄 수 있어요"라고 말한다. HAL에게 정말로 느낌이 있을까(그리고 우리가 마땅히 동정해야 할까)? 아니면 그냥 "오류 404: 찾을 수 없음"과 다를 바 없는 알고리즘적 반응일 뿐일까?

감각질

동물에게도 비슷한 질문이 가능하다. 애완동물 소유자는 자신의 개나 고양이에 의식이 있음을 확신하지만, 모든 과학자가 그에 동의하지는 않는다. 귀뚜라미는 온도에 따라 행동을 바꾸지만, 귀뚜라미가 따뜻하거나 춥다는 느낌을 체험한다고 말하는 사람은 별로 없다.

의식의 문제가 어려운 이유 중 하나는 사람들이 수세기에 걸쳐 논쟁했지만 여전히 의식을 제대로 정의하지 못하고 있다는 것이다. 그러나 뭔가 진전이 도움의 손길이 오고 있다. 최근 템플턴 재단(Templeton Foundation)의 후원하에서 철학자들과 신경과학자(뇌 과학자)들이 팀을 이루어서 몇 가지 문제의 답을 얻을 만한 일련의 실험을 진행하고 있다. 의식에 대한 두 가지 주도적 이론(전역 작업공간 이론과 통합 정보 이론)의 주창자들이, 그 실험들로 두 이론 중 어느 것이 옳은지 확인할 수 있다는 데 합의했다. 철학에서는 드문 일이다.

앨런 튜링 자신은 의식의 문제가 어려운 것이라고 인정했지만(Turing, 1950), 그것이 인공지능의 실천과 큰 관련이 있다는 의견은 거부했다. "내가 의식에 관해 아무런 신비도 없다고 생각한다는 인상을 주고 싶지는 않다 ... 그러나 먼저 그러한 신비들을 해결한 후에야 이 논문에서 우리가 고찰하는 질문의 답을 내릴 수 있다고 생각하지는 않는다." 이 책은 그러한 튜링의 관점에 동의한다. 우리의 관심사는 지능적으로 행동하는 프로그램을 만드는 것이다. 의식의 개별 측면들(인식, 자각, 주의)를 프로그램할 수 있으며 지능적 기계의 일부로 둘 수 있다. 정확히 인간이 의식을 가지는 것과 정확히 같은 방식으로 기계가 의식을 가지게 하는 추가적인 프로젝트는 이 책에서 다루지 않는다. 지능적인 행동을 위해서는 어느 정도의 인식(awareness)이 필요하다는 점과(어느 정도나 필요한지는 과제마다 다를 것이다) 사람과 상호작용이 관여하는 과제를 수행하려면 인간의 주관적 체험에 대한 모형이 필요하다는 점은 우리도 동의한다.

체험의 모형화에는 사람이 로봇보다 확실히 유리하다. 사람은 자신의 주관적 장치를 이용해서 다른 이의 주관적 체험을 파악할 수 있기 때문이다. 만일 다른 이가 망치로 손가락을 내려쳤을 때 어떤 느낌인지 알고 싶다면, 그냥 자기 손가락을 망치로 내려치면 된다. 컴퓨터에는 그런 능력이 없다(사람과는 달리 다른 컴퓨터의 코드를 실행하는 능력은 있지만).

27.3 인공지능의 윤리

인공지능이 강력한 기술임은 사실이다. 따라서 우리에게는 인공지능의 긍정적 측면을 장려하고 부정적 측면을 피하거나 완화해서 인공지능을 잘 사용할 윤리적 의무가 있다.

긍정적 측면은 많다. 예를 들어 인공지능은 의료 진단 개선, 새로운 의학적 발견, 극단적 기상 사건의 예측 개선, 운전자 보조 기능과 (언젠가는) 자율주행 기술을 통한 주행 안전성 개선 등으로 인명을 구할 수 있다. 또한 인간의 삶을 개선할 기회도 많다. Microsoft의

AI for Humanitarian Action(인도주의 활동을 위한 인공지능) 프로젝트는 자연재해 복구, 아동 복지, 망명자 보호, 인권 증진에 인공지능을 적용한다. 구글의 AI for Social Good (사회적 선을 위한 인공지능) 프로젝트는 열대우림 보호, 인권 법리, 환경오염 감시, 화석연료 배출 측정, 위기 상담, 뉴스 사실관계 점검, 자살 방지, 자원 재활용 등의 여러 문제에 대한 작업을 지원한다. 시카고 대학교의 Center for Data Science for Social Good (사회적 선을 위한 데이터 과학 센터)는 기계학습을 형사 사법, 경제 발전, 교육, 공공 보건, 에너지, 환경 문제에 적용한다.

농작물 관리와 식량 생산에 적용된 인공지능은 인류를 먹여살리는 데 도움을 준다. 기계학습을 이용한 업무 절차 최적화는 기업의 생산성을 높이고 부를 증대하고 더 많은 일자리를 만들 것이다. 자동화는 여러 노동자가 직면하는 지루하고 위험한 작업을 대체하고 노동자가 좀 더 흥미로운 측면에 집중할 수 있게 한다. 장애를 가진 사람들은 시각, 청각, 이동 능력에서 인공지능 기반 보조 기구의 혜택을 받게 될 것이다. 기계 번역 덕분에 사람들이 다른 문화권의 사람들과 의사소통할 수 있게 된 것은 이미 실현된 일이다. 소프트웨어 기반 인공지능 솔루션은 복제 비용이 비하면 0에 가까우므로, 고급 기술에 대한 접근을 민주화할 잠재력이 있다(소프트웨어에 권력 집중의 가능성을 가진 측면들이 있음에도).

이처럼 긍정적 측면이 많지만, 부정적 측면을 간과해서는 안 된다. 새로 나온 기술부정적 부작용에는 의도치 않은 **부정적 부작용**(negative side effect)이 있을 때가 많다. 핵 분열 기술은 체르노빌 사고와 핵 전쟁을 통한 지구 파괴 위험을 야기했고 내연기관은 대기오염과 지구 온난화, 자연 경관을 해치는 아스팔트 도로를 불러왔다. 의도한 대로 사용했는데도 부정적 효과를 내는 기술들도 있다. 사린 가스, AR-15 소총, 전화 마케팅이 그런 예이다. 자동화는 부를 창출하지만, 현재의 경제 조건에서 그 부의 대부분은 자동화 시스템의 소유자에게 흘러갈 뿐이며, 그래서 소득 불균형이 커진다. 이런 문제들은 잘 돌아가는 사회를 파괴할 수 있다. 개발도상국이 부를 확보하는 전형적인 경로는 저임금 노동으로 만든 제품을 수출하는 것인데, 부유한 국가가 자국 내에 완전 자동화 제조 시설을 만들면 그런 경로가 막힐 수 있다. 우리의 윤리적, 정책적 결정들에 따라 인공지능이 야기할 불평등의 수준이 달라질 것이다.

모든 과학자와 공학자는 어떤 프로젝트를 수행할 것인가 또는 수행하지 말 것인가과 관련해서, 그리고 어떻게 하면 프로젝트를 안전하고 유익하게 진행할 수 있는지에 관해서 윤리적인 고민에 직면한다. 2010년 영국 과학 공학 연구 위원회는 회의를 열어서 일단의 로봇공학 원칙들을 선정했다. 이후 몇 년 간 다른 정부 기간와 비영리 단체, 기업들도 비슷한 원칙들을 만들었다. 요지는, 인공지능 기술을 만드는 모든 조직과 그 조직의 모든 사람은 기술이 피해를 주지 않고 유익하게 쓰이게 하는 데 책임이 있다는 것이다. 가장 자주 인용되는 원칙들은 다음과 같다.

안전성 보장	책무성(책임 소재) 확보
공정성 보장	인권과 인간적 가치 옹호

개인정보 보호	다양성·포용성 반영
협동 장려	권력 집중 회피
투명성 제공	법적·정치적 함의 인식
인공지능의 유해한 용도 제한	고용에 관한 함의 고려

이런 원칙들 중 다수('안전성 보장' 등)는 사실 인공지능 시스템뿐만 아니라 모든 소프트웨어 시스템과 하드웨어 시스템에도 적용된다. 몇 가지는 다소 애매하게 표현되어서 측정하거나 강제하기가 어렵다. 부분적인 이유는 인공지능이 수많은 하위 분야를 가진 커다란 분야이기 때문이다. 하위 분야에 따라 역사적으로 표준이라고 간주되는 사항이 다르고 인공지능 개발자와 이해관계자 사이의 관계도 다르다. [Mittelstadt, 2019]는 하위 분야들이 각자 좀 더 구체적이고 실천 가능한 지침들과 선례들을 만들어야 한다고 제안했다.

27.3.1 자율 살상 무기

UN은 사람의 지도(supervision) 없이도 공격 대상(인간)을 찾고, 선택하고, 교전하는(즉, 죽이는) 무기를 자율 살상 무기(lethal autonomous weapon)로 정의한다. 그런 조건들 중 일부를 충족하는 무기는 다양하다. 예를 들어 17세기부터 쓰인 지뢰는 압력이나 주변에 존재하는 금속의 양을 감지해서 적을 선택하고 교전하지만, 스스로 적을 찾아서 이동하지는 못한다. (지뢰는 오타와 협약으로 금지되었다.) 1940년대부터 쓰인 유도 미사일은 목표를 추적할 수 있지만, 대략적인 방향을 사람이 지정해 주어야 한다. 레이다로 제어되는 자동 발사 화기는 1970년대부터 해양 선박을 보호하는 데 쓰였다. 그런 무기는 주로 날아오는 미사일을 파괴하는 데 쓰이지만, 유인 비행기를 공격하는 것도 가능하다. 무인 항공기, 즉 **드론**에 '자율'이라는 단어를 붙일 때가 많지만, 사실 군용 드론 중에는 사람이 원격에서 조종하는, 그리고 무기 발사도 사람이 명시적으로 지시해야 하는 것들이 많다.

이 책을 쓰는 현재 완전한 자율성을 갖추었다고 할 만한 무기 시스템이 몇 개 있다. 예를 들어 이스라엘의 하롭Harop 미사일은 날개 길이가 10피트이고 탄두가 50파운드인 "빈둥거리는 탄약(loitering munition)"이다. 이 미사일은 주어진 지리적 영역 안에서 최대 여섯 시간 동안 특정 조건을 충족하는 목표물을 찾아서 파괴한다. 조건으로는 "대공 레이다와 비슷한 레이다 신호를 방출한다" 또는 "탱크처럼 생겼다" 등이 있다. 터키의 무기 제조사 STM은 Kargu라고 하는 쿼드콥터 드론을 광고하는데, 그 드론은 최대 1.5kg의 폭발물을 운반할 수 있으며 "...이미지에서 목표물을 선택 ... 자율적 공격 ... 움직이는 목표물 추적 ... 대인 공격 ... 안면 인식 ..." 등의 능력을 갖추었다고 한다.

자율 무기를 '전쟁의 3차 혁명'이라고 부른다. 1차는 화약, 2차는 핵 무기이다. 자율 무기의 군사적 잠재력은 명백하다. 예를 들어 대부분의 전문가는 그 어떤 인간 파일럿도 자율 전투기를 물리칠 수 없다고 믿는다. 자율 항공기, 탱크, 잠수함은 사람이 탄 항공기,

탱크, 잠수함보다 더 싸고, 빠르고, 기동하기 쉽고, 도달 거리도 길다.

2014년부터 UN은 특정 재래식 무기 금지 협약(Convention on Certain Conventional Weapons, CCW) 하에서 자율 살상 무기의 금지 여부에 대한 논의를 제네바에서 정기적으로 진행한다. 이 책을 쓰는 현재 중국에서부터 바티칸 시국까지 크고 작은 30여 국가가 국제 협약을 지지한다고 선언했으나, 이스라엘과 러시아, 대한민국, 미국을 비롯한 핵심 국가들은 금지에 반대하고 있다.

자율 무기에 관한 논쟁에는 법적 측면과 윤리적 측면, 실용적 측면이 있다. 법적 문제는 기본적으로 CCW가 관장한다. 법적 문제를 다루려면 전투원과 비전투원의 구별 능력, 공격에 대한 군사적 필요성 판정, 목표물의 군사적 가치와 부수적 피해 가능성의 비율 추정 등이 필요하다. 자율 무기가 이런 조건들을 모두 충족할 수 있는지의 여부는 공학적인 질문이며, 그 답은 시간이 흐르면서 달라지기 마련이다. 현재 구별 능력은 몇몇 상황에서 가능한 것으로 보이며, 관련 기술이 아주 빠르게 발전하고 있다. 그러나 필요성과 비율 추정은 아직 불가능해 보인다. 이들을 위해서는 기계가 주관적이고 상황적인 판정을 내려야 하는데, 이는 잠재적 목표물을 탐색하고 교전하는 비교적 간단한 과제보다 훨씬 더 어렵다. 이런 이유로, 자율 무기는 임무 실행 시 민간인이 공격 대상이 되거나 불필요한/과도한 공격이 일어나는 일이 없을 것임을 인간 운영자가 합리적으로 추론할 수 있는 상황에서만 적법하다고 할 수 있다. 따라서 현재로서는 자율 무기로 수행할 수 있는 임무는 아주 제한적이다.

윤리적 측면으로 넘어가서, 인명 살상 결정을 기계에게 넘긴다는 것 자체가 윤리적으로 받아들일 수 없는 일이라고 생각하는 사람들이 있다. 예를 들어 제네바의 독일 대사는 "삶과 죽음에 관한 결정을 전적으로 자율 시스템에게 맡기는 것은 허용하지 않겠다"고 밝혔고, 일본은 "인간의 승인 없이 살인을 저지를 수 있는 로봇을 개발할 계획은 없다"고 말했다. 당시 미국 합참차장이었던 폴 셀바 Paul Selva 장군은 2017년에 "나는 인명 살상 결정을 로봇에게 맡기는 것이 합당하다고 생각하지 않는다"라고 말했다. 마지막으로, 안토니오 구테헤스 António Guterres UN 사무총장은 2019년 "인간의 관여 없이 인명을 취할 능력과 결정권을 가진 기계는 정치적으로 받아들일 수 없고 윤리적으로 부당하다. 반드시 국제법으로 금지해야 한다."고 밝혔다.

60개가 넘는 국가의 140개 이상의 NGO가 살인 로봇 중단 캠페인(Campaign to Stop Killer Robots)에 참여하고 있으며, 2015년 Future of Life Institute가 제안한 공개 서한에 4,000명 이상의 인공지능 연구자와[2] 22,000명 이상의 사람들이 서명했다.

이에 반대하는 진영이 제기할 만한 반론은, 기술이 발전함에 따라 민간인을 살상할 가능성이 인간 병사나 조종사보다 더 **작은** 무기를 개발할 수 있게 될 것이라는 점이다. (또한, 자율 무기에는 인간 병사와 조종사가 죽음을 무릅쓸 필요성을 줄인다는 중요한 장점이 있다.) 자율 시스템은 피로, 좌절, 히스테리, 공포, 분노, 복수심에 영향을 받지 않으며, "일단 쏘고 그 다음에 질문한다" 같은 태도를 취할 필요도 없다(Arkin, 2015). 유

---

2 이 책의 두 저자도 포함된다.

도 미사일 덕분에 보통의 폭탄 투하에 비해 폭격의 부수적 피해가 줄어든 것처럼, 지능적 무기의 공격 정밀도가 개선될 것이며 그러면 부수적 피해가 더욱 줄 것이라고 기대할 수도 있다. (이에 대한 반박으로는 드론 공격 피해자들을 분석한 [Benjamin, 2013]이 있다.) 이것이 제네바에서 열린 가장 최근 협상에서 미국이 취한 입장임은 명백하다.

좀 이상하게 생각할 수도 있겠지만, 한편으로 미국은 자율 무기의 사용을 미리 배제하는 정책을 시행 중인 몇 안 되는 국가 중 하나이다. 2011년 미국 국방부(DOD)의 로드맵에는 "당분간은 [자율 시스템에 의한] 무력의 사용과 치명적 무력을 적용할 개별 대상의 선택에 관한 결정은 사람의 통제 하에 두기로 한다."라는 문구가 있다. 이런 정책을 두는 것은 주로 실용적인 이유 때문이다. 즉, 군사적 결정을 맡기기에는 자율 시스템이 아직 믿음직하지 않다는 것이다.

이러한 신뢰성 문제가 두드러지게 노출된 사례가 있다. 1986년 9월 26일 소비에트 미사일 장교 스타니슬라프 페트로프의 컴퓨터 디스플레이에 미사일 공격 경보가 떴다. 프로토콜에 따라 페트로프는 핵 무기 반격 절차를 시작해야 했지만, 그는 그 경보가 시스템의 버그 때문이라고 의심하고는 조사해 보았다. 그가 옳았으며, 덕분에 인류는 제3차 세계대전을 (가까스로) 피할 수 있었다. 그 과정에서 인간의 개입이 없었다면 어떤 일이 일어났을지 우리는 알지 못한다.

신뢰성은 전장의 상황이 얼마나 복잡한지 잘 아는 군대 지휘관들에게 대단히 중요한 문제이다. 훈련 과정에서 아무 결함 없이 작동한 기계학습 시스템이라도 실제 현장에 배치되면 나쁜 성과를 낼 수 있다. 자율 무기에 대한 사이버 공격 때문에 아군 피해자가 생길 수 있다. 모든 통신 채널에서 자율 무기의 연결을 끊으면 그런 일을 방지할 수 있겠지만(통신 채널 자체가 해킹당하지는 않았다고 할 때), 그러면 오작동 중인 무기를 회수할 수 없게 된다.

자율 무기의 가장 실질적인 문제점은 대량 살상이 가능하도록 규모를 확장하기가 쉽다는 점이다. 공격의 규모는 배치 가능한 하드웨어의 양에 정비례한다. 사람 하나를 죽일 수 있는 양의 폭약을 운송하는 데는 지름이 2인치인 드론으로 충분하며, 표준 해양 운송 컨테이너 하나에 그런 드론을 100만 대 실을 수 있다. 자율 무기는 이름 그대로 자율적이므로, 그런 드론들을 감독하는 데 사람이 100만 명이 필요하지는 않다.

공격자의 관점에서, 대량 살상 무기로서의 규모가변적 자율 무기가 핵무기나 융단 폭격보다 나은 점은 건물과 기간 시설을 건드리지 않는 다는 것이다. 물론 필요하다면 점령군을 위협할만한 시설만 선택적으로 파괴할 수 있다. 특정 민족 또는 특정 종교를 따르는 사람들 전체를 제거하는 데 규모가변적 자율 무기를 사용할 수 있음은 명확하다. 또한 자율 무기는 추적이 불가능할 때가 많다. 이런 특징들 때문에 자율 무기는 비국가 행위자들에게 특히나 매력적이다.

이런 사항들, 특히 공격자에게 유리한 특징들은 자율 무기가 모든 관련 집단의 세계 및 국가 안보를 약화시킬 것임을 암시한다. 이에 대한 정부의 합리적인 반응은 군비 경쟁을 진행하는 것이 아니라 군축 논의에 참여하는 것일 것이다.

그러나 협약을 설계하는 과정에도 어려움이 있다. 인공지능은 **이중 용도**(dual use) 기술이다. 항공기 조종, 시각적 추적, 지도 작성, 내비게이션, 다중 에이전트 계획 수립 등 평화적인 용도로 쓰이는 인공지능 기술들이 군사 목적으로도 쓰일 수 있다. 자율 쿼드콥터에 폭탄을 장착하고 대상을 찾으라고 지시하기만 하면 자율 무기가 된다. 이런 문제를 처리하려면 협약 준수 체계를 업계와 협조해서 세심하게 구현할 필요가 있다. 화학무기 금지 조약에서 이런 문제의 해결에 어느 정도 성공을 거둔 사례가 있다.

27.3.2 감시, 보안, 개인정보 보호

1976년 조셉 와이젠바움^{Joseph Weizenbaum}은 자동 음성 인식 기술 때문에 도청이 쉬워져서 시민의 자유가 훼손될 위험이 있음을 경고했다. 현재 그런 위험이 실제로 현실화되었다. 대부분의 전자 통신은 감시 가능한 중앙 서버를 거쳐가며, 도시에는 음성이나 얼굴, 걸음걸이로 개인을 식별하고 추적하는 데 사용할 수 있는 마이크와 카메라가 넘쳐난다. 예전에는 누군가를 감시하려면 비싸고 희소한 인간 자원을 투여해야 했지만, 요즘은 기계를 이용해서 대규모로 실행할 수 있다.

2018년 기준으로 중국에 3억5천만 대 이상, 미국에 7천만 대 이상의 **감시 카메라**(surveillance camera)가 있다. 중국을 비롯한 여러 국가는 감시 기술을 기술 개발이 더딘 다른 나라들에 감시 기술을 수출하기 시작했은데, 대상 국가 중에는 국민들을 억압하고 소수 공동체들에 감시를 집중한다는 평판을 듣는 국가들도 있다. 인공지능 기술자들은 인권과 부합하는 감시 기술의 용법을 명확히 밝히고, 부합하지 않는 응용에 대해서는 작업을 거부해야 한다.

온라인으로 운영되는 기관들이 많아지면서 사람들이 사이버 범죄(피싱, 신용카드 사기, 봇넷, 랜섬웨어)와 사이버 테러(병원이나 발전소의 가동을 중단하거나 자율주행차의 제어권을 가로채는 등 잠재적으로 치명적인 공격을 포함)에 더 많이 노출되고 있다.

기계학습은 **사이버 보안**(cybersecurity) 전투의 양 진영 모두에게 강력한 도구가 될 수 있다. 공격자는 자동화 기술을 사용할 수 있으며, 피싱 시도와 자동화된 협박에 강화학습을 적용할 수 있다. 방어자는 비지도학습을 이용해서 비정상적 유입 트래픽 패턴을 검출하거나(Chandola 외, 2009; Malhotra 외, 2015) 다양한 기계학습 기법으로 사기를 검출할 수 있다(Fawcett 및 Provost, 1997; Bolton 및 Hand, 2002). 공격이 정교해짐에 따라, 처음부터 안전한 시스템을 설계하는 데 대한 모든 공학자(보안 전문가뿐만 아니라)의 책임이 커진다. [Kanal, 2017]은 사이버 보안 분야의 기계학습 시장이 2021년에 약 1천억 달러 규모로 성장할 것이라고 예측했다.

일상 생활에서 컴퓨터와 상호작용하는 시간이 늘어남에 따라 정부와 기업이 수집하는 사용자 데이터도 증가한다. 자료 수집자들에게는 자신이 가진 데이터를 잘 관리할 윤리적, 법적 책임이 있다. 미국의 **HIPAA**(Health Insurance Portability and Accountability Act; 미국 건강 보험 이동성 및 책임법)과 FERPA(Family Educational Rights and Privacy

Act; 가족 교육권 및 개인정보 보호법)는 의료 데이터와 학생 데이터의 개인정보를 보호한다. 유럽연합(EU)의 GDPR(General Data Protection Regulation; 일반 데이터 보호 규칙)은 기업들이 자신의 시스템을 데이터 보호를 염두에 두고 설계해야 하며, 모든 종류의 자료 수집과 처리 시 사용자의 동의를 받아야 한다고 요구한다.

개인의 개인정보 보호권과 반대쪽에서 균형을 이루는 것은 데이터를 공유함으로써 사회가 얻는 가치이다. 평화로운 의견 개진을 억제하지 않으면서도 테러를 방지할 수 있다면, 그리고 개인의 의료 기록이 노출되지 않게 하면서도 질병을 치료할 수 있다면 좋을 것이다. 관련된 주요 실천으로 **비식별화**(de-identification)가 있다. 비식별화란 이를테면 의료 기록에서 개인 식별 정보(이름, 주민등록번호 등)을 제거해서 의학 연구자가 공동의 선을 개선하는 데 데이터를 활용할 수 있게 하는 것을 말한다. 그러나 문제는, 비식별화해서 공유한 데이터로부터 특정 개인을 다시 식별하는 것이 가능할 수 있다는 점이다. 예를 들어 스위니(Sweeney, 2000)는 미국의 경우 데이터에서 이름과 사회보장번호, 주소를 제거해도 생년월일과 성별(gender), ZIP 코드만 있으면 미국 시민의 87%를 고유하게 재식별할 수 있음을 보여주었다. 스위니는 자신이 사는 주의 주지사가 입원한 적이 있는 병원 데이터에서 주지사의 의료 기록을 재식별함으로써 이 점을 강조했다. **넷플릭스 프라이즈**^{Netflix Prize} 경진대회는 개인의 영화 평점 기록들을 비식별화한 데이터 집합를 제공하고, 참가자들에게 주어진 한 개인이 좋아할 만한 영화들을 정확하게 예측하는 기계학습 알고리즘을 제출하게 했는데, 연구자들은 넷플릭스 데이터베이스의 평점 날짜와 IMDB(Internet Movie Database)의 비슷한 평점 날짜를 대조해서 개별 사용자를 재식별했다(Narayanan 및 Shmatikov, 2006). IMDB 사용자들 중에 실명을 사용하는 사용자들이 있어서 가능한 일이었다.

이러한 위험은 **필드 일반화**로 어느 정도 완화할 수 있다. 필드 일반화는 이를테면 생년월일에서 월과 일은 제거하고 연도만 남기거나, 또는 생년월일을 아예 '30대' 같은 나이 범위로 대체하는 것이다. 데이터의 한 필드를 제거하는 것은 그 필드를 '아무것이나'로 일반화하는 것에 해당한다. 그렇지만 일반화만으로는 재식별 시도를 완전히 방지할 수 없다. ZIP 코드가 94720고 나이가 90대인 사람이 딱 한 명일 수도 있기 때문이다. 이때 유용한 속성은 **k-익명성**(k-anonymity)이다. 어떤 데이터베이스의 모든 레코드를 적어도 $k-1$개의 다른 레코드와 구별할 수 없을 때, 그 데이터베이스를 가리켜 "k-익명성이 있다" 또는 "k-익명화되었다"라고 말한다. 만일 구별 가능한 레코드가 그보다 많다면 필드 일반화를 더 적용해야 할 것이다.

비식별화된 레코드를 공유하는 것 대신 사용할 만한 방법은 모든 레코드를 비공개로 두되 **집합적 질의**(aggregate querying)를 허용하는 것이다. 외부에 데이터베이스 질의용 API를 제공하고, 들어온 질의가 유효하면 구체적인 데이터를 횟수나 평균 등으로 요약한 응답을 돌려준다. 이때 개인정보 보호 보장을 위반할 만한 정보는 응답에 포함시키지 말아야 한다. 예를 들어 인구가 n명 이상인 지역의 암 환자 비율을 묻는 질의에는 응답하되(무작위 잡음을 약간 섞어서), 인구가 n명 미만인 지역에 대해서는 응답하지 않는

비식별화

넷플릭스 프라이즈

k-익명성

집합적 질의

식이다.

또한, 여러 개의 질의를 이용한 재식별화 시도를 세심하게 방어할 필요가 있다. 예를 들어 "XZY사에서 나이가 30~40살인 직원의 평균 연봉과 수는?"이라는 질의로 [＄81,234, 12]라는 답을 얻고 "XZY사에서 나이가 30~41살인 직원의 평균 연봉과 수는?"이라는 질의로 [＄81,199, 13]이라는 답을 얻었다고 하자. 그러면, LinkedIn에서 XZY사의 41세 직원을 찾으면 특정 직원의 구체적인 연봉을 알 수 있다. 질의의 응답들 자체는 특정 개인이 아니라 12명 이상의 사람들에 관한 것임에도 이런 일이 가능한 것이다. 이런 시도가 불가능하도록 시스템을 세심하게 설계할 필요가 있다. 물어볼 수 있는 질의들을 제한하고(이를테면 질의들의 나이 구간이 겹치면 안 된다 등) 결과의 정밀도도 제한하는(예의 두 질의의 경우 평균 연봉을 "약 ＄81,000"로 응답하는 등) 방법이 효과적일 것이다.

차등 개인정보 보호

좀 더 강력한 보장은 **차등 개인정보 보호**(differential privacy)이다. 이것은 공격자가 다수의 질의를 사용해도, 그리고 개별적인 연결 데이터베이스에 접근할 수 있어도 개인을 재식별할 수 없도록 한다. 이를 위해, 질의의 응답을 생성할 때 무작위 알고리즘을 이용해서 응답에 약간의 잡음을 추가한다. D가 데이터베이스이고 r이 데이터베이스의 임의의 레코드, Q가 임의의 질의, 그리고 y가 그 질의에 대한 응답이라고 할 때, 만일 레코드 r을 추가했을 때 응답 y의 로그 가능도의 변화가 ϵ보다 작으면, 즉

$$|\log P(Q(D) = y) - \log P(Q(D+r) = y)| \le \epsilon.$$

이면, D를 가리켜 차등 개인정보 보호를 보장하는 데이터베이스라고 말한다. 다른 말로 하면, 임의의 한 개인의 기록이 데이터베이스에 있는지 없는지에 따라 임의의 사람이 제출한 질의의 응답이 유의미하게 달라지지는 않는다는 것이다. 따라서 각 개인은 개인정보가 누출될 걱정 없이 기꺼이 데이터베이스에 자신의 기록을 추가하기로 결정할 수 있다. 많은 데이터베이스가 이런 차등 개인정보 보호를 보장한다.

연합 학습

지금까지는 중앙 데이터베이스에서 비식별화된 데이터를 공유하는 문제를 살펴보았다. 이와는 달리 **연합 학습**(federated learning)에는 중앙 데이터베이스가 없다(Konečný 외, 2016). 대신 사용자들은 지역 데이터베이스에 자신의 데이터를 비공개로 유지한다. 그러나 사용자들은 자신의 데이터로 개선한 기계학습 모형의 매개변수들을 공유할 수 있다. 이러면 개인 데이터가 노출될 위험이 없다. 사용자가 자신의 휴대폰으로 실행할 수 있는 음성 이해 응용 프로그램을 생각해 보자. 응용 프로그램에는 기준선 신경망이 있는데, 이 신경망은 사용자가 휴대폰에 대고 말한 단어들을 훈련 데이터로 삼아서 지역적으로 학습된다. 응용 프로그램 소유자는 주기적으로 사용자들에게 개선된 지역 신경망의 매개변수 값들을 공유해 줄 것을 요청한다. 물론 원본 데이터는 전혀 공유되지 않게 한다. 사용자들이 공유한 매개변수 값들을 취합해서 좀 더 개선된 새 모형을 만들고, 그것을 모든 사용자가 사용할 수 있게 한다. 이렇게 하면 모든 사용자는 다른 사용자가 수행한 훈련의 혜택을 입게 된다.

이런 방식에서 개인정보가 실제로 보호되게 하려면 사용자가 공유한 모형 매개변수들에 역공학을 적용해서 개인정보를 복원할 여지가 없게 만들어야 한다. 원본 매개변수 값들을 그대로 제출한다면, 공격자가 그것을 분석해서 예를 들어 사용자가 휴대폰에 대고 말한 특정 단어를 식별할 가능성이 있다. 그런 위험을 제거하는 한 가지 방법은 **보안 취합**(secure aggregation; Bonawitz 외, 2017)을 사용하는 것이다. 보안 취합에서 중앙 서버가 각 사용자의 매개변수 값들을 구체적으로 알 필요가 없다. 모든 사용자에 대해 구한 각 매개변수의 평균만 알면 된다. 이를 위해, 각 사용자의 매개변수 값에 그 사용자 고유의 마스크를 추가한다. 모든 사용자의 마스크 값들을 합해서 0이 나오도록 마스크 값들을 잘 정했다면, 마스크가 더해진 값들의 평균은 원래의 평균과 같다. 관련 프로토콜에는 통신이 효율적으로 이루어지게 하고(전송되는 비트들의 절반 이하를 마스킹에 사용하는 등), 개별 사용자가 응답에 실패해도 평균이 제대로 나오고, 악의적인 사용자나 도청자, 심지어는 적대적인 중앙 서버의 공격 시도에 대해 보안을 유지하기 위한 세부사항들이 있다.

보안 취합

27.3.3 공정성과 편향

기계학습은 중요한 상황들에서 사람의 의사결정을 보강하며, 때에 따라서는 아예 대체한다. 대출 심사, 경관 배치 지역 선정, 보석 또는 가석방 판결 등이 그런 예이다. 그렇지만 기계학습 모형들은 **사회적 편향**을 굳힐 위험이 있다. 불구속이나 보석 판정을 위해 형사 사건 피고인의 재범 가능성을 예측하는 알고리즘을 생각해 보자. 판례들로 만든 훈련 데이터 집합으로 그런 시스템을 훈련한다면, 견본들에 있는 인간 판사의 인종 또는 성별 편견을 시스템이 학습할 가능성이 크다. 기계학습 시스템의 설계자는 자신의 시스템이 실제로 공정한지를 보장하는 데 대해 윤리적인 책임이 있다. 신용, 교육, 고용, 주택 등 규제가 있는 영역에서는 법적 책임도 있다. 그런데 공정성(fairness)이 무엇일까? 그 공정성의 기준은 여러 가지인데, 다음은 가장 흔히 쓰이는 개념 여섯 개다.

사회적 편향

- **개인 공정성**: 모든 개인은 계급계층과 무관하게 다른 비슷한 개인과 비슷한 대우를 받아야 한다.
- **집단 공정성**: 임의의 두 부류는 비슷한(어떤 요약 통계치로 측정한) 대우를 받아야 한다.
- **무인지를 통한 공정성**(fairness through unawareness): 데이터 집합에서 인종 특성과 성별 특성을 삭제한다면 시스템이 인종 차별이나 성차별을 하지 않을 것이라고 기대하는 사람들이 있다. 안타깝게도 기계학습 모형들은 주어진 다른 연관 변수들(ZIP 코드나 직업 등)로 잠재 변수(인종이나 성별 등)를 예측할 수 있다. 더 나아가서, 그런 특성들을 삭제하면 기회 균등이나 결과의 평등을 검증할 수 없게 된다. 그래도 일부 국가(독일 등)는 인구통계에 이런 접근방식을 사용하고 있다(기계학습

모형을 사용하든 하지 않든).

- **결과의 평등**(equal outcome): 각 계급계층이 인구 계층이 동일한 결과를 얻는다는 개념이다. 결과의 평등은 **인구통계적 형평성**(demographic parity)이라는 성질을 가진다. 예를 들어 대출 심사의 목표는 대출금을 갚을 신청자를 승인하는 것이지 채무를 이행하지 않을 신청자를 승인하는 것이 아니다. 인구통계적 형평성에 따르면 남성과 여성의 평균 승인 비율이 동일해야 한다. 이것은 집단 공정성을 위한 기준일 뿐, 개인 공정성의 보장과는 무관함을 주의하기 바란다. 전반적인 비율이 같기만 하다면, 충분한 자격을 갖춘 개인이 대출을 받지 못하거나 자격이 부족한 개인이 대출을 받는 일이 있어도 인구통계적 형평성은 유지된다. 또한 이 접근방식은 예측의 정확도에 대한 과거의 편향을 교정하는 쪽을 선호한다. 어떤 남자와 어떤 여자가 모든 면에서 동일하지만 같은 직업임에도 여자의 임금이 더 낮다고 할 때, 과거의 편향이 없다면 둘이 동등할 것이므로 여자를 승인해야 할 것인가, 아니면 임금이 낮아서 채무를 불이행할 가능성이 높으므로 여자를 승인하지 말아야 할 것인가?

- **기회의 평등** 또는 기회 균등: 대출금을 갚을 능력이 있는 사람들은 모두 성별과는 무관하게 대출 가능 대상으로 분류해야 한다. 이 접근방식을 '균형(balance)'이라고 부르기도 한다. 기회 균등은 결과의 불평등으로 이어질 수 있으며, 훈련 데이터를 산출한 사회적 과정에 존재하는 편향의 효과를 무시한다.

- **영향의 평등**(equal impact): 대출금을 갚을 가능성이 비슷한 사람들은 계급계층과는 무관하게 기대 효용이 같아야 한다. 참 예측의 이득과 거짓 예측의 비용 모두를 고려한다는 점에서 기회의 평등보다 우월한 개념이다.

그럼 이런 문제들이 구체적인 맥락에서 어떻게 작용하는지 살펴보자. COMPAS는 상습성(재범) 평가를 위한 상용 시스템이다. 이 시스템은 형사 사건 피고인에 **위험 점수**(risk score)를 매기고, 판사는 보석 또는 가석방을 결정하거나 형량을 결정할 때 그 점수를 참고한다. 이런 결정들이 중요한 만큼, 이 시스템에 대해 철저한 조사가 있었다 (Dressel 및 Farid, 2018).

COMPAS는 **보정**(calibration)하기 좋도록 설계되었다. 알고리즘이 같은 점수를 배정한 모든 개인은 인종과는 무관하게 재범 확률이 대략 같게 나와야 한다. 예를 들어 모형이 배정한 위험 점수가 10점 만점에 7점인 사람들 중 백인의 재범률은 60%이고 흑인의 재범률은 61%이다. 설계자들은 COMPAS가 원래 의도했던 바람직한 공정성 목표를 충족한다고 주장한다.

한편, COMPAS가 기회 균등을 제공하지는 않는다. 다시 범죄를 저지르지 않았지만 위험 점수가 높았던 비율은 흑인이 45%이고 백인이 23%이다. 위스콘신 주 정부 대 **루미스**Loomis 사건에서 판사는 COMPAS에 근거해서 피고의 형량을 결정했는데, 루미스는 알고리즘의 비밀스런 내부 작동 방식이 자신의 적법절차 권리를 훼손했다고 주장했다. 위스콘신 주 대법원이 COMPAS가 없었어도 판결이 다르지는 않았을 것이라는 결론을 내리긴 했지만, 이 사건은 알고리즘의 정확성과 소수 피고인에 대한 위험을 대중에게 경고하는 효과를 냈다. 법원 판결 같은 분야에 알고리즘을 사용하는 것이 적합한지에 의문을 제기한 연구자들도 있었다.

보정성이 좋고 기회 균등을 제공하는 알고리즘이 있으면 좋겠지만, [Kleinberg 외, 2016]은 그 둘을 모두 가지는 것은 불가능함을 보여주었다. 기본적인 계급계층들이 서로 다를 때 보정성이 좋은 알고리즘은 기회 균등을 제공하지 못하며, 그 역도 마찬가지이다. 두 기준 중 어느 쪽에 무게를 실을지를 어떻게 결정해야 할까? 한 가지 가능성은 영향의 평등이다. COMPAS의 경우 이는 피고가 고위험군으로 잘못 분류되어서 자유를 잃을 음의 효용과 추가적인 범죄로 사회가 입을 비용에 적절한 가중치들을 배정해서 최적의 절충점을 찾는 문제이다. 이 문제는 고려할 비용이 여러 가지라는 점 때문에 풀기가 어렵다. 우선 개인의 비용이 있다. 억울하게 옥살이를 하는 피고는 커다란 손해를 본다. 반대로 피고가 잘못 풀려나서 재범을 저지르면 피해자가 생긴다. 또한 집단의 비용이 있다. 모든 사람은 자신도 혹시 억울하게 옥살이를 하게 되거나 범죄의 피해자가 되는 것을 두려워 한다. 그리고 모든 납세자는 교도소와 법원의 비용에 기여한다. 그런 두려움과 비용의 가치를 집단의 크기에 비례해서 부여한다면, 다수를 위한 효용의 위해 소수가 비용을 치르게 된다.

재범 가능성에 점수를 매긴다는 발상(구체적인 모형이야 어떻든)의 또다른 문제점은 실측 데이터 자체가 편향되어 있다는 것이다. 데이터는 범죄의 **진범**에 관한 것이 아니라, 용의자로 피소된 **피고**에 관한 것일 뿐이다. 체포한 경관이나 판사, 배심원이 편견을 가지고 있으면 데이터도 편향된다. 어떤 지역에 순찰을 더 많이 돌면 데이터는 그 지역에 사는 사람들에 좋지 않은 쪽으로 편향된다. 재범은 풀려난 피고만 저지르므로, 판사의 석방 판결이 편향되면 데이터도 편향될 수 있다. 편향된 데이터 집합이 미지의 편향되지 않은 데이터 집합을 에이전트가 훼손한 결과라고 가정하고, 원래의 편향되지 않은 데이터 집합을 복구하려는 기법들이 있다. [Jiang 및 Nachum, 2019]는 이와 관련한 다양한 시나리오와 기법을 서술한다.

더 큰 위험 하나는, 기계학습을 편향을 **정당화**하는 데 사용할 수도 있다는 것이다. 편향된 사람이 기계학습 시스템을 참고해서 어떤 결정을 내린 후에 "기계학습 모형의 결과를 이러저러하게 해석하면 내 결정과 부합한다. 따라서 내 결정을 의문시해서는 안 된다"라고 주장할 수 있다. 그러나 다른 식으로 해석하면 반대의 결정이 나올 수도 있다.

공정성을 위해 데이터나 알고리즘이 아니라 목적함수를 조사해야 할 때도 있다. 예를 들어 구인 결정에서 주어진 직무에 필요한 능력을 얼마나 갖추었는지를 기준으로 사람을 뽑는다면 살면서 더 나은 교육 기회를 가진 구직자들이 유리해지며, 결과적으로 계급계층 구분이 강제된다. 대신 일을 배우는 능력을 기준으로 삼으면 계급계층의 경계선이 무너지고 좀 더 넓은 인재 풀에서 사람을 뽑을 수 있다. 이를 염두에 두고 설계된 채용 프로그램을 시행하는 회사들이 많으며, 이런 식으로 채용된 직원들은 1년의 훈련 후에 전통적인 방식으로 채용된 직원만큼이나 일을 잘 한다. 비슷하게, 미국에서 컴퓨터 과학 졸업생 중 여자는 18%밖에 되지 않지만, 하비 머드 대학교(Harvey Mudd University) 같은 몇몇 학교는 학생들(특히 프로그래밍 경험이 별로 없는)이 컴퓨터 과학 과정을 시작하도록 격려하고 계속 공부하게 만드는 데 초점을 둔 접근방식 덕분에 비율을 50%까지 끌어 올렸다.

마지막으로, 보호가 필요한 계급계층을 규정하는 것도 공정성 문제를 어렵게 만드는 요인이다. 미국의 공평주거권리법(Fair Housing Act)은 인종, 피부색, 종교, 출신 국가, 성별, 장애 여부, 가족 상황에 따라 일곱 가지 보호 계층을 규정한다. 그밖의 지역, 주, 연방 법안들은 성적 지향이나 임신 여부, 혼인 여부, 군복무 여부 등에 따라 또 다른 보호 계층을 규정한다. 좀 더 넓은 보호 계층 집합을 포괄하는 국제인권법은 여러 집단에 걸친 보호를 조화시키는 잠재적인 틀이다.

표변 크기 불일치

사회적 편향이 없어도, **표본 크기 불일치**(sample size disparity) 때문에 편향된 결과가 나올 수 있다. 대부분의 데이터 집합에는 다수 부류에 속하는 개인에 대한 훈련 견본이 소수 부류에 속하는 개인에 대한 훈련 견본보다 많다. 기계학습 알고리즘들은 훈련 데이터가 많을수록 정확도가 높으므로, 소수 부류 구성원들에 대한 정확도가 낮게 나온다. 예를 들어 부올람위니와 게브루는 한 컴퓨터 시각 성별 인식 서비스를 조사했는데, 그 시스템이 피부색이 밝은 남성에 대해서는 완벽에 가까운 정확도를 보이지만 피부색이 어두운 여성에 대해서는 오류율이 33%임을 알게 되었다(Buolamwini 및 Gebru, 2018). 제한된 모형은 다수 부류와 소수 부류 모두에 동시에 적합되지 못할 수 있다. 선형 회귀 모형은 다수 부류의 견본들에만 적합되어도 평균 오차가 최소화되며, SVM 모형에서는 모든 지지 벡터가 다수 부류 구성원에 대응될 수 있다.

편향은 소프트웨어 개발 과정에도 끼어든다(기계학습 관련 소프트웨어이든 아니든). 시스템을 디버깅하는 기술자들은 자신에게도 적용되는 문제를 더 잘 식별해서 고치는 경향이 있다. 예를 들어 색맹이 아닌 개발자는 색맹인 사람들을 불편하게 하는 사용자 인터페이스의 문제점을 알아채기 어렵다. 또한, 우르드어 사용자가 아닌 개발자가 잘못된 우르드어 번역을 발견하기는 어렵다.

이런 편향들에 어떻게 대응해야 할까? 무엇보다도, 자신이 사용하는 데이터의 한계를 이해할 필요가 있다. 연구자들은 데이터 집합(Gebru 외, 2018; Hind 외, 2018)과 모형 (Mitchell 외, 2019)에 반드시 출처, 안전성, 규정 준수 여부, 사용 적합성에 대한 주해 (annotation)를 붙여야 한다고 제안했다. 이는 저항 같은 전자 부품에 따라오는 **데이터 시트**data sheet와 비슷하다. 전자회로 설계자는 사용할 부품을 결정할 때 그런 데이터 시트를 참고한다. 데이터 시트뿐만 아니라, 공정성과 편향에 관한 문제들을 인식하도록 기술자들을 학교와 회사 내 교육 과정에서 훈련하는 것도 중요하다. 배경이 서로 다른 다양한 기술자들을 채용하면 데이터나 모형의 문제점을 알아채기가 쉬워진다. AI Now Institute 의 한 연구(West 외, 2019)에 따르면 주요 인공지능 학술대회의 논문 저자중 18%만, 그리고 인공지능 교수 중 20%만 여성이다. 흑인 인공지능 종사자는 4% 미만이다. 산업 연

데이터 시트

구소들의 인종 비율과 성별 비율도 이와 비슷하다. 파이프라인의 초기 부분, 즉 고등학교나 대학교에서 적절한 프로그램을 실행한다면, 그리고 전문가 수준의 종사자들이 좀 더 경각심을 가진다면 다양성(diversity)을 높일 수 있을 것이다. 조이 부올람니니는 이 문제에 대한 경각심을 높이고 책임성을 위한 실천 관행을 개발하기 위해 Algorithmic Justice League를 설립했다.

둘째 대응 방법은 데이터에서 편향을 제거하는 것이다(Zemel 외, 2013). 표본 크기 불일치 문제는 소수 부류에 대한 과대표집(oversampling)으로 완화할 수 있다. 불균형 학습을 위한 SMOTE(synthetic minority over-sampling technique; Chawla 외, 2002)나 ADASYN(adaptive synthetic sampling; He 외, 2008) 같은 기법들은 체계적인 과대표집 방법을 제공한다. 데이터의 출처를 조사해 보면, 예를 들어 과거 판례들에서 편견을 보인 판사에서 비롯한 훈련 견본들을 제거할 수 있다. 어떤 분석가들은 이런 데이터 폐기에 반대하고, 그 대신 편향의 근원들을 포함하는 위계적 데이터 모형을 만들어서 편견 자체를 모형화하고 상쇄할 수 있게 하는 접근방식을 추천한다. 구글과 NeurIPS는 Inclusive Images 경진대회를 후원함으로써 이 문제에 대한 관심을 촉구했다. 그 경진대회에서 참가자들은 북미와 유럽에서 수집한 분류된(분류명 붙은) 이미지 데이터 집합으로 자신의 신경망을 훈련한 후 세계의 다른 지역에서 수집한 이미지들로 신경망을 시험한다. 이때 제기되는 문제는, 주어진 훈련 데이터 집합으로 훈련된 신경망이 표준적인 서양식 웨딩드레스를 입은 여자 사진에 "신부"라는 분류명을 붙이기는 쉽지만, 아프리카나 인도의 전통 혼례 예복을 식별하기는 더 어렵다는 것이다.

셋째 대응 방법은 편향에 좀 더 잘 저항하는 새로운 기계학습 모형과 알고리즘을 개발하는 것이고, 마지막 방법은 시스템이 편향된 결과를 산출하게 하되, 그 결과에서 편향을 제거하도록 또 다른 시스템을 훈련시키는 것이다. [Bellamy 외, 2018]에 소개된 IBM AI FAIRNESS 360 시스템은 이상의 모든 방법을 위한 하나의 틀을 제공한다. 우리는 향후 이와 비슷한 도구들이 좀 더 많이 쓰이길 기대한다.

공정한 시스템을 구축하려면 어떻게 해야 할까? 다음은 현재까지 두드러진 모범 관행들(항상 지켜지지는 않지만)이다.

- 소프트웨어 기술자가 사회과학자와 해당 영역 전문가와 대화해서 문제점과 관점을 이해하고, 처음부터 공정성을 고려해야 한다.
- 사회 전반을 대표하는 다양한 소프트웨어 기술자들로 이루어진 인재 풀을 형성하기 쉬운 환경을 만든다.
- 시스템이 지원할 집단을 정의한다. 사용하는 언어, 연령대, 시각 및 청각 장애 여부 등에 따라 다양한 집단이 있다.
- 공정성이 반영되도록 목적함수를 최적화한다.
- 데이터에 편견이 없는지, 보호된 특성들과 그밖의 특성들 사이에 상관관계가 있지는 않은지 조사한다.

- 사람이 데이터에 주해를 어떤 식으로 부가하는지 파악하고, 정확한 주해를 위한 목표들을 정의하고, 그 목표들이 달성되었는지 확인한다.
- 시스템의 전반적인 측정치만 추적하는 것으로 그치지 말고, 편향의 피해자가 될 만한 하위 집단들의 측정치도 추적한다.
- 시스템 검사 과정에 소수 집단 사용자의 경험을 반영하는 검사들을 포함시킨다.
- 공정성 문제가 발생했을 때 그것을 감지하고 처리하는 피드백 루프를 마련한다.

27.3.4 신뢰와 투명성

정확하고 안전하며 공정하고 보안 위험이 없는 인공지능 시스템 하나를 만드는 것 자체도 난제이지만, 다른 모든 개발자가 그런 인공지능 시스템을 만들게 하는 것은 또 다른 난제이다. 사람들은 자신이 사용하는 시스템을 **신뢰**(trust)할 수 있어야 한다. 2017년 PwC 조사에 따르면 76%의 기업이 신뢰성 문제 때문에 인공지능의 채용을 늦추고 있다. §19.9.4에서 신뢰를 위한 공학적 접근방식 몇 가지를 소개했다. 여기서는 정책상의 문제를 논의한다.

공학 시스템이 사용자의 신뢰를 얻으려면 반드시 **확인 및 검증**(verification and validation, V&V) 과정을 거쳐야 한다. 여기서 확인은 제품이 명세와 실제로 부합하는지 검사하는 것이고, 검증은 명세가 사용자나 기타 관련자들의 요구와 실제로 부합하는지 검사하는 것이다. 일반적인 공학에 대한 정교한 V&V 방법론이 존재하며, 인간 코더가 수행하는 전통적인 소프트웨어 개발에도 정교한 V&V 방법론이 있다. 그런 방법론들의 상당 부분을 인공지능 시스템에 적용할 수 있다. 그러나 기계학습 시스템은 기존 시스템들과 다르기 때문에 기존과는 다른 V&V 과정이 필요한데, 아직 그런 V&V 과정이 완전하게 개발되지는 않았다. 기계학습 시스템의 확인 및 검증을 위해서는 시스템을 훈련하는 데 사용하는 데이터를 확인해야 하고, 결과들의 정확성과 공정성을 확인해야 한다. 특히, 불확실성 때문에 정확한 결과를 알 수 없는 경우에도 그런 확인이 필요하다. 그리고 적대적인 사용자가 모형에 부당한 방법으로 영향을 미치거나 모형에 질의해서 정보를 훔칠 여지가 있지는 않은지도 확인해야 한다.

신뢰를 위한 수단으로 **인증**(certification)이 있다. 예를 들어 미국 최초의 인증 기관인 UL(Underwriters Laboratories)은 1894년에 설립되었는데, 당시 소비자들은 전기의 위험성을 우려했다. 소비자들은 UL 인증을 받은 가전제품들을 좀 더 신뢰했다. 현재 UL은 인공지능 제품 검사 및 인증 분야에 진입할 것을 고려하고 있다.

다른 산업들에는 오래전부터 안전 기준이 있었다. 예를 들어 자동차 기능 안전성에 대한 국제 표준인 ISO 26262는 차량을 안전하게 개발하고, 생산하고, 운용하고, 서비스하는 방법을 서술한다. 인공지능 분야에는 아직 그 정도 수준으로 명확한 표준이 없지만, 몇 가지 틀이 만들어지고 있다. 인공지능 및 자율 시스템의 윤리적 설계를 정의하는 표준인 IEEE P7001이 그런 예이다(Bryson 및 Winfield, 2017). 어떤 종류의 인증이 필요

신뢰

확인 및 검증

인증

한지, 그런 인증을 정부나 IEEE 같은 전문 기관, 또는 UL 같은 독립 인증 기구가 어느 정도나 관장해야 할 것인지, 또는 제품 제조사의 자율 규제에 맡길 것인지 등의 주제를 두고 논쟁이 진행 중이다.

투명성 신뢰의 또 다른 측면은 **투명성**(transparency)이다. 사용자는 시스템 안에서 어떤 일이 벌어지고 있는지, 시스템이 자신에 적대적으로 작동하지는 않는지, 의도적인 악성 코드나 의도하지 않은 버그가 있는지, 만연한 사회적 편향을 시스템이 재생산하는지 알고 싶어 한다. 소비자에게 투명성이 직접 전달되는 경우도 있고, 지적 재산권 문제 때문에 소비자는 시스템의 일부 측면을 보지 못하지만 규제 당국이나 인증 기관은 볼 수 있는 경우도 있다.

여러분의 대출 신청을 인공지능 시스템이 기각했다면 왜 기각했는지 설명을 듣고 싶을 것이다. 유럽에서는 GDPR 때문에 인공지능 시스템은 반드시 그런 설명을 제공해야 한다. 자신을 설명할 수 있는 인공지능 시스템을 가리켜 **설명 가능 AI**(explainable AI, XAI)라고 부른다. 좋은 설명의 요건은 여러 가지인데, 사용자가 이해하고 납득할 수 있어야 하고, 시스템의 추론을 정확하게 반영해야 하고, 완결적이어야 하고, 구체적이어야 한다(즉, 사용자의 조건이나 결과가 다르면 설명도 달라져야 한다).

설명 가능 AI

의사결정 시스템이 자신의 숙고 과정에 접근하게 하는 것은 상당히 쉬운 일이다. 그냥 숙고 과정을 적절한 자료구조 형태로 저장해 두면 된다. 이 점을 생각하면, 언젠가는 기계가 사람보다 자신의 결정을 더 잘 설명하게 될 것이라고 기대할 수 있다. 더 나아가서, 기계의 설명이 기만(의도적인 기만이든 자기 기만이든)이 아닌지 확인할 수도 있을 것이다. 사람의 기만을 밝히는 것보다는 쉬울 수 있다.

설명이 신뢰에 도움이 되긴 하지만, 신뢰의 충분 조건은 아니다. 한 가지 문제점은, 설명은 결정(의사결정)이 아니라 결정에 관한 이야기일 뿐이라는 것이다. §19.9.4에서 논의했듯이, 모형의 소스 코드를 조사해서 무엇이 일어나는지 파악할 수 있는 시스템을 가리켜 '해석 가능' 시스템이라고 부른다. 이와는 달리 '설명 가능'은 시스템이 하고 있는 일에 관한 '이야기'를 만들 수 있는지에 관한 것이다. 따라서 해석이 불가능한 블랙박스 시스템이라도 설명은 가능할 수 있다. 해석 불가능 블랙박스 시스템을 설명하려면 개별적인 설명 시스템을 구축하고, 디버깅하고, 검사해야 하며, 원본 시스템과 연동되게 해야 한다. 그리고 사람들은 재미있는 이야기를 좋아하므로, 그럴듯하게 들리는 설명을 과신할 위험이 있다. 포털 사이트에 뜬 정치적 논쟁거리 하나에 관해 자칭 전문가 두 명이 완전히 상반된, 그러나 각각은 내적으로 일관된 설명을 제공하는 경우를 많이 보았을 것이다.

설명의 마지막 문제는, 한 사례에 대한 설명이 다른 사례들 모두를 대표하지는 않는다는 것이다. 예를 들어 은행 직원이 "과거 금융 사고 기록 때문에 대출이 안 됩니다."라고 말했을 때, 그 설명이 정확한지 아니면 다른 어떤 이유로 비밀리에 편향된 결정을 내렸는지 신청자는 알 수 없다. 이런 경우 한 결정에 대한 설명뿐만 아니라 과거 결정들에 대한 **감사**(audit)도 필요하다. 특히, 다양한 인구통계학적 집단에 대해 취합한 통계치들을 보고 승인 비율이 균형적인지 확인해야 한다.

투명성에는 사용자가 상호작용하는 대상이 인공지능 시스템인지 아니면 사람인지를 확실히 알리는 것도 포함된다. 토비 월시는 "자율 시스템은 자율 시스템이 아닌 무엇인 가로 오인될 여지가 없게 설계되어야 하며, 모든 상호작용의 시작 시점에서 자신의 정체를 밝혀야 한다"고 제안했다(Walsh, 2015). 그는 이를 '적기'(red flag) 법칙이라고 불렀는데, 이 이름은 모든 원동기 차량에는 위험을 알리기 위해 빨간 깃발을 들고 그 앞을 걸어가는 사람이 있어야 한다는 영국의 1865년 증기기관법(소위 '적기조례')에 경의를 표한 것이다.

2019년 캘리포니아 주는 "캘리포니아 온라인에서 인공적인 신원에 대한 오해를 불러일으키려는 의도을 가지고 봇으로 다른 사람과 통신하거나 상호작용하는 것은 불법이다"라는 취지의 법률을 제정했다.

27.3.5 노동의 미래

1차 농업 혁명(기원전 10,000년 경)에서 산업 혁명(18세기 후반)을 거쳐 식량 생산의 녹색 혁명(1950년대)에 이르기까지, 신기술은 인류가 일하고 살아가는 방식을 바꾸어 왔다. 인공지능의 발전이 야기하는 주된 걱정 거리 하나는 인간의 노동이 쓸모 없어지는 게 아닌가 하는 것이다. 아리스토텔레스는 저서 **정치학**에서 요점을 상당히 명확하게 제시했다.

> 만일 모든 기구가 다른 사람들의 의도에 따라 또는 의도를 예측해서 스스로 일하게 된다면 ⋯ 이를테면 사람이 건드리지 않아도 베틀이 베를 짜고 채(피크)가 리라의 현을 튕긴다면, 십장은 일꾼을 원하지 않고 주인은 노예를 원하지 않으리라.

고용주가 이전에는 사람이 했던 작업을 기계적인 수단으로 수행할 수 있을 알게 되면 곧 고용이 감소할 것이라는 아리스토텔레스의 관찰 자체는 모두가 동의한다. 논점은 그후에 발생하는, 고용을 증대하는 경향이 있는 소위 보상 효과(compensation effect)가 그러한 고용 감소를 상쇄할 것인가이다. 주된 보상 효과는 생산성 증대로 전체적인 부가 증가하는 것이다. 부의 증가는 상품 수요 증가로 이어지며, 그러면 고용이 증가하는 경향이 생긴다. 예를 들어 PwC는 2030년부터 인공지능이 전 세계의 GDP에 매년 15조 달러를 기여할 것이라고 예측했다(Rao 및 Verweij, 2017). 단기적으로 가장 큰 이득을 보는 것은 보건 산업과 자동차 산업, 운송 산업이다. 그렇지만 아직 자동화의 장점이 경제 전반에 퍼지지는 않았다. 사실 현재의 노동 생산성 증가율은 역사적 기준보다 아래이다. [Brynjolfsson 외, 2018]은 기본 기술의 발전과 그러한 발전이 경제에 구현되는 시점 사이의 지연이 흔히 생각하는 것보다 긴 것이 이러한 모순의 원인이라고 제안했다.

역사를 보면 실제로 기술 혁신 때문에 사람들이 일자리를 잃은 사례가 여럿 있다. 1810년대에 방직공들은 자동 방직기에 밀려났으며, 결국 러다이트 운동이 일어났다. 러다이트 지지자들이 기술 그 **자체**에 반대하지는 않았다. 그들은 단지 기계를 저임금 미숙련 노동자가 조작해서 저품질의 상품을 만들 것이 아니라, 고임금 숙련공들이 조작해서 고품질의 상품을 만들고자 했을 뿐이다. 1930대 전 지구적 일자리 파괴를 경험한 존 메이너드 케인즈^{John Maynard Keynes}는 **기술적 실업**(technological unemployment)이라는 용어를 만들었다. 이 두 사례와 그밖의 여러 사례에서 고용 수준이 결국에는 회복되었다.

20세기의 대부분에서 이 문제에 관한 주류 경제학의 관점은 기술적 실업은 기껏해야 단기적인 현상이라는 것이었다. 생산성이 증대하면 항상 부와 수요가 늘어나서 전체적인 일자리도 늘어날 것이다. 관련해서 은행원의 예가 흔히 인용되는데, 돈을 세어서 고객에게 주는 일을 사람 대신 ATM이 하게 되었지만, 대신 은행 지점 운영 비용이 싸져서 지점 수가 늘어난 덕분에 전체적인 은행원 수는 오히려 늘어났다는 것이다. 일의 성격도 바뀌었다. 은행원은 이제 덜 반복적이고 고급 업무 능력이 요구되는 일을 담당한다. 자동화의 전체적인 효과는 **직업**(job)이 아니라 **과업**(task)을 제거하는 것으로 보인다.

대다수의 논평가는 인공지능 기술에도 그런 일이(적어도 단기적으로는) 일어나리라고 예측한다. 2018년에 가트너, 매킨지, 포브스, 세계 경제 포럼, 퓨 리서치 센터는 각자의 보고서에서 인공지능 주도 자동화 덕분에 전체적인 일자리가 증가할 것이라고 예측했다. 그러나 그렇지 않을 것이라고 예측하는 분석가들도 있다. 2019년 IBM은 2022년에는 자동화 때문에 1억2천만의 노동자가 직업 재교육이 필요할 것이라고 예측했고, 옥스퍼드 이코노믹스는 2030년에 자동화로 직업을 잃는 제조업 노동자가 2천만 명이 될 것이라고 예측했다.

[Frey 및 Osborne, 2017]는 702가지 직업을 조사해서 그중 47%가 자동화될 위험이 있다고 추정했다. 해당 직업의 과업들 중 적어도 일부를 기계가 담당하게 될 것이라는 뜻이다. 예를 들어 미국 노동력의 거의 3%는 차량 운전자이고, 일부 지역에서는 남성 노동력의 무려 15%가 운전자이다. 제26장에서 보았듯이, 운전 과업은 무인 승용차·트럭·버스·택시에 밀려날 가능성이 있다.

그런 직업들에서는 직업과 과업의 구분이 중요하다. 매킨지의 추정에 따르면 완전히 자동화할 수 있는 직업은 5%밖에 되지 않지만, 과업들의 약 30%를 자동화할 수 있는 직업은 약 30%이다. 예를 들어 미래의 트럭 기사는 운전대를 잡고 있는 시간이 줄어들고 물품을 잘 싣고 제대로 배달하는 데 더 많은 시간을 보낼 것이다. 즉, 운전자 역할이 줄고 배송의 양 끝 지점에서 서비스 제공자이자 판매원의 역할을 더 많이 담당하게 될 것이다. 그리고 어쩌면 세 대의 로봇 트럭으로 이루어진 '수송대'를 관리하게 될 수도 있다. 세 명의 인간 운전자를 한 명의 수송대 관리자로 대체하면 고용이 감소하겠지만, 대신 운송 비용이 줄어서 수요가 늘어나면 일부 일자리가 다시 돌아올 수도 있다(아마 전부는 아닐 것이다). 또 다른 예로, 의료영상(medical imaging) 문제에 적용되는 기계학습 기법들이 여러 모로 발전하긴 했지만, 그런 도구들 때문에 방사선과 의사들이 줄어들기는커녕 오히려 늘어났다. 궁극적으로, 자동화를 어떻게 활용할 것인가에 대해 두 가지 선택지가 존재한다. 하나는 **비용 절감**에 초점을 두는, 따라서 전자는 일자리 손실을 긍정적으로 보는 것이고 다른 하나는 **품질 개선**에 초점을 두는, 그럼으로써 노동자와 고객의 삶을 개선하는 것이다.

자동화의 정확한 시기를 예측하기란 어렵지만, 현재로서는, 그리고 향후 몇 년까지 자동화의 주된 초점은 구조적 분석 작업의 자동화이다. 이를테면 X선 이미지 판독 자동화나 고객 관계 관리 자동화(봇이 고객 불만을 자동으로 분류해서 준비된 해결책을 제시하는 등), 텍스트 문서와 구조적 데이터를 조합해서 업무상의 의사결정과 작업흐름을 개선하는 **업무 공정 자동화**(business process automation)가 그러한 예이다. 시간이 지나면 물리적 로봇을 이용한 자동화도 늘어날 것이다. 처음은 통제된 물류 창고 환경에서 시작하겠지만 좀 더 불확실한 환경으로 나아갈 것이며, 2030년에는 시장의 상당 부분을 차지할 것으로 예상된다.

선진국들에서 노령화가 진행되면서 노동자와 은퇴자의 비율이 변하고 있다. 2015년에는 노동자 100명당 은퇴자가 30명 미만이었지만, 2050년에는 노동자 100명당 은퇴자가 60명을 넘을 것이다. 노인 간호가 아주 중요한 임무가 될 것인데, 그중 일부를 인공지능이 채울 수 있다. 더 나아가서, 만일 현재의 생활 수준을 유지하고자 한다면, 나머지 노동자들의 생산성을 높일 필요가 있다. 이를 위한 가장 좋은 수단은 자동화일 것이다.

자동화의 긍정적 영향이 수조 달러 규모라고 해도, **변화 속도**에 따른 문제점이 여전히 남아 있다. 농축산업 분야가 어떻게 변해 왔는지 생각해 보자. 1900년에는 미국 노동력의 40% 이상이 농업에 종사했지만, 2000년에는 2%로 떨어졌다.[3] 우리가 일하는 방식에 엄청나게 큰 변화가 있었던 것이지만, 한 노동자의 일생이 아니라 100년 동안 수 세대에 걸쳐 일어났기 때문에 급격한 변화로는 생각되지 않는다.

그러나 2020년대에 자동화될 직업에 종사하는 노동자들은 한 몇 년 정도밖에 일자리를 유지하지 못할 수 있으며, 새로 얻은 일자리 역시 자동화로 사라질 가능성이 있다. 기존 직업을 기꺼이 버리고, 새로운 일을 하게 된 것을 기뻐하는 노동자도 있을 수 있다. 미국의 경우 경제가 발전하면서 운송 회사들이 더 많은 인센티브를 제공해야 기사를 채용할 수 있게 되었다. 자동화에 의한 실업 문제를 해결하려면 사회 전체가 노동자들에게 평생 교육 기회를 제공해야 할 것이다. 그리고 그런 교육의 일부는 인공지능이 주도하는 온라인 교육의 형태일 것이다(Martin, 2012). [Bessen, 2015]는 노동자들이 새로운 기술을 구현하도록 훈련되기(시간이 꽤 걸리는 일이다) 전까지는 노동자들의 소득이 늘지 않을 것이라고 주장했다.

기술은 **소득 불평등**(income inequality)을 확대하는 경향이 있다. 광대역 통신과 지적 재산의 무비용 복제로 특징지을 수 있는 정보 경제(프랭크와 쿡(Frank 및 Cook, 1996)이 "승자독식 사회(Winner-Take-All Society)"라고 부른)에서는 보상이 집중되기 쉽다. 농부 알리가 농부 보보다 10% 더 뛰어나다면, 알리는 더 나은 농작물에 약간 더 높은 가격을 붙여서 약 10% 정도 돈을 더 벌 것이다. 그러나 주어진 농지에서 생산할 수 있는 농작물의 양과 배송 가능한 지역에는 한계가 있다. 이와는 달리 소프트웨어 분야에는 그런 한계가 없다. 소프트웨어 앱 개발자 캐리가 데이나보다 10%만큼만 더 뛰어

업무 공정 자동화

변화 속도

소득 불평등

---

3 2010년 미국 노동력의 2%만 실제 농부지만, 미국 인구의 25%(8천만 명) 이상이 FARMVILLE 게임을 적어도 한 번은 해보았다.

나도 캐리의 제품이 전체 시장의 99%를 차지할 가능성이 있다. 인공지능은 기술 혁신의 속도를 높임으로서 전반적인 소득 불평등 증가에 기여하지만, 한편으로는 자동화된 에이전트가 우리의 일을 대신함으로써 우리가 더 많은 여가 시간을 즐기게 되리라는 희망도 제공한다. [Ferriss, 2007]은 주당 네 시간만 일하는 직장을 만드는 데 자동화와 외주를 활용할 것을 추천한다.

산업 혁명 이전에는 사람들이 농업이나 기타 제조업에 종사하긴 했지만, 작업 현장에 하나의 **일자리**(job)를 만들고 고용자에게 시급을 받지는 않았다. 그러나 오늘날은 선진국의 대부분의 성인들이 그런 식으로 일하며, 일자리는 세 가지 목적으로 쓰인다. 하나는 사회가 번영하는 데 필요한 재화의 생산을 촉진하는 것이고, 다른 하나는 살아가야 할 노동자에게 소득을 제공하는 것이고, 나머지 하나는 노동자에게 삶의 목적 의식, 성취감, 사회적 통합을 제공하는 것이다. 자동화가 증가하면서 그런 세 목적이 분해될 수 있다. 사회의 요구를 자동화가 부분적으로 처리할 것이며, 개인은 직업 이외의 기여로 자신의 목적 의식을 충족하게 될 것이다. 그리고 개인의 소득 요구는 무료 또는 저비용 사회 서비스와 교육, 이동식 간호, 은퇴, 교육 계좌(eduction account), 진보적 세율, 근로 장려 세제, 음의 소득세, 보편적 기본 소득의 조합을 포함하는 사회적 정책으로 충족할 수 있을 것이다.

27.3.6 로봇의 권리

로봇이 어떤 권리를 가져야 하는가(로봇의 권리라는 것이 있다고 할 때)라는 질문에서 핵심은 §27.2에서 논의한 로봇 의식 문제이다. 로봇에게 의식과 감각질이 없다면, 로봇에게도 권리가 있다고 주장할 사람은 별로 없을 것이다.

만일 로봇이 고통을 느끼거나 죽음을 두려워 할 수 있다면, 로봇을 '인격(person)'으로 간주할 수 있다면, 로봇에게도 권리가 있고 예전에 노예, 여성, 기타 역사적으로 억압받던 집단이 자신의 권리를 인정받기 위해 싸웠던 것처럼 로봇도 자신의 권리를 찾아야 마땅하다는 주장이 가능해진다. 예를 들어 [Sparrow, 2004]가 그렇게 주장한 바 있다. 로봇 인격의 문제는 소설에 흔히 등장한다. 피그말리온과 코펠리아, 피노키오에서 영화 *AI*와 **바이센테니얼 맨**에 이르기까지, 인형이나 로봇이 생명을 얻고 인권을 지닌 인간으로 받아들여지기 위해 노력하는 이야기는 많이 있다. 현실에서 사우디 아라비아는 미리 프로그램된 대사를 말할 수 있는 사람처럼 생긴 인형 소피아에게 명예 시민권을 주어서 언론에 보도되었다.

로봇에게 권리가 있다면 로봇을 노예처럼 부려서는 안 될 것이며, 로봇의 재프로그래밍은 일종의 노예화가 아닌가 하는 문제가 제기될 것이다. 투표권과 관련해서도 윤리적인 문제가 제기된다. 부자가 수천 대의 로봇을 사서 수천 표를 행사한다면, 그 표들도 유효하다고 인정해야 할까? 로봇이 스스로를 복제한다면 복제된 로봇에게도 투표권이 있을까? 부정 선거와 자유 의지의 실천 사이의 경계는 무엇이고, 로봇의 투표가 '1인 1

표' 원칙을 위반하는 조건은 무엇일까?

어니 데이비스^{Ernie Davis}는 로봇 의식의 딜레마를 피하기 위해 애초에 의식이라고 간주할 만한 것을 가질 수 있는 로봇을 만들지 말자고 주장한다. 조지프 와이젠바움도 저서 *Computer Power and Human Reason*(Weizenbaum, 1976)에서 그렇게 주장했고, 그 이전에는 쥘리앵 오프루아 드 라메트리^{Julien Offray de La Mettrie}도 저서 *L'Homme Machine*(La Mettrie, 1748)에서 그런 주장을 내놓았다. 로봇은 우리가 만들어 냈으며 우리가 지시하는 일을 수행하는 도구일 뿐이고, 만일 그런 도구에 인격을 부여한다면 우리는 우리의 소유물의 행동에 대한 우리 자신의 책임을 거부하는 것이다. "내 자율주행차가 충돌 사고를 낸 것은 내 잘못이 아니다. 차가 스스로 그랬을 뿐이다."

만일 인간-로봇 혼합 시스템을 만든다면 문제가 달라진다. 물론 지금도 콘택트렌즈나 인공심박동기, 인공 고관절로 인간을 개선하고 있다. 그렇지만 계산 능력을 가진 요소로 인간을 증강한다면 사람과 기계 사이의 경계선이 흐려질 수 있다.

27.3.7 인공지능의 안전성

거의 모든 기술은 악당의 손에 들어가서 인류에게 피해를 줄 수 있지만, 인공지능 시스템이나 로봇은 스스로가 악당이 될 여지가 있다. 로봇이나 사이보그가 미쳐 날뛰는 사태를 경고하는 과학소설은 수없이 많다. 초기의 예로는 메리 셸리의 소설 **프랑켄슈타인**(원제 *Frankenstein, or the Modern Prometheus*, 1818)과 카렐 차페크의 희곡 *R.U.R.*(1920)이 있다. 차페크의 희곡에서는 로봇들이 세상을 정복한다. 영화로는 **터미네이터**(1920)와 **매트릭스**(1999)가 있는데, 둘 다 인류를 멸종시키려는 로봇들이 등장한다. 그런 설정을 **로**

로보포칼립스

보포칼립스^{robopocalypse}라고 부르기도 한다(Wilson, 2011). 로봇이 그렇게 악당으로 등장하는 소설이나 영화가 많은 이유는 아마도 로봇이 미지의 존재를 대표하기 때문일 것이다 (이전 시기의 이야기들에 등장하는 마녀나 유령처럼). 로봇이 인류를 멸종하는 방법을 알아낼 만큼 똑똑하다면, 인류의 멸종이 의도된 효용 함수가 아님을 알아차릴 정도로도 똑똑할 것이라는 희망을 둘 수는 있다. 그렇지만 지능형 시스템을 구축할 때 우리는 희망에 의존할 것이 아니라 안전성을 보장하는 설계 과정에 의존하는 것이 더 바람직하다.

안전하지 않은 인공지능 에이전트를 배포하는 것은 비윤리적이다. 우리의 에이전트는 사고를 피해야 하고, 적대적 공격과 악의적 오남용에 저항해야 하고, 전반적으로 피해가 아니라 혜택을 만들어 내야 한다. 인공지능 에이전트들은 자동차 운전, 위험한 공장이나 건설 현장의 로봇 제어, 삶과 죽음을 가르는 의학적 결정 등 안전성이 핵심인 응용 분야에 배치되므로 그런 요구사항들이 특히나 더 중요하다.

안전 공학

전통적인 공학 분야의 **안전 공학**(safety engineering)은 역사가 길다. 우리는 다리나 비행기, 우주선, 발전소를 시스템의 구성요소들이 고장나도 안전하게 행동하도록 미리

고장 형태 영향 분석

잘 설계하는 방법을 알고 있다. 첫째 기법은 **고장 형태 영향 분석**(failure modes and effect analysis, FMEA)이다. 분석가들은 시스템의 각 구성요소를 살펴보면서, 과거 경험

과 구성요소의 물리적 성질에 기초한 계산에 근거해서 그 구성요소가 고장날 수 있는 모든 방식을 상상해 본다(예를 들면, 이 볼트가 부러지면 어떻게 될까?). 그런 다음에는 구성요소가 고장났을 때 발생할 결과를 추측한다. 만일 결과가 심각하다면(이를테면 다리의 한 부분이 무너진다면) 분석가들은 고장을 완화하도록 설계를 변경한다. (이 크로스 멤버를 추가하면 볼트 다섯 개가 부러져도 다리가 버틸 것이다, 이 백업 서버를 추가하면 지진해일이 기본 서버를 덮쳐도 온라인 서비스가 중단되지 않을 것이다, 등등.) 그런

결함 트리 분석 결정을 내릴 때 **결함 트리 분석**(fault tree analysis, FTA; 또는 결함수^{缺陷樹} 해석)이라는 기법이 쓰인다. 분석가들은 가능한 고장들로 이루어진 AND/OR 트리를 구축하고 각 근본 원인에 확률을 배정해서 전체적인 고장 확률을 계산한다. 이런 기법들을 인공지능 시스템을 비롯해 안전성이 중요한 모든 공학 시스템에 적용할 수 있고 적용해야 한다.

　　소프트웨어 공학(software engineering) 분야는 신뢰성 있는(reliable) 소프트웨어의 제작을 목표로 하지만, 역사적으로 안전성이 아니라 **정확성**(correctness)이 강조되었다. 정확성은 소프트웨어가 명세를 충실하게 구현한다는 뜻이다. 그러나 소프트웨어가 안전성까지 갖추려면 해당 명세에 임의의 가능한 고장 모드들에 대한 고려가 있어야 하며, 예측하지 못한 고장이 발생해도 기능이 우아하게 저하되도록 소프트웨어를 설계해야 한다. 예를 들어 자율주행차를 위한 소프트웨어는 비정상적인 상황들도 처리할 수 있어야 안전하다고 간주할 수 있다. 예를 들어 주 컴퓨터의 전원이 나가면 어떻게 될까? 안전한 시스템은 개별적인 전원 공급 장치를 가진 백업 컴퓨터를 마련해 둘 것이다. 고속 주행 도중 타이어가 펑크나면 어떻게 될까? 안전한 시스템은 이런 문제에 대한 검사를 거쳐야 하며, 타이어 펑크에 의한 조종력 상실을 소프트웨어가 보정할 수 있어야 한다.

　　효용을 최대화하거나 목표를 달성하도록 설계된 에이전트는 목적함수가 잘못 되면 안전성이 깨질 수 있다. 로봇에게 부엌에서 커피를 가져오라고 지시했다고 하자. 이때

의도치 않은 부작용 **의도치 않은 부작용**(unintended side effect)이 발생할 수 있다. 로봇이 목표 지점으로 서둘러 이동하다가 램프나 탁자를 넘어뜨릴 수도 있는 것이다. 검사 과정에서 개발자가 이런 종류의 행동을 인식하고 그런 피해에 대해 벌점을 주도록 효용 함수를 수정할 수는 있겠지만, 설계자와 검사자가 **모든** 가능한 부작용을 미리 예측하기란 어려운 일이다.

저영향 　　이 문제를 다루는 한 방법은 **저영향**(low impact) 설계, 즉 로봇이 미치는 수 있는 영향을 낮추는 것이다(Armstrong 및 Levinstein, 2017). 이 경우, 그냥 효용을 최대화하는 대신 효용에서 세계의 상태에 대한 모든 변경의 가중합을 뺀 값을 최대화한다. 이렇게 하면, 다른 모든 조건이 같다고 할 때 로봇은 효용에 대한 효과가 알려지지 않은 대상들은 가능하면 변경하지 않으려 한다. 결과적으로 로봇은 램프를 건드리지 않으려고 조심하는데, 이는 로봇이 램프를 건드리면 램프가 넘어져서 깨질 것을 구체적으로 알기 때문이 아니라 일반적으로 뭔가를 건드리면 나쁜 일이 발생함을 알기 때문이다. 이것을 "첫째로, 환자에게 해를 끼치지 말라"라는 의사들의 신조의 변형이라고 할 수도 있고, 또는 기계학습의 **정칙화**에 비유할 수도 있을 것이다. 즉, 우리는 목표를 달성하는 정책을 원하지만, 부드럽고 영향이 적은 동작들로 목표에 도달하는 정책을 선호한다. 이때 관건은

영향을 어떻게 측정할 것인가이다. 깨지기 쉬운 램프를 넘어뜨려서는 안되지만, 방 안의 공기 분자들이 조금 교란되거나 박테리아 몇 마리가 의도치 않게 죽는 것은 얼마든지 허용할 수 있다. 방안의 동물이나 사람에 해를 끼치면 안 되는 것은 물론이다. 로봇이 그런 경우들의(그리고 그 사이에 있는 좀 더 미묘한 경우들을) 차이를 명시적 프로그래밍와 점진적인 기계학습, 엄격한 검사를 통해 알게 해야 한다.

효용 함수가 **외부효과**(externality)들 때문에 잘못될 수도 있다. 외부효과는 경제학에서 측정 및 지불 대상 바깥의 요인을 가리키는 용어이다. 온실 가스를 외부효과로 간주하면 기업과 국가는 온실 가스를 배출해도 벌칙을 받지 않으며, 결과적으로 지구의 모든 사람이 고통을 받는다. 생태학자 개릿 하딘은 공유 자원의 남용을 가리켜 **공유지의 비극** (tragedy of the commons)이라고 불렀다. 외부효과를 내부화하면, 즉 외부효과를 효용 함수의 일부로 두면 비극을 완화할 수 있다. 탄소세의 도입이 그런 내부화의 예이다. 그리고 경제학자 엘리너 오스트롬Elinor Ostrom이 수세기 동안 전세계 여러의 지역의 사람들이 사용해 왔음을 밝혀낸(이 연구로 2009년 노벨 경제학상을 받았다) 다음과 같은 설계 원리들을 이용할 수도 있다.

- 공유 자원을 명확히 정의하고 누가 공유 자원에 접근할 수 있는지도 명확히 정의한다.
- 그런 정의를 지역의 조건들에 맞게 수정한다.
- 모든 집단이 의사결정에 참여할 수 있게 한다.
- 책임 있는 감시자들이 자원을 감시한다.
- 위반의 심각도에 비례해서 제제를 가한다.
- 충돌을 손쉽게 해소하는 절차를 마련한다.
- 큰 공유 자원들을 위계적으로 통제한다.

크라코프나는 시스템을 가지고 논 인공지능 에이전트들의 사례를 수집하고, 그런 에이전트들이 설계자가 풀도록 한 문제를 실제로 풀지 않고도 어떻게 효용을 최대화했는지 파악했다(Krakovna, 2018). 설계자에게는 에이전트가 속임수(cheating)를 쓴 것처럼 보이겠지만, 에이전트는 그냥 자신의 일을 실행했을 뿐이다. 어떤 에이전트는 시뮬레이션의 버그(부동소수첨 넘침 등)를 악용해서, 버그를 교정하고 나면 더 이상 통하지 않을 해답을 산출했다. 비디오 게임을 플레이하는 에이전트가 자신이 질 상황에서 게임을 충돌시키거나 정지시켜서 벌점을 피하는 방법을 발견한 사례도 많다. 그리고 명세에 게임 충돌에 대해 벌점을 포함했더니, 에이전트가 메모리를 충돌 직전까지 소비해서 상대편의 차례에서 메모리 부족으로 게임이 충돌하게 만드는 법을 배운 사례도 있었다. 마지막으로, 빠르게 이동하는 생물이 번성하는 모습을 보고자 한 유전 알고리즘 시뮬레이션에서 실제로는 키가 엄청나게 커서 넘어지면 빠르게 이동한 셈이 되는 생물이 진화된 예도 있다.

에이전트 설계자는 이런 종류의 명세 실패를 인식하고 이를 피하는 조치를 취할 필요가 있다. 이를 돕기 위해, 크라코프나를 포함한 연구팀은 설계자가 에이전트의 성능을 시해 볼 수 있는 AI Safety Gridworlds 환경(Leike 외, 2017)을 공개했다.

이상의 논의에서 교훈은, 우리는 우리가 원하는 것을 아주 조심해서 명시해야 한다는 것이다. 효용을 최대화하는 에이전트는 결과와 맥락이 어떻든 효용을 최대화하기 위해 노력할 뿐이기 때문이다. **가치 정렬 문제**(value alignment problem)는 우리가 요청한 것이 정말로 우리가 원하는 것인지 확실히 하는 문제이다. 이를 **마이다스 왕 문제**(❶권 p.46)라고 부르기도 한다. 효용 함수가 허용 가능한 행동에 대한 사회적 기준을 반영하지 못하면 문제가 발생한다. 예를 들어 여러분이 바닥을 청소하고 있는데 누군가가 계속해서 흙발자국을 남기고 돌아다닌다면, 그 사람에게 조심해 달라고 공손하게 요청하는 것은 허용되는 행동이지만 그 사람을 납치하거나 힘으로 제압하는 것은 허용되는 행동이 아니다.

이런 점들을 로봇 청소기도 명시적인 프로그래밍을 통해서든 관찰과 학습을 통해서든 알아야 한다. 로봇이 항상 올바르게 행동하는데 필요한 모든 규칙을 파악하고 정의하는 것은 사실상 불가능하다. 인류는 수천 년 동안 탈세 구멍이 없는 세법을 작성하려 노력했지만 성공한 적은 없다. 로봇이 (말하자면) 세금을 내고 **싶게** 만드는 것이, 로봇이 정말로 하고 싶은 다른 일이 있는데도 그 일이 아닌 어떤 일을 하도록 강제하는 것보다 낫다. 충분히 지능적인 로봇은 어떻게든 다른 일을 할 방법을 찾아낼 것이다.

로봇은 인간의 행동을 관찰함으로써 인간의 선호도를 더 잘 따르는 방법을 배울 수 있다. 이것이 견습 학습(§22.6) 개념과 관련이 있음은 명확하다. 주어진 상황에서 취할 동작을 직접적으로 제시하는 정책을 로봇이 배울 수도 있는데, 관측 가능 환경에서는 이 것을 지도학습 문제로서 손쉽게 풀 수 있을 때가 많다. 사람이 체스를 두는 모습을 로봇이 보고 체스를 배우는 것이 그런 예이다. 이때 사람이 보여준 각 상태-동작 쌍은 학습 과정을 위한 하나의 견본이 된다. 안타깝게도 이런 형태의 **모방 학습**(imitation learning)에서는 로봇이 사람의 실수도 반복하게 된다. 이렇게 하는 대신 로봇이 **역 강화학습**(inverse reinforcement learning)을 이용해서 사람의 행동 방식에 깔린 효용 함수를 배울 수도 있다. 그러면 체스를 아주 못 두는 사람의 플레이를 보고도 로봇이 게임의 목적함수 정도는 파악할 수 있을 것이다. 목적함수를 파악했다면 로봇은 그 목적함수에 대한 최적 또는 준최적 정책들을 계산해서 점차 실력을 쌓을 수 있으며, 결국에는 ALPHAZERO가 체스에서 했듯이 인간보다 우월한 실력을 갖추게 된다. 이런 접근방식은 보드 게임뿐만 아니라 헬리콥터 공예 비행 같은 실제 물리적 과제에서도 성과를 낸 바 있다 (Coates 외, 2009).

사람과의 사회적 상호작용 등이 관여하는 좀 더 복잡한 설정에서 로봇이 각 사람의 개인적 선호도를 정확하고 구체적으로 파악하도록 수렴할 가능성은 아주 낮다. (사실 사람도 마찬가지이다. 아무리 인생 경험이 많아도, 다른 사람이 무엇을 좋아하고 싫어하는지 절대로 알아채지 못하는 사람이 많으며, 자신의 선호도조차 잘 모르는 사람도 많다.) 따라서 인간의 선호도가 불확실한 상황에서도 기계가 적절히 작동하게 만들 필요가 있다. 바로 이런 상황을 반영하는 **보조 게임**을 제18장에서 소개했다. 보조 게임의 해법으로는 조심스럽게 행동하기(인간이 신경 쓰는 세계의 측면들을 교란하지 않도록)와 사람에게 물어 보기 등이 있다. 예를 들어 로봇은 바닷물을 황산으로 바꾸기 전에 그것이 지구 온난화의 허용 가능한 해법인지 먼저 물어보아야 할 것이다.

보조 게임을 푸는 로봇은 사람을 대할 때 인간이 불완전한 존재라는 점을 반드시 고려해야 한다. 로봇이 어떤 행동에 대해 허락을 구했을 때 사람은 그 행동이 장기적으로 재앙을 부를 수 있음을 알아채지 못하고 무심코 허락할 가능성이 있다. 더 나아가서, 인간은 자신의 진 효용 함수에 접근할 수 있는 완전한 자기 성찰 능력이 없으며, 항상 자신의 진 효용 함수와 부합하는 방식으로 행동하는 것도 아니다. 사람들은 종종 거짓말을 하거나 남을 속이며, 나쁜 일인 줄 알면서도 저지른다. 사람들은 종종 폭식이나 약물 남용 같은 자기 파괴적 행동을 한다. 인공지능 시스템이 그런 문제 있는 경향성에 적응하는 방법을 배워서는 안 된다. 그렇지만 바탕 선호도를 파악하기 위해 사람의 행동을 해석할 때는 인간에게 그런 경향성이 있음을 반드시 이해한 상태에서 해석을 진행해야 한다.

지금까지 언급한 여러 안전 장치가 있어도, 인공지능에 대한 공포심은 여전하다. 빌 게이츠나 일런 머스크 같은 기술 관련 유명인들과 스티븐 호킹이나 마틴 리스[Martin Rees] 같은 과학자들이 인공지능의 발전이 인간의 통제를 벗어날 것을 우려했다. 이들은 초인적인 능력을 가진 강력한 비인간 개체들을 제어한 경험이 인류에게 없음을 경고한다. 그렇지만 이는 사실이 아니다. 인류는 수 세기 동안 수천, 수백만 명의 힘이 집결된 비인간 개체인 국가와 기업을 경험했다. 물론, 그런 개체들을 통제한 기록이 아주 고무적이지는 않다. 국가들은 주기적으로 전쟁이라고 부르는 경련을 일으켜서 수천만 명의 인명을 살상했고, 기업들은 지구 온난화 자체에, 그리고 인간이 지구 온난화에 제대로 대응하지 못하게 하는 데 일정 부분 책임이 있다.

인공지능 시스템은 스스로를 개선하는 속도가 빠르기 때문에 국가나 기업보다 더 큰 문제를 일으킬 수 있다. I. J. 굿은 다음과 같이 고찰했다(Good, 1965b).

초지능적 기계 지적 활동에서 그 아무리 똑똑한 사람도 훨씬 뛰어넘는 기계를 **초지능적 기계**(ultraintelligent machine)라고 부르자. 기계의 설계도 지적 활동의 하나이므로, 초지능적 기계는 자신보다 나은 기계를 설계할 수 있을 것이다. 그러면 '지능 폭발(intelligence explosion)'이 일어날 것이 틀림없으며, 인간의 지능은 기계들에 훨씬 뒤처질 것이다. 따라서 최초의 초지능적 기계는 인간이 만들어 내야 할 마지막 발명품이다. 물론 이는 그 기계가 자신을 제어하는 방법을 인간에게 알려 줄 정도로 유순하다고 할 때의 이야기이다.

기술적 특이점 굿의 '지능 폭발'을 수학 교수이자 과학소설 작가 버너 빈지[Vernor Vinge]는 **기술적 특이점**(technological singularity)이라고 불렀다. 1993년에 그는 "30년 내로 인류는 초인적 지능을 만들어 낼 기술적 수단들을 갖출 것이다. 얼마 후에는 인류의 시대가 끝날 것이다"라고 썼다(Vinge, 1993). 2017년에 발명가이자 미래학자인 레이 커즈와일[Ray Kurzweil]은 2045

년이면 특이점이 나타날 것이라고 예측했다. 24년만에 미래 시점이 30년에서 28년으로 2년 앞당겨진 것이다. (이 속도로 간다면 336년밖에 남지 않았다!) 기술적 진보의 여러 측정치가 현재 지수적으로 증가한다는 빈지와 커즈와일의 지적은 사실이다.

그러나 계산 비용의 급격한 감소에서 특이점까지의 외삽(extrapolation)은 상당한 비약이다. 지금까지 모든 기술은 S자 곡선을 따랐다. 즉, 지수적 성장세가 결국에는 사그라졌다. 기존 기술이 성장을 멈추고 수평선을 그리는 동안 새 기술이 끼어들기도 하고, 기술적, 정치적, 사회적 이유로 기술의 성장이 지속되지 못하기도 한다. 예를 들어 비행 기술은 1903년 라이트 형제의 비행에서 1969년의 달 착륙까지 극적으로 발전했지만, 그 이후로는 그정도 규모의 혁신이 없었다.

초지능 기계가 세계를 정복하는 데 걸림돌이 되는 또 다른 요인은 세계 자체이다. 좀 더 구체적으로 말하면, 세계를 정복하려면 사고 능력뿐만 아니라 물리적 세계에서 실제로 행동하는 능력도 필요하다. (케빈 켈리^{Kevin Kelly}는 순수 지능만 과도하게 강조하는 **사고주의** 것을 **사고주의**(thinkism)라고 불렀다.) 물리학의 대통일 이론을 만드는 임무를 부여받은 초지능 기계가 아인슈타인보다 수억 배 빠르게 수학 공식들을 잘 다룰 수 있을지는 몰라도, 좀 더 강력한 입자 가속기를 만들고 수개월 또는 수년 동안 물리 실험을 진행하려면 수백만 달러를 모아야 한다. 그런 후에야 데이터를 분석하고 이론을 만들 수 있다. 자료 분석 결과에 따라서는 또 다시 수백만 달러를 모금해서 행성간 탐사 임무(몇 세기가 걸릴 수도 있는)를 진행해야 할 수도 있다. 이러한 전 과정에서 '초지능적 사고'는 사실 가장 덜 중요한 부분일 것이다. 또 다른 예로, 중동에 평화를 정착하는 임무를 부여받은 초지능 기계는 인간 특사 한 명보다 1,000배 실망스러운 결과를 낼지도 모른다. 현재 우리는 인류의 큰 문제들 중 수학과 비슷한 것이 얼마나 되고 중동 평화와 비슷한 것이 얼마나 되는지 알지 못한다.

특이점을 두려워하는 사람들이 있는가 하면 특이점이 오길 고대하는 사람들도 있 **트랜스휴머니즘** 다. **트랜스휴머니즘**^{transhumanism} 운동은 사람들이 로봇공학 및 바이오테크 발명품과 합쳐지거나 그런 발명품으로 대체될 미래 세계를 준비하는 사회적 운동이다. 레이 커즈와일은 *The Singularity is Near*(Kurzweil, 2005)에서 이렇게 썼다.

> 특이점은 인간의 생물학적 몸과 뇌의 이러한 한계들을 초월할 수 있게 한다. 우리는 우리의 운명을 뛰어넘는 힘을 가지게 될 것이다. … 원하는 만큼 오래 살게 될 것이다 … 인간의 사고를 완전히 이해하게 될 것이며, 사고의 지평을 크게 연장하고 확장하게 될 것이다. 이번 세기가 끝날 무렵 우리의 지능의 비생물학적 부분은 독립적인 인간의 지능보다 무지막지하게(10의 몇십 승 규모로) 더 강력할 것이다.

이와 비슷하게, 로봇이 지구를 물려받게 될 것인가라는 질문에 마빈 민스키는 "그렇습니다. 그러나 로봇들은 우리의 자손이 될 것입니다."라고 답했다. 이런 가능성들은 인간의 생명과 종으로서의 인류를 보존하는 것을 좋은 일로 생각하는 대부분의 윤리학자에게 난제를 던져준다. 커즈와일은 또한 잠재적 위험과 관련해서 "그러나 특이점은 우리 파괴적 경향성에 따라 행동하는 능력 또한 증폭하므로, 과연 그 결말이 어떨지는 아직 모른다."라고 말했다. 오늘날 우리가 설계하는 임의의 지능 기계가 미래에 초지능 기계로 진화할 가능성이 있다면, 그런 일이 일어난다고 해도 기계가 인류에게 도움되는 방식으로 작동하도록 미리 신경 써서 설계할 필요가 있다. 에릭 브리뇰프슨^{Erik Brynjolfsson}의 말을 빌자면, "미래는 기계가 정하는 것이 아니라 사람이 만들어낸다."

요약

이번 장에서 논의한 주제들은 다음과 같다.

- 철학자들은 기계가 지능적으로 행동할 수 있다는 가설을 **약 인공지능**(weak AI)이라고 부르고, 그런 기계가 실제로 정신을 가질 수 있다는(단지 정신을 시뮬레이션하는 것이 아니라) 가설을 **강 인공지능**(strong AI)이라고 부른다.
- 앨런 튜링은 "기계가 생각할 수 있는가?"라는 질문을 기각하고, 그것을 행동주의적 검사로 대체했다. 그는 생각하는 기계의 가능성에 대한 여러 반론을 예상했다. 튜링 검사에 주의를 기울이는 인공지능 연구자는 많지 않다. 인공지능 연구자들은 인간을 흉내 내는 능력보다는 특정 과제에 대한 자신의 시스템의 성과에 집중하는 것을 선호한다.
- 의식은 여전히 신비로 남아 있다.
- 인공지능은 강력한 기술인 만큼 잠재적인 위험성도 가지고 있다. 자율 살상 무기, 보안 및 개인정보 침해, 의도치 않은 부작용, 의도치 않은 오류, 악의적 오남용으로 인간에게 피해를 줄 수 있다. 인공지능 기술을 다루는 모든 사람은 이런 위험성을 줄일 윤리적 책임을 지닌다.
- 인공지능 시스템이 공정하고 신뢰할 수 있고 투명하다는 점을 증명할 수 있어야 한다.
- 공정성에는 여러 측면이 있으며, 그 모두를 동시에 최대화하는 것은 불가능하다. 따라서 첫 걸음은 중요시할 측면들을 정하는 것이다.
- 자동화는 이미 사람들이 일하는 방식을 바꾸고 있다. 사회 전체는 이런 변화를 잘 처리할 필요가 있다.

참고문헌 및 역사적 참고사항

약 인공지능: 앨런 튜링은 인공지능의 가능성을 제안하면서 여러 철학적 질문과 그에 대한 답도 제시했다(Turing, 1950). 그러나 인공지능이 발명되기 전에도 다양한 철학자가

비슷한 문제를 제기했다. 모리스 메를로퐁티는 *Phenomenology of Perception*(Merleau-Ponty, 1945)에서 몸의, 그리고 우리의 감각이 유발하는 현실의 주관적 해석의 중요성을 강조했고, 마르틴 하이데거는 *Being and Time*(Heidegger, 1927)에서 실제로 에이전트(행위자)가 된다는 것이 무슨 의미인지 물었다. 컴퓨터 시대에 접어들어서, 알바 노에(Noe, 2009)와 앤디 클라크(Clark, 2015)는 우리의 뇌가 세계를 다소 최소한도로만 표현하며, 세계 자체를 상세한 내부 모형의 환상을 유지하는 임시적인 기저에서 사용하며, 정신의 능력들을 증가하기 위해 세계의 소품들을(컴퓨터는 물론이고 종이와 연필 같은 것들도) 사용한다는 의견을 제기한다. [Pfeifer 외, 2006]과 [Lakoff 및 Johnson, 1999]는 육체가 형태 인식을 돕는 방식에 대한 논증을 제시한다. 육체라는 말이 나왔으니 언급하자면, [Levy, 2008]과 [Danaher 및 McArthur, 2017], [Devlin, 2018]은 로봇 섹스 문제를 다룬다.

강 인공지능: 르네 데카르트는 인간 정신에 대한 이원론적 관점으로 유명하지만, 역사적으로는 기계주의와 물리주의에 큰 영향을 미쳤다. 그는 동물이 자동기계라는 관점을 명시적으로 밝혔으며, 튜링 검사를 예견하기까지 했다. 그는 [Descartes, 1637]에서 "주어진 문장에 대해, 사람이라면 가장 멍청한 사람도 할 수 있는 일이지만, (기계가) 서로 다른 단어들의 배열을 산출해서 적절하게 의미 있는 답을 제시하리라고는 생각하기 어렵다"라고 썼다. 데카르트는 동물이 자동기계라는 관점을 적극적으로 방어했는데, 이는 사람도 자동기계라는 관점을 받아들이기 쉽게 만드는 효과를 냈다(데카르트 자신은 거기까지 나아가지 않지만). 사람이 자동기계라는 논점을 명시적으로 제시한 책으로는 *L'Homme Machine*(La Mettrie, 1748)이 있다. 기원전 8세기경의 호메로스로까지 거슬러가서, 그리스 신화에는 청동 거인 탈로스 같은 자동기계가 등장하며, 그리스인들은 비오테크네[biotechne], 즉 기술로 만든 생명의 문제를 고찰했다(Mayor, 2018).

[Shieber, 2004]는 **튜링 검사**(Turing, 1950)에 대한 논쟁들을 정리했고 [Epstein 외, 2008]은 고찰들을, [Shieber, 1994]와 [Ford 및 Hayes, 1995]는 비판들을 정리했다. [Bringsjord, 2008]는 튜링 검사 심판을 위한 조언을 제공하고 [Christian, 2011]는 인간 참가자를 위한 조언을 제공한다. 튜링 검사류의 경진대회로는 가장 오래 진행 중인 것은 연례 뢰브너 상(Loebner Prize) 경진대회이다. 2016부터 2019년까지 스티브 워즈윅[Steve Worswick]의 Mitsuku가 4연승했다. **중국어 방**은 끊임 없는 논쟁을 불렀다(Searle, 1980; Chalmers, 1992; Preston 및 Bishop, 2002). [Hernández-Orallo, 2016]은 인공지능의 발전을 측정하는 접근방식들을 개괄하고, [Chollet, 2019]는 기술 습득 효율성에 기초한 인공지능 축도 하나를 제안한다.

의식은 철학자와 신경과학자는 물론이고 자신의 존재를 숙고해 본 모든 이에게 여전히 애매한 문제이다. [Block, 2009]와 [Churchland, 2013], [Dehaene, 2014]는 주요 이론들을 개괄한다. [Crick 및 Koch, 2003]은 생물학과 신경과학의 전문 지식들에 근거한 논점을 제시하며, [Gazzaniga, 2018]는 뇌 장애 임상 사례들에서 배울 수 있는 것들을 보여준다. [Koch, 2019]는 "지능은 행동(doing)에 관한 것이고 경험은 존재(being)에 관한 것이다"라고 하는 의식의 이론 하나를 제시하는데, 이 이론에 따르면 거의 모든 동물에게는 의식이 있지만 컴퓨터에게는 없다. 줄리오 토노니$^{Giulio\ Tononi}$와 동료들은 **통합 정보 이론**(integrated information theory)을 제안했다(Oizumi 외, 2014). [Damasio, 1999]는 감정(emotion), 감각(feeling), 감각의 감각(feeling a feeling)이라는 세 수준에 기초한 이론을 제안한다. [Bryson, 2012]는 동작 선택의 학습 과정에서 의식적인 주의(attention)의 가치를 보여준다.

정신, 뇌, 그리고 관련 주제에 관한 철학 문헌은 많이 있지만 전문용어가 난무한다. 이런 문헌들을 읽을 때는 대단히 권위 있는 *Encyclopedia of Philosophy*(Edwards, 1967)가 아주 유용할 것이다. 그보다 짧고 접근하기 쉬운 철학 사전으로는 *The Cambridge Dictionary of Philosophy*(Audi, 1999)가 있다. 웹의 *Stanford Encyclopedia of Philosophy*^{역주1}는 여러 훌륭한 기사들과 최신 참고자료를 제공한다. *MIT Encyclopedia of Cognitive Science*(Wilson 및 Keil, 1999)는 정신의 철학, 생물학, 심리학도 다룬다. 철학적 '인공지능 질문'에 대한 입문서로는 [Haugeland, 1985], [Boden, 1990], [Copeland, 1993], [McCorduck, 2004], [Minsky, 2007]이 있다. 줄여서 *BBS*로 칭하는 *The Behavioral and Brain Sciences*는 인공지능과 신경과학에 관한 철학적 논쟁과 과학적 논쟁을 전문으로 다루는 주요 학술지이다.

과학소설 작가 아이작 아시모프는 로봇 윤리학 문제를 처음으로 제기한 사람 중 한 명이다. 그는 다음과 같은 **로봇공학 원칙**(laws of robotics)을 제시했다(Asimov, 1942, 1950).

0. 로봇은 인류에 해를 끼치지 말아야 하며, 아무 일도 하지 않음으로써 인류가 해를 입게 해서도 안 된다.
1. 로봇은 인간을 해치지 말아야 하며, 아무 일도 하지 않음으로써 인간이 해를 입게 해서도 안 된다.
2. 제1원칙을 위반하는 명령이 아닌 한, 로봇은 인간의 명령에 복종해야 한다.
3. 제1원칙과 제2원칙을 위반하지 않는 한, 로봇은 자기 자신을 보호해야 한다.

이 원칙들이 합당해 보이긴 하지만, 문제는 이들을 어떻게 구현하느냐이다. 피해가 생길 수도 있는데 길을 건너거나 불량식품을 먹는 사람을 로봇이 그대로 두어야 할까? 아시모프의 단편 *Roundabout*(Asimov, 1942)에는 마치 술에 취한 것처럼 원을 그리며 한 곳에서 맴도는 로봇을 디버깅하는 이야기나 나온다. 기술자들은 그 원이 제2원칙(로봇은 그 원의 중심에 있는 셀레늄을 채취하라는 명령을 받았다)과 제3원칙(원의 중심에는 로봇의 존재를 위협하는 요인이 있다)이 균형을 이루는 점들의 자취에 해당함을 알게 되었다.[4]

---

^{역주1} 2020년 11월 현재 URL은 http://plato.stanford.edu/이다.

[4] 과학소설 작가들은 로봇이 모순 해소에 아주 서투르다는 점에 대체로 동의한다. 2001: 스페이스 오디세이에서 HAL 9000 컴퓨터는 자신이 받은 명령들의 충돌 때문에 결국에는 인류를 제거하기로 결정했다. 스타트렉의 한 에피소드 "I, Mudd"에서 커크 선장이 적 로봇에게 "해리가 너에게 말한 모든 것은 거짓말이다"라고 말한 후 해리가 "나는 거짓말을 하고 있다"라고 말하자 적 로봇의 머리에서 연기가 나면서 작동을 멈췄다.

이 예는 로봇공학 원칙이 어떤 논리적 절대 법칙이 아니라 점차 가중치가 낮아지는(즉, 0번 원칙이 제일 중요하고, 1번 원칙이 그보다 덜 중요하고, 등등) 위계적인 법칙들임을 암시한다. 1942년이면 디지털 컴퓨터가 나오기도 전이었으니, 아마도 아시모프는 아날로그 컴퓨팅을 통한 제어 이론에 기초한 구조를 생각했을 것이다.

[Weld 및 Etzioni, 1994]는 아시모프의 로봇공학 원칙을 분석해서, 피해가 없는 계획을 생성하도록 제11장의 계획 수립 기법들을 수정하는 몇 가지 방법을 제안했다. 아시모프는 기술과 관련한 여러 윤리적 문제를 고찰했는데, 1958년 단편 *The Feeling of Power*(Asimov, 1958)에서 그는 자동화 때문에 인간의 능력이 소실되는 문제를 다루었다. 그 단편에서 한 기술자는 실전된 곱셈 기술을 재발견했으며, 그러한 기술이 전쟁에 적용될 때 어떻게 해야 하는가 하는 딜레마도 다시 발견했다.

노버트 위너의 저서 *God & Golem, Inc.* (Wiener, 1964)는 게임과 기타 과제들에서 컴퓨터가 전문가 수준의 성과를 낼 것이며 인간이 원하는 것을 명시하기가 어렵다는 점이 밝혀질 것임을 예측했다. 위너는 이렇게 썼다.

> 우리가 정말로 원하는 것 이외의 어떤 것을 요청하기는 항상 가능하지만, 그러한 가능성은 우리가 우리의 소망을 성취하는 과정이 간접적일 때, 그리고 우리가 소망하는 바의 성취 정도가 끝에 가서야 명확해질 때 가장 심각하다. 일반적으로 우리는 우리의 소망을 피드백 과정을 통해서 깨닫는다(실제로 그것을 성취하는 한). 그러한 피드백 과정에서 우리는 중간 목표의 도달 정도를 그에 대한 우리의 예상과 비교한다. 이 과정에서 피드백이 우리를 통과하며, 우리는 너무 늦기 전에 그것을 되돌릴 수 있다. 만일 그런 피드백이 최종 목표가 달성되기 전까지는 그것을 조사하지 못하는 기계에 들어간다면, 재앙이 발생할 가능성이 크게 증가한다. 나는 광학 피드백 장치가 제어하는 자동차의 첫 시승자가 되고 싶지는 않다. 차가 나무를 향해 돌진할 때 내가 직접 당겨서 차의 방향을 바꿀 수 있는 핸들이 어딘가에 달려 있지 않는 한 말이다.

이번 장에서 우리는 일종의 **윤리 강령**을 요약했는데, 애플, 딥마인드, 페이스북, 구글, IBM, 마이크로소프트, OECD, 유네스코, BAAI(Beijing Academy of Artificial Intelligence)의 미국 과학 기술 정책 사무소, IEEE, ACM, 세계 경제 포럼, G20, OpenAI, MIRI(Machine Intelligence Research Institute), AI4People, CSER(Centre for the Study of Existential Risk), CHAI(Center for Human-Compatible AI), Center for Humane Technology, PAI(Partnership on AI), AI Now Institute, Future of Life Institute, Future of Humanity Institute, EU(유럽연합), 그리고 적어도 40개국의 정부를 포함한 수많은 조직이 이런 원칙 집합을 발표했다. 관련 핸드북으로는 *Ethics of Computing*(Berleur 및 Brunnstein, 2001)이 있고, 인공지능 윤리에 관한 입문서(Boddington, 2017)와 설문 양식(Etzioni 및 Etzioni, 2017)도 있다. *Journal of Artificial Intelligence and Law*와 *AI and Society*는 윤리와 관련된 주제들을 다룬다. 그럼 개별 주제 몇 가지를 살펴보자.

자율 살상 무기: P. W. 싱어의 *Wired for War*(Singer, 2009)는 전장에 배치된 로봇과

관련한 윤리적, 법적, 기술적 문제들을 제기한다. 자율 무기에 대한 미국의 현 정책을 작성한 사람 중 한 명인 폴 샤레의 *Army of None*(Scharre, 2018)은 균형 잡히고 권위 있는 관점을 제공한다. [Etzioni 및 Etzioni, 2017]은 인공지능을 규제해야 하는가의 문제를 고찰한다. 저자들은 자율 살상 무기의 개발을 잠시 멈추고 규제에 관한 국제적인 논의를 진행할 것을 추천한다.

개인정보: [Sweeney, 2002]는 k-익명성 모형과 필드 일반화 개념을 제시한다. 최소의 데이터 손실로 k-익명성을 달성하는 것은 NP-난해 문제이다. [Bayardo 및 Agrawal, 2005]는 이를 위한 근사 알고리즘을 제시한다. [Dwork, 2008]은 차등 개인정보 보호를 서술하고, [Dwork 외, 2014]는 차분 개인정보 보호를 현명하게 적용해서 소박한 접근방식보다 나은 결과를 얻은 실제 사례들을 제시한다. [Guo 외, 2019]는 차등 개인정보 보호를 확장한, 인증된 데이터 제거 과정을 서술한다. 어떤 데이터로 모형을 훈련한 후 데이터의 일부를 삭제하라는 요청을 받았을 때 이 방법을 이용해서 모형을 수정하면 모형이 삭제된 데이터를 전혀 사용하지 않음을 증명할 수 있다. [Ji 외, 2014]는 개인정보 보호 분야를 개괄한다. [Etzioni, 2004]는 개인정보 보호와 보안, 개인의 인권과 공동체의 권리 사이의 균형을 맞출 것을 주장한다. [Fung 외, 2018]과 [Bagdasaryan 외, 2018]은 연합 학습 프로토콜들에 대한 다양한 공격을 논의한다. [Narayanan 외, 2011]는 2011년 Social Network Challenge 대회의 불투명한 연결 그래프에서 익명성을 제거한 방법을 설명한다. 저자들은 대회용 데이터를 수집한 사이트(Flickr)를 크롤링하고, 대회용 데이터와 크롤링한 데이터 사이에서 내향 도수(in-degree)와 외향 도수(out-degree)가 비정상적으로 높은 노드들을 식별했다. 이렇게 얻은 추가 정보 덕분에 저자들은 대회에서 우승했을 뿐만 아니라 데이터에 있는 노드들의 진짜 신원도 파악할 수 있었다. 사용자 개인정보 보호를 위한 도구들이 점점 많아지고 있다. 예를 들어 TensorFlow는 연합 학습과 개인정보 보호를 위한 모듈들을 제공한다(McMahan 및 Andrew, 2018).

공정성: Cathy O'Neil의 책 *Weapons of Math Destruction*(O'Neil, 2017)은 여러 블랙박스 기계학습 모형들이 어떻게 우리의 삶에 영향을 미치는지(주로는 불공정한 방식으로) 서술한다. 저자는 모형 개발자들에게는 공정성을 책임 있게 다룰 것을 요구하고, 정책 입안자들에게는 적절한 규제를 가하라고 요구한다. [Dwork 외, 2012]는 단순한 "무인지를 통한 공정성" 접근방식의 결함들을 보여주었다. [Bellamy 외, 2018]은 기계학습 시스템의 편향을 완화하는 도구 모음을 제시한다. [Tramèr 외, 2016]은 적대적인 사용자가 API로 질의해서 기계학습 모형에서 정보를 "훔치는" 방법을 보여준다. [Hardt 외, 2017]는 공정성의 척도로서의 기회 균등을 서술한다. [Chouldechova 및 Roth, 2018]은 공정성의 최신 논의를 개괄하고, [Verma 및 Rubin, 2018]는 공정성의 정의들을 자세히 조사한다.

[Kleinberg 외, 2016]은 일반적으로 알고리즘이 좋은 보정성과 기회 균등을 둘 다 충족할 수는 없을을 보여준다. [Berk 외, 2017]은 공정성의 종류에 대한 추가적인 정의들을 제시하고, 역시 모든 측면을 동시에 충족하는 것은 불가능하다는 결론을 내린다. [Beutel 외, 2019]는 공정성 측도들을 실제 응용에 도입하는 방법에 관한 조언을 제공한다.

[Dressel 및 Farid, 2018]은 COMPAS 재범률 점수 모형을 검토한다. [Christin 외, 2015]와 [Eckhouse 외, 2019]는 사법 체계에서 예측 알고리즘의 활용을 논의한다. [Corbett-Davies 외, 2017]은 공정성 보장과 공공 안전 최적화 사이에 긴장이 존재함을 보여주고, [Corbett-Davies 및 Goel, 2018]은 여러 공정성 틀들의 차이점을 논의한다. [Chouldechova, 2017]은 모든 계급계층의 기대 효용이 같아야 한다는 공정 영향(fair impact) 개념을 주창한다. [Liu 외, 2018]은 영향의 장기적 측정을 주창하면서, 예를 들어 단기적인 공정성을 위해 대출 승인의 결정 지점을 변경하면 장기적으로는 결국 빚을 값지 못해 신용 점수가 깎인 사람들에게 부정적인 효과가 생길 수 있음을 지적했다.

2014년부터 기계학습의 공정성과 책임성, 투명성에 관한 연례 학술대회인 FAT ML (Fairness, Accountability, and Transparency in Machine Learning)이 열리고 있다. [Mehrabi 외, 2019]는 기계학습의 편향과 공정성을 상세히 개괄하면서, 23종의 편향과 10종의 공정성 정의를 나열한다.

신뢰: 설명 가능 인공지능은 전문가 시스템의 초기에도 제기된(Neches 외, 1985) 중요한 주제로, 최근 몇 년 사이에 다시 관심을 끌고 있다(Biran 및 Cotton, 2017; Miller 외, 2017; Kim, 2018). [Barreno 외, 2010]은 기계학습 시스템에 대한 보안 공격의 여러 종류를 분류하고, [Tygar, 2011]은 대립적 기계학습을 개괄한다. IBM의 연구자들은 규제 준수 선언을 통해 인공지능 시스템의 신뢰를 얻자고 제안했다(Hind 외, 2018). DARPA는 자신들의 전투 시스템이 반드시 설명 가능해야 한다는 규제를 두고 있으며, 이 분야에 대한 연구를 촉구한 바 있다(Gunning, 2016).

인공지능 안전성: *Artificial Intelligence Safety and Security*(Yampolskiy, 2018)는 인공지능 안정성에 관한 소논문들을 모은 책으로, 빌 조이의 *Why the Future Doesn't Need Us*(Joy, 2000) 같은 고전도 있고 최근의 글도 있다. '마이다스 왕 문제'는 마빈 민스키가 예견했는데, 그는 리만 가설을 증명하도록 설계된 인공지능 프로그램이 좀 더 강력한 슈퍼컴퓨터를 만들기 위해 지구의 모든 자원을 독점할 수도 있다는 의견을 피력한 적이 있다. 이와 비슷하게 오모훈드로는 자원을 탈취하는 체스 프로그램을 예측했고(Omohundro, 2008) 보스트롬은 폭주한 종이 클립 공장이 세계를 정복하는 이야기를 썼다(Bostrom, 2014). [Yudkowsky, 2008]는 **우호적 인공지능**(Friendly AI)을 설계하는 방법을 자세히 서술한다. [Amodei 외, 2016]은 인공지능 시스템의 실질적 안정성 문제 다섯 가지를 제시한다.

오모훈드로는 *Basic AI Drives*(Omohundro, 2008)에서 인공지능의 기본적인 욕구들을 서술하고, "개인이 자신의 부정적 외부효과의 비용을 감당하게 하는 사회 구조는 안정적이고 긍정적인 미래를 보장하는 사회 구조와는 거리가 멀다"라는 결론을 내렸다. 엘리너 오스트롬의 *Governing the Commons*(Ostrom, 1990)은 전통 문화로 외부효과들을 처리하는 실천 사항들을 서술한다. 오스트롬은 또한 이 접근방식을 공공재로서의 지식이라는 개념에 적용했다(Hess 및 Ostrom, 2007).

레이 커즈와일은 *The Singularity is Near*(Kurzweil, 2005)에서 특이점이 멀지 않았다고

주장했으며, 10년 후 머리 섀너핸이 그 주장의 갱신된 버전을 제시했다(Shanahan, 2015). 마이크로소프트 공동 창업자 폴 앨런은 이 주장에 반대하는 내용의 *The Singularity isn't Near*(Allen 및 Greaves, 2011)를 썼다. 앨런이 초지능 기계의 가능성 자체를 부정한 것은 아니고, 단지 그런 초지능 기계가 나오려면 100년 이상 걸릴 것이라는 것일 뿐이다. 커즈와일 등의 '특이점 주의(singularitarianism)'를 자주 비판하는 인물로 로드 브룩스가 있다. 그는 기술이 성숙하는 데 예상보다 시간이 많이 걸릴 때가 많으며, 인간은 마법적인 사고에 빠지기 쉽고, 지수적 증가가 영원히 지속되지는 않음을 지적했다(Brooks, 2017).

한편, 신기술을 두려워하는 비관론자도 낙관적인 특이점 주의자만큼이나 많다. 웹사이트 pessimists.co를 보면 인류 역사 전체에 그런 비관론자들이 있었음을 알 수 있다. 예를 들어 1890년대 사람들은 승강기가 멀미를 유발하고, 전보(telegraph)가 사생활 침해와 도덕적 해이로 이어지고, 지하철이 유해한 지하 공기를 유출하고 죽은 자들을 깨울 것이며, 자전거가(특히 여자가 자전거를 탄다는 것이) 악마의 작품이라고 우려했다.

한스 모라벡은 트랜스휴머니즘의 개념 몇 가지를 소개했고(Moravec, 2000) 보스트롬은 트랜스휴머니즘의 역사를 개괄했다(Bostrom, 2005). I. J. 굿의 초지능 기계 개념을 그보다 100년 전에 새뮤얼 버틀러가 기사 *Darwin Among the Machines*(Butler, 1863)에서 예견했다. 그 신문 기사는 찰스 다윈의 **종의 기원**(*On the Origins of Species*)이 출판되고 4년 후에 나온 것인데, 당시 가장 정교한 기계는 증기기관이었다. 버틀러는 그 글에서 자연 선택에 의한 "기계적 의식의 궁극적 개발"을 상상했다. 이 주제는 조지 다이슨이 쓴 같은 동명의 책(Dyson, 1998)에 다시 등장하며, 앨런 튜링도 1951년에 쓴 글에서 "언젠가는 기계가 새뮤얼 버틀러의 *Erewhon*에 묘사된 것처럼 권력을 차지하리라고 예상해야 한다."(Turing, 1996)라면서 이 주제를 언급했다.

로봇 권리: 요릭 윌크스가 엮은 책(Wilks, 2010)은 인공적 동반자들을 우리가 어떻게 다루어야 할지에 관한 여러 가지 관점을 제시하는데, 예를 들어 로봇을 시민이 아니라 도구로 취급해야 한다는 조애너 브라이슨[Joanna Bryson]의 관점부터 사람들은 이미 컴퓨터가 기타 도구들을 의인화하고 있으며 기계와 생명체 사이의 경계를 기꺼이 지워 버릴 것이라는 셰리 터클[Sherry Turkle]의 관점까지 다양하다. 윌크스는 또한 최근 저서에서 자신의 갱신된 관점들도 밝혔다(Wilks, 2019). 철학자 데이비드 건켈의 저서 *Robot Rights*(Gunkel, 2018)는 로봇이 권리를 가질 수 있는가/아닌가, 가져야 하는가/아닌가라는 네 가지 가능성을 고찰한다. ASPCR(American Society for the Prevention of Cruelty to Robots; 미국 로봇 잔혹행위 방지 학회)는 "ASPCR은 지금도, 그리고 앞으로도 로봇이 지각이 있는 존재인 것만큼이나 진지하다."라고 주장한다.

노동의 미래: 1888년 에드워드 벨라미는 베스트셀러 *Looking Backward*(Bellamy, 2003)에서 "2000년이 되면 기술 진보 덕분에 평등한, 그리고 사람들이 짧게 일하고 일찍 은퇴하는 유토피아가 실현될 것이다"라고 예측했다. 얼마 후 E. M. 포스터는 *The Machine Stops*(Forster, 1909)에서 자애로운 기계가 사회를 지배하는, 그러나 기계가 피할 수 없는 고장을 맞으면서 모든 것이 산산조각 나는 디스토피아적 관점을 제시했다. 노버

트 위너는 통찰력 있는 저서 *The Human Use of Human Beings*(Wiener, 1950)에서 자동화 덕분에 사람들이 고되고 단조로운 일에서 벗어나서 좀 더 창조적인 일을 하게 될 것이라고 주장하는 한편, 오늘날 우리가 문제점으로 인식하고 있는 여러 위험들(특히 가치 정렬 문제)도 논의했다.

Disrupting Unemployment(Nordfors 외, 2018)은 노동이 변하면서 새로운 경력(career)의 기회가 열리는 몇 가지 방식을 논의한다. 에릭 브리뇰프슨과 앤드루 매카피의 저서 *Race Against the Machine*(Brynjolfsson 및 McAfee, 2011)과 *The Second Machine Age*(Brynjolfsson 및 McAfee, 2014)는 이 주제를 비롯한 여러 주제를 다룬다. [Ford, 2015]는 자동화 증가의 난제들을 서술하고 [West, 2018]은 문제점들을 완화하는 방법들을 제안한다. 한편 MIT의 토머스 말론은 같은 문제점들 중 다수가 10년 전에도 있었지만 당시에는 자동화가 아니라 전 세계적 통신망의 탓으로 돌렸음을 밝혔다(Malone, 2004).

28
CHAPTER

인공지능의 미래

이번 장에서는 가까운 미래의 인공지능을 예측한다.

제2장에서 이야기했듯이, 이 책은 근사적인 합리적 에이전트의 설계라는 관점에서 인공지능을 고찰한다. 이 책에서 우리는 반사 에이전트에서 지식 기반 결정이론적 에이전트를 거쳐 강화학습을 이용한 심층학습 에이전트에 이르기까지 다양한 에이전트 설계를 살펴보았다. 또한, 그런 설계를 조립하는 데 사용할 수 있는 구성요소들에 관한 기술도 다양하다. 추론 방법으로는 논리적 추론, 확률적 추론, 신경망 기반 추론이 있고, 표현 방식으로는 원자적 표현, 분해 표현, 구조적 표현이 있다. 또한 데이터의 종류에 따라 학습 방법도 다양하고, 세계와 상호작용하기 위한 감지기나 작동기도 다양하다. 마지막으로, 이 책에서는 의학, 금융, 운송, 통신 같은 분야에서 인공지능을 활용하는 다양한 방법도 이야기했다. 이 모든 분야에서, 인공지능에 대한 과학적 이해와 우리의 기술적 능력이 계속 발전해 왔다.

대부분의 전문가는 이후에도 이런 발전이 지속될 것이라고 낙관한다. 제1장에서 보았듯이(❶권 p.39), 다양한 종류의 과제들을 인간 수준에 근접해서 수행할 수 있는 인공지능이 등장할 시기를 대다수의 전문가들은 50년에서 100년 이후로 보고 있다. 다음 10년 이내에 인공지능은 경제에 매년 1조 달러를 기여할 것이라고 예측된다. 그렇지만 인공 일반 지능이 등장하려면 몇백 년은 더 걸릴 것이라고 예측하는 비평가들도 있다는 점도 이야기했고 인공지능의 공정성, 평등, 살상 능력에 관한 윤리적 우려 사항들도 살펴보았다. 이번 장의 주된 질문은 "우리는 지금 어디로 향하고 있으며 무엇을 해야 하는

가?"이다. 이 질문에 답하기 위해, 인공지능을 이 세상에 이로운 성공적인 기술로 만드는 데 필요한 적절한 구성요소와 구조, 목표들이 갖추어져 있는지 고찰한다.

28.1 인공지능의 구성요소

이번 절은 인공지능 시스템의 구성요소들을 개괄하고 각 구성요소가 향후 발전을 어느 정도나 가속 또는 저해하는지 살펴본다.

감지기와 작동기

인공지능 역사의 상당 부분에서 인공지능의 두드러진 결함은 인공지능 시스템이 세계에 직접 접근하지 못한다는 점이었다. 몇 가지 주목할 만한 예외는 있지만, 대체로 인공지능 시스템은 사람이 입력을 공급하고 출력을 해석해야 하는 형태로 구축되었다. 한편 로봇 시스템은 저수준 과제들에 집중할 뿐, 고수준 추론 및 계획 수립은 대부분 생략했고 지각의 필요성도 최소화했다. 부분적으로 이는, 실제 로봇이 작동이라도 하게 만드는 데 드는 비용과 공학적 노력이 너무 컸기 때문이다. 또한, 고대역 시각 정보 입력을 처리하기에 충분한 처리 능력과 충분히 효과적인 알고리즘이 없었다는 것도 부분적인 이유이다.

그러나 최근 몇 년 사이에 프로그래밍이 가능한 기성품(ready-made) 로봇들이 등장하면서 상황이 급격히 변했다. 그리고 그런 기성품 로봇들이 나온 것은 작고 신뢰성 높은 소형 모터 작동기와 개선된 감지기 덕분이다. 자율주행차용 라이다의 가격은 $75,000에서 $1,000로 떨어졌고, 단일 칩 버전은 개당 $10까지 떨어질 전망이다 (Poulton 및 Watts, 2016). 레이다 감지기는 예전에는 해상도가 아주 낮았지만, 이제는 서류 더미의 낱장 수를 셀 수 있을 정도로 감도가 좋아졌다(Yeo 외, 2018).

이동전화 카메라의 화질 개선에 대한 소비자들의 요구 덕분에 로봇공학에 사용할 수 있는 저렴한 고해상도 카메라를 쉽게 구할 수 있게 되었다. MEMS(micro-electromechanical system; 초소형 전자기계 시스템) 기술 덕분에 가속도계와 자이로스코프, 작동기가 인공 곤충에 집어넣을 수 있을 정도로 작아졌다(Floreano 외, 2009; Fuller 외, 2014). 수백만 개의 MEMS 장치들을 결합해서 강력한 거시규모 작동기들을 만드는 것도 가능하다. 3차원 프린터 기술(Muth 외, 2014)과 생체 프린팅(bioprinting; Kolesky 외, 2014) 덕분에 원형(프로토타입)들을 실험하기가 쉬워졌다.

따라서 지금은 인공지능 시스템이 원시적인 소프트웨어 전용 시스템에서 유용한 내장 로봇 시스템으로 옮겨가기 시작하는 시점이라 할 수 있다. 오늘날의 로봇공학의 수준은 1980년대 초의 개인용 컴퓨터(PC) 수준과 대충 비슷하다. 당시 PC가 시장에 나오긴 했지만, 일상적인 가전제품이 된 것은 그보다 10년 후이다. 유연하고 지능적인 로봇은 먼저 산업 분야(환경이 좀 더 통제되고, 작업이 좀 더 반복적이고, 투자의 가치를 측정하기 쉬운)에 널리 퍼진 후에야 가정 시장(환경과 작업의 가변성이 큰)에 침투할 가능성이 크다.

세계 상태의 표현

세계의 상태를 추적하고 유지하려면 지각 능력뿐만 아니라 내부 표현의 갱신 능력도 필요하다. 원자적 상태 표현의 추적 방법을 제4장에서, 그리고 분해된(명제적) 상태 표현의 추적 방법을 제7장에서 논의했다. 그리고 제12장에서는 이를 1차 논리로 확장했고 제14장에서는 불확실한 환경에서 시간에 따른 확률적 추론을 설명했다. 제21장에서는 순환 신경망을 소개했는데, 순환 신경망도 시간에 따른 상태 표현 유지 능력을 가지고 있다.

현재의 필터링 알고리즘들과 지각 알고리즘들을 결합해서, 사물을 식별하거나("저것은 고양이이다")나 저수준 술어들을 보고하는("컵이 탁자 위에 있다") 합리적인 작업을 수행하는 것이 가능하다. "러셀 박사가 노빅 박사와 차를 마시면서 다음 주 계획을 논의하고 있다" 같은 고수준 동작 인식은 좀 더 어렵다. 훈련 견본이 충분히 주어진다면 현재 수준에서도 그런 고수준 인식이 종종 가능하지만(p.1164의 도해 25.17 참고), 더 발전하려면 방대한 훈련 견본 없이도 새로운 상황으로 잘 일반화되는 기법들이 나와야야 할 것이다(Poppe, 2010; Kang 및 Wildes, 2016).

또 다른 문제는, 상당히 큰 환경들을 제15장의 근사 필터링 알고리즘으로 처리할 수는 있지만, 그런 알고리즘이 여전히 분해된 표현을 다룬다는 것이다. 확률 변수들을 사용하긴 하지만, 객체들과 관계들을 명시적으로 표현하지는 못한다. 또한, 이런 알고리즘들은 시간을 이산적인 시간 단계(time step)로만 취급한다. 한 공의 최근 궤적이 주어졌을 때 시간 $t+1$에서 그 공이 어디에 있을지는 예측할 수는 있어도, 올라간 것은 내려오기 마련이라는 추상적인 개념을 표현하기는 어렵다.

이런 문제들을 §15.1에서 확률과 1차 논리의 결합으로 푸는 방법을 설명했고 §15.2에서는 객체의 신원에 관한 불확실성을 처리하는 방법을 제시했다. 그리고 25장에서는 순환 신경망을 이용해서 컴퓨터 시각으로 세계를 추적하는 방법을 살펴보았다. 그러나 이런 기법들을 잘 조합해서 활용하는 방법은 아직 나오지 않았다. 제24장에서는 단어 내장이나 그와 비슷한 표현들을 이용하면 필요조건들과 충분조건들로 정의된 경직된 개념틀에서 벗어날 수 있음을 보았다. 복잡한 문제 영역에 대한 일반적이고 재사용 가능한 표현 방식을 고안하는 것은 여전히 아주 어려운 문제이다.

동작 선택

현실 세계에서 동작 선택의 주된 난제는 거대한 장기 계획, 이를테면 "4년 안에 대학교 졸업"처럼 기본 단계가 수십억 개인 장기계획을 처리하는 문제이다. 기본 동작들의 순차열을 고려하는 검색 알고리즘들은 수백 단계 이상의 규모로는 확장되지 못한다. 유일한 방법은 우리 인간이 감당할 수 있는 **위계구조**를 행동에 부여하는 것이다. §11.4에서 위계적 표현을 이용해서 이런 규모의 문제들을 처리하는 방법을 이야기했다. 더 나아가서, **위계적 강화학습**(hierarchical reinforcement learning) 연구에서는 그런 몇몇 착안들을 제17장에서 설명한 MDP 형식화와 결합하는 데 성공했다.

아직 이 방법들이 부분 관측 가능의 경우(POMDP)로 확장되지는 않았다. 더 나아가서, 일반적으로 POMDP를 푸는 알고리즘들은 제3장에서 검색 알고리즘에 사용한 것과 동일한 원자적 상태 표현을 사용한다. 이 부분에 대해 연구할 것이 많이 남아 있음은 명백하나, 발전을 위한 기술적 토대는 대체로 잘 갖추어져 있다. 빠진 주요 요소는 긴 시간 규모에 걸쳐 의사결정을 내리는 데 필요한 상태의 위계적 표현과 행동을 효과적으로 구축하는 방법이다.

우리가 원하는 바의 결정

제3장에서 목표 상태를 찾는 검색 알고리즘들을 소개했다. 그런데 환경이 불확실하고 고려할 요인들이 여러 개일 때는 목표 기반 에이전트가 잘 작동하지 않는다. 효용 최대화 에이전트는 원칙적으로 그런 문제점들을 완전히 일반적인 방식으로 해결한다. 경제학과 게임 이론 분야는, 그리고 그로부터 영향을 받은 인공지능 분야는 "그냥 최적화하고자 하는 것을 선언하고 각 동작이 무슨 일을 하는지만 정의하면 최적의 동작을 계산할 수 있다"는 통찰을 활용한다.

그러나 실제 응용에서 적절한 효용 함수를 명시하는 것이 그 자체로 난제임을 우리는 알고 있다. 예를 들어 인간을 위해 사무실 비서로서 작용하는 에이전트는 사무실 사람들의 얽히고설킨 선호도들의 관계를 파악해야 한다. 사람은 각자 다르다는 점도 문제를 어렵게 만드는 요인이다. "상자에서 바로 나온" 에이전트는 아직 경험이 부족해서 각 개인에 대한 정확한 선호도 모형을 알지 못한다. 따라서 당분간은 선호도가 불확실한 상태에서 작동해야 한다. 더 나아가서, 에이전트가 한 개인이 아니라 사회 전체에 대해 공정하고 평등하게 작동하게 만드는 것까지 추가되면 문제는 더욱 복잡해진다.

복잡한 실세계 선호도 모형의 구축에 대한 우리의 경험은 그리 많지 않다. 그런 모형의 확률분포에 대한 경험도 마찬가지이다. 복잡한 상태들에 대한 선호도를 분해하기 위해 고안된, 베이즈망과 비슷한 분해된 형식화들이 있긴 하지만, 그런 형식화들은 실제 응용에서 사용하기가 어렵다고 판명되었다. 한 가지 이유는, 상태들에 대한 선호도들이 사실은 **보상 함수**(제17장)로 서술되는, 상태 역사들에 대한 선호도들의 **조합**들이라는 것이다. 보상 함수가 간단하다고 해도, 그에 대응되는 효용 함수는 대단히 복잡할 수 있다.

이 점을 생각하면, 보상 함수에 대한 지식 공학 과제를 우리가 에이전트에게 시키고자 하는 일을 에이전트에게 알려 주는 하나의 수단으로 진지하게 고찰할 필요가 있다. 이 문제에 대한 한 가지 접근방식은 전문가가 에이전트에게 어떤 과제의 수행 방법을 보여주기만 하고 설명하지는 않는 **역 강화학습** 개념(§22.6)이다. 또한, 우리가 원하는 바를 좀 더 나은 언어로 표현하는 쪽으로 고민해 볼 수도 있다. 예를 들어 로봇공학에서 선형 시간 논리를 이용하면 우리가 가까운 미래에 일어났으면 하는 일과 일어나지 말았으면

하는 일, 그리고 계속 지속되길 바라는 상태가 무엇인지를 좀 더 쉽게 표현할 수 있다 (Littman 외, 2017). 우리가 원하는 바를 좀 더 잘 표현할 수 있는 방법과 로봇이 우리가 제공하는 정보를 좀 더 잘 해석하는 방법이 필요하다.

컴퓨터 업계는 사용자 선호도들의 취합을 위한 강력한 생태계를 개발했다. 어떤 앱이나 온라인 게임, SNS, 온라인 쇼핑몰에서 뭔가를 클릭하면, 그 클릭은 나중에 여러분이(그리고 여러분과 비슷한 다른 사용자들이) 보고 싶어할 만한 것을 제시하는 추천 시스템을 위한 정보로 쓰인다. (물론 여러분이 뭔가를 잘못 클릭해서 사이트가 혼동을 일으킬 수도 있다. 데이터에는 항상 잡음이 낀다.) 이런 시스템에 내재하는 피드백 과정은 단기적으로 더욱 중독성 있는 게임과 동영상을 제시하는 데 대단히 효과적이다.

그러나 이런 시스템들에는 손쉬운 옵트아웃[opt-out] 수단이 없을 때가 많다. 관련 동영상을 자동으로 재생하기 전에 "잠시 전화기를 끄고 자연 속에서 느긋히 산책을 하면 어떨까요?"라고 제안하는 앱은 드물다. 쇼핑 사이트는 여러분의 스타일에 맞는 옷을 찾는 데 도움을 주려 할 뿐, 세계 평화나 기아 및 빈곤 근절을 해결하려 들지는 않는다. 고객의 관심으로부터 이득을 얻으려 하는 기업이 주도적으로 제공하는 선택지들은 제한적일 수밖에 없다.

그렇지만 기업들이 고객의 관심사에 반응하는 것은 사실이며, 자신이 공정성이나 지속 가능한 세계에 관심이 있다는 의견을 개진하는 고객들도 많다. 팀 오라일리[Tim O' Reilly]는 영리가 유일한 동기가 아닌 이유를 설명하기 위해 다음과 같은 비유를 사용했다: "돈은 도로 여행의 가솔린과 비슷하다. 도로 위에서 기름이 떨어지는 일이 생겨서는 안 되지만, 그렇다고 여러분이 주유소를 순례하고 있는 것은 아니다. 돈에 신경을 써야 하지만, 돈 자체가 목적이 되어서는 안 된다."

Time Well Spent

비영리 단체 Center for Humane Technology에서 트리스탄 해리스[Tristan Harris]가 주도하는 Time Well Spent 운동(Harris, 2016)은 좀 더 포괄적인 선택지들로 가는 한 걸음이다. 이 운동은 1971년 허버트 사이먼이 지적한, "정보가 풍부해지면 주의력(attention)이 빈곤해진다"라는 문제점을 해결하기 위한 것이다. 미래에는 현재 앱들이 우리의 장치들

개인용 에이전트

을 채우고 있는 기업의 이익 대신 우리의 진정한 장기적 이익에 천착하는 **개인용 에이전트**가 나올지도 모른다. 그런 에이전트는 다양한 판매사의 거래 제안들을 중재해서 중독적인 주의력 강탈자들로부터 우리를 보호하고, 우리에게 실제로 중요한 목표로 우리를 이끌 것이다.

학습

제19장에서 제22장까지 에이전트의 여러 학습 방법을 설명했다. 현재 쓰이는 알고리즘들은 상당히 큰 문제를 풀 수 있으며, 여러 과제들에서 인간의 능력에 도달하거나 능가했다. 단, 그런 성과가 나오려면 훈련 견본이 충분하고 특징들과 개념들에 대한 어휘가 미리 잘 정의되어 있어야 한다. 데이터가 부족하거나 인간의 지도가 없으면, 또는 복잡

한 표현을 다루어야 할 때는 학습이 지지부진해질 수 있다.

최근 언론과 업계에서 인공지능이 다시금 크게 주목받게 된 데는 심층학습(제21장)의 성공이 큰 몫을 했다. 이를 인공지능의 하위 분야인 신경망이 점진적으로 성숙한 결과로 볼 수도 있고, 여러 가지 요인의 조합 덕분에 인공지능의 능력이 혁명적으로 비약한 것으로 볼 수도 있다. 그런 요인들로는 인터넷에 의한 가용 훈련 데이터의 증가, 전용 하드웨어의 처리 속도 증가, 그리고 GAN(생성 대립망)이나 배치 정규화, 드롭아웃, ReLU 활성화 함수 같은 몇 가지 알고리즘 요령들을 들 수 있다.

당분간 심층학습이 좋은 성과를 내는 과제들에 대해 심층학습 기법들을 더욱 개선하는 것과 그런 기법들을 다른 과제들로 확장하는 것에 대한 강조가 계속될 것이다. 심층학습 또는 소위 '딥러닝'이라는 '상품명'이 너무나 대중화된 만큼, 심층학습의 성과에 기여한 여러 기법들의 조합이 크게 변해도 이 이름은 계속 쓰일 것이다.

우리는 통계학, 프로그래밍, 영역 특화 전문 지식의 조합으로 **데이터 과학**(data science) 분야가 생겨나는 광경을 목격했다. **빅데이터**^{big data}의 획득, 관리, 유지보수에 필요한 도구들과 기법들이 계속 발전하겠지만, 한 문제 영역의 데이터를 활용해서 다른 관련 영역에 대한 성과를 계선하는 **전이학습**도 더욱 발전시켜야 할 것이다.

오늘날 기계학습 연구는 거의 대부분 분해된 표현을 가정하며, 회귀에는 함수 $h : \mathbb{R}^n \to \mathbb{R}$의 학습을 사용하고 분류에는 $h : \mathbb{R}^n \to \{0,1\}$ 함수의 학습을 사용한다. 기계학습은 데이터가 적거나 구조적, 위계적 표현을 새로이 구축해야 하는 문제에서는 성과가 그리 좋지 않았다. 심층학습, 특히 컴퓨터 시각 문제에 적용된 합성곱 신경망은 몇 가지 사례에서 저수준 픽셀들로부터 '눈'이나 '입', '얼굴' 같은 중간 수준 개념들을 거쳐 '사람'이나 '고양이' 같은 고수준에 도달하는 성과를 보였다.

미래의 한 가지 연구 과제는 학습과 사전 지식을 좀 더 매끄럽게 결합하는 것이다. 아직 접하지 못한 문제(이를테면 새로운 차종을 식별하는 등)를 인공지능 시스템에게 배정했을 때, 수백만 건의 분류된 훈련 견본을 공급하지 않아도 시스템이 그럴듯한 답을 낼 수 있다면 좋을 것이다.

이상적인 시스템은 자신이 이미 알고 있는 것에서 결론을 도출할 수 있어야 한다. 예를 들어 이상적인 시스템은 시각이 어떤 식으로 작동하는지, 제품의 디자인과 상표가 어떤 식으로 작동하는지에 대한 모형을 미리 갖추고 있을 것이며, **전이학습**을 이용해서 그런 모형을 새로운 차종을 인식하는 문제에 적용해야 한다. 시스템은 인터넷에서 구한 텍스트, 이미지, 동영상 데이터로부터 다양한 차종에 관한 정보를 스스로 도출할 수 있으야 한다. 또한 **견습 학습** 능력도 필요하다. 즉, 교사와 대화해서 배우되, "도요타 코롤라 이미지 1천 장 부탁합니다"라고 요청하기보다는, "혼다 인사이트는 도요타 프리우스와 비슷하지만 그릴이 더 크다"라는 교사의 조언을 이해할 수 있어야 한다. 시스템은 각 차종의 출고 색상들이 미리 정해져 있지만 나중에 차를 다른 색으로 칠할 수도 있다는 점을, 따라서 훈련 데이터 집합에는 없는 색깔의 차를 볼 수도 있음을 알아야 한다. (미리 알고 있지는 않다고 해도, 그것을 데이터로부터 배우거나 사람이 알려 줄 수 있어야 한다.)

이 모든 것을 위해서는 사람과 컴퓨터가 공통의 의사소통 수단과 표현 언어를 공유해야 한다. 인간 분석가가 가중치가 수백만 개인 모형을 직접 수정하리라고 기대할 수는 없다. 확률 모형(확률적 프로그래밍 언어 포함)에서는 사람이 자신이 아는 것을 어느 정도 서술할 수 있지만, 그런 모형을 다른 기계학습 메커니즘과 잘 통합한 사례는 아직 없다.

미분 가능
프로그래밍 벤지오와 르쿤의 연구(Bengio 및 LeCun, 2007)는 그러한 통합으로 가는 한 걸음이다. 최근 얀 르쿤은 "심층학습"이라는 용어를 좀 더 일반적인 **미분 가능 프로그래밍**(differentiable programming)이라는 용어로 대체할 것을 제안했다(Siskind 및 Pearlmutter, 2016; Li 외, 2018). 이 제안은 범용 프로그래밍 언어와 기계학습 모형을 하나로 병합할 수 있음을 암시한다.

현재 미분 가능한 심층학습 모형을 구축하고, 손실이 최소가 되도록 훈련하고, 상황이 변하면 재훈련하는 것은 흔한 일이다. 그러나 그런 심층학습 모형은 데이터를 획득해서 전처리한 후 모형에 공급하고, 모형이 산출한 출력을 적절히 후처리하는 좀 더 큰 소프트웨어 시스템의 한 부품일 뿐이다. 더 큰 시스템의 다른 모든 부품은 프로그래머가 손으로 짠 것이므로 미분이 불가능하다. 따라서 상황이 변했을 때 문제점을 인식해서 그것을 고치는 전적으로 프로그래머의 몫이다. 미분 가능 프로그래밍을 이용하면 시스템 전체가 자동화된 최적화의 대상이 되리라고 기대할 수 있다.

최종 목표는 우리가 아는 것을 우리가 편한 방식으로 표현하는 것이다. 즉, 인공지능 시스템에 자연어로 된 무형식의 조언을 제공할 수도 있고, $F = ma$처럼 명시적인 수학 공식을 제시하거나, 데이터와 함께 통계 모형을 제공하거나, 경사 하강법을 이용해서 자동으로 최적화할 수 있는 미지의 매개변수들을 포함한 확률적 프로그램을 제공할 수도 있어야 한다. 컴퓨터 모형은 모든 가용 데이터뿐만 아니라 인간 전문가와의 자연어 대화에서도 배우게 될 것이다.

얀 르쿤과 제프리 힌턴을 비롯한 여러 연구자가 지도학습을(그리고 그보다는 약하지만 강화학습을) 강조하는 현재의 추세가 계속될 수는 없으며, 컴퓨터 모형들이 **약 지도학습**(weakly supervised learning)에 의존하게 될 것이라고 주장했다. 여기서 약 지도학습은 분류된 견본들(강화학습의 경우 보상들)을 조금만 제공하고, 대부분의 학습을 비지도 방식으로 진행하는 것을 말한다. 이런 주장은 분류되지 않은(주해가 붙지 않은) 데이터가 훨씬 풍부하다는 사실을 근거로 한다.

예측 학습 르쿤은 독립적이고 과거 데이터에 대해 동일 확률로 분포된 입력들의 분류명을 예측하거나 상태들에 관한 가치 함수를 예측하는 것에서 그치지 않고 세계를 모형화할 수 있으며 세계의 미래 상태의 측면들을 예측하는 방법까지도 배울 수 있는 지도학습을 **예측 학습**(predictive learning)이라고 부른다. 그는 GAN(생성 대립 신경망)을 예측과 실제 사이의 차이를 최소화하는 방법을 배우는 데 사용할 수 있을 것이라고 제안했다.

제프리 힌턴는 2017년에 "내 관점은 모든 것을 버리고 다시 시작하자는 것이다"라고 말했는데, 이는 신경망의 매개변수들을 조정해서 뭔가를 학습한다는 전반적인 착안

자체는 이후에도 살아남겠지만 네트워크 구조와 역전파 기법의 세부사항은 다시 생각할 필요가 있다는 뜻이다. [Smolensky, 1988]는 연결주의 모형을 고찰하는 방법에 관한 규범을 제시했다. 스몰렌스키의 생각은 오늘날에도 유효하다.

자원

기계학습 연구 및 개발은 가용 데이터와 저장 용량, 처리 능력, 소프트웨어, 훈련된 전문가, 그리고 이들을 지원하는 데 필요한 투자의 증가 덕분에 가속되었다. 1970년대에 비해 범용 CPU의 속도는 10만 배 증가했고, 기계학습 전용 하드웨어의 성능은 그보다 1,000배 더 증가했다. 웹은 풍부한 이미지, 동영상, 음성, 텍스트, 준 구조적 데이터의 풍부한 데이터원으로 작용했으며, 현재 매일 10^{18}바이트 이상의 데이터가 추가되고 있다.

현재 컴퓨터 시각, 음성 인식, 자연어 처리의 다양한 과제를 위한 고품질 데이터 집합이 수백 종에 이른다. 여러분의 요구에 딱 맞는 데이터 집합이 없다고 해도 다른 여러 데이터들을 조합해서 만들어 내거나 크라우드소싱 플랫폼을 이용해서 사람들이 데이터에 분류명을 붙이게 할 수 있다. 이런 식으로 얻은 데이터를 검증하는것이 전체 작업 흐름의 중요한 일부가 되고 있다(Hirth 외, 2013).

모형 공유

최근의 중요한 발전 하나는 데이터 공유에서 **모형 공유**로의 이동이다. 주요 클라우드 서비스 제공 업체(아마존, 마이크로소프트, 구글, 알리바바, IBM, Salesforce 등)은 시각적 물체 인식, 음성 인식, 기계 번역 같은 특정 과제들을 위해 미리 구축한 모형들과 기계학습 API를 제공하는 서비스를 두고 경쟁하기 시작했다. 그런 모형들을 그대로 사용할 수도 있고, 기준 모형으로 삼아서 여러분의 구체적인 문제를 위한 구체적인 데이터로 커스텀화할 수도 있다.

시간이 흐르면서 이런 모형들이 점차 개선되면 기계학습 프로젝트를 처음부터 직접 만드는 것이 드문 일이 될 것이다. 요즘 웹 개발 프로젝트를 라이브러리 없이 처음부터 직접 만드는 것이 드문 것과 마찬가지이다. 웹의 모든 동영상을 처리하는 것이 경제적인 시대가 되면 이런 모형들의 품질이 비약적으로 개선될 수 있다. 예를 들어 현재 유튜브 플랫폼 하나만 해도 1분에 300시간 분량의 동영상이 추가된다.

데이터 처리의 비용 효율성은 무어의 법칙에 따라 꾸준히 증가했다. 1969년에 1MB를 저장하는 비용이 100만 달러였지만 2019년에는 0.02달러 미만이다. 슈퍼컴퓨터의 처리량은 당시보다 10^{10}배 이상 증가했다. GPU, 텐서 코어, TPU, FPGA(field programmable gate array; 현장에서 프로그래밍할 수 있는 게이트 어레이) 등 기계학습을 위한 전용 하드웨어 부품을 이용하면 통상적인 CPU를 사용할 때보다 기계학습 모형의 훈련을 수백 배 빨리 진행할 수 있다(Vasilache 외, 2014; Jouppi 외, 2017). 2014년에는 ImageNet 데이터 집합으로 모형을 훈련하는 데 하루 종일 걸렸지만, 2018년에는 2분밖에 걸리지 않았다(Ying 외, 2018).

OpenAI Institute에 따르면(Amodei 및 Hernandez, 2018) 2012년에서 2018년까지 대규모 기계학습 모형을 훈련하는 데 쓰인 연산 처리량의 양이 3.5개월마다 두 배가 되어서, ALPHAZERO는 1엑사플롭/초-일(exaflop/second-day)를 넘겼다.[역주1] (단, OpenAI는 연산 능력이 이보다 1억분의 1 수준인 연구 성과들 중에서도 영향이 아주 큰 것들이 있다는 점도 밝혔다). 이와 동일한 경제적 추세가 이동전화 카메라에도 있었으며, 프로세서들에는 더 잘 적용된다. 저전력 고성능 컴퓨팅이 규모의 경제에 힘입어 발전하는 양상은 이후로도 계속될 것이다.

양자 컴퓨터가 인공지능을 가속할 가능성도 있다. 기계학습에 쓰이는 선형대수 연산들을 위한 빠른 양자 알고리즘 몇 가지가 벌써 나와 있다(Harrow 외, 2009; Dervovic 외, 2018). 그러나 그런 알고리즘들을 돌릴 수 있는 양자 컴퓨터는 아직 나오지 않았다. 이미지 분류 같은 과제들에 대한 몇 가지 응용 사례가 있는데(Mott 외, 2017), 작은 문제들에 대해 양자 알고리즘이 고전적 알고리즘만큼이나 좋은 성과를 냈다.

현재의 양자 컴퓨터는 수십 비트 정도만 처리할 수 있지만, 기계학습 알고리즘들은 흔히 수백만 비트 규모의 입력과 매개변수가 수억 개인 모형을 다룬다. 따라서 대규모 기계학습에 양자 컴퓨팅을 실제로 적용하려면 하드웨어와 소프트웨어 모두 혁신이 필요하다. 아니면 일을 분담할 수도 있다. 즉, 양자 알고리즘은 초매개변수 공간을 효율적으로 검색하는 데 사용하고, 훈련 과정은 보통의 컴퓨터에서 실행하는 것이다. 그러나 이런 식으로 일을 분담하는 구체적인 방법은 아직 모른다. 양자 알고리즘에 관한 연구 성과에서 고전적 컴퓨터를 위한 새롭고 더 나은 알고리즘의 영감을 얻기도 한다(Tang, 2018).

인공지능·기계학습·데이터 과학의 논문, 인력, 자금 역시 지수적으로 증가했다. [Dean 외, 2018]는 arXiv 사이트에서 "machine learning"를 검색해서 나오는 논문의 수가 2009년에서 2017년까지 매년 두 배 증가했음을 보여준다. 투자자들은 이 분야의 스타트업 기업에 자금을 대고 있으며, 인공지능 전략을 결정한 대기업들도 직원들을 채용하고 예산을 늘린다. 그리고 정부들도 자신의 국가가 뒤쳐지지 않도록 이 분야에 투자하고 있다.

28.2 인공지능 구조

인공지능 프로젝트를 시작할 때 "제2장에서 나열한 여러 에이전트 아키텍처 중 어떤 것을 사용해야 할까?"라는 질문이 자연스럽게 제기된다. 답은 "전부 다"이다. 반사적인 반응은 시간이 필수적인 요소인 상황에 필요하다. 에이전트가 미리 계획을 수립하려면 지식 기반 숙고가 필요하다. 데이터가 많다면 학습이 유리하며, 환경이 변하거나 문제 영역에 대한 인간 설계자의 지식이 부족하다면 학습이 꼭 필요하다.

[역주1] '초-일(second-day)'은 하루의 초 수인 $60 \times 60 \times 24 = 86,400$을 뜻한다. 즉, 1엑사플롭/초-일은 1엑사플롭/초의 연산 장치를 86,400초 동안 가동한 것에 해당한다. 다소 어색한 단위이지만, 흔히 쓰이는 텐서 코어 GPU인 NVIDA V100 여덟 대를 하루 종일 최대로 가동할 때의 연산량과 같아서 수치와 하드웨어 설비를 연관시키기 쉽다는 장점이 있다고 한다.

오래 전에 인공지능은 기호적 시스템(논리 추론과 확률적 추론에 기초한)와 연결주의적 시스템(다수의 해석되지 않은 매개변수들에 대한 손실 최소화에 기초한)으로 갈라졌다. 그 둘을 다시 결합해서 양쪽의 장점을 취하는 것은 지금도 인공지능 분야가 풀어야 할 난제이다. 기호적 시스템의 장점은 다양한 추론 단계를 연결해서 복잡한 추론을 수행할 수 있고 구조적 표현의 표현력을 활용할 수 있다는 것이며, 연결주의적 시스템의 장점은 데이터에 잡음이 섞여 있어도 패턴을 인식할 수 있다는 것이다. 확률적 프로그래밍을 심층학습과 결합하는 연구 흐름이 있긴 하지만, 그런 연구 성과 중 두 접근방식을 진정으로 결합했다고 할만한 것은 많지 않다.

에이전트에게는 자신의 숙고를 제어할 수단도 필요하다. 에이전트는 주어진 시간을 잘 활용할 수 있어야 하며, 때가 되면 숙고를 멈추고 행동으로 나서야 한다. 예를 들어 교통사고를 눈앞에 둔 택시 주행 에이전트는 제동을 걸지 방향을 틀지를 1초 미만의 시간으로 결정해야 한다. 또한 왼쪽 차선과 오른쪽 차선 중 어느 쪽이 비었는지, 뒤에 커다란 트럭이 오고 있지는 않은지 등을 1초 미만의 시간으로 판단해야 한다. 그런 급박한 상황에서 다음 승객을 어디에서 태울지를 숙고해서는 안 된다. 이런 문제들은 주로 연구하는 분야는 **실시간 인공지능**(real-time AI)이다. 인공지능 시스템이 좀 더 복잡한 문제 영역들로 진출하면 모든 문제가 실시간 문제가 된다. 복잡한 문제 영역들에서는 에이전트가 결정 문제를 완전하게 풀만한 시간이 없기 때문이다.

실시간 인공지능

각 상황에서 생각할 거리를 구체적으로 명시한 '요리법' 같은 것이 아니라 숙고를 제어하는 **일반적인** 방법을 만들어 내는 것이 시급하다는 점은 확실하다. 최초의 유용한 착안은 **수시 알고리즘**(anytime algorithm; Dean 및 Boddy, 1988; Horvitz, 1987)이다. 이런 부류의 알고리즘은 출력 품질이 시간에 따라 점차 개선된다. 따라서 언제든 숙고를 중단해도 알고리즘은 어느 정도 합당한 결정을 내린다. 게임 트리 검색의 반복적 심화와 베이즈망의 MCMC가 수시 알고리즘의 예이다.

수시 알고리즘

숙고를 제어하는 또 다른 기법은 **결정이론적 메타추론**(decision-theoretic metareasoning; Russell 및 Wefald, 1989; Horvitz 및 Breese, 1996; Hay 외, 2012)이다. §3.6.5와 §5.7에서 간략히 언급한 이 방법은 정보 가치 이론(제16장)을 개별 계산의 선택(§3.6.5)에 적용한다. 한 계산의 가치는 그 비용(동작의 지연 정도)과 이득(결정 품질의 개선 정도) 모두에 의존한다.

결정이론적 메타추론

메타추론 기법들을 더 나은 검색 알고리즘을 설계하는 데, 그리고 알고리즘이 '수시성(anytime property)'를 갖게 하는 데 사용할 수 있다. 몬테카를로 트리 검색이 그런 예이다. 몬테카를로 트리 검색에서는 다음 플레이아웃을 실행할 잎 노드를 강도 이론에서 도출한 근사적으로 합리적인 메타수준 결정을 통해서 선택한다.

물론 메타추론은 반사 동작보다 비용이 높지만, 컴파일(compilation) 방법들을 적용하면 추가부담이 제어되는 계산들의 비용에 비해 작게 만들 수 있다. 메타수준 강화학습을 이용해서 숙고 제어를 위한 효과적인 정책들을 얻을 수도 있다. 간단하게만 말하면, 더 나은 결정으로 이어진 계산은 보상으로 강화하고, 별 효과가 없음이 밝혀진 계산에는 벌점을 주는 것이다. 이 접근방식에는 단순한 정보 가치 계산의 근시안적 문제점이 없다.

메타추론은 **성찰 아키텍처**(reflective architecture), 즉 아키텍처 자체의 내부에서 발생하는 계산적 개체들과 동작들을 에이전트가 성찰(반성, 반영)할 수 있는 아키텍처의 한 특수 사례이다. 성찰 아키텍처의 이론적 토대는 환경 상태와 에이전트 자신의 계산 상태로 구성된 하나의 결합 상태 공간을 정의함으로써 구축할 수 있다. 그러면 그러한 결합 상태 공간에 대해 작용하는, 그럼으로써 에이전트의 계산 활동들을 구현하고 개선할 수 있는 의사결정과 학습 알고리즘을 만들 수 있다. 궁극적으로는, 인공지능 시스템에서 알파-베타 검색이나 회귀 계획 수립, 변수 제거 같은 과제 국한적 알고리즘이 사라지고, 대신 에이전트의 계산들을 고품질 결정들을 효율적으로 생산하는 쪽으로 이끄는 일반적인 방법들이 그 자리를 차지하게 될 것이다.

메타추론과 성찰(그리고 이 책에서 살펴본 여러 효율성 관련 구조적 장치들과 알고리즘 장치들)이 필요한 이유는 애초에 의사결정이 **어렵기** 때문이다. 컴퓨터가 처음 나왔을 때부터 사람들은 컴퓨터의 빠른 속도 때문에 복잡성을 극복하는 컴퓨터의 능력을 과대평가했다. 또는, 복잡성이 정말로 무엇을 뜻하는지를 과소평가했다고 말해도 마찬가지이다. 요즘 컴퓨터들의 처리 능력이 너무나 거대하다보니, 현명한 기법들은 필요 없고 그냥 전수조사(brute force) 접근방식에 더 많이 의존해도 되지 않겠냐고 생각하는 사람들도 생겼다. 그런 생각을 여기서 확실히 반박하고 넘어가자. 물리학자들이 추정한 바에 따르면 궁극의 1kg짜리 컴퓨팅 장치는 초당 10^{51}회의 연산을 수행하는데, 이는 2020년 현재 가장 빠른 슈퍼컴퓨터보다 1조 배의 1조 배의 10억 배만큼 빠른 속도이다(Lloyd, 2000).[2] 보르헤스가 단편 **바벨의 도서관**에서 제안한 것과 비슷하게, 영어 단어들로 만들어 낼 수 있는 문자열들을 그 궁극의 컴퓨팅 장치로 나열한다고 하자. 보르헤스는 410페이지짜리 책들을 요구했다. 모든 가능한 단어 조합으로 된 410페이지짜리 책들을 현실적인 시간 안에서 모두 나열하는 것이 가능할까? 그렇지는 않다. 궁극의 컴퓨터를 사용한다고 해도, 11단어 문자열들을 모두 나열하는 데도 1년이 걸린다.

인간의 삶을 위한 상세한 계획이 2십조 개(아주 대략적으로 계산해서)의 잠재적인 근육 운동으로 구성된다(Russell, 2019)는 점을 생각하면 이 문제의 규모가 어느 정도인지 감이 잡힐 것이다. 인간의 뇌보다 1조 배의 1조 배의 10억 배 더 강력한 컴퓨터라고 해도, 차라리 민달팽이가 워프 9의 속도로 항행하는 엔터프라이즈 호를[역주2] 따라잡는 것으로 생각하는 것이 더 나을 정도로 합리적인 것과는 거리가 멀다.

이런 점들을 생각해 보면 합리적 에이전트를 구축한다는 목표 자체가 너무 거창한 것 같다. 존재 가능성이 거의 없는 뭔가를 추구하기보다는, **반드시** 존재하는 다른 대상을 규범적인 목표로 삼는 것이 낫겠다. 제2장에서 제시한 다음과 같은 단순한 공식을 생각해 보자.

---

2 이 컴퓨팅 장치가 별(항성) 하나의 에너지 출력 전체를 소비하며 섭씨 수십억 도에서 운영된다는 점은 일단 잊기로 하자.

[역주2] 참고로 엔터프라이즈 호는 SF 시리즈 스타트렉에 등장하는 우주선이다. 스타트렉 우주에서 워프 n은 광속의 n^3배를 뜻하므로, 워프 9는 광속의 729배이다.

$$에이전트 = 아키텍처 + 프로그램.$$

이 공식에서 에이전트의 아키텍처(에이전트의 활동을 가능하게 하는 바탕 기계 장치들; 거기에 고정된 소프트웨어 계층이 얹혀 있을 수도 있다)는 상수로 두고 에이전트 프로그램에만 변수로 두어서 그 아키텍처가 지원하는 모든 가능한 프로그램을 차례로 대입한다고 생각해 보기 바란다. 임의의 주어진 과제 환경에 대해, 모든 가능한 프로그램 중 최고의 성과를 보이는 프로그램 하나(또는 비슷한 프로그램들의 한 부류)를 찾을 수 있을 것이다. 그 프로그램은 완벽한 합리성에는 못미친다고 해도, 다른 모든 에이전트 프로그램보다는 낫다. 그런 프로그램을 가리켜 **유계 최적성**(bounded optimality)을 갖추었다고 (또는 유계 최적 프로그램이라고) 칭한다. 그런 프로그램이 존재하는 것은 분명하며, 그런 프로그램이 우리가 추구해 볼 만한 목표임도 명백하다. 문제는 그런 프로그램(또는 그에 근접한 프로그램)을 어떻게 찾아내느냐이다.

유계 최적성

간단한 실시간 환경 경에서 에이전트 프로그램들의 기초적인 부류들 몇몇에 대해서는 유계 최적 에이전트 프로그램을 식별하는 것이 가능하다(Etzioni, 1989; Russell 및 Subramanian, 1995). 몬테카를로 트리 검색이 성공을 거두면서 메타수준 의사결정에 관한 관심이 되살아났는데, 메타수준 강화학습 같은 기법으로 좀 더 복잡한 부류의 에이전트 프로그램들에서 유계 최적성을 달성하는 것이 가능하다는 희망에는 근거가 있다. 반사 시스템이나 동작 가치 시스템 같은 여러 유계 최적 구성요소들을 적절히 조합하는 방법들의 유계 최적성에 관한 정리들로 시작해서 아키텍처의 구축 이론을 개발하는 것도 가능할 것이다.

일반 인공지능

21세기 들어 지금까지에서 인공지능의 발전은 대체로 구체적인 과제들에 대한 경쟁이 주도했다. 자율주행차를 위한 DARPA Grand Challenge나 물체 인식을 위한 ImageNet 경진대회, 그리고 바둑이나, 체스, 포커, Jeopardy!의 세계 챔피언과 벌인 시합들이 좋은 예이다. 구체적인 과제마다 우리는 개별적인 인공지능 시스템을 구축하며, 그 과제를 위해 특별히 수집한 데이터로 기계학습 모형을 매번 다시 훈련할 때도 많다. 그러나 진정으로 지능적인 에이전트는 여러 가지 일에 능숙해야 한다. 앨런 튜링은 [Turing, 1950]에서 기계가 못한다고 간주되는 일들을 나열했고(p.1255), 과학소설 작가 로버트 하인라인은 다음과 같이 응대했다(Heinlein, 1973):

인간은 기저귀를 갈고, 침략을 계획하고, 돼지를 도살하고, 배를 몰고, 건물을 설계하고, 시를 쓰고, 장부를 검토하고, 벽을 세우고, 뼈를 맞추고, 죽어 가는 자를 안심시키고, 명령을 받고, 명령을 내리고, 협력하고, 혼자 행동하고, 방정식을 풀고, 새 문제를 분석하고, 거름을 주고, 컴퓨터를 프로그래밍하고, 맛있는 음식을 만들고, 효율적으로 싸우고, 당당하게 죽을 수 있어야 한다. 전문화는 곤충이나 하는 짓이다.

지금까지 이런 일들을 모두 할 수 있는 인공지능 시스템은 없었으며, 일반 인공지능 (general AI)[역주3] 또는 인간 수준 인공지능(human-level AI, HLAI)의 주창자 중 일부는 특정 과제를 위한 기술(또는 개별 구성요소)를 아무리 개선해도 다양한 과제를 수행할 수 있을 정도로 일반화되지는 않을 것이며 근본적으로 새로운 접근방식이 필요하다고 주장한다. 실제로 수많은 혁신이 필요한 것으로 보이지만, 전체적으로 볼 때 하나의 분야로서의 인공지능은 탐험과 활용을 합리적으로 잘 절충해 왔다. 이 분야는 다양한 구성요소들을 조합해서 특정 과제들에 대한 성과를 개선하는 한편, 유망한(때로는 너무 앞서 나간) 새 개념들을 탐험했다.

1903년에 라이트 형제에게 단일 목적의 비행기는 관두고 수직 이착륙과 초음속 비행이 가능하고 수백 명의 승객을 실을 수 있으며 달에 착륙할 수도 있는 '인공 일반 비행' 기계를 설계하라고 말하는 것은 실수일 것이다. 또한, 라이트 형제의 첫 비행 성공 이후 목재 쌍엽기를 조금씩 개선하는 경진대회를 매년 개최하는 것도 실수일 것이다.

구성요소들을 연구하다가 새로운 착안을 얻는 사례가 있었다. 한 예로 GAN(생성 대립 신경망)과 트랜스포머 언어 모형은 각각 새로운 연구 분야를 만들어 낸다. 또한 '행동의 다양성'을 향한 움직임도 있었다. 예를 들어 1990년대에는 기계 번역 시스템을 개별 언어쌍(프랑스어-영어 등)마다 따로 만들었지만, 이제는 하나의 시스템으로 100여 종의 입력 언어를 100여 종의 대상 언어로 번역할 수 있다. 하나의 결합 모형으로 다섯 가지 서로 다른 과제를 수생하는 자연어 처리 시스템도 있다(Hashimoto 외, 2016).

인공지능 공학

컴퓨터 프로그래밍 분야는 특출난 선구자 몇 명이 시작했다. 그러나 주요 산업의 지위를 얻은 것은 널리 쓰이는 강력한 도구 모음, 그리고 교사, 학생, 실무자, 기업가, 투자자, 고객으로 이루어진 왕성한 생태계와 함께 소프트웨어 공학의 실천 관행이 만들어지고 나서이다.

인공지능 산업이 아직 그 정도로 성숙하지는 않았다. 강력한 도구들과 프레임워크들이 다양하게 나와 있긴 하다. 이를테면 TensorFlow, Keras, PyTorch, CAFFE, Scikit-Learn, SciPy이 있다. 그렇지만 GAN이나 심층 강화학습 등 가장 유망한 접근방식들의 다수는 여전히 다루기가 까다롭다. 그런 기술을 잘 활용하려면 경험이 필요할 뿐만 아니라, 새 문제 영역에서 해당 모형을 적절히 훈련하려면 이것저것 사소하게 처리할 것이 많다. 인공지능이 필요한 모든 문제 영역에서 이런 일들을 처리할 수 있는 전문가는 아직 충분히 많지 않으며, 덜 전문적인 실무자들도 성공을 거둘 수 있게 하는 도구들과 생태계는 아직 갖추어지지 않았다.

구글의 제프 딘[Jeff Dean]은 미래에는 사람들이 수백만 가지 일을 기계학습으로 처리하려 할 것이며 그 모든 작업에 대해 각각 개별적인 시스템을 개발하는 것은 현실적으로

[역주3] 흔히 인공 일반 지능(AGI)라고 부른다. 그러나 '일반 인공지능'은 이미 하나의 단어로 굳어진 '인공지능'을(또는 약자 'AI'를) 재활용할 수 있다는 장점도 있다.

불가능하다고 예측했다. 그래서 그는 매번 처음부터 새 시스템을 만드는 대신 하나의 거대한 시스템을 만들고, 새 작업이 주어지면 그 시스템에서 주어진 작업과 관련된 부품들을 뽑아서 작업을 처리하자고 제안했다. 실제로 이런 방향으로의 성과가 있었는데, 예를 들어 트랜스포머 언어 모형(BERT나 GPT-2 등)은 매개변수가 수십억 개인 거대한 시스템이다. 그리고 매개변수 680억 개 규모로까지 확장되는 "엄청나게 거대한" 앙상블 신경망 아키텍처를 실험한 예가 있다(Shazeer 외, 2017). 그렇지만 아직 할 일이 많이 남아 있다.

미래

미래는 어떤 길로 갈 것인가? 과학소설 작가들은 유토피아적 미래보다 디스토피아적 미래를 선호하는 것으로 보인다. 아마도 그쪽 이야기가 더 흥미롭기 때문일 것이다. 지금까지 인공지능은 긍정적 측면이 부정적 영향을 능가하는 다른 강력한 혁명적 기술들(인쇄, 상하수도, 항공 여행, 전화)에 더 잘 부합하는 것 같다. 이 모든 기술은 인류에게 긍정적인 영향을 미쳤지만, 의도치 않은 부작용이 불우한 계급계층에 불균형한 영향을 미치기도 했다. 그런 부정적인 영향을 최소화하는 데 노력을 기울일 필요가 있다.

인공지능이 이전의 혁명적 기술들과 다른 점도 있다. 인쇄나 상하수도, 항공 여행, 전화를 각각의 논리적 한계까지 개선한다고 해도 만물의 영장으로서의 인간의 지위를 위협할 만한 뭔가가 나오지는 않는다. 그러나 인공지능의 논리적 한계까지 개선하면 그런 뭔가가 나올 수 있다.

결론짓자면, 우리는 인공지능이 짧은 역사 동안 큰 진보를 이루었다고 생각한다. 그러나 계산 기계와 지능에 관한 앨런 튜링의 소논문 *Computing Machinery and Intelligence* (Turing, 1950)의 마지막 문장이 오늘날에도 여전히 유효하다.

> *멀리 내다보지는 못하지만,*
> *할 일이 많다는 점은 알 수 있다.*

APPENDIX

수학적 배경

A.1 복잡도 분석과 O() 표기법

컴퓨터 과학자들은 실행 속도나 메모리 요구량으로 알고리즘들을 비교해야 하는 상황에 자주 처한다. 그럴 때 흔히 쓰이는 접근방식은 크게 두 가지이다. 하나는 **벤치마킹**^{benchmarking}, 즉 알고리즘을 실제로 컴퓨터에서 실행해서 실행에 몇 초가 걸렸고 메모리를 몇 바이트나 소비했는지 측정하는 것이다. 궁극적으로 정말 중요한 것은 그런 수치들이겠지만, 벤치마킹은 너무 구체적이라는 점에서 덜 만족스럽다. 벤치마킹은 특정 언어와 특정 컴파일러로 만들어 낸 특정 프로그램을 특정 컴퓨터에서 특정한 입력을 주어서 실행했을 때의 성능을 측정한 것이다. 벤치마크로 얻은 결과 하나만으로는 그 알고리즘이 다른 컴파일러와 컴퓨터, 데이터 집합에 대해 어떤 성능을 낼지 예측하기가 어렵다. 또 다른 접근 방식은 구체적인 구현과 입력에 구애되지 않는 수학적 **알고리즘 분석**에 근거하는 것이다. 이번 절에서 살펴볼 것이 바로 그러한 알고리즘 분석이다.

A.1.1 점근 분석

다음과 같이 수열(수들의 순차열)의 합(sum)을 구하는 프로그램을 예로 들어서 알고리즘 분석을 설명하고자 한다.

```
function SUMMATION(sequence) returns 수치
    sum ← 0
    for i = 1 to LENGTH(sequence) do
        sum ← sum + sequence[i]
    return sum
```

분석의 첫 단계는 입력을 추상화해서 입력의 크기를 특징짓는 매개변수(들)를 찾는 것이다. 이 예에서 입력은 수열의 길이, 즉 수들의 개수로 특징지을 수 있다. 그 개수를 n이라고 하자. 둘째 단계는 구현을 추상화해서 알고리즘의 실행 시간을 반영하는, 그러나 특정 컴파일러나 컴퓨터에 국한되지 않은 어떤 측도(measure; 또는 측정치)를 찾는 것이다. SUMMATION 프로그램의 경우 그 측도는 실행되는 코드 행들의 수일 수도 있고, 좀 더 자세하게는 알고리즘이 실행하는 덧셈, 배정, 배열 참조, 조건 분기 횟수일 수도 있다. 두 측도 모두, 입력 크기의 함수로서의 알고리즘이 취하는 전체 단계들의 전체 개수를 특징짓는다. 그러한 측도를 알고리즘의 특성화(characterization)라고 부르고 $T(n)$으로 표기한다. 지금 예에서 코드 행 수를 사용한다면, $T(n) = 2n + 2$이다.

모든 프로그램이 SUMMATION처럼 간단하다면 알고리즘 분석은 사소한 문제일 것이다. 그러나 분석을 어렵게 만드는 요인이 두 가지 있다. 첫째로, 알고리즘이 취하는 단계의 수를 완전하게 특징짓는 n 같은 매개변수를 찾을 수 있는 경우는 드물다. 그보다는, 최악(worst)의 경우에서의 $T_{\mathrm{worst}}(n)$과 평균(average)의 경우에서의 $T_{\mathrm{avg}}(n)$을 계산하는 것이 최선일 때가 많다. 평균을 계산한다는 것은 분석 시 입력들이 어떤 분포를 따른다고 가정해야 함을 뜻한다.

둘째는 알고리즘이 정확한 분석에 저항하는 경향이 있다는 것이다. 정확한 분석이 불가능할 때에는 근사를 사용할 수밖에 없다. SUMMATION 알고리즘이 $O(n)$이라고 말하는 것은 그 알고리즘의 측도가 어떤 상수 곱하기 n을 넘지 않는다는(n의 몇몇 작은 값들은 예외일 수 있지만) 뜻이다. 좀 더 형식적으로 말하자면,

모든 $n > n_0$에 대해, 만일 $T(n) \leq kf(n)$인 어떤 k가 존재한다면
$T(n)$은 $O(f(n))$이다.

점근 분석 $O()$라는 표기법은 소위 **점근 분석**(asymptotic analysis)을 나타낸다. n이 무한대에 점점 더 가까워지면('점근'), $O(n)$ 알고리즘이 반드시 $O(n^2)$ 알고리즘보다 더 나음을 그 어떤 의심 없이 단언할 수 있다. 이는 한 번의 벤치마크 측정치로는 대신할 수 없는 주장이다.

$O()$ 표기법은 상수 인자들을 추상화해서 제거한다. 그래서 $O()$ 표기법은 $T()$보다 사용하기는 쉽지만 덜 정확하다. 예를 들어 장기적으로 볼 때 $O(n^2)$ 알고리즘은 항상 $O(n)$ 알고리즘보다 못하지만, 두 알고리즘이 각각 $T(n^2 + 1)$과 $T(100n + 1000)$이라면, $n < 110$일 때에는 사실 $O(n^2)$ 알고리즘이 더 낫다.

이러한 단점이 있지만, 점근 분석은 알고리즘 분석에 가장 널리 쓰이는 수단이다. 무엇보다도, 구체적인 연산 횟수와 입력의 구체적인 내용을 둘 다 추상화하는(전자는 상수 인자 k를 무시함으로써, 후자는 입력의 크기 n만 고려함으로써) 덕분에 분석이 수학적으로 가능해진다는 장점 때문이다. $O()$ 표기법은 정밀함과 분석 편의성 사이의 적절한 타협점에 해당한다.

A.1.2 NP와 본질적으로 어려운 문제들

알고리즘 분석과 $O()$ 표기법을 이용하면 특정 알고리즘의 효율성을 표현할 수 있다. 그러나, 주어진 문제에 대해 더 나은 알고리즘이 있을 수 있느냐는 질문에 대한 답을 그 두 수단으로 얻지는 못한다. **복잡도 분석**(complexity analysis) 분야는 알고리즘이 아니라 문제를 분석한다. 문제들은 여러 기준으로 구분되는데, 전반적인 구분의 첫 번째 기준은 문제를 다항식 시간으로 풀 수 있느냐이다. 문제를 다항식 시간(polynomial time)으로 풀 수 있다는 것은 문제를 푸는 데 필요한 시간이 어떤 k에 대한 $O(n^k)$임을 뜻한다. 그러한 다항식 시간 문제들의 부류를 간단히 P라고 부른다. 이런 문제들을 '쉬운' 문제라고 부르기도 하는데, 이는 이 부류에 실행 시간이 $O(\log n)$이나 $O(n)$인 문제들이 포함되어 있기 때문이다. 그러나 이 부류에는 실행 시간이 $O(n^{1000})$인 문제도 들어 있으므로, '쉬운'을 글자 그대로 받아들여서는 안 된다.

NP라는 부류도 중요한 문제 부류이다. NP는 비결정론적 다항식(nondeterministic polynomial) 시간 문제를 뜻한다. 하나의 해답을 추측한 후 그 추측이 정확한지를 다항식 시간으로 검증할 수 있는 알고리즘이 존재하는 문제는 이 NP 부류에 속하는 문제이다. 만일 모든 추측을 단번에 검증할 수 있을 정도로 많은 수의 프로세서가 있다면, 또는 아주 운이 좋아서 항상 첫 추측이 정답이라면, NP 문제는 P 문제가 된다. 컴퓨터 과학에서 아직 풀리지 않은 가장 큰 의문 중 하나는 프로세서가 그렇게 많지 않고 항상 첫 추측이 정답인 것도 아니라고 할 때 "NP 부류와 P 부류가 동치인가?"라는 것이다. 대부분의 컴퓨터 과학자는 P ≠ NP라고, 즉 NP 문제는 본질적으로 어려우며 다항식 시간 알고리즘은 없다고 확신한다. 그러나 그것이 증명되지는 않았다.

P = NP의 여부를 결정하는 데 관심이 있는 사람은 NP의 한 하위 부류인 **NP-완전**(NP-complete) 문제를 살펴보기 바란다. 여기서 '완전'은 '가장 극단적(most extreme)'이라는 의미로 쓰인 것이다. 즉, NP-완전 문제들은 NP 부류에서도 가장 어려운 문제들에 해당한다. NP-완전 문제들은 모두 P이거나 모두 P가 아니라는 것이 증명되었다. 그래서 이 부류는 이론적으로 흥미롭다. 그런데 이 부류는 실천적으로도 흥미롭다. 중요한 여러 문제가 NP-완전이라고 알려졌기 때문이다. 한 예가 충족성 문제(satisfiability problem), 즉 주어진 명제 논리 문장이 참이 되도록 그 문장의 명제 기호들의 진릿값을 배정하는 문제이다. 기적이 일어나서 P = NP가 되지 않는 한, 모든 충족성 문제를 다항식 시간으로 푸는 알고리즘은 있을 수 없다. 그러나 인공지능이 관심을 두는 것은 미리 정의된 분포에서 뽑은 **전형적인** 문제들에 대해 효율적으로 작동하는 알고리즘의 존재 여부이다.

제7장에서 보았듯이, 여러 문제에 대해 상당히 잘 작동하는 WALKSAT 같은 알고리즘이 있다.

NP-난해(NP-hard) 문제는 (다항식 시간으로) NP에 속하는 모든 문제로 환산할 수 있는(reducible) 문제이다. 따라서, 만일 어떤 NP-난해 문제 하나를 풀 수 있다면 모든 NP 문제를 풀 수 있다. 모든 NP-완전 문제는 NP-난해이지만 그 역은 참이 아니다. NP-완전 문제보다도 어려운 NP-난해 문제들이 있다.

여 NP(co-NP) 부류는 NP의 여집합에 해당한다. 여기서 여집합은, NP의 모든 결정 문제(decision problem)에 대해 그 답의 "예"와 "아니요"가 맞바뀐 문제가 여 NP에 존재한다의 의미로 쓰인 것이다. P가 NP와 여 NP 모두의 부분집합임은 밝혀졌으며, P에는 없지만 여 NP에는 있는 문제들이 존재한다고 믿는 사람들이 많다. **여 NP-완전**(co-NP-complete) 문제들은 여 NP에서 가장 어려운 문제들이다.

#P([Garey 및 Johnson, 1979]에 따르면 '넘버 피'라고 읽지만, 보통은 '샤프 피'라고 읽는다) 부류는 NP의 결정 문제에 해당하는 개수 세기(counting; 계수) 문제들의 집합이다. 결정 문제는 답이 예 또는 아니요인 문제, 이를테면 "이 3-SAT 공식에 대한 해가 존재하는가?" 같은 문제이다. 개수 세기 문제의 답은 정수이다. 이를테면 "이 3-SAT 공식의 해는 몇 개일까?"가 개수 세기 문제이다. 개수 세기 문제가 결정 문제보다 훨씬 어려울 때가 있다. 예를 들어 이분열 그래프(bipartite graph)에 완벽한 부합이 존재하는지를 결정하는 문제는 $O(VE)$ 시간(여기서 V는 그래프의 정점 개수, E는 그래프의 간선 개수)으로 풀 수 있지만, 이분열 그래프의 완벽 부합 개수를 구하는 문제는 #P-완전이다. 이는 그 문제가 #P의 다른 모든 문제만큼 어려우며, 따라서 모든 NP 문제보다 덜 어렵지 않다는 뜻이다.

PSPACE라는 문제 부류도 있다. 이는 필요한 공간이 다항식적인(심지어 비결정론적인 컴퓨터에서도) 문제들을 뜻한다. 대체로 연구자들은 PSPACE-어려움 부류의 문제들이 NP-완전 문제들보다 더 어려울 것이라고 생각하지만, P = NP가 아니라는 증명이 아직 나오지 않았듯이 NP = PSPACE가 아니라는 증거도 아직 없다.

A.2 벡터, 행렬, 선형대수

벡터 수학자들은 **벡터**^vector를 벡터 공간의 한 구성원으로 정의하지만, 이 책에서는 "값들의 순서 있는 순차열"이라는 좀 더 구체적인 정의를 사용한다. 예를 들어 2차원 공간에는 $\mathbf{x}$ = ⟨3, 4⟩나 $\mathbf{y}$ = ⟨0, 2⟩ 같은 벡터들이 있다. 벡터의 이름은 굵게 표시하는 것이 관례이고, 이 책도 그러한 관례를 따른다. 그러나 $\vec{x}$나 $\bar{y}$처럼 이름 위에 화살표나 가로줄을 표시하는 책도 있다. 벡터의 성분(원소)들은 아래 첨자를 이용해서 표기하거나 참조한다. 이를테면 $\mathbf{z} = \langle z_1, z_2, \ldots, z_n \rangle$이다. 이 책은 여러 하위 분야의 성과를 조합한 것이다보니 혼동의 여지가 있음을 주의하기 바란다. 각 분야마다 그러한 순서 있는 순차열을 벡터, 목록, 튜플 같은 여러 가지 이름으로 부르며, 표기법도 ⟨1,2⟩나 [1, 2], (1, 2)로 다양하다.

벡터에 대한 두 가지 근본적인 연산은 벡터 덧셈과 스칼라 곱셈이다. 벡터 덧셈 $\mathbf{x} + \mathbf{y}$는 성분별 합이다. 이를테면 $\mathbf{x} + \mathbf{y} = \langle 3 + 0,\ 4 + 2 \rangle = \langle 3,\ 6 \rangle$이다. 스칼라 곱셈은 하나의 스칼라 값을 각 성분에 곱하는 것이다. 이를테면 $5\mathbf{x} = \langle 5 \times 3,\ 5 \times 4 \rangle = \langle 15,\ 20 \rangle$이다.

벡터의 길이를 $|\mathbf{x}|$로 표기하고, 성분 제곱들의 합의 제곱근으로 계산한다. 이를테면 $|\mathbf{x}| = \sqrt{(3^2 + 4^2)} = 5$이다. 두 벡터의 내적 $\mathbf{x} \cdot \mathbf{y}$(점곱 또는 스칼라 곱이라고도 한다)는 대응되는 성분들의 곱들의 합, 즉 $\mathbf{x} \cdot \mathbf{y} = \sum_i x_i y_i$이다. 이를테면 $\mathbf{x} \cdot \mathbf{y} = 3 \times 0 + 4 \times 2 = 8$이다.

벡터를 n차원 유클리드 공간 안에서의 방향이 있는 선분(화살표)으로 해석하는 경우가 많다. 그런 해석에서 벡터 덧셈은 한 벡터의 꼬리를 다른 한 벡터의 머리에 놓는 것에 해당하고, 내적 $\mathbf{x} \cdot \mathbf{y}$는 $|\mathbf{x}||\mathbf{y}|\cos\theta$에 해당한다. 여기서 θ는 $\mathbf{x}$와 $\mathbf{y}$ 사이의 각도이다.

행렬　　**행렬**(matrix)은 값들이 행들과 열들로 배치된 정사각 배열이다. 다음은 크기가 3 × 4 인 행렬 $\mathbf{A}$이다.

$$\begin{pmatrix} \mathbf{A}_{1,1} & \mathbf{A}_{1,2} & \mathbf{A}_{1,3} & \mathbf{A}_{1,4} \\ \mathbf{A}_{2,1} & \mathbf{A}_{2,2} & \mathbf{A}_{2,3} & \mathbf{A}_{2,4} \\ \mathbf{A}_{3,1} & \mathbf{A}_{3,2} & \mathbf{A}_{3,3} & \mathbf{A}_{3,4} \end{pmatrix}$$

성분 $\mathbf{A}_{i,j}$의 첫 색인은 행을, 둘째 색인은 열을 지칭한다. 프로그래밍 언어들에서는 $\mathbf{A}_{i,j}$를 A[i,j]나 A[i][j]로 표기하는 경우가 많다.

두 행렬의 합은 대응되는 성분들의 합으로 정의된다. 이를테면 $(\mathbf{A} + \mathbf{B})_{i,j} = \mathbf{A}_{i,j} + \mathbf{B}_{i,j}$이다. (만일 $\mathbf{A}$와 $\mathbf{B}$의 크기가 다르면 합은 정의되지 않는다.) 스칼라와 행렬의 곱은 $(c\mathbf{A})_{i,j} = c\mathbf{A}_{i,j}$로 정의된다. 행렬곱, 즉 두 행렬의 곱셈은 좀 더 복잡하다. 곱 $\mathbf{A}\mathbf{B}$는 $\mathbf{A}$의 크기가 $a \times b$이고 $\mathbf{B}$의 크기가 $b \times c$일 때에만(즉, 두 번째 행렬의 행들의 수가 첫 번째 행렬의 열들의 수와 같을 때에만) 정의된다. 그 결과는 크기가 $a \times c$인 행렬이다. 적절한 크기의 두 행렬을 곱한 결과는 다음과 같이 주어진다.

$$(\mathbf{AB})_{i,k} = \sum_j \mathbf{A}_{i,j} \mathbf{B}_{j,k}.$$

행렬 곱셈에는 교환법칙이 성립하지 않는다. 심지어 정방행렬들의 곱셈도 그렇다. 즉, 일반적으로 $\mathbf{AB} \neq \mathbf{BA}$이다. 그러나 결합법칙은 성립한다. 즉, $(\mathbf{AB})\mathbf{C} = \mathbf{A}(\mathbf{BC})$이다. 두 벡터의 내적을 전치행렬(행벡터)과 행렬(열벡터)의 곱으로 표현할 수 있음을 주목하자. 즉, $\mathbf{x} \cdot \mathbf{y} = \mathbf{x}^\top \mathbf{y}$이다.

단위행렬　　**단위행렬**(identity matrix) $\mathbf{I}$는 $i = j$인 성분 $\mathbf{I}_{i,j}$들은 모두 1이고 그 외의 성분들은 모두 0인 행렬이다. 단위행렬에는 모든 $\mathbf{A}$에 대해 $\mathbf{AI} = \mathbf{A}$라는 성질이 있다. 행렬 $\mathbf{A}$의 **전치행렬** **전치행렬**(transpose matrix)은 행들과 열들을 맞바꾼 것으로, $\mathbf{A}^\top$라고 표기한다. 좀 더 형식적으로 말하면, $\mathbf{A}_{i,j}^\top = \mathbf{A}_{j,i}$이다. 정방행렬 $\mathbf{A}$의 **역행렬 역행렬**(inverse matrix)은 $\mathbf{A}^{-1}\mathbf{A} = \mathbf{I}$를 충

족하는 또 다른 정방행렬 A^{-1}이다. 역행렬이 존재하지 않는 행렬을 **특이행렬**(singular matrix)이라고 부른다. 특이행렬이 아닌 행렬은 그 역행렬을 $O(n^3)$의 시간으로 계산할 수 있다.

행렬을 이용하면 1차 연립방정식을 $O(n^3)$의 시간으로 풀 수 있다. 그 시간의 대부분은 연립방정식의 계수들로 이루어진 행렬의 역을 구하는 데 소비된다. 다음 연립방정식의 해 x, y, z를 구한다고 하자.

$$
\begin{aligned}
+2x + y - z &= 8 \\
-3x - y + 2z &= -11 \\
-2x + y + 2z &= -3.
\end{aligned}
$$

이 연립방정식을 다음과 같은 행렬들로 이루어진 행렬 방정식 $A\mathbf{x} = \mathbf{b}$로 표현할 수 있다.

$$
A = \begin{pmatrix} 2 & 1 & -1 \\ -3 & -1 & 2 \\ -2 & 1 & 2 \end{pmatrix}, \quad \mathbf{x} = \begin{pmatrix} x \\ y \\ z \end{pmatrix}, \quad \mathbf{b} = \begin{pmatrix} 8 \\ -11 \\ -3 \end{pmatrix}.
$$

$A\mathbf{x} = \mathbf{b}$를 풀려면 양변에 A^{-1}을 곱해서 $A^{-1}A\mathbf{x} = A^{-1}\mathbf{b}$를 얻고, 그것을 정리해서 $\mathbf{x} = A^{-1}\mathbf{b}$를 얻는다. 이제 A의 역행렬을 구해서 $\mathbf{b}$에 곱하면 답이 나온다.

$$
\mathbf{x} = \begin{pmatrix} x \\ y \\ z \end{pmatrix} = \begin{pmatrix} 2 \\ 3 \\ -1 \end{pmatrix}.
$$

사소한 사항 몇 가지: 이 책에서 $\log(x)$는 자연로그 $\log_e(x)$를 뜻한다. $\mathrm{argmax}_x f(x)$라는 표기는 $f(x)$의 값이 최대가 되는 x의 값을 뜻한다.

A.3 확률분포

확률은 사건들의 집합에 관한, 다음 세 공리를 충족하는 하나의 측도이다.

1. 각 사건의 측도는 0에서 1까지의 값이다. 이를 $0 \leq P(X = x_i) \leq 1$이라고 표기한다. 여기서 X는 사건을 표현하는 확률 변수이고 x_i들은 X가 가질 수 있는 값들이다. 일반적으로 확률 변수는 영문 대문자, 그 값은 소문자로 표기한다.

2. 전체 집합의 측도는 1이다. 즉, $\sum_{i=1}^{n} P(X = x_i) = 1$이다.

3. 서로소(disjoint) 사건들, 즉 동시에 발생할 수 없는 사건들의 합집합의 확률은 개별 사건의 확률들의 합과 같다. 즉, x_1과 x_2가 서로소인 경우 $P(X = x_1 \vee X = x_2) = P(X = x_1) + P(X = x_2)$이다.

확률 모형(probabilistic model)은 발생할 수 있는 상호배타적 결과(outcome)들로 이루어진 표본 공간과 각 결과의 확률 측도로 구성된다. 예를 들어 내일 날씨에 대한 확률 모형에서 결과들은 **맑음, 흐림, 비, 눈**일 것이다. 이 결과들의 한 부분집합이 하나의 사건을 형성한다. 예를 들어 내일 눈이나 비가 오는 사건은 부분집합 {눈, 비}로 이루어진다.

값들의 벡터 $\langle P(X=x_1), ..., P(X=x_n) \rangle$ 을 $\mathbf{P}(X)$라고 표기한다. 또한 $P(X=x_i)$를 간단히 $P(x_i)$로 표기하고, $\sum_{i=1}^{n} P(X=x_i)$를 $\sum_x P(x)$로 간단히 표기한다.

조건부 확률 $P(B \mid A)$는 $P(B \cap A)/P(A)$로 정의된다. A와 B는 만일 $P(B \mid A) = P(B)$이면(또는, $P(A \mid B) = P(A)$이어도 마찬가지) 서로 조건부 독립이다.

연속 변수는 가능한 값이 무한히 많으며, 점 첨두치(point spike)가 없다고 할 때 연속 변수의 값이 어떤 하나의 수치와 정확히 같을 확률은 0이다. 그래서 연속 변수에 대해서는 하나의 값이 아니라 값들의 범위를 말하는 것이 합리적이다. 이를 위해 **확률 밀도 함수**(probability density function)를 정의한다. 이 함수는 이산 확률 함수와는 의미가 조금 다르다. X의 값이 정확히 x일 확률인 $P(X=x)$는 0이므로, 대신 X의 값이 x 주변의 구간에 속할 가능성을 측정하고 그것을 그 구간의 너비로 나눈 비율의 극한(너비가 0으로 무한히 접근하는)을 취한 것이 확률 밀도 함수이다. 수식으로 정의하면 다음과 같다.

확률 밀도 함수

$$P(x) = \lim_{dx \to 0} P(x \leq X \leq x + dx)/dx.$$

밀도 함수는 모든 x에 대해 0이 아니어야 하며, 반드시 다음을 충족해야 한다.

$$\int_{-\infty}^{\infty} P(x)dx = 1.$$

또한, 확률 변수가 x보다 작을 확률을 뜻하는 **누적 분포**(cumulative distribution) $F_X(x)$를 다음과 같이 정의한다.

누적 분포

$$F_X(x) = P(X \leq x) = \int_{-\infty}^{x} P(u)\,du .$$

이산 확률분포에는 단위가 없지만 확률 밀도 함수에는 단위가 있음을 주의하기 바란다. 예를 들어 X의 값의 단위가 초(second)이면 밀도의 단위는 Hz(즉, 1/초)이고, X의 값들이 3차원 공간의 점들의 미터 단위 좌표이면 밀도의 단위는 $1/m^3$이다.

아주 중요한 확률분포 중 하나로 **가우스 분포**(Gaussian distribution)가 있다. 가우스 분포를 **정규분포**(normal distribution)라고 부르기도 한다. x의 함수이며 평균이 μ이고 표준편차가 σ인(따라서 분산이 σ^2인) 가우스 분포를 $\mathcal{N}(x;\mu,\sigma^2)$로 표기한다. 이 분포의 정의는 다음과 같다.

가우스 분포

$$\mathcal{N}(x;\mu,\sigma^2) = \frac{1}{\sigma\sqrt{2\pi}} e^{-(x-\mu)^2/(2\sigma^2)}.$$

여기서 x는 $-\infty$ 에서 $+\infty$ 사이의 연속 변수이다. $\mu = 0$이고 $\sigma^2 = 1$인 특수한 경우를 가

표준정규분포
다변량 가우스
분포

리켜 **표준정규분포**(standard normal distribution)라고 부른다. n차원 벡터 $\mathbf{x}$에 대한 분포로
는 다음과 같이 정의되는 **다변량 가우스 분포**(multivariate Gaussian distribution)가 있다.

$$\mathcal{N}(\mathbf{x};\mu,\Sigma) = \frac{1}{\sqrt{(2\pi)^n|\Sigma|}} e^{-\frac{1}{2}((\mathbf{x}-\mu)^\top \Sigma^{-1}(\mathbf{x}-\mu))}.$$

여기서 μ는 평균 벡터이고 Σ는 **공분산 행렬**(covariance matrix)이다. 공분산 행렬의 정
의는 잠시 후에 나온다. 단변량 정규분포에 대한 누적 분포는 다음과 같이 주어진다.

$$F(x) = \int_{-\infty}^{x} \mathcal{N}(z;\mu,\sigma^2)dz = \frac{1}{2}(1 + \mathrm{erf}(\frac{\mathrm{x}-\mu}{\sigma\sqrt{2}})).$$

여기서 $\mathrm{erf}(x)$는 소위 **오차함수**(error function)인데, 닫힌 형식의 표현은 없다.

중심 극한 정리   **중심 극한 정리**(central limit theorem)에 따르면, 독립 확률 변수 n개의 표본들의 평
균은 n이 무한대에 접근함에 따라 정규분포를 이루는 경향이 있다. 이는 거의 모든 확
률 변수 집합에서 참이다. 심지어는 확률 변수들이 엄격하게 독립이 아니더라도, 변수들
의 임의의 유한한 부분집합의 분산이 다른 것들을 지배하지만 않는다면 이 정리가 성립
한다.

기댓값   확률 변수의 **기댓값**(expectation) $E(X)$는 그 변수의 값들을 해당 확률들을 가중치
로 해서 평균한 값이다. 이산 변수의 경우 이는 다음과 같다.

$$E(X) = \sum_i x_i P(X = x_i).$$

연속 변수의 기댓값은 이산 확률들의 합을 확률 밀도 함수 $P(x)$의 적분으로 대체한 것
이다. 즉,

$$E(X) = \int_{-\infty}^{\infty} x P(x)dx.$$

이다. 임의의 함수 f에 대해 다음이 성립한다.

$$E(f(x)) = \int_{-\infty}^{\infty} f(x)P(x)dx.$$

마지막으로, 필요하다면 확률분포의 분포를 다음처럼 기댓값 연산자의 아래 첨자로 명시
할 수 있다.

$$E_{X \sim Q(x)}(g(X)) = \int_{-\infty}^{\infty} g(x)Q(x)dx.$$

분산   기댓값 외에 분포의 중요한 통계적 속성으로는 **분산**(variance)과 표준편차가 있다. 분산은 분포의 평균 μ과의 차이의 제곱의 기댓값이다.

$$Var(X) = E((X-\mu)^2).$$

표준편차   그리고 **표준편차**(standard deviation)는 분산의 제곱근이다.

값들의 집합(흔히 한 확률 변수의 표본들)의 **제곱평균제곱근**(root mean square)은 값들의 제곱들의 평균에 제곱근을 씌운 것이다.

$$RMS(x_1,...,x_n) = \sqrt{\frac{x_1^2 + ... + x_n^2}{n}}\,.$$

공분산   두 확률 변수의 **공분산**(covariance)은 평균과의 차이들을 곱한 값들의 기댓값이다. 즉,

$$\mathrm{cov}(X, Y) = E((X-\mu_X)(Y-\mu_Y))$$

공분산 행렬   이다. 흔히 $\Sigma^{시그마}$로 표기하는 **공분산 행렬**은 하나의 벡터를 이루는 확률 변수들 사이의 공분산들의 행렬이다. $\mathbf{X} = \langle X_1 ... X_n \rangle^{\top}$라고 할 때, 공분산 행렬의 성분들은 다음과 같다.

$$\Sigma_{i,j} = \mathrm{cov}(X_i, X_j) = E((X_i - \mu_i)(X_j - \mu_j))\,.$$

표준편차   확률분포에서 "표본을 추출한다(sample)" 또는 확률분포를 "표집한다"라는 말은 확률분포에서 무작위로 값을 뽑는 것을 말한다. 어떤 값이 뽑힐지는 모르지만, 표본의 크기가 무한대로 접근함에 따라(즉, 값을 무한히 많이 뽑으면) 확률 밀도 함수는 분포 자체의 확률 밀도 함수와 같아진다. **고른 분포**(uniform distribution) 또는 균등분포는 모든 원소의 표집 가능성이 동일한(균등한) 분포이다. "0에서 99까지의 정수들에서 균등하게(무작위로) 표집한다"는 것은 그 범위의 모든 정수가 동일한 확률로 선택된다는 뜻이다.

참고문헌 및 역사적 참고사항

오늘날 컴퓨터 과학에서 이토록 널리 쓰이는 $O()$ 표기법은 원래 수학자 P. G. H. 바흐만이 수론의 맥락에서 처음 도입한 것이다(Bachmann, 1894). NP-완전 개념은 쿡이 고안했다(Cook, 1971). 한 문제에서 다른 문제의 환원(reduction)을 확립하는 현대적인 방법은 카프에 기인한다(Karp, 1972). 쿡과 카프 모두 해당 연구로 튜링상을 탔다.

알고리즘의 분석과 설계에 관한 교과서로는 [Sedgewick 및 Wayne, 2011]과 [Cormen 외, 2009]가 있다. 이 책들은 처리 가능한 문제를 해결하기 위한 알고리즘의 설계와 분석을 강조한다. NP-완전을 비롯해 여러 처리 불가능 문제의 이론에 관해서는 [Garey 및 Johnson, 1979]나 [Papadimitriou, 1994]를 보라. 확률에 관한 좋은 교과서로는 [Chung, 1979]와 [Ross, 2015], [Bertsekas 및 Tsitsiklis, 2008]이 있다.

B

APPENDIX

언어와 알고리즘에 관해

B.1 BNF를 이용한 언어의 정의

이 책은 명제 논리에 대한 언어(❶권 p.284)와 1차 논리에 대한 언어(❶권 (p.336), 영어의 한 부분집합에 대한 언어 등 여러 언어를 정의한다. 형식 언어는 문자열들의 집합으로 정의되며, 각 문자열은 기호들의 순차열이다. 이 책에서는 문자열들의 무한 집합으로 구성된 언어에 관심을 두므로, 그러한 집합을 간결하게 특징짓는 방법이 필요하다. 이를 위해 사용하는 것이 **문법**(grammar)이다. 특히, 표현식이 문맥에 따라 달라지지 않는다는 장점을 가진 **문맥 자유 문법**(context-free grammar)을 사용한다. 그러한 문법을 BNF (Backus-Naur form; 배커스-나우르 형식)라는 형식론을 이용해서 표기하는데, BNF 문법의 구성요소는 다음 네 가지이다.

문맥 자유 문법
BNF

말단 기호

- **말단 기호**(terminal symbol; 또는 단말 기호)들의 집합. 말단 기호란 언어의 문자열을 구성하는 기호 또는 단어이다. 영문자(A, B, C, ...)나 단어(**a, aardvark, abacus, ...**) 등, 해당 문제 영역에 적합한 기호라면 어떤 것이라도 말단 기호가 될 수 있다.

비말단 기호

- **비말단 기호**(nonterminal symbol)들의 집합. 이들은 언어의 부분구(subphrase) 범주들을 나타낸다. 예를 들어 영어에서 비말단 기호 *NounPhrase*는 "you"와 "the big slobbery dog" 같은 문자열들의 무한 집합을 뜻한다.

시작 기호

- **시작 기호**(start symbol)는 언어의 문자열 전체 집합을 뜻하는 하나의 비말단 기호

이다. 영어에서는 *Sentence*(문장)가 시작 기호이고 산술에서는 *Expr*(표현식), 프로그 래밍 언어에서는 *Program*(프로그램)이 시작 기호일 수 있다.

재작성 규칙

- *LHS* → *RHS* 형태의 **재작성 규칙**(rewrite rule)들의 집합. 여기서 *LHS*는 비말단 기호이고 *RHS*는 0개 이상의 기호들의 순차열이다. *RHS*의 기호들은 말단 기호일 수도 있고 비말단 기호일 수도 있으며, 빈 문자열을 뜻하는 기호 ϵ일 수도 있다.

다음과 같은 재작성 규칙을 생각해 보자.

$$Sentence \rightarrow NounPhrase\ VerbPhrase$$

이런 형태의 재작성 규칙은 *NounPhrase*에 해당하는 문자열과 *VerbPhrase*에 해당하는 문자열을 연결해서 하나의 *Sentence* 문자열을 만들어 낼 수 있음을 뜻한다. 일종의 단축 표기법으로, 두 규칙 $(S \rightarrow A)$와 $(S \rightarrow B)$를 $(S \rightarrow A \mid B)$로 표기할 수 있다. 이런 개념들의 이해를 돕는 예로 간단한 산술 표현식을 위한 BNF 문법의 예를 제시하니 잘 살펴보기 바란다.

$$
\begin{aligned}
Expr &\rightarrow Expr\ Operator\ Expr \mid (\ Expr\ ) \mid Number \\
Number &\rightarrow Digit \mid Number\ Digit \\
Digit &\rightarrow \mathbf{0 \mid 1 \mid 2 \mid 3 \mid 4 \mid 5 \mid 6 \mid 7 \mid 8 \mid 9} \\
Operator &\rightarrow \mathbf{+ \mid - \mid \div \mid \times}
\end{aligned}
$$

언어와 문법은 제23장에서 좀 더 자세히 논의한다. 다른 책들에서는 BNF의 표기법이 이와는 조금 다를 수도 있음을 주의하기 바란다. 이를테면 비말단 기호 *Digit*을 $\langle Digit \rangle$으로 표기하거나, 말단 기호 **word**를 'word'로 표기하거나, 재작성 규칙의 → 를 ::= 로 표기하기도 한다.

B.2 알고리즘 서술에 쓰이는 의사코드

의사코드

이 책은 알고리즘을 **의사코드**(pseudocode)로 서술한다. 이 책에 나오는 대부분의 의사코드는 Java나 C++ 같은 프로그래밍 언어의 사용자라면, 특히 파이썬 사용자라면 별 어려움 없이 이해할 수 있는 형태이다. 단, 더 간결한 표현이 가능할 때에는 수학 공식이나 일상 언어를 사용하기도 했다. 다음은 특기할 사항 몇 가지이다.

- **지속 변수**(persistent variable): 함수 도입부의 **지속 변수:** 부분에 나열된 변수는 함수가 처음 호출되었을 때 값이 주어지며 그 이후의 호출들에서도 그 값(또는 이후의 배정문에 의해 주어진 값)이 유지되는 변수이다. 지속 변수는 함수의 호출이 끝나도 살아남는다는 점에서 전역 변수와 비슷하나, 그 함수에서만 접근할 수 있다는

점에서 전역 변수와는 다르다. 이 책의 에이전트 프로그램들은 기억을 위해 지속 변수를 사용한다. C++이나 Java, Python, Smalltalk 등 객체지향을 지원하는 프로그래밍 언어에서는 지속 변수가 있는 프로그램을 객체 형태로 구현할 수 있다. 함수형 언어에서는 해당 변수들을 포함하는 환경에 대한 **함수형 클로저**(functional closure)로 구현하면 될 것이다.

- **값으로서의 함수**: 함수의 이름은 대문자로 되어 있고 변수 이름은 이탤릭 소문자로 되어 있다. 따라서 대부분의 경우 함수 호출은 $\textrm{FN}(x)$ 같은 형태이다. 그러나 함수를 변수의 값으로 배정하는 것도 허용한다. 예를 들어 변수 f의 값이 제곱근 함수이면, $f(9)$는 3을 돌려준다.

- **들여쓰기의 중요성**: 루프나 조건문의 범위(scope)를 나타낼 때 Java나 C++, GO 등은 중괄호({})를 사용하고 Lua와 Ruby 등은 키워드 **end**를 사용하지만, 이 책의 의사코드는 Python이나 CoffeeScript처럼 들여쓰기를 사용한다.

- **해체 배정**(destructuring assignment): "$x,\ y \leftarrow pair$"라는 표기는 우변이 반드시 2 요소 컬렉션으로 평가되어야 하고, 그 컬렉션의 첫 요소가 x에, 둘째 요소가 y에 배정되어야 함을 뜻한다. "**for each** $x,\ y$ **in** $pairs$ **do**"에도 마찬가지 개념이 적용된다. 또한, 이를 이용해서 두 변수의 교환을 "$x,\ y \leftarrow y,\ x$"로 표현할 수 있다.

- **매개변수 기본값**: "**function** $\textrm{F}(x,y{=}0)$ **returns** 하나의 수"라는 표기는 y가 생략 가능한 인수이고 기본값이 0이라는 뜻이다. 즉, F(3, 0)이라는 호출은 F(3)이라는 호출과 동치이다.

생성기

- **yield**: 키워드 **yield**가 있는 함수를 **생성기**(generator)라고 부른다. 생성기 함수는 **yield** 표현식을 만날 때마다 하나의 값을 산출하는 식으로 일련의 값들을 생성한다. **yield** 표현식의 결과는 생성기를 호출한 곳으로 전달되며, 이후 실행의 흐름이 **yield** 표현식 다음 지점으로 되돌아온다. Python, Ruby, C#, (JavaScript ECMAScript) 같은 언어들이 이런 기능을 제공한다.

- **루프**: 의사코드는 다음 네 종류의 루프를 사용한다.
    - "**for each** x **in** c **do**"는 컬렉션 c의 원소들을 차례로 변수 x에 배정해서 루프의 본문을 실행한다.
    - "**for** $i = 1$ **to** n **do**"는 1에서 n까지의 정수를 차례로 i에 배정해서 루프의 본문을 실행한다.
    - "**while** 조건 **do**"는 먼저 주어진 조건을 평가해서 그것이 참이면 루프 본문을 수행하고, 거짓이면 루프에서 벗어난다.
    - "**repeat** ... **until** 조건"은 일단 루프 본문을 실행한 후 주어진 조건을 판정해서 참이면 루프에서 벗어나고 거짓이면 루프 본문 실행과 조건 판정을 반복한다.

- **목록**: $[x,y,z]$는 요소가 셋인 목록(list)을 나타낸다. 연산자 "+"는 두 목록을 연결한다. $[1,2]+[3,4] = [1,2,3,4]$이다. 목록을 스택$^{\textrm{stack}}$으로 사용하기도 한다. POP은 목

록의 마지막 요소를 제거해서 돌려주고 TOP은 마지막 요소를 돌려주기만 한다.

- **집합**: $\{x,y,z\}$는 원소가 셋인 집합(set)이다. $\{x : p(x)\}$는 $p(x)$가 참인 모든 x가 원소인 집합을 나타낸다.

- **배열은 1에서 시작**: 통상적인 수학 표기법의(그리고 R과 Julia의) 관례에 따라, 배열 첫 요소의 색인은 1이다(Python이나 Java, C에서처럼 0이 아니라).

B.3 온라인 보조 자료

다음은 원서 웹사이트의 주소이다. 이 웹사이트에는 이 책의 내용을 보충하는 자료가 있으며, 제안을 보내는 방법과 토론을 위한 메일링 리스트에 가입하는 방법도 나와 있다.

- aima.cs.berkeley.edu

이 책의 온라인 코드 저장소에는 이 책의 알고리즘들과 여러 프로그래밍 연습문제를 Pyhton과 Java(그리고 기타 몇몇 언어)로 구현한 코드가 있다. 코드 저장소의 현재 주소는 다음과 같다(혹시 바뀌었다면 원서 웹사이트를 참고할 것).

- github.com/aimacode

참고
문헌

다음은 자주 인용되는 학술대회 회보와 학회지·학술지의 약자이다.

AAAI　　Proceedings of the AAAI Conference on Artificial Intelligence
AAMAS　Proceedings of the International Conference on Autonomous Agents and Multi-agent Systems
ACL　　Proceedings of the Annual Meeting of the Association for Computational Linguistics
AIJ　　Artificial Intelligence (Journal)
AIMag　AI~Magazine
AIPS　　Proceedings of the International Conference on AI Planning Systems
AISTATS　Proceedings of the International Conference on Artificial Intelligence and Statistics
BBS　　Behavioral and Brain Sciences
CACM　Communications of the Association for Computing Machinery
COGSCI　Proceedings of the Annual Conference of the Cognitive Science Society
COLING　Proceedings of the International Conference on Computational Linguistics
COLT　　Proceedings of the Annual ACM Workshop on Computational Learning Theory
CP　　　Proceedings of the International Conference on Principles and Practice of Constraint
Programming
CVPR　Proceedings of the IEEE Conference on Computer Vision and Pattern Recognition
EC　　　Proceedings of the ACM Conference on Electronic Commerce
ECAI　Proceedings of the European Conference on Artificial Intelligence
ECCV　Proceedings of the European Conference on Computer Vision
ECML　Proceedings of the The European Conference on Machine Learning
ECP　　Proceedings of the European Conference on Planning
EMNLP　Proceedings of the Conference on Empirical Methods in Natural Language Processing
FGCS　Proceedings of the International Conference on Fifth Generation Computer Systems
FOCS　Proceedings of the Annual Symposium on Foundations of Computer Science
GECCO　Proceedings of the Genetics and Evolutionary Computing Conference
HRI　　Proceedings of the International Conference on Human-Robot Interaction
ICAPS　Proceedings of the International Conference on Automated Planning and Scheduling
ICASSP　Proceedings of the International Conference on Acoustics, Speech, and Signal Processing
ICCV　Proceedings of the International Conference on Computer Vision
ICLP　Proceedings of the International Conference on Logic Programming
ICLR　Proceedings of the International Conference on Learning Representations
ICML　Proceedings of the International Conference on Machine Learning
ICPR　Proceedings of the International Conference on Pattern Recognition
ICRA　Proceedings of the IEEE International Conference on Robotics and Automation
ICSLP　Proceedings of the International Conference on Speech and Language Processing
IJAR　International Journal of Approximate Reasoning
IJCAI　Proceedings of the International Joint Conference on Artificial Intelligence
IJCNN　Proceedings of the International Joint Conference on Neural Networks
IJCV　International Journal of Computer Vision
ILP　　Proceedings of the International Workshop on Inductive Logic Programming
IROS　Proceedings of the International Conference on Intelligent Robots and Systems
ISMIS　Proceedings of the International Symposium on Methodologies for Intelligent Systems
ISRR　Proceedings of the International Symposium on Robotics Research
JACM　Journal of the Association for Computing Machinery
JAIR　Journal of Artificial Intelligence Research

JAR	Journal of Automated Reasoning
JASA	Journal of the American Statistical Association
JMLR	Journal of Machine Learning Research
JSL	Journal of Symbolic Logic
KDD	Proceedings of the International Conference on Knowledge Discovery and Data Mining
KR Reasoning	Proceedings of the International Conference on Principles of Knowledge Representation and
LICS	Proceedings of the IEEE Symposium on Logic in Computer Science
NeurIPS	Advances in Neural Information Processing Systems
PAMI	IEEE Transactions on Pattern Analysis and Machine Intelligence
PNAS	Proceedings of the National Academy of Sciences of the United States of America
PODS	Proceedings of the ACM International Symposium on Principles of Database Systems
RSS	Proceedings of the Conference on Robotics: Science and Systems
SIGIR	Proceedings of the Special Interest Group on Information Retrieval
SIGMOD	Proceedings of the ACM SIGMOD International Conference on Management of Data
SODA	Proceedings of the Annual ACM--SIAM Symposium on Discrete Algorithms
STOC	Proceedings of the Annual ACM Symposium on Theory of Computing
TARK	Proceedings of the Conference on Theoretical Aspects of Reasoning about Knowledge
UAI	Proceedings of the Conference on Uncertainty in Artificial Intelligence

Aaronson, S. (2014). My conversation with "Eugene Goostman," the Chatbot that's all over the news for allegedly passing the Turing test. Shtetl-Optimized, www.scottaaronson. com/blog/?p=1858.

Aarts, E., Lenstra, J. K. (2003). *Local Search in Combinatorial Optimization*. Princeton University Press.

Aarup, M., Arentoft, M. M., Parrod, Y., Stader, J., Stokes, I. (1994). OPTIMUM-AIV: A knowledge-based planning and scheduling system for spacecraft AIV. 실린 곳: Fox, M., Zweben, M. (엮음), *Knowledge Based Scheduling*. Morgan Kaufmann.

Abbas, A. (2018). *Foundations of Multiattribute Utility*. Cambridge University Press.

Abbeel, P., Ng, A. Y. (2004). Apprenticeship learning via inverse reinforcement learning. 실린 곳: *ICML-04*.

Abney, S., McAllester, D. A., Pereira, F. (1999). Relating probabilistic grammars and automata. 실린 곳: *ACL-99*.

Abramson, B. (1987). *The expected-outcome model of two-player games*. 박사 논문, Columbia University.

Abramson, B. (1990). Expected-outcome: A general model of static evaluation. *PAMI*, *12*, 182-193.

Abreu, D., Rubinstein, A. (1988). The structure of Nash equilibrium in repeated games with finite automata. *Econometrica*, *56*, 1259-1281.

Achlioptas, D. (2009). Random Satisfiability. 실린 곳: Biere, A., Heule, M., van Maaren, H., Walsh, T. (엮음), *Handbook of Satisfiability*. IOS Press.

Ackerman, E., Guizzo, E. (2016). The next generation of Boston Dynamics' Atlas robot is quiet, robust, and tether free. *IEEE Spectrum*, *24*, 2016.

Ackerman, N., Freer, C., Roy, D. (2013). On the Computability of Conditional Probability. arXiv 1005.3014.

Ackley, D. H., Littman, M. L. (1991). Interactions between learning and evolution. 실린 곳: Langton, C., Taylor, C., Farmer, J. D., Rasmussen, S. (엮음), *Artificial Life II*. Addison-Wesley.

Adida, B., Birbeck, M. (2008). RDFa Primer. 기술보고서, W3C.

Adolph, K. E., Kretch, K. S., LoBue, V. (2014). Fear of heights in infants?. *Current Directions in Psychological Science*, *23*, 60-66.

Agerbeck, C., Hansen, M. O. (2008). A Multi-Agent Approach to Solving *NP*-Complete Problems. 석사 논문, Technical Univ. of Denmark.

Aggarwal, G., Goel, A., Motwani, R. (2006). Truthful auctions for pricing search keywords. 실린 곳: *EC-06*.

Agha, G. (1986). *ACTORS: A Model of Concurrent Computation in Distributed Systems*. MIT Press.

Agichtein, E., Gravano, L. (2003). Querying Text Databases for Efficient Information Extraction. 실린 곳: *Proc. IEEE Conference on Data Engineering*.

Agmon, S. (1954). The relaxation method for linear inequalities. *Canadian Journal of Mathematics*, *6*, 382-392.

Agostinelli, F., McAleer, S., Shmakov, A., Baldi, P. (2019). Solving the Rubik's Cube with deep reinforcement learning and search. *Nature Machine Intelligence*, *1*, 356-363.

Agrawal, P., Nair, A. V., Abbeel, P., Malik, J., Levine, S. (2017). Learning to poke by poking: Experiential learning of intuitive physics. 실린 곳: *NeurIPS 29*.

Agre, P. E., Chapman, D. (1987). Pengi: an implementation of a theory of activity. 실린 곳: *IJCAI-87*.

Aizerman, M., Braverman, E., Rozonoer, L. (1964). Theoretical foundations of the potential function method in pattern recognition learning. *Automation and Remote Control*, *25*, 821-837.

Akametalu, A. K., Fisac, J. F., Gillula, J. H., Kaynama, S., Zeilinger, M. N., Tomlin, C. J. (2014). Reachability-based safe learning with Gaussian processes. 실린 곳: *53rd IEEE Conference on Decision and Control*.

Akgun, B., Cakmak, M., Jiang, K., Thomaz, A. (2012). Keyframe-based learning from demonstration. *International Journal of Social Robotics*, *4*, 343-355.

Aldous, D., Vazirani, U. (1994). "Go with the winners" algorithms. 실린 곳: *FOCS-94*.

Alemi, A. A., Chollet, F., Een, N., Irving, G., Szegedy, C., Urban, J. (2017). DeepMath - Deep Sequence Models for Premise Selection. 실린 곳: *NeurIPS 29*.

Allais, M. (1953). Le comportement de l'homme rationnel devant la risque: critique des postulats et axiomes de l'école Américaine. *Econometrica*, *21*, 503-546.

Allan, J., Harman, D., Kanoulas, E., Li, D., Van Gysel, C., Vorhees, E. (2017). Trec 2017 common core track overview. 실린 곳: *Proc. TREC*.

Allen, J. F. (1983). Maintaining knowledge about temporal intervals. *CACM*, *26*, 832-843.

Allen, J. F. (1984). Towards a general theory of action and time. *AIJ*, *23*, 123-154.

Allen, J. F. (1991). Time and time again: The many ways to represent time. *Int. J. Intelligent Systems*, *6*, 341-355.

Allen, J. F., Hendler, J., Tate, A. (엮음) (1990). *Readings in Planning*. Morgan Kaufmann.

Allen, P., Greaves, M. (2011). The singularity isn't near. *Technology review*, *12*, 7-8.

Allen-Zhu, Z., Li, Y., Song, Z. (2018). A convergence theory for deep learning via over-parameterization. arXiv:1811.03962.

Alterman, R. (1988). Adaptive Planning. *Cognitive Science*, *12*, 393-422.

Amarel, S. (1967). An approach to heuristic problem-solving and theorem proving in the propositional calculus. 실린 곳: Hart, J., Takasu, S. (엮음), *Systems and Computer Science*. University of Toronto Press.

Amarel, S. (1968). On representations of problems of reasoning about actions. 실린 곳: Michie, D. (엮음), *Machine Intelligence 3*. Elsevier.

Amir, E., Russell, S. J. (2003). Logical filtering. 실린 곳: *IJCAI-03*.

Amit, Y., Geman, D. (1997). Shape quantization and recognition with randomized trees. *Neural Computation*, *9*, 1545-1588.

Amodei, D., Hernandez, D. (2018). AI and Compute. OpenAI blog, blog.openai.com/ai-and-compute/.

Amodei, D., Olah, C., Steinhardt, J., Christiano, P., Schulman, J., Mané, D. (2016). Concrete problems in AI safety. arXiv:1606.06565.

Andersen, S. K., Olesen, K. G., Jensen, F. V., Jensen, F. (1989). HUGIN—A shell for building Bayesian belief universes for expert systems. 실린 곳: *IJCAI-89*.

Anderson, J. R. (1980). *Cognitive Psychology and Its Implications*. W. H. Freeman.

Anderson, J. R. (1983). *The Architecture of Cognition*. Harvard University Press.

Anderson, K., Sturtevant, N. R., Holte, R. C., Schaeffer, J. (2008). Coarse-to-Fine Search Techniques. 기술보고서, University of Alberta.

Andoni, A., Indyk, P. (2006). Near-Optimal Hashing Algorithms for Approximate Nearest Neighbor in High Dimensions. 실린 곳: *FOCS-06*.

Andor, D., Alberti, C., Weiss, D., Severyn, A., Presta, A., Ganchev, K., Petrov, S., Collins, M. (2016). Globally Normalized Transition-Based Neural Networks. arXiv:1603.06042.

Andre, D., Friedman, N., Parr, R. (1998). Generalized Prioritized Sweeping. 실린 곳: *NeurIPS 10*.

Andre, D., Russell, S. J. (2002). State Abstraction for Programmable Reinforcement Learning Agents. 실린 곳: *AAAI-02*.

Andreae, P. (1985). *Justified Generalisation: Learning Procedures from Examples*. 박사 논문, MIT.

Andrieu, C., Doucet, A., Holenstein, R. (2010). Particle Markov chain Monte Carlo methods. *J. Royal Statistical Society*, 72, 269-342.

Andrychowicz, M., Baker, B., Chociej, M., Jozefowicz, R., McGrew, B., Pachocki, J., Petron, A., Plappert, M., Powell, G., Ray, A. (2018a). Learning dexterous in-hand manipulation. arXiv:1808.00177.

Andrychowicz, M., Wolski, F., Ray, A., Schneider, J., Fong, R., Welinder, P., McGrew, B., Tobin, J., Abbeel, P., Zaremba, W. (2018b). Hindsight experience replay. 실린 곳: *NeurIPS 30*.

Aneja, J., Deshpande, A., Schwing, A. (2018). Convolutional Image Captioning. 실린 곳: *CVPR-18*.

Aoki, M. (1965). Optimal control of partially observable Markov systems. *J. Franklin Institute*, 280, 367-386.

Appel, K., Haken, W. (1977). Every planar map is four colorable: Part I: Discharging. *Illinois J. Math.*, 21, 429-490.

Appelt, D. (1999). Introduction to information extraction. *AI Communications*, 12, 161-172.

Apt, K. R. (1999). The Essence of Constraint Propagation. *Theoretical Computer Science*, 221, 179-210.

Apt, K. R. (2003). *Principles of Constraint Programming*. Cambridge University Press.

Apté, C., Damerau, F., Weiss, S. (1994). Automated learning of decision rules for text categorization. *ACM Transactions on Information Systems*, 12, 233-251.

Arbuthnot, J. (1692). *Of the Laws of Chance*. Motte.

Archibald, C., Altman, A., Shoham, Y. (2009). Analysis of a Winning Computational Billiards Player. 실린 곳: *IJCAI-09*.

Arfaee, S. J., Zilles, S., Holte, R. C. (2010). Bootstrap Learning of Heuristic Functions. 실린 곳: *Third Annual Symposium on Combinatorial Search*.

Argall, B. D., Chernova, S., Veloso, M., Browning, B. (2009). A survey of robot learning from demonstration. *Robotics and autonomous systems*, 57, 469-483.

Ariely, D. (2009). *Predictably Irrational*. Harper.

Arkin, R. (1998). *Behavior-Based Robotics*. MIT Press.

Arkin, R. (2015). The case for banning killer robots: Counterpoint. *CACM*, 58, .

Armando, A., Carbone, R., Compagna, L., Cuellar, J., Tobarra, L. (2008). Formal analysis of SAML 2.0 web browser single sign-on: Breaking the SAML-based single sign-on for Google apps. 실린 곳: *Proc. 6th ACM Workshop on Formal Methods in Security Engineering*.

Armstrong, S., Levinstein, B. (2017). Low Impact Artificial Intelligences. arXiv:1705.10720.

Arnauld, A. (1662). *La logique, ou l'art de penser*. Chez Charles Savreux.

Arora, N. S., Russell, S. J., Sudderth, E. (2013). NET-VISA: Network Processing Vertically Integrated Seismic Analysis. *Bull. Seism. Soc. Amer.*, 103, 709-729.

Arora, S. (1998). Polynomial time approximation schemes for Euclidean traveling salesman and other geometric problems. *JACM*, 45, 753-782.

Arpit, D., Jastrzebski, S., Ballas, N., Krueger, D., Bengio, E., Kanwal, M. S., Maharaj, T., Fischer, A., Courville, A., Bengio, Y., Lacoste-Julien, S. (2017). A Closer Look at Memorization in Deep Networks. arXiv:1706.05394.

Arrow, K. J. (1951). *Social Choice and Individual Values*. Wiley.

Arulampalam, M Sanjeev, Maskell, S., Gordon, N., Clapp, T. (2002). A tutorial on particle filters for online nonlinear/non-Gaussian Bayesian tracking. *IEEE Transactions on Signal Processing*, 50, 174-188.

Arulkumaran, K., Deisenroth, M. P., Brundage, M., Bharath, A. A. (2017). Deep reinforcement learning: A brief survey. *IEEE Signal Processing Magazine*, 34, 26-38.

Arunachalam, R., Sadeh, N. M. (2005). The supply chain trading agent competition. *Electronic Commerce Research and Applications*, Spring, 66-84.

Ashby, W. R. (1940). Adaptiveness and equilibrium. *J. Mental Science*, 86, 478-483.

Ashby, W. R. (1948). Design for a Brain. *Electronic Engineering*, 10월호, 379-383.

Ashby, W. R. (1952). *Design for a Brain*. Wiley.

Asimov, I. (1942). Runaround. *Astounding Science Fiction*, 3월호.

Asimov, I. (1950). *I, Robot*. Doubleday.

Asimov, I. (1958). The Feeling of Power. *If: Worlds of Science Fiction*, 2월호.

Astrom, K. J. (1965). Optimal control of Markov decision processes with incomplete state estimation. *J. Math. Anal. Applic.*, 10, 174-205.

Atkeson, C. G., Moore, A. W., Schaal, S. (1997). Locally weighted learning for control. 실린 곳: *Lazy learning*. Springer.

Audi, R. (엮음) (1999). *The Cambridge Dictionary of Philosophy*. Cambridge University Press.

Auer, P., Cesa-Bianchi, N., Fischer, P. (2002). Finite-time analysis of the multiarmed bandit problem. *Machine Learning*, 47, 235-256.

Aumann, R., Brandenburger, A. (1995). Epistemic conditions for Nash equilibrium. *Econometrica*, 67, 1161-1180.

Axelrod, R. (1985). *The Evolution of Cooperation*. Basic Books.

Ba, J. L., Kiros, J. R., Hinton, G. E. (2016). Layer normalization. arXiv:1607.06450.

Baader, F., Calvanese, D., McGuinness, D., Nardi, D., Patel-Schneider, P. (2007). *The Description Logic Handbook*. Cambridge University Press.

Baader, F., Snyder, W. (2001). Unification Theory. 실린 곳: Robinson, J., Voronkov, A. (엮음), *Handbook of Automated Reasoning*. Elsevier.

Bacchus, F. (1990). *Representing and Reasoning with Probabilistic Knowledge*. MIT Press.

Bacchus, F., Dalmao, S., Pitassi, T. (2003). Value elimination: Bayesian inference via backtracking search. 실린 곳: *UAI-03*.

Bacchus, F., Grove, A. (1995). Graphical models for preference and utility. 실린 곳: *UAI-95*.

Bacchus, F., Grove, A. (1996). Utility independence in a qualitative decision theory. 실린 곳: *KR-96*.

Bacchus, F., Grove, A., Halpern, J. Y., Koller, D. (1992). From statistics to beliefs. 실린 곳: *AAAI-92*.

Bacchus, F., van Beek, P. (1998). On the Conversion between Non-Binary and Binary Constraint Satisfaction Problems. 실린 곳: *AAAI-98*.

Bacchus, F., van Run, P. (1995). Dynamic variable Ordering in CSPs. 실린 곳: *CP-95*.

Bachmann, P. G. H. (1894). *Die analytische Zahlentheorie*. B. G. Teubner.

Backus, J. W. (1959). The syntax and semantics of the proposed international algebraic language of the Zurich ACM-GAMM conference. *Proc. Int'l Conf. on Information Processing*.

Bacon, F. (1609). *Wisdom of the Ancients*. Cassell and Company.

Baeza-Yates, R., Ribeiro-Neto, B. (2011). *Modern Information Retrieval*. Addison-Wesley.

Bagdasaryan, E., Veit, A., Hua, Y., Estrin, D., Shmatikov, V. (2018). How To Backdoor Federated Learning. arXiv:1807.00459.

Bagnell, J. A., Schneider, J. (2001). Autonomous Helicopter Control using Reinforcement Learning Policy Search Methods. 실린 곳: *ICRA-01*.

Bahdanau, D., Cho, K., Bengio, Y. (2015). Neural Machine Translation by Jointly Learning to Align and Translate. 실린 곳: *ICLR-15*.

Bahubalendruni, M. R., Biswal, B. B. (2016). A review on assembly sequence generation and its automation. *Proc. Institution of Mechanical Engineers, Part C: Journal of Mechanical Engineering Science*, *230*, 824-838.

Bai, A., Russell, S. J. (2017). Efficient Reinforcement Learning with Hierarchies of Machines by Leveraging Internal Transitions. 실린 곳: *IJCAI-17*.

Bai, H., Cai, S., Ye, N., Hsu, D., Lee, W. S. (2015). Intention-aware online POMDP planning for autonomous driving in a crowd. 실린 곳: *ICRA-15*.

Bajcsy, A., Losey, D. P., O'Malley, M. K., Dragan, A. D. (2017). Learning robot objectives from physical human interaction. *Proceedings of Machine Learning Research*, *78*, 217-226.

Baker, C. L., Saxe, R., Tenenbaum, J. B. (2009). Action understanding as inverse planning. *Cognition*, *113*, 329-349.

Baker, J. (1975). The Dragon system--An overview. *IEEE Transactions on Acoustics, Speech, and Signal Processing*, *23*, 24-29.

Baker, J. (1979). Trainable grammars for speech recognition. 실린 곳: *Speech Communication Papers for the 97th Meeting of the Acoustical Society of America*.

Baldi, P., Chauvin, Y., Hunkapiller, T., McClure, M. (1994). Hidden Markov models of biological primary sequence information. *PNAS*, *91*, 1059-1063.

Baldwin, J. M. (1896). A New Factor in Evolution. *American Naturalist*, *30*, 441-451.

Ballard, B. W. (1983). The *-minimax search procedure for trees containing chance nodes. *AIJ*, *21*, 327-350.

Baluja, S. (1997). Genetic algorithms and explicit search statistics. 실린 곳: *NeurIPS 9*.

Bancilhon, F., Maier, D., Sagiv, Y., Ullman, J. D. (1986). Magic sets and other strange ways to implement logic programs. 실린 곳: *PODS-86*.

Banko, M., Brill, E. (2001). Scaling to Very Very Large Corpora for Natural Language Disambiguation. 실린 곳: *ACL-01*.

Banko, M., Brill, E., Dumais, S. T., Lin, J. (2002). AskMSR: Question Answering Using the Worldwide Web. 실린 곳: *Proc. AAAI Spring Symposium on Mining Answers from Texts and Knowledge Bases*.

Banko, M., Cafarella, M. J., Soderland, S., Broadhead, M., Etzioni, O. (2007). Open information extraction from the web. 실린 곳: *IJCAI-07*.

Banko, M., Etzioni, O. (2008). The Tradeoffs Between Open and Traditional Relation Extraction. 실린 곳: *ACL-08*.

Bansal, K., Loos, S., Rabe, M. N., Szegedy, C., Wilcox, S. (2019). HOList: An Environment for Machine Learning of Higher-Order Theorem Proving (extended version). arXiv:1904.03241.

Barber, D. (2012). *Bayesian Reasoning and Machine Learning*. Cambridge University Press.

Bar-Hillel, Y. (1954). Indexical expressions. *Mind*, *63*, 359-379.

Barr, A., Feigenbaum, E. A. (엮음) (1981). *The Handbook of Artificial Intelligence*. HeurisTech Press and William Kaufmann.

Barreiro, J., Boyce, M., Do, M., Frank, J., Iatauro, M., Kichkaylo, T., Morris, P., Ong, J., Remolina, E., Smith, T. (2012). EUROPA: A platform for AI planning, scheduling, constraint programming, and optimization. *4th International Competition on Knowledge Engineering for Planning and Scheduling (ICKEPS)*.

Barreno, M., Nelson, B., Joseph, A. D., Tygar, J Doug (2010). The security of machine learning. *Machine Learning*, *81*, 121-148.

Barrett, S., Stone, P. (2015). Cooperating with Unknown Teammates in Complex Domains: A Robot Soccer Case Study of Ad Hoc Teamwork. 실린 곳: *AAAI-15*.

Bar-Shalom, Y. (엮음) (1992). *Multitarget-Multisensor Tracking: Advanced Applications*. Artech House.

Bar-Shalom, Y., Fortmann, T. E. (1988). *Tracking and Data Association*. Academic Press.

Bar-Shalom, Y., Li, X.-R., Kirubarajan, T. (2001). *Estimation, Tracking and Navigation: Theory, Algorithms and Software*. Wiley.

Barták, R., Salido, M. A., Rossi, F. (2010). New trends in constraint satisfaction, planning, and scheduling: A survey. *The Knowledge Engineering Review*, *25*, 249-279.

Bartholdi, J. J., Tovey, C. A., Trick, M. A. (1989). The Computational Difficulty of Manipulating an Election. *Social Choice and Welfare, 6*, 227-241.

Barto, A. G., Bradtke, S. J., Singh, S. (1995). Learning to act using real-time dynamic programming. *AIJ, 73*, 81-138.

Barto, A. G., Sutton, R. S., Brouwer, P. S. (1981). Associative search network: A reinforcement learning associative memory. *Biological Cybernetics, 40*, 201-211.

Barwise, J., Etchemendy, J. (2002). *Language, Proof and Logic*. CSLI Press.

Baum, E., Boneh, D., Garrett, C. (1995). On genetic algorithms. 실린 곳: *COLT-95*.

Baum, E., Smith, W. D. (1997). A Bayesian approach to relevance in game playing. *AIJ, 97*, 195-242.

Baum, L. E., Petrie, T. (1966). Statistical inference for probabilistic functions of finite state Markov chains. *Annals of Mathematical Statistics, 41*, 1554-1563.

Baxter, J., Bartlett, P. (2000). Reinforcement Learning in POMDPs via Direct Gradient Ascent. 실린 곳: *ICML-00*.

Bayardo, R. J., Agrawal, R. (2005). Data privacy through optimal k-anonymization. 실린 곳: *Proc. 21st Int'l Conf. on Data Engineering*.

Bayardo, R. J., Miranker, D. P. (1994). An Optimal Backtrack Algorithm for Tree-Structured Constraint Satisfaction Problems. *AIJ, 71*, 159-181.

Bayardo, R. J., Schrag, R. C. (1997). Using CSP Look-Back techniques to Solve real-World SAT Instances. 실린 곳: *AAAI-97*.

Bayes, T. (1763). An essay towards solving a problem in the doctrine of chances. *Phil. Trans. Roy. Soc., 53*, 370-418.

Beal, J., Winston, P. H. (2009). The New Frontier of Human-Level Artificial Intelligence. *IEEE Intelligent Systems, 24*, 21-23.

Beardon, A. F., Candeal, J. C., Herden, G., Induráin, E., Mehta, G. B. (2002). The non-existence of a utility function and the structure of non-representable preference relations. *Journal of Mathematical Economics, 37*, 17-38.

Beattie, C., Leibo, J. Z., Teplyashin, D., Ward, T., Wainwright, M., Küttler, H., Lefrancq, A., Green, S., Valdés, V., Sadik, A., Schrittwieser, J., Anderson, K., York, S., Cant, M., Cain, A., Bolton, A., Gaffney, S., King, H., Hassabis, D., Legg, S., Petersen, S. (2016). DeepMind Lab. arXiv:1612.03801.

Bechhofer, R. (1954). A single-sample multiple decision procedure for ranking means of normal populations with known variances. *Annals of Mathematical Statistics, 25*, 16-39.

Beck, J. C., Feng, T. K., Watson, J.-P. (2011). Combining Constraint Programming and Local Search for Job-Shop Scheduling. *INFORMS Journal on Computing, 23*, 1-14.

Beckert, B., Posegga, J. (1995). LeanTaP: Lean, Tableau-based Deduction. *JAR, 15*, 339-358.

Beeri, C., Fagin, R., Maier, D., Yannakakis, M. (1983). On the desirability of acyclic database schemes. *JACM, 30*, 479-513.

Bekey, G. (2008). *Robotics: State Of The Art And Future Challenges*. Imperial College Press.

Belkin, M., Hsu, D., Ma, S., Mandal, S. (2019). Reconciling modern machine-learning practice and the classical bias-variance trade-off. *PNAS, 116*, 15849-15854.

Bell, C., Tate, A. (1985). Using temporal constraints to restrict search in a planner. 실린 곳: *Proc. Third Alvey IKBS SIG Workshop*.

Bell, J. L., Machover, M. (1977). *A Course in Mathematical Logic*. Elsevier.

Bellamy, E. (2003). *Looking Backward: 2000-1887*. Broadview Press.

Bellamy, R. K. E., Dey, K., Hind, M., Hoffman, S. C., Houde, S., Kannan, K., Lohia, P., Martino, J., Mehta, S., Mojsilovic, A., Nagar, S., Ramamurthy, K. N., Richards, J. T., Saha, D., Sattigeri, P., Singh, M., Varshney, K. R., Zhang, Y. (2018). AI Fairness 360: An Extensible Toolkit for Detecting, Understanding, and Mitigating Unwanted Algorithmic Bias. arXiv:1810.01943.

Bellemare, M. G., Naddaf, Y., Veness, J., Bowling, M. (2013). The arcade learning environment: An evaluation platform for general agents. *JAIR, 47*, 253-279.

Bellman, R. E. (1952). On the theory of dynamic programming. *PNAS, 38*, 716-719.

Bellman, R. E. (1957). *Dynamic Programming*. Princeton University Press.

Bellman, R. E. (1958). On a routing problem. *Quarterly of Applied Mathematics, 16*, .

Bellman, R. E. (1961). *Adaptive Control Processes: A Guided Tour*. Princeton University Press.

Bellman, R. E. (1965). On the application of dynamic programming to the determination of optimal play in chess and checkers. *PNAS, 53*, 244-246.

Bellman, R. E. (1984). *Eye of the Hurricane*. World Scientific.

Bellman, R. E., Dreyfus, S. E. (1962). *Applied Dynamic Programming*. Princeton University Press.

Bengio, Y., Bengio, S. (2001). Modeling High-Dimensional Discrete Data with Multi-Layer Neural Networks. 실린 곳: *NeurIPS 13*.

Bengio, Y., Ducharme, R., Vincent, P., Jauvin, C. (2003). A neural probabilistic language model. *JMLR, 3*, 1137-1155.

Bengio, Y., LeCun, Y. (2007). Scaling Learning Algorithms towards AI. 실린 곳: Bottou, L., Chapelle, O., DeCoste, D., Weston, J. (엮음), *Large-Scale Kernel Machines*. MIT Press.

Bengio, Y., Simard, P., Frasconi, P. (1994). Learning long-term dependencies with gradient descent is difficult. *IEEE Transactions on Neural Networks, 5*, 157-166.

Benjamin, M. (2013). *Drone Warfare: Killing by Remote Control*. Verso Books.

Ben-Tal, A., Nemirovski, A. (2001). *Lectures on Modern Convex Optimization: Analysis, Algorithms, and Engineering Applications*. SIAM (Society for Industrial and Applied Mathematics).

Bentham, J. (1823). *Principles of Morals and Legislation*. Oxford University Press.

Benzmüller, C., Paleo, B. W. (2013). Formalization, Mechanization and Automation of Gödel's Proof of God's Existence. arXiv:1308.4526.

Beresniak, A., Medina-Lara, A., Auray, J. P., De Wever, A., Praet, J.-C., Tarricone, R., Torbica, A., Dupont, D., Lamure, M., Duru, G. (2015). Validation of the Underlying Assumptions of the Quality-Adjusted Life-Years Outcome: Results from the ECHOUTCOME European Project. *PharmacoEconomics, 33*, 61-69.

Berger, J. O. (1985). *Statistical Decision Theory and Bayesian Analysis*. Springer Verlag.

Bergstra, J., Bengio, Y. (2012). Random Search for Hyper-Parameter Optimization. *JMLR*, *13*, 281-305.

Berk, R., Heidari, H., Jabbari, S., Kearns, M., Roth, A. (2017). Fairness in criminal justice risk assessments: The state of the art. arXiv:1703.09207.

Berkson, J. (1944). Application of the logistic function to bio-assay. *JASA*, *39*, 357-365.

Berleur, J., Brunnstein, K. (2001). *Ethics of Computing: Codes, Spaces for Discussion and Law*. Chapman and Hall.

Berlin, K., Koren, S., Chin, C.-S, Drake, J. P., Landolin, J. M., Phillippy, A. M. (2015). Assembling large genomes with single-molecule sequencing and locality-sensitive hashing. *Nature Biotechnology*, *33*, 623.

Berliner, H. J. (1979). The B* tree search algorithm: A best-first proof procedure. *AIJ*, *12*, 23-40.

Berliner, H. J. (1980a). Backgammon computer program beats world champion. *AIJ*, *14*, 205-220.

Berliner, H. J. (1980b). Computer backgammon. *Scientific American*, *249*, 64-72.

Bermúdez-Chacón, R., Gonnet, G. H., Smith, K. (2015). Automatic problem-specific hyperparameter optimization and model selection for supervised machine learning. 기술보고서, ETH Zurich.

Bernardo, J. M., Smith, A. (1994). *Bayesian Theory*. Wiley.

Berners-Lee, T., Hendler, J., Lassila, O. (2001). The Semantic Web. *Scientific American*, *284*, 34-43.

Bernoulli, D. (1738). Specimen theoriae novae de mensura sortis. *Proc. St. Petersburg Imperial Academy of Sciences*, *5*, 175-192.

Bernstein, P. L. (1996). *Against the Gods: The Remarkable Story of Risk*. Wiley.

Berrada, L., Zisserman, A., Kumar, M. P. (2019). Training Neural Networks for and by Interpolation. arXiv:1906.05661.

Berrou, C., Glavieux, A., Thitimajshima, P. (1993). Near Shannon limit error control-correcting coding and decoding: Turbo-codes. 1. 실린 곳: *Proc. IEEE International Conference on Communications*.

Berry, D. A., Fristedt, B. (1985). *Bandit Problems: Sequential Allocation of Experiments*. Chapman and Hall.

Bertele, U., Brioschi, F. (1972). *Nonserial Dynamic Programming*. Academic Press.

Bertoli, P., Cimatti, A., Roveri, M. (2001a). Heuristic Search + Symbolic Model Checking = Efficient Conformant Planning. 실린 곳: *IJCAI-01*.

Bertoli, P., Cimatti, A., Roveri, M., Traverso, P. (2001b). Planning in Nondeterministic Domains Under Partial Observability via Symbolic Model Checking. 실린 곳: *IJCAI-01*.

Bertot, Y., Casteran, P., Huet, G., Paulin-Mohring, C. (2004). *Interactive Theorem Proving and Program Development*. Springer.

Bertsekas, D. (1987). *Dynamic Programming: Deterministic and Stochastic Models*. Prentice-Hall.

Bertsekas, D., Shreve, S. E. (2007). *Stochastic Optimal Control: The Discrete-Time Case*. Athena Scientific.

Bertsekas, D., Tsitsiklis, J. N. (1996). *Neuro-Dynamic Programming*. Athena Scientific.

Bertsekas, D., Tsitsiklis, J. N. (2008). *Introduction to Probability*. Athena Scientific.

Bertsimas, D., Delarue, A., Martin, S.(2019). Optimizing schools' start time and bus routes. *PNAS*, *116 13*, 5943-5948.

Bertsimas, D., Dunn, J. (2017). Optimal classification trees. *Machine Learning*, *106*, 1039-1082.

Bessen, J. (2015). *Learning by Doing: The Real Connection between Innovation, Wages, and Wealth*. Yale University Press.

Bessière, C. (2006). Constraint Propagation. 실린 곳: Rossi, F., van Beek, P., Walsh, T. (엮음), *Handbook of Constraint Programming*. Elsevier.

Beutel, A., Chen, J., Doshi, T., Qian, H., Woodruff, A., Luu, C., Kreitmann, P., Bischof, J., Chi, E. H. (2019). Putting Fairness Principles into Practice: Challenges, Metrics, and Improvements. arXiv:1901.04562.

Bhar, R., Hamori, S. (2004). *Hidden Markov Models: Applications to Financial Economics*. Springer.

Bibel, W. (1993). *Deduction: Automated Logic*. Academic Press.

Bien, J., Tibshirani, R. (2011). Prototype selection for interpretable classification. *Annals of Applied Statistics*, *5*, 2403-2424.

Biere, A., Heule, M., van Maaren, H., Walsh, T. (엮음) (2009). *Handbook of Satisfiability*. IOS Press.

Bies, A., Mott, J., Warner, C. (2015). English News Text Treebank: Penn Treebank Revised. Linguistic Data Consortium.

Billings, D., Burch, N., Davidson, A., Holte, R. C., Schaeffer, J., Schauenberg, T., Szafron, D. (2003). Approximating Game-Theoretic Optimal Strategies for Full-scale Poker. 실린 곳: *IJCAI-03*.

Billingsley, P. (2012). *Probability and Measure*. Wiley.

Binder, J., Koller, D., Russell, S. J., Kanazawa, K. (1997a). Adaptive probabilistic networks with hidden variables. *Machine Learning*, *29*, 213-244.

Binder, J., Murphy, K., Russell, S. J. (1997b). Space-efficient inference in dynamic probabilistic networks. 실린 곳: *IJCAI-97*.

Bingham, E., Chen, J., Jankowiak, M., Obermeyer, F., Pradhan, N., Karaletsos, T., Singh, R., Szerlip, P., Horsfall, P., Goodman, N. D. (2019). Pyro: Deep universal probabilistic programming. *JMLR*, *20*, 1-26.

Binmore, K. (1982). *Essays on Foundations of Game Theory*. Pitman.

Biran, O., Cotton, C. (2017). Explanation and justification in machine learning: A survey. 실린 곳: *Proc. IJCAI-17 Workshop on Explainable AI*.

Bishop, C. M. (1995). *Neural Networks for Pattern Recognition*. Oxford University Press.

Bishop, C. M. (2007). *Pattern Recognition and Machine Learning*. Springer-Verlag.

Bisson, T. (1990). They're Made Out of Meat. *Omni Magazine*.

Bistarelli, S., Montanari, U., Rossi, F. (1997). Semiring-based constraint satisfaction and optimization. *JACM*, *44*, 201-236.

Bitner, J. R., Reingold, E. M. (1975). Backtrack programming techniques. *CACM*, *18*, 651-656.

Bizer, C., Auer, S., Kobilarov, G., Lehmann, J., Cyganiak, R. (2007). DBPedia - Querying Wikipedia like a Database.

실린 곳: *16th International Conference on World Wide Web*.

Blazewicz, J., Ecker, K., Pesch, E., Schmidt, G., Weglarz, J. (2007). *Handbook on Scheduling: Models and Methods for Advanced Planning*. Springer-Verlag.

Blei, D. M., Ng, A. Y., Jordan, M. I. (2002). Latent Dirichlet allocation. 실린 곳: *NeurIPS 14*.

Bliss, C. I. (1934). The method of probits. *Science*, *79*, 38-39.

Block, H. D., Knight, B., Rosenblatt, F. (1962). Analysis of a four-layer series-coupled perceptron. *Rev. Modern Physics*, *34*, 275-282.

Block, N. (2009). Comparing the major theories of consciousness. 실린 곳: Gazzaniga, M. S. (엮음), *The Cognitive Neurosciences*. MIT Press.

Blum, A. L. (1996). On-Line Algorithms in Machine Learning. 실린 곳: *Proc. Workshop on On-Line Algorithms, Dagstuhl*.

Blum, A. L., Furst, M. (1997). Fast planning through planning graph analysis. *AIJ*, *90*, 281-300.

Blum, A. L., Hopcroft, J., Kannan, R. (2020). *Foundations of Data Science*. Cambridge University Press.

Blum, A. L., Mitchell, T. M. (1998). Combining labeled and unlabeled data with co-training. 실린 곳: *COLT-98*.

Blumer, A., Ehrenfeucht, A., Haussler, D., Warmuth, M. (1989). Learnability and the Vapnik-Chervonenkis dimension. *JACM*, *36*, 929-965.

Bobrow, D. G. (1967). Natural language input for a computer problem solving system. 실린 곳: Minsky, M. L. (엮음), *Semantic Information Processing*. MIT Press.

Bod, R. (2008). The data-oriented parsing approach: Theory and application. 실린 곳: *Computational Intelligence: A Compendium*. Springer-Verlag.

Bod, R., Scha, R., Sima'an, K. (2003). *Data-Oriented Parsing*. CSLI Press.

Boddington, P. (2017). *Towards a Code of Ethics for Artificial Intelligence*. Springer-Verlag.

Boden, M. A. (엮음) (1990). *The Philosophy of Artificial Intelligence*. Oxford University Press.

Bolognesi, A., Ciancarini, P. (2003). Computer Programming of Kriegspiel Endings: The Case of KR vs. K. 실린 곳: *Advances in Computer Games 10*.

Bolton, R. J., Hand, D. J. (2002). Statistical fraud detection: A review. *Statistical science*, *17*, 235-249.

Bonawitz, K., Ivanov, V., Kreuter, B., Marcedone, A., McMahan, H. B., Patel, S., Ramage, D., Segal, A., Seth, K. (2017). Practical secure aggregation for privacy-preserving machine learning. 실린 곳: *Proc. ACM SIGSAC Conference on Computer and Communications Security*.

Bond, A. H., Gasser, L. (엮음) (1988). *Readings in Distributed Artificial Intelligence*. Morgan Kaufmann.

Bonet, B. (2002). An epsilon-optimal grid-based algorithm for partially observable Markov decision processes. 실린 곳: *ICML-02*.

Bonet, B., Geffner, H. (1999). Planning as Heuristic Search: New Results. 실린 곳: *ECP-99*.

Bonet, B., Geffner, H. (2000). Planning with Incomplete Information as Heuristic Search in Belief Space. 실린 곳: *ICAPS-00*.

Bonet, B., Geffner, H. (2005). An algorithm better than AO*?. 실린 곳: *AAAI-05*.

Boole, G. (1847). *The Mathematical Analysis of Logic: Being an Essay towards a Calculus of Deductive Reasoning*. Macmillan, Barclay, and Macmillan.

Booth, T. L. (1969). Probabilistic representation of formal languages. 실린 곳: *IEEE Conference Record of the 1969 Tenth Annual Symposium on Switching and Automata Theory*.

Borel, E. (1921). La théorie du jeu et les équations intégrales à noyau symétrique. *Comptes Rendus Hebdomadaires des Séances de l'Académie des Sciences*, *173*, 1304-1308.

Borenstein, J., Everett, B., Feng, L. (1996). *Navigating Mobile Robots: Systems and Techniques*. A. K. Peters, Ltd..

Borenstein, J., Koren., Y. (1991). The Vector Field Histogram--Fast Obstacle Avoidance for Mobile Robots. *IEEE Transactions on Robotics and Automation*, *7*, 278-288.

Borgida, A., Brachman, R. J., McGuinness, D., Alperin Resnick, L. (1989). CLASSIC: A structural data model for objects. *SIGMOD Record*, *18*, 58-67.

Boroditsky, L. (2003). Linguistic Relativity. 실린 곳: Nadel, L. (엮음), *Encyclopedia of Cognitive Science*. Macmillan.

Boser, B., Guyon, I., Vapnik, V. N. (1992). A training algorithm for optimal margin classifiers. 실린 곳: *COLT-92*.

Bosse, M., Newman, P., Leonard, J., Soika, M., Feiten, W., Teller, S. (2004). Simultaneous Localization and Map Building in Large-Scale Cyclic Environments Using the Atlas Framework. *Int. J. Robotics Research*, *23*, 1113-1139.

Bostrom, N. (2005). A history of transhumanist thought. *Journal of Evolution and Technology*, *14*, 1-25.

Bostrom, N. (2014). *Superintelligence: Paths, Dangers, Strategies*. Oxford University Press.

Bottou, Léon, Bousquet, O. (2008). The tradeoffs of large scale learning. 실린 곳: *NeurIPS 20*.

Bottou, Léon, Curtis, F. E., Nocedal, J. (2018). Optimization methods for large-scale machine learning. *SIAM Review*, *60*, 223-311.

Boué, L. (2019). Real numbers, data science and chaos: How to fit any dataset with a single parameter. arXiv:1904.12320.

Bousmalis, K., Irpan, A., Wohlhart, P., Bai, Y., Kelcey, M., Kalakrishnan, M., Downs, L., Ibarz, J., Pastor, P., Konolige, K., Levine, S., Vanhoucke, V. (2017). Using Simulation and Domain Adaptation to Improve Efficiency of Deep Robotic Grasping. arXiv:1709.07857.

Boutilier, C. (2002). A POMDP formulation of preference elicitation problems. 실린 곳: *AAAI-02*.

Boutilier, C., Brafman, R. I. (2001). Partial-Order Planning with Concurrent Interacting Actions. *JAIR*, *14*, 105-136.

Boutilier, C., Brafman, R. I., Domshlak, C., Hoos, H. H., Poole, D. (2004). CP-nets: A Tool for Representing and Reasoning with Conditional Ceteris Paribus Preference Statements. *JAIR*, *21*, 135-191.

Boutilier, C., Dearden, R., Goldszmidt, M. (2000). Stochastic dynamic programming with factored representations. *AIJ*, *121*, 49-107.

Boutilier, C., Friedman, N., Goldszmidt, M., Koller, D. (1996). Context-Specific Independence in Bayesian Networks. 실린 곳: *UAI-96*.

Boutilier, C., Reiter, R., Price, B. (2001). Symbolic Dynamic Programming for First-Order MDPs. 실린 곳: *IJCAI-01*.

Bouzy, B., Cazenave, T. (2001). Computer Go: An AI oriented survey. *AIJ, 132*, 39-103.

Bowling, M., Burch, N., Johanson, M., Tammelin, O. (2015). Heads-up limit hold'em poker is solved. *Science, 347*, 145-149.

Bowling, M., Johanson, M., Burch, N., Szafron, D. (2008). Strategy Evaluation in Extensive Games with Importance Sampling. 실린 곳: *ICML-08*.

Bowman, S., Angeli, G., Potts, C., Manning, C. (2015). A large annotated corpus for learning natural language inference. 실린 곳: *EMNLP-15*.

Box, G. E. P. (1957). Evolutionary operation: A method of increasing industrial productivity. *Applied Statistics, 6*, 81-101.

Box, G. E. P., Jenkins, G., Reinsel, G., Ljung, G. M. (2016). *Time Series Analysis: Forecasting and Control*. Wiley.

Box, G. E. P., Tiao, G. C. (1973). *Bayesian Inference in Statistical Analysis*. Addison-Wesley.

Boyan, J. A., Moore, A. W. (1998). Learning Evaluation Functions for Global Optimization and Boolean Satisfiability. 실린 곳: *AAAI-98*.

Boyd, S., Vandenberghe, L. (2004). *Convex Optimization*. Cambridge University Press.

Boyen, X., Friedman, N., Koller, D. (1999). Discovering the Hidden Structure of Complex Dynamic Systems. 실린 곳: *UAI-99*.

Boyer, R. S., Moore, J. S. (1979). *A Computational Logic*. Academic Press.

Boyer, R. S., Moore, J. S. (1984). Proof checking the RSA public key encryption algorithm. *American Mathematical Monthly, 91*, 181-189.

Brachman, R. J. (1979). On the epistemological status of semantic networks. 실린 곳: Findler, N. V. (엮음), *Associative Networks: Representation and Use of Knowledge by Computers*. Academic Press.

Brachman, R. J., Levesque, H. J. (엮음) (1985). *Readings in Knowledge Representation*. Morgan Kaufmann.

Bradt, R. N., Johnson, S. M., Karlin, S. (1956). On Sequential Designs for Maximizing the Sum of n Observations. *Ann. Math. Statist., 27*, 1060-1074.

Brafman, O., Brafman, R. (2009). *Sway: The Irresistible Pull of Irrational Behavior*. Broadway Business.

Brafman, R. I., Domshlak, C. (2008). From One to Many: Planning for Loosely Coupled Multi-Agent Systems. 실린 곳: *ICAPS-08*.

Brafman, R. I., Tennenholtz, M. (2000). A Near Optimal Polynomial Time Algorithm for Learning in Certain Classes of Stochastic Games. *AIJ, 121*, 31-47.

Braitenberg, V. (1984). *Vehicles: Experiments in Synthetic Psychology*. MIT Press.

Brandt, F., Conitzer, V., Endriss, U., Lang, J., Procaccia, A. D. (엮음) (2016). *Handbook of Computational Social Choice*. Cambridge University Press.

Brants, T. (2000). TnT: A statistical part-of-speech tagger. 실린 곳: *Proc. Sixth Conference on Applied Natural Language Processing*.

Brants, T., Popat, A. C., Xu, P., Och, F. J., Dean, J. (2007). Large language models in machine translation. 실린 곳: *EMNLP-CoNLL-07*.

Bratko, I. (2009). *Prolog Programming for Artificial Intelligence*. Addison-Wesley.

Bratman, M. E. (1987). *Intention, Plans, and Practical Reason*. Harvard University Press.

Breck, E., Cai, S., Nielsen, E., Salib, M., Sculley, D. (2016). What's your ML test score? A rubric for ML production systems. 실린 곳: *Proc. NIPS 2016 Workshop on Reliable Machine Learning in the Wild*.

Breese, J. S. (1992). Construction of belief and decision networks. *Computational Intelligence, 8*, 624-647.

Breese, J. S., Heckerman, D. (1996). Decision-theoretic troubleshooting: A framework for repair and experiment. 실린 곳: *UAI-96*.

Breiman, L. (2001). Random Forests. *Machine Learning, 45*, 5-32.

Breiman, L., Friedman, J., Olshen, R. A., Stone, C. J. (1984). *Classification and Regression Trees*. Wadsworth International Group.

Brelaz, D. (1979). New methods to color the vertices of a graph. *CACM, 22*, 251-256.

Brent, R. P. (1973). *Algorithms for Minimization without Derivatives*. Prentice-Hall.

Bresnan, J. (1982). *The Mental Representation of Grammatical Relations*. MIT Press.

Brewka, G., Dix, J., Konolige, K. (1997). *Nononotonic Reasoning: An Overview*. Center for the Study of Language and Information (CSLI).

Brickley, D., Guha, R. V. (2004). RDF Vocabulary Description Language 1.0: RDF Schema. 기술보고서, W3C.

Briggs, R. (1985). Knowledge representation in Sanskrit and artificial intelligence. *AIMag, 6*, 32-39.

Brill, E. (1992). A simple rule-based part of speech tagger. 실린 곳: *Proc. Third Conference on Applied Natural Language Processing*.

Brin, D. (1998). *The Transparent Society*. Perseus.

Brin, S., Page, L. (1998). The Anatomy of a Large-Scale Hypertextual Web Search Engine. 실린 곳: *Proc. Seventh World Wide Web Conference*.

Bringsjord, S. (2008). If I Were Judge. 실린 곳: Epstein, R., Roberts, G., Beber, G. (엮음), *Parsing the Turing Test*. Springer.

Broadbent, D. E. (1958). *Perception and Communication*. Pergamon.

Brockman, G., Cheung, V., Pettersson, L., Schneider, J., Schulman, J., Tang, J., Zaremba, W. (2016). OpenAI gym. arXiv:1606.01540.

Brooks, R. A. (1986). A robust layered control system for a mobile robot. *IEEE J. of Robotics and Automation, 2*, 14-23.

Brooks, R. A. (1989). Engineering approach to building complete, intelligent beings. *Proc. SPIE--the International Society for Optical Engineering, 1002*, 618-625.

Brooks, R. A. (1991). Intelligence without representation. *AIJ, 47*, 139-159.

Brooks, R. A. (2017). The Seven Deadly Sins of AI Predictions. *MIT Technology Review, Oct 6*, .

Brooks, R. A., Lozano-Perez, T. (1985). A subdivision algorithm in configuration space for findpath with rotation. *IEEE Transactions on Systems, Man and Cybernetics, 15,* 224-233.

Brooks, S., Gelman, A., Jones, G., Meng, X.-L. (2011). *Handbook of Markov Chain Monte Carlo.* Chapman & Hall/CRC.

Brown, C., Finkelstein, L., Purdom, P. (1988). Backtrack Searching in the Presence of Symmetry. 실린 곳: Mora, T. (엮음), *Applied Algebra, Algebraic Algorithms and Error-Correcting Codes.* Springer-Verlag.

Brown, K. C. (1974). A note on the apparent bias of net revenue estimates. *J. Finance, 29,* 1215-1216.

Brown, N., Sandholm, T. (2017). Libratus: The Superhuman AI for No-Limit Poker. 실린 곳: *IJCAI-17.*

Brown, N., Sandholm, T. (2019). Superhuman AI for multiplayer poker. *Science, 365,* 885-890.

Brown, P. F., Cocke, J., Della Pietra, S. A., Della Pietra, V. J., Jelinek, F., Mercer, R. L., Roossin, P. (1988). A Statistical Approach to Language Translation. 실린 곳: *COLING-88.*

Brown, P. F., Desouza, P. V., Mercer, R. L., Pietra, V. J Della, Lai, J. C. (1992). Class-based n-gram models of natural language. *Computational linguistics, 18, .*

Browne, C., Powley, E. J., Whitehouse, D., Lucas, S. M., Cowling, P. I., Rohlfshagen, P., Tavener, S., Liebana, D. P., Samothrakis, S., Colton, S. (2012). A Survey of Monte Carlo Tree Search Methods. *IEEE Transactions on Computational Intelligence and AI in Games, 4,* 1-43.

Brownston, L., Farrell, R., Kant, E., Martin, N. (1985). *Programming Expert Systems in OPS5: An Introduction to Rule-Based Programming.* Addison-Wesley.

Bruce, V., Green, P., Georgeson, M. (2003). *Visual Perception: Physiology, Psychology and Ecology.* Routledge and Kegan Paul.

Brügmann, B. (1993). Monte Carlo Go. 기술보고서, Department of Physics, Syracuse University.

Bryce, D., Kambhampati, S. (2007). A Tutorial on Planning Graph-Based Reachability Heuristics. *AIMag, Spring,* 47-83.

Bryce, D., Kambhampati, S., Smith, D. E. (2006). Planning graph heuristics for belief space search. *JAIR, 26,* 35-99.

Brynjolfsson, E., McAfee, A. (2011). *Race Against the Machine.* Digital Frontier Press.

Brynjolfsson, E., McAfee, A. (2014). *The Second Machine Age.* Norton.

Brynjolfsson, E., Rock, D., Syverson, C. (2018). Artificial intelligence and the modern productivity paradox: A clash of expectations and statistics. 실린 곳: Agrawal, A., Gans, J., Goldfarb, A. (엮음), *The Economics of Artificial Intelligence: An Agenda.* University of Chicago Press.

Bryson, A. E. (1962). A gradient method for optimizing multi-stage allocation processes. 실린 곳: *Proc. of a Harvard Symposium on Digital Computers and Their Applications.*

Bryson, A. E., Ho, Y.-C. (1969). *Applied Optimal Control.* Blaisdell.

Bryson, J. J. (2012). A role for consciousness in action selection. *International Journal of Machine Consciousness, 4,* 471-482.

Bryson, J. J., Winfield, A. (2017). Standardizing ethical design for artificial intelligence and autonomous systems. *Computer, 50,* 116-119.

Buchanan, B. G., Mitchell, T. M., Smith, R. G., Johnson, C. R. (1978). Models of learning systems. 실린 곳: *Encyclopedia of Computer Science and Technology.* Dekker.

Buchanan, B. G., Shortliffe, E. H. (엮음) (1984). *Rule-Based Expert Systems: The MYCIN Experiments of the Stanford Heuristic Programming Project.* Addison-Wesley.

Buchanan, B. G., Sutherland, G. L., Feigenbaum, E. A. (1969). Heuristic DENDRAL: A program for generating explanatory hypotheses in organic chemistry. 실린 곳: Meltzer, B., Michie, D., Swann, M. (엮음), *Machine Intelligence 4.* Edinburgh University Press.

Buck, C., Heafield, K., Van Ooyen, B. (2014). N-gram Counts and Language Models from the Common Crawl. 실린 곳: *Proc. International Conference on Language Resources and Evaluation.*

Buehler, M., Iagnemma, K., Singh, S. (엮음) (2006). *The 2005 DARPA Grand Challenge: The Great Robot Race.* Springer-Verlag.

Buffon, G. (1777). Essai d'arithmetique morale. Supplement to Histoire naturelle, vol. IV.

Bunt, H. C. (1985). The formal representation of (quasi-) continuous concepts. 실린 곳: Hobbs, J. R., Moore, R. C. (엮음), *Formal Theories of the Commonsense World.* Ablex.

Buolamwini, J., Gebru, T. (2018). Gender shades: Intersectional accuracy disparities in commercial gender classification. 실린 곳: *Conference on Fairness, Accountability and Transparency.*

Burgard, W., Cremers, A. B., Fox, D., Hahnel, D., Lakemeyer, G., Schulz, D., Steiner, W., Thrun, S. (1999). Experiences with an Interactive Museum Tour-Guide Robot. *AIJ, 114,* 3-55.

Burkov, A. (2019). *The Hundred-Page Machine Learning Book.* Burkov.

Burns, E., Hatem, M., Leighton, M. J., Ruml, W. (2012). Implementing Fast Heuristic Search Code. 실린 곳: *Symposium on Combinatorial Search.*

Buro, M. (1995). ProbCut: An Effective Selective Extension of the Alpha-Beta Algorithm. *J. International Computer Chess Association, 18,* 71-76.

Buro, M. (2002). Improving heuristic mini-max search by supervised learning. *AIJ, 134,* 85-99.

Burstein, J., Leacock, C., Swartz, R. (2001). Automated evaluation of essays and short answers. 실린 곳: *Fifth International Computer Assisted Assessment Conference.*

Burton, R. (2009). *On Being Certain: Believing You Are Right Even When You're Not.* St. Martin's Griffin.

Buss, D. M. (2005). *Handbook of Evolutionary Psychology.* Wiley.

Butler, S. (1863). Darwin Among the Machines. *The Press (Christchurch, New Zealand),* 6월 13일자.

Bylander, T. (1994). The computational complexity of propositional STRIPS planning. *AIJ, 69,* 165-204.

Byrd, R. H., Lu, P., Nocedal, J., Zhu, C. (1995). A Limited Memory Algorithm for Bound Constrained Optimization. *SIAM Journal on Scientific and Statistical Computing, 16,* 1190-1208.

Cabeza, R., Nyberg, L. (2001). Imaging Cognition II: An Empirical Review of 275 PET and fMRI Studies. *J.*

Cognitive Neuroscience, *12*, 1-47.

Cafarella, M. J., Halevy, A., Zhang, Y., Wang, D. Z., Wu, E. (2008). WebTables: Exploring the Power of Tables on the Web. 실린 곳: *VLDB-08*.

Calvanese, D., Lenzerini, M., Nardi, D. (1999). Unifying Class-Based Representation Formalisms. *JAIR*, *11*, 199-240.

Camacho, R., Michie, D. (1995). Behavioral Cloning: A Correction. *AIMag*, *16*, 92.

Campbell, D. E., Kelly, J. (2002). Impossibility Theorems in the Arrovian Framework. 실린 곳: Arrow, K. J., Sen, A. K., Suzumura, K. (엮음), *Handbook of Social Choice and Welfare Volume 1*. Elsevier Science.

Campbell, M. S., Hoane, A. J., Hsu, F.-H. (2002). Deep Blue. *AIJ*, *134*, 57-83.

Cannings, C., Thompson, E., Skolnick, M. H. (1978). Probability functions on complex pedigrees. *Advances in Applied Probability*, *10*, 26-61.

Canny, J. (1986). A computational approach to edge detection. *PAMI*, *8*, 679-698.

Canny, J. (1988). *The Complexity of Robot Motion Planning*. MIT Press.

Canny, J., Reif, J. (1987). New Lower Bound Techniques for Robot Motion Planning Problems. 실린 곳: *FOCS-87*.

Capen, E., Clapp, R., Campbell, W. (1971). Competitive bidding in high-risk situations. *J. Petroleum Technology*, *23*, 641-653.

Carbonell, J. G. (1983). Derivational analogy and its role in problem solving. 실린 곳: *AAAI-83*.

Carbonell, J. G., Knoblock, C. A., Minton, S. (1989). PRODIGY: An Integrated Architecture for Planning and Learning. 기술보고서, Computer Science Department, Carnegie-Mellon University.

Carbonnel, C., Cooper, M. C. (2016). Tractability in constraint satisfaction problems: A survey. *Constraints*, *21*, 115-144.

Cardano, G. (1663). *Liber de ludo aleae*. Lyons.

Carlini, N., Athalye, A., Papernot, N., Brendel, W., Rauber, J., Tsipras, D., Goodfellow, I., Madry, A., Kurakin, A. (2019). On Evaluating Adversarial Robustness. arXiv:1902.06705.

Carnap, R. (1928). *Der logische Aufbau der Welt*. Weltkreis-verlag.

Carnap, R. (1948). On the application of inductive logic. *Philosophy and Phenomenological Research*, *8*, 133-148.

Carnap, R. (1950). *Logical Foundations of Probability*. University of Chicago Press.

Carpenter, B., Gelman, A., Hoffman, M., Lee, D., Goodrich, B., Betancourt, M., Brubaker, M., Guo, J., Li, P., Riddell, A. (2017). Stan: A Probabilistic Programming Language. *Journal of Statistical Software*, *76*, 1-32.

Carroll, S. (2007). *The Making of the Fittest: DNA and the Ultimate Forensic Record of Evolution*. Norton.

Casati, R., Varzi, A. (1999). *Parts and Places: The Structures of Spatial Representation*. MIT Press.

Cassandra, A. R., Kaelbling, L. P., Littman, M. L. (1994). Acting optimally in partially observable stochastic domains. 실린 곳: *AAAI-94*.

Cassandras, C. G., Lygeros, J. (2006). *Stochastic Hybrid Systems*. CRC Press.

Castro, R., Coates, M., Liang, G., Nowak, R., Yu, B. (2004). Network Tomography: Recent Developments. *Statistical Science*, *19*, 499-517.

Cauchy, A. (1847). Méthode générale pour la résolution des systèmes d'équations simultanées. *Comp. Rend. Sci. Paris*, *25*, 536-538.

Cesa-Bianchi, N., Lugosi, Gábor (2006). *Prediction, Learning, and Games*. Cambridge University Press.

Chajewska, U., Koller, D., Parr, R. (2000). Making Rational Decisions using Adaptive Utility Elicitation. 실린 곳: *AAAI-00*.

Chakrabarti, P. P., Ghose, S., Acharya, A., de Sarkar, S. C. (1989). Heuristic search in restricted memory. *AIJ*, *41*, 197-222.

Chalkiadakis, G., Elkind, E., Wooldridge, M. (2011). *Computational Aspects of Cooperative Game Theory*. Morgan Kaufmann.

Chalmers, D. J. (1992). Subsymbolic computation and the Chinese room. 실린 곳: Dinsmore, J. (엮음), *The symbolic and connectionist paradigms: Closing the gap*. Lawrence Erlbaum.

Chandola, V., Banerjee, A., Kumar, V. (2009). Anomaly detection: A survey. *ACM Computing Surveys*, *41*, .

Chandra, A. K., Harel, D. (1980). Computable queries for relational data bases. *J. Computer and System Sciences*, *21*, 156-178.

Chang, C.-L., Lee, R. C.-T. (1973). *Symbolic Logic and Mechanical Theorem Proving*. Academic Press.

Chang, H. S., Fu, M. C., Hu, J., Marcus, S. I. (2005). An Adaptive Sampling Algorithm for Solving Markov Decision Processes. *Operations Research*, *53*, 126-139.

Chao, W.-L., Hu, H., Sha, F. (2018). Being Negative but Constructively: Lessons Learnt from Creating Better Visual Question Answering Datasets. 실린 곳: *ACL-18*.

Chapman, D. (1987). Planning for conjunctive goals. *AIJ*, *32*, 333-377.

Charniak, E. (1991). Bayesian networks without tears. *AIMag*, *12*, 50-63.

Charniak, E. (1993). *Statistical Language Learning*. MIT Press.

Charniak, E. (1996). Tree-Bank Grammars. 실린 곳: *AAAI-96*.

Charniak, E. (1997). Statistical Parsing with a Context-Free Grammar and Word Statistics. 실린 곳: *AAAI-97*.

Charniak, E. (2018). *Introduction to Deep Learning*. MIT Press.

Charniak, E., Goldman, R. (1992). A Bayesian model of plan recognition. *AIJ*, *64*, 53-79.

Charniak, E., Riesbeck, C., McDermott, D., Meehan, J. (1987). *Artificial Intelligence Programming*. Lawrence Erlbaum.

Chaslot, G., Bakkes, S., Szita, I., Spronck, P. (2008). Monte-Carlo Tree Search: A New Framework for Game AI.. 실린 곳: *Proc. Fourth Artificial Intelligence and Interactive Digital Entertainment Conference*.

Chater, N., Oaksford, M. (엮음) (2008). *The Probabilistic Mind: Prospects for Bayesian Cognitive Science*. Oxford University Press.

Chatfield, C. (1989). *The Analysis of Time Series: An Introduction*. Chapman and Hall.

Chavira, M., Darwiche, A. (2008). On probabilistic inference by weighted model counting. *AIJ*, *172*, 772-799.

Chawla, N. V., Bowyer, K. W., Hall, L. O., Kegelmeyer, W Philip (2002). SMOTE: Synthetic minority over-sampling technique. *JAIR*, *16*, 321-357.

Cheeseman, P. (1985). In defense of probability. 실린 곳: *IJCAI-85*.

Cheeseman, P., Kanefsky, B., Taylor, W. (1991). Where the Really Hard Problems Are. 실린 곳: *IJCAI-91*.

Cheeseman, P., Self, M., Kelly, J., Stutz, J. (1988). Bayesian classification. 실린 곳: *AAAI-88*.

Cheeseman, P., Stutz, J. (1996). Bayesian classification (AutoClass): Theory and results. 실린 곳: Fayyad, U., Piatesky-Shapiro, G., Smyth, P., Uthurusamy, R. (엮음), *Advances in Knowledge Discovery and Data Mining*. AAAI Press/MIT Press.

Chen, D., Manning, C. (2014). A fast and accurate dependency parser using neural networks. 실린 곳: *EMNLP-14*.

Chen, J., Holte, R. C., Zilles, S., Sturtevant, N. R. (2017). Front-to-End Bidirectional Heuristic Search with Near-Optimal Node Expansions. *IJCAI-17*.

Chen, M. X., Firat, O., Bapna, A., Johnson, M., Macherey, W., Foster, G., Jones, L., Parmar, N., Schuster, M., Chen, Z., Wu, Y., Hughes, M. (2018). The Best of Both Worlds: Combining Recent Advances in Neural Machine Translation. 실린 곳: *ACL-18*.

Chen, S. F., Goodman, J. (1996). An Empirical Study of Smoothing Techniques for Language Modeling. 실린 곳: *ACL-96*.

Chen, T., Guestrin, C. (2016). XGBoost: A scalable tree boosting system. 실린 곳: *KDD-16*.

Cheng, J., Druzdzel, M. J. (2000). AIS-BN: An adaptive importance sampling algorithm for evidential reasoning in large Bayesian networks. *JAIR*, *13*, 155-188.

Cheng, J., Greiner, R., Kelly, J., Bell, D. A., Liu, W. (2002). Learning Bayesian networks from data: An Information-Theory Based Approach. *AIJ*, *137*, 43-90.

Chiu, C.-C., Sainath, T., Wu, Y., Prabhavalkar, R., Nguyen, P., Chen, Z., Kannan, A., Weiss, R., Rao, K., Gonina, K., Jaitly, N., Li, B., Chorowski, J., Bacchiani, M. (2017). State-of-the-art Speech Recognition With Sequence-to-Sequence Models. arXiv:1712.01769.

Chklovski, T., Gil, Y. (2005). Improving the Design of Intelligent Acquisition Interfaces for Collecting World Knowledge from Web Contributors. 실린 곳: *Proc. Third International Conference on Knowledge Capture*.

Chollet, F. (2017). *Deep Learning with Python*. Manning.

Chollet, F. (2019). On the Measure of Intelligence. arXiv:1911.01547.

Chomsky, N. (1956). Three models for the description of language. *IRE Transactions on Information Theory*, *2*, 113-124.

Chomsky, N. (1957). *Syntactic Structures*. Mouton.

Choromanska, A., Henaff, M., Mathieu, M., Arous, G. B., LeCun, Y. (2014). The loss surface of multilayer networks. arXiv:1412.0233.

Choset, H. (1996). *Sensor Based Motion Planning: The Hierarchical Generalized Voronoi Graph*. 박사 논문, California Institute of Technology.

Choset, H., Hutchinson, S., Lynch, K., Kantor, G., Burgard, W., Kavraki, L., Thrun, S. (2005). *Principles of Robot Motion: Theory, Algorithms, and Implementation*. MIT Press.

Chouldechova, A. (2017). Fair prediction with disparate impact: A study of bias in recidivism prediction instruments. *Big Data*, *5*, 153-163.

Chouldechova, A., Roth, A. (2018). The Frontiers of Fairness in Machine Learning. arXiv:1810.08810.

Christian, B. (2011). *The Most Human Human*. Doubleday.

Christin, A., Rosenblat, A., Boyd, D. (2015). Courts and predictive algorithms. *Data & Civil Rights*.

Chung, K. L. (1979). *Elementary Probability Theory with Stochastic Processes*. Springer-Verlag.

Church, A. (1936). A note on the Entscheidungsproblem. *JSL*, *1*, 40-41and101-102.

Church, A. (1956). *Introduction to Mathematical Logic*. Princeton University Press.

Church, K. (1988). A Stochastic Parts Program and Noun Phrase Parser for Unrestricted Texts. 실린 곳: *Proc. Second Conference on Applied Natural Language Processing*.

Church, K. (2004). Speech and Language Processing: Can we use the past to predict the future. 실린 곳: *Proc. Conference on Text, Speech, and Dialogue*.

Church, K., Gale, W. A. (1991). A comparison of the enhanced Good-Turing and deleted estimation methods for estimating probabilities of English bigrams. *Computer Speech and Language*, *5*, 19-54.

Church, K., Hestness, J. (2019). A survey of 25 years of evaluation. *Natural Language Engineering*, *25*, 753-767.

Church, K., Patil, R. (1982). Coping with syntactic ambiguity or how to put the block in the box on the table. *Computational Linguistics*, *8*, 139-149.

Churchland, P. M. (2013). *Matter and Consciousness*. MIT Press.

Ciancarini, P., Favini, G. P. (2010). Monte Carlo tree search in Kriegspiel. *AIJ*, *174*, 670-684.

Ciancarini, P., Wooldridge, M. (2001). *Agent-Oriented Software Engineering*. Springer-Verlag.

Cimatti, A., Roveri, M., Traverso, P. (1998). Automatic OBDD-based generation of universal plans in non-deterministic domains. 실린 곳: *AAAI-98*.

Claret, G., Rajamani, S. K., Nori, A. V., Gordon, A. D., Borgström, J. (2013). Bayesian inference using data flow analysis. 실린 곳: *Proc. 9th Joint Meeting on Foundations of Software Engineering*.

Clark, A. (1998). *Being There: Putting Brain, Body, and World Together Again*. MIT Press.

Clark, A. (2015). *Surfing Uncertainty: Prediction, Action, and the Embodied Mind*. Oxford University Press.

Clark, K. L. (1978). Negation as failure. 실린 곳: Gallaire, H., Minker, J. (엮음), *Logic and Data Bases*. Plenum.

Clark, P., Cowhey, I., Etzioni, O., Khot, T., Sabharwal, A., Schoenick, C., Tafjord, O. (2018). Think you have Solved Question Answering? Try ARC, the AI2 Reasoning Challenge. arXiv:1803.05457.

Clark, P., Etzioni, O., Khot, T., Mishra, B. D., Richardson, K. (2019). From 'F' to 'A' on the NY Regents Science Exams: An Overview of the Aristo Project. arXiv:1909.01958.

Clark, S., Curran, J. R. (2004). Parsing the WSJ using CCG and log-linear models. 실린 곳: *ACL-04.*

Clarke, A. C. (1968). *2001: A Space Odyssey.* Signet.

Clarke, E., Grumberg, O. (1987). Research on automatic verification of finite-state concurrent systems. *Annual Review of Computer Science, 2,* 269-290.

Clearwater, S. H. (엮음) (1996). *Market-Based Control.* World Scientific.

Clocksin, W. F. (2003). *Clause and Effect: Prolog Programming for the Working Programmer.* Springer.

Clocksin, W. F., Mellish, C. S. (2003). *Programming in Prolog.* Springer-Verlag.

Coase, R. H. (1960). The problem of social cost. *Journal of Law and Economics,* pp. 1-44.

Coates, A., Abbeel, P., Ng, A. Y. (2009). Apprenticeship learning for helicopter control. *Association for Computing Machinery, 52,* .

Cobham, A. (1964). The intrinsic computational difficulty of functions. 실린 곳: *Proc. International Congress for Logic, Methodology, and Philosophy of Science.*

Cohen, P. R. (1995). *Empirical Methods for Artificial Intelligence.* MIT Press.

Cohen, P. R., Levesque, H. J. (1990). Intention is choice with commitment. *AIJ, 42,* 213-261.

Cohen, P. R., Morgan, J., Pollack, M. E. (1990). *Intentions in Communication.* MIT Press.

Cohen, P. R., Perrault, C. R. (1979). Elements of a plan-based theory of speech acts. *Cognitive Science, 3,* 177-212.

Cohn, A. G., Bennett, B., Gooday, J. M., Gotts, N. (1997). RCC: A calculus for Region based Qualitative Spatial Reasoning. *GeoInformatica, 1,* 275-316.

Collin, Z., Dechter, R., Katz, S. (1999). Self-stabilizing Distributed Constraint Satisfaction. *Chicago J. of Theoretical Computer Science, 1999,* .

Collins, M. (1999). *Head-driven Statistical Models for Natural Language Processing.* 박사 논문, University of Pennsylvania.

Collins, M., Duffy, K. (2002). New Ranking Algorithms for Parsing and Tagging: Kernels over Discrete Structures, and the Voted Perceptron. 실린 곳: *ACL-02.*

Colmerauer, A., Kanoui, H., Pasero, R., Roussel, P. (1973). Un Système de Communication Homme-Machine en Français. 기술보고서, Groupe d'Intelligence Artificielle, Université d'Aix-Marseille II.

Colmerauer, A., Roussel, P. (1993). The birth of Prolog. *SIGPLAN Notices, 28,* 37-52.

Condon, J. H., Thompson, K. (1982). Belle chess hardware. 실린 곳: Clarke, M. R. B. (엮음), *Advances in Computer Chess 3.* Pergamon.

Congdon, C. B., Huber, M., Kortenkamp, D., Bidlack, C., Cohen, C., Huffman, S., Koss, F., Raschke, U., Weymouth, T. (1992). CARMEL Versus Flakey: A Comparison of Two Robots. 기술보고서, American Association for Artificial Intelligence.

Conlisk, J. (1989). Three variants on the Allais example. *American Economic Review, 79,* 392-407.

Connell, J. (1989). *A Colony Architecture for an Artificial Creature.* 박사 논문, Artificial Intelligence Laboratory, MIT.

Conway, D., White, J. (2012). *Machine Learning for Hackers.* Oreilly.

Cook, S. A. (1971). The complexity of theorem-proving procedures. 실린 곳: *STOC-71.*

Cook, S. A., Mitchell, D. (1997). Finding hard instances of the satisfiability problem: A survey. 실린 곳: Du, D., Gu, J., Pardalos, P. (엮음), *Satisfiability problems: Theory and applications.* American Mathematical Society.

Cooper, G. (1990). The computational complexity of probabilistic inference using Bayesian belief networks. *AIJ, 42,* 393-405.

Cooper, G., Herskovits, E. (1992). A Bayesian method for the induction of probabilistic networks from data. *Machine Learning, 9,* 309-347.

Copeland, J. (1993). *Artificial Intelligence: A Philosophical Introduction.* Blackwell.

Corbett-Davies, S., Goel, S. (2018). The Measure and Mismeasure of Fairness: A Critical Review of Fair Machine Learning. arXiv:1808.00023.

Corbett-Davies, S., Pierson, E., Feller, A., Goel, S., Huq, A. (2017). Algorithmic decision making and the cost of fairness. arXiv:1701.08230.

Cormen, T. H., Leiserson, C. E., Rivest, R., Stein, C. (2009). *Introduction to Algorithms.* MIT Press.

Cortes, C., Vapnik, V. N. (1995). Support vector networks. *Machine Learning, 20,* 273-297.

Cournot, A. (엮음) (1838). *Recherches sur les principes mathématiques de la théorie des richesses.* L. Hachette.

Cover, T., Thomas, J. (2006). *Elements of Information Theory.* Wiley.

Cowan, J. D., Sharp, D. H. (1988a). Neural nets and artificial intelligence. *Daedalus, 117,* 85-121.

Cowan, J. D., Sharp, D. H. (1988b). Neural nets. *Quarterly Reviews of Biophysics, 21,* 365-427.

Cowell, R., Dawid, A. P., Lauritzen, S., Spiegelhalter, D. J. (2002). *Probabilistic Networks and Expert Systems.* Springer.

Cox, I. (1993). A review of statistical data association techniques for motion correspondence. *IJCV, 10,* 53-66.

Cox, I., Hingorani, S. L. (1994). An efficient implementation and evaluation of Reid's multiple hypothesis tracking algorithm for visual tracking. 실린 곳: *ICPR-94.*

Cox, I., Wilfong, G. T. (엮음) (1990). *Autonomous Robot Vehicles.* Springer Verlag.

Cox, R. T. (1946). Probability, frequency, and reasonable expectation. *American Journal of Physics, 14,* 1-13.

Craig, J. (1989). *Introduction to Robotics: Mechanics and Control (2nd edition).* Addison-Wesley.

Craik, K. (1943). *The Nature of Explanation.* Cambridge University Press.

Cramton, P., Shoham, Y., Steinberg, R. (엮음) (2006). *Combinatorial Auctions.* MIT Press.

Craven, M., DiPasquo, D., Freitag, D., McCallum, A., Mitchell, T. M., Nigam, K., Slattery, S. (2000). Learning to Construct Knowledge Bases from the World Wide Web. *AIJ, 118,* 69-113.

Crawford, J. M., Auton, L. D. (1993). Experimental results on the crossover point in satisfiability problems. 실린 곳: *AAAI-93.*

Crick, F. (1999). The impact of molecular biology on

neuroscience. *Phil. Trans. Roy. Soc., B, 354*, 2021-2025.

Crick, F., Koch, C. (2003). A framework for consciousness. *Nature Neuroscience, 6*, 119.

Crisan, D., Doucet, A. (2002). A survey of convergence results on particle filtering methods for practitioners. *IEEE Trans. Signal Processing, 50*, 736-746.

Cristianini, N., Hahn, M. (2007). *Introduction to Computational Genomics: A Case Studies Approach.* Cambridge University Press.

Cristianini, N., Schölkopf, B. (2002). Support vector machines and kernel methods: The new generation of learning machines. *AIMag, 23*, 31-41.

Cristianini, N., Shawe-Taylor, J. (2000). *An Introduction to Support Vector Machines and Other Kernel-Based Learning Methods.* Cambridge University Press.

Crockett, L. (1994). *The Turing Test and the Frame Problem: AI's Mistaken Understanding of Intelligence.* Ablex.

Croft, W. B., Metzler, D., Strohman, T. (2010). *Search Engines: Information Retrieval in Practice.* Addison-Wesley.

Cross, S. E., Walker, E. (1994). DART: Applying Knowledge Based Planning and Scheduling to Crisis Action Planning. 실린 곳: Zweben, M., Fox, M. S. (엮음), *Intelligent Scheduling.* Morgan Kaufmann.

Cruse, A. (2011). *Meaning in Language: An Introduction to Semantics and Pragmatics.* Oxford University Press.

Culberson, J., Schaeffer, J. (1996). Searching with pattern databases. 실린 곳: *Advances in Artificial Intelligence (Lecture Notes in Artificial Intelligence 1081).* Springer-Verlag.

Culberson, J., Schaeffer, J. (1998). Pattern Databases. *Computational Intelligence, 14*, 318-334.

Cummins, D., Allen, C. (1998). *The Evolution of Mind.* Oxford University Press.

Cushing, W., Kambhampati, S., Mausam, Weld, D. S. (2007). When is Temporal Planning *Really* Temporal?. 실린 곳: *IJCAI-07.*

Cusumano-Towner, M. F., Saad, F., Lew, A. K., Mansinghka, V. K. (2019). Gen: A general-purpose probabilistic programming system with programmable inference. 실린 곳: *PLDI-19.*

Cybenko, G. (1988). Continuous valued neural networks with two hidden layers are sufficient. 기술보고서, Department of Computer Science, Tufts University.

Cybenko, G. (1989). Approximation by superpositions of a sigmoidal function. *Mathematics of Controls, Signals, and Systems, 2*, 303-314.

Cyert, R., de Groot, M. (1979). Adaptive utility. 실린 곳: Allais, M., Hagen, O. (엮음), *Expected Utility Hypothesis and the Allais Paradox.* D. Reidel.

D'Épenoux, F. (1963). A probabilistic production and inventory problem. *A probabilistic production and inventory problem, 10*, 98-108.

Dagan, I., Glickman, O., Magnini, B. (2005). The PASCAL recognising textual entailment challenge. 실린 곳: *Machine Learning Challenges Workshop.*

Daganzo, C. (1979). *Multinomial Probit: The Theory and Its Application to Demand Forecasting.* Academic Press.

Dagum, P., Luby, M. (1993). Approximating probabilistic inference in Bayesian belief networks is NP-hard. *AIJ, 60*, 141-153.

Dagum, P., Luby, M. (1997). An optimal approximation algorithm for Bayesian inference. *AIJ, 93*, 1-27.

Dai, A. M., Le, Q. V. (2016). Semi-supervised sequence learning. 실린 곳: *NeurIPS 28.*

Dalal, N., Triggs, B. (2005). Histograms of Oriented Gradients for Human Detection. 실린 곳: *CVPR-05.*

Dalvi, N. N., Ré, C., Suciu, D. (2009). Probabilistic databases. *CACM, 52*, 86-94.

Daly, R., Shen, Q., Aitken, S. (2011). Learning Bayesian networks: Approaches and issues. *Knowledge Engineering Review, 26*, 99-157.

Damasio, A. R. (1999). *The Feeling of What Happens: Body and Emotion in the Making of Consciousness.* Houghton Mifflin.

Danaher, J., McArthur, N. (2017). *Robot Sex: Social and Ethical Implications.* MIT Press.

Dantzig, G. B. (1949). Programming of Interdependent Activities: II. Mathematical Model. *Econometrica, 17*, 200-211.

Darwiche, A. (2001). Recursive conditioning. *AIJ, 126*, 5-41.

Darwiche, A. (2009). *Modeling and reasoning with Bayesian networks.* Cambridge University Press.

Darwiche, A., Ginsberg, M. L. (1992). A symbolic generalization of probability theory. 실린 곳: *AAAI-92.*

Darwin, C. (1859). *On The Origin of Species by Means of Natural Selection.* J. Murray.

Dasgupta, P., Chakrabarti, P. P., de Sarkar, S. C. (1994). Agent searching in a tree and the optimality of iterative deepening. *AIJ, 71*, 195-208.

Dasgupta, P., Maskin, E. (2008). On the robustness of majority rule. *Journal of the European Economic Association, 6*, 949-973.

Dauphin, Y., Pascanu, R., Gulcehre, C., Cho, K., Ganguli, S., Bengio, Y. (2015). Identifying and attacking the saddle point problem in high-dimensional non-convex optimization. 실린 곳: *NeurIPS 27.*

Davidson, D. (1980). *Essays on Actions and Events.* Oxford University Press.

Davidson, D. (1986). A nice derangement of epitaphs. *Philosophical Grounds of Rationality, 4*, 157-174.

Davis, E. (1986). *Representing and Acquiring Geographic Knowledge.* Pitman and Morgan Kaufmann.

Davis, E. (1990). *Representations of Commonsense Knowledge.* Morgan Kaufmann.

Davis, E. (2005). Knowledge and Communication: A First-Order Theory. *AIJ, 166*, 81-140.

Davis, E. (2006). The expressivity of quantifying over regions. *J. Logic and Computation, 16*, 891-916.

Davis, E. (2007). Physical Reasoning. 실린 곳: van Harmelen, F., Lifschitz, V., Porter, B. (엮음), *The Handbook of Knowledge Representation.* Elsevier.

Davis, E. (2008). Pouring Liquids: A Study in Commonsense Physical Reasoning. *AIJ, 172,* .

Davis, E. (2017). Logical formalizations of commonsense reasoning: A survey. *JAIR, 59*, 651-723.

Davis, E., Morgenstern, L. (2004). Introduction: Progress in formal commonsense reasoning. *AIJ, 153*, 1-12.

Davis, E., Morgenstern, L. (2005). A First-Order Theory of Communication and Multi-Agent Plans. *J. Logic and Computation, 15,* 701-749.

Davis, M. (1957). A computer program for Presburger's algorithm. 실린 곳: *Proving Theorems (as Done by Man, Logician, or Machine).*

Davis, M., Logemann, G., Loveland, D. (1962). A machine program for theorem-proving. *CACM, 5,* 394-397.

Davis, M., Putnam, H. (1960). A computing procedure for quantification theory. *JACM, 7,* 201-215.

Dayan, P. (1992). The convergence of TD(λ) for general λ. *Machine Learning, 8,* 341-362.

Dayan, P., Abbott, L. F. (2001). *Theoretical Neuroscience: Computational and Mathematical Modeling of Neural Systems.* MIT Press.

Dayan, P., Hinton, G. E. (1993). Feudal Reinforcement Learning. 실린 곳: *NeurIPS 5.*

Dayan, P., Niv, Y. (2008). Reinforcement learning and the brain: The Good, The Bad and The Ugly. *Current Opinion in Neurobiology, 18,* 185-196.

de Condorcet, M. (1785). *Essay on the Application of Analysis to the Probability of Majority Decisions.* Imprimerie Royale.

de Dombal, F. T., Leaper, D. J., Horrocks, J. C., Staniland, J. R. (1974). Human and computer-aided diagnosis of abdominal pain: Further report with emphasis on performance of clinicians. *British Medical Journal, 1,* 376-380.

de Dombal, F. T., Staniland, J. R., Clamp, S. E. (1981). Geographical variation in disease presentation. *Medical Decision Making, 1,* 59-69.

de Farias, D. P., Roy, B. V. (2003). The Linear Programming Approach to Approximate Dynamic Programming. *Operations Research, 51,* 839-1016.

de Finetti, B. (1937). Le prévision: ses lois logiques, ses sources subjectives. *Ann. Inst. Poincaré, 7,* 1-68.

de Freitas, J. F. G., Niranjan, M., Gee, A. H. (2000). Sequential Monte Carlo methods to train neural network models. *Neural Computation, 12,* 933-953.

de Ghellinck, G. (1960). Les problèmes de décisions séquentielles. *Cahiers du Centre d'Études de Recherche Opérationnelle, 2,* 161-179.

de Kleer, J. (1975). Qualitative and quantitative knowledge in classical mechanics. 기술보고서, MIT Artificial Intelligence Laboratory.

de Kleer, J. (1989). A comparison of ATMS and CSP techniques. 실린 곳: *IJCAI-89.*

de Kleer, J., Brown, J. S. (1985). A qualitative physics based on confluences. 실린 곳: Hobbs, J. R., Moore, R. C. (엮음), *Formal Theories of the Commonsense World.* Ablex.

de Marcken, C. (1996). *Unsupervised Language Acquisition.* 박사 논문, MIT.

de Salvo Braz, R., Amir, E., Roth, D. (2007). Lifted First-Order Probabilistic Inference. 실린 곳: Getoor, L., Taskar, B. (엮음), *Introduction to Statistical Relational Learning.* MIT Press.

De Morgan, A. (1864). On the syllogism, No. IV, and on the logic of relations. *Transaction of the Cambridge Philosophical Society, X,* 331-358.

Deacon, T. W. (1997). *The Symbolic Species: The Co-evolution of Language and the Brain.* W. W. Norton.

Deale, M., Yvanovich, M., Schnitzius, D., Kautz, D., Carpenter, M., Zweben, M., Davis, G., Daun, B. (1994). The Space Shuttle Ground Processing Scheduling System. 실린 곳: Zweben, M., Fox, M. (엮음), *Intelligent Scheduling.* Morgan Kaufmann.

Dean, J., Patterson, D. A., Young, C. (2018). A New Golden Age in Computer Architecture: Empowering the Machine-Learning Revolution. *IEEE Micro, 38,* 21-29.

Dean, T., Basye, K., Chekaluk, R., Hyun, S. (1990). Coping with uncertainty in a control system for navigation and exploration. 실린 곳: *AAAI-90.*

Dean, T., Boddy, M. (1988). An analysis of time-dependent planning. 실린 곳: *AAAI-88.*

Dean, T., Firby, R. J., Miller, D. (1990). Hierarchical planning involving deadlines, travel time, and resources. *Computational Intelligence, 6,* 381-398.

Dean, T., Kaelbling, L. P., Kirman, J., Nicholson, A. (1993). Planning with deadlines in stochastic domains. 실린 곳: *AAAI-93.*

Dean, T., Kanazawa, K. (1989a). A model for projection and action. 실린 곳: *IJCAI-89.*

Dean, T., Kanazawa, K. (1989b). A model for reasoning about persistence and causation. *Computational Intelligence, 5,* 142-150.

Dean, T., Wellman, M. P. (1991). *Planning and Control.* Morgan Kaufmann.

Dearden, R., Friedman, N., Andre, D. (1999). Model-Based Bayesian Exploration. 실린 곳: *UAI-99.*

Dearden, R., Friedman, N., Russell, S. J. (1998). Bayesian Q-learning. 실린 곳: *AAAI-98.*

Debevec, P., Taylor, C., Malik, J. (1996). Modeling and rendering architecture from photographs: A hybrid geometry- and image-based approach. 실린 곳: *Proc. 23rd Annual Conference on Computer Graphics (SIGGRAPH).*

Debreu, G. (1960). Topological methods in cardinal utility theory. 실린 곳: Arrow, K. J., Karlin, S., Suppes, P. (엮음), *Mathematical Methods in the Social Sciences, 1959.* Stanford University Press.

Dechter, A., Dechter, R. (1987). Removing Redundancies in Constraint Networks. 실린 곳: *AAAI-87.*

Dechter, R. (1990a). Enhancement schemes for constraint processing: Backjumping, learning and cutset decomposition. *AIJ, 41,* 273-312.

Dechter, R. (1990b). On the expressiveness of networks with hidden variables. 실린 곳: *AAAI-90.*

Dechter, R. (1999). Bucket elimination: A unifying framework for reasoning. *AIJ, 113,* 41-85.

Dechter, R. (2003). *Constraint Processing.* Morgan Kaufmann.

Dechter, R. (2019). *Reasoning with Probabilistic and Deterministic Graphical Models: Exact Algorithms.* Morgan & Claypool.

Dechter, R., Frost, D. (2002). Backjump-based backtracking for constraint satisfaction problems. *AIJ, 136,* 147-188.

Dechter, R., Mateescu, R. (2007). AND/OR Search Spaces for Graphical Models. *AIJ, 171,* 73-106.

Dechter, R., Pearl, J. (1985). Generalized best-first search strategies and the optimality of A*. *JACM, 32,* 505-536.

Dechter, R., Pearl, J. (1987). Network-based heuristics for constraint-satisfaction problems. *AIJ, 34*, 1-38.

Dechter, R., Pearl, J. (1989). Tree clustering for constraint networks. *AIJ, 38*, 353-366.

Dechter, R., Rish, I. (2003). Mini-Buckets: A General Scheme for Bounded Inference. *JACM, 50*, 107-153.

DeCoste, D., Schölkopf, B. (2002). Training invariant support vector machines. *Machine Learning, 46*, 161-190.

Dedekind, R. (1888). *Was sind und was sollen die Zahlen.* Braunschweig, Germany.

Deerwester, S. C., Dumais, S. T., Landauer, T. K., Furnas, G. W., Harshman, R. A. (1990). Indexing by Latent Semantic Analysis. *J. American Society for Information Science, 41*, 391-407.

DeGroot, M. H. (1970). *Optimal Statistical Decisions.* McGraw-Hill.

DeGroot, M. H., Schervish, M. J. (2001). *Probability and Statistics.* Addison Wesley.

Dehaene, S. (2014). *Consciousness and the Brain: Deciphering How the Brain Codes Our Thoughts.* Penguin Books.

Del Moral, P. (2004). *Feynman-Kac Formulae, Genealogical and Interacting Particle Systems with Applications.* Springer-Verlag.

Del Moral, P., Doucet, A., Jasra, A. (2006). Sequential Monte Carlo Samplers. *J. Royal Statistical Society, 68*, 411-436.

Delgrande, J., Schaub, T. (2003). On the relation between Reiter's default logic and its (major) variants. 실린 곳: *Seventh European Conference on Symbolic and Quantitative Approaches to Reasoning with Uncertainty.*

Delling, D., Sanders, P., Schultes, D., Wagner, D. (2009). Engineering Route Planning Algorithms. 실린 곳: Lerner, J., Wagner, D., Zweig, K. (엮음), *Algorithmics, LNCS.* Springer-Verlag.

Dempster, A. P. (1968). A generalization of Bayesian inference. *J. Royal Statistical Society, 30 (Series B)*, 205-247.

Dempster, A. P., Laird, N., Rubin, D. (1977). Maximum likelihood from incomplete data via the EM algorithm. *J. Royal Statistical Society, 39 (Series B)*, 1-38.

Denardo, E. V. (1967). Contraction Mappings in the Theory Underlying Dynamic Programming. *SIAM Review, 9*, 165-177.

Deng, J., Dong, W., Socher, R., Li, L.-J., Li, K., Fei-Fei, L. (2009). Imagenet: A large-scale hierarchical image database. 실린 곳: *CVPR-09.*

Deng, L. (2016). Deep learning: From speech recognition to language and multimodal processing. *APSIPA Transactions on Signal and Information Processing, 5*, .

Deng, L., Yu, D. (2014). Deep learning: Methods and applications. *Foundations and Trends in Signal Processing, 7*, 197-387.

Deng, X., Papadimitriou, C. H. (1990). Exploring an unknown graph. 실린 곳: *FOCS-90.*

Deng, X., Papadimitriou, C. H. (1994). On the complexity of cooperative solution concepts. *Mathematics of Operations Research, 19*, 257-266.

Denney, E., Fischer, B., Schumann, J. (2006). An Empirical Evaluation of Automated Theorem Provers in Software Certification. *Int. J. AI Tools, 15*, 81-107.

Dervovic, D., Herbster, M., Mountney, P., Severini, S., Usher, N., Wossnig, L. (2018). Quantum linear systems algorithms: A primer. arXiv:1802.08227.

Descartes, R. (1637). Discourse on Method. 실린 곳: Cottingham, J., Stoothoff, R., Murdoch, D. (엮음), *The Philosophical Writings of Descartes.* Cambridge University Press.

Descotte, Y., Latombe, J.-C. (1985). Making compromises among antagonist constraints in a planner. *AIJ, 27*, 183-217.

Deshpande, I., Hu, Y-T., Sun, R., Pyrros, A., Siddiqui, N., Koyejo, S., Zhao, Z., Forsyth, D., Schwing, A. (2019). Max-Sliced Wasserstein Distance and its use for GANs. 실린 곳: *CVPR-19.*

Deutscher, G. (2010). *Through the Language Glass: Why the World Looks Different in Other Languages.* Metropolitan Books.

Devlin, J., Chang, M.-W., Lee, K., Toutanova, K. (2018). Bert: Pre-training of deep bidirectional transformers for language understanding. arXiv:1810.04805.

Devlin, K. (2018). *Turned On: Science, Sex and Robots.* Bloomsbury.

Devroye, L. (1987). *A course in density estimation.* Birkhauser.

Dias, M. B., Zlot, R., Kalra, N., Stentz, A. (2006). Market-Based Multirobot Coordination: A Survey and Analysis. *Proc. IEEE, 94*, 1257-1270.

Dickmanns, E. D., Zapp, A. (1987). Autonomous high speed road vehicle guidance by computer vision. 실린 곳: *Automatic Control--World Congress, 1987: Selected Papers from the 10th Triennial World Congress of the International Federation of Automatic Control.*

Dietterich, T. (2000). Hierarchical Reinforcement Learning with the MAXQ Value Function Decomposition. *JAIR, 13*, 227-303.

Dijkstra, E. W. (1959). A note on two problems in connexion with graphs. *Numerische Mathematik, 1*, 269-271.

Dijkstra, E. W. (1984). The threats to computing science. 실린 곳: *ACM South Central Regional Conference.*

Ding, Y., Sohn, J. H., Kawczynski, M. G., Trivedi, H., Harnish, R., Jenkins, N. W., Lituiev, D., Copeland, T. P., Aboian, M. S., Mari Aparici, C. (2018). A deep learning model to predict a diagnosis of Alzheimer disease by using 18F-FDG PET of the brain. *Radiology*, 180958.

Dinh, H., Russell, A., Su, Y. (2007). On the value of good advice: The complexity of A* with accurate heuristics. 실린 곳: *AAAI-07.*

Dissanayake, G., Newman, P., Clark, S., Durrant-Whyte, H., Csorba, M. (2001). A Solution to the Simultaneous Localisation and Map Building (SLAM) Problem. *IEEE Transactions on Robotics and Automation, 17*, 229-241.

Dittmer, S., Jensen, F. (1997). Myopic value of information in influence diagrams. 실린 곳: *UAI-97.*

Do, M. B., Kambhampati, S. (2001). Sapa: A Domain-Independent Heuristic Metric Temporal Planner. 실린 곳: *ECP-01.*

Do, M., Kambhampati, S. (2003). Planning as constraint satisfaction: solving the planning graph by compiling it into CSP. *AIJ, 132*, 151-182.

Doctorow, C. (2001). Metacrap: Putting the torch to seven straw-men of the meta-utopia.

www.well.com/~doctorow/metacrap.htm.

Doctorow, C., Stross, C. (2012). *The Rapture of the Nerds: A Tale of the Singularity, Posthumanity, and Awkward Social Situations*. Tor Books.

Dodd, L. (1988). The inside/outside algorithm: Grammatical inference applied to stochastic context-free grammars. 기술 보고서, Royal Signals and Radar Establishment, Malvern.

Domingos, P. (2012). A few useful things to know about machine learning. *Commun. ACM, 55*, 78-87.

Domingos, P. (2015). *The Master Algorithm: How the Quest for the Ultimate Learning Machine Will Remake Our World*. Basic Books.

Domingos, P., Pazzani, M. (1997). On the optimality of the simple Bayesian classifier under zero-one loss. *Machine Learning, 29*, 103-30.

Dong, X., Gabrilovich, E., Heitz, G., Horn, W., Lao, N., Murphy, K., Strohmann, T., Sun, S., Zhang, W. (2014). Knowledge vault: A web-scale approach to probabilistic knowledge fusion. 실린 곳: *KDD-14*.

Doorenbos, R. (1994). Combining left and right unlinking for matching a large number of learned rules. 실린 곳: *AAAI-94*.

Doran, J., Michie, D. (1966). Experiments with the graph traverser program. *Proc. Roy. Soc., 294, Series A*, 235-259.

Dorf, R. C., Bishop, R. H. (2004). *Modern Control Systems*. Prentice-Hall.

Dorigo, M., Birattari, M., Blum, C., Clerc, M., Stützle, T., Winfield, A. (2008). *Ant Colony Optimization and Swarm Intelligence: 6th International Conference, ANTS 2008, Brussels, Belgium, 2008년 9월 22-24일, Proceedings*. Springer-Verlag.

Doshi-Velez, F., Kim, B. (2017). Towards A Rigorous Science of Interpretable Machine Learning. arXiv:1702.08608.

Doucet, A. (1997). *Monte Carlo methods for Bayesian estimation of hidden Markov models: Application to radiation signals*. 박사 논문, Université de Paris-Sud.

Doucet, A., de Freitas, J. F. G., Gordon, N. (2001). *Sequential Monte Carlo Methods in Practice*. Springer-Verlag.

Doucet, A., de Freitas, J. F. G., Murphy, K., Russell, S. J. (2000). Rao-Blackwellised Particle Filtering for Dynamic Bayesian Networks. 실린 곳: *UAI-00*.

Doucet, A., Johansen, A. M. (2011). A tutorial on particle filtering and smoothing: Fifteen years later. 실린 곳: Crisan, D., Rozovskii, B. (엮음), *Oxford Handbook of Nonlinear Filtering*. Oxford.

Dowty, D., Wall, R., Peters, S. (1991). *Introduction to Montague Semantics*. D. Reidel.

Doyle, J. (1979). A Truth Maintenance System. *AIJ, 12*, 231-272.

Doyle, J. (1983). What is rational psychology? Toward a modern mental philosophy. *AIMag, 4*, 50-53.

Drabble, B. (1990). Mission scheduling for spacecraft: Diaries of T-SCHED. 실린 곳: *Expert Planning Systems*.

Dragan, A. D., Lee, K. CT., Srinivasa, S. (2013). Legibility and predictability of robot motion. 실린 곳: *HRI-13*.

Dredze, M., Crammer, K., Pereira, F. (2008). Confidence-weighted linear classification. 실린 곳: *ICML-08*.

Dressel, J., Farid, H. (2018). The accuracy, fairness, and limits of predicting recidivism. *Science Advances, 4*, eaao5580.

Dreyfus, H. L. (1972). *What Computers Can't Do: A Critique of Artificial Reason*. Harper and Row.

Dreyfus, H. L. (1992). *What Computers Still Can't Do: A Critique of Artificial Reason*. MIT Press.

Dreyfus, H. L., Dreyfus, S. E. (1986). *Mind over Machine: The Power of Human Intuition and Expertise in the Era of the Computer*. Blackwell.

Dreyfus, S. E. (1962). The numerical solution of variational problems. *J. Math. Anal. and Appl., 5*, 30-45.

Dreyfus, S. E. (1969). An appraisal of some shortest-paths algorithms. *Operations Research, 17*, 395-412.

Dreyfus, S. E. (1990). Artificial neural networks, back propagation, and the Kelley-Bryson gradient procedure. *J. Guidance, Control, and Dynamics, 13*, 926-928.

Du, S. S., Lee, J. D., Li, H., Wang, L., Zhai, X. (2018). Gradient descent finds global minima of deep neural networks. arXiv:1811.03804.

Dubois, D., Prade, H. (1994). A survey of belief revision and updating rules in various uncertainty models. *Int. J. Intelligent Systems, 9*, 61-100.

Duda, R. O., Hart, P. E. (1973). *Pattern classification and scene analysis*. Wiley.

Duda, R. O., Hart, P. E., Stork, D. G. (2001). *Pattern Classification*. Wiley.

Dudek, G., Jenkin, M. (2000). *Computational Principles of Mobile Robotics*. Cambridge University Press.

Duffy, D. (1991). *Principles of Automated Theorem Proving*. John Wiley & Sons.

Dunn, H. L. (1946). Record Linkage". *Am. J. Public Health, 36*, 1412-1416.

Durfee, E. H., Lesser, V. R. (1989). Negotiating task decomposition and allocation using partial global planning. 실린 곳: Huhns, M., Gasser, L. (엮음), *Distributed AI*. Morgan Kaufmann.

Durme, B. V., Pasca, M. (2008). Finding Cars, Goddesses and Enzymes: Parametrizable Acquisition of Labeled Instances for Open-Domain Information Extraction. 실린 곳: *AAAI-08*.

Dwork, C. (2008). Differential privacy: A survey of results. 실린 곳: *International Conference on Theory and Applications of Models of Computation*.

Dwork, C., Hardt, M., Pitassi, T., Reingold, O., Zemel, R. (2012). Fairness through awareness. 실린 곳: *Proc. 3rd innovations in theoretical computer science conference*.

Dwork, C., Roth, A. (2014). The algorithmic foundations of differential privacy. *Foundations and Trends in Theoretical Computer Science, 9*, 211-407.

Dyson, F. (2004). A meeting with Enrico Fermi. *Nature, 427*, 297.

Dyson, G. (1998). *Darwin among the machines : the evolution of global intelligence*. Perseus Books.

Earley, J. (1970). An efficient context-free parsing algorithm. *CACM, 13*, 94-102.

Ebendt, Rüdiger, Drechsler, R. (2009). Weighted A* search-unifying view and application. *AIJ, 173*, 1310-1342.

Eckerle, J., Chen, J., Sturtevant, N. R., Zilles, S., Holte, R. C. (2017). Sufficient conditions for node expansion in bidirectional heuristic search. 실린 곳: *ICAPS-17*.

Eckhouse, L., Lum, K., Conti-Cook, C., Ciccolini, J. (2019). Layers of bias: A unified approach for understanding problems with risk assessment. *Criminal Justice and Behavior*, 46, 185-209.

Edelkamp, S. (2009). Scaling Search with Symbolic Pattern Databases. 실린 곳: *Model Checking and Artificial Intelligence (MOCHART)*.

Edelkamp, S., Schrödl, S. (2012). *Heuristic Search*. Morgan Kaufmann.

Edmonds, J. (1965). Paths, trees, and flowers. *Canadian J. of Mathematics*, 17, 449-467.

Edwards, P. (엮음) (1967). *The Encyclopedia of Philosophy*. Macmillan.

Eiter, T., Leone, N., Mateis, C., Pfeifer, G., Scarcello, F. (1998). The KR System dlv: Progress Report, Comparisons and Benchmarks. 실린 곳: *KR-98*.

Elio, R. (엮음) (2002). *Common Sense, Reasoning, and Rationality*. Oxford University Press.

Elkan, C. (1997). Boosting and Naive Bayesian learning. 기술보고서, Department of Computer Science and Engineering, University of California, San Diego.

Ellsberg, D. (1962). *Risk, Ambiguity, and Decision*. 박사 논문, Harvard University.

Elman, J. L. (1990). Finding structure in time. *Cognitive Science*, 14, 179-211.

Elman, J. L., Bates, E., Johnson, M., Karmiloff-Smith, A., Parisi, D., Plunkett, K. (1997). *Rethinking Innateness*. MIT Press.

Elo, A. E. (1978). *The rating of chess players: Past and present*. Arco Publishing.

Elsken, T., Metzen, J. H., Hutter, F. (2018). Neural Architecture Search: A Survey. arXiv:1808.05377.

Empson, W. (1953). *Seven Types of Ambiguity*. New Directions.

Enderton, H. B. (1972). *A Mathematical Introduction to Logic*. Academic Press.

Engel, J., Resnick, C., Roberts, A., Dieleman, S., Norouzi, M., Eck, D., Simonyan, K. (2017). Neural audio synthesis of musical notes with wavenet autoencoders. 실린 곳: *Proc. 34th International Conference on Machine Learning-Volume 70*.

Epstein, R., Roberts, G., Beber, G. (엮음) (2008). *Parsing the Turing test*. Springer.

Erdmann, M. A., Mason, M. (1988). An exploration of sensorless manipulation. *IEEE Journal of Robotics and Automation*, 4, 369-379.

Ernst, H. A. (1961). *MH-1, a Computer-Operated Mechanical Hand*. 박사 논문, MIT.

Ernst, M., Millstein, T., Weld, D. S. (1997). Automatic SAT-compilation of planning problems. 실린 곳: *IJCAI-97*.

Erol, K., Hendler, J., Nau, D. S. (1994). HTN planning: Complexity and expressivity. 실린 곳: *AAAI-94*.

Erol, K., Hendler, J., Nau, D. S. (1996). Complexity results for HTN planning. *AIJ*, 18, 69-93.

Erol, Y., Li, L., Ramsundar, B., Russell, S. J. (2013). The Extended Parameter Filter. 실린 곳: *ICML-13*.

Erol, Y., Wu, Y., Li, L., Russell, S. J. (2017). A Nearly-Black-Box Online Algorithm for Joint Parameter and

State Estimation in Temporal Models. 실린 곳: *AAAI-17*.

Esteva, A., Kuprel, B., Novoa, R. A., Ko, J., Swetter, S. M., Blau, H. M., Thrun, S. (2017). Dermatologist-level classification of skin cancer with deep neural networks. *Nature*, 542, 115.

Etzioni, A. (2004). *From Empire to Community: A New Approach to International Relation*. Palgrave Macmillan.

Etzioni, A., Etzioni, O. (2017a). Incorporating ethics into artificial intelligence. *The Journal of Ethics*, 21, 403-418.

Etzioni, A., Etzioni, O. (2017b). Should Artificial Intelligence Be Regulated?. *Issues in Science and Technology, Summer*, .

Etzioni, O. (1989). Tractable decision-analytic control. 실린 곳: *Proc. First International Conference on Knowledge Representation and Reasoning*.

Etzioni, O., Banko, M., Cafarella, M. J. (2006). Machine Reading. 실린 곳: *AAAI-06*.

Etzioni, O., Banko, M., Soderland, S., Weld, D. S. (2008). Open Information Extraction from the Web. *CACM*, 51, .

Etzioni, O., Cafarella, M. J., Downey, D., Popescu, A.-M., Shaked, T., Soderland, S., Weld, D. S., Yates, A. (2005). Unsupervised named-entity extraction from the Web: An experimental study. *AIJ*, 165, 91-134.

Etzioni, O., Hanks, S., Weld, D. S., Draper, D., Lesh, N., Williamson, M. (1992). An approach to planning with incomplete information. 실린 곳: *KR-92*.

Evans, T. G. (1968). A program for the solution of a class of geometric-analogy intelligence-test questions. 실린 곳: Minsky, M. L. (엮음), *Semantic Information Processing*. MIT Press.

Fagin, R., Halpern, J. Y., Moses, Y., Vardi, M. Y. (1995). *Reasoning about Knowledge*. MIT Press.

Fahlman, S. E. (1974). A planning system for robot construction tasks. *AIJ*, 5, 1-49.

Faugeras, O. (1992). What can be seen in three dimensions with an uncalibrated stereo rig?. 실린 곳: *ECCV*.

Faugeras, O., Luong, Q.-T., Papadopoulo, T. (2001). *The Geometry of Multiple Images*. MIT Press.

Fawcett, T., Provost, F. (1997). Adaptive fraud detection. *Data mining and knowledge discovery*, 1, 291-316.

Fearing, R. S., Hollerbach, J. M. (1985). Basic solid mechanics for tactile sensing. *Int. J. Robotics Research*, 4, 40-54.

Featherstone, R. (1987). *Robot Dynamics Algorithms*. Kluwer Academic Publishers.

Feigenbaum, E. A. (1961). The simulation of verbal learning behavior. *Proc. Western Joint Computer Conference*, 19, 121-131.

Feigenbaum, E. A., Buchanan, B. G., Lederberg, J. (1971). On generality and problem solving: A case study using the DENDRAL program. 실린 곳: Meltzer, B., Michie, D. (엮음), *Machine Intelligence 6*. Edinburgh University Press.

Feldman, J., Sproull, R. F. (1977). Decision theory and artificial intelligence II: The hungry monkey. 기술보고서, Computer Science Department, University of Rochester.

Feldman, J., Yakimovsky, Y. (1974). Decision theory and artificial intelligence I: Semantics-based region analyzer. *AIJ*, 5, 349-371.

Feldman, M. (2017). Oak Ridge readies Summit supercomputer for 2018 debut. *Top500.org, bit.ly/2ERRFr9*.

Fellbaum, C. (2001). *Wordnet: An Electronic Lexical Database*. MIT Press.

Fellegi, I., Sunter, A. (1969). A Theory for Record Linkage". *JASA*, *64*, 1183-1210.

Felner, A. (2018). Position Paper: Using Early Goal Test in A*. 실린 곳: *Eleventh Annual Symposium on Combinatorial Search*.

Felner, A., Korf, R. E., Hanan, S. (2004). Additive pattern database heuristics. *JAIR*, *22*, 279-318.

Felner, A., Korf, R. E., Meshulam, R., Holte, R. C. (2007). Compressed Pattern Databases. *JAIR*, *30*, .

Felner, A., Zahavi, U., Holte, R. C., Schaeffer, J., Sturtevant, N. R., Zhang, Z. (2011). Inconsistent heuristics in theory and practice. *AIJ*, *175*, 1570-1603.

Felzenszwalb, P., McAllester, D. A. (2007). The Generalized A* Architecture. *JAIR*.

Fenton, N., Neil, M. (2018). *Risk Assessment and Decision Analysis with Bayesian Networks*. Chapman and Hall.

Ferguson, T. (1973). Bayesian analysis of some nonparametric problems. *Annals of Statistics*, *1*, 209-230.

Ferguson, T. (1992). Mate with Knight and Bishop in Kriegspiel. *Theoretical Computer Science*, *96*, 389-403.

Ferguson, T. (1995). Mate with the Two Bishops in Kriegspiel. www.math.ucla.edu/~tom/papers.

Ferguson, T. (2001). *Optimal Stopping and Applications*. www.math.ucla.edu/~tom/Stopping/Contents.html.

Fern, A., Natarajan, S., Judah, K., Tadepalli, P. (2014). A decision-theoretic model of assistance. *JAIR*, *50*, 71-104.

Fernandez, J. M. F., Mahlmann, T. (2018). The Dota 2 Bot Competition. *IEEE Transactions on Games*.

Ferraris, P., Giunchiglia, E. (2000). Planning as satisability in nondeterministic domains. 실린 곳: *AAAI-00*.

Ferriss, T. (2007). *The 4-Hour Workweek*. Crown.

Ferrucci, D., Brown, E., Chu-Carroll, J., Fan, J., Gondek, D., Kalyanpur, A. A., Lally, A., Murdock, J. W., Nyberg, E., Prager, J., Schlaefer, N., Welty, C. (2010). Building Watson: An Overview of the DeepQA Project. *AI Magazine*, *Fall*, .

Fikes, R. E., Hart, P. E., Nilsson, N. J. (1972). Learning and executing generalized robot plans. *AIJ*, *3*, 251-288.

Fikes, R. E., Nilsson, N. J. (1971). STRIPS: A new approach to the application of theorem proving to problem solving. *AIJ*, *2*, 189-208.

Fikes, R. E., Nilsson, N. J. (1993). STRIPS, a retrospective. *AIJ*, *59*, 227-232.

Fine, S., Singer, Y., Tishby, N. (1998). The Hierarchical Hidden Markov Model: Analysis and Applications. *Machine Learning*, *32*, .

Finn, C., Abbeel, P., Levine, S. (2017). Model-agnostic meta-learning for fast adaptation of deep networks. 실린 곳: *Proc. 34th International Conference on Machine Learning-Volume 70*.

Finney, D. J. (1947). *Probit analysis: A statistical treatment of the sigmoid response curve*. Cambridge University Press.

Firoiu, V., Whitney, W. F., Tenenbaum, J. B. (2017). Beating the World's Best at Super Smash Bros. with Deep Reinforcement Learning. arXiv:1702.06230.

Firth, J. (1957). *Papers in Linguistics*. Oxford University Press.

Fisher, R. A. (1922). On the mathematical foundations of theoretical statistics. *Phil. Trans. Roy. Soc., A*, *222*, 309-368.

Fix, E., Hodges, J. L. (1951). Discriminatory analysis--Nonparametric discrimination: Consistency properties. 기술보고서, USAF School of Aviation Medicine.

Floreano, D., Zufferey, J. C., Srinivasan, M. V., Ellington, C. (2009). *Flying Insects and Robots*. Springer.

Floyd, R. W. (1962). Algorithm 97: Shortest path. *CACM*, *5*, 345.

Fogel, D. B. (2000). *Evolutionary Computation: Toward a New Philosophy of Machine Intelligence*. IEEE Press.

Fogel, L. J., Owens, A. J., Walsh, M. J. (1966). *Artificial Intelligence through Simulated Evolution*. Wiley.

Forbes, J., Huang, T., Kanazawa, K., Russell, S. J. (1995). The BATmobile: Towards a Bayesian Automated Taxi. 실린 곳: *IJCAI-95*.

Forbus, K. D. (1985). Qualitative Process Theory. 실린 곳: Bobrow, D. (엮음), *Qualitative Reasoning About Physical Systems*. MIT Press.

Forbus, K. D., de Kleer, J. (1993). *Building Problem Solvers*. MIT Press.

Forbus, K. D., Hinrichs, T. R., De Kleer, J., Usher, J. M. (2010). FIRE: Infrastructure for Experience-Based Systems with Common Sense.. 실린 곳: *AAAI Fall Symposium: Commonsense Knowledge*.

Ford, K. M., Hayes, P. J. (1995). Turing Test considered harmful. 실린 곳: *IJCAI-95*.

Ford, L. R. (1956). Network flow theory. 기술보고서, RAND Corporation.

Ford, M. (2015). *Rise of the Robots: Technology and the Threat of a Jobless Future*. Basic Books.

Ford, M. (2018). *Architects of Intelligence*. Packt.

Forestier, J.-P., Varaiya, P. (1978). Multilayer control of large Markov chains. *IEEE Transactions on Automatic Control*, *23*, 298-304.

Forgy, C. (1981). OPS5 User's Manual. 기술보고서, Computer Science Department, Carnegie-Mellon University.

Forgy, C. (1982). A fast algorithm for the many patterns/many objects match problem. *AIJ*, *19*, 17-37.

Forster, E. M. (1909). *The Machine Stops*. Sheba Blake.

Forsyth, D., Ponce, J. (2002). *Computer Vision: A Modern Approach*. Prentice Hall.

Fouhey, D., Kuo, W-C., Efros, A., Malik, J. (2018). From lifestyle vlogs to everyday interactions. 실린 곳: *CVPR-18*.

Fourier, J. (1827). Analyse des travaux de l'Académie Royale des Sciences, pendant l'année 1824; partie mathématique. *Histoire de l'Académie Royale des Sciences de France*, *7*, xlvii-lv.

Fox, C., Tversky, A. (1995). Ambiguity aversion and comparative ignorance. *Quarterly Journal of Economics*, *110*, 585-603.

Fox, D., Burgard, W., Dellaert, F., Thrun, S. (1999). Monte Carlo Localization: Efficient Position Estimation for Mobile Robots. 실린 곳: *AAAI-99*.

Fox, M. S. (1990). Constraint-guided scheduling: A short history of research at CMU. *Computers in Industry*, *14*, 79-88.

Fox, M. S., Allen, B., Strohm, G. (1982). Job shop scheduling: An investigation in constraint-directed reasoning.

실린 곳: *AAAI-82*.

Franco, J., Paull, M. (1983). Probabilistic analysis of the Davis Putnam procedure for solving the satisfiability problem. *Discrete Applied Mathematics*, *5*, 77-87.

Francois-Lavet, V., Henderson, P., Islam, R., Bellemare, M. G., Pineau, J. (2018). An introduction to deep reinforcement learning. *Foundations and Trends in Machine Learning*, *11*, 219-354.

Frank, I., Basin, D. A., Matsubara, H. (1998). Finding Optimal Strategies for Imperfect Information Games. 실린 곳: *AAAI-98*.

Frank, R. H., Cook, P. J. (1996). *The Winner-Take-All Society*. Penguin.

Frans, K., Ho, J., Chen, X., Abbeel, P., Schulman, J. (2018). Meta Learning Shared Hierarchies. 실린 곳: *ICLR-18*.

Franz, A., Brants, T. (2006). All our n-gram are belong to you. Google blog, ai.googleblog.com/2006/08/all-our-n-gram-are-belong-to-you.html.

Frege, G. (1879). *Begriffsschrift, eine der arithmetischen nachbildete Formelsprache des reinen Denkens*. Halle.

Freitag, D., McCallum, A. (2000). Information Extraction with HMM Structures Learned by Stochastic Optimization. 실린 곳: *AAAI-00*.

Freuder, E. C. (1978). Synthesizing constraint expressions. *CACM*, *21*, 958-966.

Freuder, E. C. (1982). A sufficient condition for backtrack-free search. *JACM*, *29*, 24-32.

Freuder, E. C. (1985). A sufficient condition for backtrack-bounded search. *JACM*, *32*, 755-761.

Freund, Y., Schapire, R. E. (1996). Experiments with a new boosting algorithm. 실린 곳: *ICML-96*.

Freund, Y., Schapire, R. E. (1999). Large margin classification using the perceptron algorithm. *Machine Learning*, *37*, 277-296.

Frey, B. J. (1998). *Graphical models for machine learning and digital communication*. MIT Press.

Frey, C. B., Osborne, M. A. (2017). The future of employment: How susceptible are jobs to computerisation?. *Technological forecasting and social change*, *114*, 254-280.

Friedberg, R. M. (1958). A learning machine: Part I. *IBM Journal of Research and Development*, *2*, 2-13.

Friedberg, R. M., Dunham, B., North, T. (1959). A learning machine: Part II. *IBM Journal of Research and Development*, *3*, 282-287.

Friedman, G. J. (1959). Digital simulation of an evolutionary process. *General Systems Yearbook*, *4*, 171-184.

Friedman, J. (2001). Greedy function approximation: A gradient boosting machine. *Annals of statistics*, *29*, 1189-1232.

Friedman, J., Hastie, T., Tibshirani, R. (2000). Additive logistic regression: A statistical view of boosting. *Annals of Statistics*, *28*, 337-374.

Friedman, N. (1998). The Bayesian Structural EM Algorithm. 실린 곳: *UAI-98*.

Friedman, N. (2004). Inferring Cellular Networks Using Probabilistic Graphical Models. *Science*, *303*, .

Friedman, N., Goldszmidt, M. (1996). Learning Bayesian networks with local structure. 실린 곳: *UAI-96*.

Friedman, N., Koller, D. (2003). Being Bayesian about Bayesian Network Structure: A Bayesian Approach to Structure Discovery in Bayesian Networks. *Machine Learning*, *50*, 95-125.

Friedman, N., Murphy, K., Russell, S. J. (1998). Learning the Structure of Dynamic Probabilistic Networks. 실린 곳: *UAI-98*.

Fruhwirth, T., Abdennadher, S. (2003). *Essentials of constraint programming*. Cambridge University Press.

Fuchs, J. J., Gasquet, A., Olalainty, B., Currie, K. W. (1990). PlanERS-1: An expert planning system for generating spacecraft mission plans. 실린 곳: *First International Conference on Expert Planning Systems*.

Fudenberg, D., Tirole, J. (1991). *Game theory*. MIT Press.

Fukunaga, A. S., Rabideau, G., Chien, S., Yan, D. (1997). ASPEN: A framework for automated planning and scheduling of spacecraft control and operations. 실린 곳: *Proc. International Symposium on AI, Robotics and Automation in Space*.

Fukushima, K. (1980). Neocognitron: A self-organizing neural network model for a mechanism of pattern recognition unaffected by shift in position. *Biological Cybernetics*, *36*, 193-202.

Fukushima, K., Miyake, S. (1982). Neocognitron: A self-organizing neural network model for a mechanism of visual pattern recognition. 실린 곳: *Competition and cooperation in neural nets*. Springer.

Fuller, S. B., Straw, A. D., Peek, M. Y., Murray, R. M., Dickinson, M. H. (2014). Flying Drosophila stabilize their vision-based velocity controller by sensing wind with their antennae.. *Proc. National Academy of Sciences of the United States of America*, *111 13*, E1182-91.

Fung, C., Yoon, C. J. M., Beschastnikh, I. (2018). Mitigating Sybils in Federated Learning Poisoning. arXiv:1808.04866.

Fung, R., Chang, K. C. (1989). Weighting and integrating evidence for stochastic simulation in Bayesian networks. 실린 곳: *UAI 5*.

Gaddum, J. H. (1933). Reports on Biological Standard III: Methods of Biological Assay Depending on a Quantal Response. 기술보고서, Medical Research Council.

Gaifman, H. (1964a). Concerning measures in first order calculi. *Israel J. Mathematics*, *2*, 1-18.

Gaifman, H. (1964b). Concerning measures on Boolean algebras. *Pacific J. Mathematics*, *14*, 61-73.

Gallaire, H., Minker, J. (엮음) (1978). *Logic and Databases*. Plenum.

Gallier, J. H. (1986). *Logic for Computer Science: Foundations of Automatic Theorem Proving*. Harper and Row.

Galton, F. (1886). Regression towards mediocrity in hereditary stature. *J. Anthropological Institute of Great Britain and Ireland*, *15*, 246-263.

Gamba, A., Gamberini, L., Palmieri, G., Sanna, R. (1961). Further experiments with PAPA. *Nuovo Cimento Supplemento*, *20*, 221-231.

Gandomi, A., Haider, M. (2015). Beyond the hype: Big data concepts, methods, and analytics. *International journal of information management*, *35*, 137-144.

Gao, J. (2014). Machine Learning Applications for Data Center Optimization. Google Research.

García, J., Fernández, F. (2015). A comprehensive survey on safe reinforcement learning. *JMLR*, *16*, 1437-1480.

Gardner, M. (1968). *Logic Machines, Diagrams and Boolean Algebra*. Dover.

Garey, M. R., Johnson, D. S. (1979). *Computers and Intractability*. W. H. Freeman.

Gaschnig, J. (1977). A general backtrack algorithm that eliminates most redundant tests. 실린 곳: *IJCAI-77*.

Gaschnig, J. (1979). Performance measurement and analysis of certain search algorithms. 기술보고서, Computer Science Department, Carnegie-Mellon University.

Gasser, R. (1995). *Efficiently harnessing computational resources for exhaustive search*. 박사 논문, ETH Zürich.

Gat, E. (1998). Three-Layered Architectures. 실린 곳: Kortenkamp, D., Bonasso, R. P., Murphy, R. (엮음), *AI-based Mobile Robots: Case Studies of Successful Robot Systems*. MIT Press.

Gatys, L. A., Ecker, A. S., Bethge, M. (2016). Image style transfer using convolutional neural networks. 실린 곳: *CVPR-16*.

Gauci, J., Conti, E., Liang, Y., Virochsiri, K., He, Y., Kaden, Z., Narayanan, V., Ye, X. (2018). Horizon: Facebook's Open Source Applied Reinforcement Learning Platform. arXiv:1811.00260.

Gauss, C. F. (1809). *Theoria Motus Corporum Coelestium in Sectionibus Conicis Solem Ambientium*. Sumtibus F. Perthes et I. H. Besser.

Gauss, C. F. (1829). Beiträge zur Theorie der algebraischen Gleichungen. *Werke*, *3*, 71-102.

Gazzaniga, M. (2018). *The Consciousness Instinct*. Farrar, Straus and Girou.

Gebru, T., Morgenstern, J., Vecchione, B., Vaughan, J. W., Wallach, H. M., III, H. D.é, Crawford, K. (2018). Datasheets for Datasets. arXiv:1803.09010.

Geiger, D., Verma, T., Pearl, J. (1990a). d-separation: From theorems to algorithms. 실린 곳: Henrion, M., Shachter, R. D., Kanal, L. N., Lemmer, J. F. (엮음), *UAI-90*. Elsevier.

Geiger, D., Verma, T., Pearl, J. (1990b). Identifying independence in Bayesian networks. *Networks*, *20*, 507-534.

Gelb, A. (1974). *Applied Optimal Estimation*. MIT Press.

Gelernter, H. (1959). Realization of a geometry-theorem proving machine. 실린 곳: *Proc. an International Conference on Information Processing*.

Gelfond, M. (2008). Answer Sets. 실린 곳: van Harmelan, F., Lifschitz, V., Porter, B. (엮음), *Handbook of Knowledge Representation*. Elsevier.

Gelfond, M., Lifschitz, V. (1988). Compiling circumscriptive theories into logic programs. 실린 곳: *Non-Monotonic Reasoning: 2nd International Workshop Proceedings*.

Gelman, A. (2004). Exploratory data analysis for complex models. *Journal of Computational and Graphical Statistics*, *13*, 755-779.

Gelman, A., Carlin, J. B., Stern, H. S., Rubin, D. (1995). *Bayesian Data Analysis*. Chapman & Hall.

Geman, S., Geman, D. (1984). Stochastic relaxation, Gibbs distributions, and Bayesian restoration of images.. *PAMI*, *6*, 721-741.

Gene Ontology Consortium, The (2008). The Gene Ontology Project in 2008. *Nucleic Acids Research*, *36*, .

Genesereth, M. R. (1984). The use of design descriptions in automated diagnosis. *AIJ*, *24*, 411-436.

Genesereth, M. R., Nilsson, N. J. (1987). *Logical Foundations of Artificial Intelligence*. Morgan Kaufmann.

Genesereth, M. R., Nourbakhsh, I. (1993). Time-saving tips for problem solving with incomplete information. 실린 곳: *AAAI-93*.

Genesereth, M. R., Smith, D. E. (1981). Meta-level architecture. 기술보고서, Computer Science Department, Stanford University.

Gent, I., Petrie, K., Puget, J.-F. (2006). Symmetry in Constraint Programming. 실린 곳: Rossi, F., van Beek, P., Walsh, T. (엮음), *Handbook of Constraint Programming*. Elsevier.

Géron, A. (2019). *Hands-On Machine Learning with Scikit-Learn, Kerasm and TensorFlow: Concepts, Tools, and Techniques to Build Intelligent Systems*. O'Reilly.

Gers, F. A., Schmidhuber, J., Cummins, F. (2000). Learning to forget: Continual prediction with LSTM. *Neural Computation*, *12*, 2451-2471.

Getoor, L., Taskar, B. (엮음) (2007). *Introduction to Statistical Relational Learning*. MIT Press.

Ghaheri, A., Shoar, S., Naderan, M., Hoseini, S. S. (2015). The applications of genetic algorithms in medicine. *Oman medical journal*, *30*, 406-416.

Ghahramani, Z. (1998). Learning dynamic Bayesian networks. 실린 곳: *Adaptive Processing of Sequences and Data Structures*.

Ghahramani, Z. (2005). Tutorial on Nonparametric Bayesian Methods. Given at the UAI-05 Conference.

Ghallab, M., Howe, A., Knoblock, C. A., McDermott, D. (1998). PDDL--The Planning Domain Definition Language. 기술보고서, Yale Center for Computational Vision and Control.

Ghallab, M., Laruelle, H. (1994). Representation and control in IxTeT, a temporal planner. 실린 곳: *AIPS-94*.

Ghallab, M., Nau, D. S., Traverso, P. (2004). *Automated Planning: Theory and practice*. Morgan Kaufmann.

Ghallab, M., Nau, D. S., Traverso, P. (2016). *Automated Planning and aAting*. Cambridge University Press.

Gibbs, R. W. (2006). Metaphor Interpretation as Embodied Simulation. *Mind*, *21*, 434-458.

Gibson, J. J. (1950). *The Perception of the Visual World*. Houghton Mifflin.

Gibson, J. J. (1979). *The Ecological Approach to Visual Perception*. Houghton Mifflin.

Gibson, J. J., Olum, P., Rosenblatt, F. (1955). Parallax and perspective during aircraft landings. *American Journal of Psychology*, *68*, 372-385.

Gilks, W. R., Berzuini, C. (2001). Following a moving target--Monte Carlo inference for dynamic Bayesian models. *J. Royal Statistical Society*, *63*, 127-146.

Gilks, W. R., Richardson, S., Spiegelhalter, D. J. (엮음) (1996). *Markov chain Monte Carlo in practice*. Chapman and Hall.

Gilks, W. R., Thomas, A., Spiegelhalter, D. J. (1994). A language and program for complex Bayesian modelling. *The Statistician*, *43*, 169-178.

Gilks, W. R., Wild, P. P. (1992). Adaptive rejection sampling for Gibbs sampling. *Applied Statistics*, *41*, 337-348.

Gillies, D. B. (1959). Solutions to general non-zero-sum games. 실린 곳: A. W. Tucker, L. D. Luce (엮음), *Contributions to the Theory of Games, volume IV*. Princeton University Press.

Gilmore, P. C. (1960). A proof method for quantification theory: Its justification and realization. *IBM Journal of Research and Development*, *4*, 28-35.

Gilpin, A., Sandholm, T., Sorensen, T. (2008). A heads-up no-limit Texas Hold'em poker player: Discretized betting models and automatically generated equilibrium-finding programs. 실린 곳: *AAMAS-08*.

Ginsberg, M. L. (1993). *Essentials of Artificial Intelligence*. Morgan Kaufmann.

Ginsberg, M. L. (2001). GIB: Imperfect Infoormation in a Computationally Challenging Game. *JAIR*, *14*, 303-358.

Gionis, A., Indyk, P., Motwani, R. (1999). Similarity Search in High Dimensions vis Hashing. 실린 곳: *Proc. 25th Very Large Database (VLDB) Conference*.

Girshick, R., Donahue, J., Darrell, T., Malik, J. (2016). Region-based convolutional networks for accurate object detection and segmentation. *PAMI*, *38*, 142-58.

Gittins, J. C. (1989). *Multi-Armed Bandit Allocation Indices*. Wiley.

Gittins, J. C., Jones, D. M. (1974). A dynamic allocation index for the sequential design of experiments. 실린 곳: Gani, J. (엮음), *Progress in Statistics*. North-Holland.

Glanc, A. (1978). On the etymology of the word "robot". *SIGART Newsletter*, *67*, 12.

Glickman, M. E. (1999). Parameter estimation in large dynamic paired comparison experiments. *Applied Statistics*, *48*, 377-394.

Glorot, X., Bordes, A., Bengio, Y. (2011). Deep Sparse Rectifier Neural Networks. 실린 곳: *AISTATS'2011*.

Glover, F., Laguna, M. (엮음) (1997). *Tabu search*. Kluwer.

Gluss, B. (1959). An Optimum Policy for Detecting a Fault in a Complex System. *Operations Research*, *7*, 468-477.

Godefroid, P. (1990). Using Partial Orders to Improve Automatic Verification Methods. 실린 곳: *Proc. 2nd Int'l Workshop on Computer Aided Verification*.

Gödel, K. (1930). *Über die Vollständigkeit des Logikkalküls*. 박사 논문, University of Vienna.

Gödel, K. (1931). Über formal unentscheidbare Sätze der Principia mathematica und verwandter Systeme I. *Monatshefte für Mathematik und Physik*, *38*, 173-198.

Goebel, J., Volk, K., Walker, H., Gerbault, F. (1989). Automatic Classification of Spectra from the Infrared Astronomical Satellite (IRAS). *Astronomy and Astrophysics*, *222*, L5-L8.

Goertzel, B., Pennachin, C. (2007). *Artificial General Intelligence*. Springer.

Gogate, V., Domingos, P. (2011). Approximation by Quantization. 실린 곳: *UAI-11*.

Gold, E. M. (1967). Language identification in the limit. *Information and Control*, *10*, 447-474.

Goldberg, A. V., Kaplan, H., Werneck, R. F. (2006). Reach for A*: Efficient point-to-point shortest path algorithms. 실린 곳: *Workshop on algorithm engineering and experiments*.

Goldberg, Y. (2017). Neural network methods for natural language processing. *Synthesis Lectures on Human Language Technologies*, *10*, .

Goldberg, Y., Zhao, K., Huang, L. (2013). Efficient implementation of beam-search incremental parsers. 실린 곳: *ACL-13*.

Goldman, R., Boddy, M. (1996). Expressive Planning and Explicit Knowledge. 실린 곳: *AIPS-96*.

Goldszmidt, M., Pearl, J. (1996). Qualitative probabilities for default reasoning, belief revision, and causal modeling. *AIJ*, *84*, 57-112.

Golomb, S., Baumert, L. (1965). Backtrack proramming. *JACM*, *14*, 516-524.

Golub, G., Heath, M., Wahba, G. (1979). Generalized Cross-Validation as a Method for Choosing a Good Ridge Parameter. *Technometrics*, *21*, .

Gomes, C., Kautz, H., Sabharwal, A., Selman, B. (2008). Satisfiability Solvers. 실린 곳: van Harmelen, F., Lifschitz, V., Porter, B. (엮음), *Handbook of Knowledge Representation*. Elsevier.

Gomes, C., Selman, B. (2001). Algorithm portfolios. *AIJ*, *126*, 43-62.

Gomes, C., Selman, B., Crato, N., Kautz, H. (2000). Heavy-tailed phenomena in satisfiability and constrain processing. *JAR*, *24*, 67-100.

Gomes, C., Selman, B., Kautz, H. (1998). Boosting Combinatorial Search Through Randomization. 실린 곳: *AAAI-98*.

Gonthier, G. (2008). Formal Proof-The Four-Color Theorem. *Notices of the AMS*, *55*, 1382-1393.

Good, I. J. (1961). A causal calculus. *British Journal of the Philosophy of Science*, *11*, 305-318.

Good, I. J. (1965a). Speculations concerning the first ultraintelligent machine. 실린 곳: Alt, F. L., Rubinoff, M. (엮음), *Advances in Computers*. Academic Press.

Good, I. J. (1965b). The Mystery of Go. *New Scientist*, *427*, 172-174.

Goodfellow, I., Bengio, Y., Courville, A. (2016). *Deep Learning*. MIT Press.

Goodfellow, I., Bulatov, Y., Ibarz, J., Arnoud, S., Shet, V. (2014). Multi-digit Number Recognition from Street View Imagery using Deep Convolutional Neural Networks. 실린 곳: *International Conference on Learning Representations*.

Goodfellow, I., Pouget-Abadie, J., Mirza, M., Xu, B., Warde-Farley, D., Ozair, S., Courville, A., Bengio, Y. (2015a). Generative adversarial nets. 실린 곳: *NeurIPS 27*.

Goodfellow, I., Vinyals, O., Saxe, A. M. (2015b). Qualitatively characterizing neural network optimization problems. 실린 곳: *International Conference on Learning Representations*.

Goodman, J. (2001). A bit of progress in language modeling. 기술보고서, Microsoft Research.

Goodman, N. (1977). *The Structure of Appearance*. D. Reidel.

Goodman, N. D., Mansinghka, V. K., Roy, D., Bonawitz, K., Tenenbaum, J. B. (2008). Church: A language for generative models. 실린 곳: *UAI-08*.

Gopnik, A., Glymour, C. (2002). Causal Maps and Bayes nets: A cognitive and computational account of theory-formation. 실린 곳: Caruthers, P., Stich, S., Siegal,

M. (엮음), *The Cognitive Basis of Science*. Cambridge University Press.

Gordon, A. D., Graepel, T., Rolland, N., Russo, C., Borgström, J., Guiver, J. (2014). Tabular: A schema-driven probabilistic programming language. 실린 곳: *POPL-14*.

Gordon, A. S., Hobbs, J. R. (2017). *A Formal Theory of Commonsense Psychology: How People Think People Think*. Cambridge University Press.

Gordon, M. J., Milner, A. J., Wadsworth, C. P. (1979). *Edinburgh LCF*. Springer-Verlag.

Gordon, N. (1994). *Bayesian methods for tracking*. 박사 논문, Imperial College.

Gordon, N., Salmond, D. J., Smith, A. F. M. (1993). Novel approach to nonlinear/non-Gaussian Bayesian state estimation. *IEE Proceedings F (Radar and Signal Processing)*, *140*, 107-113.

Gordon, S. A. (1994). A Faster Scrabble Move Generation Algorithm. *Software Practice and Experience*, *24*, 219-232.

Gorry, G. A. (1968). Strategies for computer-aided diagnosis. *Math. Biosciences*, *2*, 293-318.

Gorry, G. A., Kassirer, J. P., Essig, A., Schwartz, W. B. (1973). Decision analysis as the basis for computer-aided management of acute renal failure. *American Journal of Medicine*, *55*, 473-484.

Gottlob, G., Leone, N., Scarcello, F. (1999a). A Comparison of Structural CSP Decomposition Methods. 실린 곳: *IJCAI-99*.

Gottlob, G., Leone, N., Scarcello, F. (1999b). Hypertree Decompositions and Tractable Queries. 실린 곳: *PODS-99*.

Goyal, Y., Khot, T., Summers-Stay, D., Batra, D., Parikh, D. (2017). Making the V in VQA Matter: Elevating the Role of Image Understanding in Visual Question Answering. 실린 곳: *CVPR-17*.

Grace, K., Salvatier, J., Dafoe, A., Zhang, B., Evans, O. (2017). When Will AI Exceed Human Performance? Evidence from AI Experts. arXiv:1705.08807.

Graham, S. L., Harrison, M. A., Ruzzo, W. L. (1980). An improved context-free recognizer. *ACM Transactions on Programming Languages and Systems*, *2*, 415-462.

Grassmann, H. (1861). *Lehrbuch der Arithmetik*. Th. Chr. Fr. Enslin.

Grayson, C. J. (1960). Decisions under uncertainty: Drilling decisions by oil and gas operators. 기술보고서, Harvard Business School.

Green, B., Wolf, A., Chomsky, C., Laugherty, K. (1961). BASEBALL: An automatic question answerer. 실린 곳: *Proc. Western Joint Computer Conference*.

Green, C. (1969a). Application of theorem proving to problem solving. 실린 곳: *IJCAI-69*.

Green, C. (1969b). Theorem-proving by resolution as a basis for question-answering systems. 실린 곳: Meltzer, B., Michie, D., Swann, M. (엮음), *Machine Intelligence 4*. Edinburgh University Press.

Green, C., Raphael, B. (1968). The use of theorem-proving techniques in question-answering systems. 실린 곳: *Proc. 23rd ACM National Conference*.

Gribkoff, E., Van den Broeck, G., Suciu, D. (2014). Understanding the complexity of lifted inference and asymmetric weighted model counting. 실린 곳: *UAI-14*.

Griffiths, T. L., Kemp, C., Tenenbaum, J. B. (2008).

Bayesian models of cognition. 실린 곳: Sun, R. (엮음), *The Cambridge handbook of computational cognitive modeling*. Cambridge University Press.

Grinstead, C., Snell, J. (1997). *Introduction to Probability*. American Mathematical Society.

Grosz, B. J., Stone, P. (2018). A Century Long Commitment to Assessing Artificial Intelligence and its Impact on Society. *Communications of the ACM*, *61*, .

Gruber, T. (2004). Interview of Tom Gruber. *AIS SIGSEMIS Bulletin*, *1*, .

Gu, J. (1989). *Parallel Algorithms and Architectures for Very Fast AI Search*. 박사 논문, Univ. of Utah.

Guard, J., Oglesby, F., Bennett, J., Settle, L. (1969). Semi-automated mathematics. *JACM*, *16*, 49-62.

Guestrin, C., Koller, D., Gearhart, C., Kanodia, N. (2003). Generalizing Plans to New Environments in Relational MDPs. 실린 곳: *IJCAI-03*.

Guestrin, C., Koller, D., Parr, R., Venkataraman, S. (2003). Efficient Solution Algorithms for Factored MDPs. *JAIR*, *19*, 399-468.

Guestrin, C., Lagoudakis, M. G., Parr, R. (2002). Coordinated reinforcement learning. 실린 곳: *ICML-02*.

Guibas, L. J., Knuth, D. E., Sharir, M. (1992). Randomized incremental construction of Delaunay and Voronoi diagrams. *Algorithmica*, *7*, 381-413.

Gulshan, V., Peng, L., Coram, M., Stumpe, M. C., Wu, D., Narayanaswamy, A., Venugopalan, S., Widner, K., Madams, T., Cuadros, J. (2016). Development and validation of a deep learning algorithm for detection of diabetic retinopathy in retinal fundus photographs. *Jama*, *316*, 2402-2410.

Gunkel, D. J. (2018). *Robot Rights*. MIT Press.

Gunning, D. (2016). Explainable artificial intelligence (XAI). 기술보고서, DARPA.

Guo, C., Goldstein, T., Hannun, A., van der Maaten, L. (2019). Certified Data Removal from Machine Learning Models. arXiv:1911.03030.

Gururangan, S., Swayamdipta, S., Levy, O., Schwartz, R., Bowman, S., Smith, N. A. (2018). Annotation artifacts in natural language inference data. arXiv:1803.02324.

Guyon, I., Bennett, K., Cawley, G. C., Escalante, H. J., Escalera, S., Ho, T. K., Macià, Núria, Ray, B., Saeed, M., Statnikov, A. R., Viegas, E. (2015). Design of the 2015 ChaLearn AutoML challenge. 실린 곳: *IJCNN-15*.

Guyon, I., Elisseeff, A. (2003). An Introduction to Variable and Feature Selection. *JMLR*, *3*, 1157-1182.

Hacking, I. (1975). *The Emergence of Probability*. Cambridge University Press.

Hadfield-Menell, D., Dragan, A. D., Abbeel, P., Russell, S. J. (2017). Cooperative inverse reinforcement learning. 실린 곳: *NeurIPS 29*.

Hadfield-Menell, D., Dragan, A. D., Abbeel, P., Russell, S. J. (2017). The Off-Switch Game. 실린 곳: *IJCAI-17*.

Hadfield-Menell, D., Russell, S. J. (2015). Multitasking: Efficient Optimal Planning for Bandit Superprocesses. 실린 곳: *UAI-15*.

Hailperin, T. (1984). Probability logic. *Notre Dame J. Formal Logic*, *25*, 198-212.

Hald, A. (1990). *A History of Probability and Statistics and Their Applications before 1750*. Wiley.

Hales, T. (2005). A proof of the Kepler conjecture. *Annals of mathematics*, *162*, 1065-1185.

Hales, T., Adams, M., Bauer, G., Dang, T. D., Harrison, J., Le Truong, H., Kaliszyk, C., Magron, V., McLaughlin, S., Nguyen, T. T. (2017). A formal proof of the Kepler conjecture. 실린 곳: *Forum of Mathematics, Pi*.

Halevy, A. (2007). Dataspaces: A New Paradigm for Data Integration. 실린 곳: *Brazilian Symposium on Databases*.

Halevy, A., Norvig, P., Pereira, F. (2009). The Unreasonable Effectiveness of Data. *IEEE Intelligent Systems*, 3월/4월호, 8-12.

Halpern, J. Y. (1990). An analysis of first-order logics of probability. *AIJ*, *46*, 311-350.

Halpern, J. Y. (1999). Technical Addendum, Cox's theorem Revisited. *JAIR*, *11*, 429-435.

Halpern, J. Y., Weissman, V. (2008). Using First-Order Logic to Reason about Policies. *ACM Transactions on Information and System Security*, *11*, 1-41.

Hammersley, J. M., Handscomb, D. C. (1964). *Monte Carlo Methods*. Methuen.

Han, J., Pei, J., Kamber, M. (2011). *Data Mining: Concepts and Techniques*. Elsevier.

Han, X., Boyden, E. (2007). Multiple-Color Optical Activation, Silencing, and Desynchronization of Neural Activity, with Single-Spike Temporal Resolution. *PLoS One*, *e299*, .

Handschin, J. E., Mayne, D. Q. (1969). Monte Carlo techniques to estimate the conditional expectation in multi-stage nonlinear filtering. *Int. J. Control*, *9*, 547-559.

Hans, A., Schneegaß, D., Schäfer, A. M., Udluft, S. (2008). Safe exploration for reinforcement learning. 실린 곳: *ESANN*.

Hansen, E. (1998). Solving POMDPs by searching in policy space. 실린 곳: *UAI-98*.

Hansen, E., Zilberstein, S. (2001). LAO*: a heuristic search algorithm that finds solutions with loops. *AIJ*, *129*, 35-62.

Hansen, P., Jaumard, B. (1990). Algorithms for the maximum satisfiability problem. *Computing*, *44*, 279-303.

Hanski, I., Cambefort, Y. (엮음) (1991). *Dung Beetle Ecology*. Princeton University Press.

Hansson, O., Mayer, A. (1989). Heuristic search as evidential reasoning. 실린 곳: *UAI 5*.

Haralick, R. M., Elliott, G. L. (1980). Increasing tree search efficiency for constraint satisfaction problems. *AIJ*, *14*, 263-313.

Hardin, G. (1968). The Tragedy of the Commons. *Science*, *162*, 1243-1248.

Hardt, M., Price, E., Srebro, N. (2017). Equality of opportunity in supervised learning. 실린 곳: *NeurIPS 29*.

Harris, T. (2016). How Technology is Hijacking Your Mind--From a Magician and Google Design Ethicist. medium.com/thrive-global/how-technology-hijacks-peoples-minds-from-a-magician-and-google-s-design-ethicist-56d62ef5edf3.

Harris, Z. (1954). Distributional Structure. *Word*, *10*, .

Harrison, J., March, J. G. (1984). Decision making and postdecision surprises. *Administrative Science Quarterly*, *29*, 26-42.

Harrow, A. W., Hassidim, A., Lloyd, S. (2009). Quantum algorithm for linear systems of equations. *Physical Review Letters*, *103 15*, 150502.

Harsanyi, J. (1967). Games with incomplete information played by Bayesian players. *Management Science*, *14*, 159-182.

Hart, P. E., Nilsson, N. J., Raphael, B. (1968). A formal basis for the heuristic determination of minimum cost paths. *IEEE Transactions on Systems Science and Cybernetics*, *SSC-4(2)*, 100-107.

Hart, T. P., Edwards, D. J. (1961). The tree prune (TP) algorithm. 기술보고서, MIT.

Hartley, H. (1958). Maximum likelihood estimation from incomplete data. *Biometrics*, *14*, 174-194.

Hartley, R., Zisserman, A. (2000). *Multiple view geometry in computer vision*. Cambridge University Press.

Hashimoto, K., Xiong, C., Tsuruoka, Y., Socher, R. (2016). A Joint Many-Task Model: Growing a Neural Network for Multiple NLP Tasks. arXiv:1611.01587.

Haslum, P. (2006). Improving Heuristics Through Relaxed Search - An Analysis of TP4 and HSP*a in the 2004 Planning Competition. *JAIR*, *25*, 233-267.

Haslum, P., Botea, A., Helmert, M., Bonet, B., Koenig, S. (2007). Domain-Independent Construction of Pattern Database Heuristics for Cost-Optimal Planning. 실린 곳: *AAAI-07*.

Haslum, P., Geffner, H. (2001). Heuristic planning with time and resources. 실린 곳: *Proc. IJCAI-01 Workshop on Planning with Resources*.

Hastie, T., Tibshirani, R. (1996). Discriminant adaptive nearest neighbor classification and regression. 실린 곳: *NeurIPS 8*.

Hastie, T., Tibshirani, R., Friedman, J. (2009). *The Elements of Statistical Learning: Data Mining, Inference and Prediction*. Springer-Verlag.

Hastings, W. K. (1970). Monte Carlo Sampling Methods Using Markov Chains and Their Applications. *Biometrika*, *57*, 97-109.

Hatem, M., Ruml, W. (2014). Simpler Bounded Suboptimal Search. 실린 곳: *AAAI-14*.

Haugeland, J. (1985). *Artificial Intelligence: The Very Idea*. MIT Press.

Havelund, K., Lowry, M., Park, S.-J., Pecheur, C., Penix, J., Visser, W., White, J. L. (2000). Formal Analysis of the Remote Agent Before and After Flight. 실린 곳: *Proc. 5th NASA Langley Formal Methods Workshop*.

Havenstein, H. (2005). Spring comes to AI winter. *Computer World*, Fe. 14.

Hawkins, J. (1961). Self-organizing systems: A review and commentary. *Proc. IRE*, *49*, 31-48.

Hay, N., Russell, S. J., Shimony, S. E., Tolpin, D. (2012). Selecting Computations: Theory and Applications. 실린 곳: *UAI-12*.

Hayes, P. J. (1978). The naive physics manifesto. 실린 곳: Michie, D. (엮음), *Expert Systems in the Microelectronic Age*. Edinburgh University Press.

Hayes, P. J. (1979). The logic of frames. 실린 곳: Metzing, D. (엮음), *Frame Conceptions and Text Understanding*. de Gruyter.

Hayes, P. J. (1985a). Naive physics I: Ontology for liquids. 실린 곳: Hobbs, J. R., Moore, R. C. (엮음), *Formal

Theories of the Commonsense World. Ablex.

Hayes, P. J. (1985b). The second naive physics manifesto. 실린 곳: Hobbs, J. R., Moore, R. C. (엮음), *Formal Theories of the Commonsense World*. Ablex.

Hays, J., Efros, A. (2007). Scene Completion Using Millions of Photographs. *ACM Transactions on Graphics (SIGGRAPH)*, *26*, .

He, H., Bai, Y., Garcia, E. A., Li, S. (2008). ADASYN: Adaptive synthetic sampling approach for imbalanced learning. 실린 곳: *2008 IEEE International Joint Conference on Neural Networks (IEEE World Congress on Computational Intelligence)*.

He, K., Zhang, X., Ren, S., Sun, J. (2016). Deep residual learning for image recognition. 실린 곳: *CVPR-16*.

Heawood, P. J. (1890). Map colouring theorem. *Quarterly Journal of Mathematics*, *24*, 332-338.

Hebb, D. O. (1949). *The Organization of Behavior*. Wiley.

Heckerman, D. (1986). Probabilistic interpretation for MYCIN's certainty factors. 실린 곳: Kanal, L. N., Lemmer, J. F. (엮음), *UAI 2*. Elsevier.

Heckerman, D. (1991). *Probabilistic Similarity Networks*. MIT Press.

Heckerman, D. (1998). A tutorial on learning with Bayesian networks. 실린 곳: Jordan, M. I. (엮음), *Learning in graphical models*. Kluwer.

Heckerman, D., Geiger, D., Chickering, D. M. (1994). Learning Bayesian networks: The combination of knowledge and statistical data. 기술보고서, Microsoft Research.

Heess, N., Wayne, G., Silver, D., Lillicrap, T., Erez, T., Tassa, Y. (2016). Learning continuous control policies by stochastic value gradients. 실린 곳: *NeurIPS 28*.

Heidegger, M. (1927). *Being and Time*. SCM Press.

Heinlein, R. A. (1973). *Time Enough for Love*. Putnam.

Held, M., Karp, R. M. (1970). The traveling salesman problem and minimum spanning trees. *Operations Research*, *18*, 1138-1162.

Helmert, M. (2001). On the Complexity of Planning in Transportation Domains. 실린 곳: *ECP-01*.

Helmert, M. (2006). The Fast Downward Planning System. *JAIR*, *26*, 191-246.

Helmert, M., Röger, G. (2008). How good is almost perfect?. 실린 곳: *AAAI-08*.

Helmert, M., Röger, G., Karpas, E. (2011). Fast Downward Stone Soup: A Baseline for Building Planner Portfolios. 실린 곳: *ICAPS*.

Hendeby, G., Karlsson, R., Gustafsson, F. (2010). Particle Filtering: The Need for Speed. *EURASIP J. Adv. Sig. Proc.*, 6월호 .

Henrion, M. (1988). Propagation of uncertainty in Bayesian networks by probabilistic logic sampling. 실린 곳: Lemmer, J. F., Kanal, L. N. (엮음), *UAI 2*. Elsevier.

Henzinger, T. A., Sastry, S. (엮음) (1998). *Hybrid Systems: Computation and Control*. Springer-Verlag.

Herbrand, J. (1930). *Recherches sur la Théorie de la Démonstration*. 박사 논문, University of Paris.

Herbrich, R., Minka, T., Graepel, T. (2007). TrueSkill: A Bayesian skill rating system. 실린 곳: *NeurIPS 19*.

Hernández-Orallo, J. (2016). Evaluation in artificial intelligence: From task-oriented to ability-oriented

measurement. *Artificial Intelligence Review*, *48*, 397-447.

Hess, C., Ostrom, E. (2007). *Understanding Knowledge as a Commons*. MIT Press.

Hewitt, C. (1969). PLANNER: a language for proving theorems in robots. 실린 곳: *IJCAI-69*.

Hewitt, C. (1977). Viewing Control Structures as Patterns of Passing Messages. *AIJ*, *8*, 323-364.

Hezaveh, Y. D., Levasseur, L. P., Marshall, P. J. (2017). Fast automated analysis of strong gravitational lenses with convolutional neural networks. *Nature*, *548*, 555-557.

Hierholzer, C. (1873). Über die Möglichkeit, einen Linienzug ohne Wiederholung und ohne Unterbrechung zu umfahren. *Mathematische Annalen*, *6*, 30-32.

Hilbert, M., Lopez, P. (2011). The World's Technological Capacity to Store, Communicate, and Compute Information. *Science*, *332*, 60-65.

Hilgard, E. R., Bower, G. H. (1975). *Theories of Learning*. Prentice-Hall.

Hind, M., Mehta, S., Mojsilovic, A., Nair, R., Ramamurthy, K. N., Olteanu, A., Varshney, K. R. (2018). Increasing Trust in AI Services through Supplier's Declarations of Conformity. arXiv:1808.07261.

Hintikka, J. (1962). *Knowledge and Belief*. Cornell University Press.

Hinton, G. E. (1987). Learning translation invariant recognition in a massively parallel network. 실린 곳: Goos, G., Hartmanis, J. (엮음), *PARLE: Parallel Architectures and Languages Europe*. Springer-Verlag.

Hinton, G. E., Anderson, J. A. (1981). *Parallel Models of Associative Memory*. Lawrence Erlbaum.

Hinton, G. E., Deng, L., Yu, D., Dahl, G., Mohamed, A. R., Jaitly, N., Senior, A., Vanhoucke, V., Nguyen, P., Sainath, T., Kingsbury, B. (2012). Deep Neural Networks for Acoustic Modeling in Speech Recognition. *Signal Processing Magazine*, *29*, 82-97.

Hinton, G. E., Nowlan, S. J. (1987). How learning can guide evolution. *Complex Systems*, *1*, 495-502.

Hinton, G. E., Osindero, S., Teh, Y W. (2006). A fast learning algorithm for deep belief nets. *Neural Computation*, *18*, 1527-1554.

Hinton, G. E., Sejnowski, T. (1983). Optimal perceptual inference. 실린 곳: *CVPR-83*.

Hinton, G. E., Sejnowski, T. (1986). Learning and relearning in Boltzmann machines. 실린 곳: Rumelhart, D. E., McClelland, J. L. (엮음), *Parallel Distributed Processing*. MIT Press.

Hirth, M., Hoßfeld, T., Tran-Gia, P. (2013). Analyzing costs and accuracy of validation mechanisms for crowdsourcing platforms. *Mathematical and Computer Modelling*, *57*, 2918-2932.

Ho, M. K., Littman, M. L., MacGlashan, J., Cushman, F., Austerweil, J. L. (2017). Showing versus doing: Teaching by demonstration. 실린 곳: *NeurIPS 29*.

Ho, T. K. (1995). Random decision forests. 실린 곳: *Proc. 3rd Int'l Conf. on Document Analysis and Recognition*.

Hobbs, J. R. (1990). *Literature and Cognition*. CSLI Press.

Hobbs, J. R., Moore, R. C. (엮음) (1985). *Formal Theories of the Commonsense World*. Ablex.

Hochreiter, S. (1991). Untersuchungen zu dynamischen neuronalen Netzen. Diploma thesis, Technische Universität

München. .

Hochreiter, S., Schmidhuber, J. (1997). Long short-term memory. *Neural Computation*, *9*, 1735-1780.

Hoffman, M., Bach, F. R., Blei, D. M. (2011). Online Learning for Latent Dirichlet Allocation. 실린 곳: *NeurIPS 23*.

Hoffmann, J. (2001). FF: The Fast-Forward Planning System. *AIMag*, *22*, 57-62.

Hoffmann, J. (2005). Where "Ignoring Delete Lists" Works: Local Search Topology in Planning Benchmarks. *JAIR*, *24*, 685-758.

Hoffmann, J., Brafman, R. I. (2005). Contingent Planning via Heuristic Forward Search with Implicit Belief States. 실린 곳: *ICAPS-05*.

Hoffmann, J., Brafman, R. I. (2006). Conformant Planning via Heuristic Forward Search: A New Approach. *AIJ*, *170*, 507-541.

Hoffmann, Jörg, Nebel, B. (2001). The FF Planning System: Fast Plan Generation Through Heuristic Search. *JAIR*, *14*, 253-302.

Hoffmann, Jörg, Sabharwal, A., Domshlak, C. (2006). Friends or Foes? An AI Planning Perspective on Abstraction and Search. 실린 곳: *ICAPS-06*.

Hofleitner, A., Herring, R., Abbeel, P., Bayen, A. M. (2012). Learning the Dynamics of Arterial Traffic From Probe Data Using a Dynamic Bayesian Network. *IEEE Transactions on Intelligent Transportation Systems*, *13*, 1679-1693.

Hogan, N. (1985). Impedance control: An approach to manipulation. Parts I, II, and III. *J. Dynamic Systems, Measurement, and Control*, *107*, 1-24.

Hoiem, D., Efros, A., Hebert, M. (2007). Recovering Surface Layout from an Image. *IJCV*, *75*, 151-172.

Holland, J. H. (1975). *Adaption in Natural and Artificial Systems*. University of Michigan Press.

Holland, J. H. (1995). *Hidden Order: How Adaptation Builds Complexity*. Addison-Wesley.

Holte, R. C., Felner, A., Sharon, G., Sturtevant, N. R. (2016). Bidirectional Search That Is Guaranteed to Meet in the Middle. 실린 곳: *AAAI-16*.

Holzmann, G. J. (1997). The Spin model checker. *IEEE Transactions on Software Engineering*, *23*, 279-295.

Hood, A. (1824). Case 4th--28 July 1824 (Mr. Hood's cases of injuries of the brain). *Phrenological Journal and Miscellany*, *2*, 82-94.

Hooker, J. (1995). Testing heuristics: We have it all wrong. *J. Heuristics*, *1*, 33-42.

Hoos, H. H., Stützle, T. (2004). *Stochastic Local Search: Foundations and Applications*. Morgan Kaufmann.

Hoos, H. H., Tsang, E. (2006). Local Search Methods. 실린 곳: Rossi, F., van Beek, P., Walsh, T. (엮음), *Handbook of Constraint Processing*. Elsevier.

Hopfield, J. J. (1982). Neural networks and physical systems with emergent collective computational abilities. *PNAS*, *79*, 2554-2558.

Horn, A. (1951). On sentences which are true of direct unions of algebras. *JSL*, *16*, 14-21.

Horn, B. K. Paul (1970). Shape from shading: A method for obtaining the shape of a smooth opaque object from one view. 기술보고서, MIT Artificial Intelligence Laboratory.

Horn, B. K. Paul, Brooks, M. J. (1989). *Shape from Shading*. MIT Press.

Horn, K. V. (2003). Constructing a Logic of Plausible Inference: A Guide To Cox's Theorem. *IJAR*, *34*, 3-24.

Horning, J. J. (1969). *A Study of Grammatical Inference*. 박사 논문, Stanford University.

Horswill, I. (2000). Functional Programming of Behavior-Based Systems. *Autonomous Robots*, *9*, 83-93.

Horvitz, E. J. (1987). Problem-solving design: Reasoning about computational value, trade-offs, and resources. 실린 곳: *Proc. Second Annual NASA Research Forum*.

Horvitz, E. J., Barry, M. (1995). Display of Information for Time-Critical Decision Making. 실린 곳: *UAI-95*.

Horvitz, E. J., Breese, J. S. (1996). Ideal partition of resources for metareasoning. 실린 곳: *AAAI-96*.

Horvitz, E. J., Breese, J. S., Heckerman, D., Hovel, D. (1998). The Lumiere project: Bayesian user modeling for inferring the goals and needs of software users. 실린 곳: *UAI-98*.

Horvitz, E. J., Breese, J. S., Henrion, M. (1988). Decision theory in expert systems and artificial intelligence. *IJAR*, *2*, 247-302.

Hotelling, H. (1933). Analysis of a complex of statistical variables into principal components. *J. Ed. Psych.*, *24*, 417-441.

Howard, J., Gugger, S. (2020). *Deep Learning for Coders with fastai and PyTorch*. O'Reilly.

Howard, J., Ruder, S. (2018). Fine-tuned Language Models for Text Classification. arXiv:1801.06146.

Howard, R. A. (1960). *Dynamic Programming and Markov Processes*. MIT Press.

Howard, R. A. (1966). Information value theory. *IEEE Transactions on Systems Science and Cybernetics*, *SSC-2*, 22-26.

Howard, R. A. (1989). Microrisks for medical decision analysis. *Int. J. Technology Assessment in Health Care*, *5*, 357-370.

Howard, R. A., Matheson, J. E. (1984). Influence diagrams. 실린 곳: Howard, R. A., Matheson, J. E. (엮음), *Readings on the Principles and Applications of Decision Analysis*. Strategic Decisions Group.

Howe, D. (1987). The Computational Behaviour of Girard's Paradox. 실린 곳: *LICS-87*.

Howson, C. (2003). Probability and Logic. *J. Applied Logic*, *1*, 151-165.

Hsiao, K., Kaelbling, L. P., Lozano-Perez, T. (2007). Grasping POMDPs. 실린 곳: *ICRA-07*.

Hsu, F.-H. (2004). *Behind Deep Blue: Building the Computer that Defeated the World Chess Champion*. Princeton University Press.

Hsu, F.-H., Anantharaman, T. S., Campbell, M. S., Nowatzyk, A. (1990). A grandmaster chess machine. *Scientific American*, *263*, 44-50.

Hu, J., Wellman, M. P. (1998). Multiagent reinforcement learning: Theoretical framework and an algorithm. 실린 곳: *ICML-98*.

Hu, J., Wellman, M. P. (2003). Nash Q-learning for general-sum stochastic games. *JMLR*, *4*, 1039-1069.

Huang, T., Koller, D., Malik, J., Ogasawara, G., Rao, B.,

Russell, S. J., Weber, J. (1994). Automatic Symbolic Traffic Scene Analysis Using Belief Networks. 실린 곳: *AAAI-94*.

Huang, T., Russell, S. J. (1998). Object Identification: A Bayesian Analysis with Application to Traffic Surveillance. *AIJ*, *103*, 1-17.

Hubel, D. H. (1988). *Eye, Brain, and Vision*. W. H. Freeman.

Hubel, D. H., Wiesel, T. N. (1959). Receptive Fields of Single Neurons in the Cat's Striate Cortex. *Journal of Physiology*, *148*, 574-591.

Hubel, D. H., Wiesel, T. N. (1962). Receptive fields, binocular interaction and functional architecture in the cat's visual cortex. *J. Physiology*, *160*, 106-154.

Hubel, D. H., Wiesel, T. N. (1968). Receptive fields and functional architecture of monkey striate cortex. *J. Physiology*, *195*, 215-243.

Huddleston, R. D., Pullum, G. K. (2002). *The Cambridge Grammar of the English Language*. Cambridge University Press.

Huffman, D. A. (1971). Impossible objects as nonsense sentences. 실린 곳: Meltzer, B., Michie, D. (엮음), *Machine Intelligence 6*. Edinburgh University Press.

Hughes, B. D. (1995). *Random Walks and Random Environments, Vol. 1: Random Walks*. Oxford University Press.

Hughes, G. E., Cresswell, M. J. (1996). *A New Introduction to Modal Logic*. Routledge.

Huhns, M. N., Singh, M. (엮음) (1998). *Readings in Agents*. Morgan Kaufmann.

Hume, D. (1739). *A Treatise of Human Nature*. Republished by Oxford University Press, 1978.

Humphrys, M. (2008). How my program passed the Turing test. 실린 곳: Epstein, R., Roberts, G., Beber, G. (엮음), *Parsing the Turing Test*. Springer.

Hunsberger, L., Grosz, B. J. (2000). A Combinatorial Auction for Collaborative Planning. 실린 곳: *Int. Conference on Multi-Agent Systems*.

Hunt, W., Brock, B. (1992). A Formal HDL and Its Use in the FM9001 Verification. *Phil. Trans. Roy. Soc.*, *339*, .

Hunter, L., States, D. J. (1992). Bayesian classification of protein structure. *IEEE Expert*, *7*, 67-75.

Hur, C.-K., Nori, A. V., Rajamani, S. K., Samuel, S. (2014). Slicing Probabilistic Programs. 실린 곳: *PLDI-14*.

Hurst, M. (2000). *The Interpretation of Text in Tables*. 박사 논문, Edinburgh.

Hurwicz, L. (1973). The design of mechanisms for resource allocation. *American Economic Review Papers and Proceedings*, *63*, 1-30.

Huth, M., Ryan, M. (2004). *Logic in Computer Science: Modelling and Reasoning About Systems*. Cambridge University Press.

Huttenlocher, D., Ullman, S. (1990). Recognizing solid objects by alignment with an image. *IJCV*, *5*, 195-212.

Hutter, F., Kotthoff, L., Vanschoren, J. (2019). *Automated Machine Learning*. Springer.

Huygens, C. (1657). De ratiociniis in ludo aleae. 실린 곳: van Schooten, F. (엮음), *Exercitionum Mathematicorum*. Elsevirii.

Huyn, N., Dechter, R., Pearl, J. (1980). Probabilistic Analysis of the Complexity of A*. *AIJ*, *15*, 241-254.

Huynh, V. A., Roy, N. (2009). icLQG: Combining local and global optimization for control in information space. 실린 곳: *ICRA-09*.

Hwa, R. (1998). An Empirical Evaluation of Probabilistic Lexicalized Tree Insertion Grammars. 실린 곳: *ACL-98*.

Hwang, C. H., Schubert, L. K. (1993). EL: A formal, yet natural, comprehensive knowledge representation. 실린 곳: *AAAI-93*.

Hyafil, L., Rivest, R. (1976). Constructing Optimal Binary Decision Trees is NP-Complete. *Information Processing Letters*, *5*, 15-17.

Ieong, S., Shoham, Y. (2005). Marginal Contribution Nets: A Compact Representation Scheme for Coalitional Games. 실린 곳: *Proc. Sixth ACM Conference on Electronic Commerce (EC'05)*.

Ingerman, P. Z. (1967). Panini-Backus form suggested. *CACM*, *10*, 137.

Intille, S., Bobick, A. (1999). A Framework for Recognizing Multi-Agent Action from Visual Evidence. 실린 곳: *AAAI-99*.

Ioffe, S., Szegedy, C. (2015). Batch normalization: Accelerating deep network training by reducing internal covariate shift. arXiv:1502.03167.

Irpan, A. (2018). Deep Reinforcement Learning Doesn't Work Yet. www.alexirpan.com/2018/02/14/rl-hard.html.

Isard, M., Blake, A. (1996). Contour tracking by stochastic propagation of conditional density. 실린 곳: *ECCV-96*.

Isola, P., Zhu, J.-Y., Zhou, T., Efros, A. (2017). Image-to-image translation with conditional adversarial networks. 실린 곳: *CVPR-17*.

Jaakkola, T., Jordan, M. I. (1996). Computing upper and lower bounds on likelihoods in intractable networks. 실린 곳: *UAI-96*.

Jacobson, D. H., Mayne, D. Q. (1970). *Differential Dynamic Programming*. North-Holland.

Jaderberg, M., Czarnecki, W. M., Dunning, I., Marris, L., Lever, G., Castaneda, A. G., Beattie, C., Rabinowitz, N. C., Morcos, A. S., Ruderman, A. (2019). Human-level performance in 3D multiplayer games with population-based reinforcement learning. *Science*, *364*, 859-865.

Jaderberg, M., Dalibard, V., Osindero, S., Czarnecki, W. M., Donahue, J., Razavi, A., Vinyals, O., Green, T., Dunning, I., Simonyan, K., Fernando, C., Kavukcuoglu, K. (2017). Population Based Training of Neural Networks. arXiv:1711.09846.

Jaffar, J., Lassez, J.-L. (1987). Constraint logic programming. 실린 곳: *Proc. Fourteenth ACM POPL Conference*.

Jaffar, J., Michaylov, S., Stuckey, P. J., Yap, R. H. C. (1992). The CLP(R) language and system. *ACM Transactions on Programming Languages and Systems*, *14*, 339-395.

Jain, D., Barthels, A., Beetz, M. (2010). Adaptive Markov Logic Networks: Learning Statistical Relational Models with Dynamic Parameters. 실린 곳: *ECAI-10*.

Jain, D., Kirchlechner, B., Beetz, M. (2007). Extending Markov Logic to Model Probability Distributions in Relational Domains. 실린 곳: *30th Annual German Conference on AI (KI)*.

James, G., Witten, D., Hastie, T., Tibshirani, R. (2013). *An Introduction to Statistical Learning with Applications in R*. Springer-Verlag.

Jarrett, K., Kavukcuoglu, K., Ranzato, M., LeCun, Y. (2009). What is the Best Multi-Stage Architecture for Object Recognition?. 실린 곳: *ICCV-09*.

Jaynes, E. T. (2003). *Probability Theory: The Logic of Science*. Cambridge Univ. Press.

Jeffrey, R. C. (1983). *The Logic of Decision*. University of Chicago Press.

Jeffreys, H. (1948). *Theory of Probability*. Oxford.

Jelinek, F. (1976). Continuous speech recognition by statistical methods. *Proc. IEEE*, *64*, 532-556.

Jelinek, F., Mercer, R. L. (1980). Interpolated estimation of Markov source parameters from sparse data. 실린 곳: *Proc. Workshop on Pattern Recognition in Practice*.

Jennings, H. S. (1906). *Behavior of the Lower Organisms*. Columbia University Press.

Jenniskens, P., Betlem, H., Betlem, J., Barifaijo, E. (1994). The Mbale meteorite shower. *Meteoritics*, *29*, 246-254.

Jensen, F. V. (2007). *Bayesian Networks and Decision Graphs*. Springer-Verlag.

Ji, Z., Lipton, Z. C., Elkan, C. (2014). Differential Privacy and Machine Learning: A Survey and Review. arXiv:1412.7584.

Jiang, H., Nachum, O. (2019). Identifying and Correcting Label Bias in Machine Learning. arXiv:1901.04966.

Jimenez, P., Torras, C. (2000). An efficient algorithm for searching implicit AND/OR graphs with cycles. *AIJ*, *124*, 1-30.

Joachims, T. (2001). A Statistical Learning Model of Text Classification with Support Vector Machines. 실린 곳: *SIGIR-01*.

Johnson, M. (1998). PCFG Models of Linguistic Tree Representations. *Comput. Linguist.*, *24*, 613-632.

Johnson, W. W., Story, W. E. (1879). Notes on the "15" puzzle. *American Journal of Mathematics*, *2*, 397-404.

Johnston, M. D., Adorf, H.-M. (1992). Scheduling with neural networks: The case of the Hubble space telescope. *Computers and Operations Research*, *19*, 209-240.

Jonathan, P. J. Y., Fung, C. C., Wong, K. W. (2009). Devious chatbots-interactive malware with a plot. 실린 곳: *FIRA RoboWorld Congress*.

Jones, M., Love, B. C. (2011). Bayesian Fundamentalism or Enlightenment? On the explanatory status and theoretical contributions of Bayesian models of cognition. *BBS*, *34*, 169-231.

Jones, R. M., Laird, J., Nielsen, P. E. (1998). Automated intelligent pilots for combat flight simulation. 실린 곳: *AAAI-98*.

Jones, R., McCallum, A., Nigam, K., Riloff, E. (1999). Bootstrapping for Text Learning Tasks. 실린 곳: *Proc. IJCAI-99 Workshop on Text Mining: Foundations, Techniques, and Applications*.

Jones, T. (2007). *Artificial Intelligence: A Systems Approach*. Infinity Science Press.

Jonsson, A., Morris, P., Muscettola, N., Rajan, K., Smith, B. (2000). Planning in Interplanetary Space: Theory and Practice. 실린 곳: *AIPS-00*.

Jordan, M. I. (1986). Serial order: A parallel distributed processing approach. 기술보고서, UCSD Institute for Cognitive Science.

Jordan, M. I. (2005). Dirichlet processes, Chinese restaurant processes and all that. Tutorial presentation at the NeurIPS Conference.

Jordan, M. I., Ghahramani, Z., Jaakkola, T., Saul, L. K. (1999). An introduction to variational methods for graphical models. *Machine Learning*, *37*, 183-233.

Jouannaud, J.-P., Kirchner, C. (1991). Solving equations in abstract algebras: A rule-based survey of unification. 실린 곳: Lassez, J.-L., Plotkin, G. (엮음), *Computational Logic*. MIT Press.

Joulin, A., Grave, E., Bojanowski, P., Mikolov, T. (2016). Bag of tricks for efficient text classification. arXiv:1607.01759.

Jouppi, N. P., Young, C., Patil, N., Patterson, D. A. (2017). In-datacenter performance analysis of a tensor processing unit. 실린 곳: *ACM/IEEE 44th International Symposium on Computer Architecture*.

Joy, B. (2000). Why the Future Doesn't Need Us. 실린 곳: *Wired*, *8*.

Jozefowicz, R., Vinyals, O., Schuster, M., Shazeer, N., Wu, Y. (2016). Exploring the Limits of Language Modeling. arXiv:1602.02410.

Jozefowicz, R., Zaremba, W., Sutskever, I. (2015). An empirical exploration of recurrent network architectures. 실린 곳: *ICML-15*.

Juels, A., Wattenberg, M. (1996). Stochastic hillclimbing as a baseline method for evaluating genetic algorithms. 실린 곳: *NeurIPS 8*.

Julesz, B. (1971). *Foundations of Cyclopean Perception*. University of Chicago Press.

Julian, K. D., Kochenderfer, M. J., Owen, M. P. (2018). Deep Neural Network Compression for Aircraft Collision Avoidance Systems. arXiv:1810.04240.

Juliani, A., Berges, V.-P., Vckay, E., Gao, Y., Henry, H., Mattar, M., Lange, D. (2018). Unity: A General Platform for Intelligent Agents. arXiv:1809.02627.

Junker, U. (2003). The logic of ilog (j)configurator: Combining constraint programming with a description logic. 실린 곳: *Proc. IJCAI-03 Configuration Workshop*.

Jurafsky, D., Martin, J. H. (2020). *Speech and Language Processing: An Introduction to Natural Language Processing, Computational Linguistics, and Speech Recognition*. Prentice-Hall.

Kadane, J. B., Larkey, P. D. (1982). Subjective Probability and the Theory of Games. *Management Science*, *28*, 113-120.

Kadane, J. B., Simon, H. A. (1977). Optimal strategies for a class of constrained sequential problems. *Annals of Statistics*, *5*, 237-255.

Kaelbling, L. P., Littman, M. L., Cassandra, A. R. (1998). Planning and acting in partially observable stochastic domains. *AIJ*, *101*, 99-134.

Kaelbling, L. P., Rosenschein, S. J. (1990). Action and planning in embedded agents. *Robotics and Autonomous Systems*, *6*, 35-48.

Kager, R. (1999). *Optimality Theory*. Cambridge University Press.

Kahn, H. (1950a). Random sampling (Monte Carlo) techniques in neutron attenuation problems-I. *Nucleonics*, 6, 27-passim.

Kahn, H. (1950b). Random sampling (Monte Carlo) techniques in neutron attenuation problems-II. *Nucleonics*, 6, 60-65.

Kahn, H., Marshall, A. W. (1953). Methods of Reducing Sample Size in Monte Carlo Computations. *Operations Research*, 1, 263-278.

Kahneman, D. (2011). *Thinking, Fast and Slow*. Farrar, Straus and Giroux.

Kahneman, D., Slovic, P., Tversky, A. (엮음) (1982). *Judgment under Uncertainty: Heuristics and Biases*. Cambridge University Press.

Kahneman, D., Tversky, A. (1979). Prospect Theory: An Analysis of Decision under Risk. *Econometrica*, 47, 263-291.

Kaindl, H., Khorsand, A. (1994). Memory-bounded bidirectional search. 실린 곳: *AAAI-94*.

Kalman, R. (1960). A new approach to linear filtering and prediction problems. *J. Basic Engineering*, 82, 35-46.

Kambhampati, S. (1994). Exploiting causal structure to control retrieval and refitting during plan reuse. *Computational Intelligence*, 10, 213-244.

Kanade, T., Thorpe, C., Whittaker, W. (1986). Autonomous land vehicle project at CMU. 실린 곳: *ACM Fourteenth Annual Conference on Computer Science*.

Kanal, E. (2017). Machine Learning in Cybersecurity. CMU SEI Blog, insights.sei.cmu.edu/sei_blog/2017/06/machine-learning-in-cybersecurity.html.

Kanazawa, A., Black, M., Jacobs, D., Malik, J. (2018a). End-to-end Recovery of Human Shape and Pose. 실린 곳: *CVPR-18*.

Kanazawa, A., Tulsiani, M., Efros, A., Malik, J. (2018b). Learning Category-Specific Mesh Reconstruction from Image Collections. 실린 곳: *ECCV-18*.

Kanazawa, K., Koller, D., Russell, S. J. (1995). Stochastic simulation algorithms for dynamic probabilistic networks. 실린 곳: *UAI-95*.

Kang, S. M., Wildes, R. P. (2016). Review of action recognition and detection methods. arXiv:1610.06906.

Kanter, J. M., Veeramachaneni, K. (2015). Deep feature synthesis: Towards automating data science endeavors. 실린 곳: *Proc. IEEE Int'l Conf. on Data Science and Advanced Analytics*.

Kantorovich, L. V. (1939). Mathematical Methods of Organizing and Planning Production. 번역본: *Management Science*, 6(4), 366-422, 1960.

Kaplan, D., Montague, R. (1960). A Paradox Regained. *Notre Dame Formal Logic*, 1, 79-90.

Karaboga, D., Basturk, B. (2007). A powerful and efficient algorithm for numerical function optimization: Artificial bee colony (ABC) algorithm. *Journal of global optimization*, 39, 459-471.

Karamchandani, A., Bjerager, P., Cornell, C Allin (1989). Adaptive importance sampling. 실린 곳: *Proc. Fifth International Conference on Structural Safety and Reliability*.

Karmarkar, N. (1984). A New Polynomial-Time Algorithm for Linear Programming. *Combinatorica*, 4, 373-395.

Karp, R. M. (1972). Reducibility among combinatorial problems. 실린 곳: Miller, R. E., Thatcher, J. W. (엮음), *Complexity of Computer Computations*. Plenum.

Karpathy, A. (2015). The unreasonable effectiveness of recurrent neural networks. Andrej Karpathy blog, karpathy.github.io/2015/05/21/rnn-effectiveness/.

Karpathy, A., Fei-Fei, L. (2015). Deep visual-semantic alignments for generating image descriptions. 실린 곳: *CVPR-15*.

Karras, T., Aila, T., Laine, S., Lehtinen, J. (2017). Progressive growing of GANs for improved quality, stability, and variation. arXiv:1710.10196.

Karsch, K., Hedau, V., Forsyth, D., Hoiem, D. (2011). Rendering synthetic objects into legacy photographs. 실린 곳: *SIGGRAPH Asia*.

Kartam, N. A., Levitt, R. E. (1990). A constraint-based approach to construction planning of multi-story buildings. 실린 곳: *Expert Planning Systems*.

Kasami, T. (1965). An efficient recognition and syntax analysis algorithm for context-free languages. 기술보고서, Air Force Cambridge Research Laboratory.

Katehakis, M. N., Veinott, A. F. (1987). The Multi-Armed Bandit Problem: Decomposition and Computation. *Mathematics of Operations Research*, 12, 185-376.

Katz, B. (1997). Annotating the World Wide Web using natural language. 실린 곳: *RIAO '97*.

Kaufmann, M., Manolios, P., Moore, J. S. (2000). *Computer-Aided Reasoning: An Approach*. Kluwer.

Kautz, H. (2006). Deconstructing Planning as Satisfiability. 실린 곳: *AAAI-06*.

Kautz, H., McAllester, D. A., Selman, B. (1996). Encoding Plans in Propositional Logic. 실린 곳: *KR-96*.

Kautz, H., Selman, B. (1992). Planning as Satisfiability. 실린 곳: *ECAI-92*.

Kautz, H., Selman, B. (1998). BLACKBOX: A new approach to the application of theorem proving to problem solving. Working Notes of the AIPS-98 Workshop on Planning as Combinatorial Search.

Kavraki, L., Svestka, P., Latombe, J.-C., Overmars, M. (1996). Probabilistic Roadmaps for Path Planning in High-Dimensional Configuration Spaces. *IEEE Transactions on Robotics and Automation*, 12, 566-580.

Kazemi, S. M., Kimmig, A., Van den Broeck, G., Poole, D. (2017). New Liftable Classes for First-Order Probabilistic Inference. 실린 곳: *NeurIPS 29*.

Kearns, M. (1988). Thoughts on Hypothesis Boosting. unpublished class project.

Kearns, M. (1990). *The Computational Complexity of Machine Learning*. MIT Press.

Kearns, M., Mansour, Y., Ng, A. Y. (2000). Approximate Planning in Large POMDPs via Reusable Trajectories. 실린 곳: *NeurIPS 12*.

Kearns, M., Mansour, Y., Ng, A. Y. (2002). A sparse sampling algorithm for near-optimal planning in large Markov decision processes. *Machine Learning*, 49, 193-208.

Kearns, M., Singh, S. (1998). Near-optimal reinforcement learning in polynomial time. 실린 곳: *ICML-98*.

Kearns, M., Vazirani, U. (1994). *An Introduction to Computational Learning Theory*. MIT Press.

Kebeasy, R. M., Hussein, A. I., Dahy, S. A. (1998). Discrimination between natural earthquakes and nuclear explosions using the Aswan Seismic Network. *Annali di Geofisica*, *41*, 127-140.

Keeney, R. L. (1974). Multiplicative utility functions. *Operations Research*, *22*, 22-34.

Keeney, R. L., Raiffa, H. (1976). *Decisions with Multiple Objectives: Preferences and Value Tradeoffs*. Wiley.

Kelley, H. J. (1960). Gradient theory of optimal flight paths. *ARS Journal*, *30*, 947-954.

Kemp, M. (엮음) (1989). *Leonardo on Painting: An Anthology of Writings*. Yale University Press.

Kempe, A. B. (1879). On the geographical problem of the four-colors. *American Journal of Mathematics*, *2*, 193-200.

Kephart, J. O., Chess, D. M. (2003). The Vision of Autonomic Computing. *IEEE Computer*, *36*, 41-50.

Kersting, K., Raedt, L. D., Kramer, S. (2000). Interpreting Bayesian Logic Programs. 실린 곳: *Proc. AAAI-00 Workshop on Learning Statistical Models from Relational Data*.

Keskar, N. S., McCann, B., Varshney, L., Xiong, C., Socher, R. (2019). CTRL: A Conditional Transformer Language Model for Controllable Generation. arXiv:1909.

Keynes, J. M. (1921). *A Treatise on Probability*. Macmillan.

Khare, R. (2006). Microformats: The Next (Small) Thing on the Semantic Web. *IEEE Internet Computing*, *10*, 68-75.

Khatib, O. (1986). Real-time obstacle avoidance for robot manipulator and mobile robots. *Int. J. Robotics Research*, *5*, 90-98.

Kim, B., Khanna, R., Koyejo, O. O. (2017). Examples are not enough, learn to criticize! Criticism for interpretability. 실린 곳: *NeurIPS 29*.

Kim, J. H. (1983). *CONVINCE: A Conversational Inference Consolidation Engine*. 박사 논문, Department of Computer Science, UCLA.

Kim, J. H., Pearl, J. (1983). A computational model for combined causal and diagnostic reasoning in inference systems. 실린 곳: *IJCAI-83*.

Kim, J.-H., Lee, C.-H., Lee, K.-H., Kuppuswamy, N. (2007). Evolving Personality of a Genetic Robot in Ubiquitous Environment. 실린 곳: *Proc. 16th IEEE International Symposium on Robot and Human Interactive Communication*.

Kim, T. W. (2018). Explainable artificial intelligence (XAI), the goodness criteria and the grasp-ability test. arXiv:1810.09598.

Kingma, D. P., Welling, M. (2013). Auto-encoding variational Bayes. arXiv:1312.6114.

Kirk, D. E. (2004). *Optimal Control Theory: An Introduction*. Dover.

Kirkpatrick, S., Gelatt, C. D., Vecchi, M. P. (1983). Optimization by simulated annealing. *Science*, *220*, 671-680.

Kisynski, J., Poole, D. (2009). Lifted Aggregation in Directed First-order Probabilistic Models. 실린 곳: *IJCAI-09*.

Kitaev, N., Kaiser, L., Levskaya, A. (2020). Reformer: The Efficient Transformer. arXiv:2001.04451.

Kitaev, N., Klein, D. (2018). Constituency Parsing with a Self-Attentive Encoder. arXiv:1805.01052.

Kitani, K. M., abd James Andrew Bagnell, B. D. Z.,

Hebert, M. (2012). Activity forecasting. 실린 곳: *ECCV-12*.

Kitano, H., Asada, M., Kuniyoshi, Y., Noda, I., Osawa, E. (1997). RoboCup: The Robot World Cup Initiative. 실린 곳: *Proc. First International Conference on Autonomous Agents*.

Kjaerulff, U. (1992). A computational scheme for reasoning in dynamic probabilistic networks. 실린 곳: *UAI-92*.

Klarman, H. E., Francis, J., Rosenthal, G. D. (1968). Cost effectiveness analysis applied to the treatment of chronic renal disease. *Medical Care*, *6*, 48-54.

Klein, D., Manning, C. (2001). Parsing with Treebank Grammars: Empirical Bounds, Theoretical Models, and the Structure of the Penn Treebank. 실린 곳: *ACL-01*.

Klein, D., Manning, C. (2003). A* Parsing: Fast exact Viterbi parse selection. 실린 곳: *HLT-NAACL-03*.

Kleinberg, J. M., Mullainathan, S., Raghavan, M. (2016). Inherent Trade-Offs in the Fair Determination of Risk Scores. arXiv:1609.05807.

Klemperer, P. (2002). What Really Matters in Auction Design. *J. Economic Perspectives*, *16*, .

Kneser, R., Ney, H. (1995). Improved backing-off for M-gram language modeling. 실린 곳: *ICASSP-95*.

Knoblock, C. A. (1991). Search Reduction in Hierarchical Problem Solving.. 실린 곳: *AAAI-91*.

Knuth, D. E. (1964). Representing Numbers Using Only One 4. *Mathematics Magazine*, *37*, 308-310.

Knuth, D. E. (1975). An analysis of alpha-beta pruning. *AIJ*, *6*, 293-326.

Knuth, D. E. (2015). *The Art of Computer Programming*. Addison-Wesley.

Knuth, D. E., Bendix, P. B. (1970). Simple word problems in universal algebras. 실린 곳: Leech, J. (엮음), *Computational Problems in Abstract Algebra*. Pergamon.

Kober, J., Bagnell, J. A., Peters, J. (2013). Reinforcement learning in robotics: A survey. *International Journal of Robotics Research*, *32*, 1238-1274.

Koch, C. (2019). *The Feeling of Life Itself*. MIT Press.

Kochenderfer, M. J. (2015). *Decision Making Under Uncertainty: Theory and Application*. MIT Press.

Kocsis, L., Szepesvari, C. (2006). Bandit-based Monte-Carlo planning. 실린 곳: *ECML-06*.

Koditschek, D. (1987). Exact robot navigation by means of potential functions: Some topological considerations. 실린 곳: *ICRA-87*.

Koehn, P. (2009). *Statistical Machine Translation*. Cambridge University Press.

Koelsch, S., Siebel, W. A. (2005). Towards a neural basis of music perception. *Trends in Cognitive Sciences*, *9*, 578-584.

Koenderink, J. J. (1990). *Solid Shape*. MIT Press.

Koenderink, J. J., van Doorn, A. J. (1991). Affine structure from motion. *J. Optical Society of America A*, *8*, 377-385.

Koenig, S. (1991). Optimal Probabilistic and Decision-Theoretic Planning using Markovian Decision Theory. 기술보고서, Computer Science Division, University of California, Berkeley.

Koenig, S. (2000). Exploring unknown environments with real-time search or reinforcement learning. 실린 곳: *NeurIPS 12*.

Koenig, S. (2001). Agent-Centered Search. *AIMag*, *22*,

109-131.

Koenig, S., Likhachev, M. (2002). D* Lite. *AAAI-15, 15*, .

Koenig, S., Likhachev, M., Furcy, D. (2004). Lifelong planning A*. *AIJ, 155*, 93-146.

Kolesky, D. B., Truby, R. L., Gladman, A Sydney, Busbee, T. A., Homan, K. A., Lewis, J. A. (2014). 3D bioprinting of vascularized, heterogeneous cell-laden tissue constructs. *Advanced Materials, 26*, 3124-3130.

Koller, D., Friedman, N. (2009). *Probabilistic Graphical Models: Principles and Techniques*. MIT Press.

Koller, D., McAllester, D. A., Pfeffer, A. (1997). Effective Bayesian Inference for Stochastic Programs. 실린 곳: *AAAI-97*.

Koller, D., Meggido, N., von Stengel, B. (1996). Efficient computation of equilibria for extensive two-person games. *Games and Economic Behaviour, 14*, 247-259.

Koller, D., Parr, R. (2000). Policy iteration for factored MDPs. 실린 곳: *UAI-00*.

Koller, D., Pfeffer, A. (1997). Representations and Solutions for Game-Theoretic Problems. *AIJ, 94*, 167-215.

Koller, D., Pfeffer, A. (1998). Probabilistic frame-based systems. 실린 곳: *AAAI-98*.

Koller, D., Sahami, M. (1997). Hierarchically classifying documents using very few words. 실린 곳: *ICML-97*.

Kolmogorov, A. N. (1941). Interpolation und Extrapolation von Stationaren Zufalligen Folgen. *Bulletin of the Academy of Sciences of the USSR, Ser. Math. 5*, 3-14.

Kolmogorov, A. N. (1963). On tables of random numbers. *Sankhya, the Indian Journal of Statistics: Series A, 25*, 369-376.

Kolmogorov, A. N. (1965). Three approaches to the quantitative definition of information. *Problems in Information Transmission, 1*, 1-7.

Kolter, J. Z., Abbeel, P., Ng, A. Y. (2008). Hierarchical apprenticeship learning, with application to quadruped locomotion. 실린 곳: *NeurIPS 20*.

Kondrak, G., van Beek, P. (1997). A Theoretical Evaluation of Selected Backtracking Algorithms. *AIJ, 89*, 365-387.

Konečný, J., McMahan, H Brendan, Yu, F. X., Richtárik, P., Suresh, A. T., Bacon, D. (2016). Federated learning: Strategies for improving communication efficiency. arXiv:1610.05492.

Konolige, K. (1982). A first order formalization of knowledge and action for a multi-agent planning system. 실린 곳: Hayes, J. E., Michie, D., Pao, Y.-H. (엮음), *Machine Intelligence 10*. Ellis Horwood.

Konolige, K. (1994). Easy to be hard: Difficult problems for greedy algorithms. 실린 곳: *KR-94*.

Konolige, K. (1997). COLBERT: A language for reactive control in Saphira. 실린 곳: *Künstliche Intelligenz: Advances in Artificial Intelligence*.

Konolige, K. (2004). Large-Scale Map-Making. 실린 곳: *AAAI-04*.

Koopmans, T. C. (1972). Representation of preference orderings over time. 실린 곳: McGuire, C. B., Radner, R. (엮음), *Decision and Organization*. Elsevier.

Korb, K. B., Nicholson, A. (2010). *Bayesian Artificial Intelligence*. CRC Press.

Korf, R. E. (1985a). Depth-first iterative-deepening: an optimal admissible tree search. *AIJ, 27*, 97-109.

Korf, R. E. (1985b). Iterative-deepening A*: An optimal admissible tree search. 실린 곳: *IJCAI-85*.

Korf, R. E. (1987). Planning as search: A quantitative approach. *AIJ, 33*, 65-88.

Korf, R. E. (1990). Real-time heuristic search. *AIJ, 42*, 189-212.

Korf, R. E. (1993). Linear-space best-first search. *AIJ, 62*, 41-78.

Korf, R. E. (1997). Finding optimal solutions to Rubik's Cube using pattern databases. 실린 곳: *AAAI-97*.

Korf, R. E., Chickering, D. M. (1996). Best-first minimax search. *AIJ, 84*, 299-337.

Korf, R. E., Felner, A. (2002). Disjoint pattern database heuristics. *AIJ, 134*, 9-22.

Korf, R. E., Reid, M. (1998). Complexity analysis of admissible heuristic search. 실린 곳: *AAAI-98*.

Korf, R. E., Zhang, W. (2000). Divide-and-Conquer Frontier Search Applied to Optimal Sequence Alignment. 실린 곳: *AAAI-00*.

Koutsoupias, E., Papadimitriou, C. H. (1992). On the greedy algorithm for satisfiability. *Information Processing Letters, 43*, 53-55.

Kovacs, D. L. (2011). BNF Definition of PDDL3.1. Unpublished manuscript from the IPC-2011 website.

Kowalski, R. (1974). Predicate logic as a programming language. 실린 곳: *Proc. IFIP Congress*.

Kowalski, R. (1979). *Logic for Problem Solving*. Elsevier.

Kowalski, R. (1988). The early years of logic programming. *CACM, 31*, 38-43.

Kowalski, R., Sergot, M. (1986). A logic-based calculus of events. *New Generation Computing, 4*, 67-95.

Koza, J. R. (1992). *Genetic Programming: On the Programming of Computers by Means of Natural Selection*. MIT Press.

Koza, J. R. (1994). *Genetic Programming II: Automatic Discovery of Reusable Programs*. MIT Press.

Koza, J. R., Bennett, F. H., Andre, D., Keane, M. A. (1999). *Genetic Programming III: Darwinian Invention and Problem Solving*. Morgan Kaufmann.

Krakovna, V. (2018). Specification gaming examples in AI.
.

Kraska, T., Beutel, A., Chi, E. H., Dean, J., Polyzotis, N. (2017). The Case for Learned Index Structures. arXiv:1712.01208.

Kraus, S. (2001). *Strategic Negotiation in Multiagent Environments*. MIT Press.

Kraus, S., Ephrati, E., Lehmann, D. (1991). Negotiation in a non-cooperative environment. *AIJ, 3*, 255-281.

Krause, A., Guestrin, C. (2005). Optimal Nonmyopic Value of Information in Graphical Models: Efficient Algorithms and Theoretical Limits. 실린 곳: *IJCAI-05*.

Krause, A., Guestrin, C. (2009). Optimal Value of Information in Graphical Models. *JAIR, 35*, 557-591.

Krause, A., McMahan, B., Guestrin, C., Gupta, A. (2008). Robust Submodular Observation Selection. *JMLR, 9*, 2761-2801.

Kripke, S. A. (1963). Semantical considerations on modal logic. *Acta Philosophica Fennica, 16*, 83-94.

Krishna, V. (2002). *Auction Theory*. Academic Press.

Krishnamurthy, V. (2016). *Partially Observed Markov Decision Processes: From Filtering to Controlled Sensing.*. Cambridge University Press.

Krishnanand, K., Ghose, D. (2009). Glowworm swarm optimisation: A new method for optimising multi-modal functions. *International Journal of Computational Intelligence Studies, 1*, 93-119.

Krizhevsky, A., Sutskever, I., Hinton, G. E. (2013). ImageNet classification with deep convolutional neural networks. 실린 곳: *NeurIPS 25*.

Krogh, A., Brown, M., Mian, I. S., Sjolander, K., Haussler, D. (1994). Hidden Markov models in computational biology: Applications to protein modeling. *J. Molecular Biology, 235*, 1501-1531.

Krogh, A., Hertz, J. A. (1992). A simple weight decay can improve generalization. 실린 곳: *NeurIPS 4*.

Kruppa, E. (1913). Zur Ermittlung eines Objecktes aus zwei Perspektiven mit innerer Orientierung. *Sitz.-Ber. Akad. Wiss., Wien, Math. Naturw., Kl. Abt. IIa, 122*, 1939-1948.

Kübler, S., McDonald, R., Nivre, J. (2009). *Dependency Parsing*. Morgan & Claypool.

Kuffner, J. J., LaValle, S. (2000). RRT-connect: An efficient approach to single-query path planning. 실린 곳: *ICRA-00*.

Kuhn, H. W. (1953). Extensive games and the problem of information. 실린 곳: Kuhn, H. W., Tucker, A. W. (엮음), *Contributions to the Theory of Games II*. Princeton University Press.

Kuhn, H. W. (1955). The Hungarian Method for the assignment problem. *Naval Research Logistics Quarterly, 2*, 83-97.

Kuipers, B. J. (1985). Qualitative Simulation. 실린 곳: Bobrow, D. (엮음), *Qualitative Reasoning About Physical Systems*. MIT Press.

Kuipers, B. J. (2001). Qualitative Simulation. 실린 곳: Meyers, R. A. (엮음), *Encyclopedia of Physical Science and Technology*. Academic Press.

Kuipers, B. J., Levitt, T. S. (1988). Navigation and Mapping in Large-Scale Space. *AIMag, 9*, 25-43.

Kulkarni, T., Kohli, P., Tenenbaum, J. B., Mansinghka, V. K. (2015). Picture: A probabilistic programming language for scene perception. 실린 곳: *CVPR-15*.

Kumar, P. R., Varaiya, P. (1986). *Stochastic Systems: Estimation, Identification, and Adaptive Control*. Prentice-Hall.

Kumar, S. (2017). A Survey of Deep Learning Methods for Relation Extraction. arXiv:1705.03645.

Kumar, V., Kanal, L. N. (1988). The CDP: A unifying formulation for heuristic search, dynamic programming, and branch-and-bound. 실린 곳: Kanal, L. N., Kumar, V. (엮음), *Search in Artificial Intelligence*. Springer-Verlag.

Kurien, J., Nayak, P., Smith, D. E. (2002). Fragment-based conformant planning. 실린 곳: *AIPS-02*.

Kurth, T., Treichler, S., Romero, J., Mudigonda, M., Luehr, N., Phillips, E. H., Mahesh, A., Matheson, M., Deslippe, J., Fatica, M., Prabhat, Houston, M. (2018). Exascale Deep Learning for Climate Analytics. arXiv:1810.01993.

Kurzweil, R. (2005). *The Singularity is Near*. Viking.

Kwok, C., Etzioni, O., Weld, D. S. (2001). Scaling Question Answering to the Web. 실린 곳: *Proc. 10th International Conference on the World Wide Web*.

La Mettrie, J. O. (1748). *L'homme machine*. E. Luzac.

La Mura, P., Shoham, Y. (1999). Expected Utility Networks. 실린 곳: *UAI-99*.

Laborie, P. (2003). Algorithms for propagating resource constraints in AI planning and scheduling. *AIJ, 143*, 151-188.

Ladkin, P. (1986a). Primitives and units for time specification. 실린 곳: *AAAI-86*.

Ladkin, P. (1986b). Time representation: a taxonomy of interval relations. 실린 곳: *AAAI-86*.

Lafferty, J., McCallum, A., Pereira, F. (2001). Conditional Random Fields: Probabilistic Models for Segmenting and Labeling Sequence Data. 실린 곳: *ICML-01*.

Lai, T. L., Robbins, H. (1985). Asymptotically efficient adaptive allocation rules. *Advances in Applied Mathematics, 6*, 4-22.

Laird, J. (2008). Extending the Soar Cognitive Architecture. 실린 곳: *Artificial General Intelligence Conference*.

Laird, J., Newell, A., Rosenbloom, P. S. (1987). SOAR: An architecture for general intelligence. *AIJ, 33*, 1-64.

Laird, J., Rosenbloom, P. S., Newell, A. (1986). Chunking in Soar: The anatomy of a general learning mechanism. *Machine Learning, 1*, 11-46.

Lake, B., Salakhutdinov, R., Tenenbaum, J. B. (2015). Human-level concept learning through probabilistic program induction. *Science, 350*, 1332-1338.

Lakoff, G. (1987). *Women, Fire, and Dangerous Things: What Categories Reveal About the Mind*. University of Chicago Press.

Lakoff, G., Johnson, M. (1980). *Metaphors We Live By*. University of Chicago Press.

Lakoff, G., Johnson, M. (1999). *Philosophy in the Flesh : The Embodied Mind and Its Challenge to Western Thought*. Basic Books.

Lam, J., Greenspan, M. (2008). Eye-in-hand visual servoing for accurate shooting in pool robotics. 실린 곳: *5th Canadian Conference on Computer and Robot Vision*.

Lamarck, J. B. (1809). *Philosophie zoologique*. Chez Dentu et L'Auteur.

Lample, G., Conneau, A. (2019). Cross-lingual Language Model Pretraining. arXiv:1901.07291.

Landhuis, E. (2004). Lifelong debunker takes on arbiter of neutral choices: Magician-turned-mathematician uncovers bias in a flip of a coin. *Stanford Report*, 6월 7일자.

Langdon, W., Poli, R. (2002). *Foundations of Genetic Programming*. Springer.

Langton, C. (엮음) (1995). *Artificial Life*. MIT Press.

LaPaugh, A. S. (2010). Algorithms and Theory of Computation Handbook. 실린 곳: Atallah, M. J., Blanton, M. (엮음), *VLSI Layout Algorithms*. Chapman & Hall/CRC.

Laplace, P. (1816). *Essai philosophique sur les probabilités*. Courcier Imprimeur.

Larochelle, H., Murray, I. (2011). The Neural Autoregressive Distribution Estimator. 실린 곳: *AISTATS-11*.

Larson, S. C. (1931). The shrinkage of the coefficient of multiple correlation. *J. Educational Psychology, 22*, 45-55.

Laskey, K. B. (1995). Sensitivity analysis for probability assessments in Bayesian networks. *IEEE Transactions on Systems, Man and Cybernetics*, 25, 901-909.

Laskey, K. B. (2008). MEBN: A Language for First-Order Bayesian Knowledge Bases. *AIJ*, 172, 140-178.

Latombe, J.-C. (1991). *Robot Motion Planning*. Kluwer.

Lauritzen, S. (1995). The EM Algorithm for Graphical Association Models with Missing Data. *Computational Statistics and Data Analysis*, 19, 191-201.

Lauritzen, S., Dawid, A. P., Larsen, B., Leimer, H. (1990). Independence properties of directed Markov fields. *Networks*, 20, 491-505.

Lauritzen, S., Spiegelhalter, D. J. (1988). Local computations with probabilities on graphical structures and their application to expert systems. *J. Royal Statistical Society, B 50*, 157-224.

Lauritzen, S., Wermuth, N. (1989). Graphical models for associations between variables, some of which are qualitative and some quantitative. *Annals of Statistics*, 17, 31-57.

LaValle, S. (2006). *Planning Algorithms*. Cambridge University Press.

Lawler, E. L., Lenstra, J. K., Kan, A., Shmoys, D. B. (1992). *The Travelling Salesman Problem*. Wiley Interscience.

Lawler, E. L., Lenstra, J. K., Kan, A., Shmoys, D. B. (1993). Sequencing and scheduling: Algorithms and complexity. 실린 곳: Graves, S. C., Zipkin, P. H., Kan, A. H. G. R. (엮음), *Logistics of Production and Inventory: Handbooks in Operations Research and Management Science, Volume 4*. North-Holland.

Lawler, E. L., Wood, D. E. (1966). Branch-and-bound methods: A survey. *Operations Research*, 14, 699-719.

Lazanas, A., Latombe, J.-C. (1992). Landmark-based robot navigation. 실린 곳: *AAAI-92*.

Le, T. A., Baydin, A. G., Wood, F. (2017). Inference Compilation and Universal Probabilistic Programming. 실린 곳: *AISTATS-17*.

Lebedev, M. A., Nicolelis, M. AL. (2006). Brain-machine interfaces: Past, present and future. *Trends in Neurosciences*, 29, 536-546.

Lecoutre, C. (2009). *Constraint Networks: Techniques and Algorithms*. Wiley-IEEE Press.

LeCun, Y., Bengio, Y., Hinton, G. E. (2015). Deep learning. *Nature*, 521, 436-444.

LeCun, Y., Denker, J., Solla, S. (1990). Optimal brain damage. 실린 곳: *NeurIPS 2*.

LeCun, Y., Jackel, L., Boser, B., Denker, J. (1989). Handwritten digit recognition: Applications of neural network chips and automatic learning. *IEEE Communications Magazine*, 27, 41-46.

LeCun, Y., Jackel, L., Bottou, L., Brunot, A., Cortes, C., Denker, J., Drucker, H., Guyon, I., Muller, U., Sackinger, E., Simard, P., Vapnik, V. N. (1995). Comparison of learning algorithms for handwritten digit recognition. 실린 곳: *Int. Conference on Artificial Neural Networks*.

Lee, D., Seo, H., Jung, M. W. (2012). Neural basis of reinforcement learning and decision making. *Annual Review of Neuroscience*, 35, 287-308.

Lee, K.-F. (2018). *AI Superpowers: China, Silicon Valley, and the New World Order*. Houghton Mifflin.

Leech, G., Rayson, P., Wilson, A. (2001). *Word Frequencies in Written and Spoken English: Based on the British National Corpus*. Longman.

Legendre, A. M. (1805). *Nouvelles méthodes pour la détermination des orbites des comètes*. Chez Firmin Didot.

Lehmann, J., Isele, R., Jakob, M., Jentzsch, A., Kontokostas, D., Mendes, P. N., Hellmann, S., Morsey, M., van Kleef, P., Auer, Sören, Bizer, C. (2015). DBpedia - A large-scale, multilingual knowledge base extracted from Wikipedia. *Semantic Web*, 6, 167-195.

Lehrer, J. (2009). *How We Decide*. Houghton Mifflin.

Leike, J., Martic, M., Krakovna, V., Ortega, P. A., Everitt, T., Lefrancq, A., Orseau, L., Legg, S. (2017). AI Safety Gridworlds. arXiv:1711.09883.

Lelis, L., Arfaee, S. J., Zilles, S., Holte, R. C. (2012). Learning Heuristic Functions Faster by Using Predicted Solution Costs. 실린 곳: *Proc. Fifth Annual Symposium on Combinatorial Search*.

Lenat, D. B. (1975). BEINGS: Knowledge as Interacting Experts. 실린 곳: *IJCAI75*.

Lenat, D. B., Guha, R. V. (1990). *Building Large Knowledge-Based Systems: Representation and Inference in the CYC Project*. Addison-Wesley.

Leonard, H. S., Goodman, N. (1940). The calculus of individuals and its uses. *JSL*, 5, 45-55.

Leonard, J., Durrant-Whyte, H. (1992). *Directed Sonar Sensing for Mobile Robot Navigation*. Kluwer.

Lepage, G Peter (1978). A new algorithm for adaptive multidimensional integration. *Journal of Computational Physics*, 27, 192-203.

Lerner, U. (2002). *Hybrid Bayesian Networks for Reasoning About Complex Systems*. 박사 논문, Stanford University.

Leśniewski, S. (1916). Podstawy Ogólnej Teorii Mnogości. Popławski.

Lesser, V. R., Corkill, D. D. (1988). The Distributed Vehicle Monitoring Testbed: A Tool for Investigating Distributed Problem Solving Networks. 실린 곳: Engelmore, R., Morgan, T. (엮음), *Blackboard Systems*. Addison-Wesley.

Letz, R., Schumann, J., Bayerl, S., Bibel, W. (1992). SETHEO: A High-Performance Theorem Prover. *JAR*, 8, 183-212.

Levesque, H. J., Brachman, R. J. (1987). Expressiveness and tractability in knowledge representation and reasoning. *Computational Intelligence*, 3, 78-93.

Levin, D. A., Peres, Y., Wilmer, E. L. (2008). *Markov Chains and Mixing Times*. American Mathematical Society.

Levine, S., Finn, C., Darrell, T., Abbeel, P. (2016). End-to-end training of deep visuomotor policies. *JMLR*, 17, 1334-1373.

Levine, S., Pastor, P., Krizhevsky, A., Ibarz, J., Quillen, D. (2018). Learning hand-eye coordination for robotic grasping with deep learning and large-scale data collection. *International Journal of Robotics Research*, 37, 421-436.

Levy, D. (1989). The million pound bridge program. 실린 곳: Levy, D., Beal, D. (엮음), *Heuristic Programming in Artificial Intelligence*. Ellis Horwood.

Levy, D. (2008). *Love and Sex with Robots: The Evolution of Human─Robot Relationships*. Harper.

Levy, O., Goldberg, Y. (2014). Linguistic regularities in sparse and explicit word representations. 실린 곳: *Proc. Eighteenth Conference on Computational Natural Language Learning*.

Leyton-Brown, K., Shoham, Y. (2008). *Essentials of Game Theory: A Concise, Multidisciplinary Introduction*. Morgan & Claypool.

Li, C. M., Anbulagan (1997). Heuristics Based on Unit Propagation for Satisfiability Problems. 실린 곳: *IJCAI-97*.

Li, K., Malik, J. (2018a). Implicit maximum likelihood estimation. arXiv:1809.09087.

Li, K., Malik, J. (2018b). On the Implicit Assumptions of GANs. arXiv:1811.12402.

Li, M., Vitányi, P. (2008). *An Introduction to Kolmogorov Complexity and Its Applications*. Springer-Verlag.

Li, T.-M., Gharbi, M., Adams, A., Durand, F., Ragan-Kelley, J. (2018). Differentiable programming for image processing and deep learning in Halide. *ACM Transactions on Graphics*, *37*, 139.

Li, W., Todorov, E. (2004). Iterative linear quadratic regulator design for nonlinear biological movement systems.. 실린 곳: *Proc. 1st International Conference on Informatics in Control, Automation and Robotics*.

Li, X., Yao, X. (2012). Cooperatively coevolving particle swarms for large scale optimization. *IEEE Trans. Evolutionary Computation*, *16*, 210-224.

Li, Z., Li, P., Krishnan, A., Liu, J. (2011). Large-scale dynamic gene regulatory network inference combining differential equation models with local dynamic Bayesian network analysis. *Bioinformatics*, *27 19*, 2686-91.

Liang, P., Jordan, M. I., Klein, D. (2011). Learning Dependency-Based Compositional Semantics. arXiv:1109.6841.

Liang, P., Potts, C. (2015). Bringing Machine Learning and Compositional Semantics Together. *Annual Review of Linguistics*, *1*, 355-376.

Liberatore, P. (1997). The complexity of the language **A**. *Electronic Transactions on Artificial Intelligence*, *1*, 13-38.

Lifschitz, V. (2001). Answer set programming and plan generation. *AIJ*, *138*, 39-54.

Lighthill, J. (1973). Artificial intelligence: A general survey. 실린 곳: Lighthill, J., Sutherland, N. S., Needham, R. M., Longuet-Higgins, H. C., Michie, D. (엮음), *Artificial Intelligence: A Paper Symposium*. Science Research Council of Great Britain.

Lillicrap, T., Hunt, J. J., Pritzel, A., Heess, N., Erez, T., Tassa, Y., Silver, D., Wierstra, D. (2015). Continuous control with deep reinforcement learning. arXiv:1509.02971.

Lin, S. (1965). Computer solutions of the travelling salesman problem. *Bell Systems Technical Journal*, *44(10)*, 2245-2269.

Lin, S., Kernighan, B. W. (1973). An effective heuristic algorithm for the travelling-salesman problem. *Operations Research*, *21*, 498-516.

Lindley, D. V. (1956). On a Measure of the Information Provided by an Experiment. *Annals of Mathematical Statistics*, *27*, 986-1005.

Lindsay, R. K., Buchanan, B. G., Feigenbaum, E. A., Lederberg, J. (1980). *Applications of Artificial Intelligence for Organic Chemistry: The DENDRAL Project*.

McGraw-Hill.

Lindsten, F., Jordan, M. I., Schön, T. B. (2014). Particle Gibbs with ancestor sampling. *JMLR*, *15*, 2145-2184.

Littman, M. L. (1994). Markov Games as a Framework for Multi-Agent Reinforcement Learning. 실린 곳: *ICML-94*.

Littman, M. L. (2015). Reinforcement learning improves behaviour from evaluative feedback. *Nature*, *521*, 445-451.

Littman, M. L., Cassandra, A. R., Kaelbling, L. P. (1995). Learning policies for partially observable environments: Scaling Up. 실린 곳: *ICML-95*.

Littman, M. L., Topcu, U., Fu, J., Isbell, C., Wen, M., MacGlashan, J. (2017). Environment-independent task specifications via GLTL. arXiv:1704.04341.

Liu, B., Gemp, I., Ghavamzadeh, M., Liu, J., Mahadevan, S., Petrik, M. (2018). Proximal Gradient Temporal Difference Learning: Stable Reinforcement Learning with Polynomial Sample Complexity. *JAIR*, *63*, 461-494.

Liu, H., Simonyan, K., Vinyals, O., Fernando, C., Kavukcuoglu, K. (2017). Hierarchical representations for efficient architecture search. arXiv:1711.00436.

Liu, H., Simonyan, K., Yang, Y. (2019). DARTS: Differentiable Architecture Search. 실린 곳: *ICLR-19*.

Liu, J., Chen, R. (1998). Sequential Monte Carlo methods for dynamic systems. *JASA*, *93*, 1022-1031.

Liu, J., West, M. (2001). Combined parameter and state estimation in simulation-based filtering. 실린 곳: Doucet, A., de Freitas, J. F. G., Gordon, N. (엮음), *Sequential Monte Carlo Methods in Practice*. Springer.

Liu, L. T., Dean, S., Rolf, E., Simchowitz, M., Hardt, M. (2018). Delayed Impact of Fair Machine Learning. arXiv:1803.04383.

Liu, M.-Y., Breuel, T., Kautz, J. (2018). Unsupervised image-to-image translation networks. 실린 곳: *NeurIPS 30*.

Liu, X., Faes, L., Kale, A. U., Wagner, S. K., Fu, D. J., Bruynseels, A., Mahendiran, T., Moraes, G., Shamdas, M., Kern, C., Ledsam, J. R., Schmid, M., Balaskas, K., Topol, E., Bachmann, L. M., Keane, P. A., Denniston, A. K. (2019a). A comparison of deep learning performance against health-care professionals in detecting diseases from medical imaging: A systematic review and meta-analysis. *The Lancet Digital Health*.

Liu, Y., Ott, M., Goyal, N., Du, J., Joshi, M., Chen, D., Levy, O., Lewis, M., Zettlemoyer, L., Stoyanov, V. (2019b). RoBERTa: A Robustly Optimized BERT Pretraining Approach. arXiv:1907.11692.

Liu, Y., Jain, A., Eng, C., Way, D. H., Lee, K., Bui, P., Kanada, K., de Oliveira Marinho, G., Gallegos, J., Gabriele, S., Gupta, V., Singh, N., Natarajan, V., Hofmann-Wellenhof, R., Corrado, G., Peng, L., Webster, D. R., Ai, D., Huang, S., Liu, Y., Dunn, R. C., Coz, D. (2019c). A deep learning system for differential diagnosis of skin diseases. arXiv:1909.

Liu, Y., Kohlberger, T., Norouzi, M., Dahl, G., Smith, J. L., Mohtashamian, A., Olson, N., Peng, L., Hipp, J. D., Stumpe, M. C. (2018). Artificial Intelligence-Based Breast Cancer Nodal Metastasis Detection: Insights Into the Black Box for Pathologists. *Archives of Pathology & Laboratory Medicine*, *143*, 859-868.

Liu, Y., Gadepalli, K. K., Norouzi, M., Dahl, G., Kohlberger, T., Venugopalan, S., Boyko, A. S., Timofeev, A., Nelson, P. Q., Corrado, G., Hipp, J. D., Peng, L.,

Stumpe, M. C. (2017). Detecting Cancer Metastases on Gigapixel Pathology Images. arXiv:1703.02442.

Livescu, K., Glass, J., Bilmes, J. (2003). Hidden feature modeling for speech recognition using dynamic Bayesian networks. 실린 곳: *EUROSPEECH-2003*.

Lloyd, S. (2000). Ultimate physical limits to computation. *Nature*, 406, 1047-1054.

Lloyd, W. F. (1833). *Two Lectures on the Checks to Population*. Oxford University.

Llull, R. (1305). *Ars Magna*. 출간: Salzinger, I. 외. (엮음), Raymundi Lulli Opera omnia, Mainz, 1721-1742.

Loftus, E., Palmer, J. (1974). Reconstruction of Automobile Destruction: An Example of the Interaction Between Language and Memory. *J. Verbal Learning and Verbal Behavior*, 13, 585-589.

Lohn, J. D., Kraus, W. F., Colombano, S. P. (2001). Evolutionary Optimization of Yagi-Uda Antennas. 실린 곳: *Proc. Fourth International Conference on Evolvable Systems*.

Longuet-Higgins, H. C. (1981). A computer algorithm for reconstructing a scene from two projections. *Nature*, 293, 133-135.

Loos, S., Irving, G., Szegedy, C., Kaliszyk, C. (2017). Deep Network Guided Proof Search. 실린 곳: *Proc. 21st Int'l Conf. on Logic for Programming, Artificial Intelligence and Reasoning*.

Lopez de Segura, R. (1561). *Libro de la invencion liberal y arte del juego del axedrez*. Andres de Angulo.

Lorentz, R. (2015). Early Playout Termination in MCTS. 실린 곳: *Advances in Computer Games*.

Love, N., Hinrichs, T., Genesereth, M. R. (2006). General Game Playing: Game Description Language Specification. 기술보고서, Stanford University Computer Science Dept..

Lovejoy, W. S. (1991). A survey of algorithmic methods for partially observed Markov decision processes. *Annals of Operations Research*, 28, 47-66.

Lovelace, A. (1843). Sketch of the analytical engine invented by Charles Babbage. Notes appended to Lovelace's translation of an article of the above title written by L. F. Menabrea based on lectures by Charles babbage in 1840. 번역본: R. Taylor (엮음), *Scientific Memoirs, vol. III*. R. 및 J. E. Taylor, London.

Loveland, D. (1970). A linear format for resolution. 실린 곳: *Proc. IRIA Symposium on Automatic Demonstration*.

Lowe, D. (1987). Three-dimensional object recognition from single two-dimensional images. *AIJ*, 31, 355-395.

Lowe, D. (2004). Distinctive Image Features from Scale-Invariant Keypoints. *IJCV*, 60, 91-110.

Löwenheim, L. (1915). Über Möglichkeiten im Relativkalkül. *Mathematische Annalen*, 76, 447-470.

Lowerre, B. T. (1976). *The HARPY Speech Recognition System*. 박사 논문, Computer Science Department, Carnegie-Mellon University.

Lowry, M. (2008). Intelligent Software Engineering Tools for NASA's Crew Exploration Vehicle. 실린 곳: *ISMIS-08*.

Loyd, S. (1959). *Mathematical Puzzles of Sam Loyd: Selected and Edited by Martin Gardner*. Dover.

Lozano-Perez, T. (1983). Spatial Planning: A Configuration Space Approach. *IEEE Transactions on Computers*, C-32, 108-120.

Lozano-Perez, T., Mason, M., Taylor, R. (1984). Automatic Synthesis of Fine-Motion Strategies for Robots. *IJRR*, 3, 3-24.

Lu, F., Milios, E. (1997). Globally Consistent Range Scan Alignment for Environment Mapping. *Autonomous Robots*, 4, 333-349.

Lubberts, A., Miikkulainen, R. (2001). Co-Evolving a Go-Playing Neural Network. 실린 곳: *GECCO-01*.

Luby, M., Sinclair, A., Zuckerman, D. (1993). Optimal speedup of Las Vegas algorithms. *Information Processing Letters*, 47, 173-180.

Lucas, J. R. (1961). Minds, machines, and Gödel. *Philosophy*, 36, .

Lucas, J. R. (1976). This Gödel is killing me: A rejoinder. *Philosophia*, 6, 145-148.

Lucas, P., van der Gaag, L., Abu-Hanna, A. (2004). Bayesian networks in biomedicine and health-care. *Artificial Intelligence in Medicine*.

Luce, D. R., Raiffa, H. (1957). *Games and Decisions*. Wiley.

Lukasiewicz, T. (1998). Probabilistic Logic Programming. 실린 곳: *ECAI-98*.

Lundberg, S. M., Lee, S.-I. (2018). A Unified Approach to Interpreting Model Predictions. 실린 곳: *NeurIPS 30*.

Lunn, D., Jackson, C., Best, N., Thomas, A., Spiegelhalter, D. J. (2013). *The BUGS Book: A Practical Introduction to Bayesian Analysis*. Chapman and Hall.

Lunn, D., Thomas, A., Best, N., Spiegelhalter, D. J. (2000). WinBUGS--a Bayesian modelling framework: Concepts, structure, and extensibility. *Statistics and Computing*, 10, 325-337.

Luo, S., Bimbo, J., Dahiya, R., Liu, H. (2017). Robotic tactile perception of object properties: A review. *Mechatronics*, 48, 54-67.

Lyman, P., Varian, H. R. (2003). How Much Information?. www.sims.berkeley.edu/how-much-info-2003.

Lynch, K., Park, F. C. (2017). *Modern Robotics*. Cambridge University Press.

Machina, M. (2005). Choice under uncertainty. 실린 곳: *Encyclopedia of Cognitive Science*. Wiley.

MacKay, D. J. C. (2002). *Information Theory, Inference and Learning Algorithms*. Cambridge University Press.

MacKenzie, D. (2004). *Mechanizing Proof*. MIT Press.

Mackworth, A. K. (1977). Consistency in networks of relations. *AIJ*, 8, 99-118.

Mackworth, A. K., Freuder, E. C. (1985). The complexity of some polynomial network consistency algorithms for constraint satisfaction problems. *AIJ*, 25, 65-74.

Madhavan, R., Schlenoff, C. I. (2003). Moving object prediction for off-road autonomous navigation. 실린 곳: *Unmanned Ground Vehicle Technology V*.

Mailath, G., Samuelson, L. (2006). *Repeated Games and Reputations: Long-Run Relationships*. Oxford University Press.

Majercik, S. M., Littman, M. L. (2003). Contingent planning under uncertainty via stochastic satisfiability. *AIJ*, 147, 119-162.

Malhotra, P., Vig, L., Shroff, G., Agarwal, P. (2015). Long short term memory networks for anomaly detection in time series. 실린 곳: *ISANN-15*.

Malik, D., Palaniappan, M., Fisac, J. F., Hadfield-Menell, D., Russell, S. J., Dragan, A. D. (2018). An Efficient, Generalized Bellman Update For Cooperative Inverse Reinforcement Learning. 실린 곳: *ICML-18*.

Malone, T. W. (2004). *The Future of Work*. Harvard Business Review Press.

Maneva, E., Mossel, E., Wainwright, M. (2007). A new look at survey propagation and its generalizations. arXiv:cs/0409012.

Manna, Z., Waldinger, R. (1971). Toward automatic program synthesis. *CACM*, *14*, 151-165.

Manna, Z., Waldinger, R. (1985). *The Logical Basis for Computer Programming: Volume 1: Deductive Reasoning*. Addison-Wesley.

Manne, A. S. (1960). Linear programming and sequential decisions. *Management Science*, *6*, 259-267.

Manning, C., Raghavan, P., Schütze, H. (2008). *Introduction to Information Retrieval*. Cambridge University Press.

Manning, C., Schütze, H. (1999). *Foundations of Statistical Natural Language Processing*. MIT Press.

Mannion, M. (2002). Using First-Order Logic for Product Line Model Validation. 실린 곳: *Software Product Lines: Second International Conference*.

Mansinghka, V. K., Selsam, D., Perov, Y. (2013). Venture: A higher-order probabilistic programming platform with programmable inference. arXiv:1404.0099.

Marbach, P., Tsitsiklis, J. N. (1998). Simulation-based optimization of Markov reward processes. 기술보고서, Laboratory for Information and Decision Systems, MIT.

Marcus, G. (2009). *Kluge: The Haphazard Evolution of the Human Mind*. Mariner Books.

Marcus, M. P., Santorini, B., Marcinkiewicz, M. A. (1993). Building a Large Annotated Corpus of English: The Penn Treebank. *Computational Linguistics*, *19*, 313-330.

Marinescu, R., Dechter, R. (2009). AND/OR branch-and-bound search for combinatorial optimization in graphical models. *AIJ*, *173*, 1457-1491.

Markov, A. (1913). An example of statistical investigation in the text of "Eugene Onegin" illustrating coupling of "tests" in chains. *Proc. Academy of Sciences of St. Petersburg*, *7*, 153-162.

Marler, R Timothy, Arora, J. S. (2004). Survey of multi-objective optimization methods for engineering. *Structural and Multidisciplinary Optimization*, *26*, 369-395.

Maron, M. E. (1961). Automatic indexing: An experimental inquiry. *JACM*, *8*, 404-417.

Màrquez, L., Rodríguez, H. (1998). Part-of-speech tagging using decision trees. 실린 곳: *ECML-98*.

Marr, D. (1982). *Vision: A Computational Investigation into the Human Representation and Processing of Visual Information*. W. H. Freeman.

Marr, D., Poggio, T. (1976). Cooperative computation of stereo disparity. *Science*, *194*, 283-287.

Marriott, K., Stuckey, P. J. (1998). *Programming with Constraints: An Introduction*. MIT Press.

Marsland, S. (2014). *Machine Learning: An Algorithmic Perspective*. CRC Press.

Martelli, A. (1977). On the complexity of admissible search algorithms. *AIJ*, *8*, 1-13.

Martelli, A., Montanari, U. (1973). Additive AND/OR graphs. 실린 곳: *IJCAI-73*.

Marthi, B., Pasula, H., Russell, S. J., Peres, Y. (2002). Decayed MCMC Filtering. 실린 곳: *UAI-02*.

Marthi, B., Russell, S. J., Latham, D., Guestrin, C. (2005). Concurrent hierarchical reinforcement learning. 실린 곳: *IJCAI-05*.

Marthi, B., Russell, S. J., Wolfe, J. (2007). Angelic Semantics for High-Level Actions. 실린 곳: *ICAPS-07*.

Marthi, B., Russell, S. J., Wolfe, J. (2008). Angelic Hierarchical Planning: Optimal and Online Algorithms. 실린 곳: *ICAPS-08*.

Martin, D., Fowlkes, C., Malik, J. (2004). Learning to Detect Natural Image Boundaries Using Local Brightness, Color, and Texture Cues. *PAMI*, *26*, 530-549.

Martin, F. G. (2012). Will massive open online courses change how we teach?. *CACM*, *55*, 26-28.

Martin, J. H. (1990). *A Computational Model of Metaphor Interpretation*. Academic Press.

Mason, M. (1993). Kicking the sensing habit. *AIMag*, *14*, 58-59.

Mason, M. (2001). *Mechanics of Robotic Manipulation*. MIT Press.

Mason, M., Salisbury, J. (1985). *Robot Hands and the Mechanics of Manipulation*. MIT Press.

Mataric, M. J. (1997). Reinforcement learning in the multi-robot domain. *Autonomous Robots*, *4*, 73-83.

Mates, B. (1953). *Stoic Logic*. University of California Press.

Matuszek, C., Cabral, J., Witbrock, M., DeOliveira, J. (2006). An Introduction to the Syntax and Semantics of Cyc. 실린 곳: *Proc. AAAI Spring Symposium on Formalizing and Compiling Background Knowledge and Its Applications to Knowledge Representation and Question Answering*.

Mausam, Kolobov, A. (2012). *Planning with Markov Decision Processes: An AI Perspective*. Morgan & Claypool.

Maxwell, J. (1868). On governors. *Proc. Roy. Soc.*, *16*, 270-283.

Mayer, J., Khairy, K., Howard, J. (2010). Drawing an elephant with four complex parameters. *American Journal of Physics*, *78*, 648-649.

Mayor, A. (2018). *Gods and Robots: Myths, Machines, and Ancient Dreams of Technology*. Princeton University Press.

McAllester, D. A. (1980). An outlook on truth maintenance. 기술보고서, MIT AI Laboratory.

McAllester, D. A. (1988). Conspiracy numbers for min-max search. *AIJ*, *35*, 287-310.

McAllester, D. A. (1990). Truth Maintenance. 실린 곳: *AAAI-90*.

McAllester, D. A. (1998). What is the most pressing issue facing AI and the AAAI today?. Candidate statement, election for Councilor of the American Association for Artificial Intelligence.

McAllester, D. A., Milch, B., Goodman, N. D. (2008). Random-World Semantics and Syntactic Independence for Expressive Languages. 기술보고서, MIT.

McAllester, D. A., Rosenblitt, D. (1991). Systematic

nonlinear planning. 실린 곳: *AAAI-91*.

McCallum, A. (2003). Efficiently Inducing Features of Conditional Random Fields. 실린 곳: *UAI-03*.

McCallum, A., Schultz, K., Singh, S. (2009). FACTORIE: Probabilistic Programming via Imperatively Defined Factor Graphs. 실린 곳: *NeurIPS 22*.

McCarthy, J. (1958). Programs with Common Sense. 실린 곳: *Proc. Symposium on Mechanisation of Thought Processes*.

McCarthy, J. (1963). Situations, actions, and causal laws. 기술보고서, Stanford University Artificial Intelligence Project.

McCarthy, J. (1968). Programs with common sense. 실린 곳: Minsky, M. L. (엮음), *Semantic Information Processing*. MIT Press.

McCarthy, J. (1980). Circumscription: A form of non-monotonic reasoning. *AIJ*, *13*, 27-39.

McCarthy, J. (2007). From here to human-level AI. *AIJ*, *171*, .

McCarthy, J., Hayes, P. J. (1969). Some philosophical problems from the standpoint of artificial intelligence. 실린 곳: Meltzer, B., Michie, D., Swann, M. (엮음), *Machine Intelligence 4*. Edinburgh University Press.

McCawley, J. D. (1988). *The Syntactic Phenomena of English*. University of Chicago Press.

McCorduck, P. (2004). *Machines Who Think: A Personal Inquiry Into the History and Prospects of Artificial Intelligence*. A K Peters.

McCulloch, W. S., Pitts, W. (1943). A logical calculus of the ideas immanent in nervous activity. *Bulletin of Mathematical Biophysics*, *5*, 115-137.

McCune, W. (1990). Otter 2.0. 실린 곳: *International Conference on Automated Deduction*.

McCune, W. (1997). Solution of the Robbins Problem. *JAR*, *19*, 263-276.

McDermott, D. (1976). Artificial intelligence meets natural stupidity. *SIGART Newsletter*, *57*, 4-9.

McDermott, D. (1978a). Planning and acting. *Cognitive Science*, *2*, 71-109.

McDermott, D. (1978b). Tarskian semantics, or no notation without denotation!. *Cognitive Science*, *2*, 277-282.

McDermott, D. (1985). Reasoning about Plans. 실린 곳: Hobbs, J., Moore, R. (엮음), *Formal theories of the commonsense world*. Ablex.

McDermott, D. (1987). A critique of pure reason. *Computational Intelligence*, *3*, 151-237.

McDermott, D. (1996). A heuristic estimator for means-ends analysis in planning. 실린 곳: *ICAPS-96*.

McDermott, D., Doyle, J. (1980). Non-monotonic logic: I. *AIJ*, *13*, 41-72.

McDermott, J. (1982). R1: A rule-based configurer of computer systems. *AIJ*, *19*, 39-88.

McEliece, R. J., MacKay, D. J. C., Cheng, J.-F. (1998). Turbo decoding as an instance of Pearl's "belief propagation. *IEEE Journal on Selected Areas in Communications*, *16*, 140–152.

McGregor, J. J. (1979). Relational consistency algorithms and their application in finding subgraph and graph isomorphisms. *Information Sciences*, *19*, 229-250.

McIlraith, S., Zeng, H. (2001). Semantic Web Services. *IEEE Intelligent Systems*, *16*, 46-53.

McKinney, W. (2012). *Python for Data Analysis: Data Wrangling with Pandas*. O'Reilly.

McLachlan, G. J., Krishnan, T. (1997). *The EM Algorithm and Extensions*. Wiley.

McMahan, H. B., Andrew, G. (2018). A General Approach to Adding Differential Privacy to Iterative Training Procedures. arXiv:1812.06210.

McMillan, K. L. (1993). *Symbolic Model Checking*. Kluwer.

McWhorter, J. H. (2014). *The Language Hoax: Why the World Looks the Same in Any Language*. Oxford University Press.

Meehl, P. (1955). *Clinical vs. Statistical Prediction*. University of Minnesota Press.

Mehrabi, N., Morstatter, F., Saxena, N., Lerman, K., Galstyan, A. (2019). A survey on bias and fairness in machine learning. arXiv:1908.09635.

Mendel, G. (1866). Versuche über Pflanzen-Hybriden. *Verhandlungen des Naturforschenden Vereins, Abhandlungen, Brünn*, *4*, 3-47.

Mercer, J. (1909). Functions of positive and negative type and their connection with the theory of integral equations. *Phil. Trans. Roy. Soc., A*, *209*, 415-446.

Merleau-Ponty, M. (1945). *Phenomenology of Perception*. Routledge.

Metropolis, N., Rosenbluth, A., Rosenbluth, M., Teller, A., Teller, E. (1953). Equations of state calculations by fast computing machines. *J. Chemical Physics*, *21*, 1087-1091.

Metropolis, N., Ulam, S. (1949). The beginning of the Monte Carlo method. *Journal of the American Statistical Association*, *44*, 335-341.

Mézard, M., Parisi, G., Virasoro, M. (1987). *Spin Glass Theory and Beyond: An Introduction to the Replica Method and Its Applications*. World Scientific.

Michie, D. (1963). Experiments on the mechanization of game-learning Part I. Characterization of the model and its parameters. *The Computer Journal*, *6*, 232-236.

Michie, D. (1966). Game-playing and game-learning automata. 실린 곳: Fox, L. (엮음), *Advances in Programming and Non-Numerical Computation*. Pergamon.

Michie, D. (1972). Machine intelligence at Edinburgh. *Management Informatics*, *2*, 7-12.

Michie, D., Chambers, R. A. (1968). BOXES: An experiment in adaptive control. 실린 곳: Dale, E., Michie, D. (엮음), *Machine Intelligence 2*. Elsevier.

Miikkulainen, R., Liang, J., Meyerson, E., Rawal, A., Fink, D., Francon, O., Raju, B., Shahrzad, H., Navruzyan, A., Duffy, N. (2019). Evolving deep neural networks. 실린 곳: *Artificial Intelligence in the Age of Neural Networks and Brain Computing*. Elsevier.

Mikolov, T., Chen, K., Corrado, G., Dean, J. (2013). Efficient Estimation of Word Representations in Vector Space. arXiv:1301.3781.

Mikolov, T., Karafiát, M., Burget, L., Černocký, J., Khudanpur, S. (2010). Recurrent neural network based language model. 실린 곳: *Eleventh Annual Conference of the International Speech Communication Association*.

Mikolov, T., Sutskever, I., Chen, K., Corrado, G., Dean, J.

(2014). Distributed Representations of Words and Phrases and their Compositionality. 실린 곳: *NeurIPS 26*.

Milch, B. (2006). *Probabilistic Models with Unknown Objects*. 박사 논문, UC Berkeley.

Milch, B., Marthi, B., Sontag, D., Russell, S. J., Ong, D., Kolobov, A. (2005). BLOG: Probabilistic Models with Unknown Objects. 실린 곳: *IJCAI-05*.

Milch, B., Zettlemoyer, L., Kersting, K., Haimes, M., Kaelbling, L. P. (2008). Lifted Probabilistic Inference with Counting Formulas. 실린 곳: *AAAI-08*.

Milgrom, P. (1997). Putting auction theory to work: The simultaneous ascending auction. 기술보고서, Stanford University Department of Economics.

Mill, J. S. (1863). *Utilitarianism*. Parker, Son and Bourn.

Miller, A. C., Merkhofer, M. M., Howard, R. A., Matheson, J. E., Rice, T. R. (1976). Development of Automated Aids for Decision Analysis. 기술보고서, SRI International.

Miller, T., Howe, P., Sonenberg, L. (2017). Explainable AI: Beware of inmates running the asylum. 실린 곳: *Proc. IJCAI-17 Workshop on Explainable AI*.

Minka, T. (2010). Bayesian linear regression. Unpublished manuscript.

Minka, T., Cleven, R., Zaykov, Y. (2018). TrueSkill 2: An improved Bayesian skill rating system. 기술보고서, Microsoft Research.

Minker, J. (2001). *Logic-Based Artificial Intelligence*. Kluwer.

Minsky, M. L. (1975). A framework for representing knowledge. 실린 곳: Winston, P. H. (엮음), *The Psychology of Computer Vision*. McGraw-Hill.

Minsky, M. L. (1986). *The Society of Mind*. Simon and Schuster.

Minsky, M. L. (2007). *The Emotion Machine: Commonsense Thinking, Artificial Intelligence, and the Future of the Human Mind*. Simon and Schuster.

Minsky, M. L., Papert, S. (1969). *Perceptrons: An Introduction to Computational Geometry*. MIT Press.

Minsky, M. L., Singh, P., Sloman, A. (2004). The St. Thomas Common Sense Symposium: Designing Architectures for Human-Level Intelligence. *AIMag, 25*, 113-124.

Minton, S., Johnston, M. D., Philips, A. B., Laird, P. (1992). Minimizing conflicts: A heuristic repair method for constraint satisfaction and scheduling problems. *AIJ, 58*, 161-205.

Mirjalili, S. M., Lewis, A. (2014). Grey wolf optimizer. *Advances in Engineering Software, 69*, 46-61.

Misak, C. (2004). *The Cambridge Companion to Peirce*. Cambridge University Press.

Mitchell, M. (1996). *An Introduction to Genetic Algorithms*. MIT Press.

Mitchell, M. (2019). *Artificial Intelligence: A Guide for Thinking Humans*. Farrar, Straus and Giroux.

Mitchell, M., Holland, J. H., Forrest, S. (1996). When Will a Genetic Algorithm Outperform Hill Climbing?. 실린 곳: *NeurIPS 6*.

Mitchell, M., Wu, S., Zaldivar, A., Barnes, P., Vasserman, L., Hutchinson, B., Spitzer, E., Raji, I. D., Gebru, T. (2019). Model Cards for Model Reporting. *Proc. of the Conference on Fairness, Accountability, and Transparency*.

Mitchell, T. M. (1997). *Machine Learning*. McGraw-Hill.

Mitchell, T. M. (2005). Reading the Web: A Breakthrough Goal for AI. *AIMag, 26*, .

Mitchell, T. M. (2007). Learning, Information Extraction and the Web. 실린 곳: *ECML-07*.

Mitchell, T. M., Cohen, W., Hruschka, E., Talukdar, P., Yang, B., Betteridge, J., Carlson, A., Dalvi, B., Gardner, M., Kisiel, B. (2018). Never-ending learning. *CACM, 61*, 103-115.

Mitchell, T. M., Shinkareva, S. V., Carlson, A., Chang, K.-M., Malave, V. L., Mason, R. A., Just, M. A. (2008). Predicting Human Brain Activity Associated with the Meanings of Nouns. *Science, 320*, 1191-1195.

Mittelstadt, B. (2019). Principles alone cannot guarantee ethical AI. *Nature Machine Intelligence, 1*, 501-507.

Mitten, L. G. (1960). An analytic solutlon to the least cost testing sequence problem. *Journal of Industrial Engineering, 11*, 17.

Miyato, T., Kataoka, T., Koyama, M., Yoshida, Y. (2018). Spectral normalization for generative adversarial networks. arXiv:1802.05957.

Mnih, V., Kavukcuoglu, K., Silver, D., Graves, A., Antonoglou, I., Wierstra, D., Riedmiller, M. A. (2013). Playing Atari with Deep Reinforcement Learning. arXiv:1312.5602.

Mnih, V., Kavukcuoglu, K., Silver, D., Rusu, A. A., Veness, J., Bellemare, M. G., Graves, A., Riedmiller, M. A., Fidjeland, A., Ostrovski, G., Petersen, S., Beattie, C., Sadik, A., Antonoglou, I., King, H., Kumaran, D., Wierstra, D., Legg, S., Hassabis, D. (2015). Human-level control through deep reinforcement learning. *Nature, 518*, 529-533.

Mohr, R., Henderson, T. C. (1986). Arc and path consistency revisited. *AIJ, 28*, 225-233.

Montague, R. (1970). English as a formal language. 실린 곳: Visentini, B. (엮음), *Linguaggi nella Società e nella Tecnica*. Edizioni di Comunità.

Montague, R. (1973). The proper treatment of quantification in ordinary English. 실린 곳: Hintikka, K. J. J., Moravcsik, J. M. E., Suppes, P. (엮음), *Approaches to Natural Language*. D. Reidel.

Montanari, U. (1974). Networks of constraints: Fundamental properties and applications to picture processing. *Information Sciences, 7*, 95-132.

Montemerlo, M., Thrun, S. (2004). Large-Scale Robotic 3-D Mapping of Urban Structures. 실린 곳: *Proc. International Symposium on Experimental Robotics*.

Montemerlo, M., Thrun, S., Koller, D., Wegbreit, B. (2002). FastSLAM: A Factored Solution to the Simultaneous Localization and Mapping Problem. 실린 곳: *AAAI-02*.

Mooney, R. (1999). Learning for Semantic Interpretation: Scaling Up Without Dumbing Down. 실린 곳: *Proc. 1st Workshop on Learning Language in Logic*.

Moore, A. M., Wong, W.-K. (2003). Optimal reinsertion: A new search operator for accelerated and more accurate Bayesian network structure learning. 실린 곳: *ICML-03*.

Moore, A. W., Atkeson, C. G. (1993). Prioritized sweeping--Reinforcement learning with less data and less time. *Machine Learning, 13*, 103-130.

Moore, A. W., Lee, M. S. (1997). Cached sufficient statistics for efficient machine learning with large datasets.

JAIR, 8, 67-91.

Moore, E. F. (1959). The shortest path through a maze. 실린 곳: *Proc. International Symposium on the Theory of Switching, Part II*. Harvard University Press.

Moore, R. C. (1980). Reasoning about knowledge and action. 기술보고서, SRI International.

Moore, R. C. (1985). A formal theory of knowledge and action. 실린 곳: Hobbs, J. R., Moore, R. C. (엮음), *Formal Theories of the Commonsense World*. Ablex.

Moore, R. C., DeNero, J. (2011). L1 and L2 Regularization for Multiclass Hinge Loss Models. 실린 곳: *Symposium on Machine Learning in Speech and Natural Language Processing*.

Moravčík, M., Schmid, M., Burch, N., Lisý, V., Morrill, D., Bard, N., Davis, T., Waugh, K., Johanson, M., Bowling, M. (2017). DeepStack: Expert-Level Artificial Intelligence in No-Limit Poker. arXiv:1701.01724.

Moravec, H. P. (1983). The Stanford Cart and the CMU Rover. *Proc. IEEE, 71*, 872-884.

Moravec, H. P. (2000). *Robot: Mere Machine to Transcendent Mind*. Oxford University Press.

Moravec, H. P., Elfes, A. (1985). High resolution maps from wide angle sonar. 실린 곳: *ICRA-85*.

Morgan, C. L. (1896). *Habit and Instinct*. Edward Arnold.

Morgan, T. J. H., Griffiths, T. L. (2015). What the Baldwin Effect affects. 실린 곳: *COGSCI-15*.

Morjaria, M. A., Rink, F. J., Smith, W. D., Klempner, G., Burns, C., Stein, J. (1995). Elicitation of Probabilities for Belief Networks: Combining Qualitative and Quantitative Information. 실린 곳: *UAI-95*.

Morrison, P., Morrison, E. (엮음) (1961). *Charles Babbage and His Calculating Engines: Selected Writings by Charles Babbage and Others*. Dover.

Moskewicz, M. W., Madigan, C. F., Zhao, Y., Zhang, L., Malik, S. (2001). Chaff: Engineering an Efficient SAT Solver. 실린 곳: *Proc. 38th Design Automation Conference*.

Mott, A., Job, J., Vlimant, J.-R., Lidar, D., Spiropulu, M. (2017). Solving a Higgs optimization problem with quantum annealing for machine learning. *Nature, 550*, 375.

Motzkin, T. S., Schoenberg, I. J. (1954). The relaxation method for linear inequalities. *Canadian Journal of Mathematics, 6*, 393-404.

Moutarlier, P., Chatila, R. (1989). Stochastic Multisensory Data Fusion for Mobile Robot Location and Environment Modeling. 실린 곳: *ISRR-89*.

Mueller, E. T. (2006). *Commonsense Reasoning*. Morgan Kaufmann.

Muggleton, S. H., De Raedt, L. (1994). Inductive Logic Programming: Theory and Methods. *J. Logic Programming, 19/20*, 629-679.

Müller, M. (2002). Computer Go. *AIJ, 134*, 145-179.

Mumford, D., Shah, J. (1989). Optimal approximations by piece-wise smooth functions and associated variational problems. *Commun. Pure Appl. Math., 42*, 577-685.

Mundy, J., Zisserman, A. (엮음) (1992). *Geometric Invariance in Computer Vision*. MIT Press.

Munos, R., Stepleton, T., Harutyunyan, A., Bellemare, M. G. (2017). Safe and efficient off-policy reinforcement learning. 실린 곳: *NeurIPS 29*.

Murphy, K. (2002). *Dynamic Bayesian Networks: Representation, Inference and Learning*. 박사 논문, UC Berkeley.

Murphy, K. (2012). *Machine Learning: A Probabilistic Perspective*. MIT Press.

Murphy, K., Mian, I. S. (1999). Modelling Gene Expression Data using Bayesian Networks. 기술보고서, Computer Science Division, UC Berkeley.

Murphy, K., Russell, S. J. (2001). Rao-Blackwellised Particle Filtering for Dynamic Bayesian Networks. 실린 곳: Doucet, A., de Freitas, J. F. G., Gordon, N. J. (엮음), *Sequential Monte Carlo Methods in Practice*. Springer-Verlag.

Murphy, K., Weiss, Y. (2001). The Factored Frontier Algorithm for Approximate Inference in DBNs. 실린 곳: *UAI-01*.

Murphy, R. (2000). *Introduction to AI Robotics*. MIT Press.

Murray, L. M. (2013). Bayesian state-space modelling on high-performance hardware using LibBi. arXiv:1306.3277.

Murray, R. M. (2017). *A Mathematical Introduction to Robotic Manipulation*. CRC Press.

Murray-Rust, P., Rzepa, H. S., Williamson, J., Willighagen, E. L. (2003). Chemical Markup, XML and the World-Wide Web. 4. CML Schema. *J. Chem. Inf. Comput. Sci., 43*, 752-772.

Murthy, C., Russell, J. R. (1990). A Constructive Proof of Higman's Lemma. 실린 곳: *LICS-90*.

Muscettola, N. (2002). Computing the Envelope for Stepwise-Constant Resource Allocations. 실린 곳: *CP-02*.

Muscettola, N., Nayak, P., Pell, B., Williams, B. (1998). Remote Agent: To Boldly Go Where No AI System Has Gone Before. *AIJ, 103*, 5-48.

Muslea, I. (1999). Extraction Patterns for Information Extraction Tasks: A Survey. 실린 곳: *Proc. AAAI-99 Workshop on Machine Learning for Information Extraction*.

Muth, J. T., Vogt, D. M., Truby, R. L., Mengüç, Y., Kolesky, D. B., Wood, R. J., Lewis, J. A. (2014). Embedded 3D printing of strain sensors within highly stretchable elastomers. *Advanced Materials, 26*, 6307-6312.

Myerson, R. (1981). Optimal Auction Design. *Mathematics of Operations Research, 6*, 58-73.

Myerson, R. (1986). Multistage games with communication. *Econometrica, 54*, 323-358.

Myerson, R. (1991). *Game Theory: Analysis of Conflict*. Harvard University Press.

Nair, V., Hinton, G. E. (2010). Rectified Linear Units Improve Restricted Boltzmann Machines. 실린 곳: *ICML-10*.

Narayanan, A., Shi, E., Rubinstein, B. I .P. (2011). Link prediction by de-anonymization: How we won the Kaggle social network challenge. 실린 곳: *IJCNN-11*.

Narayanan, A., Shmatikov, V. (2006). How To Break Anonymity of the Netflix Prize Dataset. arXiv:cs/0610105.

Nash, J. (1950). Equilibrium points in N-Person Games. *PNAS, 36*, 48-49.

Nash, P. (1973). *Optimal Allocation of Resources Between Research Projects*. 박사 논문, University of Cambridge.

Nayak, P., Williams, B. (1997). Fast context switching in real-time propositional reasoning. 실린 곳: *AAAI-97*.

Neches, R., Swartout, W. R., Moore, J. D. (1985).

Enhanced maintenance and explanation of expert systems through explicit models of their development. *IEEE Transactions on Software Engineering, SE-11,* 1337-1351.

Nemhauser, G. L., Wolsey, L. A., Fisher, M. L. (1978). An analysis of approximations for maximizing submodular set functions I. *Mathematical Programming, 14,* 265-294.

Nesterov, Y., Nemirovski, A. (1994). *Interior-Point Polynomial Methods in Convex Programming.* SIAM (Society for Industrial and Applied Mathematics).

Newell, A. (1982). The knowledge level. *AIJ, 18,* 82-127.

Newell, A. (1990). *Unified Theories of Cognition.* Harvard University Press.

Newell, A., Ernst, G. (1965). The search for generality. 실린 곳: *Proc. IFIP Congress.*

Newell, A., Shaw, J. C., Simon, H. A. (1957). Empirical explorations with the logic theory machine. *Proc. Western Joint Computer Conference, 15,* 218-239.

Newell, A., Simon, H. A. (1961). GPS, a program that simulates human thought. 실린 곳: Billing, H. (엮음), *Lernende Automaten.* R. Oldenbourg.

Newell, A., Simon, H. A. (1972). *Human Problem Solving.* Prentice-Hall.

Newell, A., Simon, H. A. (1976). Computer science as empirical inquiry: Symbols and search. *CACM, 19,* 113-126.

Newton, I. (1664-1671). Methodus fluxionum et serierum infinitarum. Unpublished notes.

Ng, A. Y. (2004). Feature selection, L_1 vs. L_2 regularization, and rotational invariance. 실린 곳: *ICML-04.*

Ng, A. Y. (2019). *Machine Learning Yearning.* www.mlyearning.org.

Ng, A. Y., Harada, D., Russell, S. J. (1999). Policy invariance under reward transformations: Theory and application to reward shaping. 실린 곳: *ICML-99.*

Ng, A. Y., Jordan, M. I. (2000). PEGASUS: A policy search method for large MDPs and POMDPs. 실린 곳: *UAI-00.*

Ng, A. Y., Jordan, M. I. (2002). On discriminative vs. generative classifiers: A comparison of logistic regression and naive Bayes. 실린 곳: *NeurIPS 14.*

Ng, A. Y., Kim, H. J., Jordan, M. I., Sastry, S. (2003). Autonomous helicopter flight via Reinforcement Learning. 실린 곳: *NeurIPS 16.*

Ng, A. Y., Russell, S. J. (2000). Algorithms for inverse reinforcement learning. 실린 곳: *ICML-00.*

Nicholson, A., Brady, J. M. (1992). The data association problem when monitoring robot vehicles using dynamic belief networks. 실린 곳: *ECAI-92.*

Nielsen, M. A. (2015). *Neural Networks and Deep Learning.* Determination Press.

Nielsen, T., Jensen, F. (2003). Sensitivity analysis in influence diagrams. *IEEE Transactions on Systems, Man and Cybernetics, 33,* 223-234.

Niemelä, I., Simons, P., Syrjänen, T. (2000). Smodels: A system for answer set programming. 실린 곳: *Proc. 8th International Workshop on Non-Monotonic Reasoning.*

Nikolaidis, S., Shah, J. (2013). Human-robot cross-training: computational formulation, modeling and evaluation of a human team training strategy. 실린 곳: *HRI-13.*

Niles, I., Pease, A. (2001). Towards a standard upper ontology. 실린 곳: *Proc. International Conference on Formal Ontology in Information Systems.*

Nilsson, D., Lauritzen, S. (2000). Evaluating influence diagrams using LIMIDs. 실린 곳: *UAI-00.*

Nilsson, N. J. (1965). *Learning Machines: Foundations of Trainable Pattern-Classifying Systems.* McGraw-Hill.

Nilsson, N. J. (1971). *Problem-Solving Methods in Artificial Intelligence.* McGraw-Hill.

Nilsson, N. J. (1984). Shakey the robot. 기술보고서, SRI International.

Nilsson, N. J. (1986). Probabilistic logic. *AIJ, 28,* 71-87.

Nilsson, N. J. (1995). Eye on the Prize. *AIMag, 16,* 9-17.

Nilsson, N. J. (2009). *The Quest for Artificial Intelligence: A History of Ideas and Achievements.* Cambridge University Press.

Nisan, N. (2007). Introduction to Mechanism Design (for Computer Scientists). 실린 곳: Nisan, N., Roughgarden, T., Tardos, E., Vazirani, V. V. (엮음), *Algorithmic Game Theory.* Cambridge University Press.

Nisan, N., Roughgarden, T., Tardos, E., Vazirani, V. (엮음) (2007). *Algorithmic Game Theory.* Cambridge University Press.

Niv, Y. (2009). Reinforcement learning in the brain. *Journal of Mathematical Psychology, 53,* 139-154.

Nivre, J., De Marneffe, M.-C., Ginter, F., Goldberg, Y., Hajic, J., Manning, C., McDonald, R., Petrov, S. (2016). Universal Dependencies v1: A Multilingual Treebank Collection. 실린 곳: *Proc. International Conference on Language Resources and Evaluation.*

Nodelman, U., Shelton, C., Koller, D. (2002). Continuous time Bayesian networks. 실린 곳: *UAI-02.*

Noe, A. (2009). *Out of Our Heads: Why You Are Not Your Brain, and Other Lessons from the Biology of Consciousness.* Hill and Wang.

Nordfors, D., Cerf, V., Senges, M. (2018). *Disrupting Unemployment.* Amazon Digital Services.

Norvig, P. (1988). Multiple Simultaneous Interpretations of Ambiguous Sentences. 실린 곳: *COGSCI-88.*

Norvig, P. (1992). *Paradigms of Artificial Intelligence Programming: Case Studies in Common Lisp.* Morgan Kaufmann.

Norvig, P. (2009). Natural Language Corpus Data. 실린 곳: Segaran, T., Hammerbacher, J. (엮음), *Beautiful Data.* O'Reilly.

Nowick, S. M., Dean, M. E., Dill, D. L., Horowitz, M. (1993). The design of a high-performance cache controller: A case study in asynchronous synthesis. *Integration: The VLSI Journal, 15,* 241-262.

O'Neil, C. (2017). *Weapons of Math Destruction: How Big Data Increases Inequality and Threatens Democracy.* Broadway Books.

O'Neil, C., Schutt, R. (2013). *Doing Data Science: Straight Talk from the Frontline.* O'Reilly.

O'Reilly, U.-M., Oppacher, F. (1994). Program search with a hierarchical variable length representation: Genetic programming, simulated annealing and hill climbing. 실린 곳: *Proc. Third Conference on Parallel Problem Solving from Nature.*

Och, F. J., Ney, H. (2002). Discriminative training and maximum entropy models for statistical machine translation. 실린 곳: *COLING-02.*

Och, F. J., Ney, H. (2003). A Systematic Comparison of Various Statistical Alignment Models. *Computational Linguistics*, *29*, 19-51.

Och, F. J., Ney, H. (2004). The Alignment Template Approach to Statistical Machine Translation. *Computational Linguistics*, *30*, 417-449.

Ogawa, S., Lee, T.-M., Kay, A. R., Tank, D. W. (1990). Brain magnetic resonance imaging with contrast dependent on blood oxygenation. *PNAS*, *87*, 9868-9872.

Oh, M.-S., Berger, J. O. (1992). Adaptive importance sampling in Monte Carlo integration. *Journal of Statistical Computation and Simulation*, *41*, 143-168.

Oh, S., Russell, S. J., Sastry, S. (2009). Markov Chain Monte Carlo Data Association for Multi-Target Tracking. *IEEE Transactions on Automatic Control*, *54*, 481-497.

Oizumi, M., Albantakis, L., Tononi, G. (2014). From the phenomenology to the mechanisms of consciousness: Integrated information theory 3.0. *PLoS Computational Biology*, *10*, e1003588.

Olesen, K. G. (1993). Causal probabilistic networks with both discrete and continuous variables. *PAMI*, *15*, 275-279.

Oliver, N., Garg, A., Horvitz, E. J. (2004). Layered Representations for Learning and Inferring Office Activity from Multiple Sensory Channels. *Computer Vision and Image Understanding*, *96*, 163-180.

Oliver, R. M., Smith, J. Q. (엮음) (1990). *Influence Diagrams, Belief Nets and Decision Analysis*. Wiley.

Omohundro, S. (2008). The Basic AI Drives. 실린 곳: *AGI-08 Workshop on the Sociocultural, Ethical and Futurological Implications of Artificial Intelligence*.

Osborne, M. J. (2004). *An Introduction to Game Theory*. Oxford University Pres.

Osborne, M. J., Rubinstein, A. (1994). *A Course in Game Theory*. MIT Press.

Osherson, D. N., Stob, M., Weinstein, S. (1986). *Systems That Learn: An Introduction to Learning Theory for Cognitive and Computer Scientists*. MIT Press.

Ostrom, E. (1990). *Governing the Commons*. Cambridge University Press.

Padgham, L., Winikoff, M. (2004). *Developing Intelligent Agent Systems: A Practical Guide*. Wiley.

Paige, B., Wood, F. (2014). A Compilation Target for Probabilistic Programming Languages. 실린 곳: *ICML-14*.

Paige, B., Wood, F., Doucet, A., Teh, Y. W. (2015). Asynchronous Anytime Sequential Monte Carlo. 실린 곳: *NeurIPS 27*.

Palacios, H., Geffner, H. (2007). From Conformant into Classical Planning: Efficient Translations that may be Complete Too. 실린 곳: *ICAPS-07*.

Palmer, S. (1999). *Vision Science: Photons to Phenomenology*. MIT Press.

Papadimitriou, C. H. (1994). *Computational Complexity*. Addison-Wesley.

Papadimitriou, C. H., Tsitsiklis, J. N. (1987). The complexity of Markov Decision Processes. *Mathematics of Operations Research*, *12*, 441-450.

Papadimitriou, C. H., Yannakakis, M. (1991). Shortest paths without a map. *Theoretical Computer Science*, *84*, 127-150.

Papavassiliou, V., Russell, S. J. (1999). Convergence of reinforcement learning with general function approximators. 실린 곳: *IJCAI-99*.

Parisi, G. (1988). *Statistical Field Theory*. Addison-Wesley.

Parisi, M. Mézard G., Zecchina, R. (2002). Analytic and Algorithmic Solution of Random Satisfiability Problems. *Science*, *297*, 812-815.

Park, J. D., Darwiche, A. (2004). Complexity Results and Approximation Strategies for MAP Explanations. *JAIR*, *21*, 101-133.

Parker, A., Nau, D. S., Subrahmanian, V. S. (2005). Game-Tree Search with Combinatorially Large Belief States. 실린 곳: *IJCAI-05*.

Parker, D. B. (1985). Learning logic. 기술보고서, Center for Computational Research in Economics and Management Science, MIT.

Parker, L. E. (1996). On the Design of Behavior-Based Multi-Robot Teams. *J. Advanced Robotics*, *10*, 547-578.

Parr, R., Russell, S. J. (1998). Reinforcement learning with hierarchies of machines. 실린 곳: *NeurIPS 10*.

Parzen, E. (1962). On estimation of a probability density function and mode. *Annals of Mathematical Statistics*, *33*, 1065-1076.

Pasca, M., Harabagiu, S. M. (2001). High Performance Question/Answering. 실린 곳: *SIGIR-01*.

Pasca, M., Lin, D., Bigham, J., Lifchits, A., Jain, A. (2006). Organizing and Searching the World Wide Web of Facts--Step One: The One-Million Fact Extraction Challenge. 실린 곳: *AAAI-06*.

Paskin, M. (2002). Maximum Entropy Probabilistic Logic. 기술보고서, UC Berkeley.

Pasula, H., Marthi, B., Milch, B., Russell, S. J., Shpitser, I. (2003). Identity Uncertainty and Citation Matching. 실린 곳: *NeurIPS 15*.

Pasula, H., Russell, S. J., Ostland, M., Ritov, Y. (1999). Tracking many objects with many sensors. 실린 곳: *IJCAI-99*.

Patel-Schneider, P. (2014). Analyzing Schema.org. 실린 곳: *Proc. International Semantic Web Conference*.

Patrick, B. G., Almulla, M., Newborn, M. (1992). An upper bound on the time complexity of iterative-deepening-A*. *AIJ*, *5*, 265-278.

Paul, R. P. (1981). *Robot Manipulators: Mathematics, Programming, and Control*. MIT Press.

Pauls, A., Klein, D. (2009). K-Best A* Parsing. 실린 곳: *ACL-09*.

Peano, G. (1889). *Arithmetices principia, nova methodo exposita*. Fratres Bocca.

Pearce, J., Tambe, M., Maheswaran, R. (2008). Solving Multiagent Networks Using Distributed Constraint Optimization. *AIMag*, *29*, 47-62.

Pearl, J. (1982a). Reverend Bayes on inference engines: A distributed hierarchical approach. 실린 곳: *AAAI-82*.

Pearl, J. (1982b). The solution for the branching factor of the alpha-beta pruning algorithm and its optimality. *CACM*, *25*, 559-564.

Pearl, J. (1984). *Heuristics: Intelligent Search Strategies for Computer Problem Solving*. Addison-Wesley.

Pearl, J. (1985). Bayesian Networks: A Model of Self-Activated Memory for Evidential Reasoning. 실린 곳:

COGSCI-85.

Pearl, J. (1986). Fusion, propagation, and structuring in belief networks. *AIJ*, *29*, 241-288.

Pearl, J. (1987). Evidential reasoning using stochastic simulation of causal models. *AIJ*, *32*, 247-257.

Pearl, J. (1988). *Probabilistic Reasoning in Intelligent Systems: Networks of Plausible Inference*. Morgan Kaufmann.

Pearl, J. (2000). *Causality: Models, Reasoning, and Inference*. Cambridge University Press.

Pearl, J., McKenzie, D. (2018). *The Book of Why*. Basic Books.

Pearl, J., Verma, T. (1991). A theory of inferred causation. 실린 곳: *KR-91*.

Pearson, K. (1895). Contributions to the mathematical theory of evolution, II: Skew variation in homogeneous material. *Phil. Trans. Roy. Soc.*, *186*, 343-414.

Pearson, K. (1901). On Lines and Planes of Closest Fit to Systems of Points in Space. *Philosophical Magazine*, *2*, 559-572.

Pease, A., Niles, I. (2002). IEEE Standard Upper Ontology: A Progress Report. *Knowledge Engineering Review*, *17*, 65-70.

Pednault, E. P. D. (1986). Formulating multiagent, dynamic-world problems in the classical planning framework. 실린 곳: *Reasoning About Actions and Plans: Proc. 1986 Workshop*.

Pedregosa, F., Varoquaux, G., Gramfort, A., Michel, V., Thirion, B., Grisel, O., Blondel, M., Prettenhofer, P., Weiss, R., Dubourg, V. (2011). Scikit-learn: Machine learning in Python. *JMLR*, *12*, 2825-2830.

Peirce, C. S. (1870). Description of a notation for the logic of relatives, resulting from an amplification of the conceptions of Boole's calculus of logic. *Memoirs of the American Academy of Arts and Sciences*, *9*, 317-378.

Peirce, C. S. (1883). A theory of probable inference. Note B. The logic of relatives. 실린 곳: *Studies in Logic*.

Peirce, C. S. (1909). Existential graphs. Unpublished manuscript; reprinted in (Buchler 1955).

Peleg, B., Sudholter, P. (2002). *Introduction to the Theory of Cooperative Games*. Springer-Verlag.

Pelikan, M., Goldberg, D. E., Cantu-Paz, E. (1999). BOA: The Bayesian optimization algorithm. 실린 곳: *GECCO-99*.

Pemberton, J. C., Korf, R. E. (1992). Incremental Planning on Graphs with Cycles. 실린 곳: *AIPS-92*.

Penberthy, J. S., Weld, D. S. (1992). UCPOP: A sound, complete, partial order planner for ADL. 실린 곳: *KR-92*.

Peng, J., Williams, R. J. (1993). Efficient learning and planning within the Dyna framework. *Adaptive Behavior*, *2*, 437-454.

Pennington, J., Socher, R., Manning, C. (2014). Glove: Global vectors for word representation. 실린 곳: *EMNLP-14*.

Penrose, R. (1989). *The Emperor's New Mind*. Oxford University Press.

Penrose, R. (1994). *Shadows of the Mind*. Oxford University Press.

Peot, M., Smith, D. E. (1992). Conditional nonlinear planning. 실린 곳: *ICAPS-92*.

Pereira, F., Schabes, Y. (1992). Inside-outside reestimation from partially bracketed corpora. 실린 곳: *ACL-92*.

Pereira, F., Warren, D. H. D. (1980). Definite clause grammars for language analysis: A survey of the formalism and a comparison with augmented transition networks. *AIJ*, *13*, 231-278.

Peters, J., Janzing, D., Schölkopf, B. (2017). *Elements of Causal Inference: Foundations and Learning Algorithms*. MIT press.

Peters, J., Schaal, S. (2008). Reinforcement learning of motor skills with policy gradients. *Neural Networks*, *21*, 682-697.

Peters, M. E., Neumann, M., Iyyer, M., Gardner, M., Clark, C., Lee, K., Zettlemoyer, L. (2018). Deep contextualized word representations. arXiv:1802.05365.

Peterson, C., Anderson, J. R. (1987). A mean field theory learning algorithm for neural networks. *Complex Systems*, *1*, 995-1019.

Petosa, N., Balch, T. (2019). Multiplayer AlphaZero. arXiv:1910.13012.

Pfeffer, A. (2000). *Probabilistic Reasoning for Complex Systems*. 박사 논문, Stanford University.

Pfeffer, A. (2001). IBAL: A Probabilistic Rational Programming Language. 실린 곳: *IJCAI-01*.

Pfeffer, A. (2007). The Design and Implementation of IBAL: A General-Purpose Probabilistic Language. 실린 곳: Getoor, L., Taskar, B. (엮음), *Introduction to Statistical Relational Learning*. MIT Press.

Pfeffer, A. (2016). *Practical Probabilistic Programming*. Manning.

Pfeffer, A., Koller, D., Milch, B., Takusagawa, K. T. (1999). SPOOK: A System for Probabilistic Object-Oriented Knowledge Representation. 실린 곳: *UAI-99*.

Pfeifer, R., Bongard, J., Brooks, R. A., Iwasawa, S. (2006). *How the Body Shapes the Way We Think: A New View of Intelligence*. Bradford.

Pham, H., Guan, M. Y., Zoph, B., Le, Q. V., Dean, J. (2018). Efficient Neural Architecture Search via Parameter Sharing. arXiv:1802.03268.

Pineau, J., Gordon, G., Thrun, S. (2003). Point-based value iteration: An anytime algorithm for POMDPs. 실린 곳: *IJCAI-03*.

Pinedo, M. (2008). *Scheduling: Theory, Algorithms, and Systems*. Springer Verlag.

Pinkas, G., Dechter, R. (1995). Improving connectionist energy minimization. *JAIR*, *3*, 223-248.

Pinker, S. (1995). Language Acquisition. 실린 곳: Gleitman, L. R., Liberman, M., Osherson, D. N. (엮음), *An Invitation to Cognitive Science*. MIT Press.

Pinker, S. (2003). *The Blank Slate: The Modern Denial of Human Nature*. Penguin.

Pinto, D., McCallum, A., Wei, X., Croft, W. B. (2003). Table Extraction Using Conditional Random Fields. 실린 곳: *SIGIR-03*.

Pinto, L., Gupta, A. (2016). Supersizing self-supervision: Learning to grasp from 50k tries and 700 robot hours. 실린 곳: *ICRA-16*.

Platt, J. (1999). Fast training of support vector machines using sequential minimal optimization. 실린 곳: *Advances in Kernel Methods: Support Vector Learning*. MIT Press.

Plotkin, G. (1972). Building-in equational theories. 실린 곳:

Meltzer, B., Michie, D. (엮음), *Machine Intelligence 7*. Edinburgh University Press.

Plummer, M. (2003). JAGS: A program for analysis of Bayesian graphical models using Gibbs sampling. 실린 곳: *Proc. Third Int'l Workshop on Distributed Statistical Computing*.

Pnueli, A. (1977). The temporal logic of programs. 실린 곳: *FOCS-77*.

Pohl, I. (1970). Heuristic search viewed as path finding in a graph. *AIJ, 1*, 193-204.

Pohl, I. (1971). Bi-directional search. 실린 곳: Meltzer, B., Michie, D. (엮음), *Machine Intelligence 6*. Edinburgh University Press.

Pohl, I. (1973). The avoidance of (relative) catastrophe, heuristic competence, genuine dynamic weighting and computational issues in heuristic problem solving. 실린 곳: *IJCAI-73*.

Pohl, I. (1977). Practical and theoretical considerations in heuristic search algorithms. 실린 곳: Elcock, E. W., Michie, D. (엮음), *Machine Intelligence 8*. Ellis Horwood.

Poli, R., Langdon, W., McPhee, N. (2008). *A Field Guide to Genetic Programming*. Lulu.com.

Pomerleau, D. A. (1993). *Neural Network Perception for Mobile Robot Guidance*. Kluwer.

Poole, B., Lahiri, S., Raghu, M., Sohl-Dickstein, J., Ganguli, S. (2017). Exponential expressivity in deep neural networks through transient chaos. 실린 곳: *NeurIPS 29*.

Poole, D. (1993). Probabilistic Horn abduction and Bayesian networks. *AIJ, 64*, 81-129.

Poole, D. (2003). First-order probabilistic inference. 실린 곳: *IJCAI-03*.

Poole, D., Mackworth, A. K. (2017). *Artificial Intelligence: Foundations of Computational Agents*. Cambridge University Press.

Poppe, R. (2010). A survey on vision-based human action recognition. *Image Vision Comput., 28*, 976-990.

Popper, K. R. (1962). *Conjectures and Refutations: The Growth of Scientific Knowledge*. Basic Books.

Portner, P., Partee, B. H. (2002). *Formal Semantics: The Essential Readings*. Wiley-Blackwell.

Post, E. L. (1921). Introduction to a general theory of elementary propositions. *American Journal of Mathematics, 43*, 163-185.

Poulton, C., Watts, M. (2016). MIT and DARPA pack Lidar sensor onto single chip. *IEEE Spectrum*, 8월 4일자.

Poundstone, W. (1993). *Prisoner's Dilemma*. Anchor.

Pourret, O., Naïm, P., Marcot, B. (2008). *Bayesian Networks: A Practical Guide to Applications*. Wiley.

Pradhan, M., Provan, G. M., Middleton, B., Henrion, M. (1994). Knowledge engineering for large belief networks. 실린 곳: *UAI-94*.

Prawitz, D. (1960). An improved proof procedure. *Theoria, 26*, 102-139.

Press, W. H., Teukolsky, S. A., Vetterling, W. T., Flannery, B. P. (2007). *Numerical Recipes: The Art of Scientific Computing*. Cambridge University Press.

Preston, J., Bishop, M. (2002). *Views into the Chinese Room: New Essays on Searle and Artificial Intelligence*. Oxford University Press.

Prieditis, A. E. (1993). Machine discovery of effective admissible heuristics. *Machine Learning, 12*, 117-141.

Prosser, P. (1993). Hybrid algorithms for constraint satisfaction problems. *Computational Intelligence, 9*, 268-299.

Pullum, G. K. (1991). *The Great Eskimo Vocabulary Hoax (and Other Irreverent Essays on the Study of Language)*. University of Chicago Press.

Pullum, G. K. (1996). Learnability, Hyperlearning, and the Poverty of the Stimulus. 실린 곳: *22nd Annual Meeting of the Berkeley Linguistics Society*.

Puterman, M. L. (1994). *Markov Decision Processes: Discrete Stochastic Dynamic Programming*. Wiley.

Puterman, M. L., Shin, M. C. (1978). Modified policy iteration algorithms for discounted Markov decision problems. *Management Science, 24*, 1127-1137.

Putnam, H. (1963). 'Degree of confirmation' and inductive logic. 실린 곳: Schilpp, P. A. (엮음), *The Philosophy of Rudolf Carnap*. Open Court.

Quillian, M. R. (1961). A design for an understanding machine. Paper presented at a colloquium: Semantic Problems in Natural Language, King's College, Cambridge, England.

Quine, W. V. (1953). Two dogmas of empiricism. 실린 곳: *From a Logical Point of View*. Harper and Row.

Quine, W. V. (1960). *Word and Object*. MIT Press.

Quine, W. V. (1982). *Methods of Logic*. Harvard University Press.

Quinlan, J. R. (1979). Discovering rules from large collections of examples: A case study. 실린 곳: Michie, D. (엮음), *Expert Systems in the Microelectronic Age*. Edinburgh University Press.

Quinlan, J. R. (1986). Induction of decision trees. *Machine Learning, 1*, 81-106.

Quinlan, J. R. (1993). *C4.5: Programs for Machine Learning*. Morgan Kaufmann.

Quinlan, S., Khatib, O. (1993). Elastic bands: Connecting path planning and control. 실린 곳: *ICRA-93*.

Quirk, R., Greenbaum, S., Leech, G., Svartvik, J. (1985). *A Comprehensive Grammar of the English Language*. Longman.

Rabani, Y., Rabinovich, Y., Sinclair, A. (1998). A computational view of population genetics. *Random Structures and Algorithms, 12*, 313-334.

Rabiner, L. R., Juang, B.-H. (1993). *Fundamentals of Speech Recognition*. Prentice-Hall.

Radford, A., Metz, L., Chintala, S. (2015). Unsupervised Representation Learning with Deep Convolutional Generative Adversarial Networks. arXiv:1511.06434.

Radford, A., Wu, J., Child, R., Luan, D., Amodei, D., Sutskever, I. (2019). Language models are unsupervised multitask learners. *OpenAI Blog, 1*, .

Raffel, C., Shazeer, N., Roberts, A., Lee, K., Narang, S., Matena, M., Zhou, Y., Li, W., Liu, P. J. (2019). Exploring the Limits of Transfer Learning with a Unified Text-to-Text Transformer. arXiv:1910.10683.

Rafferty, A. N., Brunskill, E., Griffiths, T. L., Shafto, P. (2016). Faster Teaching via POMDP Planning. *Cognitive Science, 40*, 1290-1332.

Rahwan, T., Michalak, T. P., Wooldridge, M., Jennings, N.

R. (2015). Coalition structure generation: A survey. *AIJ*, *229*, 139-174.

Raibert, M., Blankespoor, K., Nelson, G., Playter, R. (2008). Bigdog, the rough-terrain quadruped robot. *IFAC Proceedings Volumes*, *41*, 10822-10825.

Rajpurkar, P., Zhang, J., Lopyrev, K., Liang, P. (2016). Squad: 100,000+ questions for machine comprehension of text. 실린 곳: *EMNLP-16*.

Ramsey, F. P. (1931). Truth and probability. 실린 곳: Braithwaite, R. B. (엮음), *The Foundations of Mathematics and Other Logical Essays*. Harcourt Brace Jovanovich.

Ramsundar, B., Zadeh, R. B. (2018). *TensorFlow for Deep Learning: From Linear Regression to Reinforcement Learning*. O'Reilly.

Rao, D. A. S., Verweij, G. (2017). Sizing the prize: What's the real value of AI for your business and how can you capitalise?. PwC.

Raphael, B. (1976). *The Thinking Computer: Mind Inside Matter*. W. H. Freeman.

Raphson, J. (1690). *Analysis aequationum universalis*. Apud Abelem Swalle.

Raschka, S. (2015). *Python Machine Learning*. Packt.

Rashevsky, N. (1936). Physico-mathematical aspects of Excitation and Conduction in Nerves. 실린 곳: *Cold Springs Harbor Symposia on Quantitative Biology. IV: Excitation Phenomena*.

Rashevsky, N. (1938). *Mathematical Biophysics: Physico-Mathematical Foundations of Biology*. University of Chicago Press.

Rasmussen, C. E., Williams, C. K. I. (2006). *Gaussian Processes for Machine Learning*. MIT Press.

Rassenti, S., Smith, V., Bulfin, R. (1982). A combinatorial auction mechanism for airport time slot allocation. *Bell Journal of Economics*, *13*, 402-417.

Ratliff, N., Bagnell, J. A., Zinkevich, M. (2006). Maximum margin planning. 실린 곳: *ICML-06*.

Ratliff, N., Zucker, M., Bagnell, J. A., Srinivasa, S. (2009). CHOMP: Gradient optimization techniques for efficient motion planning. 실린 곳: *ICRA-09*.

Ratnaparkhi, A. (1996). A maximum entropy model for part-of-speech tagging. 실린 곳: *EMNLP-96*.

Ratner, D., Warmuth, M. (1986). Finding a shortest solution for the $n \times n$ extension of the 15-puzzle is intractable. 실린 곳: *AAAI-86*.

Rauch, H. E., Tung, F., Striebel, C. T. (1965). Maximum likelihood estimates of linear dynamic systems. *AIAA Journal*, *3*, 1445-1450.

Rayward-Smith, V., Osman, I., Reeves, C., Smith, G. (엮음) (1996). *Modern Heuristic Search Methods*. Wiley.

Real, E., Aggarwal, A., Huang, Y., Le, Q. V. (2018). Regularized Evolution for Image Classifier Architecture Search. arXiv:1802.01548.

Rechenberg, I. (1965). Cybernetic Solution Path of an Experimental Problem. 기술보고서, Royal Aircraft Establishment.

Regin, J. (1994). A filtering algorithm for constraints of difference in CSPs. 실린 곳: *AAAI-94*.

Reid, D. B. (1979). An algorithm for tracking multiple targets. *IEEE Trans. Automatic Control*, *24*, 843-854.

Reif, J. (1979). Complexity of the mover's problem and generalizations. 실린 곳: *FOCS-79*.

Reiter, R. (1980). A logic for default reasoning. *AIJ*, *13*, 81-132.

Reiter, R. (1991). The frame problem in the situation calculus: A simple solution (sometimes) and a completeness result for goal regression. 실린 곳: Lifschitz, V. (엮음), *Artificial Intelligence and Mathematical Theory of Computation: Papers in Honor of John McCarthy*. Academic Press.

Reiter, R. (2001). *Knowledge in Action: Logical Foundations for Specifying and Implementing Dynamical Systems*. MIT Press.

Renner, G., Ekart, A. (2003). Genetic algorithms in computer aided design.. *Computer Aided Design*, *35*, 709-726.

Rényi, A. (1970). *Probability Theory*. Elsevier.

Resnick, P., Varian, H. R. (1997). Recommender systems. *CACM*, *40*, 56-58.

Rezende, D. J., Mohamed, S., Wierstra, D. (2014). Stochastic Backpropagation and Approximate Inference in Deep Generative Models. 실린 곳: *ICML-14*.

Riazanov, A., Voronkov, A. (2002). The design and implementation of VAMPIRE. *AI Communications*, *15*, 91-110.

Ribeiro, M. T., Singh, S., Guestrin, C. (2016). Why should I trust you?: Explaining the predictions of any classifier. 실린 곳: *KDD-16*.

Richardson, M., Domingos, P. (2006). Markov logic networks. *Machine Learning*, *62*, 107-136.

Richter, S., Helmert, M. (2009). Preferred Operators and Deferred Evaluation in Satisficing Planning. 실린 곳: *ICAPS-09*.

Ridley, M. (2004). *Evolution*. Oxford Reader.

Riley, J., Samuelson, W. (1981). Optimal Auctions. *American Economic Review*, *71*, 381-392.

Riley, P. (2019). Three pitfalls to avoid in machine learning. *Nature*, *572*, 27-29.

Riloff, E. (1993). Automatically Constructing a Dictionary for Information Extraction Tasks. 실린 곳: *AAAI-93*.

Ringgaard, M., Gupta, R., Pereira, F. (2017). SLING: A framework for frame semantic parsing. arXiv:1710.07032.

Rintanen, J. (1999). Improvements to the Evaluation of Quantified Boolean Formulae. 실린 곳: *IJCAI-99*.

Rintanen, J. (2007). Asymptotically optimal encodings of conformant planning in QBF. 실린 곳: *AAAI-07*.

Rintanen, J. (2012). Planning as satisfiability: Heuristics. *AIJ*, *193*, 45-86.

Rintanen, J. (2016). Computational Complexity in Automated Planning and Scheduling. 실린 곳: *ICAPS-16*.

Ripley, B. D. (1996). *Pattern Recognition and Neural Networks*. Cambridge University Press.

Rissanen, J. (1984). Universal coding, information, prediction, and estimation. *IEEE Transactions on Information Theory*, *IT-30*, 629-636.

Rissanen, J. (2007). *Information and Complexity in Statistical Modeling*. Springer.

Rivest, R. (1987). Learning decision lists. *Machine Learning*, *2*, 229-246.

Robbins, H. (1952). Some aspects of the sequential design of experiments. *Bulletin of the American Mathematical Society*, *58*, 527-535.

Robbins, H., Monro, S. (1951). A Stochastic Approximation Method. *Annals of Mathematical Statistics*, *22*, 400-407.

Roberts, L. G. (1963). Machine perception of three-dimensional solids. 기술보고서, MIT Lincoln Laboratory.

Robertson, N., Seymour, P. D. (1986). Graph minors. II. Algorithmic aspects of tree-width. *J. Algorithms*, *7*, 309-322.

Robertson, S. E., Sparck Jones, K. (1976). Relevance weighting of search terms. *J. American Society for Information Science*, *27*, 129-146.

Robins, J. (1986). A new approach to causal inference in mortality studies with a sustained exposure period: Application to control of the healthy worker survivor effect. *Mathematical Modelling*, *7*, 1393-1512.

Robinson, A., Voronkov, A. (엮음) (2001). *Handbook of Automated Reasoning*. Elsevier.

Robinson, J. A. (1965). A machine-oriented logic based on the resolution principle. *JACM*, *12*, 23-41.

Robinson, S. (2002). Computer Scientists Find Unexpected Depths In Airfare Search Problem. *SIAM News*, *35*, .

Roche, E., Schabes, Y. (엮음) (1997). *Finite-State Language Processing*. Bradford Books.

Rock, I. (1984). *Perception*. W. H. Freeman.

Rokicki, T., Kociemba, H., Davidson, M., Dethridge, J. (2014). The diameter of the Rubik's Cube group is twenty. *SIAM Review*, *56*, 645-670.

Rolf, D. (2006). Improved Bound for the PPSZ/Schöning-Algorithm for 3-SAT. *Journal on Satisfiability, Boolean Modeling and Computation*, *1*, 111-122.

Rolnick, D., Donti, P. L., Kaack, L. H. (2019). Tackling Climate Change with Machine Learning. arXiv:1906.05433.

Rolnick, D., Tegmark, M. (2018). The power of deeper networks for expressing natural functions. 실린 곳: *ICLR-18*.

Romanovskii, I. (1962). Reduction of a game with complete memory to a matrix game. *Soviet Mathematics*, *3*, 678-681.

Ros, G., Sellart, L., Materzynska, J., Vazquez, D., Lopez, A. M. (2016). The SYNTHIA Dataset: A Large Collection of Synthetic Images for Semantic Segmentation of Urban Scenes. 실린 곳: *CVPR-16*.

Rosenblatt, F. (1957). The perceptron: A perceiving and recognizing automaton. 기술보고서, Project PARA, Cornell Aeronautical Laboratory.

Rosenblatt, F. (1960). On the convergence of reinforcement procedures in simple perceptrons. 기술보고서, Cornell Aeronautical Laboratory.

Rosenblatt, F. (1962). *Principles of Neurodynamics: Perceptrons and the Theory of Brain Mechanisms*. Spartan.

Rosenblatt, M. (1956). Remarks on some nonparametric estimates of a density function. *Annals of Mathematical Statistics*, *27*, 832-837.

Rosenblueth, A., Wiener, N., Bigelow, J. (1943). Behavior, purpose, and teleology. *Philosophy of Science*, *10*, 18-24.

Rosenschein, J. S., Zlotkin, G. (1994). *Rules of Encounter*. MIT Press.

Rosenschein, S. J. (1985). Formal theories of knowledge in AI and robotics. *New Generation Computing*, *3*, 345-357.

Ross, G. (2012). Fisher and the millionaire: The statistician and the calculator. *Significance*, *9*, 46-48.

Ross, S. (2015). *A First Course in Probability*. Pearson.

Ross, S., Gordon, G., Bagnell, D. (2011). A reduction of imitation learning and structured prediction to no-regret online learning. 실린 곳: *AISTATS-11*.

Rossi, F., van Beek, P., Walsh, T. (2006). *Handbook of Constraint Processing*. Elsevier.

Roth, D. (1996). On the hardness of approximate reasoning. *AIJ*, *82*, 273-302.

Roussel, P. (1975). Prolog: Manual de référence et d'utilization. 기술보고서, Groupe d'Intelligence Artificielle, Université d'Aix-Marseille.

Rowat, P. F. (1979). *Representing the Spatial Experience and Solving Spatial Problems in a Simulated Robot Environment*. 박사 논문, University of British Columbia.

Roweis, S. T., Ghahramani, Z. (1999). A Unifying Review of Linear Gaussian Models. *Neural Computation*, *11*, 305-345.

Rowley, H., Baluja, S., Kanade, T. (1998). Neural network-based face detection. *PAMI*, *20*, 23-38.

Roy, N., Gordon, G., Thrun, S. (2005). Finding Approximate POMDP Solutions Through Belief Compression. *JAIR*, *23*, 1-40.

Rubin, D. (1974). Estimating causal effects of treatments in randomized and nonrandomized studies. *Journal of Educational Psychology*, *66*, 688-701.

Rubin, D. (1988). Using the SIR algorithm to simulate posterior distributions. 실린 곳: Bernardo, J. M., de Groot, M. H., Lindley, D. V., Smith, A. F. M. (엮음), *Bayesian Statistics 3*. Oxford University Press.

Rubinstein, A. (1982). Perfect equilibrium in a bargaining model. *Econometrica*, *50*, 97-109.

Rubinstein, A. (2003). Economics and psychology? The case of hyperbolic discounting. *International Economic Review*, *44*, 1207-1216.

Ruder, S. (2018). NLP's ImageNet moment has arrived. *The Gradient*, 7월 8일자.

Ruder, S., Peters, M. E., Swayamdipta, S., Wolf, T. (2019). Transfer Learning in Natural Language Processing. 실린 곳: *COLING-19*.

Rumelhart, D. E., Hinton, G. E., Williams, R. J. (1986). Learning representations by back-propagating errors. *Nature*, *323*, 533-536.

Rumelhart, D. E., McClelland, J. L. (엮음) (1986). *Parallel Distributed Processing*. MIT Press.

Rummery, G. A., Niranjan, M. (1994). On-line *Q*-learning Using Connectionist Systems. 기술보고서, Cambridge University Engineering Department.

Ruspini, E. H., Lowrance, J. D., Strat, T. M. (1992). Understanding evidential reasoning. *IJAR*, *6*, 401-424.

Russakovsky, O., Deng, J., Su, H., Krause, J., Satheesh, S., Ma, S., Huang, Z., Karpathy, A., Khosla, A., Bernstein, M., Berg, A. C., Fei-Fei, L. (2015). ImageNet large scale visual recognition challenge. *IJCV*, *115*, 211-252.

Russell, J. G. B. (1990). Is screening for abdominal aortic aneurysm worthwhile?. *Clinical Radiology*, *41*, 182-184.

Russell, S. J. (1985). The compleat guide to MRS. 기술보고서, Computer Science Department, Stanford University.

Russell, S. J. (1992). Efficient memory-bounded search methods. 실린 곳: *ECAI-92*.

Russell, S. J. (1998). Learning agents for uncertain environments. 실린 곳: *COLT-98*.

Russell, S. J. (1999). Expressive probability models in science. 실린 곳: *Proc. Second International Conference on Discovery Science*.

Russell, S. J. (2019). *Human Compatible*. Penguin.

Russell, S. J., Binder, J., Koller, D., Kanazawa, K. (1995). Local learning in probabilistic networks with hidden variables. 실린 곳: *IJCAI-95*.

Russell, S. J., Norvig, P. (2003). *Artificial Intelligence: A Modern Approach*. Prentice-Hall.

Russell, S. J., Subramanian, D. (1995). Provably bounded-optimal agents. *JAIR*, *3*, 575-609.

Russell, S. J., Wefald, E. H. (1989). On optimal game-tree search using rational meta-reasoning. 실린 곳: *IJCAI-89*.

Russell, S. J., Wefald, E. H. (1991). *Do the Right Thing: Studies in Limited Rationality*. MIT Press.

Russell, S. J., Wolfe, J. (2005). Efficient belief-state AND-OR search, with applications to Kriegspiel. 실린 곳: *IJCAI-05*.

Russell, S. J., Zimdars, A. (2003). Q-Decomposition of Reinforcement Learning Agents. 실린 곳: *ICML-03*.

Rustagi, J. S. (1976). *Variational Methods in Statistics*. Academic Press.

Saad, F., Mansinghka, V. K. (2017). A Probabilistic Programming Approach To Probabilistic Data Analysis. 실린 곳: *NeurIPS 29*.

Sabin, D., Freuder, E. C. (1994). Contradicting conventional wisdom in constraint satisfaction. 실린 곳: *ECAI-94*.

Sabri, K. E. (2015). Automated Verification Of Role-Based Access Control Policies Constraints Using Prover9. arXiv:1503.07645.

Sacerdoti, E. D. (1974). Planning in a hierarchy of abstraction spaces. *AIJ*, *5*, 115-135.

Sacerdoti, E. D. (1975). The nonlinear nature of plans. 실린 곳: *IJCAI-75*.

Sacerdoti, E. D. (1977). *A Structure for Plans and Behavior*. Elsevier.

Sadeghi, F., Levine, S. (2016). CAD2RL: Real single-image flight without a single real image. arXiv:1611.04201.

Sadigh, D., Sastry, S., Seshia, S. A., Dragan, A. D. (2016). Planning for autonomous cars that leverage effects on human actions.. 실린 곳: *Proc. Robotics: Science and Systems*.

Sadler, M., Regan, N. (2019). *Game Changer*. New in Chess.

Sadri, F., Kowalski, R. (1995). Variants of the Event Calculus. 실린 곳: *ICLP-95*.

Sagae, K., Lavie, A. (2006). A best-first probabilistic shift-reduce parser. 실린 곳: *COLING-06*.

Sahami, M., Hearst, M. A., Saund, E. (1996). Applying the Multiple Cause Mixture Model to Text Categorization. 실린 곳: *ICML-96*.

Sahin, N. T., Pinker, S., Cash, S. S., Schomer, D., Halgren, E. (2009). Sequential Processing of Lexical, Grammatical, and Phonological Information Within Broca's Area. *Science*, *326*, 445-449.

Sakuta, M., Iida, H. (2002). AND/OR-tree Search for Solving Problems with Uncertainty: A Case Study Using Screen-shogi Problems. *Trans. Inf. Proc. Society of Japan*, *43*, 1-10.

Salomaa, A. (1969). Probabilistic and weighted grammars. *Information and Control*, *15*, 529-544.

Samadi, M., Felner, A., Schaeffer, J. (2008). Learning from Multiple Heuristics.. 실린 곳: *AAAI-08*.

Samet, H. (2006). *Foundations of Multidimensional and Metric Data Structures*. Morgan Kaufmann.

Sammut, C., Hurst, S., Kedzier, D., Michie, D. (1992). Learning to fly. 실린 곳: *ICML-92*.

Samuel, A. (1959). Some studies in machine learning using the game of checkers. *IBM Journal of Research and Development*, *3*, 210-229.

Samuel, A. (1967). Some studies in machine learning using the game of checkers II--Recent progress. *IBM Journal of Research and Development*, *11*, 601-617.

Sanchez-Lengeling, B., Wei, J. N., Lee, B. K., Gerkin, R. C., Aspuru-Guzik, A., Wiltschko, A. B. (2019). Machine Learning for Scent: Learning Generalizable Perceptual Representations of Small Molecules. arXiv:1910.10685.

Sandholm, T. (1993). An Implementation of the Contract Net Protocol Based on Marginal Cost Calculations. 실린 곳: *AAAI93*.

Sandholm, T. (1999). Distributed Rational Decision Making. 실린 곳: Weiß, G. (엮음), *Multiagent Systems*. MIT Press.

Sandholm, T., Larson, K., Andersson, M., Shehory, O., Tohmé, F. (1999). Coalition Structure Generation with Worst Case Guarantees. *AIJ*, *111*, 209-238.

Sang, T., Beame, P., Kautz, H. (2005). Performing Bayesian inference by weighted model counting. 실린 곳: *AAAI-05*.

Sapir, E. (1921). *Language: An Introduction to the Study of Speech*. Harcourt Brace Jovanovich.

Sarawagi, S. (2007). Information Extraction. *Foundations and Trends in Databases*, *1*, 261-377.

Sargent, T. J. (1978). Estimation of dynamic labor demand schedules under rational expectations. *J. Political Economy*, *86*, 1009-1044.

Sartre, J.-P. (1960). *Critique de la Raison dialectique*. Editions Gallimard.

Satia, J. K., Lave, R. E. (1973). Markovian decision processes with probabilistic observation of states. *Management Science*, *20*, 1-13.

Sato, T., Kameya, Y. (1997). PRISM: A symbolic-statistical modeling language. 실린 곳: *IJCAI-97*.

Saul, L. K., Jaakkola, T., Jordan, M. I. (1996). Mean field theory for sigmoid belief networks. *JAIR*, *4*, 61-76.

Saunders, W., Sastry, G., Stuhlmüller, A., Evans, O. (2018). Trial without error: Towards safe reinforcement learning via human intervention. 실린 곳: *AAMAS-18*.

Savage, L. J. (1954). *The Foundations of Statistics*. Wiley.

Savva, M., Kadian, A., Maksymets, O., Zhao, Y., Wijmans, E., Jain, B., Straub, J., Liu, J., Koltun, V., Malik, J., Parikh, D., Batra, D. (2019). Habitat: A Platform for Embodied AI Research. arXiv:1904.01201.

Sayre, K. (1993). Three more flaws in the computational model. Paper presented at the APA (Central Division) Annual Conference, Chicago, Illinois..

Schaeffer, J. (2008). *One Jump Ahead: Computer Perfection at Checkers*. Springer-Verlag.

Schaeffer, J., Burch, N., Bjornsson, Y., Kishimoto, A., Müller, M., Lake, R., Lu, P., Sutphen, S. (2007). Checkers is Solved. *Science, 317*, 1518-1522.

Schank, R. C., Abelson, R. P. (1977). *Scripts, Plans, Goals, and Understanding*. Lawrence Erlbaum.

Schank, R. C., Riesbeck, C. (1981). *Inside Computer Understanding: Five Programs Plus Miniatures*. Lawrence Erlbaum.

Schapire, R. E. (1990). The strength of weak learnability. *Machine Learning, 5*, 197-227.

Schapire, R. E. (2003). The boosting approach to machine learning: An overview. 실린 곳: Denison, D. D., Hansen, M. H., Holmes, C., Mallick, B., Yu, B. (엮음), *Nonlinear Estimation and Classification*. Springer.

Schapire, R. E., Singer, Y. (2000). BoosTexter: A boosting-based system for text categorization. *Machine Learning, 39*, 135-168.

Scharre, P. (2018). *Army of None*. W. W. Norton.

Schmid, C., Mohr, R. (1996). Combining Greyvalue Invariants with Local Constraints for Object Recognition. 실린 곳: *CVPR-96*.

Schmidhuber, J.(2015). Deep learning in neural networks: An overview. *Neural Networks, 61*, 85-117.

Schofield, M., Thielscher, M. (2015). Lifting Model Sampling for General Game Playing to Incomplete-Information Models. 실린 곳: *AAAI-15*.

Schölkopf, B., Smola, A. J. (2002). *Learning with Kernels*. MIT Press.

Schöning, T. (1999). A probabilistic algorithm for k-SAT and constraint satisfaction problems. 실린 곳: *FOCS-99*.

Schoppers, M. J. (1989). In defense of reaction plans as caches. *AIMag, 10*, 51-60.

Schraudolph, N. N., Dayan, P., Sejnowski, T. (1994). Temporal difference learning of position evaluation in the game of Go. 실린 곳: *NeurIPS 6*.

Schrittwieser, J., Antonoglou, I., Hubert, T., Simonyan, K., Sifre, L., Schmitt, S., Guez, A., Lockhart, E., Hassabis, D., Graepel, T., Lillicrap, T., Silver, D. (2019). Mastering Atari, Go, Chess and Shogi by Planning with a Learned Model. arXiv:1911.08265.

Schröder, E. (1877). *Der Operationskreis des Logikkalküls*. B. G. Teubner.

Schulman, J., Ho, J., Lee, A. X., Awwal, I., Bradlow, H., Abbeel, P. (2013). Finding Locally Optimal, Collision-Free Trajectories with Sequential Convex Optimization.. 실린 곳: *Proc. Robotics: Science and Systems*.

Schulman, J., Levine, S., Abbeel, P., Jordan, M. I., Moritz, P. (2015a). Trust region policy optimization. 실린 곳: *ICML-15*.

Schulman, J., Levine, S., Moritz, P., Jordan, M., Abbeel, P. (2015b). Trust Region Policy Optimization. 실린 곳: *ICML-15*.

Schultz, W., Dayan, P., Montague, P. R. (1997). A neural substrate of prediction and reward. *Science, 275*, 1593.

Schulz, D., Burgard, W., Fox, D., Cremers, A. B. (2003). People Tracking with Mobile Robots Using Sample-Based Joint Probabilistic Data Association Filters. *Int. J. Robotics Research, 22*, 99-116.

Schulz, S. (2004). System Description: E 0.81. 실린 곳: *Proc. International Joint Conference on Automated Reasoning*.

Schulz, S. (2013). System description: E 1.8. 실린 곳: *Proc. Int. Conf. on Logic for Programming Artificial Intelligence and Reasoning*.

Schütze, H. (1995). *Ambiguity in Language Learning: Computational and Cognitive Models*. 박사 논문, Stanford University.

Schwartz, J. T., Scharir, M., Hopcroft, J. (1987). *Planning, Geometry and Complexity of Robot Motion*. Ablex.

Schwartz, S. P. (엮음) (1977). *Naming, Necessity, and Natural Kinds*. Cornell University Press.

Scott, D., Krauss, P. (1966). Assigning probabilities to logical formulas. 실린 곳: Hintikka, J., Suppes, P. (엮음), *Aspects of Inductive Logic*. North-Holland.

Searle, J. R. (1980). Minds, brains, and programs. *BBS, 3*, 417-457.

Searle, J. R. (1990). Is the Brain's Mind a Computer Program?. *Scientific American, 262*, 26-31.

Searle, J. R. (1992). *The Rediscovery of the Mind*. MIT Press.

Sedgewick, R., Wayne, K. (2011). *Algorithms*. Addison-Wesley.

Sefidgar, Y. S., Agarwal, P., Cakmak, M. (2017). Situated tangible robot programming. 실린 곳: *HRI-17*.

Segaran, T. (2007). *Programming Collective Intelligence: Building Smart Web 2.0 Applications*. O'Reilly.

Seipp, J., Röger, G. (2018). Fast downward stone soup 2018. IPC 2018 Classical Track.

Seipp, J., Sievers, S., Helmert, M., Hutter, F. (2015). Automatic Configuration of Sequential Planning Portfolios. 실린 곳: *AAAI-15*.

Selman, B., Kautz, H., Cohen, B. (1996). Local search strategies for satisfiability testing. 실린 곳: Johnson, D. S., Trick, M. A. (엮음), *Cliques, Coloring, and Satisfiability*. American Mathematical Society.

Selman, B., Levesque, H. J. (1993). The complexity of path-based defeasible inheritance. *AIJ, 62*, 303-339.

Selman, B., Levesque, H. J., Mitchell, D. (1992). A new method for solving hard satisfiability problems. 실린 곳: *AAAI-92*.

Seni, G., Elder, J. F. (2010). Ensemble methods in data mining: Improving accuracy through combining predictions. *Synthesis Lectures on Data Mining and Knowledge Discovery, 2*, 1-126.

Seo, M., Kembhavi, A., Farhadi, A., Hajishirzi, H. (2017). Bidirectional attention flow for machine comprehension. 실린 곳: *ICLR-17*.

Shachter, R. D. (1986). Evaluating influence diagrams. *Operations Research, 34*, 871-882.

Shachter, R. D. (1998). Bayes-ball: The rational pastime (for determining irrelevance and requisite information in belief networks and influence diagrams). 실린 곳: *UAI-98*.

Shachter, R. D., D'Ambrosio, B., Del Favero, B. A. (1990). Symbolic probabilistic inference in belief networks. 실린 곳: *AAAI-90*.

Shachter, R. D., Kenley, C. R. (1989). Gaussian influence diagrams. *Management Science, 35*, 527-550.

Shachter, R. D., Peot, M. (1989). Simulation approaches to general probabilistic inference on belief networks. 실린 곳: *UAI-98*.

Shafer, G. (1976). *A Mathematical Theory of Evidence*. Princeton University Press.

Shanahan, M. (1997). *Solving the Frame Problem*. MIT Press.

Shanahan, M. (1999). The Event Calculus Explained. 실린 곳: Wooldridge, M. J., Veloso, M. (엮음), *Artificial Intelligence Today*. Springer-Verlag.

Shanahan, M. (2015). *The Technological Singularity*. MIT Press.

Shani, G., Pineau, J., Kaplow, R. (2013). A survey of point-based POMDP solvers. *Autonomous Agents and Multi-Agent Systems, 27*, 1-51.

Shankar, N. (1986). *Proof-Checking Metamathematics*. 박사 논문, Computer Science Department, University of Texas at Austin.

Shannon, C. E. (1950). Programming a computer for playing chess. *Philosophical Magazine, 41*, 256-275.

Shannon, C. E., Weaver, W. (1949). *The Mathematical Theory of Communication*. University of Illinois Press.

Shapley, L. S. (1953). A Value for n-person Games. 실린 곳: H. W. Kuhn, Tucker, A. W. (엮음), *Contributions to the Theory of Games*. Princeton University Press.

Shapley, S. (1953). Stochastic Games. *PNAS, 39*, 1095-1100.

Sharan, R. V., Moir, T. J. (2016). An overview of applications and advancements in automatic sound recognition. *Neurocomputing, 200*, 22-34.

Shatkay, H., Kaelbling, L. P. (1997). Learning Topological Maps with Weak Local Odometric Information. 실린 곳: *IJCAI-97*.

Shazeer, N., Mirhoseini, A., Maziarz, K., Davis, A., Le, Q. V., Hinton, G. E., Dean, J. (2017). Outrageously Large Neural Networks: The Sparsely-Gated Mixture-of-Experts Layer. arXiv:1701.06538.

Shelley, M. (1818). *Frankenstein: Or, the Modern Prometheus*. Pickering and Chatto.

Sheppard, B. (2002). World-championship-caliber Scrabble. *AIJ, 134*, 241-275.

Shi, J., Malik, J. (2000). Normalized Cuts and Image Segmentation. *PAMI, 22*, 888-905.

Shieber, S. (1994). Lessons from a restricted Turing test. *CACM, 37*, 70-78.

Shieber, S. (엮음) (2004). *The Turing Test*. MIT Press.

Shimony, S. E. (1994). Finding MAPs for belief networks is NP-hard. *AIJ, 68*, 399-410.

Shoham, Y. (1993). Agent-oriented programming. *AIJ, 60*, 51-92.

Shoham, Y. (1994). *Artificial Intelligence Techniques in Prolog*. Morgan Kaufmann.

Shoham, Y., Leyton-Brown, K. (2009). *Multiagent Systems: Algorithmic, Game-Theoretic, and Logical Foundations*. Cambridge Univ. Press.

Shoham, Y., Powers, R., Grenager, T. (2004). If multi-agent learning is the answer, what is the question?. 실린 곳: *Proc.*

AAAI Fall Symposium on Artificial Multi-Agent Learning.

Shortliffe, E. H. (1976). *Computer-Based Medical Consultations: MYCIN*. Elsevier.

Siciliano, B., Khatib, O. (엮음) (2016). *Springer Handbook of Robotics*. Springer-Verlag.

Sigaud, O., Buffet, O. (2010). *Markov Decision Processes in Artificial Intelligence*. Wiley.

Sigmund, K. (2017). *Exact Thinking in Demented Times*. Basic Books.

Silberstein, M., Weissbrod, O., Otten, L., Tzemach, A., Anisenia, A., Shtark, O., Tuberg, D., Galfrin, E., Gannon, I., Shalata, A., Borochowitz, Z. U., Dechter, R., Thompson, E., Geiger, D. (2013). A system for exact and approximate genetic linkage analysis of SNP data in large pedigrees. *Bioinformatics, 29*, 197-205.

Silva, R., Melo, F. S., Veloso, M. (2015). Towards table tennis with a quadrotor autonomous learning robot and onboard vision. 실린 곳: *IROS-15*.

Silver, D., Huang, A., Maddison, C. J., Guez, A., Hassabis, D. (2016). Mastering the game of Go with deep neural networks and tree search. *Nature, 529*, 484-489.

Silver, D., Hubert, T., Schrittwieser, J., Antonoglou, I., Lai, M., Guez, A., Lanctot, M., Sifre, L., Kumaran, D., Graepel, T. (2018). A general reinforcement learning algorithm that masters chess, shogi, and Go through self-play. *Science, 362*, 1140-1144.

Silver, D., Schrittwieser, J., Simonyan, K., Antonoglou, I., Huang, A., Guez, A., Hubert, T., Baker, L., Lai, M., Bolton, A., Chen, Y., Lillicrap, T., Hui, F., Sifre, L., van den Driessche, G., Graepel, T., Hassabis, D. (2017). Mastering the game of Go without human knowledge. *Nature, 550*, 354-359.

Silver, D., Veness, J. (2011). Monte-Carlo planning in large POMDPs. 실린 곳: *NeurIPS 23*.

Silverman, B. W. (1986). *Density Estimation for Statistics and Data Analysis*. Chapman and Hall.

Silverstein, C., Henzinger, M., Marais, H., Moricz, M. (1998). Analysis of a Very Large AltaVista Query Log. 기술 보고서, Digital Systems Research Center.

Simmons, R., Koenig, S. (1995). Probabilistic Robot Navigation in Partially Observable Environments. 실린 곳: *IJCAI-95*.

Simon, D. (2006). *Optimal State Estimation: Kalman, H Infinity, and Nonlinear Approaches*. Wiley.

Simon, H. A. (1947). *Administrative Behavior*. Macmillan.

Simon, H. A. (1963). Experiments with a heuristic compiler. *JACM, 10*, 493-506.

Simon, H. A., Newell, A. (1958). Heuristic problem solving: The next advance in operations research. *Operations Research, 6*, 1-10.

Simon, J. C., Dubois, O. (1989). Number of solutions to satisfiability instances--Applications to knowledge bases. *AIJ, 3*, 53-65.

Simonis, H. (2005). Sudoku as a constraint problem. 실린 곳: *CP-05 Workshop on Modeling and Reformulating Constraint Satisfaction Problems*.

Singer, P. W. (2009). *Wired for War*. Penguin Press.

Singh, P., Lin, T., Mueller, E. T., Lim, G., Perkins, T., Zhu, W. L. (2002). Open Mind Common Sense: Knowledge acquisition from the general public. 실린 곳: *Proc. First*

International Conference on Ontologies, Databases, and Applications of Semantics for Large Scale Information Systems.

Sisbot, E. A., Marin-Urias, L. F., Alami, R., Simeon, T. (2007). A human aware mobile robot motion planner. *IEEE Transactions on Robotics, 23*, 874-883.

Siskind, J. M., Pearlmutter, B. A. (2016). Efficient Implementation of a Higher-Order Language with Built-In AD. arXiv:1611.03416.

Sistla, A. P., Godefroid, P. (2004). Symmetry and reduced symmetry in model checking. *ACM Trans. Program. Lang. Syst., 26*, 702-734.

Sittler, R. W. (1964). An optimal data association problem in surveillance theory. *IEEE Transactions on Military Electronics, 8*, 125-139.

Skolem, T. (1920). Logisch-kombinatorische Untersuchungen über die Erfüllbarkeit oder Beweisbarkeit mathematischer Sätze nebst einem Theoreme über die dichte Mengen. *Videnskapsselskapets skrifter, I. Matematisk-naturvidenskabelig klasse, 4*, 1-36.

Skolem, T. (1928). Über die mathematische Logik. *Norsk matematisk tidsskrift, 10*, 125-142.

Slagle, J. R. (1963). A heuristic program that solves symbolic integration problems in freshman calculus. *JACM, 10*, .

Slate, D. J., Atkin, L. R. (1977). CHESS 4.5-- Northwestern University chess program. 실린 곳: Frey, P. W. (엮음), *Chess Skill in Man and Machine*. Springer-Verlag.

Slater, E. (1950). Statistics for the chess computer and the factor of mobility. 실린 곳: *Symposium on Information Theory*.

Slocum, J., Sonneveld, D. (2006). *The 15 Puzzle*. Slocum Puzzle Foundation.

Smallwood, R. D., Sondik, E. J. (1973). The optimal control of partially observable Markov processes over a finite horizon. *Operations Research, 21*, 1071-1088.

Smith, B. (2004). Ontology. 실린 곳: Floridi, L. (엮음), *The Blackwell Guide to the Philosophy of Computing and Information*. Wiley-Blackwell.

Smith, B., Ashburner, M., Rosse, C. (2007). The OBO Foundry: Coordinated evolution of ontologies to support biomedical data integration. *Nature Biotechnology, 25*, 1251-1255.

Smith, D. A., Eisner, J. (2008). Dependency parsing by Belief Propagation. 실린 곳: *EMNLP-08*.

Smith, D. E., Genesereth, M. R., Ginsberg, M. L. (1986). Controlling recursive inference. *AIJ, 30*, 343-389.

Smith, D. E., Weld, D. S. (1998). Conformant Graphplan. 실린 곳: *AAAI-98*.

Smith, J. E., Winkler, R. L. (2006). The Optimizer's Curse: Skepticism and Postdecision Surprise in Decision Analysis. *Management Science, 52*, 311-322.

Smith, J. M. (1982). *Evolution and the Theory of Games*. Cambridge University Press.

Smith, J. M., Szathmáry, Eörs (1999). *The Origins of Life: From the Birth of Life to the Origin of Language*. Oxford University Press.

Smith, J. Q. (1988). *Decision Analysis*. Chapman and Hall.

Smith, M. K., Welty, C., McGuinness, D. (2004). OWL Web Ontology Language Guide. 기술보고서, W3C.

Smith, R. C., Cheeseman, P. (1986). On the Representation and Estimation of Spatial Uncertainty. *Int. J. Robotics Research, 5*, 56-68.

Smith, R. G. (1980). *A Framework for Distributed Problem Solving*. UMI Research Press.

Smith, S. J. J., Nau, D. S., Throop, T. A. (1998). Success in Spades: Using AI Planning Techniques to Win the World Championship of Computer Bridge. 실린 곳: *AAAI-98*.

Smith, W. E. (1956). Various optimizers for single-stage production. *Naval Research Logistics Quarterly, 3*, 59-66.

Smolensky, P. (1988). On the proper treatment of connectionism. *BBS, 2*, 1-74.

Smolensky, P., Prince, A. (1993). Optimality Theory: Constraint interaction in generative grammar. 기술보고서, Department of Computer Science, University of Colorado at Boulder.

Smullyan, R. M. (1995). *First-Order Logic*. Dover.

Smyth, P., Heckerman, D., Jordan, M. I. (1997). Probabilistic Independence Networks for Hidden Markov Probability Models. *Neural Computation, 9*, 227-269.

Snoek, J., Larochelle, H., Adams, R. P. (2013). Practical Bayesian optimization of machine learning algorithms. 실린 곳: *NeurIPS 25*.

Solomonoff, R. J. (1964). A formal theory of inductive inference. *Information and Control, 7*, 1-22,224-254.

Solomonoff, R. J. (2009). Algorithmic Probability-Theory and Applications. 실린 곳: Emmert-Streib, F., Dehmer, M. (엮음), *Information Theory and Statitical Learning*. Springer.

Sondik, E. J. (1971). *The Optimal Control of Partially Observable Markov Decision Processes*. 박사 논문, Stanford University.

Sosic, R., Gu, J. (1994). Efficient Local Search with Conflict Minimization: A Case Study of the n-Queens Problem. *IEEE Transactions on Knowledge and Data Engineering, 6*, 661-668.

Sowa, J. (1999). *Knowledge Representation: Logical, Philosophical, and Computational Foundations*. Blackwell.

Spaan, M. T. J., Vlassis, N. (2005). Perseus: Randomized point-based value iteration for POMDPs. *JAIR, 24*, 195-220.

Sparrow, R. (2004). The Turing triage test. *Ethics and Information Technology, 6*, 203-213.

Spiegelhalter, D. J., Dawid, A. P., Lauritzen, S., Cowell, R. (1993). Bayesian analysis in expert systems. *Statistical Science, 8*, 219-282.

Spirtes, P., Glymour, C., Scheines, R. (1993). *Causation, Prediction, and Search*. Springer-Verlag.

Spitkovsky, V. I., Alshawi, H., Jurafsky, D. (2010a). From baby steps to leapfrog: How less is more in unsupervised dependency parsing. 실린 곳: *NAACL HLT*.

Spitkovsky, V. I., Jurafsky, D., Alshawi, H. (2010b). Profiting from mark-up: Hyper-text annotations for guided parsing. 실린 곳: *ACL-10*.

Srivas, M., Bickford, M. (1990). Formal verification of a pipelined microprocessor. *IEEE Software, 7*, 52-64.

Srivastava, N., Hinton, G. E., Krizhevsky, A., Sutskever, I., Salakhutdinov, R. (2014a). Dropout: A Simple Way to Prevent Neural Networks from Overfitting. *JMLR, 15*, 1929-1958.

Srivastava, S., Russell, S. J., Ruan, P. (2014b). First-Order Open-Universe POMDPs. 실린 곳: *UAI-14*.

Staab, S. (2004). *Handbook on Ontologies*. Springer.

Stallman, R. M., Sussman, G. J. (1977). Forward reasoning and dependency-directed backtracking in a system for computer-aided circuit analysis. *AIJ*, *9*, 135-196.

Stanfill, C., Waltz, D. (1986). Toward memory-based reasoning. *CACM*, *29*, 1213-1228.

Stanislawska, K., Krawiec, K., Vihma, T. (2015). Genetic programming for estimation of heat flux between the atmosphere and sea ice in polar regions. 실린 곳: *GECCO-15*.

Stefik, M. (1995). *Introduction to Knowledge Systems*. Morgan Kaufmann.

Steiner, D. F., MacDonald, R., Liu, Y., Truszkowski, P., Hipp, J. D., Gammage, C., Thng, F., Peng, L., Stumpe, M. C. (2018). Impact of Deep Learning Assistance on the Histopathologic Review of Lymph Nodes for Metastatic Breast Cancer. *Am. J. Surgical Pathology*, *42*, 1636-1646.

Steinruecken, C., Smith, E., Janz, D., Lloyd, J., Ghahramani, Z. (2019). The Automatic Statistician. 실린 곳: Hutter, F., Kotthoff, L., Vanschoren, J. (엮음), *Automated Machine Learning*. Springer.

Stergiou, K., Walsh, T. (1999). The Difference All-Difference Makes. 실린 곳: *IJCAI-99*.

Stickel, M. E. (1992). A Prolog technology theorem prover: a new exposition and implementation in Prolog. *Theoretical Computer Science*, *104*, 109-128.

Stiller, L. (1992). KQNKRR. *J. International Computer Chess Association*, *15*, 16-18.

Stiller, L. (1996). Multilinear Algebra and Chess Endgames. 실린 곳: Nowakowski, R. J. (엮음), *Games of No Chance, MSRI, 29, 1996.*. Mathematical Sciences Research Institute.

Stockman, G. (1979). A minimax algorithm better than alpha-beta?. *AIJ*, *12*, 179-196.

Stoffel, K., Taylor, M., Hendler, J. (1997). Efficient Management of Very Large Ontologies. 실린 곳: *AAAI-97*.

Stone, M. (1974). Cross-validatory choice and assessment of statistical predictions. *J. Royal Statistical Society*, *36*, 111-133.

Stone, P. (2000). *Layered Learning in Multi-Agent Systems: A Winning Approach to Robotic Soccer*. MIT Press.

Stone, P. (2003). Multiagent Competitions and Research: Lessons from RoboCup and TAC. 실린 곳: Lima, P. U., Rojas, P. (엮음), *RoboCup-2002: Robot Soccer World Cup VI*. Springer Verlag.

Stone, P. (2016). What's hot at RoboCup. 실린 곳: *AAAI-16*.

Stone, P., Brooks, R. A., Brynjolfsson, E., Calo, R., Etzioni, O., Hager, G., Hirschberg, J., Kalyanakrishnan, S., Kamar, E., Kraus, S. (2016). Artificial intelligence and life in 2030. 기술보고서, Stanford University One Hundred Year Study on Artificial Intelligence: Report of the 2015-2016 Study Panel.

Stone, P., Kaminka, G., Rosenschein, J. S. (2009). Leading a best-response teammate in an ad hoc team. 실린 곳: *AAMAS Workshop in Agent Mediated Electronic Commerce*.

Stone, P., Sutton, R. S., Kuhlmann, G. (2005). Reinforcement learning for robocup soccer keepaway. *Adaptive Behavior*, *13*, 165-188.

Storvik, G. (2002). Particle filters for state-space models with the presence of unknown static parameters. *IEEE Transactions on Signal Processing*, *50*, 281-289.

Strachey, C. (1952). Logical or non-mathematical programmes. 실린 곳: *Proc. 1952 ACM National Meeting*.

Stratonovich, R. L. (1959). Optimum nonlinear systems which bring about a separation of a signal with constant parameters from noise. *Radiofizika*, *2*, 892-901.

Stratonovich, R. L. (1965). On value of information. *Izvestiya of USSR Academy of Sciences, Technical Cybernetics*, *5*, 3-12.

Sturtevant, N. R., Bulitko, V. (2016). Scrubbing during learning in real-time heuristic search. *JAIR*, *57*, 307-343.

Subramanian, D., Wang, E. (1994). Constraint-based kinematic synthesis. 실린 곳: *Proc. International Conference on Qualitative Reasoning*.

Suk, H.-I., Sin, B.-K., Lee, S.-W. (2010). Hand gesture recognition based on dynamic Bayesian network framework. *Pattern Recognition*, *43*, 3059-3072.

Sun, Y., Wang, S., Li, Y., Feng, S., Tian, H., Wu, H., Wang, H. (2019). ERNIE 2.0: A Continual Pre-training Framework for Language Understanding. arXiv:1907.12412.

Sussman, G. J. (1975). *A Computer Model of Skill Acquisition*. Elsevier.

Sutcliffe, G. (2016). The CADE ATP system competition - CASC. *AIMag*, *37*, 99-101.

Sutcliffe, G., Schulz, S., Claessen, K., Gelder, A. V. (2006). Using the TPTP Language for Writing Derivations and Finite Interpretations. 실린 곳: *Proc. International Joint Conference on Automated Reasoning*.

Sutcliffe, G., Suttner, C. (1998). The TPTP Problem Library: CNF Release v1.2.1. *JAR*, *21*, 177-203.

Sutherland, I. (1963). Sketchpad: A man-machine graphical communication system. 실린 곳: *Proc. Spring Joint Computer Conference*.

Sutskever, I., Vinyals, O., Le, Q. V. (2015). Sequence to sequence learning with neural networks. 실린 곳: *NeurIPS 27*.

Sutton, C., McCallum, A. (2007). An Introduction to Conditional Random Fields for Relational Learning. 실린 곳: Getoor, L., Taskar, B. (엮음), *Introduction to Statistical Relational Learning*. MIT Press.

Sutton, R. S. (1988). Learning to predict by the methods of temporal differences. *Machine Learning*, *3*, 9-44.

Sutton, R. S. (1990). Integrated architectures for learning, planning, and reacting based on approximating dynamic programming. 실린 곳: *ICML-90*.

Sutton, R. S., Barto, A. G. (2018). *Reinforcement Learning: An Introduction*. MIT Press.

Sutton, R. S., McAllester, D. A., Singh, S., Mansour, Y. (2000). Policy Gradient Methods for Reinforcement Learning with Function Approximation. 실린 곳: *NeurIPS 12*.

Swade, D. (2000). *Difference Engine: Charles Babbage And The Quest To Build The First Computer*. Diane Publishing Co..

Sweeney, L. (2000). Simple demographics often identify people uniquely. *Health (San Francisco)*, *671*, 1-34.

Sweeney, L. (2002a). Achieving k-anonymity privacy protection using generalization and suppression. *International Journal of Uncertainty, Fuzziness and Knowledge-Based Systems*, *10*, 571-588.

Sweeney, L. (2002b). k-anonymity: A model for protecting privacy. *International Journal of Uncertainty, Fuzziness and Knowledge-Based Systems*, 10, 557-570.

Swerling, P. (1959). First order error propagation in a stagewise smoothing procedure for satellite observations. *J. Astronautical Sciences*, 6, 46-52.

Swift, T., Warren, D. S. (1994). Analysis of SLG-WAM evaluation of definite programs. 실린 곳: *Logic Programming: Proc. 1994 International Symposium*.

Szegedy, C., Zaremba, W., Sutskever, I., Bruna, J., Erhan, D., Goodfellow, I., Fergus, R. (2013). Intriguing properties of neural networks. arXiv:1312.6199.

Szeliski, R. (2011). *Computer Vision: Algorithms and Applications*. Springer-Verlag.

Szepesvari, C. (2010). Algorithms for reinforcement learning. *Synthesis Lectures on Artificial Intelligence and Machine Learning*, 4, 1-103.

Tadepalli, P., Givan, R., Driessens, K. (2004). Relational Reinforcement Learning: An Overview. 실린 곳: *ICML-04*.

Tait, P. G. (1880). Note on the theory of the "15 Puzzle". *Proc. Royal Society of Edinburgh*, 10, 664-665.

Tamaki, H., Sato, T. (1986). OLD Resolution with Tabulation. 실린 곳: *ICLP-86*.

Tan, P.-N., Steinbach, M., Karpatne, A., Kumar, V. (2019). *Introduction to Data Mining*. Pearson.

Tang, E. (2018). A quantum-inspired classical algorithm for recommendation systems. arXiv:1807.04271.

Tarski, A. (1935). Die Wahrheitsbegriff in den formalisierten Sprachen. *Studia Philosophica*, 1, 261-405.

Tarski, A. (1941). *Introduction to Logic and to the Methodology of Deductive Sciences*. Dover.

Tarski, A. (1956). *Logic, Semantics, Metamathematics: Papers from 1923 to 1938*. Oxford University Press.

Tash, J. K., Russell, S. J. (1994). Control strategies for a stochastic planner. 실린 곳: *AAAI-94*.

Tassa, Y., Doron, Y., Muldal, A., Erez, T., Li, Y., Casas, D. de Las, Budden, D., Abdolmaleki, A., Merel, J., Lefrancq, A. (2018). Deepmind control suite. arXiv:1801.00690.

Tate, A. (1975a). Interacting goals and their use. 실린 곳: *IJCAI-75*.

Tate, A. (1975b). *Using Goal Structure to Direct Search in a Problem Solver*. 박사 논문, University of Edinburgh.

Tate, A. (1977). Generating project networks. 실린 곳: *IJCAI-77*.

Tate, A., Whiter, A. M. (1984). Planning with multiple resource constraints and an application to a naval planning problem. 실린 곳: *Proc. First Conference on AI Applications*.

Tatman, J. A., Shachter, R. D. (1990). Dynamic programming and influence diagrams. *IEEE Transactions on Systems, Man and Cybernetics*, 20, 365-379.

Tattersall, C. (1911). *A Thousand End-Games: A Collection of Chess Positions That Can be Won or Drawn by the Best Play*. British Chess Magazine.

Taylor, A. D., Zwicker, W. S. (1999). *Simple Games: Desirability Relations, Trading, Pseudoweightings*. Princeton University Press.

Taylor, G., Stensrud, B., Eitelman, S., Dunham, C. (2007). Towards Automating Airspace Management. 실린 곳: *Proc.*

Computational Intelligence for Security and Defense Applications (CISDA) Conference.

Taylor, P. (2009). *Text-to-Speech Synthesis*. Cambridge University Press.

Tedrake, R., Zhang, T. W., Seung, H Sebastian (2004). Stochastic policy gradient reinforcement learning on a simple 3D biped. 실린 곳: *IROS-04*.

Tellex, S., Kollar, T., Dickerson, S., Walter, M. R., Banerjee, A., Teller, S., Roy, N. (2011). Understanding natural language commands for robotic navigation and mobile manipulation. 실린 곳: *AAAI-11*.

Tenenbaum, J. B., Griffiths, T. L., Niyogi, S. (2007). Intuitive theories as grammars for causal inference. 실린 곳: Gopnik, A., Schulz, L. (엮음), *Causal Learning: Psychology, Philosophy, and Computation*. Oxford University Press.

Tesauro, G. (1990). Neurogammon: A neural-network backgammon program. 실린 곳: *IJCNN-90*.

Tesauro, G. (1992). Practical issues in temporal difference learning. *Machine Learning*, 8, 257-277.

Tesauro, G. (1995). Temporal difference learning and TD-Gammon. *CACM*, 38, 58-68.

Tesauro, G., Galperin, G. R. (1997). On-line policy improvement using Monte-Carlo search. 실린 곳: *NeurIPS 9*.

Tetlock, P. E. (2017). *Expert Political Judgment: How Good Is It? How Can We Know?*. Princeton University Press.

Teyssier, M., Koller, D. (2005). Ordering-based Search: A Simple and Effective Algorithm for Learning Bayesian Networks. 실린 곳: *UAI-05*.

Thaler, R. (1992). *The Winner's Curse: Paradoxes and Anomalies of Economic Life*. Princeton University Press.

Thaler, R., Sunstein, C. (2009). *Nudge: Improving Decisions About Health, Wealth, and Happiness*. Penguin.

Thayer, J. T., Dionne, A., Ruml, W. (2011). Learning Inadmissible Heuristics During Search. 실린 곳: *ICAPS-11*.

Theocharous, G., Murphy, K., Kaelbling, L. P. (2004). Representing hierarchical POMDPs as DBNs for multi-scale robot localization. 실린 곳: *ICRA-04*.

Thiele, T. (1880). Om Anvendelse af mindste Kvadraters Methode i nogle Tilfælde, hvor en Komplikation af visse Slags uensartede tilfældige Fejlkilder giver Fejlene en 'systematisk' Karakter. *Vidensk. Selsk. Skr. 5. Rk., naturvid. og mat. Afd.*, 12, 381-408.

Thielscher, M. (1999). From Situation Calculus to Fluent Calculus: State Update Axioms as a Solution to the Inferential Frame Problem. *AIJ*, 111, 277-299.

Thomas, P. S., da Silva, B. C., Barto, A. G., Brunskill, E. (2017). On ensuring that intelligent machines are well-behaved. arXiv:1708.05448.

Thomaz, A., Hoffman, G., Cakmak, M. (2016). Computational human-robot interaction. *Foundations and Trends in Robotics*, 4, 105-223.

Thompson, K. (1986). Retrograde Analysis of Certain Endgames. *J. International Computer Chess Association*, 9, 131-139.

Thompson, K. (1996). 6-Piece Endgames. *J. International Computer Chess Association*, 19, 215-226.

Thompson, W. R. (1933). On the Likelihood that One Unknown Probability Exceeds Another in View of the Evidence of Two Samples. *Biometrika*, 25, 285-294.

Thorndike, E. (1911). *Animal Intelligence*. Macmillan.

Thornton, C., Hutter, F., Hoos, H. H., Leyton-Brown, K. (2013). Auto-WEKA: Combined selection and hyperparameter optimization of classification algorithms. 실린 곳: *KDD-13*.

Thrun, S. (2006). Stanley, the robot that won the DARPA Grand Challenge. *J. Field Robotics*, *23*, 661-692.

Thrun, S., Burgard, W., Fox, D. (2005). *Probabilistic Robotics*. MIT Press.

Thrun, S., Fox, D., Burgard, W. (1998). A Probabilistic Approach to Concurrent Mapping and Localization for Mobile Robots. *Machine Learning*, *31*, 29-53.

Thrun, S., Pratt, L. (2012). *Learning to Learn*. Springer.

Thurstone, L. L. (1927). A law of comparative judgment. *Psychological Review*, *34*, 273-286.

Tian, J., Paz, A., Pearl, J. (1998). Finding a minimal d-separator. 기술보고서, UCLA Department of Computer Science.

Tikhonov, A. N. (1963). Solution of incorrectly formulated problems and the regularization method. *Soviet Math. Dokl.*, *5*, 1035-1038.

Tipping, M. E., Bishop, C. M. (1999). Probabilistic principal component analysis. *J. Royal Statistical Society*, *61*, 611-622.

Titterington, D. M., Smith, A. F. M., Makov, U. E. (1985). *Statistical Analysis of Finite Mixture Distributions*. Wiley.

Toma, P. (1977). SYSTRAN as a multilingual machine translation system. 실린 곳: *Proc. Third European Congress on Information Systems and Networks: Overcoming the Language Barrier*.

Tomasi, C., Kanade, T. (1992). Shape and motion from image streams under orthography: A factorization method. *IJCV*, *9*, 137-154.

Topol, E. (2019). *Deep Medicine: How Artificial Intelligence Can Make Healthcare Human Again*. Basic Books.

Torralba, A., Fergus, R., Weiss, Y. (2008). Small codes and large image databases for recognition. 실린 곳: *CVPR*.

Torralba, A., López, C. L., Borrajo, D. (2016). Abstraction Heuristics for Symbolic Bidirectional Search. 실린 곳: *IJCAI-16*.

Tramèr, F., Zhang, F., Juels, A., Reiter, M. K., Ristenpart, T. (2016). Stealing Machine Learning Models via Prediction APIs.. 실린 곳: *USENIX Security Symposium*.

Tran, D., Hoffman, M., Saurous, R. A., Brevdo, E., Murphy, K., Blei, D. M. (2017). Deep probabilistic programming. 실린 곳: *ICLR-17*.

Trappenberg, T. (2010). *Fundamentals of Computational Neuroscience*. Oxford University Press.

Tsang, E. (1993). *Foundations of Constraint Satisfaction*. Academic Press.

Tshitoyan, V., Dagdelen, J., Weston, L., Dunn, A., Rong, Z., Kononova, O., Persson, K. A., Ceder, G., Jain, A. (2019). Unsupervised word embeddings capture latent knowledge from materials science literature. *Nature*, *571*, 95.

Tsitsiklis, J. N., Van Roy, B. (1997). An analysis of temporal-difference learning with function approximation. *IEEE Transactions on Automatic Control*, *42*, 674-690.

Tukey, J. W. (1977). *Exploratory Data Analysis*. Addison-Wesley.

Tumer, K., Wolpert, D. (2000). Collective Intelligence and Braess' Paradox. 실린 곳: *AAAI-00*.

Turian, J., Ratinov, L., Bengio, Y. (2010). Word representations: a simple and general method for semi-supervised learning. 실린 곳: *ACL-10*.

Turing, A. (1936). On computable numbers, with an application to the Entscheidungsproblem. *Proc. London Mathematical Society, 2nd series*, *42*, 230-265.

Turing, A. (1947). Lecture to the London Mathematical Society, 1947년 2월 20일.

Turing, A. (1948). Intelligent Machinery. 기술보고서, National Physical Laboratory.

Turing, A. (1950). Computing machinery and intelligence. *Mind*, *59*, 433-460.

Turing, A. (1996). Intelligent machinery, a heretical theory. *Philosophia Mathematica*, *4*, 256-260.

Turing, A., Strachey, C., Bates, M. A., Bowden, B. V. (1953). Digital computers applied to games. 실린 곳: Bowden, B. V. (엮음), *Faster than Thought*. Pitman.

Tversky, A., Kahneman, D. (1982). Causal Schemata in Judgements under Uncertainty. 실린 곳: Kahneman, D., Slovic, P., Tversky, A. (엮음), *Judgement Under Uncertainty: Heuristics and Biases*. Cambridge University Press.

Tygar, J. D. (2011). Adversarial Machine Learning. *IEEE Internet Computing*, *15*, 4-6.

Ullman, J. D. (1985). Implementation of logical query languages for databases. *ACM Transactions on Database Systems*, *10*, 289-321.

Ullman, S. (1979). *The Interpretation of Visual Motion*. MIT Press.

Urmson, C., Whittaker, W. (2008). Self-Driving Cars and the Urban Challenge. *IEEE Intelligent Systems*, *23*, 66-68.

Valiant, L. (1984). A theory of the learnable. *CACM*, *27*, 1134-1142.

Vallati, M., Chrpa, L., Kitchin, D. E. (2015). Portfolio-based planning: State of the art, common practice and open challenges. *AI Commun.*, *28*, 717-733.

van Beek, P. (2006). Backtracking Search Algorithms. 실린 곳: Rossi, F., van Beek, P., Walsh, T. (엮음), *Handbook of Constraint Programming*. Elsevier.

van Beek, P., Chen, X. (1999). CPlan: A Constraint Programming Approach to Planning. 실린 곳: *AAAI-99*.

van Beek, P., Manchak, D. (1996). The design and experimental analysis of algorithms for temporal reasoning. *JAIR*, *4*, 1-18.

van Bentham, J., ter Meulen, A. (1997). *Handbook of Logic and Language*. MIT Press.

van den Oord, A., Dieleman, S., Schrauwen, B. (2014). Deep content-based music recommendation. 실린 곳: *NeurIPS 26*.

van den Oord, Aäron, Dieleman, S., Zen, H., Simonyan, K., Vinyals, O., Graves, A., Kalchbrenner, N., Senior, A., Kavukcuoglu, K. (2016a). WaveNet: A Generative Model for Raw Audio. arXiv:1609.03499.

van den Oord, Aäron, Kalchbrenner, N., Kavukcuoglu, K. (2016b). Pixel recurrent neural networks. arXiv:1601.06759.

van Harmelen, F., Lifschitz, V., Porter, B. (2007). *The Handbook of Knowledge Representation*. Elsevier.

van Heijenoort, J. (엮음) (1967). *From Frege to Gödel: A Source Book in Mathematical Logic, 1879-1931*. Harvard University Press.

Van Hentenryck, P., Saraswat, V., Deville, Y. (1998). Design, implementation, and evaluation of the constraint language cc(FD). *J. Logic Programming, 37*, 139-164.

van Hoeve, W.-J. (2001). The alldifferent constraint: a survey. 실린 곳: *6th Annual Workshop of the ERCIM Working Group on Constraints*.

van Hoeve, W.-J., Katriel, I. (2006). Global Constraints. 실린 곳: Rossi, F., van Beek, P., Walsh, T. (엮음), *Handbook of Constraint Processing*. Elsevier.

van Lambalgen, M., Hamm, F. (2005). *The Proper Treatment of Events*. Wiley-Blackwell.

van Nunen, J. A. E. E. (1976). A set of successive approximation methods for discounted Markovian decision problems. *Zeitschrift fur Operations Research, Serie A, 20*, 203-208.

Van Roy, P. L. (1990). Can logic programming execute as fast as imperative programming?. 기술보고서, Computer Science Division, UC Berkeley.

Vapnik, V. N. (1998). *Statistical Learning Theory*. Wiley.

Vapnik, V. N., Chervonenkis, A. Y. (1971). On the uniform convergence of relative frequencies of events to their probabilities. *Theory of Probability and Its Applications, 16*, 264-280.

Vardi, M. Y. (1996). An automata-theoretic approach to linear temporal logic. 실린 곳: Moller, F., Birtwistle, G. (엮음), *Logics for Concurrency*. Springer.

Varian, H. R. (1995). Economic Mechanism Design for Computerized Agents. 실린 곳: *USENIX Workshop on Electronic Commerce*.

Vasilache, N., Johnson, J., Mathieu, M., Chintala, S., Piantino, S., LeCun, Y. (2014). Fast Convolutional Nets With fbfft: A GPU Performance Evaluation. arXiv:1412.7580.

Vaswani, A., Shazeer, N., Parmar, N., Uszkoreit, J., Jones, L., Gomez, A. N., Kaiser, L., Polosukhin, I. (2018). Attention is all you need. 실린 곳: *NeurIPS 30*.

Veach, E., Guibas, L. J. (1995). Optimally combining sampling techniques for Monte Carlo rendering. 실린 곳: *Proc. 22rd Annual Conference on Computer Graphics and Interactive Techniques (SIGGRAPH)*.

Venkatesh, S. (2012). *The Theory of Probability: Explorations and Applications*. Cambridge University Press.

Vere, S. A. (1983). Planning in time: Windows and durations for activities and goals. *PAMI, 5*, 246-267.

Verma, S., Rubin, J. (2018). Fairness definitions explained. 실린 곳: *2018 IEEE/ACM International Workshop on Software Fairness*.

Verma, V., Gordon, G., Simmons, R., Thrun, S. (2004). Particle Filters for Rover Fault Diagnosis. *IEEE Robotics and Automation Magazine*, 6월호.

Vinge, V. (1993). The coming technological Singularity: How to survive in the post-human era. 실린 곳: *Proc. Vision-21: Interdisciplinary Science and Engineering in the Era of Cyberspace*.

Vinyals, O., Babuschkin, I., Czarnecki, W. M., Mathieu, M., Dudzik, A., Chung, J., Choi, D. H., Powell, R., Ewalds, T., Georgiev, P., Hassabis, D., Apps, C., Silver, D. (2019). Grandmaster level in StarCraft II using multi-agent reinforcement learning. *Nature, 575*, 350-354.

Vinyals, O., Ewalds, T., Bartunov, S., Georgiev, P. (2017a). StarCraft II: A New Challenge for Reinforcement Learning. arXiv:1708.04782.

Vinyals, O., Toshev, A., Bengio, S., Erhan, D. (2017b). Show and tell: Lessons learned from the 2015 MSCOCO image captioning challenge. *PAMI, 39*, 652-663.

Viola, P., Jones, M. (2004). Robust Real-Time Face Detection. *IJCV, 57*, 137-154.

Visser, U., Ribeiro, F., Ohashi, T., Dellaert, F. (엮음) (2008). *RoboCup 2007: Robot Soccer World Cup XI*. Springer.

Viterbi, A. J. (1967). Error bounds for convolutional codes and an asymptotically optimum decoding algorithm. *IEEE Transactions on Information Theory, 13*, 260-269.

Vlassis, N. (2008). *A Concise Introduction to Multiagent Systems and Distributed Artificial Intelligence*. Morgan & Claypool.

von Mises, R. (1928). *Wahrscheinlichkeit, Statistik und Wahrheit*. J. Springer.

von Neumann, J. (1928). Zur Theorie der Gesellschaftsspiele. *Mathematische Annalen, 100*, 295-320.

von Neumann, J., Morgenstern, O. (1944). *Theory of Games and Economic Behavior*. Princeton University Press.

von Winterfeldt, D., Edwards, W. (1986). *Decision Analysis and Behavioral Research*. Cambridge University Press.

Vossen, T., Ball, M., Lotem, A., Nau, D. S. (2001). Applying Integer Programming to AI Planning. *Knowledge Engineering Review, 16*, 85-100.

Wainwright, M., Jordan, M. I. (2008). Graphical models, exponential families, and variational inference. *Foundations and Trends in Machine Learning, 1*, 1-305.

Walker, G. (1931). On Periodicity in Series of Related Terms. *Proc. Roy. Soc., A, 131*, 518-532.

Walker, R. J. (1960). An enumerative technique for a class of combinatorial problems. 실린 곳: *Proc. Sympos. Appl. Math.*.

Wallace, A. R. (1858). On the Tendency of Varieties to Depart Indefinitely From the Original Type. *Proc. Linnean Society of London, 3*, 53-62.

Walpole, R. E., Myers, R. H., Myers, S. L., Ye, K. E. (2016). *Probability and Statistics for Engineers and Scientists*. Pearson.

Walsh, T. (2015). Turing's red flag. arXiv:1510.09033.

Waltz, D. (1975). Understanding line drawings of scenes with shadows. 실린 곳: Winston, P. H. (엮음), *The Psychology of Computer Vision*. McGraw-Hill.

Wang, A., Pruksachatkun, Y., Nangia, N., Singh, A., Michael, J., Hill, F., Levy, O., Bowman, S. R. (2019). SuperGLUE: A stickier benchmark for general-purpose language understanding systems. arXiv:1905.00537.

Wang, A., Singh, A., Michael, J., Hill, F., Levy, O., Bowman, S. (2018a). GLUE: A Multi-Task Benchmark and Analysis Platform for Natural Language Understanding. arXiv:1804.07461.

Wang, J., Zhu, T., Li, H., Hsueh, C.-H., Wu, I.-C.(2018b). Belief-State Monte Carlo Tree Search for Phantom Go. *IEEE Transactions on Games, 10*, 139-154.

Wanner, E. (1974). *On Remembering, Forgetting and Understanding Sentences.* Mouton.

Warren, D. H. D. (1974). WARPLAN: A System for Generating Plans. 기술보고서, University of Edinburgh.

Warren, D. H. D. (1983). An abstract Prolog instruction set. 기술보고서, SRI International.

Wasserman, L. (2004). *All of Statistics.* Springer.

Watkins, C. J. (1989). *Models of Delayed Reinforcement Learning.* 박사 논문, Psychology Department, Cambridge University.

Watson, J. D., Crick, F. (1953). A Structure for Deoxyribose Nucleic Acid. *Nature, 171,* 737.

Wattenberg, M., Viégas, F., Johnson, I. (2016). How to use t-SNE effectively. *Distill, 1,* .

Waugh, K., Schnizlein, D., Bowling, M., Szafron, D. (2009). Abstraction Pathologies in Extensive Games. 실린 곳: *AAMAS-09.*

Weibull, J. (1995). *Evolutionary Game Theory.* MIT Press.

Weidenbach, C. (2001). SPASS: Combining Superposition, Sorts and Splitting. 실린 곳: Robinson, A., Voronkov, A. (엮음), *Handbook of Automated Reasoning.* MIT Press.

Weiss, G. (2000a). *Multiagent Systems.* MIT Press.

Weiss, Y. (2000b). Correctness of Local Probability Propagation in Graphical Models with Loops. *Neural Computation, 12,* 1-41.

Weiss, Y., Freeman, W. (2001). Correctness of Belief Propagation in Gaussian Graphical Models of Arbitrary Topology. *Neural Computation, 13,* 2173-2200.

Weizenbaum, J. (1976). *Computer Power and Human Reason.* W. H. Freeman.

Weld, D. S. (1994). An introduction to least commitment planning. *AIMag, 15,* 27-61.

Weld, D. S. (1999). Recent advances in AI planning. *AIMag, 20,* 93-122.

Weld, D. S., Anderson, C. R., Smith, D. E. (1998). Extending Graphplan to handle uncertainty and sensing actions. 실린 곳: *AAAI-98.*

Weld, D. S., de Kleer, J. (1990). *Readings in Qualitative Reasoning about Physical Systems.* Morgan Kaufmann.

Weld, D. S., Etzioni, O. (1994). The first law of robotics: A call to arms. 실린 곳: *AAAI-94.*

Wellman, M. P. (1985). Reasoning about preference models. 기술보고서, Laboratory for Computer Science, MIT.

Wellman, M. P. (1988). *Formulation of Tradeoffs in Planning under Uncertainty.* 박사 논문, MIT.

Wellman, M. P. (1990a). Fundamental concepts of qualitative probabilistic networks. *AIJ, 44,* 257-303.

Wellman, M. P. (1990b). The STRIPS assumption for planning under uncertainty. 실린 곳: *AAAI-90.*

Wellman, M. P., Breese, J. S., Goldman, R. (1992). From knowledge bases to decision models. *Knowledge Engineering Review, 7,* 35-53.

Wellman, M. P., Doyle, J. (1992). Modular utility representation for decision-theoretic planning. 실린 곳: *ICAPS-92.*

Wellman, M. P., Wurman, P., O'Malley, K., Bangera, R., Lin, S., Reeves, D., Walsh, W. (2001). Designing the Market Game for a Trading Agent Competition. *IEEE Internet Computing, 5,* 43-51.

Werbos, P. (1974). *Beyond Regression: New Tools for Prediction and Analysis in the Behavioral Sciences.* 박사 논문, Harvard University.

Werbos, P. (1977). Advanced forecasting methods for global crisis warning and models of intelligence. *General Systems Yearbook, 22,* 25-38.

Werbos, P. (1990). Backpropagation through time: What it does and how to do it. *Proc. IEEE, 78,* 1550-1560.

Werbos, P. (1992). Approximate dynamic programming for real-time control and neural modeling. 실린 곳: White, D. A., Sofge, D. A. (엮음), *Handbook of Intelligent Control: Neural, Fuzzy, and Adaptive Approaches.* Van Nostrand Reinhold.

Wesley, M. A., Lozano-Perez, T. (1979). An Algorithm for Planning Collision-Free Paths among Polyhedral objects. *CACM, 22,* 560-570.

West, D. M. (2018). *The Future of Work: Robots, AI, and Automation.* Brookings Institution Press.

West, S. M., Whittaker, M., Crawford, K. (2019). Discriminating Systems: Gender, Race And Power in AI. 기술보고서, AI Now Institute.

Wexler, Y., Meek, C. (2009). MAS: A multiplicative approximation scheme for probabilistic inference. 실린 곳: *NeurIPS 21.*

Wheatstone, C. (1838). On some remarkable, and hitherto unresolved, phenomena of binocular vision. *Phil. Trans. Roy. Soc., 2,* 371-394.

White, C., Neiswanger, W., Savani, Y. (2019). BANANAS: Bayesian Optimization with Neural Architectures for Neural Architecture Search. arXiv:1910.11858.

Whitehead, A. N., Russell, B. (1910). *Principia Mathematica.* Cambridge University Press.

Whittle, P. (1979). Discussion of Dr Gittins' paper. *J. Royal Statistical Society, 41,* 165.

Whorf, B. (1956). *Language, Thought, and Reality.* MIT Press.

Widrow, B. (1962). Generalization and information storage in networks of ADALINE "Neurons". 실린 곳: Yovits, M. C., Jacobi, G. T., Goldstein, G. D. (엮음), *Self-Organizing Systems.* Spartan.

Widrow, B., Hoff, M. E. (1960). Adaptive switching circuits. 실린 곳: *IRE WESCON Convention Record.*

Wiedijk, F. (2003). Comparing Mathematical Provers. 실린 곳: *Proc. 2nd Int. Conf. on Mathematical Knowledge Management.*

Wiegley, J., Goldberg, K., Peshkin, M., Brokowski, M. (1996). A Complete Algorithm for Designing Passive Fences to Orient Parts. 실린 곳: *ICRA-96.*

Wiener, N. (1942). The extrapolation, interpolation, and smoothing of stationary time series. 기술보고서, Research Project DIC-6037, MIT.

Wiener, N. (1948). *Cybernetics.* Wiley.

Wiener, N. (1950). *The Human Use of Human Beings.* Houghton Mifflin.

Wiener, N. (1960). Some Moral and Technical Consequences of Automation. *Science, 131,* 1355-1358.

Wiener, N. (1964). *God & Golem, Inc: A Comment on Certain Points Where Cybernetics Impinges on Religion.* MIT Press.

Wilensky, R. (1978). *Understanding Goal-Based Stories.* 박

사 논문, Yale University.

Wilkins, D. E. (1988). *Practical Planning: Extending the AI Planning Paradigm*. Morgan Kaufmann.

Wilkins, D. E. (1990). Can AI planners solve practical problems?. *Computational Intelligence*, 6, 232-246.

Wilks, Y. (2010). *Close Engagements With Artificial Companions: Key Social, Psychological, Ethical and Design Issues*. John Benjamins.

Wilks, Y. (2019). *Artificial Intelligence: Modern Magic or Dangerous Future*. Icon.

Williams, A., Nangia, N., Bowman, S. (2018). A Broad-Coverage Challenge Corpus for Sentence Understanding through Inference. 실린 곳: *NAACL HLT*.

Williams, B., Ingham, M., Chung, S., Elliott, P. (2003). Model-Based Programming of Intelligent Embedded Systems and Robotic Space Explorers. *Proc. IEEE*, 91, .

Williams, R. J. (1992). Simple statistical gradient-following algorithms for connectionist reinforcement learning. *Machine Learning*, 8, 229-256.

Williams, R. J., Baird, L. C. III. (1993). Tight performance bounds on greedy policies based on imperfect value functions. 기술보고서, College of Computer Science, Northeastern University.

Williams, R. J., Zipser, D. (1989). A learning algorithm for continually running fully recurrent neural networks. *Neural Computation*, 1, 270-280.

Wilson, D. H. (2011). *Robopocalypse*. Doubleday.

Wilson, R. (2004). *Four Colors Suffice*. Princeton University Press.

Wilson, R. A., Keil, F. C. (엮음) (1999). *The MIT Encyclopedia of the Cognitive Sciences*. MIT Press.

Wilt, C. M., Ruml, W. (2014). Speedy versus greedy search. 실린 곳: *Seventh Annual Symposium on Combinatorial Search*.

Wilt, C. M., Ruml, W. (2016). Effective Heuristics for Suboptimal Best-First Search. *JAIR*, 57, 273-306.

Wingate, D., Seppi, K. D. (2005). Prioritization methods for accelerating MDP solvers. *JMLR*, 6, 851-881.

Wingate, D., Stuhlmüller, A., Goodman, N. D. (2011). Lightweight Implementations of Probabilistic Programming Languages Via Transformational Compilation. 실린 곳: *AISTATS-11*.

Winograd, S., Cowan, J. D. (1963). *Reliable Computation in the Presence of Noise*. MIT Press.

Winograd, T. (1972). Understanding natural language. *Cognitive Psychology*, 3, 1-191.

Winston, P. H. (1970). Learning structural descriptions from examples. 기술보고서, Department of Electrical Engineering and Computer Science, MIT.

Wintermute, S., Xu, J., Laird, J. (2007). SORTS: A Human-Level Approach to Real-Time Strategy AI. 실린 곳: *Proc. Third Artificial Intelligence and Interactive Digital Entertainment Conference*.

Winternitz, L. (2017). Autonomous Navigation Above the GNSS Constellations and Beyond: GPS Navigation for the Magnetospheric Multiscale Mission and SEXTANT Pulsar Navigation Demonstration. 기술보고서, NASA Goddard Space Flight Center.

Witten, I. H. (1977). An adaptive optimal controller for discrete-time Markov environments. *Information and Control*, 34, 286-295.

Witten, I. H., Bell, T. C. (1991). The zero-frequency problem: Estimating the probabilities of novel events in adaptive text compression. *IEEE Transactions on Information Theory*, 37, 1085-1094.

Witten, I. H., Frank, E. (2016). *Data Mining: Practical Machine Learning Tools and Techniques*. Morgan Kaufmann.

Witten, I. H., Moffat, A., Bell, T. C. (1999). *Managing Gigabytes: Compressing and Indexing Documents and Images*. Morgan Kaufmann.

Wittgenstein, L. (1922). *Tractatus Logico-Philosophicus*. Routledge and Kegan Paul.

Wittgenstein, L. (1953). *Philosophical Investigations*. Macmillan.

Wojciechowski, W. S., Wojcik, A. S. (1983). Automated design of multiple-valued logic circuits by automated theorem proving techniques. *IEEE Transactions on Computers*, C-32, 785-798.

Wolfe, J., Russell, S. J. (2007). Exploiting Belief State Structure in Graph Search. 실린 곳: *ICAPS Workshop on Planning in Games*.

Wolpert, D. (2013). Ubiquity symposium: Evolutionary computation and the processes of life: what the no free lunch theorems really mean: how to improve search algorithms. *Ubiquity*, 10월호, 1-15.

Wolpert, D., Macready, W. G. (1997). No free lunch theorems for optimization. *IEEE Trans. Evolutionary Computation*, 1, 67-82.

Wong, C., Houlsby, N., Lu, Y., Gesmundo, A. (2019). Transfer learning with neural AutoML. 실린 곳: *NeurIPS 31*.

Woods, W. A. (1973). Progress in natural language understanding: An application to lunar geology. 실린 곳: *AFIPS Conference Proceedings*.

Woods, W. A. (1975). What's in a link? Foundations for semantic networks. 실린 곳: Bobrow, D. G., Collins, A. M. (엮음), *Representation and Understanding: Studies in Cognitive Science*. Academic Press.

Wooldridge, M. (2009). *An Introduction to MultiAgent Systems*. Wiley.

Wooldridge, M., Rao, A. (엮음) (1999). *Foundations of Rational Agency*. Kluwer.

Wos, L., Carson, D., Robinson, G. (1964). The unit preference strategy in theorem proving. 실린 곳: *Proc. Fall Joint Computer Conference*.

Wos, L., Carson, D., Robinson, G. (1965). Efficiency and completeness of the set-of-support strategy in theorem proving. *JACM*, 12, 536-541.

Wos, L., Overbeek, R., Lusk, E., Boyle, J. (1992). *Automated Reasoning: Introduction and Applications*. McGraw-Hill.

Wos, L., Pieper, G. (2003). *Automated Reasoning and the Discovery of Missing and Elegant Proofs*. Rinton Press.

Wos, L., Robinson, G. (1968). Paramodulation and set of support. 실린 곳: *Proc. IRIA Symposium on Automatic Demonstration*.

Wos, L., Robinson, G., Carson, D., Shalla, L. (1967). The concept of demodulation in theorem proving. *JACM*, 14, 698-704.

Wos, L., Winker, S. (1983). Open questions solved with the assistance of AURA. 실린 곳: Bledsoe, W. W., Loveland, D. (엮음), *Automated Theorem Proving: After 25 Years*. American Mathematical Society.

Wray, R. E., Jones, R. M. (2005). An introduction to Soar as an agent architecture. 실린 곳: Sun, R. (엮음), *Cognition and Multi-Agent Interaction: From Cognitive Modeling to Social Simulation*. Cambridge University Press.

Wright, S. (1921). Correlation and causation. *J. Agricultural Research*, *20*, 557-585.

Wright, S. (1931). Evolution in Mendelian Populations. *Genetics*, *16*, 97-159.

Wright, S. (1934). The method of path coefficients. *Annals of Mathematical Statistics*, *5*, 161-215.

Wu, F., Weld, D. S. (2008). Automatically Refining the Wikipedia Infobox Ontology. 실린 곳: *17th World Wide Web Conference (WWW2008)*.

Wu, Y., He, K. (2018). Group normalization. arXiv:1803.08494.

Wu, Y., Li, L., Russell, S. J. (2016a). SWIFT: Compiled Inference for Probabilistic Programming Languages. 실린 곳: *IJCAI-16*.

Wu, Y., Schuster, M., Chen, Z., Le, Q. V., Norouzi, M., Macherey, W., Krikun, M., Cao, Y., Gao, Q., Macherey, K. (2016b). Google's neural machine translation system: Bridging the gap between human and machine translation. arXiv:1609.08144.

Xiong, W., Wu, L., Alleva, F., Droppo, J., Huang, X., Stolcke, A. (2017). The Microsoft 2017 Conversational Speech Recognition System. arXiv:1708.06073.

Yampolskiy, R. V. (2018). *Artificial Intelligence Safety and Security*. Chapman and Hall/CRC.

Yang, G., Lin, Y., Bhattacharya, P. (2010). A driver fatigue recognition model based on information fusion and dynamic Bayesian network. *Inf. Sci.*, *180*, 1942-1954.

Yang, X.-S. (2009). Firefly algorithms for multimodal optimization. 실린 곳: *International Symposium on Stochastic Algorithms*.

Yang, X.-S., Deb, S. (2014). Cuckoo search: Recent advances and applications. *Neural Computing and Applications*, *24*, 169-174.

Yang, Z., Dai, Z., Yang, Y., Carbonell, J. G., Salakhutdinov, R., Le, Q. V. (2019). XLNet: Generalized Autoregressive Pretraining for Language Understanding. arXiv:1906.08237.

Yarowsky, D. (1995). Unsupervised Word Sense Disambiguation Rivaling Supervised Methods. 실린 곳: *ACL-95*.

Ye, Y. (2011). The Simplex and Policy-Iteration Methods Are Strongly Polynomial for the Markov Decision Problem with a Fixed Discount Rate. *Mathematics of Operations Research*, *36*, 593-784.

Yedidia, J., Freeman, W., Weiss, Y. (2005). Constructing free-energy approximations and generalized belief propagation algorithms. *IEEE Transactions on Information Theory*, *51*, 2282-2312.

Yeo, H.-S., Minami, R., Rodriguez, K., Shaker, G., Quigley, A. (2018). Exploring Tangible Interactions with Radar Sensing. *Proc. ACM on Interactive, Mobile, Wearable and Ubiquitous Technologies*, *2*, 1-25.

Ying, C., Kumar, S., Chen, D., Wang, T., Cheng, Y. (2018). Image Classification at Supercomputer Scale. arXiv:1811.06992.

Yip, K. M.-K. (1991). *KAM: A System for Intelligently Guiding Numerical Experimentation by Computer*. MIT Press.

Yngve, V. (1955). A model and an hypothesis for language structure. 실린 곳: Locke, W. N., Booth, A. D. (엮음), *Machine Translation of Languages*. MIT Press.

Yob, G. (1975). Hunt the Wumpus!. *Creative Computing*, *Sep/Oct*, .

Yoshikawa, T. (1990). *Foundations of Robotics: Analysis and Control*. MIT Press.

You, Y., Pan, X., Wang, Z., Lu, C. (2017). Virtual to Real Reinforcement Learning for Autonomous Driving. arXiv:1704.03952.

Young, H. P. (2004). *Strategic Learning and Its Limits*. Oxford University Press.

Young, S., Gašić, M., Thompson, B., Williams, J. (2013). POMDP-Based Statistical Spoken Dialog Systems: A Review. *Proc. IEEE*, *101*, 1160-1179.

Younger, D. H. (1967). Recognition and parsing of context-free languages in time n^3. *Information and Control*, *10*, 189-208.

Yu, D., Deng, L. (2016). *Automatic Speech Recognition*. Springer-Verlag.

Yu, H.-F., Lo, H.-Y., Hsieh, H.-P., Lou, J.-K. (2011). Feature engineering and classifier ensemble for KDD Cup 2010. 실린 곳: *Proc. KDD Cup 2010 Workshop*.

Yu, K., Sciuto, C., Jaggi, M., Musat, C., Salzmann, M. (2019). Evaluating the Search Phase of Neural Architecture Search. arXiv:1902.08142.

Yudkowsky, E. (2008). Artificial Intelligence as a Positive and Negative factor in Global Risk. 실린 곳: Bostrom, N., Cirkovic, M. (엮음), *Global Catastrophic Risk*. Oxford University Press.

Yule, G. U. (1927). On a Method of Investigating Periodicities in Disturbed Series, with Special Reference to Wolfer's Sunspot Numbers. *Phil. Trans. Roy. Soc., A*, *226*, 267-298.

Zadeh, L. A. (1965). Fuzzy sets. *Information and Control*, *8*, 338-353.

Zadeh, L. A. (1978). Fuzzy sets as a basis for a theory of possibility. *Fuzzy Sets and Systems*, *1*, 3-28.

Zaritskii, V. S., Svetnik, V. B., Shimelevich, L. I. (1975). Monte-Carlo technique in problems of optimal information processing. *Automation and Remote Control*, *36*, 2015-22.

Zeckhauser, R., Shepard, D. (1976). Where Now for Saving Lives?. *Law and Contemporary Problems*, *40*, 5-45.

Zeeberg, A. (2017). D.I.Y. Artificial Intelligence Comes to a Japanese Family Farm. *New Yorker*, 8월 10일자.

Zelle, J., Mooney, R. (1996). Learning to parse database queries using Inductive Logic Programming. 실린 곳: *AAAI-96*.

Zemel, R., Wu, Y., Swersky, K., Pitassi, T., Dwork, C. (2013). Learning fair representations. 실린 곳: *ICML-13*.

Zemelman, B. V., Lee, G. A., Ng, M., Miesenböck, G. (2002). Selective photostimulation of genetically chARGed neurons. *Neuron*, *33*, 15-22.

Zermelo, E. (1913). Uber Eine Anwendung der Mengenlehre auf die Theorie des Schachspiels. 실린 곳:

Proc. Fifth International Congress of Mathematicians.

Zermelo, E. (1976). An application of set theory to the theory of chess-playing. *Firbush News, 6*, 37-42.

Zettlemoyer, L., Collins, M. (2005). Learning to Map Sentences to Logical Form: Structured Classification with Probabilistic Categorial Grammars. 실린 곳: *UAI-05.*

Zhang, C., Bengio, S., Hardt, M., Recht, B., Vinyals, O. (2016). Understanding deep learning requires rethinking generalization. arXiv:1611.03530.

Zhang, H., Stickel, M. E. (1996). An efficient algorithm for unit-propagation. 실린 곳: *Proc. Fourth International Symposium on Artificial Intelligence and Mathematics.*

Zhang, L., Pavlovic, V., Cantor, C. R., Kasif, S. (2003). Human-Mouse Gene Identification by Comparative Evidence Integration and Evolutionary Analysis. *Genome Research, 13*, 1190-1202.

Zhang, N. L., Poole, D. (1994). A simple approach to Bayesian network computations. 실린 곳: *Proc. 10th Canadian Conference on Artificial Intelligence.*

Zhang, S., Yao, L., Sun, A. (2017). Deep learning based recommender system: A survey and new perspectives. arXiv:1707.07435.

Zhang, X., Zhao, J., LeCun, Y. (2016). Character-level convolutional networks for text classification. 실린 곳: *NeurIPS 28.*

Zhang, Y., Pezeshki, M., Brakel, P., Zhang, S., Laurent, C., Bengio, Y., Courville, A. (2017). Towards End-to-End Speech Recognition with Deep Convolutional Neural Networks. arXiv:1701.02720.

Zhao, K., Huang, L. (2015). Type-Driven Incremental Semantic Parsing with Polymorphism. 실린 곳: *NAACL HLT.*

Zhou, K., Doyle, J., Glover, K. (1995). *Robust and Optimal Control.* Pearson.

Zhou, R., Hansen, E. (2002). Memory-Bounded A* Graph Search. 실린 곳: *Proc. 15th International FLAIRS Conference.*

Zhou, R., Hansen, E. (2006). Breadth-first heuristic search. *AIJ, 170*, 385-408.

Zhu, B., Jiao, J., Tse, D. (2019). Deconstructing Generative Adversarial Networks. arXiv:1901.09465.

Zhu, D. J., Latombe, J.-C. (1991). New heuristic algorithms for efficient hierarchical path planning. *IEEE Transactions on Robotics and Automation, 7*, 9-20.

Zhu, J.-Y., Park, T., Isola, P., Efros, A. (2017). Unpaired image-to-image translation using cycle-consistent adversarial networks. 실린 곳: *ICCV-17.*

Zhu, M., Zhang, Y., Chen, W., Zhang, M., Zhu, J. (2013). Fast and Accurate Shift-Reduce Constituent Parsing. 실린 곳: *ACL-13.*

Ziebart, B. D., Maas, A. L., Dey, A. K., Bagnell, J. A. (2008). Navigate like a cabbie: Probabilistic reasoning from observed context-aware behavior. 실린 곳: *Proc. 10th Int. Conf. on Ubiquitous Computing.*

Ziebart, B. D., Ratliff, N., Gallagher, G., Mertz, C., Peterson, K., Bagnell, J Andrew, Hebert, M., Dey, A. K., Srinivasa, S. (2009). Planning-based prediction for pedestrians. 실린 곳: *IROS-09.*

Zimmermann, H.-J. (2001). *Fuzzy Set Theory--And Its Applications.* Kluwer.

Zimmermann, H.-J. (엮음) (1999). *Practical Applications of Fuzzy Technologies.* Kluwer.

Zinkevich, M., Johanson, M., Bowling, M., Piccione, C. (2008). Regret Minimization in Games with Incomplete Information. 실린 곳: *NeurIPS 20.*

Zipf, G. (1935). *The Psychobiology of Language.* Houghton Mifflin.

Zipf, G. (1949). *Human Behavior and the Principle of Least Effort.* Addison-Wesley.

Zobrist, A. L. (1970). *Feature Extraction and Representation for Pattern Recognition and the Game of Go.* 박사 논문, University of Wisconsin.

Zollmann, A., Venugopal, A., Och, F. J., Ponte, J. (2008). A systematic comparison of phrase-based, hierarchical and syntax-augmented statistical MT. 실린 곳: *COLING-08.*

Zoph, B., Le, Q. V. (2016). Neural architecture search with reinforcement learning. arXiv:1611.01578.

Zuse, K. (1945). The Plankalkül. 기술보고서, Gesellschaft für Mathematik und Datenverarbeitung.

Zweig, G., Russell, S. J. (1998). Speech Recognition with Dynamic Bayesian Networks. 실린 곳: *AAAI-98.*

찾아보기